DIE POLYTECHNISCHE WELT
WISSENSORDNUNG UND BAUIDEAL

Planmaterialien zum Zürcher Polytechnikum

Uta Hassler & Korbinian Kainz

BAND II

GUSTAV GULL BAUT ZWISCHEN 1914 UND 1925 EINE NEUE HOCHSCHULE – SEMPERS BESTAND WIRD ÜBERFORMT

- 404 Hoffnung auf ›neue Technik‹ – Kunststein, Eisen, Wasserheizung und Ventilation
- 448 Schulzimmer und Sammlungsräume bleiben bescheiden

DIE UTOPIE DER INNEREN ERWEITERUNG: HOFMANN, GEISENDORF UND ROTH

- 474 Wachstumsglaube und Funktionsform
- 568 Die Purifizierung der großen Räume
- 620 Die Polyterrasse als Gebäude

- 661 TEXTE

- 771 BAUCHRONIK

- 781 FÜNF ARCHITEKTENBIOGRAPHIEN

BAND I

- 6 Ein polytechnischer Pionierbau in zwei Jahrhunderten

DER GRÜNDUNGSBAU ENTSTEHT ZWISCHEN 1860 UND 1864 NACH PLÄNEN GOTTFRIED SEMPERS

- 40 Der Bau über der Stadt
- 166 Der Antikensaal als Repräsentationskern
- 184 Die Aula als gebauter Außenraum
- 214 Die Sgraffito-Fassade
- 228 Die polytechnischen Figuren

GUSTAV GULL BAUT ZWISCHEN 1914 UND 1925 EINE NEUE HOCHSCHULE – SEMPERS BESTAND WIRD ÜBERFORMT

- 240 Der ›wissenschaftliche‹ Hochschulbau und das Hochschulquartier in Zürich
- 270 Der Kuppelbau und die großen Räume
- 312 Auditorium Maximum
- 344 Das Zentrum des Baus wird dreigeschossig
- 380 Ausrichtung nach Nordosten: Flügelbauten und Säulenhof

E.T.H. ZÜRICH HAUPTGEBÄUDE
SÜDLICHE VORHALLE FASSADE II
PERSPEKTIVE DES KÄMPFERS. ECKE FASS. 8 u. 11

ZU PLAN 1:20
N° 2397

Hoffnung auf ›neue Technik‹ – Kunststein, Eisen, Wasserheizung und Ventilation

Gegen Ende des 19. Jahrhunderts etablierten sich neue Materialien im Bauwesen: Portlandzement-Fabriken in England, später auch in Kontinentaleuropa, ermöglichten die Massenproduktion von Betonsteinen; um die Jahrhundertwende wurden die Erzeugnisse auf zahlreichen Gewerbe- und Kunstausstellungen gezeigt.[1] Parallel dazu vollzog sich die Entwicklung der Stahlindustrie und führte zu einer sprunghaften Zunahme der Produktion: Die Dampfmaschine stand zur Verfügung, der Steinkohleabbau erzeugte den für die Stahlproduktion benötigten Koks, neue Herstellungsverfahren lösten den Puddelstahl der Anfangsjahre ab, Verfahren der Stahlerschmelzung und Walzwerke wurden weiterentwickelt.[2]

Als Gustav Gull 1914 mit den Umbauarbeiten am Polytechnikum begann, war das Gebäude knapp fünfzig Jahre alt. Die Erstellung des Gründungsbaus war durch Sparmaßnahmen gekennzeichnet gewesen, Teile des Gebäudes waren mangelhaft ausgeführt worden: Die Innenwände bestanden zum Teil aus mit Hobelspänen gefüllten doppelten Bretterwänden, das Bruchsteinmauerwerk aus heterogenem Material war zu sparsam vermörtelt,[3] an der Fassade war ein vergleichsweise weicher Sandstein verbaut. Durch die Unterstellung unter den Bauinspektor Johann Caspar Wolff blieb Semper die Einflussnahme auf die Ausführung weitgehend verwehrt, später betonte er, diese Degradierung sei »zum grössten Schaden des Baues« erfolgt.[4]

Den geplanten Erweiterungsbau an der Rämistrasse wollte Gull zunächst mit einem Naturstein verkleiden, der ähnliche Qualitäten wie der Berner Sandstein des Altbaus aufweisen sollte, jedoch wetterbeständiger sein würde. Als kein Stein ähnlicher Farbigkeit und Struktur gefunden werden konnte, entschloss sich Gull zum Einsatz eines Kunststeines, der »allen unseren Sandsteinen bezüglich Wetterbeständigkeit weit überlegen« sein sollte.[5] Versuche mit einer Mischung aus Naturhartsteinsand und Portlandzement als Bindemittel scheiterten. Erst mit der Hilfe des Mineralogischen Instituts[6] konnte die Rezeptur[7] angepasst und ein Kunststein mit den gewünschten optischen Eigenschaften und hoher Festigkeit, Frostbeständigkeit und Scherfestigkeit hergestellt werden. Zeitgenössische Quellen belegen die Euphorie um das »vollkommene Baumaterial« Kunststein, das »selbst Sachverständige und Kenner von Naturstein nur außerordentlich schwer unterscheiden können; der Laie aber ist hierzu schlechterdings nicht imstande«.[8]

Bei der Sanierung des Altbaubestands stellte sich heraus, dass während der Ausführung in den 1860er Jahren in einer »geradezu verbrecherischen Art gepfuscht und diesen [den Unternehmern] seitens der Bauleitung mit unglaublichem Leichtsinn alles durchgelassen worden war«.[9] Gull dokumentierte den bestehenden Bau vor seinen Eingriffen systematisch mit Fotografien und Detailskizzen. Die erhaltenen Aufnahmen[10] zeigen verwitterte Sockelzonen, zerbrochene Baluster und ausgewaschene Gesimspartien. Eine Reparatur mit Naturstein wäre sicherlich möglich gewesen, Gull bevorzugte jedoch seinen eben entwickelten Kunststein und ersetzte – abgesehen von wenigen Ausnahmen[11] – die Steinpartien der Fassaden großflächig; »die Verwitterung des Quaderwerkes der Fassaden erwies sich bei näherem Zusehen als so umfangreich, dass nichts anderes übrig blieb, als eine vollständige Erneuerung in Kunststein.«[12]

Vor der Demontage der bestehenden Steinfassade wurden Gipsabgüsse aller Profile erstellt[13] und Zeichnungen der Oberflächenstruktur angefertigt. Zur Herstellung der Kunststeine wurde zunächst in einer Formschale an allen sichtbar bleibenden Außenflächen Feinbeton angestampft,[14] das Innere anschließend mit Grobbeton gefüllt. Während des Einstampfens

2 Das Kreuzgewölbe in der Nordschule zu Jena wurde von der Firma Dyckerhoff & Widmann AG ausgeführt. (*Betonwerkstein und künstlerische Behandlung des Betons*)

1 Der frühe Betonbau des ausgehenden 19. Jahrhunderts – von Hennebique bis Robert Maillart – nahm zunächst Bauformen auf, die aus der Verwendung traditioneller Baumaterialien wie Holz und Stein bekannt und erprobt waren. Erst mit den polytechnischen Materialprüfungen und den Ingenieurtheorien des beginnenden 20. Jahrhunderts konnten eigenständige Konstruktionskonzepte Verbreitung finden. Gustav Gull, der den klassischen Stein- und Gewölbebau in vielen Projekten erlernt hatte, öffnete sich bei der Planung seines letzten Großbaus zwar den neuen Konstruktionskonzepten der neuen Firmen am Markt, dachte aber die Fügung und Tektonik der Baukonstruktionen weiterhin in der Tradition des Gliederbaus aus Stein. Obschon er mit den neuen Gussmaterialien aus Kunststein arbeitete, zeigen perspektivische Details noch immer die klassische Fügung und Profilanschlüsse des tradierten Steinbaus aus Einzelquadern.

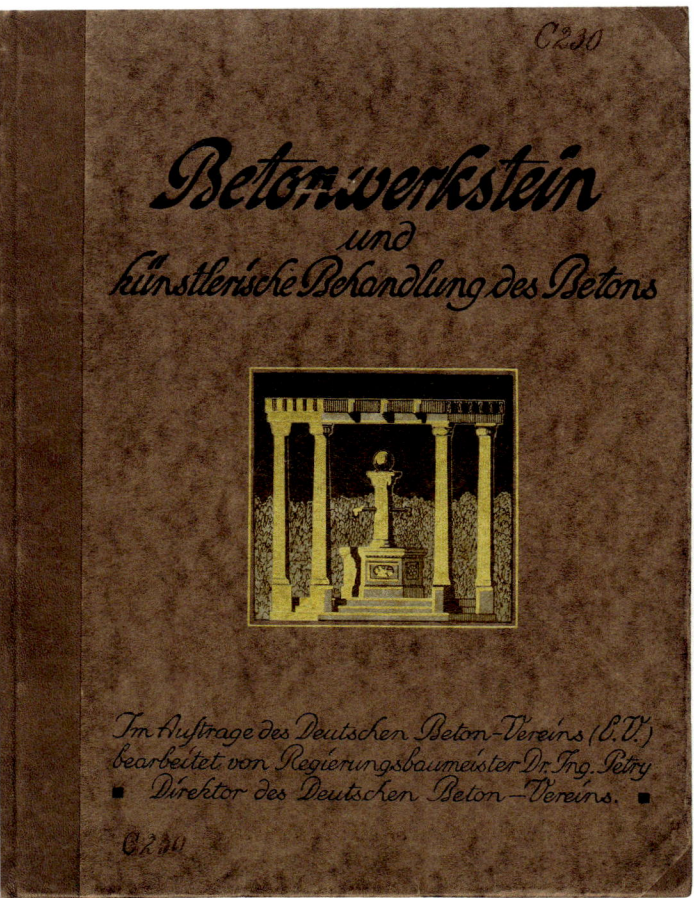

3 Die 1913 im Auftrag des Betonvereins erschienene Publikation *Betonwerkstein und künstlerische Behandlung des Betons* gibt Beispiele von Gebäuden, Treppen- und Brunnenanlagen, Säulen und Figuren.

4 Übersicht über die »Bearbeitung der Gesteine« aus Erich Probsts *Handbuch der Zementwaren- und Kunststeinindustrie* von 1919.

wurde in der Regel eine Bewehrung eingelegt.[15] Um Schwindrisse zu verhindern, ließ Gull die Kunststeine nach der Herstellung für vier bis fünf Wochen feuchtlagern. Anschließend wurden die Steine in klassischer Steinmetztechnik bearbeitet, die Härte der Kunststeine verursachte jedoch eine starke Abnützung der Werkzeuge.[16] Die neuen Quader wurden schichtenweise im ursprünglichen Verband versetzt, anschließend das »schlechte Hintermauerungswerk mit Zementmörtel vergossen«.[17] Die Konsolidierung der »bis zu 30 cm« tiefen Hohlräume erfolgte mit Hilfe einer im Keller installierten Kompressorenanlage.[18] Während die handwerkliche Bearbeitung für die Renovation des Quaderwerks am alten Bau noch gebilligt wurde, verzichtete Gull beim Neubau auf die »für Kunststein eigentlich stilwidrig[e]« Technik und gab den Bauteilen eine gleichmäßige Form, die »weniger Materialverlust und damit auch geringere Kosten verursachte« (**Abb. 4**).[19]

Im Inneren des Ursprungsbaus trugen gusseiserne Säulen parallel zur Fassade verlaufende Holzunterzüge, die Spannweite der Deckenkonstruktion blieb innerhalb des Normalmaßes von 3,5 Metern. Die Stöße der Unterzüge waren nur durch kleine schmiedeeiserne Platten verbunden, die sich über die Jahre mit den Balken durchgebogen hatten. Gull griff zu einer radikalen Lösung: In den Stützenachsen wurden je zwei Querunterzüge aus I-Eisen zwischen Fassaden- und Korridormauer eingezogen, die Stützen, die ohnehin »überall ein Hindernis für zweckmässige Möblierung« waren,[20] wurden entfernt. Die Stahlträger wurden anschließend verkleidet und blieben als Balken ablesbar, in einigen Räumen wurde eine Rabitzdecke unter die Unterzüge gehängt. Die Wirkung dieser Räume, so der Architekt, sei infolge der Verminderung des Schlagschattens auf die tieferliegende Decke »viel freundlicher geworden«.[21]

Die Fenster des Semperbaus wurden ersetzt und mit Doppelverglasung versehen, die alten Flügel verbaute man in den Vitrinen der Zeichnungssäle. Zwischenwände aus Riegelholz mit Hobelspanfüllung wurden durch Schwemmsteinwände ersetzt, Sandsteintreppen »analog der Treppen im Neubau, durch Granit ersetzt«.[22] Entgegen Gulls Beschreibung handelt es bei den verwendeten Gesteinen um metamorphen Gneis. Die Eröffnung des Gotthardtunnels 1882 ermöglichte den Transport von »granitähnlichen Gneisen« aus dem Tessin und dem südwestlichen Graubünden mit ausgezeichneten bautechnischen Eigenschaften.[23] Schadhafte Sandsteinplatten der Gänge wurden im

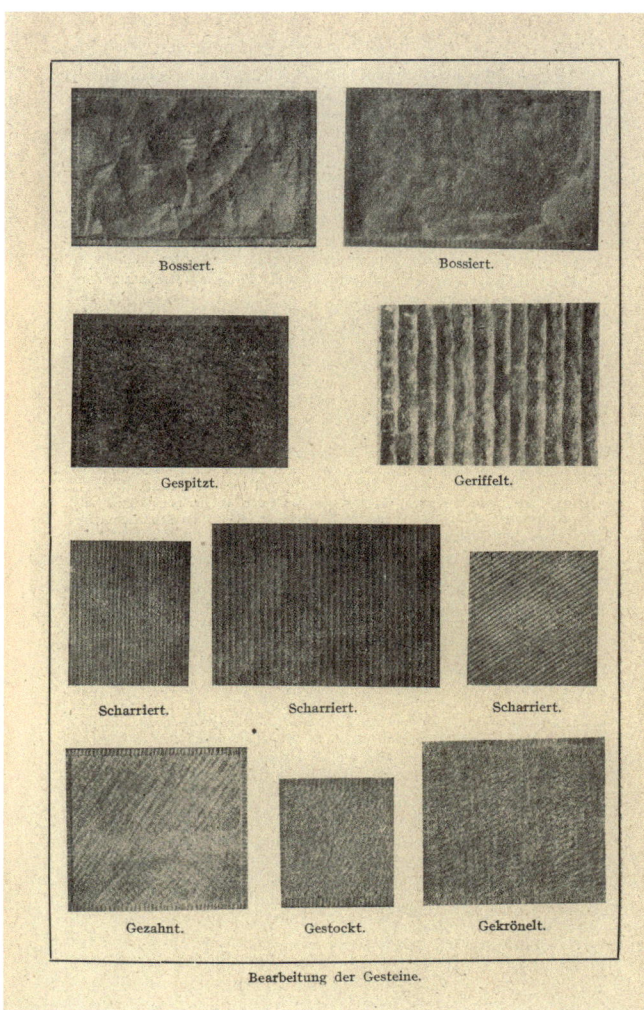

Bearbeitung der Gesteine.

Erdgeschoss durch Marmormosaikplatten aus Baldegg ersetzt, die Gänge der oberen Etagen erhielten Kork-Jaspé-Belag.[24]

Der Gründungsbau wurde noch mit einer Dampfheizung temperiert; die Leitungen mussten zyklisch mit Dampf gefüllt werden, durch Kondensation wurde Wärme an die umliegenden Räume abgegeben. Zu Beginn des 20. Jahrhunderts kamen neue Systeme auf den Markt, durch elektrische Umwälzpumpen wurde der Einsatz von Wasserheizungsanlagen attraktiv. Gull baute die neue Technik im Hauptgebäude ein, die renommierte Firma Gebrüder Sulzer AG lieferte Kessel für die beiden Heizräume neben der Rotunde, ein Kohleraum wurde unter der Brunnenhalle gebaut. Gekoppelt an das Heizsystem wurde eine Lüftungs- und Entstaubungsanlage für das Auditorium Maximum, den großen Lesesaal, die vier Hofauditorien und für sechs Abortgruppen installiert. Da während des Weltkriegs keine Kohlen erhältlich waren, wurde schließlich auf Heizkessel für Ölfeuerung umgerüstet. Die Raumtemperatur der geschlossenen Zimmer wurde auf 18°, der Erschließungsflächen auf 12° Celsius reguliert. Um die erforderliche Heizleistung zu erreichen, wurden circa 760 Heizkörper an einer 18 Kilometer langen Rohrleitung installiert.[25]

1 Zu den frühen Kunststeinen vgl.: Schmidt, Hartwig: Künstliche Steine aus Stampfbeton, in: Hassler, Uta (Hg.): Was der Architekt vom Stahlbeton wissen sollte. Zürich 2010, S. 75–85.

2 Zu den Entwicklungen der Stahlerzeugung ab 1870 vgl.: Verein Deutscher Eisenhüttenleute (Hg.): Werkstoffkunde Stahl, Bd. 1: Grundlagen. Berlin/Heidelberg/Düsseldorf 1984, S. 11–14.

3 »Hauptbau. Eidg. Techn. Hochschule«, Brief vom Eidg. Departement des Innern an das Eidg. Arbeitsamt, 12. April 1923 (Bundesarchiv Bern, CH-BAR#E3240A#1000/745#40*, Az. 2–05).

4 Gustav Gull zitiert Gottfried Semper in einem Brief an die Direktion der eidg. Bauten, 11. Mai 1923 (Bundesarchiv Bern, CH-BAR#E3240A#1000/745#40*, Az. 2–05).

5 Gull, Gustav: Baubericht, in: Eidgenössische Technische Hochschule (Hg.): Festschrift zum 75jährigen Bestehen der Eidgenössischen Technischen Hochschule in Zürich. Zürich 1930, S. 58–95, hier S. 80.

6 Prof. Dr. Ulrich Gruber untersuchte die Schliffe des Berner Sandsteins mikroskopisch: Sie zeigten zerstreute kleine grüne Punkte im Bindemittel der hellen Quarzkörner. Unter Verwendung von weißem Quarzsand mit Zusatz von Chromoxyd und Ocker zum Portlandzement konnte die Mischung erfolgreich angepasst werden. Vgl. ebd.

7 Kernbeton: 1 Teil Portlandzement aus Holderbank, 3 Teile absolut sauberer Sand, 1 Teil sauberer Schlagkies von 15–18 mm Korngröße; Vorsatz: 1 Teil Portlandzement aus Holderbank, 1 Teil Quarzsand aus Benken von 1–2 mm Korngröße, 2 Teile Quarzsand aus Benken von 0–1 mm Korngröße; Zusatz zum Vorsatzmaterial: 13‰ des Zementgewichts Chromoxyd, 39‰ des Zementgewichts Ocker; verlangte Vorsatzdicke nach der Bearbeitung mindestens 5 mm. Vgl. ebd.

8 Petry, Wilhelm: Betonwerkstein und künstlerische Behandlung des Betons. Entwicklung von den ersten Anfängen der deutschen Kunststein-Industrie bis zur werksteinmäßigen Bearbeitung des Betons. München 1913, S. 2.

9 Brief vom Eidg. Departement des Innern an das Eidg. Arbeitsamt, 12. April 1923 (wie Anm. 3).

10 Im Nachlass Gustav Gulls im gta Archiv der ETH Zürich.

11 Erhalten blieben zum Beispiel die Bossenquader der Terrassen gegen die Leonhardstrasse, die seinerzeit aus wetterbeständigem Kalksandstein aus Othmarsingen erstellt worden waren, und einige gefestigte Sandsteine, die in die Durchfahrten zu den Höfen bei der Rämistrasse versetzt wurden.

12 Gull 1930 (wie Anm. 5), S. 82. Gulls Kunststeinfassade zeigt 2015 vereinzelt Verwitterungen und Rissbilder. Ein Ersatz durch Naturstein stellt heute keine Alternative mehr dar, vielmehr sollten allfällige Fehlstellen und Rissbilder nach der Gullschen Rezeptur handwerklich repariert werden.

13 Ebd., S. 79.

14 Um die kräftigen Bossen des Erdgeschossquaderwerks reproduzieren zu können, verwendete Gull eine verhältnismäßig dicke Feinbetonschicht, die nach der Bearbeitung der Oberfläche noch mindestens 5 cm aufweisen sollte.

15 Petry 1913 (wie Anm. 8), S. 47.

16 Gull 1930 (wie Anm. 5), S. 80.

17 Ebd., S. 82.

18 Ebd., S. 81.

19 Ebd.

20 Ebd., S. 82.

21 Ebd., S. 83.

22 Ebd.

23 Quervain, Francis de: Die nutzbaren Gesteine der Schweiz. Bern 1969, S. 72.

24 Gull 1930 (wie Anm. 5), S. 83.

25 Ebd., S. 84–85.

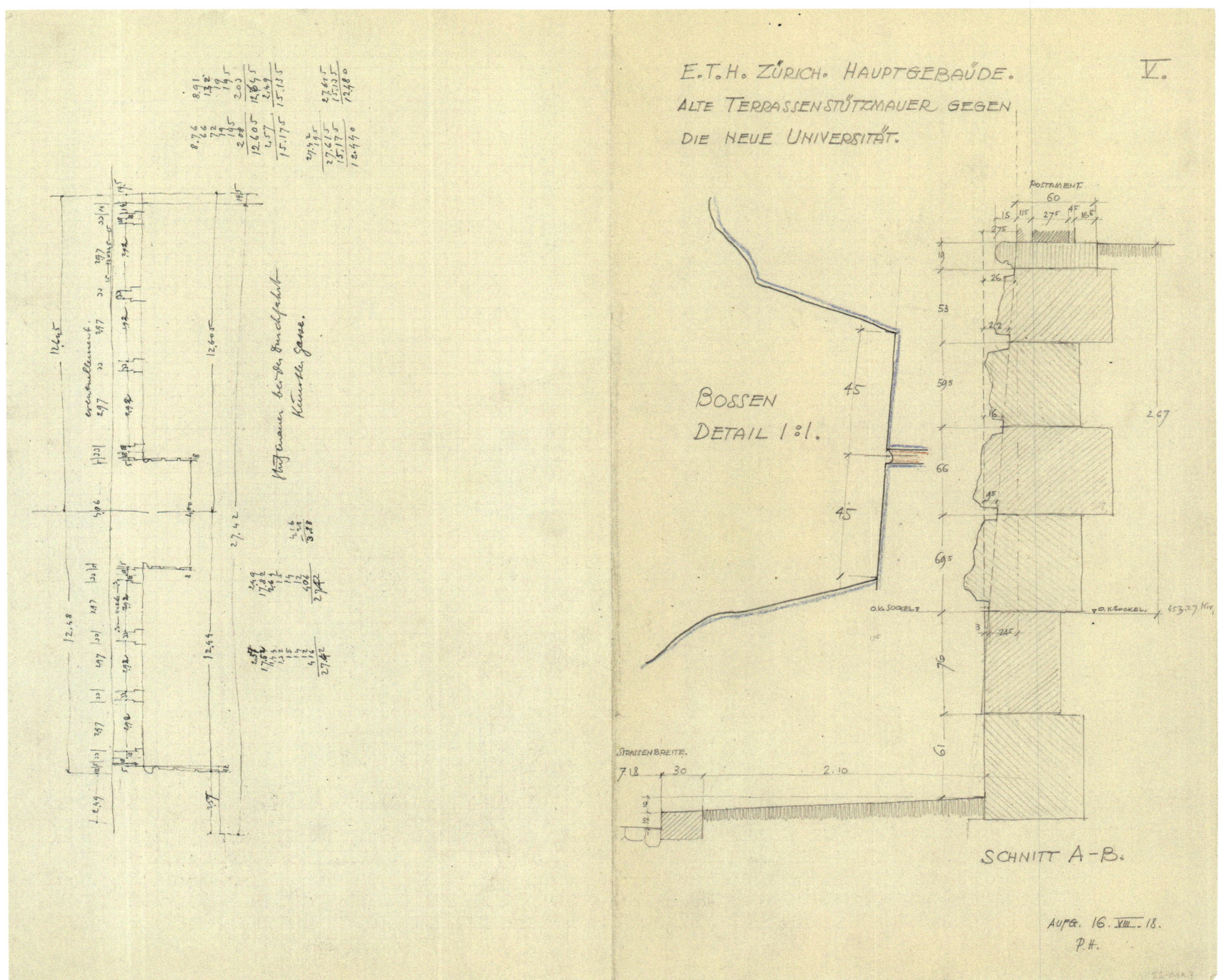

»E.T.H. ZÜRICH. HAUPTGEBÄUDE. ALTE TERRASSENSTÜTZMAUER GEGEN DIE NEUE UNIVERSITÄT.«
½ der Originalgröße

22-305-1A-7 / gta Archiv / ETH Zürich (Nachlass Gustav Gull).
Zeichnung von P. H. (16. August 1918) in Bleistift auf Papier; mit blauem und rotem Farbstift koloriert. Beschriftungen und Bemaßungen in Bleistift. 36,0 x 44,9 cm.

Gull hatte bereits bei früheren Bauten (etwa beim Land- und Forstwirtschaftlichen Institut) eine Kombination von Naturstein- und Kunststeinkonstruktionen verwendet. Die Sockelpartien des Hauptgebäudes wurden im Bereich der neuen Flügel sehr solide auf Granitmaterialien gegründet, erst im aufgehenden Mauerwerk fanden die gegossenen Quader Verwendung. Für die Stützmauern der von Gull um das Hauptgebäude herum ergänzten Terrassenanlagen wurden sowohl die bereits von Semper an der Westseite verbauten Othmarsinger Kalksandsteine wie auch die neuen Betongüsse (allerdings für traditionelle Bauformen wie schlanke Baluster und Geländerabschlüsse) eingesetzt. Vielfältige Detailskizzen belegen, wie sorgfältig Profile und Anschlüsse geplant wurden.

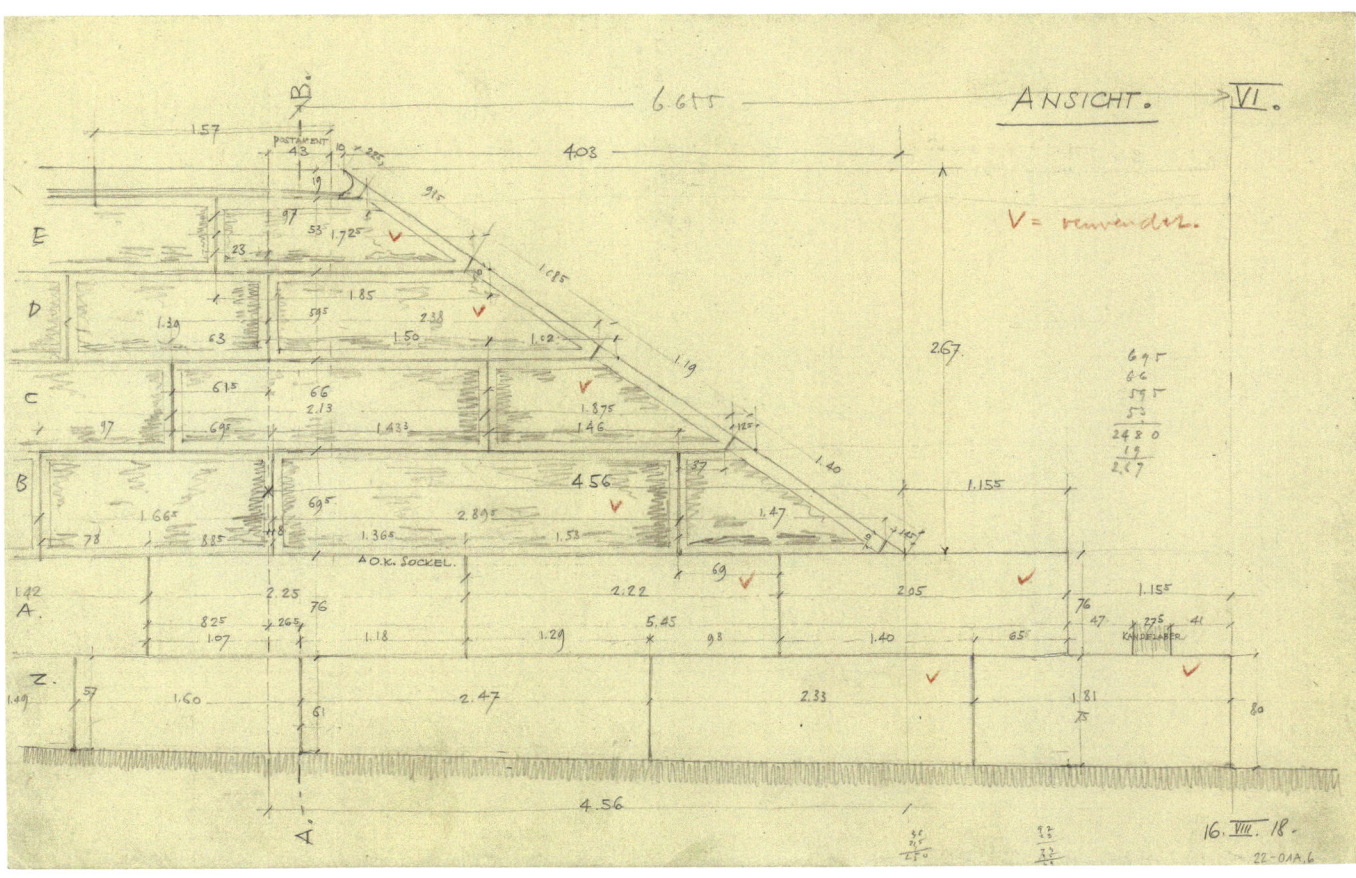

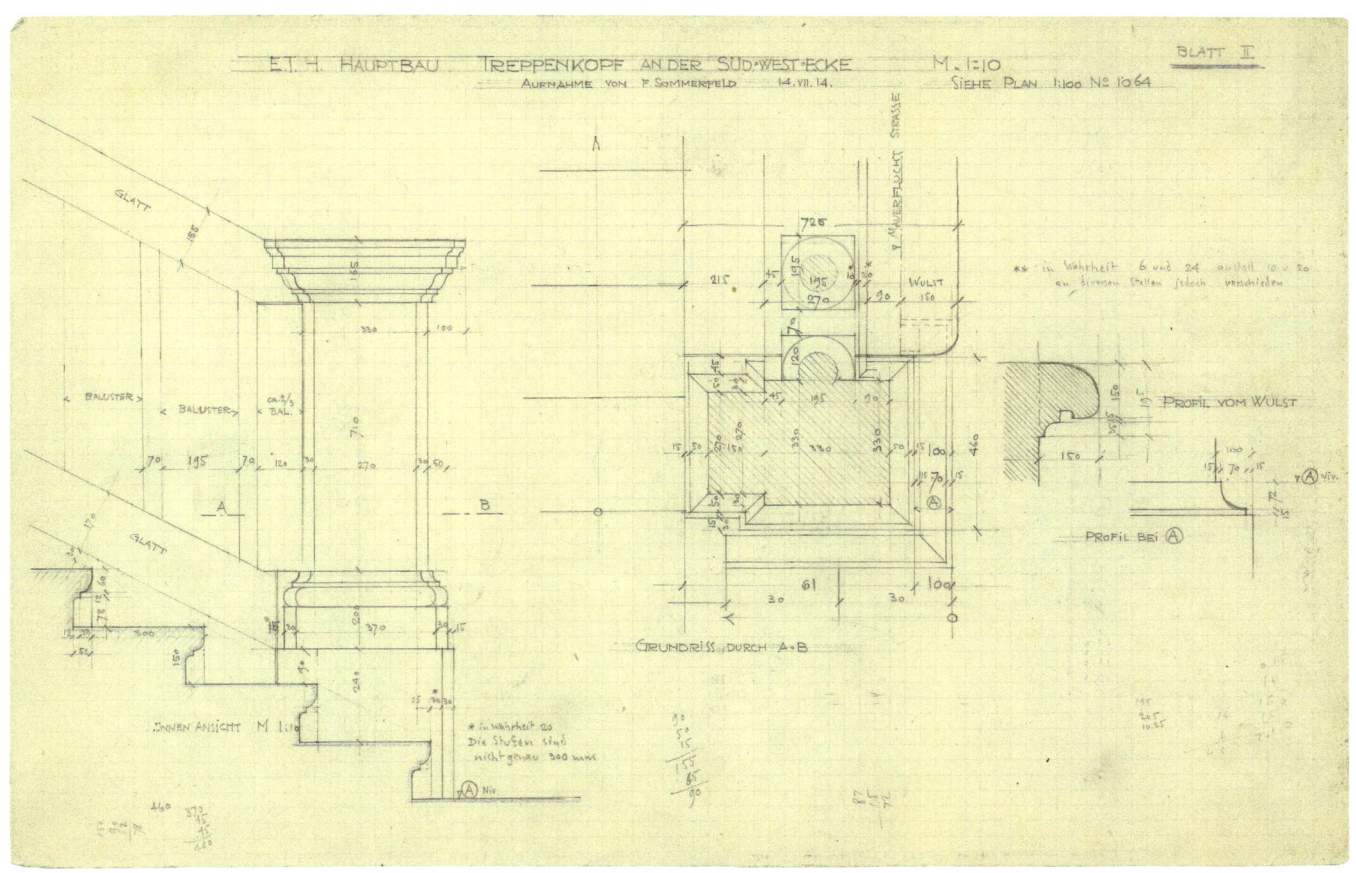

»ANSICHT.«
½ der Originalgröße

22-305-1A-6 / gta Archiv / ETH Zürich (Nachlass Gustav Gull).
16. August 1918. Zeichnung in Bleistift auf Papier. Beschriftungen und Bemaßungen in Bleistift; zusätzliche Bemaßungen und Berechnungen in Bleistift, Anmerkung in rotem Farbstift. 22,7 × 36,0 cm.

»E.T.H. HAUPTBAU. TREPPENKOPF AN DER SÜD-WEST-ECKE.«
Maßstab 1 : 20 (Original 1 : 10)

22-305-1A-1 / gta Archiv / ETH Zürich (Nachlass Gustav Gull).
Zeichnung von F. Sommerfeld (14. Juli 1914) in Bleistift auf Papier. Beschriftungen, Bemaßungen, Anmerkungen und Berechnungen in Bleistift.
22,5 × 35,5 cm.

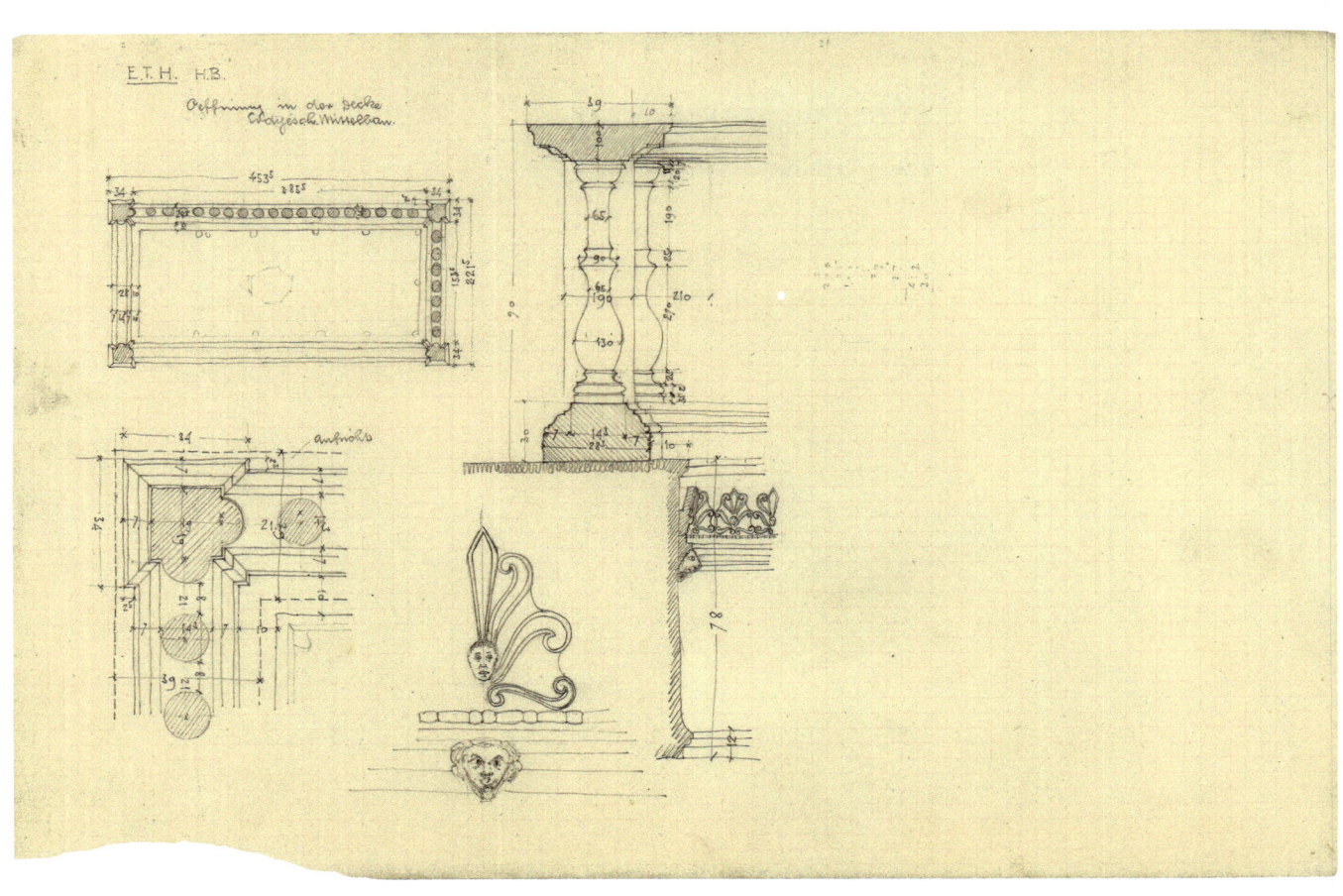

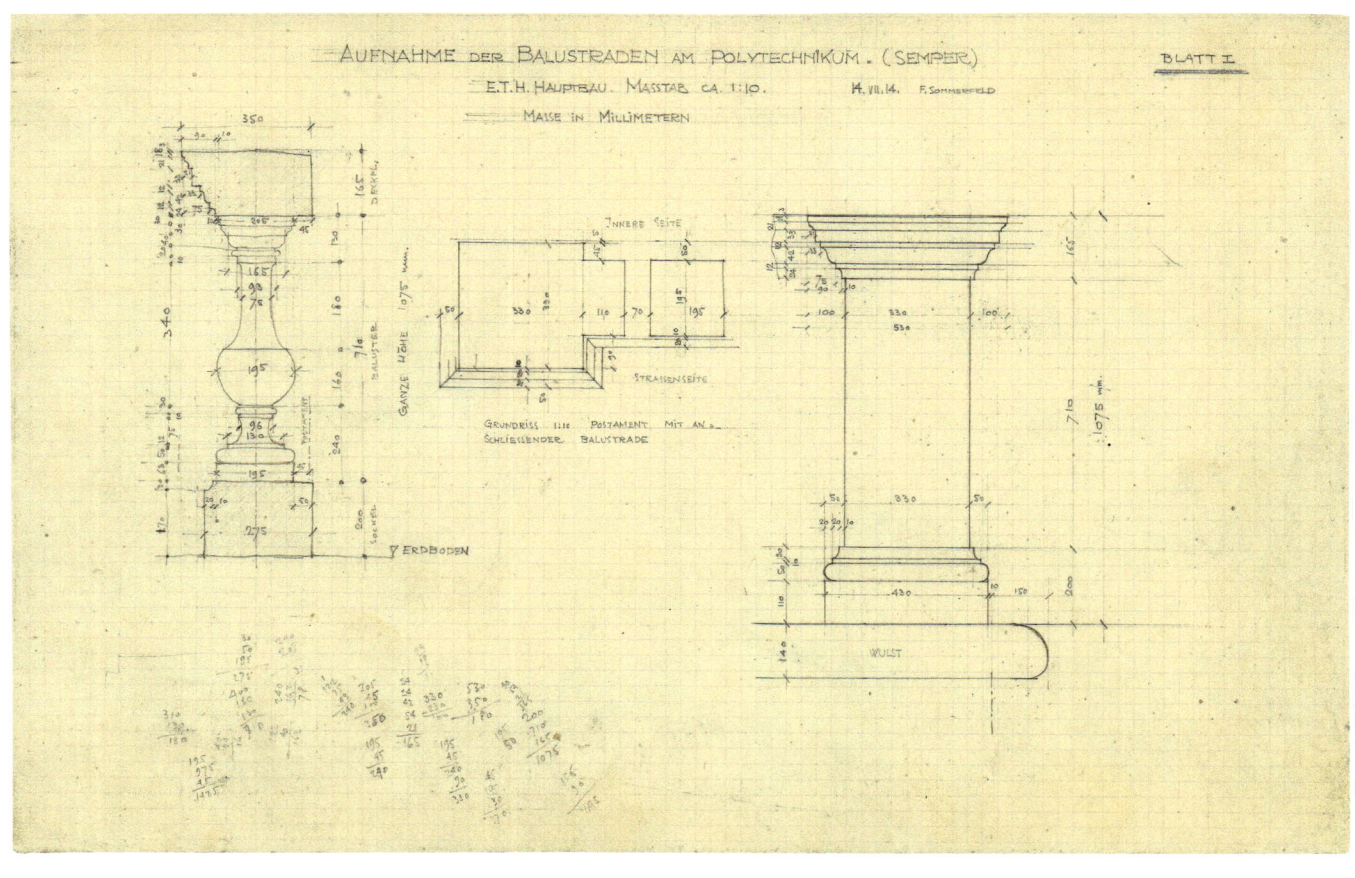

AUFNAHME DER BALUSTRADEN AM POLYTECHNIKUM. (SEMPER)   BLATT I
E.T.H. HAUPTBAU. MASSTAB CA. 1:10.   14.VII.14. F. SOMMERFELD
MASSE IN MILLIMETERN

»E.T.H. H.B. OEFFNUNG IN DER DECKE.
ERDGESCH. MITTELBAU.«
½ der Originalgröße

22-305-1A-2 / gta Archiv / ETH Zürich (Nachlass Gustav Gull).
Zeichnung in Bleistift auf Papier. Beschriftungen und Bemaßungen in
Bleistift. Ca. 22,6 x 35,5 cm.

»AUFNAHME DER BALUSTRADEN AM
POLYTECHNIKUM. (SEMPER)«
Maßstab 1 : 20 (Original 1 : 10)

22-305-1A-3 / gta Archiv / ETH Zürich (Nachlass Gustav Gull).
Zeichnung von F. Sommerfeld (14. Juli 1914) in Bleistift auf Papier. Beschriftungen, Bemaßungen und Berechnungen in Bleistift. 22,2 x 35,6 cm.

PROFILSCHABLONE DER BALUSTRADE
DER HAUPTFASSADE
Ohne Maßstab

22-305-1-795 / gta Archiv / ETH Zürich (Nachlass Gustav Gull).
Profilschablone aus Karton. Ca. 53,0 x 10,0 cm.

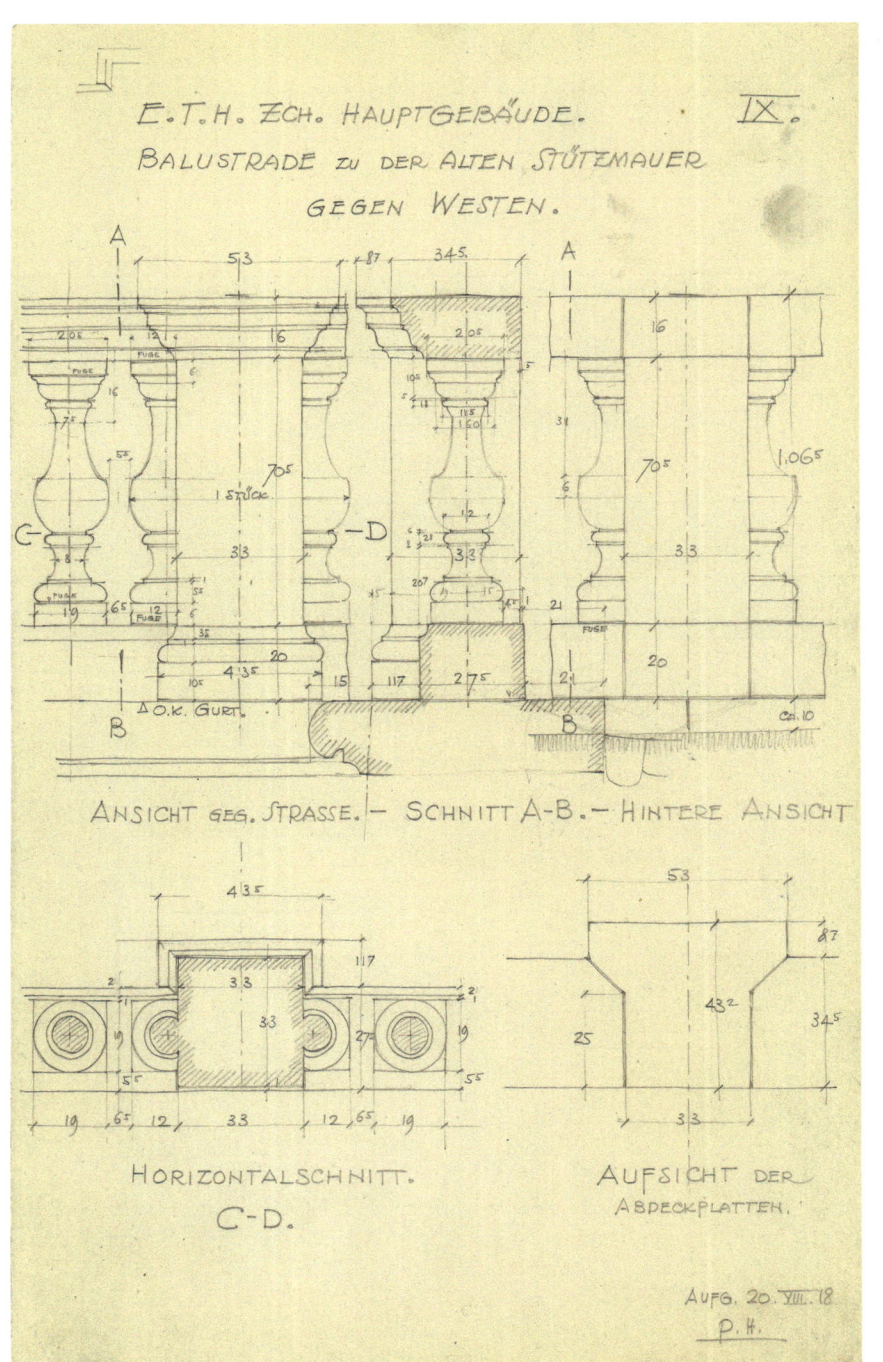
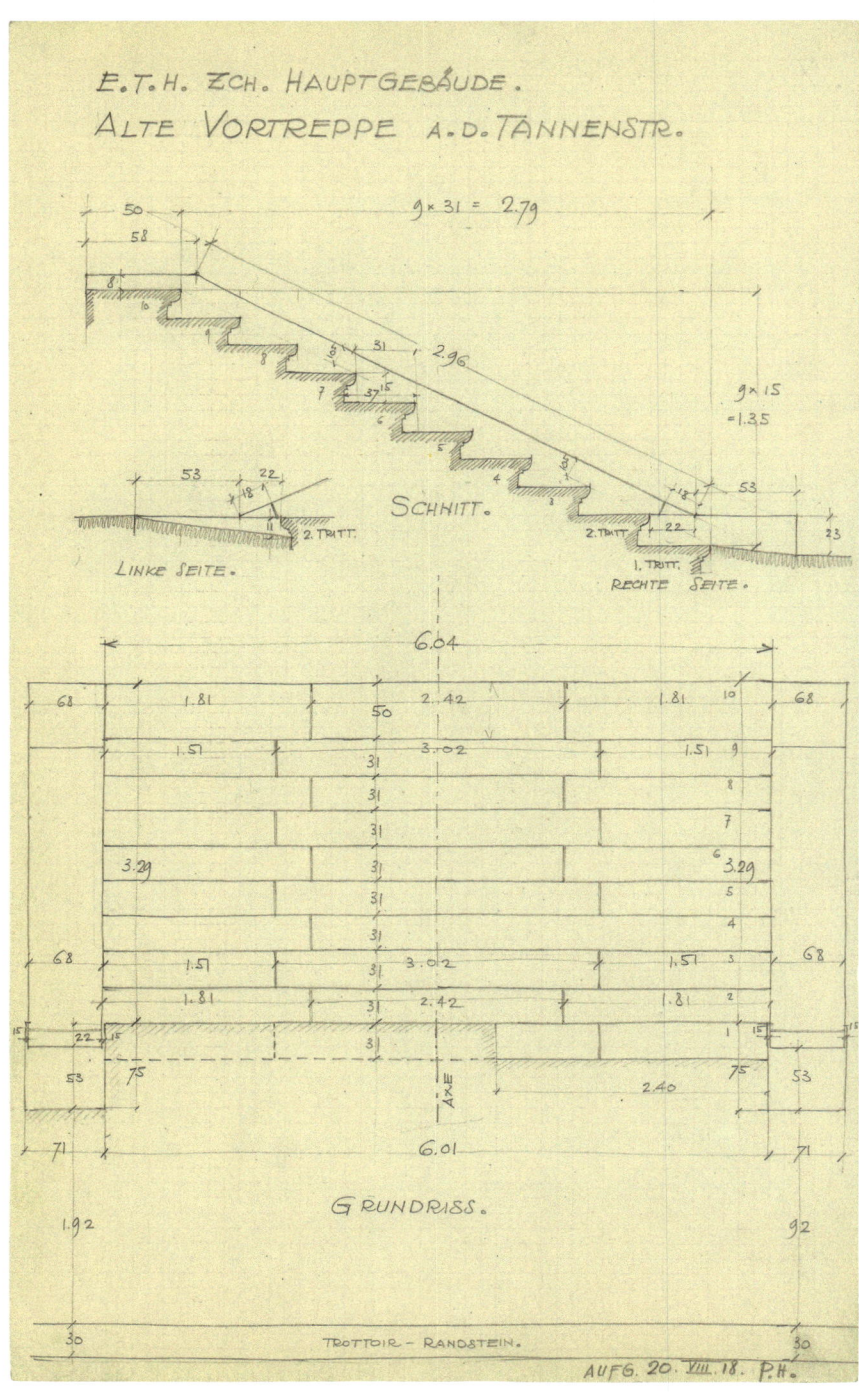

»E.T.H. ZCH. HAUPTGEBÄUDE. BALUS-
TRADE ZU DER ALTEN STÜTZMAUER
GEGEN WESTEN.«
½ der Originalgröße

22-305-1A-5 / gta Archiv / ETH Zürich (Nachlass Gustav Gull).
Zeichnung von P. H. (20. August 1918) in Bleistift auf Papier. Beschriftungen
und Bemaßungen in Bleistift. 35,9 x 22,6 cm.

»E.T.H. ZCH. HAUPTGEBÄUDE. ALTE VOR-
TREPPE A. D. TANNENSTR.«
½ der Originalgröße

22-305-1A-4 / gta Archiv / ETH Zürich (Nachlass Gustav Gull).
Zeichnung von P. H. (20. August 1918) in Bleistift auf Papier. Beschriftungen
und Bemaßungen in Bleistift. 35,9 x 22,6 cm.

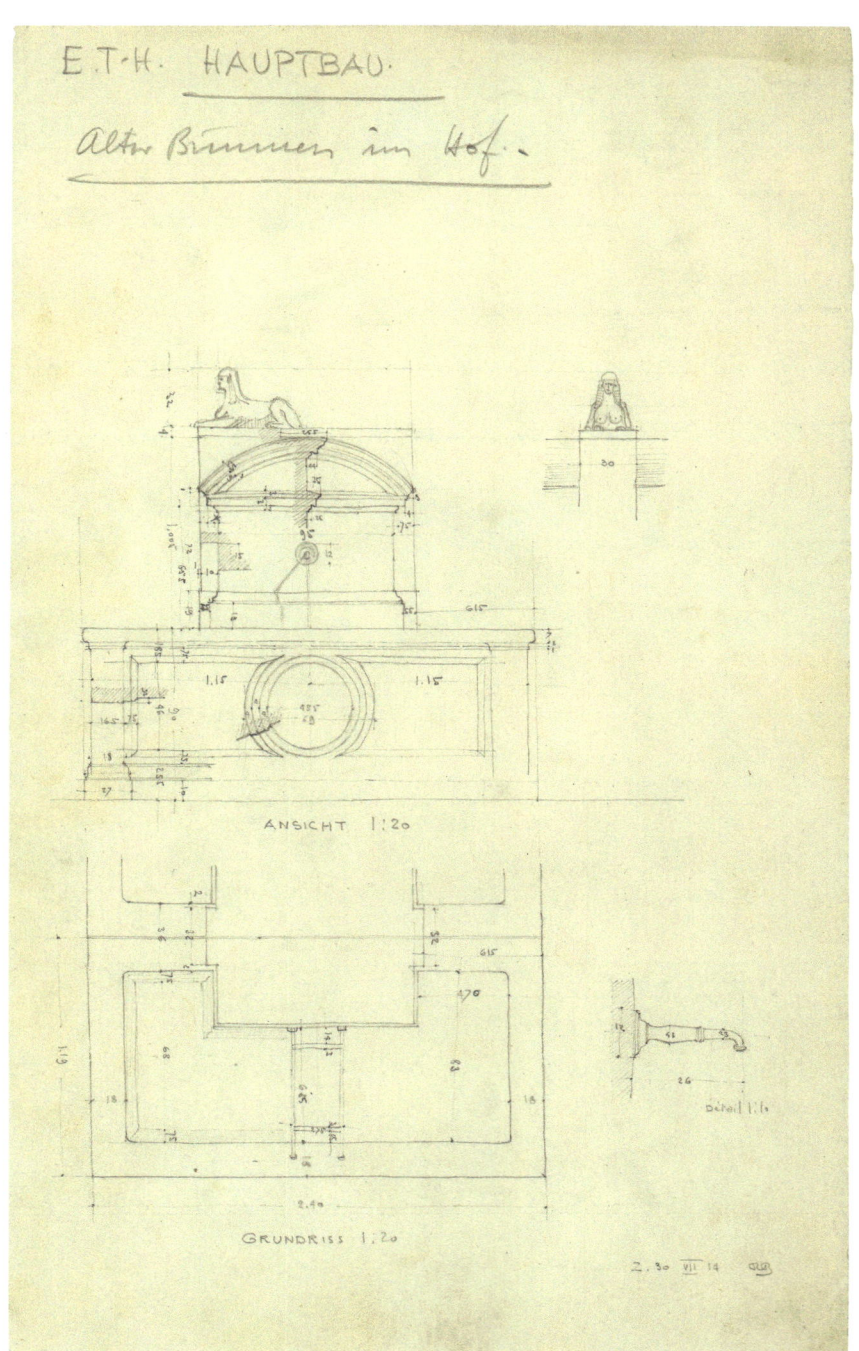
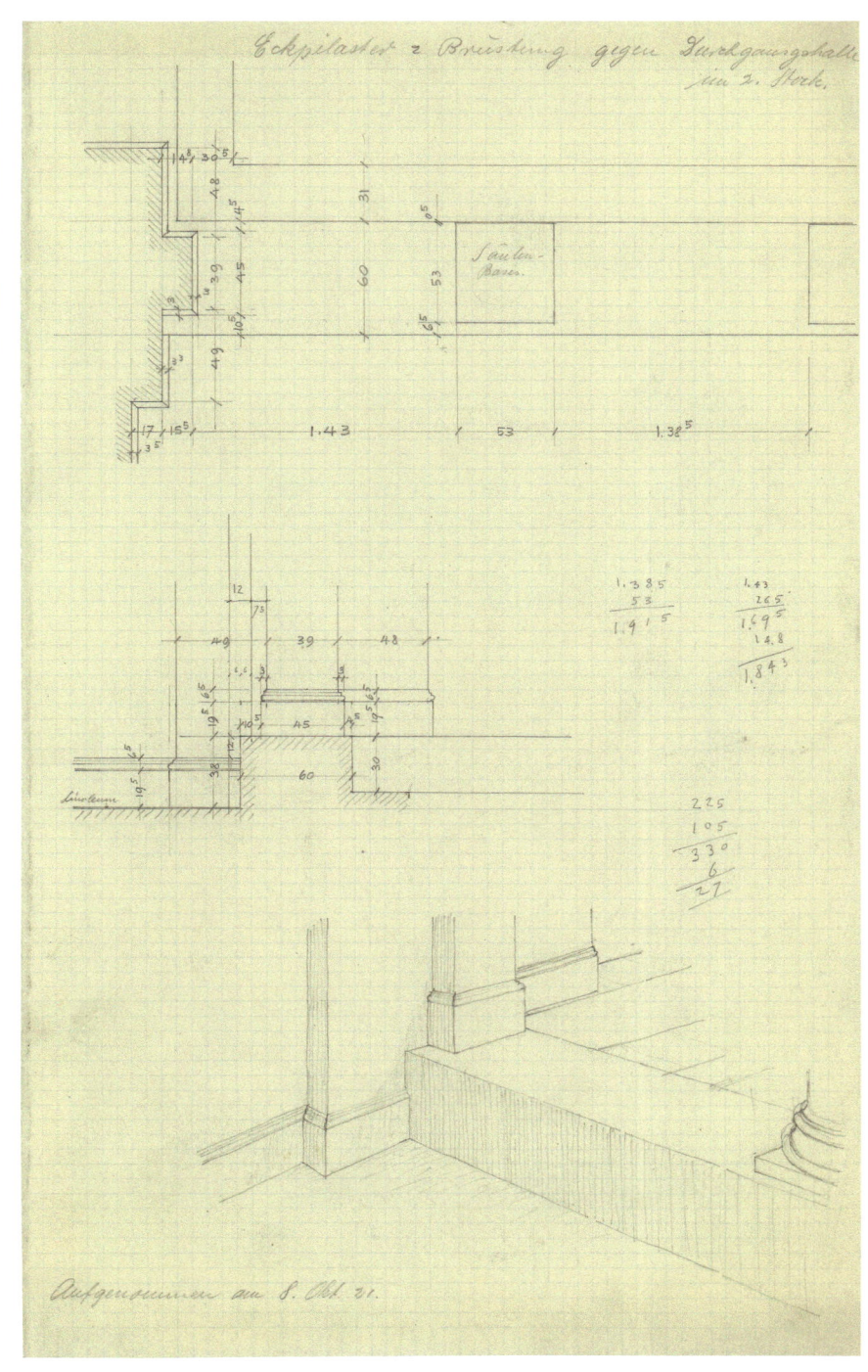

»E.T.H. HAUPTBAU. ALTER BRUNNEN IM HOF.«
Maßstab 1 : 40 / 1 : 20 (Original 1 : 20 / 1 : 10)

22-305-1A-8 / gta Archiv / ETH Zürich (Nachlass Gustav Gull).
Zeichnung von R. B. (30. Juli 1914) in Bleistift auf Papier. Beschriftungen und Bemaßungen in Bleistift. 35,3 x 22,4 cm.

»ECKPILASTER U. BRÜSTUNG GEGEN DURCHGANGSHALLE IM 2. STOCK.«
½ der Originalgröße

22-305-1A-10 / gta Archiv / ETH Zürich (Nachlass Gustav Gull).
8. Oktober 1921. Zeichnung in Bleistift auf Papier. Beschriftungen, Bemaßungen und Berechnungen in Bleistift. 36,2 x 22,8 cm.

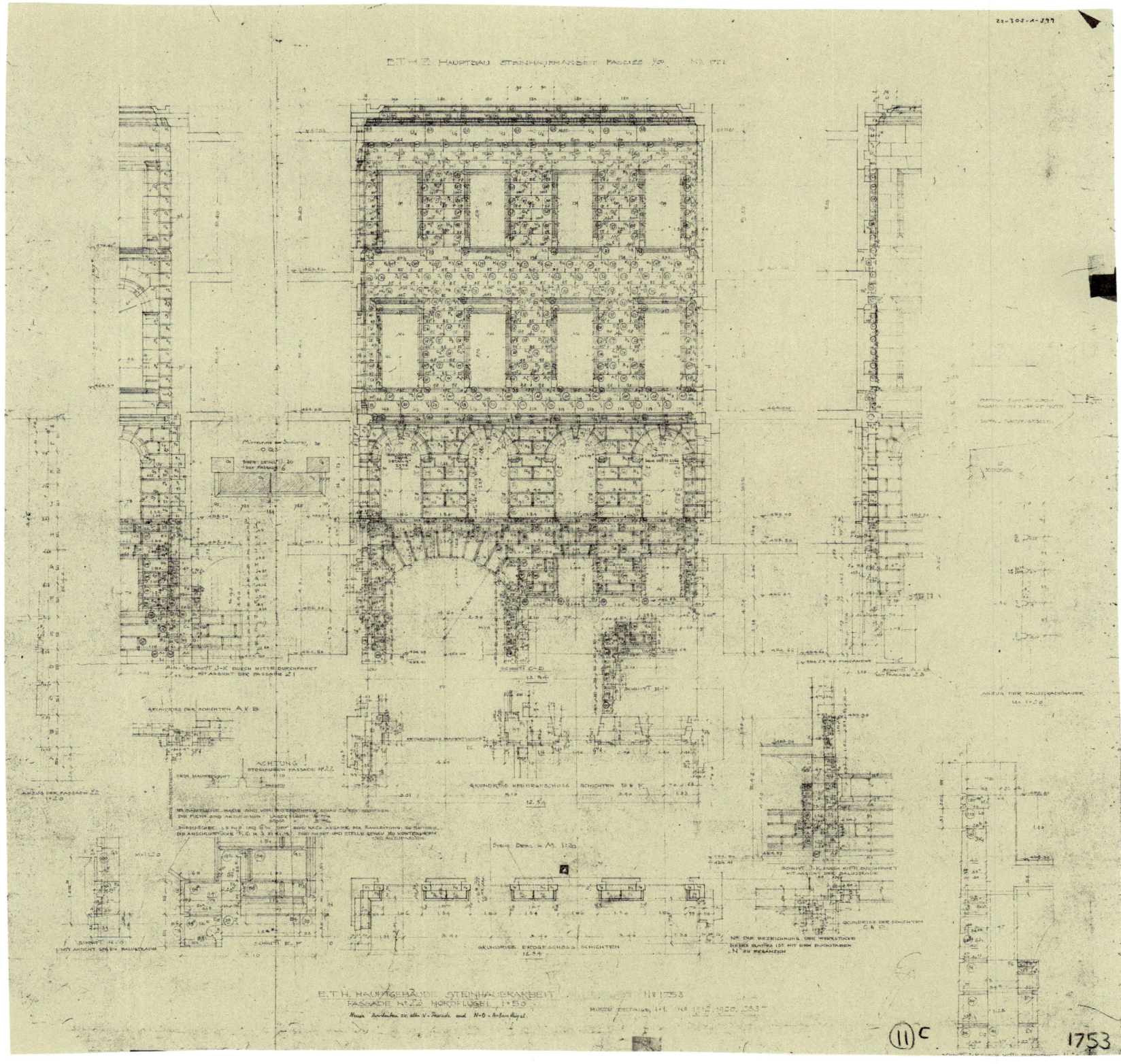

»E.T.H.Z. HAUPTBAU. STEINHAUERARBEIT.
FASSADE N° 22. NORDFLÜGEL«
Maßstab 1:200 (Original 1:50)

22-305-1-399 / gta Archiv / ETH Zürich (Nachlass Gustav Gull).
Signatur Gustav Gull. Pause auf Papier. 80,5 × 86,5 cm.

»E.T.H.Z. HAUPTBAU. STEINHAUERARBEIT.
FASSADE N° 22. NORDFLÜGEL«
Maßstab 1:50 (Original 1:50)

22-305-1-399 (Ausschnitt) / gta Archiv / ETH Zürich (Nachlass Gustav Gull).
Signatur Gustav Gull. Pause auf Papier. 80,5 × 86,5 cm.

Der Kunststeinquaderbau, der die neuen Flügel der Rämistrassenseite umhüllt, wurde wie ein Steinbau detailliert, geplant und vermaßt. Die mit Eisendrähten armierten, einzeln hergestellten Kunststeinquader wurden zunächst in Modeln gegossen, die Oberflächen dann handwerklich bearbeitet. Gull berichtet, dass der Aufwand der Oberflächenbearbeitung sehr groß gewesen sei, man habe mehr Werkzeuge verschlissen als beim Bearbeiten der Natursteinoberflächen (*Festschrift*, S. 80–81).

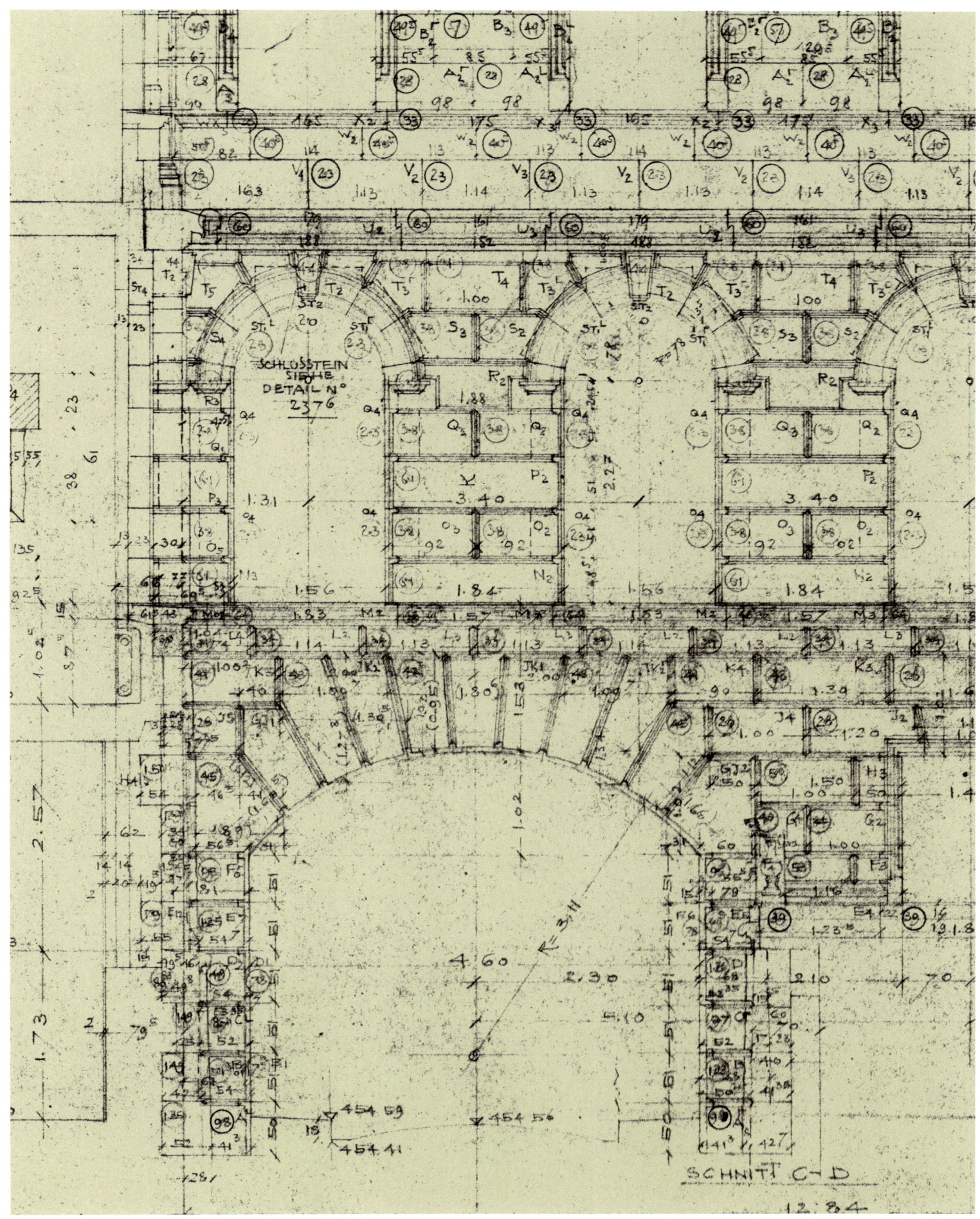

E.T.H. ZÜRICH. H.G. RENOVATION.
STEINHAUERARBEIT FASS. 1 LINKER & RECHTER FLÜGEL.
NORMALAXE 1/20.

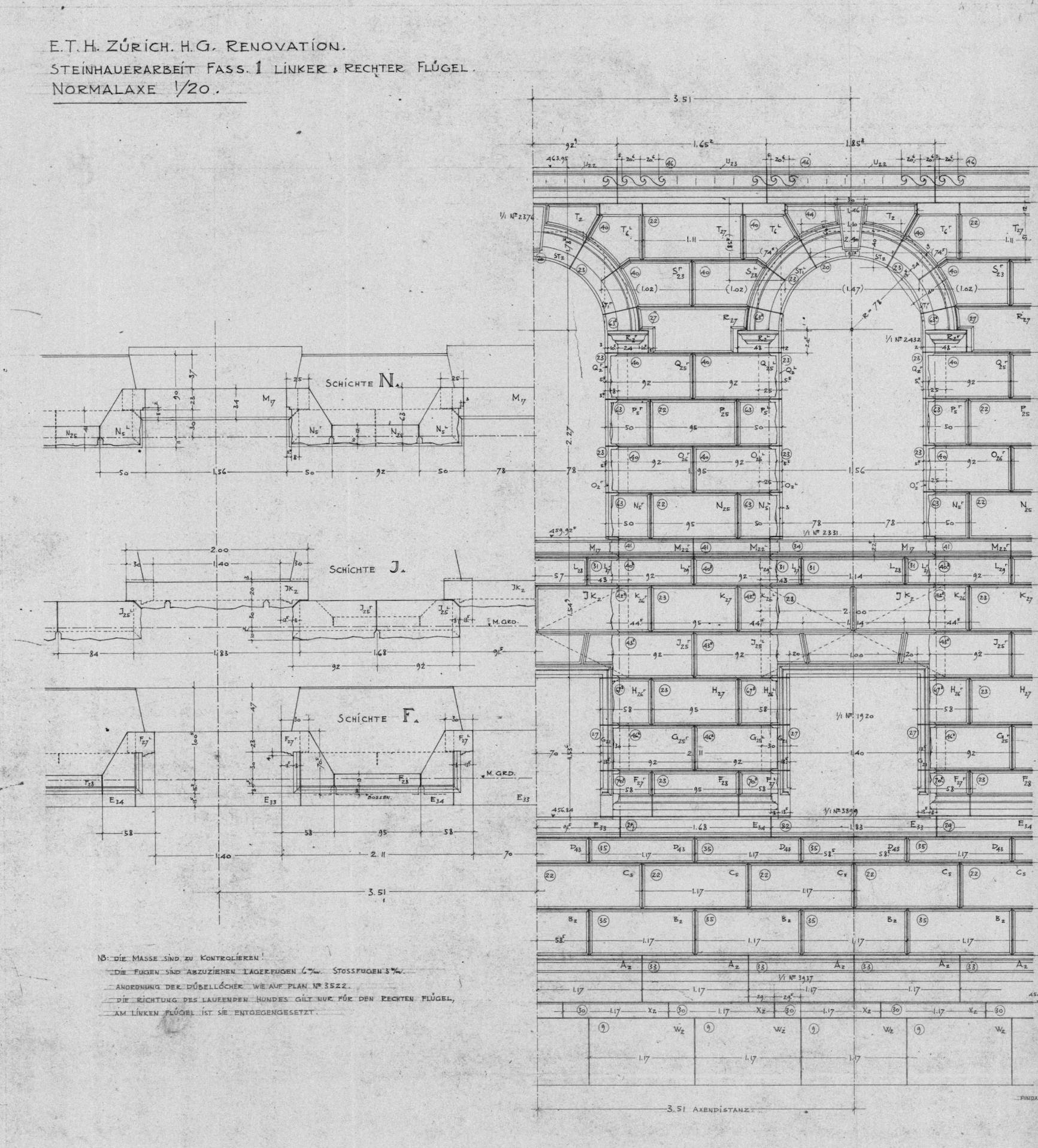

NB: DIE MASSE SIND ZU KONTROLIEREN!
DIE FUGEN SIND ABZUZIEHEN LAGERFUGEN 6%., STOSSFUGEN 3%.
ANORDNUNG DER DÜBELLÖCHER WIE AUF PLAN N° 3522.
DIE RICHTUNG DES LAUFENDEN HUNDES GILT NUR FÜR DEN RECHTEN FLÜGEL,
AM LINKEN FLÜGEL IST SIE ENTGEGENGESETZT.

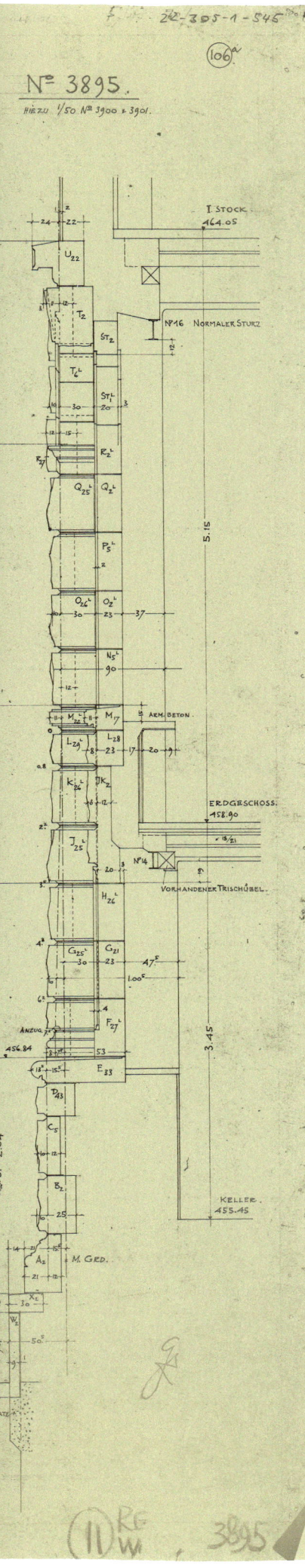

»E.T.H. ZÜRICH. H.G. RENOVATION. STEINHAUERARBEIT FASS. 1 LINKER, RECHTER FLÜGEL.«
Maßstab 1 : 50 (Original 1 : 20)

22-305-1-545 / gta Archiv / ETH Zürich (Nachlass Gustav Gull).
Signatur Gustav Gull. Pause auf Papier. 67,5 x 73,5 cm.

Den Austausch der Natursteinfassaden an den Flügeln des Semperbaus plante Gull ebenfalls ›steingerecht‹; der Detailplan im Maßstab 1 : 20 gibt einen konstruktiven Schnitt, der sich an Sempers Fassadenschnitten orientiert, vereinfacht allerdings die Schichtungen in der Ansicht. Gull translozierte pietätvoll einen kleinen Teil der Semperquader in die geschützten Durchfahrtsbereiche zu den Höfen der neuen Flügel im Osten, wir haben aber – mit Ausnahme der guten Dokumentation auf den Glasplattennegativen – keinen Hinweis auf den Verbleib und die Details der originalen Steinfassaden. Werkpläne für den Ersatz des Südportals der ETH (von Gull euphemistisch als »Renovation« bezeichnet) belegen immerhin Gulls Meisterschaft in geometrischer Detailausbildung und -darstellung.

E.T.H. Zürich. H.G. Renovation.
Steinhauerarbeit Fass. 4. Mittelbau-Portal 1/20.

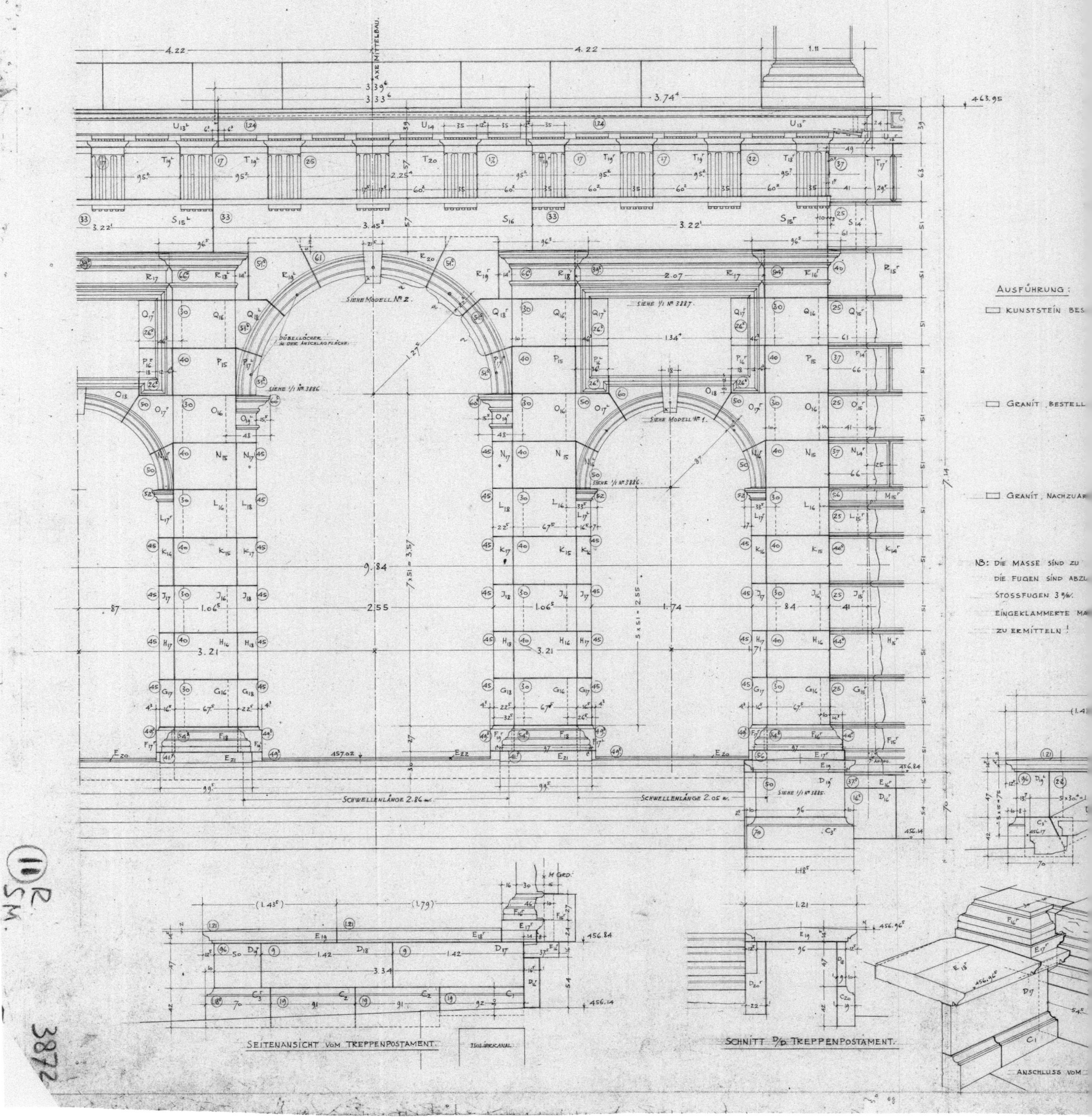

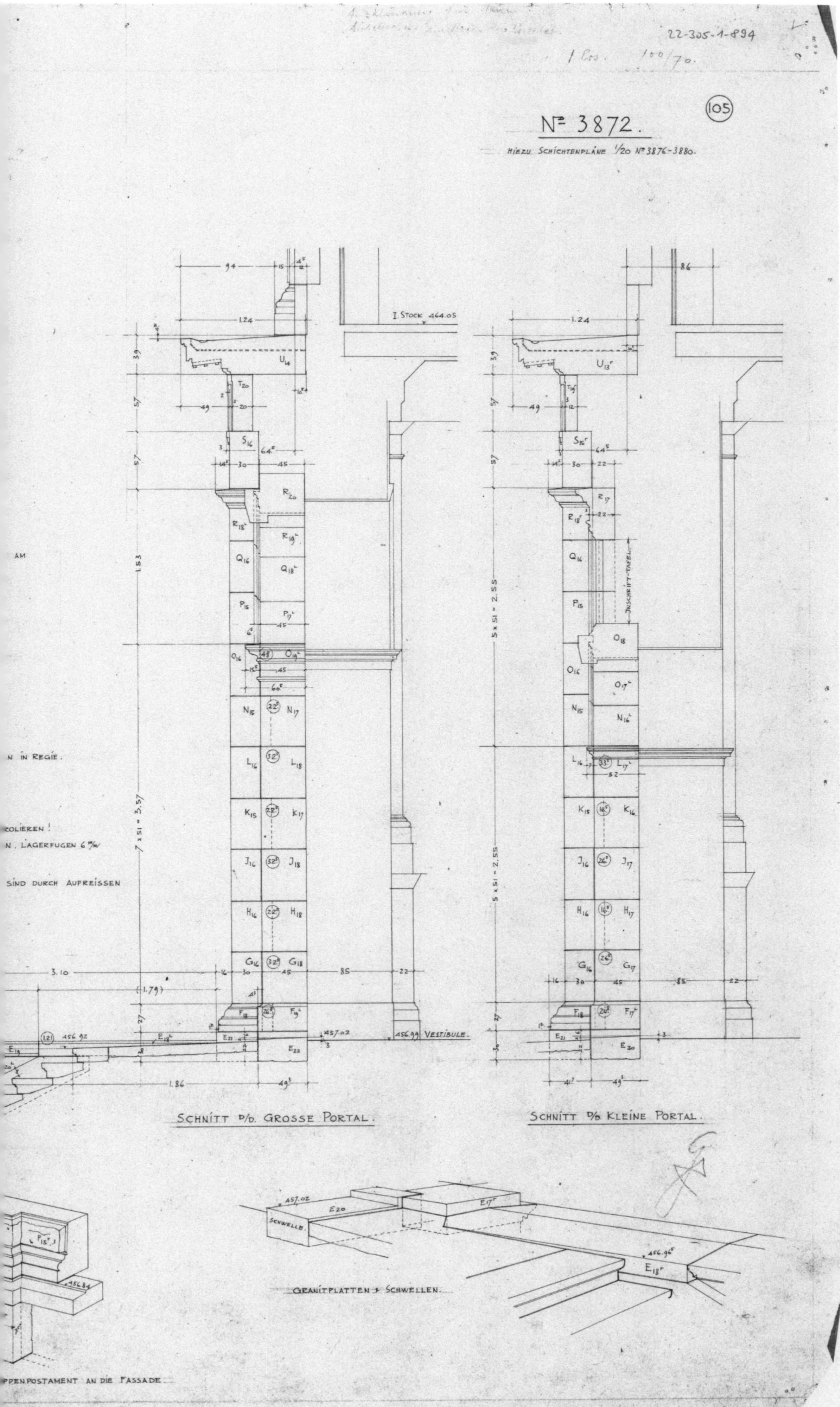

»E.T.H. ZÜRICH. H.G. RENOVATION. STEINHAUERARBEIT FASS. 4. MITTELBAU-PORTAL«
Maßstab 1 : 50 (Original 1 : 20)

E.T.H. ZÜRICH, H.G. RENOVATION
HAUPTGESIMSE IM HOF. NORDFLÜGEL 1/1
№ 4226.
BACKSTEIN
O.K. TERRASSE
KIESBETON
BLEI
MAHUTH
MAUERSTREIFEN
ZEMENTÜBERZUG
BETON
474.90
HÖCHSTER PUNKT
PFOSTEN FÜR WASCHHÄNGE-VORRICHTUNG.
61.5
60
BÜGEL ALLE 50 %m.
ABL. ROHR
FASSADENFLUCHT
13d
4226

SCHLACKEN-
DACHPAPPE
20
25

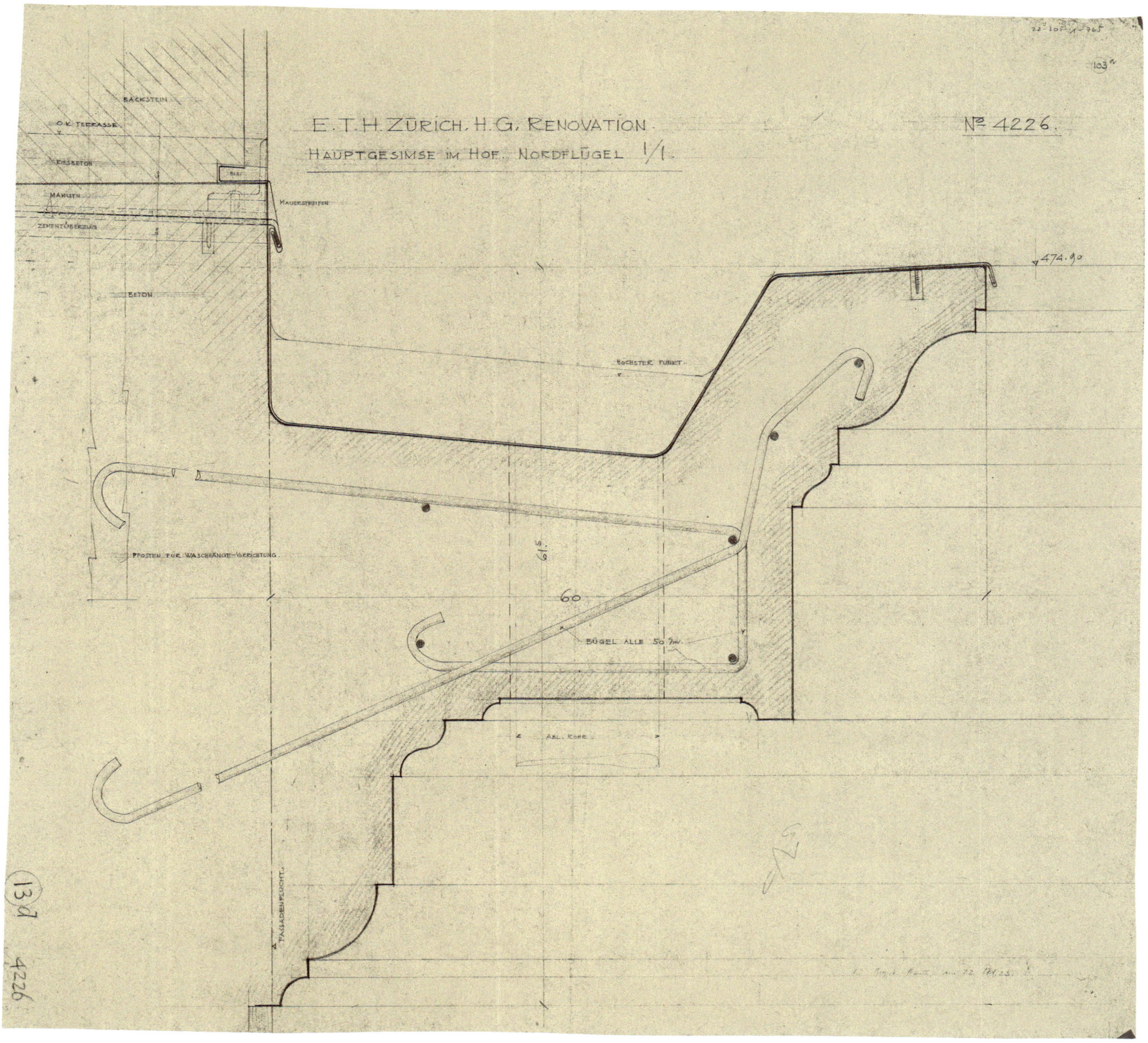

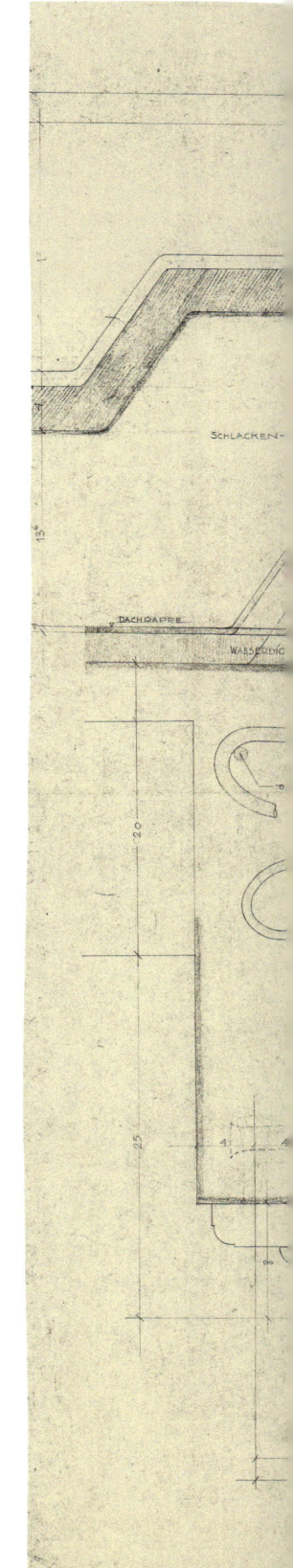

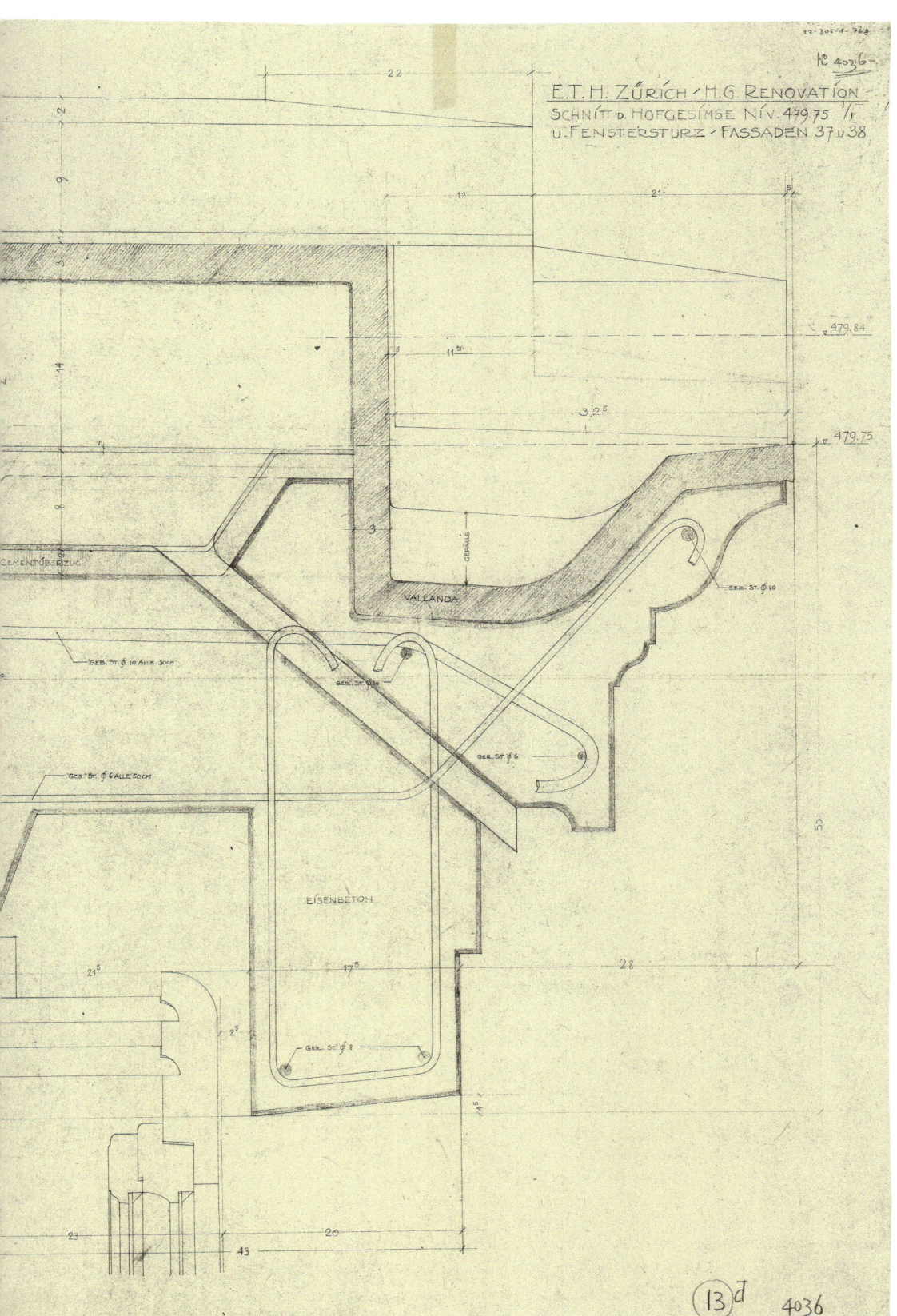

»E.T.H. ZÜRICH. H.G. RENOVATION. HAUPTGESIMSE IM HOF. NORDFLÜGEL«
Maßstab 1 : 5 (Original 1 : 1)

22-305-1-765 / gta Archiv / ETH Zürich (Nachlass Gustav Gull).
Signatur Gustav Gull, 27. Oktober 1923. Pause auf Papier. 85,0 x 94,0 cm.

»E.T.H. ZÜRICH. H.G. RENOVATION. SCHNITT D. HOFGESIMSE NIV. 479.75 U. FENSTERSTURZ FASSADEN 37 U. 38«
Maßstab 1 : 5 (Original 1 : 1)

22-305-1-768 / gta Archiv / ETH Zürich (Nachlass Gustav Gull).
Pause auf Papier. 106,5 x 94,0 cm.

Die »Renovation« der Außenfassaden würde heute unter dem Signum ›Komplettersatz des Steinbaus durch Kunststeinkopien‹ firmieren, eindrucksvoll bleibt dennoch die Beherrschung der konstruktiven Details von Profilausbildung, Fugenanschlüssen und Fügung der Teile. Die Pläne im Maßstab 1 : 5 zeigen auch die Lage der Eisenarmierungen.

E.T.H. ZÜRICH. H.G. RENOVATION.
HAUPT-MITTELBAU II. STOCK & ATTIKA. 1/20.

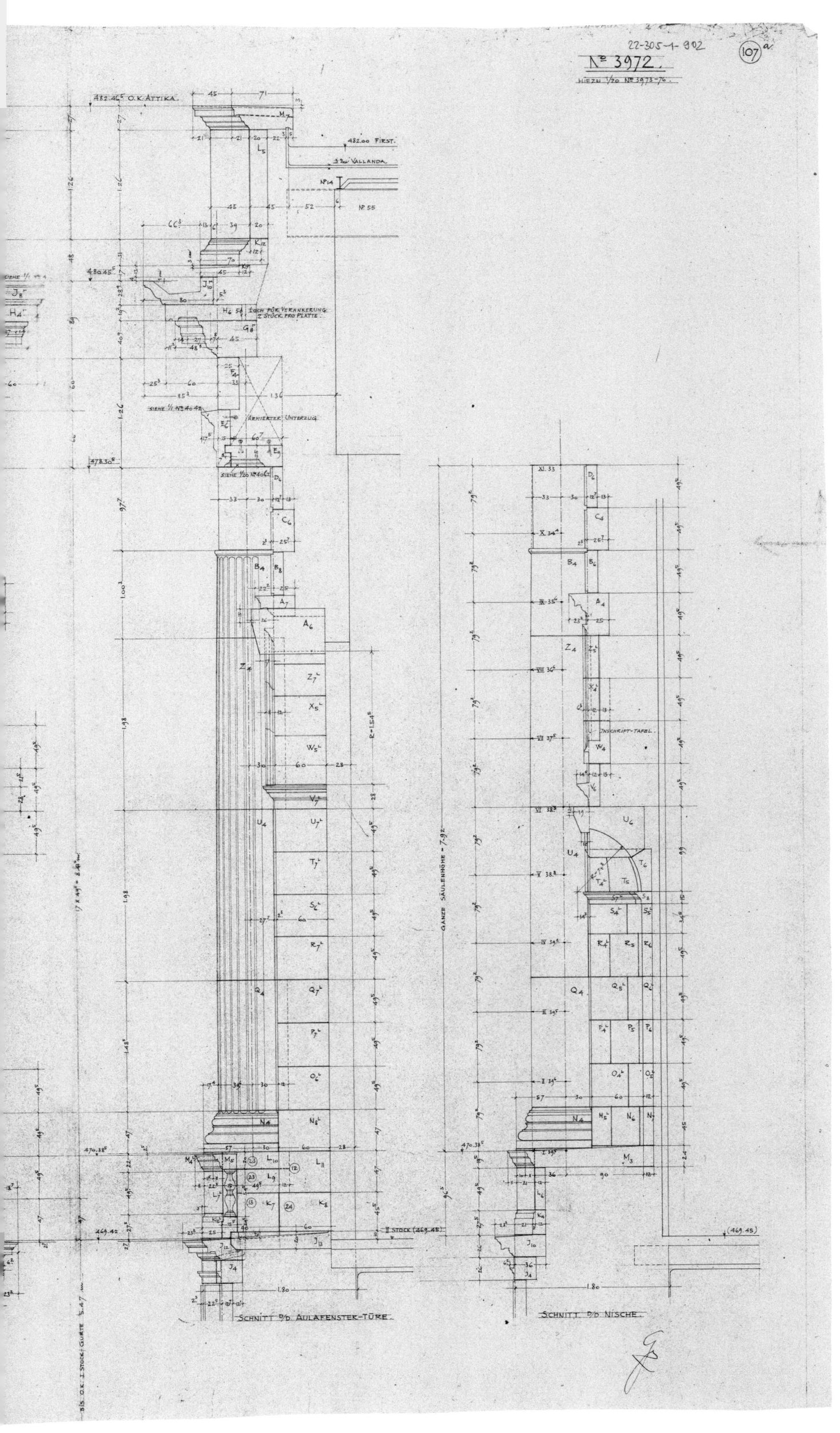

»E.T.H. ZÜRICH. H.G. RENOVATION.
HAUPT-MITTELBAU II. STOCK & ATTIKA.«
Maßstab 1 : 50 (Original 1 : 20)

22-305-1-902 / gta Archiv / ETH Zürich (Nachlass Gustav Gull).
Signatur Gustav Gull. Pause auf Papier. 81,2 x 112,6 cm.

Ansicht und Schnitte der neu geplanten Fassadenhaut aus Kunststeinquadern bei der Aula. Gull übernimmt im Wesentlichen Sempers Steinschnitte; er rechnet in Metermaßen, Sempers Pläne waren noch in Fuß vermaßt.

E.T.H. ZÜRICH. HAUPTGEBÄUDE. RENOVATION.

BEILAGE ZUM VORAUSMASS UND ZUR PREISEINGABE ÜBER DIE AUSFÜHRUNG VON GLASERARBEITEN FÜR DIE FASSADEN 1, 2, 3, 25, 26. FASS 4 MITTELBAU u. LINKER FLÜGEL, UND RECHT. RISALIT FASS. 24.

N° 3965.

POS.		STÜCK	LICHTMASS	AUSSENMASS	AUSMASS M²
1a	HOF-FASSADEN 37 & 38 UNTERES BIBLIOTHEKGESCHOSS 1/10 N° 3083	10	2.48/1.28	2.78/1.58	44.-
	DITO OBERES BIBLIOTHEKGESCHOSS 1/10 N° 3084	13	2.48/1.18	2.78/1.48	53.5
				TOTAL m²	97.5
1b	SÜD-MITTELBAU DACHSTOCK	5	1.07/1.05	1.32/1.30	8.6
				TOTAL m²	8.6
2a	HOF-FASSADEN 36 & 37 UNTERGESCHOSS 1/20 N° 2764	16	.90/1.83	1.15/2.08	38.3
	SÜD-MITTELBAU UNTERGESCHOSS	2	1.05/1.53	1.30/1.78	4.7
	HAUPT-MITTELBAU ERDGESCHOSS	2	.64/1.53	.89/1.78	3.1
				TOTAL m²	46.1
2b	HOF-FASSADE 38 HOF-EINBAUTE 1/20 N° 3346	3	1.56/1.82	1.81/2.07	11.3
				TOTAL m²	11.3
3	FASSADEN 1, 2, 3, 4, 24, 25 & 26 UNTERGESCHOSS 1/20 N° 3167	37	1.40/1.53	1.65/1.78	108.7
				TOTAL m²	108.7
4	FASSADEN 1, 2, 3, 4, 24, 25 & 26 I. STOCK 1/20 N° 3749	49	1.44/2.78	1.69/3.03	251.-
	DITO IM II. STOCK 1/20 N° 3750	39	1.39/2.74	1.64/2.99	191.3
	HOF-FASSADEN 36, 37, 38, 39, 40 & 41. I. STOCK 1/20 N° 3079	26	1.35/2.76	1.60/3.01	125.2
	DITO IM II. STOCK & DACHSTOCK 1/20 N° 3080	33	1.35/2.70	1.60/2.95	155.7
	HOFFASSADEN 36 & 37 DACHSTOCK 1/20 N° 3090	7	1.40/2.53	1.70/2.83	33.7
				TOTAL m²	756.9
5	HOFFASSADE 36 DACHSTOCK 1/20 N° 3087	6	1.78/2.89	2.03/3.14	38.3
				TOTAL m²	38.3
5b	HOFFASSADE 36 DACHSTOCK 1/20 N° 3087	2	1.78/3.51	2.03/3.76	15.4
				TOTAL m²	15.4
6	SÜD-MITTELBAU ERDGESCHOSS	2	1.46/3.00	1.71/3.25	11.1
	HAUPT-MITTELBAU ERDGESCHOSS	4	1.16/2.60	1.41/2.85	16.1
	HOFFASSADEN 39 & 41 ERDGESCHOSS	4	1.20/2.76	1.45/3.01	17.5
				TOTAL m²	44.7
7	HOFFASSADEN 36, 37 & 38 ERDGESCHOSS 1/10 N° 3094	21	1.56/2.94	1.81/3.19	121.3
	HOFFASSADE 40 I. STOCK	3	1.80/3.00	2.05/3.25	24.4
	" " ERDGESCHOSS	3	1.80/3.35	2.05/3.60	22.2
	" " UNTERGESCHOSS	2	1.80/3.15	2.05/3.40	14.-
				TOTAL m²	181.9
7b	HOFFASSADE 38 ERDGESCHOSS 1/20 N° 3117	1	1.56/3.58	1.81/3.88	7.1
				TOTAL m²	7.1
8	FASSADEN 1, 2, 3, 4, 24, 25 & 26 ERDGESCHOSS 1/20 N° 3751	37	1.56/3.05	1.81/3.30	221.-
				TOTAL m²	221.-

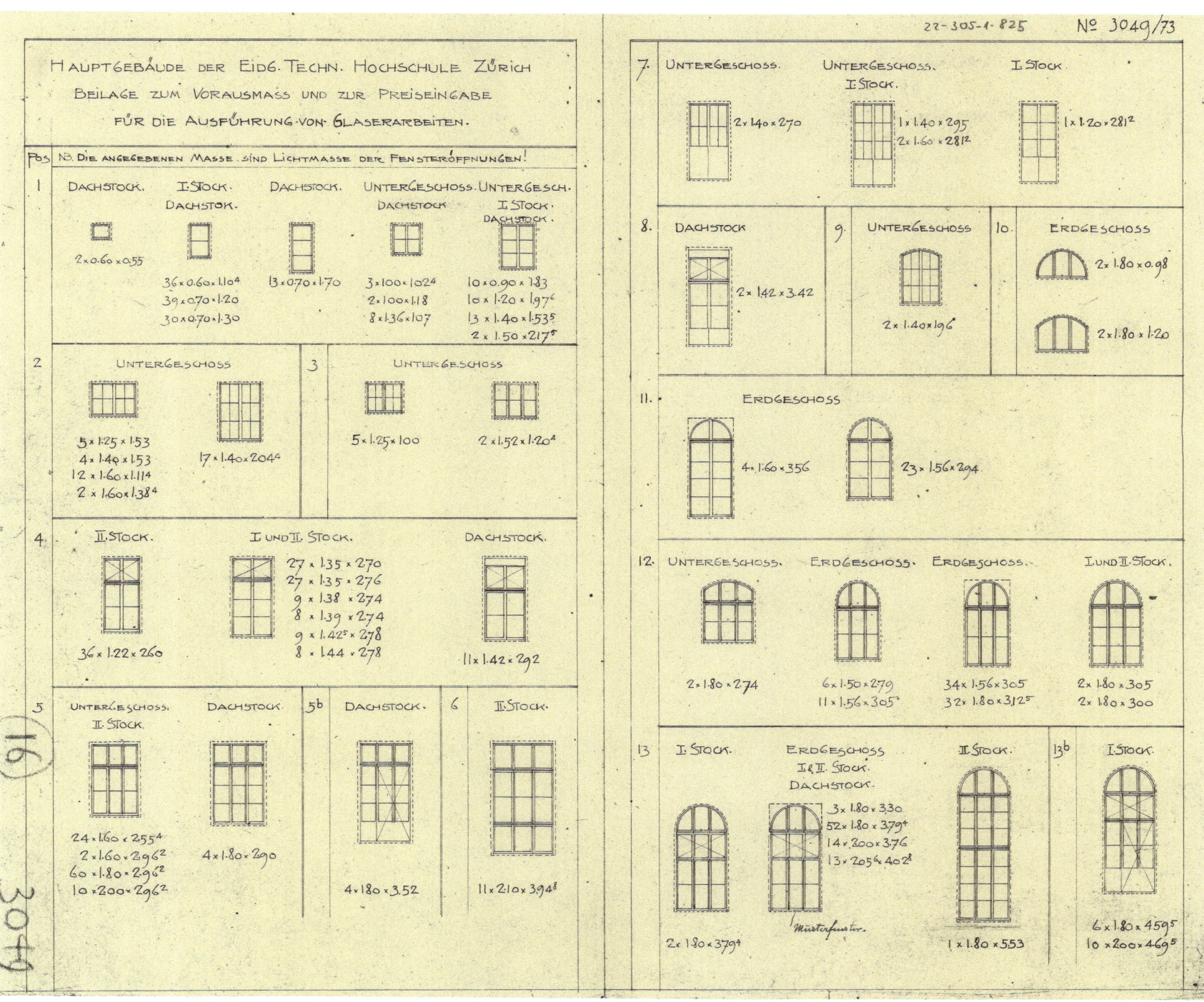

»HAUPTGEBÄUDE DER EIDG. TECHN.
HOCHSCHULE ZÜRICH. BEILAGE ZUM
VORAUSMASS UND ZUR PREISEINGABE
FÜR DIE AUSFÜHRUNG VON GLASER-
ARBEITEN.«
Maßstab 1:200 (Original 1:100)

22-305-1-825 / gta Archiv / ETH Zürich (Nachlass Gustav Gull).
Pause auf Papier. 37,0 × 43,8 cm.

Bei der Erneuerung der Fassaden des Semperbaus wurden alle Holzfenster (mit Ausnahme
der großen Rundbogenfenster der Aula, die
bereits zweischichtig ausgeführt worden waren)
durch neue, hochsolide Verbundfensterkon-
struktionen ersetzt. Gull ließ die vorhandenen
Fensterformate sorgfältig dokumentiert, Aufmaße des Bestands sind erhalten. Hier
zwei Blätter eines Katalogs, der der Ausschrei-
bung der Glaserarbeiten diente. Offenbar wurde auch über einen Austausch der hohen Aula-
fenster nachgedacht, das Maß 1,80 × 5,53
deutet darauf hin.

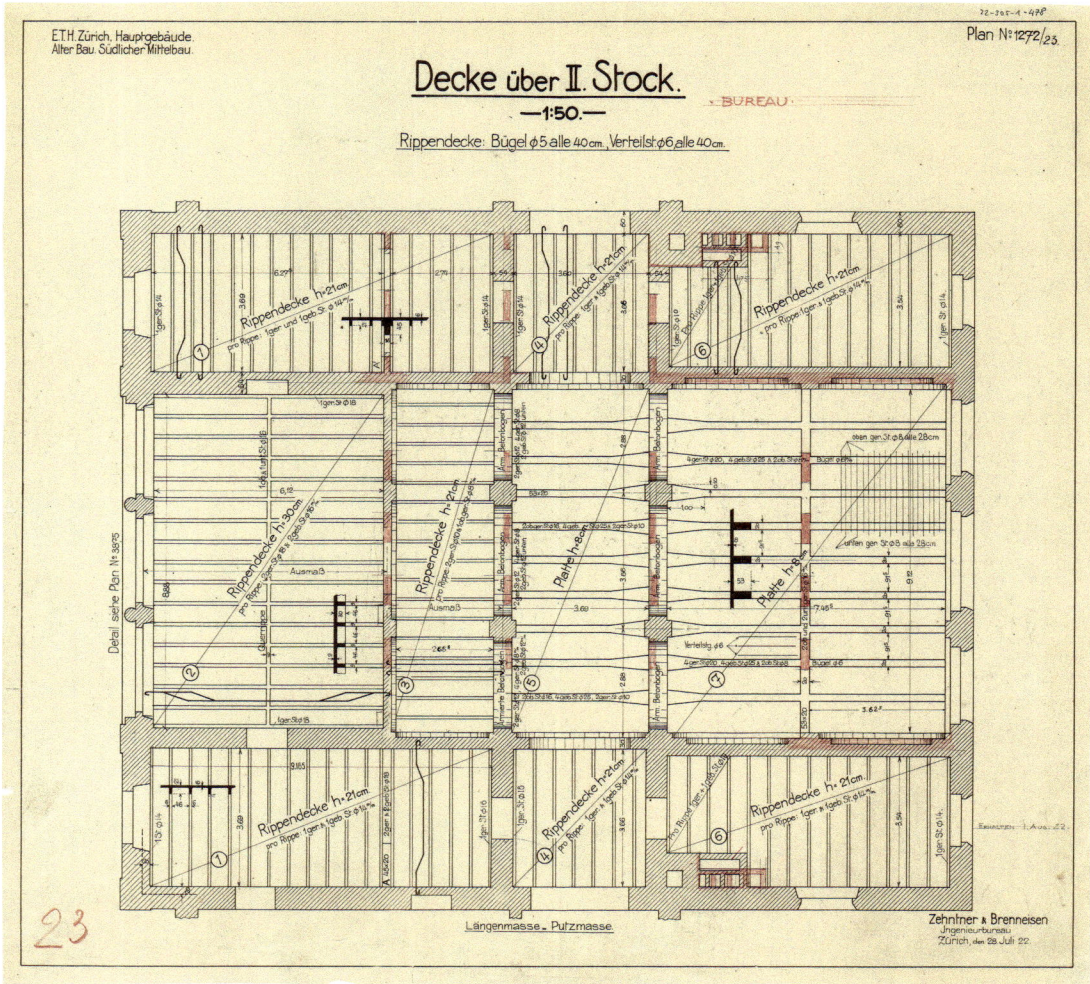

»DECKE ÜBER II. STOCK.«
Maßstab 1 : 200 (Original 1 : 50)

22-305-1-478 / gta Archiv / ETH Zürich (Nachlass Gustav Gull).
Stempel Zehntner & Brenneisen, 28. Juli 1922. Pause auf Papier. Überzeichnungen in Bleistift und rotem Farbstift. 51,7 x 57,5 cm.

»E.T.H. ZÜRICH. HAUPTGEBÄUDE. ALTER BAU. SÜDLICHER MITTELBAU. GRUNDRISS. 2. STOCK.«
Maßstab 1 : 200 (Original 1 : 50)

22-305-1-466 / gta Archiv / ETH Zürich (Nachlass Gustav Gull).
Pause auf Papier. 54,0 x 61,8 cm.

»E.T.H. ZÜRICH, HAUPTGEBÄUDE, SÜDWESTFLÜGEL. I. STOCK. KASETTENBETONDECKE.«
Maßstab 1 : 200 (Original 1 : 50)

22-305-1-637 / gta Archiv / ETH Zürich (Nachlass Gustav Gull).
Zehntner & Brenneisen, 24. Juli 1922. Pause auf Papier. 55,0 x 78,0 cm.

»SCHLACKEN-HOHLKOERPER-DECKE«
½ der Originalgröße

22-305-1-753 / gta Archiv / ETH Zürich (Nachlass Gustav Gull).
Zehntner & Brenneisen. Pause auf Papier. 20,8 x 29,6 cm.

In der Umbauphase unter Gull wurden Teile der Decken verstärkt und Grundrisszuschnitte verändert. Gull wölbte die Decke des zweiten Obergeschosses im Südtreppenhaus ein; die neu konstruierten Deckenuntersichten entstanden gleichwohl nach historischen Formvorbildern, im Inneren der Konstruktionen finden sich Rippendecken und Armierungen.

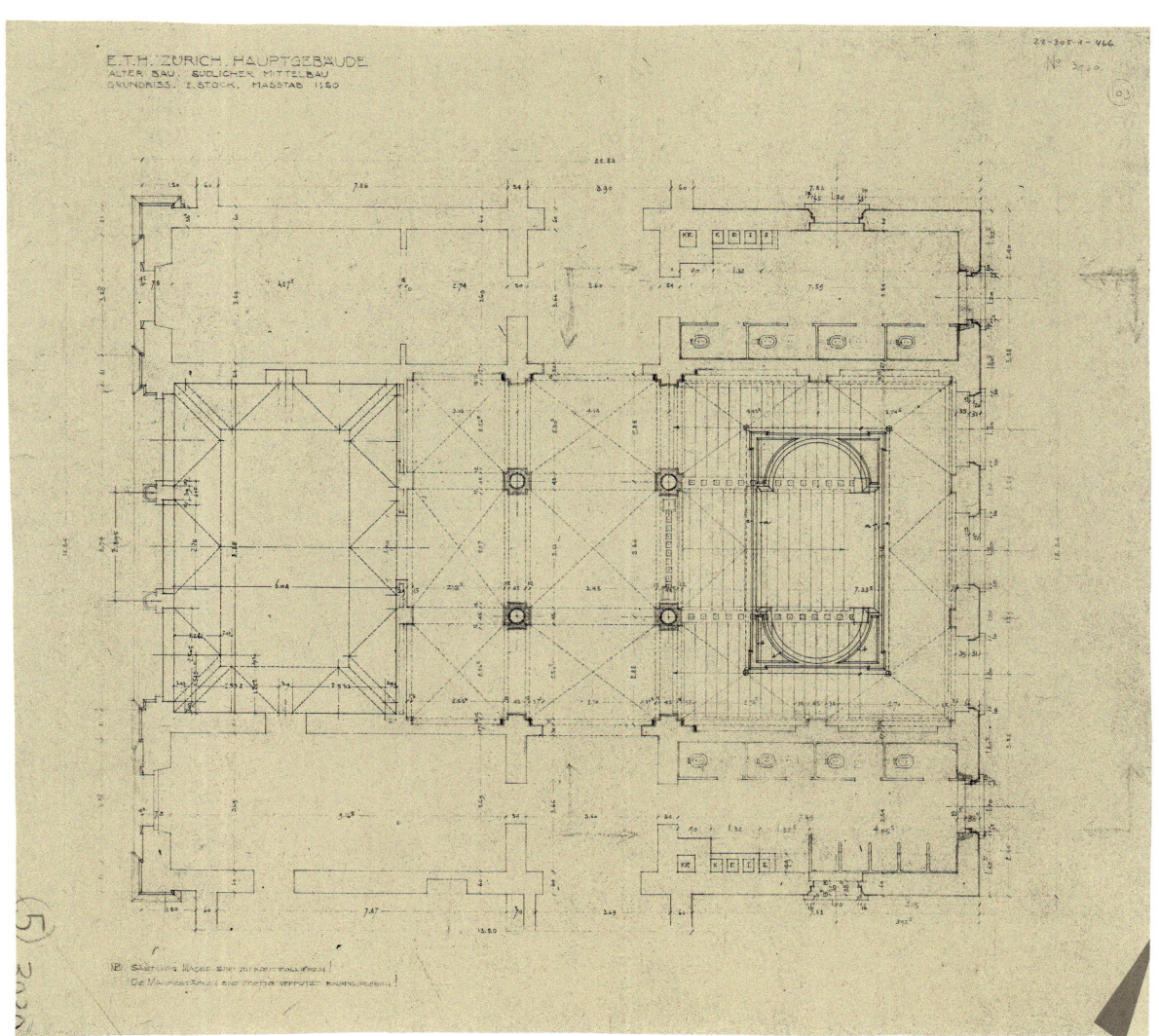

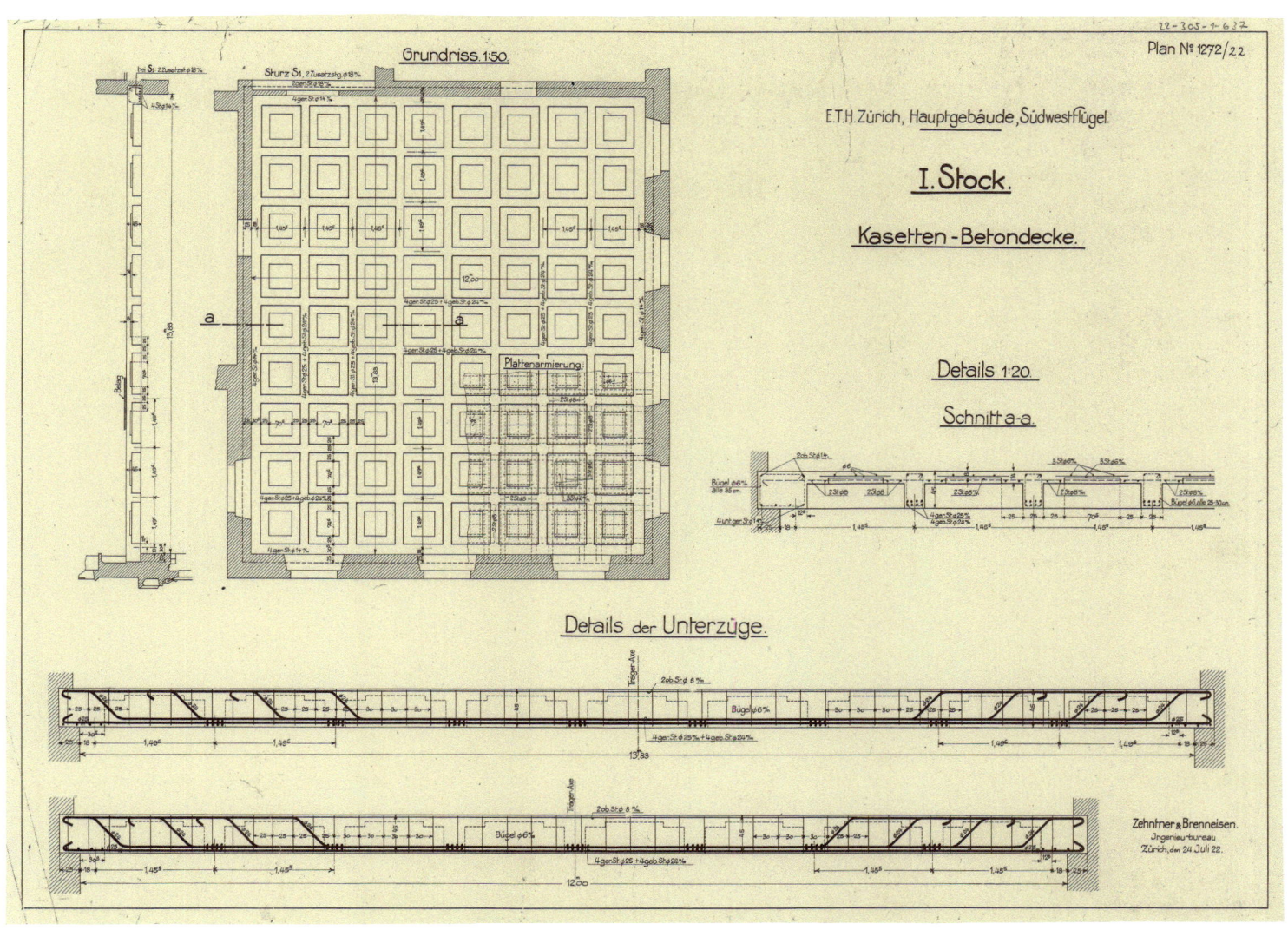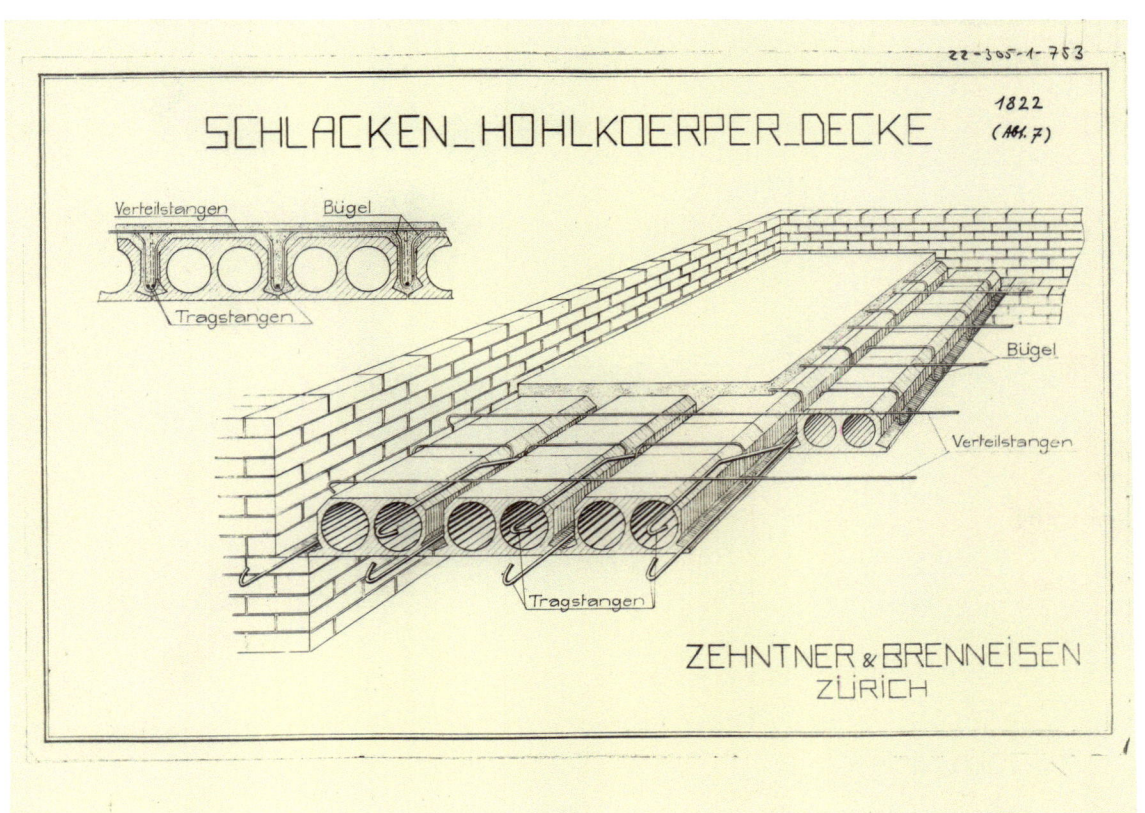

· ETH · ZÜRICH · HAUPTGEBÄUDE · SÜDWESTFLÜGEL · GRUNDRISS vom 2ten · BIBLIOTHEKGESCHOSS · NIV · 477.25 · M 1:100 ·

NB. DIE MASSE SIND GENAU ZU PRÜFEN.

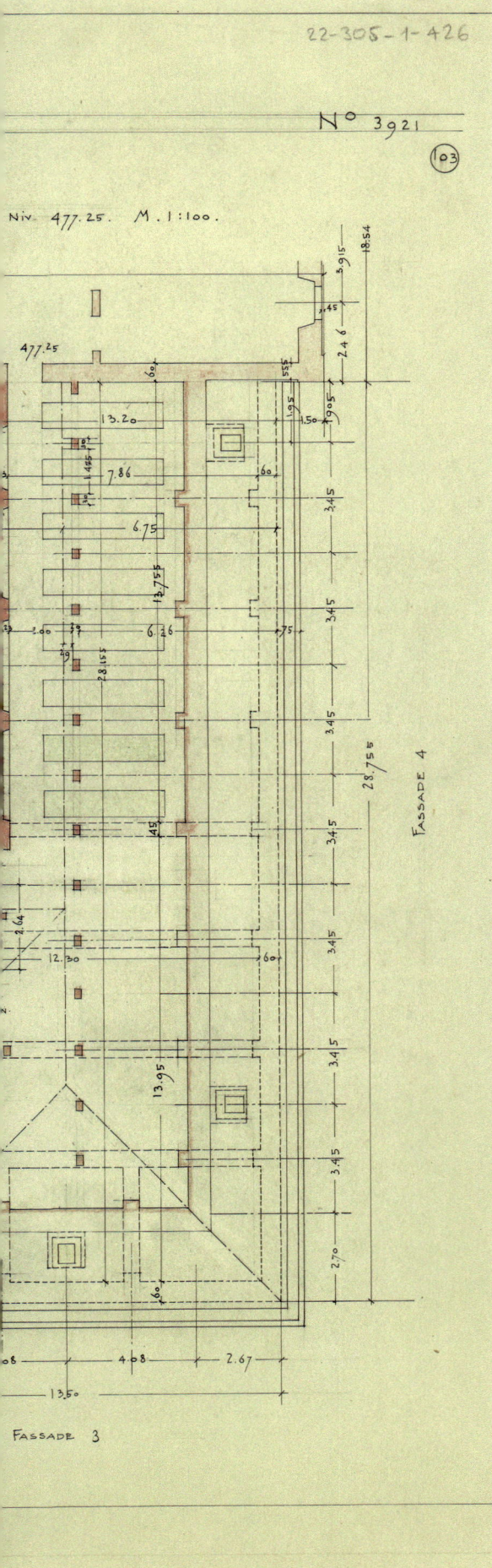

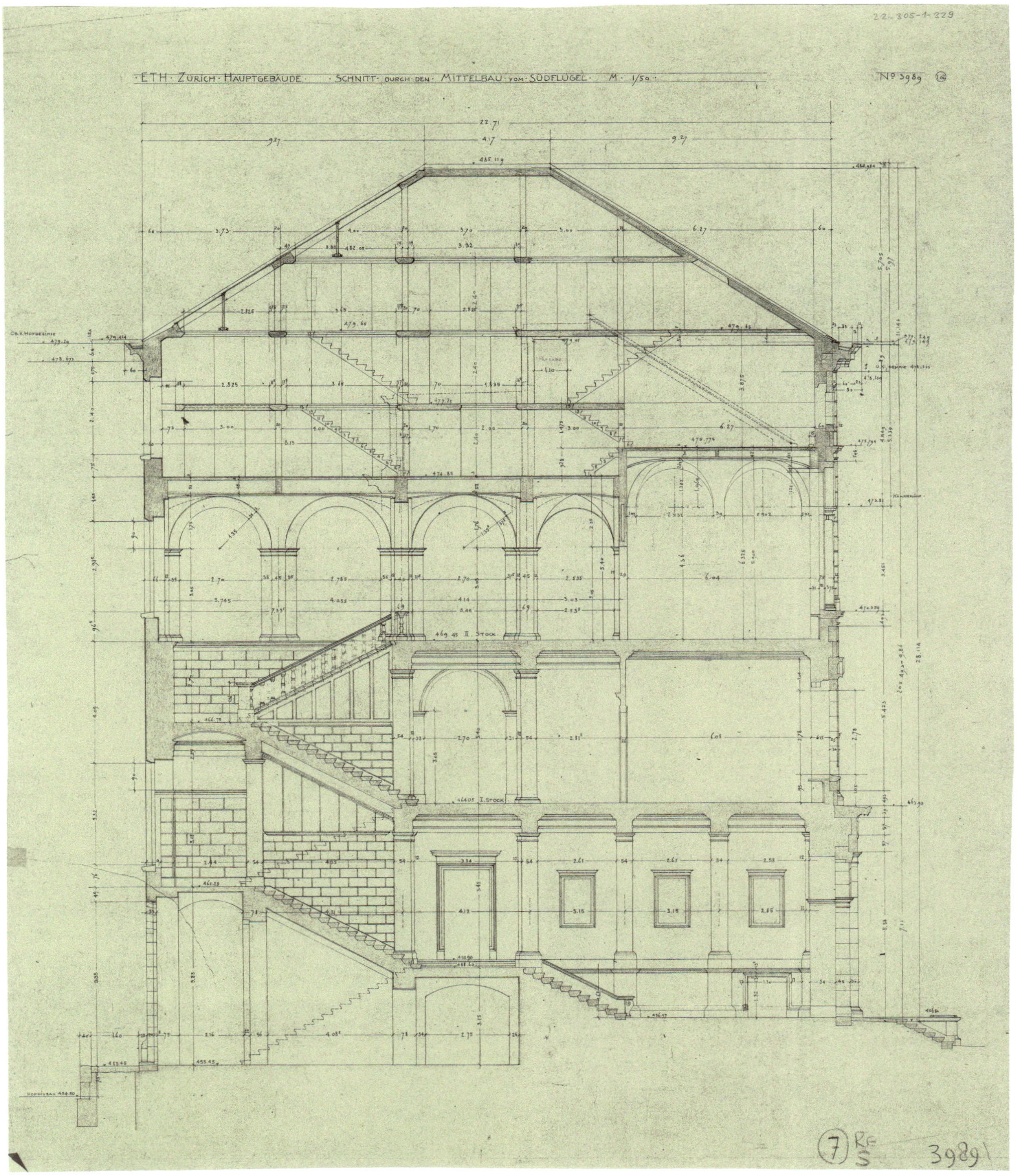

»ETH ZÜRICH. HAUPTGEBÄUDE. SÜD-
WESTFLÜGEL. GRUNDRISS VOM 2TEN
BIBLIOTHEKGESCHOSS.«
Maßstab 1 : 200 (Original 1 : 100)

22-305-1-426 (Ausschnitt) / gta Archiv / ETH Zürich (Nachlass Gustav Gull).
Zeichnung in schwarzer Tusche auf Papier; mit gelbem, grünem und rotem
Farbstift koloriert. Beschriftungen und Bemaßungen in schwarzer Tusche.
51,5 x 68,5 cm.

»ETH ZÜRICH HAUPTGEBÄUDE. SCHNITT
DURCH DEN MITTELBAU VOM SÜD-
FLÜGEL.«
Maßstab 1 : 200 (Original 1 : 50)

22-305-1-329 / gta Archiv / ETH Zürich (Nachlass Gustav Gull).
Pause auf Papier. 76,5 x 66,2 cm.

Die sechs Geschossebenen des Gullschen Neubaus zeigen sich vor allem im Bereich des Südflügels zur Universität hin – dort ist die neue Bibliothek mit ihren Magazinen untergebracht. An den Straßenfronten des Hauptgebäudes erhielt Gull das tradierte Bild der geneigten Dachabschlüsse, zu den Innenhöfen hin wird das neue Betondach durch Reihen von Dachfenstern belichtet. Der Schnitt belegt auch, dass Gull das repräsentative Sempersche Treppenhaus im Südflügel erhalten hat, nur im zweiten Obergeschoss werden Wandgliederungen und Kappendecken ergänzt, wie auch eine Fotografie des neuen oberen Treppenabschlusses (S. 438–439) belegt. In den Umbauten der 1960er und 1970er Jahre ging das Treppenhaus weitgehend verloren.

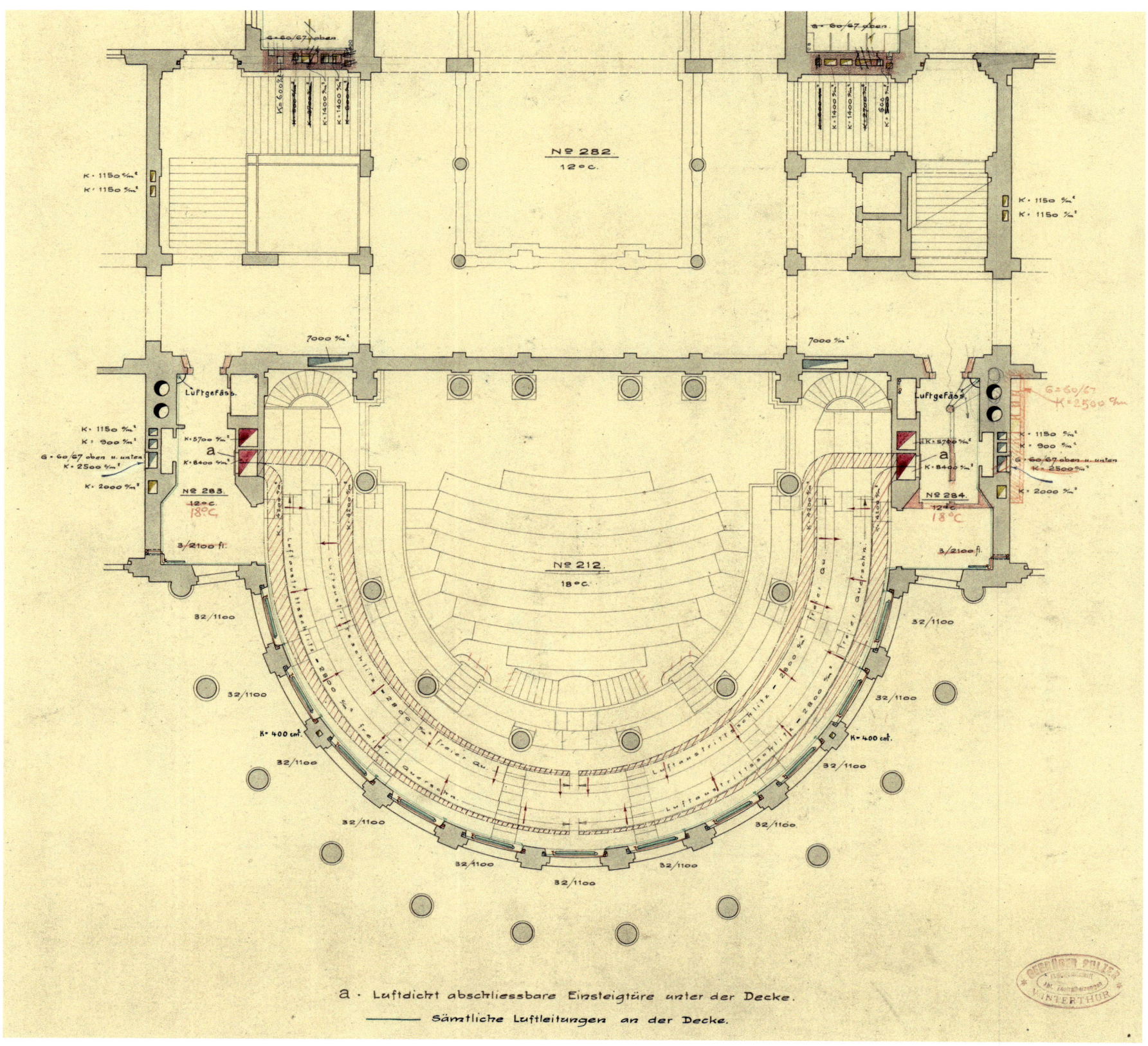

a. Luftdicht abschliessbare Einsteigtüre unter der Decke.
— Sämtliche Luftleitungen an der Decke.

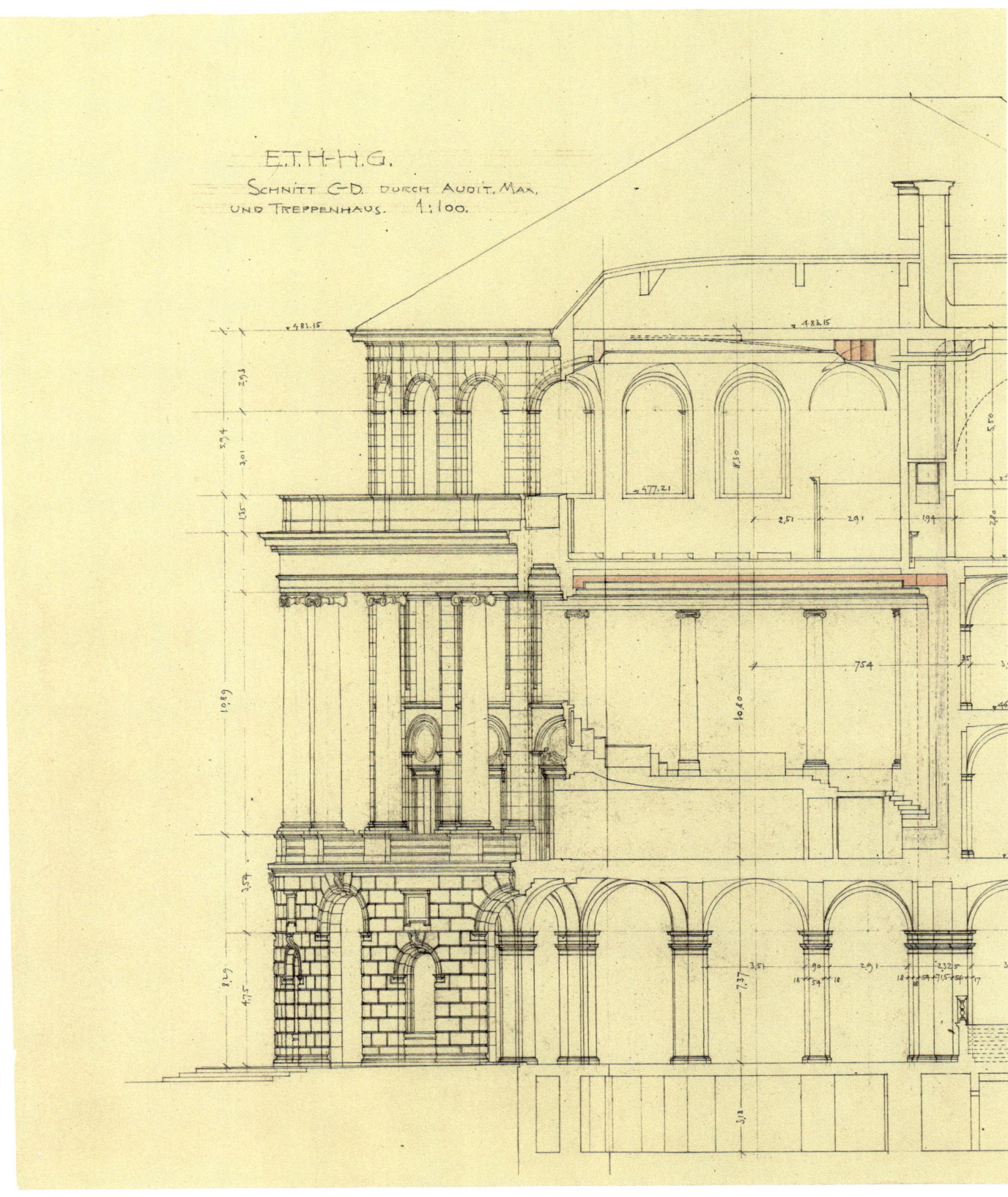

»EIDGEN. TECHNISCHE HOCHSCHULE IN ZÜRICH; HAUPTGEBÄUDE. PUMPEN-WARMWASSER-HEIZUNGSANLAGE, VENTILATION & ENTSTAUBUNG. II. STOCK«
Maßstab 1 : 200 (Original 1 : 100)

22-305-1-237 (Ausschnitt) / gta Archiv / ETH Zürich (Nachlass Gustav Gull). Stempel Gebrüder Sulzer, Mai 1917. Pause auf Papier; mit blauer, gelber, roter und schwarzer Tinte sowie roter Kreide koloriert. Beschriftung in schwarzer Tinte. 89,0 x 58,7 cm.

»E.T.H.-H.G. SCHNITT C–D DURCH AUDIT. MAX. UND TREPPENHAUS.«
Maßstab 1 : 200 (Original 1 : 100)

22-305-1-304 (Ausschnitt) / gta Archiv / ETH Zürich (Nachlass Gustav Gull). Zeichnung in Bleistift auf Papier; mit rotem Farbstift koloriert. Bemaßungen in Bleistift. 42,2 x 54,0 cm.

Gustav Gull baute neben einem neuen Heizsystem eine Lüftungs- und Entstaubungsanlage im Auditorium Maximum ein. Die Anlagen wurden von der Firma Gebrüder Sulzer AG geliefert.

UM- UND ABRISSARBEITEN UNTER GUSTAV GULL

22-01-FX-1-11N, 22-01-F-Renov-West-11N, 22-01-FX-2-15N; folgende Seite: 22-01-FX-16-1N, 22-01-FX-1-121N, 22-01-FX-1-75N, 22-01-FX-11-10N, 22-01-FX_24_4N, 22-01-FX-1-33N, 22-01-FX-1-85N, 22-01-F-Bs-96N / gta Archiv / ETH Zürich (Nachlass Gustav Gull).
Fotograf unbekannt, 1910er Jahre.

Wie tiefgreifend die Umbau- und Abrissarbeiten der Bauphase unter Gustav Gull waren, zeigen einige Detailfotografien von Anschlüssen alter und neuer Konstruktionen, Betonarbeiten an Stützenfüßen, Auflagersituationen über den Semperschen Decken mit den weitgehend verlorenen gusseisernen Stützenköpfen und Wandresten. Die Fotos machen auch deutlich, dass Sempers Konstruktionen außerordentlich schlank dimensioniert waren, einige davon wären sicherlich nur mit größerem Aufwand konventionell zu ertüchtigen gewesen. Gull setzte stattdessen weitgehend auf die Stabilisierung der Gesamtstruktur durch die in den 1920er Jahren noch vergleichsweise neue Betontechnik. Dank der aufwendigen Fotodokumentation, mit der Gull den Fortschritt seiner Bauarbeiten belegen ließ, wissen wir einerseits gut Bescheid über seine Neubaukonstruktionen, wir sehen andererseits auch letzte Belege der Konstruktionen Sempers, die von Gull in erheblichen Teilen aufgegeben wurden. Die Fotos zeigen unter anderem Fachwerkwandkonstruktionen im Inneren des Baus (die heute nur noch in kleinen Relikten zu finden sind), die Spuren abgenommener Lattungen (die als Putzträger gedient hatten) sind noch auf den hölzernen Ständern zu erkennen. Abstützungsmaßnahmen der Holzdecken sind dokumentiert, ebenso temporäre Stabilisierungen während der Arbeiten. Einige Bilder belegen, dass sich manche Konstruktionen nicht unerheblich verformt hatten. Beim Vergleich mit den 1:50-Plänen des Gesamtbaus, die Gull recht sorgfältig vermaßt hat, ist nicht ganz klar, inwieweit Gull ein idealisiertes Bild des Gesamtbaus als Planungsgrundlage konstruiert hat und ob überhaupt für die tragenden Bauteile genaue Maßaufnahmen erfolgt sind. Die neu errichteten Ziegelwände im Inneren sind jedenfalls solider als die dünnen Konstruktionen des Ursprungsbaus, freilich auch schwerer.

434
435

BETONARBEITEN AN DEN NEUEN DACHGESCHOSSEN

22-01-F-Bs-27N, 22-01-F-Bs-85N, 22-01-F-Bs-32N, 22-01-F-Bs-93N / gta Archiv / ETH Zürich (Nachlass Gustav Gull). Fotograf unbekannt, 1917.

Fotografien der Betonarbeiten an den neuen Bibliotheksgeschossen zeigen schräg liegende große Oberlichter in den Dachflächen den Höfen zu und nahezu waagerechte Fenster auf dem oberen Dach. Gull hat hier ganz auf Holzkonstruktionen verzichtet, auch die Sparrenlagen sind aus Betonteilen.

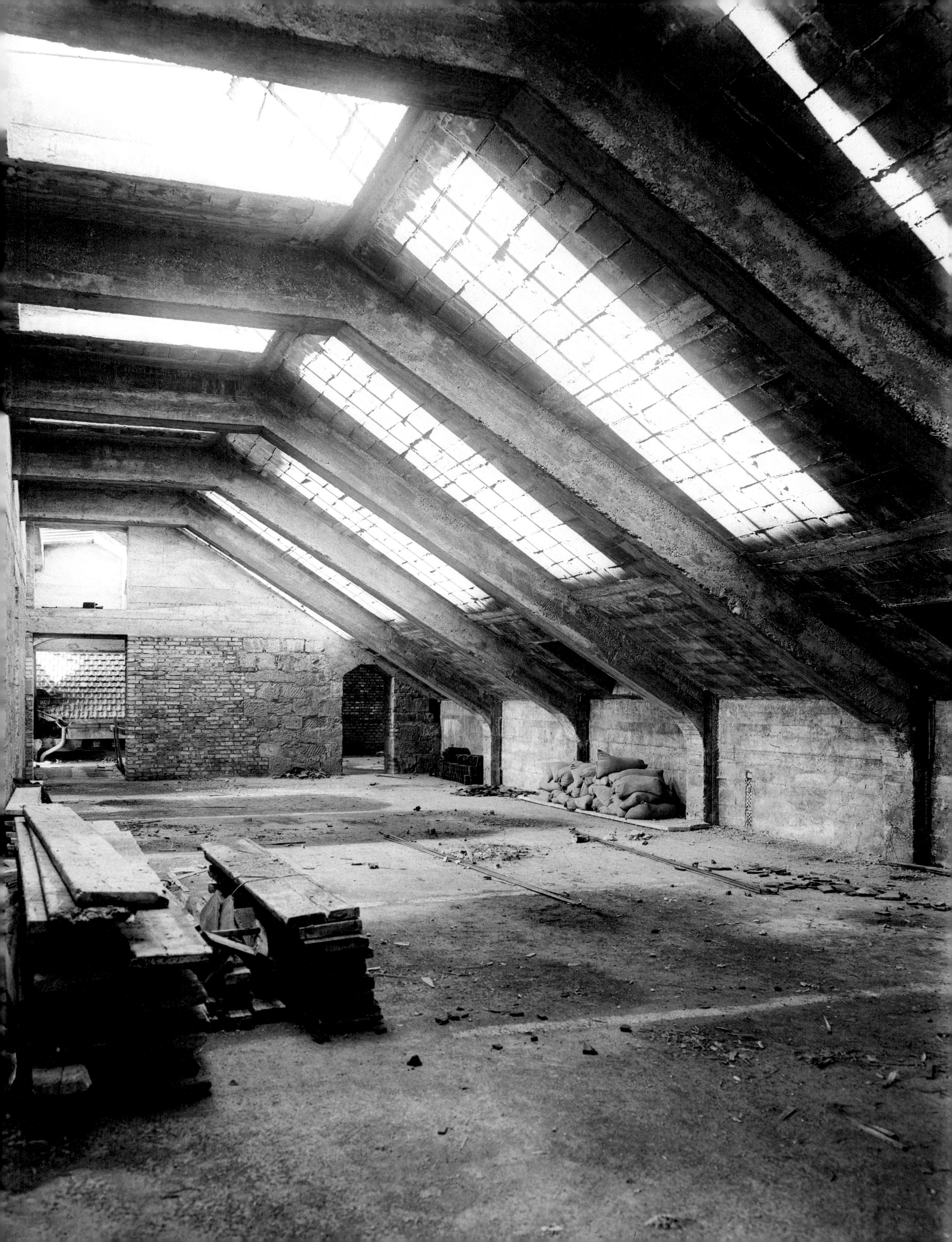

**SÜDLICHES TREPPENHAUS NACH DER
EINWÖLBUNG DURCH GUSTAV GULL**

22-01-F-In-69a / gta Archiv / ETH Zürich (Nachlass Gustav Gull).
Fotograf unbekannt, nach 1922.

Foto des oberen Treppenabschlusses des
Semperschen Südtreppenhauses mit von
Gull ergänzten Decken, Profilen und neuen
Wölbungen aus Rabitzkonstruktionen.

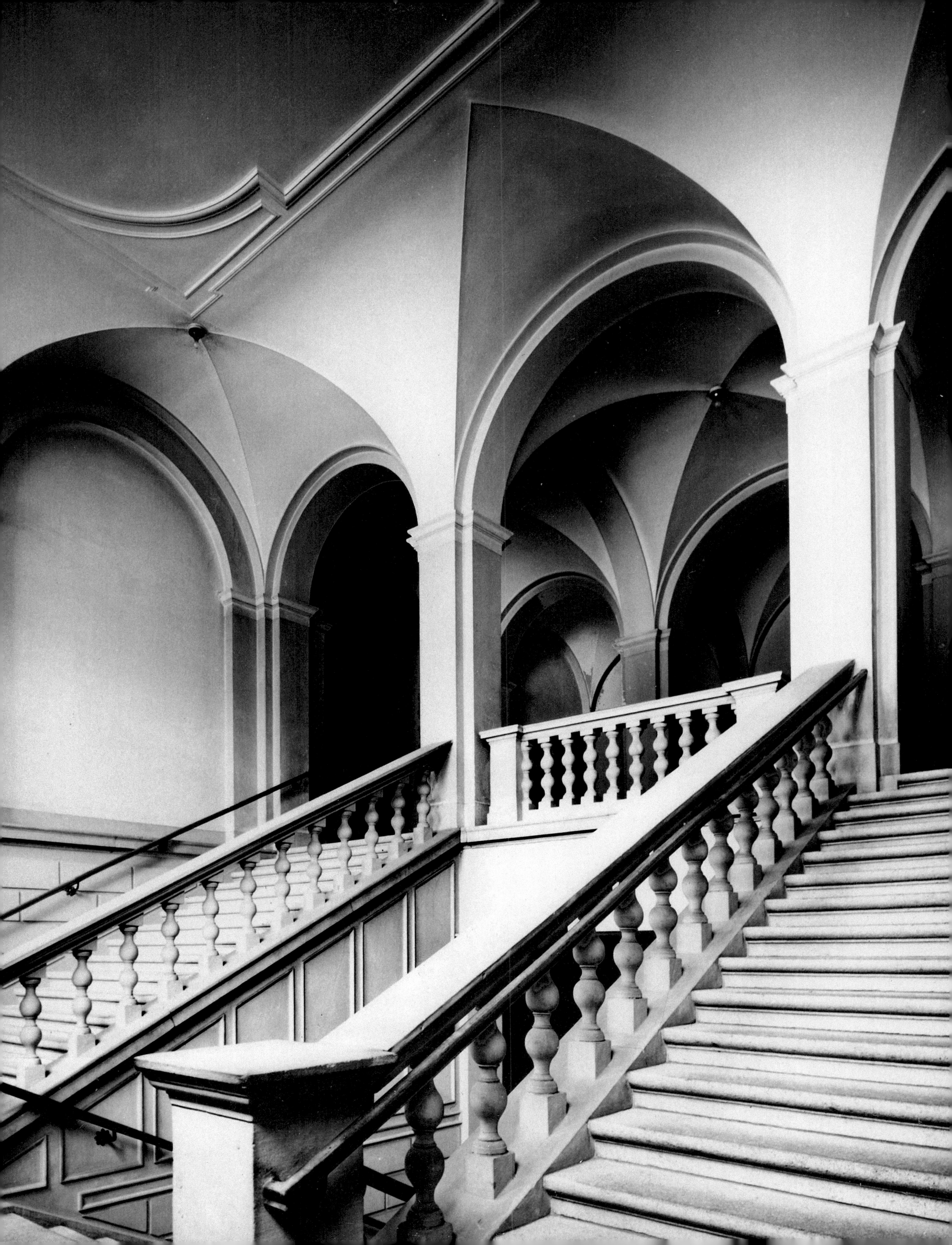

DIE HAUPTFASSADE VOR DEM ERSATZ
DER STEINHAUT

22-01-F-Renov-West-26N, 22-01-F-Renov-West-22N, 22-300-1-F-West-
Teil-2 / gta Archiv / ETH Zürich (Nachlass Gustav Gull).
Fotograf unbekannt, 1922.

Gustav Gull entschloss sich dazu, an allen Flügeln des Semperbaus die Steinfassaden auszutauschen, der grüngraue Ostermundiger Sandstein, den Semper verwendet hatte, wurde im Außenbereich durch Kunststeinquader ersetzt. Die gesamten Fassadenflächen des Baus mussten daher eingerüstet werden. Fotografien zeigen großartig konstruierte Holzgerüste mit abstehenden Streben zur Stabilisierung, im Hofinneren sind die Gerüste einfacher gebaut. Beim Abnehmen der Putze und der Steinquader der Außenschalen zeigte sich das oftmals recht unregelmäßig aufgemauerte Bruchsteininnere der tragenden Außenwände. Die schlechte Qualität der Mauern und das Fehlen guter Vermörtelungen wurde von Gull als Argument für die tiefgreifenden Eingriffe in den Bestand herangezogen. Freilich belegen die Fotos aber auch, dass der Zustand der Außenschalen nicht unbedingt so schlecht war, dass ein Gesamtersatz der Steine unausweichlich gewesen wäre. An den stark bewitterten Fußpunkten zeigen sich größere Schäden, auch Aufplatzungen bei nicht lagergerecht verwendeten Stücken. Filigrane Teile wie die Baluster oder auch die Kanneluren der Säulen vor der Aula waren besonders betroffen. Die Fotos zeigen weiterhin Schäden an der Putzhaut der Obergeschosse – hier ist auch deutlich, wie das erste Fugenmuster der Obergeschosse auf der Stadtseite ausgeführt war (vor allem in der Helligkeit stark unterschieden von den Natursteinen der Rustikazone).

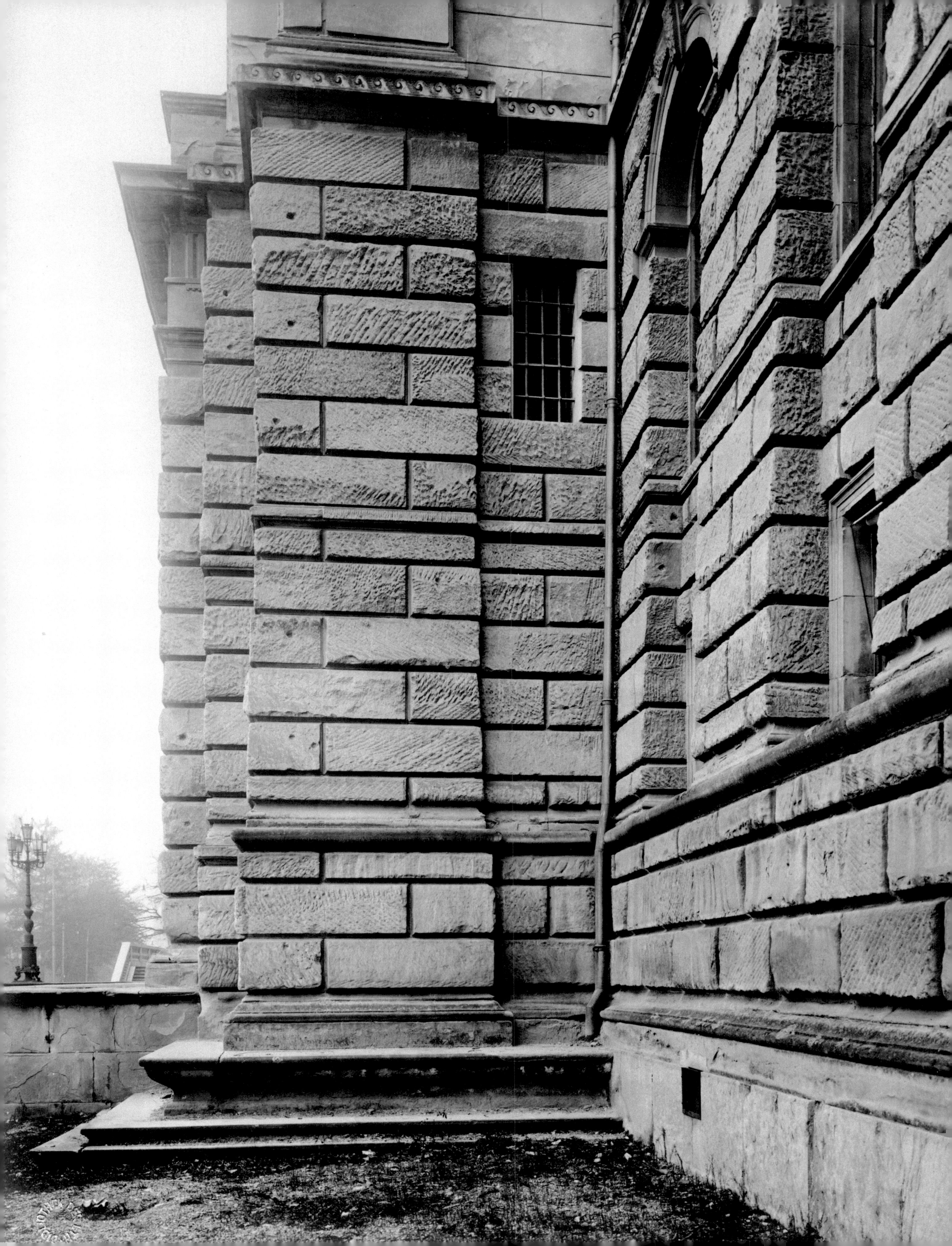

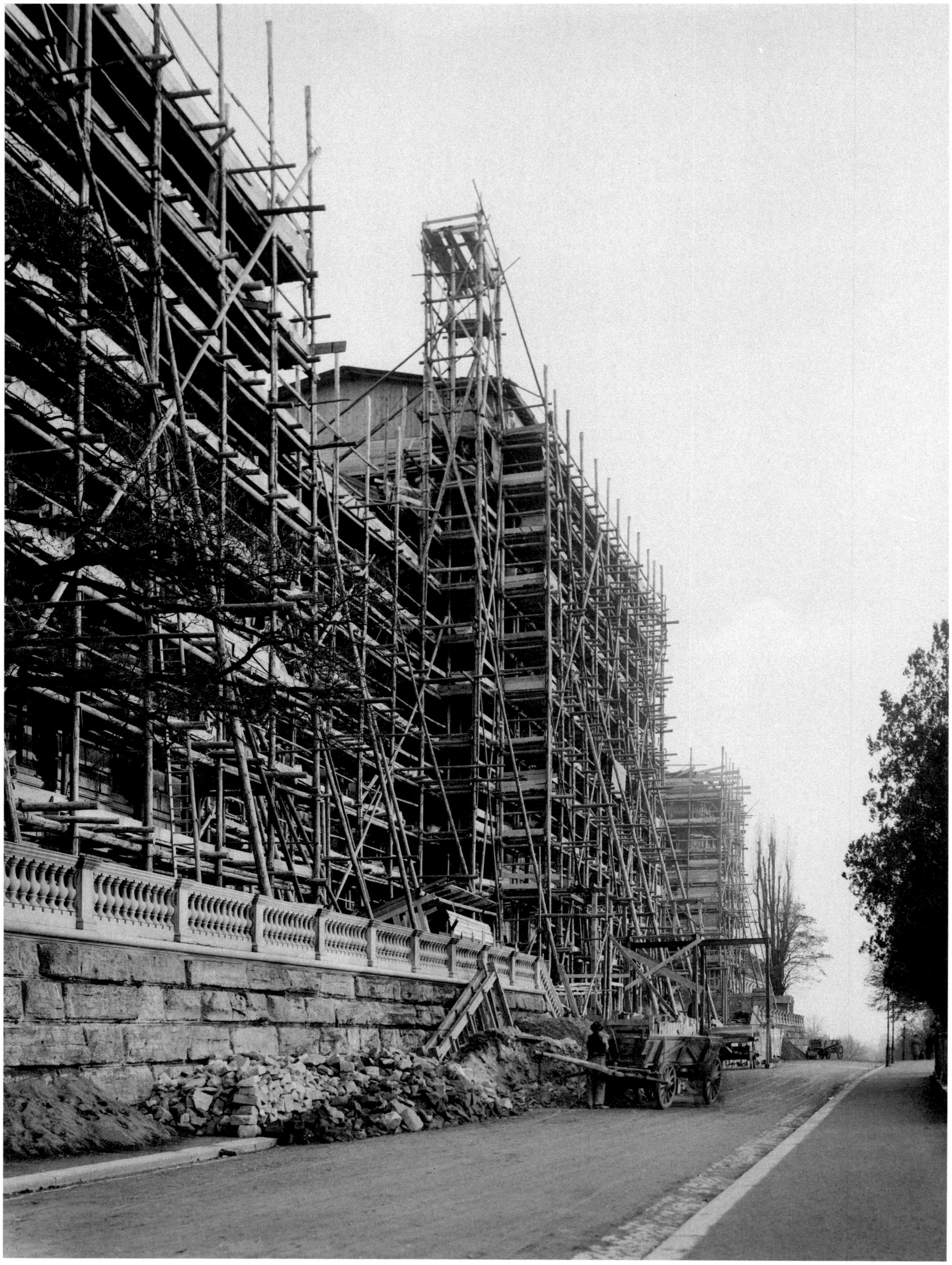

SCHADENSDOKUMENTATION DER FASSA-
DEN UND DER BALUSTRADE

22-01-F-BS-101N, 22-01-F-Renov-West-27N, 22-01-F-Renov-West-21N,
22-01-F-Renov-West-1N, 22-01-FX-1-25N / gta Archiv / ETH Zürich
(Nachlass Gustav Gull). Fotograf unbekannt, 1922.

>> AUSTAUSCH DER NATURSTEINFASSADE
DURCH KUNSTSTEINQUADER

22-01-F-BS-104N, 22-01-F-Renov-Nord-16N, 22-01-F-Renov-Nord-32N,
22-01-F-Renov-West-15N, 22-01-F-Renov-Nord-21N, 22-01-F-Renov-West-
16N, 22-300-F-Renov-Sued-26A2, 22-300-F-Renov-Sued-28A / gta Archiv /
ETH Zürich (Nachlass Gustav Gull). Fotograf unbekannt, 1922/23.

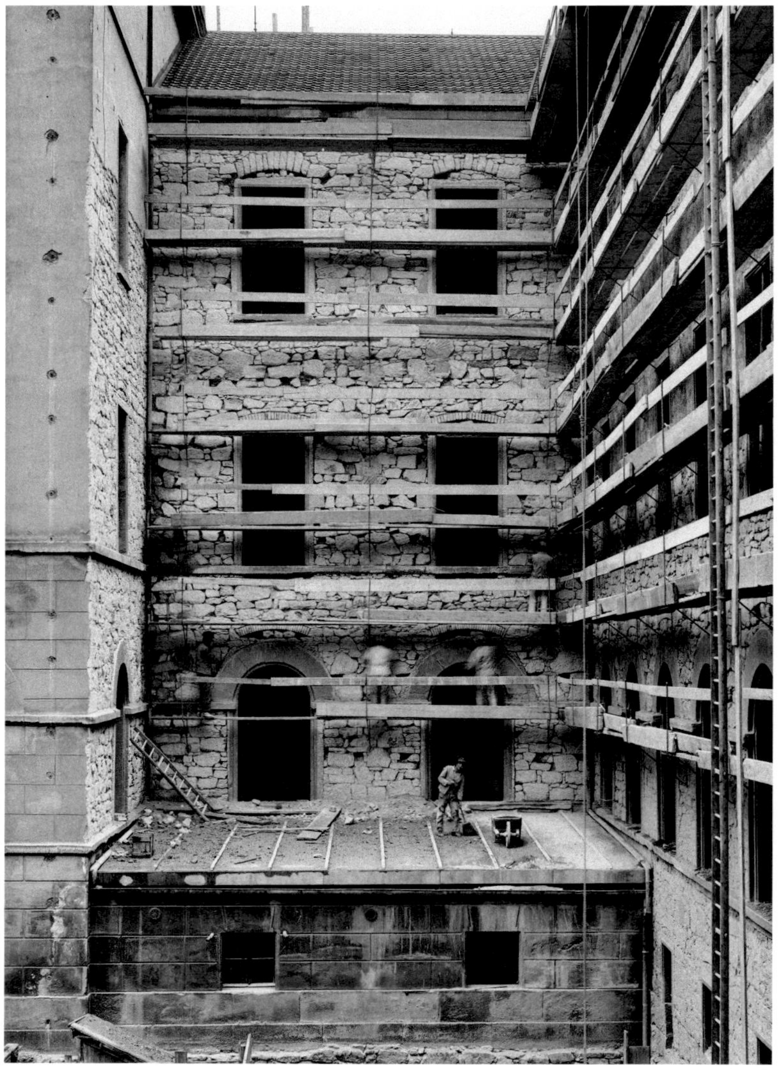

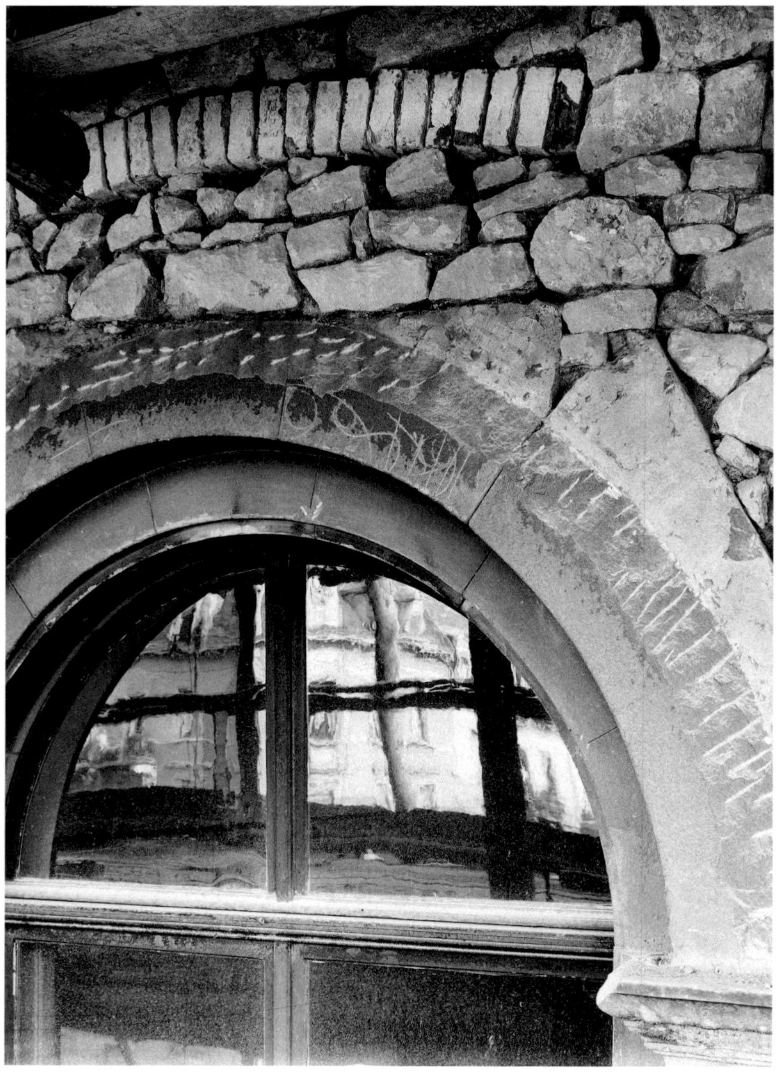

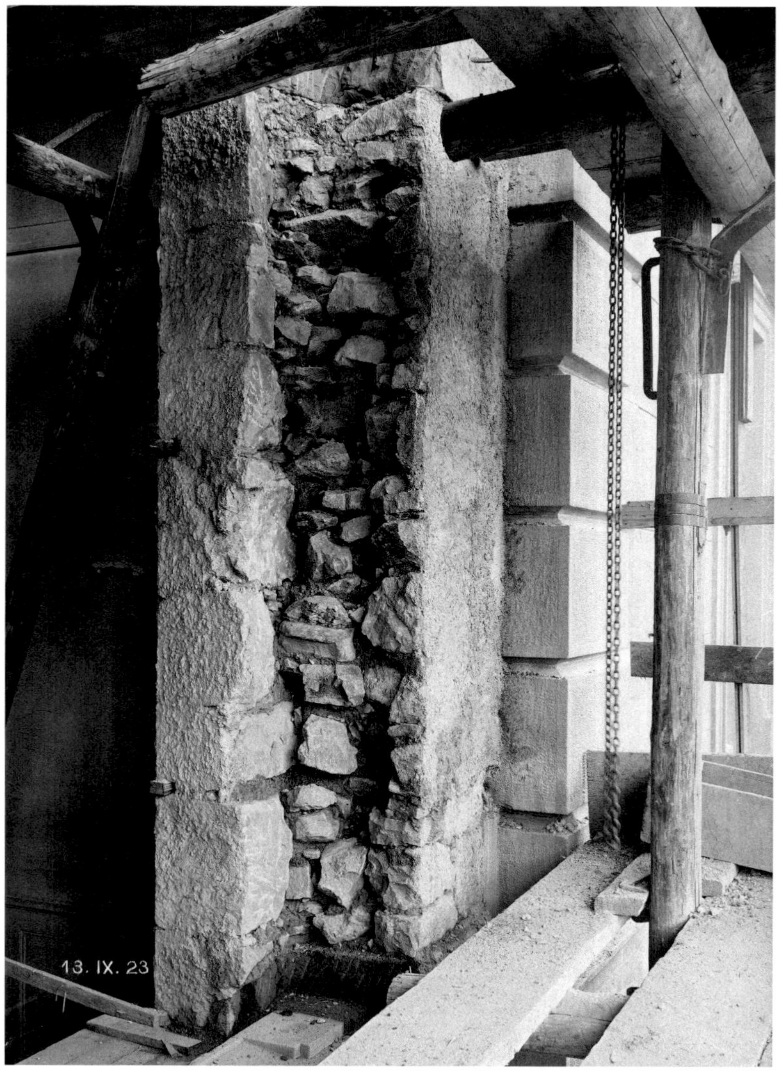

13. IX. 23

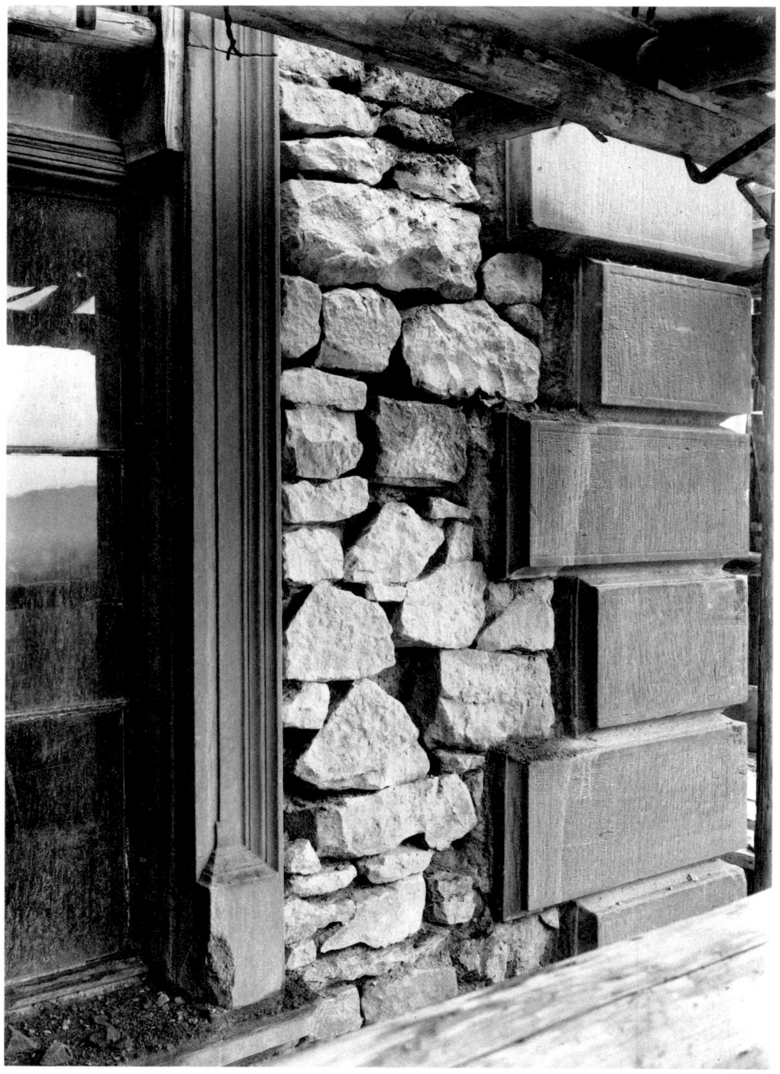

444
—
445

EINGERÜSTETER MITTELRISALIT DER FASSADE ZUR STADT

20-01-F-BS-100N / gta Archiv / ETH Zürich (Nachlass Gustav Gull).
Fotograf unbekannt, August 1922.

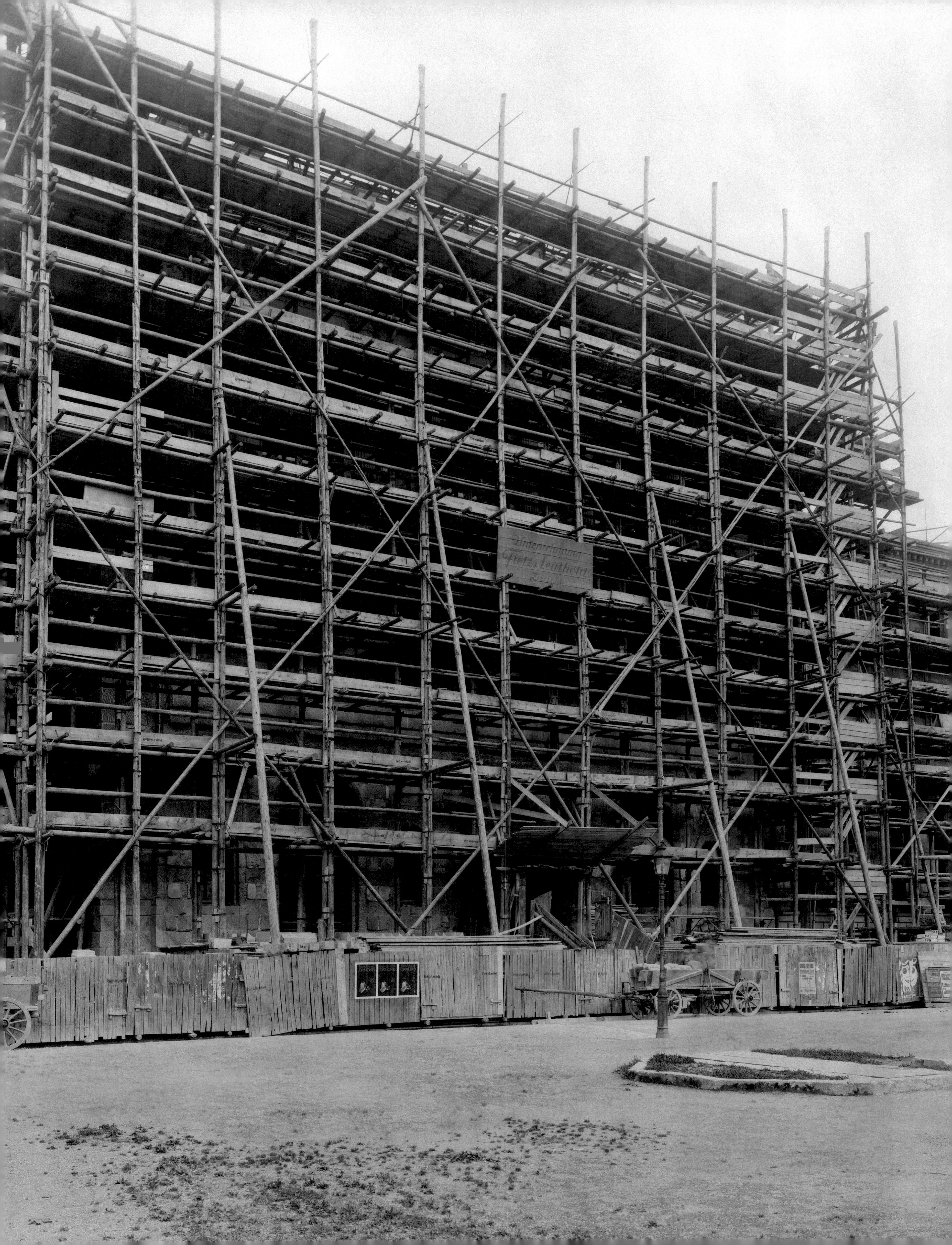
Unternehmung
Fietz & Leuthold
Zürich

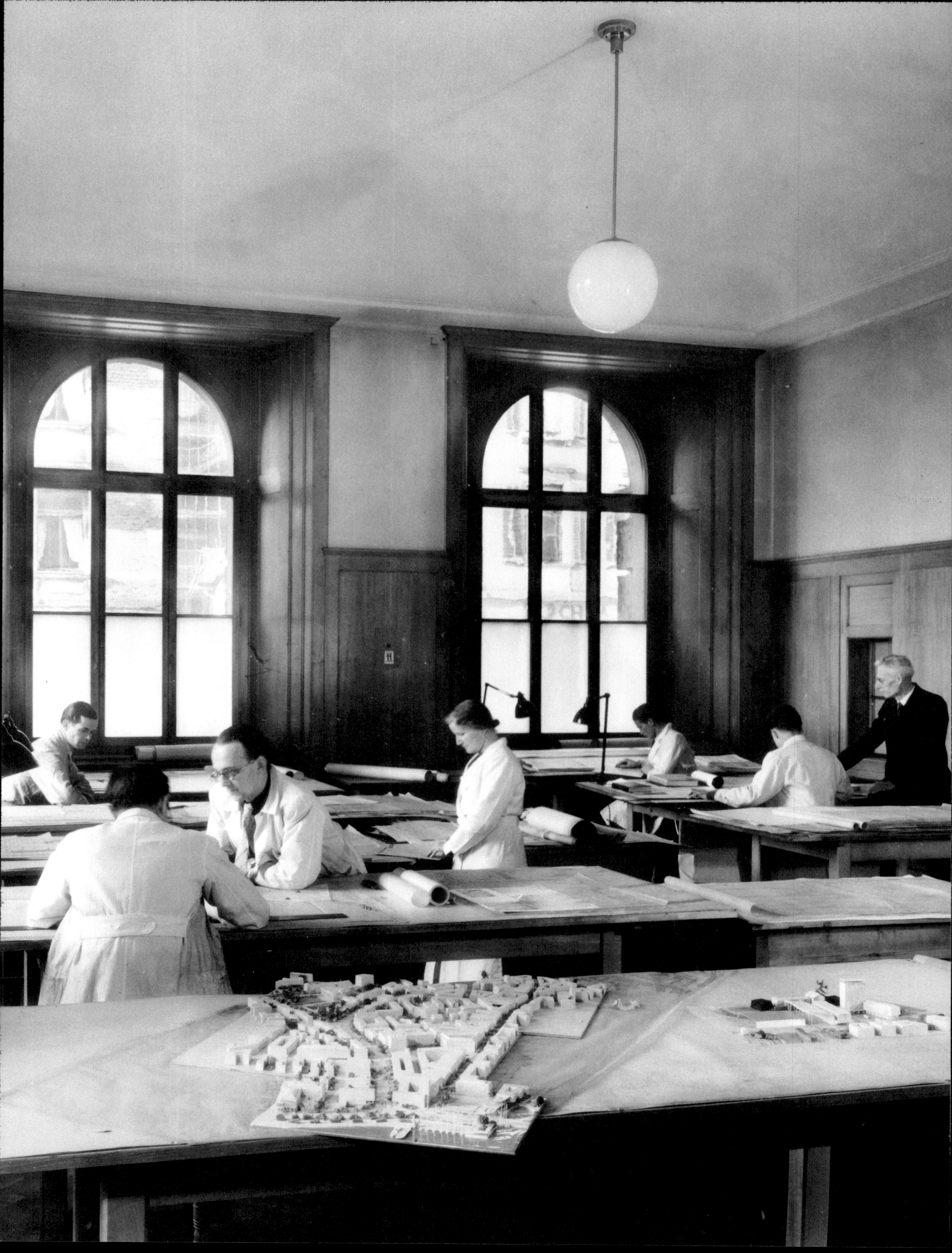

Schulzimmer und Sammlungsräume
bleiben bescheiden

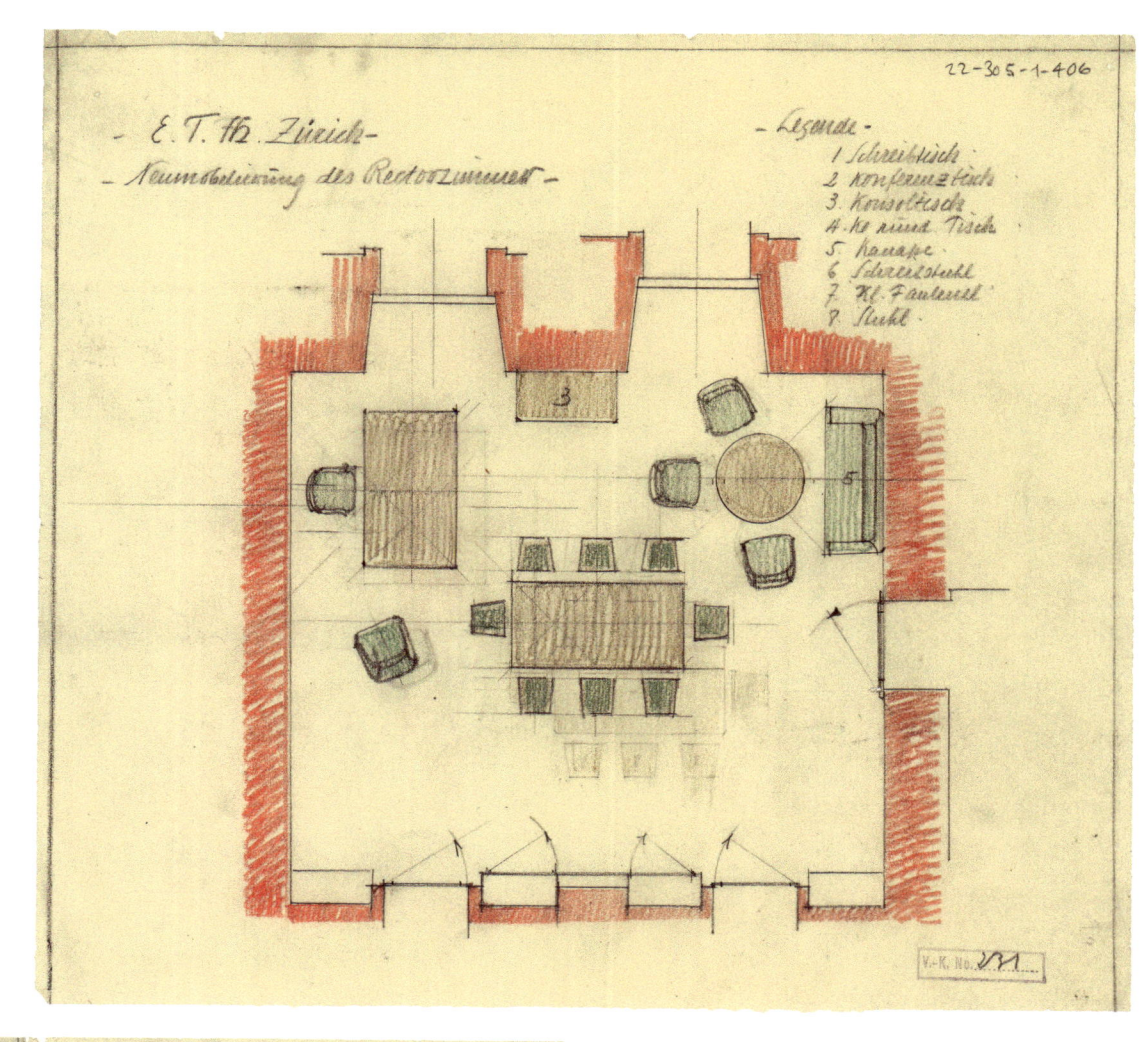

<< ZEICHENSAAL DER ABTEILUNG FÜR
ARCHITEKTUR, RECHTS IM BILD VER-
MUTLICH GUSTAV GULL

BAZ_19868 / Baugeschichtliches Archiv der Stadt Zürich.
Fotografie von Heinrich Wolf-Bender, 1920er Jahre.

»E.T.H. ZÜRICH. NEUMÖBELIERUNG
DES RECTORZIMMER«
Maßstab 1 : 100 (Original 1 : 50)

22-305-1-406 / gta Archiv / ETH Zürich (Nachlass Gustav Gull).
Skizze in Bleistift auf Transparentpapier; mit brauner, grüner und roter
Kreide koloriert. Beschriftungen in Bleistift. 25,5 x 29,0 cm.

»RECTOR-ZIMMER«
Maßstab 1 : 50 (Original 1 : 20)

22-305-1-1043 / gta Archiv / ETH Zürich (Nachlass Gustav Gull).
Zeichnung in Bleistift und Kohle auf Papier. Bemaßung in Bleistift.
23,6 x 37,0 cm.

»RECTOR-ZIMMER«
Maßstab 1 : 50 (Original 1 : 20)

22-305-1-1046 / gta Archiv / ETH Zürich (Nachlass Gustav Gull).
Zeichnung in Bleistift und Kohle auf Papier. Bemaßung in Bleistift.
21,0 x 36,0 cm.

ENTWURF FÜR EINE SESSELGRUPPE
MIT SOFA
Maßstab 1 : 50 (Original 1 : 20)

22-305-1-1045 / gta Archiv / ETH Zürich (Nachlass Gustav Gull).
Zeichnung in Bleistift und Kohle auf Papier. Bemaßung in Bleistift.
18,5 29,1 cm.

»RECTOR-ZIMMER«
Maßstab 1 : 50 (Original 1 : 20)

22-305-1-1042 / gta Archiv / ETH Zürich (Nachlass Gustav Gull).
Zeichnung in Bleistift und Kohle auf Papier. Bemaßung in Bleistift.
27,7 x 36,9 cm.

Mit dem Umbau durch Gustav Gull wurden
im Hauptgebäude zentrale Verwaltungsfunktionen für die größer gewordene Schule wichtig. Die Schule änderte ihren Charakter: In
der Beletage entstanden zwei große quadratische Amtszimmer für Rektor und Schulratspräsident. Für die Neumöblierung des Rek-
torenzimmers zeichnete Gull mehrere Blätter:
Schreibtisch, Besprechungstisch und eine
Sesselgruppe mit Sofa um ein rundes Tisch-
chen wurden im Maßstab 1 : 20 detailliert; ob
die Möbel gebaut wurden, ist unklar. Die Aufstellung im Raum ist etwas unbeholfen, sym-
pathisch dagegen der nicht-großbürgerliche
Charakter der Vorschläge.

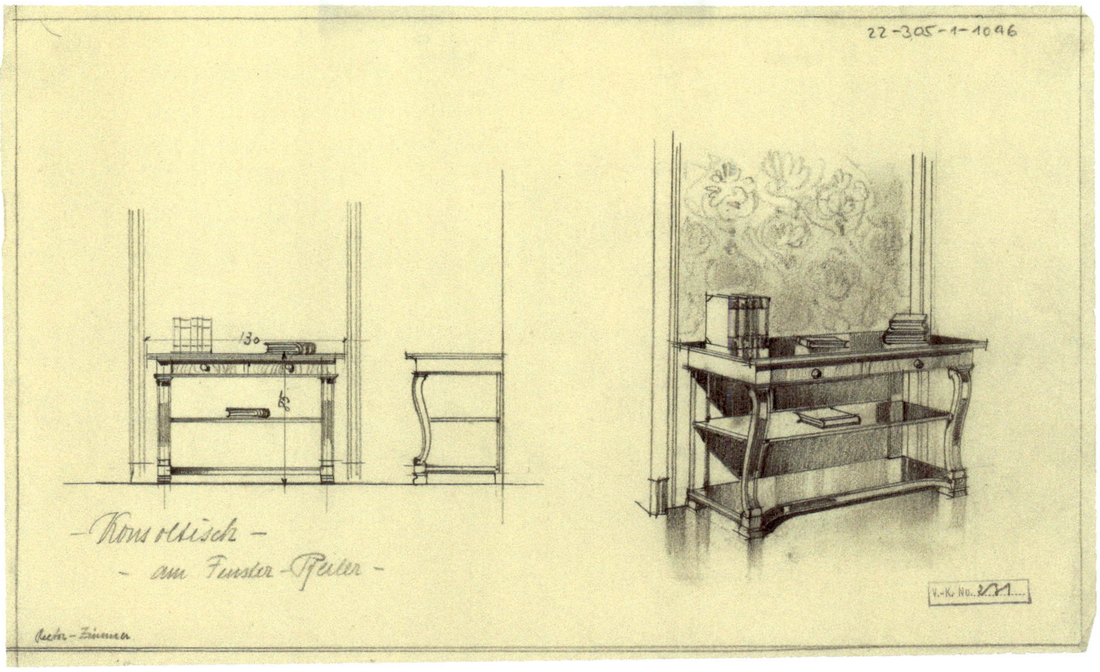
22-305-1-1046
130
– Konsoltisch –
– am Fenster-Pfeiler –
Rector-Zimmer

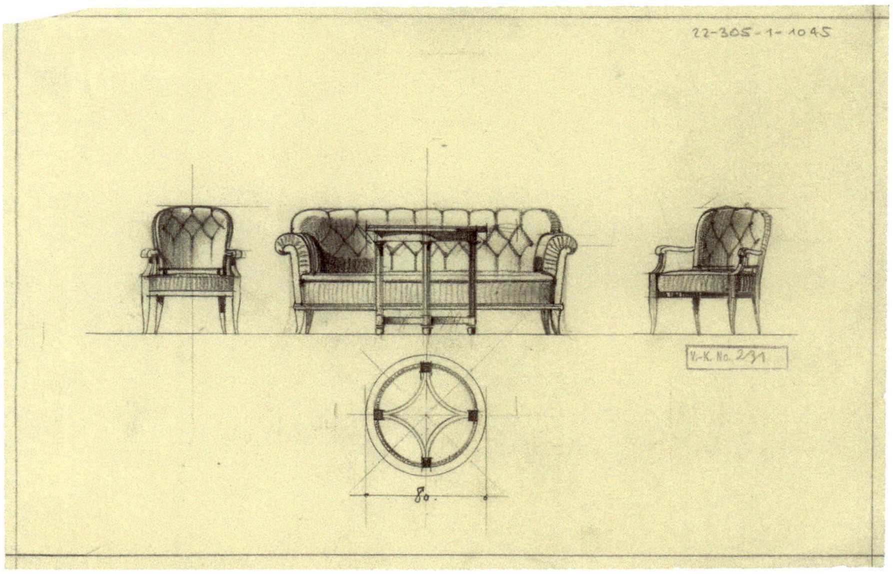
22-305-1-1045
V.-K. No. 231
80

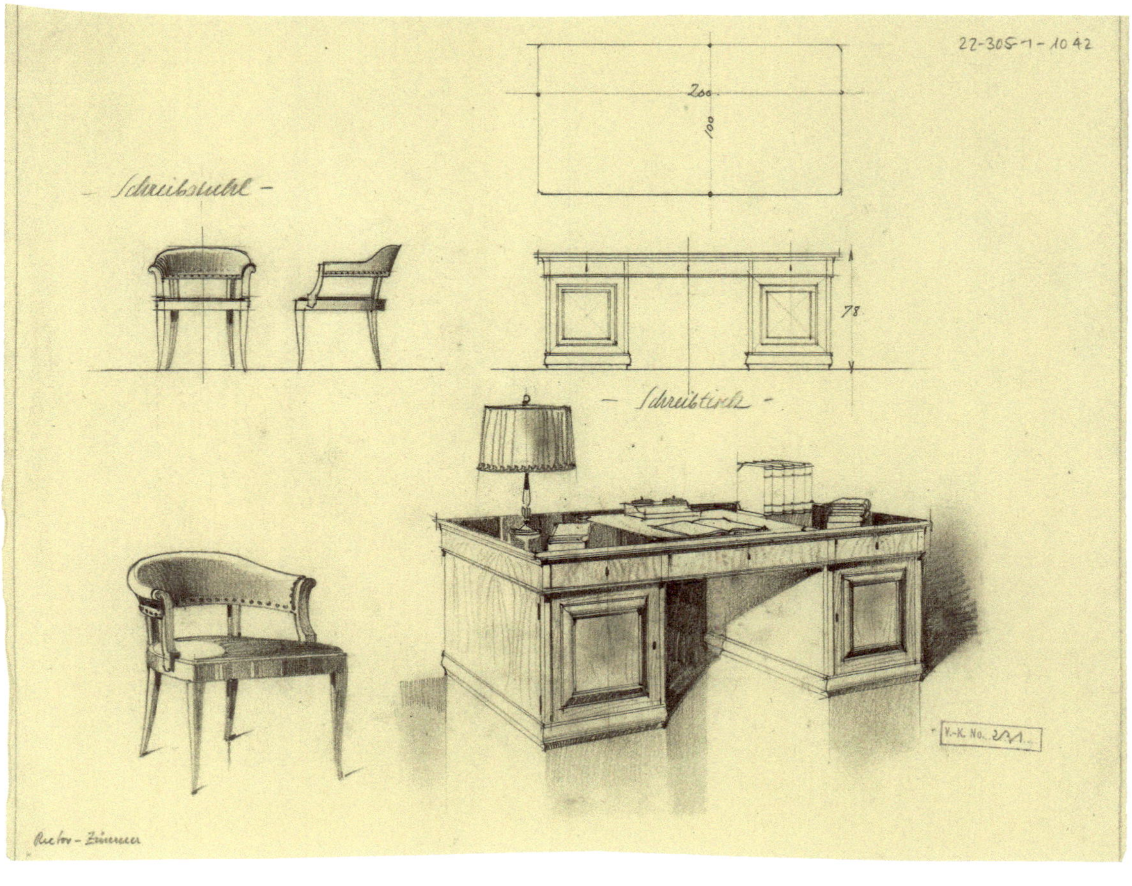
22-305-1-1042
200
100
– Schreibstuhl –
78
– Schreibtisch –
V.-K. No. 231
Rector-Zimmer

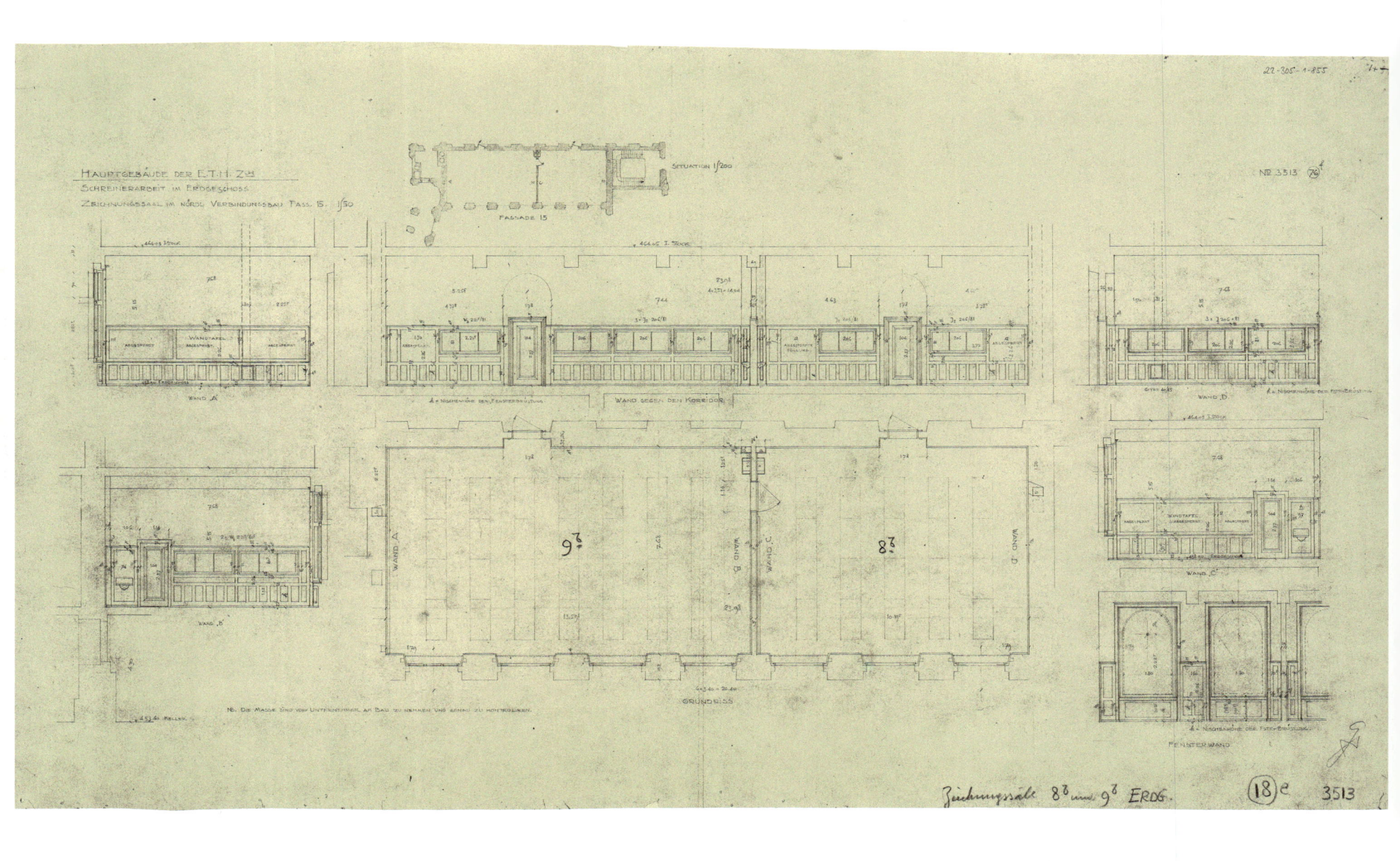

»HAUPTGEBÄUDE DER E.T.H. Z^CH. SCHREINERARBEIT IM ERDGESCHOSS. ZEICHNUNGSSAAL IM NÖRDL. VERBINDUNGSBAU FASS. 15.«
Maßstab 1 : 200 (Original 1 : 50)

22-305-1-855 / gta Archiv / ETH Zürich (Nachlass Gustav Gull).
Signatur Gustav Gull. Pause auf Papier. 56,0 x 106,5 cm.

»AUFNAHME VON PROVISORISCH MONTIERTEN BELEUCHTUNGSKÖRPERN FÜR ZEICHNUNGSSÄALE ANLÄSSLICH DER PHOTOMETR. MESSUNGEN DURCH DAS EIDG. AMT FÜR MASS U. GEWICHT AM 28. FEBRUAR 1921«
Maßstab 1 : 20 (Original 1 : 5)

22-305-1-757 / gta Archiv / ETH Zürich (Nachlass Gustav Gull).
9. Februar 1921. Pause auf Papier. 45,0 x 105,0 cm.

Die von Gull neu ausgestatteten Schulzimmer und Zeichensäle waren an den Wänden mit niedrig umlaufendem, gestemmtem Holztäfer verkleidet, das meist durch eine Zone mit Wandtafeln ergänzt wurde. Für die zusätzliche elektrische Beleuchtung der Zeichensäle wurden verschiedene Beleuchtungskörper ausgewählt, ein Aufnahmeplan dokumentiert eine »provisorische Anbringung«.

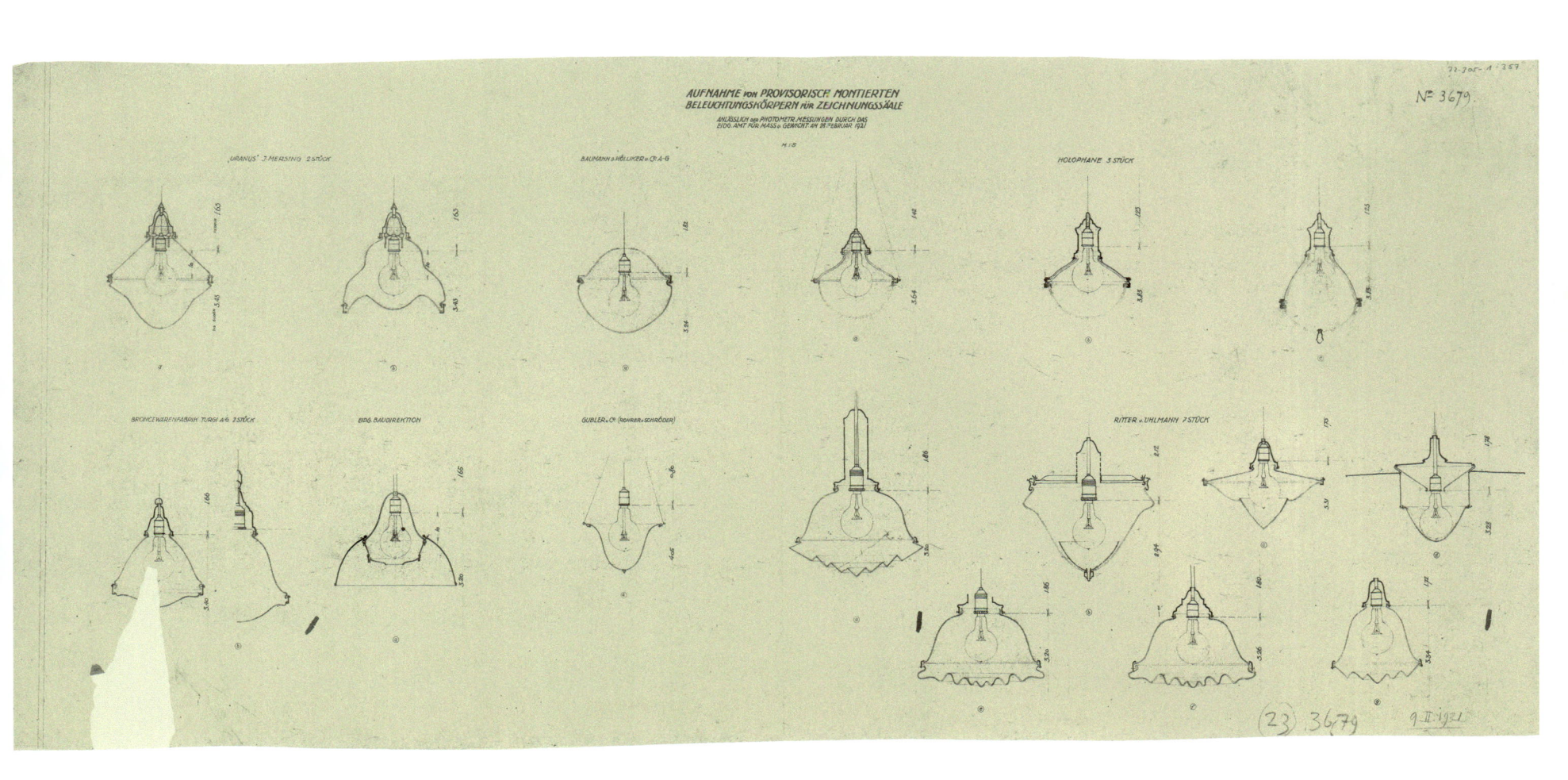

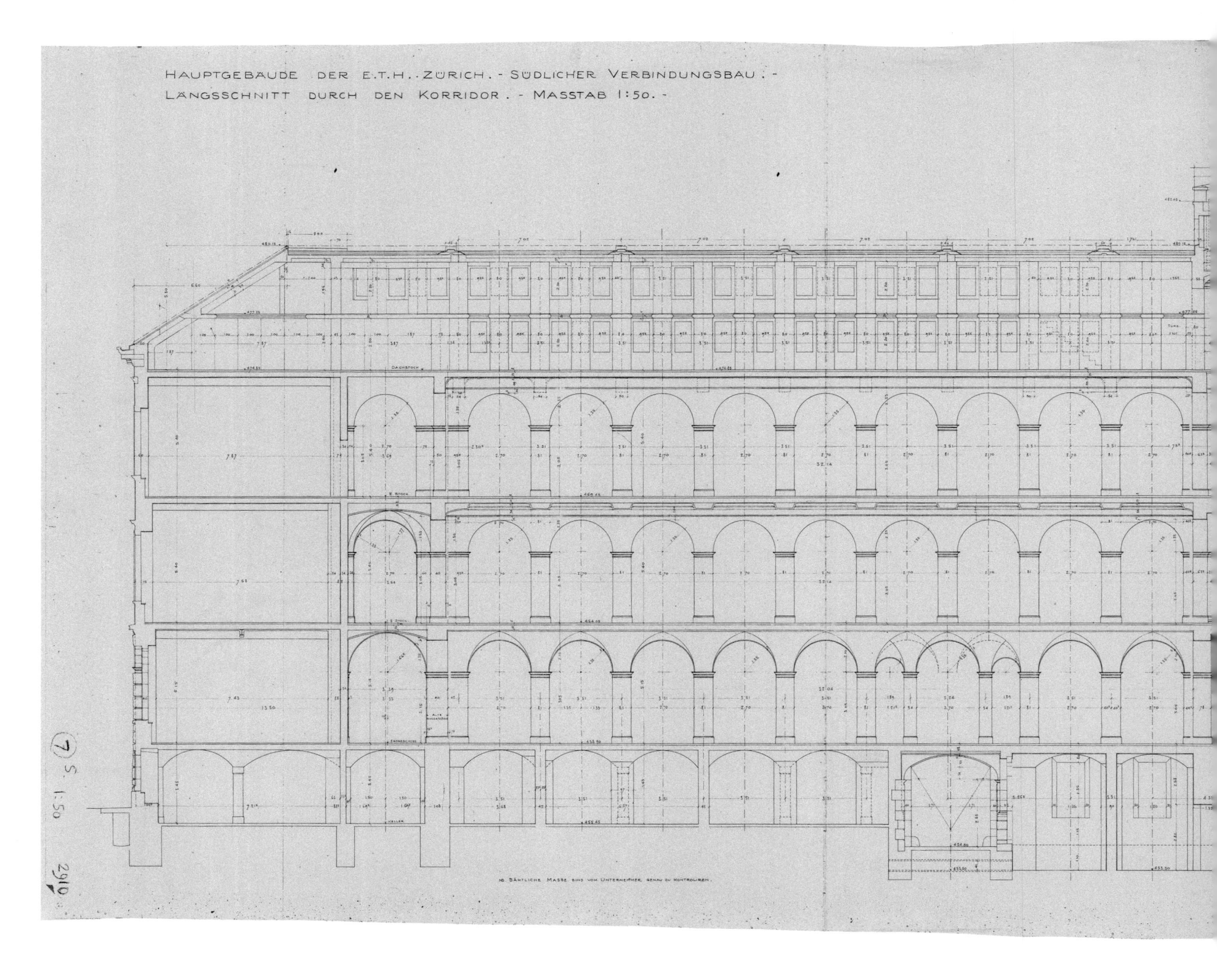

»HAUPTGEBÄUDE DER E.T.H. ZÜRICH. SÜDLICHER VERBINDUNGSBAU. LÄNGSSCHNITT DURCH DEN KORRIDOR.«
Maßstab 1 : 200 (Original 1 : 50)

22-305-1-347 / gta Archiv / ETH Zürich (Nachlass Gustav Gull).
Pause auf Papier. 76,8 x 118,5 cm.

»E.T.H. H.G. ZÜRICH. PFEILER IN DEN SAMMLUNGSSÄÄLEN. ERDGESCHOSS & I. STOCK«
Maßstab 1 : 40 / 1 : 20 / 1 : 2
(Original 1 : 20 / 1 : 10 / 1 : 1)

22-305-1-515 / gta Archiv / ETH Zürich (Nachlass Gustav Gull).
Signatur Gustav Gull. Pause auf Papier. 54,7 x 37,5 cm.

Große Sammlungsräume waren im Semperbau im bergseitigen Flügel untergebracht: Dort war auf Korridore verzichtet worden, gusseiserne Stützen gliederten den Raum, man ging durch die Sammlungen, wenn man den Flügel passieren wollte. Gull hat diesen Flügel durch seine Rotunde durchtrennt und an den Altbestand bergseitig eine neue Raumachse angefügt. Auch in seinem Konzept dienten aber diese Raumfolgen neben weiteren Räumen des Südflügels der Präsentation von Sammlungen – durch neu eingefügte offene Bogenstellungen konnte man von den Fluren aus in die Sammlungsräume blicken, in Vitrinen mit Modellen wurde die Arbeit der verschiedenen Fächer erklärt.

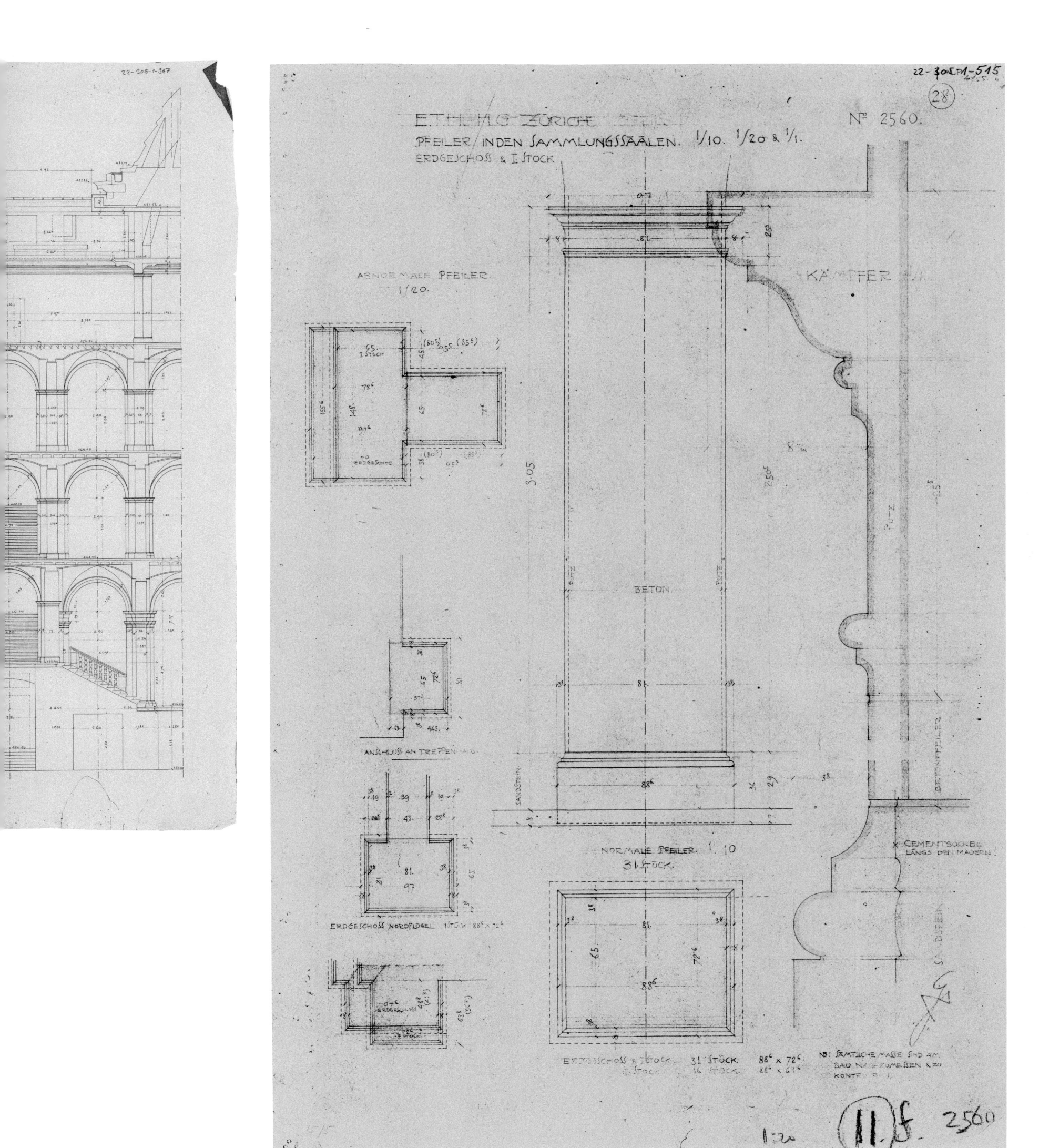

E.T.H.M.G. ZÜRICH
PFEILER IN DEN SAMMLUNGSSÄLEN. 1/10. 1/20 & 1/1.
ERDGESCHOSS & I. STOCK

N° 2560.

ABNORMALE PFEILER. 1/20.

KÄMPFER

BETON

SANDSTEIN

PUTZ

BETONPFEILER

ANSCHLUSS AN TREPPENHAUS.

NORMALE PFEILER. 1/10.
3¹·STOCK.

CEMENTSOCKEL LÄNGS DEN MAUERN

SANDSTEIN

ERDGESCHOSS NORDFLÜGEL

ERDGESCHOSS & I. STOCK.   3¹·STOCK. 88° × 72°
                          I. STOCK. 88° × 61°

NB: SÄMTLICHE MASSE SIND AM BAU NACHZUMESSEN & ZU KONTROLLIEREN.

11.f. 2560

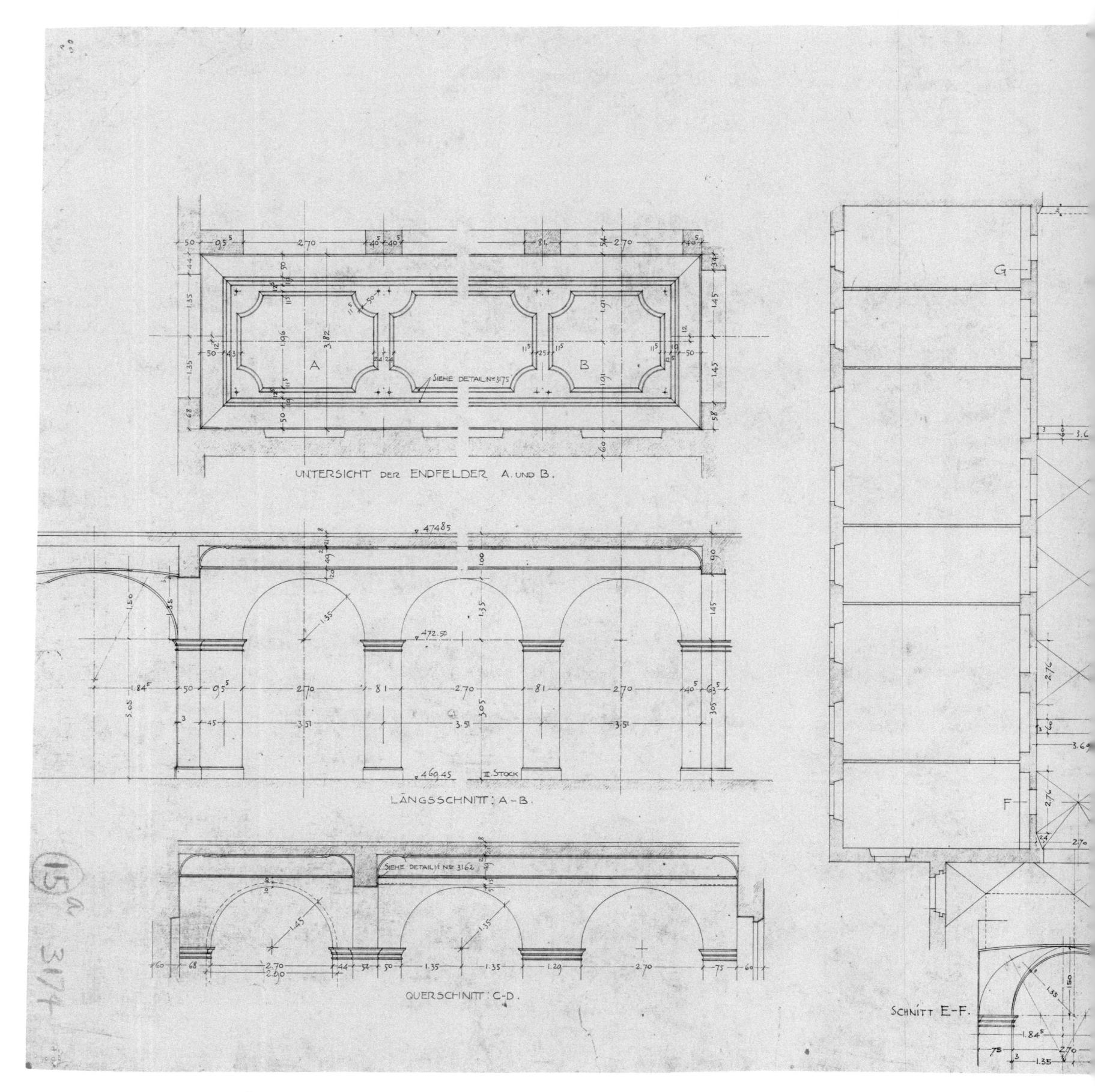

»E.T.H. H.G. ZÜRICH. UNTERSICHTEN DER
DECKEN VOM CORRIDOR UND SAMM-
LUNGSRAUM IM II. STOCK SÜDFLÜGEL«
Maßstab 1 : 200 / 1 : 100 (Original 1 : 100 / 1 : 50)

E.T.H. H.G. ZÜRICH N° 3174
UNTERSICHTEN DER DECKEN VOM CORRIDOR UND SAMMLUNGSRAUM HIEZU DETAILS 1/1 N° 3162.
IM II. STOCK SÜDFLÜGEL   1/100 1/50 N° 3175

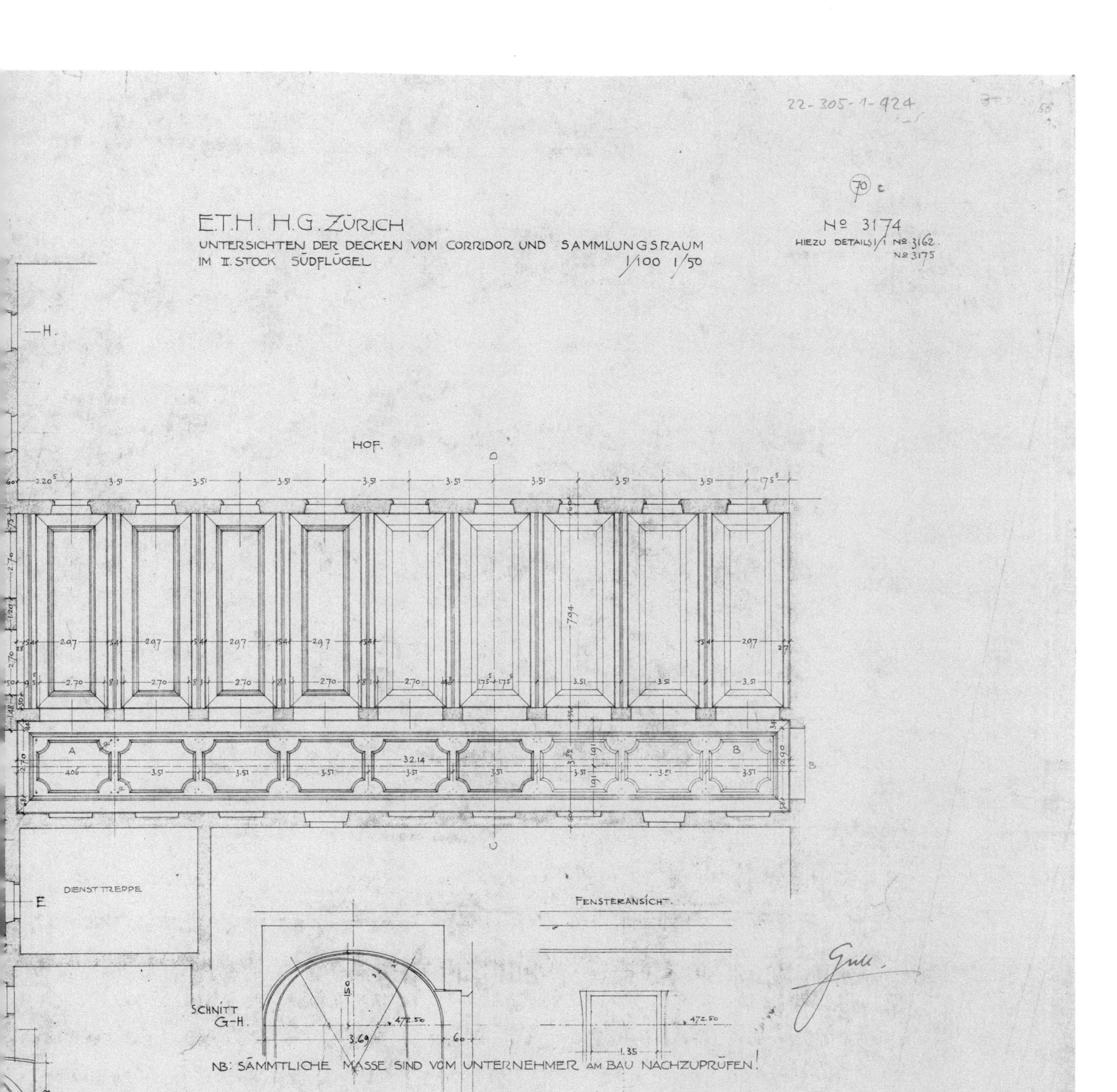

SCHNITT G-H.

FENSTERANSICHT.

NB: SÄMMTLICHE MASSE SIND VOM UNTERNEHMER AM BAU NACHZUPRÜFEN!

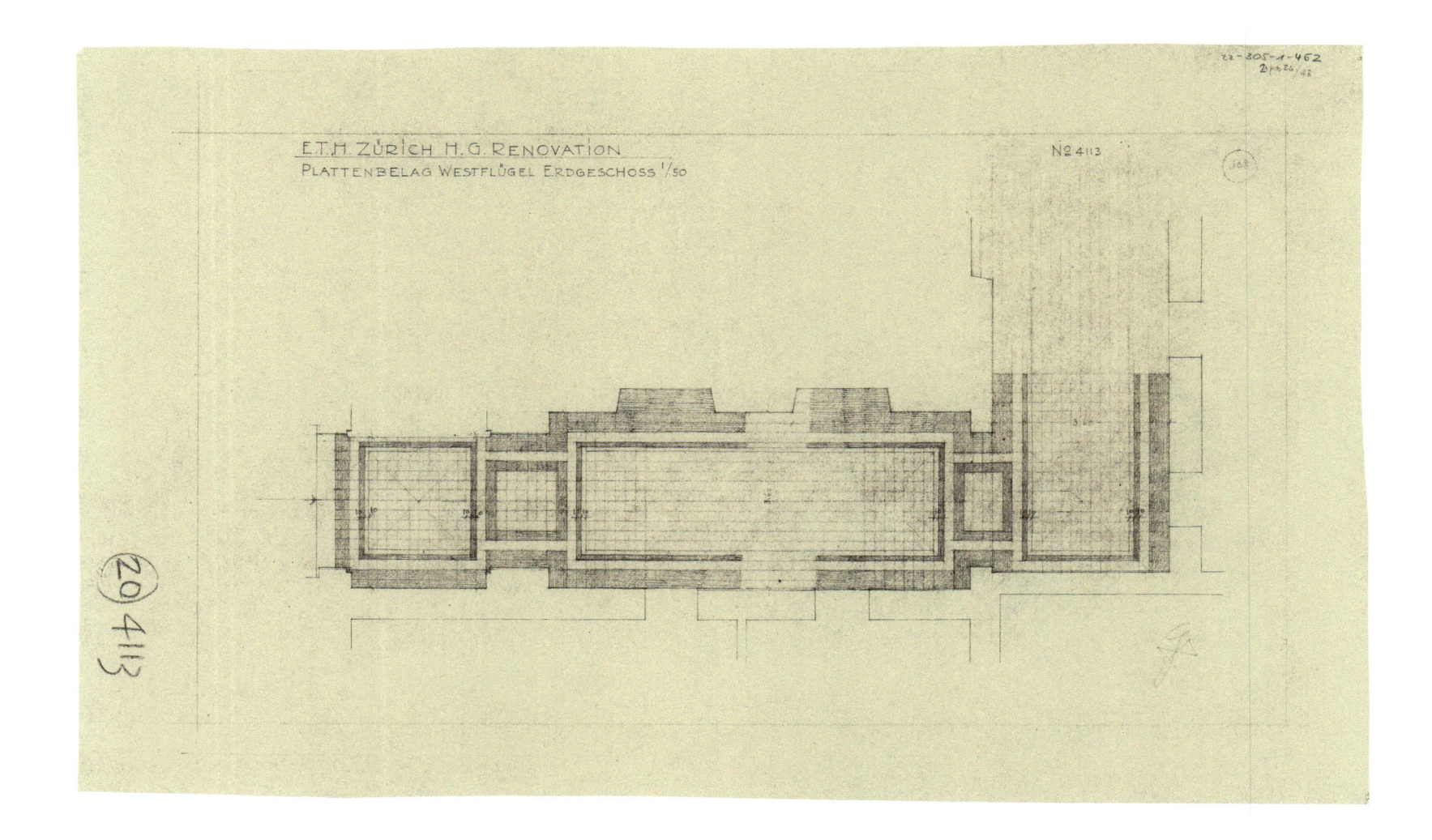

»E.T.H ZÜRICH H.G. RENOVATION. PLATTENBELAG WESTFLÜGEL ERDGESCHOSS«
⅔ der Originalgröße

22-305-1-452 / gta Archiv / ETH Zürich (Nachlass Gustav Gull). Signatur Gustav Gull. Pause auf Papier. 30,9 x 59,9 cm.

»E.T.H ZÜRICH H.G. RENOVATION. WESTMITTELBAU. PLATTENBELAG VESTIBULE I. STOCK«
⅔ der Originalgröße

22-305-1-454 / gta Archiv / ETH Zürich (Nachlass Gustav Gull). Signatur Gustav Gull. Pause auf Papier. 63,5 x 48,5 cm.

Bodenbeläge der Semperzeit haben sich praktisch nicht erhalten, Gulls Plattenbelag zeichnet die Raumproportionen nach und projiziert die Deckengliederung auf den Boden. Mosaikfliesenmuster rahmen die einzelnen Korridorsegmente, die mit Fliesen oder Linoleum gefüllt wurden.

E.T.H. ZÜRICH H.G. RENOVATION N° 4127
WESTMITTELBAU: PLATTENBELAG VESTIBULE I. STOCK 1/50

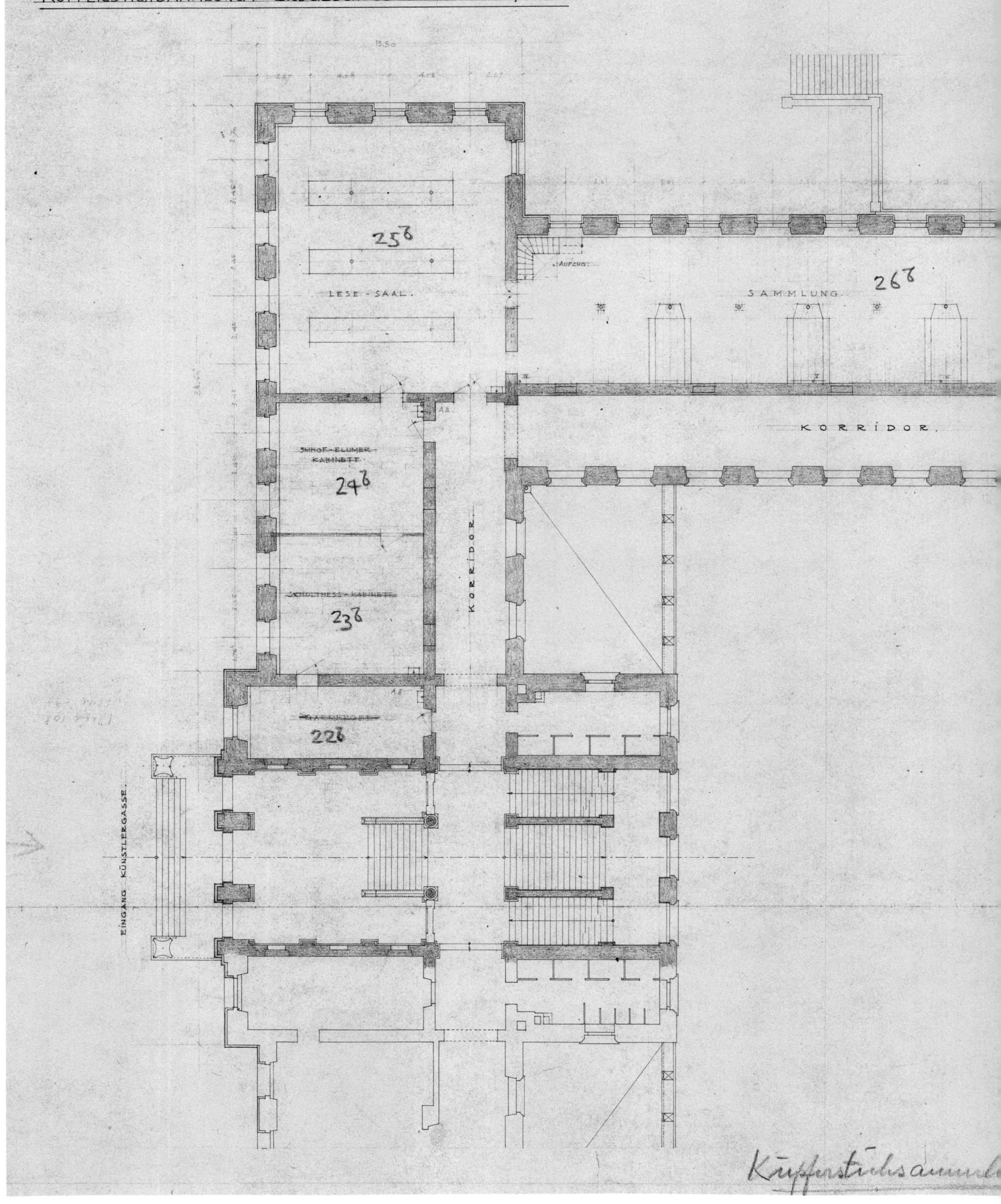

E.T.H. ZÜRICH. H.G. RENOVATION.
KUPFERSTICHSAMMLUNG. ERDGESCHOSS-GRUNDRISS 1/100.

25b LESE-SAAL

26b SAMMLUNG

KORRIDOR

24b IMHOF-BLUMER-KABINETT

KORRIDOR

23b SCHULTHESS-KABINETT

22b GARDEROBE

EINGANG KÜNSTLERGASSE

Kupferstichsammlung

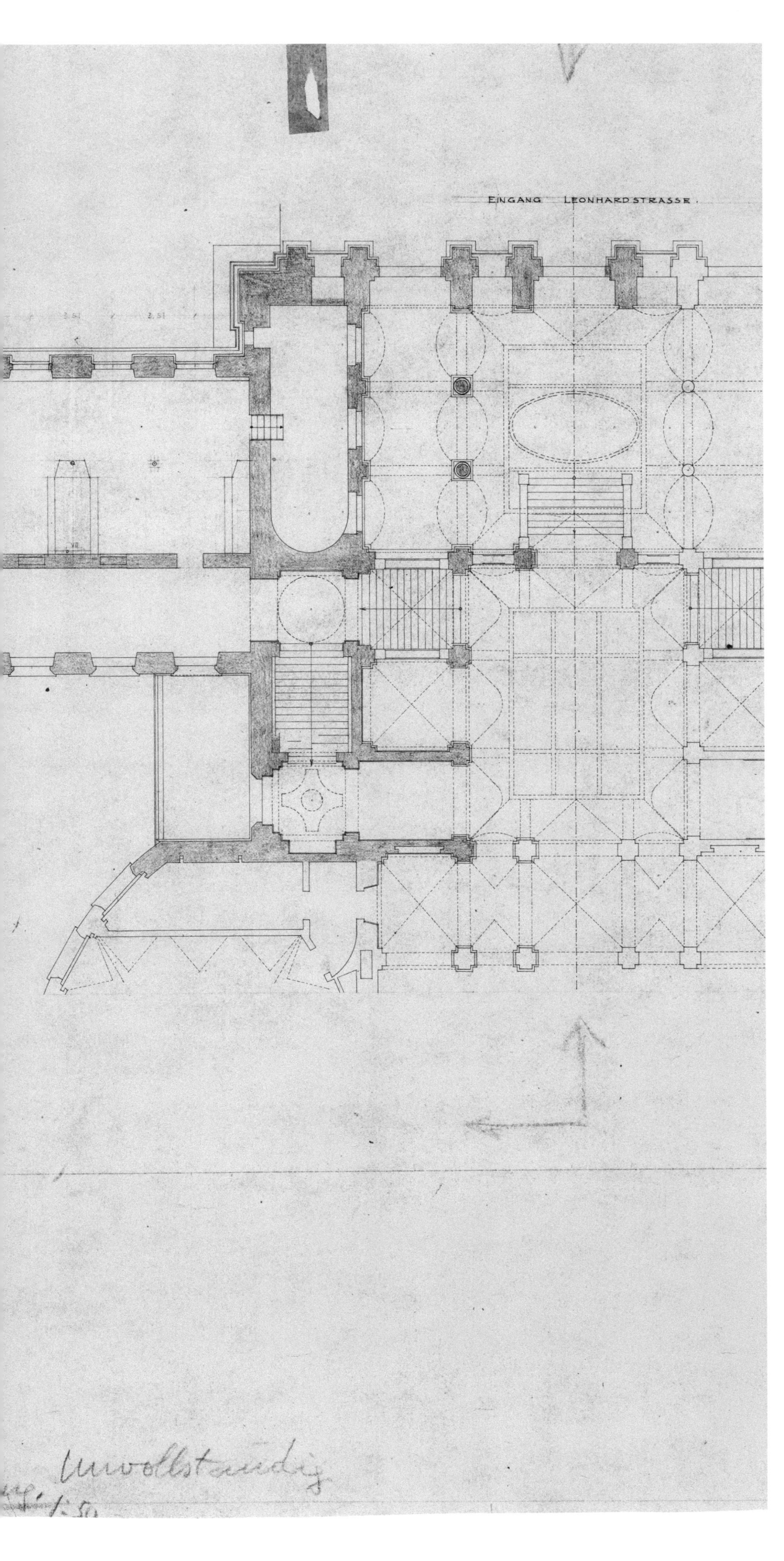

»E.T.H. ZÜRICH. H.G. RENOVATION.
KUPFERSTICHSAMMLUNG. ERDGESCHOSS-
GRUNDRISS«
Maßstab 1 : 200 (Original 1 : 100)

22-305-1-419 (Ausschnitt) / gta Archiv / ETH Zürich (Nachlass Gustav Gull).
Signatur Gustav Gull. Pause auf Papier. Beschriftungen in schwarzer Tusche,
Bemaßungen in Bleistift und schwarzer Kreide. 66,0 x 105,0 cm.

Die südliche Ecke des stadtseitigen Flügels
dient bis heute der Graphischen Sammlung –
die ihr Bestehen Sempers Vorlagensammlung
für die Ausbildung der Architekturstudenten
verdankt.

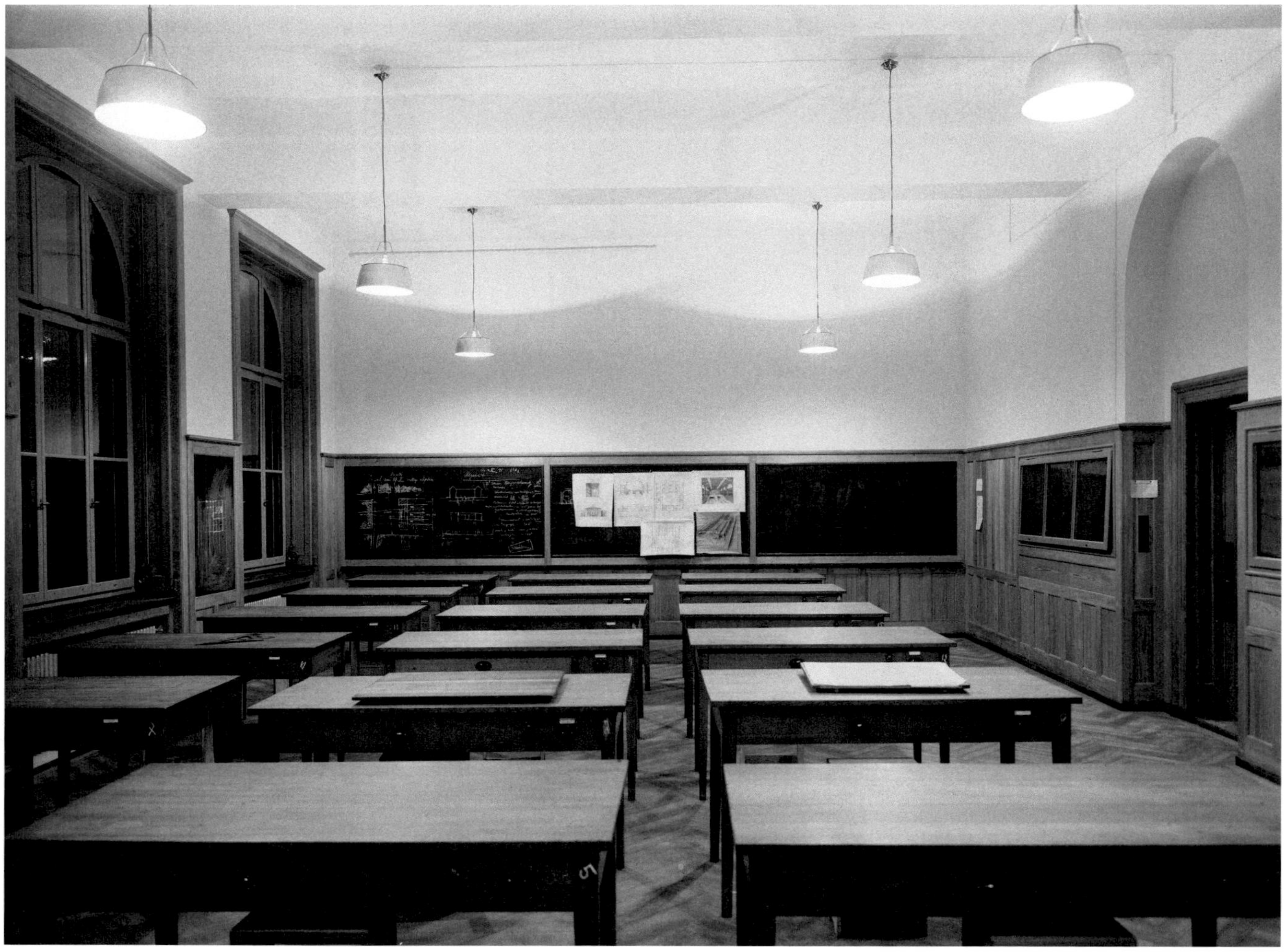

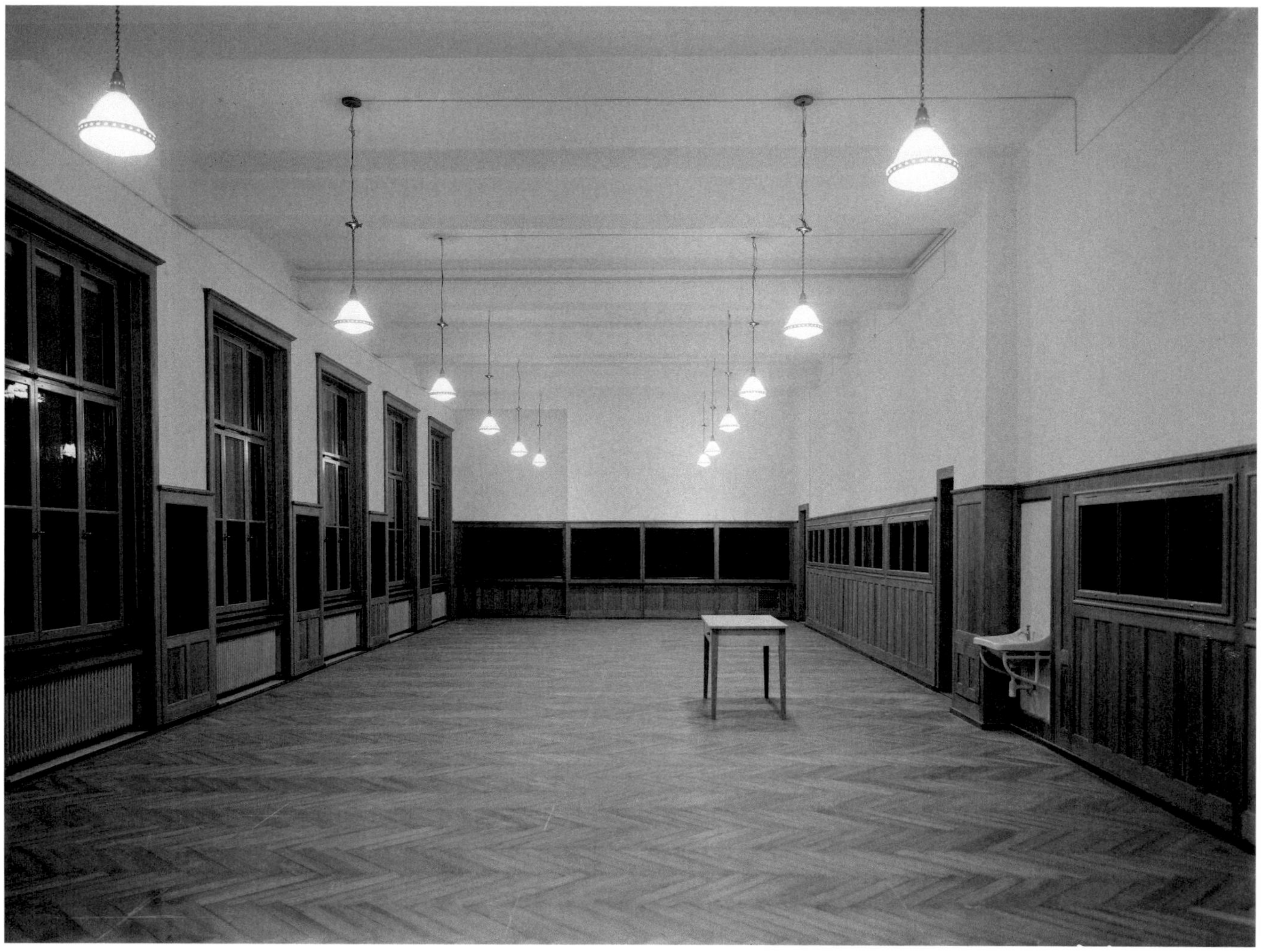

UNTERRICHTSRÄUME MIT FISCHGRAT-PARKETT UND WANDTÄFER

22-01-F-In-88N, 22-01-F-In-84N / gta Archiv / ETH Zürich (Nachlass Gustav Gull). Fotograf unbekannt, nach 1920.

ZEICHNUNGSSAAL DER ABTEILUNG FÜR ARCHITEKTUR

Ans_00955 / ETH-Bibliothek Zürich, Bildarchiv.
Fotograf unbekannt, 21. Februar 1930.

Fotografien der von Gull neu eingerichteten Zeichen- und Studiensäle zeigen solide Holzböden mit Fischgratmuster, Wandverkleidungen in Holz, verglaste Fenstertüren zu den Innenfluren, Wandtafeln und sorgfältig angebrachte Lampen. Die Kabelführung zu den Lampen war auf Putz geführt, außerordentlich präzis installierte metallene Leerrohre sind heute noch an ganz wenigen Stellen des Baus erhalten (Korridore im zweiten Obergeschoss). Zwei Fotografien zeigen die Zeichensäle der Architekten. Es sind verschiedene Deckenleuchten installiert, man sieht, dass die angehenden Architekten noch weiße Arbeitskittel tragen mussten.

GROSSER SAAL DER GRAPHISCHEN SAMMLUNG

Ans_03597 / ETH-Bibliothek Zürich, Bildarchiv.
Fotograf unbekannt, nach 1920.

AUSSTELLUNGSSAAL DER GRAPHISCHEN SAMMLUNG IM ERDGESCHOSS

Pl_30-A-0035 / ETH-Bibliothek Zürich, Bildarchiv.
Fotograf unbekannt, nach 1920.

Eine historische Fotografie zeigt den großen Saal im Eckrisalit des stadtseitigen Flügels, der heute von der Graphischen Sammlung benutzt wird. Die gusseisernen Stützen und die Kassettenstrukturen der Decken des Gründungsbaus haben sich nur hier (wenn auch leider in Details verändert) erhalten. Ein weiteres Fotodokument belegt den Zustand der Sammlungsräume nach dem Umbau durch Gull.

464
—
465

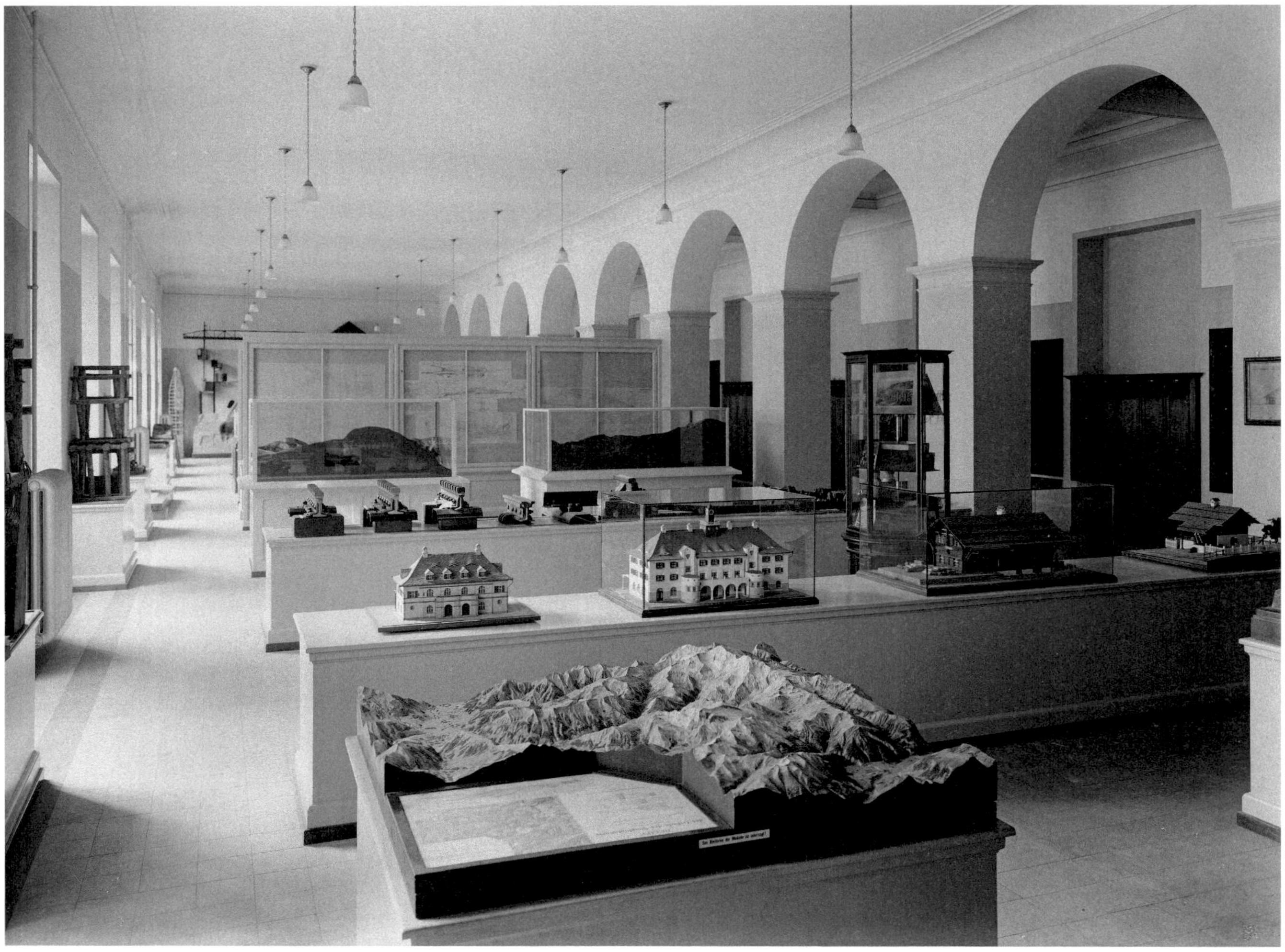

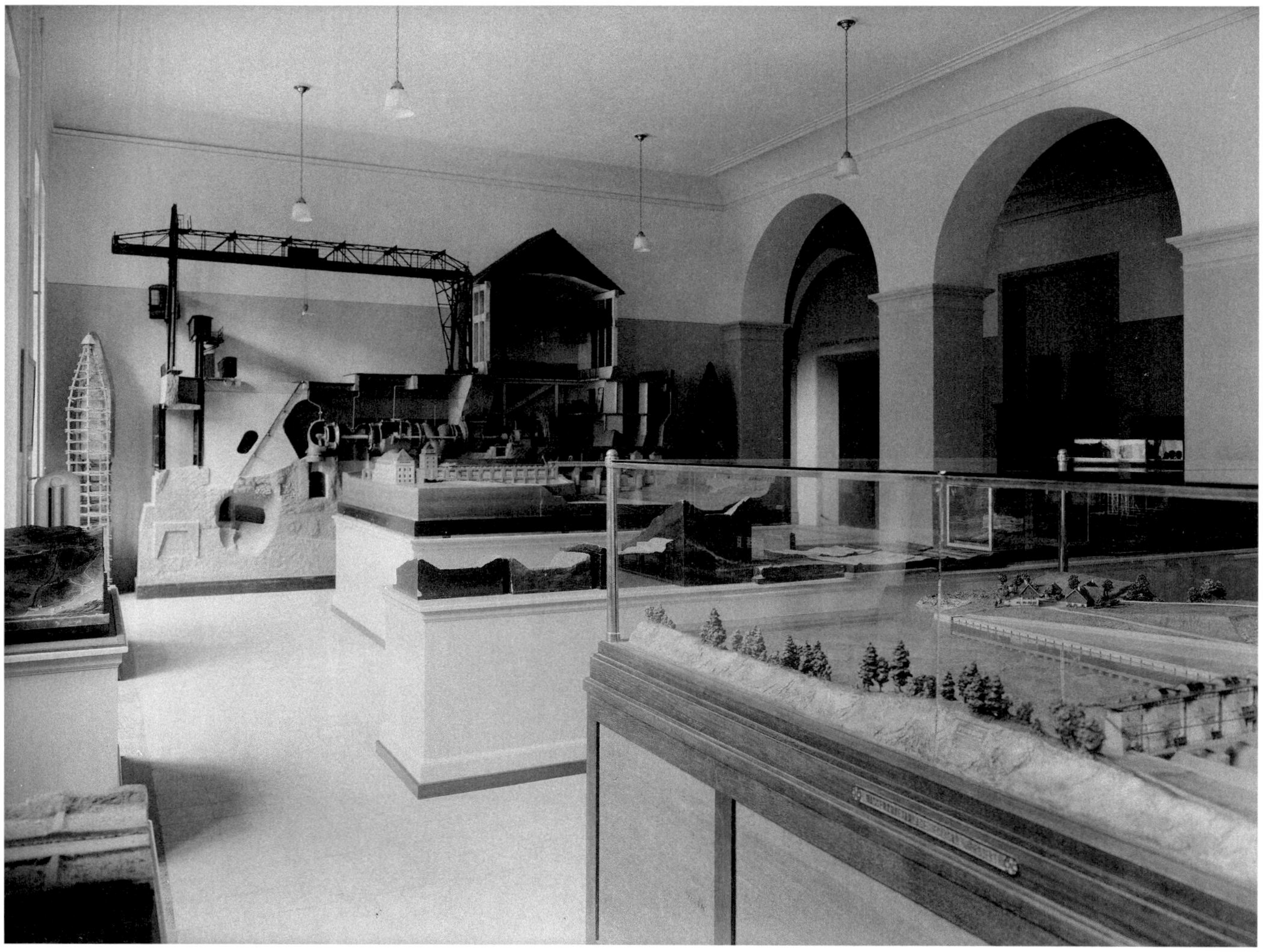

**DIE NEUEN SAMMLUNGSRÄUME IM OST-
FLÜGEL MIT EXPONATEN DER UNTER-
SCHIEDLICHEN ABTEILUNGEN**

22-01-F-In-78N, 22-01-F-In-79N, 22-01-F-In-80N / gta Archiv / ETH Zürich
(Nachlass Gustav Gull). Fotograf unbekannt, nach 1920.

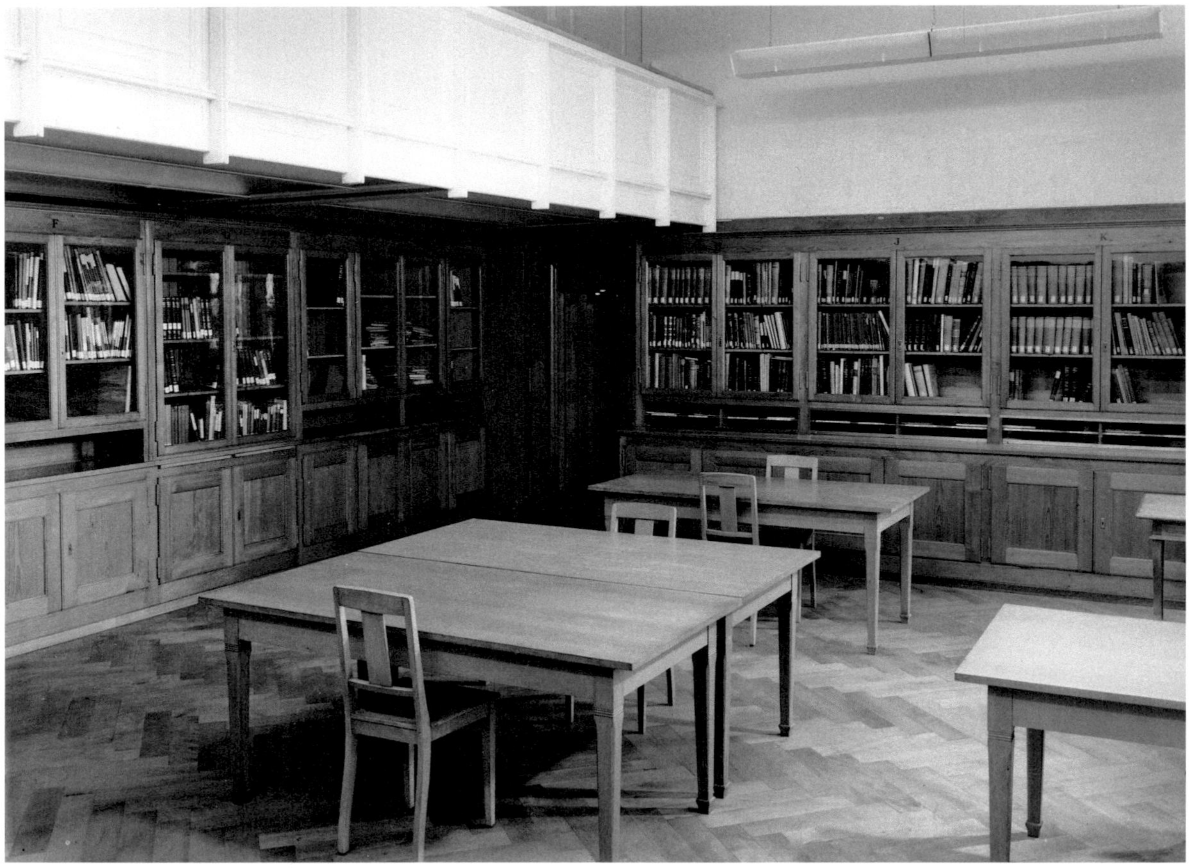

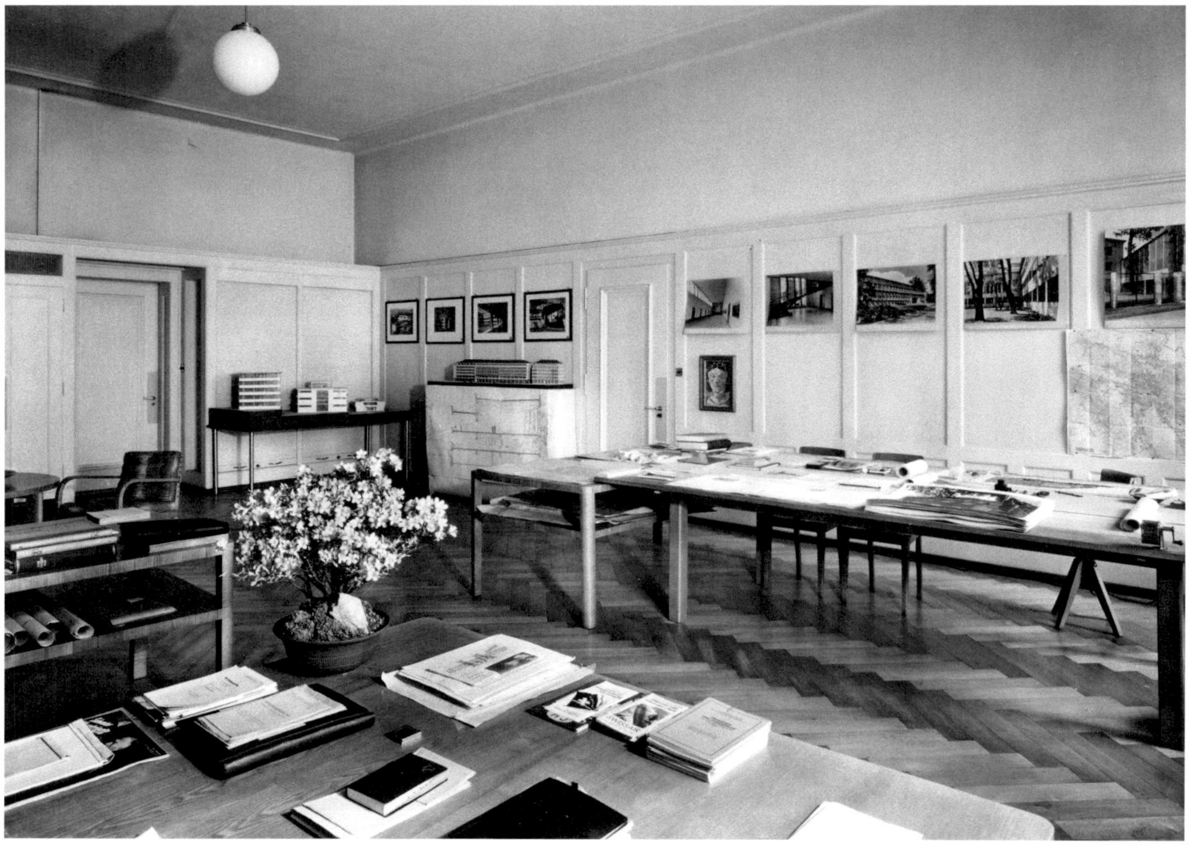

LESESAAL DER ARCHITEKTUR-
BIBLIOTHEK

Ans_00022 / ETH-Bibliothek Zürich, Bildarchiv.
Fotograf unbekannt, ca. 1951.

BÜRO OTTO RUDOLF SALVISBERG

BAZ_19869 / Baugeschichtliches Archiv der Stadt Zürich.
Fotografie von Heinrich Wolf-Bender, 1941.

SAMMLUNG GEODÄTISCHER
MESSINSTRUMENTE UND GERÄTE
IM GEODÄTISCHEN INSTITUT

Ans_03039 / ETH-Bibliothek Zürich, Bildarchiv.
Fotograf unbekannt, ca. 1930.

BLICK VOM LAND- UND FORSTWIRT-SCHAFTLICHEN INSTITUT AUF DEN ANBAU DES POLYTECHNIKUMS

22-01-F-Aut-12-1 / gta Archiv / ETH Zürich (Nachlass Gustav Gull). Fotograf unbekannt, 1920er Jahre.

Da der ursprüngliche Semperbau nur spärlich in Fotografien überliefert ist, haben die Bilder des Baus nach dem Umbau durch Gustav Gull das kollektive Gedächtnis geprägt – in der Öffentlichkeit wird immer noch vom ›Semperbau‹ gesprochen, obwohl kaum noch ein semperzeitlicher Befund von außen sichtbar ist. Die Kuppel Gulls prägt heute sogar die ›Corporate Communication‹, Internetauftritt und Logos der ETH. Die Entwurfsmodelle Gulls überliefern die Ambition der Neubauplanung des beginnenden 20. Jahrhunderts, die realisierten Neubauflügel und die neue Kuppel haben freilich nicht ungeteilte Zustimmung erhalten: Die helle Betonkuppel war nach ihrer Fertigstellung sofort umstritten, Gull selbst äußerte sich nur zurückhaltend (er habe die Wirkung falsch eingeschätzt). Der fertige Bau wurde daher nicht gleich fotografisch so festgehalten, dass die Ambition der frühen Modelle bildlich reproduziert worden wäre – erst von der Ziegelhaut der Überformung haben sich anspruchsvollere Fotografenfotos erhalten, nur wenige Bilddokumente zeigen die ursprünglich geplante Betonstruktur der Außenkuppel. Durch die spätere Ziegelhaut haben sich freilich Proportionen und architektonisches Konzept der Rotunde wiederum zum Nachteil verändert, die gerundete Ziegelhaut setzt unglücklich am Traufgesims an, die ›Stelzung‹ der Rotunde ist optisch kaum mehr ablesbar.

Z 1960 Zürich, Polytechnikum

DIE UTOPIE DER INNEREN ERWEITERUNG: HOFMANN, GEISENDORF & ROTH

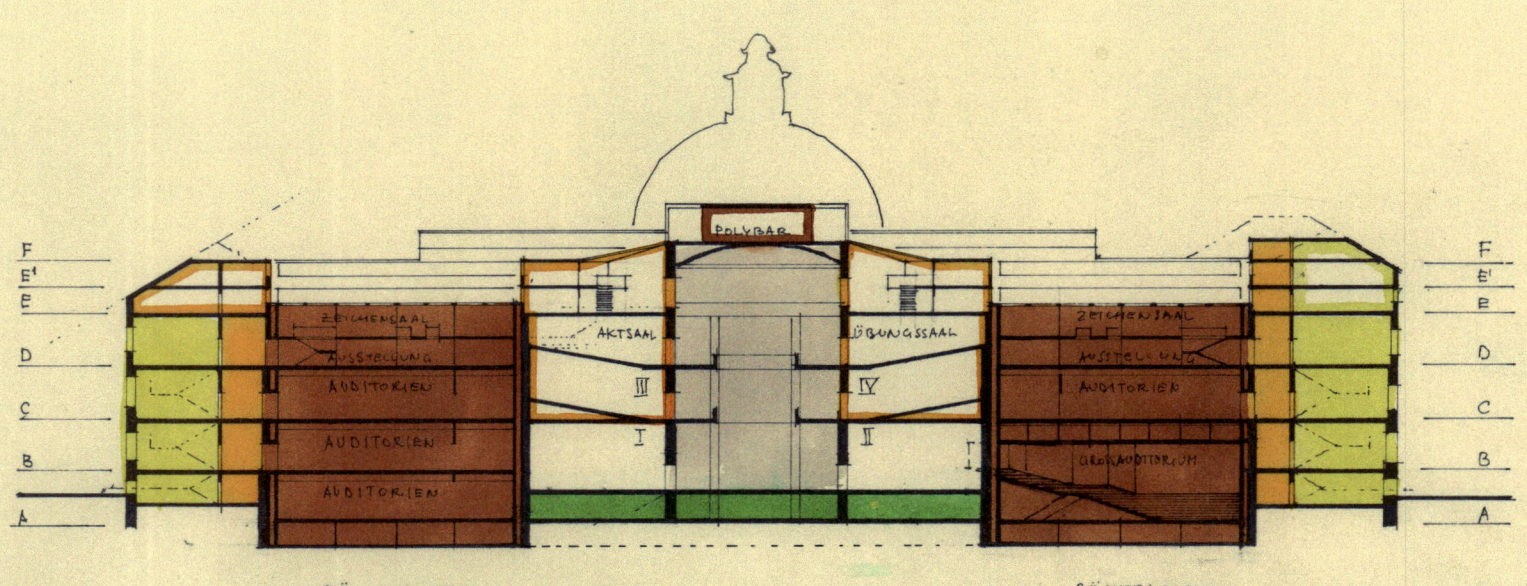

BÜCHERMAGAZIN   BÜCHERMAGAZIN

WACHSTUMSGLAUBE UND FUNKTIONSFORM

Unmittelbar nach dem Ende des Zweiten Weltkriegs kamen bereits neue Modernisierungswünsche für das nur zwanzig Jahre zuvor umgebaute und erweiterte Hauptgebäude auf. Schon 1943 hatte es Bestrebungen zu einem erneuten Umbau gegeben, der Vorstand der Abteilung für Architektur, Hans Hofmann, wurde mit Studien zum Ausbau der Dachräume beauftragt. Die Planung wurde als unwirtschaftlich angesehen, Hofmann fertigte deshalb eine neue Machbarkeitsstudie zum Ausbau der Höfe in den unteren Etagen mit einer vollständigen Überdachung an.[1] 1947 legte er Pläne zum Einbau eines Hörsaals mit 1 000 Plätzen im Südhof und einer Kantine mit 120 Plätzen im Nordhof vor (**Abb. 2–3**).[2] Das eidgenössische Departement des Inneren gewährte jedoch den beantragten Kredit über 1 392 000 Franken nicht – die »konjunkturellen Voraussetzungen« seien in Zürich, »das sich durch ein künstliches Aufblähen der Bauwirtschaft« geradezu auszeichne, nicht gegeben: »Die kantonalen Behörden gelangen mit ernsten Vorstellungen an den Bund, er möchte im Interesse des gefährdeten Wohnungsbaues seine Bautätigkeiten in Zürich auf ein Mindestmass beschränken.«[3]

Obwohl verschiedene Institute der ETH schon seit den 70er Jahren des 19. Jahrhunderts in eigenen Gebäuden im Umfeld des heutigen Hauptgebäudes angesiedelt worden waren, blieb auch nach dem Umbau durch Gustav Gull die Raumnot im Hauptgebäude wiederkehrendes Thema, nach dem Zweiten Weltkrieg wurden Ausbauwünsche mit den stark angestiegenen Studierendenzahlen begründet. Die von Gull im Hauptgebäude eingebauten Auditorien und die Praktikumssäle seien überbesetzt, die naturwissenschaftlichen Institute im Zentrum der Stadt wurden vielfach erweitert. Zwischen 1948 und 1951 wurde die ETH-Bibliothek in wichtigen Teilen verändert. Der damals zuständige Oberbibliothekar Paul Scherrer schreibt von einer Bereinigung der räumlichen Verhältnisse: »Es galt aus einem im Ganzen festgelegten, ja sogar beengten Grundriss […] durch begrenzte Korrekturen ein Höchstmass von Wirtschaftlichkeit herauszuholen.« Scherrer erläutert weiter, man habe dem Gedanken, alles »durchsichtiger und überschaubarer zu gestalten« zum Durchbruch verholfen, »indem in beträchtlichem Ausmass Mauern durchgeschlagen wurden.«[4]

Das hier formulierte Motto wird das weitere 20. Jahrhundert begleiten – Nutzer und Architekten wünschten zwar einen Neubau ihrer Hochschule, die Verhältnisse erlaubten aber nur Umbauten im Bestand. Man versuchte dennoch, größtmögliche Modernität durch neue technische Einbauten zu erreichen, der Gründungsbau und die späthistorische Bauphase der Jahre des Ersten Weltkriegs wurden im Inneren des Gebäudes soweit wie möglich vereinfacht. Paul Scherrer schreibt, man habe »den früher muffigen und dunklen Binnenraum des Katalogsaales […] gegen die Mittelhalle des ETH Hauptgebäudes« geöffnet, die einengenden Wände seien in einer Pfeilerreihe aufgelöst worden. Fordistische Überlegungen zum Ablauf der Bücherausgabe (man drehte den »Ausleihekopf um eine Viertelwendung nach rechts«) und zum Transport der Bücher führten zum Einbau von Transportbändern (**Abb. 5–6**). Immerhin blieben der große Lesesaal und ein Teil der Gullschen Möbel im Büro des Oberbibliothekars noch für ein Jahrzehnt erhalten. Die Verantwortlichen waren stolz auf »die kurze Frist zwischen Einlieferung und Ausführung der Be-

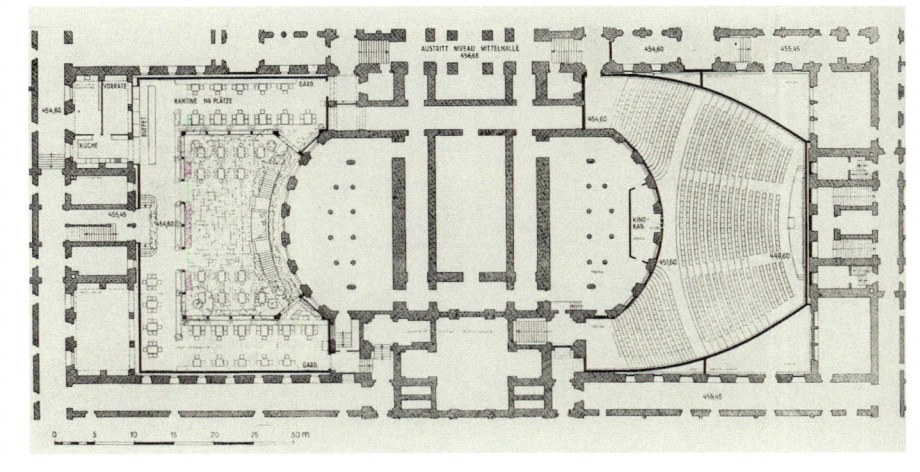

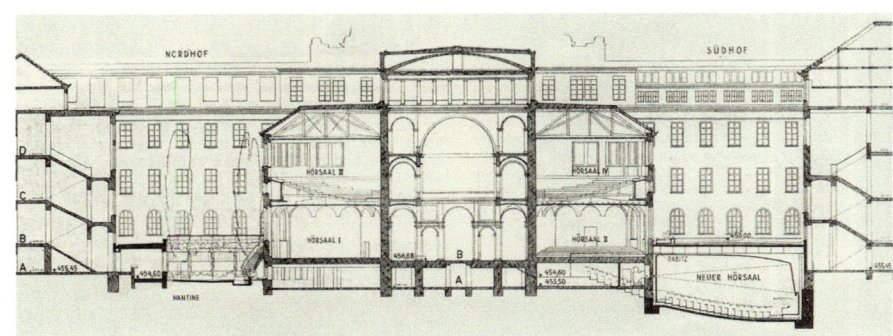

---

1 Konzepte für einen Innenausbau der Semperschen Höfe mit bis zu fünf Auditoriumsgeschossen machen deutlich, dass die Umbauplanungen der Nachkriegszeit nur mit künstlich belichteten und belüfteten Raumvolumina denkbar waren. Alle Planverfasser zählten auf Haustechnik, künstliches Licht und Klimaanlagen. Die Vorstudie von Charles-Edouard Geisendorf nimmt den älteren Gedanken Hans Hofmanns zum Ausbau des Südhofs durch ein zweigeschossiges Großauditorium auf, bis zu den Dachgeschossen sind Zeichensäle und Ausstellungsräume geplant. (gta Archiv / ETH Zürich)

2–3 In der *Schweizerischen Bauzeitung* wurde 1948 eine Planung Hans Hofmanns für Einbauten in die Höfe des Hauptgebäudes publiziert. Im Südhof war ein Auditorium mit 1 000 Sitzplätzen projektiert, im Nordhof eine Kantine. Geisendorf waren weiterhin als Außenräume gedacht, die Dachflächen der beiden Einbauten sollten als Ziergärten bepflanzt werden.

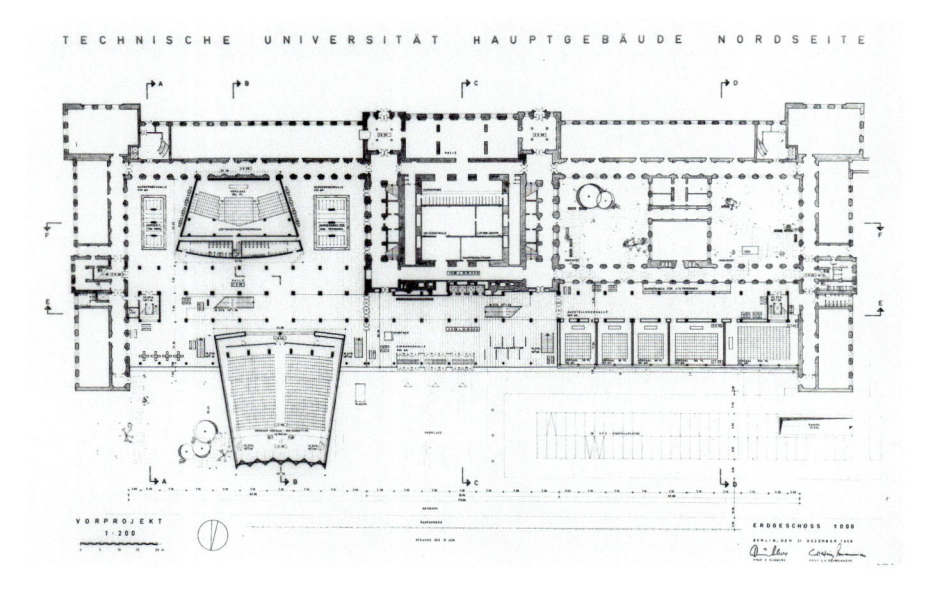

stellung«, man sprach von »Schnelligkeitsrekord«. Die Arbeitsplatzgestaltung für die Postausleihe wurde optimiert – neue Waagen und Packtische waren nun »so zu sagen vom Drehstuhl aus erreichbar«. Maschinelle Transport- und Verbindungsmittel »mildern die langen Laufstrecken die für den Betrieb unrationell wären«.[5]

Während 1959 Flächen für die ›Außenstation Hönggerberg‹ angekauft wurden (**Abb. 7**),[6] dauerte es nochmals Jahre, bis ein weiterer Anstoß für den Ausbau des historischen Baus gegeben wurde. Die beiden maßgeblichen »Planungsrichtlinien« von 1962 formulierten die Absicht, 1) das ETH-Zentrum nicht mehr wesentlich zu erweitern und 2) die im ETH-Zentrum vorhandenen Bundesliegenschaften räumlich und betrieblich optimal auszunutzen. Das Hauptgebäude wurde unter »ausbaugünstige ältere ETH-Gebäude« aufgeführt. Die beiden Lichthöfe erkannte man als Raumreserven, die Bibliothek könne ohne nach außen sichtbare Veränderung ausgebaut werden, die beiden Gullschen Hörsäle sowie das Auditorium Maximum würden nach durchgreifender Renovation und einer verbesserten Belüftung verlangen.[7]

In Charles-Edouard Geisendorfs Raumanalyse wurden die mit »vertretbarem Aufwand realisierbaren Reserven« auf 20 bis 25 Prozent veranschlagt, weiter verfasste er eine Projektstudie zum Ausbau der beiden Lichthöfe – Alfred Roth sollte den »Vollausbau« des großen Dachraums für die Bibliothek übernehmen.[8] Kaum waren die Planungen angerollt, schien die Denkmalpflege der Stadt Zürich, die »gewisse Teile« des Hauptgebäudes unter Schutz stellen wollte, das Bauvorhaben zu gefährden. Hans Pallmann, der Präsident des Schweizerischen Schulrats, reagierte prompt und ließ verlauten, er habe nichts gegen die Unterschutzstellung von Teilen der Fassade, »soweit sie von Semper stammen«, sowie der Aula, jedoch möchte er das Vestibül im Inneren sowie die Treppen wenigstens vorläufig ausschließen, »da dort in nächster Zeit grössere bauliche Veränderungen zu erwarten seien«.[9]

1966 begann die rund zehnjährige Bauphase Geisendorf/ Roth: Neben dem Ausbau der Innenhöfe sowie dem Umbau der Gullschen Auditorien und der Hauptbibliothek wurde eine Auto-Einstellhalle unter den Rämihof gegraben. In einem zweiten Schritt wurden der Neubau unter der Polyterrasse und der Dachpavillon über der Mittelhalle erstellt.[10]

Das Bauvolumen wurde in die Zuständigkeit mehrerer Architekten aufgeteilt; mangelnde Kommunikation, ein fehlender Konsens in stilistischen Fragen und im Umgang mit dem ›großen Haus‹ führten zu ›Insellösungen‹. Geisendorf registrierte, die Bibliothek und die Gullschen Auditorien seien »von einem anderen Architekten und dessen technischem Büro mit anderen Gestaltungsmitteln« und meistens ohne Kontakt mit dem Denkmalpfleger ausgeführt worden. Ein Bereich längs der Außenfassaden werde ganz ohne Hinzuziehung von Architekt und Denkmalpflege, »mit den eigenen Mitteln des Baufachorgans«, nach und nach umgebaut.[11]

Rückblickend kritisierte Geisendorf auch die zögerliche Umsetzung der Baumaßnahmen: Die für Stimmung und Orientierung in einem so großen Haus maßgebenden Elemente seien von Jahr zu Jahr vernachlässigt worden, »so zeigt das zentralste, wichtigste und ehrwürdigste Haus der ETH nach 10 Jahren schleppender Umbauarbeiten ein beschämendes Bild der Unordnung und Unfertigkeit«.[12]

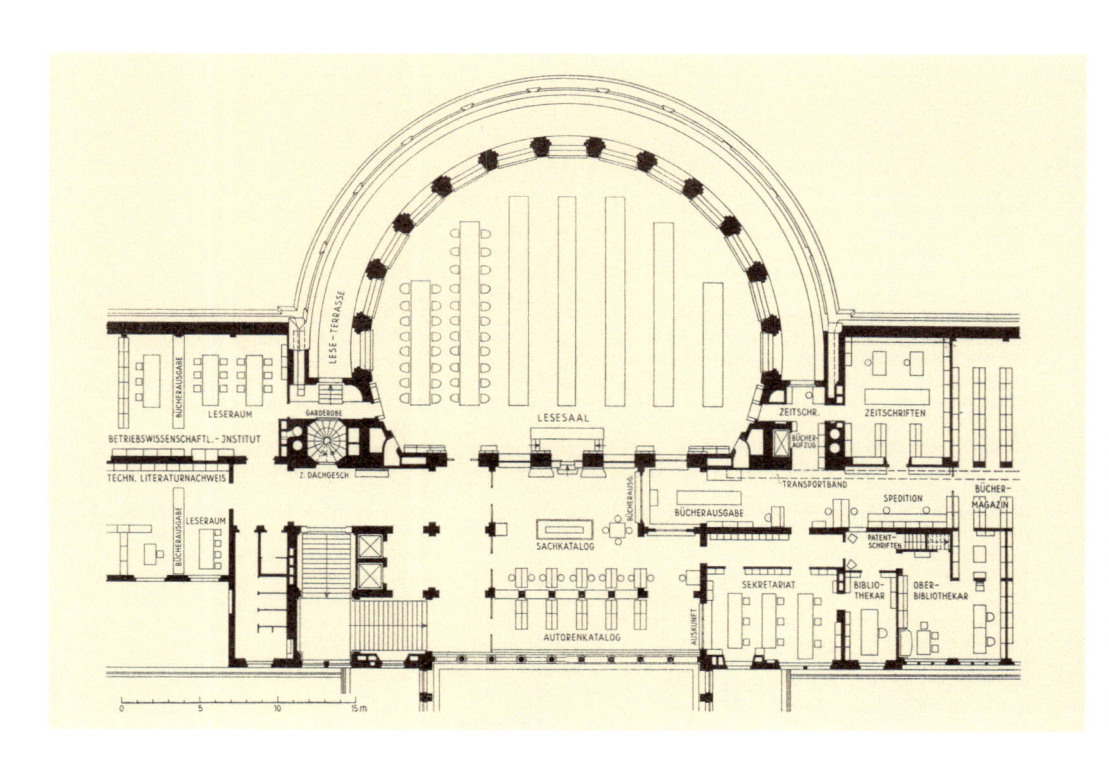

1 »Hauptgebäude E.T.H.«, Brief von der eidg. Bauinspektion Zürich an Hans Hofmann, 16. Juli 1943 (Bundesarchiv Bern, CH-BAR#E3240A#1000/746#70*, Az. 2–05).

2 »Ausbau des Hauptgebäudes der ETH«, Brief vom Vorsteher der Direktion der eidg. Bauten, Léon Jungo, an Hans Hofmann, 15. Oktober 1947 (Bundesarchiv Bern, CH-BAR#E3240A#1000/746#70*, Az. 2–05).

3 »Ausbau der ETH; neue Arbeitsräume im Hauptgebäude«, Brief des eidg. Departements des Innern an den Präsidenten des schweiz. Schulrats, Arthur Rohn, 14. Mai 1948 (Bundesarchiv Bern, CH-BAR#E3240A#1000/746#70*, Az. 2–05).

4 Scherrer, Paul: Der Umbau der ETH-Bibliothek in den Jahren 1948 bis 1951, in: Schweizerische Bauzeitung 70 (1952), S. 199–203, hier S. 199–200.

5 Ebd., S. 200–201.

6 Alfred Roth und Charles-Edouard Geisendorf engagierten sich mit weiteren Kollegen der Architekturabteilung in einer Planungsgruppe zu den städtebaulichen Fragen des Hönggerberg-Areals. Dazu: Maurer, Bruno: »City Upon a Hill«. Von der »Aussenstation« zum Campus Hönggerberg, in: Oechslin, Werner (Hg.): Hochschulstadt Zürich. Bauten für die ETH 1855–2005. Zürich 2005, S. 106–133, hier S. 121.

7 »Projektierungskredit für Aus- und Umbau des Hauptgebäudes der ETH«, Brief des Präsidenten des schweizerischen Schulrats, Hans Pallmann, an den Vorsteher des eidg. Departement des Inneren, Bundesrat Hans-Peter Tschudi, 26. Februar 1963 (Bundesarchiv Bern, CH-BAR#E3240A#1972/129#157*, Az. 2–05).

8 Ebd.

9 »Denkmalschutz der Stadt Zürich. ETH. Semperbau«, Brief vom eidg. Departement des Innern an den Vorsteher der Direktion der Eidgenössischen Bauten, Max von Tobel, 18. September 1964 (Bundesarchiv Bern, CH-BAR#E3240A#1972/129#157*, Az. 2–05).

10 Für eine detaillierte Bauchronik siehe S. 771–779.

11 »Bericht zu den Umbauarbeiten des ETH-Hauptgebaeudes in Zuerich«, Charles-Edouard Geisendorf, 15. Juli 1975 (Bundesarchiv Bern, CH-BAR#E3240B#1999/70#266*, Az. 05.2–093).

12 Ebd.

4 Kurt Dübbers und Karl-Heinrich Schwennicke planten 1963–68 den Nachkriegswiederaufbau und die Erweiterung der Technischen Universität in Berlin-Charlottenburg. Die Höfe des Gründungsbaus wurden mit Hörsälen und Garderoben ausgebaut. (Architekturmuseum TU Berlin)

5–6 Die ETH-Bibliothek wurde zwischen 1948 und 1951 tiefgreifend verändert. Der Gullsche Katalogsaal zwischen Mittelhalle und Rotunde wurde entfernt, zum großen Lesesaal wurden neue Türen eingebaut. Auf den automatischen Büchertransport war die Bibliotheksleitung der Nachkriegsjahre besonders stolz. Das Foto zeigt im Deckenbereich die Gullschen Oberlichter aus Glasbausteinen. (ETH-Bibliothek Zürich, Bildarchiv)

7 Die erste Etappe der ETH-Außenstelle Hönggerberg umfasste Bauten für Physik und Molekularbiologie, am linken Bildrand ist die Energiezentrale zu sehen. (ETH-Bibliothek Zürich, Bildarchiv)

B

GROSSE GARDEROBE
GROSSE GARDEROBE

PHOTOS VON HERVORRAGENDEN BAUWERKEN

AUSSTELLUNGSSAAL

MAUERVERKLEIDUNGEN

NATUR- UND KUNSTSTEINE

LUFT-SCHACHT

GLASBETON

ARBEITSRAUM

ARBEITSRAUM

BAUSAMMLUNG NORDHOF

GELÄNDER SCHLOSSERARBEITEN

NATUR- UND KUNSTSTEINE

GLASBETON

LUFT-SCHACHT

VITRINEN: HOLZQUALITÄT
HOLZ- BODENBELÄGE, DECKEN, WANDVERKLEIDUNGEN
VITRINEN: MUSTERSAMMLUNG

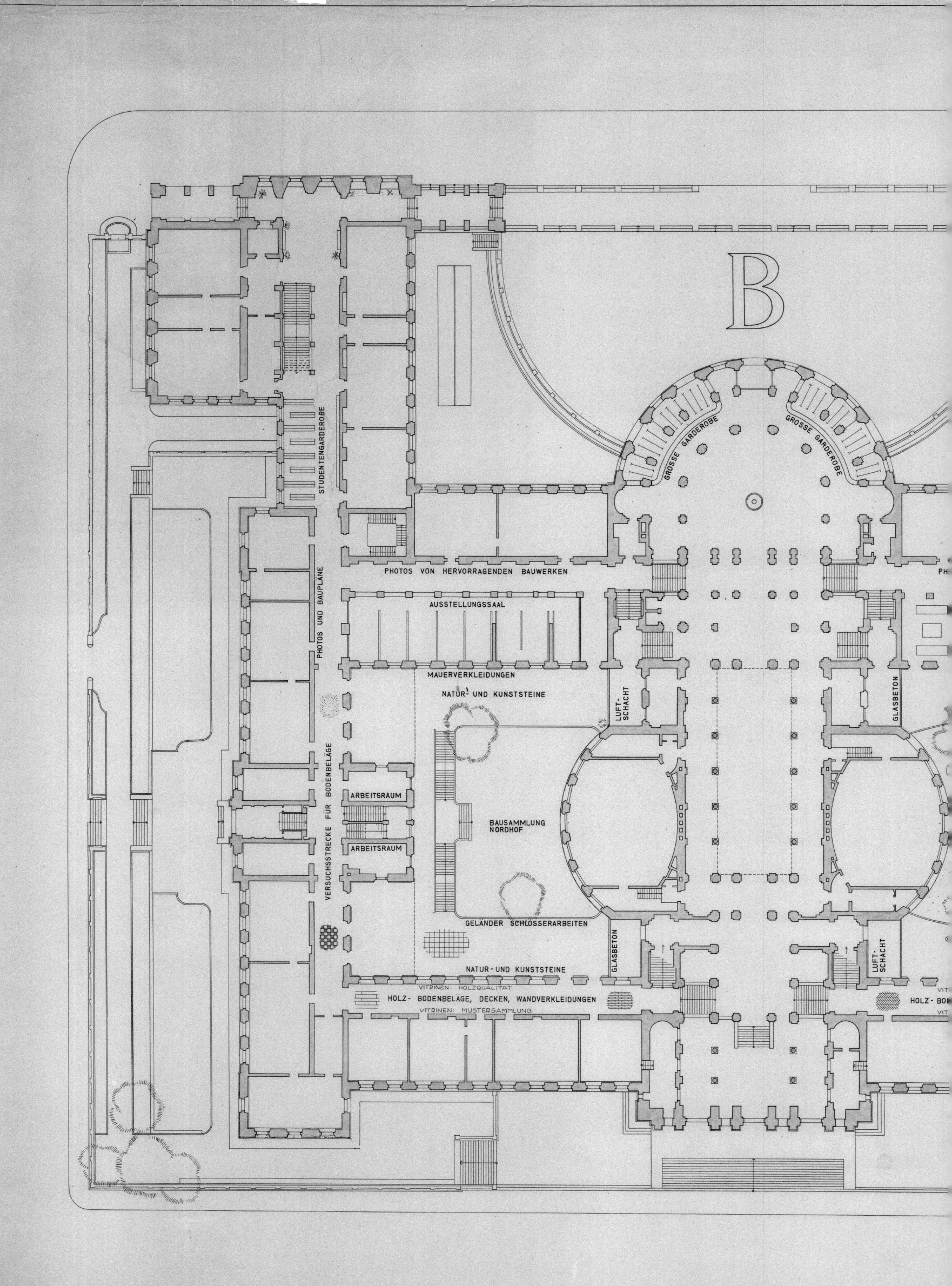

HOLZ-BO

STUDENTENGARDEROBE

PHOTOS UND BAUPLÄNE

VERSUCHSSTRECKE FÜR BODENBELÄGE

BEILAGE ZUM GUTACHTEN ÜBER DIE MÖGLICHKEITEN DER RAUMGEWINNUNG IM HAUPTGEBÄUDE DER E.T.H.

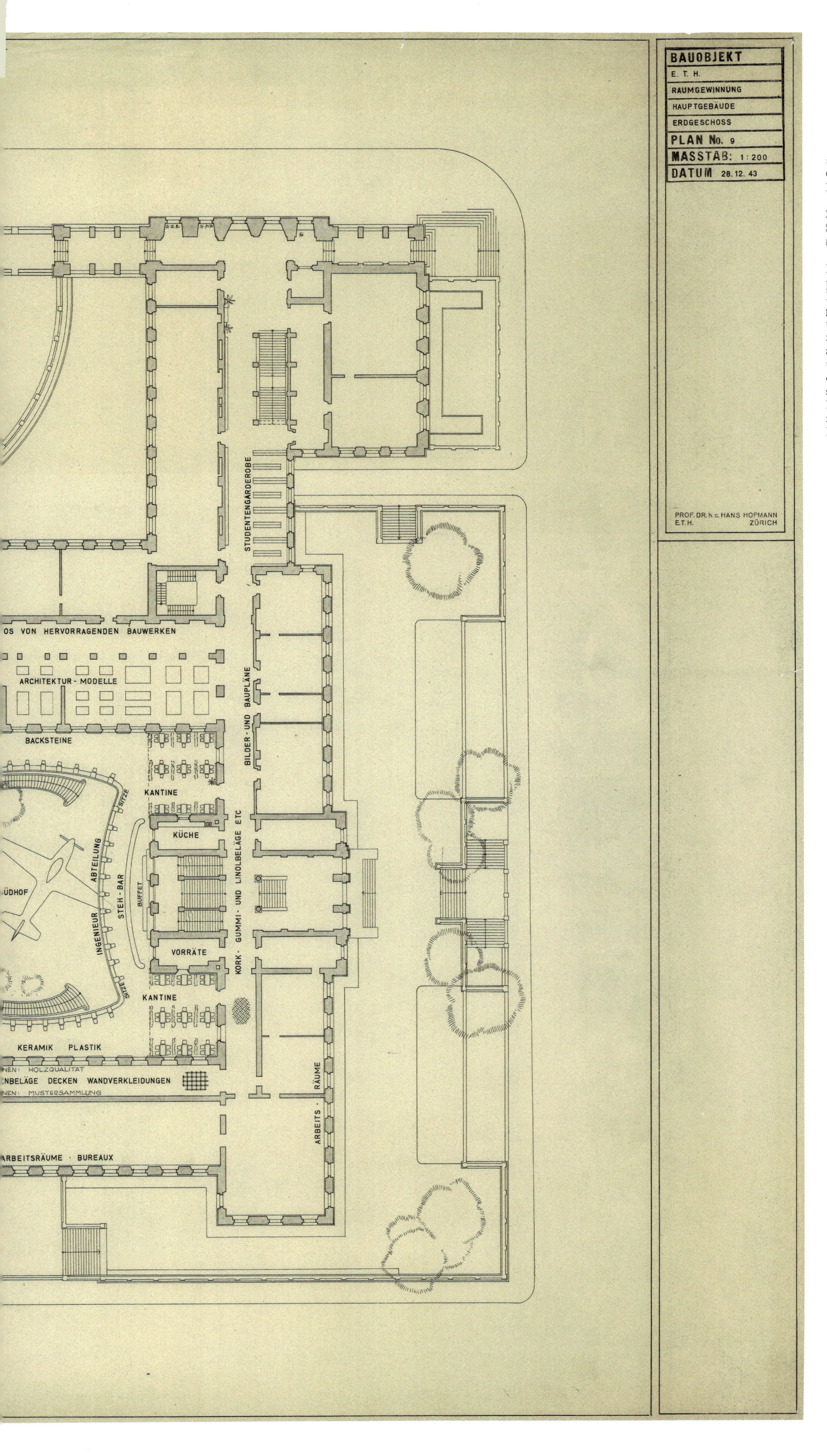

»E.T.H. RAUMGEWINNUNG. HAUPT-
GEBÄUDE. ERDGESCHOSS.«
Maßstab 1 : 500 (Original 1 : 200)

32-066-7 / gta Archiv / ETH Zürich (Nachlass Hans Hofmann).
Signatur Büro Hofmann, 29. Dezember 1943. Pause auf Karton; grau
aquarelliert. 81,1 x 108,6 cm.

Bereits 1943 fertigte Hans Hofmann Ausbaupläne als »Beilage zum Gutachten über die Möglichkeit der Raumgewinnung im Hauptgebäude der E.T.H.« an. Beide Innenhöfe sollten mit Glasdächern überdacht werden und zusammen mit den umlaufenden Korridoren als Baustoffsammlung dienen. Galerieeinbauten im unteren Bereich der Höfe und neben dem Nord- und Südtreppenhaus sollten zusätzliche Flächen schaffen. Durch neue Dachkonstruktionen der Hofauditorien hätten zwei zusätzliche Auditorien Platz gefunden. Die Planungen wurden nicht realisiert.

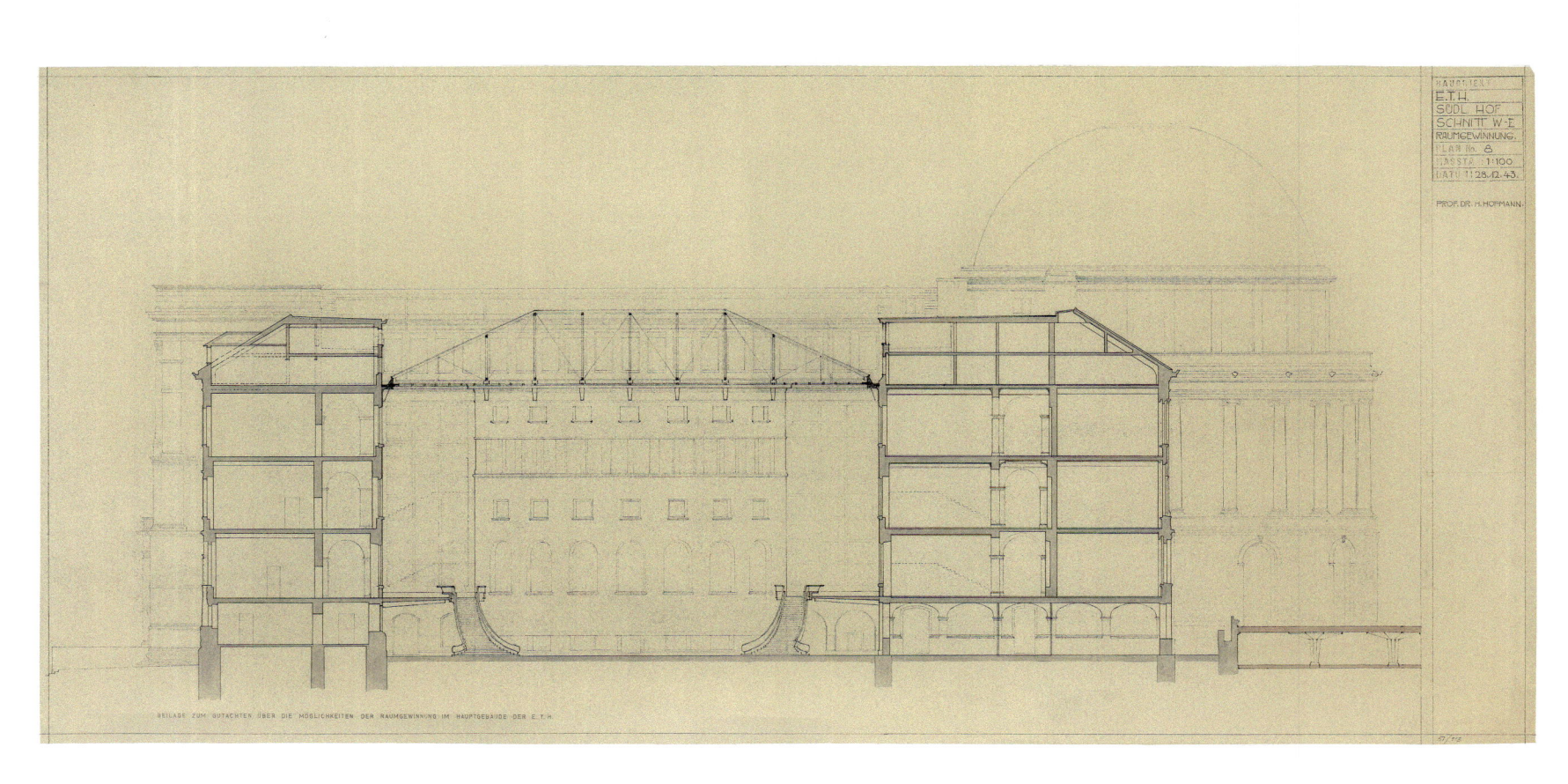

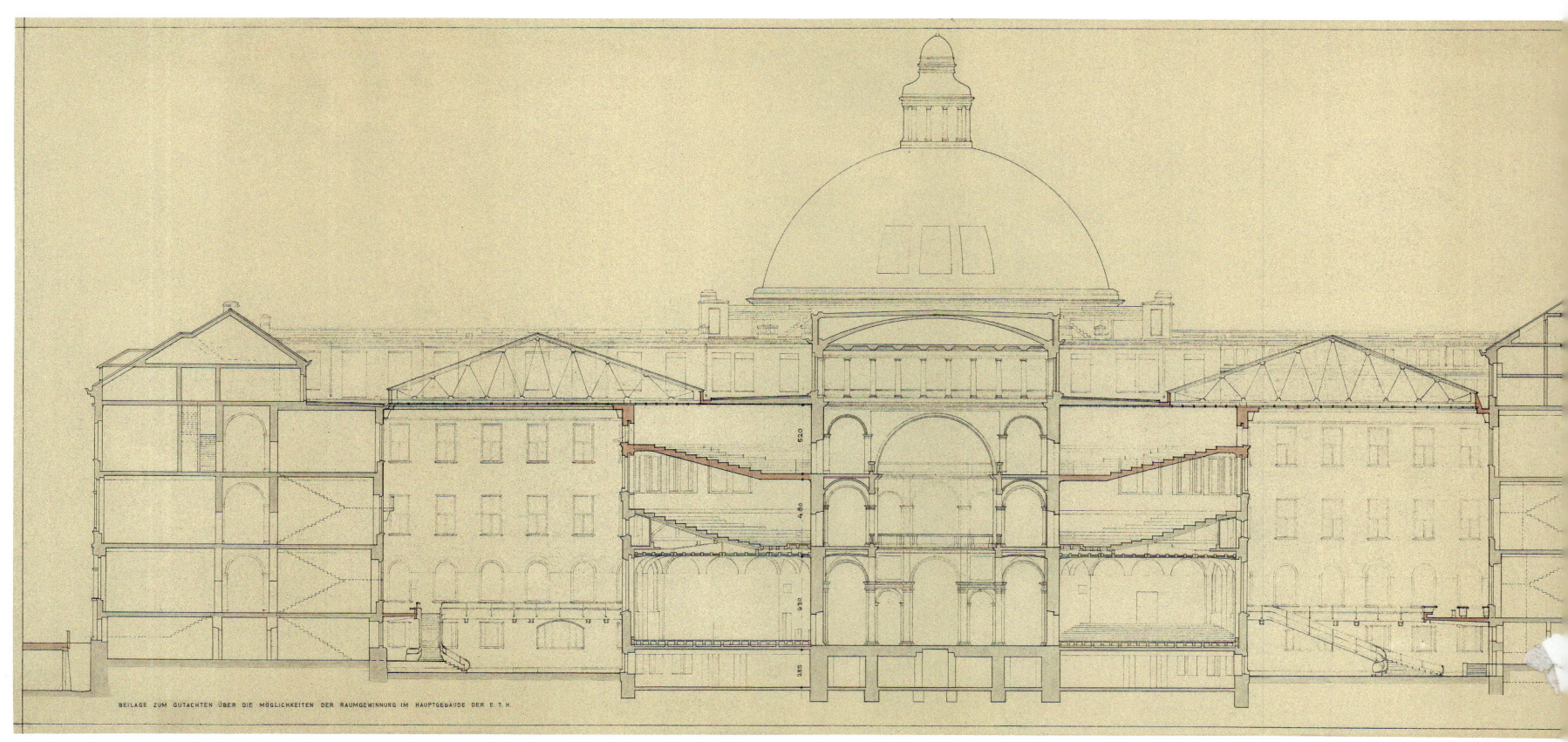

ARCHITEKT
E.T.H.
SÜDL. HOF
SCHNITT W-E
RAUMGEWINNUNG
PLAN Nr. 8
MASSTB. 1:100
DATUM 28.12.43
PROF. DR. H. HOFFMANN

BEILAGE ZUM GUTACHTEN ÜBER DIE MÖGLICHKEITEN DER RAUMGEWINNUNG IM HAUPTGEBÄUDE DER E.T.H.

BEILAGE ZUM GUTACHTEN ÜBER DIE MÖGLICHKEITEN DER RAUMGEWINNUNG IM HAUPTGEBÄUDE DER E.T.H.

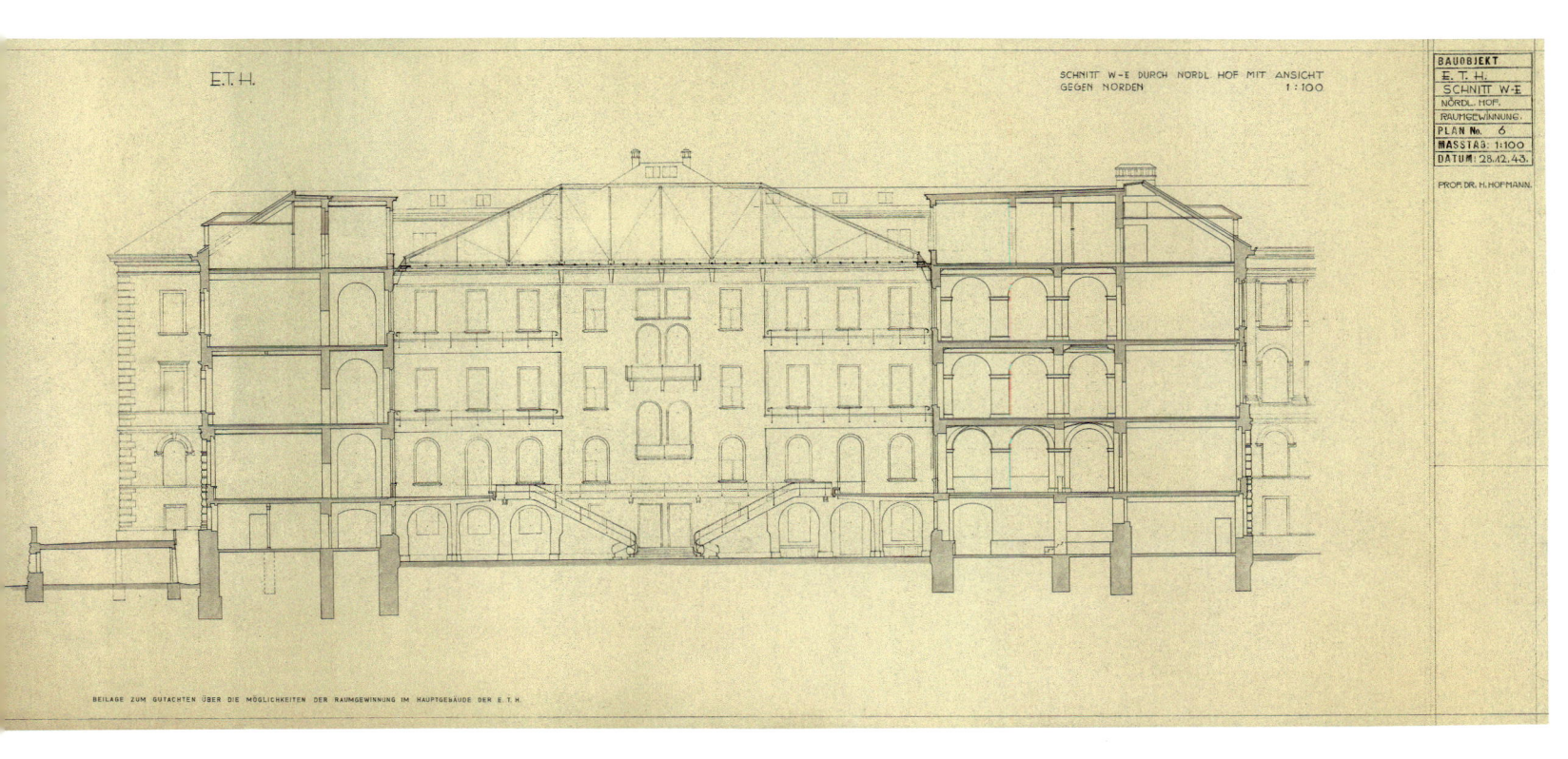

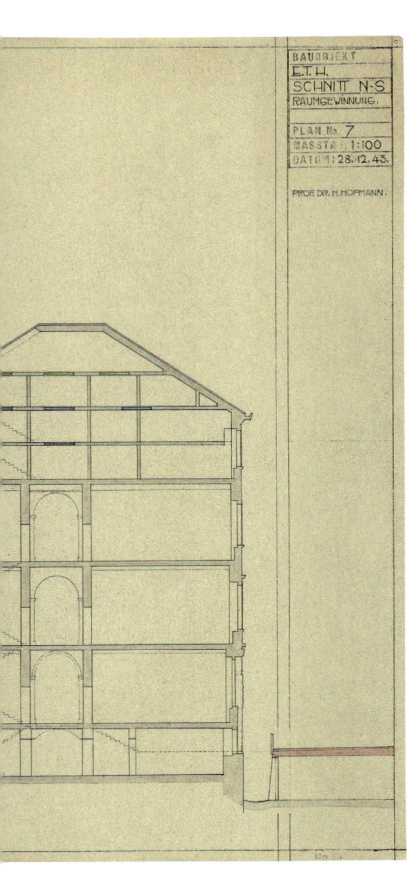

»E.T.H. SÜDL. HOF. SCHNITT W-E. RAUM-
GEWINNUNG.«
Maßstab 1 : 500 (Original 1 : 100)

32-066-13 / gta Archiv / ETH Zürich (Nachlass Hans Hofmann).
Signatur Büro Hofmann, 28. Dezember 1943. Pause auf Karton; grau und
rot aquarelliert. 50,7 x 112,9 cm.

»E.T.H. SCHNITT N-S. RAUMGEWINNUNG.«
Maßstab 1 : 500 (Original 1 : 100)

32-066-12 / gta Archiv / ETH Zürich (Nachlass Hans Hofmann).
Signatur Büro Hofmann, 28. Dezember 1943. Pause auf Karton; grau und
rot aquarelliert. 54,2 x 145,6 cm.

»E.T.H. SCHNITT W-E. NÖRDL. HOF. RAUM-
GEWINNUNG.«
Maßstab 1 : 500 (Original 1 : 100)

32-066-11 / gta Archiv / ETH Zürich (Nachlass Hans Hofmann).
Signatur Büro Hofmann, 28. Dezember 1943. Pause auf Karton; grau und
rot aquarelliert. 48,0 x 109,5 cm.

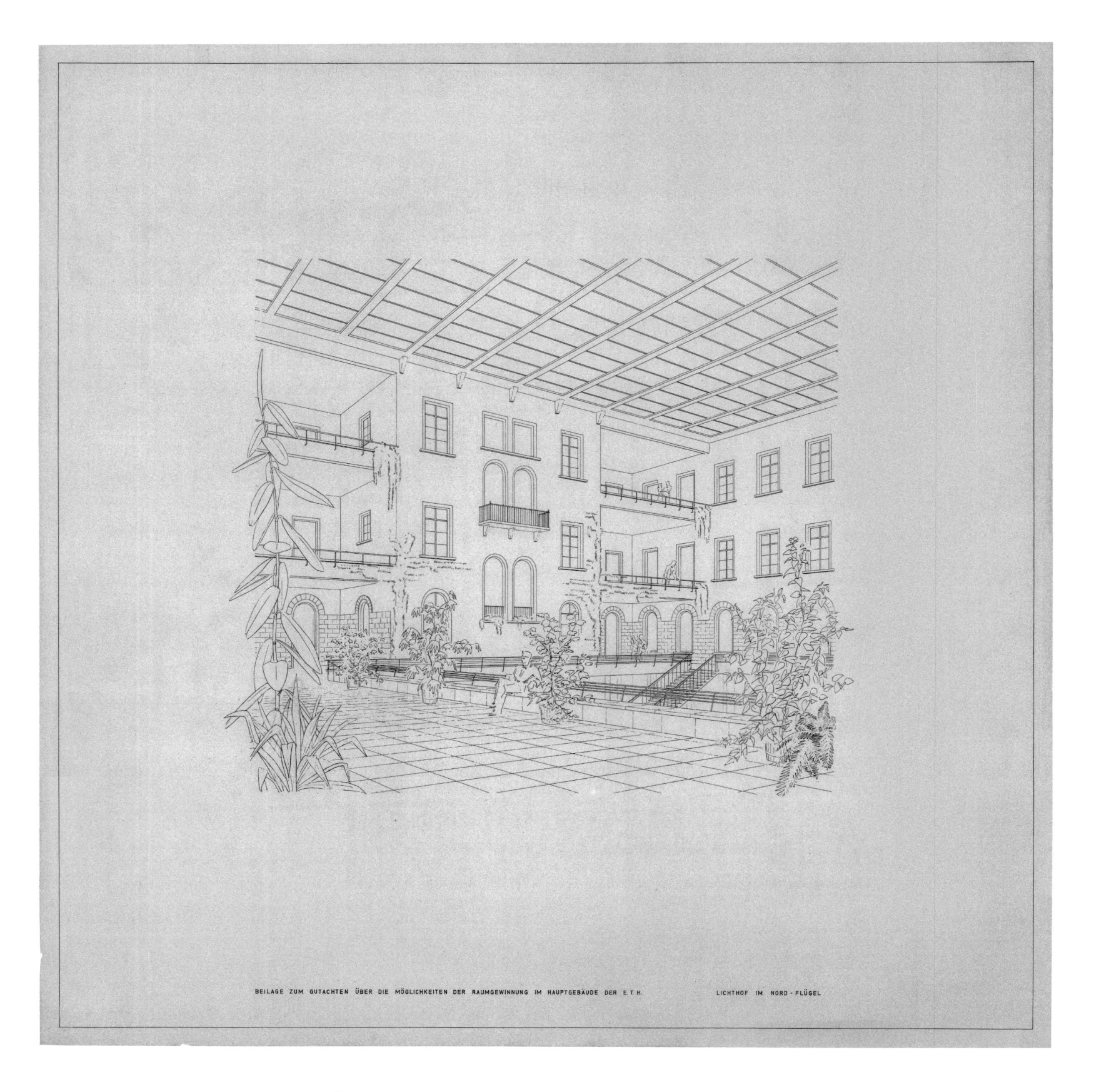

»LICHTHOF IM NORD-FLÜGEL«
Ohne Maßstab

32-066-14 / gta Archiv / ETH Zürich (Nachlass Hans Hofmann).
Pause auf Karton. 77,2 x 78,4 cm.

»BAUSAMMLUNG. HOLZ. IM WESTL. KORRIDOR.«
Ohne Maßstab

32-066-16 / gta Archiv / ETH Zürich (Nachlass Hans Hofmann).
Pause auf Karton. 55,8 x 47,8 cm.

Hans Hofmann wollte die Gullschen Sammlungsräume um Flächen der Korridore erweitern, im westlichen Flügel plante er eine Holzmustersammlung. Bodenbeläge, Decken- und Wandverkleidungen sowie Exponate in Vitrinen sollten den Studenten als Anschauungsobjekte dienen.

BEILAGE ZUM GUTACHTEN ÜBER DIE MÖGLICHKEITEN DER RAUMGEWINNUNG IM HAUPTGEBÄUDE DER E.T.H.   BAUSAMMLUNG · HOLZ · IM WESTL. KORRIDOR

	STOCKWERKE		TOTAL HEUTE		TOTAL BLEIBT		TOTAL PROJEKT 1. ETAPPE -C-B-A BCDEF			HEUTIGER BESTAND 15.1.63										TOTAL HEUTE		WER BLEIBT	
			ABCDE		ABCDE					A		B		C		D		E		ABCDE		A	B
			M2	FE	M2	FE	M2	FE	±%	M2	FE	M2	FE	M2	FE	M2	FE	M2	FE	M2	FE		
VERWALTUNG	SCHULRAT REKTORAT		1124	35	1124	35	1491	63	33	26	1	—	—	872	31	95	3	131	—	1124	35		
BETRIEB	TECHN. DIENST HAUSD.		2790	63	2790	63	2898	58	4	1693	49	68	1	18	1	—	—	1011	12	2790	63		
	TOTAL		3914	98	3914	98	4389	111		1719	50	68	1	890	32	95	3	1142	12	3914	98		
ALLG. RÄUME	HAUPTBIBLIOTHEK		3724	51	3724	51	6968	74	80	—	—	—	—	—	—	—	—	3724	51	3724	51		
	GRAPH. SAMMLUNG		657	26	657	26	827	35	26	54	2	603	24	—	—	—	—	—	—	657	26		
	ERFRISCHUNGSRAUM		308	15	308	15	308	15		—	—	—	—	308	15	—	—	—	—	308	15		
	AUDITORIEN KONF. R.		3280	124	3280	124	3751	110	14	248	8	766	25	1033	57	1233	34	—	—	3280	124		
	TOTAL		7969	216	7969	216	11854	237	49	302	10	1369	49	1341	72	1233	34	3724	51	7969	216		
I ARCHITEKTUR	INSTITUTSRÄUME		970	43	970	43	1097	33	13	195	11	775	32	—	—	—	—	—	—	970	43		
	ZEICHENSÄLE		1167	43	1167	43	2111	75	80	290	10	770	29	107	4	—	—	—	—	1167	43		
	AUSSTELLUNG		833	23	833	23	1589	28	86	341	5	492	18	—	—	—	—	—	—	833	23		
	ARCH. BIBLIOTHEK		174	6	174	6	188	7	8	—	—	174	6	—	—	—	—	—	—	174	6		
	BAUSAMMLUNG		384	7	384	7	188	7	-51	384	7	—	—	—	—	—	—	—	—	384	7		
	TOTAL		3528	122	3528	122	5173	152	46	1210	33	2211	85	107	4	—	—	—	—	3528	122		
II BAUING.	INSTITUTSRÄUME		841	31	841	31	970	32	15	194	3	—	—	497	20	—	—	150	8	841	31		
	ZEICHENSÄLE		986	42	986	42	1200	46	22	—	—	—	—	986	42	—	—	—	—	986	42		
	SAMMLUNG		264	—	264	—	264	—		—	—	—	—	—	—	—	—	264	—	264	—		
	TOTAL		2091	73	2091	73	2434	78	16	194	3	—	—	1483	62	—	—	414	8	2091	73		
III MASCHINEN U. EL. ING.	INSTITUTSRÄUME		1829	74	1306	56	-28	1310	57		1103	46	110	4	139	7	345	13	132	4	1829	74		
	ZEICHENSÄLE		1391	57	1391	57	1354	56		—	—	—	—	225	10	1166	47	—	—	1391	57		
	TOTAL		3220	131	2697	113	-16	2664	113		1103	46	110	4	364	17	1511	60	132	4	3220	131		
VIII KULTUR- U. VERMESS.-TECHNIK	INSTITUTSRÄUME		1280	50	1039	39	-19	1199	47	15	661	23	131	6	52	2	374	15	62	4	1280	50		
	ZEICHENSÄLE		420	17	420	17	477	18	13	—	—	—	—	112	6	308	11	—	—	420	17		
	TOTAL		1700	67	1459	56	-14	1676	65	15	661	23	131	6	164	8	682	26	62	4	1700	67		
IX MATHEMATIK-PHYSIK	INSTITUTSRÄUME		1113	50	717	30	-36	1218	51	70	—	—	33	1	252	11	697	30	131	8	1113	50		
	ZEICHENSÄLE		199	7	199	7	199	7		—	—	—	—	199	7	—	—	—	—	199	7		
	TOTAL		1312	57	916	37	-30	1417	58	55	—	—	33	1	451	18	697	30	131	8	1312	57		
X MILITÄR	INSTITUTSRÄUME		118	4	118	4	118	4		—	—	—	—	—	—	118	4	—	—	118	4		
	HÖRSÄLE		218	9	218	9	218	9		—	—	—	—	—	—	218	9	—	—	218	9		
	SAMMLUNG		117	—	117	—	117	—		—	—	—	—	—	—	—	—	117	—	117	—		
	TOTAL		453	13	453	13	453	13		—	—	—	—	—	—	336	13	117	—	453	13		
XII FREIFÄCHER	INSTITUTSRÄUME		395	15	395	15	486	18	23	—	—	126	3	—	—	251	11	18	1	395	15		
	ARCHIV		82	—	82	—	82	—		—	—	—	—	—	—	—	—	82	—	82	—		
	TOTAL		477	15	477	15	568	18	19	—	—	126	3	—	—	251	11	100	1	477	15		
	ABT. FLÄCHEN TOTAL		12781	478	11621	429	14385	497	24	3168	105	2611	99	2569	109	3477	140	956	25	12781	478		
	NUTZFLÄCHE TOTAL		24664	792	23504	743	30628	845	30	5189	165	4048	149	4800	213	4805	177	5822	88	24664	792		
	VERKEHRSFLÄCHE		12625	232	13396	215	7	1757	12		4210	85	3012	58	2865	57	799	20	12625	232				
	TOTAL GANZER BAU		37287	1024			44002	1060	18	6962	175	8258	234	7812	271	7670	234	6621	108	37287	1024		

LEGENDE: FE = ANZAHL FENSTER

FLÄCHENTABELLE HAUPTGEBÄUDE
½ der Originalgröße

gta Archiv / ETH Zürich (Nachlass Charles-Edouard Geisendorf). 15. Januar 1963. Pause auf Papier; mit blauem, braunem, gelbem, grünem, orangem und rotem Farbstift koloriert. Einträge in schwarzer Tusche und blauem Farbstift, Anmerkung in Bleistift. 30,0 x 90,0 cm.

Die Neubauplanungen der 1960er Jahre begannen mit Statistik: Stundenzahlen wurden hochgerechnet, Flächen für die im Hauptgebäude untergebrachten Departemente verglichen. Die Tabelle beginnt im linken Bereich mit dem Bestand, die Frage ›wer bleibt?‹ war politisch. 2015 ist im Hauptgebäude nur noch das Departement Mathematik untergebracht, Architektur, Bauingenieurwesen, Maschinen- und Elektroingenieure sowie die Vermessungstechnik sind ausgelagert worden. Geisendorf plante, den Flächenbestand des Hauptgebäudes um ein Viertel zu vergrößern – innerhalb von dessen Außenmauern.

	C		D		E		TOTAL BLEIBT ABCDE		PROJEKT													TOTAL PROJEKT	
							M2	FE														M2	FE

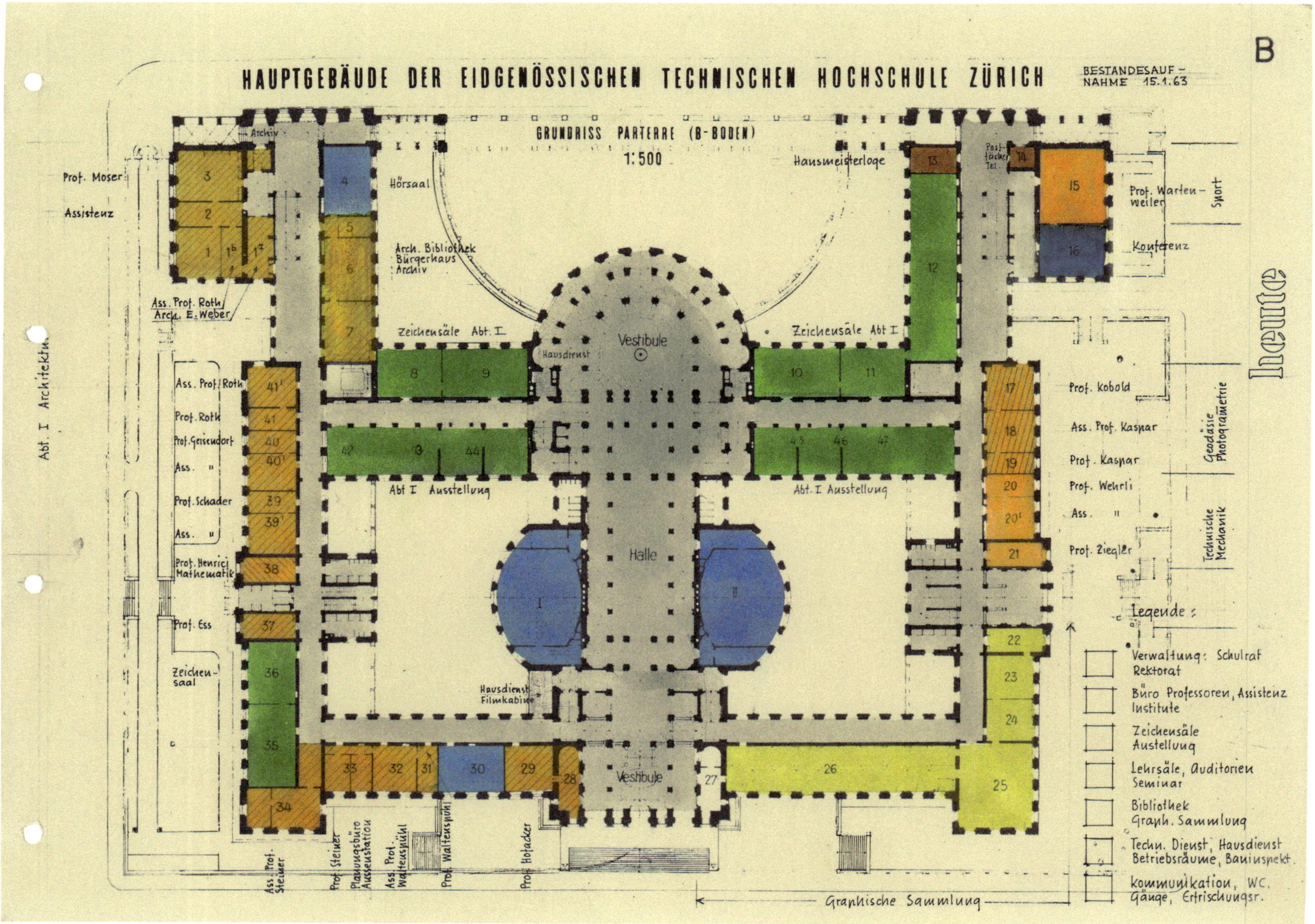
B
HAUPTGEBÄUDE DER EIDGENÖSSISCHEN TECHNISCHEN HOCHSCHULE ZÜRICH
BESTANDESAUFNAHME 15.1.63
GRUNDRISS PARTERRE (B-BODEN)
1:500
Prof. Moser
Assistenz
Ass. Prof. Roth
Arch. E. Weber
Abt. I Architektur
Hörsaal
Arch. Bibliothek
Bürgerhaus
Archiv
Zeichensäle Abt. I
Hausdienst
Vestibule
Abt I Ausstellung
Abt. I Ausstellung
Halle
Hausmeisterloge
Prof. Wartenweiler
Sport
Konferenz
Prof. Kobold
Ass. Prof. Kaspar
Prof. Kaspar
Prof. Wehrli
Ass.
Prof. Ziegler
Geodäsie Photogrammetrie
Technische Mechanik
Ass. Prof. Roth
Prof. Roth
Prof. Grieudort
Prof. Schader
Prof. Henrici Mathematik
Prof. Ess
Zeichensaal
Hausdienst Filmkabine
Vestibule
heute
Legende:
Verwaltung: Schulrat Rektorat
Büro Professoren, Assistenz Institute
Zeichensäle Ausstellung
Lehrsäle, Auditorien Seminar
Bibliothek Graph. Sammlung
Techn. Dienst, Hausdienst Betriebsräume, Bauinspekt.
Kommunikation, WC, Gänge, Erfrischungsr.
Graphische Sammlung
Prof. Hofacker

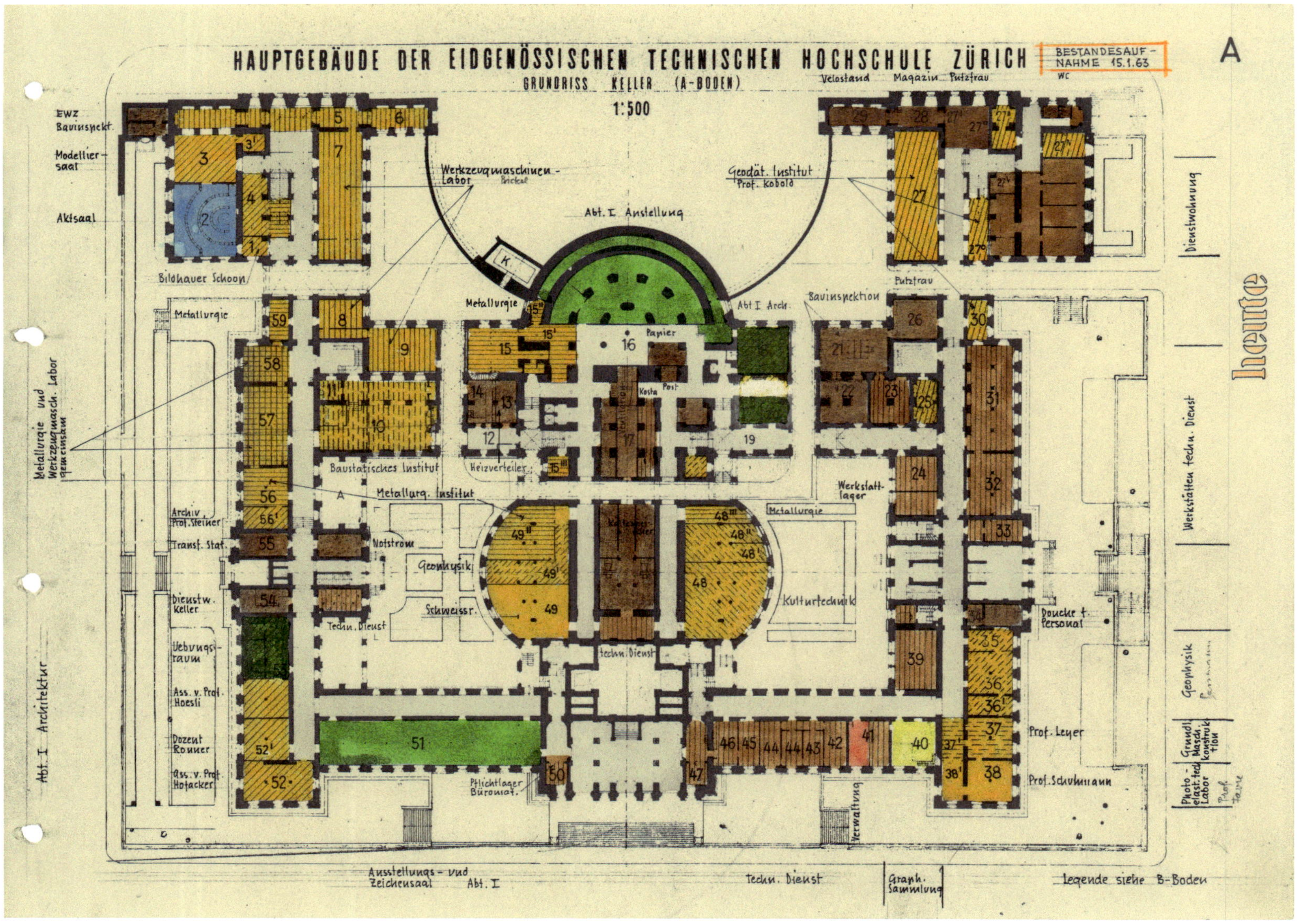
A
HAUPTGEBÄUDE DER EIDGENÖSSISCHEN TECHNISCHEN HOCHSCHULE ZÜRICH
BESTANDESAUFNAHME 15.1.63
GRUNDRISS KELLER (A-BODEN)
1:500
Velostand
Magazin
Putzfrau
EWZ Bauinspekt.
Modelliersaal
Aktsaal
Bildhauer Schoon
Werkzeugmaschinen-Labor
Abt. I Ausstellung
Geodät. Institut Prof. Kobold
Dienstwohnung
Metallurgie
Metallurgie und Werkzeugmasch. Labor gemeinsam
Abt I Arch.
Bauinspektion
Papier
Baustatisches Institut
Heizverteiler
Metallurg. Institut
Metallurgie
Werkstattlager
Werkstätten techn. Dienst
heute
Archiv Prof. Steiner
Transf. Stat.
Notstrom
Geophysik
Schweissr.
Kulturtechnik
Dienstw. Keller
Uebungsraum
Ass. v. Prof. Hoesli
Dozent Ronner
Ass. v. Prof. Hofacker
Techn. Dienst
Geophysik
Prof. Leyer
Prof. Schuhmann
Pflichtlager Büromat.
Verwaltung
Abt. I Architektur
Ausstellungs- und Zeichensaal Abt. I
Techn. Dienst
Graph. Sammlung
Legende siehe B-Boden

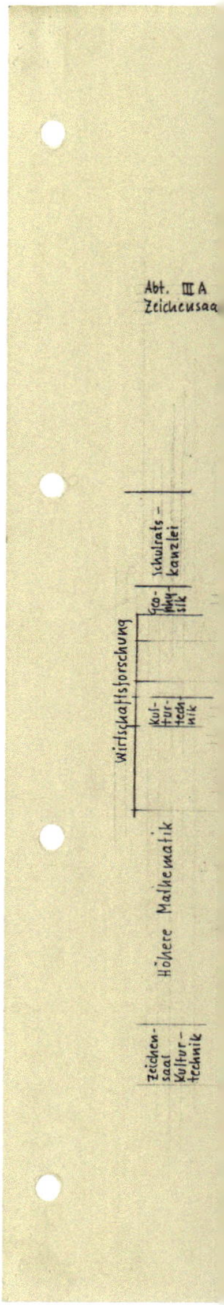

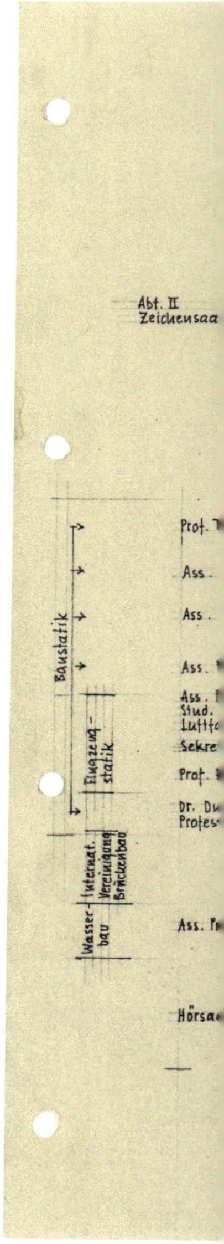

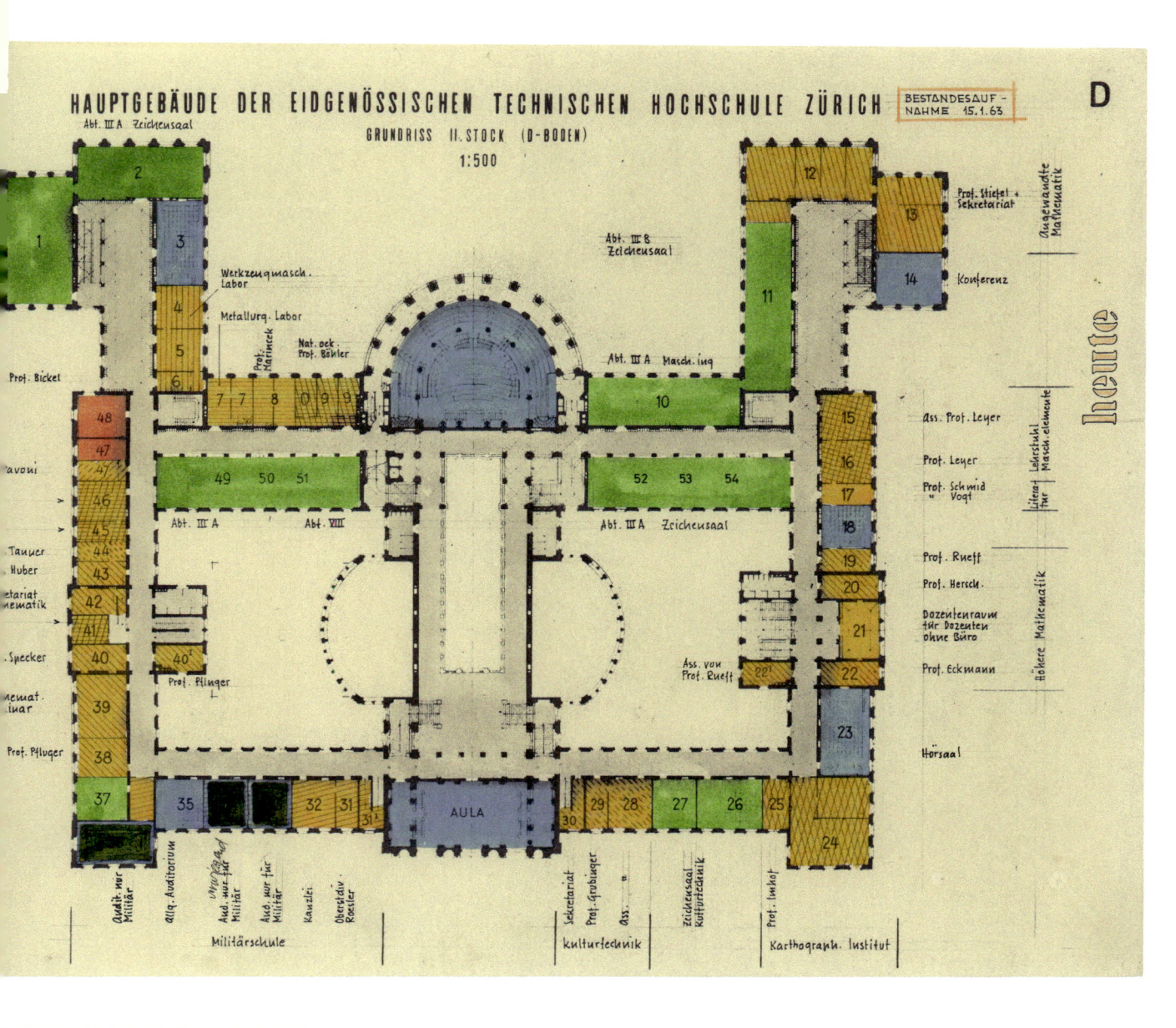

»HAUPTGEBÄUDE DER EIDGENÖSSISCHEN TECHNISCHEN HOCHSCHULE ZÜRICH. GRUNDRISS PARTERRE (B-BODEN) / GRUNDRISS KELLER (A-BODEN) / GRUNDRISS II. STOCK (D-BODEN) / GRUNDRISS I. STOCK (C-BODEN)«
Maßstab 1 : 1000 (Original 1 : 500)

gta Archiv / ETH Zürich (Nachlass Charles-Edouard Geisendorf).
15. Januar 1963. Pause auf Papier; mit blauem, braunem, gelbem, grauem, grünem, orangem und rotem Filzstift koloriert. Beschriftungen in Bleistift und schwarzem Filzstift. 29,7 x 42,0 cm.

Die Planung Geisendorfs begann bemerkenswerterweise nicht mit einer Untersuchung des konstruktiven Bestands, sondern mit Überlegungen zu Raumvolumina und Flächennutzungen. In der Kartierung der bestehenden Nutzungen sind im Erdgeschoss des Ostflügels immer noch Ausstellungsräume und große Zeichensäle eingetragen. Die Verwaltung beschränkte sich noch auf die von Gull umgebauten Räume im Westflügel.

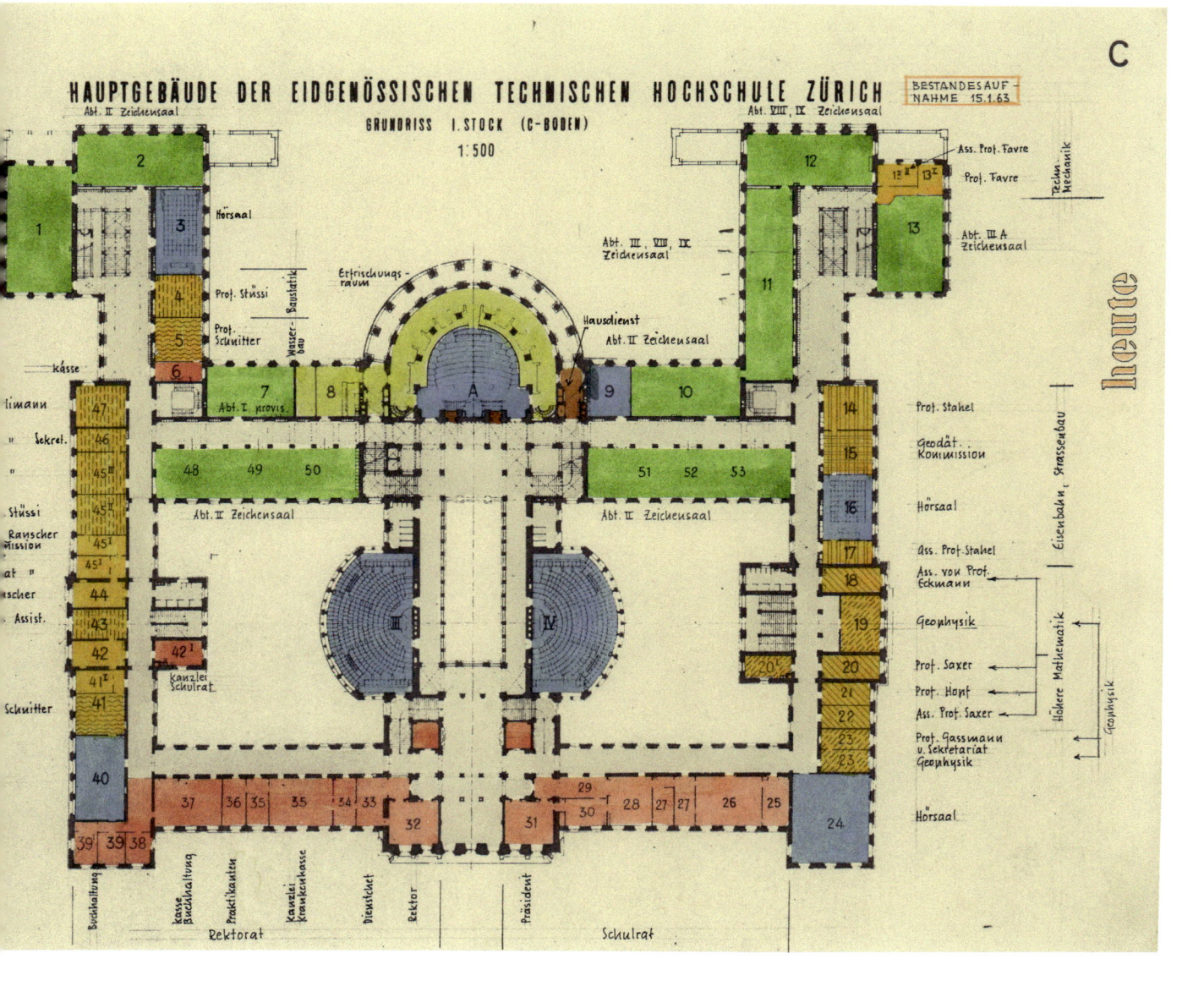

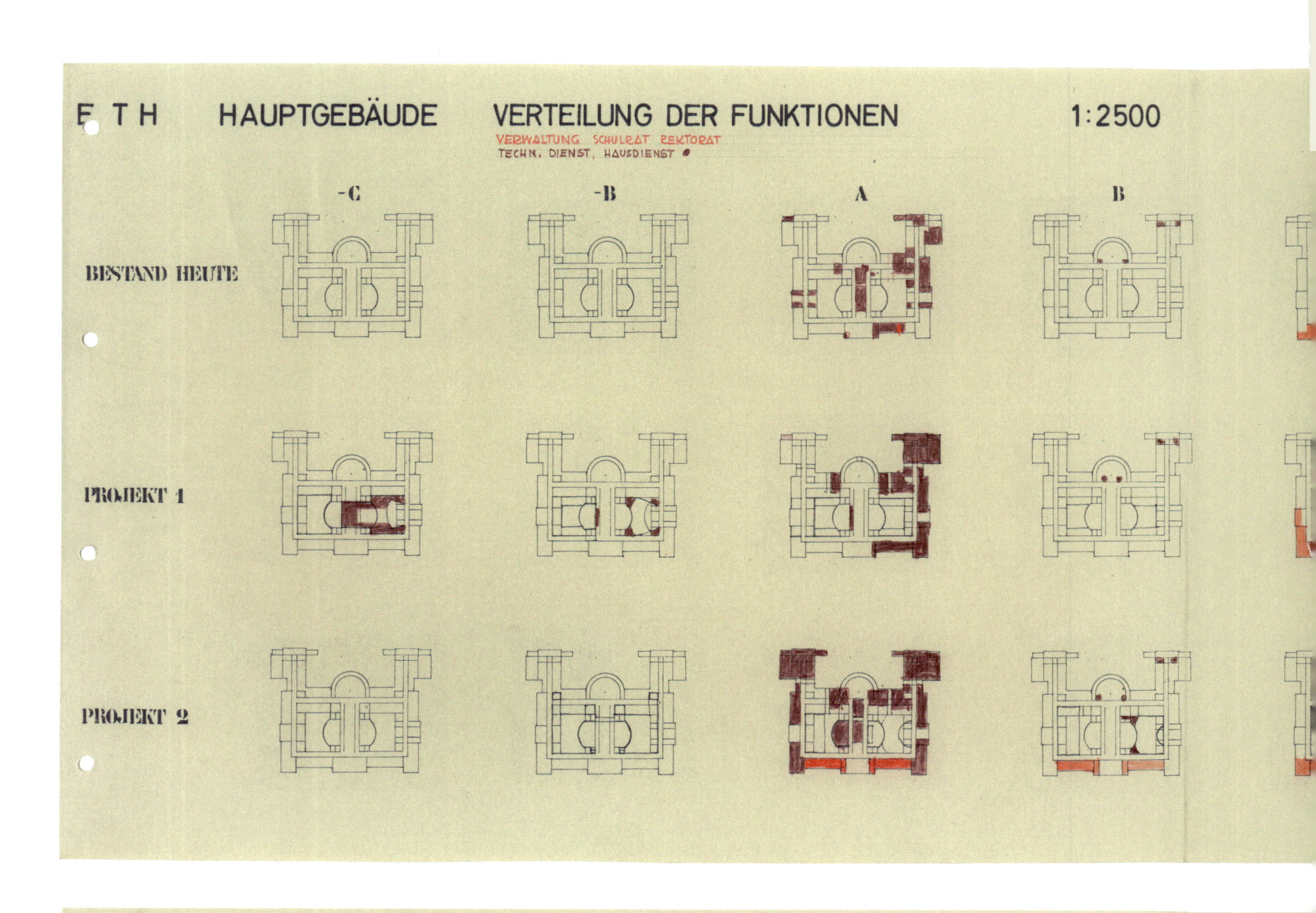

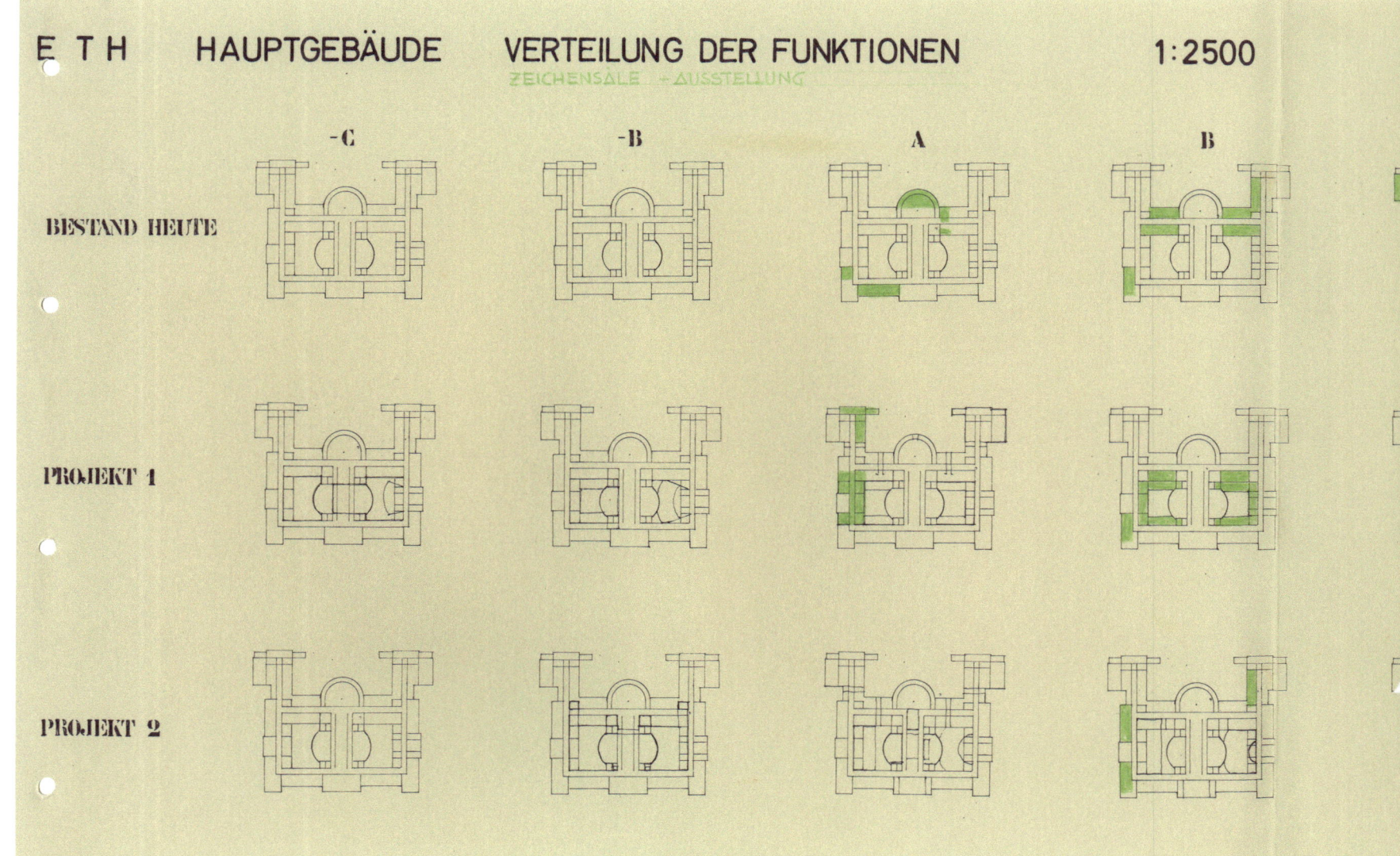

ETH HAUPTGEBÄUDE   VERTEILUNG DER FUNKTIONEN   1:2500
VERWALTUNG SCHULRAT REKTORAT
TECHN. DIENST, HAUSDIENST

	-C	-B	A	B
BESTAND HEUTE				
PROJEKT 1				
PROJEKT 2				

ETH HAUPTGEBÄUDE   VERTEILUNG DER FUNKTIONEN   1:2500
ZEICHENSÄLE + AUSSTELLUNG

	-C	-B	A	B
BESTAND HEUTE				
PROJEKT 1				
PROJEKT 2				

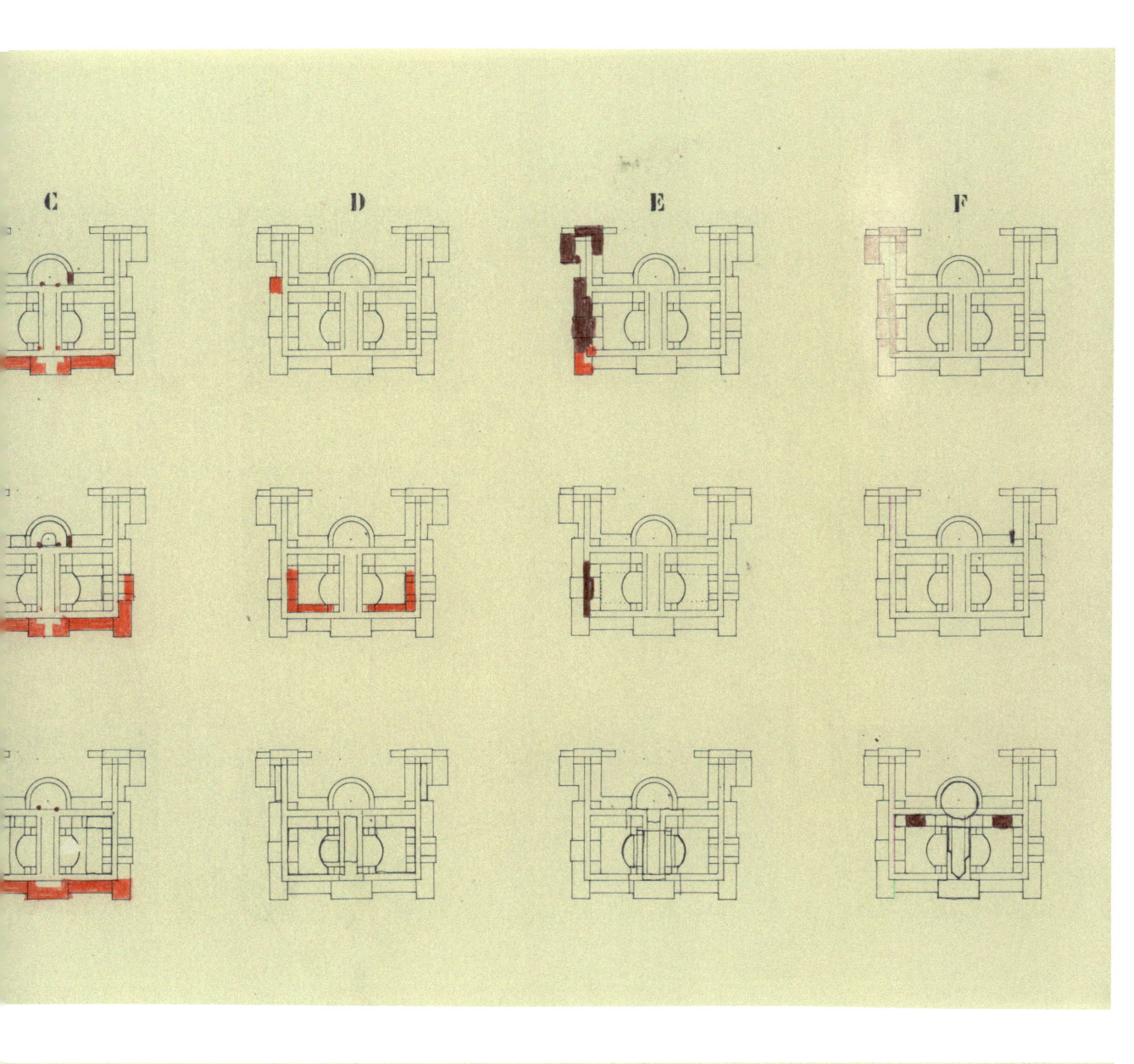

»ETH HAUPTGEBÄUDE VERTEILUNG
DER FUNKTIONEN. VERWALTUNG, SCHUL-
RAT, REKTORAT; TECHN. DIENST, HAUS-
DIENST / ZEICHENSÄLE + AUSSTELLUNG«
Maßstab 1 : 5000 (Original 1 : 2500)

gta Archiv / ETH Zürich (Nachlass Charles-Edouard Geisendorf).
Pause auf Papier; mit roter und grüner Kreide koloriert. 30,0 x 82,0 cm.

In detaillierten Flächenstudien im Maßstab
1 : 2 500 wurden alternative Ausbauten für die
Hauptnutzer aufgezeigt. Hier werden Über-
legungen zur Verlagerung der Flächen für
Verwaltung und technische Dienste sowie für
Zeichensäle und Ausstellungen illustriert.

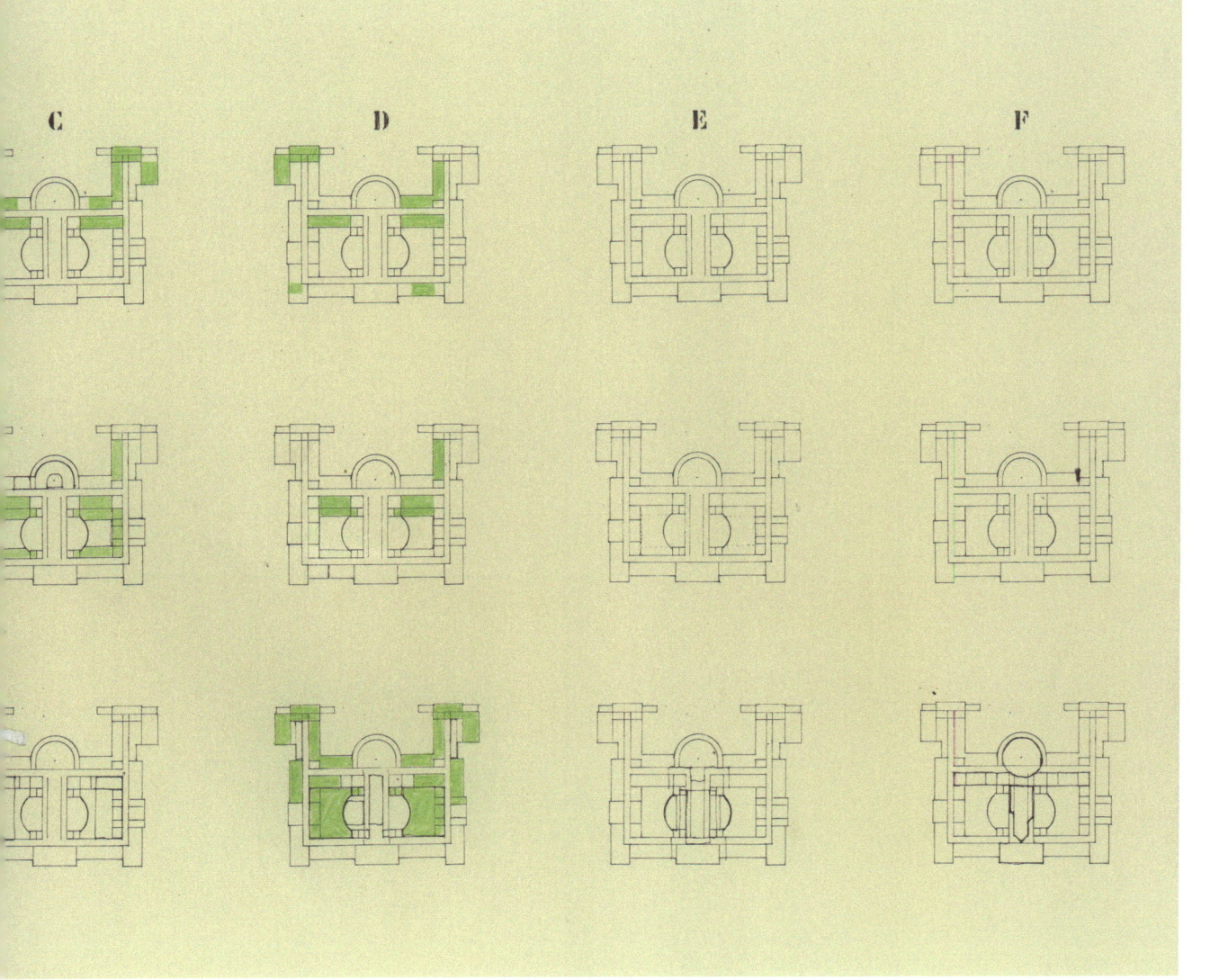

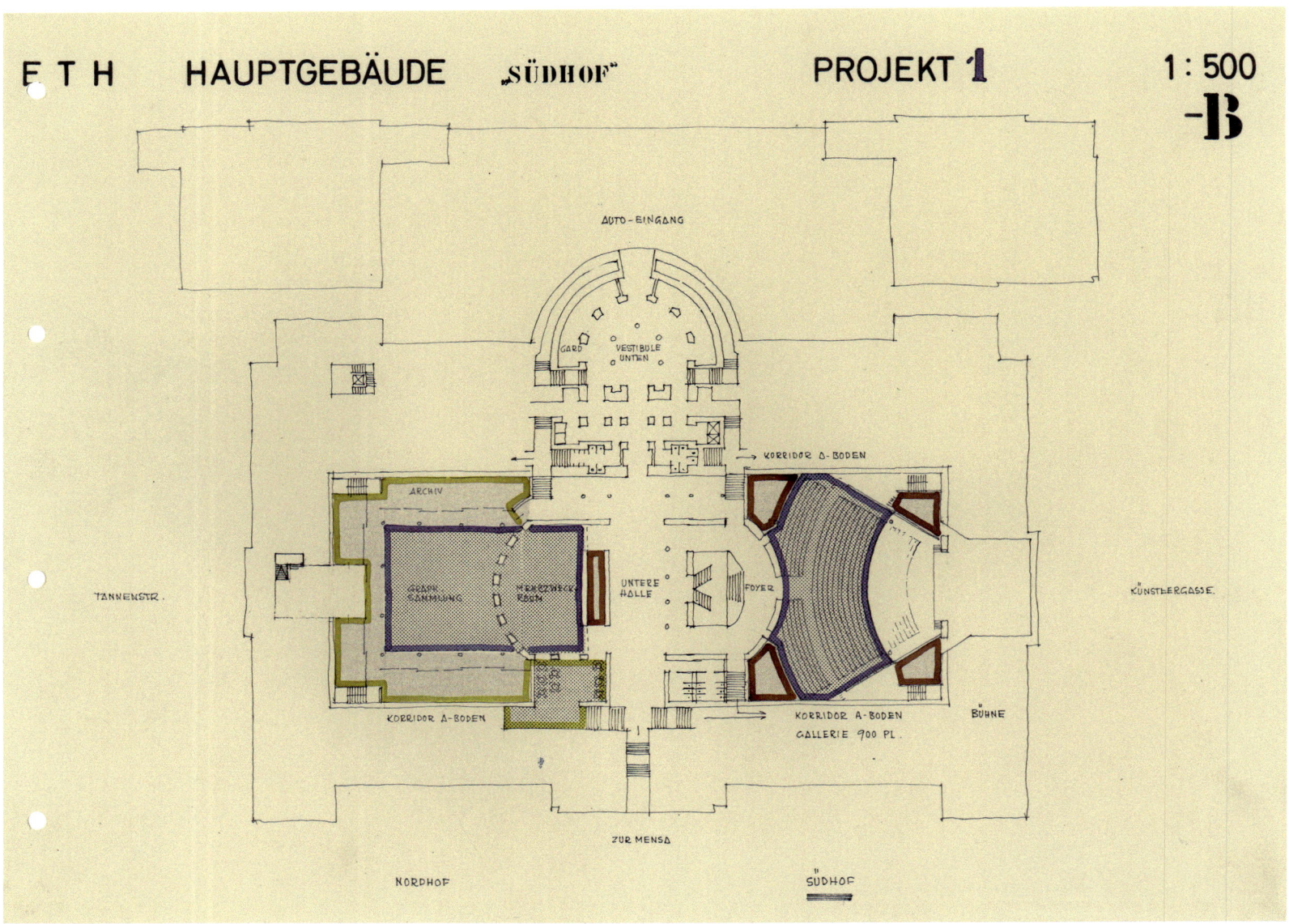

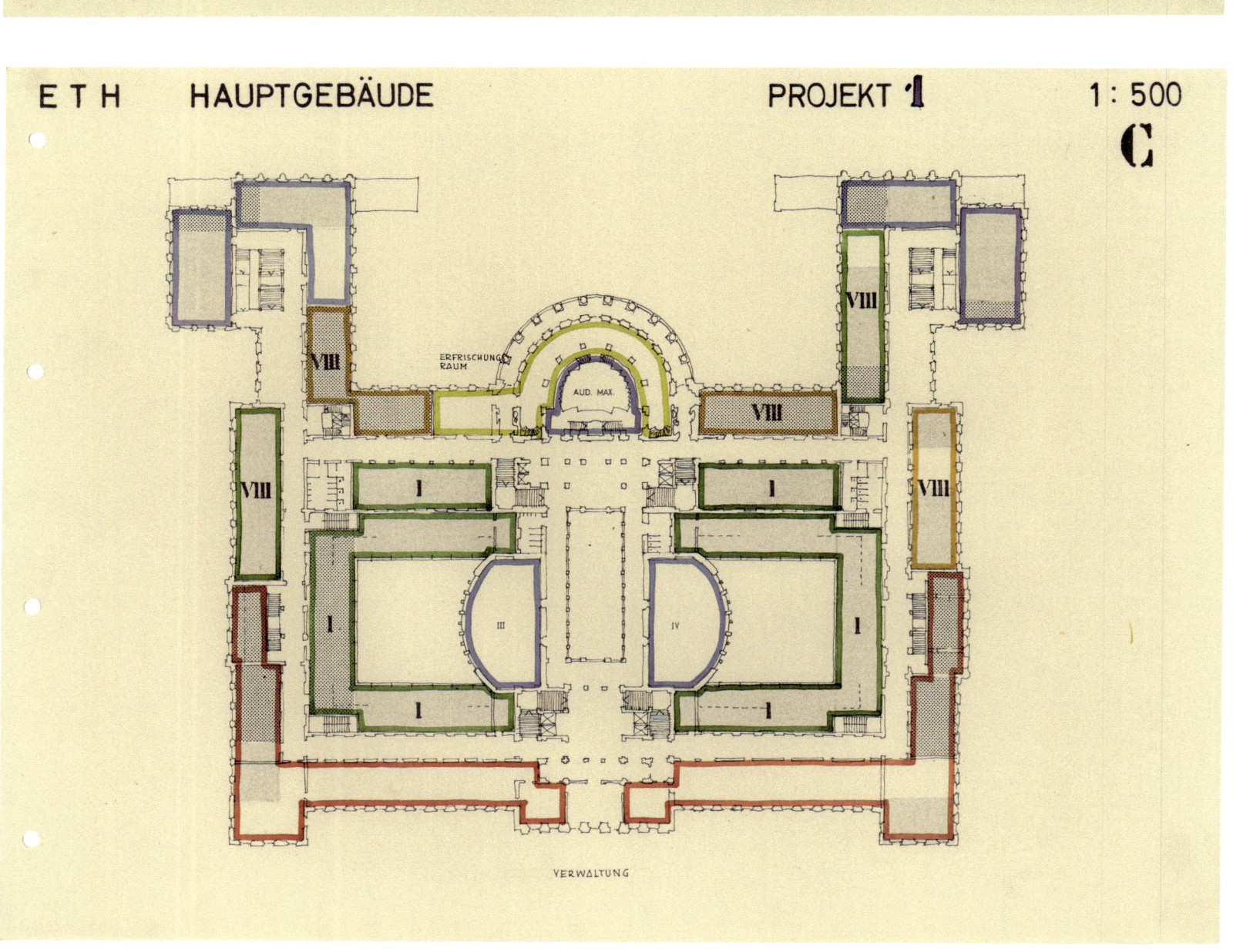

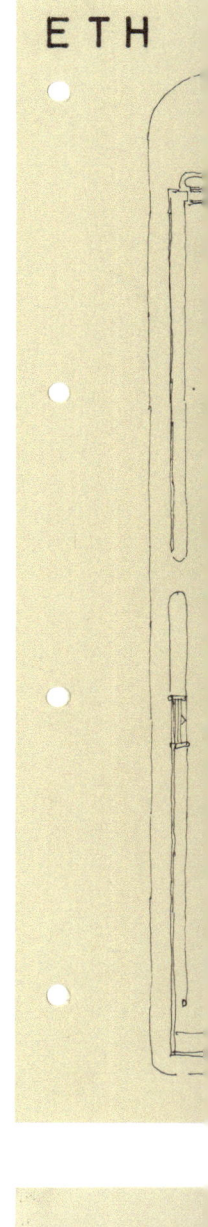

ETH HAUPTGEBÄUDE „SÜDHOF" PROJEKT 1 1:500 B

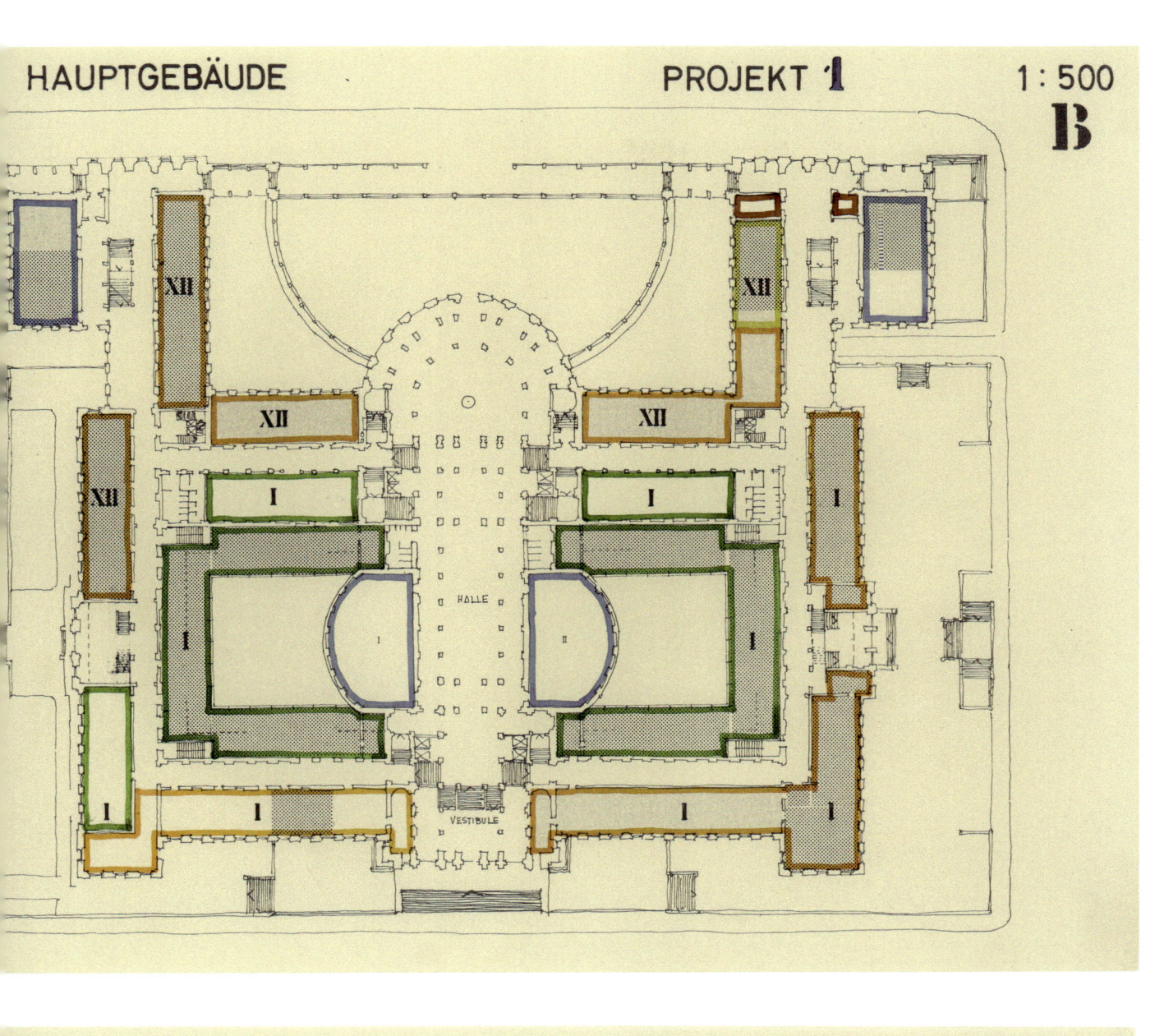

»ETH HAUPTGEBÄUDE.
PROJEKT 1. -B / C / B / D«
Maßstab 1 : 1000 (Original 1 : 500)

gta Archiv / ETH Zürich (Nachlass Charles-Edouard Geisendorf).
Pause auf Papier; mit blauem, gelbem, grünem, orangem und rotem
Filzstift koloriert. 29,7 × 42,0 cm.

Geisendorf plante im Wesentlichen zwei große Szenarien. In Projekt 1 wird das Konzept Hofmanns weitergeführt: Der Südhof wird durch ein Großauditorium unterbaut, im Nordhof werden Archive und Depots der Graphischen Sammlung angeordnet. In diesem ersten Projekt überlegt Geisendorf die Addition einer umlaufenden Raumschicht an den Hoffassaden.

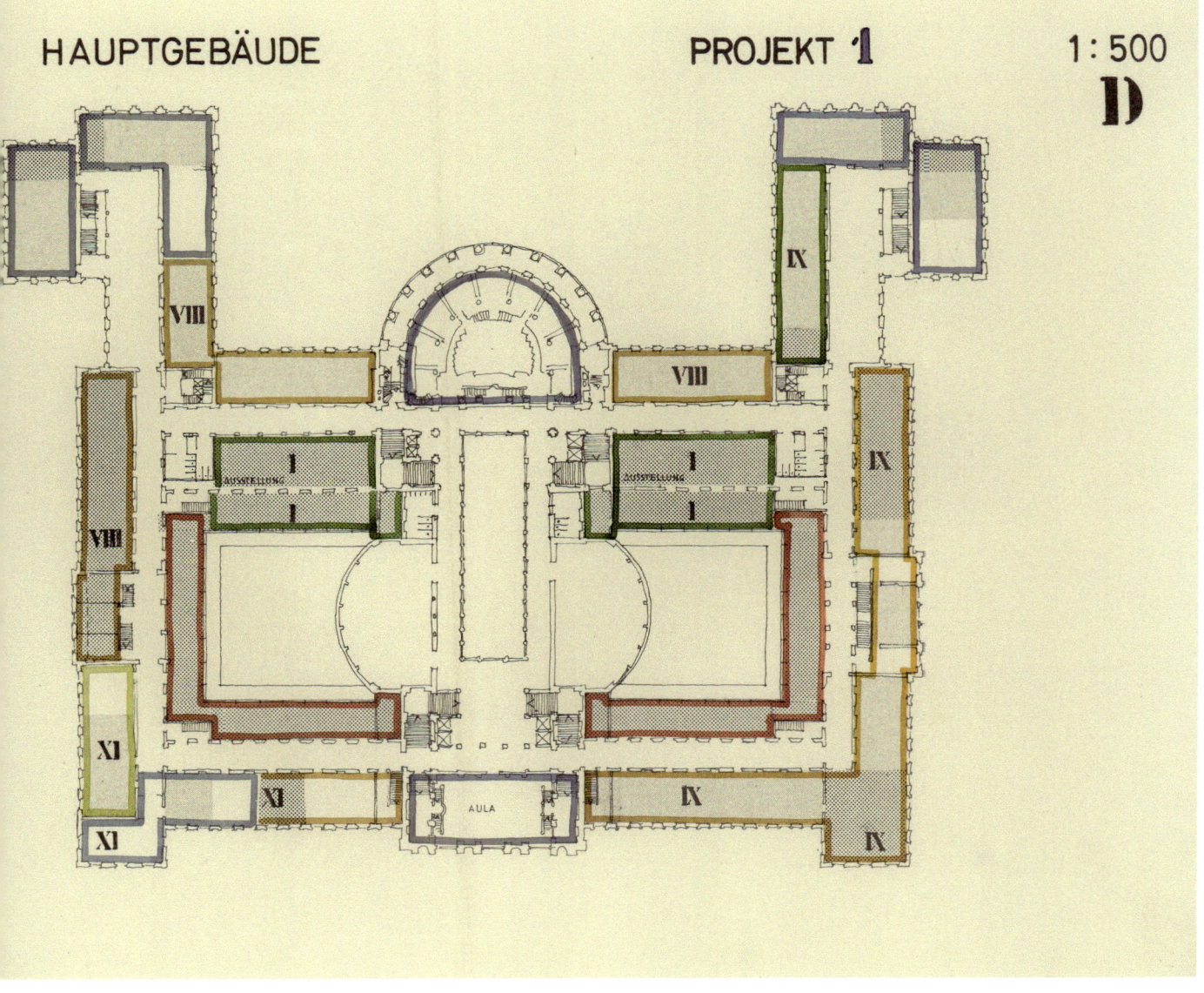

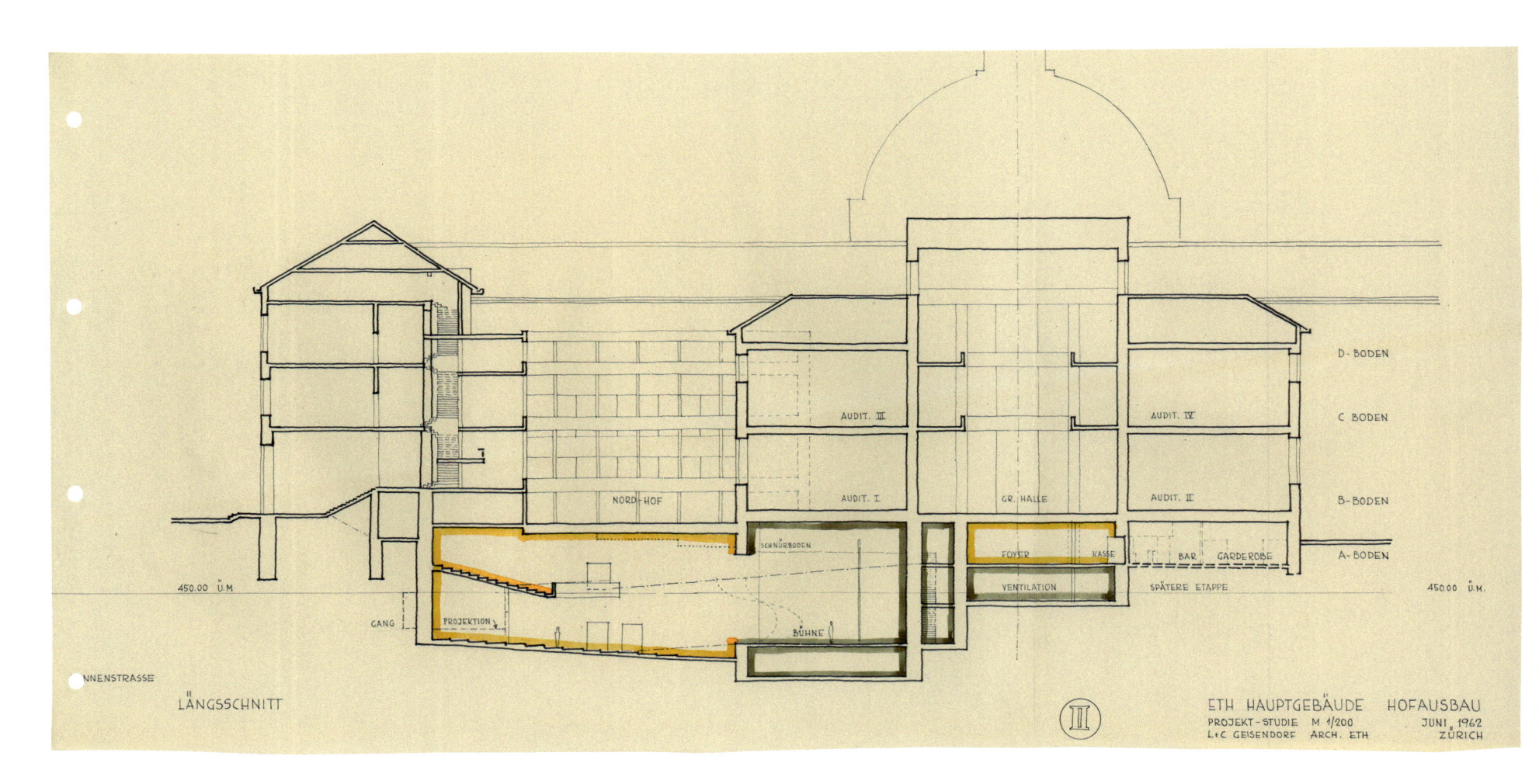

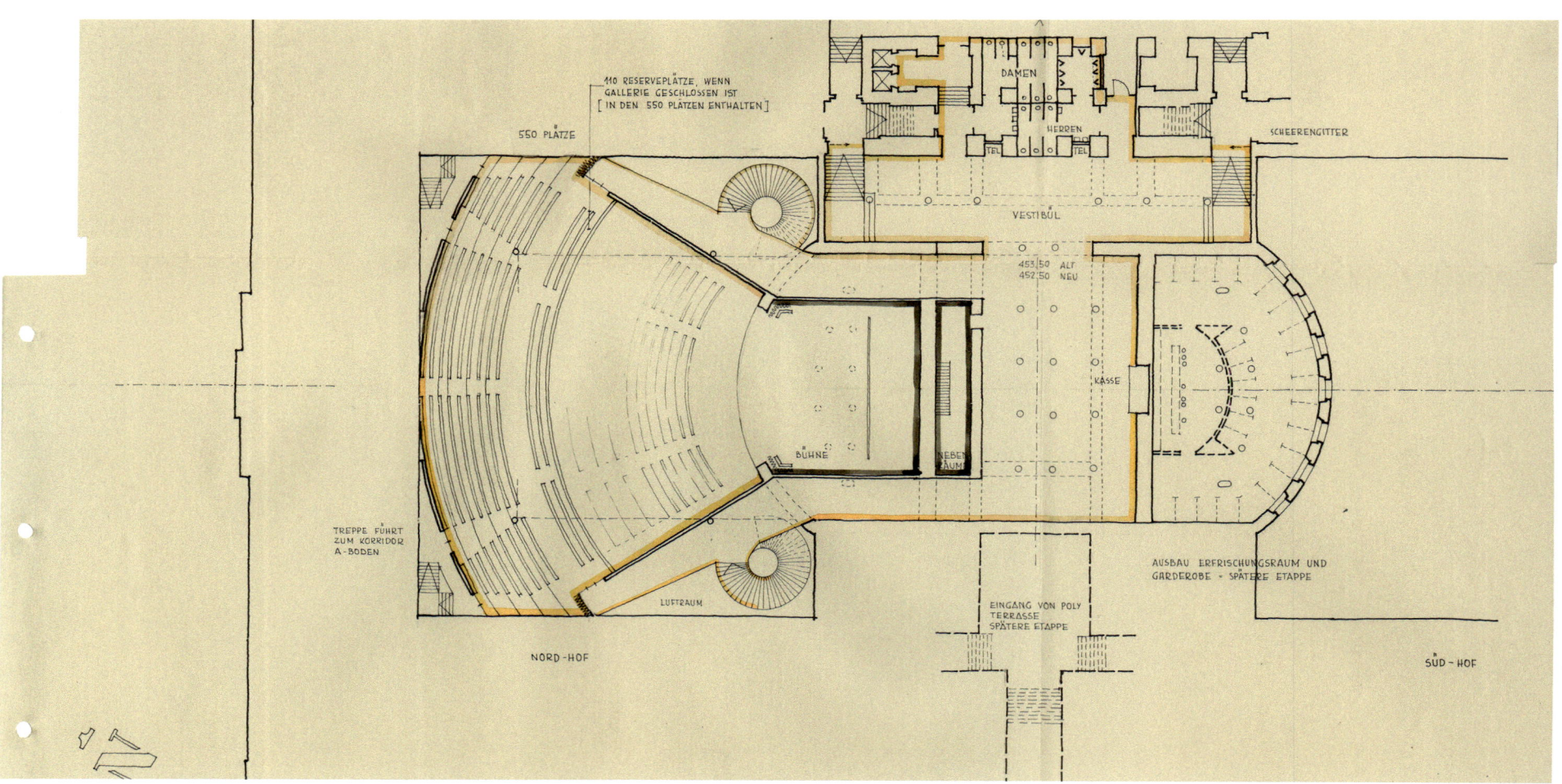

**»ETH HAUPTGEBÄUDE HOFAUSBAU.
PROJEKT-STUDIE II. LÄNGSSCHNITT«**
Maßstab 1 : 500 (Original 1 : 200)

gta Archiv / ETH Zürich (Nachlass Charles-Edouard Geisendorf).
Signatur Büro Léonie und Charles-Edouard Geisendorf, Juni 1962. Pause
auf Papier; mit grünem und orangem Filzstift koloriert. 30,0 x 62,5 cm.

**»ETH HAUPTGEBÄUDE HOFAUSBAU.
PROJEKT-STUDIE II«. GRUNDRISS**
Maßstab 1 : 500 (Original 1 : 200)

gta Archiv / ETH Zürich (Nachlass Charles-Edouard Geisendorf).
Juni 1962. Pause auf Papier; mit grünem und orangem Filzstift koloriert.
60,0 x 62,5 cm.

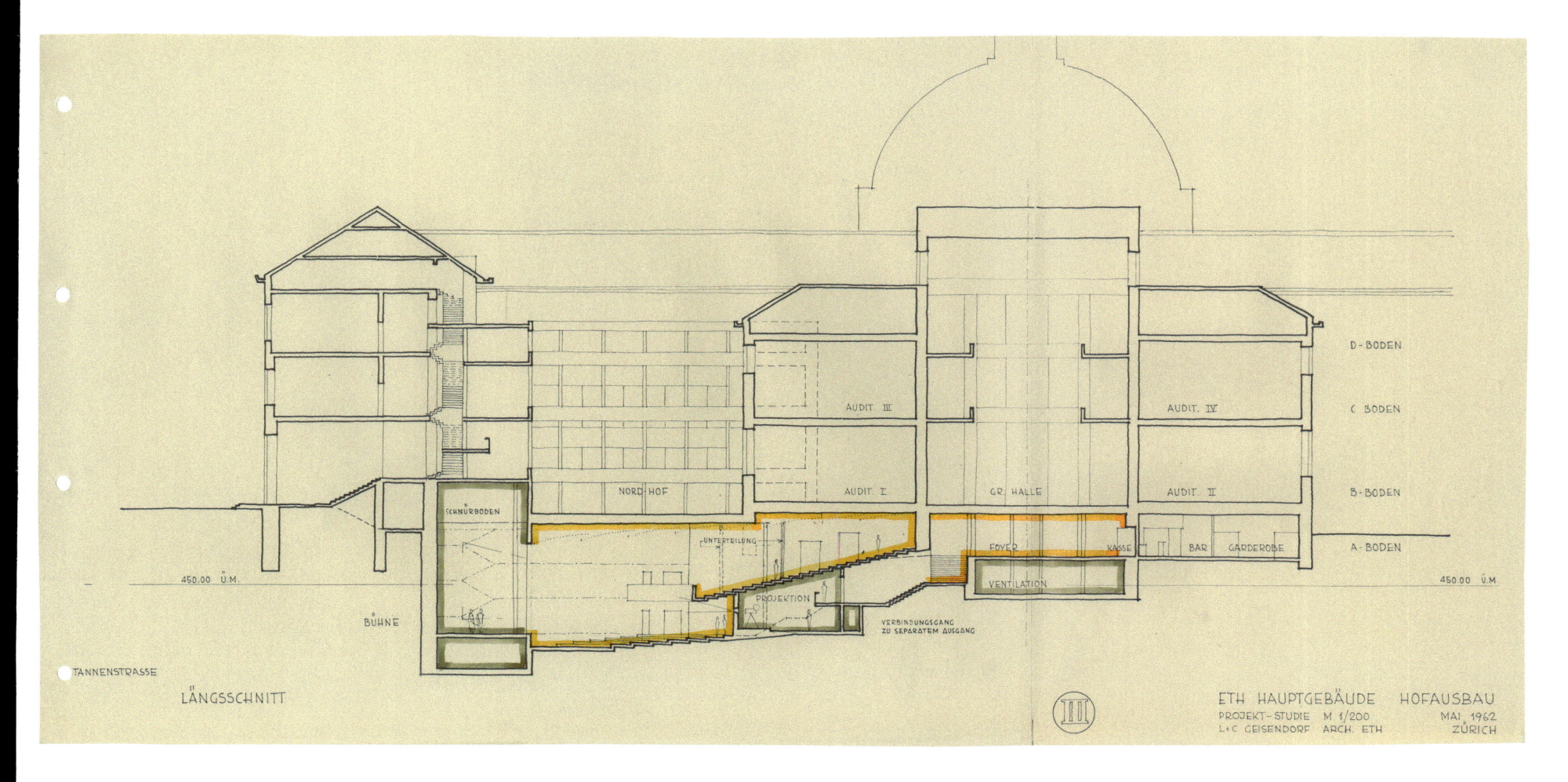

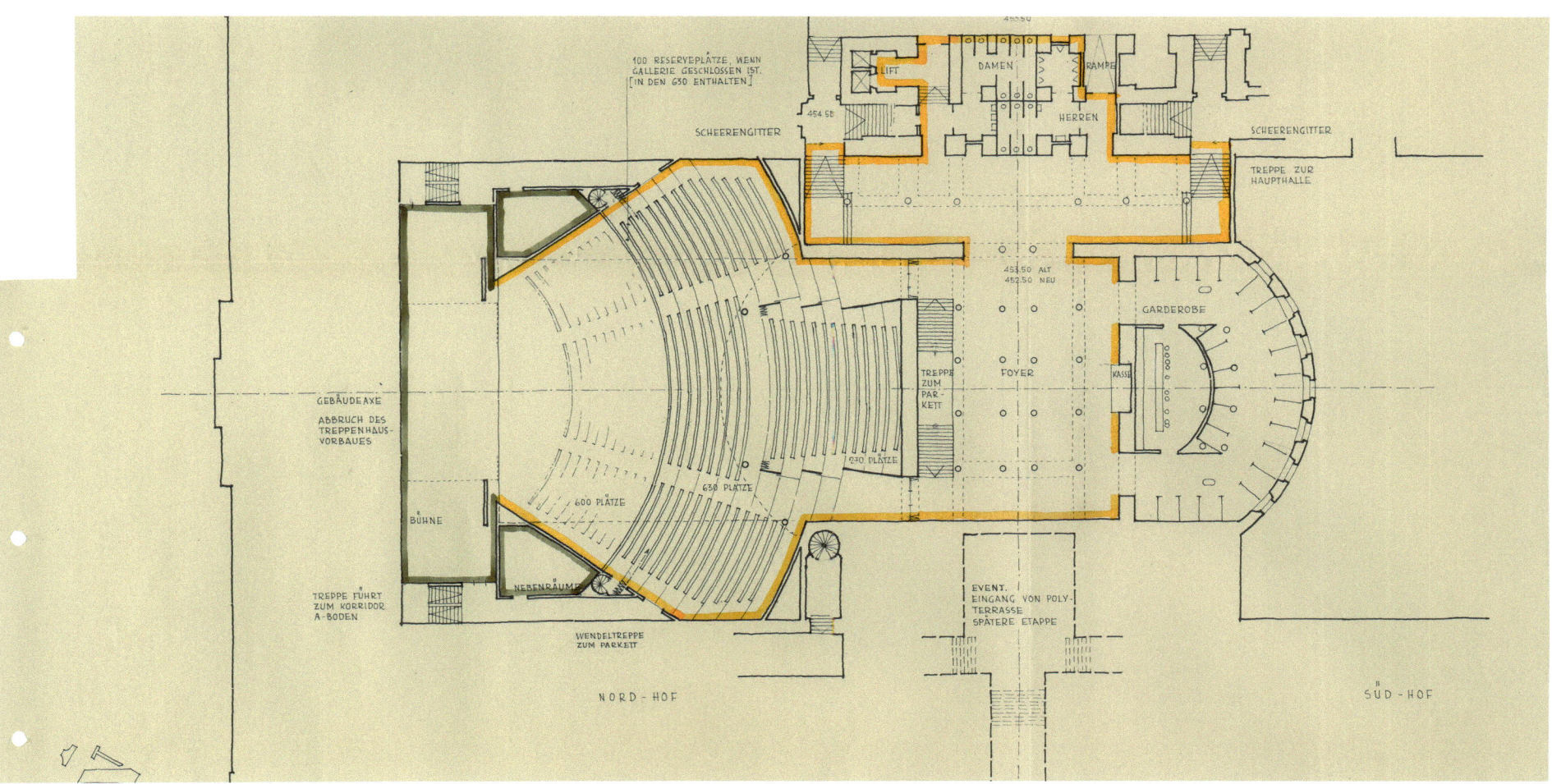

»ETH HAUPTGEBÄUDE HOFAUSBAU. PROJEKT-STUDIE III. LÄNGSSCHNITT«
Maßstab 1 : 500 (Original 1 : 200)

gta Archiv / ETH Zürich (Nachlass Charles-Edouard Geisendorf).
Signatur Büro Leonie und Charles-Edouard Geisendorf, Mai 1962. Pause
auf Papier; mit grünem und orangem Filzstift koloriert. 30,0 x 62,5 cm.

»ETH HAUPTGEBÄUDE HOFAUSBAU. PROJEKT-STUDIE III«. GRUNDRISS
Maßstab 1 : 500 (Original 1 : 200)

gta Archiv / ETH Zürich (Nachlass Charles-Edouard Geisendorf).
Juni 1962. Pause auf Papier; mit grünem und orangem Filzstift koloriert.
60,0 x 62,5 cm.

Varianten für den Einbau eines Großauditoriums zeigen Alternativen für Süd- und Nordhof, in beiden Fällen ist angedacht, die Fundamente um mehr als zwei Geschosse zu untergraben. 650 Zuhörerplätze sind insgesamt geplant, davon 100 auf einer Galerie. Unter den Gullschen Halbrundauditorien sind Garderoben und Erschließung angeordnet.

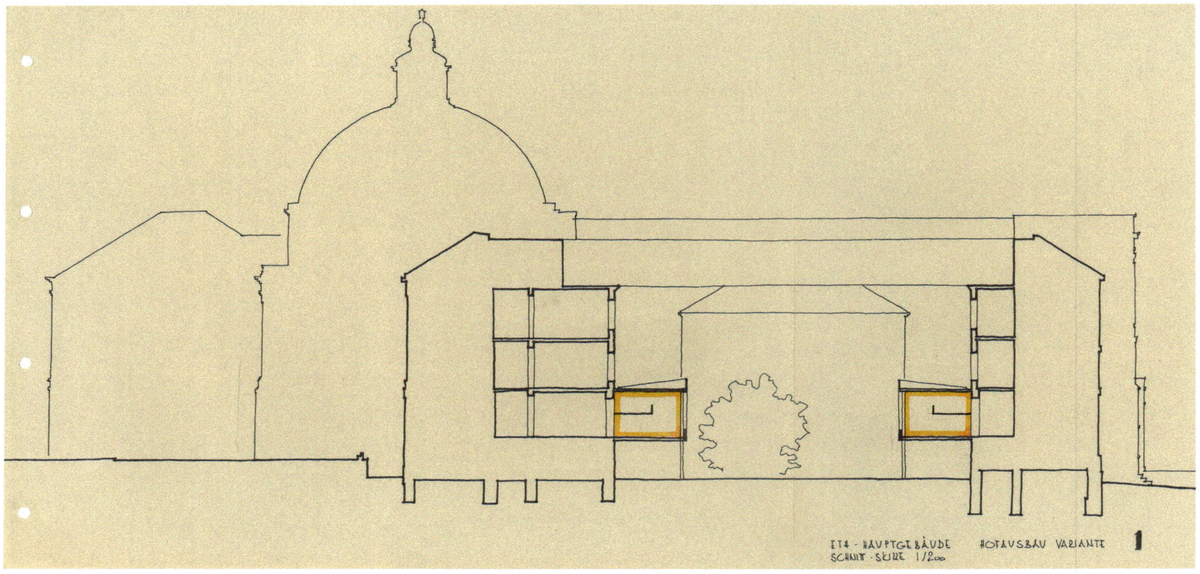
ETH - HAUPTGEBÄUDE
SCHNITT · SKIZZE 1/200
HOFAUSBAU VARIANTE
1

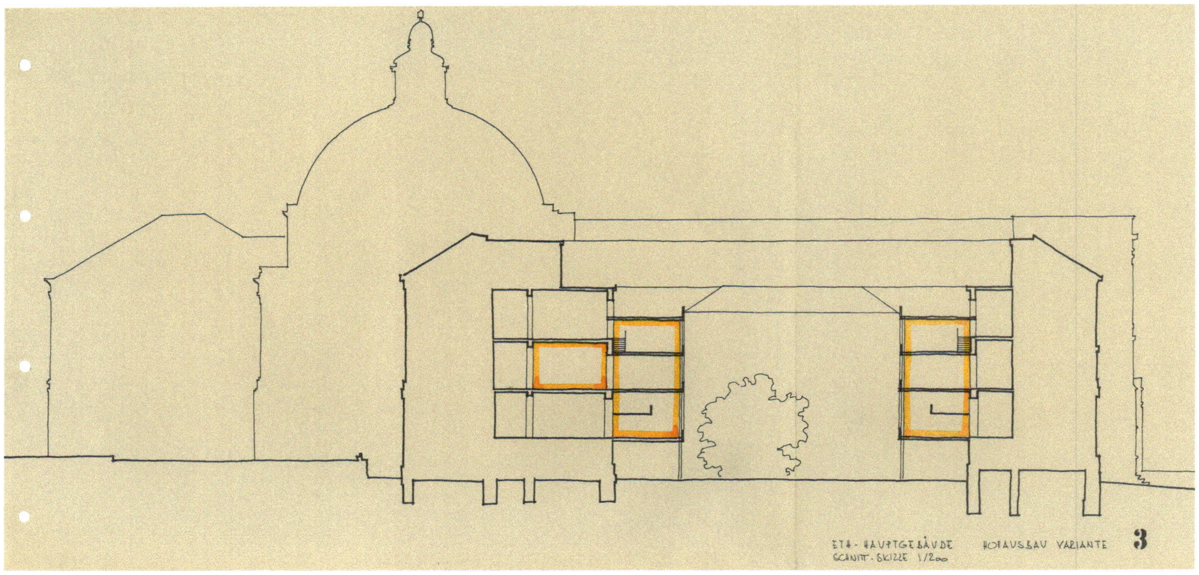
ETH - HAUPTGEBÄUDE
SCHNITT - SKIZZE 1/200
HOFAUSBAU VARIANTE
3

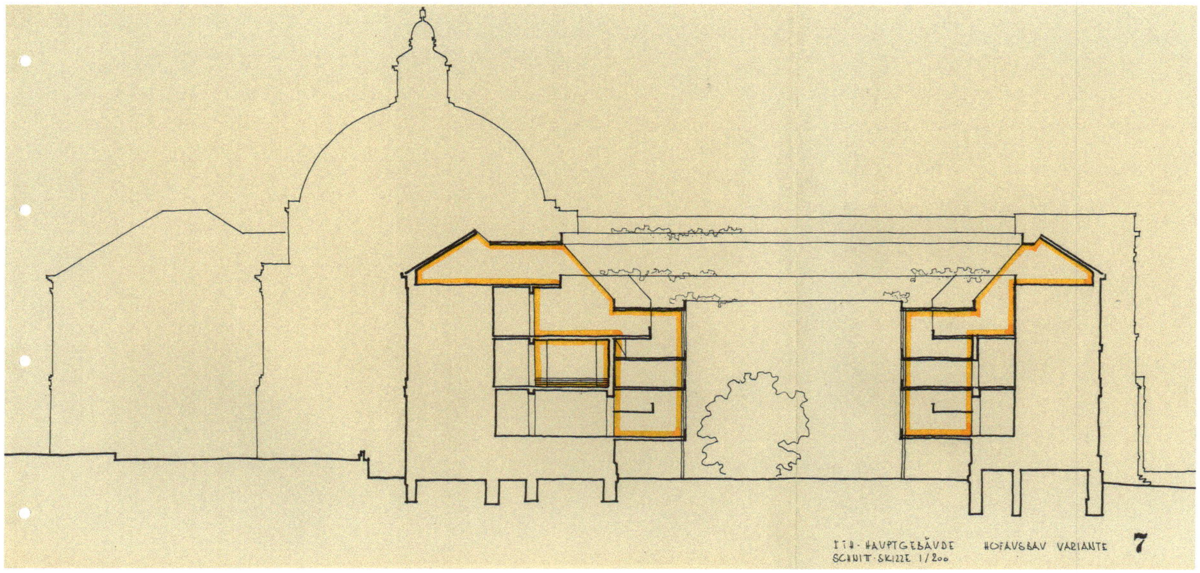
ETH - HAUPTGEBÄUDE
SCHNITT · SKIZZE 1/200
HOFAUSBAU VARIANTE
7

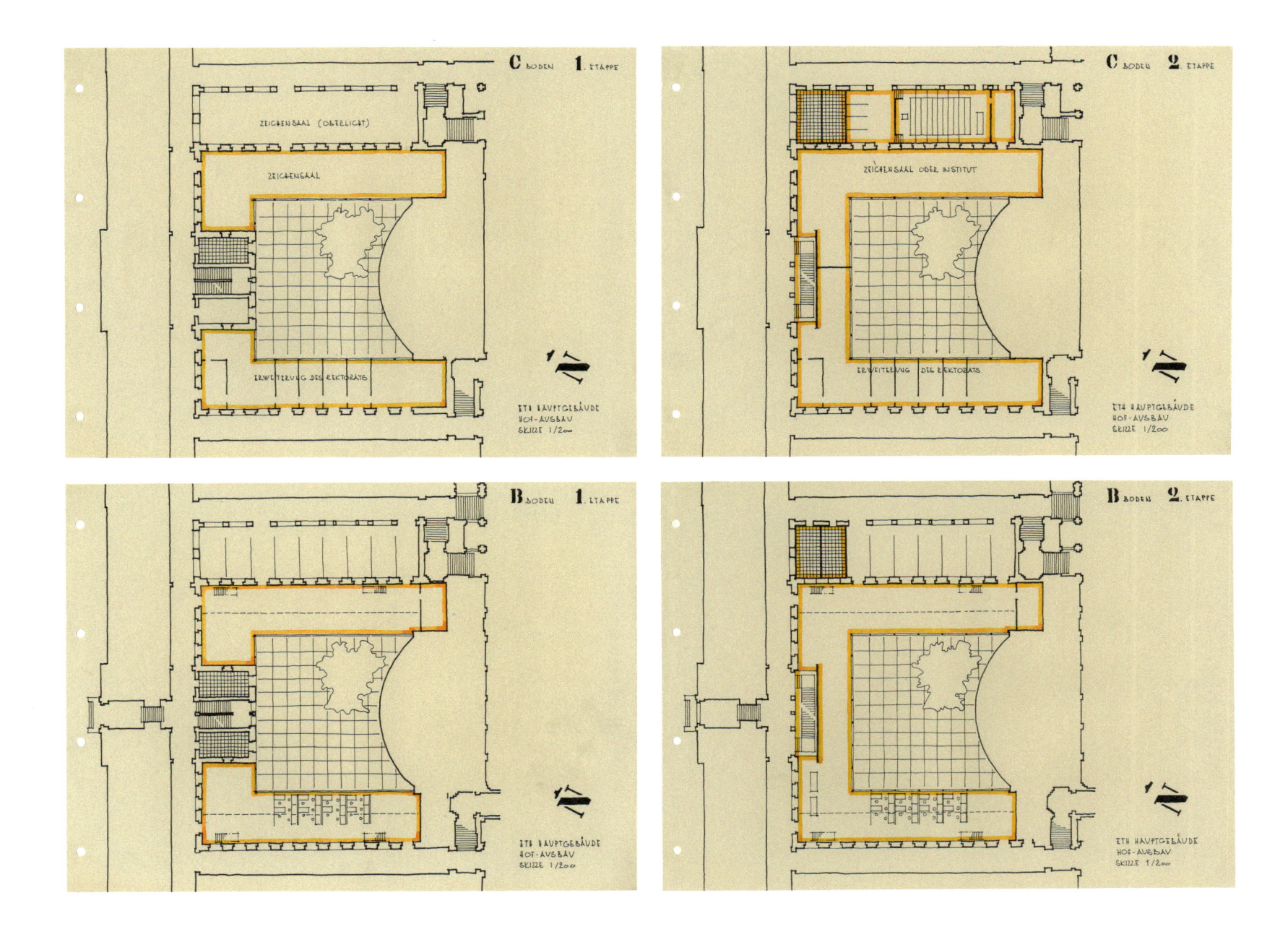

»ETH-HAUPTGEBÄUDE. SCHNITT.
HOFAUSBAU VARIANTE 1 / 3 / 7«
Maßstab 1 : 800 (Original 1 : 200)

gta Archiv / ETH Zürich (Nachlass Charles-Edouard Geisendorf).
Pause auf Papier; mit orangem Filzstift koloriert. 30,0 x 63,0 cm.

»ETH HAUPTGEBÄUDE. HOF-AUSBAU.
C-BODEN, 1. ETAPPE / C-BODEN, 2. ETAPPE /
B-BODEN, 1. ETAPPE / B-BODEN, 2. ETAPPE«
Maßstab 1 : 800 (Original 1 : 200)

gta Archiv / ETH Zürich (Nachlass Charles-Edouard Geisendorf).
Pause auf Papier; mit orangem Filzstift koloriert. 30,0 x 42,0 cm.

Trotz erheblicher Eingriffe in den Bestand des Hauptgebäudes will Geisendorfs erstes Ausbauprojekt die Hofvolumina nicht gänzlich schließen. Studien zu Schnittfiguren zeigen aber, dass der Gewinn zusätzlicher Nutzflächen schon in frühen Varianten auch für die Obergeschosse angestrebt war. Die Flure und die Zeichensäle zum Innenhof hätten auch bei Realisierung der frühen Varianten kein natürliches Tageslicht mehr bekommen.

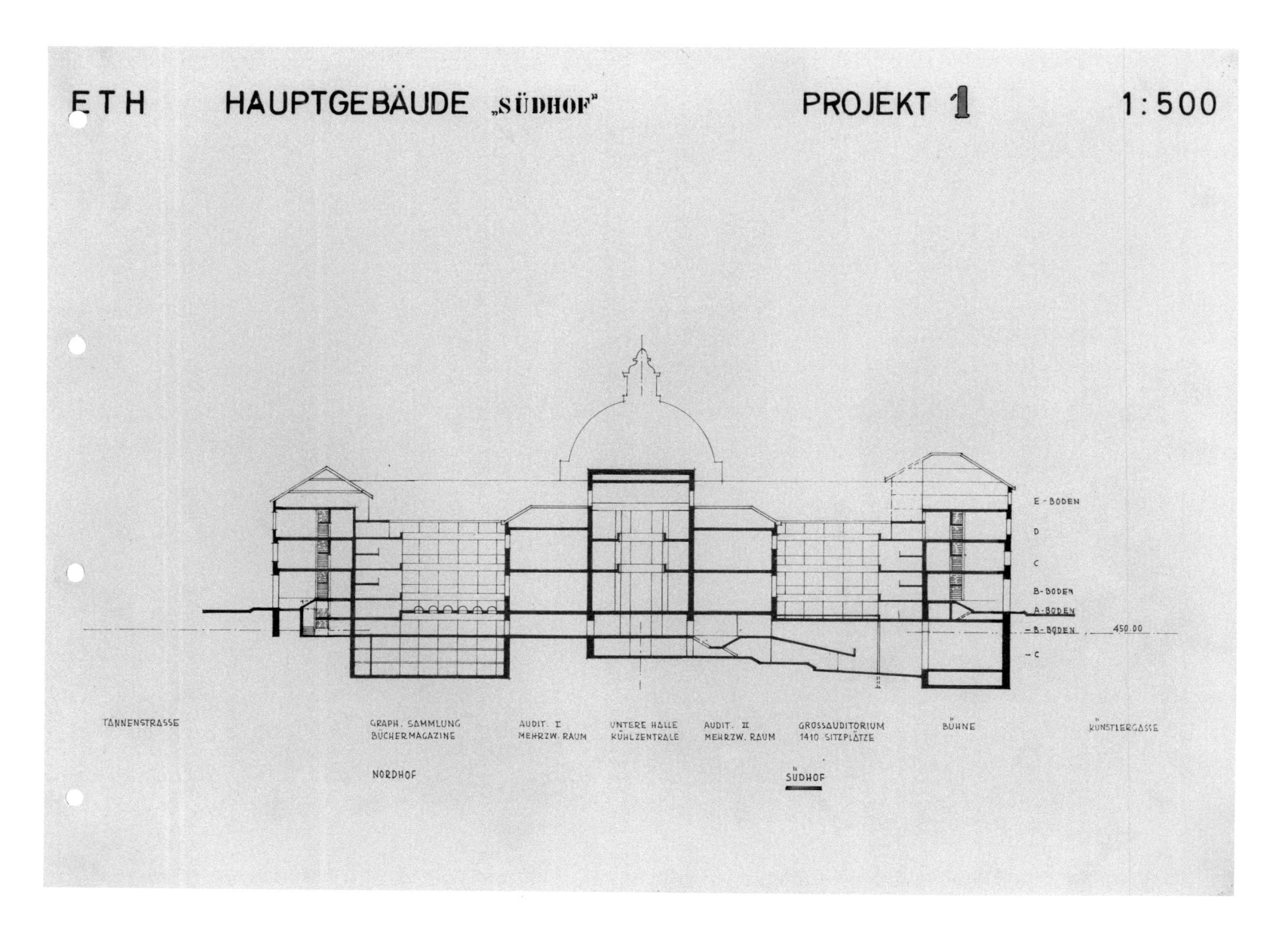

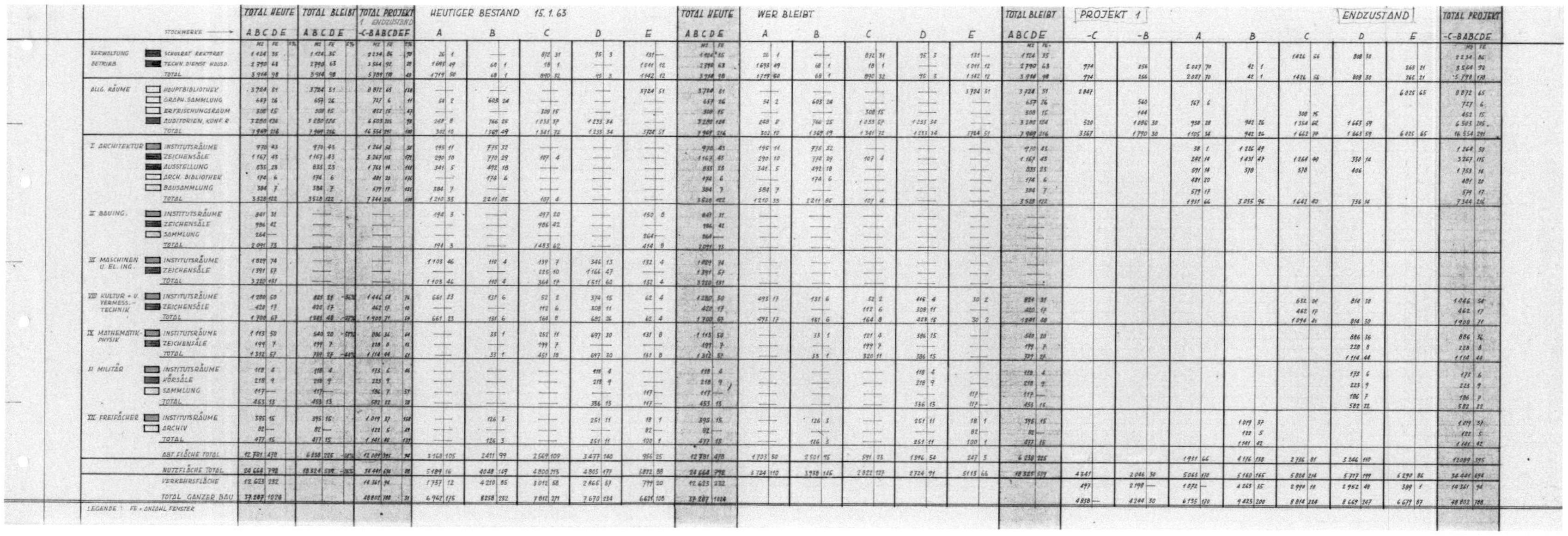

»ETH HAUPTGEBÄUDE ›SÜDHOF‹
PROJEKT 1«
Maßstab 1 : 1000 (Original 1 : 500)

gta Archiv / ETH Zürich (Nachlass Charles-Edouard Geisendorf).
Pause auf Papier; mit blauem Filzstift koloriert. 29,7 x 42,0 cm.

FLÄCHENTABELLE MIT »HEUTIGER
STAND 15.1.63«, »WER BLEIBT« UND »END-
ZUSTAND« PROJEKT 1
¼ der Originalgröße

gta Archiv / ETH Zürich (Nachlass Charles-Edouard Geisendorf).
15. Januar 1963. Pause auf Papier; mit rotem, braunem, orangem, gelbem,
blauem und grünem Filzstift koloriert. Einträge in schwarzer Tusche und
blauem Filzstift. 30,0 x 90,0 cm.

»ETH HAUPTGEBÄUDE. PROJEKT 2.2«
Maßstab 1 : 1000 (Original 1 : 500)

gta Archiv / ETH Zürich (Nachlass Charles-Edouard Geisendorf).
Pause auf Papier. Anmerkungen in Bleistift. 29,7 x 42,0 cm.

FLÄCHENTABELLE MIT »HEUTIGER STAND 15.1.63«, »WER BLEIBT« UND »ENDZUSTAND« PROJEKT 2
¼ der Originalgröße

gta Archiv / ETH Zürich (Nachlass Charles-Edouard Geisendorf).
15. Januar 1963. Pause auf Papier; mit blauem, braunem, gelbem, grünem, orangem und rotem Filzstift koloriert. Einträge in schwarzer Tusche und rotem Filzstift. 30,0 x 90,0 cm.

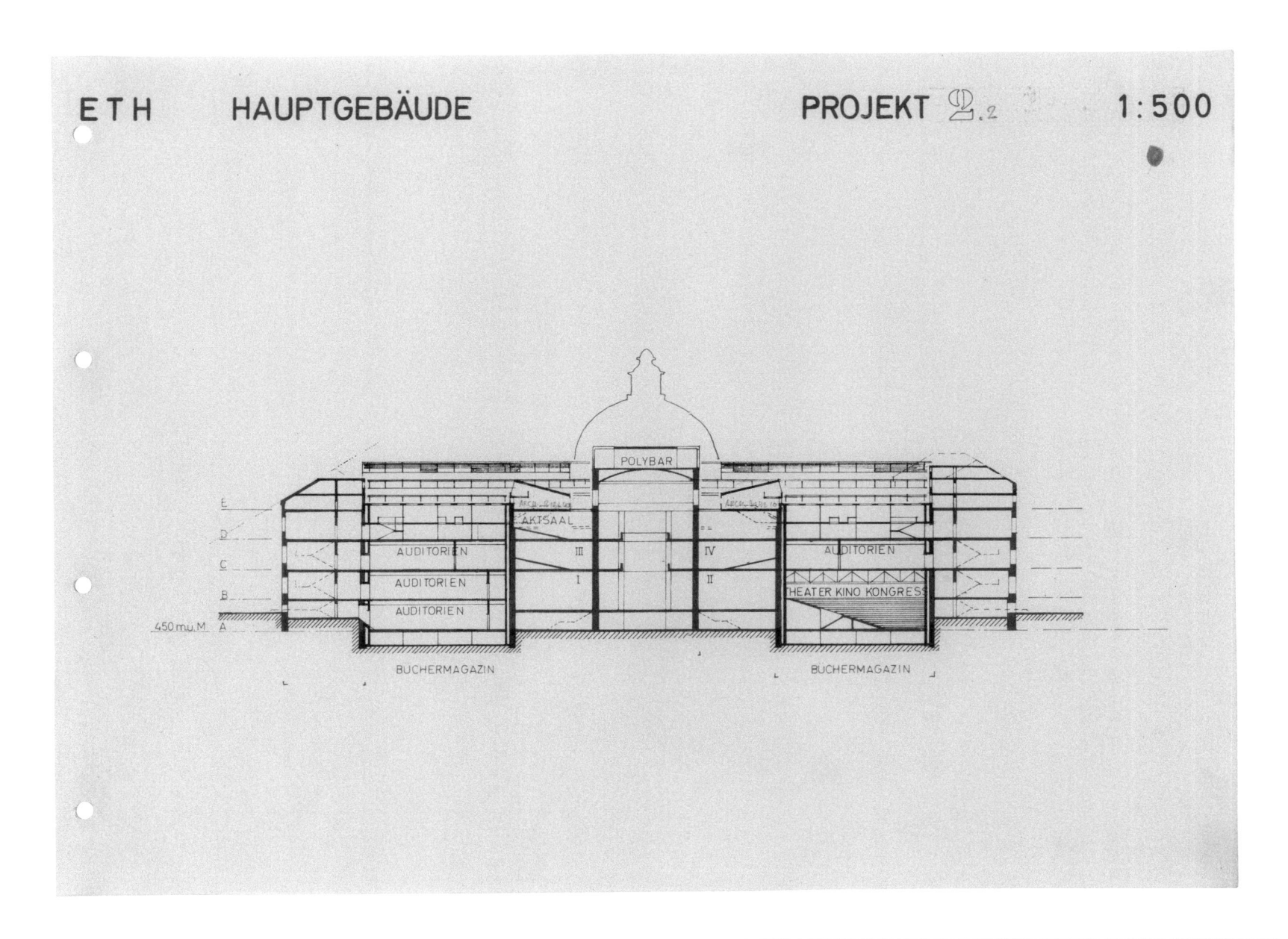

Die planerischen Entscheidungen für den Umbau der 1960er und 1970er Jahre wurden nicht auf Basis architektonisch-räumlicher Abwägung getroffen, sondern vielmehr über Flächenvergleiche abgesichert. In Projekt 1 bleiben die Innenhöfe teilweise frei, ein zweites Projekt mit einem Komplettausbau bis zur Dachebene ergibt logischerweise höhere Flächenziffern.

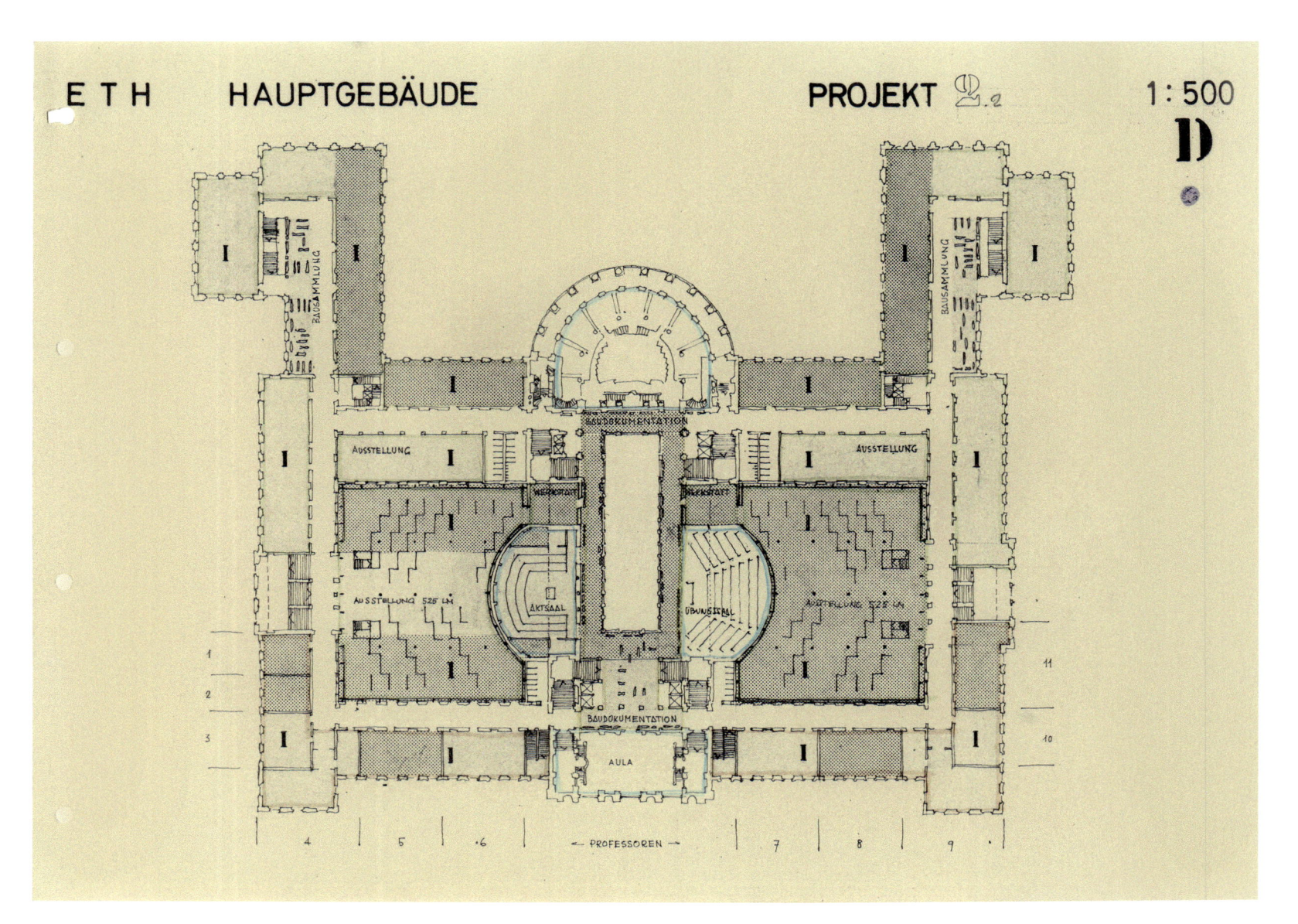

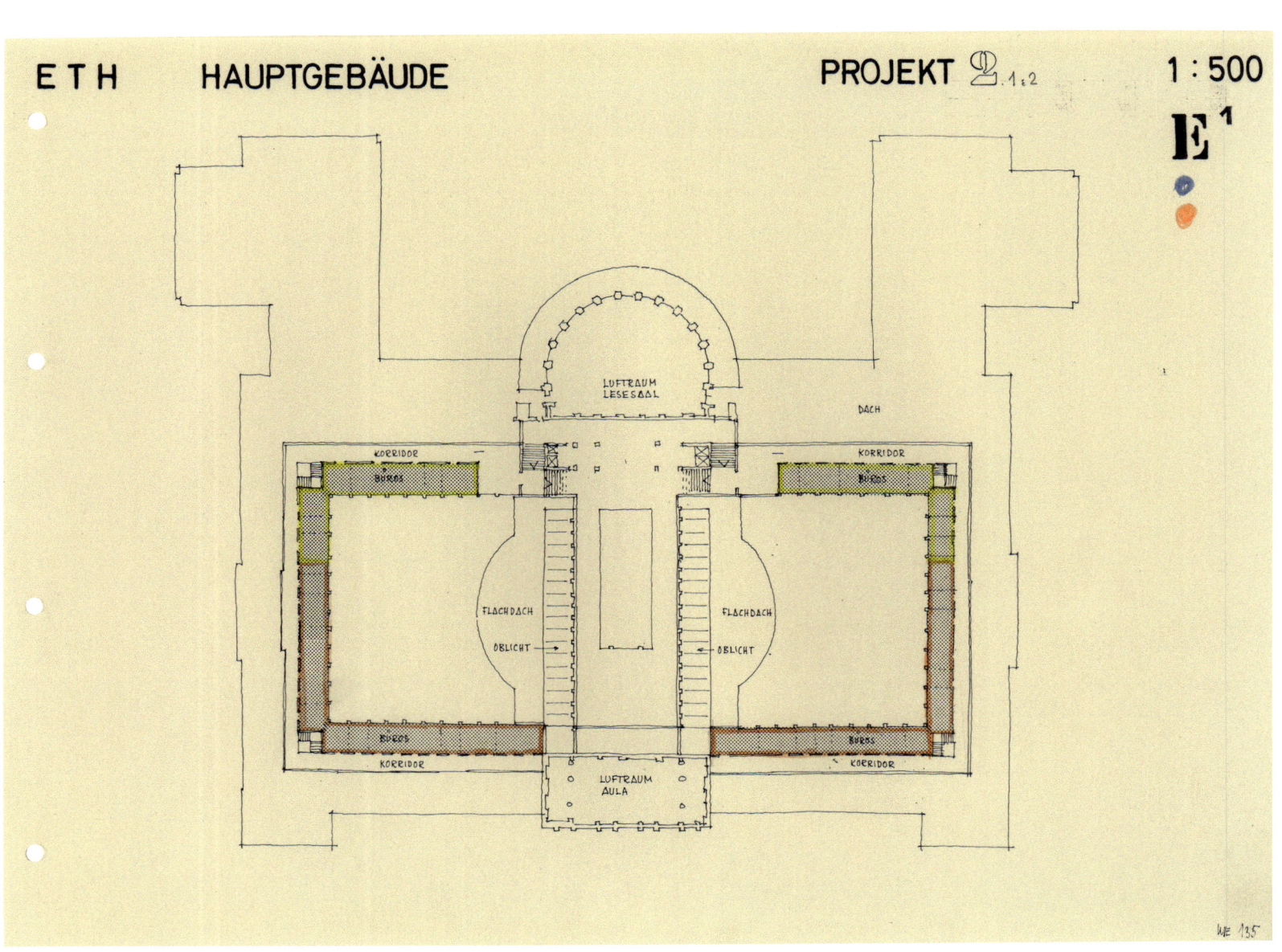

ETH HAUPTGEBÄUDE   PROJEKT 2.2   1:500   D

ETH HAUPTGEBÄUDE   PROJEKT 2.1.2   1:500   E¹

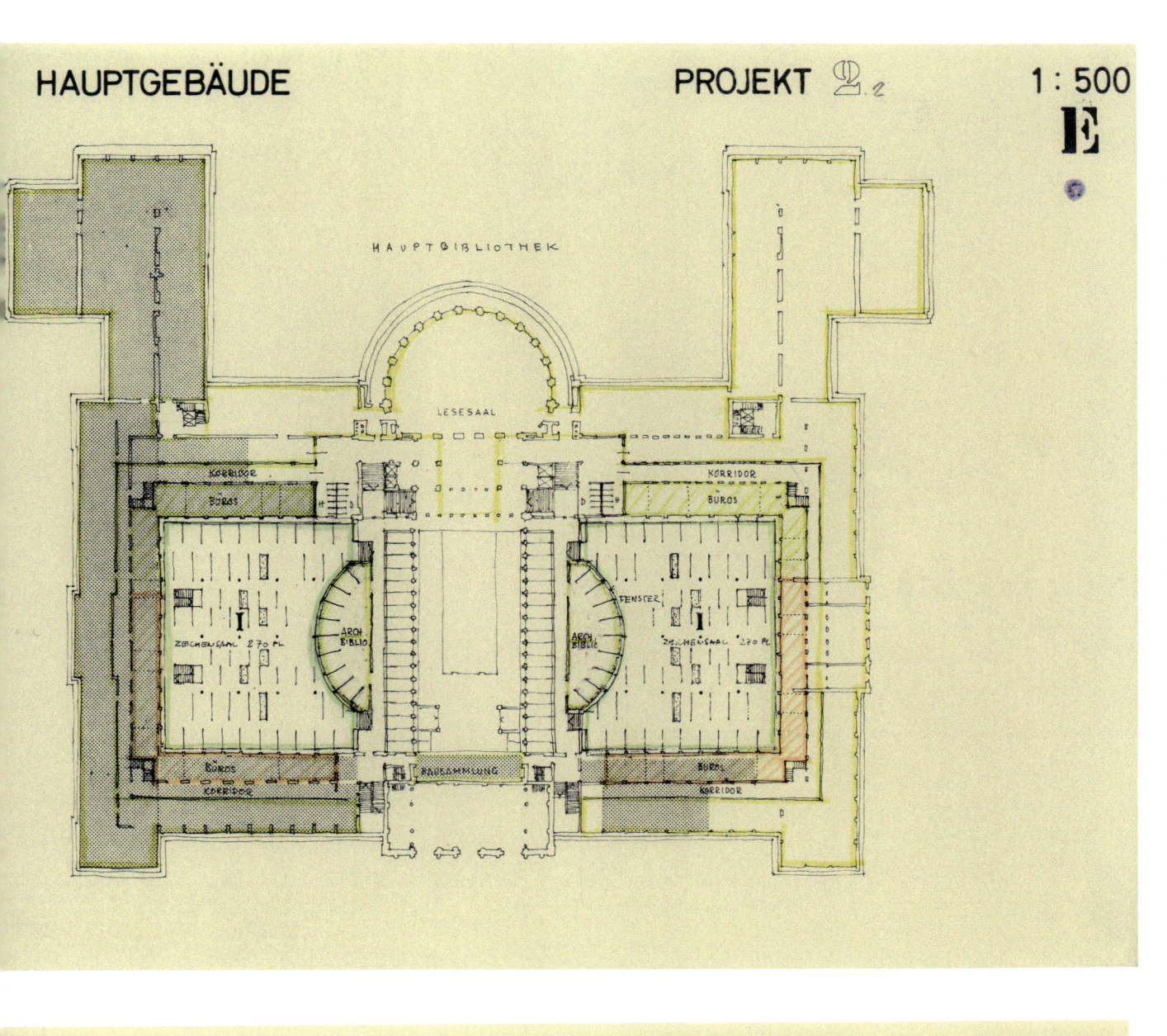

»ETH HAUPTGEBÄUDE.
PROJEKT 2.2 D / 2.1 & 2 E¹ / 2.2 E / 2.1 & 2 F«
Maßstab 1 : 1000 (Original 1 : 500)

gta Archiv / ETH Zürich (Nachlass Charles-Edouard Geisendorf).
Pause auf Papier; mit blauem, gelbem, grünem, orangem und rotem Farbstift koloriert. 29,7 x 42,0 cm.

In Projekt 2 sind gestapelte Ausstellungsebenen konzipiert, darüber Zeichensäle und Büros, vier neue Dienstwohnungen im Dachgeschoss, daneben eine nur wenig überzeugende Polybar. Das dritte Obergeschoss erschloss schon bei Gustav Gull den großen Lesesaal. Der Zugang zur Aula liegt ein Geschoss tiefer, die Schnittebene des Grundrisses verläuft daher durch den Luftraum der zweigeschossigen Aula. Gulls Innenausbau war in diesem Geschoss vor allem auf die von ihm neu eingerichtete Bibliothek ausgelegt, im Westflügel waren Sammlungsräume und Magazine angeordnet. Die Planungen Geisendorfs sehen für das heutige H- und J-Geschoss eine weitere Verdichtung der Nutzungen vor. Kleine Bürozellen werden zu den Höfen hin addiert, ein Glasdach überdeckt die Hauptgeschosse der Höfe.

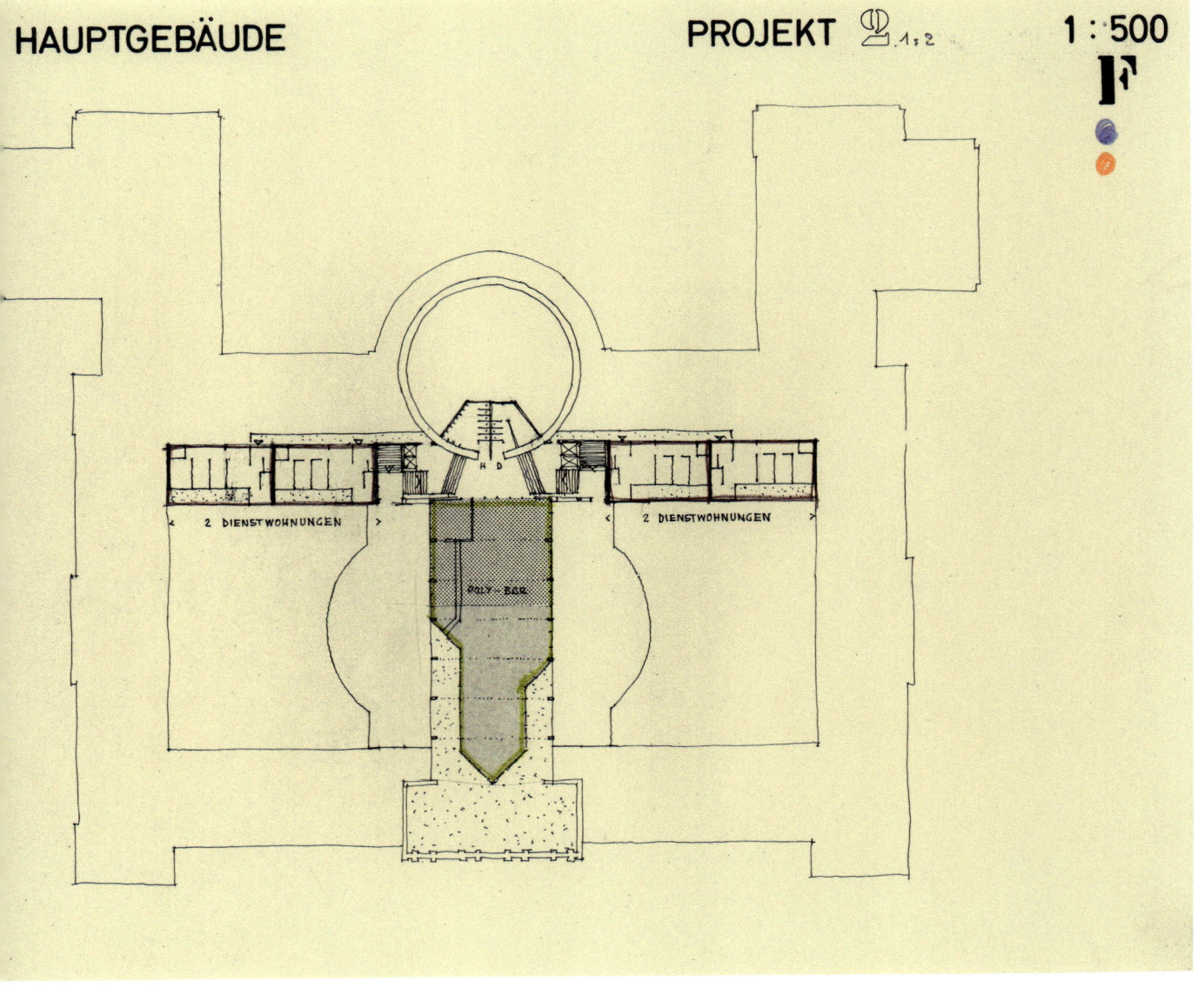

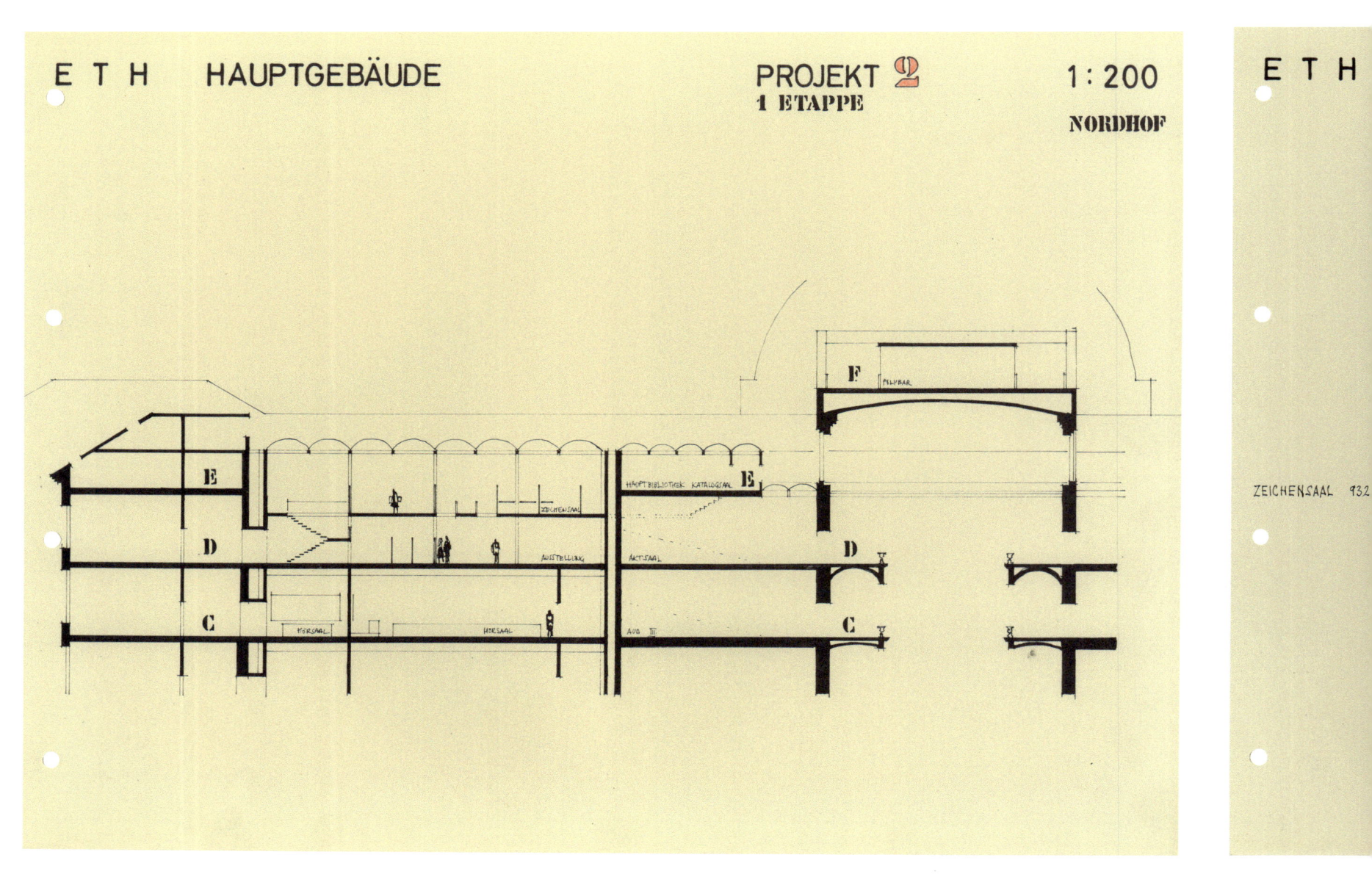

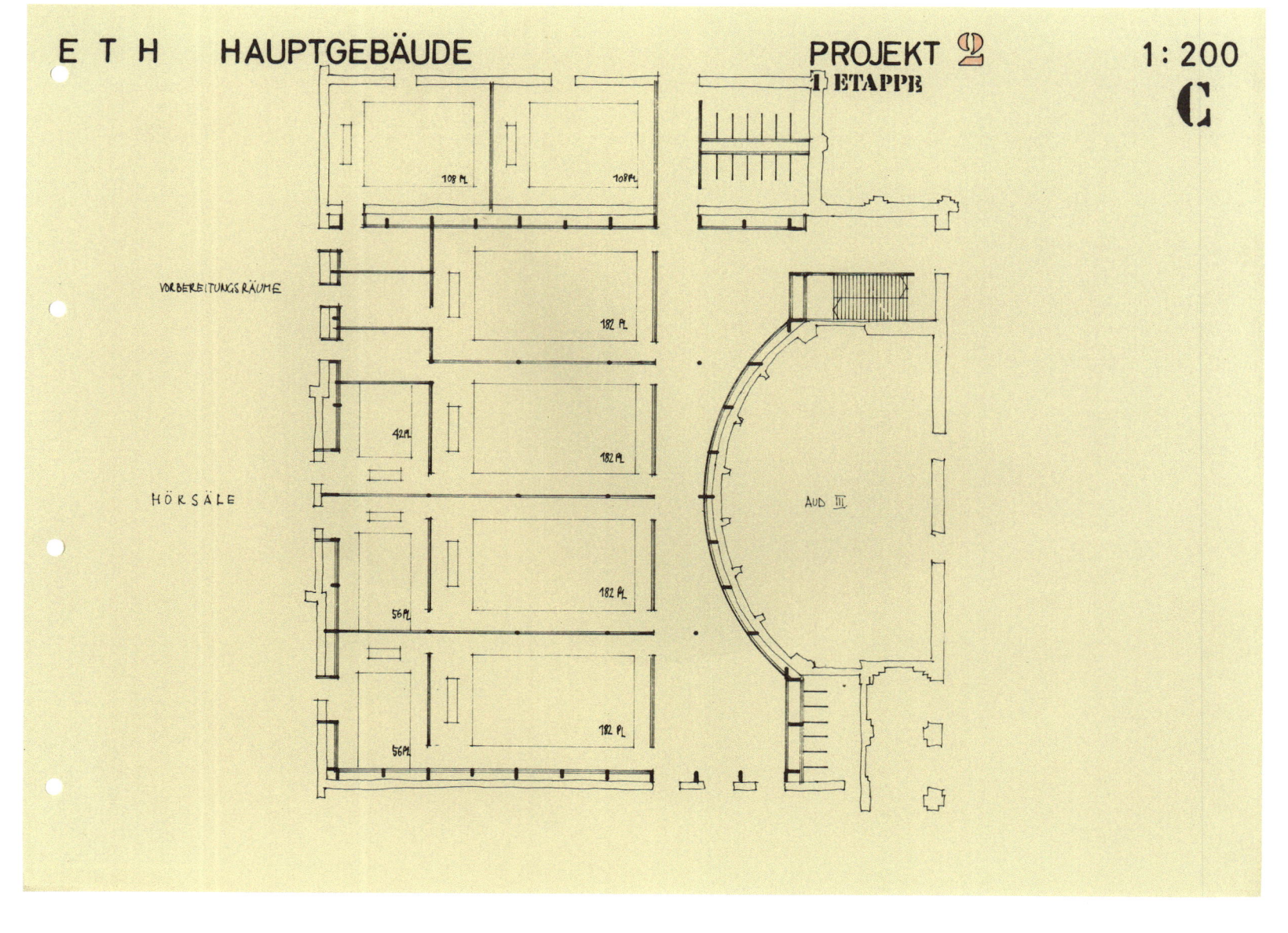

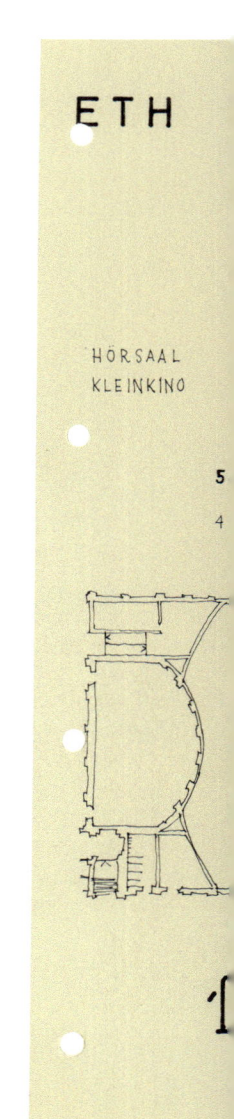

ETH HAUPTGEBÄUDE — PROJEKT 2, 1 ETAPPE — 1:200 — NORDHOF

ETH HAUPTGEBÄUDE — PROJEKT 2, 1 ETAPPE — 1:200 — C

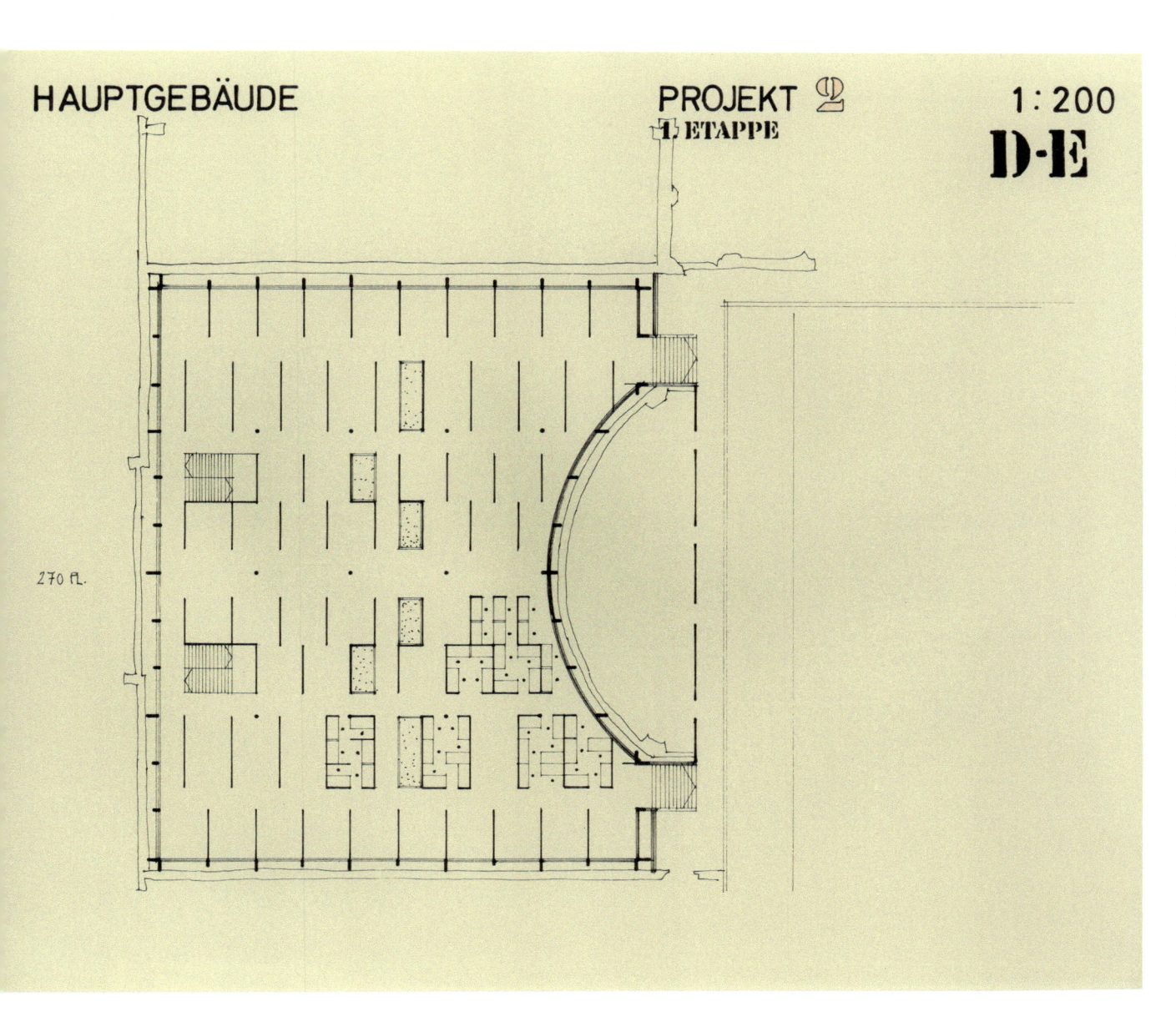

»ETH HAUPTGEBÄUDE. PROJEKT 2.
1 ETAPPE. NORDHOF / 1 ETAPPE. C /
1. ETAPPE. D-E / GROSSAUDITORIUM«
Maßstab 1 : 400 / 1 : 1000
(Original 1 : 200 / 1 : 500)

gta Archiv / ETH Zürich (Nachlass Charles-Edouard Geisendorf).
Pause auf Papier; mit rotem und blauem Filzstift koloriert. 29,7 x 42,0 cm.

Im Schnitt zeigt sich, dass im frühen Projekt 2 bereits Überlegungen zu Deckendurchbrüchen und versetzten Lichtöffnungen angestellt wurden, die Aufteilung des Raumes in Boxen für Zeichenplätze erfolgt mit flexiblen Stellwänden innerhalb eines Stützenrasters. Das Hörsaalgeschoss muss vollständig ohne Tageslicht auskommen. Für das Großauditorium werden unterschiedliche halbrunde und fächerförmige Belegungsanordnungen aufgezeigt, vom Hörsaal mit 545 über das Theater mit 980 bis zum Großauditorium mit 1068 Plätzen, die Maximalvariante wird mit 1639 Plätzen beziffert.

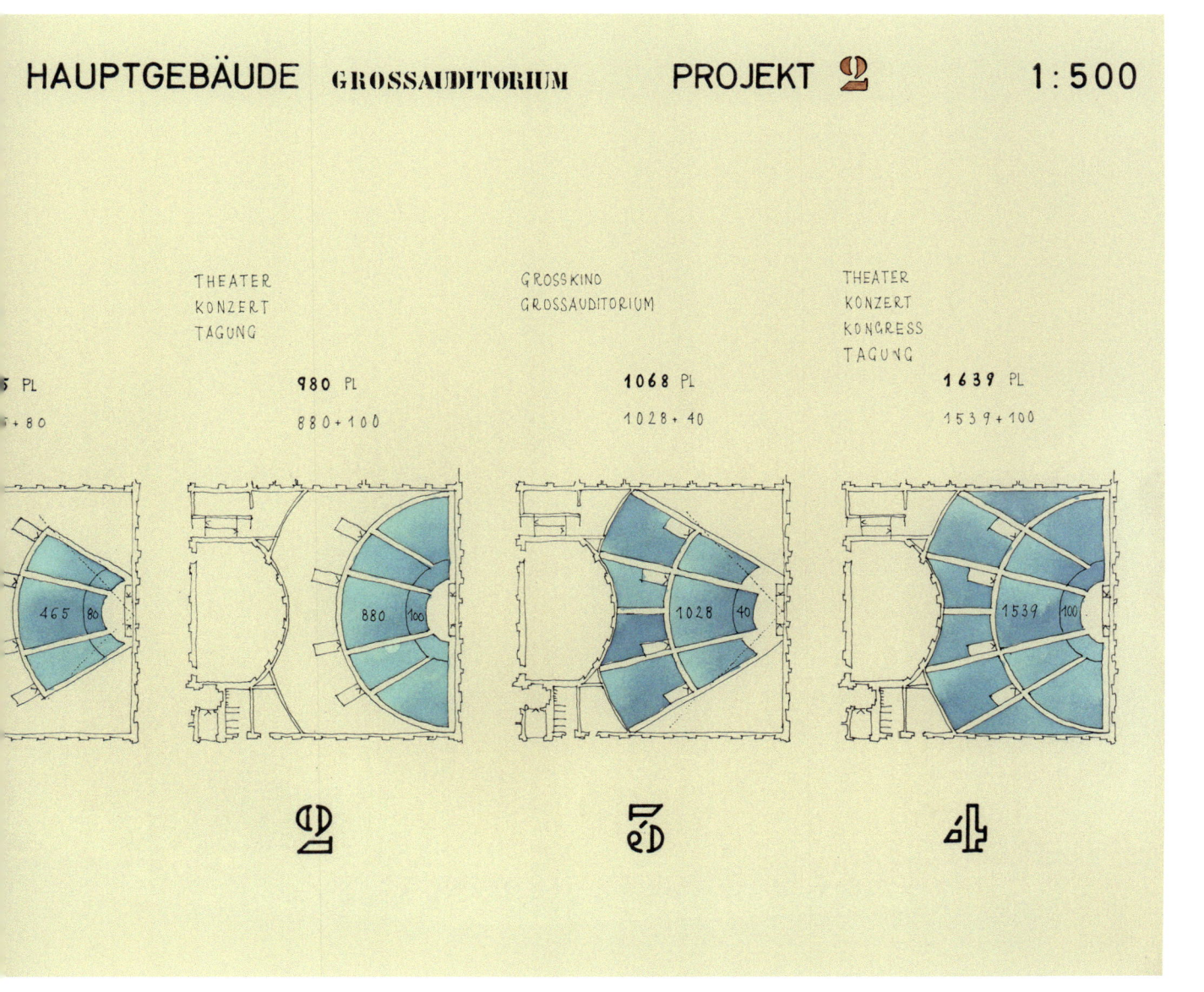

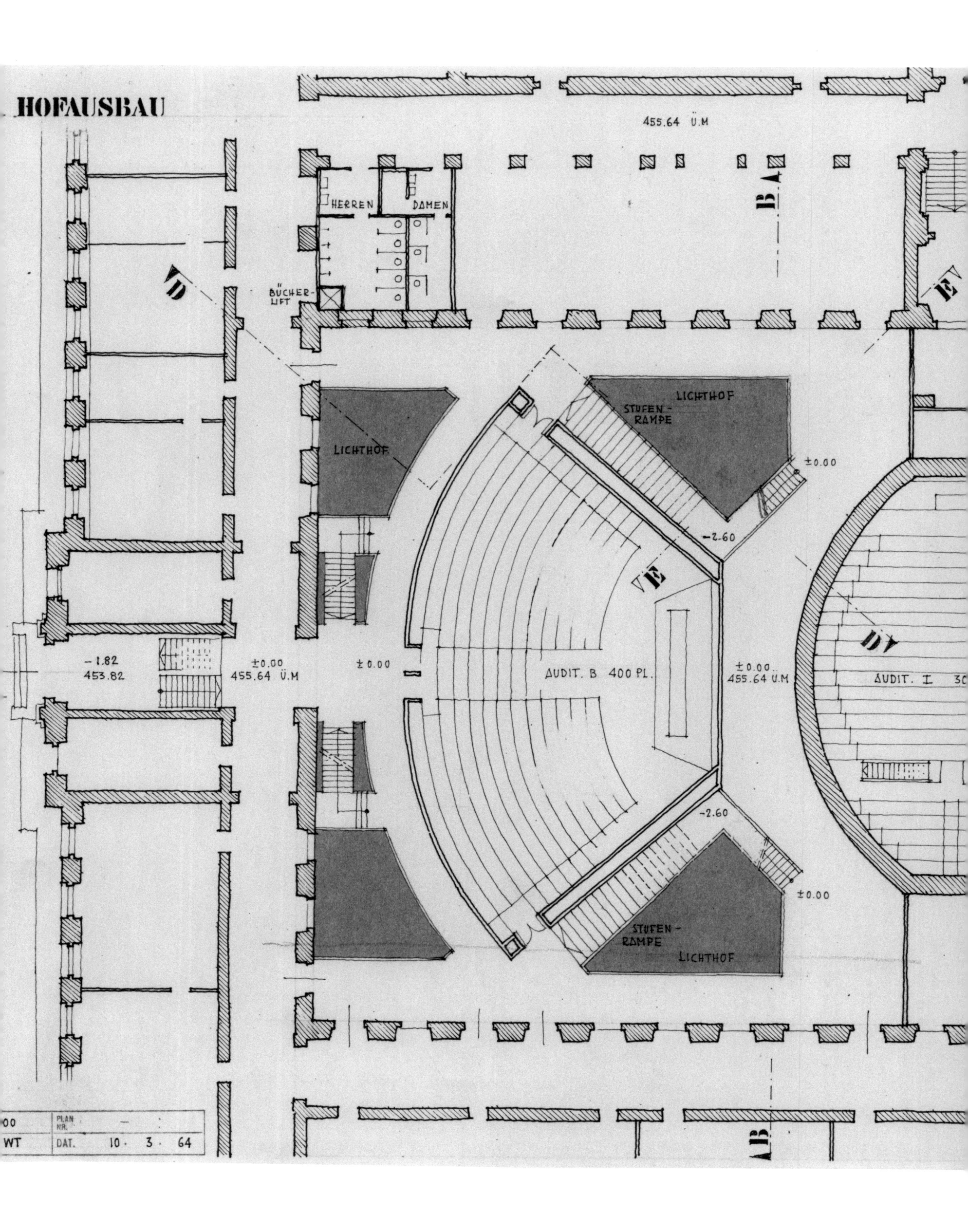

HOFAUSBAU

455.64 ü.M

HERREN DAMEN

BÜCHER-LIFT

LICHTHOF

LICHTHOF
STUFEN-RAMPE

±0.00

-2.60

-1.82
453.82

±0.00

±0.00
455.64 ü.M

AUDIT. B 400 PL.

±0.00
455.64 ü.M

AUDIT. I

-2.60

STUFEN-RAMPE
LICHTHOF

PLAN NR.
WT DAT. 10·3·64

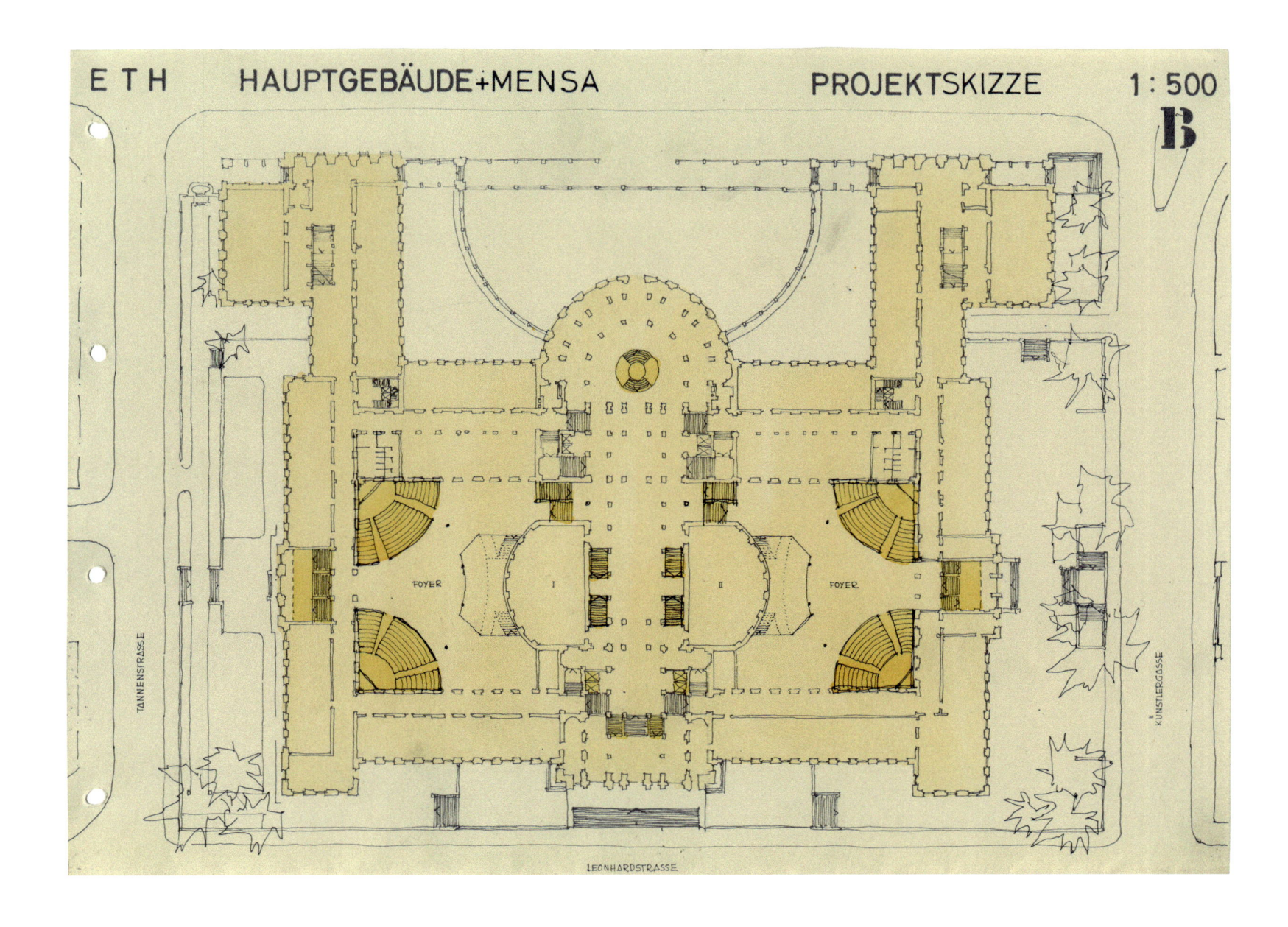

»HGB HOFAUSBAU. B-BODEN«
Originalgröße

gta Archiv / ETH Zürich (Nachlass Charles-Edouard Geisendorf).
Signatur WT, Büro Geisendorf, 10. März 1964. Pause auf Papier;
grau aquarelliert. 29,7 × 42,0 cm.

»ETH HAUPTGEBÄUDE + MENSA.
PROJEKTSKIZZE«
Maßstab 1 : 1000 (Original 1 : 500)

gta Archiv / ETH Zürich (Nachlass Charles-Edouard Geisendorf).
Pause auf Papier; gelb und grün aquarelliert. 60,0 × 42,0 cm.

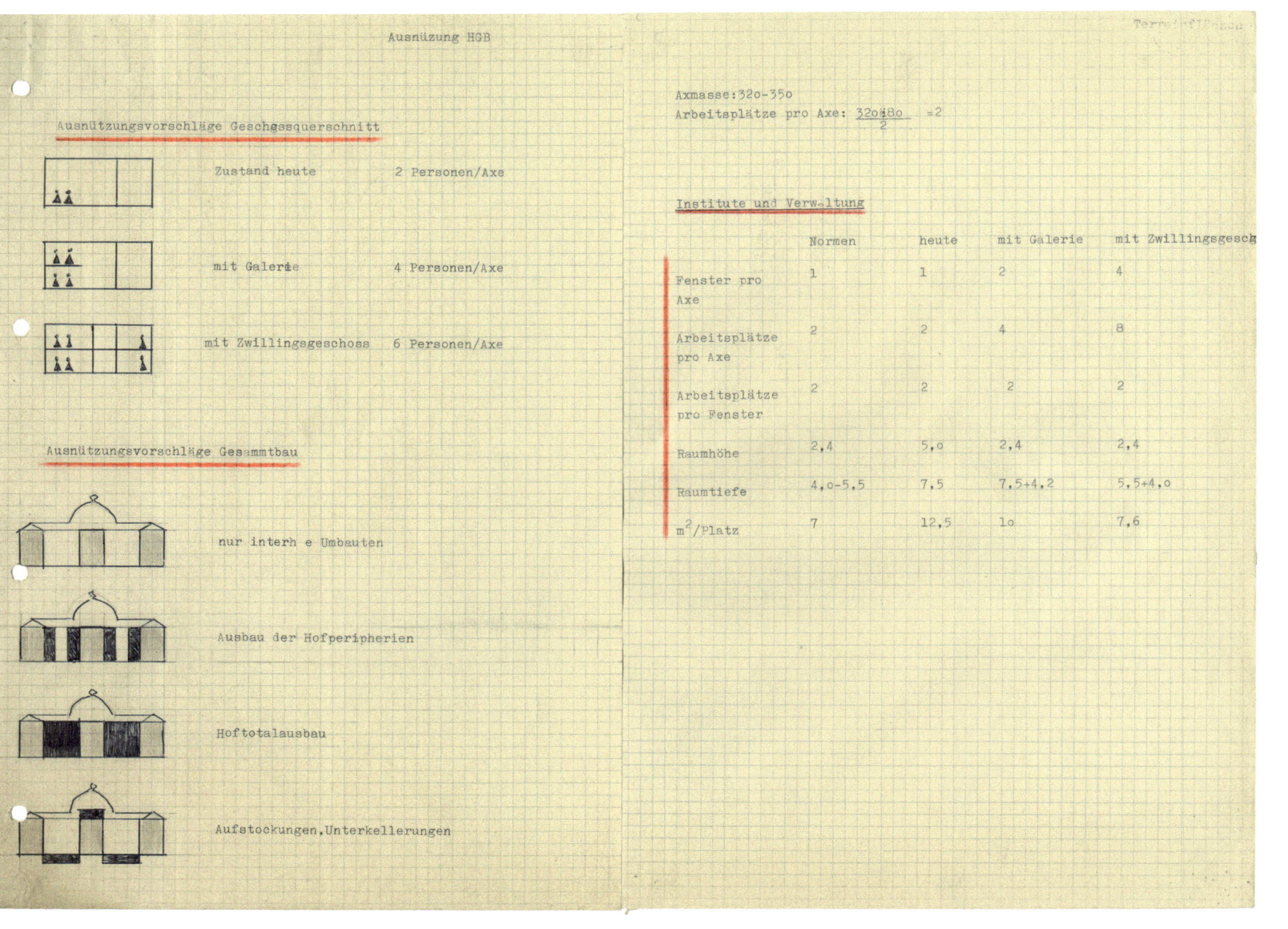

Ausnützung HGB

Ausnützungsvorschläge Geschossquerschnitt

▢▢	Zustand heute	2 Personen/Axe
▢▢	mit Galerie	4 Personen/Axe
▢▢	mit Zwillingsgeschoss	6 Personen/Axe

Axmasse: 320-350
Arbeitsplätze pro Axe: $\frac{320+480}{2} = 2$

Institute und Verwaltung

	Normen	heute	mit Galerie	mit Zwillingsgesch
Fenster pro Axe	1	1	2	4
Arbeitsplätze pro Axe	2	2	4	8
Arbeitsplätze pro Fenster	2	2	2	2
Raumhöhe	2,4	5,0	2,4	2,4
Raumtiefe	4,0-5,5	7,5	7,5+4,2	5,5+4,0
m²/Platz	7	12,5	10	7,6

Ausnützungsvorschläge Gesammtbau

- nur interne Umbauten
- Ausbau der Hofperipherien
- Hoftotalausbau
- Aufstockungen, Unterkellerungen

---

3 AUSNÜTZUNGSVORSCHLAG HAUPTGEBÄUDE ETH MIT GALERIEN

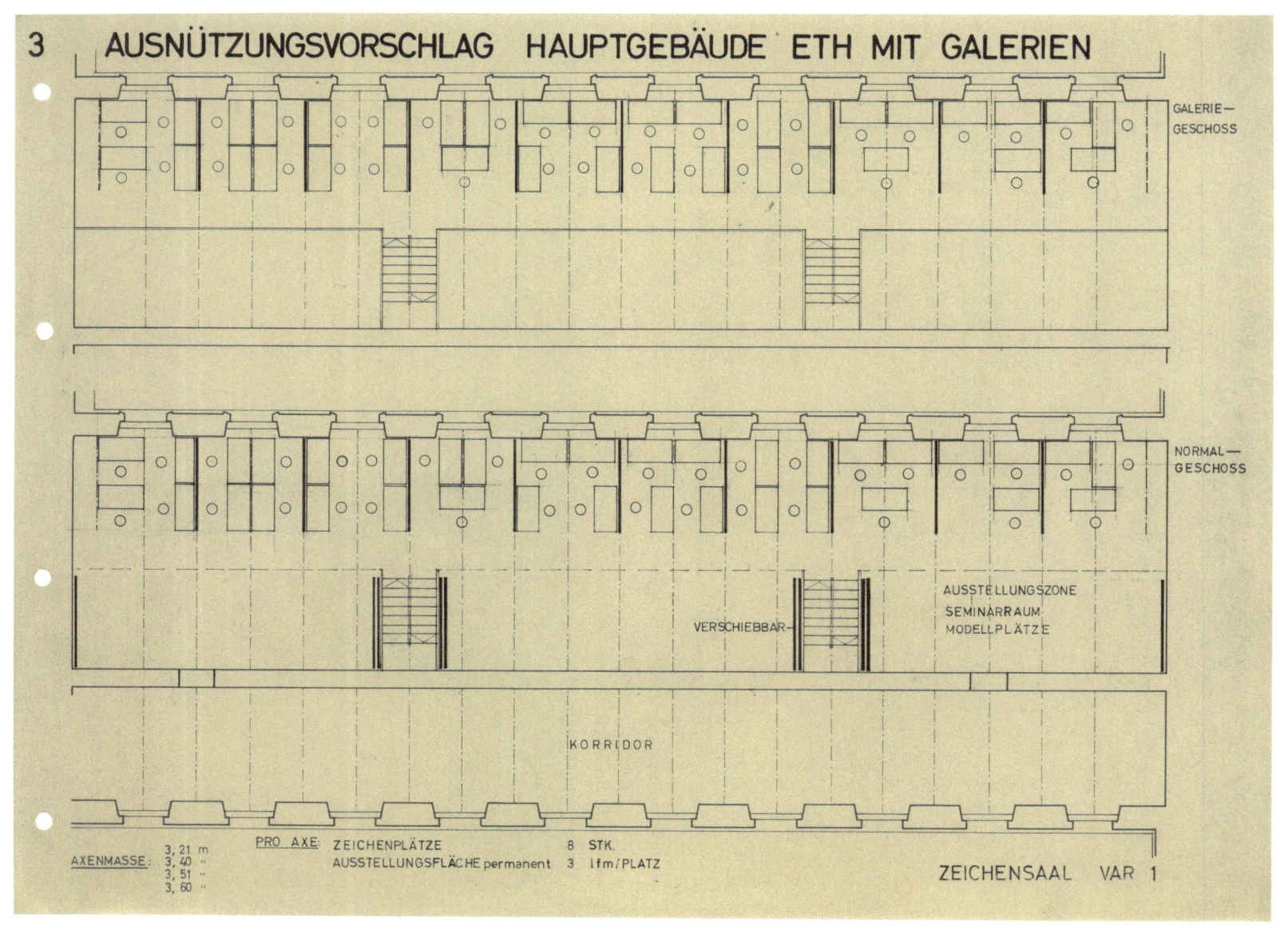

GALERIE-GESCHOSS

NORMAL-GESCHOSS

VERSCHIEBBAR
AUSSTELLUNGSZONE
SEMINARRAUM
MODELLPLÄTZE

KORRIDOR

AXENMASSE: 3,21 m / 3,40 / 3,51 / 3,60

PRO AXE: ZEICHENPLÄTZE 8 STK.
AUSSTELLUNGSFLÄCHE permanent 3 lfm/PLATZ

ZEICHENSAAL VAR 1

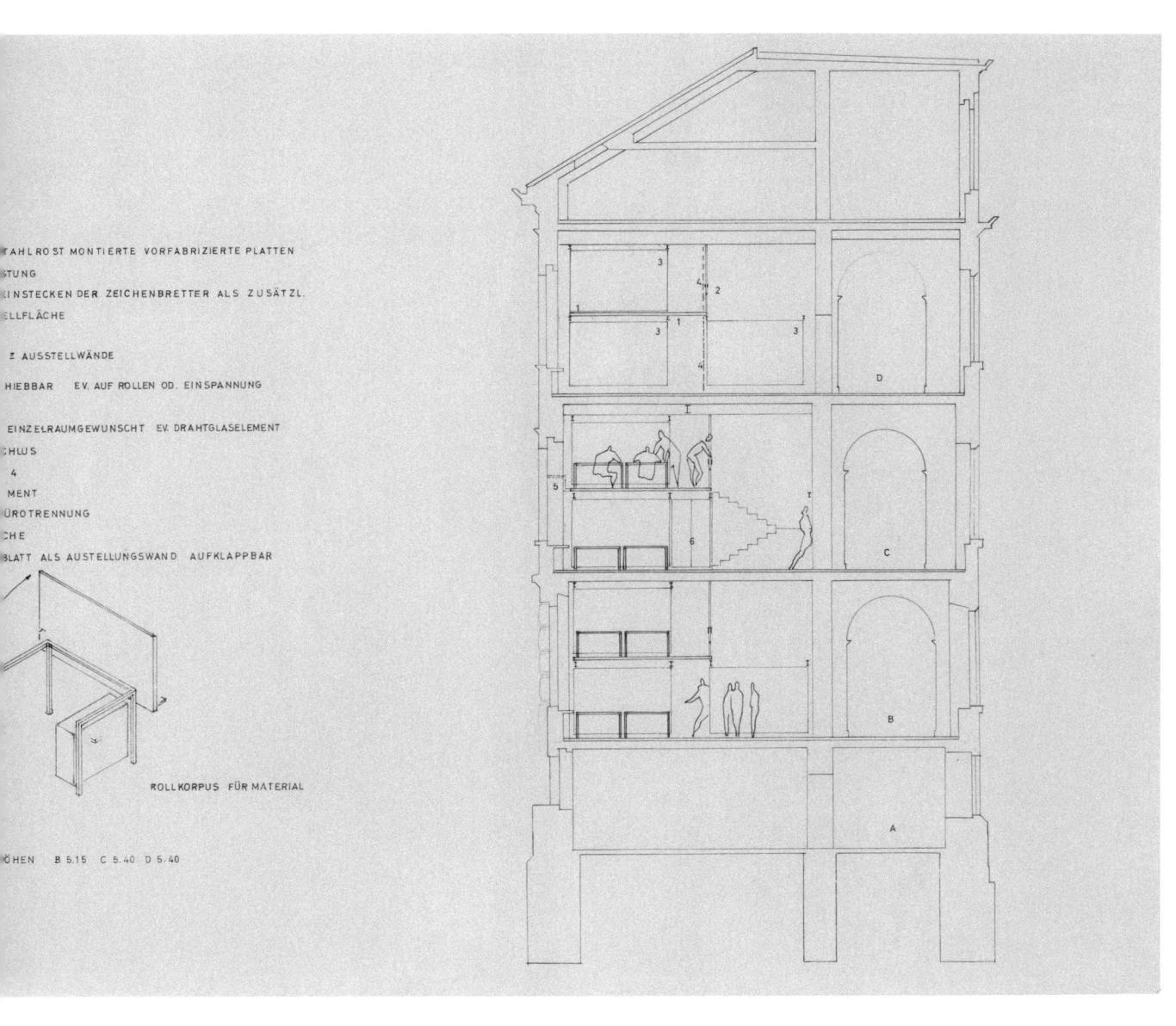

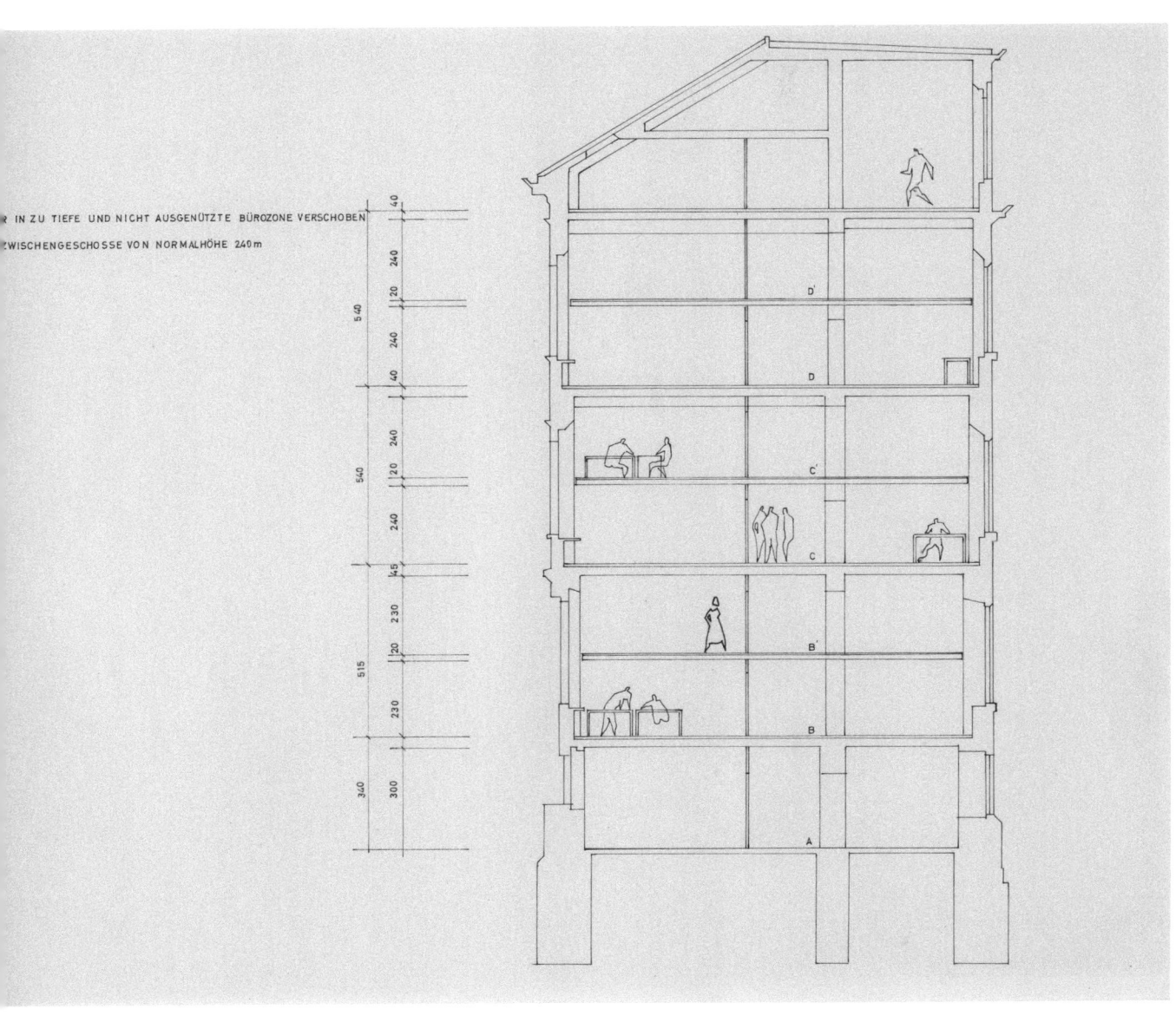

»AUSNÜZUNG [SIC] HGB. TERRAIN-
FLÄCHEN«
½ der Originalgröße

gta Archiv / ETH Zürich (Nachlass Charles-Edouard Geisendorf).
Tabelle in Schreibmaschine auf Papier, Zeichnungen in schwarzem Filzstift;
mit rotem Filzstift koloriert. 29,7 × 42,0 cm.

»AUSNÜTZUNGSVORSCHLAG HAUPT-
GEBÄUDE ETH MIT GALERIEN. ZEICHEN-
SAAL VAR 1«
½ der Originalgröße

gta Archiv / ETH Zürich (Nachlass Charles-Edouard Geisendorf).
Pause auf Papier. 29,7 × 42,0 cm.

SCHNITTZEICHNUNG MIT NEUEN
ZWISCHENGESCHOSSEN ENTLANG DER
AUSSENFASSADE
½ der Originalgröße

gta Archiv / ETH Zürich (Nachlass Charles-Edouard Geisendorf).
Pause auf Papier. 29,7 × 42,0 cm.

»HEUTIGER KORRIDOR IN ZU TIEFE UND
NICHT AUSGENÜTZTE BÜROZONE VER-
SCHOBEN. EINGESCHOBENE ZWISCHEN-
GESCHOSSE VON NORMALHÖHE 2.40 M«
½ der Originalgröße

gta Archiv / ETH Zürich (Nachlass Charles-Edouard Geisendorf).
Pause auf Papier. 29,7 × 42,0 cm.

Der heterogene historische Bestand wurde im Hinblick auf Achsmaße, Fensterbreiten, Geschoss- und Sturzhöhen systematisch, aber grob kartiert, auch mit diesen Daten wurden wiederum Nutzung- und Ausbauüberlegungen begründet. Während der gesamten Ausbauplanung des Hauptgebäudes führten die Architekten immer wieder Ausnutzungsziffern und Arbeitsplatzanzahlen an. Geisendorf überlegte systematisch, wie durch den Einbau von Galerieebenen und Zwischengeschossen die Anzahl der Arbeitsplätze verdoppelt oder verdreifacht werden könnte. Er stellt die vorgefundenen Raumhöhen von rund 5 Metern der bestehenden Norm gegenüber, die eine Raumhöhe von lediglich 2,4 Metern fordert. Die Prinzipien des Montagebaus unter Verwendung vorfabrizierter Teile wurden auch beim Umgang mit dem Bestandsbau soweit irgend möglich angewendet, in den Plänen wird sogar eine Verlegung der Korridore in die großzügigen Raumtiefen des Gründungsbaus in Betracht gezogen, um weitere Nutzflächen zu schaffen. Der Anschluss der neuen Zwischengeschosse an die bestehenden Fensterformate des Gründungsbaus bleibt ungelöst.

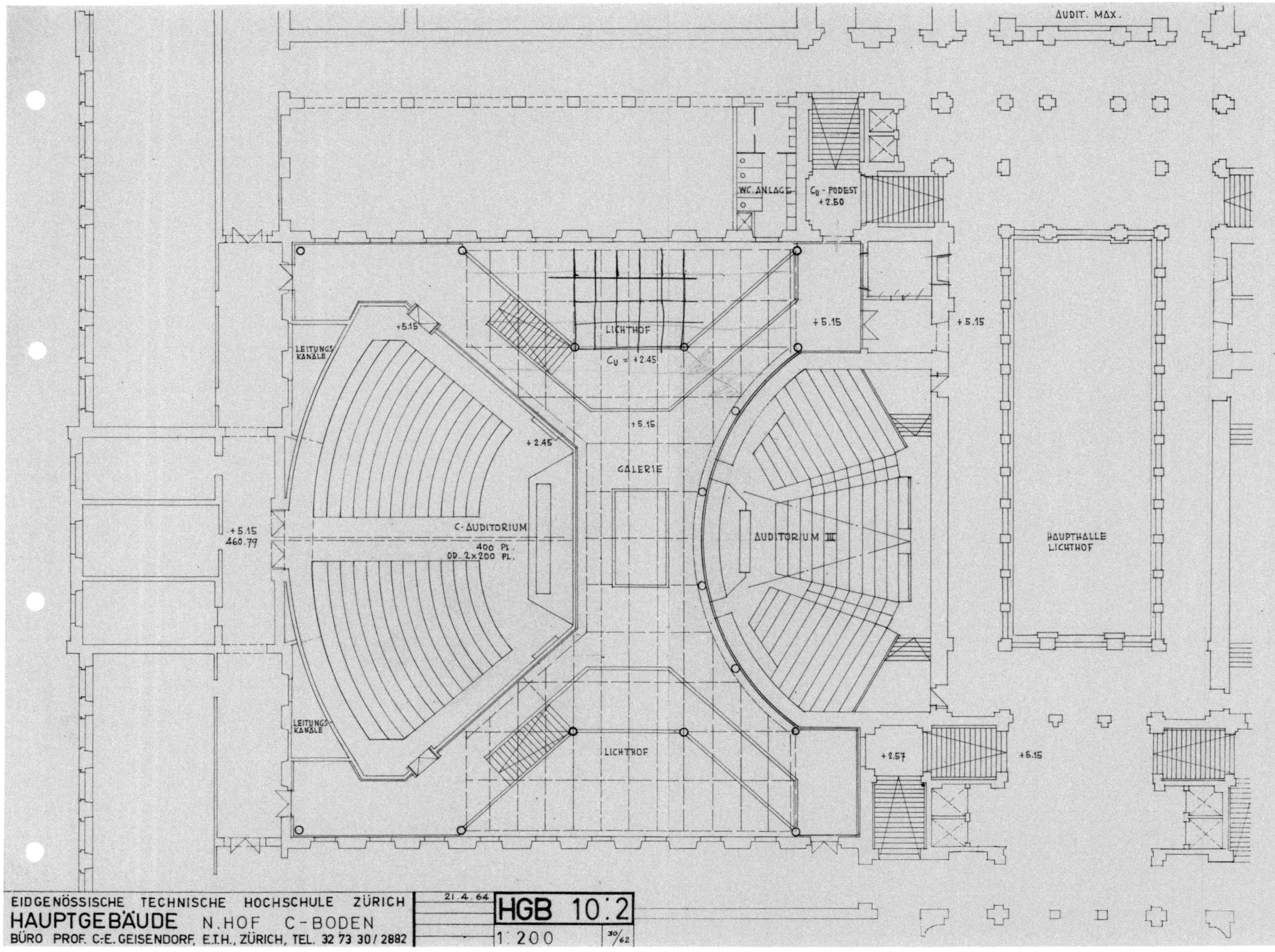
AUDIT. MAX.
WC. ANLAGE
C0 - PODEST +2.50
+5.15
LEITUNGS KANÄLE
LICHTHOF
CU = +2.45
+5.15
+5.16
+2.45
GALERIE
C-AUDITORIUM
400 PL. OD. 2×200 PL.
+5.15 460.79
AUDITORIUM III
HAUPTHALLE LICHTHOF
LEITUNGS KANÄLE
LICHTHOF
+2.57
+5.15
EIDGENÖSSISCHE TECHNISCHE HOCHSCHULE ZÜRICH
HAUPTGEBÄUDE N.HOF C-BODEN
BÜRO PROF. C-E. GEISENDORF, E.T.H., ZÜRICH, TEL. 32 73 30 / 2882
21.4.64
HGB 10:2
1:200
30/42

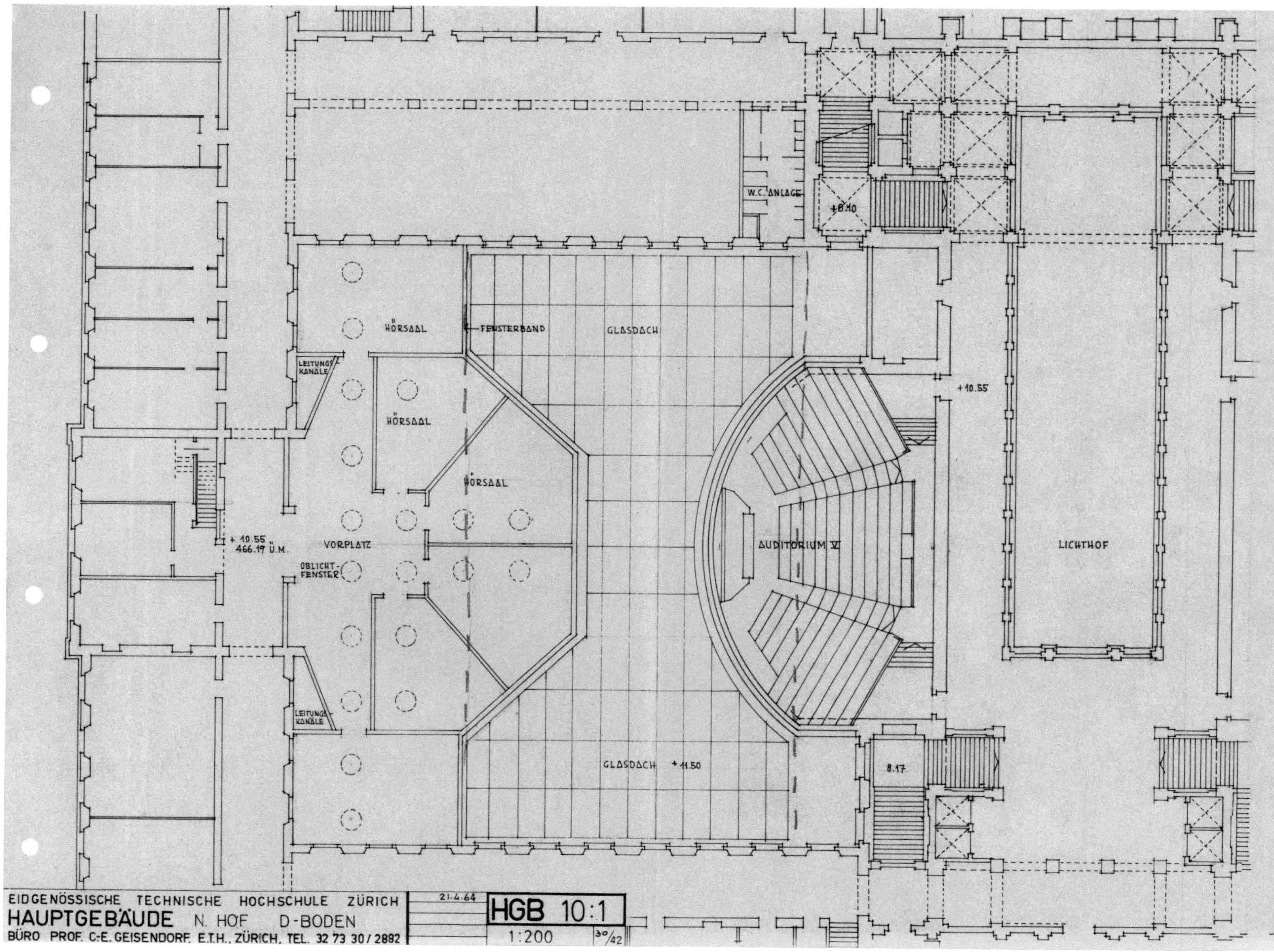
W.C. ANLAGE
+8.10
HÖRSAAL
FENSTERBAND
GLASDACH
LEITUNGS KANÄLE
HÖRSAAL
+10.55
HÖRSAAL
+10.55 466.17 Ü.M.
VORPLATZ
OBLICHT-FENSTER
AUDITORIUM V
LICHTHOF
LEITUNGS KANÄLE
8.17
GLASDACH +11.50
EIDGENÖSSISCHE TECHNISCHE HOCHSCHULE ZÜRICH
HAUPTGEBÄUDE N. HOF D-BODEN
BÜRO PROF. C-E. GEISENDORF E.T.H., ZÜRICH, TEL. 32 73 30 / 2882
21.4.64
HGB 10:1
1:200
30/42

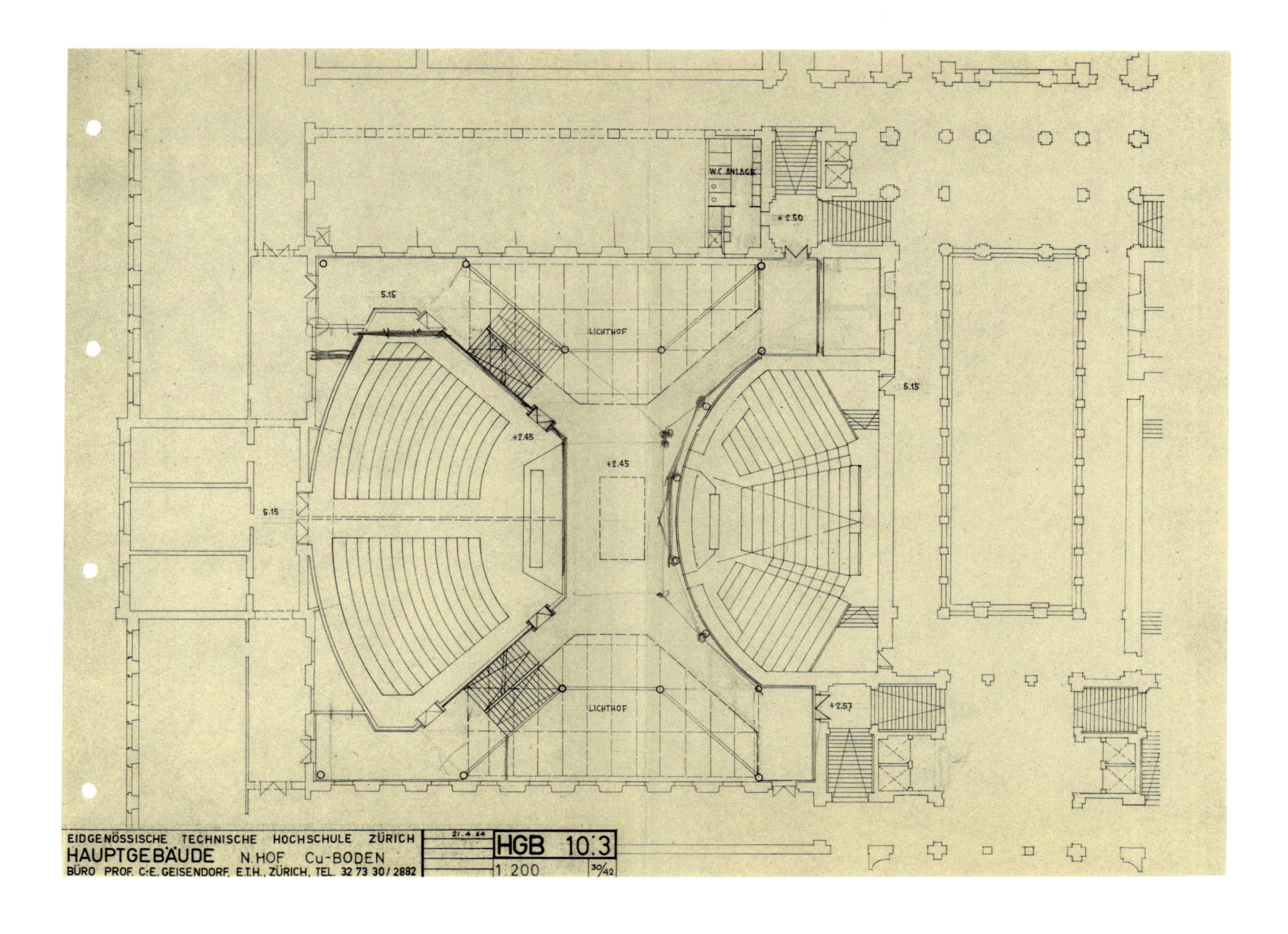

»EIDGENÖSSISCHE TECHNISCHE
HOCHSCHULE ZÜRICH. HAUPTGEBÄUDE,
N. HOF, C-BODEN / D-BODEN / CU-BODEN«
Maßstab 1 : 400 (Original 1 : 200)

gta Archiv / ETH Zürich (Nachlass Charles-Edouard Geisendorf).
Signatur Büro Geisendorf. 21. April 1964. Pause auf Papier; Überzeichnungen in Bleistift sowie schwarzem Farbstift. 29,7 x 42,0 cm.

1964 steht die Struktur der Hofausbauten nahezu fest, drei übereinander liegende Hörsäle in Trapezform lagern sich direkt an die Flurwände des Nordflügels an. Das Treppenhaus des Gründungsbaus muss dafür abgebrochen werden.

B - BODEN

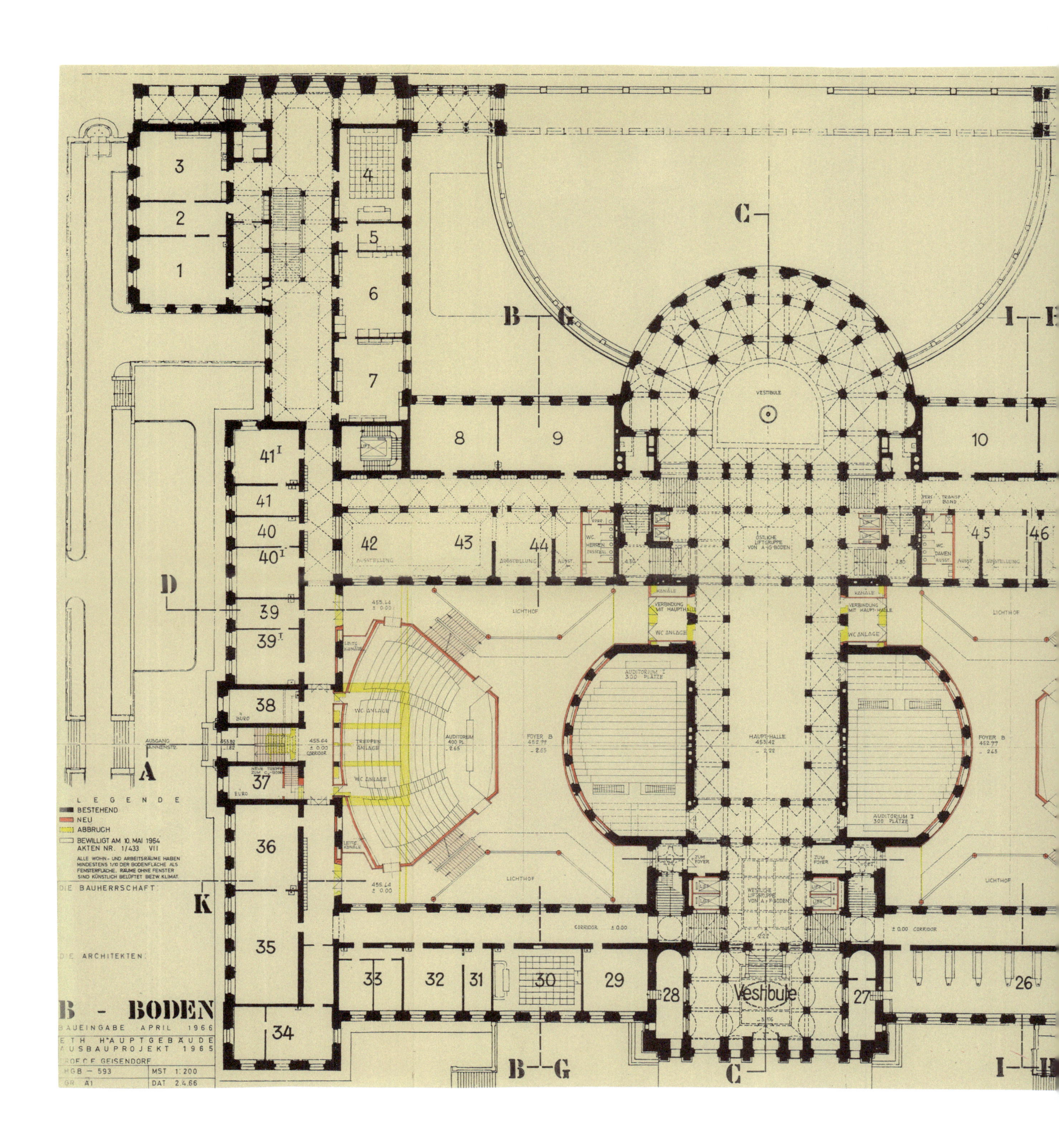

BAUEINGABE APRIL 1966
ETH HAUPTGEBÄUDE
AUSBAUPROJEKT 1965
PROF. C. F. GEISENDORF

| HGB - 593 | MST 1:200 |
| GR A1 | DAT 2.4.66 |

LEGENDE
- BESTEHEND
- NEU
- ABBRUCH
- BEWILLIGT AM 10 MAI 1964 AKTEN NR. 1/433 VII

ALLE WOHN- UND ARBEITSRÄUME HABEN MINDESTENS 1/10 DER BODENFLÄCHE ALS FENSTERFLÄCHE. RÄUME OHNE FENSTER SIND KÜNSTLICH BELÜFTET BEZW. KLIMAT.

DIE BAUHERRSCHAFT

DIE ARCHITEKTEN

VESTIBULE
AUDITORIUM 400 Pl.
AUDITORIUM I 300 PLÄTZE
AUDITORIUM II 300 PLÄTZE
HAUPTHALLE 453.42
FOYER B 452.77
FOYER B 452.77
ÖSTLICHE LIFTGRUPPE VON A +G BODEN
WESTLICHE LIFTGRUPPE VON A +G BODEN
VERBINDUNG MIT HAUPTHALLE
WC ANLAGE
AUSSTELLUNG
CORRIDOR ±0.00
LICHTHOF
AUSGANG RÄMISTRASSE
TREPPEN ANLAGE
BÜRO
Vestibule
ZUM FOYER

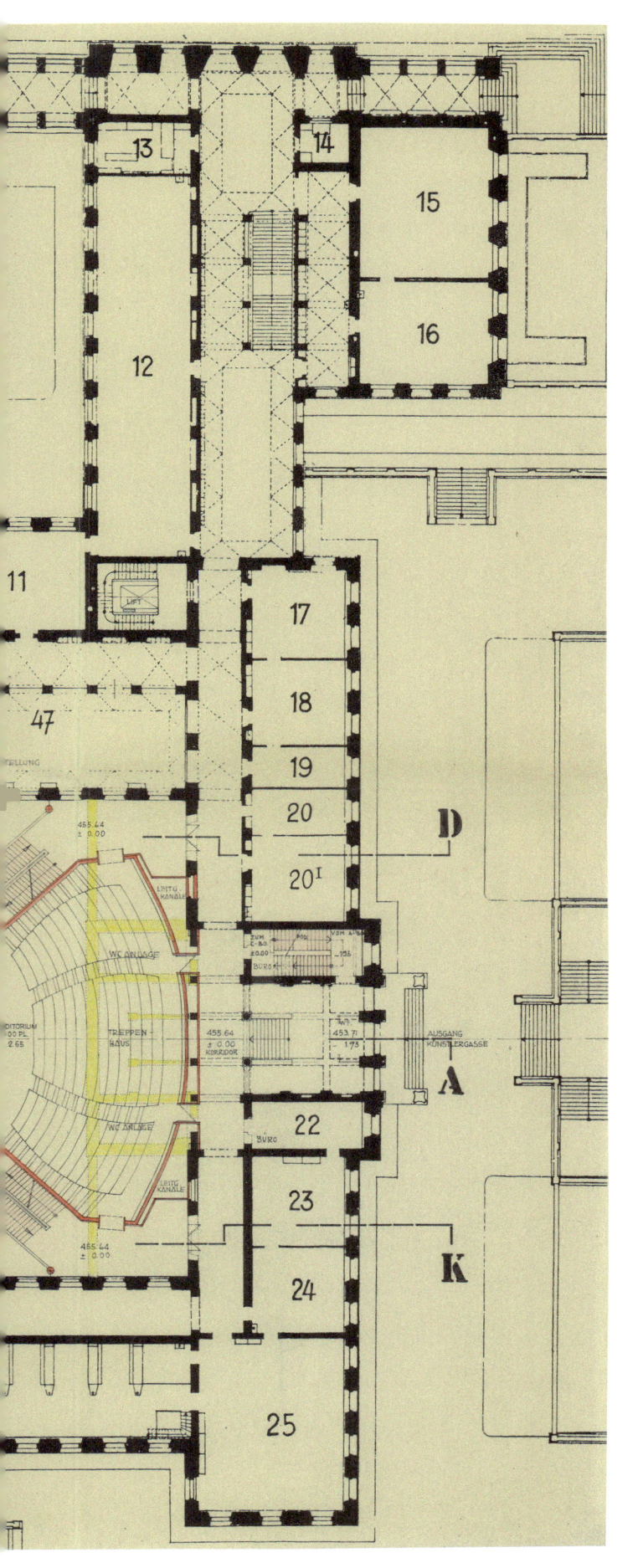

»ETH HAUPTGEBÄUDE. AUSBAUPROJEKT
1965. B-BODEN«
Maßstab 1 : 500 (Original 1 : 200)

18-02-10-1-5 / gta Archiv / ETH Zürich (Nachlass Charles-Edouard Geisendorf). Signatur Büro Geisendorf, 2. April 1966. Pause auf Papier; mit gelber und roter Kreide koloriert. 60,0 x 84,0 cm.

Die Baueingabe vom April 1966 zeigt den neuen Gesamtgrundriss des Hauptgebäudes mit dem vollständigen Hofausbau. Im Erdgeschossplan sind rot die neuen Einbauten zu sehen, als Abbruch in Gelb die beiden Treppenhäuser Sempers und die begleitenden Wandstrukturen. Die halbrunden Auditorien Gulls zu Seiten der großen Halle erhalten neue Außenwände, sie sind nach dem Umbau nicht mehr natürlich belichtet. Wesentlich für den Neubau werden die von Geisendorf neu angelegten Treppenläufe zur Erschließung der Obergeschosse, die nun jedoch in Nebenräumen angeordnet sind, der Einbau von Liften in allen Bestandstreppenhäusern an der Haupthalle sowie neue Toilettenanlagen rückseitig der Treppenhäuser im Osten. Neue Diagonaltreppen führen innerhalb der Höfe auf die Plateaus zwischen den Hörsälen.

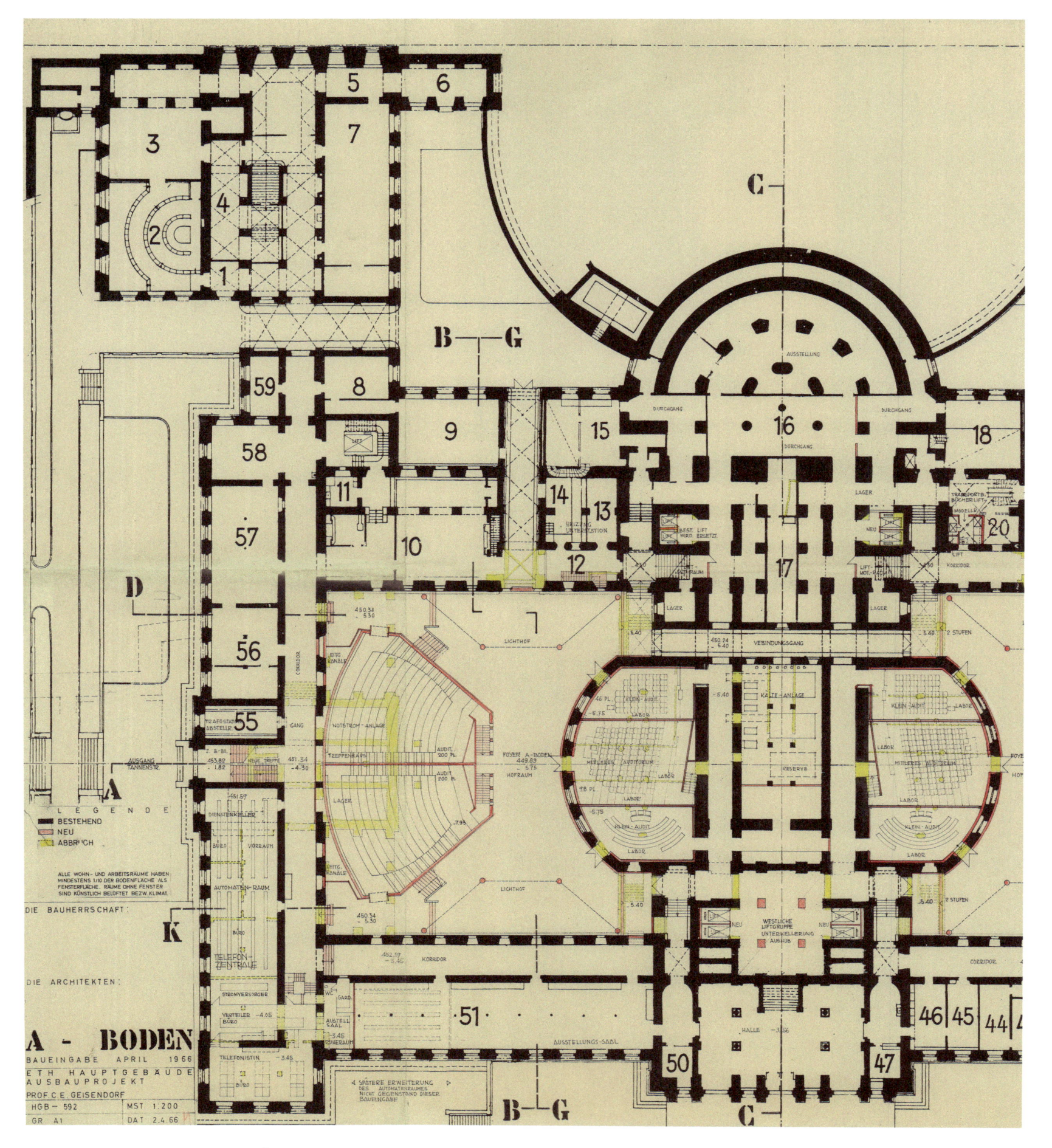

»ETH HAUPTGEBÄUDE. AUSBAU-
PROJEKT. A-BODEN«
Maßstab 1 : 500 (Original 1 : 200)

18-02-10-1-3 (Ausschnitt) / gta Archiv / ETH Zürich (Nachlass Charles-
Edouard Geisendorf). Signatur Büro Geisendorf, 2. April 1966. Pause auf
Papier; mit gelber und roter Kreide koloriert. 60,0 x 84,0 cm.

Aus den Baueingabeplänen wird klar, wie wichtig das Kellergeschoss für die Neuerschließung der Auditorien ist. Geisendorf wird in späteren Projekten eine neue Eingangszone in der Durchfahrt unter der Polyterrasse vorschlagen, in der Baueingabe fehlt diese Überlegung noch.

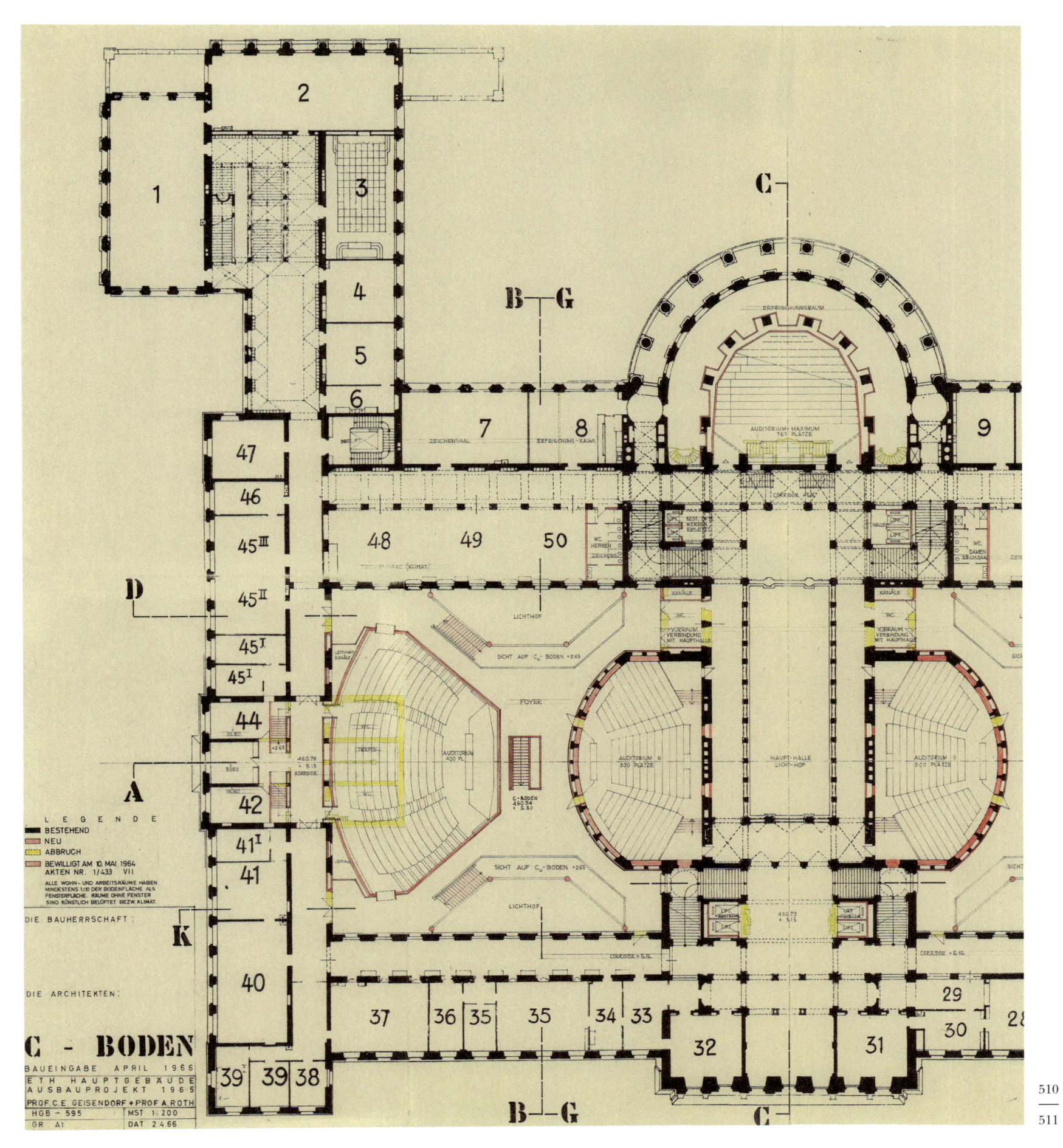

»ETH HAUPTGEBÄUDE. AUSBAUPROJEKT 1965. C-BODEN«
Maßstab 1 : 500 (Original 1 : 200)

18-02-10-1-7 (Ausschnitt) / gta Archiv / ETH Zürich (Nachlass Charles-Edouard Geisendorf). Signatur Büros Geisendorf und Roth, 2. April 1966. Pause auf Papier; mit gelber und roter Kreide koloriert. 60,0 x 84,0 cm.

Die von Geisendorf neu angelegten Treppenhäuser im Nord- und Südflügel sind als schmale Treppenläufe mit Wendepodesten konstruiert, im Grundriss des ersten Obergeschosses ist noch ein später nicht realisierter Treppenlauf im Zentrum des Hofplateaus eingezeichnet.

In Orange ist eine Planänderung als »Bewilligt am 10. Mai 1964, Aktennummer 1/433 VII« angegeben. Die Fenster des Flurs zu den Höfen sind im Nord- und Südflügel zugesetzt, Ost- und Westflügel erhalten feste Glasscheiben, die Brüstungen werden entfernt.

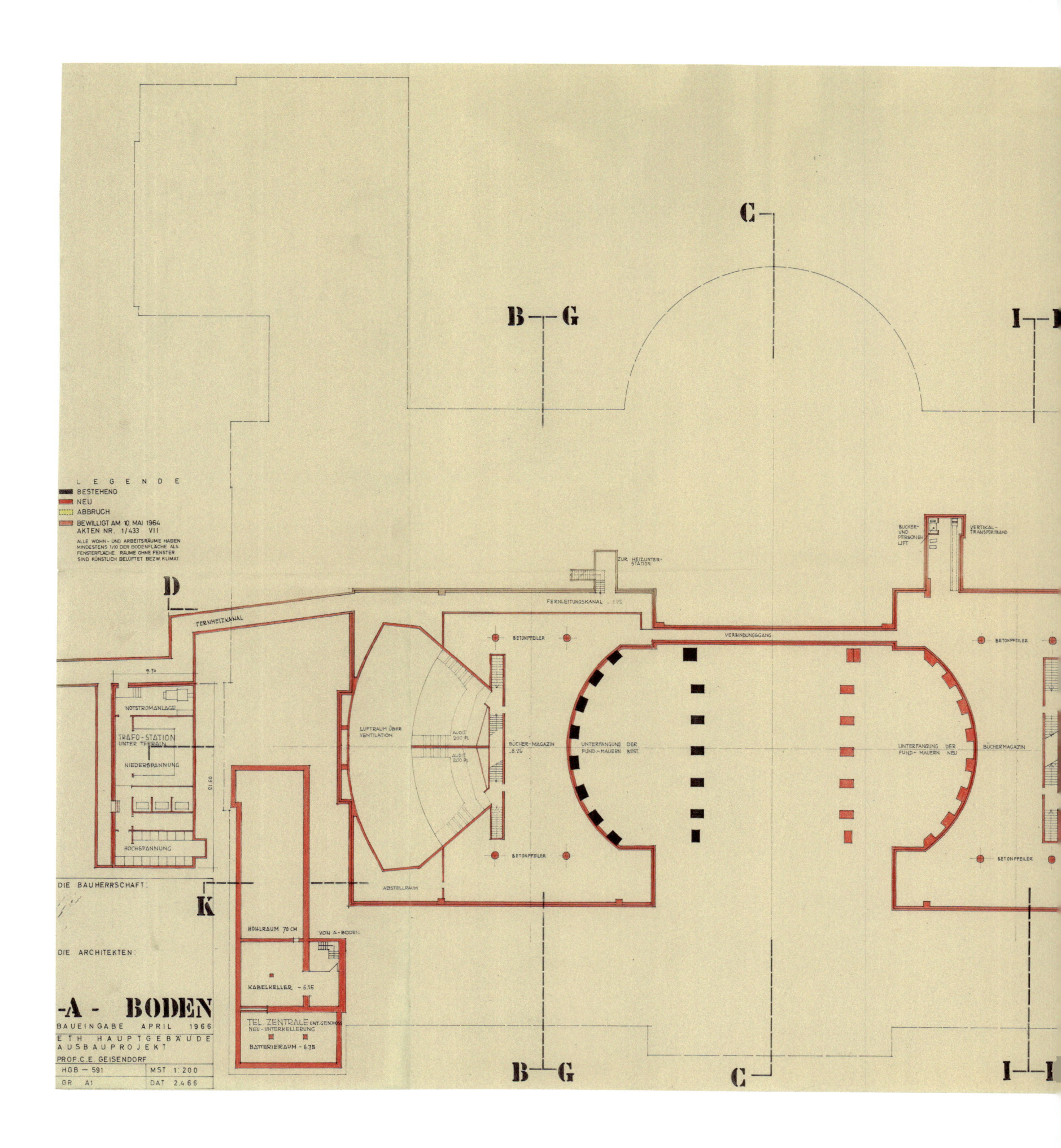

LEGENDE
- ■ BESTEHEND
- ■ NEU
- ▦ ABBRUCH
- ■ BEWILLIGT AM 10 MAI 1964 AKTEN NR. 1/433 VII

ALLE WOHN- UND ARBEITSRÄUME HABEN
MINDESTENS 1/10 DER BODENFLÄCHE ALS
FENSTERFLÄCHE. RÄUME OHNE FENSTER
SIND KÜNSTLICH BELÜFTET BEZW. KLIMAT.

DIE BAUHERRSCHAFT:

DIE ARCHITEKTEN:

-A- BODEN
BAUEINGABE APRIL 1966
ETH HAUPTGEBÄUDE
AUSBAUPROJEKT
PROF. C.E. GEISENDORF

| HGB – 591 | MST 1:200 |
| GR A1 | DAT 2.4.66 |

Labels on plan: FERNHEIZKANAL · FERNLEITUNGSKANAL · ZUR HEIZUNTERSTATION · BÜCHER- UND PERSONEN-LIFT · VERTIKAL-TRANSPORTBAND · NOTSTROMANLAGE · TRAFO-STATION UNTER TERRAIN · NIEDERSPANNUNG · HOCHSPANNUNG · LUFTRAUM ÜBER VENTILATION · AUDIT. 200 Pl. · BÜCHER-MAGAZIN · BETONPFEILER · VERBINDUNGSGANG · UNTERFANGUNG DER FUND.-MAUERN BEST. · UNTERFANGUNG DER FUND.-MAUERN NEU · BÜCHERMAGAZIN · ABSTELLRAUM · HOHLRAUM 70 CM · VON A-BODEN · KABELKELLER –6.15 · TEL. ZENTRALE UNT.GESCHOSS NEU-UNTERKELLERUNG · BATTERIERAUM –6.75

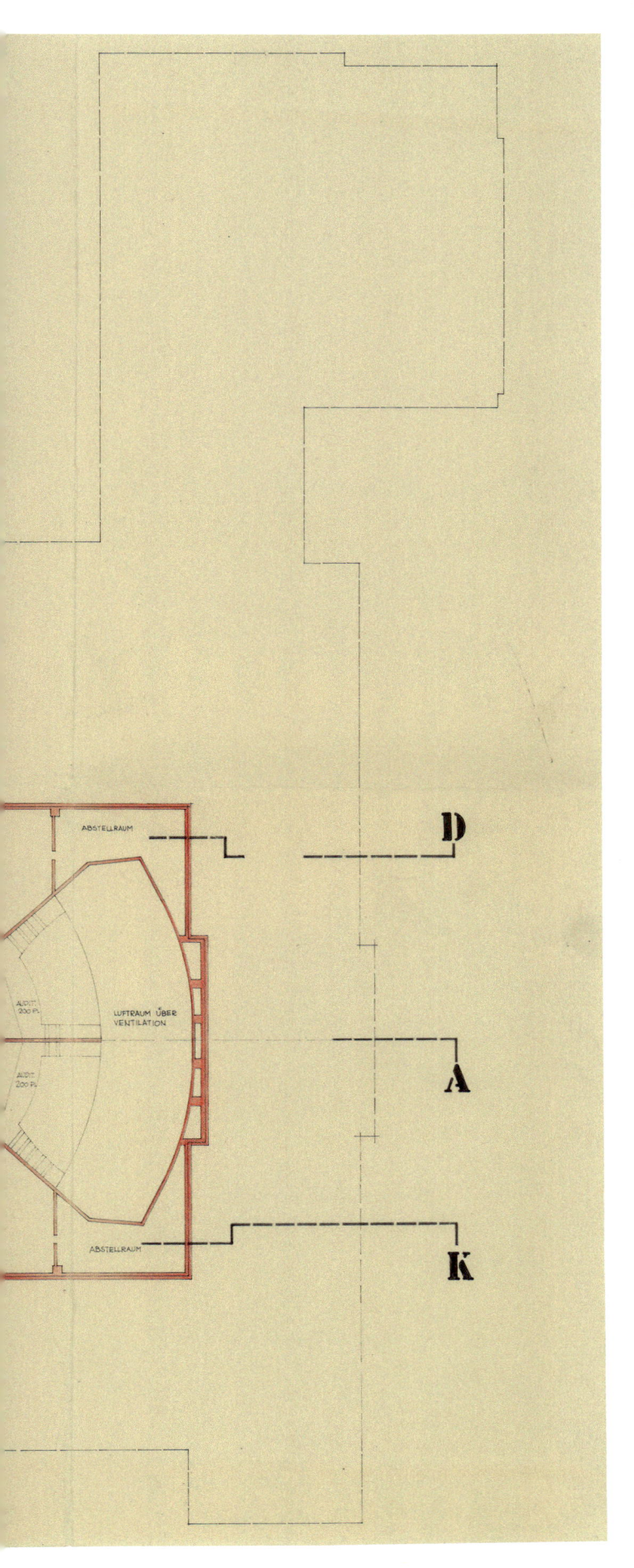

»ETH HAUPTGEBÄUDE. AUSBAUPROJEKT.
-A-BODEN«
Maßstab 1 : 500 (Original 1 : 200)

18-02-10-1-2 / gta Archiv / ETH Zürich (Nachlass Charles-Edouard Geisendorf). Signatur Büro Geisendorf, 2. April 1966. Pause auf Papier; mit gelber und roter Kreide koloriert. 60,0 x 84,0 cm

Ein Grundriss der Baueingabe im Maßstab 1 : 200 zeigt das als Tiefkeller unter den Höfen neu eingeführte Magazingeschoss, ein Fernheizkanal führt zu einer vor dem Gebäude geplanten Trafostation. Die Erschließung der Auditorien wird nicht in der gezeichneten Form ausgeführt.

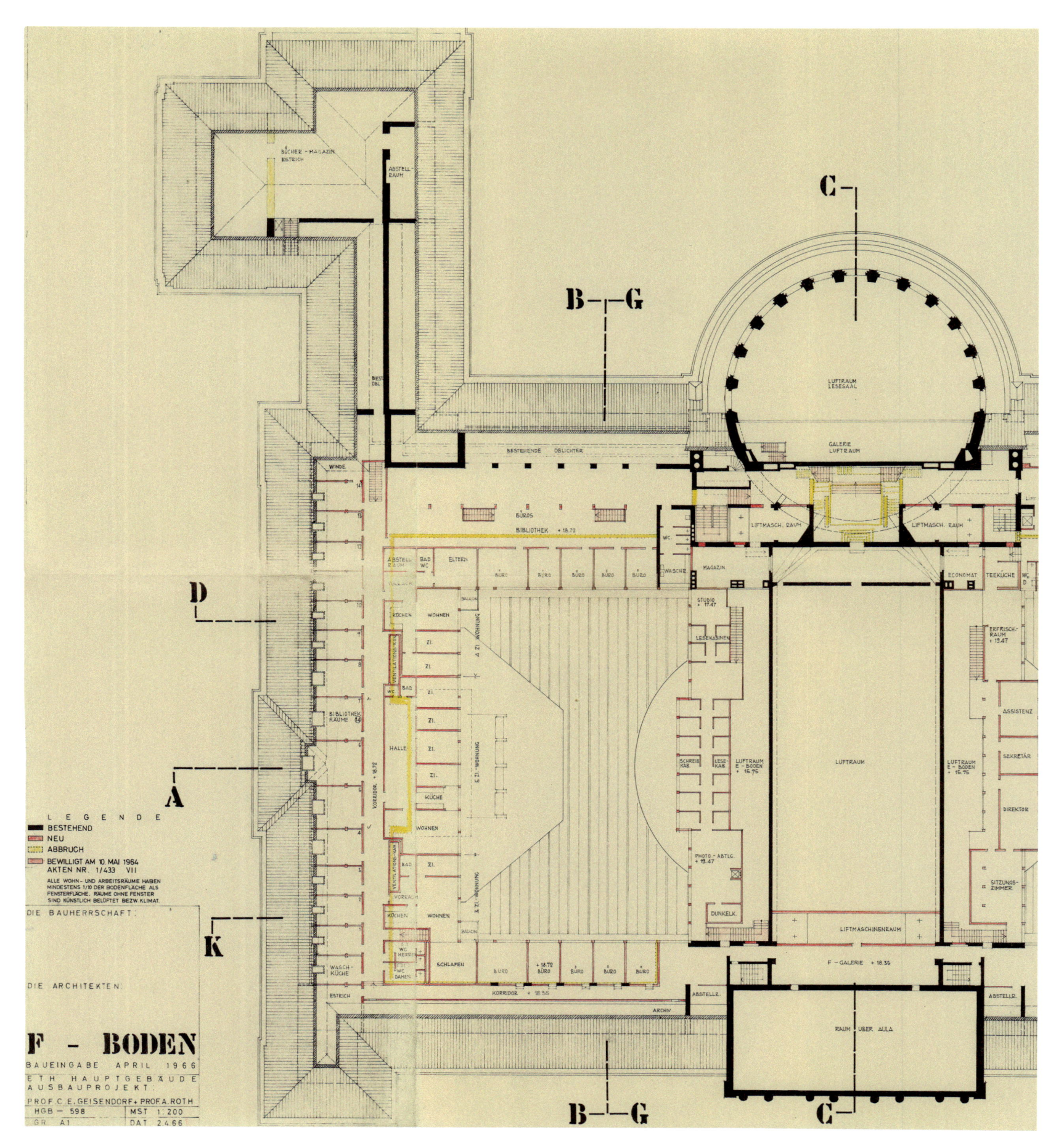

»ETH HAUPTGEBÄUDE. AUSBAUPROJEKT.
F-BODEN«
Maßstab 1 : 500 (Original 1 : 200)

»ETH HAUPTGEBÄUDE. AUSBAUPROJEKT
1965. G-BODEN«
Maßstab 1 : 500 (Original 1 : 200)

18-02-10-1-9 (Ausschnitt) / gta Archiv / ETH Zürich (Nachlass Charles-Edouard Geisendorf). Signatur Büros Geisendorf und Roth, 2. April 1966. Pause auf Papier; mit gelber und roter Kreide koloriert. 60,0 x 84,0 cm.

18-02-10-1-10 (Ausschnitt) / gta Archiv / ETH Zürich (Nachlass Charles-Edouard Geisendorf). Signatur Büros Geisendorf und Roth, 2. April 1966. Pause auf Papier; mit gelber und roter Kreide koloriert. 60,0 x 84,0 cm.

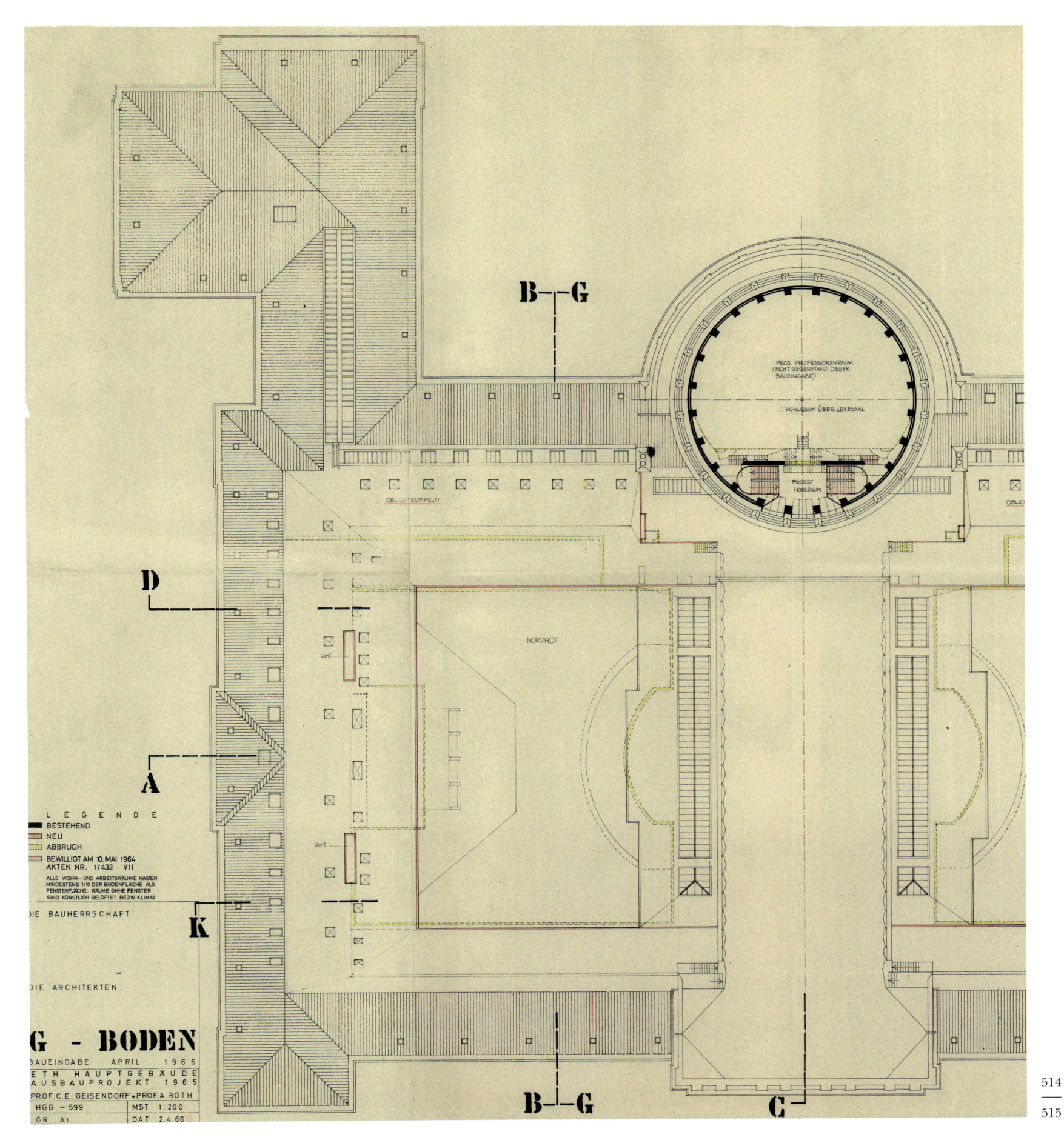

Zwei Grundrisse der Ausbauten in den Dachgeschossen. Die große Halle wird, wie alle Hofseiten der Seitenflügel, in den Dachgeschossen durch Zellenbüros umbaut, die auf die halbrunden Auditorien Gulls aufgesetzt sind. Die Zellen sind durch Innenflure erschlossen, vom Obergaden der Halle sind sie etwas zurückversetzt, trotzdem verliert dieser seine Fensterreihe zum Himmel. Neu und für die Planung von zentraler Wichtigkeit ist die Erschließung der Dachfläche über der großen Halle für ein neues Dachfoyer, eine neue Treppe hinter der Stirnwand des großen Lesesaals gewährleistet den Zugang. Im Lesesaal ist bereits der Einbau von Zwischendecken angezeigt.

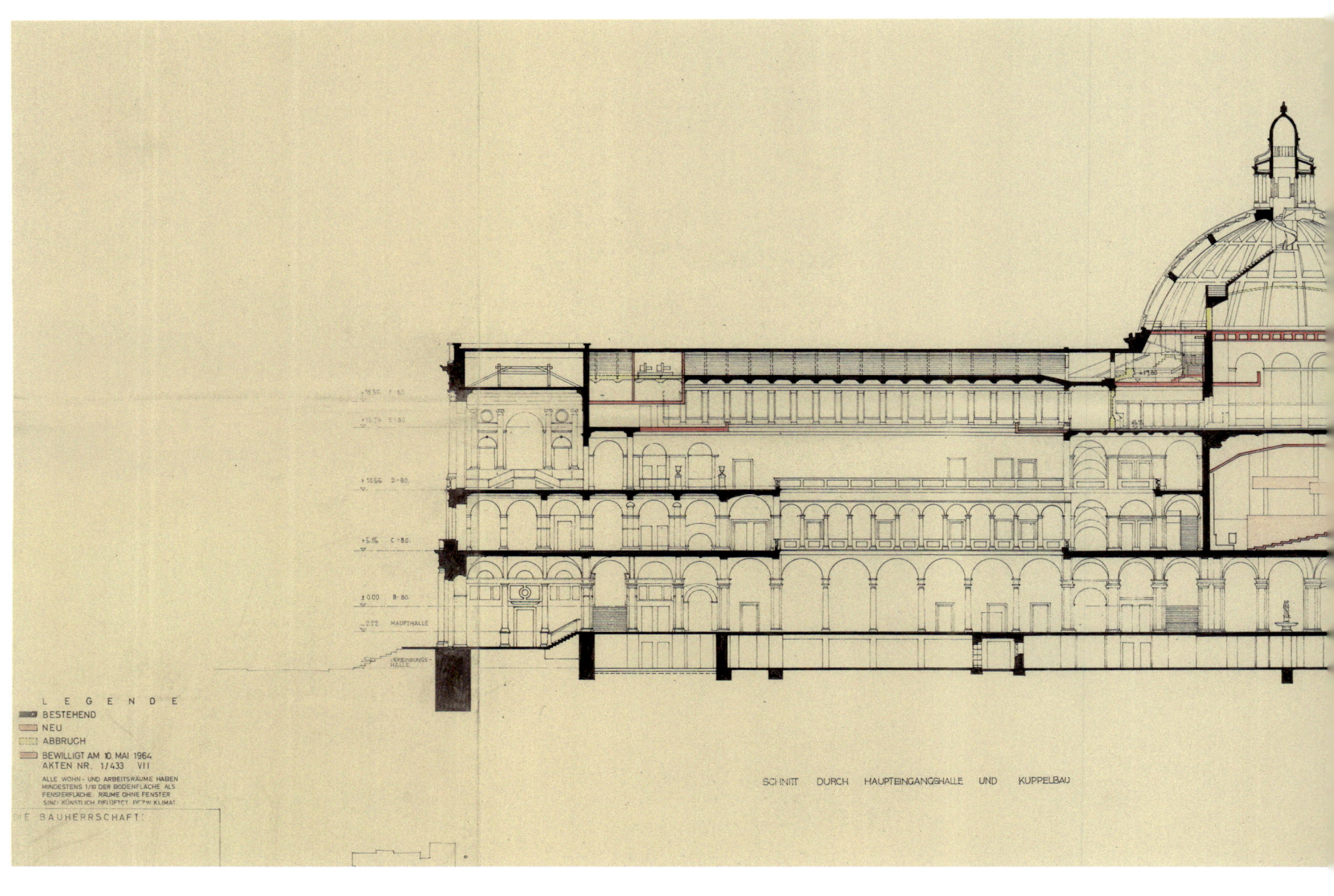

LEGENDE
BESTEHEND
NEU
ABBRUCH
BEWILLIGT AM 10. MAI 1964
AKTEN NR. 1/433 VII

ALLE WOHN- UND ARBEITSRÄUME HABEN
MINDESTENS 1/10 DER BODENFLÄCHE ALS
FENSTERFLÄCHE. RÄUME OHNE FENSTER
SIND KÜNSTLICH BELÜFTET BEZW. KLIMAT.

DIE BAUHERRSCHAFT:

SCHNITT DURCH HAUPTEINGANGSHALLE UND KUPPELBAU

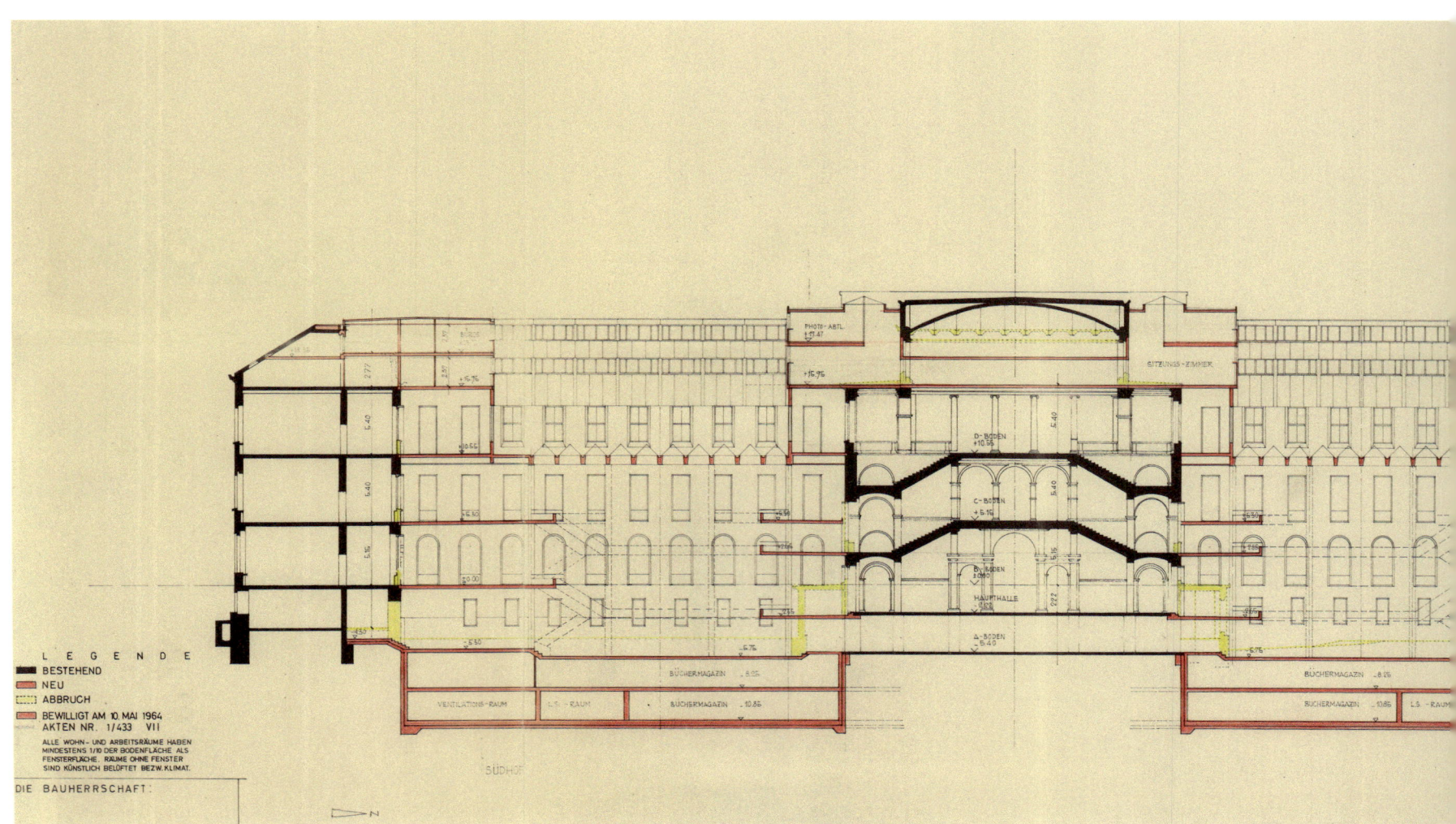

LEGENDE
BESTEHEND
NEU
ABBRUCH
BEWILLIGT AM 10. MAI 1964
AKTEN NR. 1/433 VII

ALLE WOHN- UND ARBEITSRÄUME HABEN
MINDESTENS 1/10 DER BODENFLÄCHE ALS
FENSTERFLÄCHE. RÄUME OHNE FENSTER
SIND KÜNSTLICH BELÜFTET BEZW. KLIMAT.

DIE BAUHERRSCHAFT:

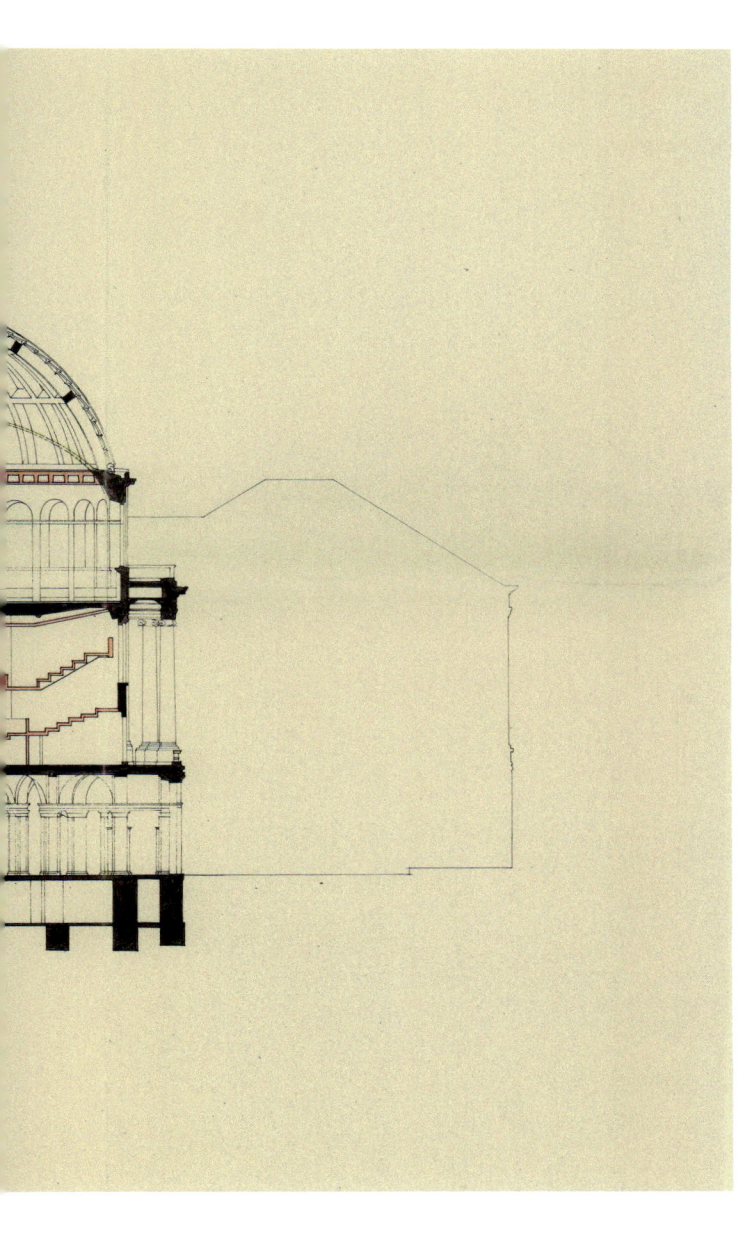

»ETH HAUPTGEBÄUDE. AUSBAUPROJEKT.
SCHNITT C-C«
Maßstab 1 : 500 (Original 1 : 200)

18-02-10-1-11 (Ausschnitt) / gta Archiv / ETH Zürich (Nachlass Charles-
Edouard Geisendorf). Signatur Büros Geisendorf und Roth, 2. April 1966.
Pause auf Papier; mit gelber und roter Kreide koloriert. 60,0 x 84,0 cm.

»ETH HAUPTGEBÄUDE. AUSBAUPROJEKT.
SCHNITT K-K«
Maßstab 1 : 500 (Original 1 : 200)

18-02-10-1-12 (Ausschnitt) / gta Archiv / ETH Zürich (Nachlass Charles-
Edouard Geisendorf). Signatur Büros Geisendorf und Roth, 2. April 1966.
Pause auf Papier; mit gelber und roter Kreide koloriert. 60,0 x 84,0 cm.

Die Schnitte der Baueingabe im Maßstab
1 : 200 basieren auf einer Durchzeichnung der
Pläne Gulls. Details des Ausbaus sind vereinfacht, wichtig erscheint die Einführung neuer
Geschossebenen in die vormals großzügigen
Räume des Gebäudes. Die große Halle wird
auf allen vier Seiten bis zur Dachlinie umbaut, ebenso die Höfe. Die Satteldächer der
Flügelbauten werden zum Inneren hin mit
Aufbauten bis zur Trauflinie ersetzt. Die Innenkuppel des Lesesaals in der Rotunde wird
abgebrochen und eine Flachdecke aus Stahl-
trägern eingezogen, für das Audimax ist
bereits ein Ersatz der Innenausbauten Gulls
vorgeschlagen. Im Längsschnitt (quer zum
Hang) ist sichtbar, wie stark die große Halle
im oberen Bereich auch in ihrer Längenaus-
dehnung beeinträchtigt wird. Zur Erschließung der neuen Bibliotheksgeschosse werden
Eckkanzeln eingefügt.

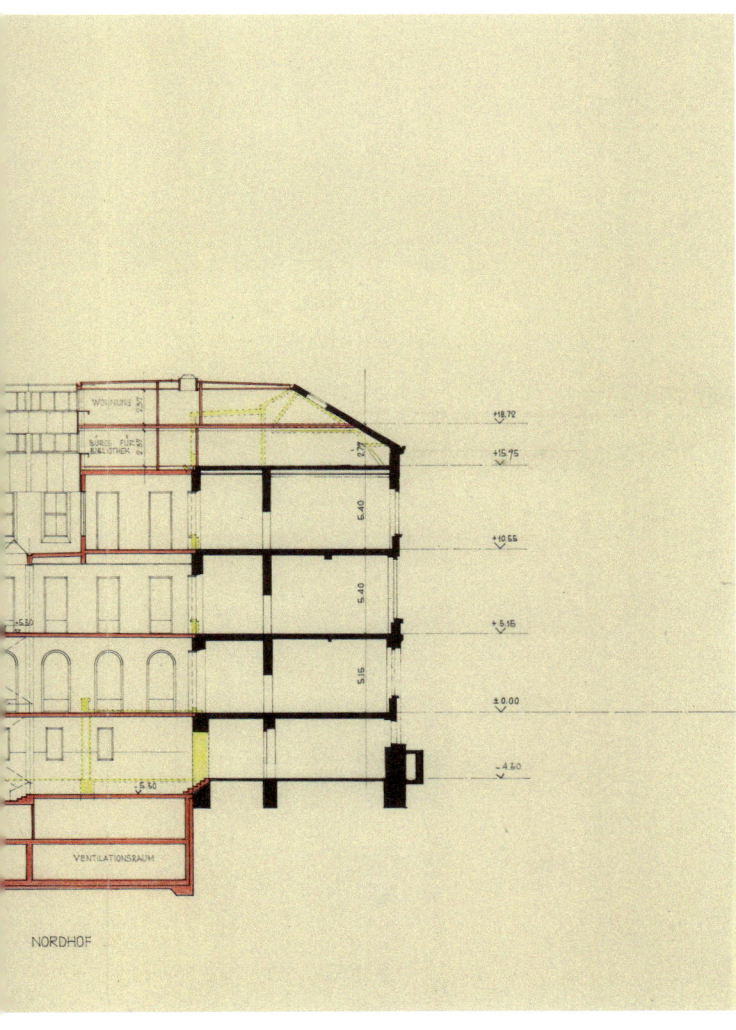

LEGENDE:

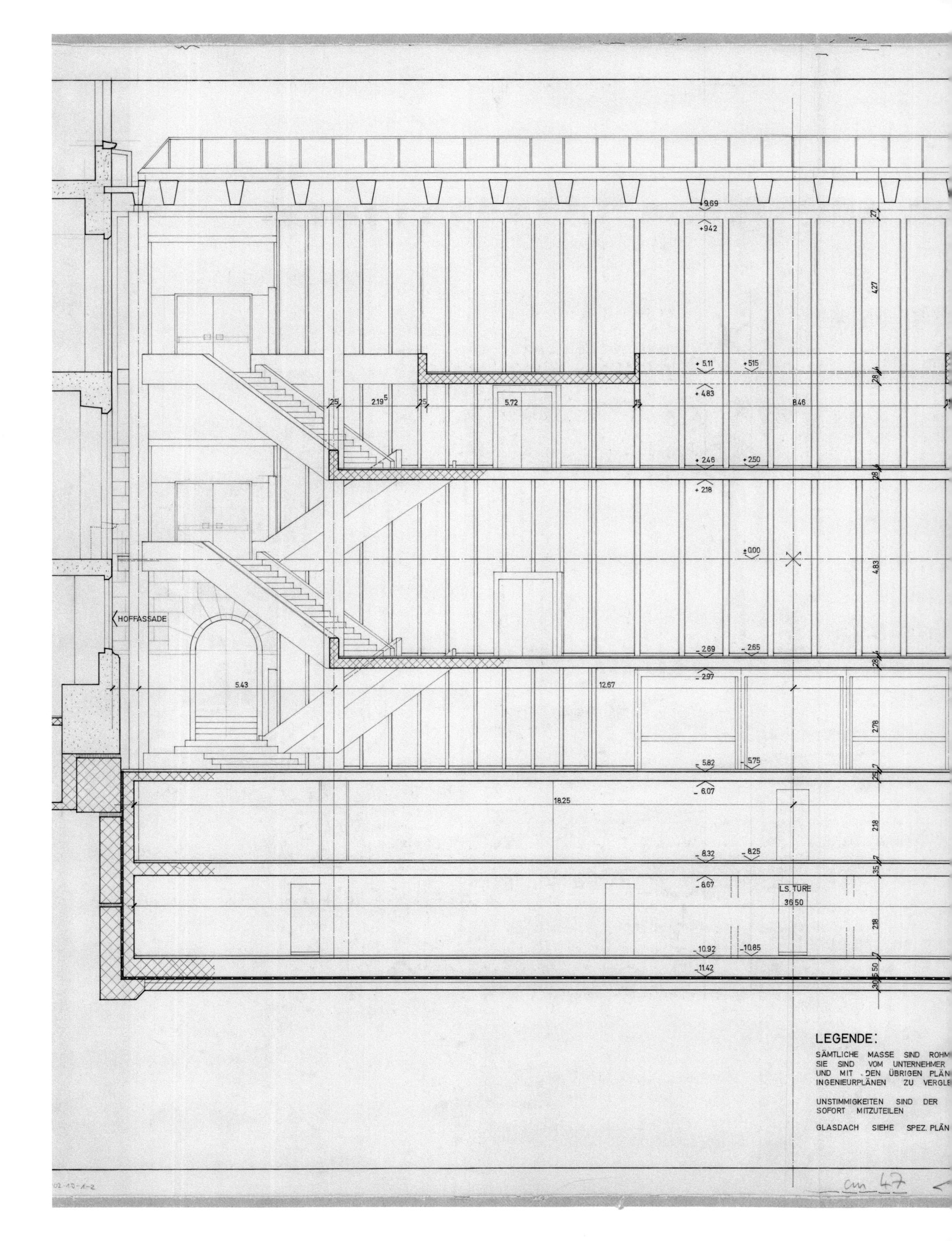

SÄMTLICHE MASSE SIND ROHM
SIE SIND VOM UNTERNEHMER
UND MIT DEN ÜBRIGEN PLÄN
INGENIEURPLÄNEN ZU VERGLE

UNSTIMMIGKEITEN SIND DER
SOFORT MITZUTEILEN

GLASDACH SIEHE SPEZ. PLÄN

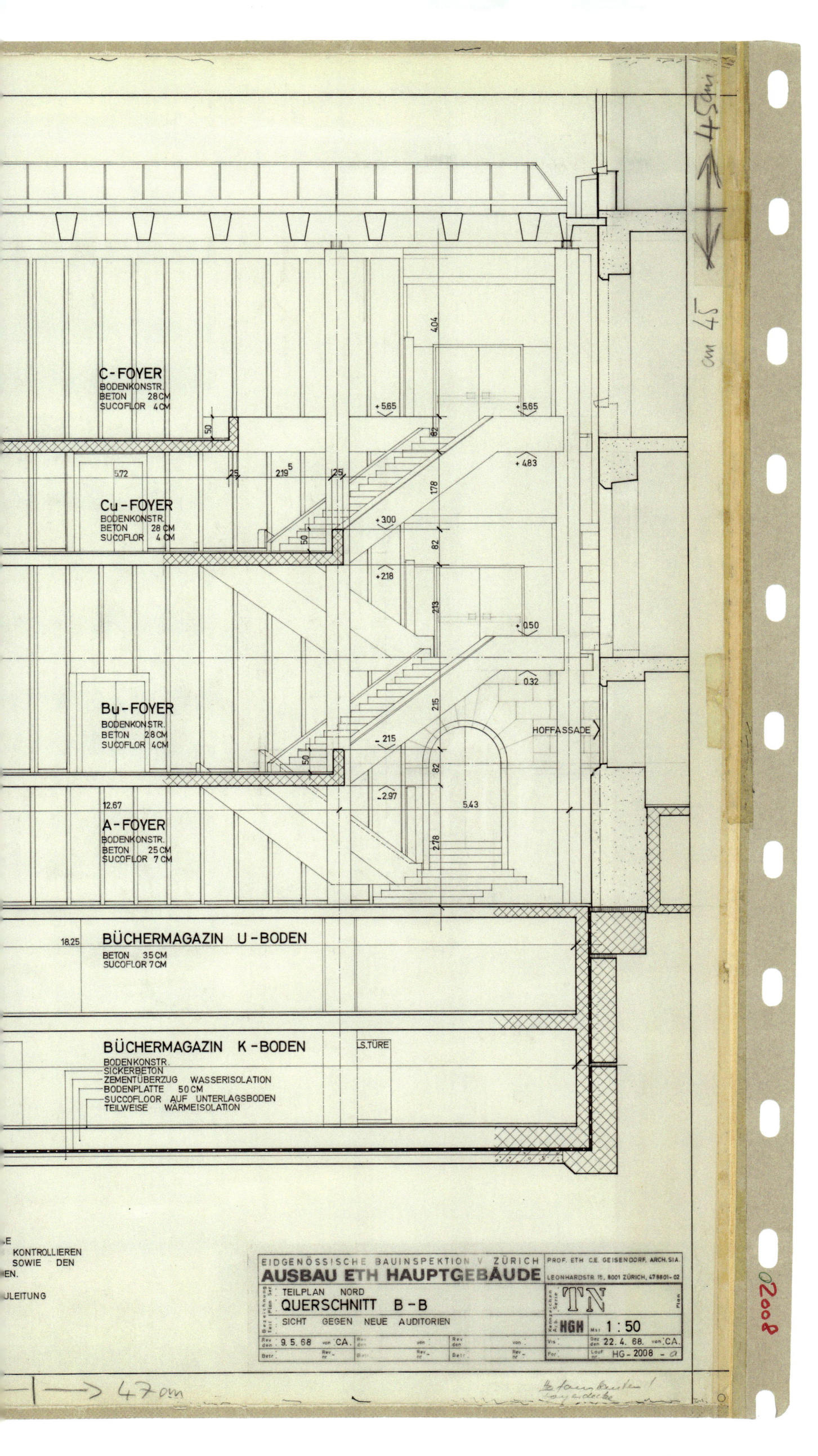

»AUSBAU ETH HAUPTGEBÄUDE. TEIL-
PLAN NORD, QUERSCHNITT B-B. SICHT
GEGEN NEUE AUDITORIEN«
Maßstab 1 : 100 (Original 1 : 50)

18-02-19-1-2 (Ausschnitt) / gta Archiv / ETH Zürich (Nachlass Charles-Edouard Geisendorf). Signatur CA, Büro Geisendorf, 22. April 1968 / 9. Mai 1968. Zeichnung in schwarzer Tusche und Bleistift auf Transparentpapier. Beschriftung und Bemaßung in schwarzer Tusche. Blatt auf Registerkarton mit Lochstreifen aufgeklebt. 64,0 x 89,0 cm.

Die Dachkonstruktion über dem Hofausbau wird als flache Betonrippendecke ausgeführt, ihre Diagonalstruktur entspricht den neu eingeführten Diagonalen der Erschließungstreppen der Plateaus.

C -BODEN +5.15

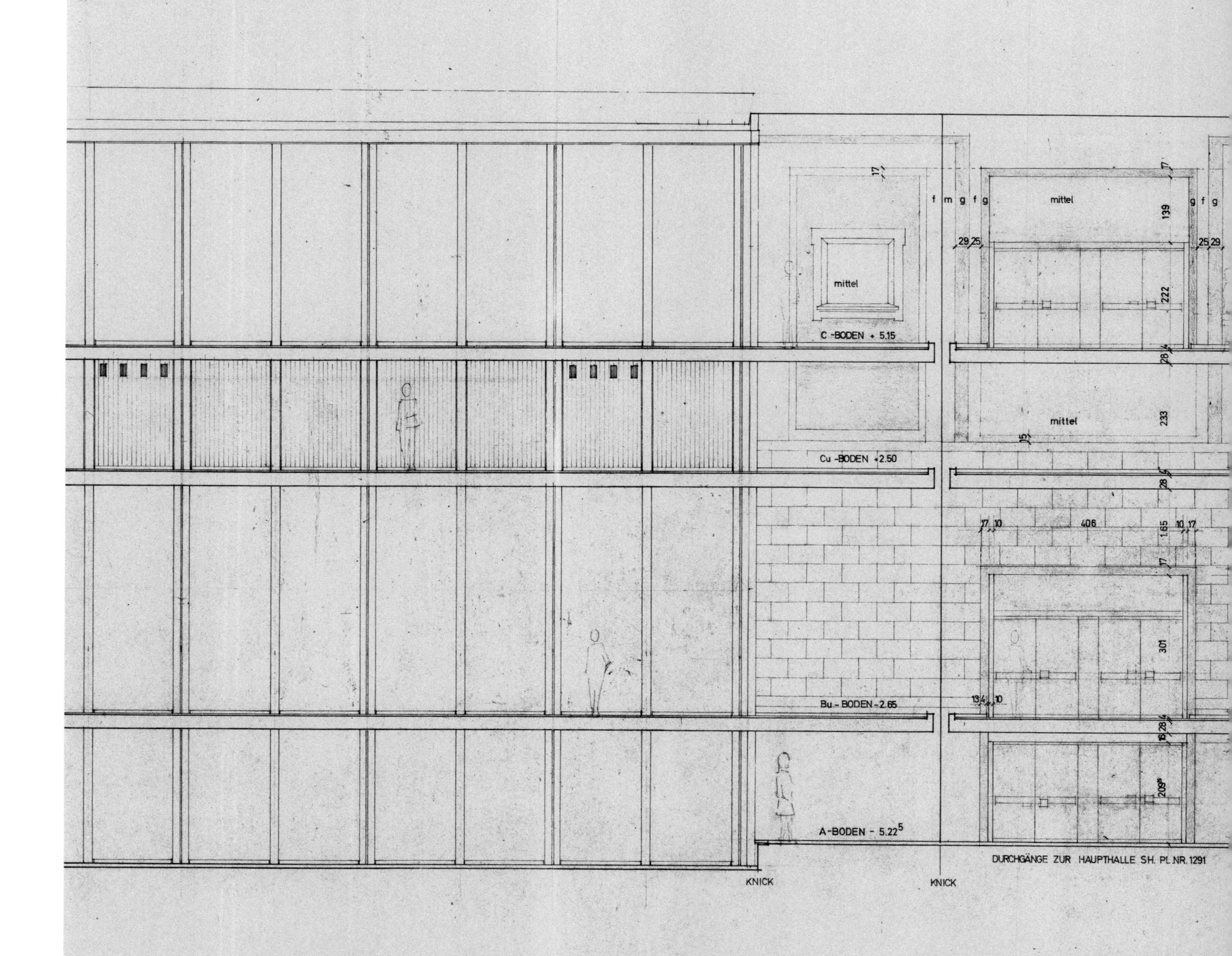

Cu -BODEN +2.50

Bu -BODEN -2.65

A -BODEN -5.22⁵

KNICK KNICK

DURCHGÄNGE ZUR HAUPTHALLE SH. PL.NR. 1291

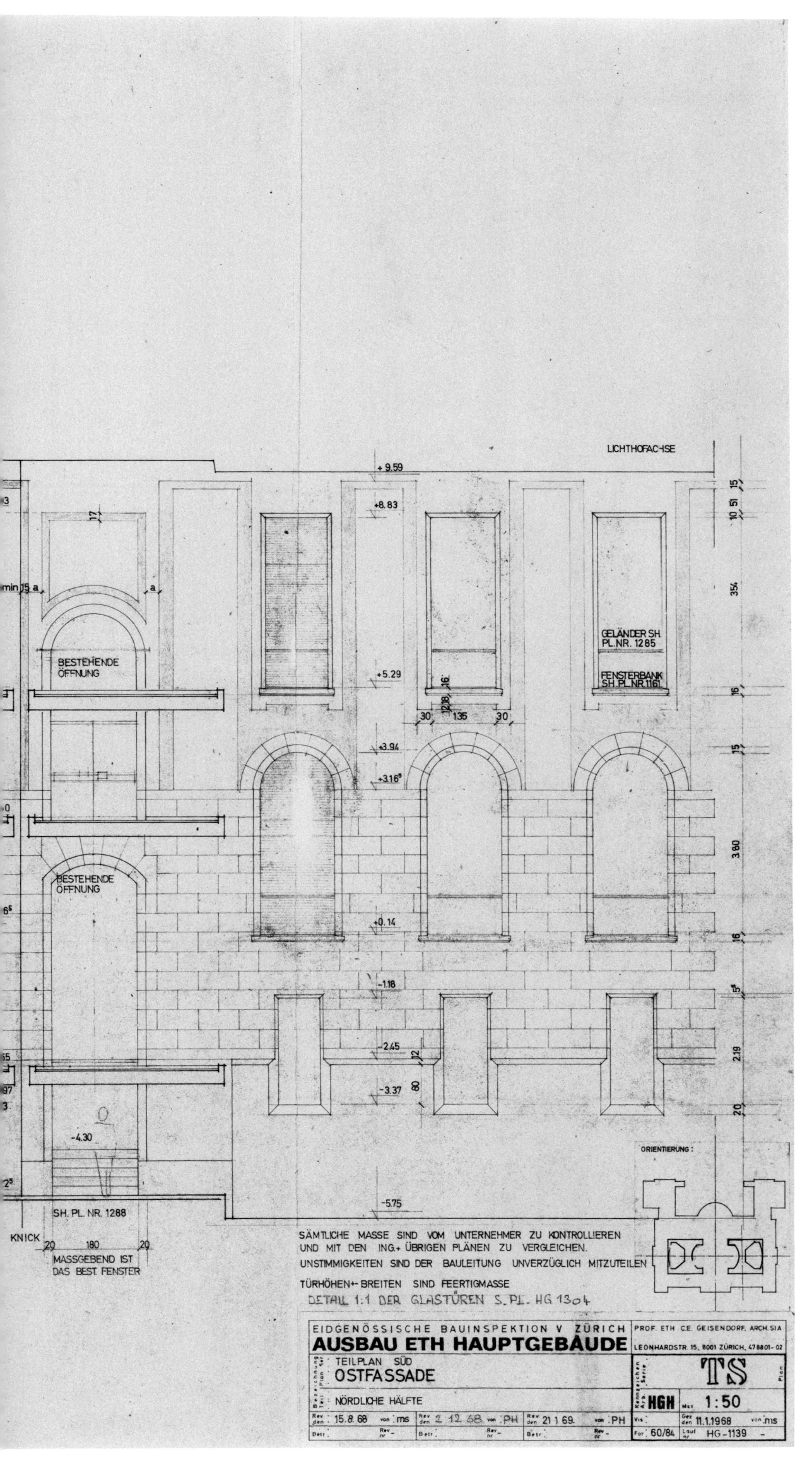

»AUSBAU ETH HAUPTGEBÄUDE. TEIL-
PLAN SÜD, OSTFASSADE. NÖRDLICHE
HÄLFTE«
Maßstab 1:100 (Original 1:50)

18-02-4-1-5 / gta Archiv / ETH Zürich (Nachlass Charles-Edouard Geisendorf), Signatur ms / PH, Büro Geisendorf, 11. Januar 1968 / 15. August 1968 / 2. Dezember 1968 / 21. Januar 1969. Pause auf Papier. 60,0 x 84,0 cm.

Die aus der Semperzeit noch erhaltenen Flurwände wurden von Geisendorf durch das Entfernen der Brüstungselemente zum Innenhof hin erheblich verändert. Die neuen Zwischendecken sind zwar unabhängig von den bestehenden Wänden auf Pfeilern gelagert, dennoch überformt Geisendorf die Hofwände durch neue Putzquaderstrukturen – die freilich frei erfunden sind und auch technisch keinen Bezug zum historischen Bestand suchen.

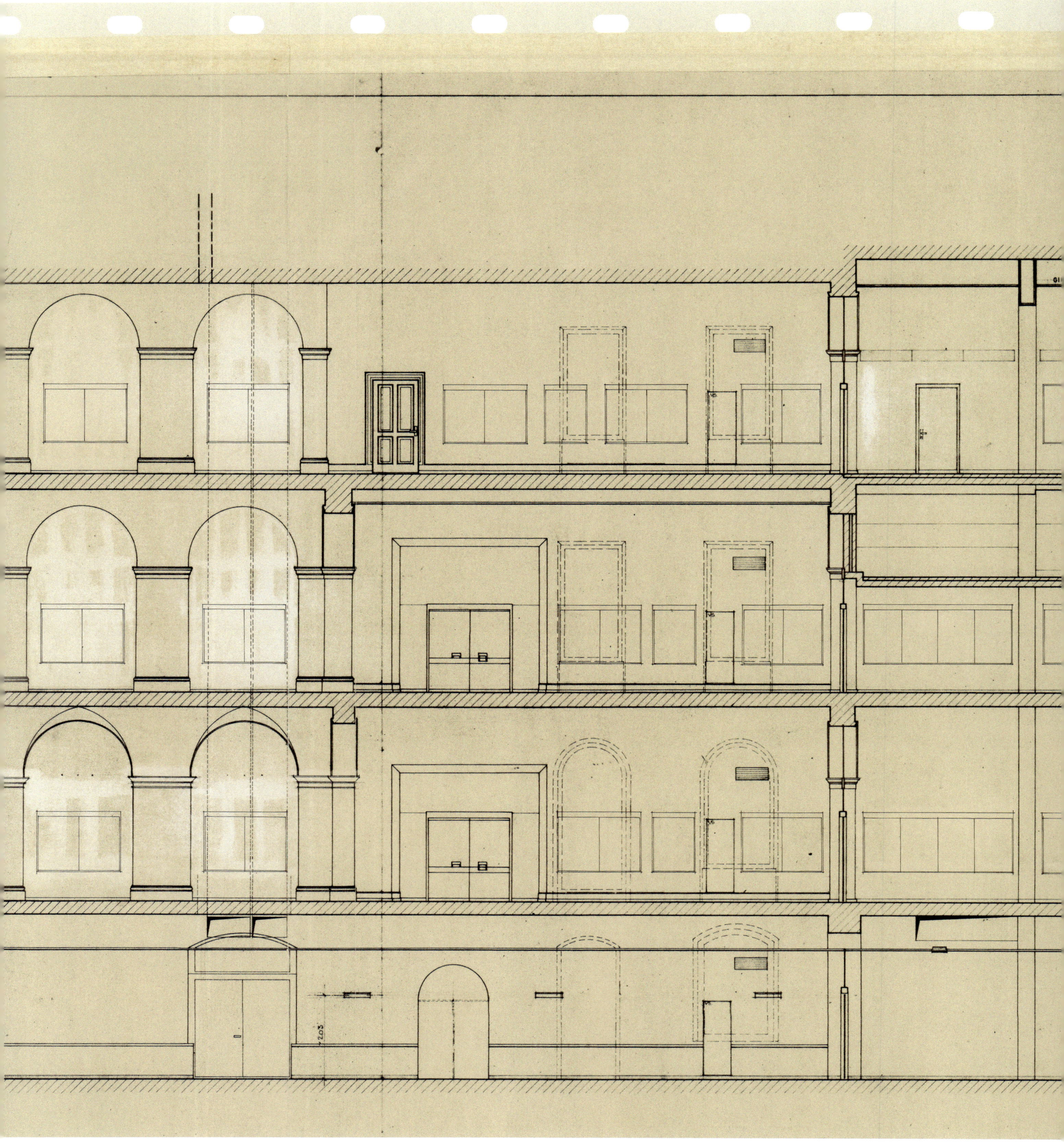

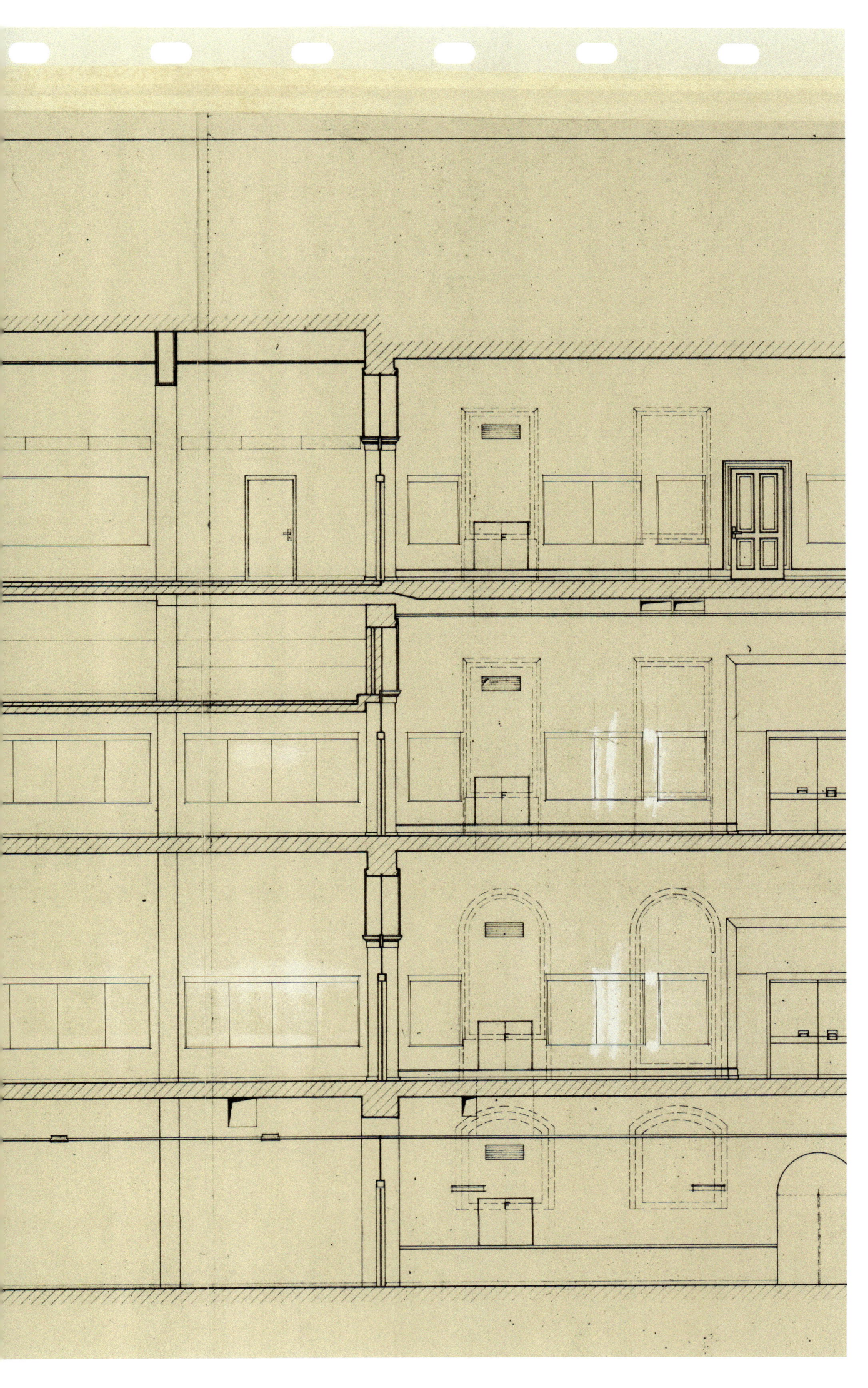

»AUSBAU ETH HAUPTGEBÄUDE. TEIL-
PLAN NORD, KORRIDOR NORD. ANSICHT
MIT BLICK GEGEN SÜDEN. BELEUCH-
TUNG / ELEKTROTABLEAU / FEUER-
LÖSCHPOSTEN«
Maßstab 1 : 100 (Original 1 : 50)

18-02-19-1-1 (Ausschnitt) / gta Archiv / ETH Zürich (Nachlass Charles-
Edouard Geisendorf). Signatur HH / RO, Büro Geisendorf, 30. Juli 1970
(Revision). Pause auf Papier. Blatt auf Registerkarton mit Lochstreifen
aufgeklebt. 66,5 x 138,5 cm.

Werkpläne im Maßstab 1 : 50 entstehen in den
1970er Jahren als ›Mutterpausen‹ in Form einer durchsichtigen Folie, die über Lichtpaus-
verfahren reproduziert werden kann; auf der
Rückseite können Korrekturen angebracht,
auf der Vorderseite neue Eintragungen gemacht werden. ›Tesakrepp‹-Klebungen und ein
Lochstreifen am Rand des Plans weisen darauf hin, dass die Pläne in Planschränken mit
Hängeregistern abgelegt wurden. Der Schnitt
des Nordflügels mit Blick auf die Flurwand
zum Innenhof gibt die Wandabwicklung der
ehemaligen Hoffassade. Die großen Fensteröffnungen werden zugesetzt, auf den Wänden
sind Vitrinen mit Innenbeleuchtung angeordnet. Der Schnitt durch den Mittelrisalit zeigt
ein neues Technikgeschoss zur Unterbringung
der Projektionsapparate des neuen Hörsaals.
Wir sehen in den Fluransichten auch die Lage
der neuen Lüftungsgitter, die zu Luftschächten
in den Zwickeln zwischen Hörsälen und Flur-
wänden führen. Links im Plan, im Bereich
der Rundbogenstellungen des Gullbaus, sind
Korrekturen zu sehen, die vormals offenen
Sammlungsräume wurden in kleine Zimmer
unterteilt, die Stirnwand zum Flur geschlossen.
Deckenabhängungen für Leitungsführungen
waren auch im historischen Bestand selbstverständlich, die Schnittlinien sind hier vereinfacht, die Gullschen Hohlkehlen nicht
dargestellt – ein Zeichen dafür, dass auch für
die Werkplanung keine präzisen Bestandsauf-
nahmen gemacht wurden.

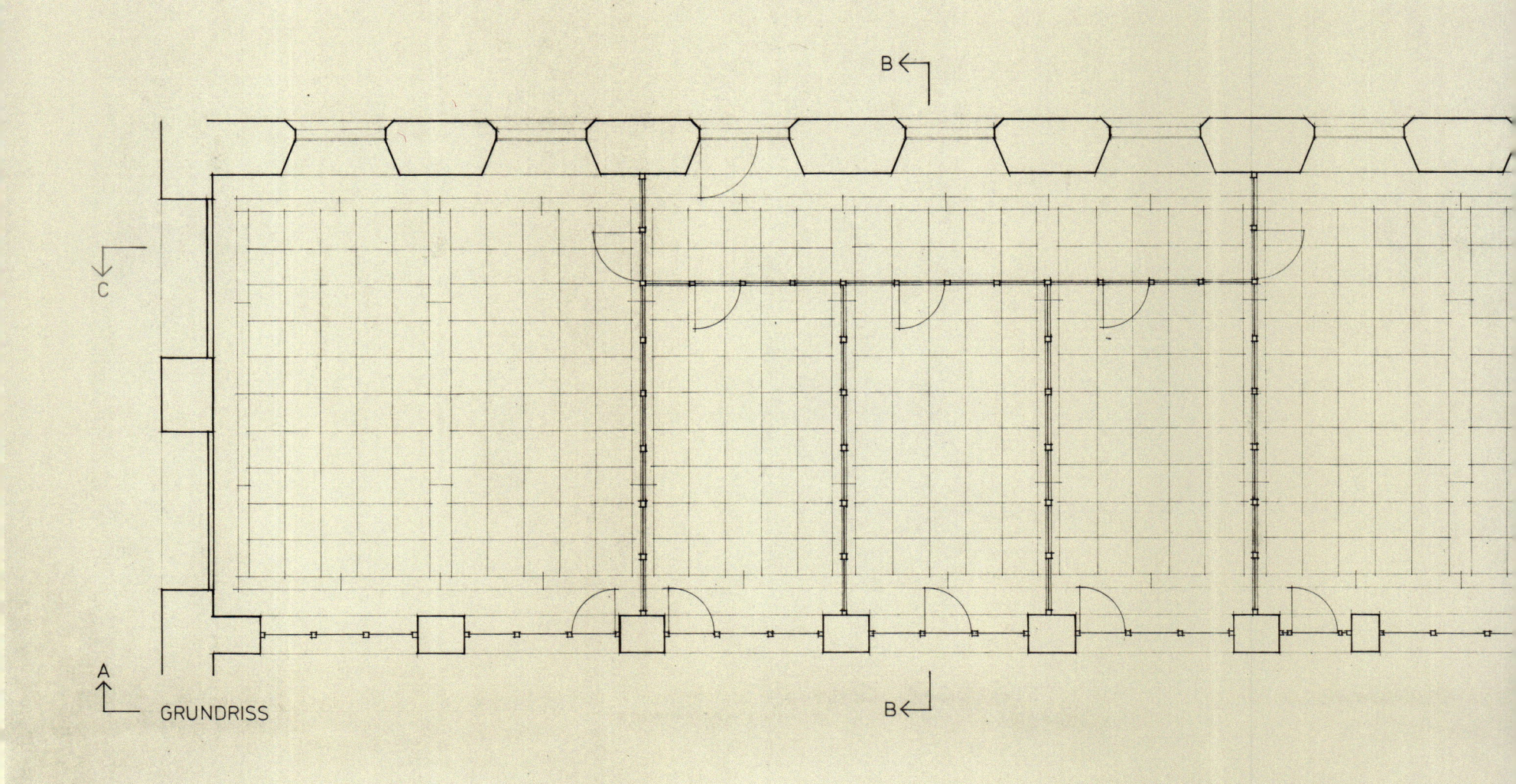

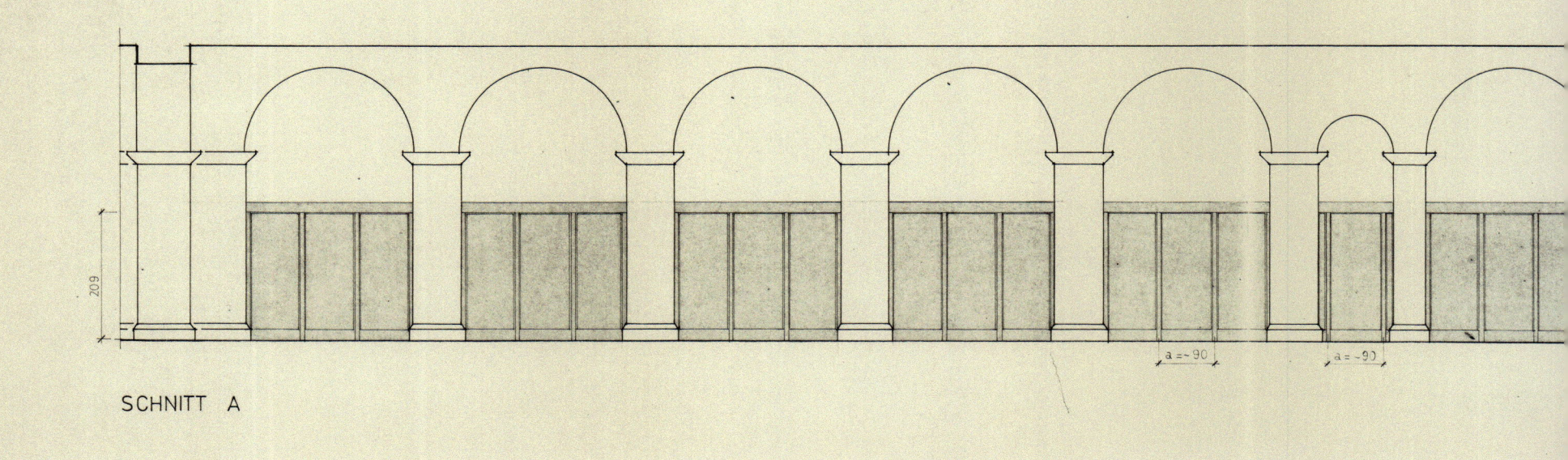

**»AUSBAU ETH HAUPTGEBÄUDE.
ZEICHENSAAL SÜDOST E BODEN«**
Maßstab 1 : 100 (Original 1 : 50)

18-02-13-7-2 (Ausschnitt) / gta Archiv / ETH Zürich (Nachlass Charles-Edouard Geisendorf), Signatur RP, Büro Geisendorf, 1. Januar 1974. Pause auf Papier. 105,0 x 60,4 cm.

Im Bereich der Semperschen Sammlungsräume im Ostflügel, die von Gustav Gull durch offene Bogenstellungen und einen Korridor gegliedert worden waren, schlägt Geisendorf den Einbau von Seminar- und Zeichensälen vor, die durch Glaselemente zum Flur hin abgeschlossen sind.

SCHNITT B

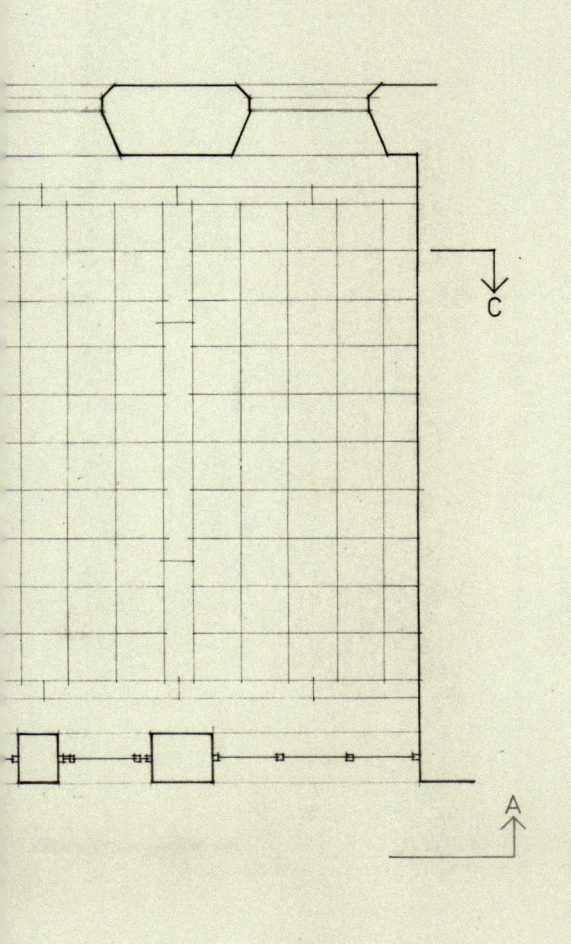

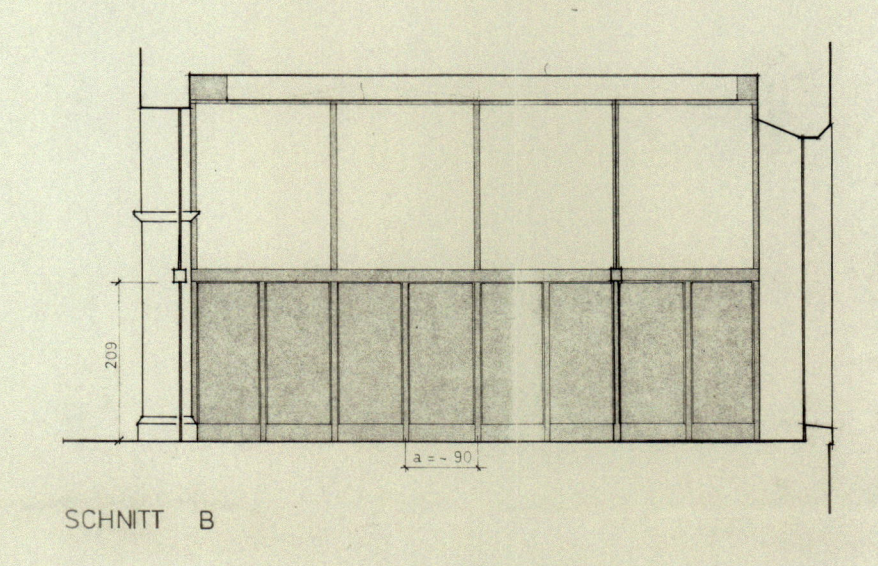

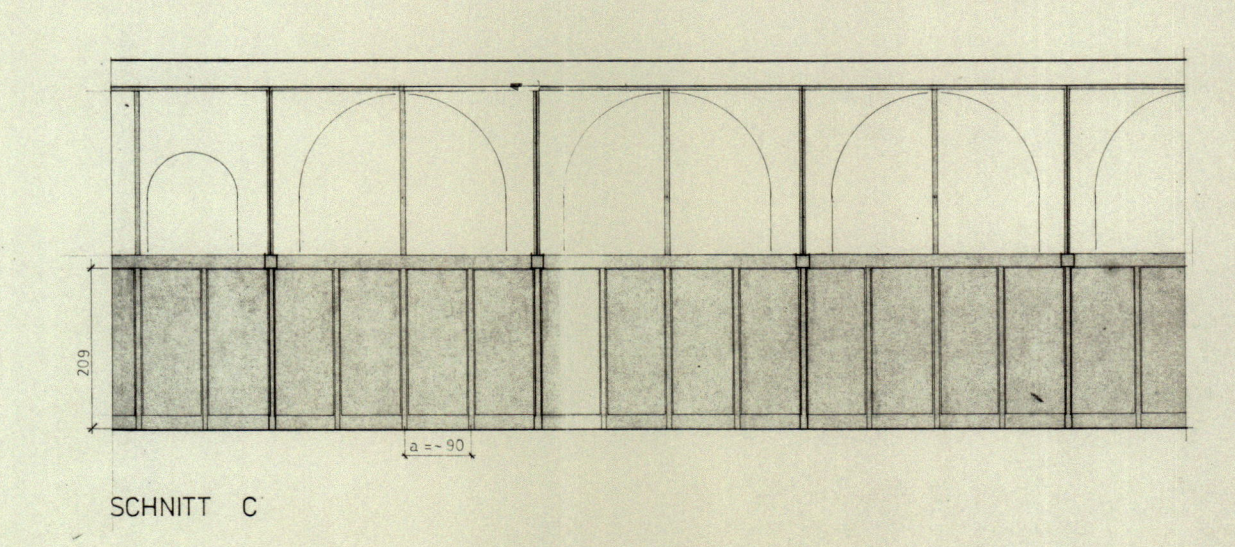

SCHNITT C

E-BODEN

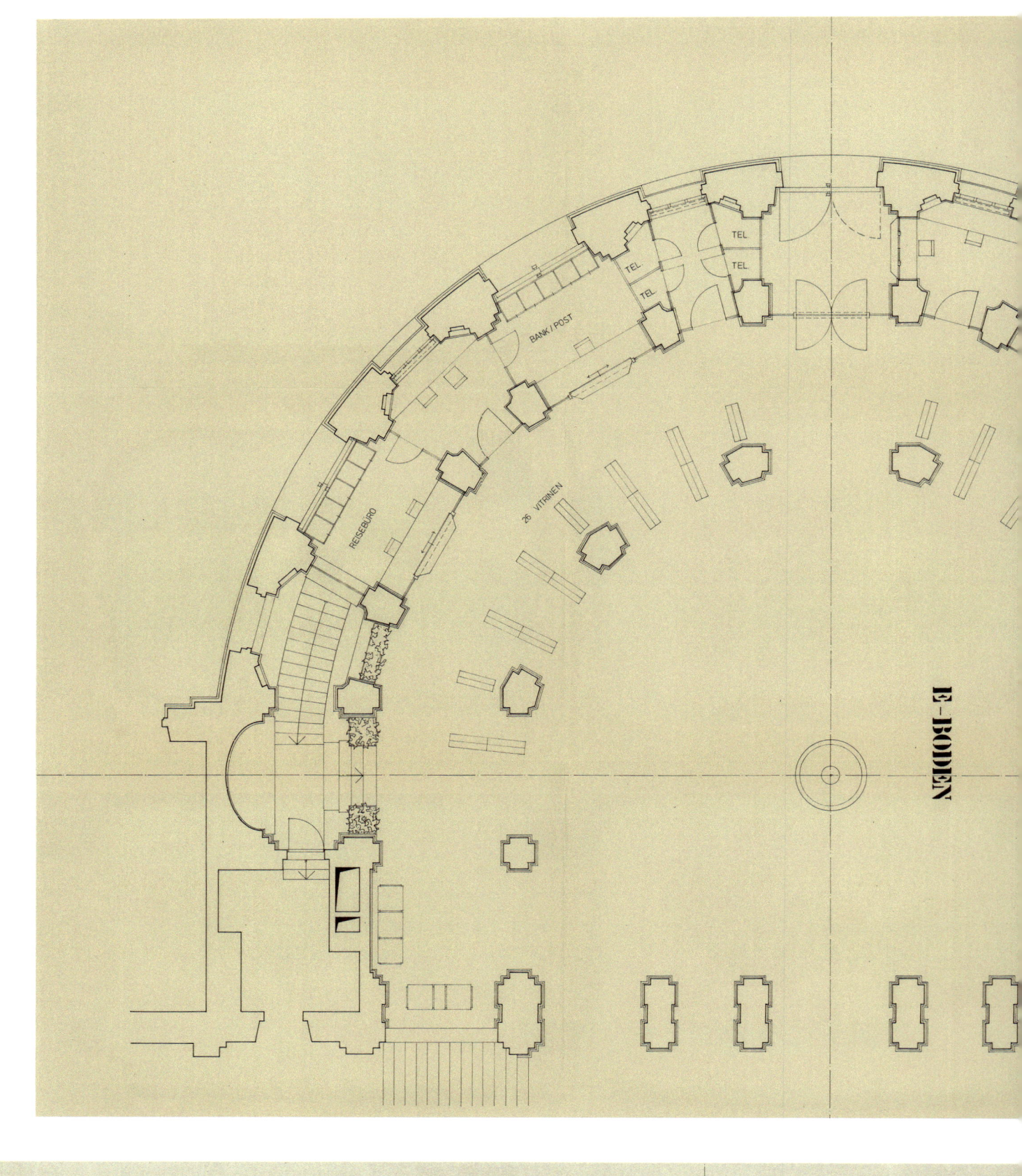

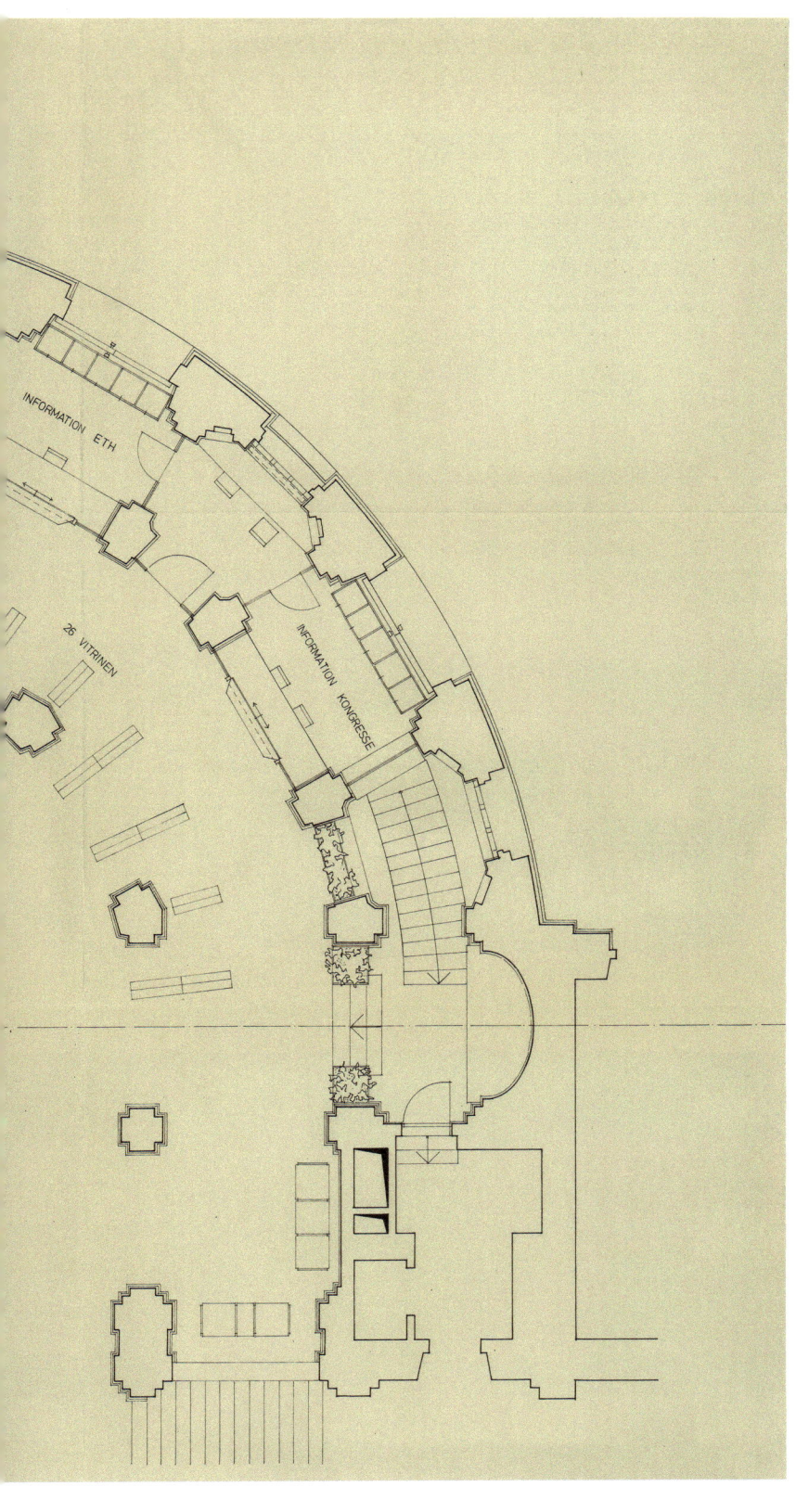

»AUSBAU ETH HAUPTGEBÄUDE. VOR-
HALLE OST. GRUNDRISS E-BODEN«
Maßstab 1 : 150 (Original 1 : 50)

18-02-13-3-2a (Ausschnitt) / gta Archiv / ETH Zürich (Nachlass Charles-
Edouard Geisendorf). Signatur KI, Büro Geisendorf, 28. Juni 1976. Pause
auf Papier. 84,0 x 90,0 cm.

»AUSBAU ETH HAUPTGEBÄUDE. VOR-
HALLE OST, ABWICKLUNG«
Maßstab 1 : 150 (Original 1 : 50)

18-02-13-3-1a / gta Archiv / ETH Zürich (Nachlass Charles-Edouard
Geisendorf). Signatur KI, Büro Geisendorf, 1. Juli 1976. Pause auf Papier.
30,0 x 105,0 cm.

In einem frühen Planungsstadium hatte
Geisendorf überlegt, die neuen Garagen-
geschosse unter dem Rämihof von der Brunnenhalle aus durch zentrale Treppen direkt
zugänglich zu machen. 1976, als die Baumaßnahmen schon im Stadium der Realisierung
waren, stand immerhin noch ein tiefgreifen-
der Umbau der Brunnenhalle zur Diskussion.
Im Bereich des Umgangs sollte eine Schalter-
halle mit »Reisebüro, Bank/Post, Information
ETH, Information Kongress« durch große
Glaswandeinbauten abgetrennt werden, auch
die Zugänge zu den Tiefgaragengeschossen
waren jetzt in diesem Bereich geplant.

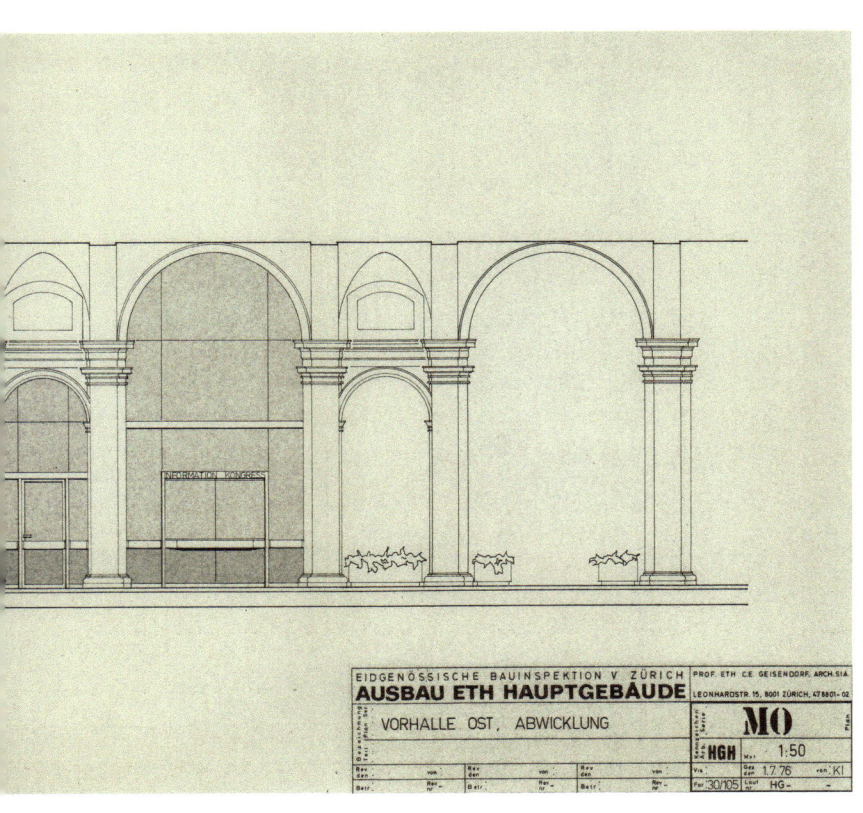

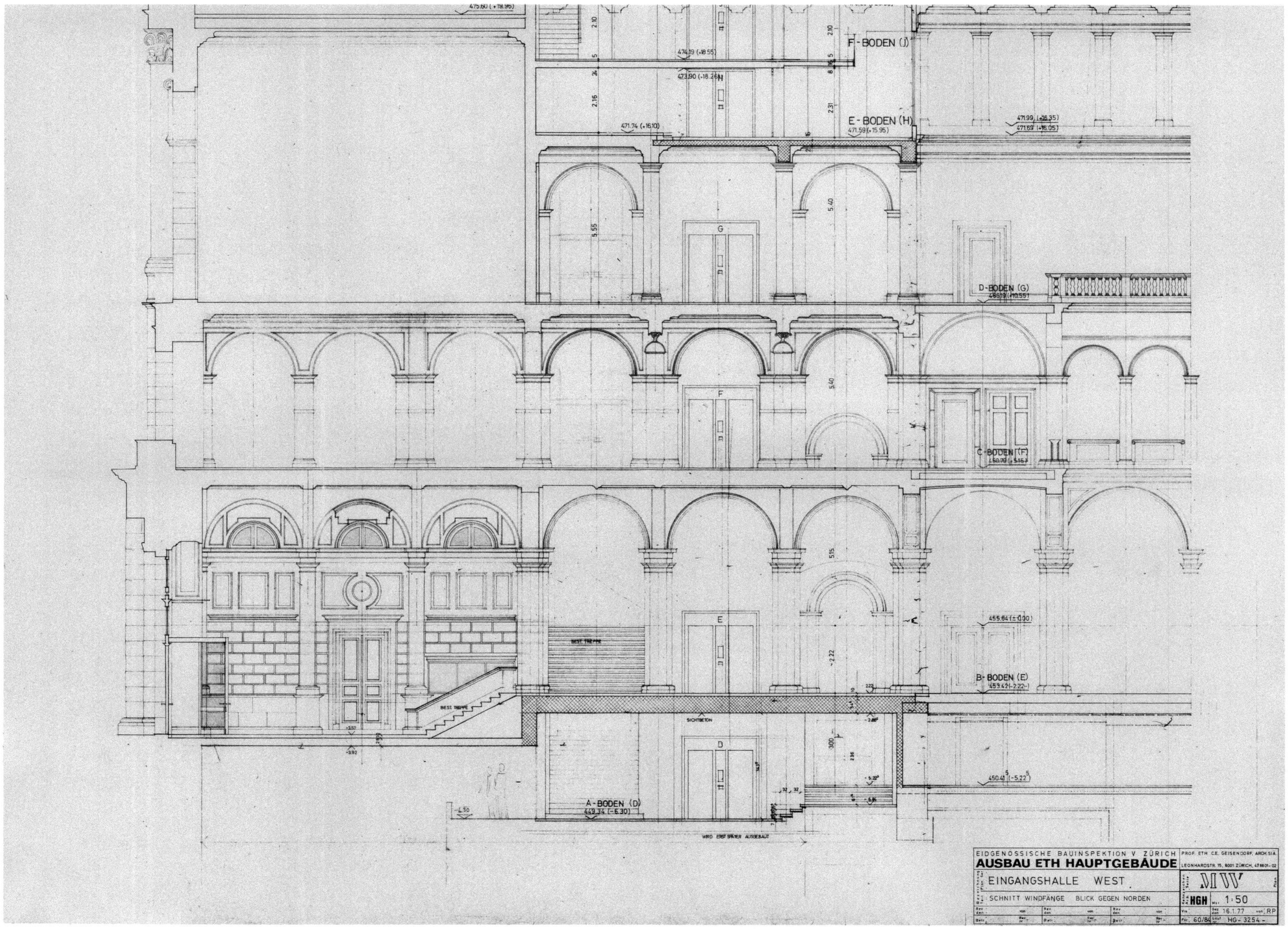
F-BODEN (J)
E-BODEN (H)
D-BODEN (G)
C-BODEN (F)
B-BODEN (E)
A-BODEN (D)
BEST. TREPPE
EIDGENÖSSISCHE BAUINSPEKTION V ZÜRICH
AUSBAU ETH HAUPTGEBÄUDE
PROF. ETH C.E. GEISENDORF, ARCH. SIA
LEONHARDSTR. 15, 8001 ZÜRICH, 478801-02
EINGANGSHALLE WEST
SCHNITT WINDFÄNGE BLICK GEGEN NORDEN
MW
HGH
1:50
16.1.77
RP
60/84
HG-3254-

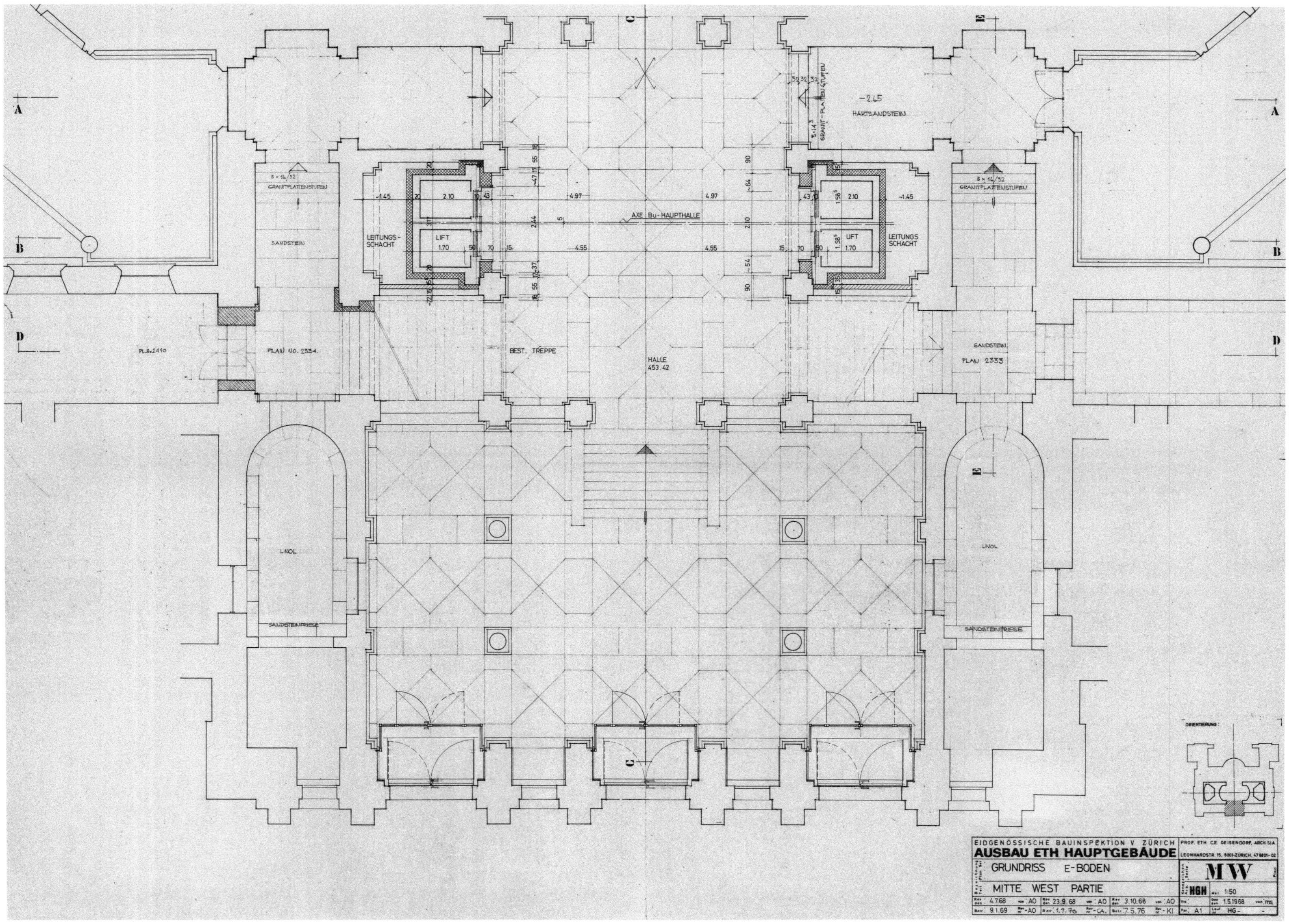
LEITUNGS-SCHACHT
LIFT
AXE Bu-HAUPTHALLE
SANDSTEIN
HARTSANDSTEIN
BEST. TREPPE
HALLE
453.42
LINOL
EIDGENÖSSISCHE BAUINSPEKTION V ZÜRICH
AUSBAU ETH HAUPTGEBÄUDE
PROF. ETH C.E. GEISENDORF, ARCH. SIA
LEONHARDSTR. 15, 8001-ZÜRICH, 478801-02
GRUNDRISS E-BODEN
MITTE WEST PARTIE
MW
HGH
1:50
4.7.68 AO
23.9.68 AO
3.10.68 AO
9.1.69 AO
1.9.76 CA.
7.5.76 KI
1.5.1968 ms
A1
HG-

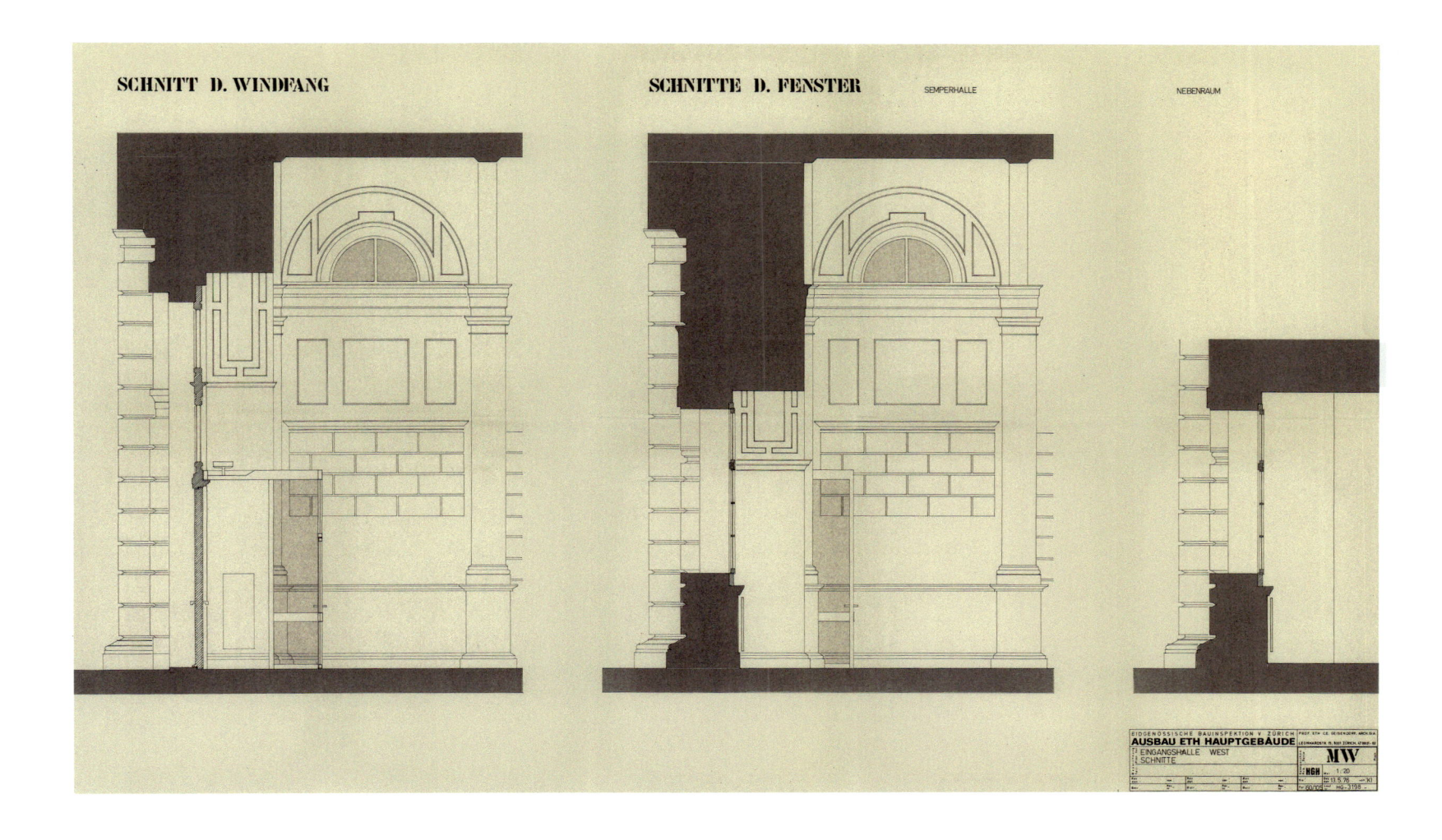

»AUSBAU ETH HAUPTGEBÄUDE.
EINGANGSHALLE WEST. SCHNITT WIND-
FÄNGE, BLICK GEGEN NORDEN«
Maßstab 1 : 200 (Original 1 : 50)

18-02-13-4-3 / gta Archiv / ETH Zürich (Nachlass Charles-Edouard Geisendorf). Signatur RP, Büro Geisendorf, 16. Januar 1977. Pause auf Papier. 60,0 x 84,0 cm.

»AUSBAU ETH HAUPTGEBÄUDE. GRUND-
RISS E-BODEN. MITTE WEST PARTIE«
Maßstab 1 : 200 (Original 1 : 50)

18-02-13-4-7 / gta Archiv / ETH Zürich (Nachlass Charles-Edouard Geisendorf). Signatur ms / AO / CA / KI, Büro Geisendorf, 1. Mai 1968 / 4. Juli 1968 / 23. September 1968 / 3. Oktober 1968 / 9. Januar 1969 / 1. September 1970 / 7. Mai 1976. Pause auf Papier. 60,0 x 84,0 cm.

»AUSBAU ETH HAUPTGEBÄUDE.
EINGANGSHALLE WEST. SCHNITTE«
Maßstab 1 : 100 (Original 1 : 20)

18-02-10-3-9 / gta Archiv / ETH Zürich (Nachlass Charles-Edouard Geisendorf). Signatur KI, Büro Geisendorf, 13. Mai 1976. Pause auf Papier. 60,0 x 105,0 cm.

In den noch aus der Semperzeit erhaltenen konstruktiven Bestand des westlichen Mittelrisalits nahm Geisendorf schwerwiegende Eingriffe vor, die mit dem Einbau der Lifte zusammenhängen. Die Bodenplatte des oberen Vestibüls wurde bis zur Haupthalle hin aus Stahlbeton neu erstellt. Die großen Eingangstüren erhielten Windfänge aus Glas, alle Bodenbeläge der westlichen Vestibüle wurden durch neue Steinplatten (historischen Mustern entsprechend) ersetzt. Bei den Umbauten beschädigte Oberflächen und Stuckprofile des Gründungsbaus wurden mit modernen Materialien grob nachgestellt.

GRUNDRISS FO

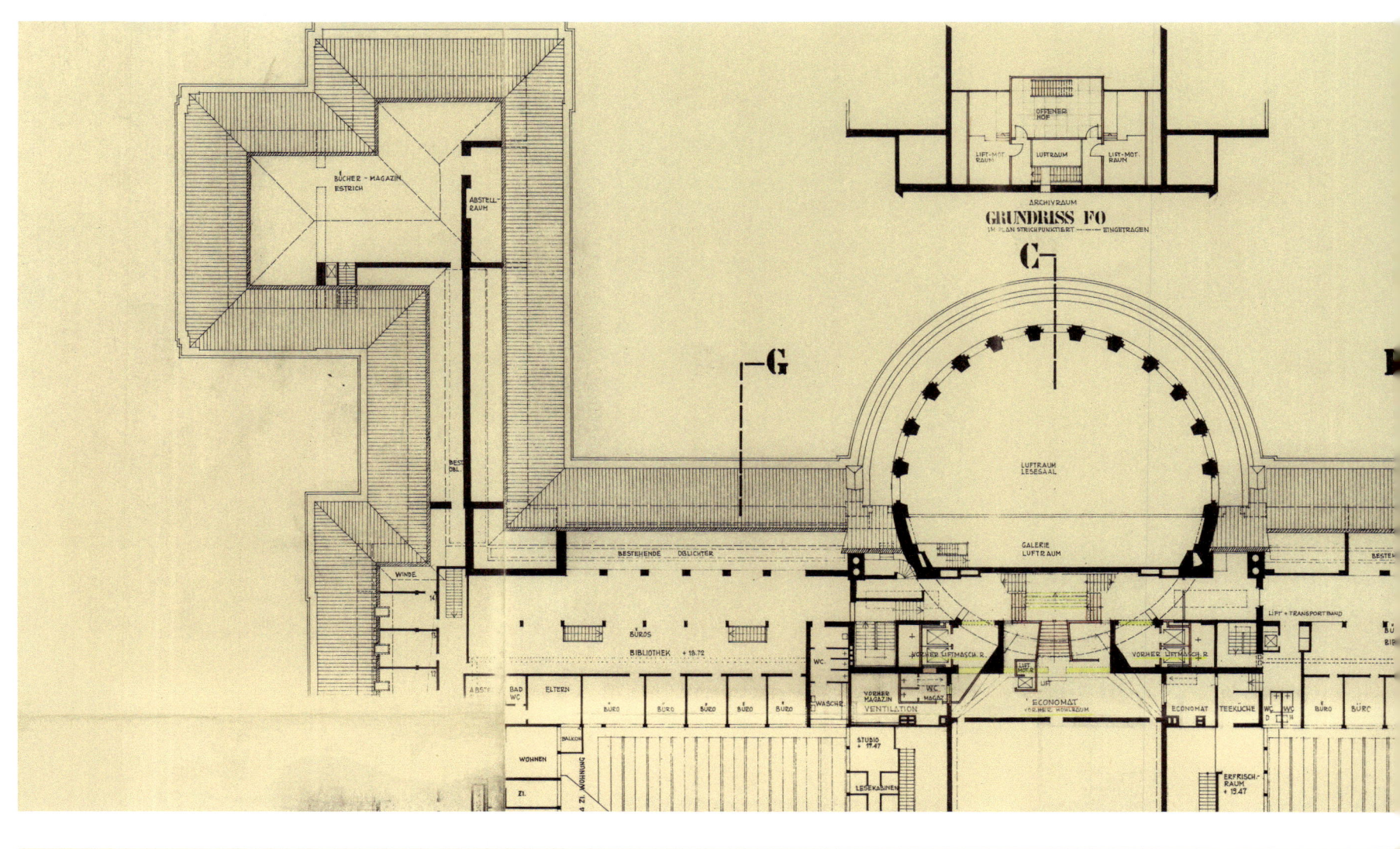

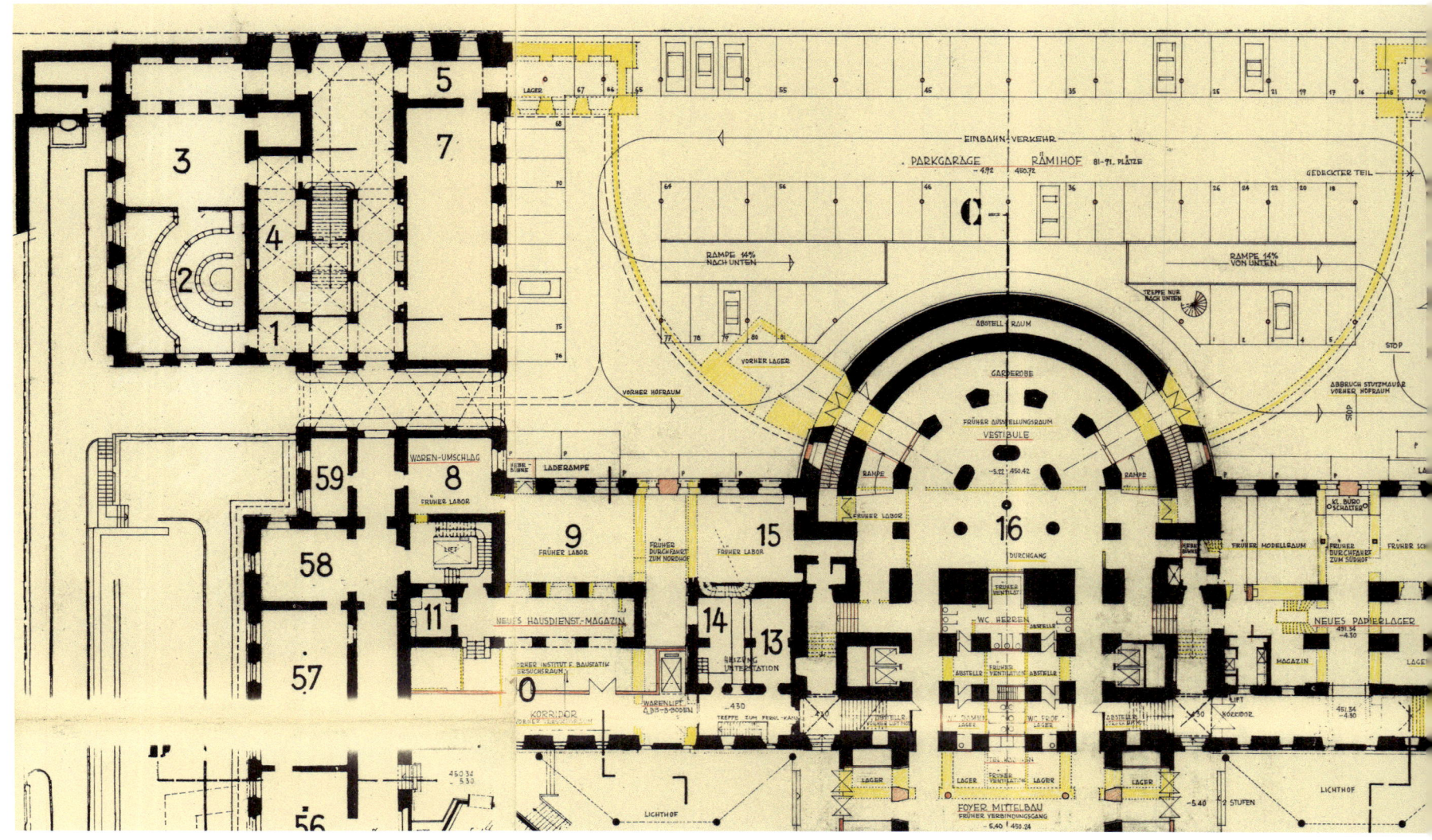

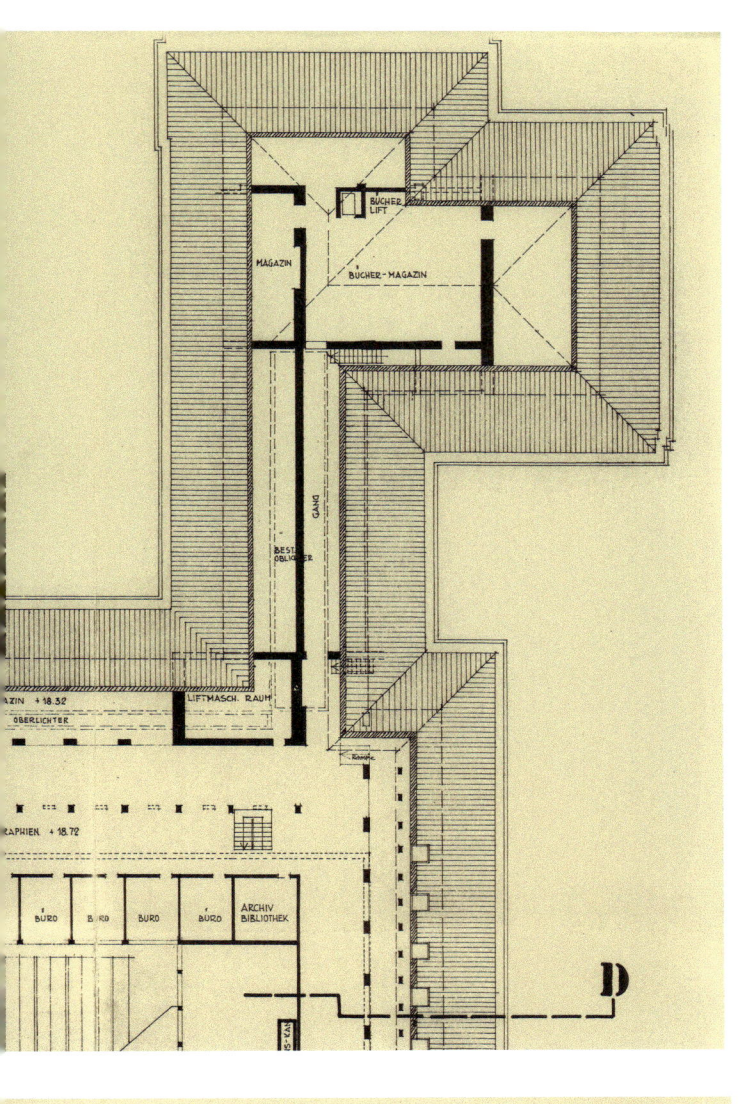

»ETH HAUPTGEBÄUDE AUSBAUPROJEKT.
F-BODEN«
Maßstab 1 : 500 (Original 1 : 200)

18-02-10-2-4 (Ausschnitt) / gta Archiv / ETH Zürich Nachlass Charles-Edouard Geisendorf). Signatur Büro Geisendorf, 30. Juni 1969. Pause auf Papier; mit gelber und roter Kreide koloriert. 60,0 x 34,0 cm.

»ETH HAUPTGEBÄUDE AUSBAUPROJEKT.
A-BODEN«
Maßstab 1 : 500 (Original 1 : 200)

18-02-10-2-3 (Ausschnitt) / gta Archiv / ETH Zürich Nachlass Charles-Edouard Geisendorf). Signatur Büro Geisendorf, 30. Juni 1969. Pause auf Papier; mit gelber und roter Kreide koloriert. 60,0 x 34,0 cm.

Keller und Dachgeschosse waren für den inneren Ausbau des Hauptgebäudes zentral: Unter den Osthof an der Rämistrasse werden in einer Planserie von 1969 neue Tiefgaragengeschosse eingegraben, die Durchfahrten weiter abgesenkt, Gulls halbrunder Vorplatz vor der Rotunde wird zum Deckel der Tiefgarage. Auf dem Dach der großen Halle soll das Restaurant für Dozenten entstehen. Seine leichten Konstruktionen sind so weit zurückversetzt, dass sie von der Stadt aus unsichtbar bleiben. Über der Aula wird das historische Sprengwerk abgerissen und durch Hilfskonstruktionen in Stahl ersetzt. Der Schnitt verdeutlicht, dass zu diesem Zeitpunkt bereits die tiefe Unterkellerung des westlichen Vestibüls am Übergang zur Polyterrasse vorgeplant war.

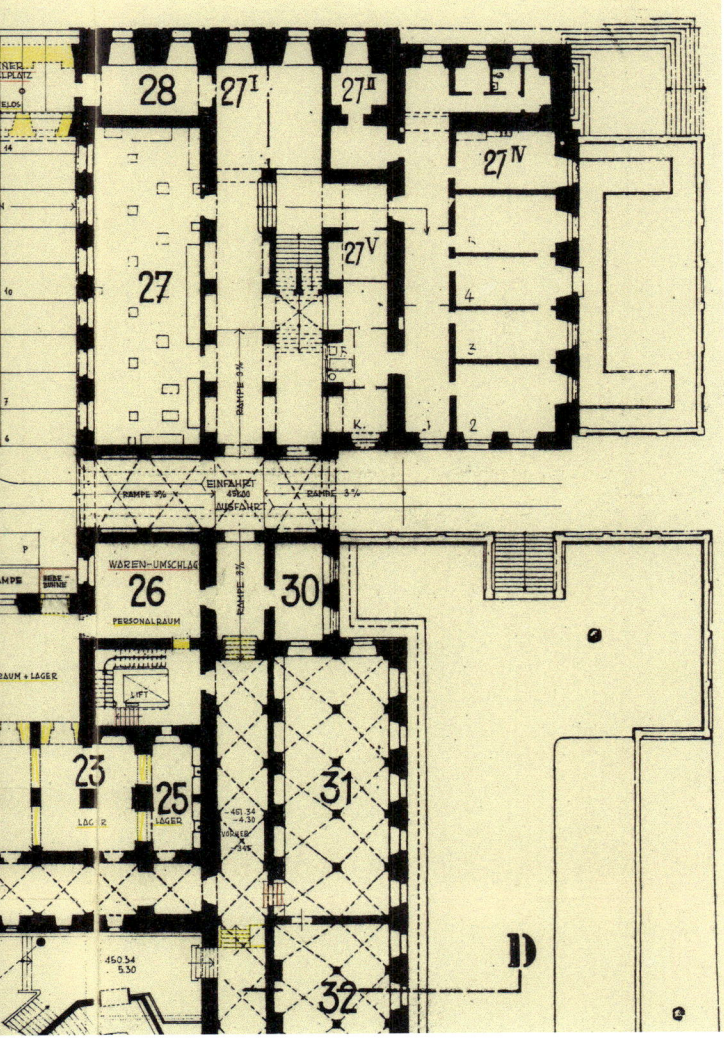

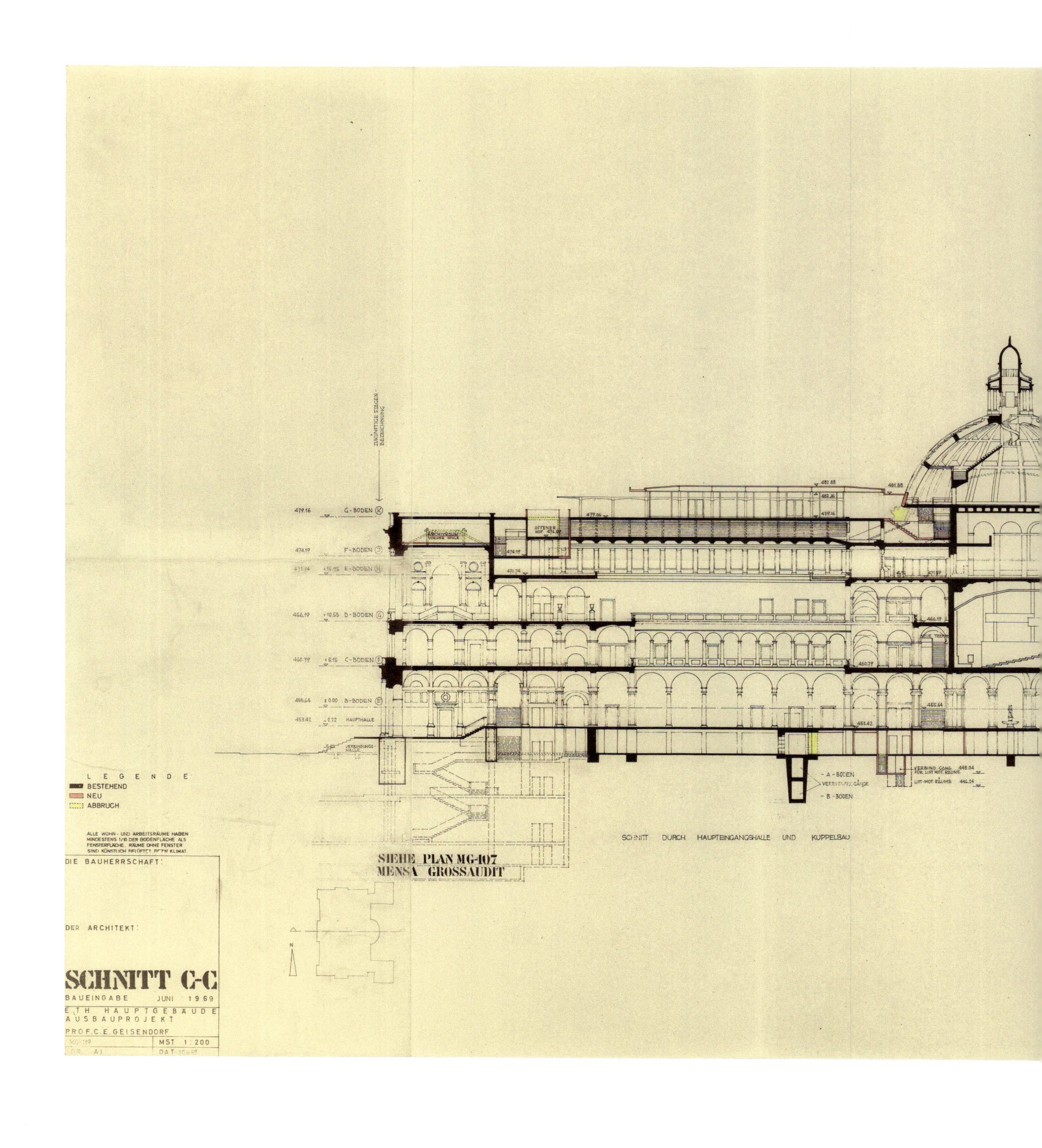

SCHNITT C-C
BAUEINGABE JUNI 1969
ETH HAUPTGEBÄUDE
AUSBAUPROJEKT
PROF. C. E. GEISENDORF
MST 1:200

SCHNITT DURCH HAUPTEINGANGSHALLE UND KUPPELBAU

SIEHE PLAN MG-107
MENSA GROSSAUDIT

LEGENDE
BESTEHEND
NEU
ABBRUCH

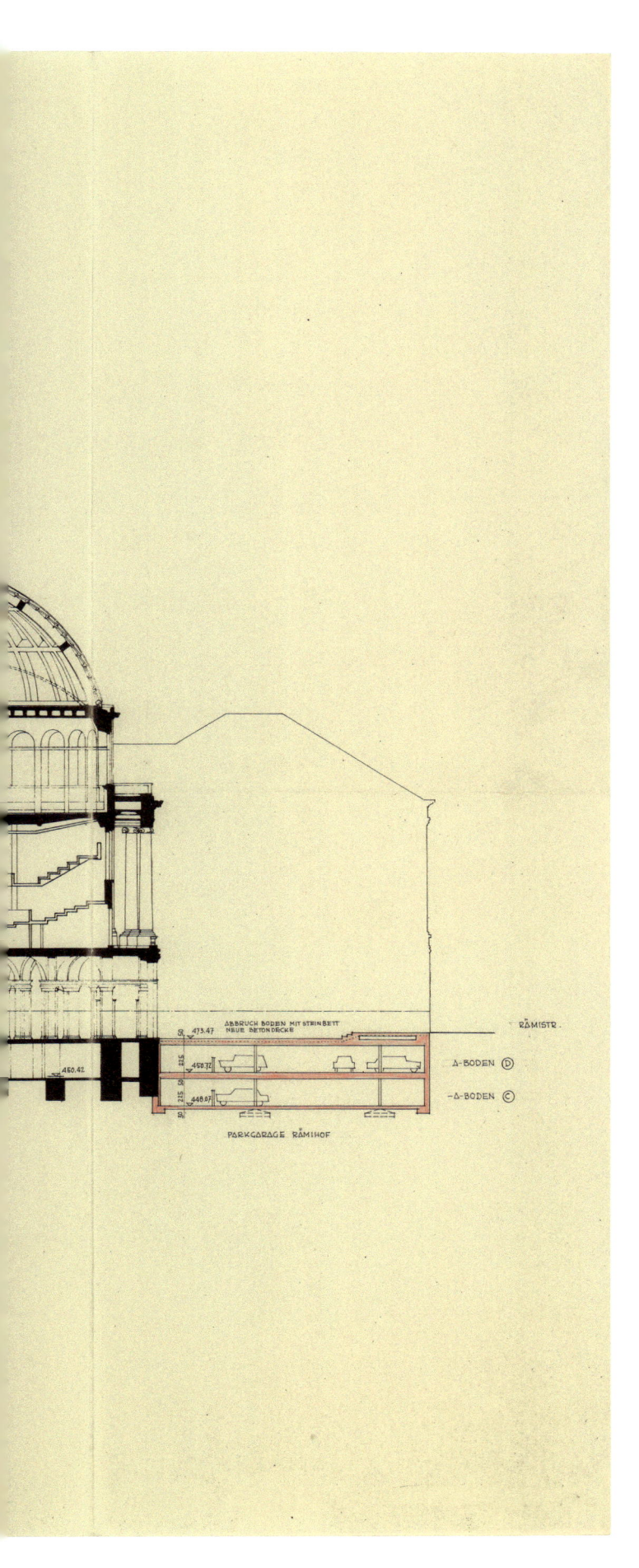

»ETH HAUPTGEBÄUDE AUSBAUPROJEKT.
SCHNITT C-C«
Maßstab 1 : 500 (Original 1 : 200)

18-02-10-2-6 / gta Archiv / ETH Zürich (Nachlass Charles-Edouard Geisendorf). Signatur Büro Geisendorf, 30. Juni 1966. Pause auf Papier; mit gelber und roter Kreide koloriert. 60,0 x 84,0 cm.

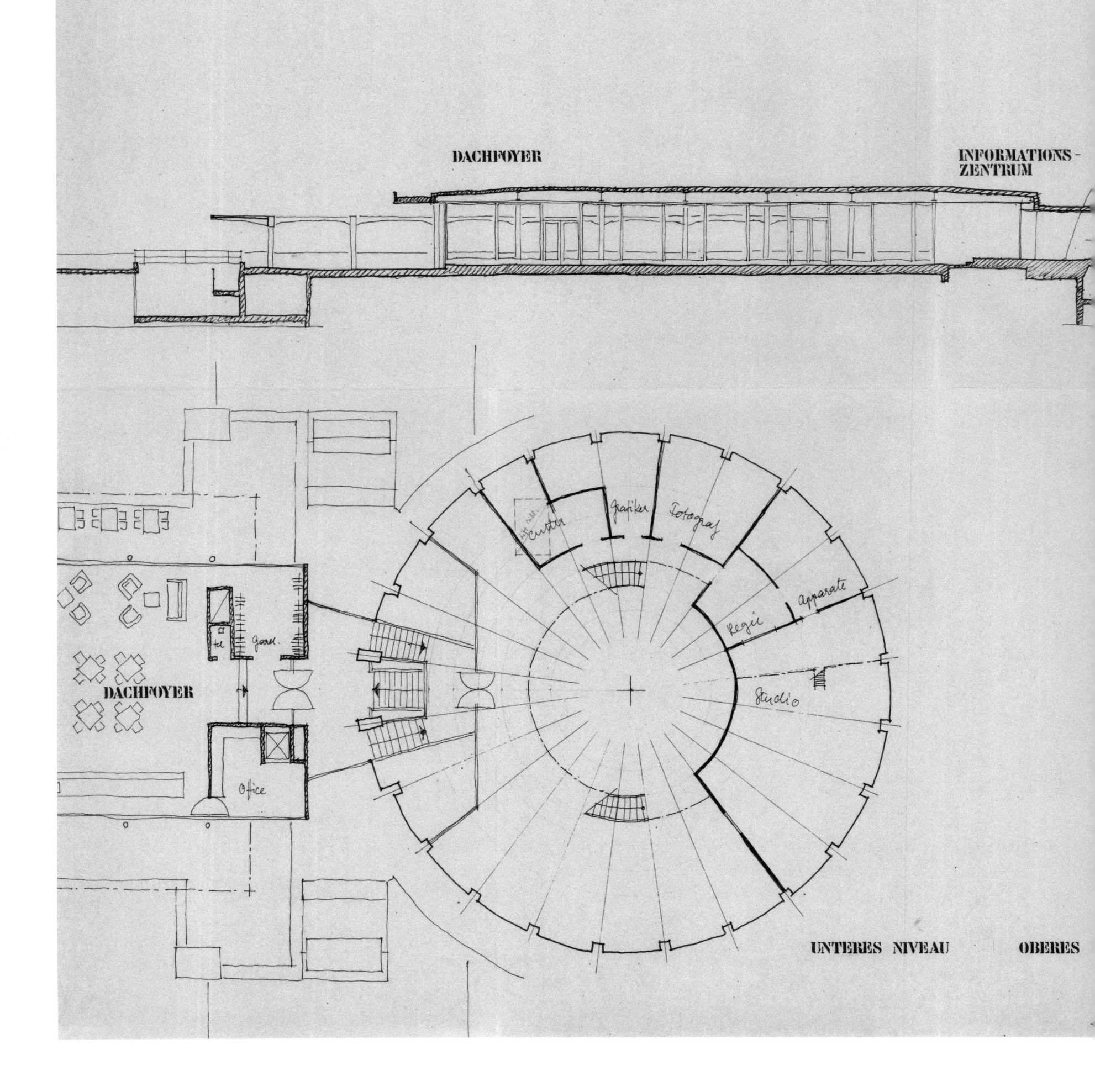

DACHFOYER   INFORMATIONS-
             ZENTRUM

DACHFOYER

Cutter grafiker fotograf

Regie apparate

Studio

Office

UNTERES NIVEAU   OBERES

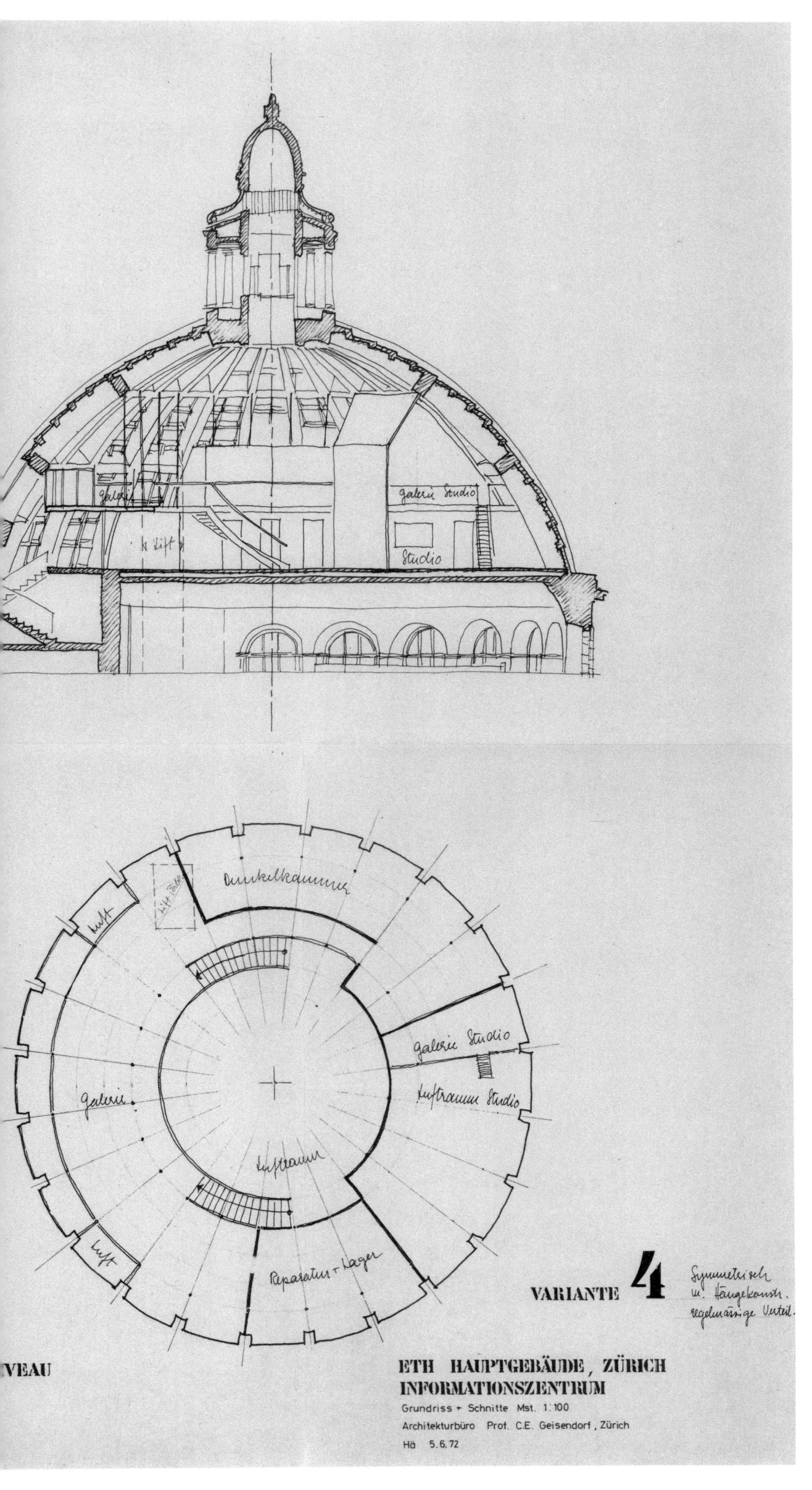

»ETH HAUPTGEBÄUDE, ZÜRICH. INFORMATIONSZENTRUM. VARIANTE 4«
Maßstab 1 : 200 (Original 1 : 100)

18-02-14-1-12 / gta Archiv / ETH Zürich (Nachlass Charles-Edouard Geisendorf). Signatur Hä, Büro Geisendorf, 5. Juni 1972. Pause auf Papier. 61,7 x 84,6 cm.

Der Wunsch nach Ausnutzung aller Volumina machte auch vor der großen Kuppel nicht halt, 1972 skizzierte Geisendorf Ausbaumöglichkeiten, dort eingefügte Galeriegeschosse sollten als Fotostudio neu genutzt werden.

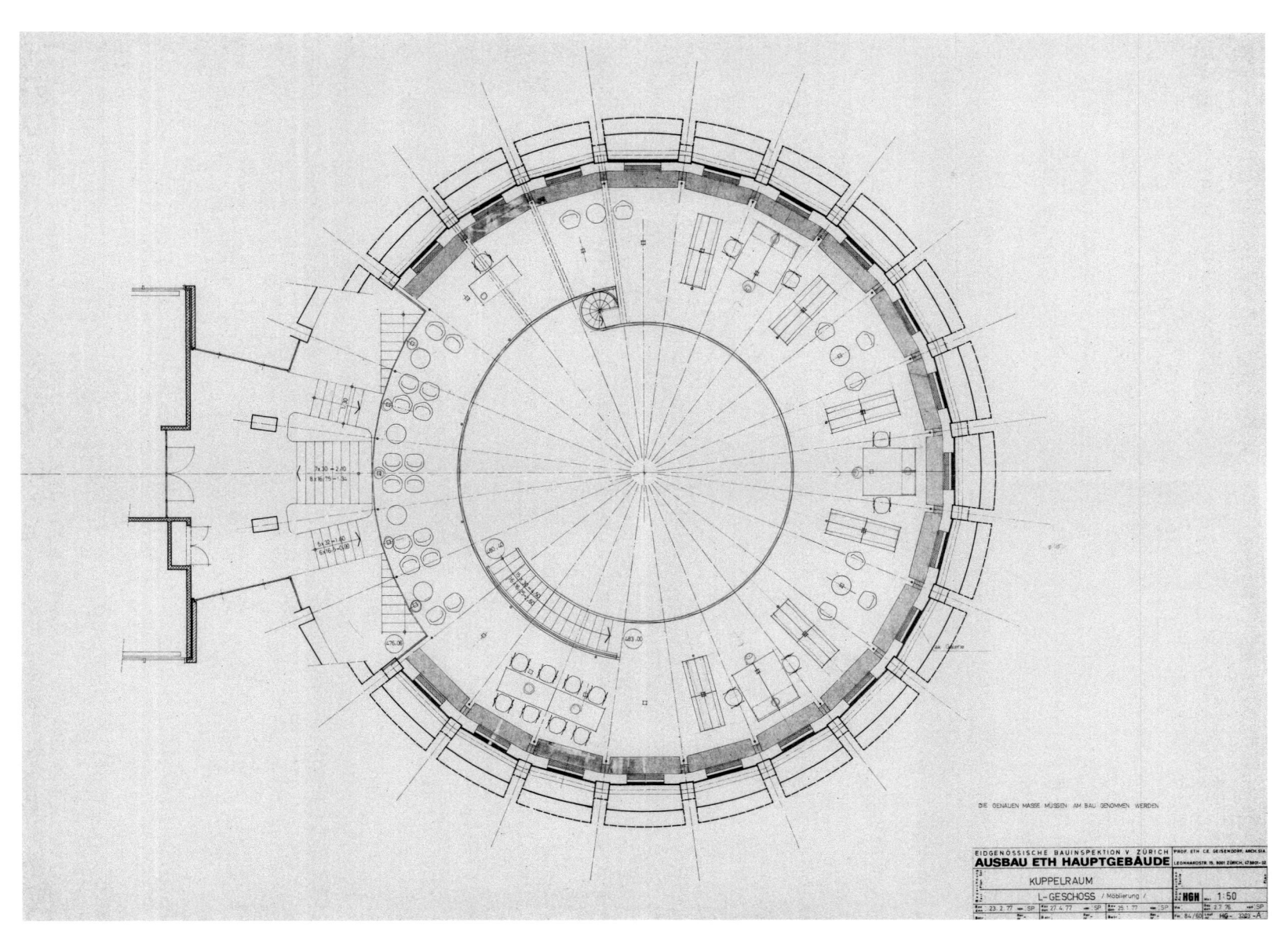

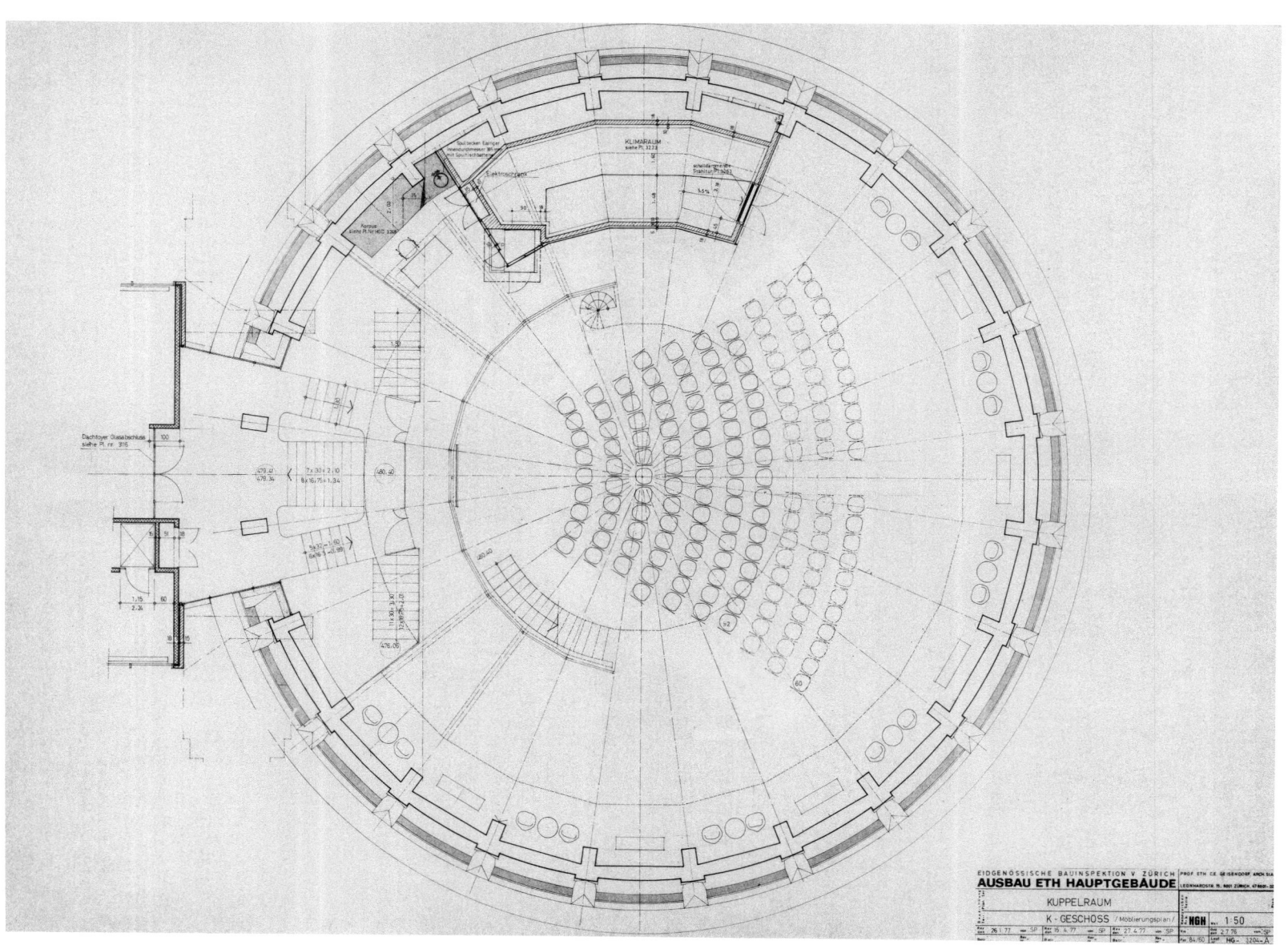

EIDGENÖSSISCHE BAUINSPEKTION V ZÜRICH
AUSBAU ETH HAUPTGEBÄUDE
KUPPELRAUM
L-GESCHOSS / Möblierung /   HGN 1:50

EIDGENÖSSISCHE BAUINSPEKTION V ZÜRICH
AUSBAU ETH HAUPTGEBÄUDE
KUPPELRAUM
K-GESCHOSS / Möblierungsplan /   HGN 1:50

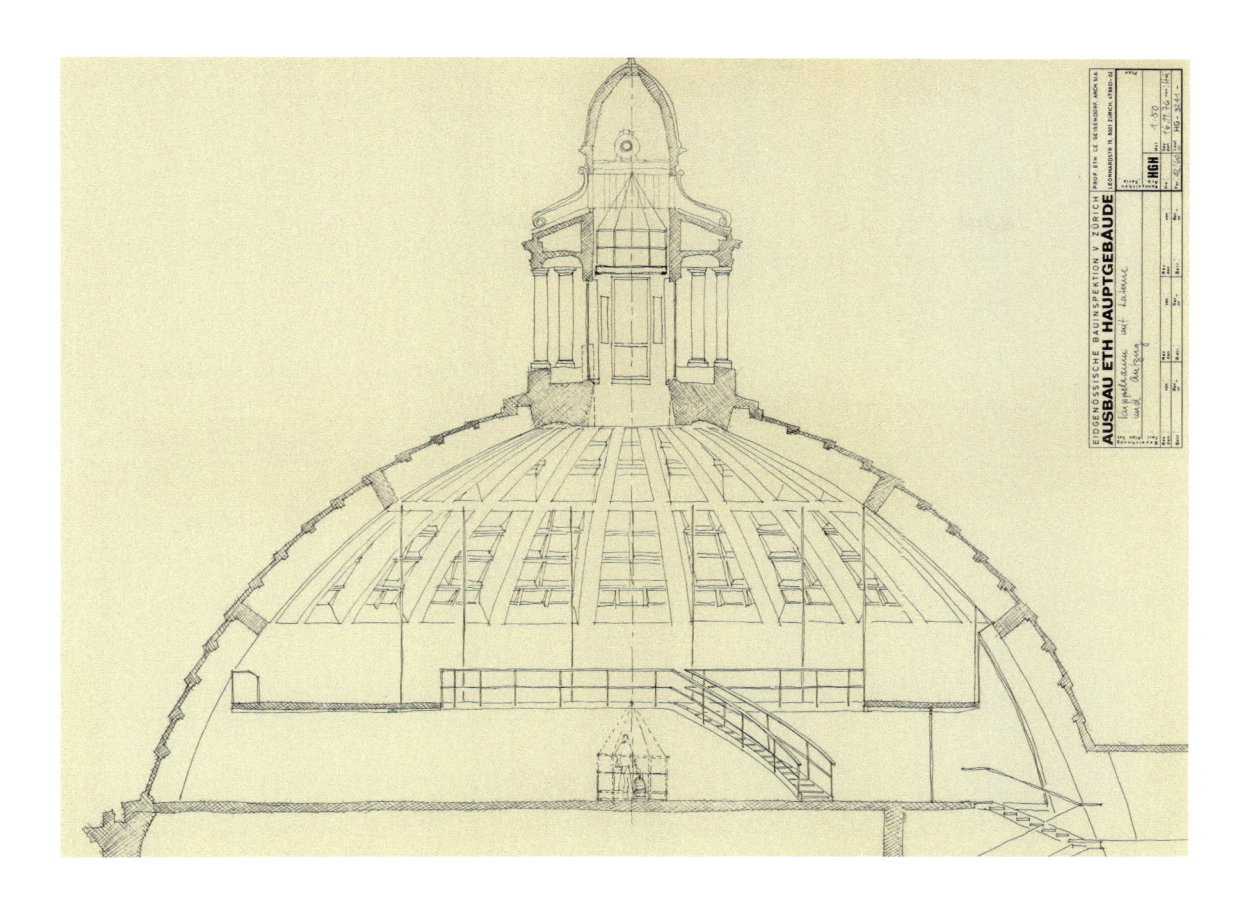

»AUSBAU ETH HAUPTGEBÄUDE. KUPPEL-
RAUM. L-GESCHOSS / MÖBLIERUNG«
Maßstab 1 : 200 (Original 1 : 50)

18-02-14-3-15 / gta Archiv / ETH Zürich (Nachlass Charles-Edouard
Geisendorf). Signatur SP, Büro Geisendorf, 2. Juli 1976 / 25. Januar 1927 /
23. Februar 1977 / 27. April 1977. Pause auf Papier. 42,0 x 60,0 cm.

»AUSBAU ETH HAUPTGEBÄUDE. KUPPEL-
RAUM. K-GESCHOSS / MÖBLIERUNGS-
PLAN«
Maßstab 1 : 200 (Original 1 : 50)

18-02-14-3-16 / gta Archiv / ETH Zürich (Nachlass Charles-Edouard
Geisendorf). Signatur SP, Büro Geisendorf, 2. Juli 1976 / 26. Januar 1977 /
15. April 1977 / 27. April 1977. Pause auf Papier. 42,0 x 60,0 cm.

»AUSBAU ETH HAUPTGEBÄUDE. KUPPEL-
RAUM MIT LATERNE UND AUFZUG«
Maßstab 1 : 200 (Original 1 : 50)

18-02-14-3-12 / gta Archiv / ETH Zürich (Nachlass Charles-Edouard
Geisendorf). Signatur Hä, Büro Geisendorf, 16. November 1976. Pause auf
Papier. 42,0 x 60,0 cm.

Vier Jahre später zeichnete das Büro Geisendorf Werkplanungsvarianten für den Ausbau
des Kuppelraums, eine gebogene Schildwand
trennt ein Auditorium von den Erschließungs-
zonen ab.

478,54 479,06
476,59

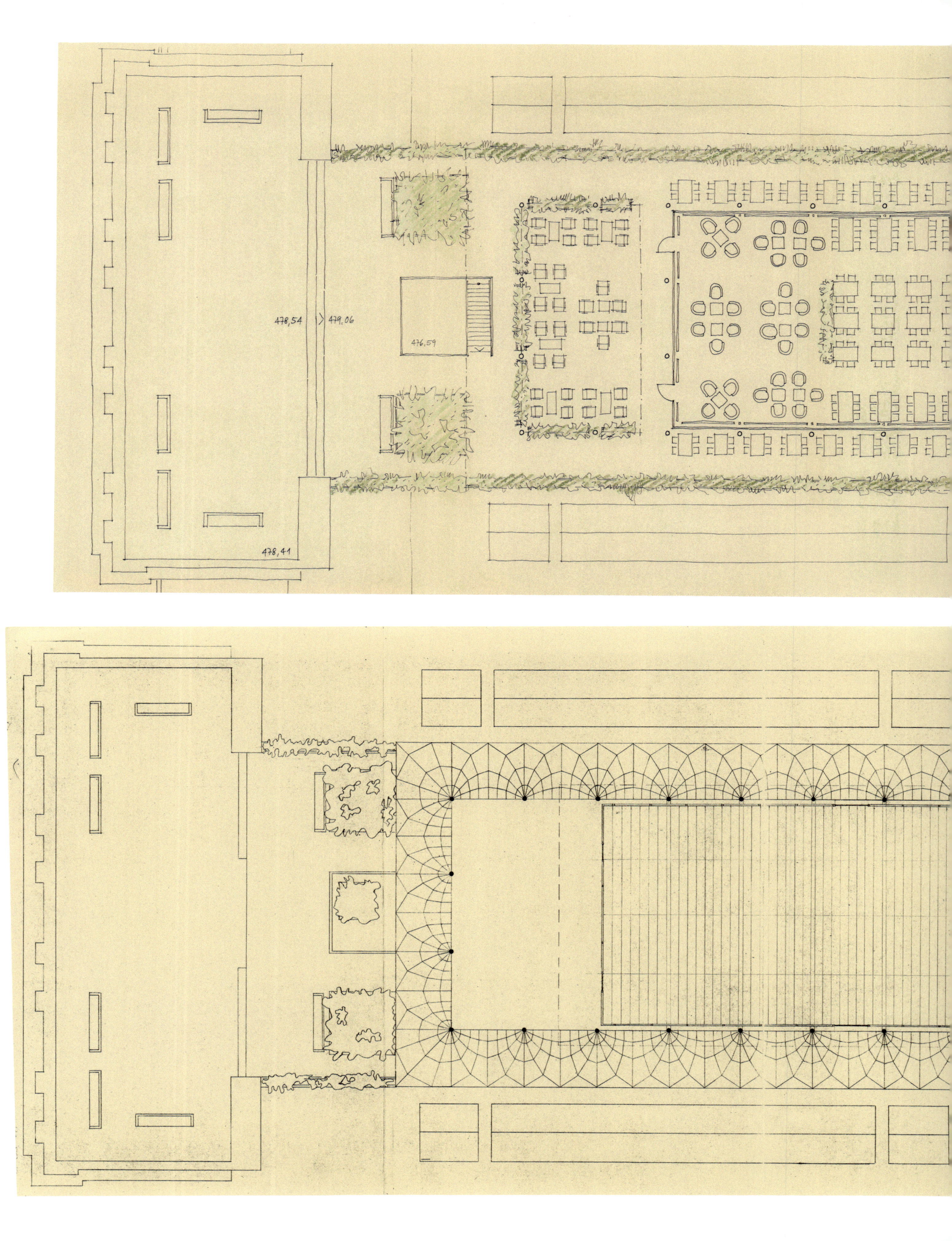

478,41

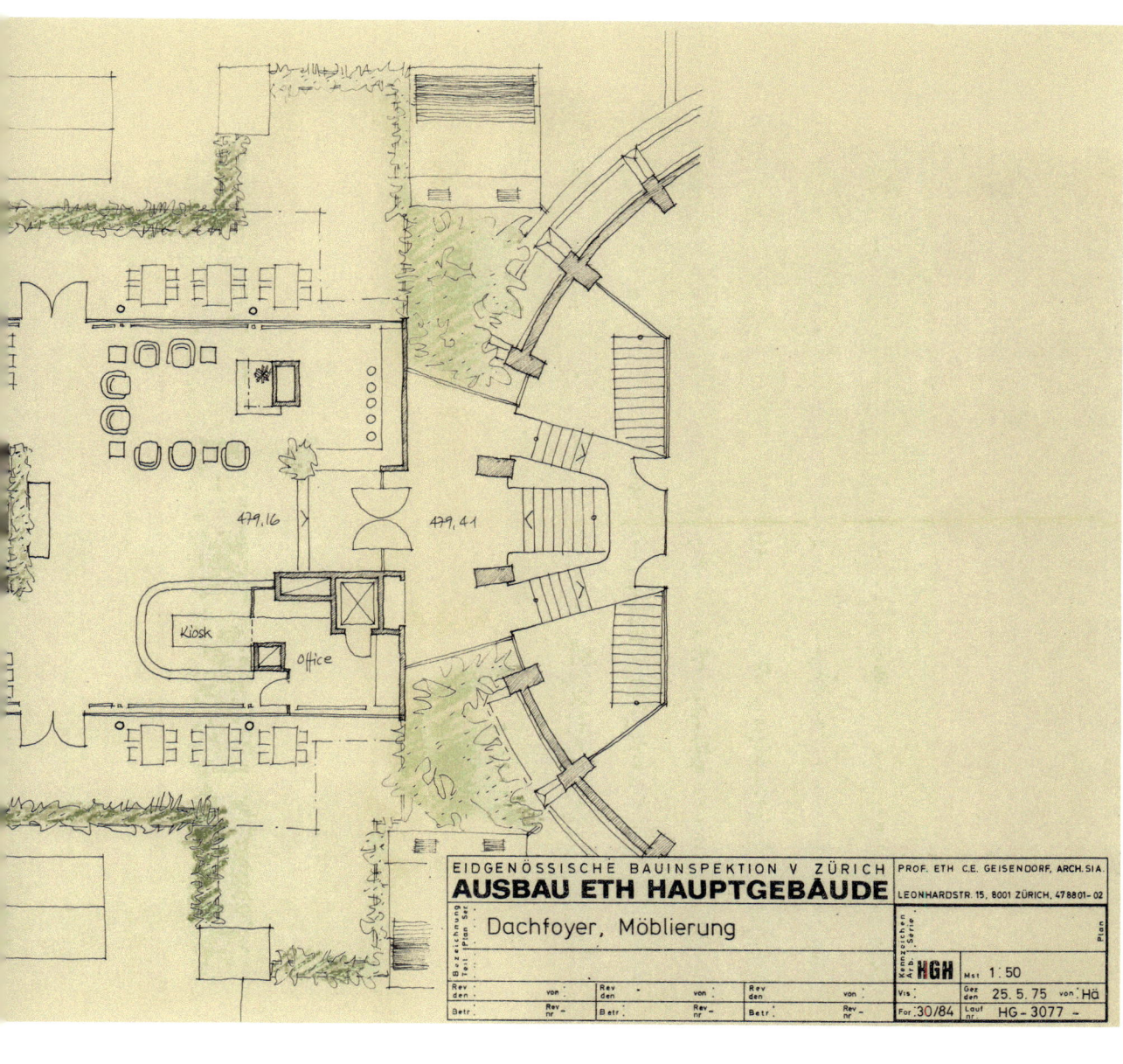

»AUSBAU ETH HAUPTGEBÄUDE. DACH-
FOYER, MÖBLIERUNG«
Maßstab 1 : 100 (Original 1 : 50)

18-02-14-2-23 / gta Archiv / ETH Zürich (Nachlass Charles-Edouard Geisendorf). Signatur Hä, Büro Geisendorf, 25. Mai 1977. Pause auf Papier; mit grüner Kreide koloriert. 30,0 x 84,0 cm.

»H.G. DACHFOYER. DECKEN UND DACH-
ANSICHT«
Maßstab 1 : 100 (Original 1 : 50)

18-02-14-2-2 / gta Archiv / ETH Zürich (Nachlass Charles-Edouard Geisendorf). Pause auf Papier. 31,0 x 105,0 cm.

Die Erschließung der neuen Dozentenmensa durch eine sorgfältig detaillierte Treppe beginnt zwar in unglücklichen Resträumen vor den Liftkernen, der Blick vom Inneren in die freie Landschaft des Zürichsees ist aber bis heute eine der Attraktionen des verglasten Dachfoyers. Geisendorf konstruiert filigrane Vordächer in Wabenstrukturen aus Aluminium, die Liftkerne der westlichen Treppenhäuser werden durch Pflanzbeete verdeckt, eine Fluchttreppe führt hier in einen abgesenkten Treppenhof.

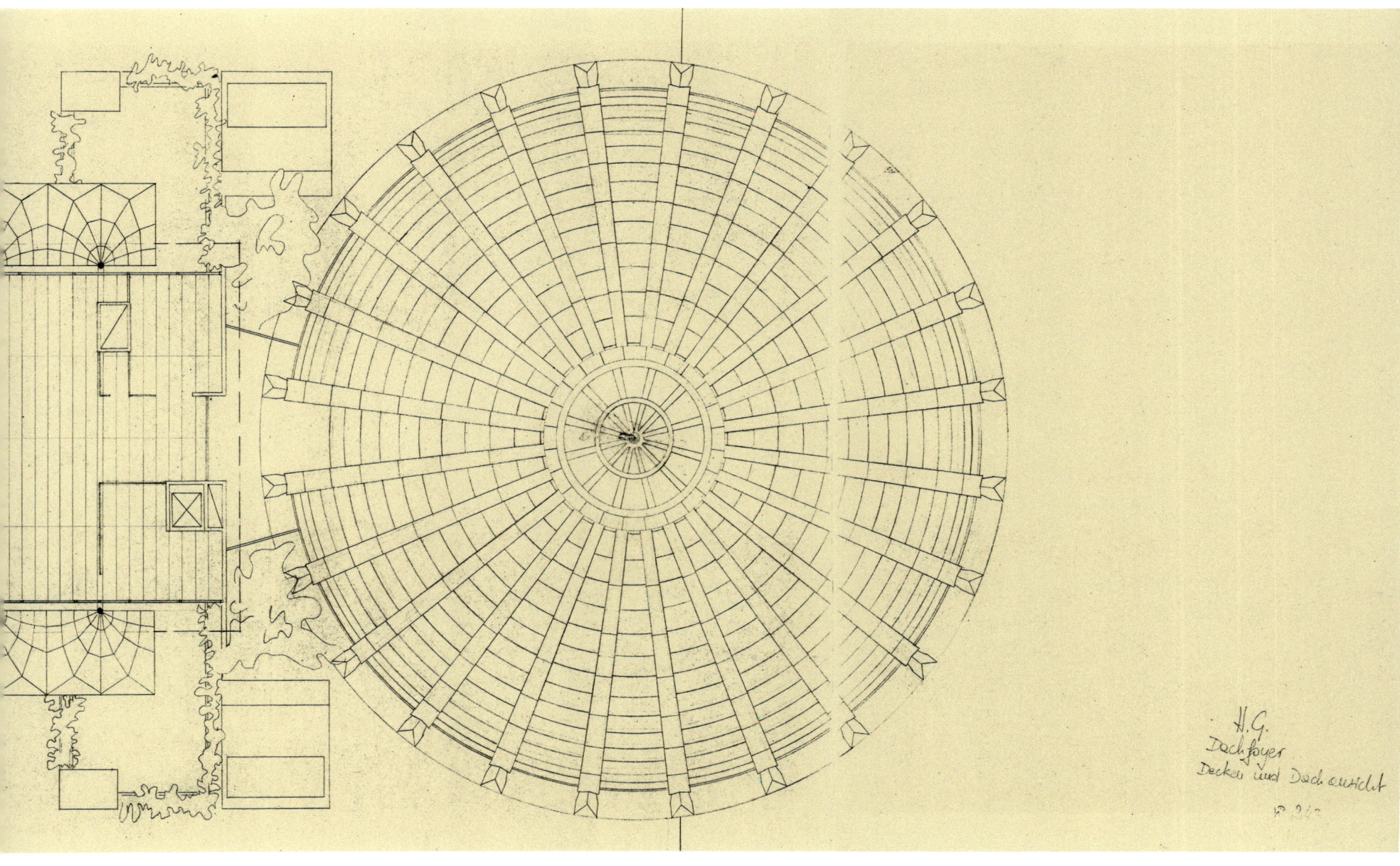

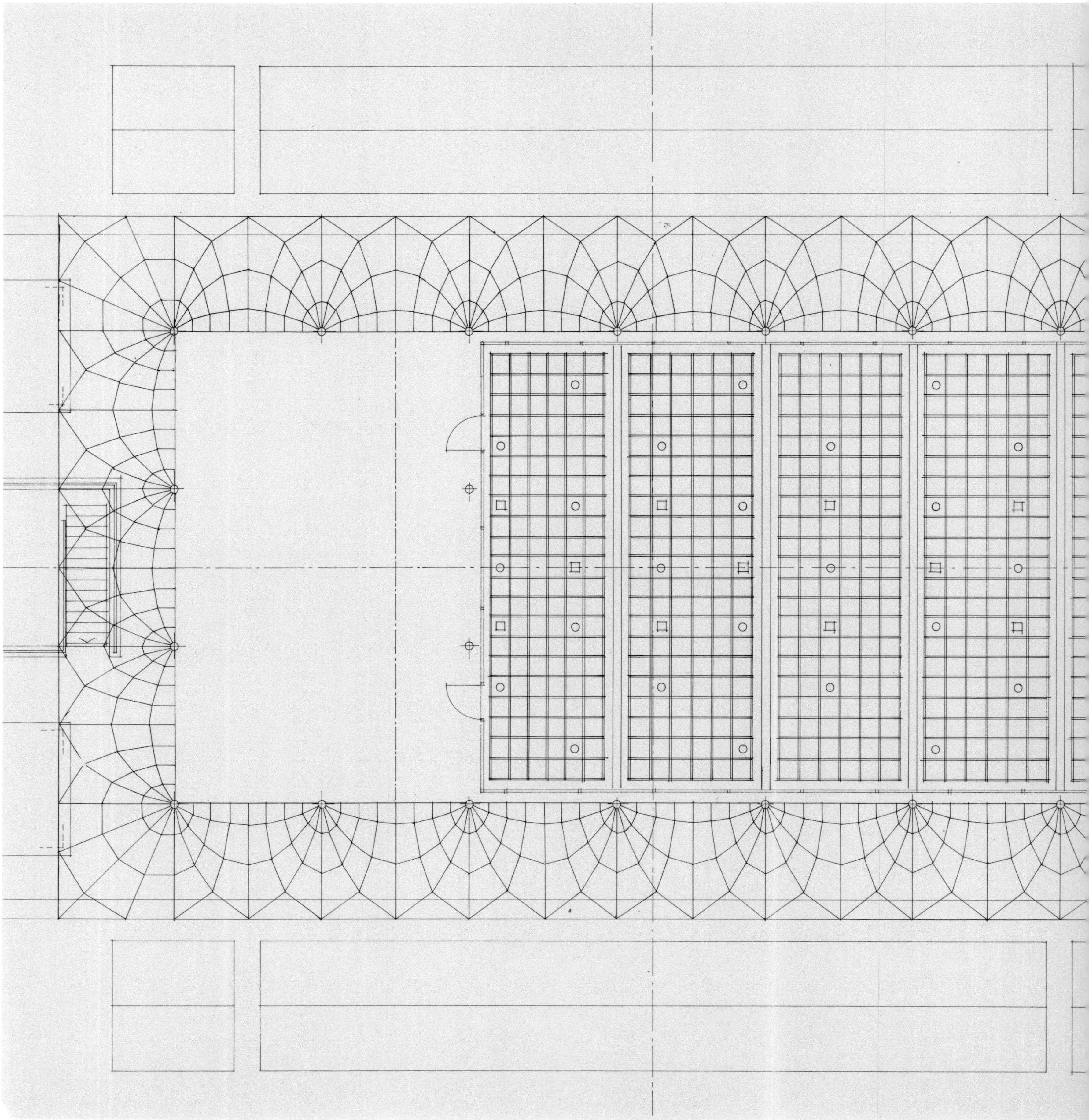

»AUSBAU ETH HAUPTGEBÄUDE. DACH-
FOYER DECKENUNTERSICHT«
Maßstab 1 : 125 (Original 1 : 50)

18-02-14-2-13 / gta Archiv / ETH Zürich (Nachlass Charles-Edouard
Geisendorf). Signatur Hä, Büro Geisendorf, 23. Juni 1973 / 7. August 1973.
Pause auf Papier. 60,0 x 105,0 cm.

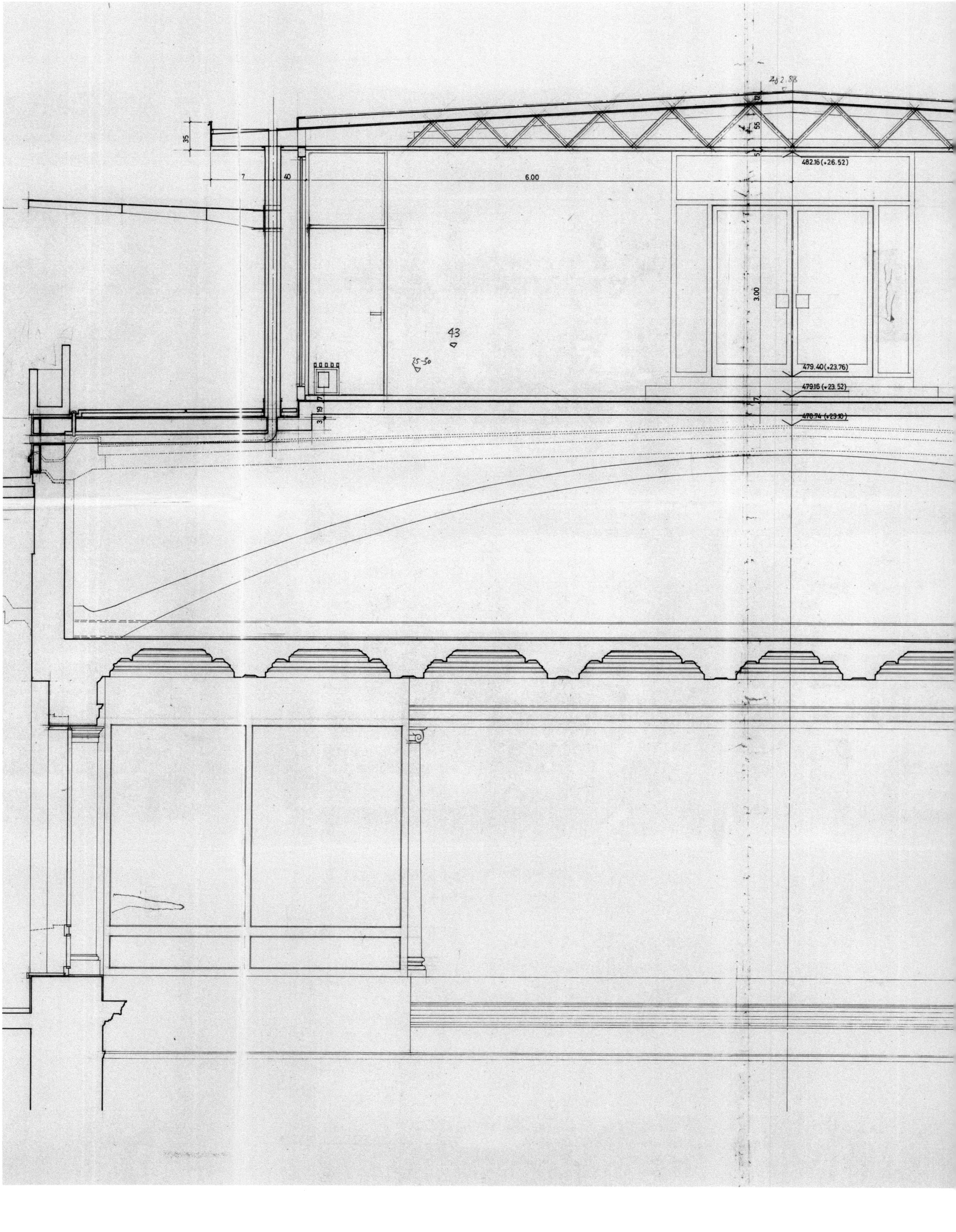

35
7
40
6.00
55
482.16 (+26.52)
3.00
43
479.40 (+23.76)
479.16 (+23.52)
478.74 (+23.10)

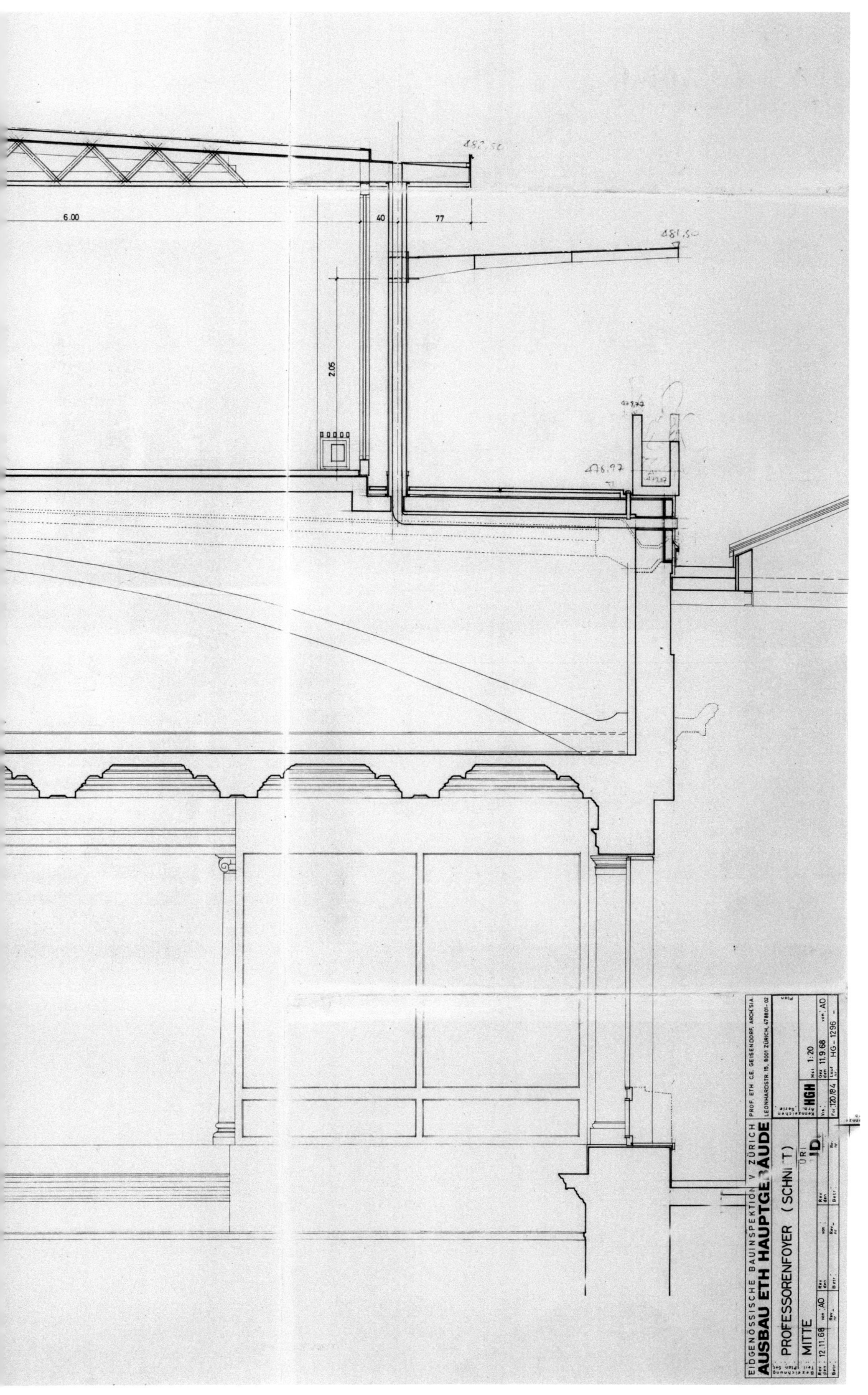

»AUSBAU ETH HAUPTGEBÄUDE. PROFESSORENFOYER (SCHNITT). MITTE«
Maßstab 1 : 50 (Original 1 : 20)

18-02-14-2-1 (Ausschnitt) / gta Archiv / ETH Zürich (Nachlass Charles-Edouard Geisendorf). Signatur A0, Büro Geisendorf, 11. September 1968 / 12. November 1968. Pause auf Papier. 84,0 x 120,0 cm.

Der Schnitt zeigt Gulls Konstruktion über der Haupthalle mit flach gespanntem Betonbogen und abgehängter Kassettendecke, darüber ist ein leichter Restaurantpavillon gezeichnet. Das bestehende Flachdach soll durch eine neue Stahlbetondecke ersetzt werden, diese trägt die Stützen der aufgehenden Stahlkonstruktion. Deren flach geneigtes Dach liegt auf Fachwerkträgern, die auskragenden Terrassenüberdachungen zeichnen in ihren Untersichten den Kräfteverlauf im Tragwerk nach. Seitlich sind die Anschlüsse der neuen zweigeschossigen Bibliotheksräume hinter den Obergadenfenstern zu sehen, ebenso die beiden Kanzeln in den Ecken der Haupthalle.

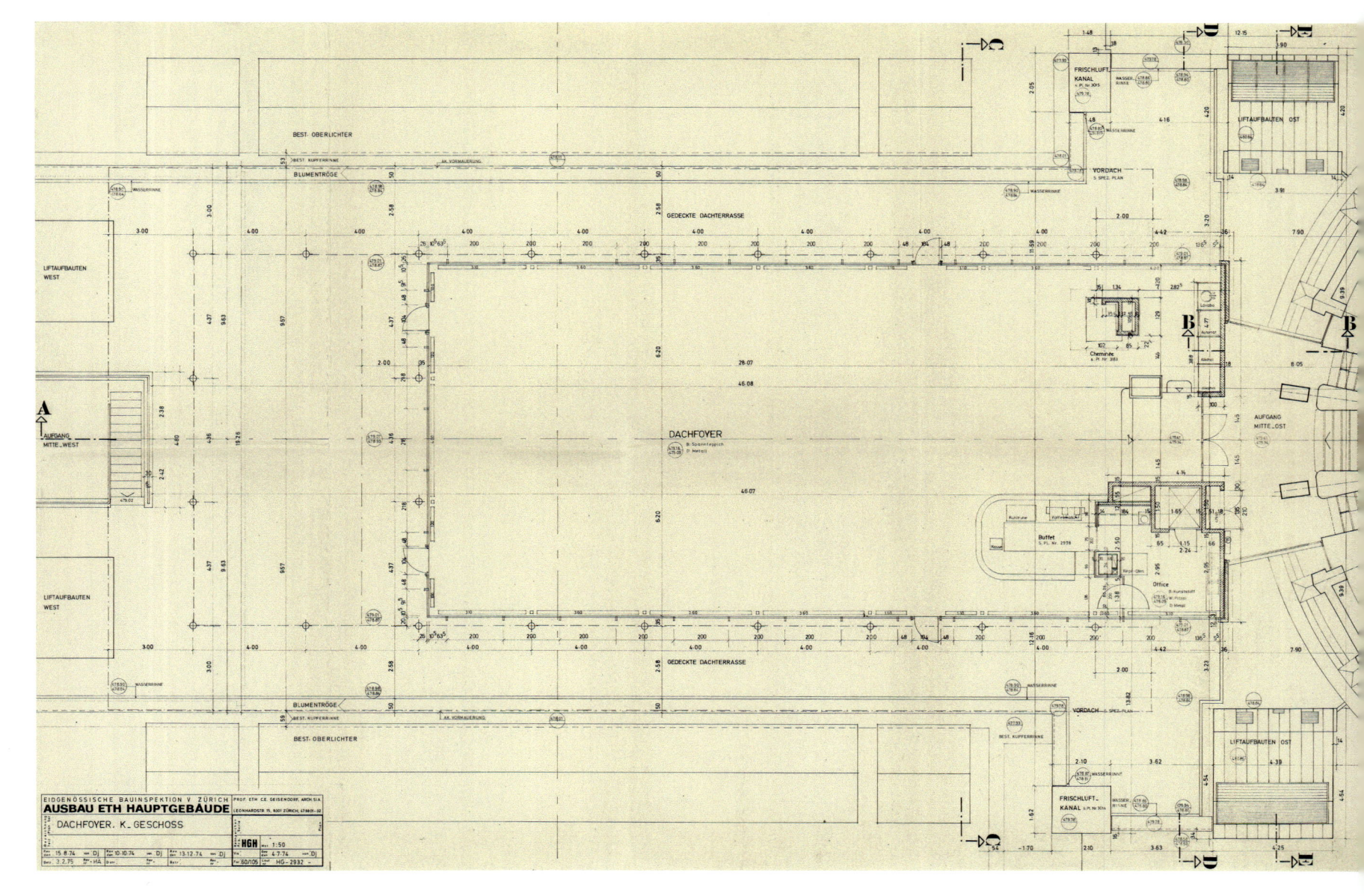

»AUSBAU ETH HAUPTGEBÄUDE. DACH-
FOYER, K_GESCHOSS«
Maßstab 1 : 200 (Original 1 : 50)

18-02-14-2-18 / gta Archiv / ETH Zürich (Nachlass Charles-Edouard Geisendorf). Signatur Dj / HA, 4. Juli 1968 / 15. August 1974 / 10. Oktober 1974 / 13. Dezember 1974. Pause auf Papier. 60,0 x 105,0 cm.

»AUSBAU ETH HAUPTGEBÄUDE. LÄNGS-
SCHNITTE. DACHFOYER.«
Maßstab 1 : 200 (Original 1 : 50)

18-02-14-2-7 / gta Archiv / ETH Zürich (Nachlass Charles-Edouard Geisendorf). Signatur AO / HA, Büro Geisendorf, 16. Juni 1968 / 4. September 1968 / 27. Januar 1969 / 9. Oktober 1970. Pause auf Papier. 60,0 x 84,0 cm.

SCHNITT B B

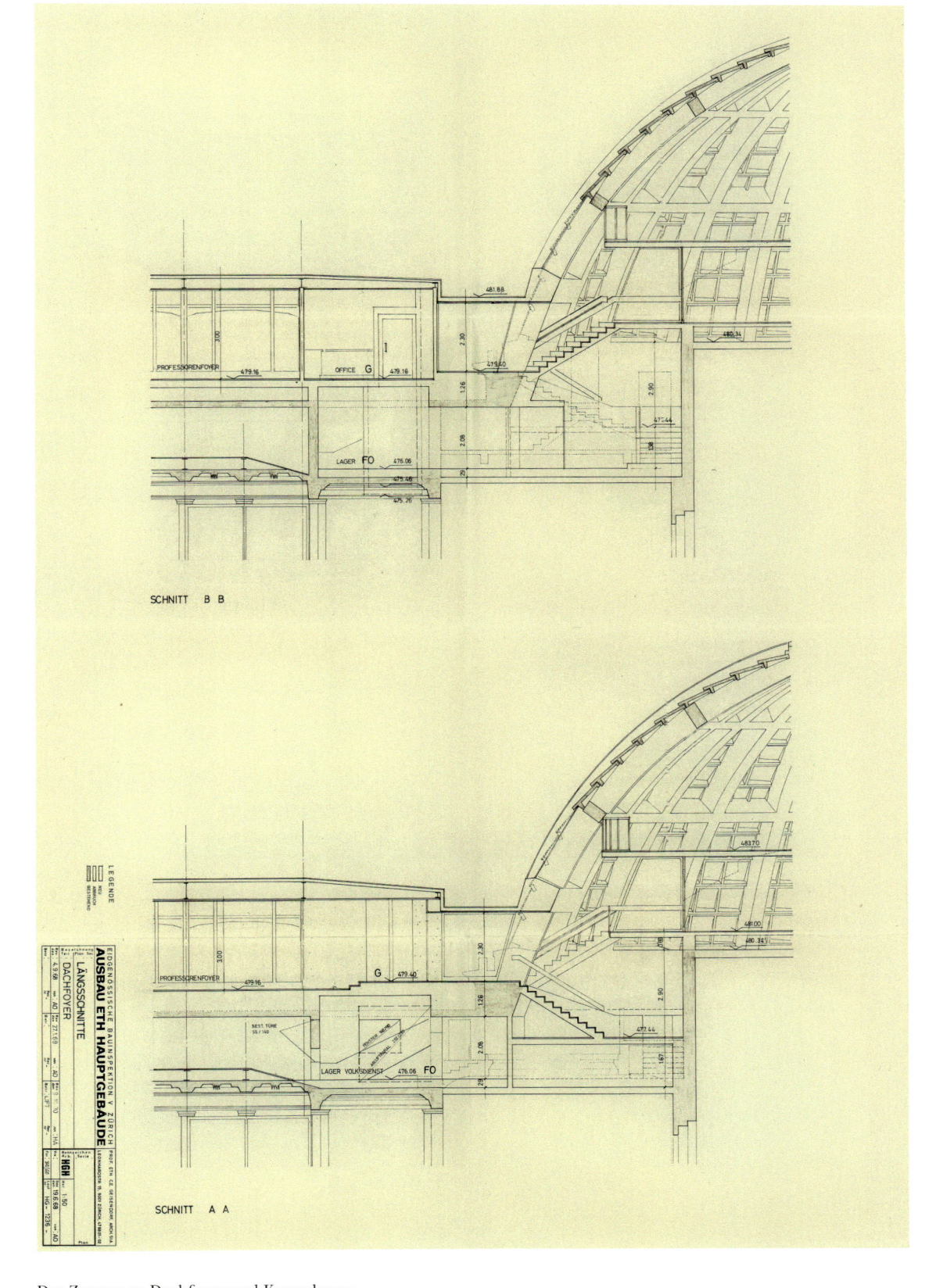

SCHNITT A A

Der Zugang zu Dachfoyer und Kuppelraum
befindet sich unterhalb der Tragstruktur der
Gullschen Kuppel. Zwei Auflagerpunkte der
Kuppelkonstruktion verhindern die Fortführung der Haupttreppen in den Dachbereich,
auch die Lifte führen nicht bis zum neuen
Foyer.

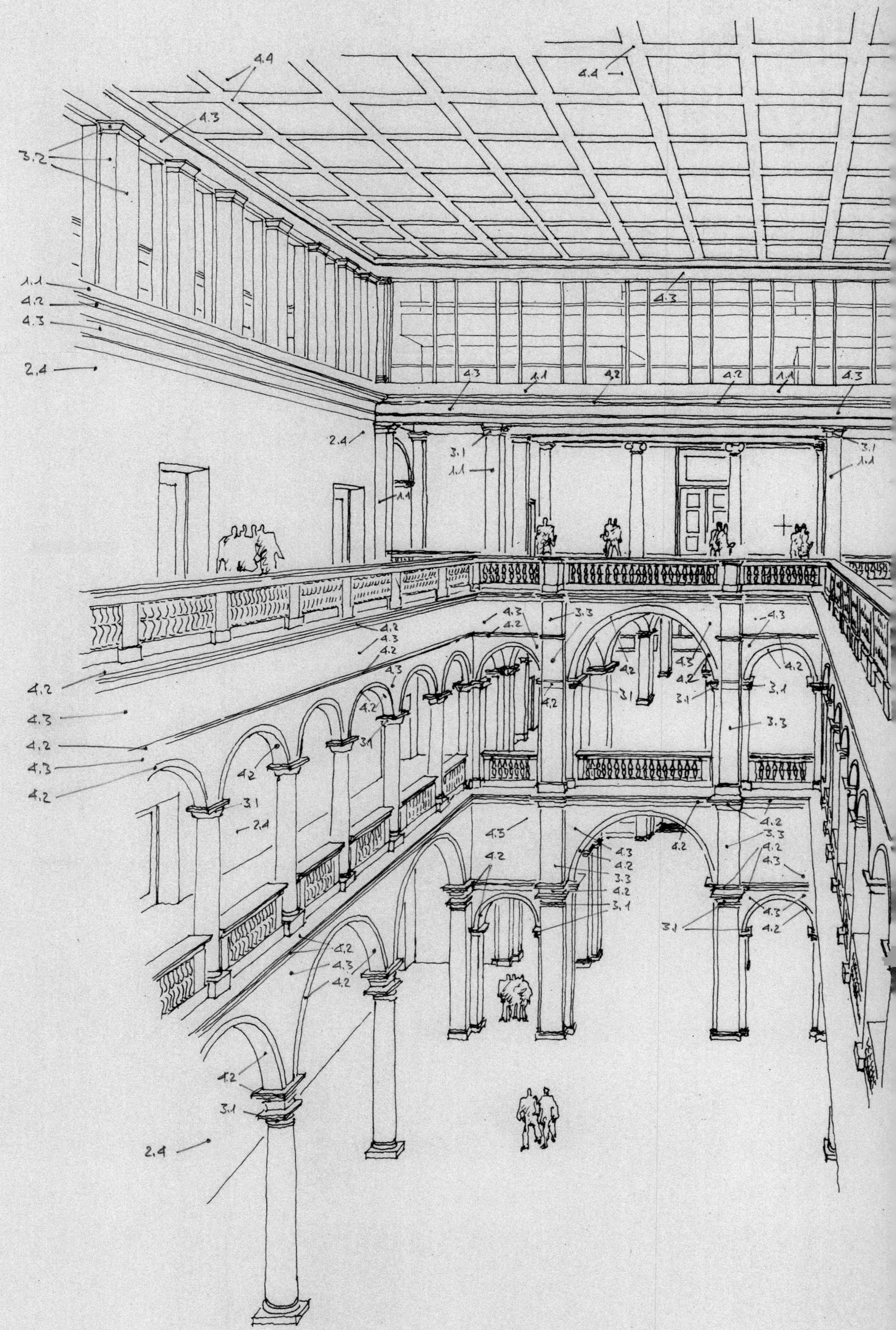
4.4
4.4
4.3
3.2
1.1
4.2
4.3
2.4
4.3
1.1
4.2
4.2
1.1
4.3
2.4
3.1
1.1
1.1
3.1
1.1
4.2
4.3
4.2
4.3
4.2
4.3
4.2
3.1
2.4
3.3
3.1
4.2
4.3
2.4

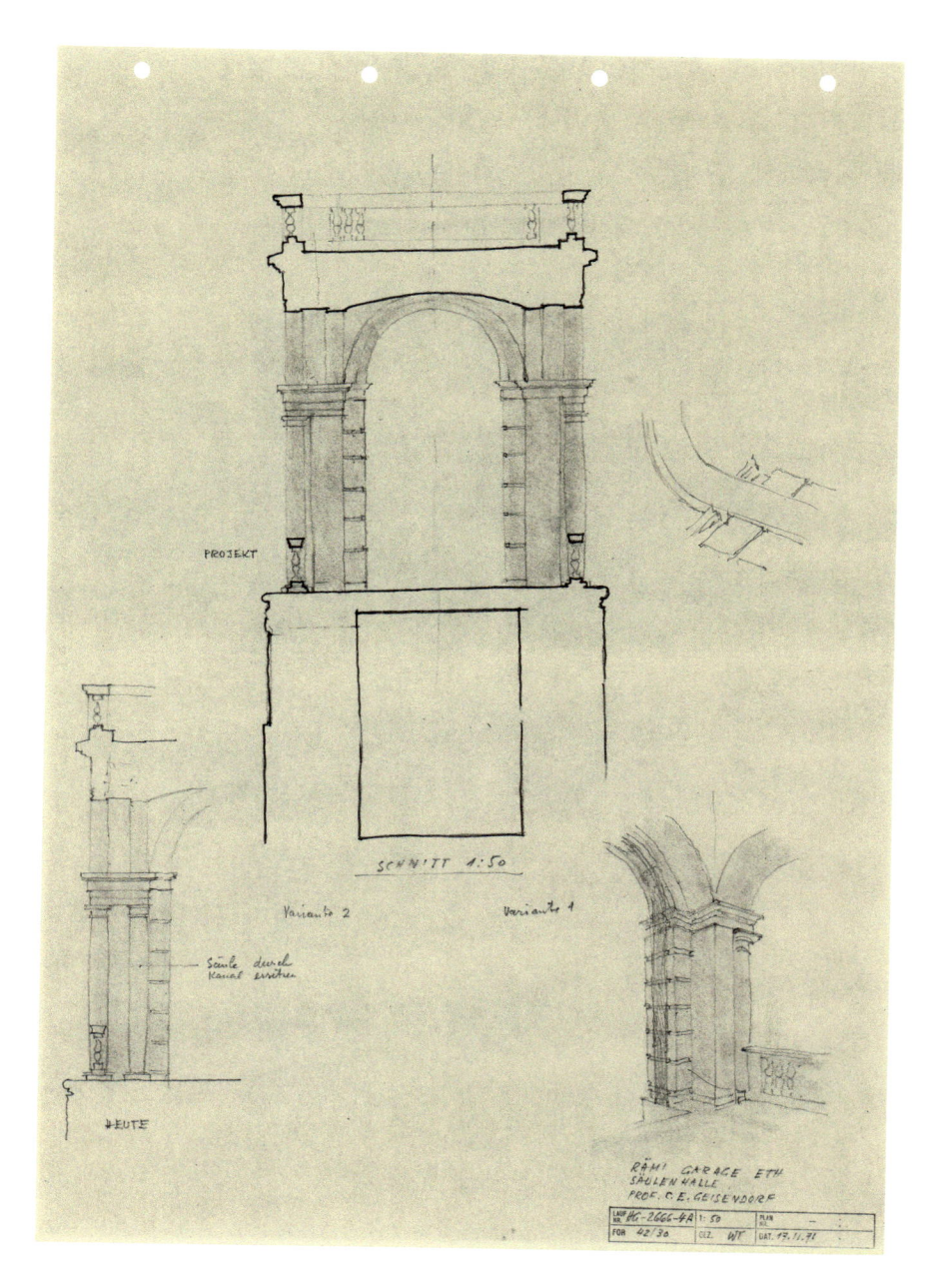

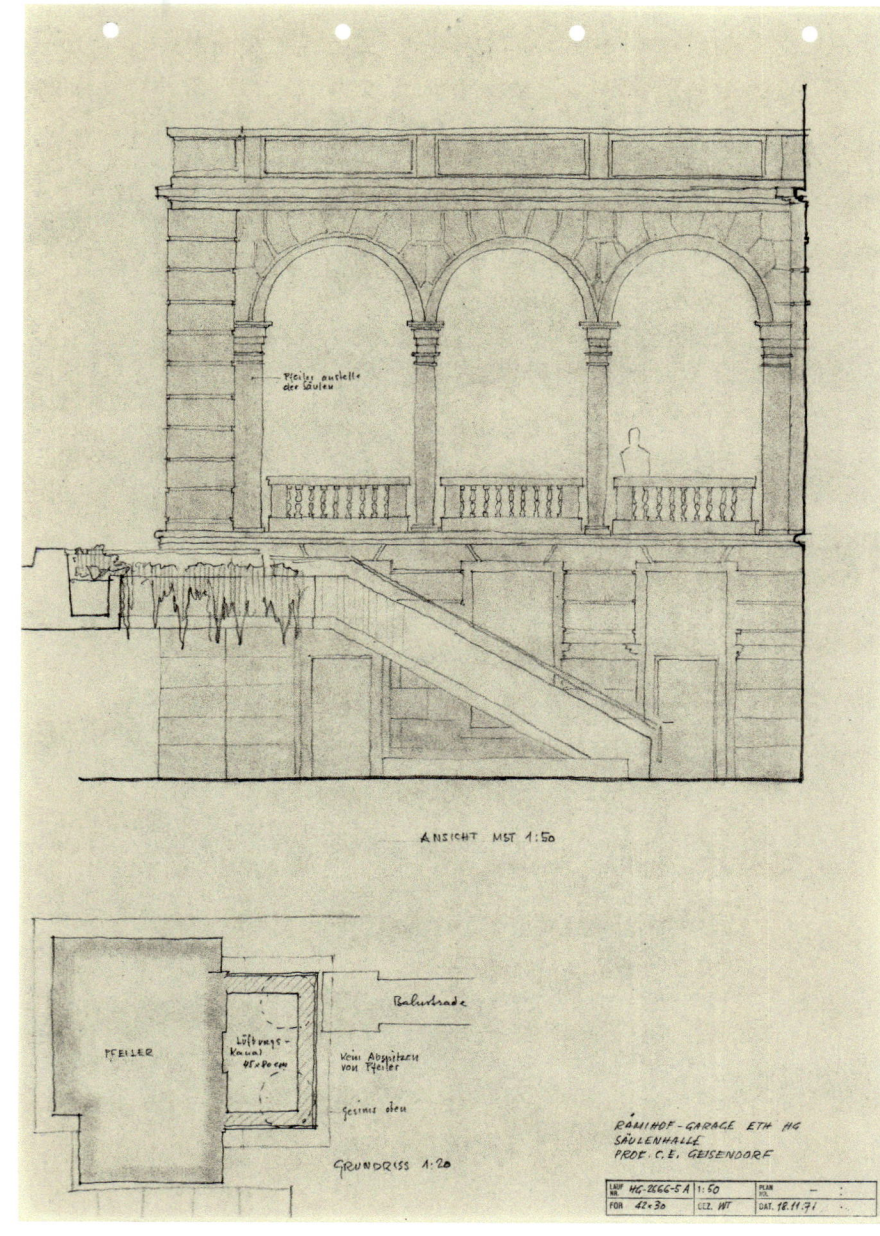

»RÄMI GARAGE ETH. SÄULENHALLE«
Ohne Maßstab

18-02-12-1-4 / gta Archiv / ETH Zürich (Nachlass Charles-Edouard Geisendorf), Signatur WT, Büro Geisendorf, 17. November 1971. Pause auf Papier. 42,0 × 30,0 cm.

»RÄMIHOF-GARAGE ETH HG. SÄULENHALLE«
Ohne Maßstab

18-02-12-1-5 / gta Archiv / ETH Zürich (Nachlass Charles-Edouard Geisendorf), Signatur WT, Büro Geisendorf, 18. November 1971. Pause auf Papier. 42,0 × 30,0 cm.

ERSATZ EINER SÄULE DURCH EINEN LÜFTUNGSKANAL AN DEN LOGGIEN DES RÄMIHOFS
Ohne Maßstab

18-02-12-1-3 / gta Archiv / ETH Zürich (Nachlass Charles-Edouard Geisendorf), Signatur WT, Büro Geisendorf, 10. November 1971. Pause auf Papier. 42,0 × 30,0 cm.

Die eingegrabenen Parkgeschosse an der Rämistrasse benötigten Entlüftungskanäle, Geisendorf plante 1971, diese im Bereich der Loggien zu installieren. Varianten zeigen den Ersatz der stirnseitigen Säulen durch einen Schacht mit Stahlträger, Pilasterformen sollten die Lüftungskanäle verkleiden. Die Fundamentgeschosse der Loggien sind in der Baueingabe (vgl. S. 530–531) mit Gelb (Abriss) eingefärbt.

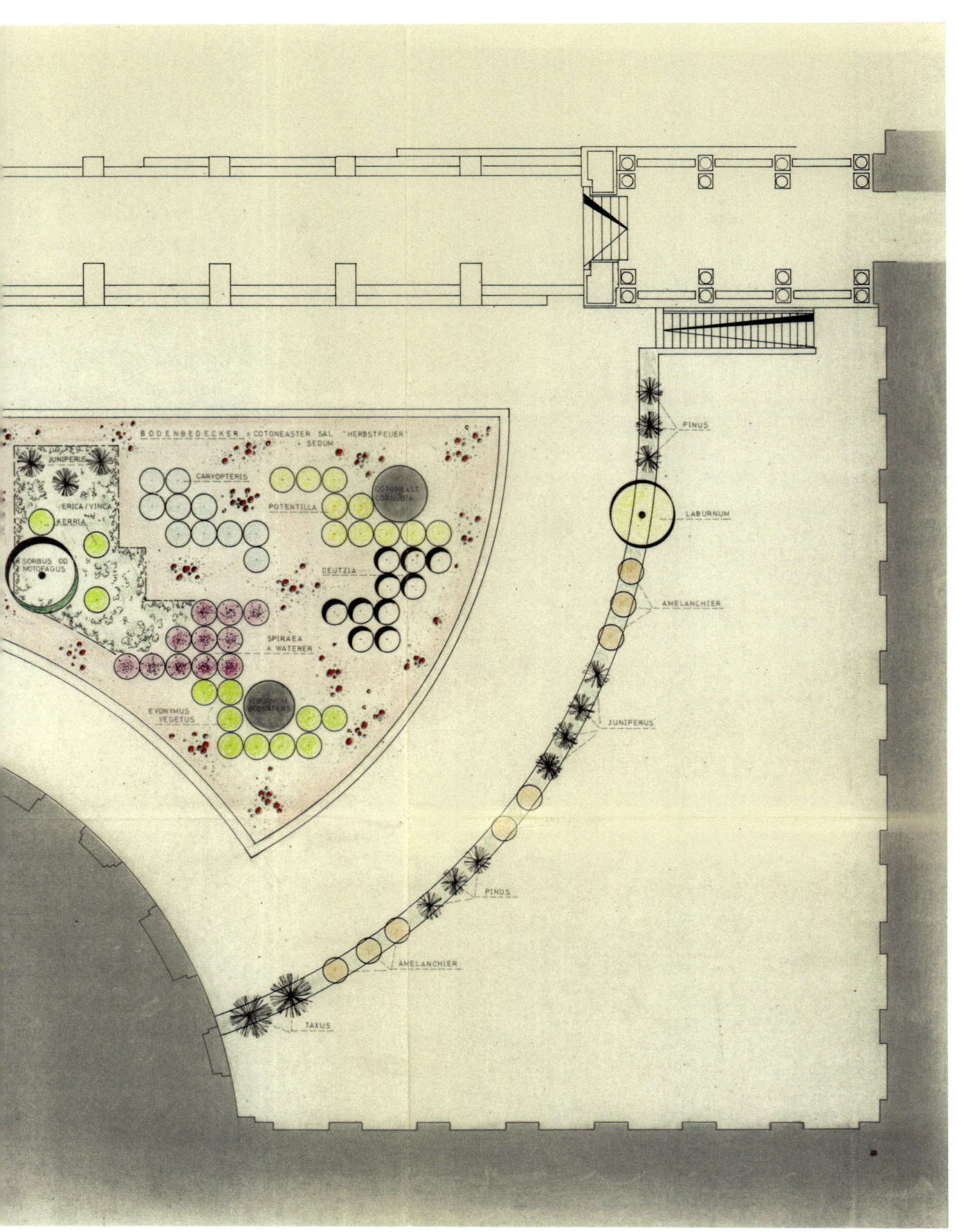

»AUSBAU ETH. HAUPTGEBÄUDE.
BEPFLANZUNG, VARIANTE II«
Maßstab 1 : 2000 (Original 1 : 1000)

18-02-16-2-2 / gta Archiv / ETH Zürich (Nachlass Charles-Edouard Geisendorf). Stempel Leo Hackl, Gartenbau, Thalwil, 15. September 1972. Pause auf Papier; mit blauer, gelber, grüner, roter und violetter Kreide koloriert. 46,0 x 83,0 cm.

Bepflanzungsplan für den Vorhof an der Rämistrasse von Gartenbau Leo Hackl, Thalwil. Ein Ring aus Kiefer *(Pinus)*, Goldregen *(Laburnum)*, Felsenbirne *(Amelanchier)*, Wacholder *(Juniperus)* und Eibe *(Taxus)* grenzt den Hof gegen die darunter liegenden Parkgeschosse ab. Die beiden Pflanzbeete sollen mit Bartblume *(Caryopteris)*, Fingerkraut *(Potentilla)*, Deutzien, Spierstrauch *(Spiraea Anthony Waterer)*, Kriechspindel *(Euonymus vegetus)*, Kerrie, Immergrün *(Vinca)* und Heidekraut *(Erica)* bepflanzt werden; der Boden ist mit Herbstfeuer *(Cotoneaster salicifolius)* bedeckt und mit je drei Bäumen (Vogelbeere/*Sorbus* oder Scheinbuche/*Nothofagus*, Schneeball/*Viburnum bodnantense*, Felsenmispel/*Cotoneaster cornubia*) akzentuiert – eine völlig freie Gestaltung. Die Decke des oberen Garagengeschosses wurde recht bald undicht, daher sind die Flächen 2015 mit Kies versiegelt.

RÄMISTRASSE

EIDGENÖSSISCHE BAUINSPEKTION V. ZÜRICH
AUSBAU ETH. HAUPTGEBÄUDE

BEPFLANZUNG VARIANTE II M 1:1000
PLAN NR. 1 15.9.72 GR. 46/83

LEO HACKL, Gartenbau, THALWIL

BLICK IN DIE VERÄNDERTE MITTELHALLE
Ohne Maßstab

18-02-19-1-7 / gta Archiv / ETH Zürich (Nachlass Charles-Edouard Geisendorf). Signatur Ha, Büro Geisendorf, 14. März 1968. Pause auf Papier. Eintragungen in schwarzem Filzstift. 42,0 x 60,0 cm.

Die durch die Verkürzung der Haupthalle auf der Stadtseite entstandenen Räume werden durch eine Architrav- und Stützenkonstruktion in historistischen Formen getragen, die neuen Räume zeigen sich als verglaster Balkon in der Haupthalle. Auf der vereinfachten Perspektive hat das Büro Geisendorf vermutlich Farbangaben für Oberflächen eingetragen.

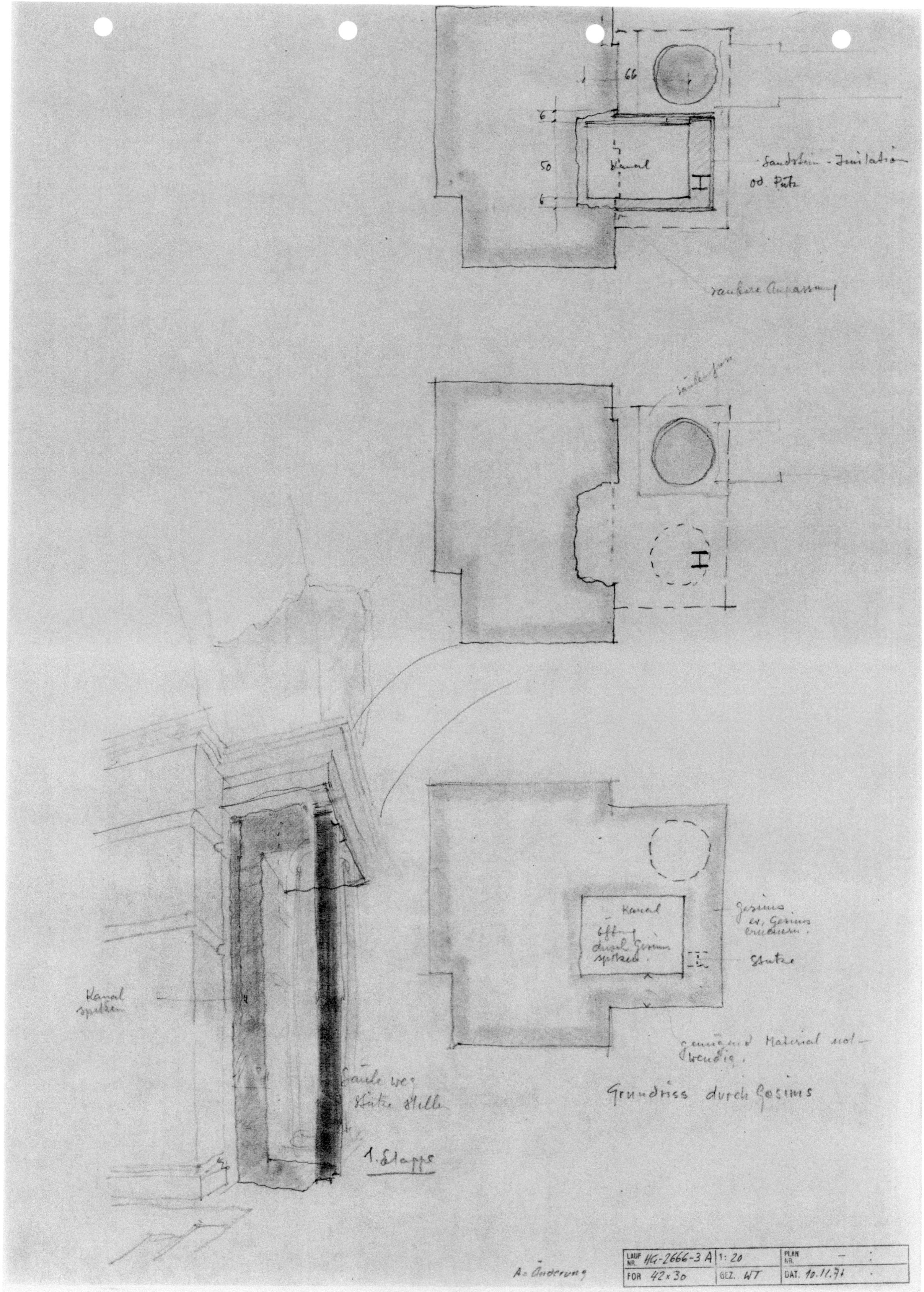
66
6
50
Kanal
6
Sandstein-Imitation
od. Putz
saubere Anpassung
Kanal
Gesims
ev. Gesims erneuern.
Stütze
genügend Material notwendig.
Grundriss durch Gesims
Kanal spülen
Säule weg
Stütze stellen
1. Etappe
A= Änderung
LAUF NR. HG-2666-3 A
1:20
FOR 42x30
GEZ. WT
DAT. 10.11.71

550

551

ABBRUCH DES SÜDLICHEN TREPPEN-
HAUSES

BAZ_19842 / Baugeschichtliches Archiv der Stadt Zürich.
Fotograf unbekannt, 13./17. Juni 1966.

Ans_01518-F / Baugeschichtliches Archiv der Stadt Zürich.
Fotograf unbekannt, 1968.

AUSHUB IM NORDHOF UND UNTER-
FANGUNG DER BESTEHENDEN FASSADEN

Ans_03221 / ETH-Bibliothek Zürich, Bildarchiv.
Fotograf unbekannt, September 1968.

Die erneut tiefgreifenden Eingriffe in die Substanz des Hauptgebäudes belegen Fotografien aus den späten 1960er Jahren: Jetzt werden vor allem die großartigen Treppenhäuser der Semperzeit in Nord- und Südflügel weitgehend geschleift.

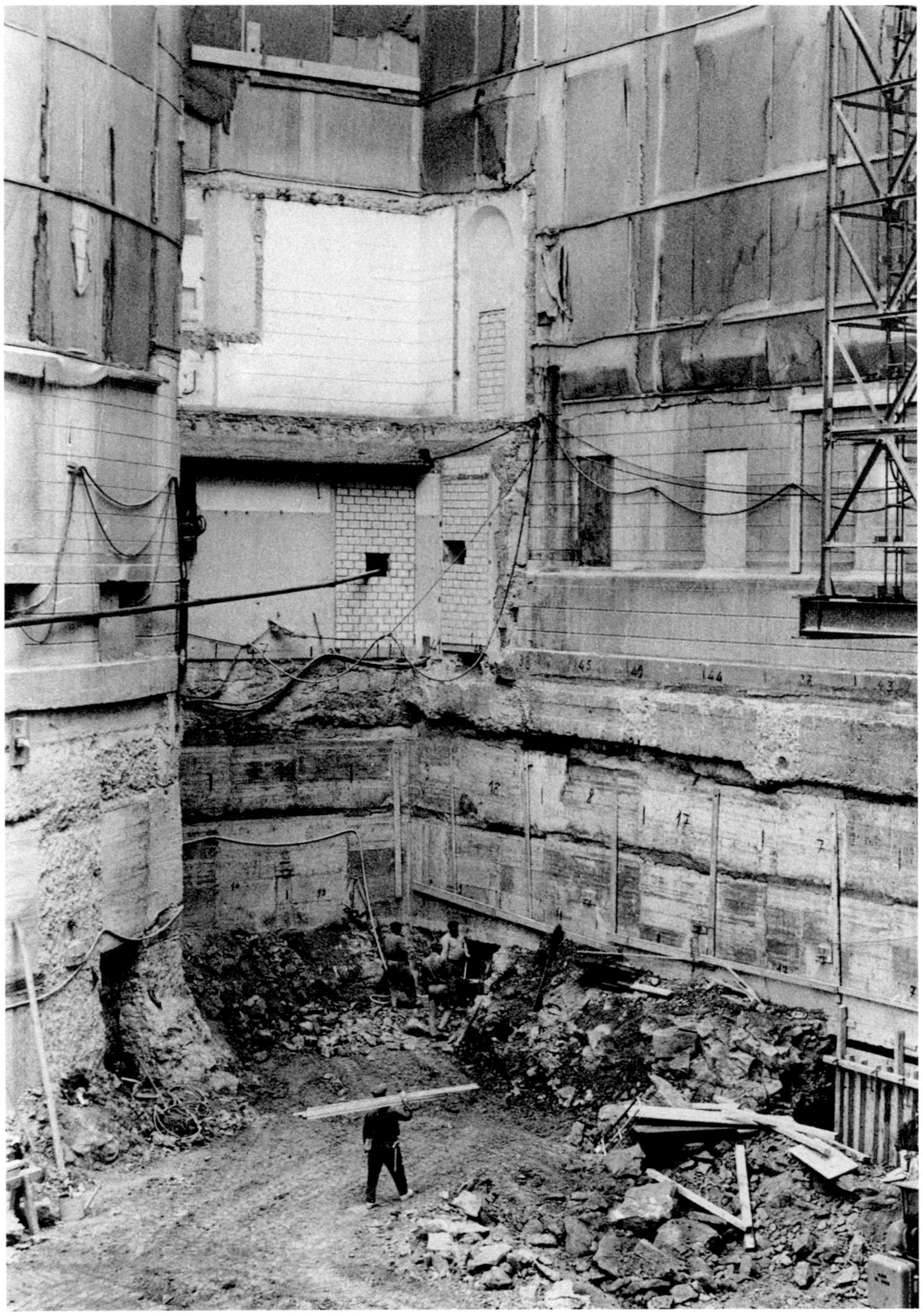

ABBRUCH DES NÖRDLICHEN TREPPEN-HAUSES

Ans_01757, Ans_01758 / ETH-Bibliothek Zürich, Bildarchiv.
Fotografien von G. Nigg, 1968.

ZUGESETZTE FENSTERÖFFNUNGEN DER HALBRUNDEN HOFWÄNDE DER GULLSCHEN AUDITORIEN UND AUF-STOCKUNG IN STAHLBAUWEISE

Ans_01725, Ans_01727 / ETH-Bibliothek Zürich, Bildarchiv.
Fotografien von G. Nigg, 1967/68.

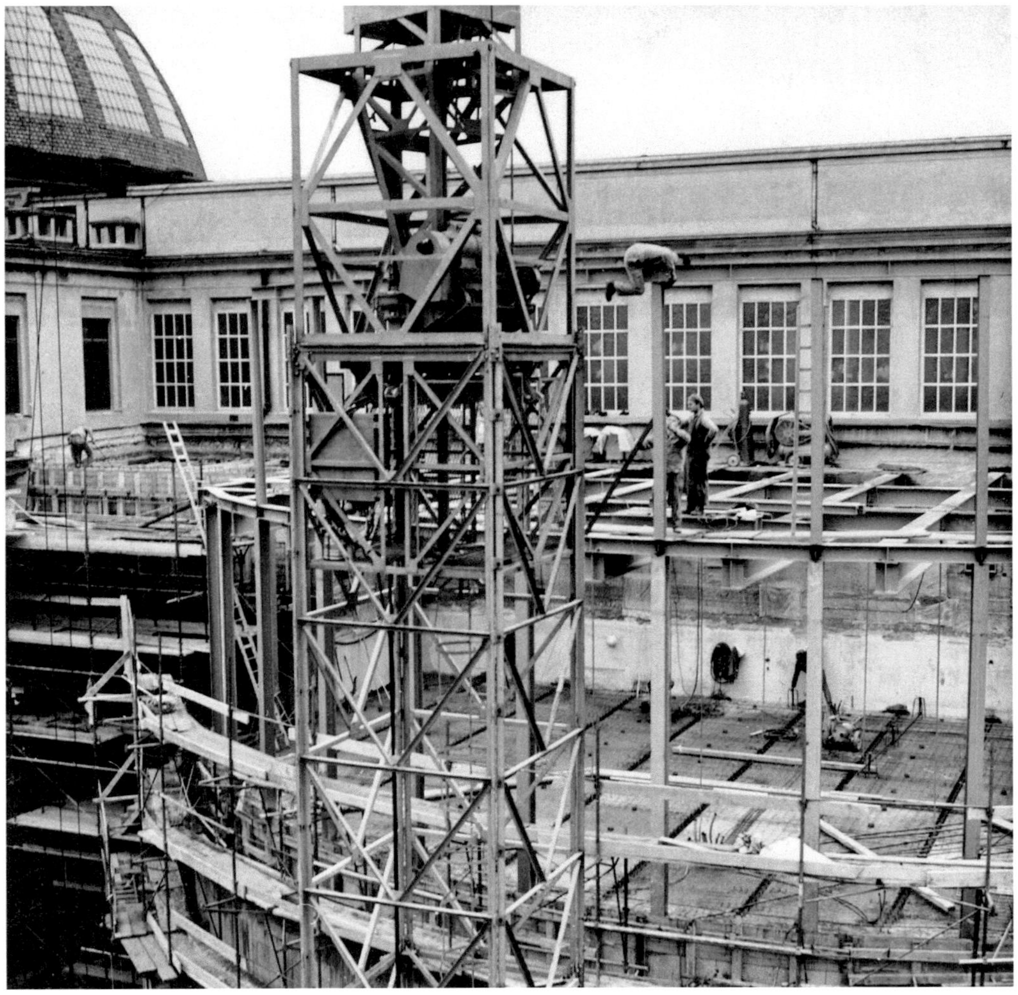

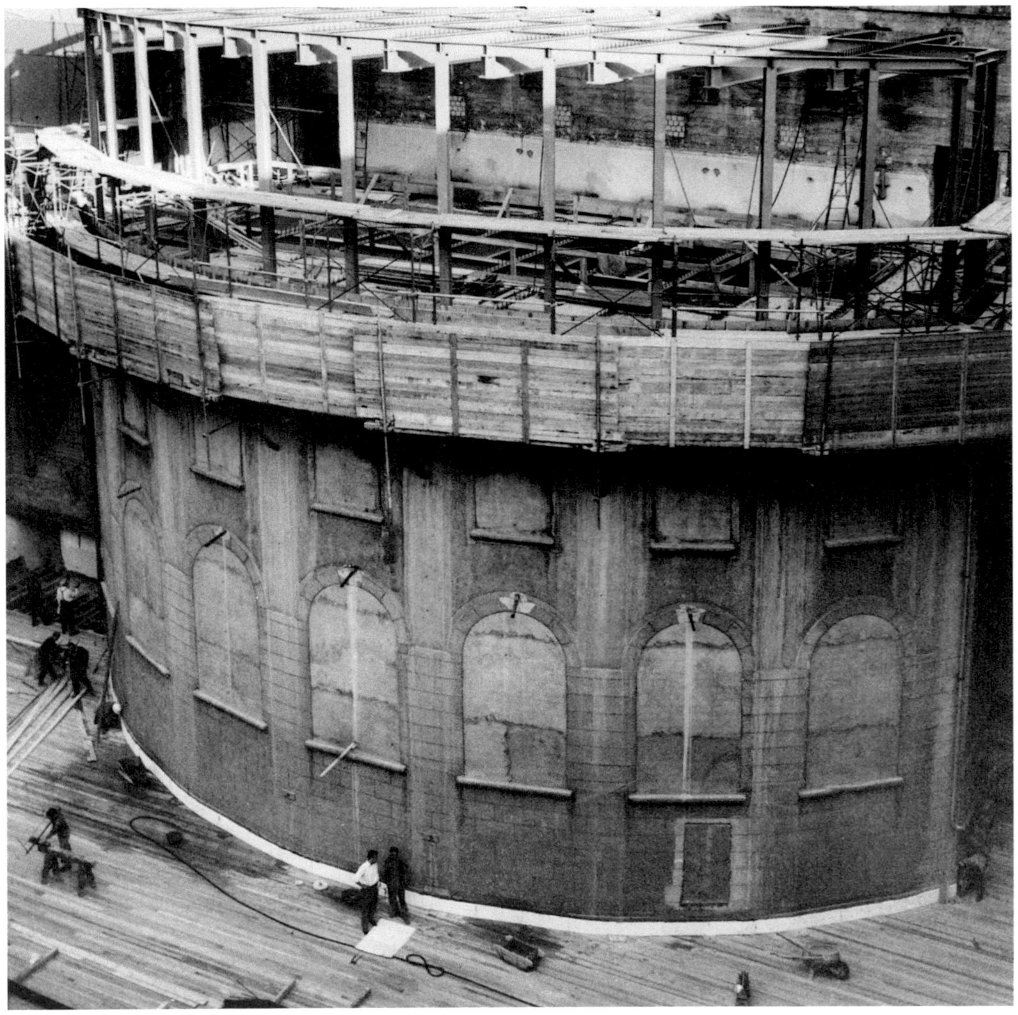

NEUES AUDITORIUM IM SÜDHOF

Ans_01738, Ans_01734 / ETH-Bibliothek Zürich, Bildarchiv.
Fotografien von G. Nigg, Dezember 1967 / November 1968.

Com_L17-0119-0235 / ETH-Bibliothek Zürich, Bildarchiv.
Fotografie von Josef Schmid, Februar 1968.

Die neuen verglasten Dächer der Hofausbauten werden durch große Stahlkonstruktionen getragen, in den Fotografien sind Eisenbewehrungen für die Fundamente der neuen Hörsaaleinbauten zu sehen. Die Betonböden der Hörsäle wurden von den Ingenieuren als gekrümmte Flächentragwerke konstruiert.

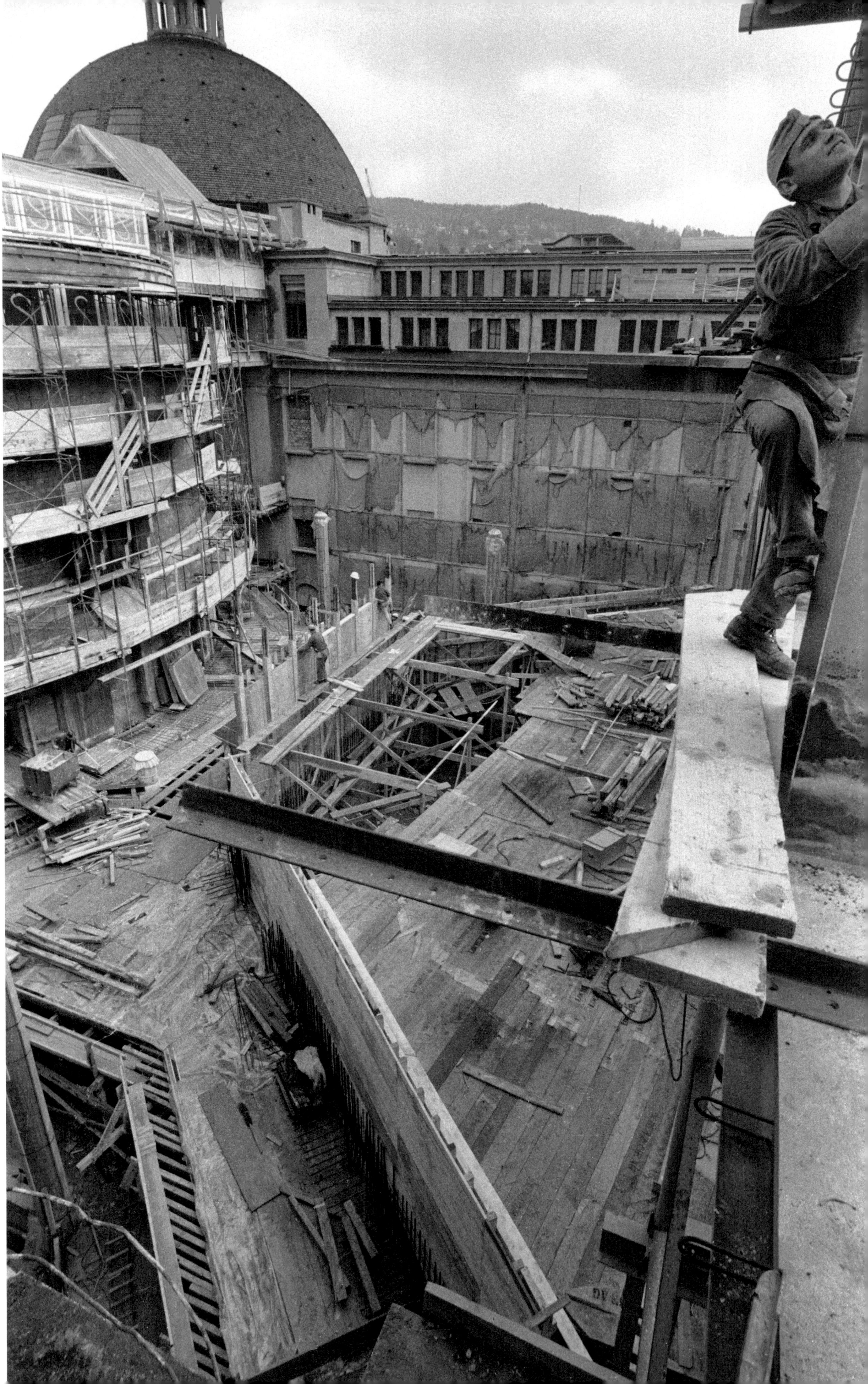

SHEDDÄCHER DER INNENHÖFE NACH DEN UMBAUTEN DER 1960ER UND 1970ER JAHRE

Ans_01440, Com_L31-0111-0229 / ETH-Bibliothek Zürich, Bildarchiv. Fotograf unbekannt, nach 1971.

Die Untersichten der Lichtdecken der Höfe sind bis 2015 nicht wesentlich verändert worden, die Sheddächer der Oberseite hat man allerdings zu Beginn des 21. Jahrhunderts durch flache Glaskonstruktionen ersetzt.

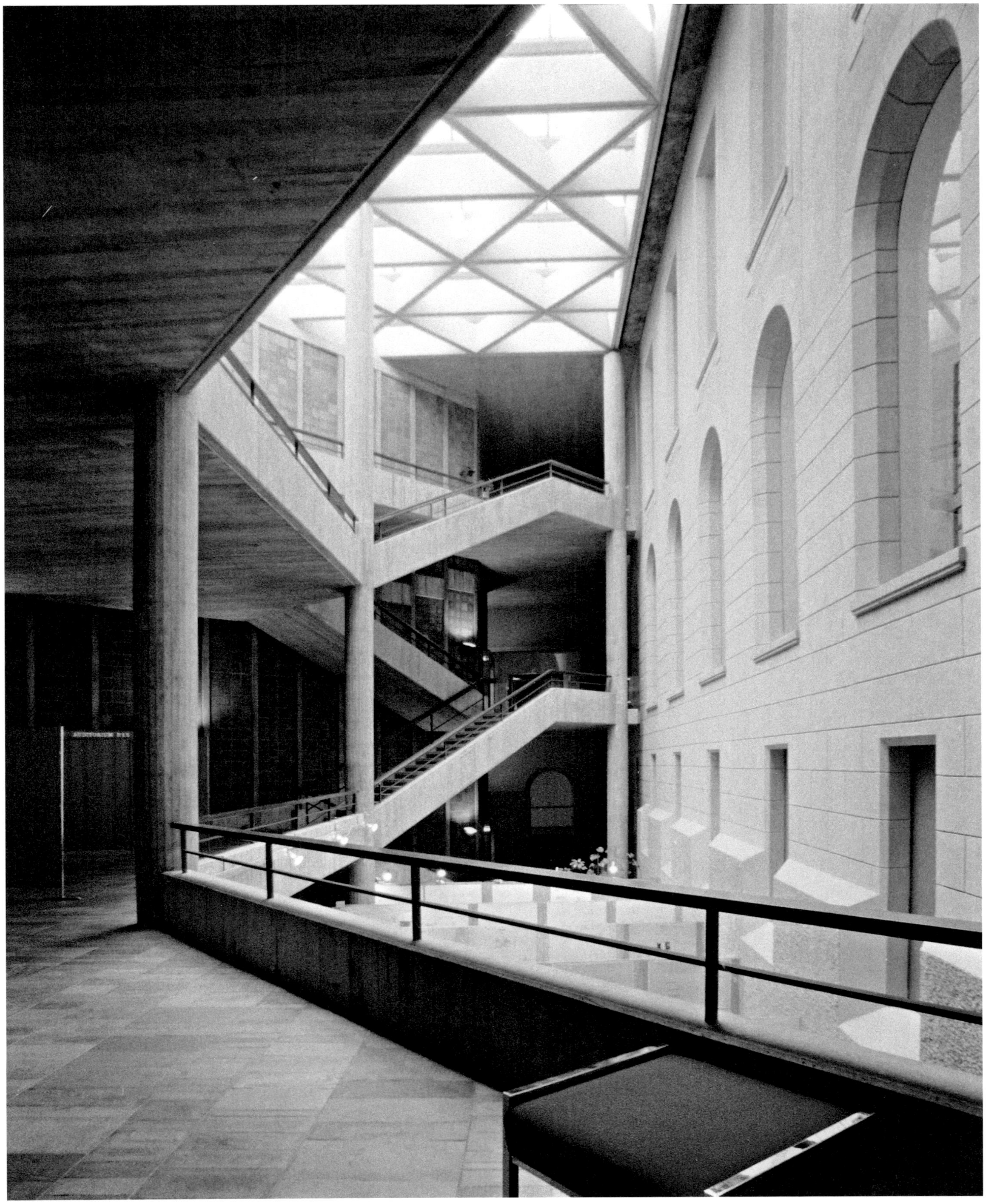

**DIAGONALE TREPPENERSCHLIESSUNG
IN DEN NEUEN HOFEINBAUTEN**

Ans_00288, Ans_00287 / ETH-Bibliothek Zürich, Bildarchiv.
Fotograf unbekannt, nach 1971.

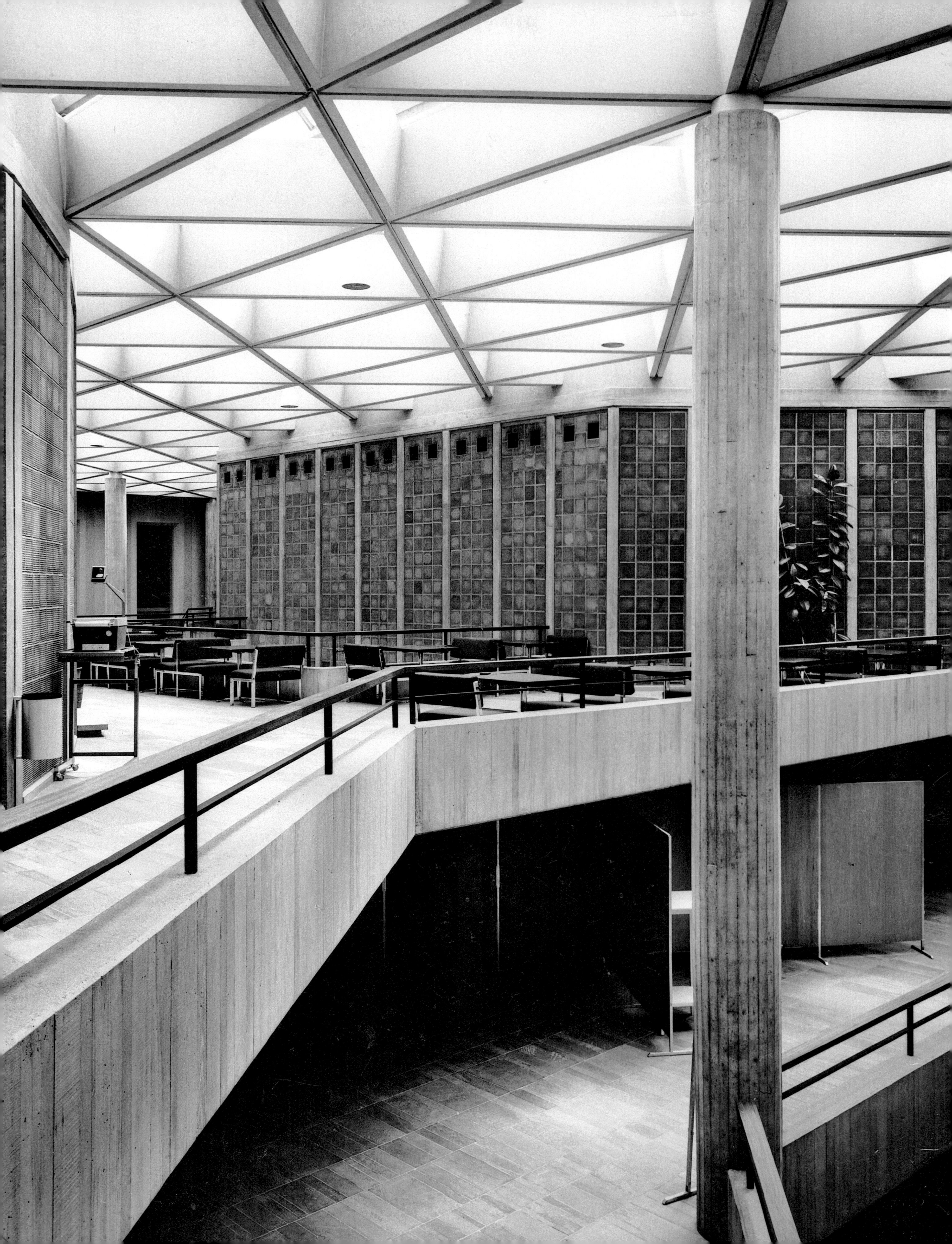

ZU SANIERUNGSZWECKEN FREIGELEGTE BETONKUPPEL

Ans_01784 / ETH-Bibliothek Zürich, Bildarchiv.
Fotografie von Franz Diethelm, ca. 1975.

NEUES CAD-ZENTRUM IM INNEREN DER KUPPEL

Ans_01826 / ETH-Bibliothek Zürich, Bildarchiv.
Fotograf unbekannt, 1986.

Während der großen Umbauphase der 1960er und 1970er Jahre musste die Dachhaut der Kuppel revidiert werden, Geisendorf ließ unterschiedliche Optionen prüfen: »(A) Hartbetonschaum (Sulbonit) mit dreischichtigem Putz. Es handelt sich um ein neues Produkt, dessen Bewährung noch nachzuprüfen wäre. Erlaubt Freiheit in der Farbgebung. (B) Glasabdeckung gestattet Sichtbarmachung der Unterkonstruktion und bessere Beleuchtung. Das Glas ist nur Abdeckungsmittel. (C) Kupferdach erlaubt auch Sichtbarmachung der Rippenkonstruktion, allerdings mit veränderter Einteilung. (D) Ziegelhaut, wie heute. Das Dach müsste neu eingedeckt werden mit engobierten Ziegeln.« (»Aktennotiz über die Besprechung vom 27. Juli 1976, 14.15 – 17.30 Uhr, in Bern, betreffend Kuppeldach des Hauptgebäudes der ETH Zürich«, Charles-Edouard Geisendorf [Bundesarchiv Bern, CH-BAR#E 3240A#1985/87#100*, Az. 2–05]). Geisendorf favorisierte die Glasabdeckung und erhielt Unterstützung von der Eidgenössischen Kommission für Denkmalpflege, die sich bereits 1969 für eine Sichtbarmachung der Kuppelkonstruktion ausgesprochen hatte. Nach Prüfung durch die EMPA stellte sich jedoch heraus, dass es weiterhin nicht möglich war, die Betonschale zu dichten – eine wasserdichte Abdeckung blieb unausweichlich. Schließlich setzte sich die Kantonale und Städtische Denkmalpflegekommission durch, die Kuppel wurde erneut mit Ziegeln bedeckt.

ARBEITSPLÄTZE IM KLEINEN LESESAAL DER HAUPTBIBLIOTHEK

Ans_00358-A / ETH-Bibliothek Zürich, Bildarchiv.
Fotograf unbekannt, 1960.

MAGAZIN DER HAUPTBIBLIOTHEK, WALTER SCHUPPISSER BEIM ÖFFNEN EINER BÜCHERKISTE

Ans_00900 / ETH-Bibliothek Zürich, Bildarchiv.
Fotograf unbekannt, 1957.

MAGAZINRAUM DER HAUPTBIBLIOTHEK

Ans_01593 / ETH-Bibliothek Zürich, Bildarchiv.
Fotografie von G. Nigg, ca. 1967.

Fotografien der Räume in den Dachgeschossen zeigen auf, wie stark die Dachvolumina der Gullschen Betonkonstruktionen bereits in den 1950er und 1960er Jahren, noch vor den Baumaßnahmen Geisendorfs, ausgebaut und genutzt wurden.

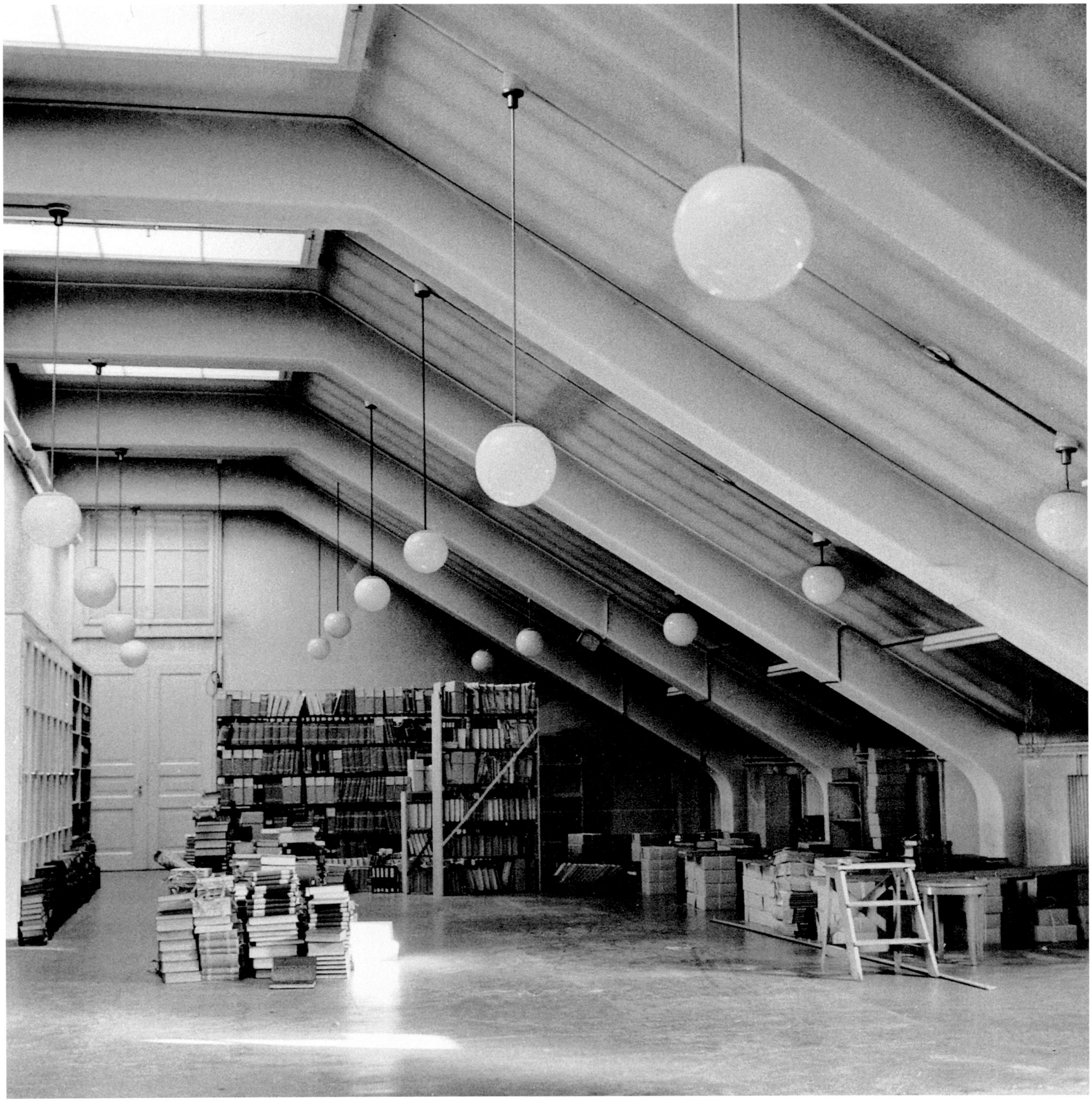

DACHFOYER ÜBER DER HAUPTHALLE

Com_M41-0117-0001 / ETH-Bibliothek Zürich, Bildarchiv.
Fotografie von Ralf Bensberg, 25. Februar 1992.

LUFTBILD MIT BEREITS GESCHLOSSENEM SÜDHOF UND BAUMASSNAHMEN IM NORDHOF

Ans_00894 / ETH-Bibliothek Zürich, Bildarchiv.
Fotografie von Comet Photo AG (Zürich), 1969.

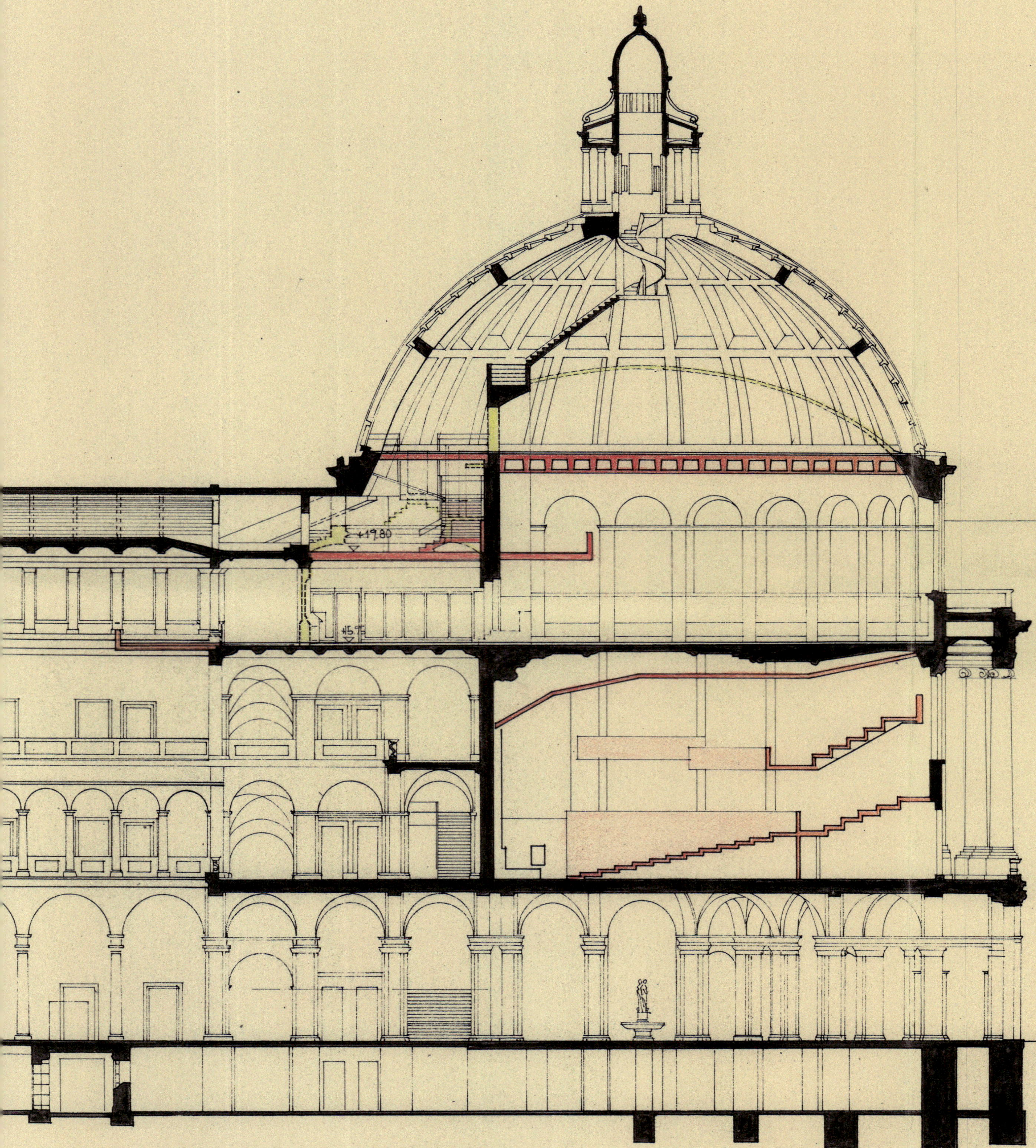

+19.80
+15.95

Die Purifizierung der grossen Räume

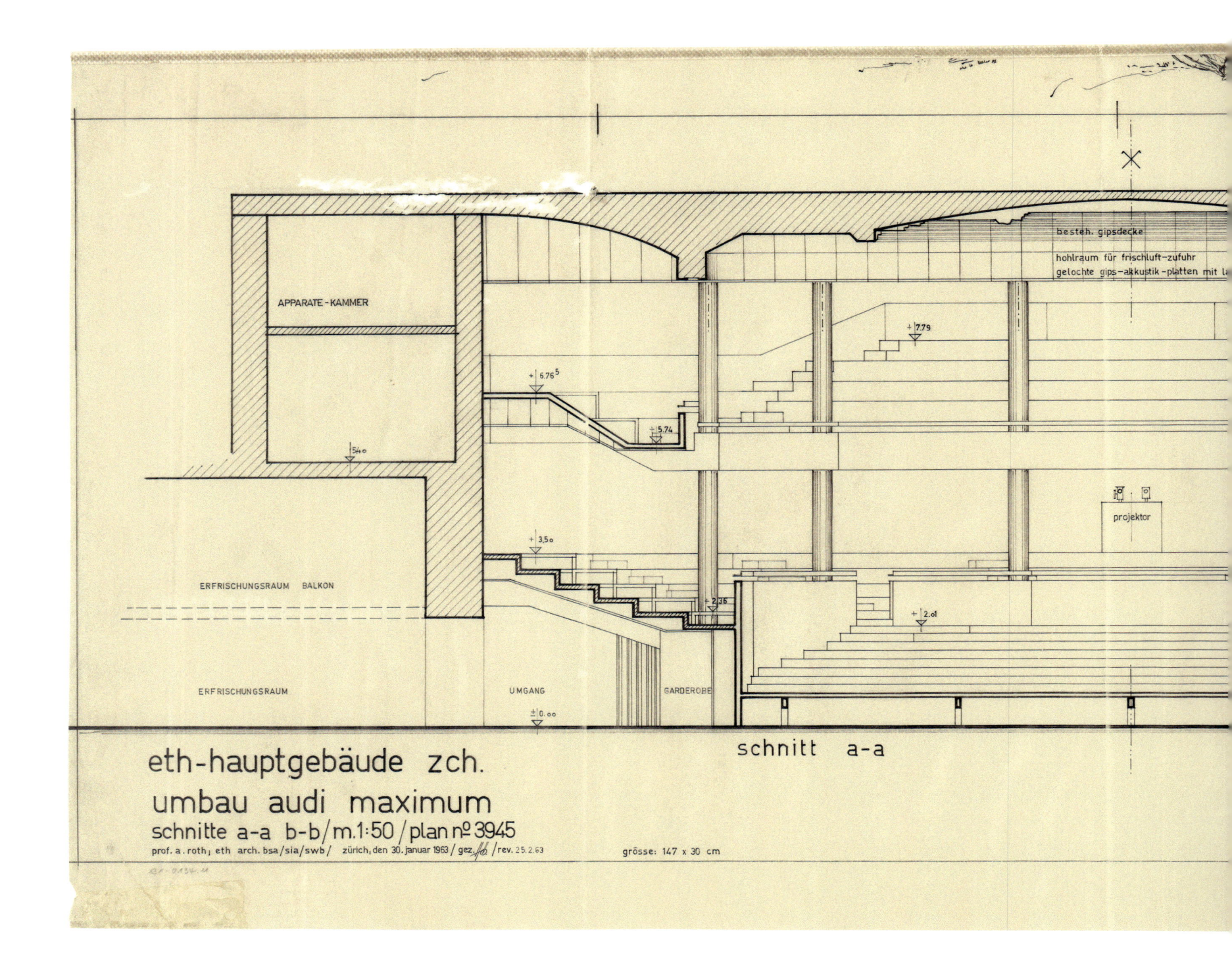

« »ETH HAUPTGEBÄUDE. AUSBAUPROJEKT. BAUEINGABE APRIL 1966. SCHNITT C-C«
Maßstab 1 : 50 (Original 1 : 50)

18-02-10-1-11 (Ausschnitt) / gta Archiv / ETH Zürich (Nachlass Charles-Edouard Geisendorf). 2. April 1966. Pause auf Papier; mit gelber und roter Kreide koloriert. 60,0 x 84,0 cm.

Dass der innere Ausbau der großen Repräsentationsräume der Gullschen Rotunde nicht nur dem Bedürfnis geschuldet war, zusätzliche Nutzflächen zu gewinnen, ist in den Konzepten Geisendorfs und Roths schon im Stadium der Genehmigungsplanung evident: Innere Strukturen sind als Verkleidung der historischen Oberflächen in die großen Raumvolumina eingezeichnet; ein Zugewinn an Nutzfläche ist dadurch nicht gegeben, wohl aber die Anmutung einer zeitgemäß modernen Hochschule. Der Umbau des großen Auditorium Maximum wurde nicht von Geisendorf selbst realisiert, sondern an Alfred Roth vergeben (der freilich in Übereinstimmung mit Geisendorfs Grundkonzepten plante).

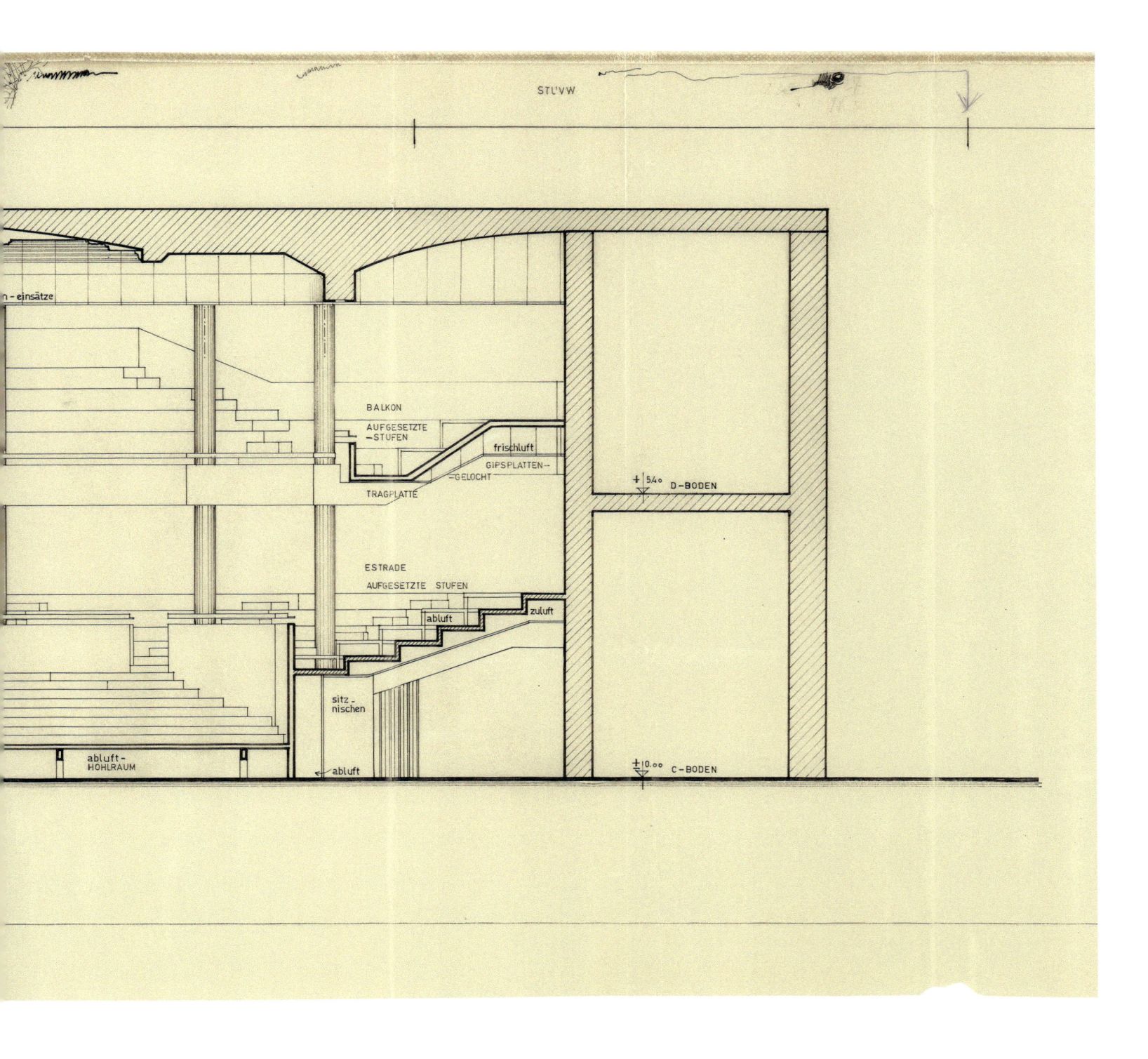

»ETH-HAUPTGEBÄUDE ZCH. UMBAU
AUDI MAXIMUM. SCHNITTE A-A B-B«
Maßstab 1 : 100 (Original 1 : 50)

131-0134-11 (Ausschnitt) / gta Archiv / ETH Zürich (Nachlass Alfred Roth).
Signatur HO, Büro Roth, 30. Januar / 25. Februar 1963. Zeichnung in
schwarzer Tusche auf Transparentpapier. 36,0 x 148,0 cm.

Pläne aus dem Nachlass Alfred Roths (im gta
Archiv) erlauben den Nachvollzug der Planungen zum Ausbau des Auditorium Maximum
zwischen 1963 und den frühen 1970er Jahren.
Ähnlich den Hofausbauten Geisendorfs plante
Roth runde Betonstützen, die im Inneren der
historischen Raumschale eine neue Empore
tragen. Das Auditorium wird zum dunklen Innenraum, eine Frischluftzufuhr in der abgehängten Decke sorgt für konstante Belüftung.
Die anspruchsvollen Ausbauten Gustav Gulls
werden vernichtet.

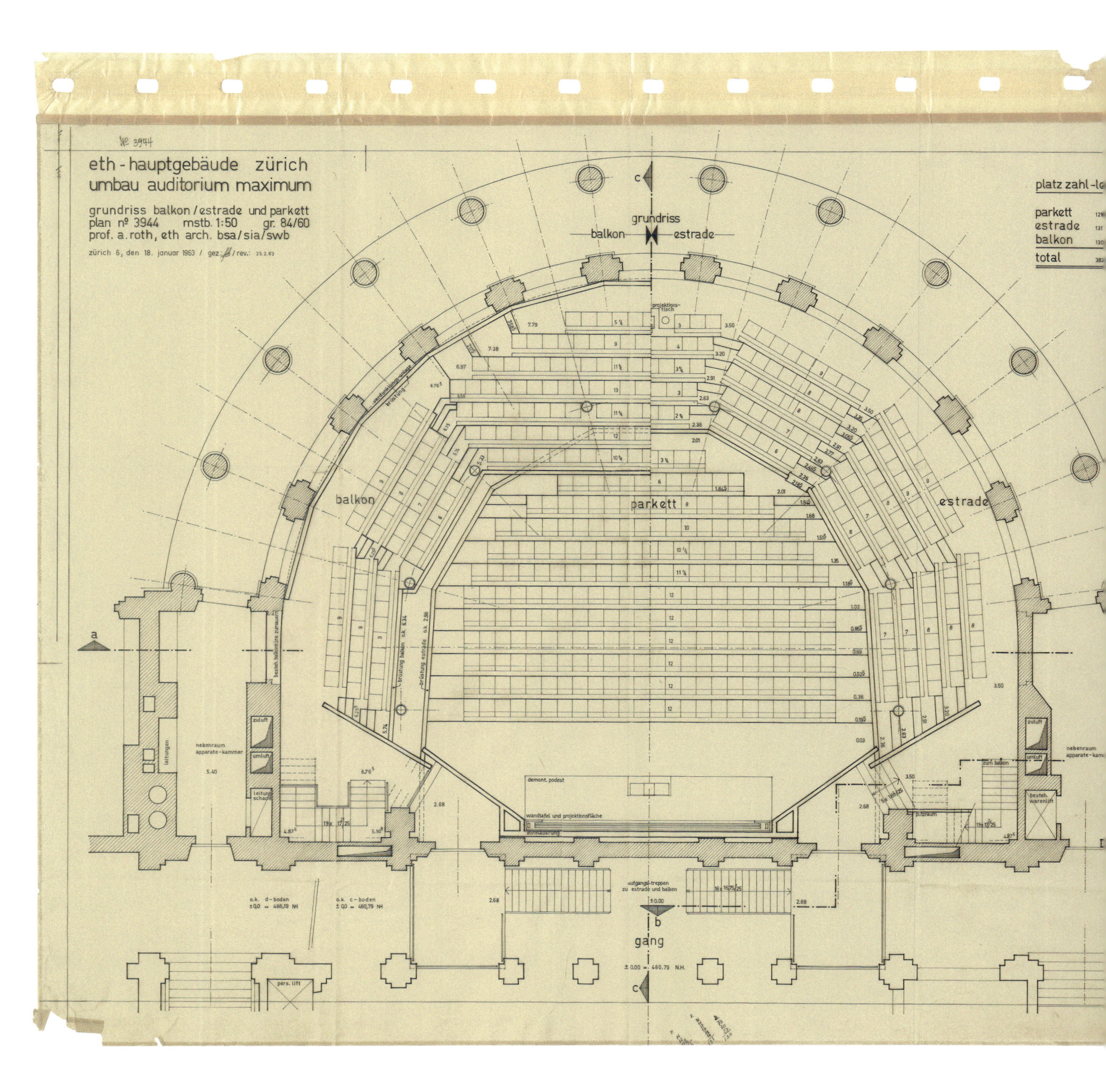

eth - hauptgebäude zürich
umbau auditorium maximum

grundriss balkon/estrade und parkett
plan n° 3944   mstb. 1:50   gr. 84/60
prof. a. roth, eth arch. bsa/sia/swb

zürich 6, den 18. januar 1963 / gez.: / rev.: 25.2.63

platz zahl	
parkett	
estrade	
balkon	
total	

balkon — grundriss — estrade

parkett

gang

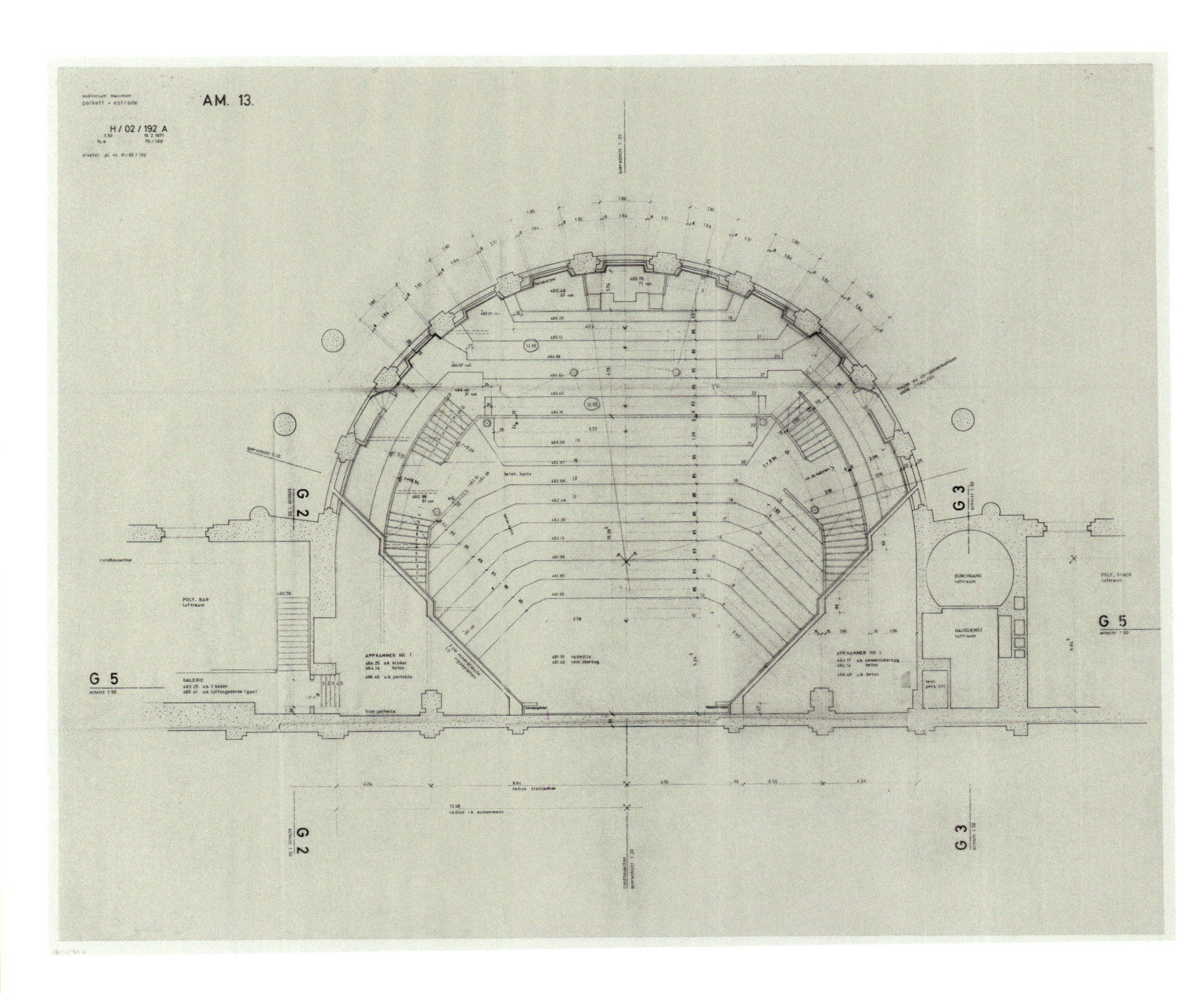

»ETH-HAUPTGEBÄUDE ZÜRICH. UMBAU
AUDITORIUM MAXIMUM. GRUNDRISS
BALKON/ESTRADE UND PARKETT«
Maßstab 1 : 150 (Original 1 : 50)

131-0134-1 / gta Archiv / ETH Zürich (Nachlass Alfred Roth).
Signatur HO, Büro Roth, 18. Januar / 25. Februar 1963. Zeichnung in schwarzer Tusche auf Transparentpapier. Beschriftung und Bemaßung in schwarzer Tusche. Blatt auf Registerpapier mit Lochstreifen aufgeklebt.
66,0 x 89,0 cm.

»AUDITORIUM MAXIMUM. PARKETT
+ ESTRADE«
Maßstab 1 : 250 (Original 1 : 50)

131-0134-5 / gta Archiv / ETH Zürich (Nachlass Alfred Roth).
Signatur hj.a, 19. Feburar 1971. Pause a.uf Papier. 80,5 x 101,8 cm.

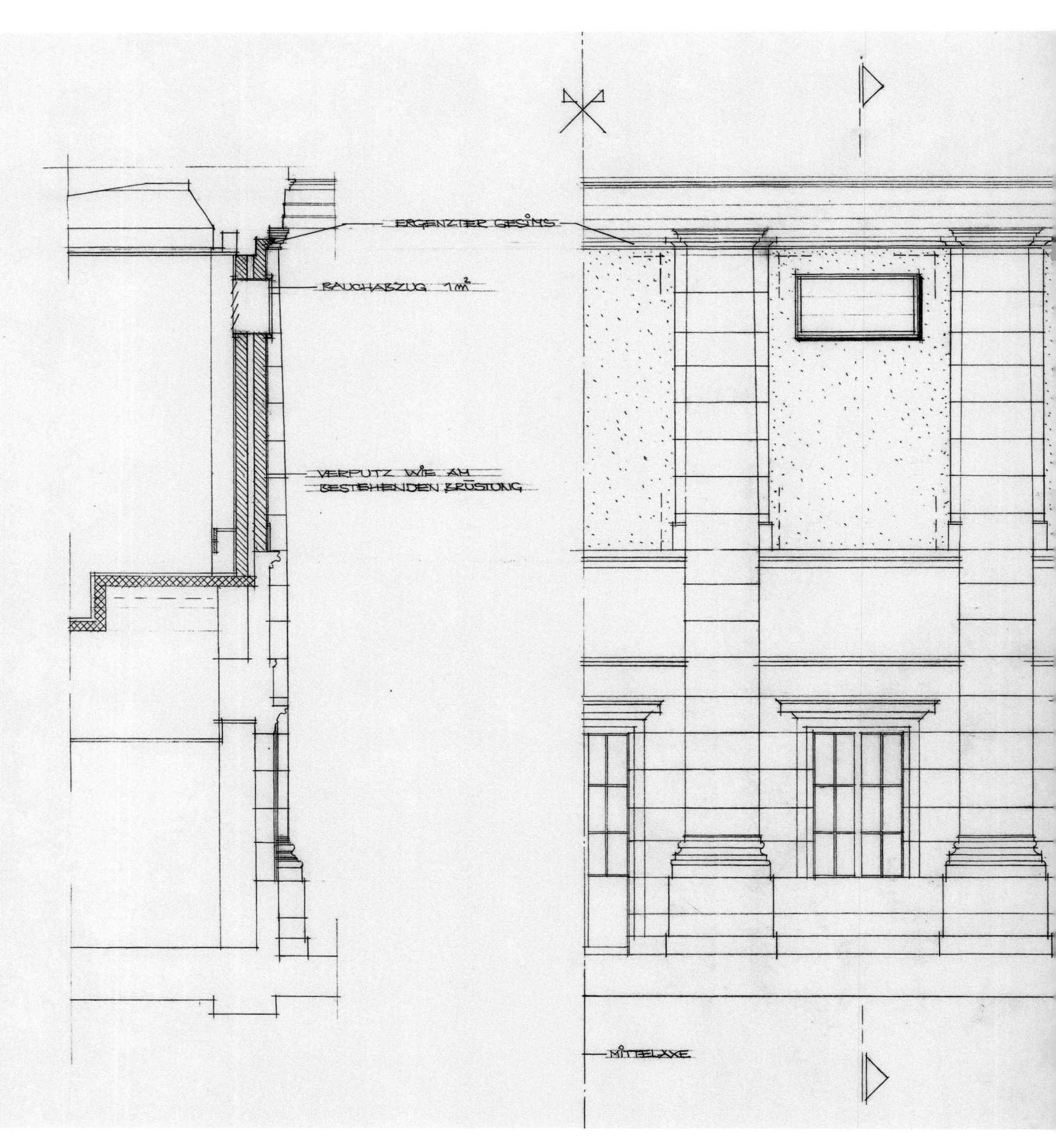

»ETH HAUPTGEBÄUDE. UMBAU AUDITO-
RIUM MAXIMUM«
Maßstab 1 : 50 (Original 1 : 50)

131-0134-10 (Ausschnitt) / gta Archiv / ETH Zürich (Nachlass Alfred Roth).
15. Februar 1971. Zeichnung in Bleistift auf Transparentpapier.
34,0 x 61,0 cm.

Die Aufgabe der großen Außenfenster der
Rotunde bedeutet einen ebenso schmerzlichen
Verlust wie die Vernichtung der Innenausstat-
tung des Auditorium Maximum. In einer
Abwicklung der Fassade werden die Zusetzun-
gen in der Ansicht gezeigt.

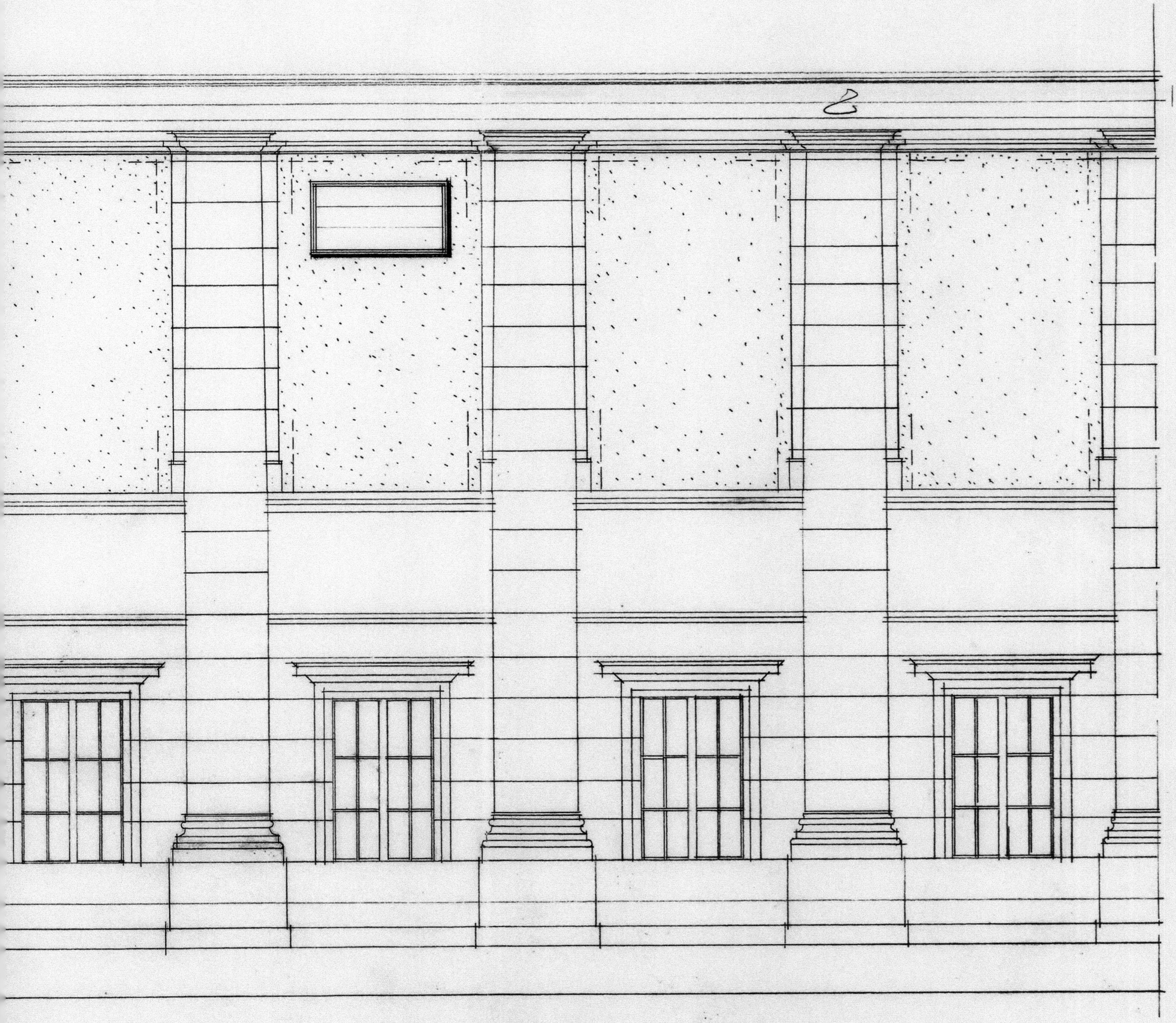

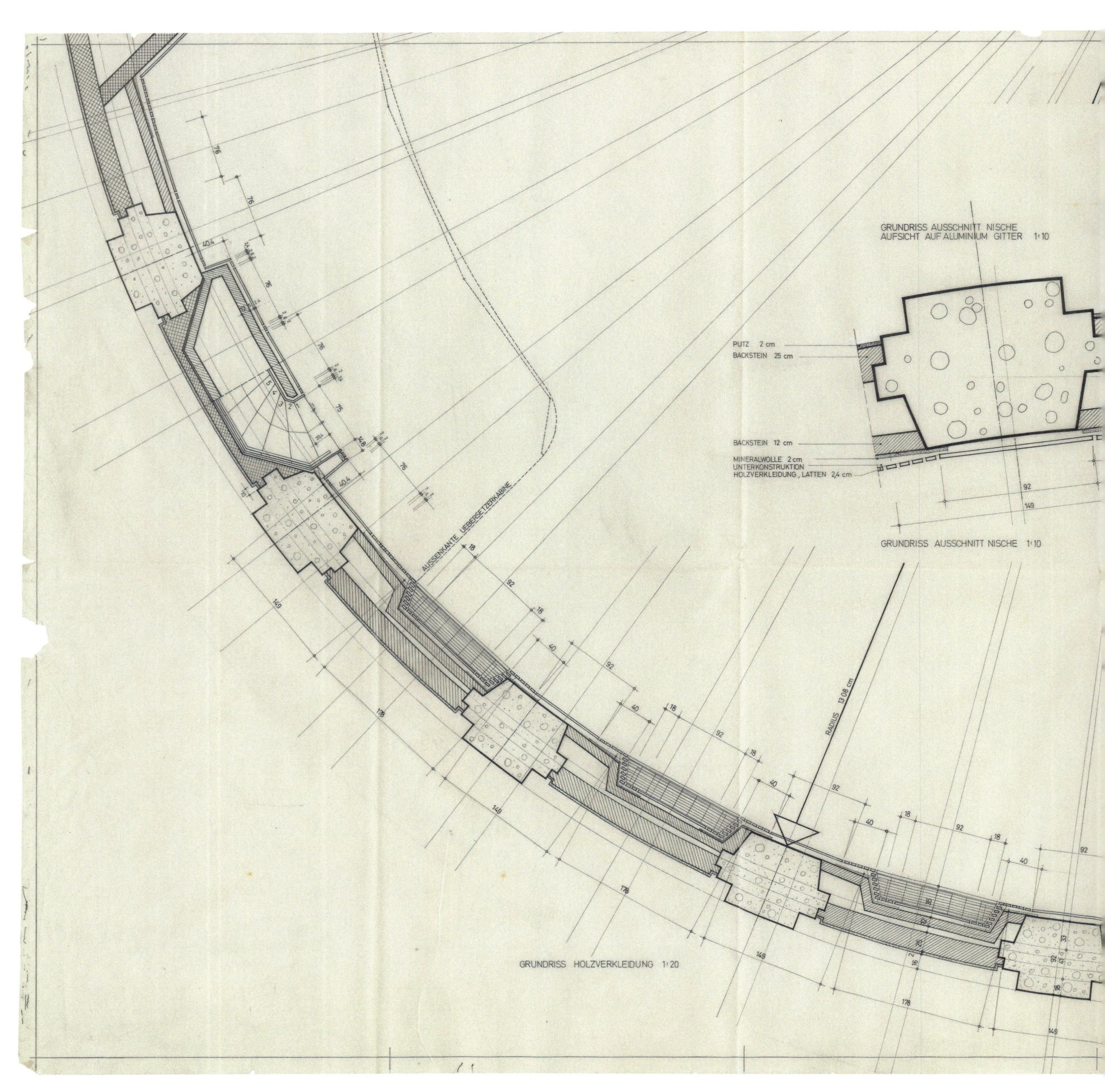

»ETH HAUPTGEBÄUDE. UMBAU AUDITO-
RIUM MAXIMUM. RUECKWAND, HOLZ-
VERKLEIDUNG, GRUNDRISSE, SCHNITT«
Maßstab 1 : 50 / 1 : 25 (Original 1 : 20 / 1 : 10)

131-0134-7 / gta Archiv / ETH Zürich (Nachlass Alfred Roth).
Stempel Büro Roth, 17. Mai / 15. Juni 1971. Zeichnung in schwarzer Tusche
auf Transparentpapier. Beschriftung und Bemaßung in schwarzer Tusche,
Anmerkungen in Bleistift. 61,8 x 129,3 cm.

Die Fenster werden mit einer doppelschali-
gen Betonkonstruktion zugesetzt, innen wird
eine furnierte Eichenholzverkleidung aufgebracht, außen eine glatte Putzfläche. Im oberen Bereich der zugesetzten Öffnungen sind
Rauchabzugsklappen eingezeichnet. In einem
Schreiben vom 12. März 1971 erkundigt sich
Roth bei Paul Hofer und Edwin Gradmann
nach der Angemessenheit der architektonischen Mittel: »Der Verputz der zugemauerten
Fensterfläche ist derselbe wie an den heutigen Brüstungen. Gegenüber der Lisenen der
Pfeiler steht der Verputz um ca. 2.5 cm vor.
Das an Pfeiler und Lisenen oben vorhandene
Gesims würde auch über die Fensterfelder
durchgezogen. Frage: Ist diese Lösung richtig?«
(gta-Archiv / ETH Zürich, Nachlass Alfred Roth,
131-0134/0136-K)

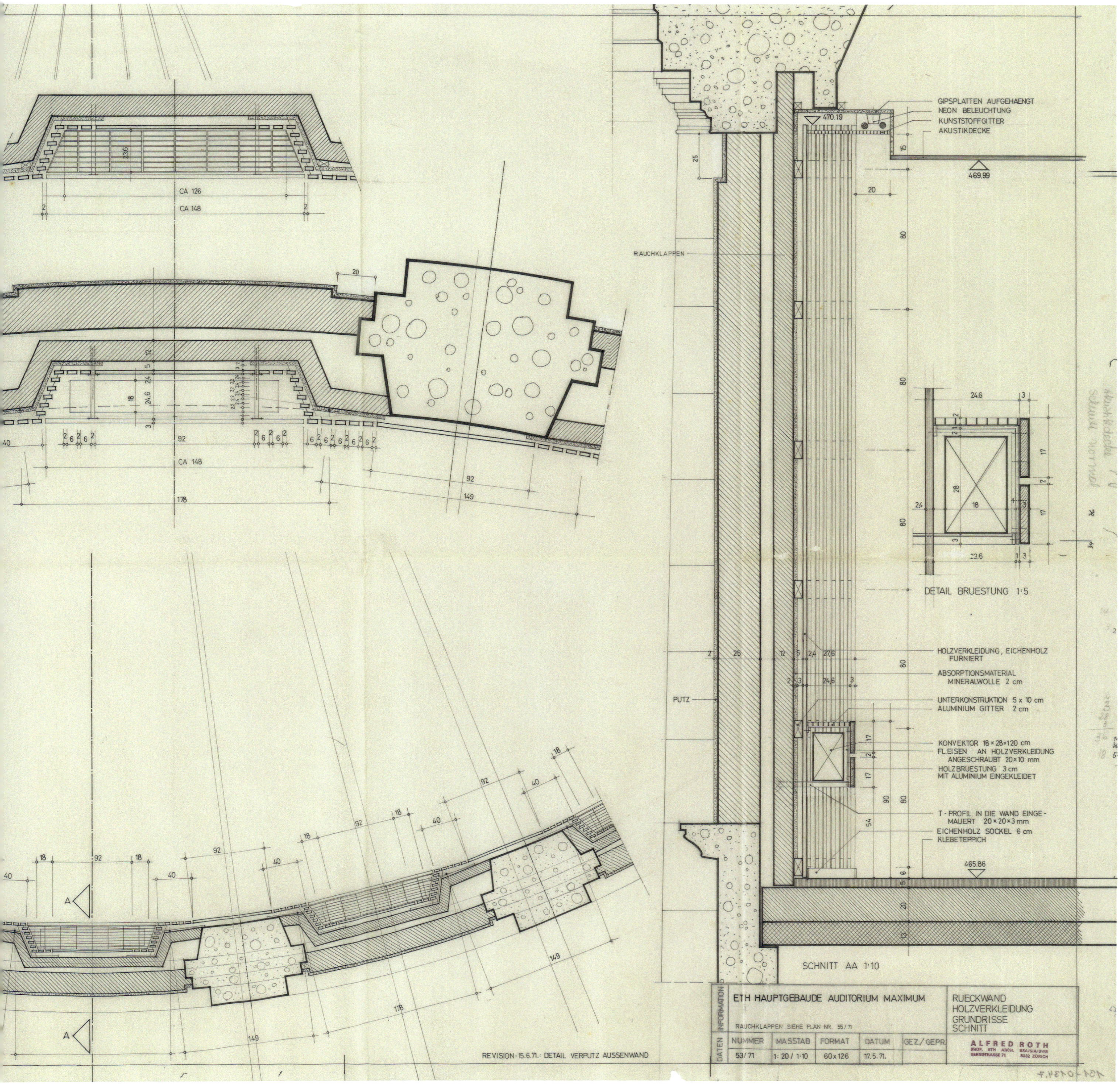

CA 126
CA 148
20
92
CA 148
178
149
RAUCHKLAPPEN
GIPSPLATTEN AUFGEHAENGT
NEON BELEUCHTUNG
KUNSTSTOFFGITTER
AKUSTIKDECKE
470.19
469.99
DETAIL BRUESTUNG 1:5
HOLZVERKLEIDUNG, EICHENHOLZ FURNIERT
ABSORPTIONSMATERIAL MINERALWOLLE 2 cm
PUTZ
UNTERKONSTRUKTION 5 x 10 cm
ALUMINIUM GITTER 2 cm
KONVEKTOR 18 × 28 × 120 cm
FLEISEN AN HOLZVERKLEIDUNG ANGESCHRAUBT 20 × 10 mm
HOLZBRUESTUNG 3 cm MIT ALUMINIUM EINGEKLEIDET
T-PROFIL IN DIE WAND EINGEMAUERT 20 × 20 × 3 mm
EICHENHOLZ SOCKEL 6 cm
KLEBETEPPICH
465.86
SCHNITT AA 1:10
A
A
REVISION: 15.6.71.: DETAIL VERPUTZ AUSSENWAND

INFORMATION	ETH HAUPTGEBAUDE AUDITORIUM MAXIMUM RAUCHKLAPPEN SIEHE PLAN NR. 55/71					RUECKWAND HOLZVERKLEIDUNG GRUNDRISSE SCHNITT
DATEN	NUMMER	MASSTAB	FORMAT	DATUM	GEZ./GEPR.	ALFRED ROTH PROF. ETH ARCH. BSA/SIA/SWB BERGSTRASSE 71 8032 ZÜRICH
	53/71	1:20 / 1:10	60 x 126	17.5.71.		

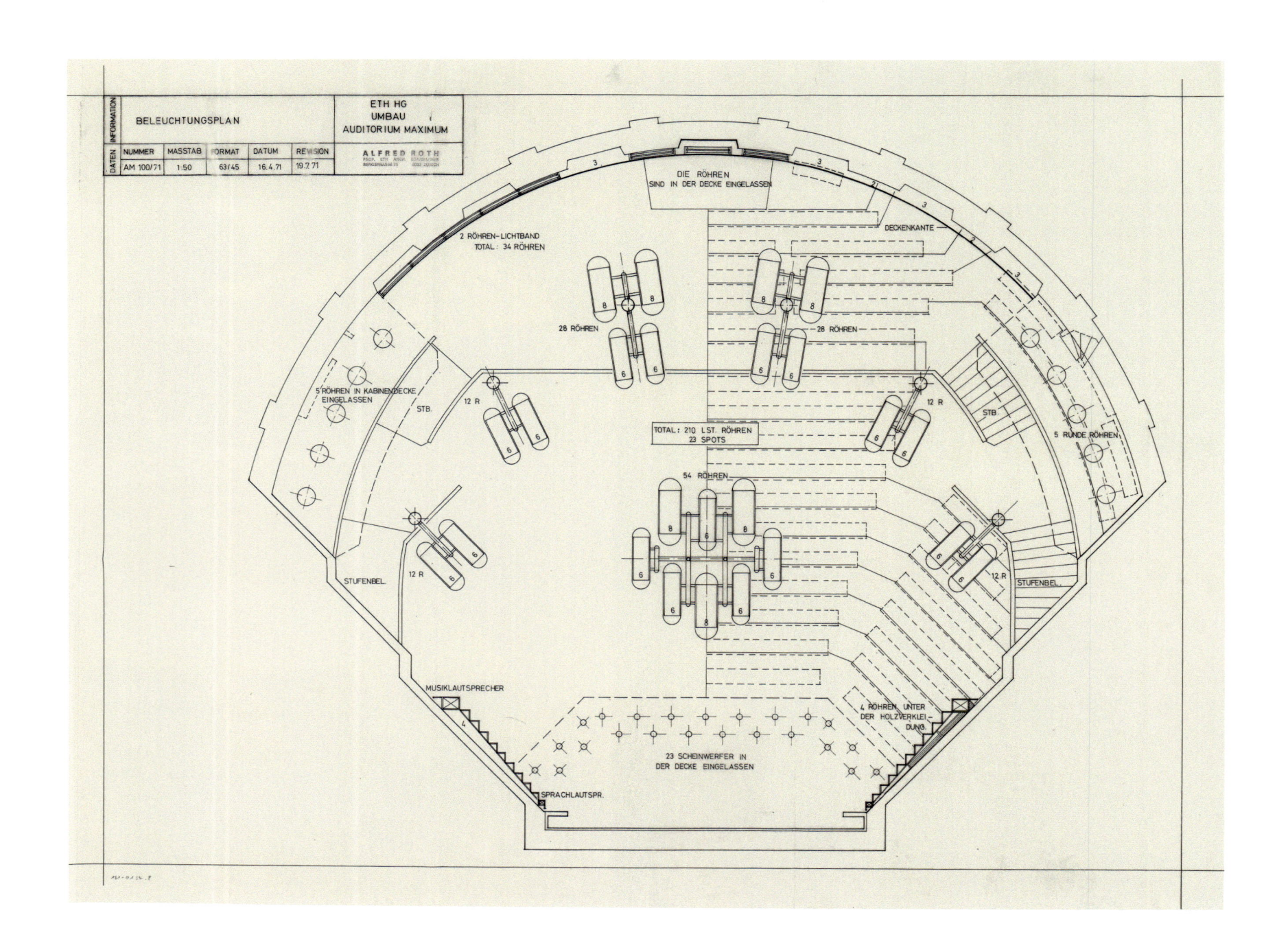

»ETH HG. UMBAU AUDITORIUM MAXI-
MUM. BELEUCHTUNGSPLAN«
Maßstab 1 : 150 (Original 1 : 50)

131-0134-8 / gta Archiv / ETH Zürich (Nachlass Alfred Roth).
Stempel Büro Roth, 16. April / 19. Juli 1971. Zeichnung in schwarzer Tusche
auf Transparentpapier. 49,0 x 67,0 cm.

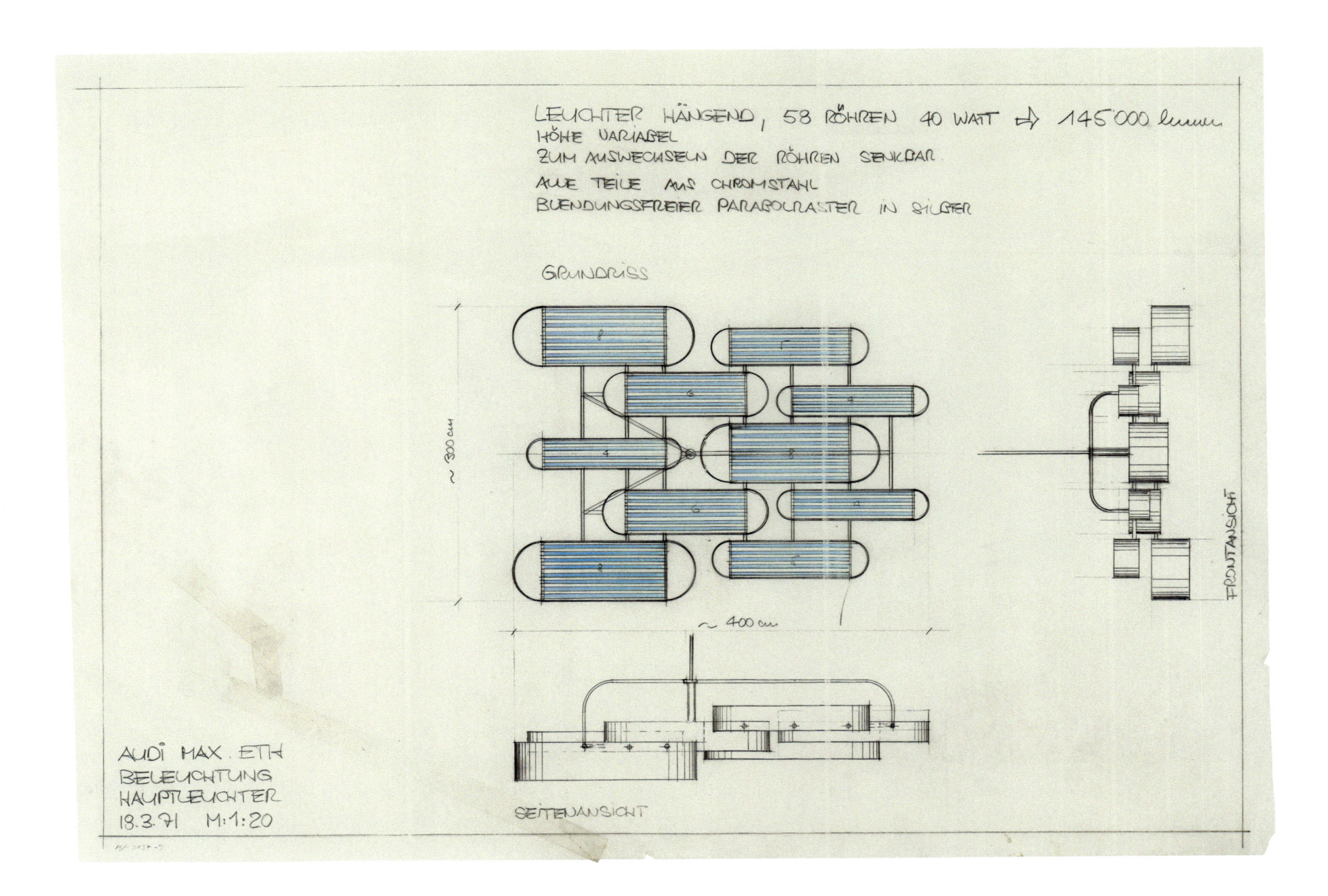

»AUDI MAX. ETH. BELEUCHTUNG.
HAUPTLEUCHTER«
Maßstab 1 : 50 (Original 1 : 20)

131-0134-9 / gta Archiv / ETH Zürich (Nachlass Alfred Roth).
18. März 1971. Zeichnung in Bleistift und blauem Filzstift auf Transparentpapier. Beschriftung und Bemaßung in Bleistift. 39,0 x 59,0 cm.

Ein Beleuchtungsplan von 1971 zeigt die geplanten Leuchtmittel im umgebauten Auditorium Maximum: Total sind 210 Leuchtstoffröhren und 23 Spots geplant.

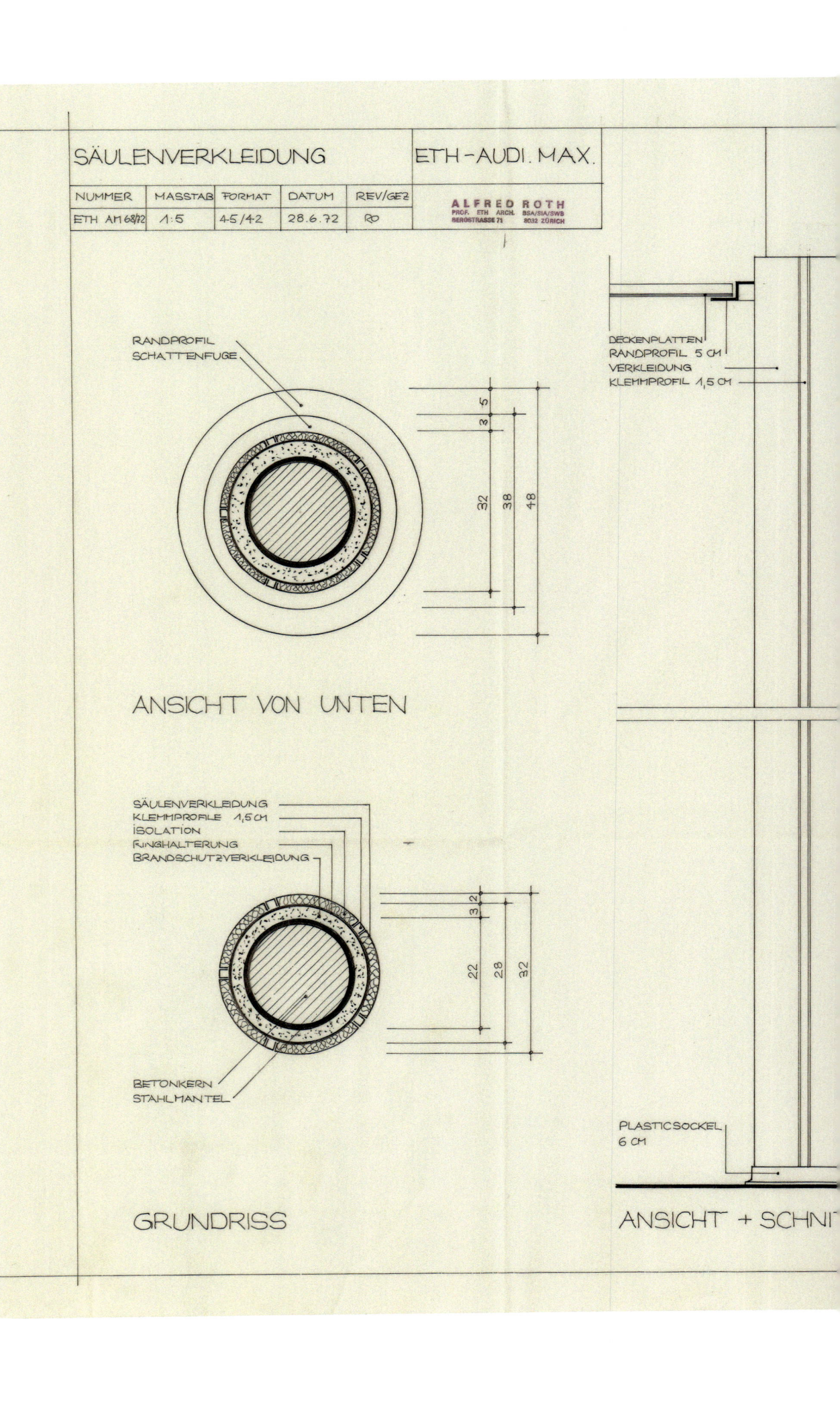

SÄULENVERKLEIDUNG					ETH-AUDI.MAX.
NUMMER	MASSTAB	FORMAT	DATUM	REV/GEZ	ALFRED ROTH
ETH AM 68/72	1:5	4-5/42	28.6.72	RO	PROF. ETH ARCH. BSA/BIA/SWB BERGSTRASSE 71 8032 ZÜRICH

RANDPROFIL
SCHATTENFUGE

3.5
32
38
48

ANSICHT VON UNTEN

SÄULENVERKLEIDUNG
KLEMMPROFILE 1,5 CM
ISOLATION
RINGHALTERUNG
BRANDSCHUTZVERKLEIDUNG

3.2
22
28
32

BETONKERN
STAHLMANTEL

GRUNDRISS

DECKENPLATTEN
RANDPROFIL 5 CM
VERKLEIDUNG
KLEMMPROFIL 1,5 CM

PLASTICSOCKEL
6 CM

ANSICHT + SCHNITT

»ETH-AUDI. MAX. SÄULENVERKLEIDUNG«
Maßstab 1 : 10 (Original 1 : 5)

131-0134-6 / gta Archiv / ETH Zürich (Nachlass Alfred Roth).
Stempel Büro Roth, 28. Juni 1972. Zeichnung in schwarzer Tusche
auf Transparentpapier. Beschriftung in schwarzer und roter Tusche;
Bemaßung in schwarzer Tusche. 48,6 x 50,7 cm.

Anstelle der kannelierten ionischen Säulen Gustav Gulls realisierte Roth Stützen mit einem Stahl-Beton-Kern, in einem Brief vom 10. August 1972 an die Walter Franke AG beschreibt der Architekt die neuen Stützen ausführlich: »Die sechs Säulen bestehen aus ausbetonierten dickwandigen Stahlrohren mit 220 mm Durchmesser. Sie werden zunächst mit einer feuerhemmenden Schutzschicht von ca. 25 mm umkleidet. Die Säulenverkleidung aus Chrom-Nickelstahlblech weist 5 Segmente auf mit Stössen abgedeckt mit Chromstahl-Falzleisten.« (gta-Archiv / ETH Zürich, Nachlass Alfred Roth, 131-0134/0136-K). Der Architekt ist besonders stolz auf die Schlankheit der Stützen, dadurch habe sich die Sicht erheblich verbessert.

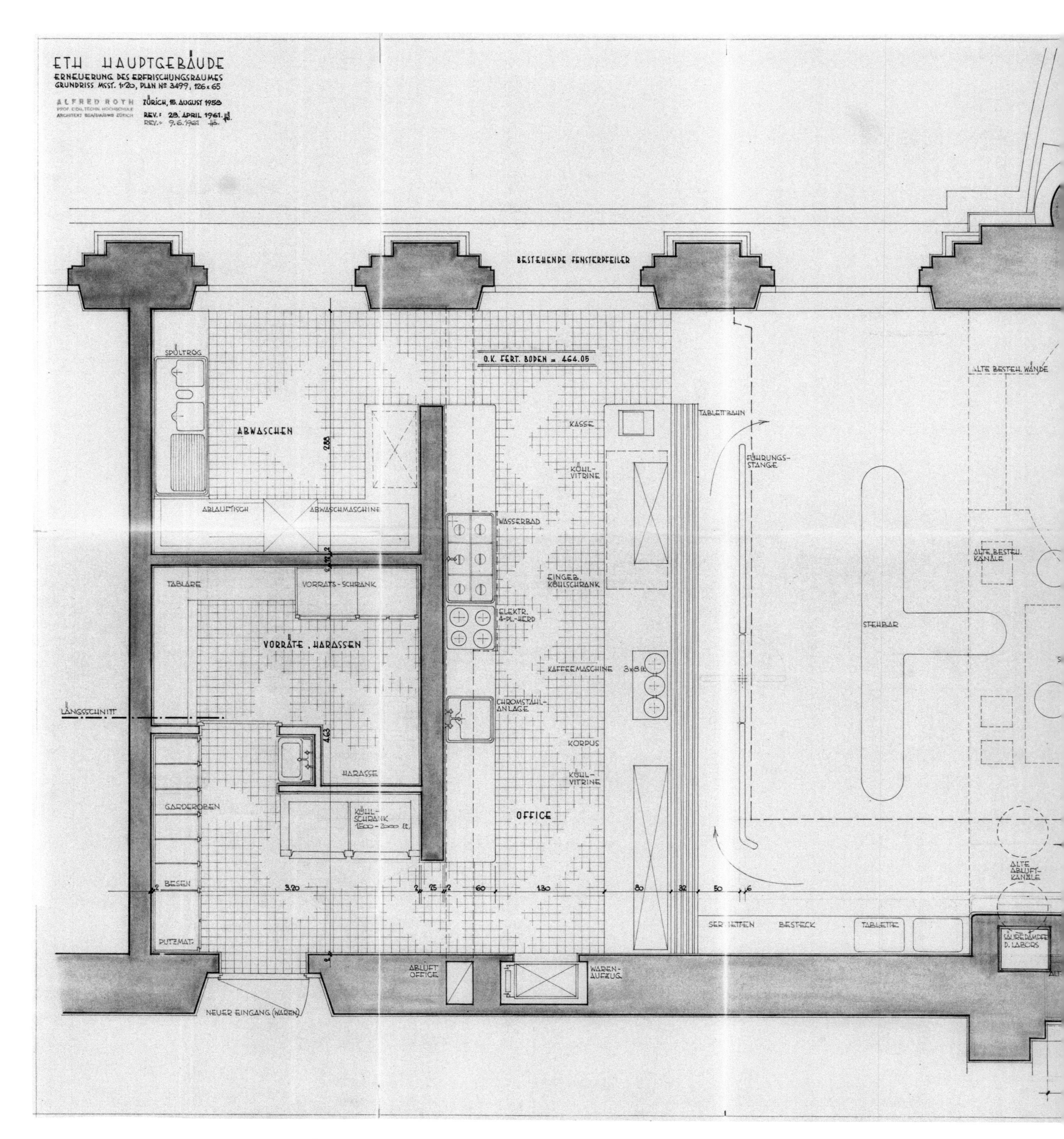

»ETH HAUPTGEBÄUDE. ERNEUERUNG DES ERFRISCHUNGSRAUMES«
Maßstab 1 : 50 (Original 1 : 20)

131-0139-1 / gta Archiv / ETH Zürich (Nachlass Alfred Roth). Signatur Hö, Büro Roth, 15. August 1958 / 9. Juni 1961. Pause auf Papier. 65,9 × 126,0 cm.

Nördlich an das Auditorium Maximum anschließend plant Roth 1961 den Einbau einer Stehbar mit dahinter liegender Rücheneinrichtung. Der Plan wird unter dem Titel »Erneuerung des Erfrischungsraumes« geführt.

AUFGANGSTREPPE
ZUR GALERIE +
AUDI MAXIMUM

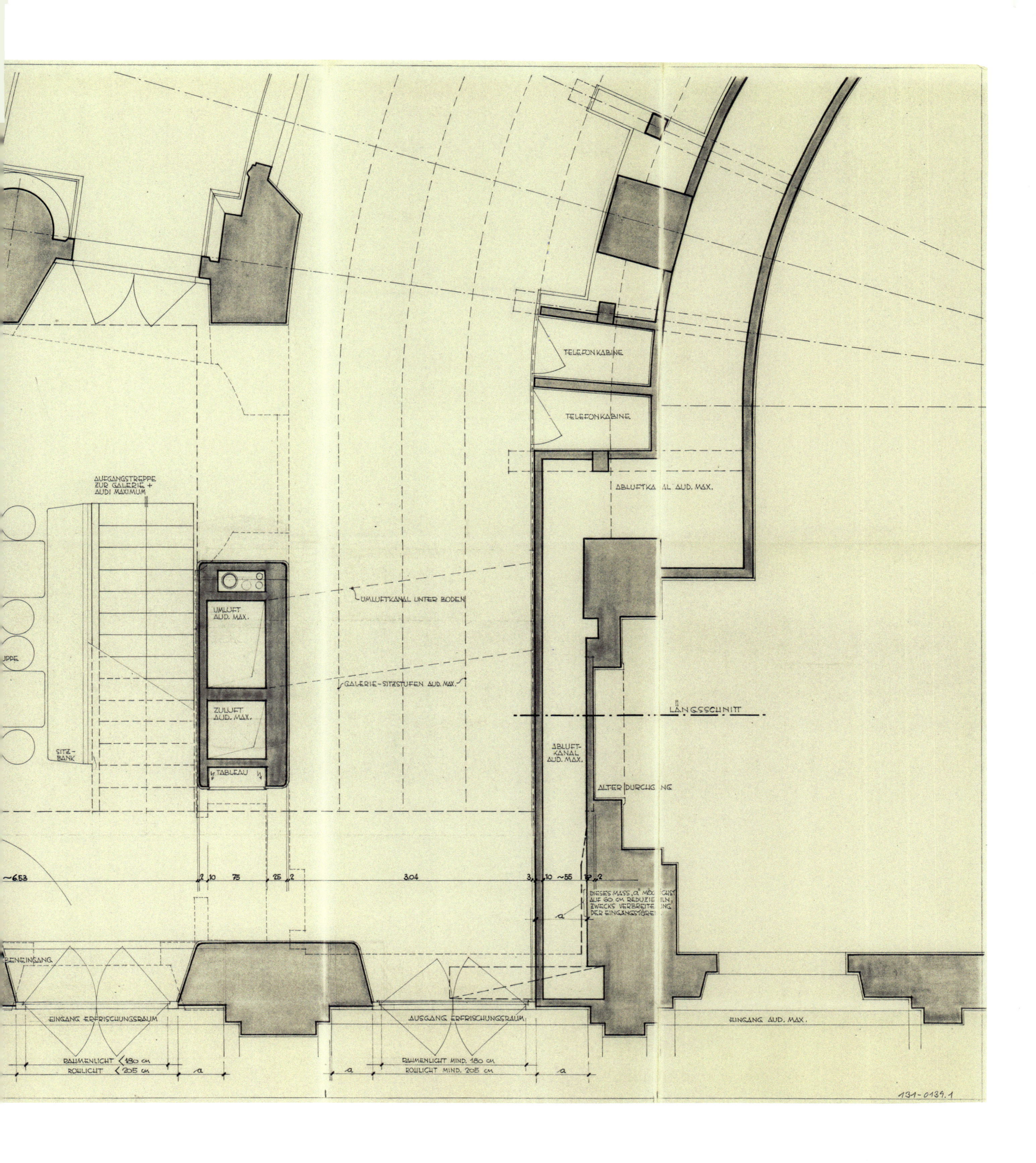

TELEFONKABINE

TELEFONKABINE

ABLUFTKANAL AUD. MAX.

UMLUFT
AUD. MAX.

UMLUFTKANAL UNTER BODEN

SITZ-
BANK

GALERIE-SITZSTUFEN AUD. MAX.

ZULUFT
AUD. MAX.

LÄNGSSCHNITT

ABLUFT-
KANAL
AUD. MAX.

TABLEAU

ALTER DURCHGANG

~6.53   2 10 75 25 2   3.04   3 10 ~55

DIESES MASS „a" MÖGLICHST
AUF 60 CM REDUZIEREN,
ZWECKS VERBREITERUNG
DER EINGANGSTÜREN

EINGANG   EINGANG ERFRISCHUNGSRAUM   AUSGANG ERFRISCHUNGSRAUM   EINGANG AUD. MAX.

RAUMLICHT <180 CM   RAUMLICHT MIND. 180 CM
ROHLICHT <205 CM   ROHLICHT MIND. 205 CM

131-0139.1

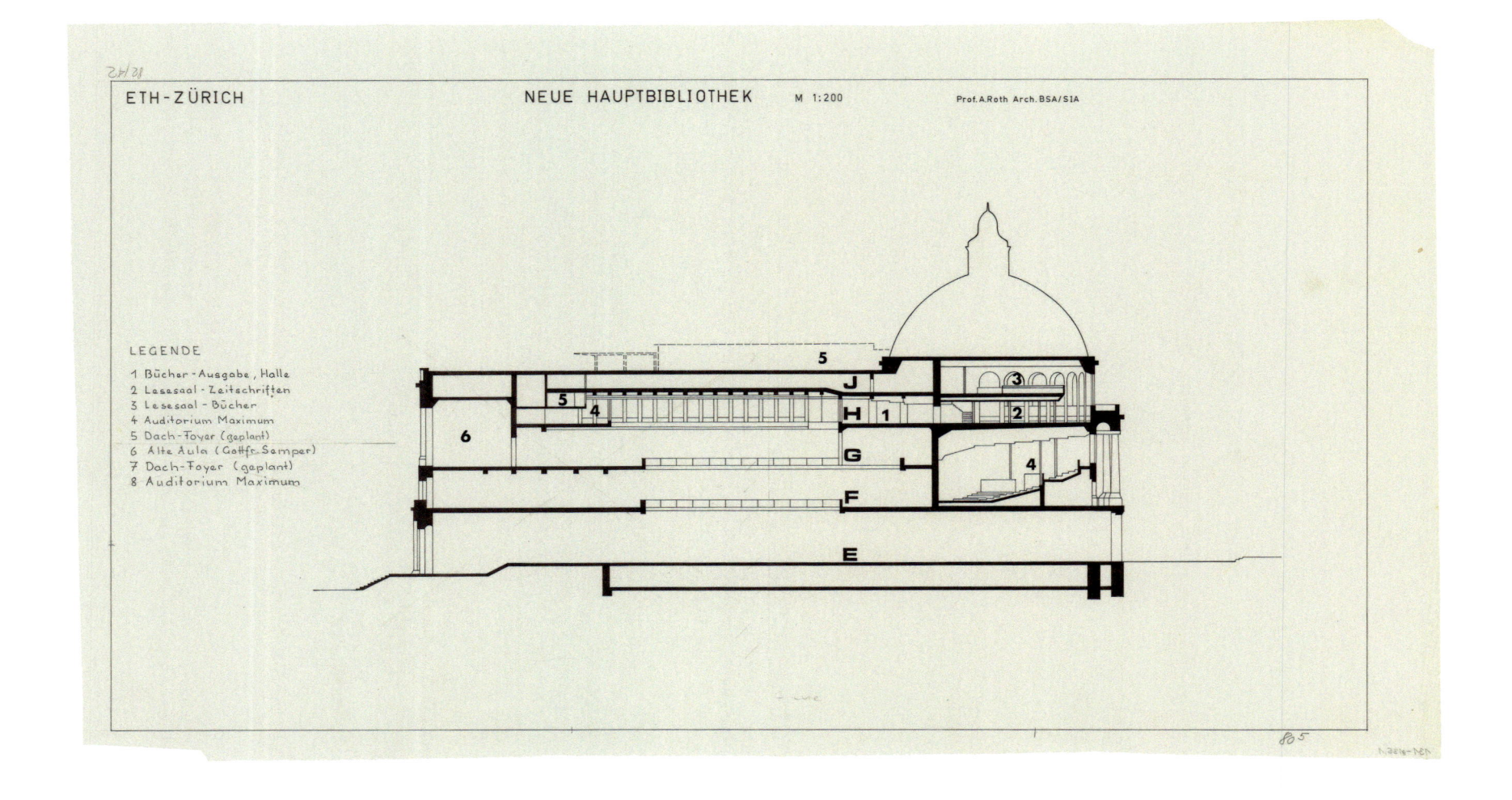

»ETH-ZÜRICH. NEUE HAUPTBIBLIOTHEK«
Maßstab 1 : 800 (Original 1 : 200)

131-0135-1 / gta Archiv / ETH Zürich (Nachlass Alfred Roth).
Signatur Büro Roth. Zeichnung in schwarzer Tusche auf Transparentpapier.
Beschriftung in schwarzer Tusche. 48,0 x 90,2 cm.

»ETH-ZÜRICH. NEUE HAUPTBIBLIOTHEK«
Maßstab 1 : 400 (Original 1 : 100)

131-0135-2 / gta Archiv / ETH Zürich (Nachlass Alfred Roth).
Signatur Büro Roth. Zeichnung in schwarzer Tusche auf Transparentpapier.
Beschriftung in schwarzer Tusche und Bleistift. 53,3 x 68,7 cm.

»ETH-ZÜRICH. NEUE HAUPTBIBLIOTHEK.«
Maßstab 1 : 400 (Original 1 : 100)

131-0135-3 (Ausschnitt) / gta Archiv / ETH Zürich (Nachlass Alfred Roth).
Signatur Büro Roth. Zeichnung in schwarzer Tusche auf Transparentpapier.
Beschriftung in schwarzer Tusche und Bleistift. 76,5 x 76,8 cm.

Die in den Schnitten Geisendorfs bereits angedeutete Idee einer Neumöblierung und Unterteilung des Lesesaals der Bibliothek wird von Roth in Grundriss- und Schnittstudien weitergeführt. Zukünftig soll der Zeitschriften-Lesesaal die Zugangsebene der Bibliothek einnehmen, der Lesesaal für Bücher auf der Galerie Platz finden.

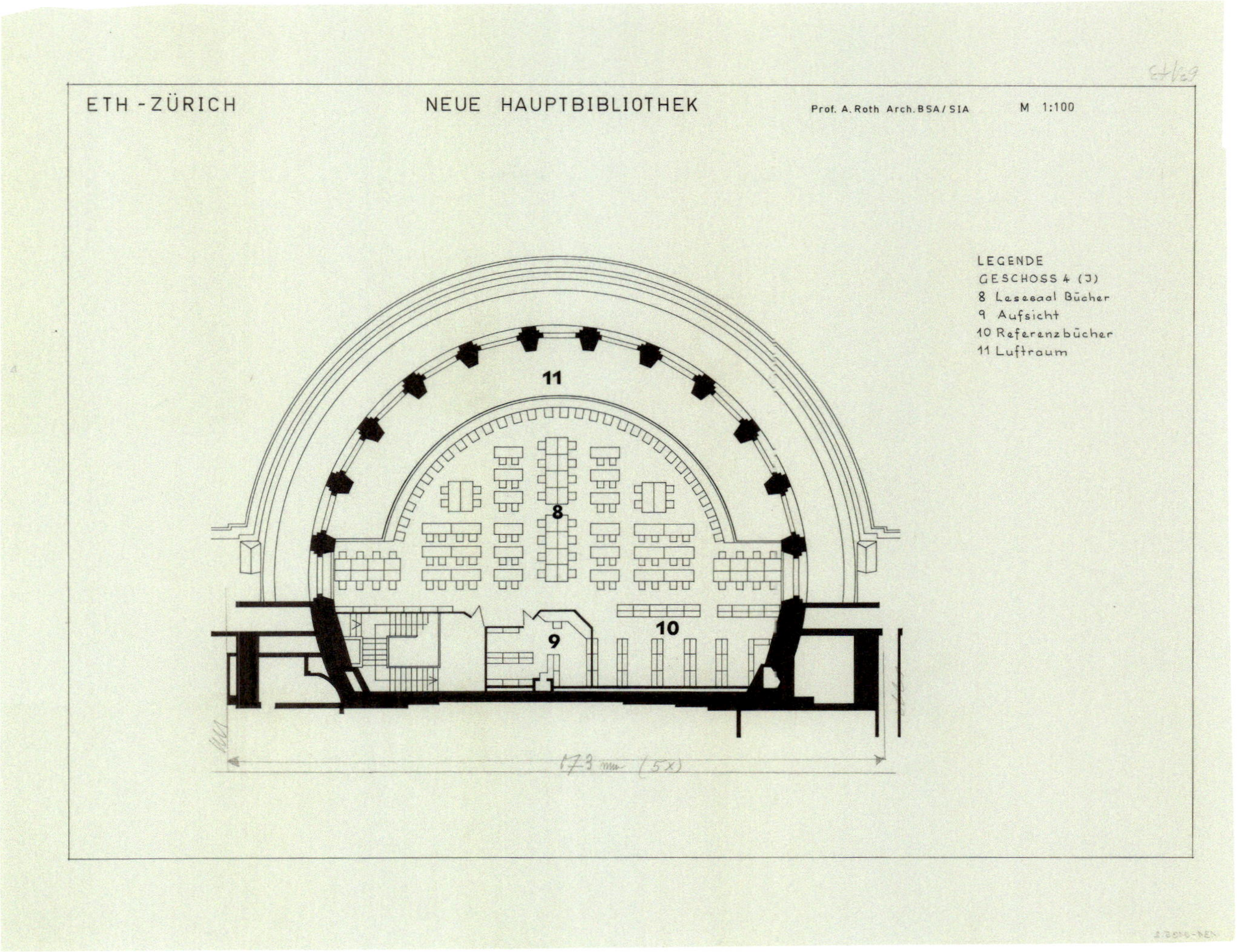

ETH-ZÜRICH
NEUE HAUPTBIBLIOTHEK
Prof. A. Roth Arch. BSA/SIA
M 1:100
LEGENDE
GESCHOSS 4 (J)
8 Lesesaal Bücher
9 Aufsicht
10 Referenzbücher
11 Luftraum
11
8
9
10

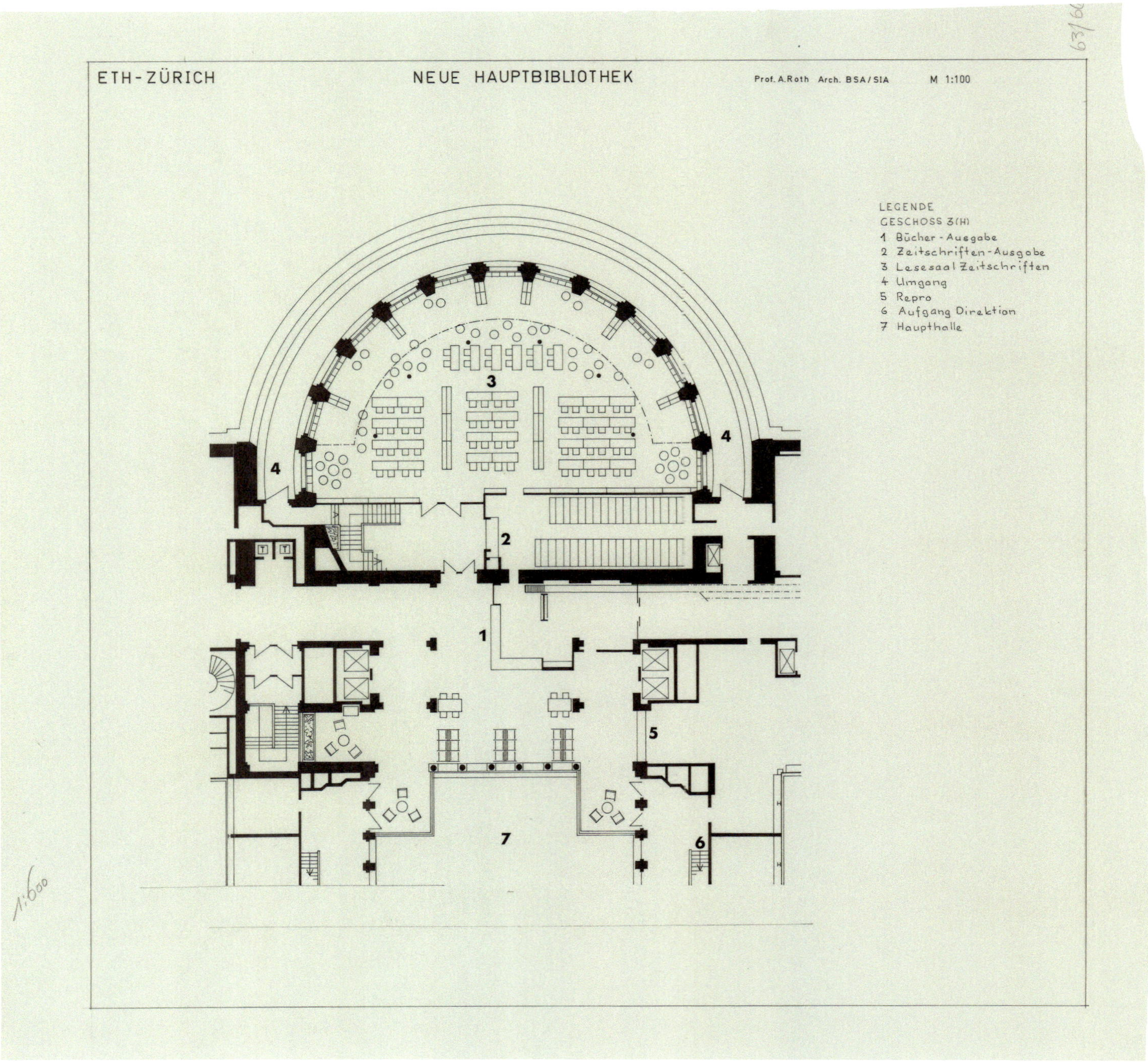

ETH-ZÜRICH
NEUE HAUPTBIBLIOTHEK
Prof. A. Roth Arch. BSA/SIA
M 1:100
LEGENDE
GESCHOSS 3 (H)
1 Bücher-Ausgabe
2 Zeitschriften-Ausgabe
3 Lesesaal Zeitschriften
4 Umgang
5 Repro
6 Aufgang Direktion
7 Haupthalle
3
4
4
2
1
5
7
6
1:600

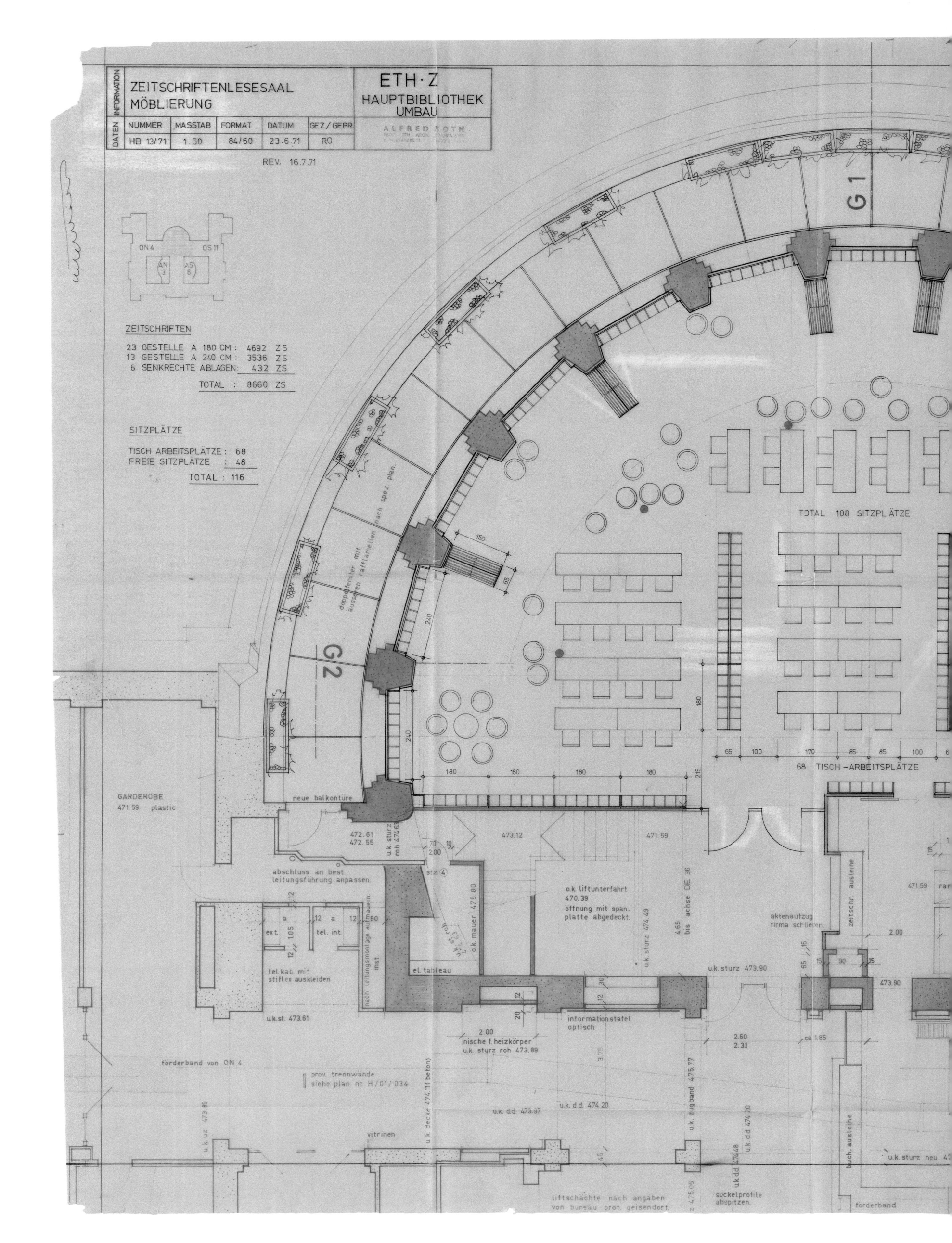

	ZEITSCHRIFTENLESESAAL MÖBLIERUNG	ETH·Z HAUPTBIBLIOTHEK UMBAU
NUMMER	MASSTAB	FORMAT	DATUM	GEZ./GEPR.	
HB 13/71	1:50	84/60	23.6.71	RO	ALFRED ROTH

REV. 16.7.71

ZEITSCHRIFTEN

- 23 GESTELLE A 180 CM : 4692 ZS
- 13 GESTELLE A 240 CM : 3536 ZS
- 6 SENKRECHTE ABLAGEN : 432 ZS
- TOTAL : 8660 ZS

SITZPLÄTZE

- TISCH ARBEITSPLÄTZE : 68
- FREIE SITZPLÄTZE : 48
- TOTAL : 116

TOTAL 108 SITZPLÄTZE

68 TISCH-ARBEITSPLÄTZE

GARDEROBE
471.59 plastic

neue balkontüre

472.61
472.55

abschluss an best.
leitungsführung anpassen.

tel.kab. mit
stiflex auskleiden

u.k.st. 473.61

förderband von ON 4

o.k. liftunterfahrt
470.39
öffnung mit span.
platte abgedeckt.

informationstafel
optisch

nische f. heizkörper
u.k. sturz roh 473.89

prov. trennwände
siehe plan nr. H/01/034

aktenaufzug
firma schieren

vitrinen

liftschächte nach angaben
von bureau prof. geisendorf

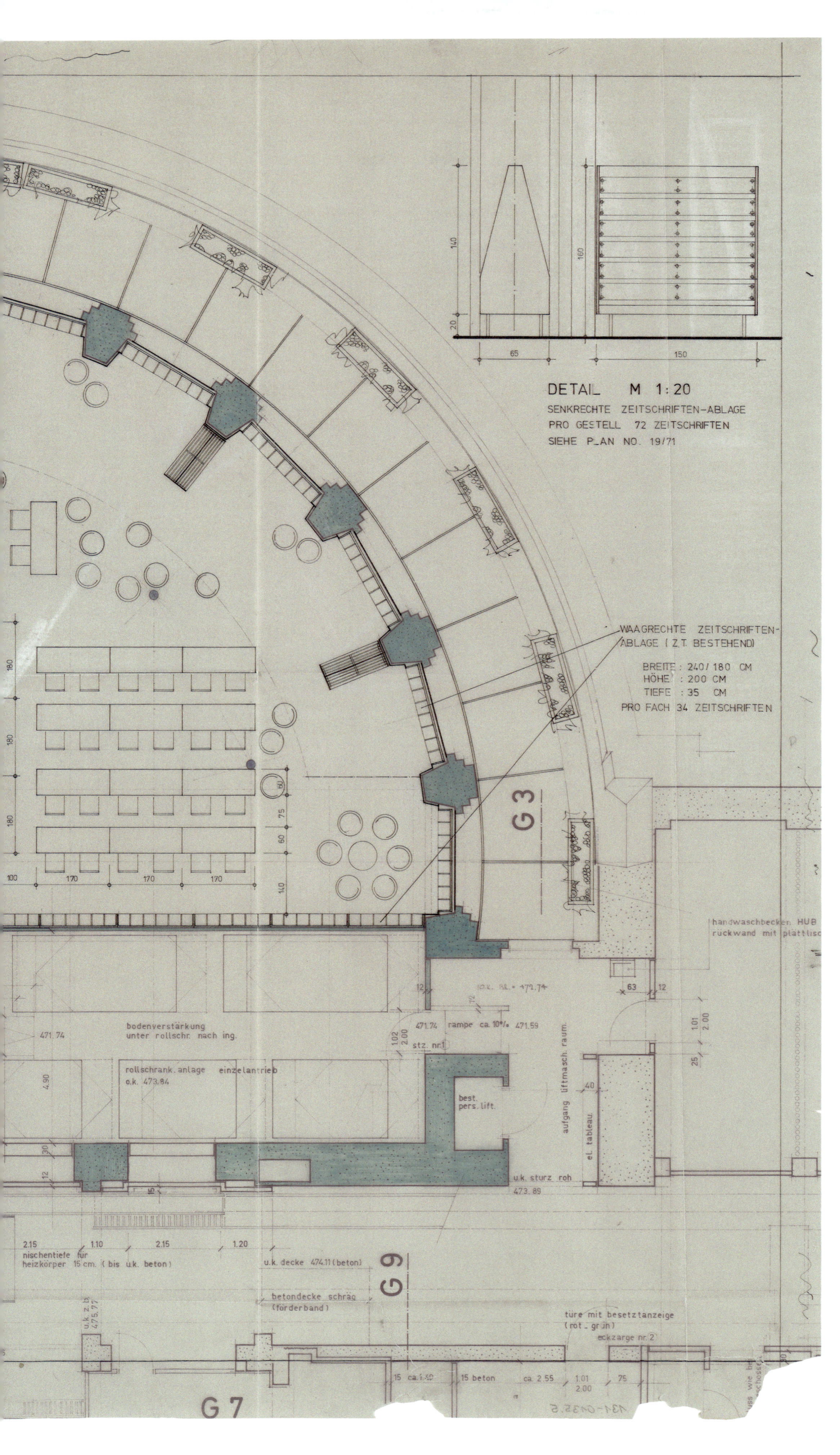

»ETH Z, HAUPTBIBLIOTHEK, UMBAU.
ZEITSCHRIFTENLESESAAL, MÖBLIE
RUNG«
Maßstab 1 : 100 (Original 1 : 50)

131-0135-5 / gta Archiv / ETH Zürich (Nachlass Alfred Roth).
Signatur RO, Büro Roth, 23. Juni / 16. Juli 1971. Pause auf Transparentpapier; mit blauem Farbstift koloriert. Überzeichnungen, Bemaßungen
und Beschriftungen in schwarzer Tusche. 64,0 × 89,0 cm.

Freie Möblierungsvorschläge mit Wandregalen und die Abtrennung einer weiteren
Raumzone innerhalb des Dreivielrunds verkleinern den offenen Großraum. In der
Grundrissstudie von 1971 sind Stützenstellungen für die realisierte halbrunde Galerie
sichtbar. Kleine Tische ersetzen die großzügigen Bibliothekstische Gulls.

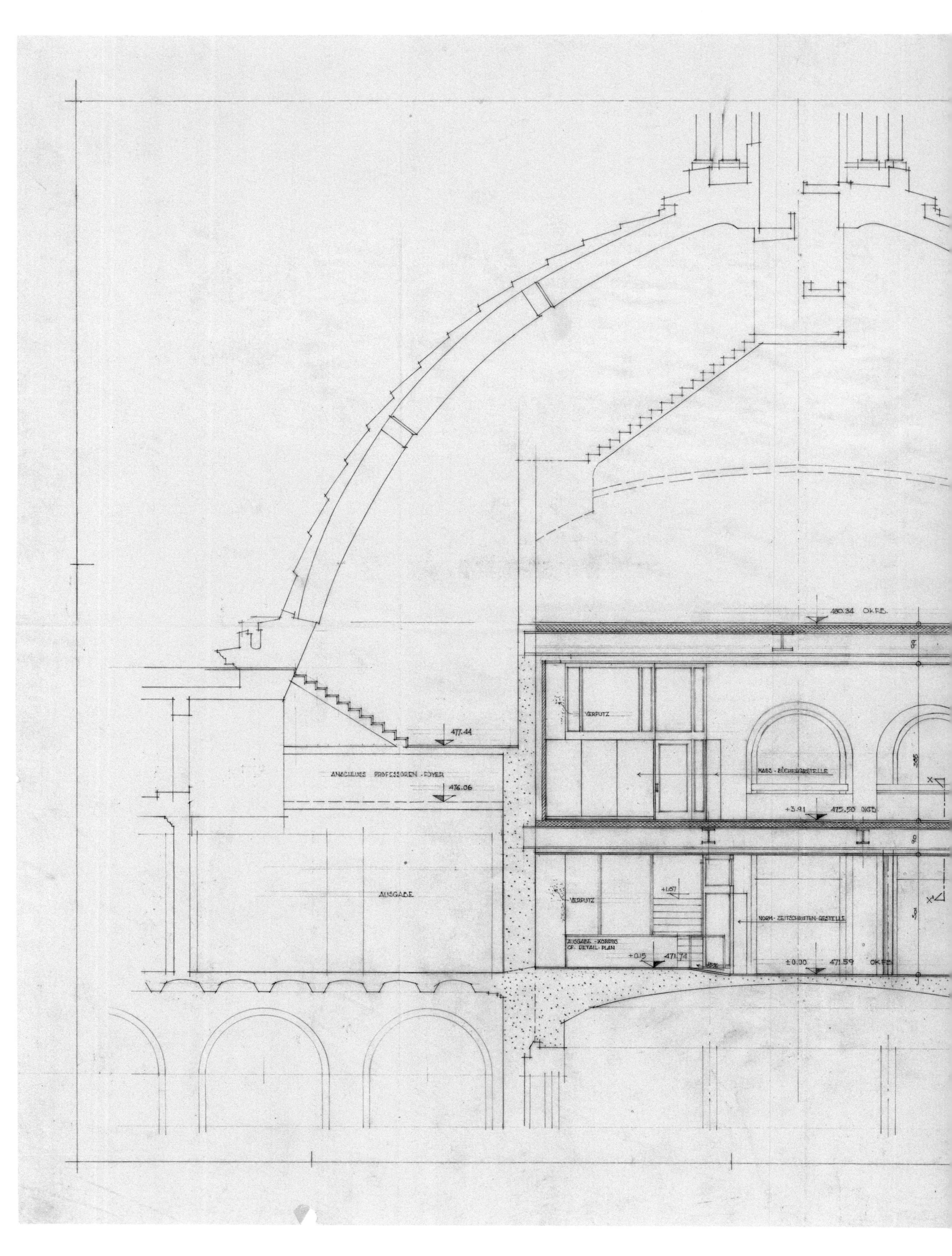

ANSCHLUSS PROFESSOREN-FOYER
476.06
477.44
480.34 OKFB
VERPUTZ
MASS-BÜCHERGESTELLE
+3.91 475.50 OKFB
AUSGABE
VERPUTZ
+1.57
AUSGABE-KORPUS
cf. DETAIL-PLAN
+0.15 471.74
NORM-ZEITSCHRIFTEN-GESTELLE
±0.00 471.59 OKFB

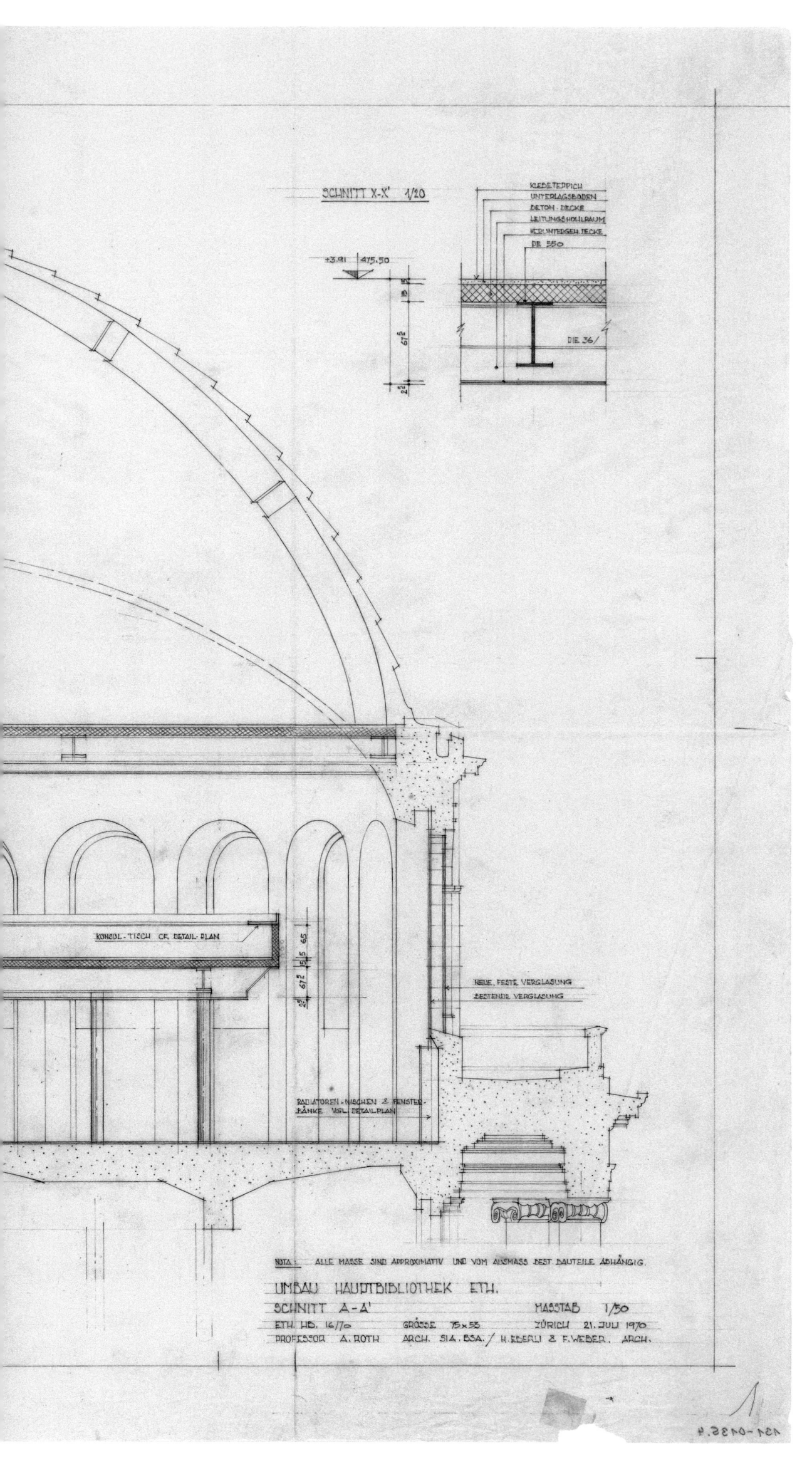

»UMBAU HAUPTBIBLIOTHEK ETH.
SCHNITT A-A'«
Maßstab 1 : 100 (Original 1 : 50)

131-0135-4 / gta Archiv / ETH Zürich (Nachlass Alfred Roth).
Signatur Büros Roth sowie H. Eberli und F. Weber, 21. Juli 1970. Zeichnung
in Bleistift auf Transparentpapier. 60,0 x 81,0 cm.

Wie weit die neue Galerie in den Kuppelraum eingreift, wird bereits aus dem Schnitt deutlich. Offenbar zeichnete das Büro von Alfred Roth seine Pläne auf Grundlage der Werkplanung Gustav Gulls, in der Planung von 1970 ist als Kontur noch die aufgegebene innere Kuppelschale Gulls zu erkennen, die Stahlträgerlagen der neuen Flachdecke sind grob skizziert.

BEST. FENSTER

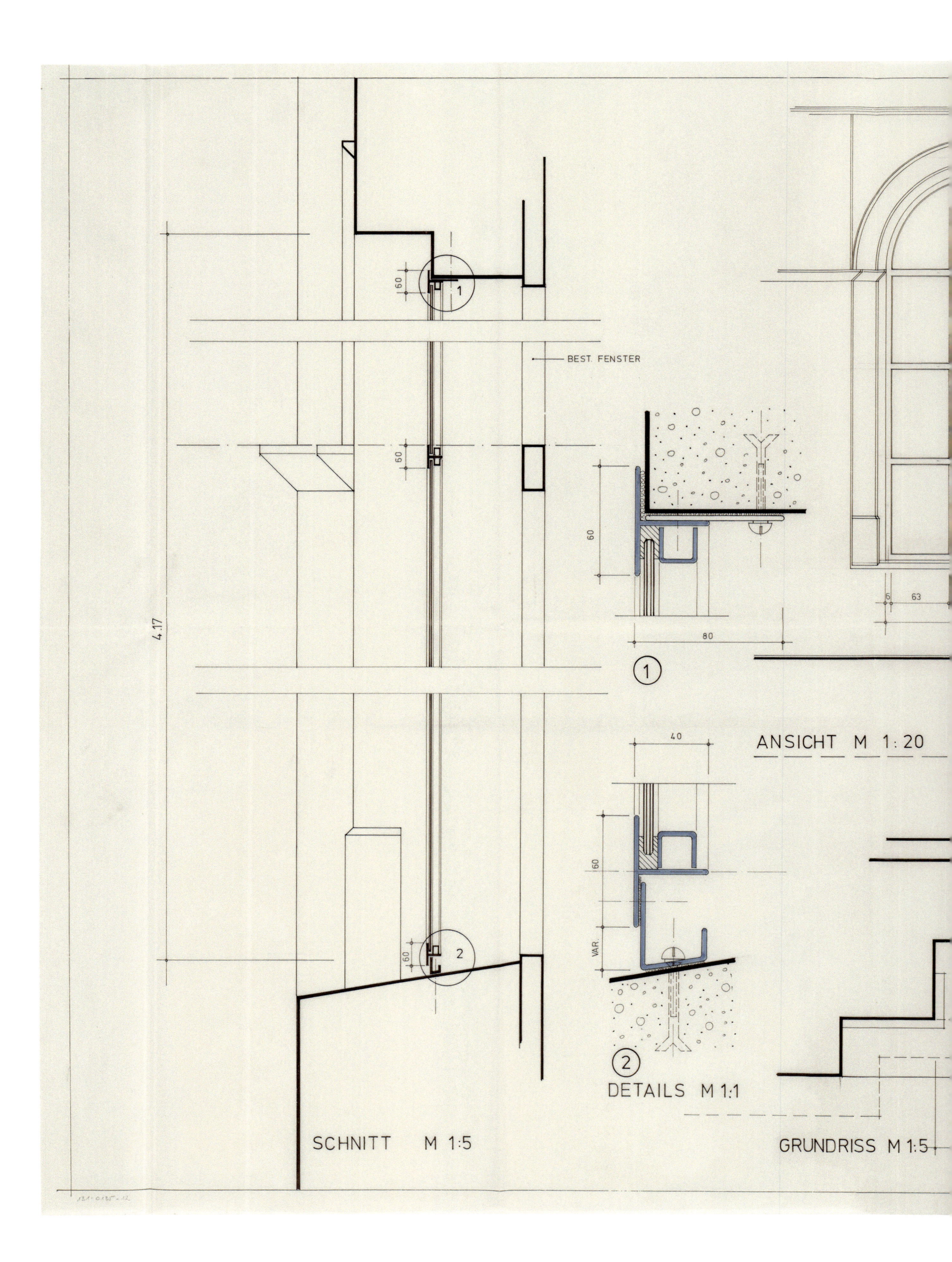

ANSICHT M 1:20

① ②
DETAILS M 1:1

SCHNITT M 1:5

GRUNDRISS M 1:5

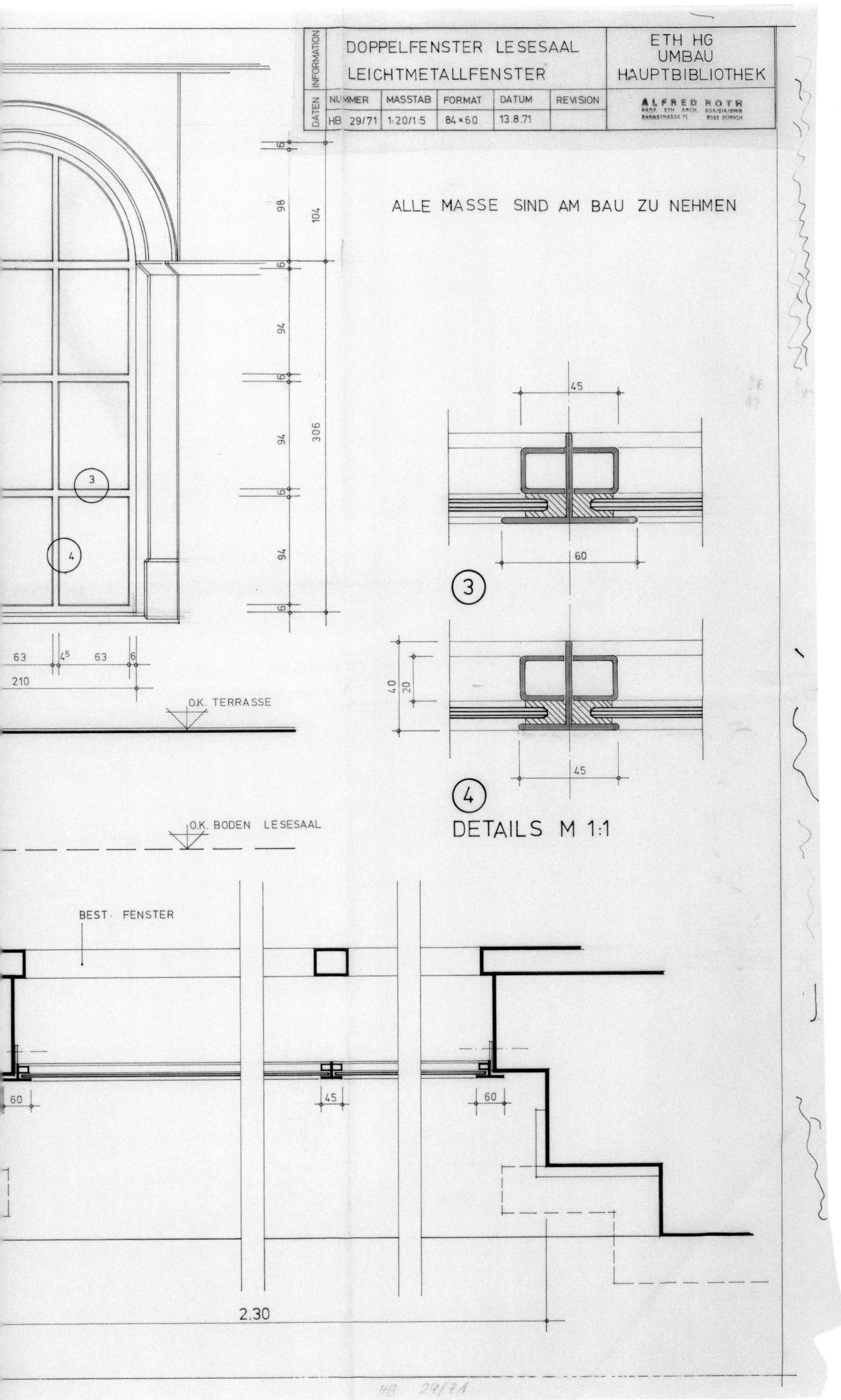

»ETH HG UMBAU HAUPTBIBLIOTHEK.
DOPPELFENSTER LESESAAL, LEICHT-
METALLFENSTER«
Maßstab 1 : 40 / 1 : 10 (Original 1 : 20 / 1 : 5)

131-0135-12 / gta Archiv / ETH Zürich (Nachlass Alfred Roth).
Stempel Büro Roth, 17. August 1971. Zeichnung in Tusche auf Transparentpapier, mit blauem Filzstift koloriert. 61,0 × 85,0 cm.

Für die großen Fenster des Lesesaals sah Roth
eine ergänzende feste Ganzglaskonstruktion
am Äußeren des Baus vor. Die bestehenden
Fenster werden nur als grobe Signatur gezeigt.

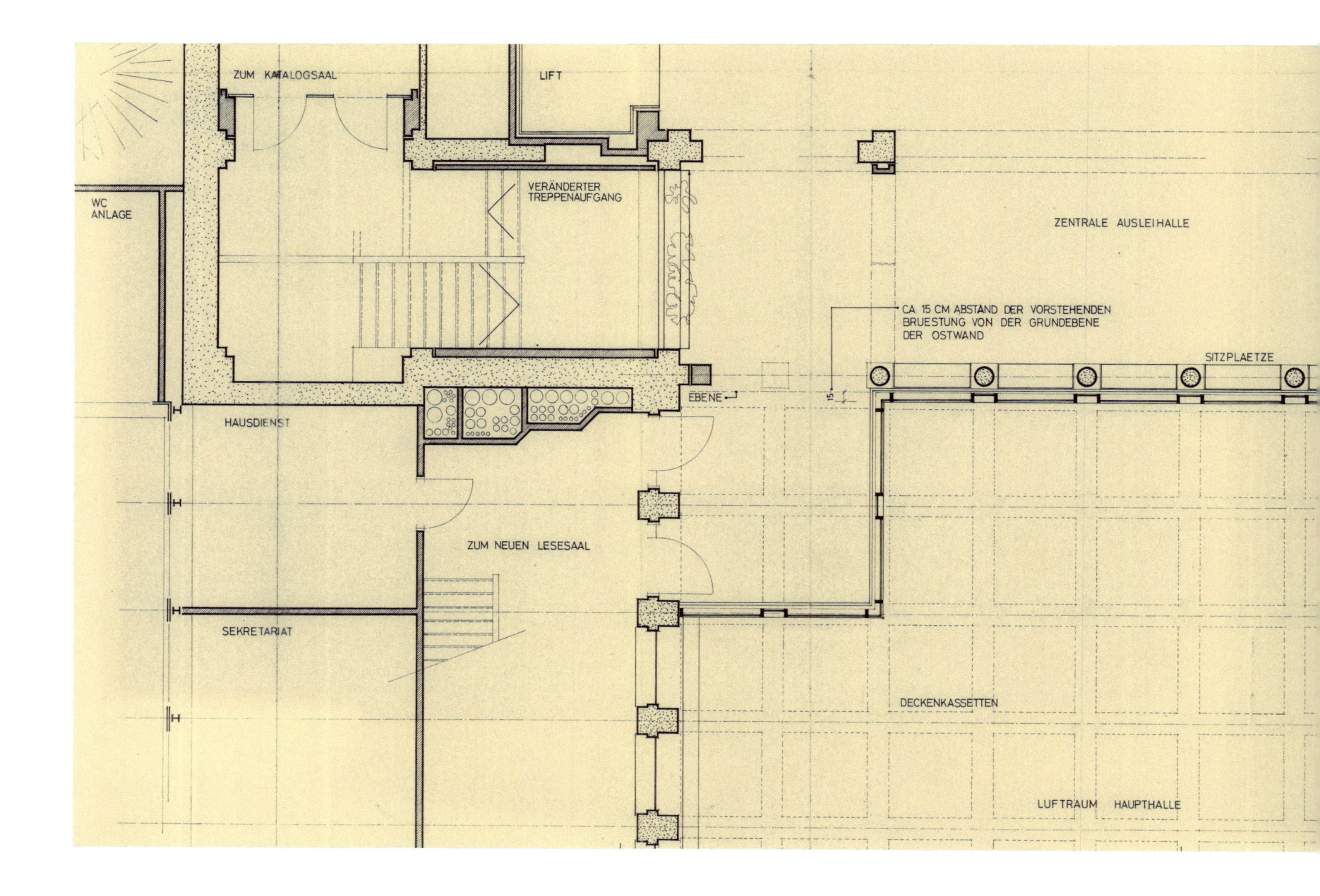

**»HAUPTGEBAUDE [SIC] ETH. GRUND-
RISS, ZUGANG ZUM NEUEN LESESAAL
UND ZUR BIBLIOTHEKSVERWALTUNG«**
Maßstab 1 : 100 (Original 1 : 50)

131-0135-11 / gta Archiv / ETH Zürich (Nachlass Alfred Roth),
Signatur Büro Roth, 12. März 1971. Pause auf Papier. 30,0 x 84,0 cm.

Der unglückliche Erkereinbau im Osten der Haupthalle wurde offensichtlich notwendig, weil die neuen Räume der Bibliotheksverwaltung mit dem zentralen Ausleihschalter verbunden werden sollten. Die Werkpläne verdeutlichen allerdings, dass ein direkter Zugang zumindest auf der Südseite des Baus denkbar gewesen wäre, hätten nicht die neu eingebauten Installationsschächte den möglichen Durchgang verstellt. Während der Ausführung wurden kritische Stimmen zu den Erkern laut, Alternativen wurden erarbeitet. In einer *Aktennotiz über die Besprechung vom 23. April 1971, 11.00 Uhr beim Präsidenten der ETH-Zürich* ist zu lesen, dass »ein Entfernen der Erker nicht nur sehr hohe Kosten und betriebliche Eingriffe zur Folge hätte, sondern auch wesentliche organisatorische Nachteile für die Bibliothek«. Prof. Roth versuche, die Erker »möglichst gut in die Halle einzupassen, indem er die Teilung der Verglasung der Westseite übernehme und durchlaufen lasse […] Prof. Geisendorf habe sich mit diesem Vorschlage ebenfalls einverstanden erklärt.« (gta-Archiv / ETH Zürich, Nachlass Alfred Roth, 131-0134/0136-K)

LIFT

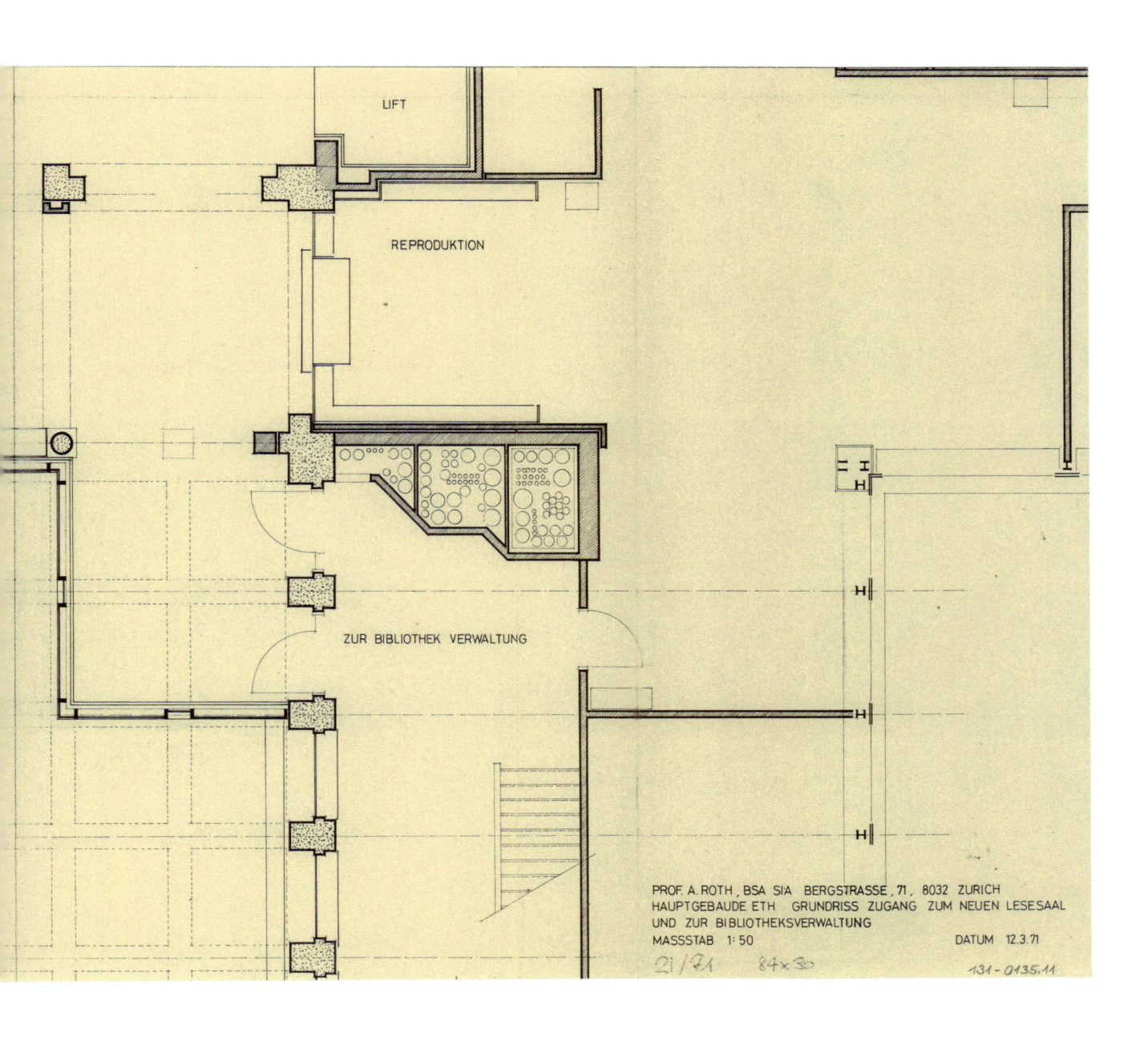

REPRODUKTION

ZUR BIBLIOTHEK VERWALTUNG

PROF. A. ROTH, BSA SIA BERGSTRASSE, 71, 8032 ZURICH
HAUPTGEBAUDE ETH GRUNDRISS ZUGANG ZUM NEUEN LESESAAL
UND ZUR BIBLIOTHEKSVERWALTUNG
MASSSTAB 1:50   DATUM 12.3.71

21/71   84×30   131-0135.11

DETAIL SCHNITT ALU-LEHNE 1:1

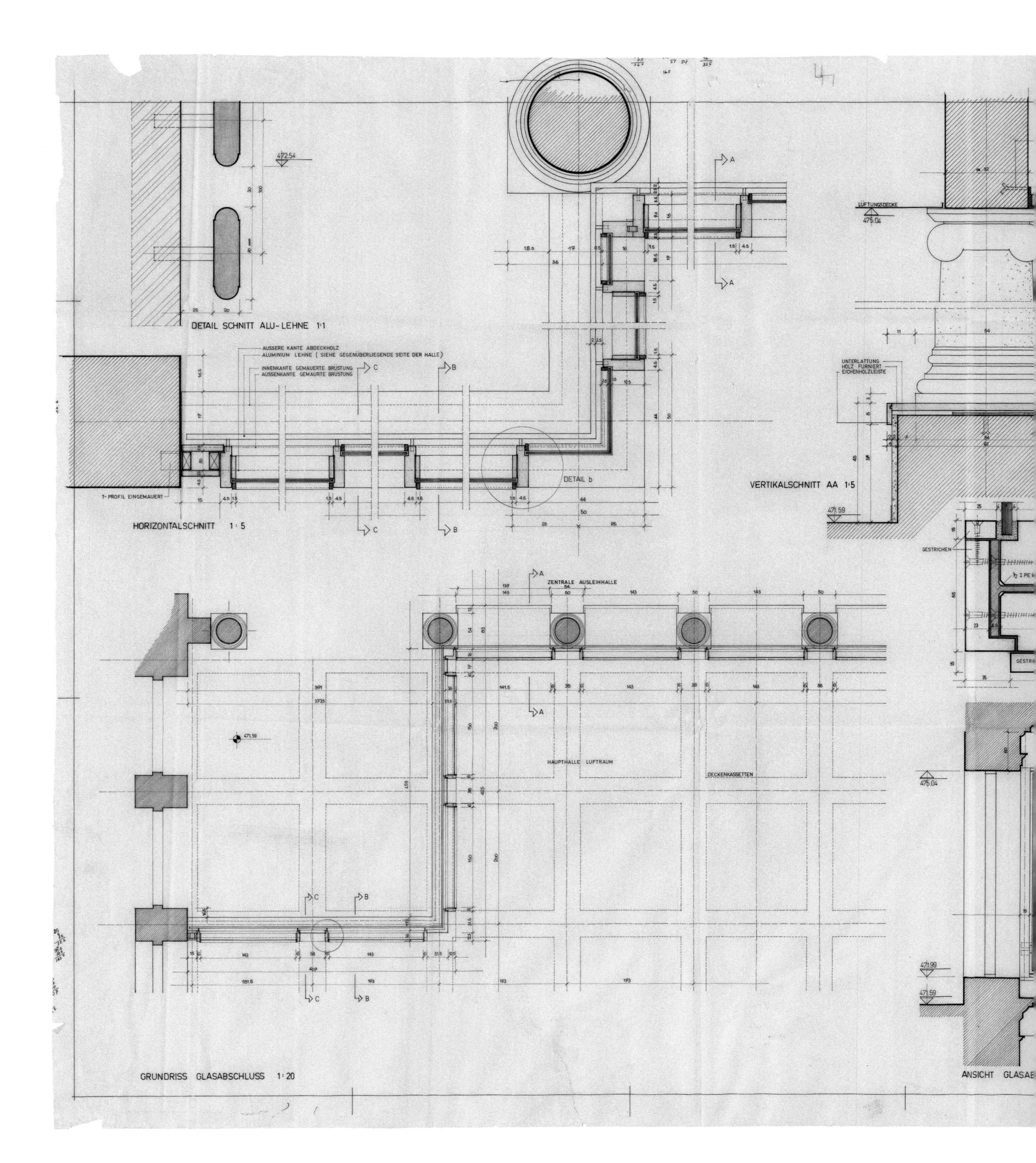

AUSSERE KANTE ABDECKHOLZ
ALUMINIUM LEHNE (SIEHE GEGENÜBERLIEGENDE SEITE DER HALLE)
INNENKANTE GEMAUERTE BRUSTUNG
AUSSENKANTE GEMAUERTE BRUSTUNG

DETAIL b

T-PROFIL EINGEMAUERT

HORIZONTALSCHNITT 1:5

VERTIKALSCHNITT AA 1:5

LUFTUNGSDECKE

UNTERLATTUNG
HOLZ FURNIERT
EICHENHOLZLEISTE

GESTRICHEN

ZENTRALE AUSLEIHHALLE

HAUPTHALLE LUFTRAUM

DECKENKASSETTEN

GRUNDRISS GLASABSCHLUSS 1:20

ANSICHT GLASAB

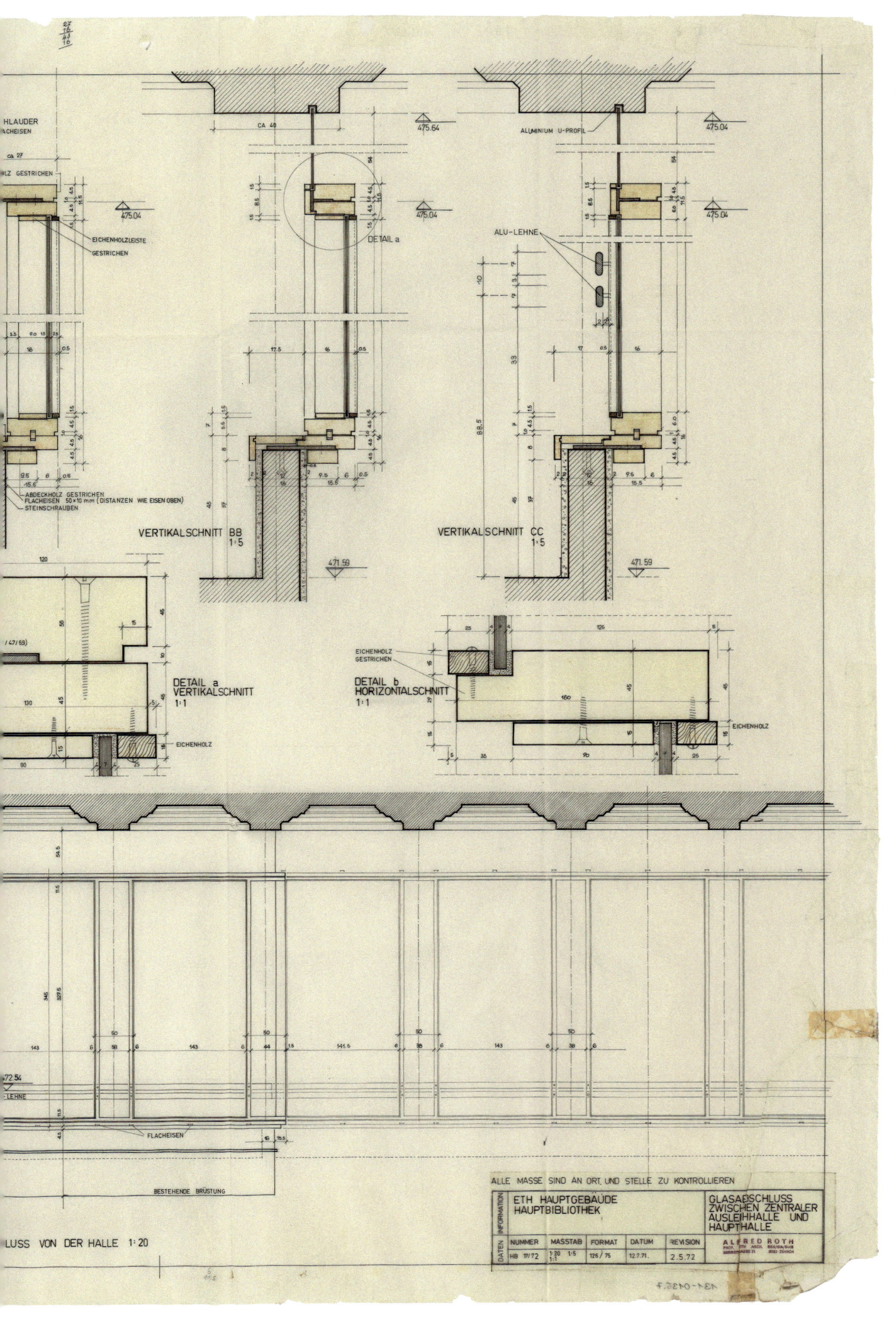

»ETH HAUPTGEBÄUDE, HAUPTBIBLIO-
THEK. GLASABSCHLUSS ZWISCHEN ZEN-
TRALER AUSLEIHHALLE UND HAUPT-
HALLE«
Maßstab 1 : 60 / 1 : 15 / 1 : 3
(Original 1 : 20 / 1 : 5 / 1 : 1)

131-0135-7 / gta Archiv / ETH Zürich (Nachlass Alfred Roth). Signatur Büro Roth, 12. Juli 1971 / 2. Mai 1972. Zeichnung in Tusche auf Transparentpapier; mit blauem und beigem Farbstift koloriert. Beschriftung und Bemaßung in schwarzer Tusche. 80,9 x 131,1 cm.

Die Anpassung der neu konstruierten Boden- und Wandflächen der Erker an die Profile der historischen Architektur geschah einerseits durch Wiederholung und Reproduktion der bestehenden Profilverläufe, andererseits durch neue Stahlkonstruktionen. Die Unterseite der Erker wurde mit vereinfachten Kassettierungen gegliedert.

③ ANSICHT VERTEILERARM 1:1

ANSICHTEN 1:10

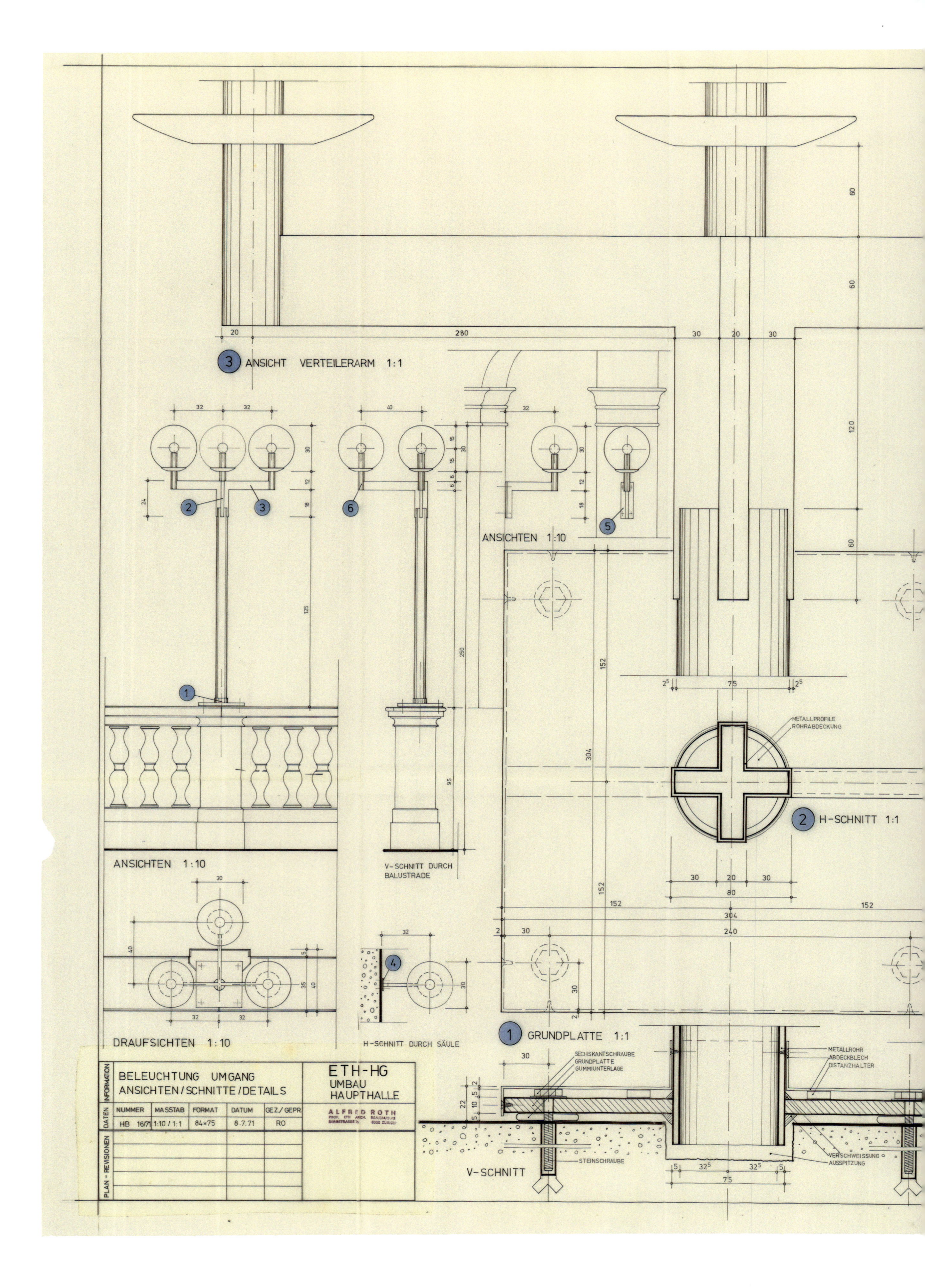

V-SCHNITT DURCH BALUSTRADE

② H-SCHNITT 1:1

DRAUFSICHTEN 1:10

H-SCHNITT DURCH SÄULE

① GRUNDPLATTE 1:1

V-SCHNITT

METALLPROFILE
ROHRABDECKUNG

SECHSKANTSCHRAUBE
GRUNDPLATTE
GUMMIUNTERLAGE

METALLROHR
ABDECKBLECH
DISTANZHALTER

STEINSCHRAUBE

VERSCHWEISSUNG
AUSSPITZUNG

INFORMATION	BELEUCHTUNG UMGANG ANSICHTEN / SCHNITTE / DETAILS				ETH-HG UMBAU HAUPTHALLE	
DATEN	NUMMER	MASSTAB	FORMAT	DATUM	GEZ./GEPR.	ALFRED ROTH PROF. ETH ARCH. BSA/SIA/SWB SUSINSTRASSE 71 8032 ZÜRICH
	HB 16/71	1:10 / 1:1	84×75	8.7.71	RO	
PLAN - REVISIONEN						

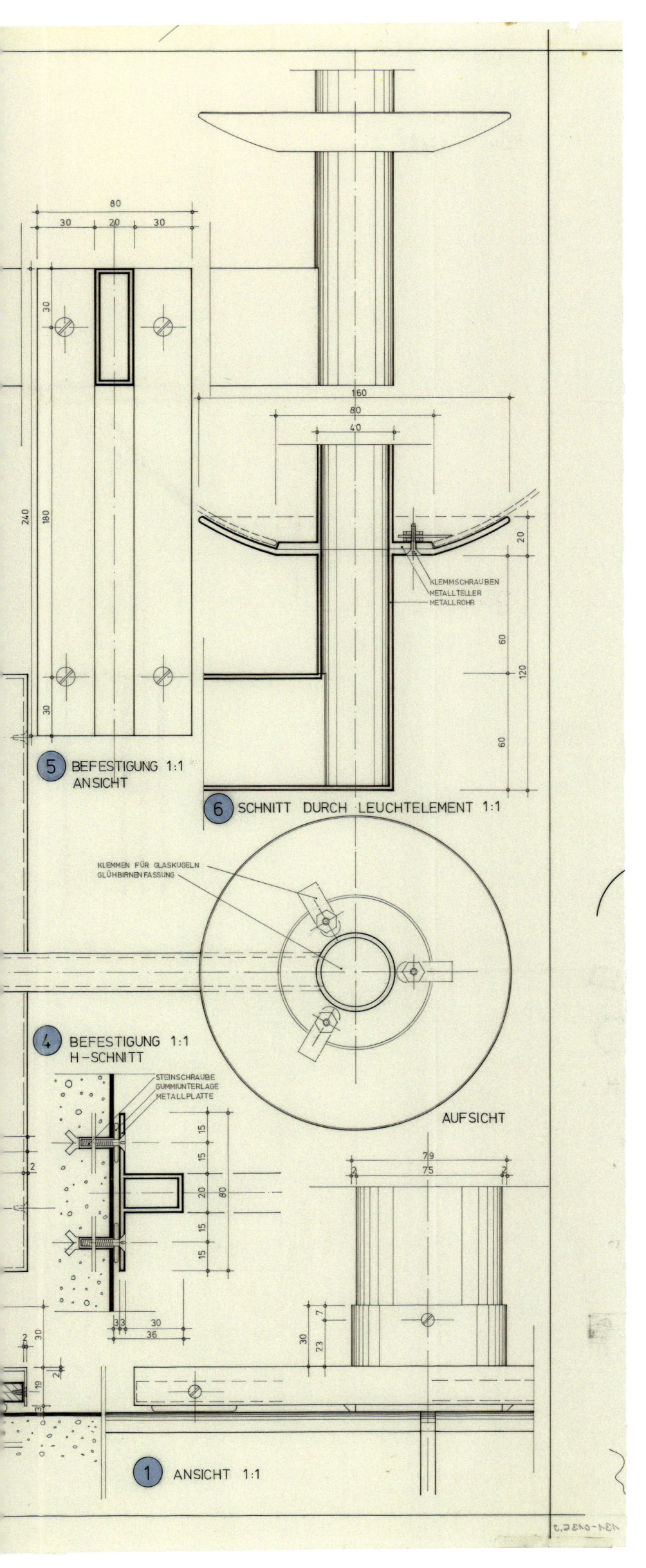

»ETH-HG, UMBAU HAUPTHALLE.
BELEUCHTUNG, UMGANG, ANSICHTEN/
SCHNITTE/DETAILS«
Maßstab 1:25 / 1:2,5 (Original 1:10 / 1:1)

131-0135-9 / gta Archiv / ETH Zürich (Nachlass Alfred Roth).
Signatur: RO, Büro Roth, 8. Juli 1971. Zeichnung in Tusche auf Transparentpapier; mit blauem Farbstift koloriert. Beschriftung und Bemaßung in schwarzer Tusche. 77,8 x 91,7 cm.

Von den Beleuchtungskörpern des Gründungsbaus haben sich nur zwei Kandelaberpaare auf den Terrassen im Westen und Süden erhalten, von den Lampen der Gullschen Erweiterung bestehen nur noch einige an den Decken der Seitenflügel und der Seitenschiffe der Haupthalle. Nach der Aufgabe des Fensterkranzes der Haupthalle wurde im Inneren des Baus elektrische Beleuchtung notwendig, offenbar studierte man moderne und historisierende Varianten. Der Plan Alfred Roths für die Beleuchtung des Umgangs aus dem Jahr 1971 wurde so nicht realisiert, allerdings zeigt ein Lampenpaar auf der Nordterrasse ähnliche Details.

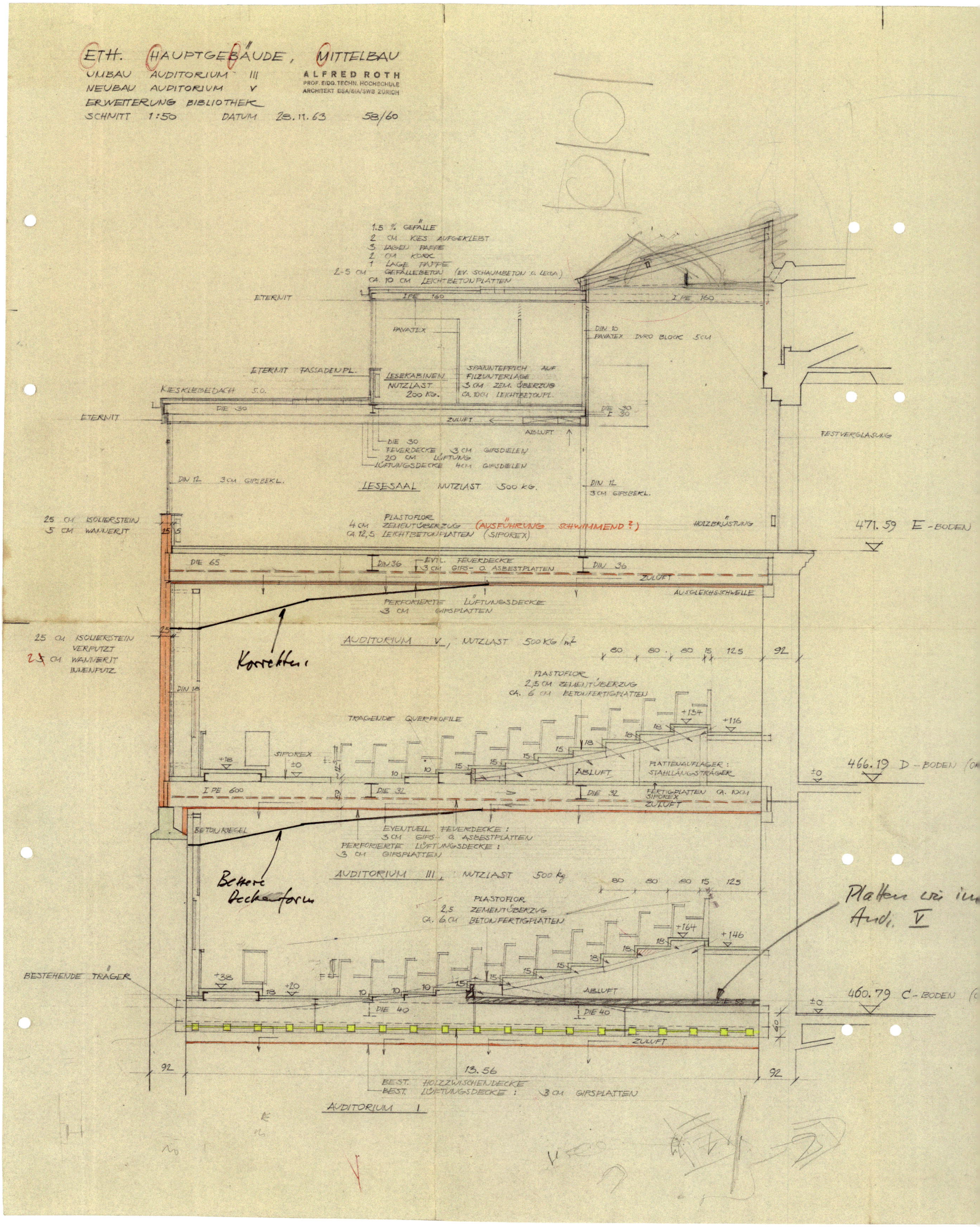
ETH. HAUPTGEBÄUDE, MITTELBAU
UMBAU AUDITORIUM III
NEUBAU AUDITORIUM V
ERWEITERUNG BIBLIOTHEK
SCHNITT 1:50 DATUM 28.11.63 58/60
ALFRED ROTH
PROF. EIDG. TECHN. HOCHSCHULE
ARCHITEKT BSA/SIA/SWB ZÜRICH
1.5 % GEFÄLLE
2 CM KIES AUFGEKLEBT
3 LAGEN PAPPE
2 CM KORK
1 LAGE PAPPE
2-5 CM GEFÄLLEBETON (EV. SCHAUMBETON o. LECCA)
CA. 10 CM LEICHTBETONPLATTEN
ETERNIT
IPE 160
PAVATEX
DIN 10
PAVATEX DURO BLOCK 5 CM
ETERNIT FASSADENPL.
LESEKABINEN
NUTZLAST 200 KG.
SPANNTEPPICH AUF FILZUNTERLAGE
3 CM ZEM. ÜBERZUG
CA. 10 CM LEICHTBETONPL.
KIESKLEBEDACH S.O.
DIE 30
ZULUFT
ABLUFT
DIE 30
FEUERDECKE 3 CM GIPSDIELEN
20 CM LÜFTUNG
LÜFTUNGSDECKE 4 CM GIPSDIELEN
FESTVERGLASUNG
DIN 12 3 CM GIPSBEKL.
LESESAAL NUTZLAST 500 KG.
DIN 12
3 CM GIPSBEKL.
25 CM ISOLIERSTEIN
5 CM WANNERIT
PLASTOFLOR
4 CM ZEMENTÜBERZUG (AUSFÜHRUNG SCHWIMMEND ?)
CA. 12,5 LEICHTBETONPLATTEN (SIPOREX)
HOLZBRÜSTUNG
471.59 E-BODEN
DIE 65
DIN 36
EVTL. FEUERDECKE
3 CM GIPS- O. ASBESTPLATTEN
DIN 36
ZULUFT
AUSGLEICHSSCHWELLE
PERFORIERTE LÜFTUNGSDECKE
3 CM GIPSPLATTEN
25 CM ISOLIERSTEIN
VERPUTZT
2,5 CM WANNERIT
INNENPUTZ
Korrektur
AUDITORIUM V, NUTZLAST 500 KG/m²
80 80 80 15 12.5 92
PLASTOFLOR
2,5 CM ZEMENTÜBERZUG
CA. 6 CM BETONFERTIGPLATTEN
TRAGENDE QUERPROFILE
+134
+116
SIPOREX
+18
±0
ABLUFT
PLATTENAUFLAGER: STAHLLÄNGSTRÄGER
466.19 D-BODEN
IPE 600
DIE 32
DIE 32
FERTIGPLATTEN CA. 10 CM SIPOREX
ZULUFT
BETONRIEGEL
EVENTUELL FEUERDECKE:
3 CM GIPS- O. ASBESTPLATTEN
PERFORIERTE LÜFTUNGSDECKE:
3 CM GIPSPLATTEN
Bessere Deckenform
AUDITORIUM III, NUTZLAST 500 kg
80 80 80 15 125
PLASTOFLOR
2,5 ZEMENTÜBERZUG
CA. 6 CM BETONFERTIGPLATTEN
Platten wie im Audi. V
+164
+146
BESTEHENDE TRÄGER
+38
+20
ABLUFT
DIE 40
DIE 40
460.79 C-BODEN
ZULUFT
92
13.56
92
BEST. HOLZZWISCHENDECKE
BEST. LÜFTUNGSDECKE: 3 CM GIPSPLATTEN
AUDITORIUM I

»ETH. HAUPTGEBÄUDE, MITTELBAU. UMBAU AUDITORIUM III. NEUBAU AUDITORIUM V. ERWEITERUNG BIBLIOTHEK«
Maßstab 1:100 (Original 1:50)

131-0140-1 / gta Archiv / ETH Zürich (Nachlass Alfred Roth). Stempel Büro Roth, 28. November 1963. Zeichnung in Bleistift auf Papier; mit grünem und rotem Aquarell sowie gelbem Leuchtstift koloriert. Beschriftung und Bemaßung in Bleistift und rotem Farbstift; Überzeichnungen, Skizzen und Anmerkungen in Bleistift, schwarzem Farbstift und schwarzem Filzstift. 60,0 x 58,0 cm.

Alle bestehenden Auditorien wurden in der Bauphase der 1960er und 1970er Jahre neu ausgebaut: Die jetzt unbelichteten Innenräume erhielten abgehängte Decken, Projektionseinrichtungen und neue Möblierungen. Die beweglich konstruierten Sitzmöbel wurden in allen Publikationen herausgestellt.

KANTINE NEBEN DEM AUDITORIUM MAXIMUM

131-0139-F-2 / gta Archiv / ETH Zürich (Nachlass Alfred Roth).
Fotograf unbekannt, 1970er Jahre.

Südlich anschließend an das Auditorium Maximum waren Erfrischungsraum und Kantine angeordnet. Die Fotografie zeigt neben der Einrichtung Alfred Roths noch das Wandbild des Künstlers Richard Paul Lohse (heute im Zimmer der Rektorin). Nach einem erneuten Ausbau des Raums ist der Durchgang zum Umgang des Auditoriums nicht mehr möglich.

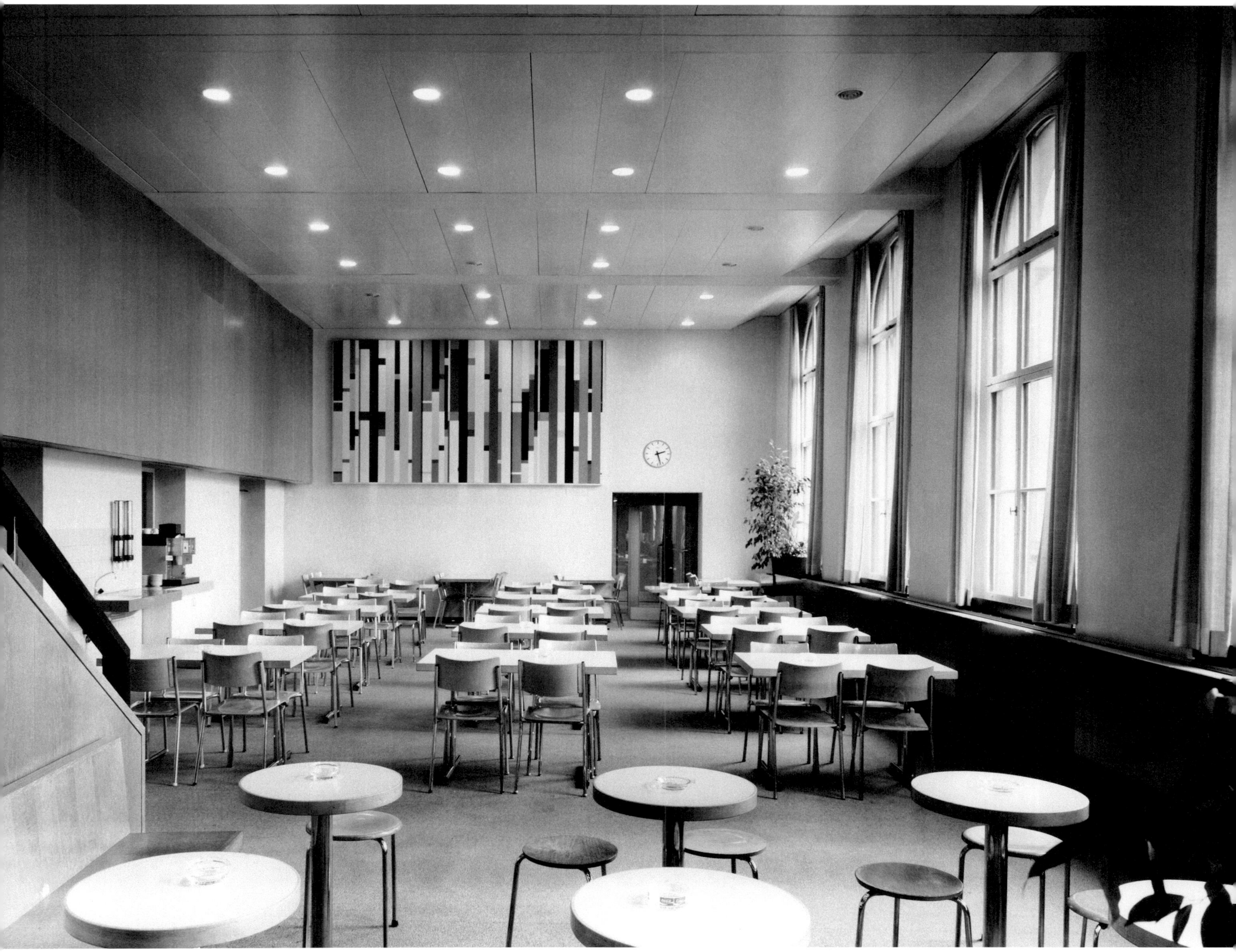

**DAS UMGEBAUTE AUDITORIUM
MAXIMUM**

Ans_01330, Ans_01329 / ETH-Bibliothek Zürich, Bildarchiv.
Fotografien von Friedrich Maurer, 1971.

Die freien Grundrissgestaltungen der Konzertsäle der Nachkriegszeit wie etwa Hans Scharouns Berliner Philharmonie waren möglicherweise Leitbilder der Planungen Roths – der sich jedoch in Aufriss und Grundriss weniger frei entfalten konnte als die Architekten, die Neubauten zu entwerfen hatten. Die neuen Innenverkleidungen des Auditorium Maximum blieben zurückhaltend, auf den Einbau eigentlicher Beleuchtungskörper wurde zugunsten von Lichtlamellen verzichtet.
Ab 1972 wird die Fertigstellung des Ausbaus des Auditorium Maximum von der Sektion Bauten mehrfach angemahnt (Korrespondenz im Nachlass Roth im gta-Archiv, November und Dezember 1972). 1973 ruft die Bauherrschaft eine beratende Kommission ins Leben, die für die Fertigstellung des Ausbaus des Hauptgebäudes sorgen soll.

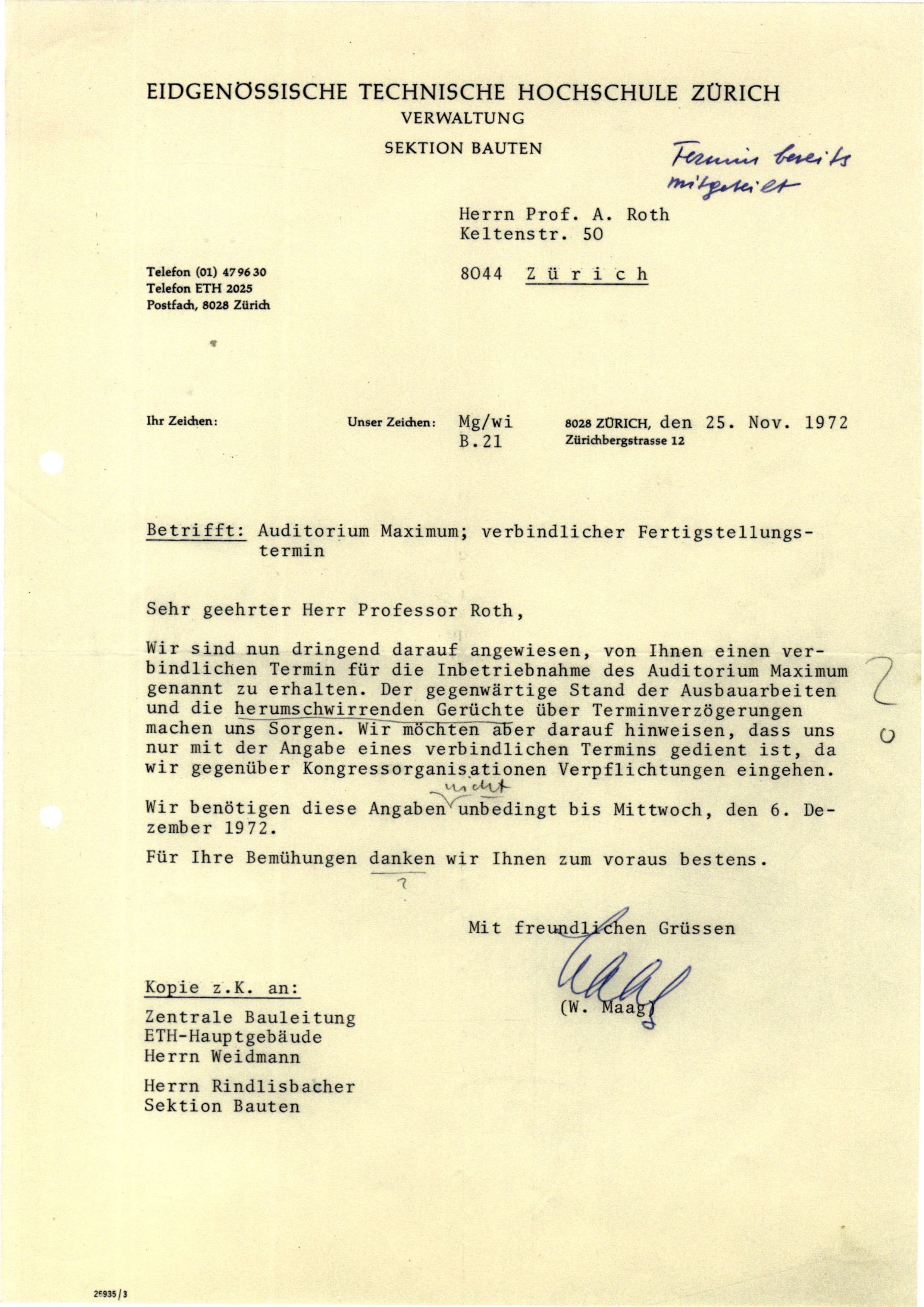

EIDGENÖSSISCHE TECHNISCHE HOCHSCHULE ZÜRICH
VERWALTUNG
SEKTION BAUTEN

Termin bereits mitgeteilt

Herrn Prof. A. Roth
Keltenstr. 50
8044 Zürich

Telefon (01) 47 96 30
Telefon ETH 2025
Postfach, 8028 Zürich

Ihr Zeichen: Unser Zeichen: Mg/wi B.21 8028 ZÜRICH, den 25. Nov. 1972
Zürichbergstrasse 12

Betrifft: Auditorium Maximum; verbindlicher Fertigstellungstermin

Sehr geehrter Herr Professor Roth,

Wir sind nun dringend darauf angewiesen, von Ihnen einen verbindlichen Termin für die Inbetriebnahme des Auditorium Maximum genannt zu erhalten. Der gegenwärtige Stand der Ausbauarbeiten und die herumschwirrenden Gerüchte über Terminverzögerungen machen uns Sorgen. Wir möchten aber darauf hinweisen, dass uns nur mit der Angabe eines verbindlichen Termins gedient ist, da wir gegenüber Kongressorganisationen Verpflichtungen eingehen.

Wir benötigen diese Angaben (nicht) unbedingt bis Mittwoch, den 6. Dezember 1972.

Für Ihre Bemühungen danken wir Ihnen zum voraus bestens.

Mit freundlichen Grüssen

(W. Maag)

Kopie z.K. an:
Zentrale Bauleitung
ETH-Hauptgebäude
Herrn Weidmann

Herrn Rindlisbacher
Sektion Bauten

26935/3

»AUDITORIUM MAXIMUM; VERBINDLICHER FERTIGSTELLUNGSTERMIN«

gta Archiv / ETH Zürich (Nachlass Alfred Roth).
Brief vom Leiter der Sektion Bauten der ETH-Verwaltung, Walter Maag, an Alfred Roth, 25. November 1972.

EIDGENÖSSISCHE TECHNISCHE HOCHSCHULE ZÜRICH
VERWALTUNG
SEKTION BAUTEN

An
Herrn Prof. A. Roth
Eidg. Baukreisdirektion V
Herrn Weidmann
Zentrale Bauleitung ETH-Hauptgebäude
den Technischen Dienst ETH-Z
Herrn Hausmeister Lenggenhager

Zürich, den 4. Mai 1973
Mg/wi - B.21

Betrifft: Fertigstellung und Inbetriebnahme des Auditorium Maximum

Sehr geehrte Herren,

Das Rektorat ist über den gegenwärtigen Bauzustand des Auditorium Maximum äusserst beunruhigt. Am Dienstag, den 22. Mai, ist das Auditorium Maximum für einen grösseren Anlass eingeplant. Herr Rektor Marmier legt grössten Wert darauf,

- dass das Auditorium zu diesem Zeitpunkt wirklich fertig ist,
- dass sämtliche Einrichtungen, insbesondere die Lautsprecheranlage etc., vorher ausprobiert werden können,
- dass das Auditorium einwandfrei gereinigt ist.

Wir bitten die Eidg. Baukreisdirektion V dringend, die nötigen Recherchen zu veranlassen und uns baldmöglichst eine verbindliche Mitteilung zukommen zu lassen.

Mit freundlichen Grüssen

(W. Maag)

Kopie z.K. an:
das Rektorat ETH-Z

Zürich, 12. März 1971

Herrn Prof. Dr. Paul Hofer,
   Kunsthistoriker
Herrn Prof. Dr. Edwin Gradmann,
   Kunsthistoriker
_____

Betrifft: Zumauern der Fenster des Auditoriums Maximum,
          äussere Erscheinung
_____

Liebe Kollegen,

Ich hatte diese Angelegenheit am Platz schon vor mehreren Wochen mit Paul Hofer besprochen. In der Beilage findet Ihr meinen mehr ausgearbeiteten Vorschlag.

1. Der Verputz der zugemauerten Fensterfläche ist derselbe wie an den heutigen Brüstungen. Gegenüber der Lisenen der Pfeiler steht der Verputz um ca. 2.5 cm vor. Das an Pfeiler und Lisenen oben vorhandene Gesims würde auch über die Fensterfelder durchgezogen.

   Frage: Ist diese Lösung richtig?

2. Auf Verlangen der Feuerpolizei müssen Abzugsöffnungen für Notfälle in die zugemauerten Fensterfelder eingebaut werden von einer totalen Fläche von 4 m2. Aus der beigelegten Abwicklungshälfte der Rundfront geht der Einbau dieser Abluftklappen hervor, jede 1 m2 gross. Wie die Elemente aussehen werden, weiss ich zur Stunde noch nicht. Mein Vorschlag im Moment wäre der, die Elemente mit einem dem Stil angepassten Profilstab zu umrahmen und das Ganze im Fassadenton zu streichen. Selbstverständlich sollen diese auch mir unliebsamen Elemente so wenig wie möglich in Erscheinung treten.

                                    Mit besten Grüssen

                                    Prof. Alfred Roth

Beilage: 1 Plan 1:50

DIE ZUGEMAUERTEN FENSTER DES
AUDITORIUM MAXIMUM

Ans_03077 / ETH-Bibliothek Zürich, Bildarchiv.
Fotograf unbekannt, 1980er Jahre.

**ABBAU DER GROSSEN BIBLIOTHEKS-
TISCHE IM LESESAAL DER ROTUNDE**

Ans_03619, Ans_03618 / ETH-Bibliothek Zürich, Bildarchiv.
Fotograf unbekannt, 1966.

**NEUERRICHTUNG DER STAHLTRÄGER
FÜR DIE FLACHDECKE ZWISCHEN LESE-
SAAL UND KUPPELRAUM**

Ans_01468 / ETH-Bibliothek Zürich, Bildarchiv.
Fotografie von Franz Diethelm, 1971.

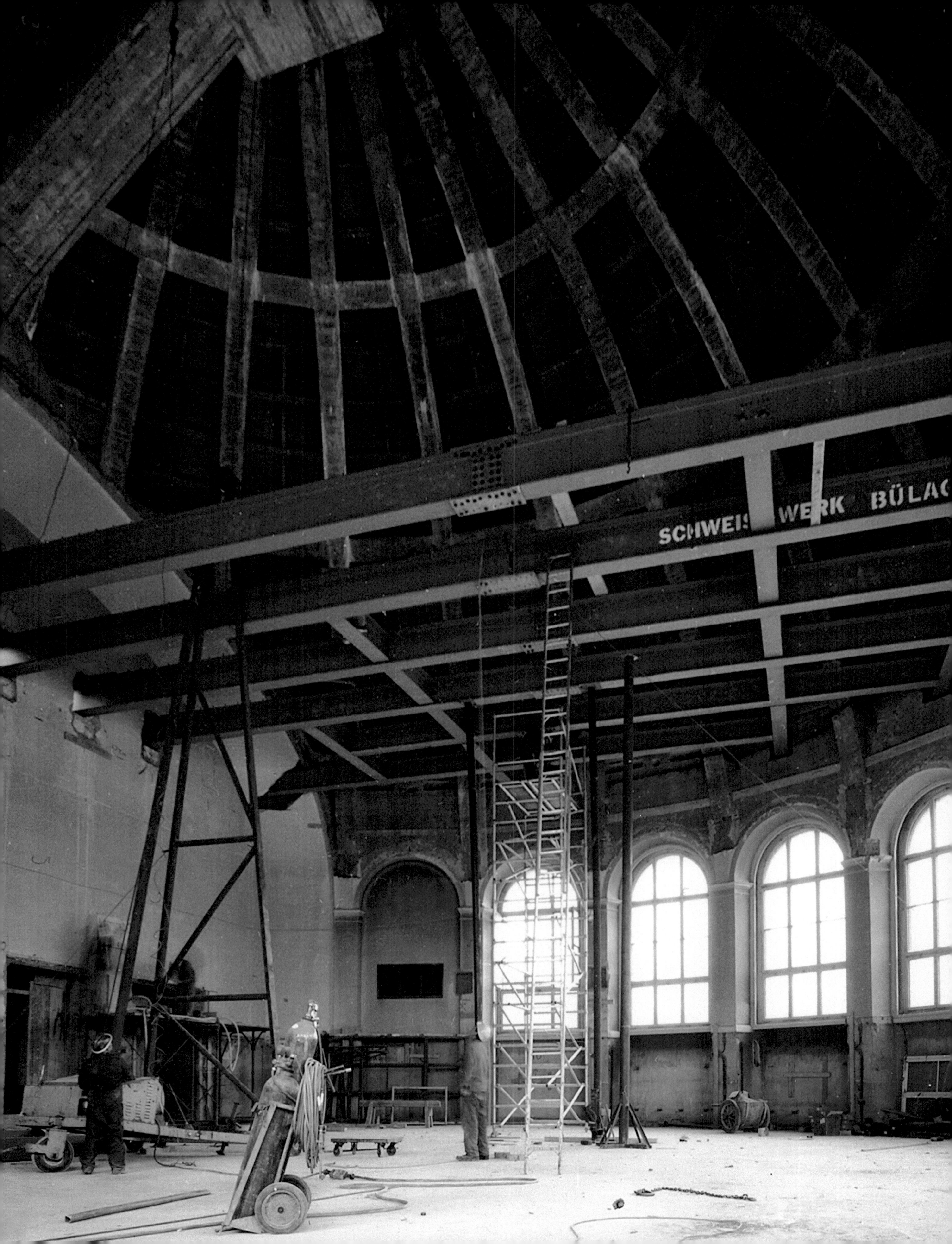
SCHWEIS WERK BÜLAC

FOTOGRAFIEN DES GROSSEN LESESAALS MIT MÖBLIERUNG ROTHS (IM ZUGE EINES ERNEUTEN UMBAUS IN DEN SPÄTEN 1980ER JAHREN ERSETZT)

Ans_01405, Ans_00149, Ans_01404 / ETH-Bibliothek Zürich, Bildarchiv.
Fotografien von Franz Diethelm / Friedrich Maurer, 1972.

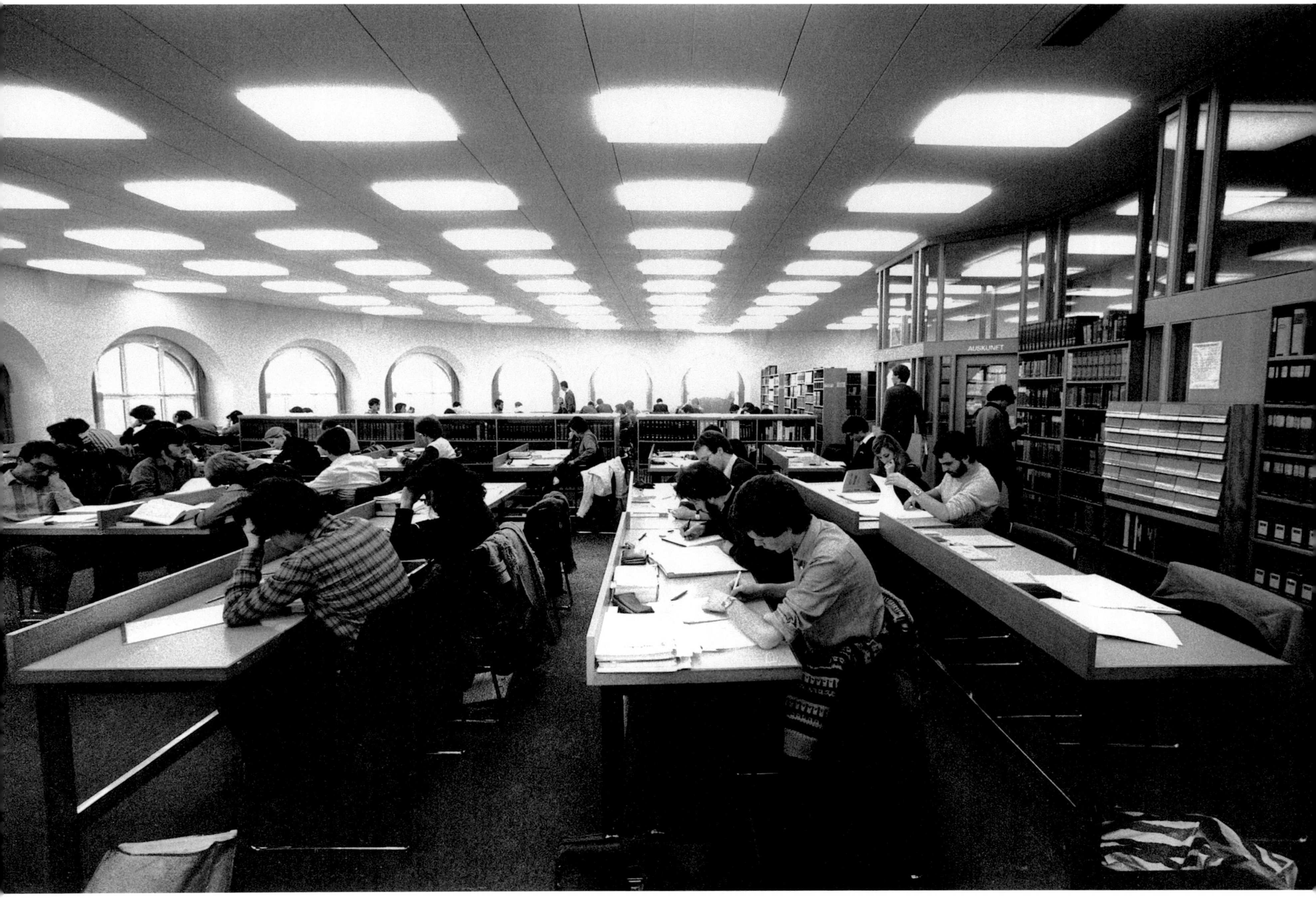
AUSKUNFT

DIE NEU GESTALTETE AUSLEIHE DER BIBLIOTHEK

131-0135-F-7 / gta Archiv / ETH Zürich (Nachlass Alfred Roth).
Fotograf unbekannt, 1970er Jahre.

**ERKEREINBAUTEN ZUR VERBINDUNG
VON LÄNGSSEITEN UND STIRNSEITE
DER OBERGADEN**

Com_M21-0148-0002 / ETH-Bibliothek Zürich, Bildarchiv.
Fotografie von Hans Baumann, August 1972.

AUFBAUTEN FÜR DIE BIBLIOTHEK ÜBER
DEN GULLSCHEN AUDITORIEN IM HOF

Ans_01560, Ans_01439 / ETH-Bibliothek Zürich, Bildarchiv.
Fotografien von G. Nigg / Franz Diethelm, ca. 1968.

DER NEUE INNENAUSBAU DER
GULLSCHEN HALBRUNDAUDITORIEN

131-0129-F-1 / gta Archiv / ETH Zürich (Nachlass Alfred Roth).
Fotograf unbekannt, nach 1972.

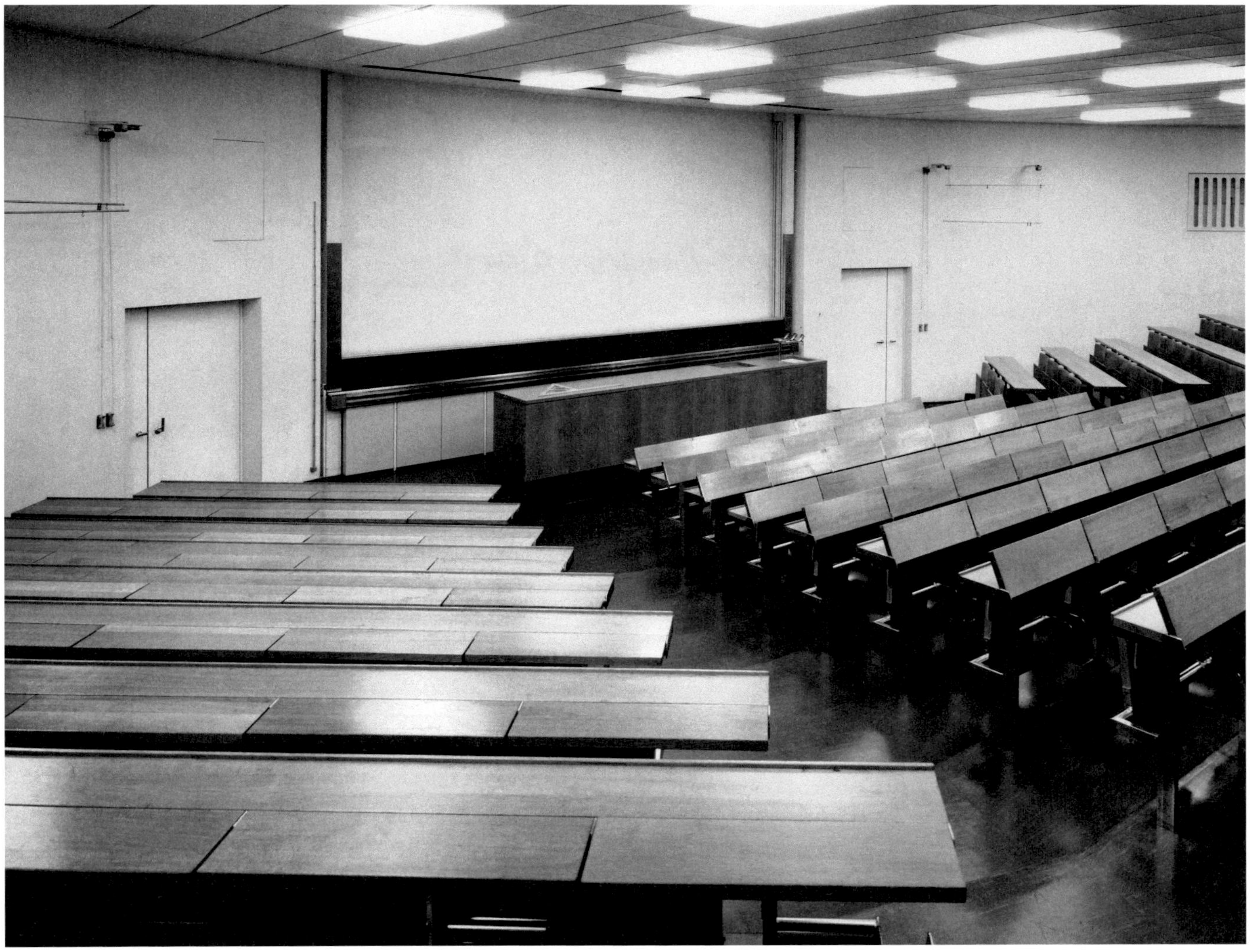

EINBAU DER BIBLIOTHEKSGESCHOSSE IM NORDHOF

Ans_01720 / ETH-Bibliothek Zürich, Bildarchiv.
Fotografie von G. Nigg, 1968/69.

Die Innenhoffassaden der beiden Bibliotheksgeschosse wurden nach Plänen Alfred Roths gebaut, im ersten Jahrzehnt des 21. Jahrhunderts aber bereits wieder durch eine Steinplattenverkleidung mit neuen Fensterkonstruktionen ersetzt.

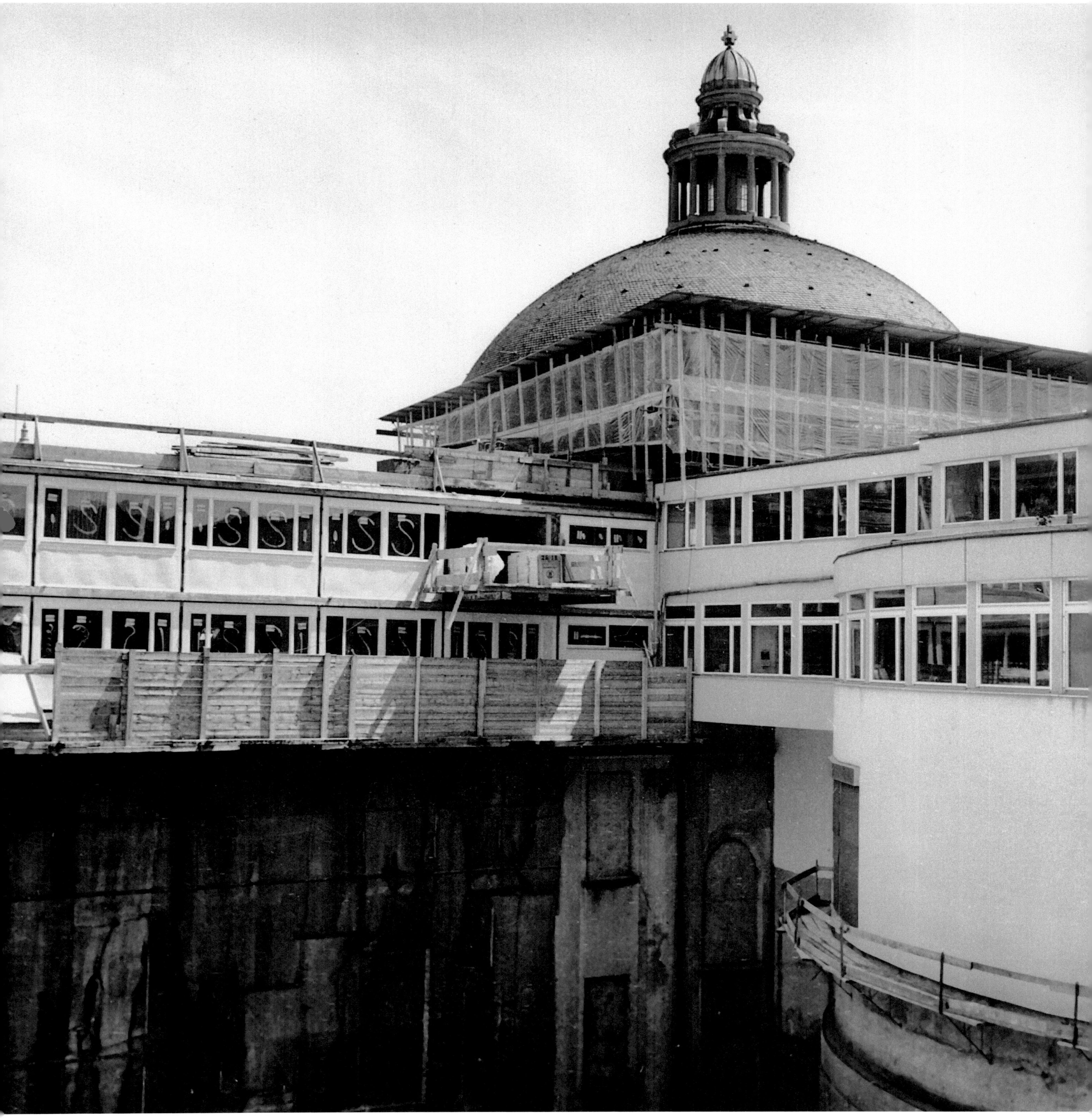

ZEHNTNER & OCHSNER INGENIEURBÜRO FÜR TELEFON 051 47 04 47
HOCH- UND TIEFBAU POSTCHECK VIII 50935

ZÜRICH 8, SEEHOFSTR. 4

2. Juli 1958

Herrn
Prof. Alfred Roth
E.T.H.
Zürich

Betrifft: E.T.H. Hauptgebäude
Südflügel, Mittelteil
Einbau einer Zwischendecke

Wir erlauben uns Ihnen den Massenauszug für den Einbau des Zwischengeschosses zuzustellen.
Im übrigen möchten wir Ihre Aufmerksamkeit auf folgende Punkte richten:

Bei der Erstellung der E.T.H. im Jahr 1917 wurden die Nutzlasten vom Bauherr vorgeschrieben. Sie betrugen damals für den Südflügel, der nie für die Bibliothek vorgesehen war, 400 kg/m2. Durch den Einbau eines neuen Zwischengeschosses wird die Nutzlast um etliches erhöht.

Aus der Tatsache heraus, dass die gesammte Rippendecke auf Grund der Vorschriften von 1909 berechnet worden ist, und nun heute grössere Spannungen im Eisen und im Beton zugelassen sind, hat die statische Untersuchung der Rippendecke zu folgendem Resultat geführt:

Wird die im Plan 3453 angegebene Anordnung der Büchergestelle und -schränke mit Nutzlasten von 400 kg/m2 unter den Büchergestellen und von 100 kg/m2 in den Zwischengängen inne gehalten, so bleiben die Spannungen des Eisens und des Betons im Rahmen der heutigen Vorschriften.

Mit vorzüglicher Hochachtung

Zehntner & Ochsner

Eidgenössische Technische Hochschule in Zürich.

Südflügel, Mittelteil

Eisenbetonarbeiten für den Einbau eines Zwischengeschosses für das Bücherarchiv.

Pos.	Baugegenstände	Mass-gattung	Massbetrag	Einheitspreis Fr. Cts.	Betrag Fr. Cts.	Fr. Cts.
1.	Ausspitzen eines Auflagerschlitzes 15/15 cm in den Innenwänden für die Eisenbetonplatte.	m'	10	.....	......	
2.	Ausspitzen von Auflagernischen 30/30/15 in die bestehenden Zwischenwände bzw. Mauerwerkspfeiler für die Unterzüge.	Stck	8	.....	......	
3.	Eisenbetondecke mit Unterzügen über dem 3. Geschoss. Nutzlast für die mit Büchergestellen belegten Teile 400 kg/m² für die Zwischengänge 100 kg/m2.					
	Beton P 300	m3	7,0	.....	......	
	Plattenschalung gehobelt und geölt.	m2	45,0	.....	......	
	Unterzugsschalung gehobelt und geölt.	m2	20,0	.....	......	
	Liefern und verlegen von normalem Rundeisen	kg	750	.....	......	
4.	Liefern und versetzen von Stahlstützen aus 2 75/75/8 zu Kasten verschweisst, so, dass scharfe Kanten entstehen. Oben Kopfplatte 200/200/10, unten Druckverteiler DIE 10. Stützenlänge: 1850 mm Gewicht pro Stütze: 50 kg	Stck	4	.....	......	
5.	Zuschlag zu Pos. 4 für das versetzen der DIE 10 auf die bestehende Rippendecke des Zwischenbodens.	Stck	4	.....	......	
	Total der Eisenbetonarbeiten				......	

Zürich, den 2. Juli 1958

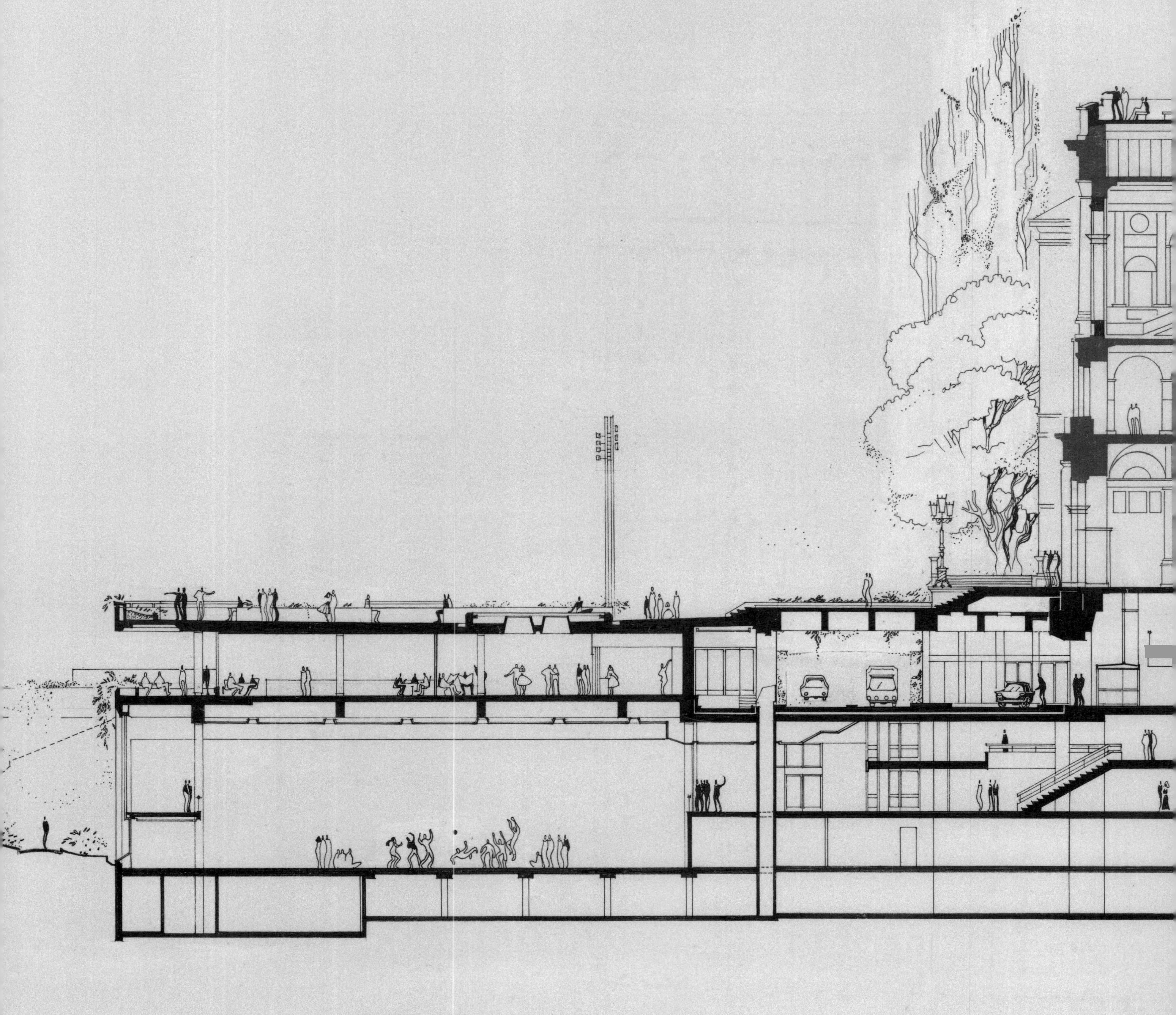

Die Polyterrasse als Gebäude

Während der 150-jährigen Geschichte des Polytechnikums hat sich die Polyterrasse von einer Terrasse mit repräsentativem Garten zur ›Polyterrasse als Gebäude‹ entwickelt. Der Semperzeit diente eine kleine Fläche mit Brunnen als optisches und konstruktives Fundament für den ›Bau über der Stadt‹. Der parkähnliche Garten mit asymmetrischer Weganlage markierte den stadtseitigen Haupteingang und demonstrierte die Ambition eines wissenschaftlich informierten Gartens: Differenzierte Baumbestände und Einzel-Spezies zeugen auch heute noch von den Sammlungsbemühungen der Anfangsjahre.

Mit Gustav Gulls Um- und Anbau wurde die Terrasse erweitert und geometrisiert, einstige Brüche wurden ›begradigt‹. Bereits beim Bau der Universität wurde die Künstlergasse hangseitig verschoben und in die Achse der bisher abknickenden Verlängerung der Leonhardstrasse gebracht. Senkrecht dazu erweiterte Gull den Bau um den Säulenhof an der Rämistrasse, das stadtseitige Gegenstück bildete die um ein Vielfaches vergrößerte Terrasse, die das bestehende Wegenetz ersetzte. Die 1915 erstellte Terrasse erhielt 1925 einen Teer-Makadam-Belag und zwei Brunnen. Entlang der Tannen- und der Künstlergasse wurden anstelle der Böschungen Stützmauern erstellt, »wie es schon auf Sempers Plänen[1] vorgesehen war«.[2] Das ›Arboretum‹ mit Wiesenflächen wurde zum architektonischen Plateau.

Parallel zum Umbau des Hauptgebäudes durch Charles-Edouard Geisendorf und Alfred Roth sollten weitere Flächen für eine Mensa und ein neues Großauditorium geschaffen werden. Ab 1961 prüfte Geisendorf Standorte an der Tannenstrasse, auf dem Grundstück der Semperschen Sternwarte, an der Leonhardstrasse unterhalb der EMPA und an der Polyterrasse. Der Standort direkt am Hauptgebäude wurde schließlich favorisiert, es entstanden Entwürfe mit Hoch-, Tief- und Terrassenbauten. Um »für die Fernsicht möglichst viel vom traditionellen Anblick« der ETH und der Universität zu erhalten, sprach sich die Denkmalpflege für eine terrassenartige Bebauung unter Ausnützung der natürlichen Gegebenheiten des Terrains aus; der neue Bau sollte möglichst durch einen »angemessenen Grüngürtel« in den Hang integriert werden.[3] Geisendorf entwickelte das Gebäude in der Folge als »perforierte Stützmauer«[4] mit Vollverglasung und davor gestellter Pfeilerfront.

Persönliche und fachliche Differenzen beim Ausbau des Hauptgebäudes strapazierten das Verhältnis zwischen Architekt und Bauherr stark, der Vize-Direktor der Eidgenössischen Bauten bat Geisendorf 1972, auf die Ausführung des Bauvorhabens Polyterrasse zu verzichten. Dieser entgegnete, die Terrasse bilde nach »mehr als zehnjähriger Arbeit« eine Einheit mit dem Ausbau des Hauptgebäudes, sodass eine Ausführung durch Dritte »rechtlich nicht möglich wäre«.[5] Noch im selben Jahr eröffnete Geisendorf die fünfjährige Baustelle.

Für die Terrassenanlage wurde eine große Baugrube benötigt, bereits während des Aushubs erlitt das Hauptgebäude Setzungen.[6] Heute sind breite Risse zwischen der Mittelhalle und dem Westflügel erkennbar, die stadtseitige Fassade sollte gemäß den Bauakten mithilfe von Stahlverankerungen zurückgespannt werden.[7] Entgegen dem ursprünglichen Programm wurde 1977 statt des Auditoriums eine Mehrzweckhalle ausgeführt. Cafeteria, Läden, Warenanlieferung, GEP-Pavillon, Mensa für 600 Personen und Räume für Sport und Freizeitgestaltung wurden hingegen wie projektiert realisiert. Geisendorf bemühte sich, die Dachlandschaft in möglichst kleine Einheiten zu unterteilen, um das enorme Volumen des Neubaus zu kaschieren: Er terrassierte, baute Pflanztröge und plante ein Bassin, das jedoch aus Kostengründen mit Erde befüllt und bepflanzt wurde. Einige Jahre später gab es einen erneuten Versuch, das »ca. 22 m × 7 m messende Bassin mit einer Granitmauer einzufassen und als Wasserbecken auszuführen«,[8] jedoch ohne Folgen.

Bereits in den 1980er Jahren wurden undichte Stellen und Wasserschäden in der rund 7200 m² großen Terrassen- und Flachdachtopographie festgestellt. Mit einer umfassenden Sanierung wurden 2005 die Architekten Pfister Schiess Tropeano & Partner und die Landschaftsarchitekten Ganz Raymann beauftragt.[9] Der Aufbau wurde vollständig ersetzt, die Pflanztröge entfernt und die Terrasse (ähnlich wie zur Gullzeit) zur steinernen Aussichtsplattform umgebaut. Geisendorfs Belag aus gespaltenen Granitplatten auf Zementbett wurde durch vorgefertigte sandgestrahlte Betonelemente ersetzt. Die Bepflanzungen der seitlichen, niedriger liegenden Zonen nehmen mit modischen Namen wie ›Mountain Dream‹ und ›Indian Summer‹ Bezug auf die »multikulturelle Bildungsstätte«.[10]

1 Charles-Edouard Geisendorf entwickelte die Polyterrasse zum eigenständigen Gebäude. Der Schnitt zeigt die Größenverhältnisse der stadtseitigen Fassade des Ursprungsbaus und des mehrgeschossigen Terrassen-Neubaus mit Sporthalle und Mensa. (gta Archiv / ETH Zürich)

2 Luftaufnahme der École Polytechnique Fédérale in Lausanne. Die Anlage von Jakob Zweifel (1972–82) wurde 1979 nach Plänen Bernard Vougas erweitert. Der polygonale Bau am zentralen Platz der Hochschulanlage ähnelt Charles-Edouard Geisendorfs frühen Überlegungen zur Form des Polyterrassen-Neubaus.

1 In Sempers Planungen sind teilweise umlaufende Stützmauern eingezeichnet, eine Vielzahl der erhaltenen Pläne (so auch der Situationsplan S. 44–45 und der Plan der Außenanlagen S. 46–47) zeigt jedoch Böschungen an der Nord- und Südseite.

2 Gull, Gustav: Baubericht, in: Eidgenössische Technische Hochschule (Hg.): Festschrift zum 75jährigen Bestehen der Eidgenössischen Technischen Hochschule in Zürich. Zürich 1930, S. 58–95, hier S. 86.

3 »Betrifft: Zürich, Hauptgebäude der Eidg. Technischen Hochschule«, Brief vom Präsidenten der Eidg. Kommission für Denkmalpflege, Alfred Schmid, an Charles-Edouard Geisendorf, 7. März 1969 (Eidgenössisches Archiv für Denkmalpflege, Archiv Alfred A. Schmid).

4 So die Bezeichnung Geisendorfs für die von ihm entworfene Fassade. Vgl. etwa: »Bericht zu den Umbauarbeiten des ETH-Hauptgebaeudes in Zuerich«, Charles-Edouard Geisendorf, 15. Juli 1975 (Bundesarchiv Bern, CH-BAR#E3240B#1999/70#266*, Az. 05.2–093).

5 »Bebauung Polyterrasse und Ausbau ETH-Hauptgebäude«, Brief von Charles-Edouard Geisendorf an den Vize-Direktor der Eidgenössischen Bauten, Claude Grosgurin, 17. Januar 1972 (Bundesarchiv Bern, CH-BAR#E3240A#1985/87#100*, Az. 2–05).

6 »Zürich-ETH. Sgraffito am Hauptgebäude (Fassade Tannenstrasse)«, Brief von Baukreisdirektor Hans Ulrich Hanhart an die Direktion der Eidg. Bauten, 8. November 1976 (Bundesarchiv Bern, CH-BAR#E3240 A#1985/87#100*, Az. 2–05). Bereits Gustav Gull berichtete von Setzungen an bestimmten Stellen des Semperbaus und führte diese auf die Ausfüllung der ehemaligen Schanzengräben zurück, die zu einem inhomogenen Baugrund geführt habe. Vgl. Gull 1930 (wie Anm. 2), S. 85.

7 »Zürich ETH Zentrum Hauptgebäude. Renovation Aula«, Bericht der bauleitenden Architektin Beate Schnitter, 26. Juli 1999 (Archiv der Kantonalen Denkmalpflege Zürich, Zürich, Vers. Nr. g 666, Rämistr. 101, ETH-Hauptgebäude Aula).

8 Brief von Stadtrat Dr. Thomas Wagner an Stadtpräsident, Stadträtin und Stadträte, 6. März 1980 (gta Archiv/ETH Zürich, Nachlass Charles-Edouard Geisendorf, HG MM Umgebung).

9 Vgl. Gadient, Hansjörg: Subtil saniert, in: Tec21 135 (2009), Nr. 36, S. 46–49.

10 Ebd., S. 49.

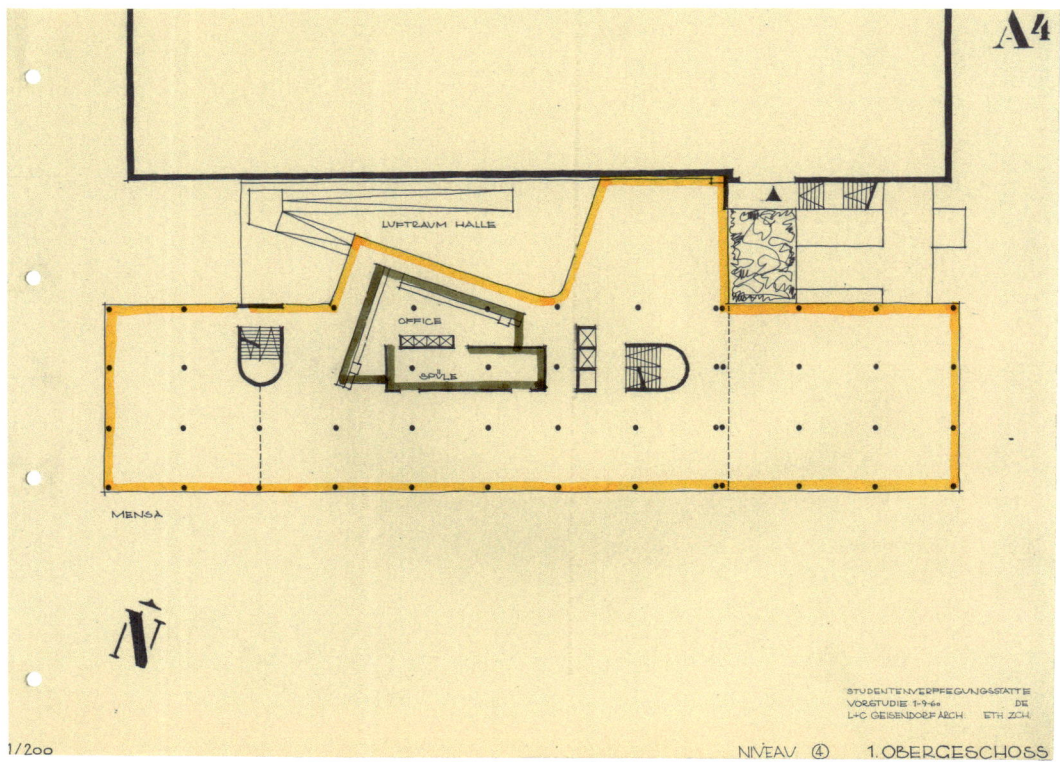

»A4. STUDENTENVERPFEGUNGSSTATTE [SIC]. VORSTUDIE, NIVEAU 4, 1. OBERGESCHOSS«
Maßstab 1:600 (Original 1:200)

»A8. STUDENTENVERPFLEGUNGSSTÄTTE. VORSTUDIE, SCHNITT«
Maßstab 1:600 (Original 1:200)

gta Archiv / ETH Zürich (Nachlass Charles-Edouard Geisendorf). Signatur Büro Léonie und Charles-Edouard Geisendorf, 1. September 1960. Pausen auf Papier; mit grünem und orangem Markierstift koloriert. Konturen in schwarzem Filzstift nachgezogen. 29,7 × 42,0 cm.

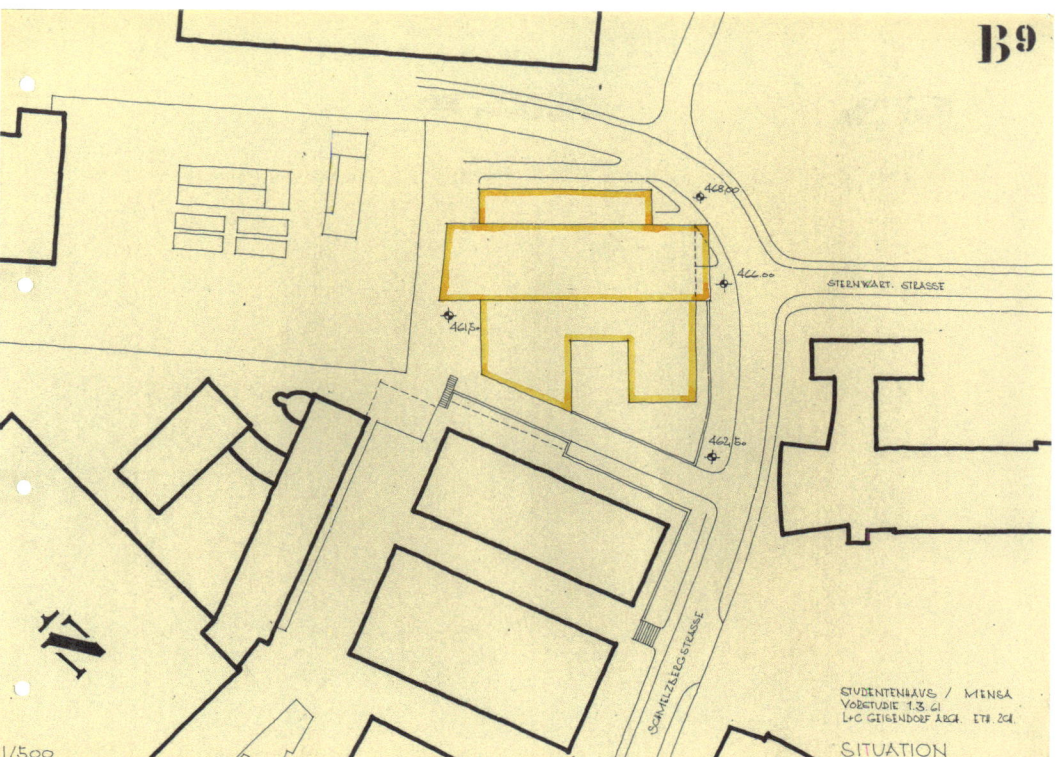

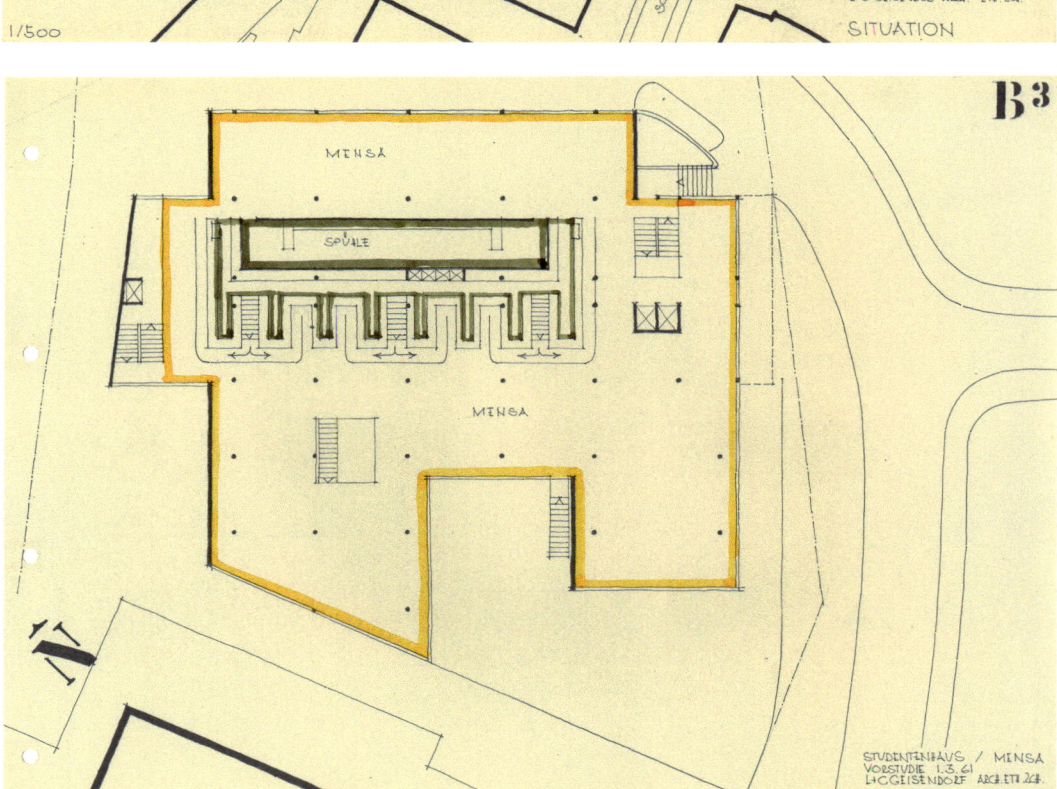

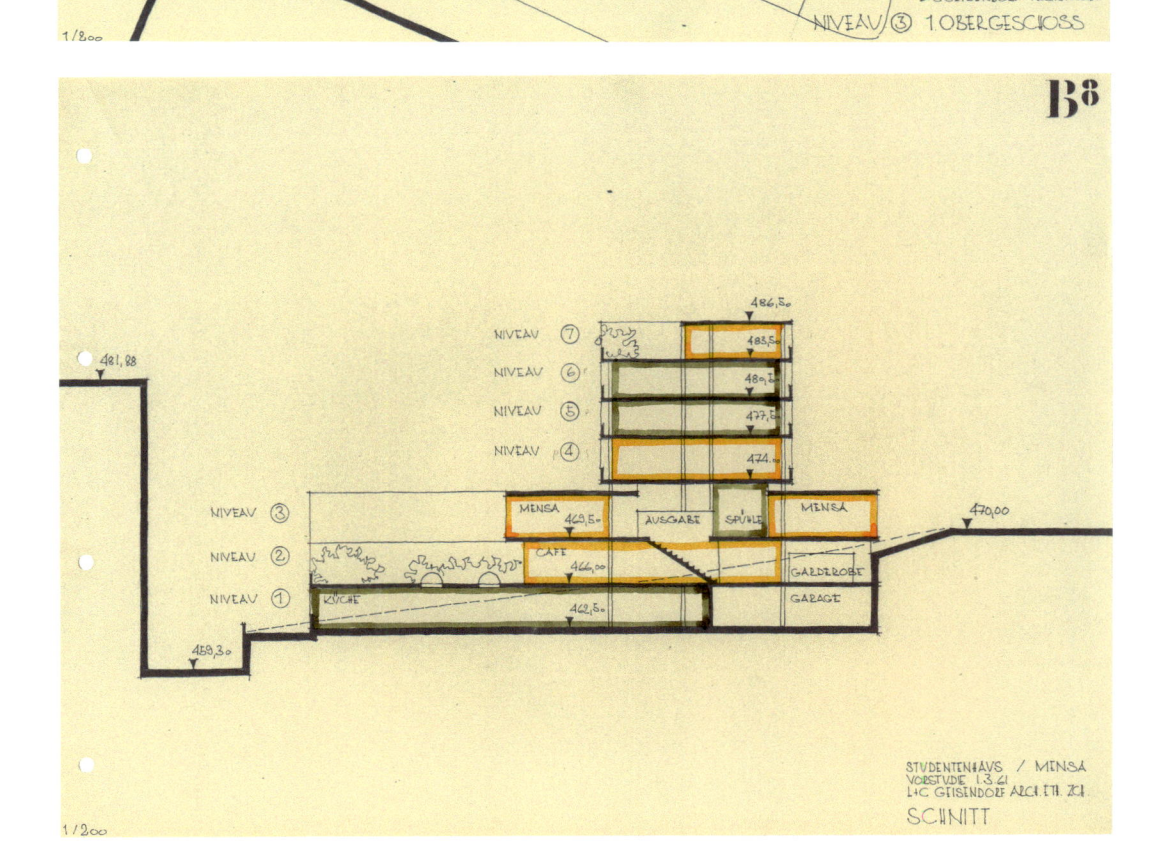

»B9. STUDENTENHAUS / MENSA. VOR-
STUDIE, SITUATION«
Maßstab 1 : 1500 (Original 1 : 500)

»B3. STUDENTENHAUS / MENSA. VOR-
STUDIE, NIVEAU 3, 1. OBERGESCHOSS«
Maßstab 1 : 600 (Original 1 : 200)

»B8. STUDENTENHAUS / MENSA. VOR-
STUDIE, SCHNITT«
Maßstab 1 : 600 (Original 1 : 200)

gta Archiv / ETH Zürich (Nachlass Charles-Edouard Geisendorf).
Signatur Büro Léonie und Charles-Edouard Geisendorf, 1. März 1961.
Pausen auf Papier; mit grünem und orangem Markierstift koloriert.
Konturen in schwarzem Filzstift nachgezogen. 29,7 × 42,0 cm.

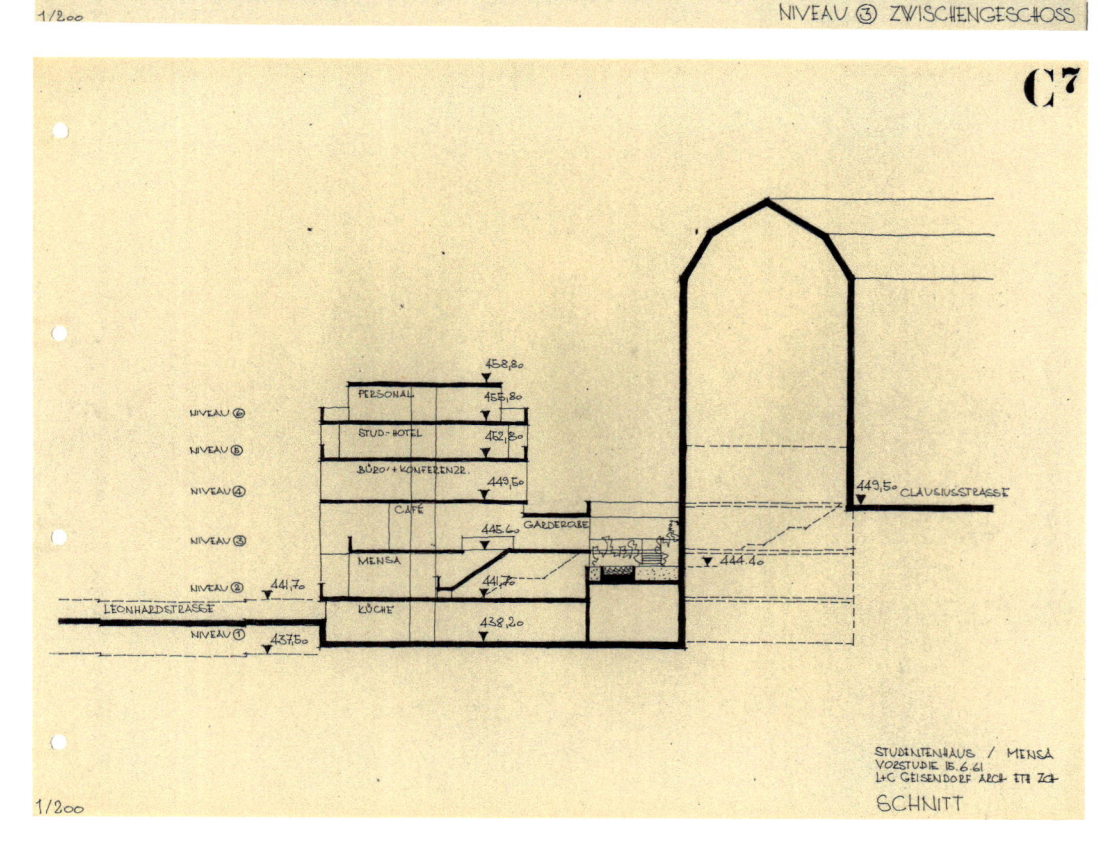

»C8. STUDENTENHAUS / MENSA. VOR-
STUDIE, SITUATION«
Maßstab 1 : 1500 (Original 1 : 500)

»C3. STUDENTENHAUS / MENSA.
VORSTUDIE, NIVEAU 3, ZWISCHEN-
GESCHOSS«
Maßstab 1 : 600 (Original 1 : 200)

»C7. STUDENTENHAUS / MENSA. VOR-
STUDIE, SCHNITT«
Maßstab 1 : 600 (Original 1 : 200)

gta Archiv / ETH Zürich (Nachlass Charles-Edouard Geisendorf).
Signatur Büro Léonie und Charles-Edouard Geisendorf, 15. Juni 1961.
Pausen auf Papier; mit blauem und orangem Markierstift koloriert.
Konturen in schwarzem Filzstift nachgezogen. 29,7 x 42,0 cm.

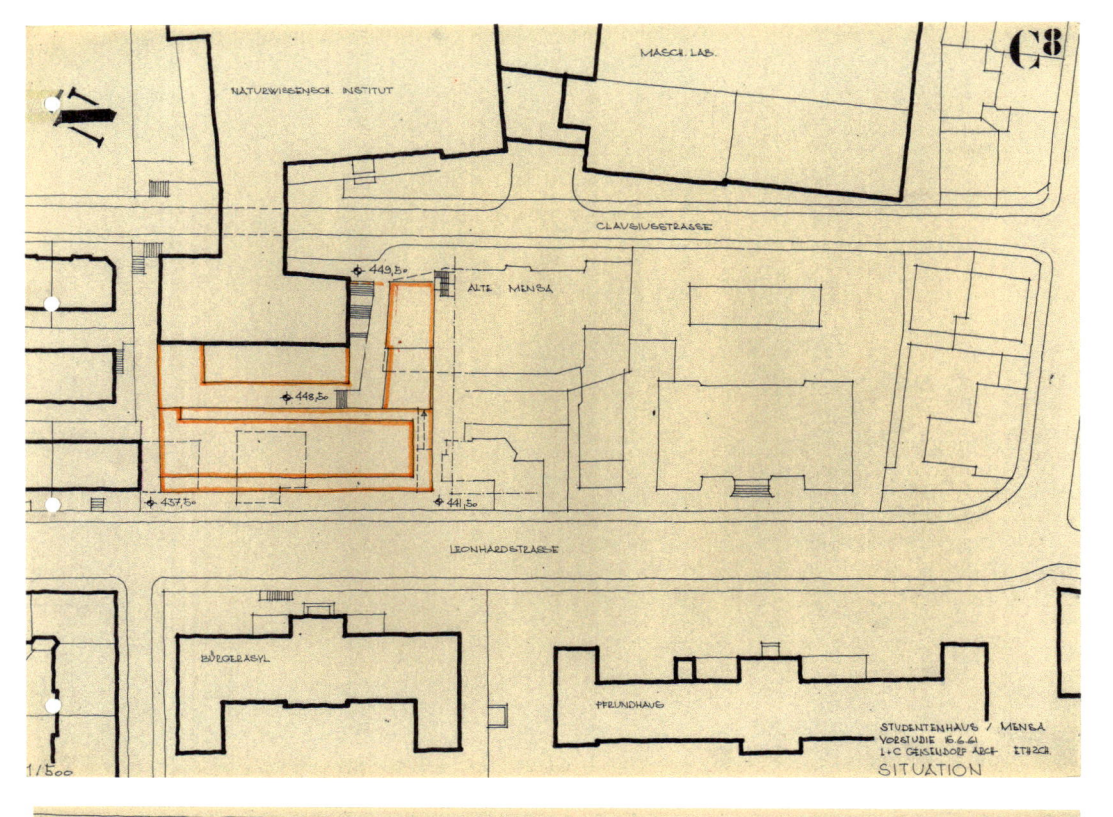

Eine Planungsvariante für die Leonhardstrasse vom Juni 1961 zeigt ein Studentenhaus
gegenüber dem Bürgerasyl, an der Stelle des
heutigen Leonhardbaus der ETH (LEE). Aus
den Schnitten wird nicht ganz klar, wie das
Konzept dem Geländeabfall der Leonhardstrasse hätte gerecht werden können.

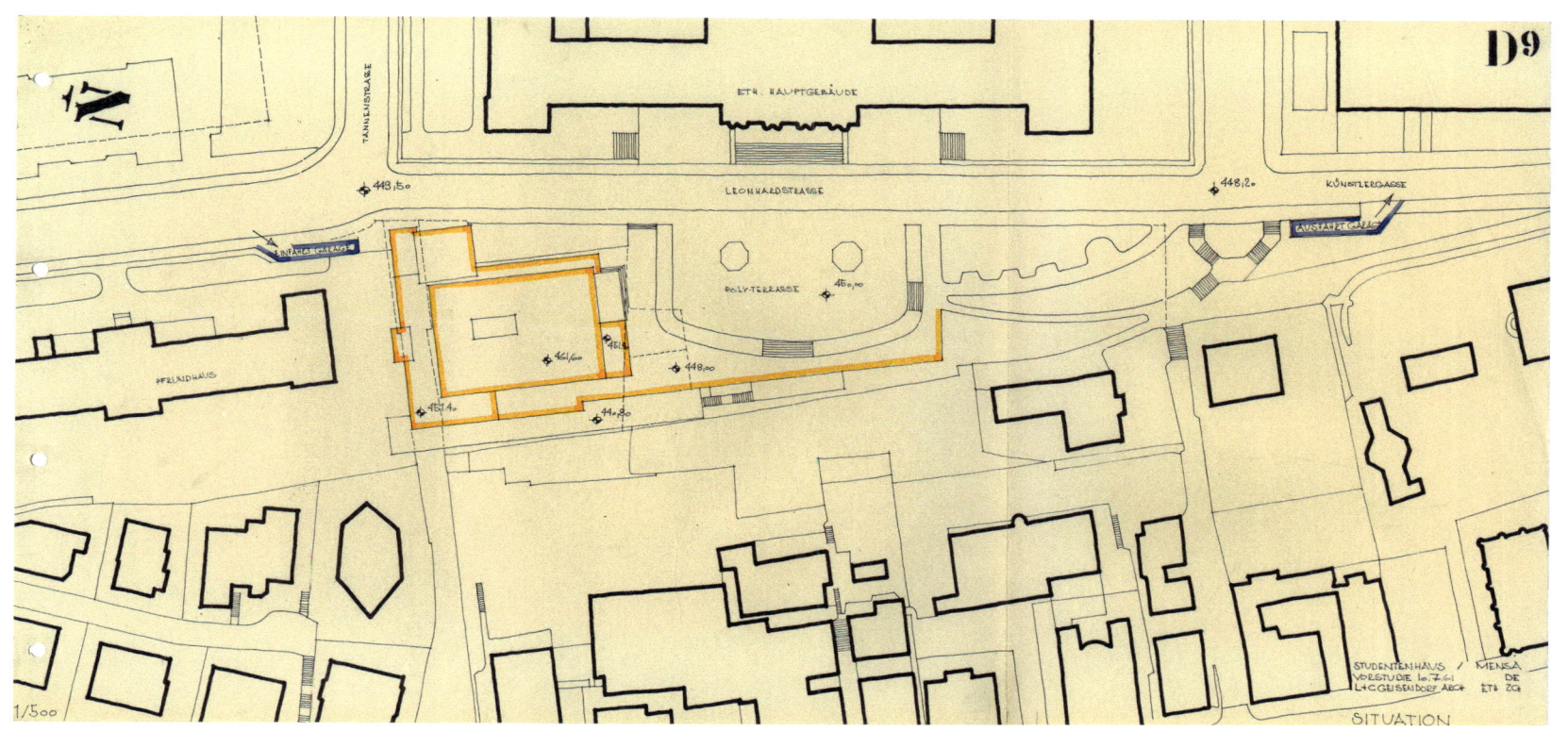

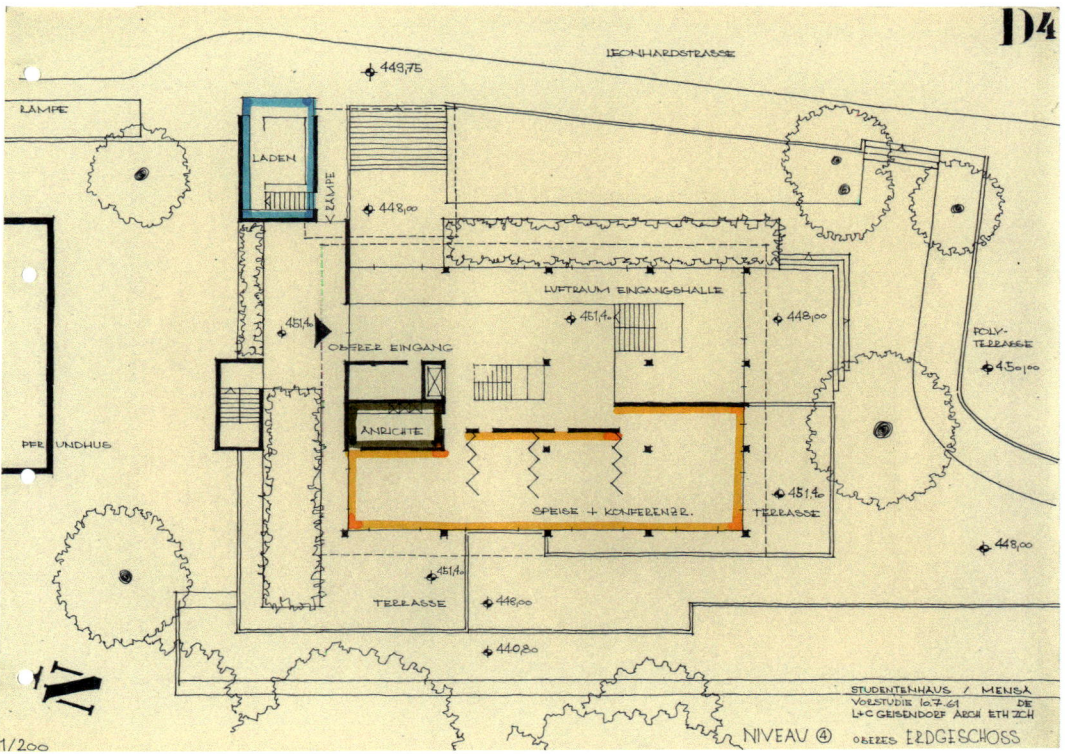

»D9. STUDENTENHAUS / MENSA. VOR-
STUDIE, SITUATION«
Maßstab 1 : 1500 (Original 1 : 500)

»D4. STUDENTENHAUS / MENSA.
VORSTUDIE, NIVEAU 4, OBERES ERD-
GESCHOSS«
Maßstab 1 : 600 (Original 1 : 200)

»D6. STUDENTENHAUS / MENSA. VOR-
STUDIE, SCHNITT, QUER«
Maßstab 1 : 600 (Original 1 : 200)

gta Archiv / ETH Zürich (Nachlass Charles-Edouard Geisendorf).
Signatur DE, Büro Léonie und Charles-Edouard Geisendorf, 10. Juli 1961.
Pause auf Papier; mit blauem und orangem Markierstift koloriert. Kontu-
ren in schwarzem Filzstift nachgezogen. 29,7 × 64,5 / 29,7 × 42,0 cm.

Im Juli 1961 wurde eine erste Variante für den
Neubaustandort Polyterrasse ausgearbeitet –
zunächst noch als sechsgeschossiger Flach-
dachbau im Hang vor dem Nordwestrisalit des
Hauptgebäudes. Die Polybahn hätte dieser
Planung weichen müssen, die Gullsche Terrasse
wäre an der Oberfläche erhalten geblieben,
wohl aber durch Garagen unterbaut worden.

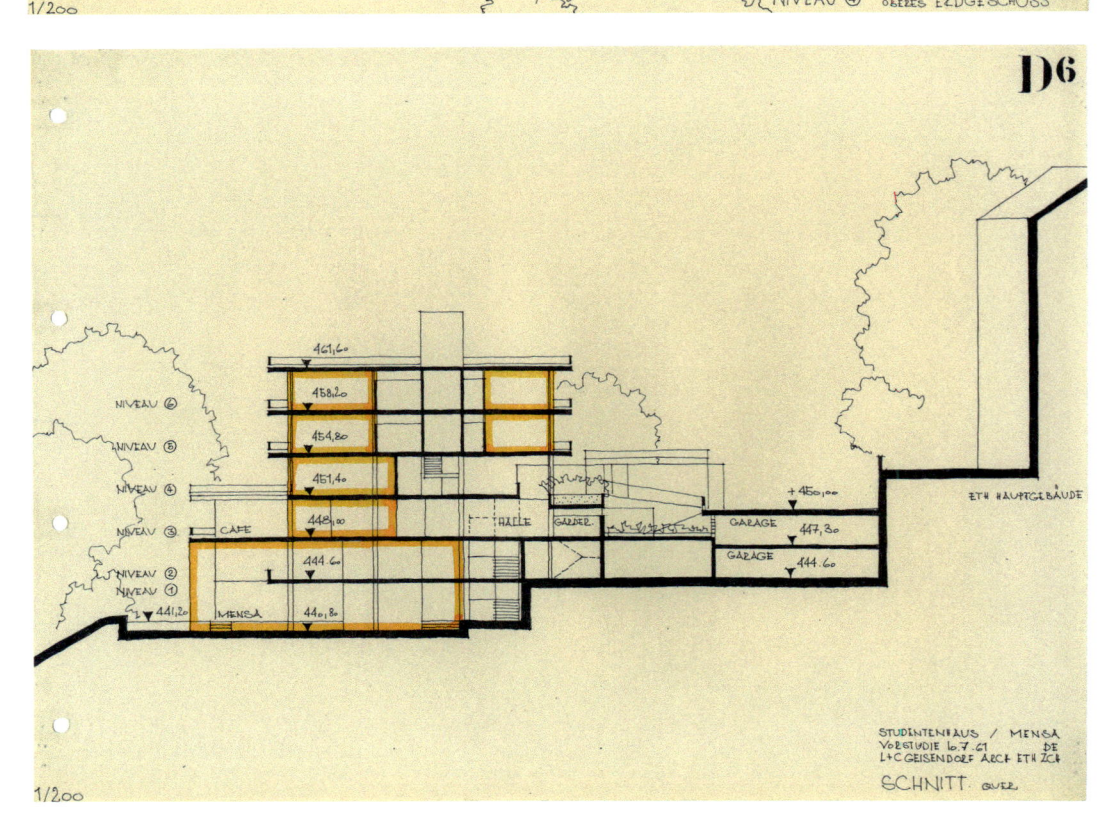

SÜDFASSADE

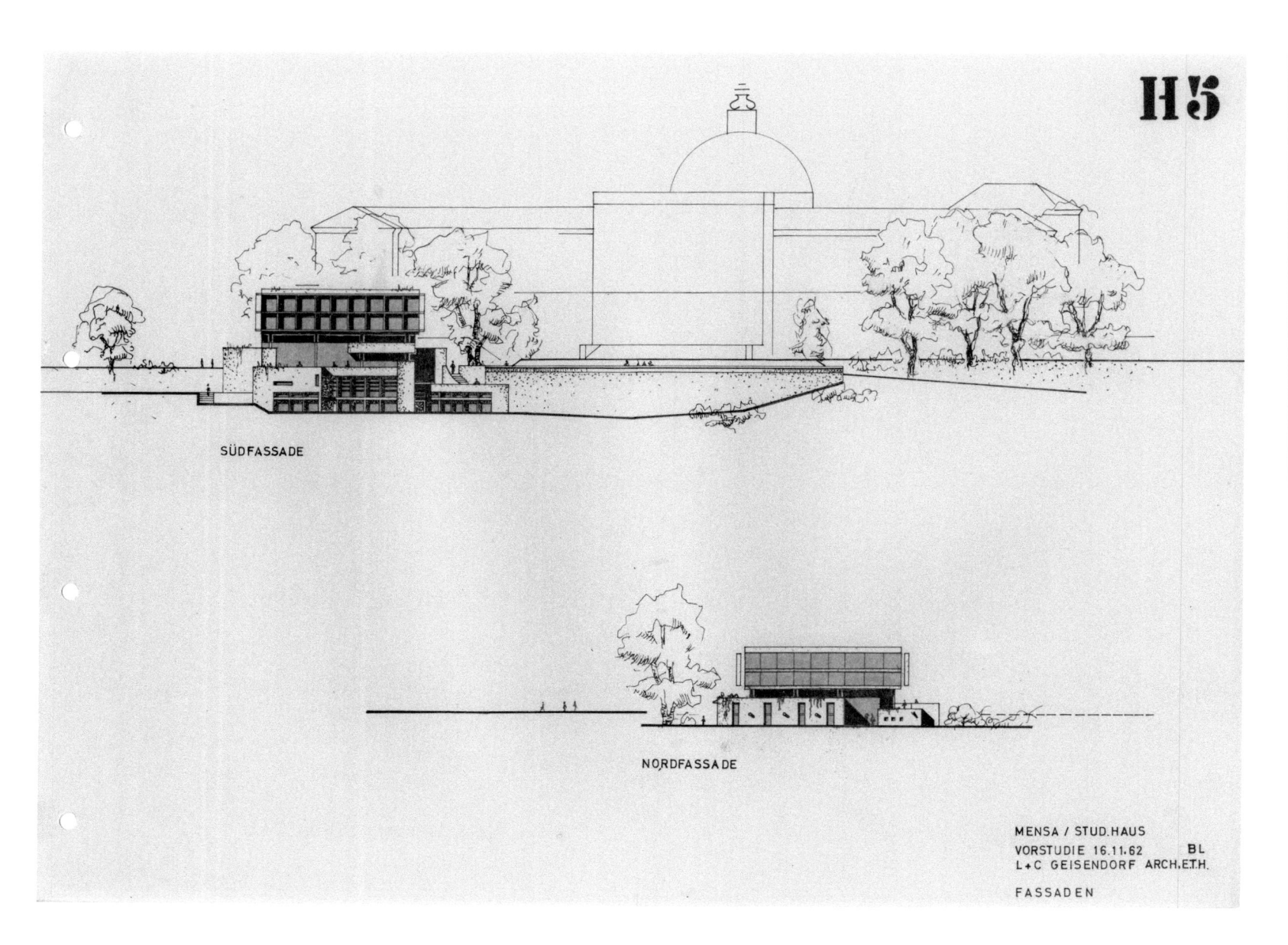

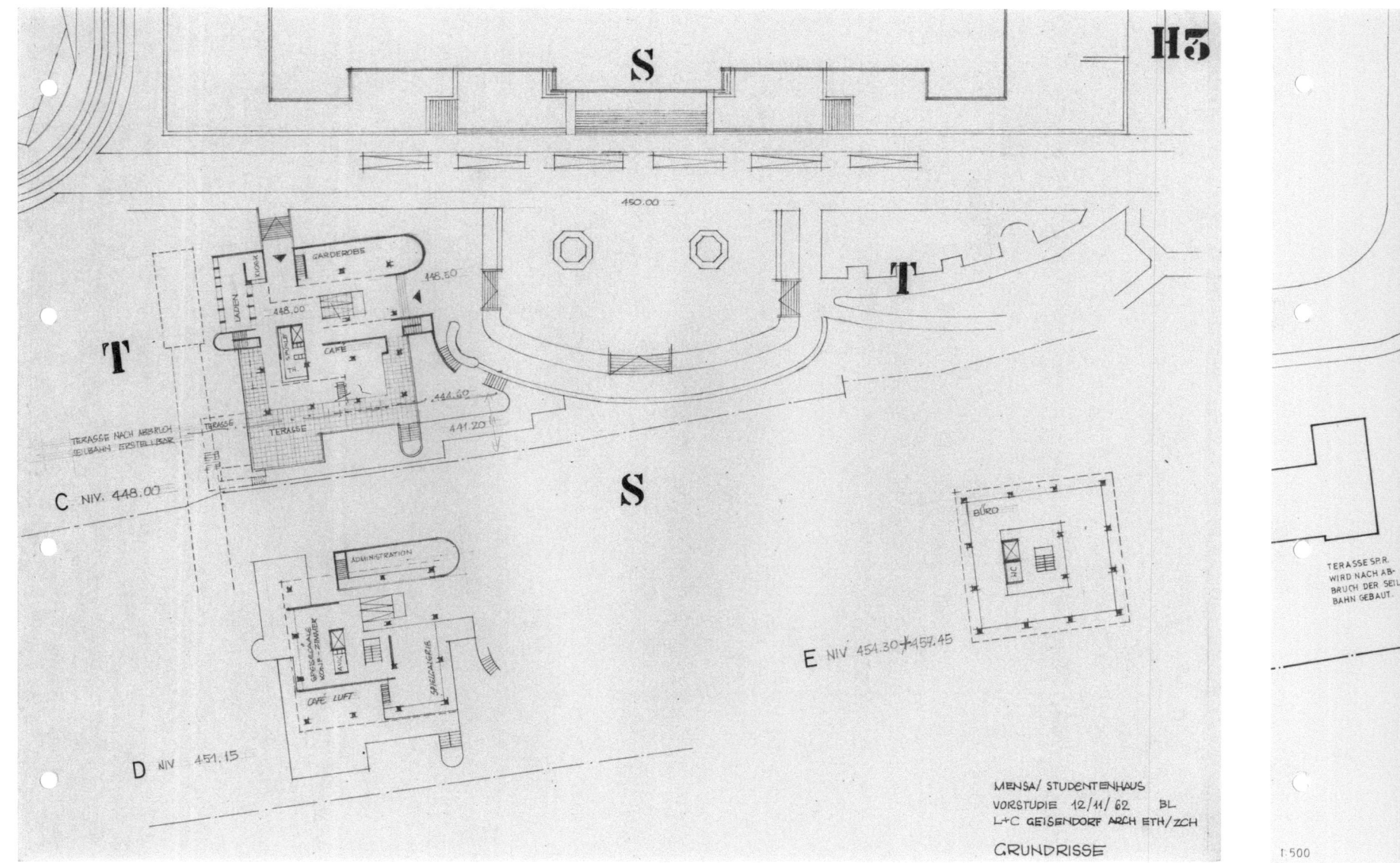

NORDFASSADE

MENSA / STUD.HAUS
VORSTUDIE 16.11.62   BL
L+C GEISENDORF ARCH.ETH.
FASSADEN

MENSA/ STUDENTENHAUS
VORSTUDIE 12/11/62   BL
L+C GEISENDORF ARCH ETH/ZCH
GRUNDRISSE

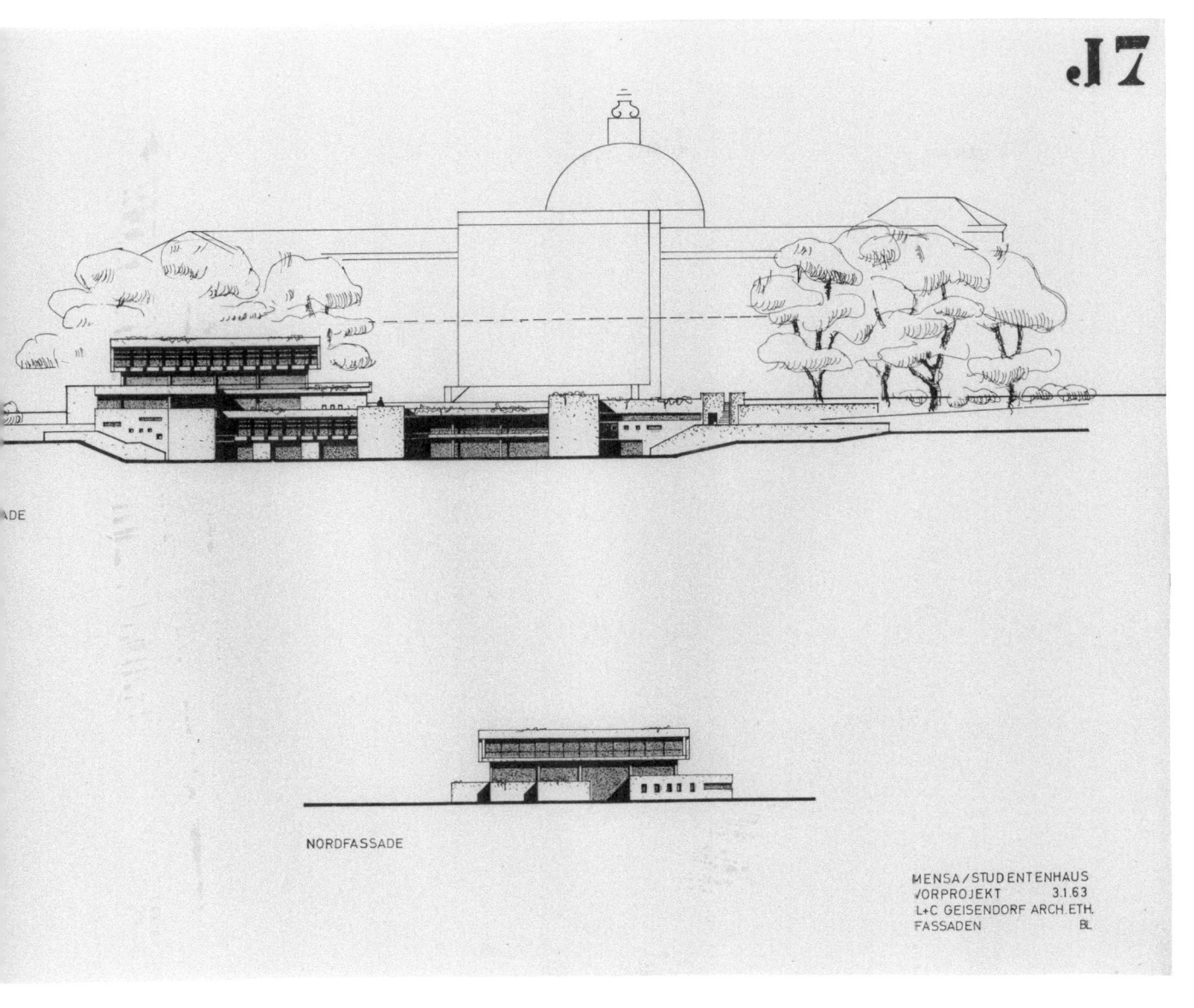

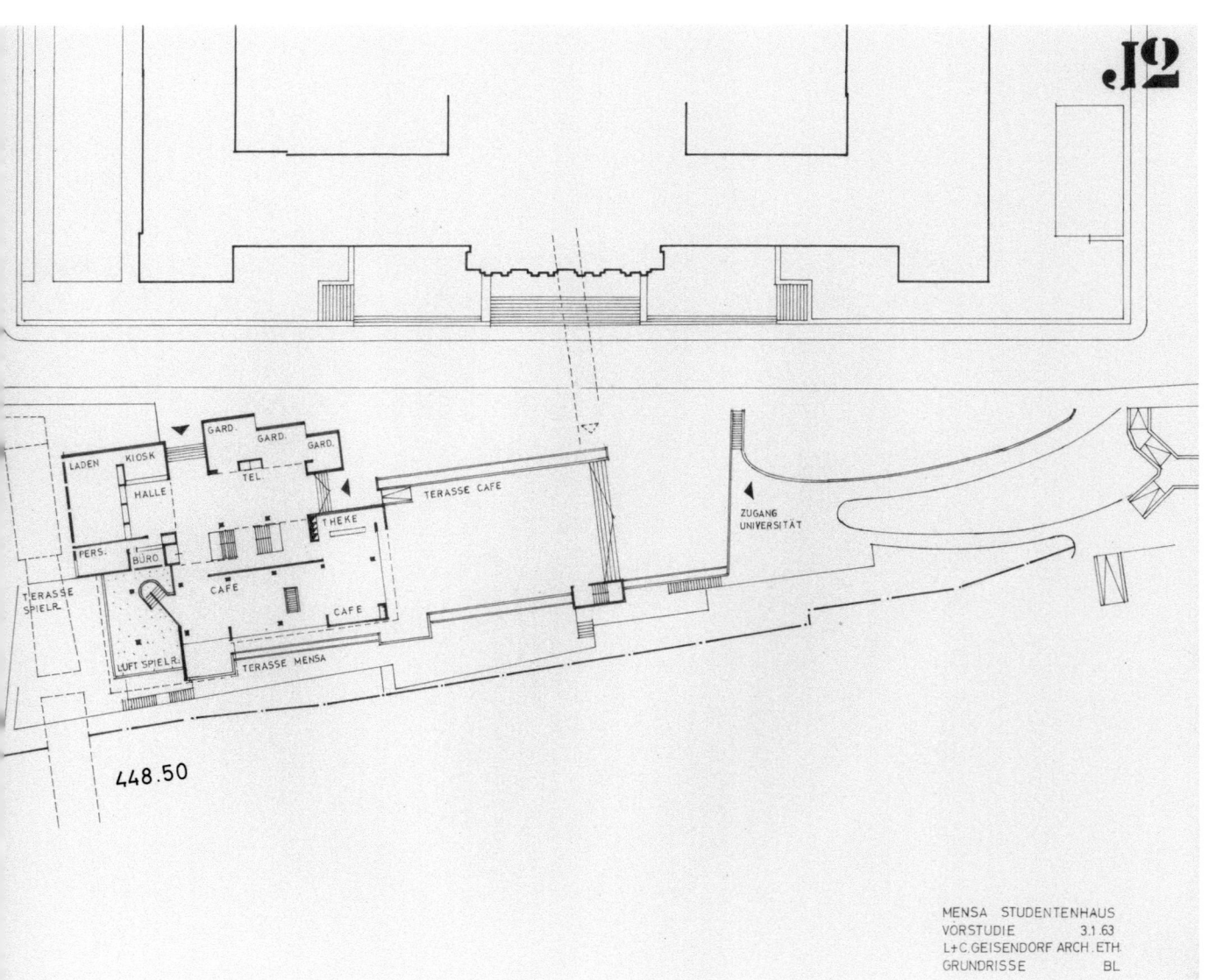

»H5. MENSA / STUD. HAUS. VORSTUDIE, FASSADEN«
Maßstab 1 : 1000 (Original 1 : 500)

»H3. MENSA / STUDENTENHAUS. VORSTUDIE, GRUNDRISSE«
Maßstab 1 : 1000 (Original 1 : 500)

gta Archiv / ETH Zürich (Nachlass Charles-Edouard Geisendorf). Signatur Büro Léonie und Charles-Edouard Geisendorf, 16./12. November 1962. Pause auf Papier; mit blauem Filzstift koloriert. Überzeichnungen in Bleistift. 29,7 x 42,0 cm.

»J7. MENSA / STUDENTENHAUS. VORPROJEKT, FASSADEN«
Maßstab 1 : 1000 (Original 1 : 500)

»J2. MENSA STUDENTENHAUS. VORSTUDIE, GRUNDRISSE«
Maßstab 1 : 1000 (Original 1 : 500)

gta Archiv / ETH Zürich (Nachlass Charles-Edouard Geisendorf). Signatur BL, Büro Léonie und Charles-Edouard Geisendorf, 3. Januar 1963. Pause auf Papier; mit blauem Filzstift koloriert. 29,7 x 42,0 cm.

Im November 1962 plante das Büro Geisendorf an einem Neubau für Mensa und Studentenhaus zwischen Polybahn und Polyterrasse im Hang vor dem Hauptgebäude. Die Fassadenstudien zeigen, dass der Neubau sehr kleinteilig gedacht war, Vorbildern aus den USA folgend, und sich als gänzlich autark wirkende Form von der Symmetrie des Semperbaus freimachte. Weiterentwicklungen des Konzepts aus dem Jahr 1963 illustrieren, wie die Symmetrie des Hauptgebäudes immer weiter aufgebrochen werden und die Terrasse nach Süden hin weiter unterbaut werden sollte.

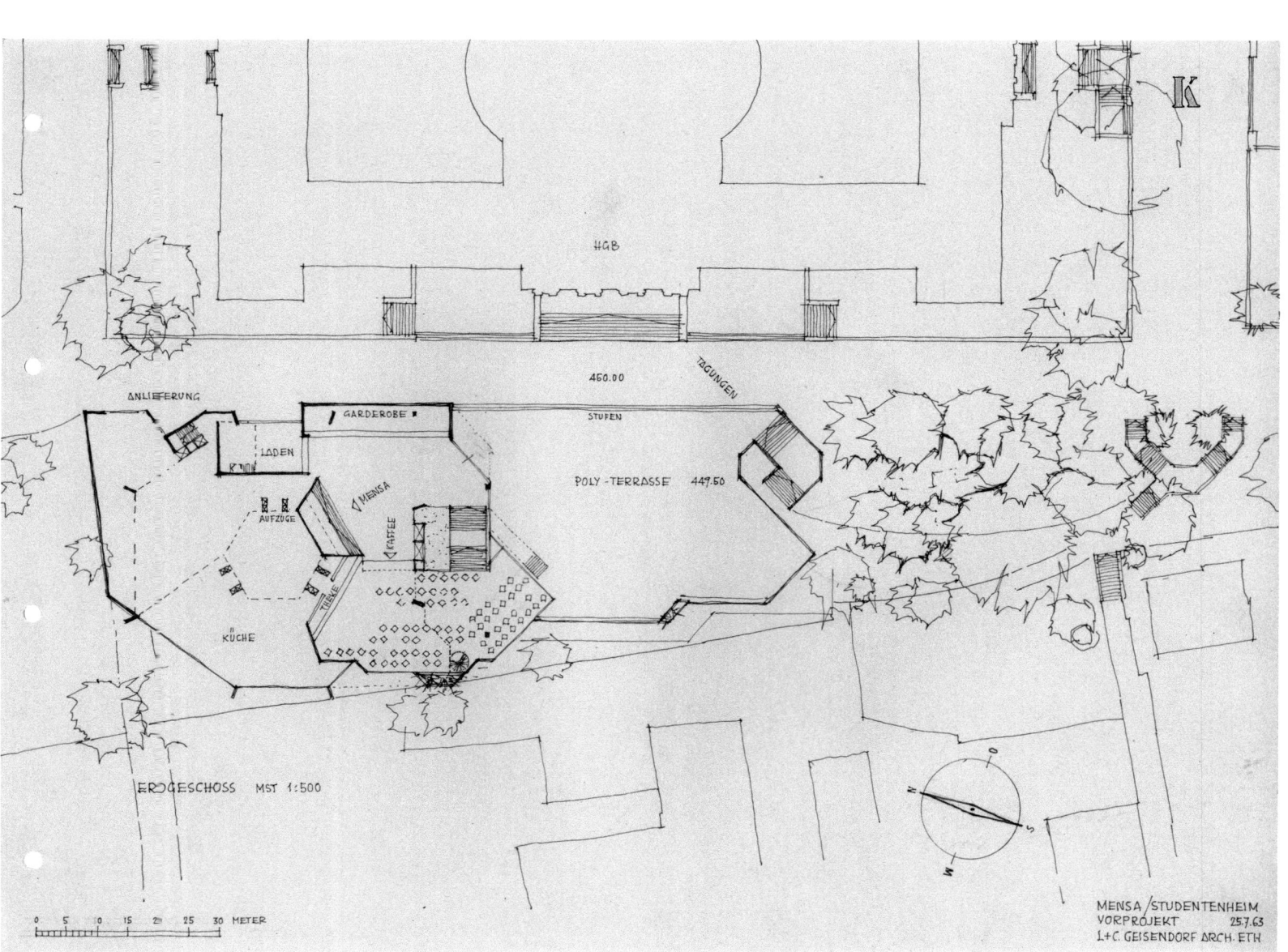

MENSA / STUDENTENHEIM
VORPROJEKT 25.9.63
L+C. GEISENDORF ARCH. ETH

HGB
460.00
ANLIEFERUNG   GARDEROBE   TAGUNGEN
LADEN   STUFEN
               POLY-TERRASSE 447.50
AUFZÜGE MENSA
         KAFFEE
KÜCHE

ERDGESCHOSS MST 1:500

0 5 10 15 20 25 30 METER

MENSA / STUDENTENHEIM
VORPROJEKT 25.7.63
L+C. GEISENDORF ARCH. ETH

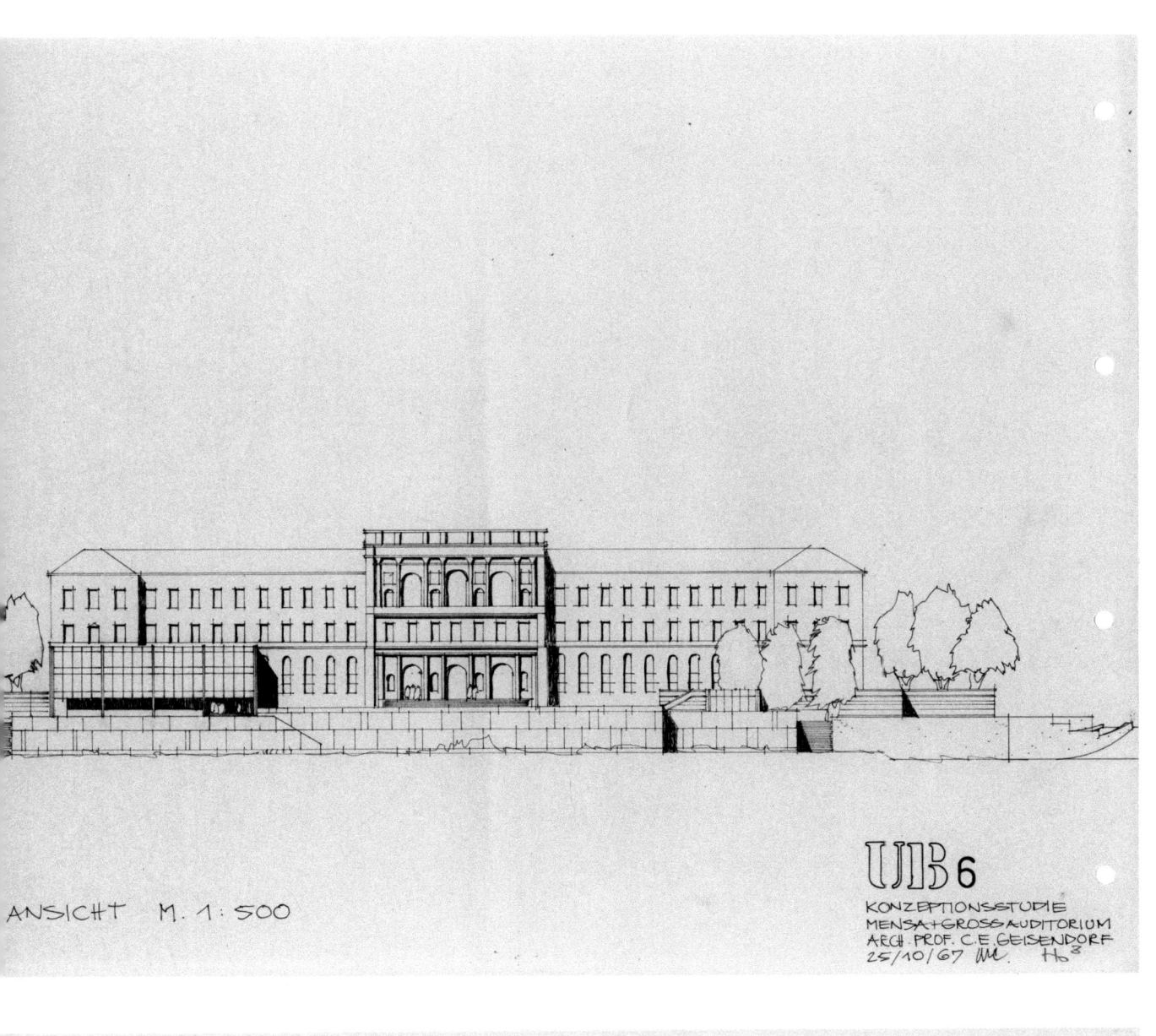

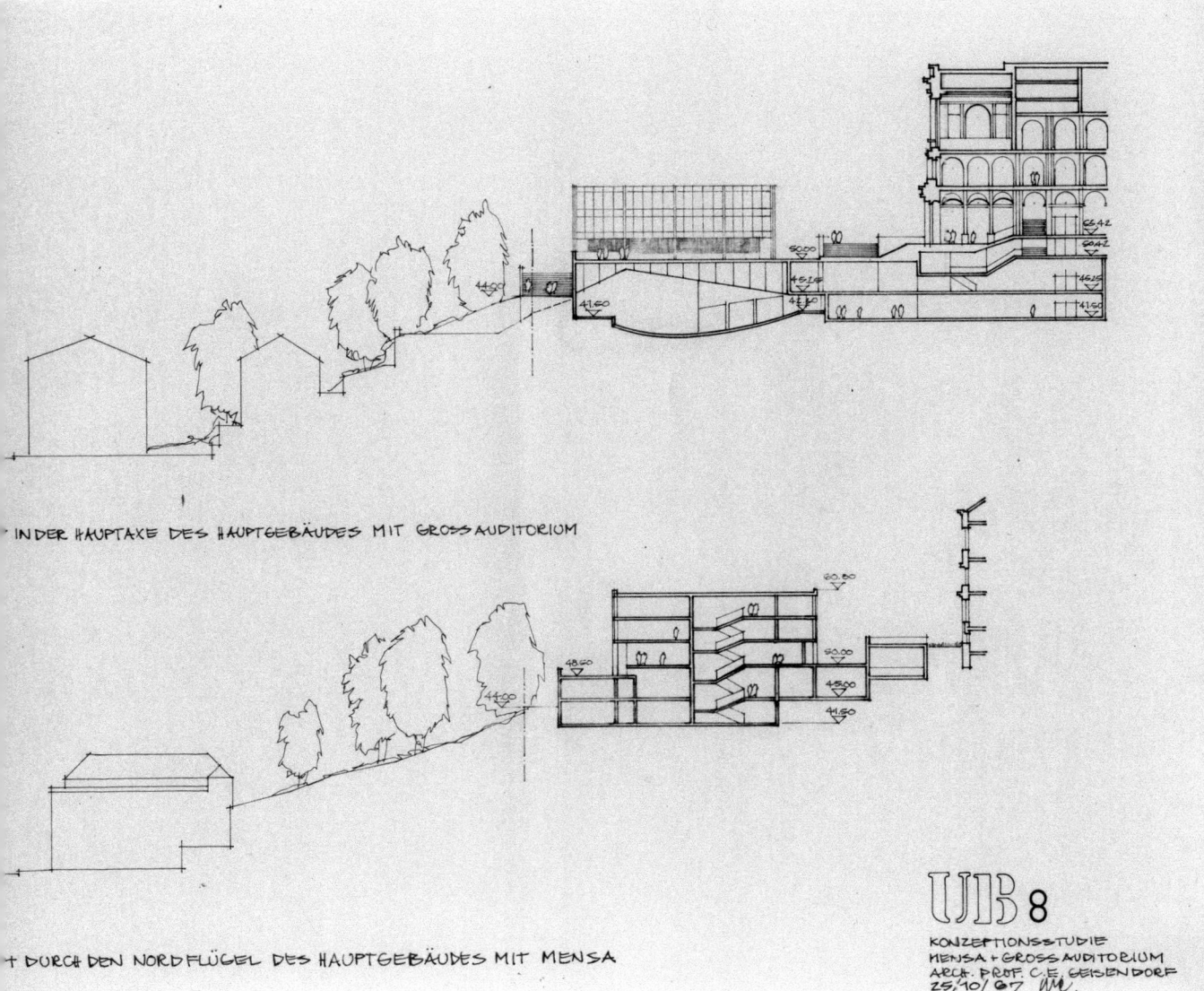

»K. MENSA / STUDENTENHEIM. VOR-
PROJEKT«
½ der Originalgröße

»K. MENSA / STUDENTENHEIM. VOR-
PROJEKT, ERDGESCHOSS«
Maßstab 1 : 1000 (Original 1 : 500)

gta Archiv / ETH Zürich (Nachlass Charles-Edouard Geisendorf).
Signatur Büro Léonie und Charles-Edouard Geisendorf, 25. Juli 1963.
Pausen auf Papier. 29,7 x 42,0 cm.

»UB6. KONZEPTIONSSTUDIE. MENSA +
GROSSAUDITORIUM, WESTANSICHT«
Maßstab 1 : 1000 (Original 1 : 500)

»UB8. KONZEPTIONSSTUDIE. MENSA +
GROSSAUDITORIUM«
Maßstab 1 : 1000 (Original 1 : 500)

gta Archiv / ETH Zürich (Nachlass Charles-Edouard Geisendorf).
Signatur UM / Ho³, 25. Oktober 1967. Pausen auf Papier. Zusätzliche
Beschriftungen in Bleistift. 29,7 x 42,0 cm.

Eine Variante in freien Vieleckformen ähnelt deutschen Universitätsmensen der 1960er Jahre. Die Schrägperspektive und der Grundriss stammen aus dem Juli 1963. Im Jahr 1967 erwog das Büro Geisendorf eine Rückkehr zum orthogonalen Grundriss, jetzt überragt nach Norden hin ein einfacher, rechteckiger Stahl-Glas-Baukörper einen Unterbau aus großen Quadern, der ein neues Großauditorium aufnehmen soll. In diesem Planungsstadium wurde erstmals der direkte Zugang zu einem neu geschaffenen Tiefkeller unter dem Westflügel des Hauptgebäudes angedacht.

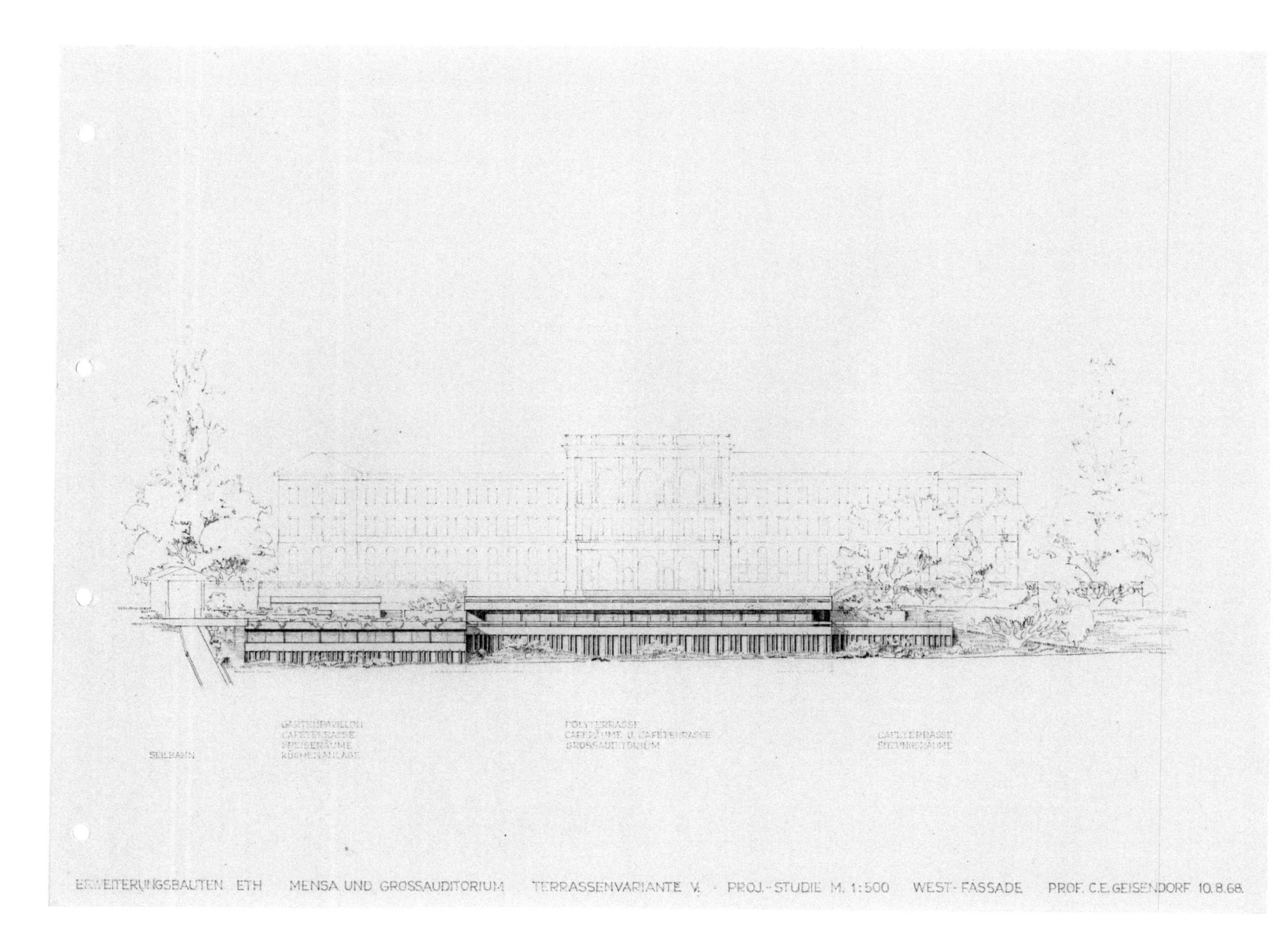

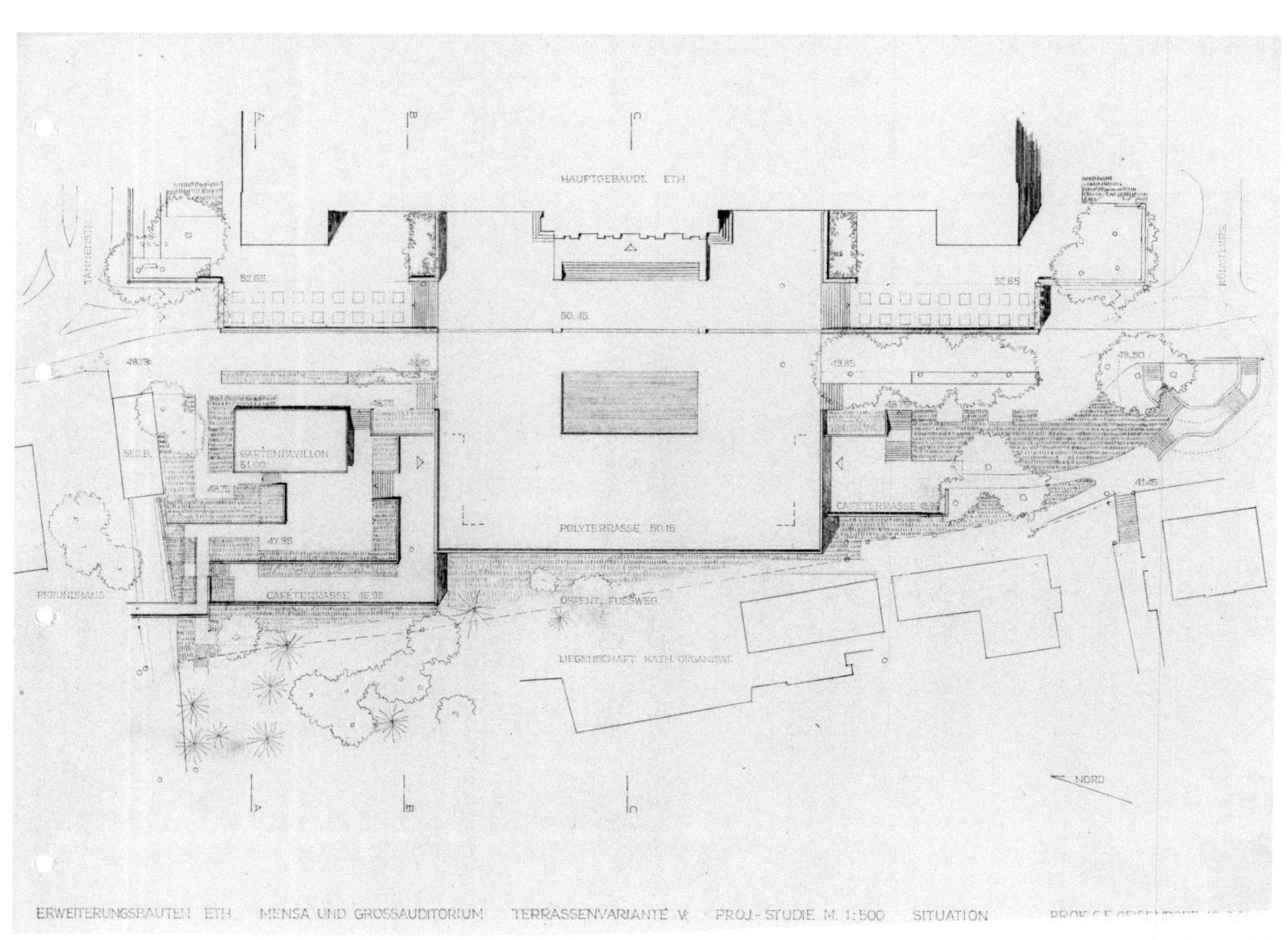

ERWEITERUNGSBAUTEN ETH   MENSA UND GROSSAUDITORIUM   TERRASSENVARIANTE V   PROJ.-STUDIE M. 1:500   WEST-FASSADE   PROF. C.E. GEISENDORF 10.8.68.

ERWEITERUNGSBAUTEN ETH   MENSA UND GROSSAUDITORIUM   TERRASSENVARIANTE V   PROJ.-STUDIE M. 1:500   SITUATION   PROF. C.E. GEISENDORF 10.8.68.

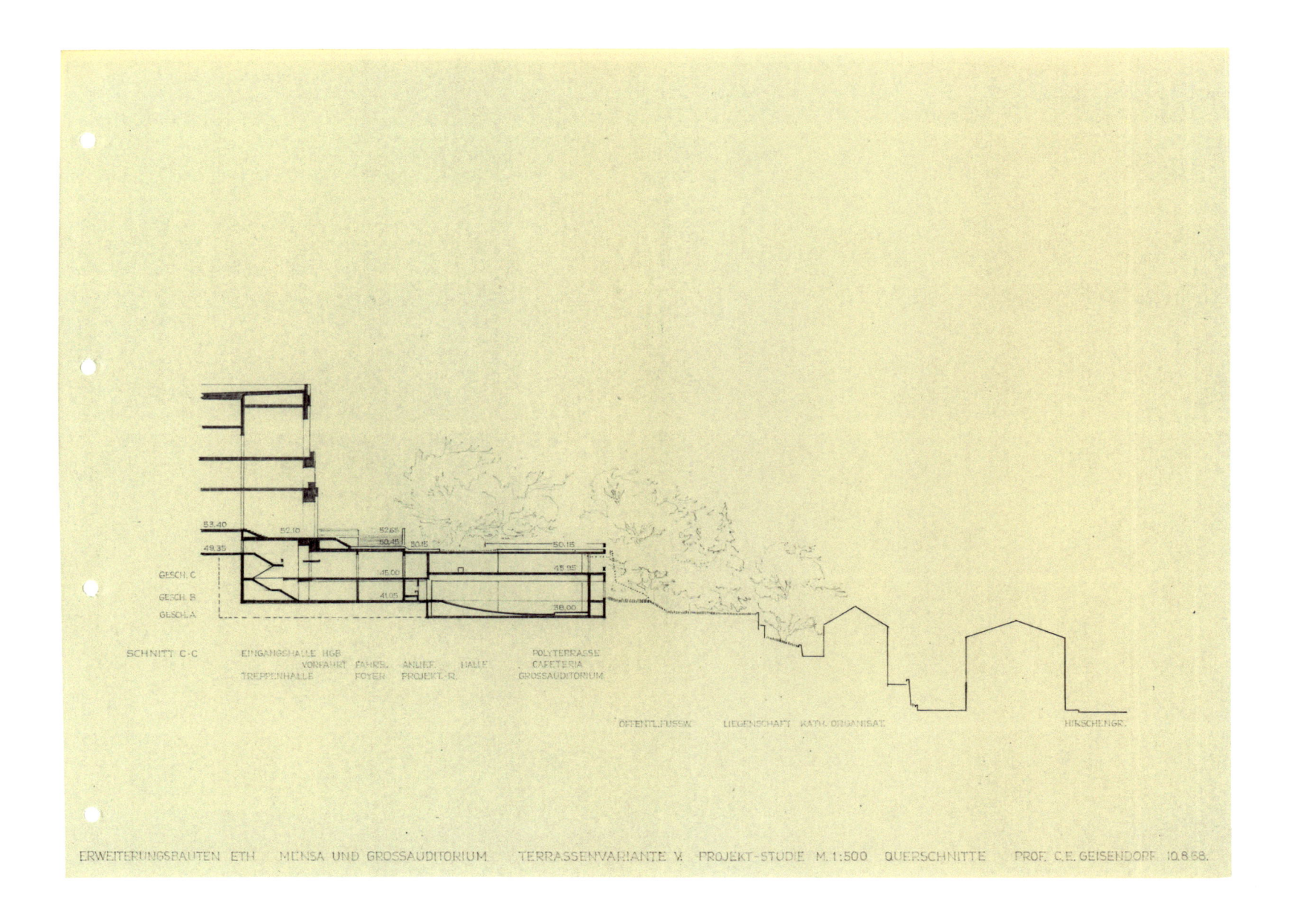

»ERWEITERUNGSBAUTEN ETH. MENSA
UND GROSSAUDITORIUM. TERRASSEN-
VARIANTE V. PROJ.-STUDIE. WEST-FASSADE«
Maßstab 1 : 1000 (Original 1 : 500)

»ERWEITERUNGSBAUTEN ETH. MENSA
UND GROSSAUDITORIUM. TERRASSEN-
VARIANTE V. PROJ.-STUDIE. SITUATION«
Maßstab 1 : 1000 (Original 1 : 500)

»ERWEITERUNGSBAUTEN ETH. MENSA
UND GROSSAUDITORIUM. TERRASSEN-
VARIANTE V. PROJEKT-STUDIE. QUER-
SCHNITTE«
Maßstab 1 : 1000 (Original 1 : 500)

gta Archiv / ETH Zürich (Nachlass Charles-Edouard Geisendorf).
Signatur Büro Geisendorf. 10. August 1968. Pause auf Papier.
29,7 x 42,0 cm.

Wiederum ein Jahr später entstanden verschiedene Konzeptstudien zu Varianten möglicher Baukörper: Offenbar sahen die Verantwortlichen ein, dass ein im Vergleich zur ETH-Westfassade sehr kleiner Zusatzbau zwischen Polybahn und Terrasse eine unglückliche Wirkung entfalten würde, verzichteten daher auf höhere Baukörper und entwickelten die neuen Volumina ausschließlich als stützmauerähnliche Baukörper unterhalb der Terrassen. Im August 1968 entstanden die ersten Pläne, die bereits die Baukörperentwicklung der Ausführung vorzeichneten. Gestaffelte Baukörper bilden begehbare Terrassen vor dem Hauptgebäude, der Schnitt zeigt auch die geplanten Treppen unter dem Westflügel des weiter fragmentierten Semperbaus.

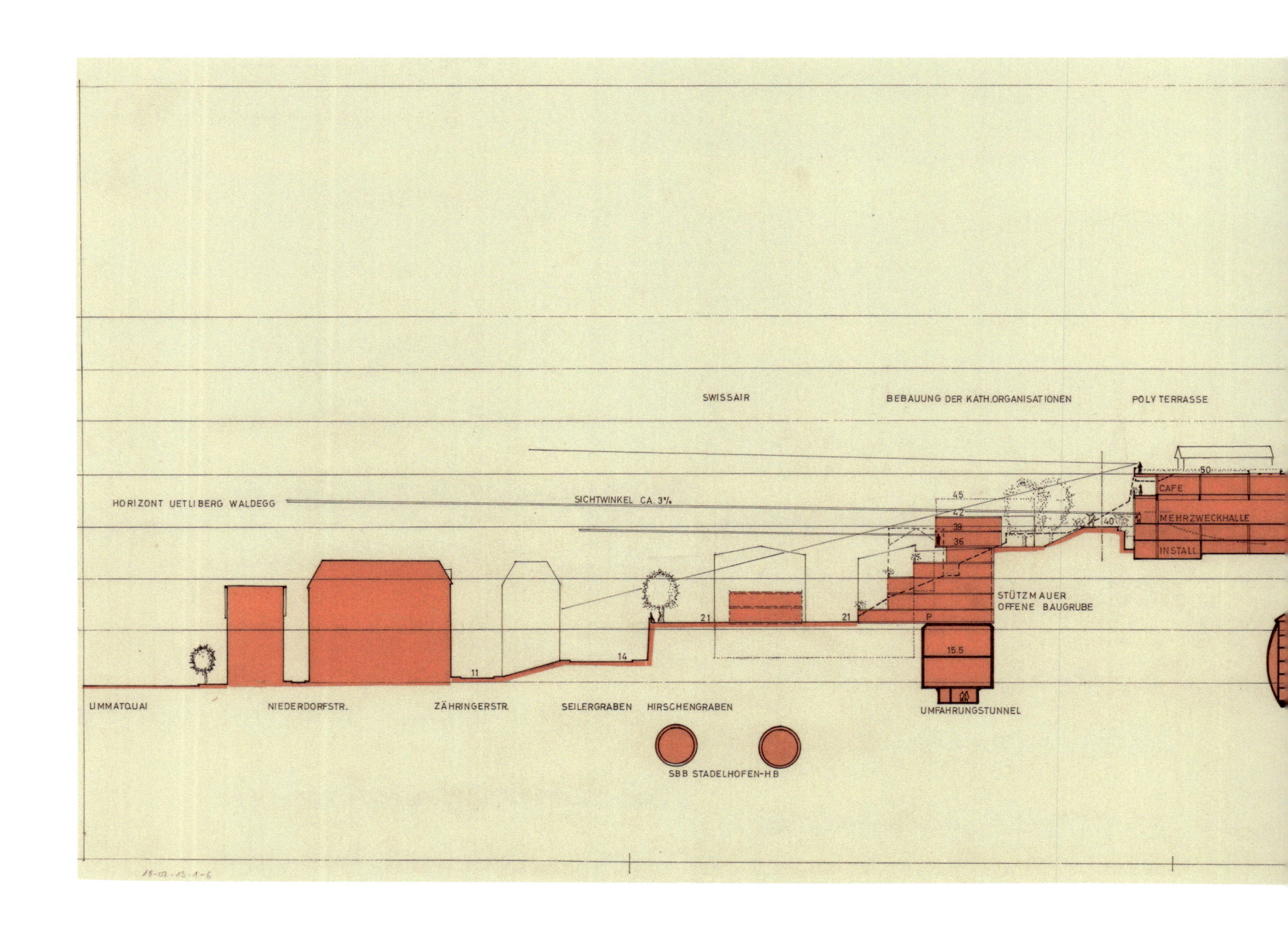

»MENSA-MEHRZWECKHALLE ETH-ZENTRUM. KOORDINATIONSPLAN, SCHNITT HAUPTAXE HAUPTGEBÄUDE«
Maßstab 1 : 1000 (Original 1 : 500)

18-02-19-1-6 / gta Archiv / ETH Zürich (Nachlass Charles-Edouard Geisendorf). Signatur S. Büro Geisendorf, 15. März 1971. Pause auf Papier; rot koloriert. 30,0 x 84,0 cm.

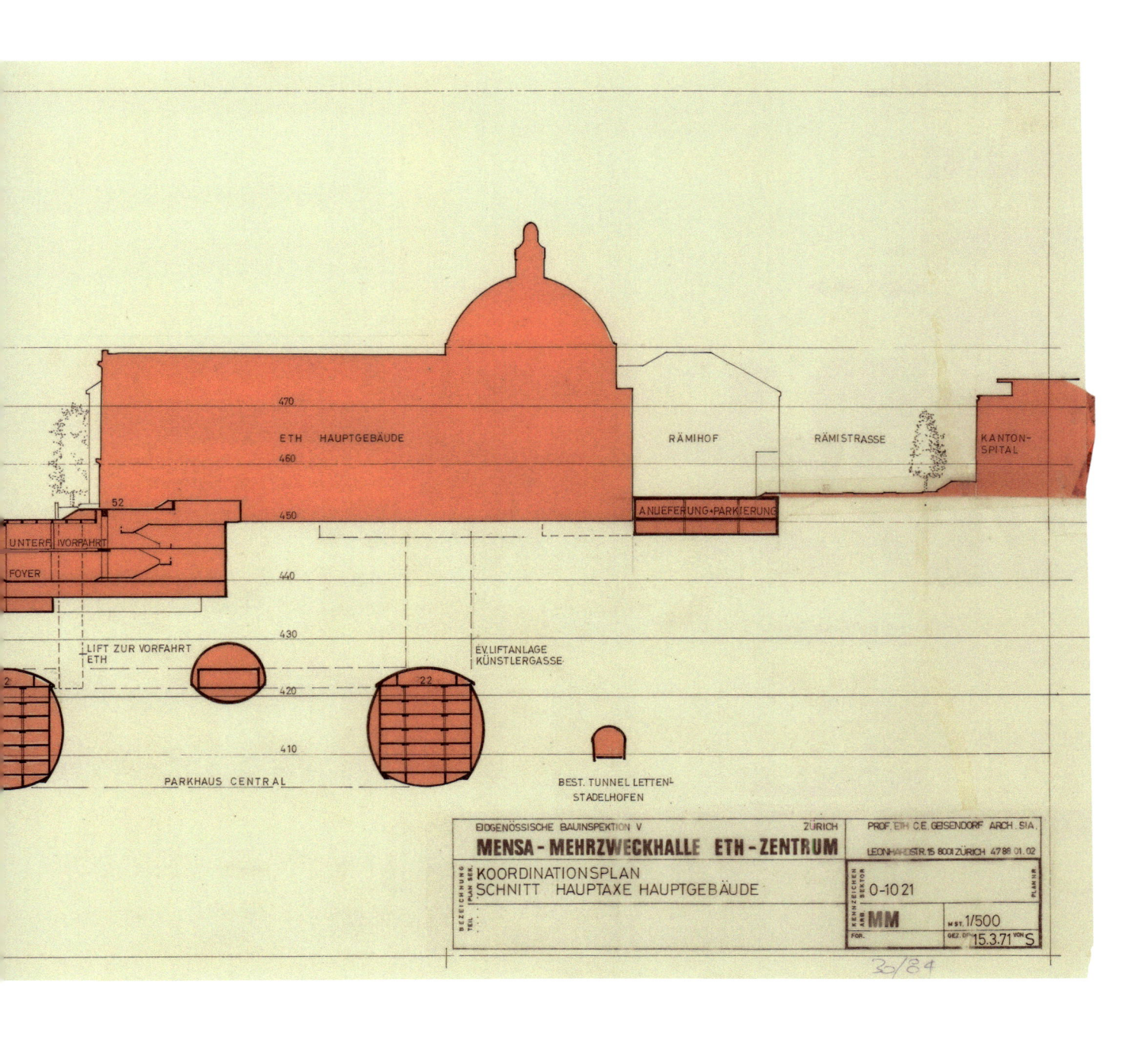

Die Boomjahre des 20. Jahrhunderts mit ihrer Begeisterung für ›verkehrsgerechte‹ Planung und neue Infrastruktur wurden durch die Planung neuer Wohn-, aber auch neuer Hochschulstädte geprägt, vielerorts finden sich Überlegungen zur Anpassung der alten innerstädtischen Schulstandorte an neue Dimensionen von Flächenzuwachs und an neue Technik (z. B. Heidelberg oder Aachen). Deutsche Hochschulen planten Campus-Anlagen (prominent etwa Marburg, Dortmund und Bochum), in Lausanne entstand eine neue EPF, die ETH Zürich baute neue Institutsgebäude auf dem Hönggerberg, die Universität Zürich die Erweiterung Irchel. Im Zentrum der Stadt sollte nach den Plänen des Büros Geisendorf das ›alte‹ Hauptgebäude der ETH mit Tunnelsystemen an die Infrastruktur der Stadt angeschlossen werden; Rolltreppen und Aufzüge sollten eine Verbindung zwischen dem Central und dem Haupteingang an der Rämistrasse schaffen. Tief unter den Fundamenten des Maschinenlaboratoriums und des Hauptgebäudes war eine ovale »Central-Garage« geplant, deren Tunnelröhre im Berg über Rolltreppen mit einer neuen U-Bahn verbunden werden sollte.

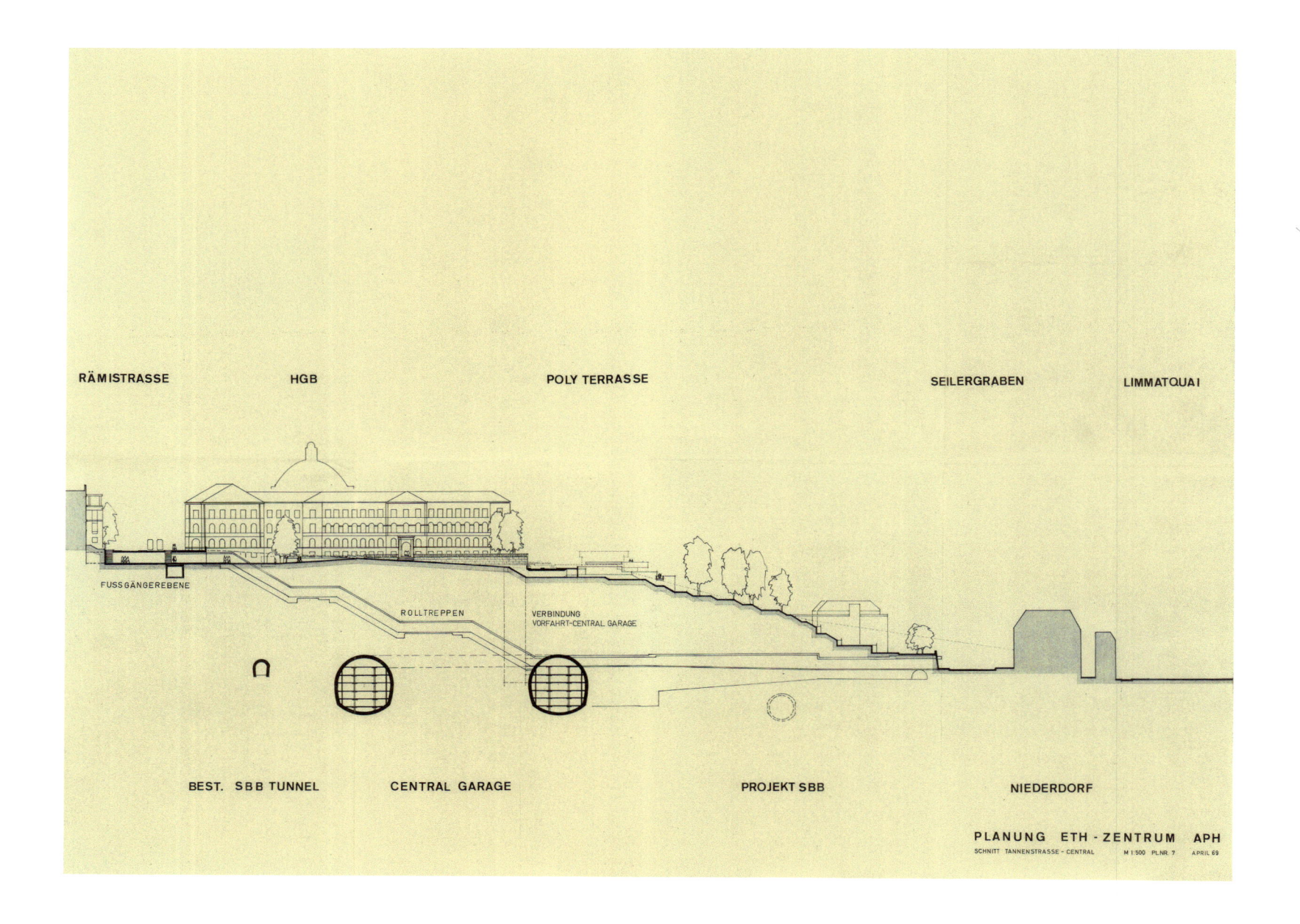

»PLANUNG ETH-ZENTRUM. SCHNITT
TANNENSTRASSE – CENTRAL«
Maßstab 1 : 2000 (Original 1 : 500)

18-02-18-1-11 / gta Archiv / ETH Zürich (Nachlass Charles-Edouard
Geisendorf), April 1969. Pause auf Papier; Überzeichnung in schwarzer
Tusche, mit blauem Farbstift koloriert. 60,0 x 84,0 cm.

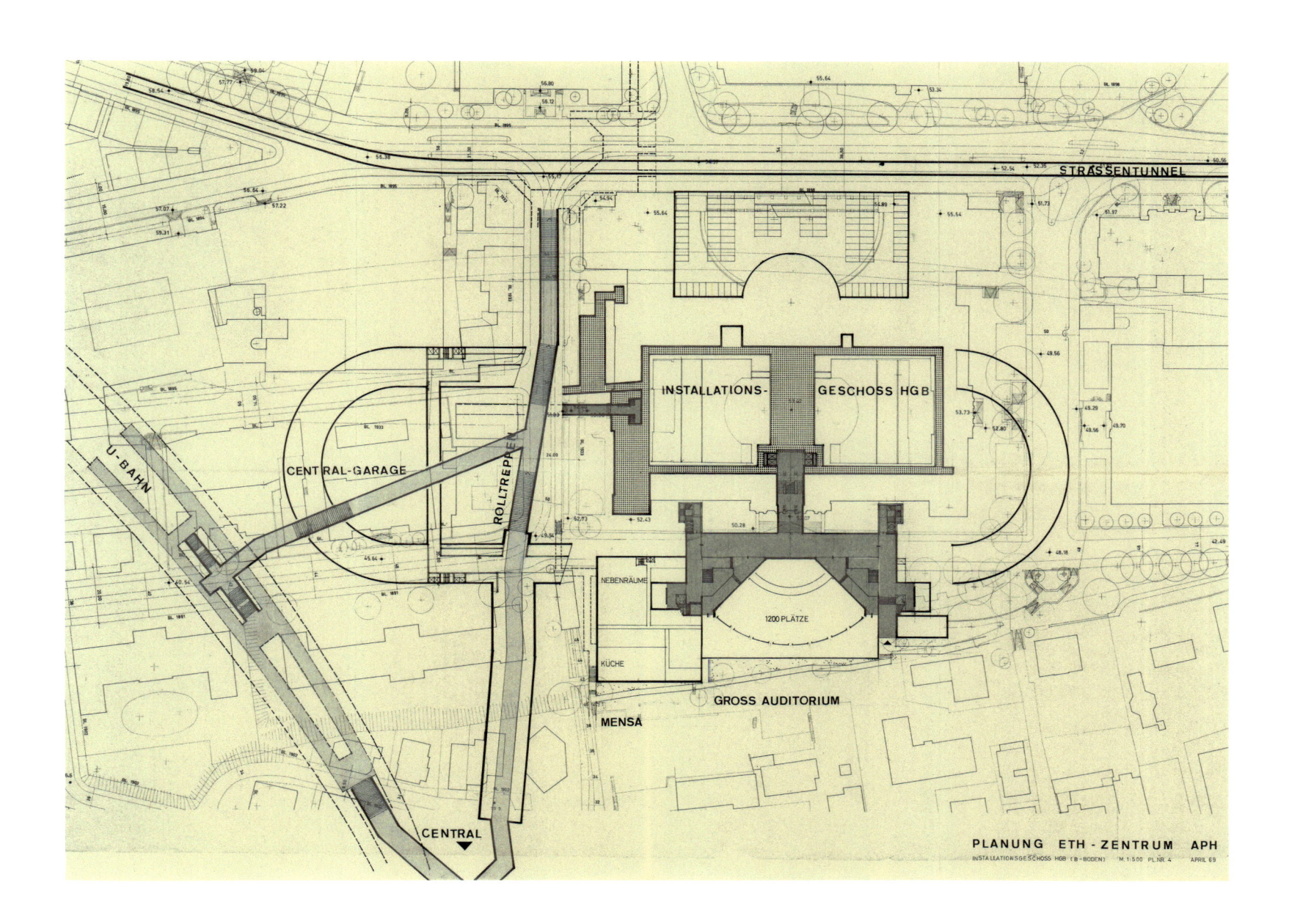

»PLANUNG ETH-ZENTRUM. INSTALLA-
TIONSGESCHOSS HGB (B-BODEN)«
Maßstab 1 : 2000 (Original 1 : 500)

18-02-18-1-6 / gta Archiv / ETH Zürich (Nachlass Charles-Edouard Geisendorf). April 1969. Pause auf Papier; Überzeichnung in schwarzer Tusche und Bleistift, mit grauem Farbstift koloriert. 60,0 x 84,0 cm.

ERDGESCHOSS MIT POLY-TERRASSE

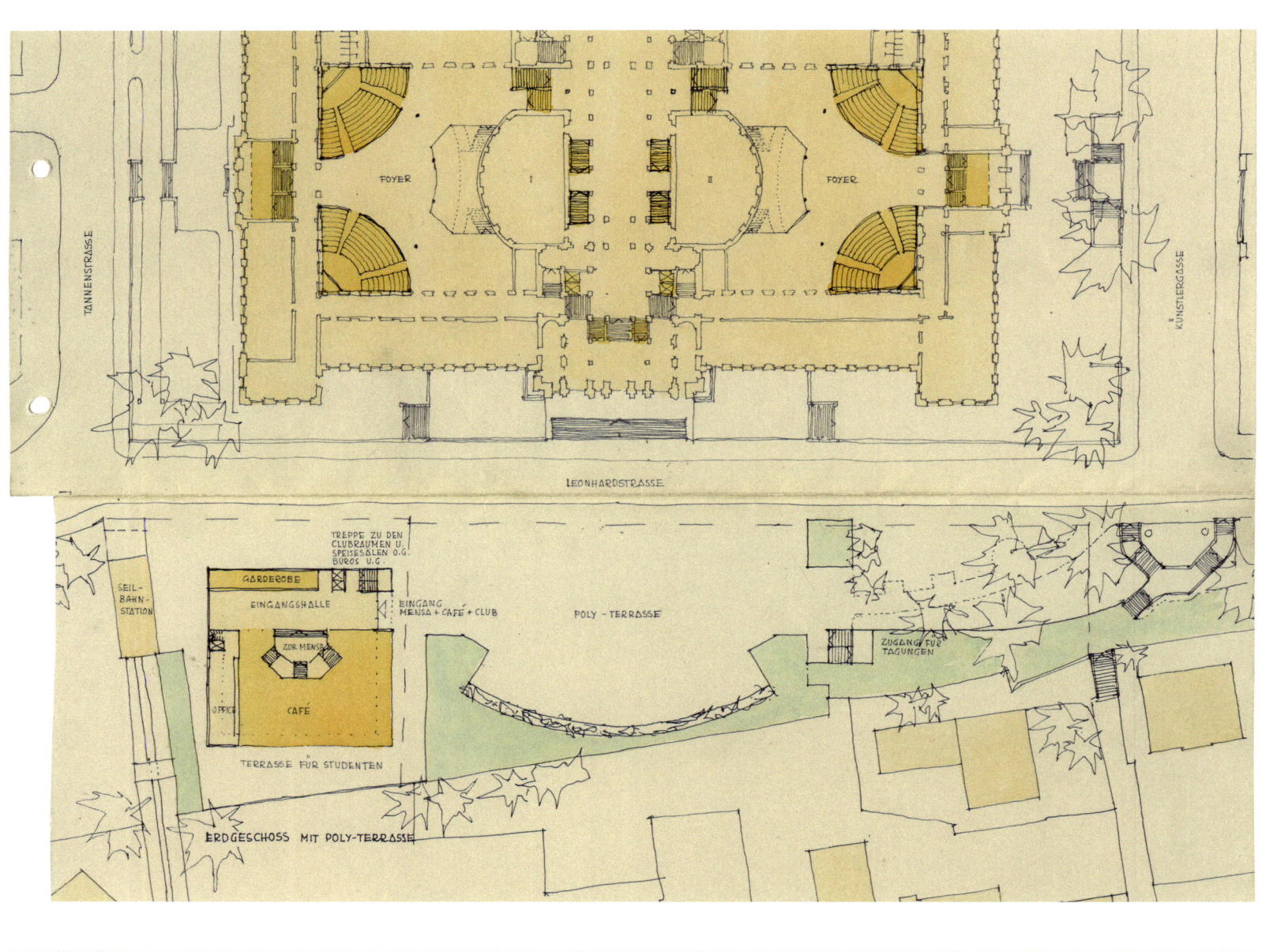

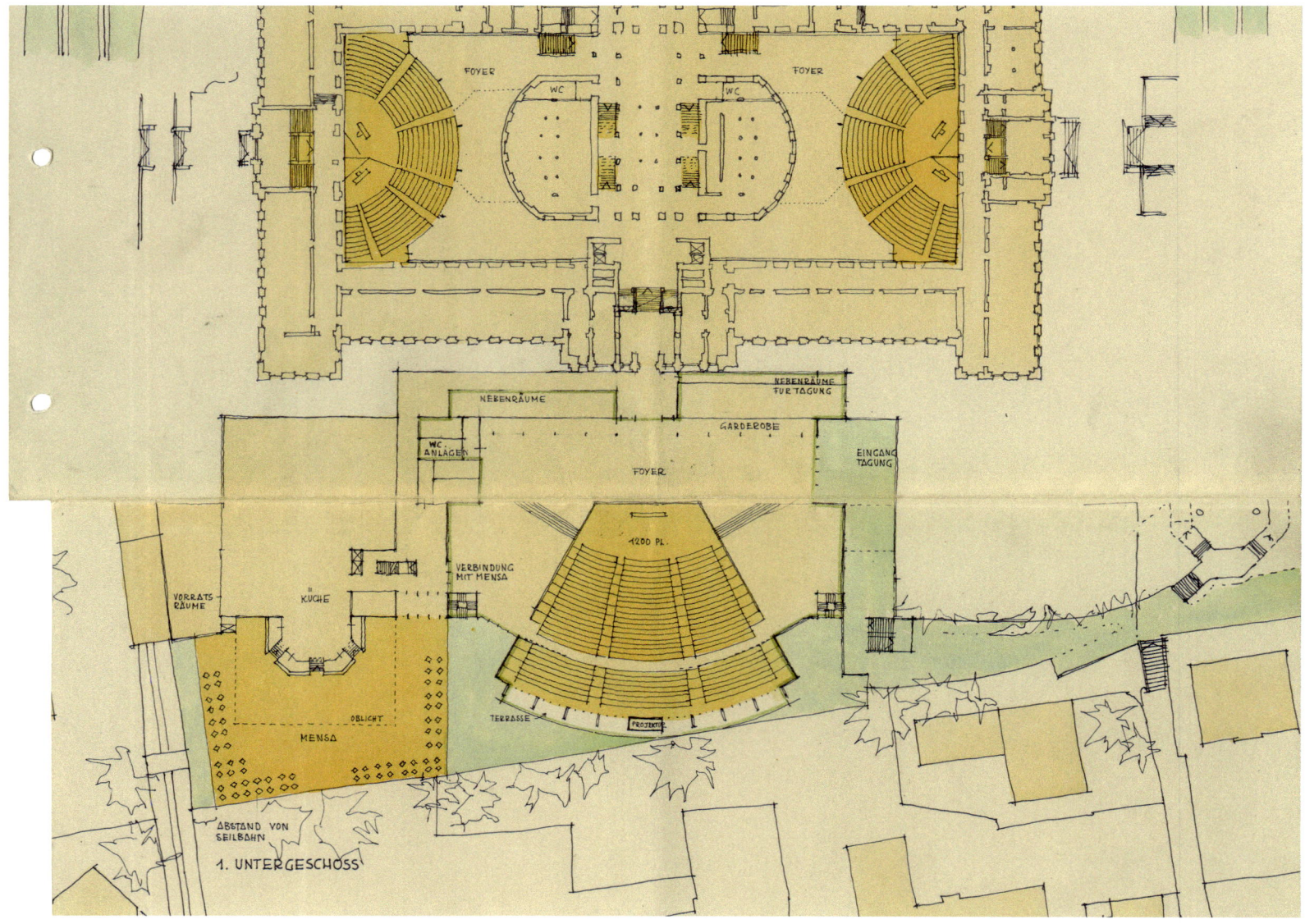

1. UNTERGESCHOSS

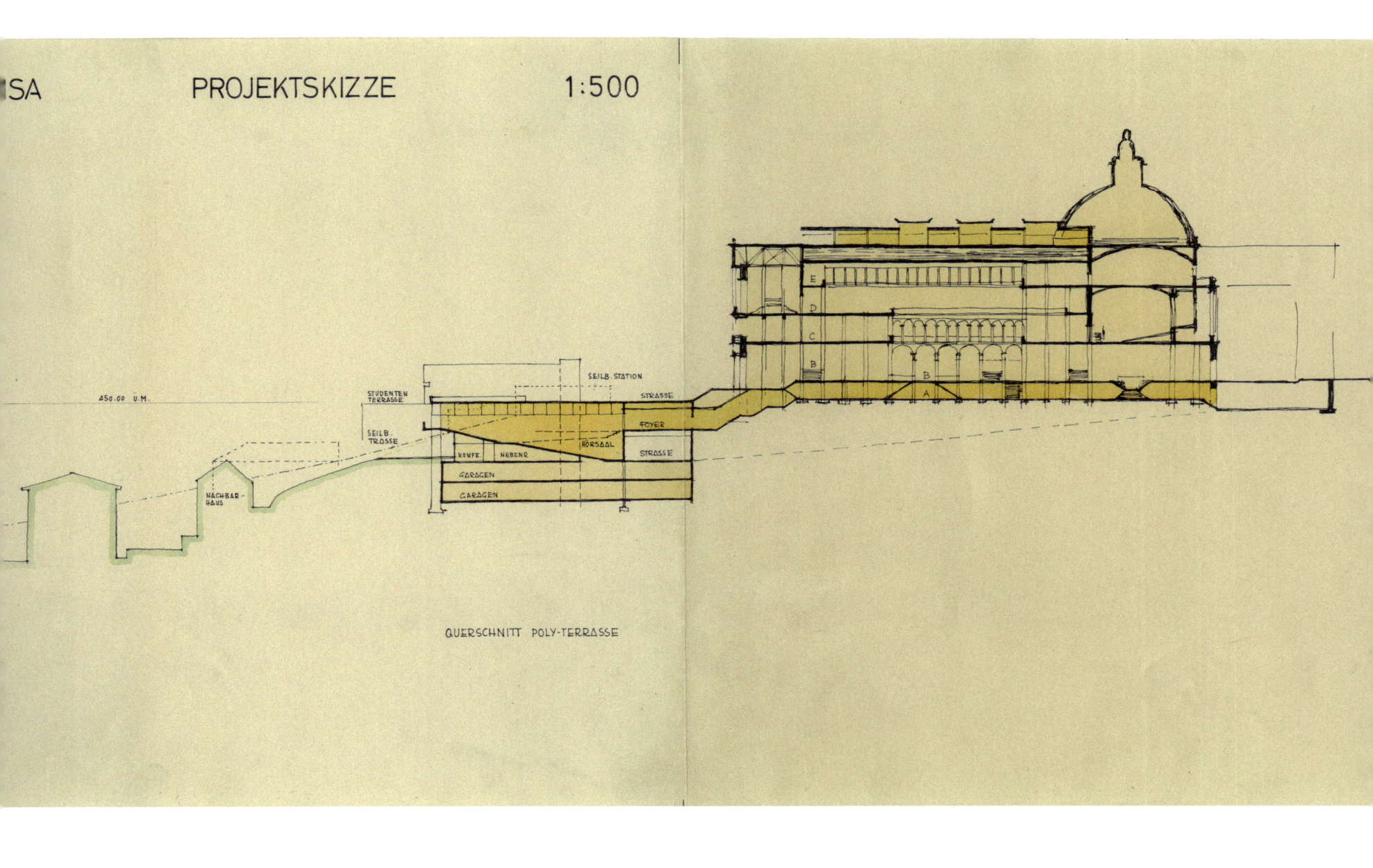

| SA | PROJEKTSKIZZE | 1:500 |

QUERSCHNITT POLY-TERRASSE

»B. ETH HAUPTGEBÄUDE + MENSA. PROJEKTSKIZZE«
Maßstab 1:1000 (Original 1:500)

»A. ETH HAUPTGEBÄUDE + MENSA. PROJEKTSKIZZE«
Maßstab 1:1000 (Original 1:500)

»ETH HAUPTGEBÄUDE + MENSA. PROJEKTSKIZZE«
Maßstab 1:1000 (Original 1:500)

gta Archiv / ETH Zürich (Nachlass Charles-Edouard Geisendorf).
Pausen auf Papier; grün und orange aquarelliert. 60,0 x 42,0 / 30,0 x 80,0 cm.

Die große Zahl von Projektskizzen mit Alternativen zum Ausbau der Höfe im alten Hauptgebäude und zur Anlage eines neuen Großauditoriums unter der Polyterrasse gibt Zeugnis davon, wie weitgehend die Planungshorizonte der späten 1960er Jahre vom Wunsch bestimmt waren, Hörsäle und Versorgungseinrichtungen für wachsende Studierendenzahlen zu schaffen. Die Skizzen vereinfachen den historischen Baubestand auf kubische Großvolumen, strukturelle Entscheidungen werden im Maßstab 1:500 getroffen. Das Großauditorium, das in einer Planserie symmetrisch zur Mittelachse des alten Hauptgebäudes über zwei Garagengeschossen unter der Polyterrasse angedacht war, wurde später zugunsten einer einfachen rechtwinkligen Halle aufgegeben. Auf dem Hauptgebäude sind nun auch die neuen Dächer für die Dozentenmensa eingezeichnet.

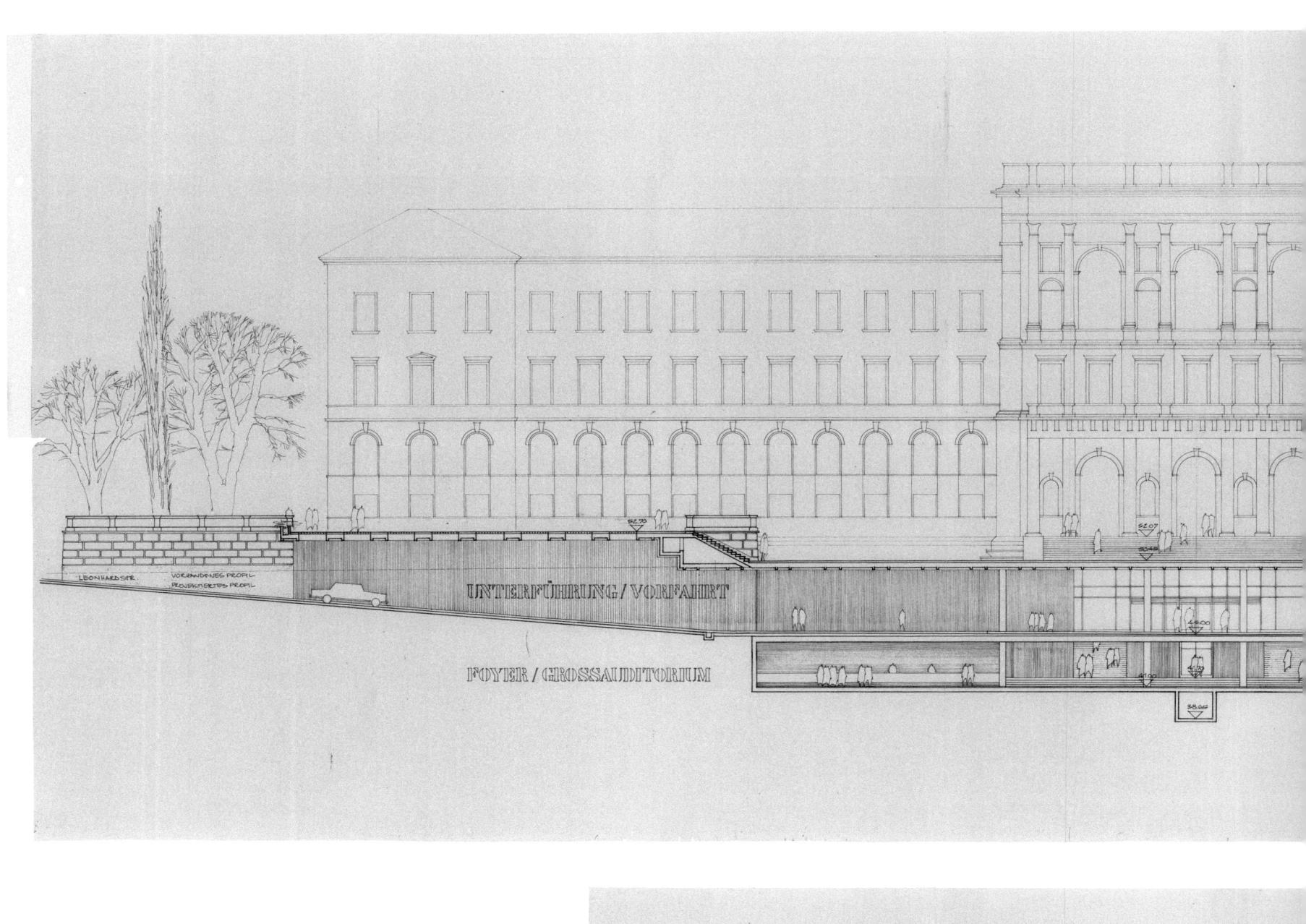

UNTERFÜHRUNG / VORFAHRT

FOYER / GROSSAUDITORIUM

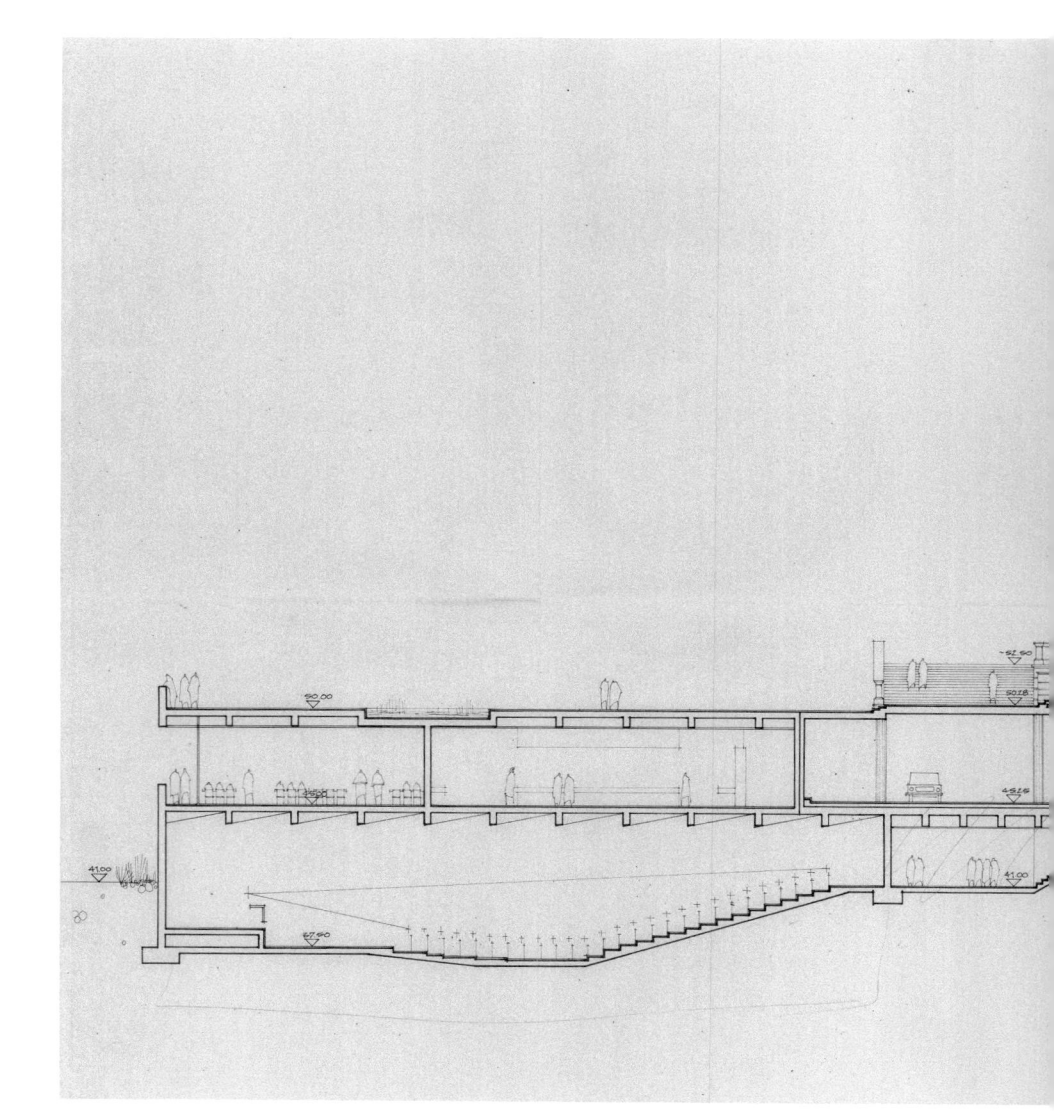

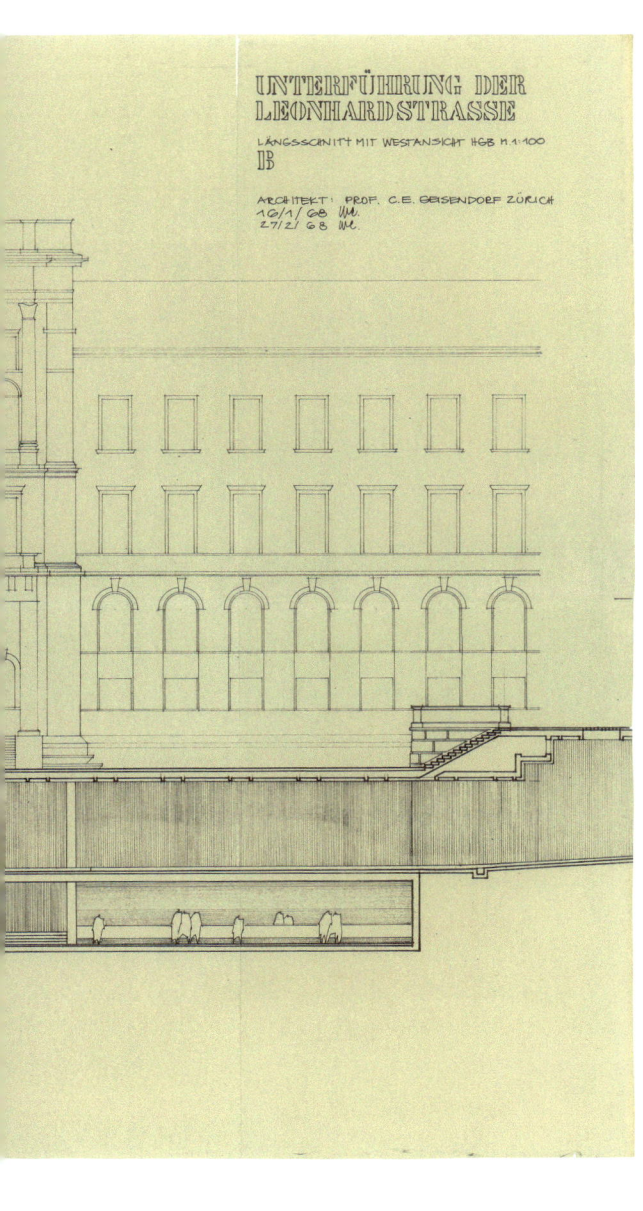

»B. UNTERFÜHRUNG DER LEONHARD-
STRASSE. LÄNGSCHNITT MIT WEST-
ANSICHT HGB«
Maßstab 1 : 400 (Original 1 : 100)

18-02-6-1-5 / gta Archiv / ETH Zürich (Nachlass Charles-Edouard Geisendorf). Signatur UM, Büro Geisendorf, 16. Januar / 27. Februar 1968. Pause auf Papier. 59,5 x 129,0 cm.

»QUERSCHNITT DURCH MENSA + GROSS-
AUDITORIUM. UNTERFÜHRUNG UND
WESTLICHEN TEIL DES HGB«
Maßstab 1 : 400 (Original 1 : 100)

18-02-6-1-3 / gta Archiv / ETH Zürich (Nachlass Charles-Edouard Geisendorf). Signatur UM, Büro Geisendorf, 1. Dezember 1967. Pause auf Papier. Überzeichnungen in Bleistift. 56,1 x 88,4 cm.

Schnittvarianten belegen die Planungen für neue Keller- und Tiefgeschosse. Die Schnitte durch den Bestandsbau zeigen im Jahr 1967 noch das Großauditorium, 1968 ist entschieden, die Leonhardstrasse in eine Unterführung unter der Terrasse zu legen.

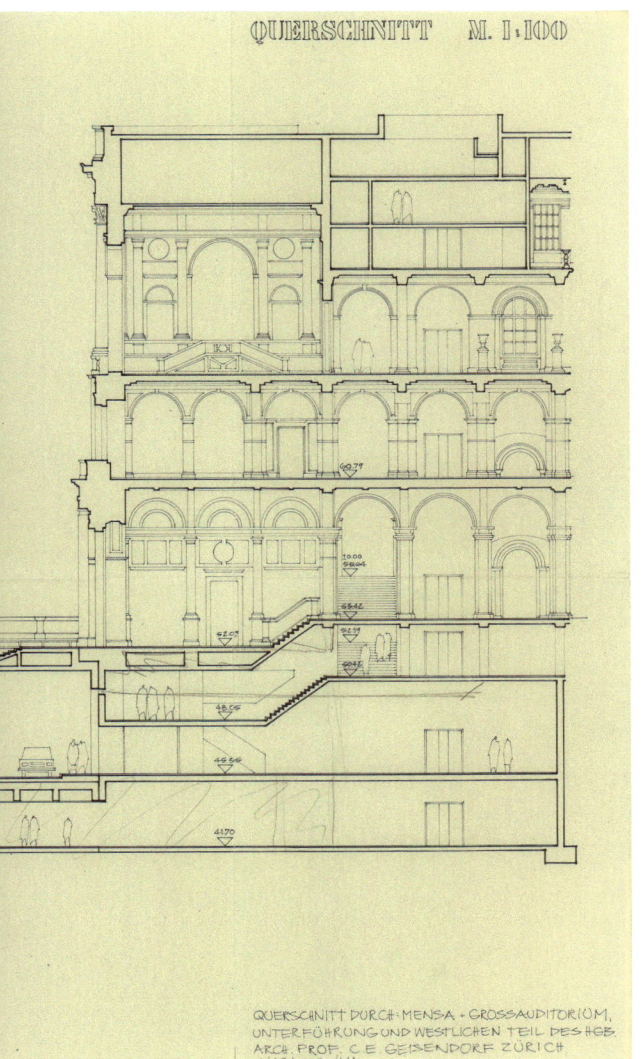

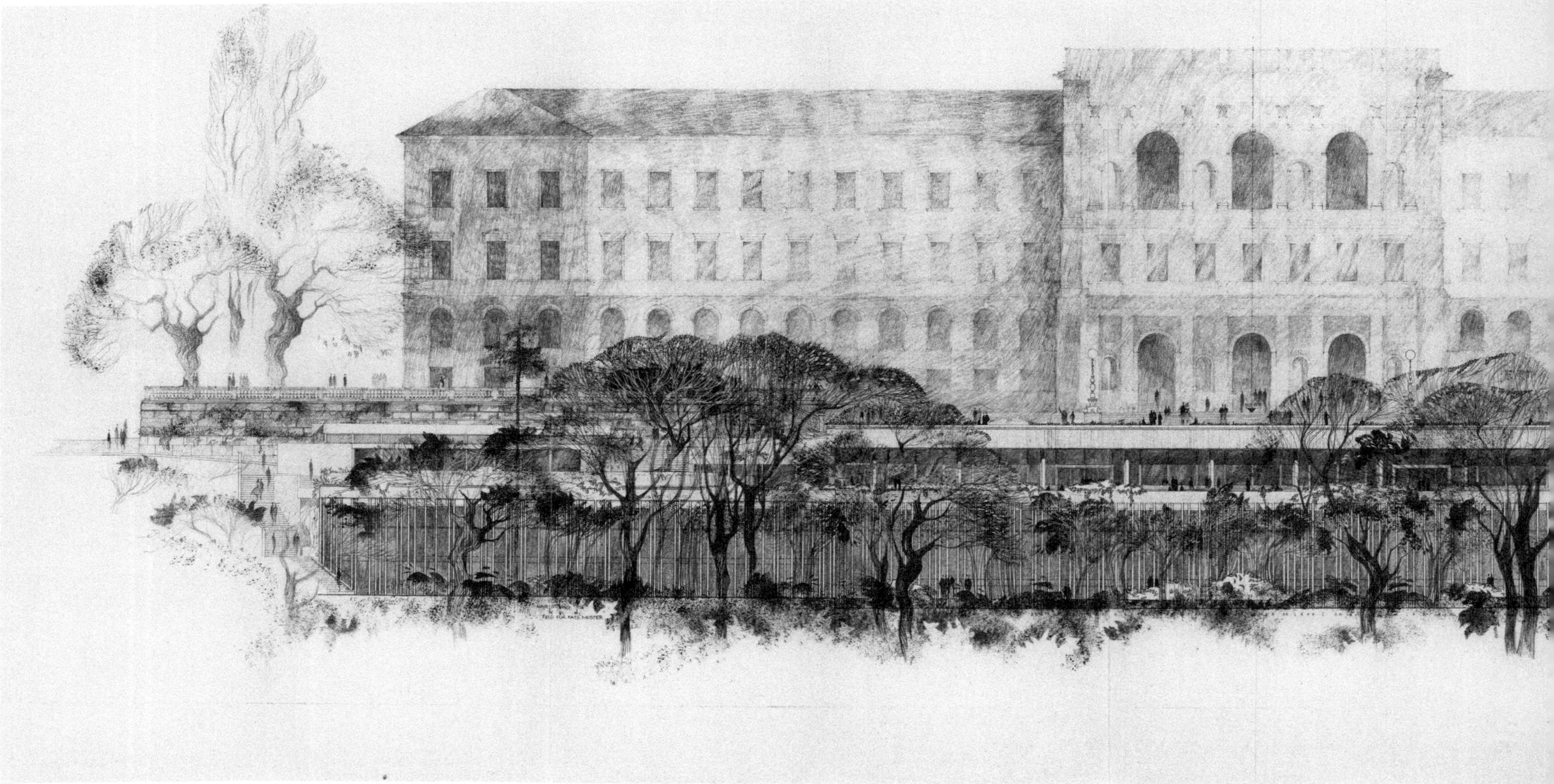

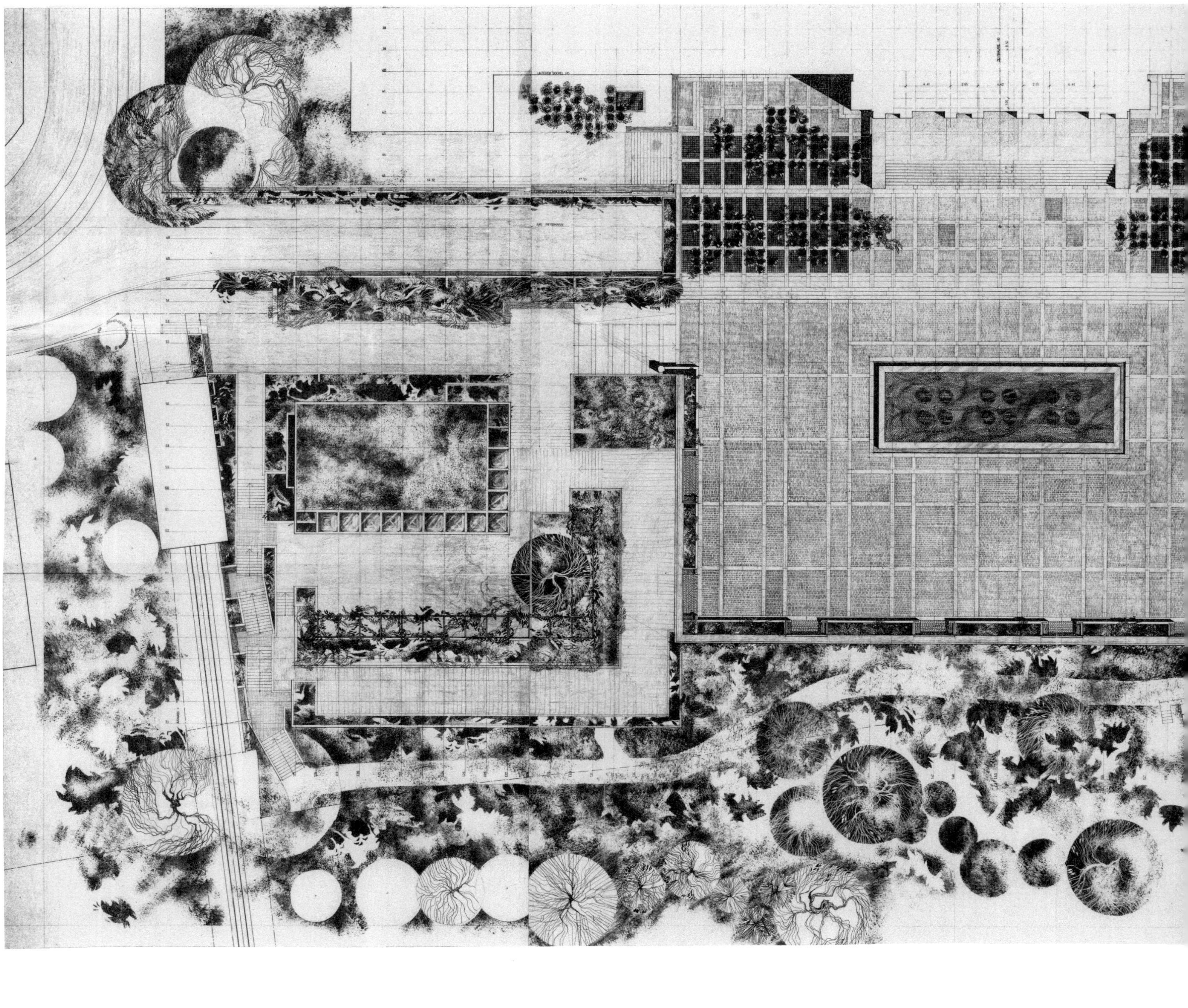

ANSICHT DES NEUBAUS UNTER DER POLYTERRASSE
⅓ der Originalgröße

18-02-16-3-3 / gta Archiv / ETH Zürich (Nachlass Charles-Edouard Geisendorf). Pause auf Papier. Überzeichnungen in Bleistift und Kohle. 59,5 x 188,5 cm.

AUFSICHT AUF DIE NEUE POLYTERRASSE MIT GEPLANTEM WASSERBASSIN
⅓ der Originalgröße

18-02-16-3-5 / gta Archiv / ETH Zürich (Nachlass Charles-Edouard Geisendorf). Pause auf Papier. Überzeichnungen in Bleistift und Kohle. 93,0 x 212,0 cm.

Die Präsentationspläne der Neubauten unter der Polyterrasse stechen vor allem durch sorgfältige Baumdetails hervor, die Strukturen von Neubau und Bestand sind absichtsvoll vereinfacht und reduziert.

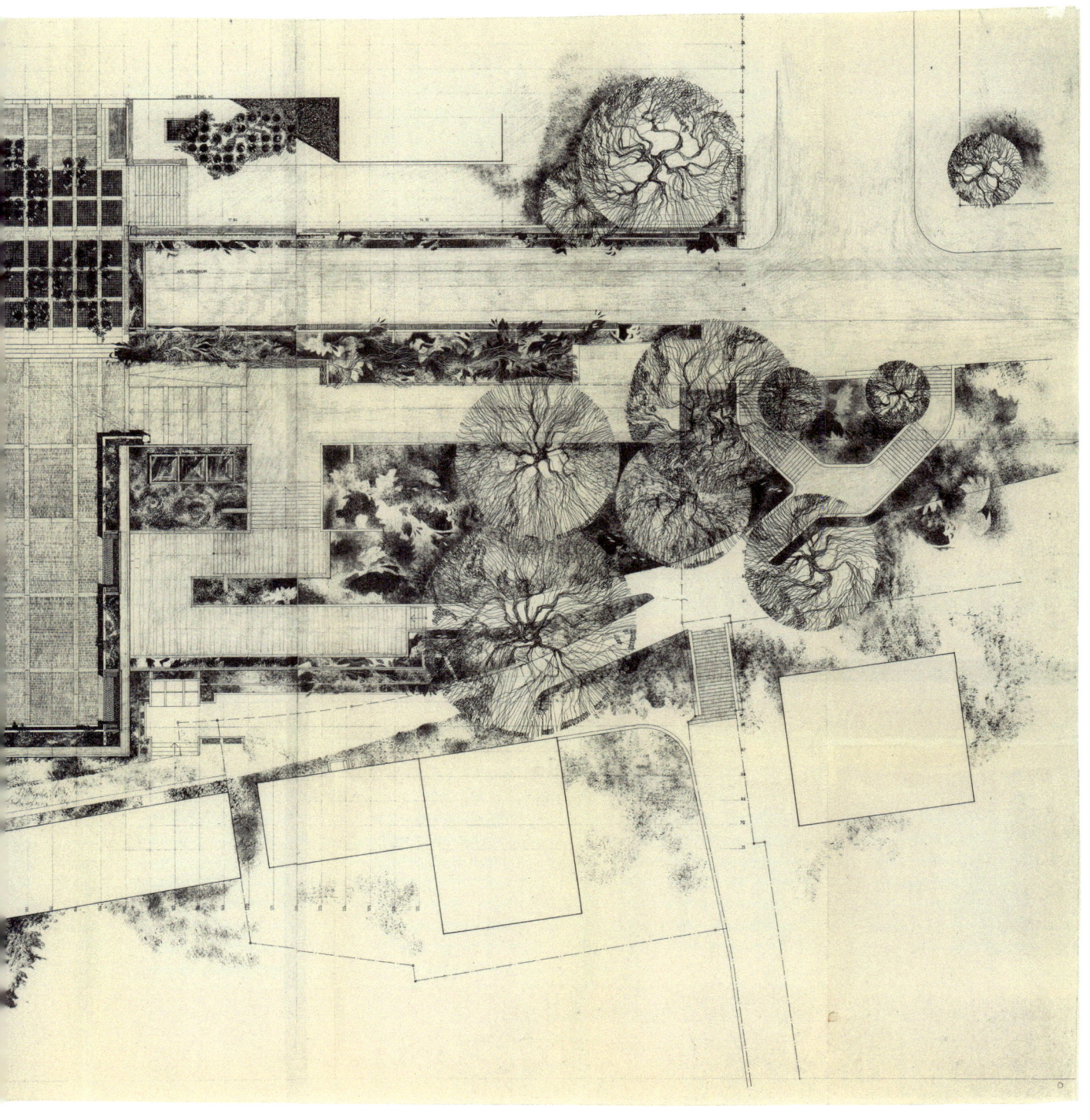

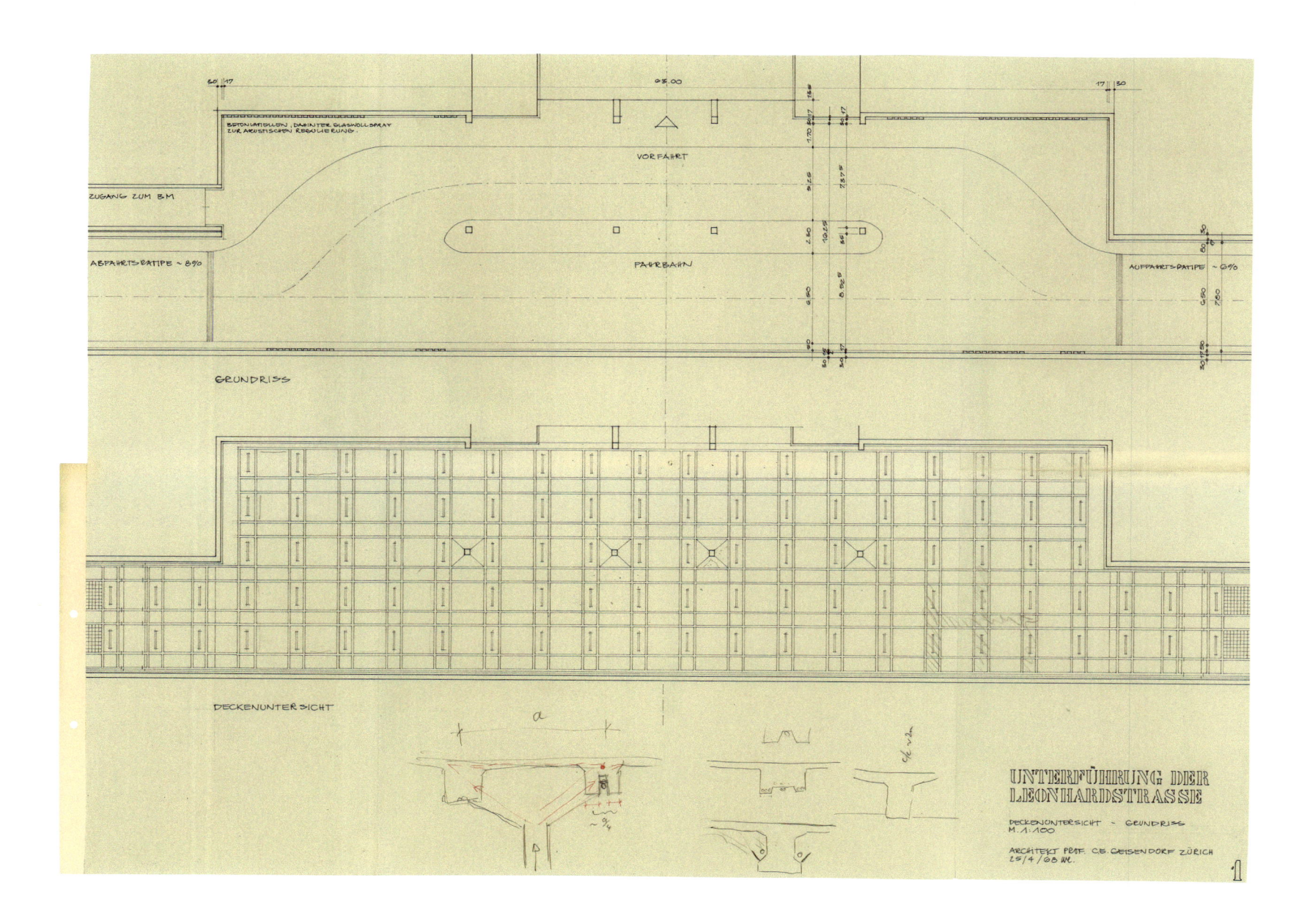

»UNTERFÜHRUNG DER LEONHARD-
STRASSE. DECKENUNTERSICHT –
GRUNDRISS«
Maßstab 1 : 400 (Original 1 : 100)

18-02-6-1-6 / gta Archiv / ETH Zürich (Nachlass Charles-Edouard Geisendorf). Signatur UM, Büro Geisendorf, 25. April 1968. Pause auf Papier. Überzeichnungen und Skizzen in Bleistift und schwarzem sowie rotem Kugelschreiber. 60,0 x 84,0 cm.

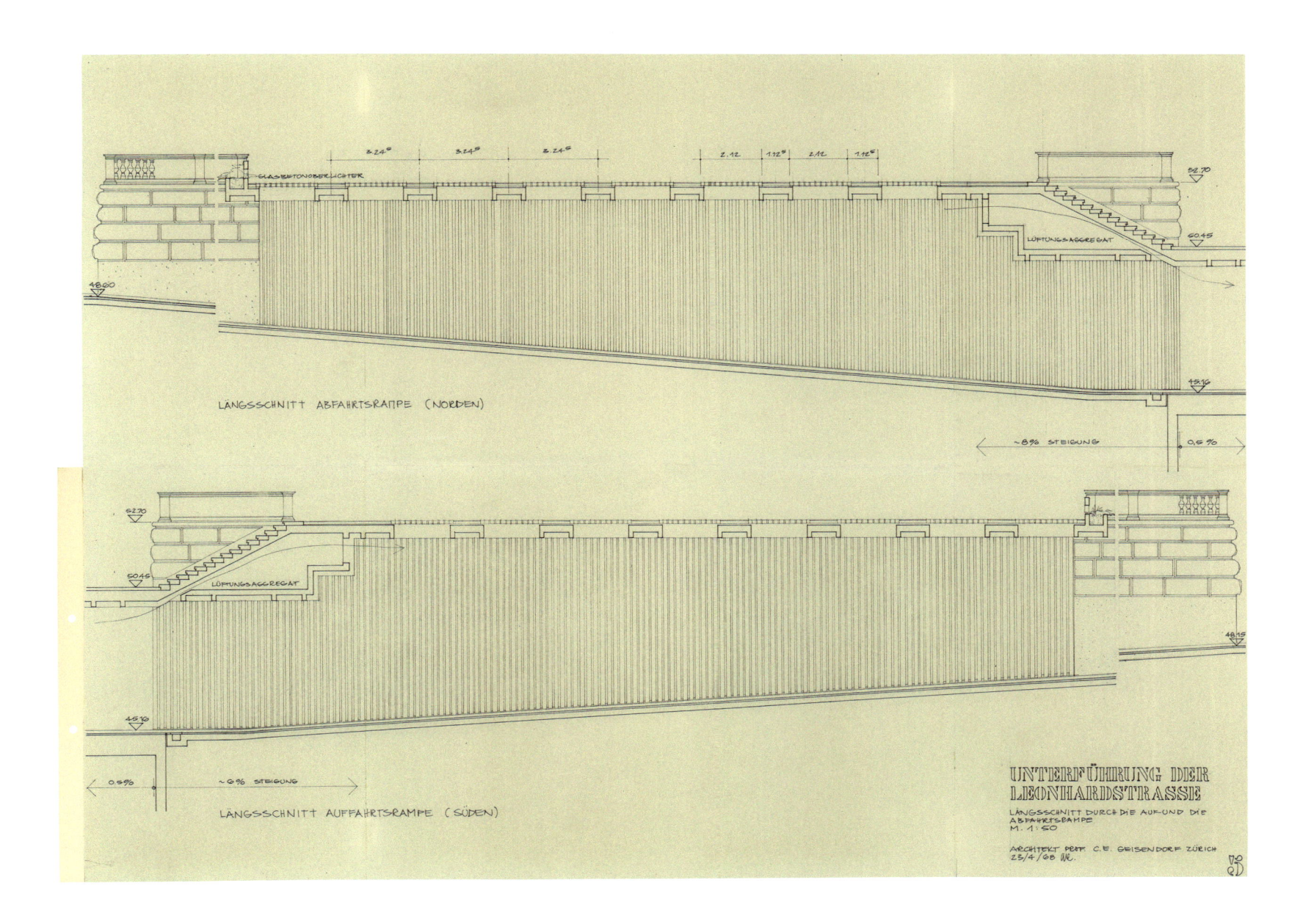

»UNTERFÜHRUNG DER LEONHARD-
STRASSE. LÄNGSSCHNITT DURCH DIE
AUF- UND ABFAHRTSRAMPE«
Maßstab 1:200 (Original 1:50)

18-02-6-1-7 / gta Archiv / ETH Zürich (Nachlass Charles-Edouard Geisendorf). Signatur UM, Büro Geisendorf, 23. April 1968. Pause auf Papier. 60,0 x 84,0 cm.

Die Durchfahrt unter der Terrasse wird durch neue Stützmauersysteme so breit angelegt, dass die Tiefkeller unter dem alten Hauptgebäude von hier aus direkt erschlossen werden können. Für die Errichtung der neuen Treppenanlagen und die Unterfangung des Altbaus müssen die Fußbodenkonstruktionen des westlichen Vestibüls abgebrochen werden, dessen Böden und der erste Treppenlauf werden wie die Freitreppe vor dem Westeingang gänzlich neu errichtet.

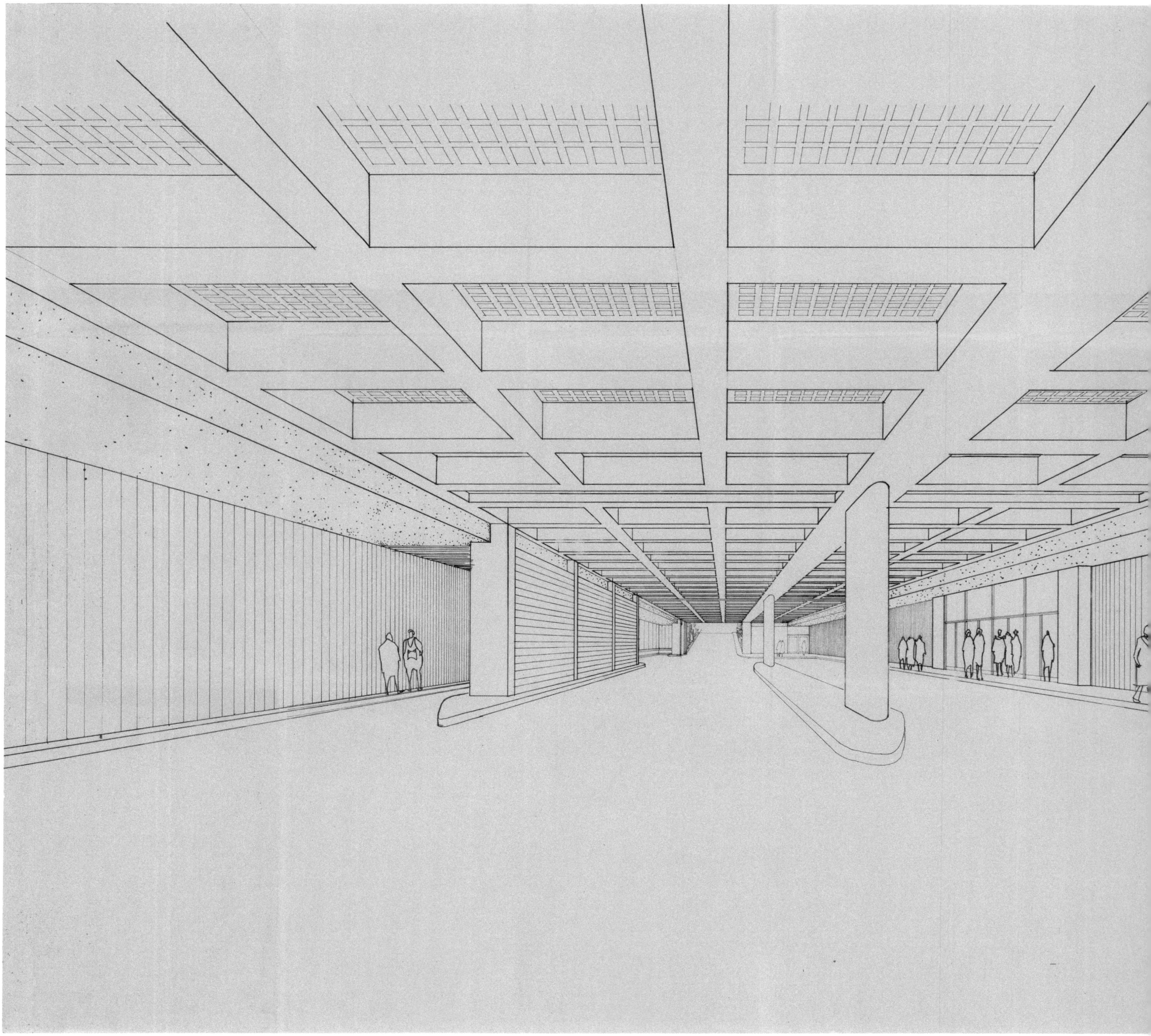

DURCHFAHRT UNTER DER POLYTERRASSE
¼ der Originalgröße

18-02-16-3-2 / gta Archiv / ETH Zürich (Nachlass Charles-Edouard Geisendorf). Zeichnung in schwarzer Tusche auf Papier. 88,0 x 130,0 cm.

»PERSPEKTIVE: EINFAHRT UNTERFÜHRUNG MIT NÖRDL. TREPPENAUFGANG«
⅓ der Originalgröße

18-02-16-3-1 / gta Archiv / ETH Zürich (Nachlass Charles-Edouard Geisendorf). Signatur UM, 31. März 1971. Zeichnung in schwarzer Tusche auf Papier. 88,0 x 130,0 cm.

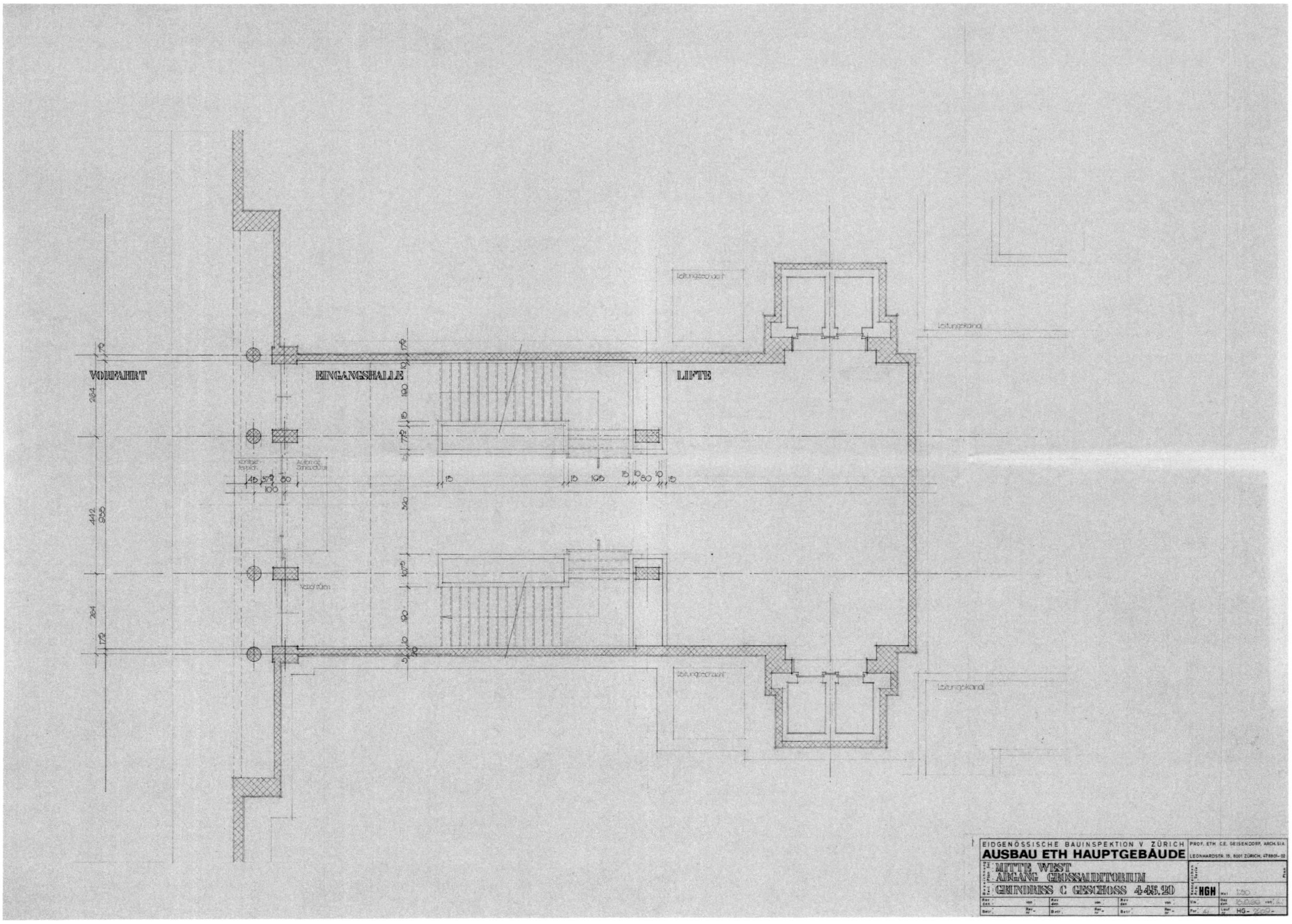
VORFAHRT
EINGANGSHALLE
LIFTE
EIDGENÖSSISCHE BAUINSPEKTION V ZÜRICH
AUSBAU ETH HAUPTGEBÄUDE
PROF. ETH C.E. GEISENDORF, ARCH. SIA
LEONHARDSTR. 15, 8001 ZÜRICH, 478801-02
MITTE WEST
ABGANG GROSSAUDITORIUM
GRUNDRISS C GESCHOSS 445.20
HGH

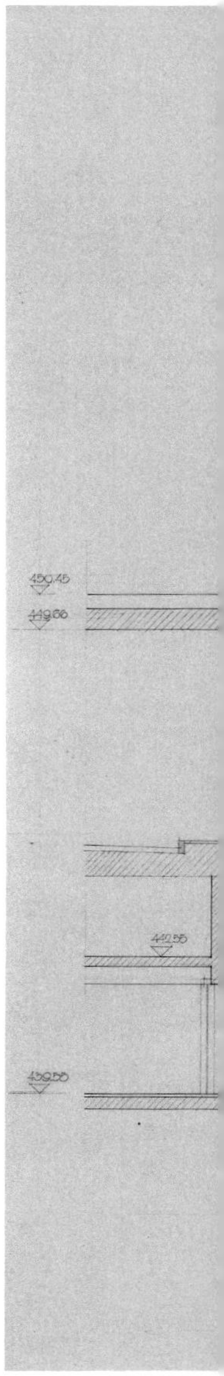

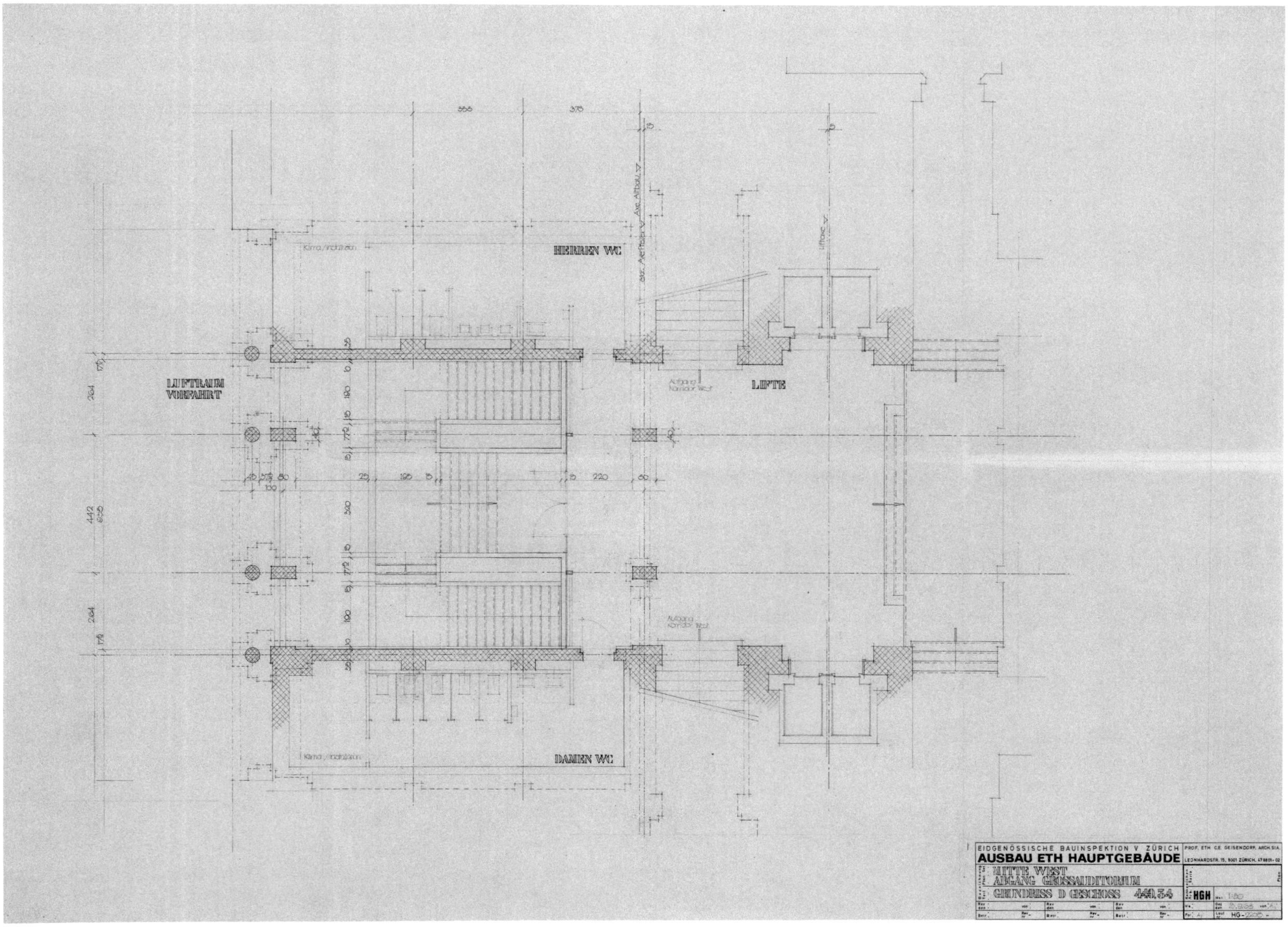
LUFTRAUM VORFAHRT
HERREN WC
LIFTE
DAMEN WC
EIDGENÖSSISCHE BAUINSPEKTION V ZÜRICH
AUSBAU ETH HAUPTGEBÄUDE
PROF. ETH C.E. GEISENDORF, ARCH. SIA
LEONHARDSTR. 15, 8001 ZÜRICH, 478801-02
MITTE WEST
ABGANG GROSSAUDITORIUM
GRUNDRISS D GESCHOSS 449.34
HGH

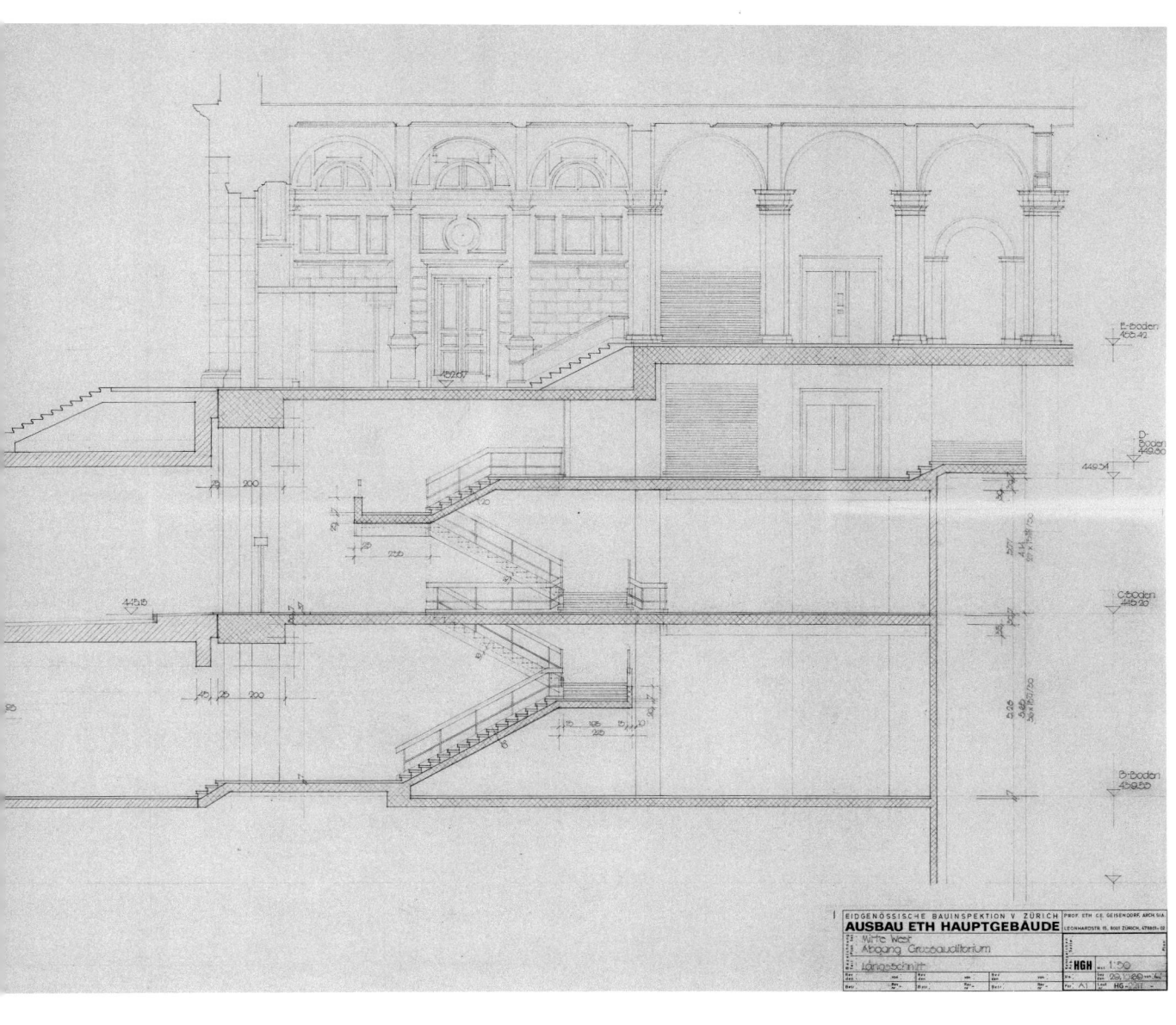

»AUSBAU ETH HAUPTGEBÄUDE. MITTE
WEST, ABGANG GROSSAUDITORIUM.
GRUNDRISS C GESCHOSS«
Maßstab 1 : 200 (Original 1 : 50)

»AUSBAU ETH HAUPTGEBÄUDE. MITTE
WEST, ABGANG GROSSAUDITORIUM.
GRUNDRISS D GESCHOSS«
Maßstab 1 : 200 (Original 1 : 50)

18-02-6-1-12, 18-02-6-1-11 / gta Archiv / ETH Zürich (Nachlass Charles-
Edouard Geisendorf). Signatur unlesbar, Büro Geisendorf, 18. September
1969. Pausen auf Papier. 60,0 x 84,0 cm.

»AUSBAU ETH HAUPTGEBÄUDE. MITTE
WEST, ABGANG GROSSAUDITORIUM.
LÄNGSSCHNITT«
Maßstab 1 : 200 (Original 1 : 50)

»AUSBAU ETH HAUPTGEBÄUDE. MITTE
WEST, ABGANG GROSSAUDITORIUM.
QUERSCHNITT«
Maßstab 1 : 200 (Original 1 : 50)

18-02-6-1-14, 18-02-6-1-15 / gta Archiv / ETH Zürich (Nachlass Charles-
Edouard Geisendorf). Signatur unlesbar, Büro Geisendorf, 29. Oktober 1969.
Pausen auf Papier. 60,0 x 84,0 cm.

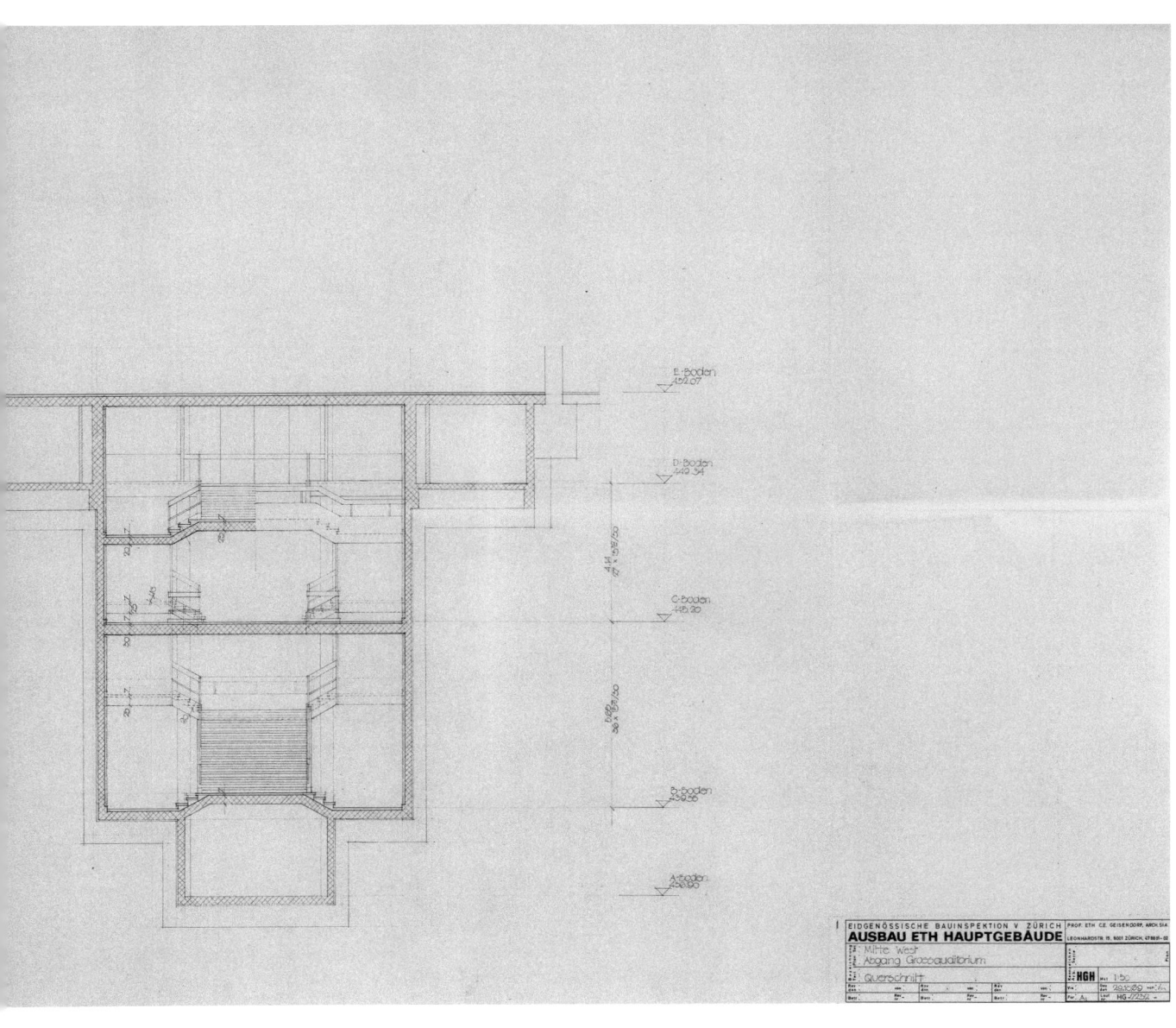

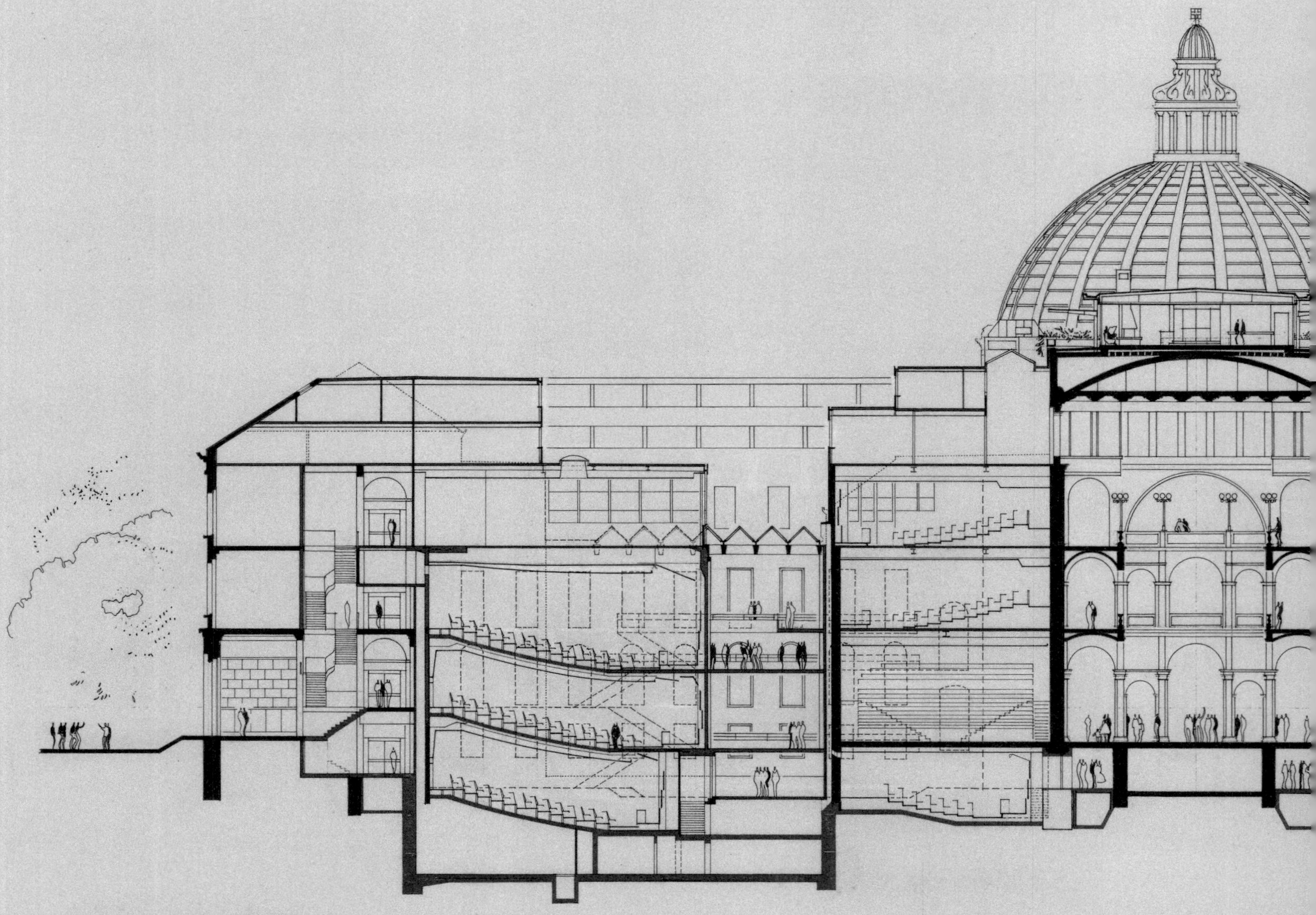

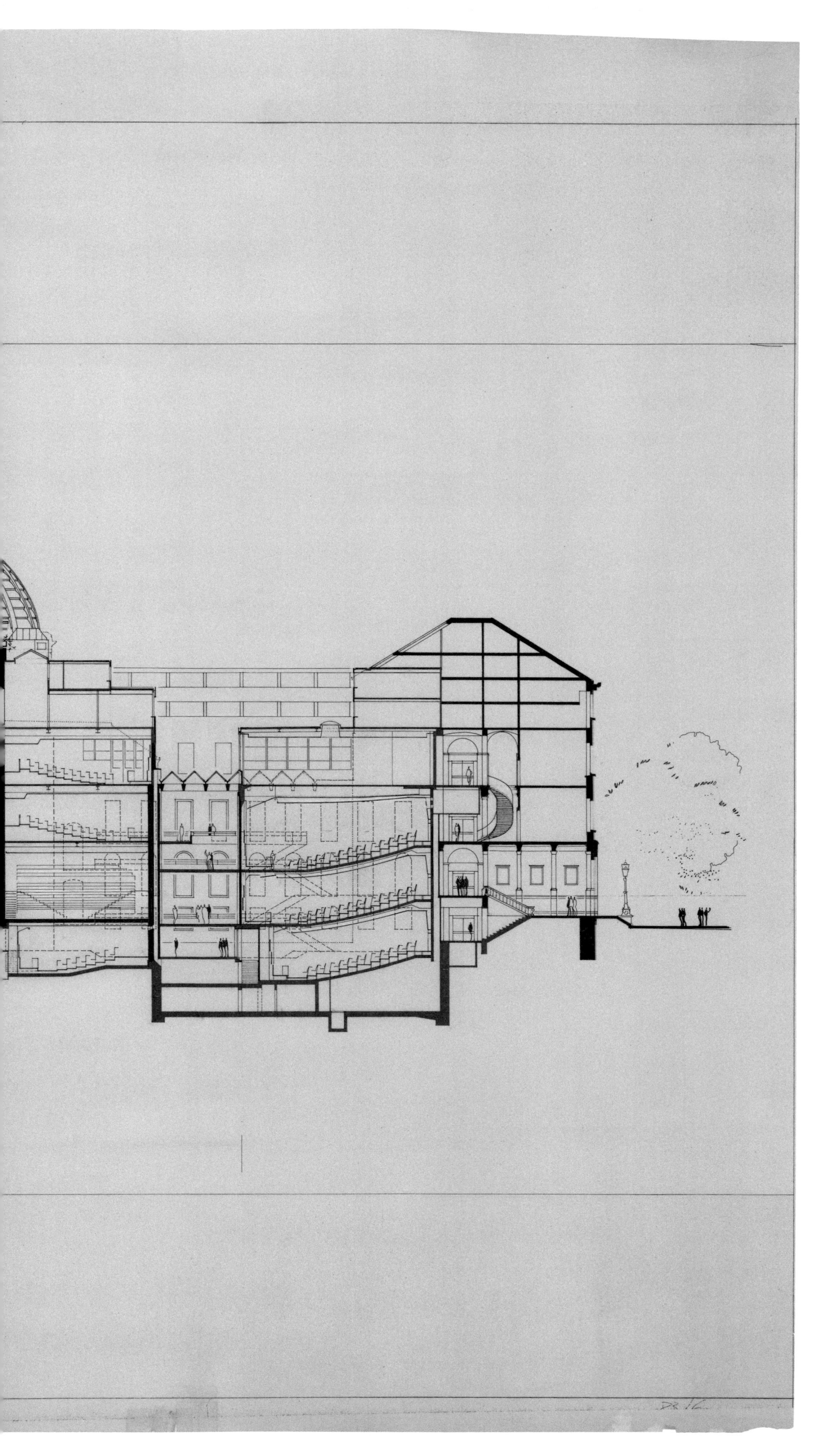

PRÄSENTATIONSSCHNITT NORD-SÜD
½ der Originalgröße

18-02-19-1-5 / gta Archiv / ETH Zürich (Nachlass Charles-Edouard Geisendorf). Pause auf Papier. Überzeichnung in Bleistift und schwarzer Tusche. 65,8 x 86,5 cm.

Aus den Präsentationsschnitten (die immer noch auf Basis der Pläne Gustav Gulls gezeichnet wurden) werden die großen neuen Volumina der Ein- und Ausbauten der 1960er Jahre deutlich – der Bestand der ›Nutzflächen‹ hat sich, von außen weitgehend unsichtbar, etwa verdoppelt, in den Höfen finden sich nun drei neue, übereinander gestapelte Hörsaalgeschosse, neben der großen Haupthalle je zwei neue Geschossebenen für die Büros der Bibliothek.

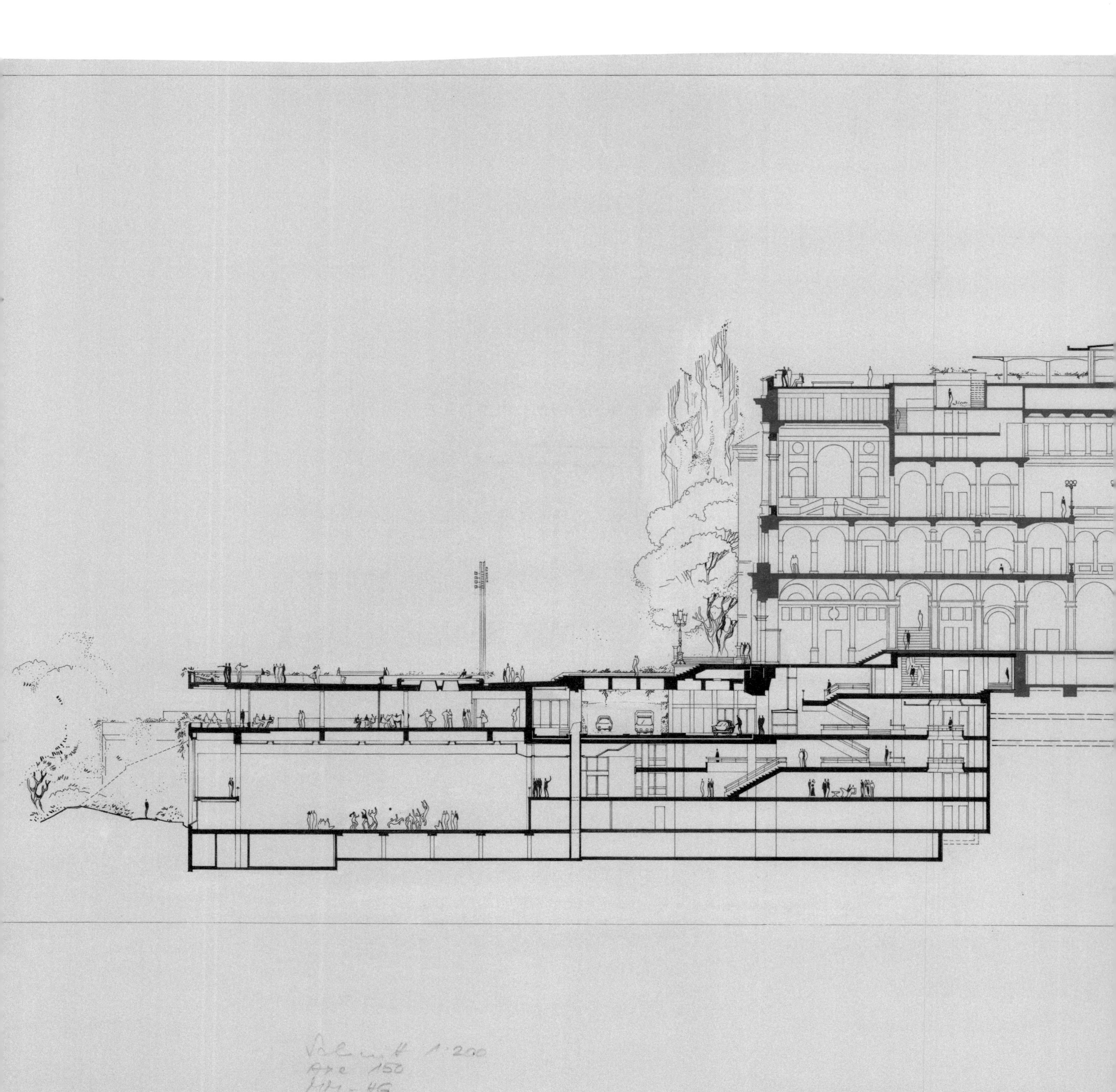

PRÄSENTATIONSSCHNITT OST-WEST
½ der Originalgröße

18-02-19-1-4 / gta Archiv / ETH Zürich (Nachlass Charles-Edouard Geisendorf). Pause auf Papier. Überzeichnung in Bleistift und schwarzer Tusche. Zusätzliche Beschriftungen in Bleistift. 56,1 x 107,7 cm.

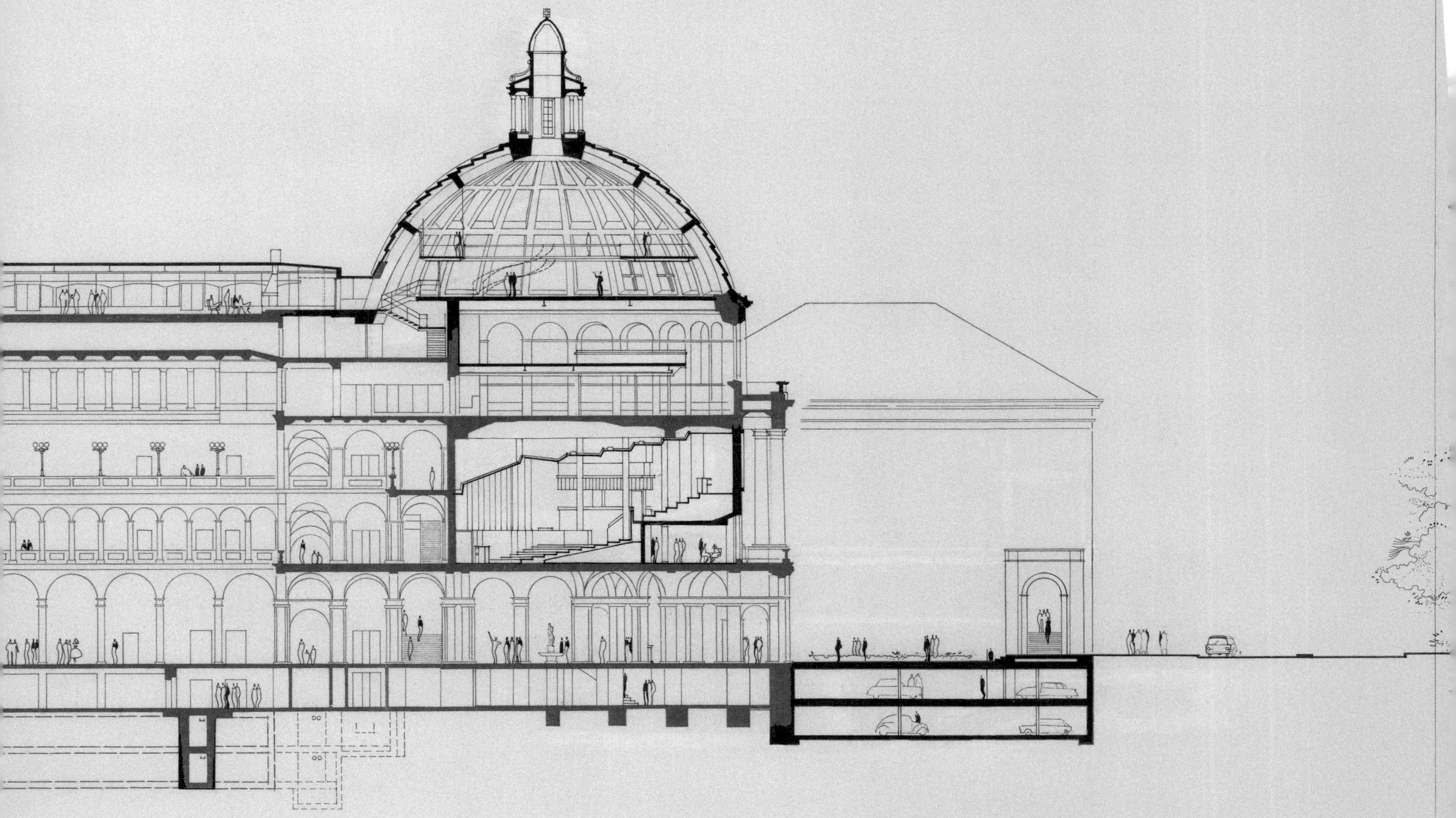

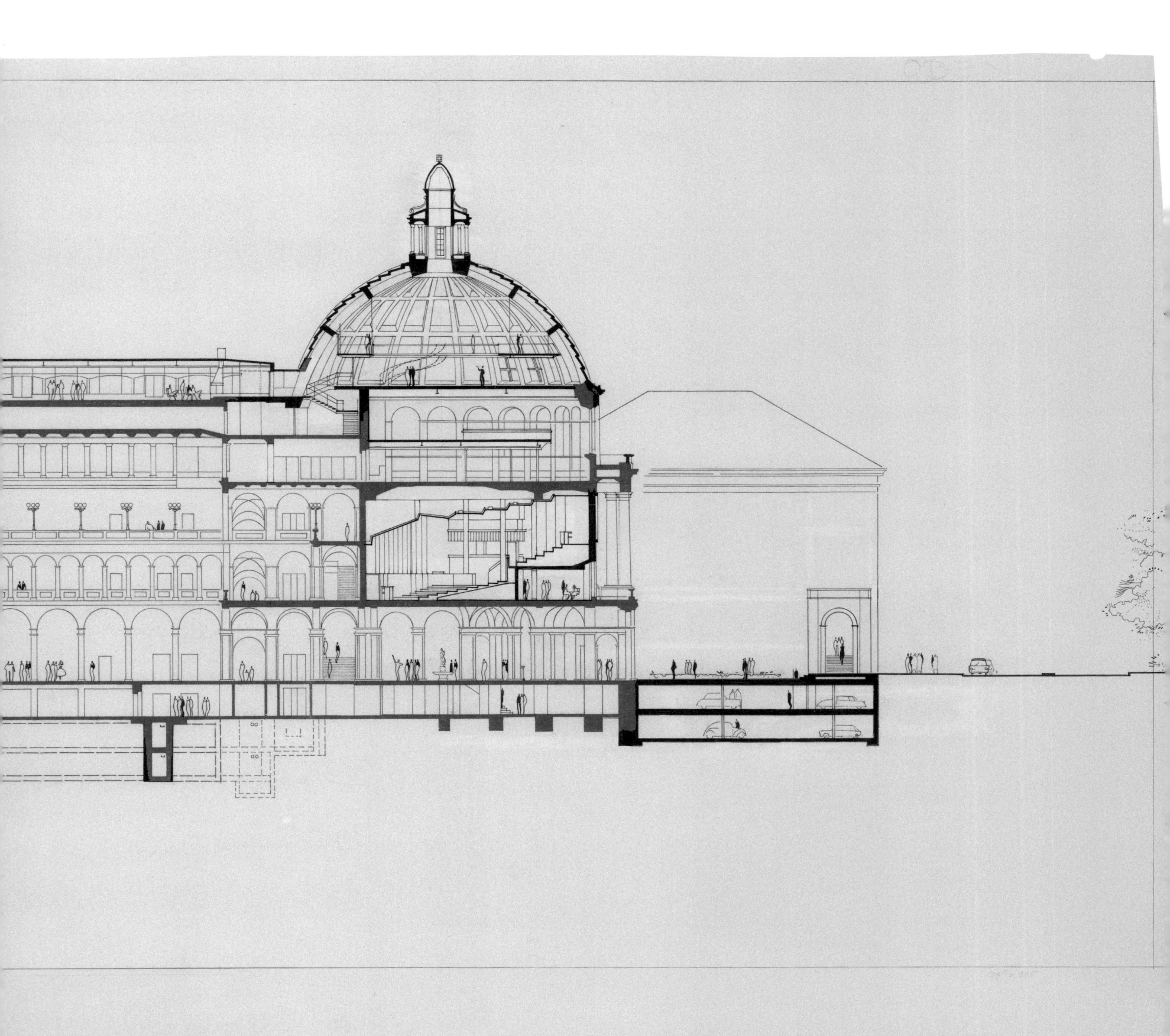

DIE POLYTERRASSE WÄHREND DER BAUARBEITEN

Com_FC24-8000-0168 / ETH-Bibliothek Zürich, Bildarchiv.
Fotografie von Jules Vogt, Juli 1974.

DIE POLYTERRASSE NACH DER FERTIG-STELLUNG

Com_=C24-8001-0125 / ETH-Bibliothek Zürich, Bildarchiv.
Fotografie von Dieter Enz, 26. September 1988.

Die Polyterrasse während der Bauarbeiten und in Betrieb. Im Inneren des später »MM« genannten Gebäudes entstand eine neue Mensa mit Großküche, daneben liegt ein rechteckiger Großraum, der 2015 als Turnhalle genutzt wird.

MENSA MIT GROSSKÜCHE UNTER DER
POLYTERRASSE

Ans_00212-A, Ans_00213, Ans_00214-A / ETH-Bibliothek Zürich,
Bildarchiv. Fotograf unbekannt, ca. 1980.

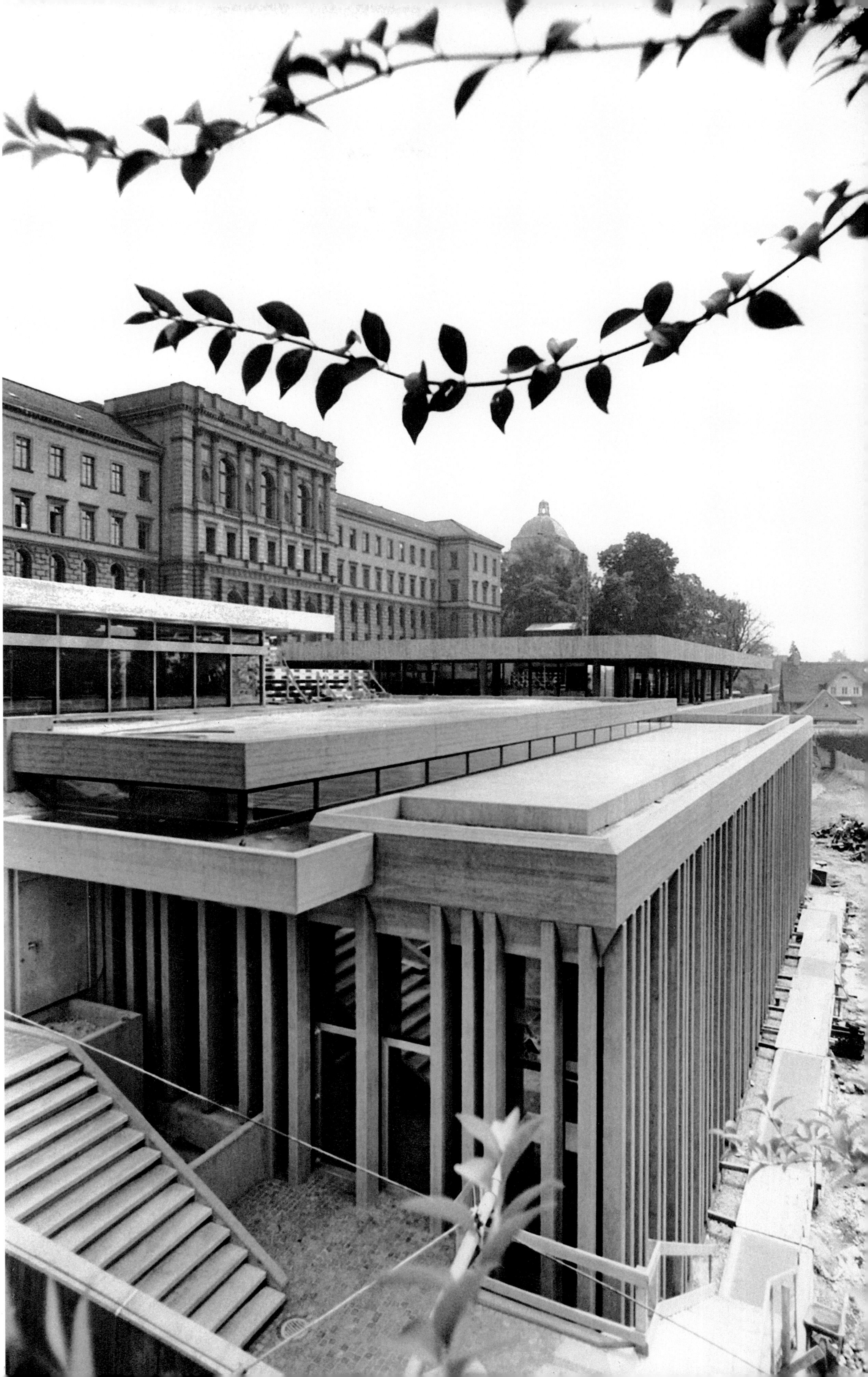

HERBARIUMSÜBUNG AUS ANLASS DES PROJEKTSTUDIOS BAUEN UND ERHALTEN ZUM UMFELD DES HAUPTGEBÄUDES DER ETH ZÜRICH

ETH Zürich, Institut für Denkmalpflege und Bauforschung, Frühjahrssemester 2011.

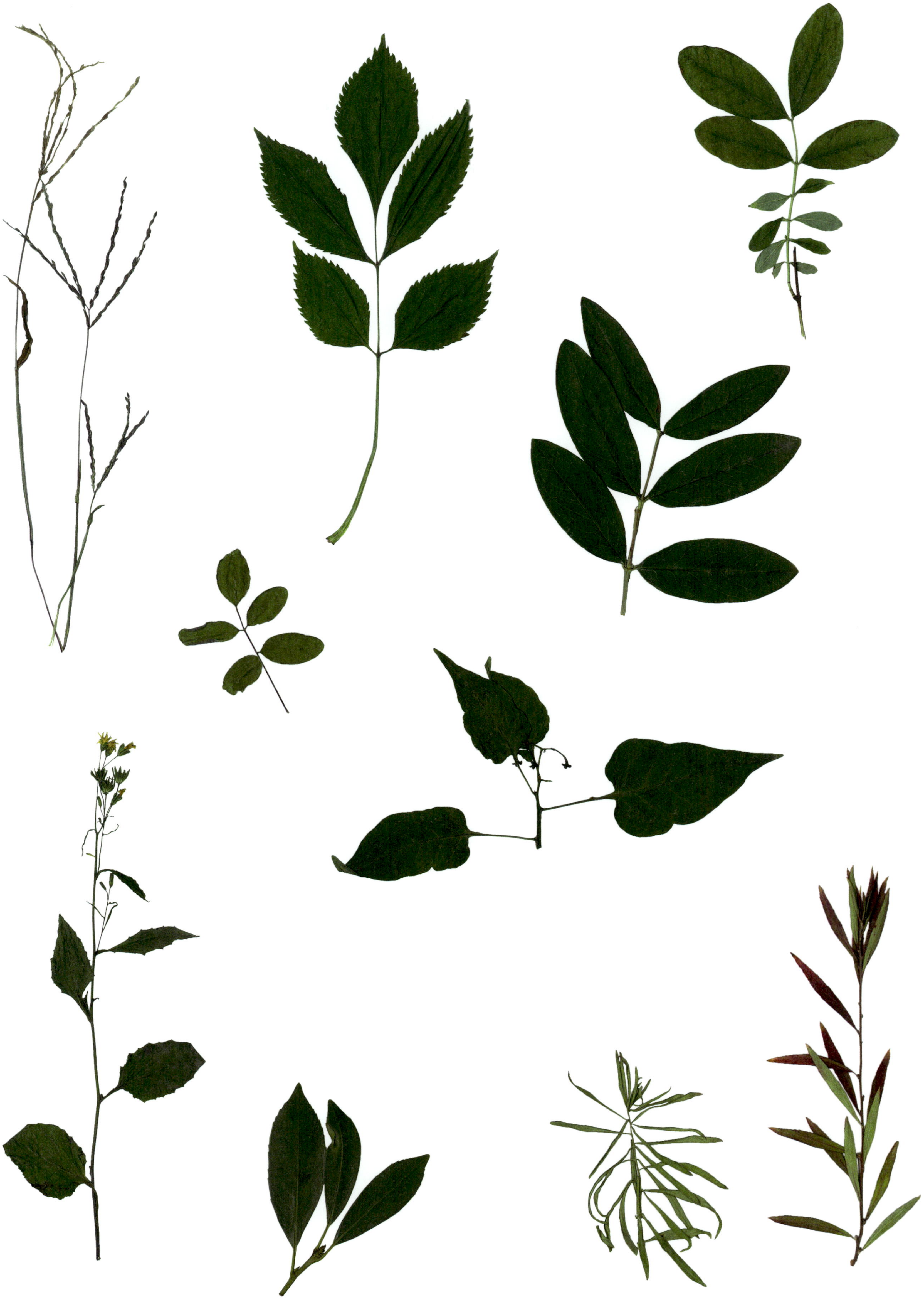

TEXTE

Eine Auswahl von Benjamin Thommen

MARTIN FRÖHLICH, SCHWEIZERISCHE KUNSTFÜHRER

— 1979
Martin Fröhlich

SEMPERS HAUPTGEBÄUDE DER ETH ZÜRICH

Einleitung

Das Hauptgebäude der Eidgenössischen Technischen Hochschule Zürich war seit der Bauzeit Hülle eines vitalen Schulkörpers und erfuhr dementsprechend manchen Eingriff. Die Hochschule wuchs seit ihrer Gründung im Jahre 1855 weit über jedes damals vorstellbare Mass hinaus. Trotzdem blieb ihr erster Bau das Zentrum der Schule und musste Raumbedürfnisse abdecken, die in Umfang und Art vom ursprünglichen Gebäude nicht verkraftet werden konnten. Um- und Anbauten wurden dem Haus aufgezwungen, die die glanzvolle erste Architekturidee kaum noch ahnen lassen. Es soll Aufgabe dieses Führers sein, vor allem diesem ersten Konzept im noch Vorhandenen nachzugehen, um die grossartige Strahlkraft des Gebäudes auf dem Umweg über den Text wieder zu beleben.

Zur Geschichte der Hochschule und des Gebäudes

1854 verabschiedeten die Eidgenössischen Räte das Gesetz zur Gründung des Eidgenössischen Polytechnikums (es wurde 1905 in Eidgenössische Technische Hochschule umbenannt) und wählten den ersten Schulratspräsidenten Konrad Kern. Dank der antiliberalen Stimmung, die rund um die Schweiz damals herrschte, konnte Kern den Lehrkörper der jungen Hochschule mit namhaften Forscher- und Gelehrtenpersönlichkeiten besetzen, die gerne in der damals äusserst liberalen Schweiz lehren und forschen wollten. So kam die Schule sofort zu Rang und gutem Ruf. Neben dem Statiker Culmann, dem Astronomen Wolf, dem Botaniker Escher von der Linth, neben Jakob Burckhardt und Herrmann Kinkel berief man auch Gottfried Semper, der damals in London im Exil lebte. Er wurde erster Architekturprofessor und Vorstand der Bauschule (Fakultät für Baufächer) am Polytechnikum.

Nach einem erfolglos verlaufenen Wettbewerb um Pläne zu einem Schulgebäude für das Polytechnikum (wozu Gottfried Semper das Raumprogramm verfasst hatte) erhielt Semper selber den Auftrag, ein Bauprojekt auszuarbeiten. Sein Projekt wurde 1859 vom Kanton Zürich gebilligt. – Der Kanton musste, weil seine Hauptstadt Sitz der Schule geworden war, für angemessene Schulbauten sorgen. – Aus Angst, der Bau könnte (wie Semperbauten schon oft) zu teuer werden, überband die Regierung dem Zürcher Staatsbaumeister Johann Caspar Wolff (1818–1891) die eigentliche Bauleitung. Semper hatte kaum mehr als beratende Stimme. Das umfangreiche Schulgebäude wurde 1859 bis 1864 aus ängstlicher Sparsamkeit technisch so schlecht gebaut, dass Umbau und Renovation 1915 bis 1924 die Rettung vor dem Zerfall bedeuteten.

Nach den ersten zwanzig Jahren Schulbetrieb wuchsen die Schülerzahlen sprunghaft. An der Rämistrasse wurde in den 1880er Jahren der erste Annexbau der Schule für Land- und Forstwirtschaft gebaut. Chemie und Astronomie besassen von Anfang an im Chemiebau an Stelle des heutigen Hofs an der Rämistrasse und in der Sternwarte Sempers an der Schmelzbergstrasse eigene Gebäude. Auch die Universität des Kantons Zürich, die von 1864 bis 1914 im Südflügel des Polytechnikums ihren Sitz hatte, wuchs rapid. Nachdem die Universität in nächster Nähe ihr eigenes Kollegiengebäude erhalten hatte, konnte sich die ETH im ganzen Haus ausdehnen. Diese Umorganisation war Anlass zum Abbruch des Semper'schen Chemiegebäudes an der Rämistrasse und des Ostflügels des Hauptgebäudes. An ihrer Stelle errichtete Gustav Gull, entsprechend einem Wettbewerb, den er 1908 gewonnen hatte, in den Semper'schen »Torso« die Haupthalle mit den Grossauditorien, die Bibliotheksrotunde und die Flügel um den ostseitigen Rämihof. Er krönte die Anlage mit einer Kuppel. In den Jahren 1964 bis 1977 wurde das Hauptgebäude der ETH-Z noch einmal von Prof. E. Geisendorf, Prof. A. Roth und der Direktion der Eidgenössischen Bauten erweitert durch Ausbau der Höfe mit Hallen und Auditorien, Tiefgarage unter dem Rämihof, Professorenrefugium auf der Haupthalle und in der Kuppel und durch Mehrzweckhalle mit Grossmensa unter einer neuen Polyterrasse. Nach diesen Umbauten blieben vom ursprünglichen Bau nur noch übrig: Die Nordfassade mit dem Sgraffito, ein Teil der Stützmauern der Westseite über der Durchfahrt unter der Polyterrasse und die allerdings »redimensionierten« Kandelaber, daneben die West- und Südfassade des Aussenbaus, im Innern das Vestibül des ehemaligen Universitätsflügels im Süden, sowie die westliche Eingangs- und Treppenanlage, die durch die reich geschmückte Aula im zweiten Stock abgeschlossen wird. Diesen Teilen ist das Hauptaugenmerk dieses Führers gewidmet.

Über die Architekten Semper und Gull

Über Gottfried Semper (1803–1879), einer der wichtigsten Architekten des letzten Jahrhunderts, wäre sehr viel zu sagen. Er stammte aus dem damals dänischen Altona, hatte nach seinem Studium in Paris mitgeholfen, die Theorie zu beweisen, dass die antiken Griechen ihre Tempel auch aussen farbig bemalt hatten (was damals das traditionelle Griechenbild völlig veränderte), und war in ganz jungen Jahren Architekturprofessor in Dresden geworden. Die Teilnahme am Aufstand gegen den König 1849 an der Seite von Richard Wagner und Wilhelm Röckel zwang ihn zur Flucht nach London. Dort fand er kaum Auskommen und Beachtung, schrieb aber seine ersten wichtigen Bücher über Kunsttheorie.

Auf Empfehlung Richard Wagners bei Kern, Alfred Escher und J. J. Sulzer wurde Semper ans Polytechnikum berufen. Nach 17 Jahren Lehrtätigkeit an dieser Schule und einem erfolglosen Bemühen, für Ludwig II. von Bayern in München ein Richard Wagner-Theater zu bauen, wurde Semper 1871 von Kaiser Franz Joseph nach Wien berufen. Er baute dort mit Carl Hasenauer die Hofmuseen und das Burgtheater. Dresden besitzt von ihm die Gemäldegalerie und das Opernhaus. Semper baute in der Schweiz neben dem ETH-Hauptgebäude und der Sternwarte, den Kirchturm von Affoltern am Albis (der ihm das Schweizer Bürgerrecht eintrug), das Stadthaus von Winterthur und kleinere Privatbauten. 1860/63 erschien sein schriftliches Hauptwerk »Der Stil«.
Gustav Gull (1858–1942) studierte bei Julius Stadler und Georg Lasius, den Lehrstuhlverwesern Sempers. Er hatte nach dem Studium sofort Wettbewerbserfolge. Von ihm stammt aus dieser Zeit das Postgebäude am Seeufer in Luzern.
Das Vorprojekt für ein Landesmuseum in Zürich verhalf ihm zum Durchbruch und der Stadt Zürich zum Landesmuseum. – Von Gull 1892 bis 1898 gebaut, wurde es schon als Projekt weit über die Grenzen der Schweiz hinaus nachgeahmt. 1895 wurde Gull Stadtbaumeister von Zürich, 1900 Professor für Konstruktion am Polytechnikum. In dieser Zeit baute er die Erweiterung des Zürcher Stadthauses beim Fraumünster, die Amtshäuser an der Uraniastrasse als Teil eines weit grössern und an sich genehmigten Projekts und schliesslich als Folge des Arealwettbewerbs die Neu- und Umbauten für die ETH. Seit seinem Erfolg mit dem Landesmuseum sah sich Gull in Konkurrenz mit dem berühmteren Carl Moser, der 1915 die Architekturprofessur an der ETH antrat und Architekt der Universität war. In dieses Konkurrenzdenken versteifte sich Gull. Es verhinderte die Entwicklung seiner Architekturauffassungen, was zum Abbruch des Amtshausbaus und eigentlich zum Scheitern an den Bauten für die ETH führte. Gull hatte seine Architektur lange überlebt.

Hauptgebäude und Stadtwachstum

Für die Anlage des Schulkomplexes schied der Kanton einen Bauplatz aus, der zur Festungszone des alten Zürich gehörte. Dieses Gebiet auf der untersten Schulter des Zürichbergs war in den 1830er Jahren durch die Rämistrasse erschlossen worden. Sie war Ersatz des alten Fahrwegs nach Winterthur vom Neumarkt durch die Künstlergasse nach Oberstrass und verband die Winterthurerstrasse mit dem Seehafen am heutigen Bellevue und mit der Münsterbrücke.

Im Moment des Baubeginns am Polytechnikum war die Künstlergasse trotz ihres Gefälles noch der wichtigste Zugang von der Stadt zur Terrasse um die Rämistrasse. Die Schulanlage (sie diente ja damals Polytechnikum und Universität) hatte sich dementsprechend auf diesen Zugang auszurichten. Denn, obwohl auch die Leonhardstrasse damals schon fertig war, war sie weit weniger wichtig als heute, denn die Bahnhofbrücke bestand noch nicht und deshalb führte jeder Fahrverkehr über die Münsterbrücke. Der frei über der Stadt sichtbare Komplex hatte sich auch nach diesen Orientierungen auszurichten.

Die Konzeption der Schulanlage

Gemäss den Hauptaufgaben, die das Schulgebäude zu übernehmen hatte, waren 6 Hauptbereiche auszuscheiden, die Semper je in einem eigenen Trakt unterbrachte: die Universität des Kantons, die Verwaltungs-, Repräsentations- und Lehrräume des Polytechnikums, die Zeichen- und Übungssäle des Polytechnikums, die den Schulen gemeinsamen wissenschaftlichen Sammlungen, das Antikenmuseum (ein Ort der Repräsentation und ein Ausweis klassischer Bildung im Technikum) und das (aus Sicherheitsgründen abgesonderte) chemische Institut. Diese Trakte mussten nach internen praktischen Gesichtspunkten und nach der äussern städtebaulichen Wirkung richtig in Beziehung gebracht werden. So erhielt die Universität, als in diesem Bau sekundäres Institut den Südflügel gegen die Künstlergasse, weil dies die zweitwichtigste, die Zugangsseite war. Die Repräsentationsräume (Aula, Schulrat, Bibliothek, grosse Hörsäle) kamen auf die von weitem sichtbare wichtigere Westseite zu liegen, die Zeichensäle mit grössern Fenstern erhielten die Nordseite mit dem ausgeglichenen Atelierlicht und zwischen dieser und der Universität blieb an der Ost-Front Platz für die ausgedehnten Sammlungen. Diese vier Trakte bildeten einen Innenhof, der im Erdgeschoss unterteilt wurde durch die Halle der Antikensammlung zwischen den Repräsentationsräumen auf der Westseite und den Sammlungen auf der Ostseite, denn zu beiden gehörte das Antikenmuseum. Zwischen Osttrakt und Rämistrasse legte Semper das Chemiegebäude in gebührendem Abstand vom Rest der Schule. Die vier Haupttrakte, die den Innenhof bildeten, waren unter sich ähnlich organisiert. Sie besassen einen Mittelbau mit Eingang, eigenem Treppenhaus und zwei Flügeln mit Gängen gegen den Hof und Nutzräumen an der Aussenfront. Als Orientierungshilfen und als Zeichen für die jeweilige Nutzung der Flügel waren die Portale, Vestibüle, Treppenhäuser und Fassaden, vorab die der Mittelbauten, ihrem Rang entsprechend verschieden geschmückt. Die Folgerichtigkeit von Organisation der Schule, städtebaulicher Wirkung und Lesbarkeit durch den Schmuck ist wohl die grösste Leistung in diesem Schulbau und war Gegenstand der Bewunderung der Fach- und Laienwelt seit der Bauzeit.

Die vier Fronten des Polytechnikums

Formal sind die Fassaden selbstverständlich mit Renaissance-Schmuck ausgezeichnet; aber nicht, weil Semper einer der hervorragendsten »Renaissanciker« war, sondern, weil hier mit Renaissanceformen ein ganzes Bildungsprogramm angetönt war: Renaissance (in heutiger Terminologie eher Manierismus) war für die Bauzeit das ins Mitteleuropäisch-Abendländische übersetzte Formempfinden der alten Griechen, die unter Sokrates und Plato die Vorbilder aller Hochschulen geschaffen hatten. Auf diese bezogen sich auch Kern und Semper. An ihnen wurde jedes Bildungsinstitut gemessen. Über diese »Referenz« hinaus erstattet der formale Schmuck noch andere Mitteilungen: Angaben über die Bedeutung des Orts, über die Tätigkeit hinter der Fassade und über die Organisation des Baues. Die einzelnen Trakte werden hier nach ihrem Gewicht in der Anlage vorgestellt.

Die Westfassade

Die Schaufassade gegen die Stadt erhält ihr Gewicht als Hauptfassade durch ihre Dimension. Schon diese allein verleiht ihr Würde. Alle Auszeichnungen konzentrieren sich auf den Mittelrisalit und dort auf die Betonung der Aula im 2. Stock. Die korinthische Kolonnade, ihr komplizierter Sockel (die Fassade des 1. Stocks mit den Amtsräumen von Schulpräsident und Rektor) und die Rustika-Kolonnade vor den Portalen sind so knapp vor den Kubus des Mittelbaus gestellt, dass sie dort zusammen als selbständiger Architekturteil wirken, der nur lose mit der Aussenmauer des Mittelbaus verbunden zu sein scheint: So wie sich die einzelnen Bautrakte voneinander abheben und ablösen, um als Teile eines in sich differenzierten Baukomplexes zu wirken, macht sich auch der Architekturschmuck selbständig. Er dient als Ergänzung, als Zutat und als Kommentar zum Bau, der an sich zur Bewältigung der Bauaufgabe nicht notwendig ist, aber dem Bildungsanspruch seiner Bewohner und Benützer gerecht wird.
Aus diesem Blickwinkel werden alle scheinbar übertriebenen Würdeformen sehr verständlich: Der hohe Sockel, Zeichen hoher religiöser oder gesellschaftlicher Weihe (Sockel ist Antö-

nung von Herd als Weihestätte des Hauses), wird erklommen über die hohe, heute leider sehr verkürzte Freitreppe. Auf ihrem Podest kann erlebt werden, wie die Rustika – archaisches, noch unbeholfenes Mauerwerk – da und dort aufgebrochen wird durch kultivierteste Schmuckformen und durch Schrifttafeln (Schrift an sich ist höchste Kulturleistung). Die Zone des Archaischen wird überstiegen durch das rein gefügte Mauerwerk des Kolonnaden-Sockels im 1. Stock und schliesslich durch die vollendeten Formen der korinthischen Säulen. Mit zunehmender Höhe schwingt die Fassade auch zunehmend in die Tiefe: die Nischen zwischen den Aulafenstern beziehen die Aussenwand des Mittelbaus in die Schmuckzone mit ein. So bleibt der Bau nicht unberührt vom Bildungsanspruch, aus dem er entstand.

Die Südfassade

Der Mittelbau des ehemaligen Universitätsflügels ist in mancher Hinsicht eine bescheidene Version des Mittelbaus der Hauptfassade: ihre Gliederung beruht auf einem Vorentwurf der Hauptfassade, die Gliederung der Räume dahinter gleicht der des Repräsentationsflügels, mit dem Unterschied, dass hier der ehemalige Senatssaal der Universität die Stelle der Aula einnimmt. Die drei Hauptfensterachsen sind zusammengezogen, dem einfachern Aufbau entsprechend ist der Unterschied im »Kultursprung« von der dorischen Zyklopen-Kolonnade am Erdgeschoss zum Schmuck des wichtigen 2. Obergeschosses geringer: Während dort korinthische Säulen prangen, ist hier die Fenster-Arkade »nur« mit ionischen Säulen geschmückt. Als kleiner Ausgleich ist das vierte Geschoss, das in den Vorentwürfen zur Hauptfassade weggefallen ist, hier aufgesetzt. Es enthielt vor 1914 den Karzer. Dieses vierte Geschoss bringt den Schulbau bezüglich der Symmetrieachse der Westfassade aus dem Gleichgewicht. Dieser Aufsatz hilft mit, den Bau als Anlage aus vier selbständigen, aber ähnlichen Flügeln darzustellen.

Die Nordfassade

Die Front des Übungs- und Zeichensaaltraktes besitzt kaum noch plastischen Schmuck. Entsprechend der Haupttätigkeiten in diesem Gebäudeteil ist die Fassade mit Sgraffitozeichnungen verziert. Das Sgraffito verdeutlicht Aufbau und Aufgabe der Schule: In den beiden lebenswichtigen Sparten Kunst und Wissenschaft (die beiden Frauengestalten mit Standartenträgern zur Seite am 2. Obergeschoss des Mittelbaus) werden unter den Auspizien der Eidgenossenschaft, versinnbildlicht durch die Kantonswappen unter dem Dachansatz, alle Sparten von Technologie und Naturwissenschaft gelehrt. Die entsprechenden Embleme befinden sich zwischen den Fenstern der Flügel im 2. Obergeschoss. Die wissenschaftliche Tätigkeit fordert Studententugenden, die zwischen den Fensterbogen des 1. Obergeschosses aufgeführt sind. Als Lohn winken Ruhm und Ehre, wie sie die Grössen der Kunst und Wissenschaft geniessen. Dargestellt sind am Fusse der Sgraffitodarstellung über den Fenstern des Erdgeschosses 17 Berühmtheiten von Homer über Michelangelo und Newton bis zu La Place. Die Inschrift über den Thronen von Wissenschaft und Kunst am Mittelbau »NON FUERAT NASCI / NISI AD HAS« stammt von Seneca und sagt aus, dass es sich nur lohne, zu einem Leben für Wissenschaft und Kunst überhaupt geboren zu werden, – was schon zur Bauzeit als sehr provokant empfunden worden ist. Der Entwurf zum Sgraffito mit Inschrift stammt von Semper selber. Die Entwürfe zu fast allen Details sind noch in originaler Grösse vorhanden. Die Übertragung auf die Fassade besorgte 1863 Adolf Walther. Das Wandbild ist seither verschiedene Male sorgfältig überholt worden, zuletzt 1977/78.

Der Ostflügel

Im Zuge des Ausbaus der ETH zwischen 1915 und 1924 wurde der Osttrakt des Semperbaus und das Chemiegebäude an der Rämistrasse abgebrochen. An ihrer Stelle baute Gull den heutigen Flügelbau und die Haupthalle. Zur gleichen Zeit hatte auch der Altbau eine dringend notwendige Sanierung erfahren, die das Gebäude vor dem Einsturz bewahrte. So ist damals die ganze Hauseinfassade durch eine Kopie in einem eigens erfundenen Kunststein ersetzt worden. Gull darf als Retter eines der Hauptwerke Sempers gelten. Auch sein im Wettbewerb 1908 verlangter Anbau an das Hauptgebäude geht mit dem Semperbau vergleichsweise schonend um. Es sind bei diesem Anbau allerdings auch Pannen passiert. So erfuhr der Halbrundbau für Auditorium Maximum und Bibliothek, der dem Zeichensaaltrakt den Mittelakzent verleiht, noch im Verlauf der Bauausführung eine Umgestaltung: Statt der projektierten und dem Grundriss entsprechenden halbkegelförmigen Bedachung mit anschliessendem Satteldach über dem Lesesaal wurde eine Kuppel gebaut. Diese Kuppel, in hergebrachten Formen, aber aus modern vorfabrizierten Betonelementen zusammengesetzt, konnte nur durch die Ziegelhaut darüber wasserdicht gemacht werden. Mit diesem neuen Akzent verschoben sich die Repräsentationsgewichte am Bau. Die Semper'sche Hauptfassade wurde zur Rückseite des Baus, der heute etwas unmotiviert und trotz seiner exponierten Lage über der Stadt gegen den Zürichberg blickt.

Zu den interessantesten Innenräumen

In den letzten Jahren hat das Gebäude einen durchgreifenden Wandel über sich ergehen lassen: Als Zentrum der gewaltig gewachsenen Schule dient es heute kaum mehr dem ganzen Lehrbetrieb, als vielmehr dem »Studium generale« (das immer Bestandteil des Unterrichts an dieser technischen Hochschule bildete) und der zentralen Verwaltung. Diese Umnutzung des Hauses musste die ursprüngliche Bausubstanz schwer beeinträchtigen, was zum Teil klares Gebot der Funktion, zum Teil aber auch Ausdruck eines unsensiblen Modernismus war. Es sei deshalb erlaubt, auf viel Sehenswertes hinzuweisen, über vieles aber auch ganz einfach zu schweigen: Auch Operationsnarben sehen nach kurzer Zeit eher wie Wunden aus, beeinträchtigen aber später das Aussehen weit weniger, als man im ersten Schrecken geglaubt hat.

Die Hauptachse des Hauses

Die Raumfolge zwischen dem West- und dem Ostportal gehört zu den Hauptwerken beider Architekten. Der Anbau der Haupthalle an Sempers Vestibül- und Treppenanlage zählt zweifellos zu Gulls Hauptwerken. Hier zeigte er grosses Raffinement, hohes Können im Umgang mit Licht und Raum.
Sempers Vestibül (nie durch geplante Malerei vollendet) auf zwei Ebenen war Atrium des Hauses und Auftakt zur Haupttreppe und zum Antikenmuseum, wo Bildung an den höchsten Kulturgütern möglich sein sollte. Deshalb befand sich an der Decke zwischen den heutigen Lifttüren bis 1920 ein »Impluvium«. Das mittlere der 9 Deckenfelder bildete einen Durchblick in das 1. Obergeschoss. Es diente auch zur zusätzlichen Beleuchtung des Raumes. Mit der innern und der äussern Treppe überwindet der Besucher fast unmerklich den Höhenunterschied zwischen der Leonhardstrasse auf der Westseite und der Rämistrasse auf der Ostseite des Gebäudes.
Die beiden Hallen sind neuerlich bis auf Lifttüren und Impluvium sorgfältig restauriert worden. Die ursprünglichen ersten Grundierungen der Deckengemälde im ersten Vestibül sind heute wieder sichtbar und unterstreichen die komplizierte architektonische Gliederung des Raumes aufs Beste. Hier sind als Fussboden wieder Sandsteinplatten nach Sempers Plänen verlegt worden. Die Grenze zwischen Platten- und Mosaikbodenbelag ist die Grenze zwischen Sempers und Gulls Raumanteilen.

Fast unvermittelt betritt man die Halle, die alle vier Geschosse des Hauses einschliesst. Sie ist als Pausenhof der sie umgebenden Grossauditorien und als Ehrenhalle der Schule gedacht. Der Triumphbogen, der sie an der Ostseite abschliesst, weist auf diese Funktion hin. Nur dort ist auch die wirkliche Höhe des Raumes abschätzbar. Sonst sind die doppelgeschossige Arkade, die ihn umschliesst, und die Kassettendecke so aufeinander abgestimmt, dass die Decke irgendwo über dem zweigeschossigen Hof zu schweben scheint, und damit der Zwischenraum zwischen der (neuerlich kandelaberbesetzten) obersten Balustrade und der Decke optisch von der Raumhöhe subtrahiert wird: Man tritt gefühlsmässig von einem eingeschossigen Raum in einen zweigeschossigen. Die Raumfolge wird durch eine weitere Steigerung fortgesetzt: Der Besucher verschwindet auf der Ostseite der Halle unter dem ebenfalls doppelgeschossigen Vorraum des Auditorium Maximum und gelangt nach einem Zwischentrakt in das apsisartige Vestibül der Ostfront.

Der halbkreisförmige Abschluss bringt von den Architekturformen her nochmals eine Bereicherung und eine klare Unterscheidungsmöglichkeit zwischen Ost- und Westeingang. Den Raum ziert ein kleiner Springbrunnen, den 1923 Eduard Zimmermann (1872–1949) mit einer Gruppe der 3 Grazien geschmückt hat. Der Brunnen ist das Geschenk des damaligen Schulratspräsidenten. In den Nischen neben den Treppenansätzen befinden sich nun zwei der vier Sitzfiguren, die Natale Albisetti (1863–1927) ursprünglich für die Nischen am Aulageschoss der Westfassade geschaffen hatte. Diese Figuren waren das Resultat eines Bildhauerwettbewerbs im Jahre 1896. Gull hatte sie wohl mit Recht beim Ersatz der Westfassade wieder entfernt, weil sie sich weder in der Dimension, noch qualitativ in ihre ursprüngliche Umgebung eingefügt hatten.

Die Hauptachse des Hauses besitzt im ersten Obergeschoss zwei weitere Akzente: Über dem West-Eingang Treppenhalle und Vorräume der Amtszimmer von Rektor und Präsident der Schule. Der plastische Schmuck von Wänden und Decken, der dort, der Wichtigkeit der Räume entsprechend, besonders reich ausfiel, konnte dank der noch vorhandenen Zeichnungen als Werk Sempers identifiziert werden. Der westlichste Teil der Halle mit Fenstern gegen die Stadt war vor Gulls Umbau Sitzungssaal des Schweizerischen Schulrates, des höchsten Organs der Eidgenössischen Hochschulen. An Stelle der Arkade befand sich früher ein Portal. Die Estrade unter dem Triumphbogen, der Vorraum zum Auditorium Maximum, ziert die Reiterstatue von Remo Rossi, die das Geschenk der 25 Kantone zur Centenar-Feier der Schule im Jahre 1955 war.

Die Aula, Geschichte und Bedeutung

Keines der Vestibüls, keine der Treppen und Hallen des Hauses ist je ausgemalt worden, mit Ausnahme der Aula. Für ihre Gestaltung hatte Semper genaue Vorschriften erlassen, die bei der Ausstattung befolgt worden sind. Von allen Räumen, die Semper je entworfen hat, ist die Aula der ETH Zürich im übrigen der einzige einigermassen vollendete und nach dem Zweiten Weltkrieg noch erhaltene. Das sind Gründe, weshalb der Aula nicht nur im Raumprogramm der Schule, sondern weit über die Schule hinaus architektur- und kunstgeschichtlich grosse Bedeutung zukommt.

Gedacht war die Aula als Raum für akademische Veranstaltungen und Feiern und als Ehrenhalle beider Hochschulen. Hier wurden Titel verliehen, Sitzungen abgehalten, sogar wichtige Ausstellungen veranstaltet. Vor dem Ausbau des Hauptgebäudes in den Jahren 1915 bis 1924 diente die Aula auch als Auditorium Maximum der beiden Hochschulen in Zürich. Sie wurde am 29. April 1868 für den Dies Academicus der Universität erstmals benutzt.

Die Aula als Raum

Die Aula (griech./lat. = Hof, Zentrum) ist ein in doppeltem Sinn symmetrischer Saal, der einseitig durch drei Bogenfenster belichtet und auf der Gegenseite betretbar, die prominenteste Stelle des Gebäudes einnimmt: direkt über dem (ehemaligen) Sitzungssaal des Schulrates und über den Amtszimmern von Schulpräsident und Rektor gelegen, endet hier die reiche Folge von Räumen, die auf der Freitreppe beginnt und durch die Vestibüls, Treppen und Hallen zur Aula hinaufführt. Obwohl fast alle diese »Vorräume« verändert sind, ist der Sinn der Anlage noch spürbar. Vom Vorsaal aus betritt man entweder die beiden Emporen (die eine ist die Redner-Tribüne, die andere die Besucher-Loge) oder das »akademische Parterre«. Die drei Raumteile sind durch korinthische Säulen getrennt, aber durch Treppen miteinander verbunden und nach einem einheitlichen Programm gestaltet. [...]

Fröhlich, Martin: Sempers Hauptgebäude der ETH Zürich (Schweizerische Kunstführer Bd. 256). Basel 1979 (Nachdruck 1990)

»BERICHT ÜBER DEN ENTWURF DES PROGRAMMS FÜR DAS ZUR AUFNAHME DES SCHWEIZERISCHEN POLYTECHNIKUMS HERZUSTELLENDE GEBÄUDE«

V II 23 (1) Nr. 40 / Staatsarchiv des Kantons Zürich.

Die erste Seite des Raumprogramms, das der schweizerische Schulrat zwischen Februar und März 1855 im Hinblick auf den Neubau des Polytechnikums entwarf.

MATERIALIEN ZUR ZEIT GOTTFRIED SEMPERS

— 1855
Schulrat

BERICHT ZUM PROGRAMM FÜR DIE RÄUMLICHKEITEN DES EIDGENÖSSISCHEN POLYTECHNIKUMS

Allgemeine Annahmen und Voraussetzungen bei Bestimmung der Räumlichkeiten.

Bei der Bearbeitung dieses Entwurfes wurde zunächst die Größe des herzustellenden Gebäudes, sowie die Größe und Anzahl seiner einzelnen Räume zu ermitteln gesucht, weil der Beginn der Ausführung des Neubaues hauptsächlich von diesen Bestimmungen abhängig ist. Auf die Bauart und innere Einrichtung des Gebäudes wurde dagegen nur insofern Rücksicht genommen, als dieselbe ebenfalls wieder auf die Größe oder Zahl der einzelnen Räume und mithin auf die Größe des ganzen Baues einen Einfluß ausübt.
Diese Frage, sowie diejenige über die beste Vertheilungsart der Räume im Gebäude u. über die Eigenschaften, welche der Bauplatz besitzen soll, werden mit besserem Erfolge erst nach Vorlegung eines Entwurfes zu einem Bauplane behandelt werden können.
Um die Anzahl der für die Anstalt nöthigen Räume zu bestimmen, wurde zunächst von der Voraussetzung ausgegangen:
Eine jede Abtheilung, sowie eine jede wissenschaftliche oder technische Anstalt des Polytechnikums müsse die für sie nöthigen Räume ausschließlich zu ihrem eigenen Gebrauche besitzen, sodass ein & derselbe Raum nur dann zu verschiedenen Zwecken benutzt werden dürfe, wenn dieses ganz ohne alle gegenseitige Störung geschehen könne. Es wird daher vorgeschlagen, für jede der fünf Fachschulen, für die physikalischen, die mathematischen, die naturgeschichtlichen Fächer, je eine besondere Gruppe von Räumen einzurichten u. ebenso für den Unterricht im freien Handzeichnen besondere Sääle zu bestimmen. Daß auch für die in der Organisation vorgesehenen Werkstätten, sowie für die Verwaltung der Anstalt eigene Räume nöthig sein werden, versteht sich von selbst.
Diese räumliche Trennung der verschiedenen Abtheilungen und Anstalten der Schule wird meistens schon durch die Verschiedenheit der Einrichtung bedingt, welche die einzelnen Räume nothwendig erfordern, wenn sie ihrem speziellen Zwecke vollkommen entsprechen sollen. Wo dieß aber nicht entschieden der Fall ist, wie z. B. bei den Zeichnungssäälen und Auditorien der Bau-, Ingenieur- & mechanischen Schule, welche allerdings zu ähnlichen Zwecken benutzt werden, da ist eine Trennung dennoch wünschenswerth, um jeden dieser Räume mit den Sammlungen, welche beim Unterrichte in demselben am häufigsten gebraucht werden, in möglichst enge Verbindung zu bringen, um bei der Entwerfung des Stundenplanes durch eine allzu kleine Zahl von disponibeln Räumen nicht gedrängt zu werden; ferner auch aus disziplinarischen Gründen, namentlich aber, um den Zöglingen aller Abtheilungen stets passende Räume zur Ausführung von Arbeiten auch außer den Unterrichtsstunden anbieten zu können. Im Einzelnen wird übrigens die Nothwendigkeit hievon bei der Besprechung der einzelnen Sääle besser nachgewiesen werden können.
Die Zahl der Räume, welche für jede der genannten Abtheilungen und Anstalten der Schule vorgeschlagen wird, hängt wiederum entweder von eigenthümlichen Zwecken ab, die man mittelst derselben erreichen will und welche eine eigenthümliche Einrichtung eines jeden dieser Räume bedingen, wie z. B. bei denen der chemischen u. physikalischen Anstalt, oder von der Zahl der Lehrer, von denen sie benützt und von denjenigen der Unterrichtsstunden, welche in denselben ertheilt werden sollen, wie z. B. bei den Auditorien für die literarischen u. staatswissenschaftlichen Vorlesungen. Mit Bezug auf den letzten Punkt wird zur Vermeidung einer zu großen Häufung von Vorlesungen in gleichen Auditorien angenommen, daß auf jeden Hörsaal höchstens 36 und auf jeden Zeichnungssaal höchstens 30 wöchentliche oder dort 6 u. hier 5 tägliche Unterrichtsstunden fallen dürfen. Die Zahl der Unterrichtsstunden in den Zeichnungssälen muss etwas kleiner angenommen werden als diejenige in den Hörsälen, theils weil in den erstern nur bei Tage Unterricht ertheilt werden kann, und sich mithin sämmtliche Unterrichtsstunden in denselben auf eine kleinere Zahl von Stunden zusammendrängen, theils weil sich die Zöglinge auch außer den eigentlichen Unterrichtsstunden in den Zeichnungssälen häufig aufhalten werden, und daher die Lüftung u. Reinigung derselben öfter nöthig sein wird. [...]

Größe der Räume.

Während auf diesem Wege die Zahl der Räume mit ziemlicher Gewißheit bestimmt werden konnte, war es bei vielen derselben weit schwieriger, zur Festsetzung ihrer Größe zuverläßige Grundlagen zu finden. Die einzige sichere Grundlage hiezu wäre nämlich die Zahl der Zöglinge, welche diese Räume zu besuchen haben werden; besonders in den Auditorien, Zeichnungssäälen, Laboratorien, Werkstätten; gerade diese Zahl aber kann auf keine Weise mit einiger Sicherheit bestimmt werden. Gleichwol mußte, um zu einem Resultate zu gelangen, eine gewisse Zahl von Zöglingen zu Grunde gelegt werden, die weniger durch bestimmte arithmetische Opperationen [sic] als durch ungefähre Abschätzung mit Beobachtung der Wichtigkeit der verschiedenen Fächer, ihre[r] Frequenz an andern polytechnischen Anstalten &ff. gewonnen wurde.
In Hinblick auf den Zustand, in welchem man sich die Anstalt in ihrer vollen Blüthe etwa denken kann, wurde demnach folgende Zahl von Zuhörern in den verschiedenen Jahreskursen & Abtheilungen angenommen.

Im I & II Kurs der Bau-, Ingenieur- & mechanischen Schule je 40 Sch. zusammen 240 Schüler
[Im] III Kurs der Bau-, Ingenieur- & mechanischen Schule je 30 Sch. zusammen 90 Schüler
[Im] I & II Kurs der chemischen Schule, mit Rücksicht auf ihre beiden Unterabtheilungen, je 50 Schüler, zusammen 100 [Sch.]
Im I & II Kurs der Forstschule, mit Rücksicht auf die kleinere Zahl v. Forstleuten welche die Schweiz nöthig hat 40 [Sch.]
[Total] 470 Schüler.
Dazu wurden ferner gezählt:
Studirende der Medizin an der Universität in Zürich als Auditoren in der Chemie & Physik 30 Sch.
Auditoren in verschiedenen Fächern von unbestimmter Anzahl.
Die Aufnahme von 470 Schülern erscheint auch im Vergleiche mit der Frequenz von Karlsruh, wo während der letzten Jahre stets nahe an 500 Zöglingen waren, nicht unpassend. Eine Vergleichung mit dem Polytechnikum in Wien, welches von 1400 bis 1500 Theilnehmern besucht wird, ist nicht zuläßig.
Um aus diesen Ziffern einen Schluss auf die Größe der verschiedenen Räume zu ziehen, ist das Maximum der Zuhörer, welche in jedem Saale gleichzeitig anwesend zu sein haben, bestimmt und diese Zahl mit der Anzahl von Quadratfußen multiplizirt, welche auf jeden Zuhörer gerechnet werden muss. [...]
Gleichwol dürfte es bei diesen, immerhin noch unsichern Grundlagen des ganzen Verfahrens zweckmäßig sein, die größern Auditorien & Zeichnungssäale so einzurichten, dass sie durch leicht zu entfernende Unterscheidungswände in kleinere Abtheilungen zerlegt werden können u. zwar um so mehr, da namentlich bei der kleinern Schülerzahl im Anfang der Wirksamkeit unserer Anstalt die vorgeschlagenen Räume zu gross u. daher zur Benutzung unangenehm sein würden.
Bei der Bestimmung der Größe der für die chemische & physikalische Anstalt, sowie für die Werkstätten vorgeschlagenen Räume wurden ebenfalls zum Theil die Zahl der zu erwartenden Schüler im höheren Maße aber die Einrichtungen anderer ähnlicher Anstalten, sammt die Erfahrungen, welche man seit ihrem Bestehen über sie gemacht hat, zu Grunde gelegt. Namentlich wurde hier das Gebäude der polytechnischen Schule in Karlsruh, von welchem spezielle Pläne vorlagen, sorgfältig benutzt.
Diese Anstalt konnte dagegen bei der Bestimmung der für die verschiedenen Sammlungen nöthigen Säale nur höchst ungenügende Anhaltspunkte darbieten & ließ uns besonders empfindlich bei den Sammlungen im Stiche,

welche an unserer Anstalt die größern Räume in Anspruch nehmen werden, nämlich bei den naturgeschichtlichen Sammlungen. – Da nämlich in Karlsruh die naturgeschichtlichen Fächer keine selbständige Stellung einnehmen, sondern nur als Hülfsfächer behandelt werden, so sind dem Unterrichte in demselben [sic] nur kleinere Sammlungen beigegeben. Bei der Bestimmung des Raumes, der denselben an unserer Anstalt gewidmet werden soll, wurden daher theils andere bedeutendere Sammlungen dieser Art verglichen, namentlich aber die Urtheile schweizerischer Fachmänner zu Grunde gelegt.
Was abgesehen von der Größe des Neubaues die Einrichtung desselben betrifft, so muß hier nur ein Punkt von allgemeiner Wichtigkeit hervorgehoben werden, nämlich die Wünschbarkeit einer Trennung sämmtlicher Räumlichkeiten in ein festes größeres Hauptgebäude, mit würdiger, wenn gleich nicht glänzender ästhetischer Ausstattung zur Aufnahme aller Hörsäale, Zeichnungssäale, Sammlungen und aller der Verwaltung gewidmeter Räume und in ein kleineres leicht gebautes schmuckloses Nebengebäude für die chemische Anstalt und die verschiedenen Werkstätten. Die nächste Umgebung chemischer Laboratorien kann von den verschiedenen sich verflüchtigenden Stoffen, welche durch ihren Geruch beschwerlich werden, und feine Metallgegenstände, wie z. B. physikalische Instrumente leicht beschädigen können, niemals ganz frei gehalten werden, besonders wenn mit denselben in größern Mengen operirt werden muß, wie dieses in Laboratorien geschieht, welche nicht bloss zu analytischen, sondern auch zu technischen Zwecken dienen sollen. Außerdem ist diese Trennung wegen der bei ähnlichen Anstalten nie ganz zu vermeidenden Feuersgefahr wünschbar.
Nicht minder wünschenswerth ist dieselbe für die Werkstätten, wegen des Lärms der durch die in ihnen ausgeführten Arbeiten hervorgebracht wird. Ferner sind die Laboratorien in ebenso rascher Vervollkommnung begriffen, als die Wissenschaft, der sie dienen, sodaß man diejenige Bauart derselben, welche man vor 10 Jahren für die zweckmäßigste hielt, jetzt zum größten Theile verlassen hat u. nach weitern 10 Jahren wahrscheinlich auf eine dritte noch vollkommenere Art gekommen sein wird. Ebenso sind die Ansichten über die Einrichtung, namentlich aber über die Größe der mit einer polytechnischen Schule zu verbindenden Werkstätten unter den Fachmännern keineswegs festgestellt.
Sowol bei chemischen Laboratorien als bei den verschiedenen Werkstätten ist daher Veränderlichkeit in der Größe & Einrichtung, mithin die Möglichkeit eines Umbaus in hohem Grade wünschbar.

Es kömmt noch dazu, dß es als einen unzweckmäßigen, verschwenderischen, in seinem Einflusse auf die Zöglinge selbst schädlichen Prachtaufwand betracht[et] werden müßte, wenn man die Räume, welche nur zur Ausübung der Handarbeiten der Schüler benutzt werden sollen, mit dem gleichen äußern Schmucke umgäbe, wie die den feinern oder rein geistigen Arbeiten gewidmeten Sääle. Sowie jeder verständige Industrielle seine Werkstätte stets mit einem bescheidenen, einem Arbeitshause angemessenen Aeußern ausstattet, so soll die Schule auch hierin unter den Augen der Zöglinge mit einem guten Beispiele vorangehen.
Als der Schulrath vollends noch von allen Seiten, von Karlsruh, wo man vor Kurzem ein neues, ebenfalls freistehendes Laboratorium erbaut hat; von der Zentralschule in Paris, wo man bei beschränktem Raum die Unannehmlichkeiten einer so großen Annäherung der Laboratorien und Werkstätten zu den übrigen Räumen genugsam fühlen mochte, zur Entfernung derselben von dem Hauptgebäude lebhaft ermuntert wurde, stund er keinen Augenblick an, diese Trennung dem vorliegenden Programme zu Grunde zu legen.
Nachdem auf diese Weise die allgemeinen Grundsätze festgestellt sind, auf welche sich das Programm des neuen Baues stützen soll, kann auf die Behandlung des Einzelnen eingetreten werden.

I. Das Hauptgebäude [...]

Zeichnungssääle & Hörsääle für die Bau-, Ingenieur- und mechanisch-technische Schule.

Die drei ersten Fachschulen, nämlich die Bau-, Ingenieur- & mechanisch-technische Schule zeigen in den Anforderungen an die für sie erforderlichen Räume soviel Aehnliches, dß sie füglich gemeinsam besprochen werden können.
Für jede dieser 3 Fachschulen mit ihren 3 Jahreskursen werden 3 Zeichnungssääle u. ein Hörsaal, ferner ein Zimmer zur Aufstellung einer Unterrichtssammlung, das zugleich dem Assistenten als Arbeitszimmer dient, und ein Zimmer für den Vorstand jeder Fachschule vorgeschlagen, außerdem wird ein größerer Hörsaal für alle 3 Fachschulen gemeinsam beantragt. Einer jeden dieser 3 Abtheilungen würden also 4 Unterrichtssääle & 2 kleinere Modell- u. Lehrerzimmer und außerdem noch ein weiterer Unterrichtssaal allen 3 Abtheilungen zum gemeinsamen Gebrauche gewidmet, sodaß im Ganzen 9 Zeichnungs- und 4 Hörsääle also 13 Unterrichtssääle & 6 kleinere Modell- und Lehrerzimmer für dieselben vorhanden wären.

Von diesen 19 Räumen nehmen die 9 Zeichnungssäale, sowie sie die wichtigsten sind, auch äußerlich schon den größern Raum in Anspruch. […]

Sowie die Unterrichtstunden im Zeichnen nicht die einzige Zeit sein sollen, während welchen die Schüler praktische Arbeiten ausführen, so soll der Zeichnungssaal den Schülern nicht allein während jener Stunden, sondern wo möglich zu jeder Stunde des Tages offen stehen. Das Reglement weist bei jeder Gelegenheit auf den Werth hin, welcher auf die Uebungen der Zöglinge im selbständigen Entwerfen und Ausarbeiten von Projekten aus dem Gebiete des Bau-, Ingenieur- & Maschinenwesens zu legen ist u. es ist zu hoffen, der Unterricht in diesen Fächern werde so geleitet werden, daß sich die Schüler mit Lust und Liebe diesen Uebungen im selbständigen Entwerfen & Ausarbeiten von Projekten, als ihrer Hauptbeschäftigung neben den eigentlichen Unterrichtsstunden widmen werden. Der einzige vollkommen passende Raum hiezu aber ist der Zeichnungssaal. In ihm werden die Zeichnungen und Vorlagen aufbewahrt, deren Ansicht der Schüler bedarf, in dessen Nähe die Modelle, deren Studium & Vermessung; die literarischen Hülfsmittel, deren Benutzung er zur Ausführung seiner Arbeiten nöthig hat; hier endlich werden ihm die Behältnisse angewiesen werden können, in denen er am bequemsten seine eigenen Zeichnungsgeräthschaften, die oft nur etwas schwerfällig über die Gasse transportirt werden können, aufbehalten kann. Und wenn man bedenkt, wie manchmal den jungen Mann der Gedanke an einen bequemen mit allen nöthigen Hülfsmitteln ausgerüsteten, ihm allein zugetheilten Arbeitsplatz an die Arbeit selbst fesseln kann, während er bei minder günstigen äußerer Gelegenheit zur Arbeit diese selbst vernachläßigt u. endlich auch ihren eigenen innern Werth mißkennt, so wird man sich überzeugen, daß durch den vorgeschlagenen Aufwand von Raum der Erreichung der letzten Zwecke der Schule ein bedeutender Vorschub geleistet wird. Der Zeichnungssaal wird dadurch von einem bloßen Unterrichtssaal zu einem beständigen Arbeitssaal des Schülers erhoben. Der Schulrath legt daher ein großes Gewicht auf die ungeschmälerte Herstellung der vorgeschlagenen Zeichnungssäale. […]

Unter den Unterrichtssammlungen werden kleinere Theile der größern gleichartigen Sammlungen verstanden, welche diejenigen Gegenstände der letztern enthalten, die beim Unterrichte stets oder sehr oft benutzt werden und daher stets in der unmittelbaren Nähe der Zeichnungs- & Hörsääle sein müssen. In den denselben gewidmeten Räumen werden ferner auch die Vorlagensammlungen, sowie diejenigen Modelle & graphischen Hülfsmittel aufbehalten werden, deren die Schüler bei der Bearbeitung von Projekten zunächst bedürfen u. welche ihnen daher leicht zugänglich sein sollen. Endlich eignen sich diese Zimmer ganz passend zu Arbeitszimmern für die Assistenten, deren Anwesenheit während eines großen Theils des Tages sehr wünschenswert ist u. welche daher Gelegenheit haben müssen, zu den Stunden, da sie nicht gerade Unterricht zu ertheilen haben, sei es für die Schule oder zu Privatzwecken in der unmittelbaren Nähe der Zeichnungssääle zu arbeiten.

Der Vorschlag sehr mäßiger Räume für die Vorstände der 3 Fachschulen bedarf endlich wohl keiner besondern Rechtfertigung. […]

Räume für die
physikalische Anstalt.

Beim Entwurf des Programmes für die Räumlichkeiten der physikalischen Anstalt muss die Stellung, welche die letztere am schweizerischen Polytechnikum einzunehmen haben wird, sorgfältig im Auge behalten werden. Sie soll vorerst Unterrichtsanstalt sein u. als solche den Schülern alle Hülfsmittel zur Ausbildung in den verschiedenen Theilen der Physik darbieten. Es sind hiezu zwei Arten von Räumen nöthig: erstlich Auditorien, in welchen die Wissenschaften der Physik mit mathematischen und experimentalen Demonstrationen begleitet, vorgetragen wird [sic] und welche sowol hinreichend geräumig als zur Ausführung jener Experimente passend eingerichtet sein müssen; ferner Arbeitsräume, in welchen den Schülern Gelegenheit gegeben wird, selber physikalische Untersuchungen durchzuführen & dadurch auch in dieser Wissenschaft Selbständigkeit zu erlangen. Außer diesen beiden didaktischen Zwecken muß aber auch das Verhältniß der physikalischen Anstalt zu der von ihr vertretenen Wissenschaft wohlbedacht werden, indem sie mit Rücksicht hierauf auch die nöthigen Räume zu neuen, mit dem gegenwärtig geforderten Grade der Genauigkeit ausgeführten und die Wissenschaft fördernden Untersuchungen zu enthalten hat. Diese Räume fallen übrigens theilweise mit den erst genannten zusammen u. vermehren also die räumliche Ausdehnung der physikalischen Anstalt nicht wesentlich.

Von diesen Gesichtspunkten ausgehend wird zuerst ein Auditorium vorgeschlagen. Da dasselbe für die Vorlesungen der technischen u. der allgemeinen Experimentalphysik benutzt werden soll, so wird es nicht bloß einen großen Theil der Schüler des Polytechnikums, sondern, da wahrscheinlich die physikalischen Vorlesungen an der zürch. Universität nach Eröffnung des Polytechnikums ganz oder zum größten Theil eingehen werden, auch sehr viele Studirende dieser Anstalt gleichzeitig aufzunehmen im Stande sein müssen, und es muß daher von bedeutender Ausdehnung sein.

An das Auditorium schließt sich zunächst ein kleines Vorbereitungszimmer an, in welchem die zu den Vorlesungen nöthigen Instrumente aufgestellt und bereit gemacht werden. Alsdann folgt ein großer und ein kleinerer Raum zur Aufbewahrung der physikalischen Instrumente & Apparate, jener für die feinern in Glasschränken zu verschließenden, dieser für die schwerern und weniger Sorgfalt erfordernden Gegenstände. Die Größe ähnlicher Räume an andern Anstalten ist so verschieden, dass es schwer war, aus den Angaben über dieselben eine sichern Schluss auf die Bedürfnisse unserer Anstalt zu ziehen. Es wird nun ungefähr das doppelte von dem Raum vorgeschlagen, der gegenwärtig das physikalische Kabinet an der zürch. Universität & Kantonsschule, etwa das anderthalbfache von dem, was in Karlsruh, aber nur die Hälfte von dem, was in Lüttich dem gleichen Zwecke gewidmet ist. Zu physikalischen Arbeiten der Schüler, sowie zu halbstündigen wissenschaftlichen Untersuchungen und Beobachtungen werden drei Räume vorgeschlagen. Zunächst ein physikalisches Laboratorium, in welchem alle jene Arbeiten ausgeführt werden sollen, bei denen die Vorbereitung von Feuchtigkeit u. von Gasen oder Dämpfen, welche mit allen feinern physikalischen Apparaten nicht in Berührung kommen dürfen, nicht vermieden werden kann. Dann ein gegen Mittag zu verlegender Raum für optische Messungen, feine Wägungen u. dgl. u. ein zweiter der gleichmäßigen Temperatur wegen gegen Norden zu verlegender, für elektrische, magnetische, galvanische & dgl. Untersuchungen und Messungen. Da diese beiden Räume gegen alle äußern Erschütterungen gesichert sein und mehrere bleibend befestigte, mit gewissen, völlig unbeweglichen Theilen versehene Instrumente enthalten müssen, so können sie nur im Erdgeschoss oder auf guten Gewölben angebracht werden. Diese zu fordernde Festigkeit würde es auch nicht gestatten, die physikalische Anstalt in dem leicht gebauten Nebengebäude unterzubringen.

Endlich soll zufolge dem Programm der physikalischen Anstalt eine eigene kleine Werkstätte beigegeben werden, in welcher theils kleinere Instrumente verfertigt, theils leichtere Reparaturen oder Veränderungen an schon vorhandenen ausgeführt werden sollen, was besonders dann manche Bequemlichkeit herbeiführen und manche Ausgabe an andern Mechaniker ersparen wird, wenn der Abwart des physikalischen Kabinetes selbst einige Geschicklichkeit in Ausführung mechanischer Arbeiten hat. Diese kleine Werkstätte wird neben der größern, der mechanisch-technischen Schule angehörenden Werkstätte keineswegs entbehrlich sein, weil es nicht nur wichtig ist, daß sie sich in unmittelbarer Nähe bei den übrigen physikalischen Räumen befinde; sondern weil sie auch mehrere Vorrichtungen, wie z. B. solche zu Ausführung von Glasarbeiten enthalten muß, welche in jener nicht wohl aufgestellt werden können. [...]

Räume für die Sammlungen

Es ist bei allen Berathungen, welche über das schweiz. Polytechnikum gewaltet haben, stets auf die überwiegende Wichtigkeit der Sammlungen für dasselbe hingewiesen worden & die Kredite, welche zur Gründung und zur Erweiterung derselben ausgesetzt worden sind, beweisen, dß man sich allseitig von dieser Wichtigkeit überzeugt hat. Hier müssen kurz die Gründe für die Wünschbarkeit oder vielmehr die Nothwendigkeit großer Räume für dieselben angeführt werden.

Wenn man, wie hier nicht anders geschehen darf, davon ausgeht, daß die Sammlungen theils Hülfsmittel zum Unterrichte, theils integrirende Bestandtheile der Anstalt, als eines wissenschaftlichen Institutes sein sollen, so wird man finden, daß mittelst derselben gleichzeitig zwei Zwecke erreicht werden müssen: erstlich sollen sie eine systematische äußere Darstellung der Resultate der ihnen entsprechenden Wissenschaften bilden u. alsdann das nöthige Material u. die Hülfsmittel zur Erlangung neuer wissenschaftlicher Resultate zur Ausführung wissenschaftlicher Arbeiten darbieten.

Von diesen beiden Gesichtspunkten ausgehend wurde nun angenommen, alle theils neu zu schaffen, theils in Zürich schon vorhandenen & dem Polytechnikum zur Verfügung zu stellenden technischen, naturhistorischen u. archäologischen Sammlungen, sowie wo möglich die auf technische, mathematische & naturwissenschaftliche Gegenstände sich beziehenden Bibliotheken sollen in dem neuen Gebäude vereinigt werden.

Von den neu zu gründenden Sammlungen für das Bau-, Ingenieur- & Maschinenfach versteht sich dieß sofort von selbst und bedarf daher keiner weitern Befürwortung, dagegen könnte man bei den naturhistorischen Sammlungen an der Zweckmäßigkeit dieser Maßregel zweifeln, da für den schon in Zürich bestehenden Theil derselben bereits nicht ganz ungeeignete Lokalitäten vorhanden sind. Allein es ist sehr zu fürchten, eine Abweichung von dem ausgesprochenen Grundsatze bei diesen Sammlungen würde später ebenfalls schmerzlich bereut werden. Man bedenke, um sich hievon zu überzeugen, daß nach dem Urtheile Sachverständiger die zoologische Sammlung nach ihrer vollständigen Ausstattung doppelt & die mineralogisch-geologisch-paläontologische viermal so viel Raum einnehmen wird, als ihnen in ihrem gegenwärtigen Aufstellungslokal geboten werden kann. Die neu anzuschaffenden zwei oder drei Viertheile der ganzen Sammlungen müßten also anderswo aufgestellt werden, als die schon vorhandenen Theile derselben.

Daß unter diesen Umständen von einer systematischen, zusammenhängenden Darstellung der bekannten Thiere, Mineralien, Gebirgsformationen, Fossile durch diese Sammlungen keine Rede mehr sein könnte, versteht sich von selbst. Man hätte 2 Sammlungen, von denen keine ein Ganzes bildete, keine eine Uebersicht über das wissenschaftliche Gebiet, dem sie angehört, gestattete, jede vielleicht sogar unter anderer Abfolge & nach einem andern System geordnet wäre.

Wenn man aber geneigt wäre, diesen äußern räumlichen Zusammenhang als etwas für die strengere Wissenschaft Unwesentliches, bloss zur Augenweide für Laien dienendes zu betrachten, so möge man bedenken, daß durch eine solche Trennung der zweite Zweck der Sammlungen, die Förderung wissenschaftlicher Arbeiten, nicht minder gefährdet würde. Es ist bekannt, daß ein großer Theil der neuern zoologischen, namentlich aber der mineralogischen, geologischen & paläontologischen Forschungen auf Vergleichung einzelner verwandter Naturgegenstände beruhen. Wie sehr müßten solche Arbeiten gehemmt werden, wenn die zu vergleichenden Stücke nicht nur durch eine unbequeme räumliche Entfernung, sondern auch durch die verschiedenen lästigen Formalitäten von einander getrennt wären, die sich beim Gebrauche so oft wiederholen müssen, so viele von einander getrennte Sammlungen bestehen!

Man darf ferner nicht unbeachtet lassen, wie nahe gegenwärtig die Wissenschaften der Mineralogie und Geologie mit denen der Physik & Chemie, in Verbindung stehen, wie fast bei jeder etwas größeren Untersuchung im Gebiete der erstern die Hülfe der beiden letztern in Anspruch genommen werden muß. Alles dieses beweist, dß jedes andere Verfahren als die Vereinigung aller naturhistorischen Sammlungen im neuen Gebäude bedauert werden müßte.

Ob es möglich sein werde, auch die Bibliothek der zürcherischen naturforschenden Gesellschaft im Gebäude des Polytechnikums aufzustellen, hängt von den Verträgen ab, welche mit dieser Gesellschaft werden abgeschlossen werden können. Daß es sehr wünschbar wäre, braucht nicht erst hervorgehoben zu werden.

Das im Entstehen begriffene archäologische Museum, welches dem Zusammenwirken verschiedener der Pflege der Kunst & der Wissenschaft gewidmeter Kräfte Zürich's seine Gründung verdankt, und zu welchem auch die Behörden des eidgenössischen Polytechnikums einen Beitrag zugesichert haben, hat noch keinen angemessenen Aufstellungsplatz. Die Gründer dieses Museums legen daher einen großen Werth auf die Aufnahme desselben in das neue Gebäude des Polytechnikums u. hatten bereits seit einiger Zeit eine Kommission bezeichnet, welche die Daten zur Ausmittelung der Größe & Einrichtung des nöthigen Raumes gesammelt u. dieselben auch mit Zuvorkommenheit zur Benutzung bei dem Entwurfe dieses Programmes mitgetheilt hat. Daß eine Vereinigung dieser Sammlung mit den Hörsäälen für Kunstgeschichte, Archäologie u. höhere Baukunde und mit den Räumen für den Unterricht im Figurenzeichnen an unserer Anstalt sehr wünschenswerth ist, versteht sich von selbst. Dieser Wunsch gewinnt aber nicht wenig an Lebendigkeit durch die Betrachtung, daß erst durch die Vereinigung dieser das Gebiet der Kunst vertretenden Sammlung mit denen, welche dasjenige des menschlichen Gewerbsfleißes und der Natur vertreten ein Komplex von Sammlungen gebildet würde, welcher ein den breiten Grundlagen, auf welchen die schweizerische Anstalt ruht, entsprechendes organisches Ganzes bildete. Auch darf nicht ganz unbeachtet bleiben, wie ausgebreitet in der neusten Zeit das Bestreben ist, durch solche systematische u. anschauliche Zusammenstellungen alles dessen, was für den Menschen wichtig ist, die in unzählbare Einzelnheiten zerfallenden Ergebnisse der Kunst, der Wissenschaft & des Gewerbefleißes wieder in ein einziges übersichtliches Bild zusammenzufassen. Von der Annahme der Vereinigung aller genannten Sammlungen ausgehend, wurde nun zur Bestimmung der Größe derselben geschritten.

Die Anhaltspunkte, welche sich hiefür vorfanden, waren theils mehr, theils minder genügend. Für die Sammlungen der Baumaterialien, Baukonstruktions- & Maschinenmodelle wurde annähernd doppelt so viel Raum in Anschlag gebracht, als in Karlsruh den analogen Sammlungen gewidmet ist. Vorerst wurde nämlich bei der Sammlung von Baukonstruktionsmodellen & Baumaterialien auch auf Raum für eine Sammlung schweizerischer Fabrikate aus Thon, Glas, Metall & dgl. Bedacht genommen. Ferner wurde der Sammlung von Maschinenmodellen auch diejenige von Waaren & Fabrikaten für den mechanisch-technologischen Unterricht zugetheilt, eine Sammlung, welche in Karlsruh ganz fehlt. Alsdann wurde darauf gerechnet, daß der Maßstab dieser Modelle im Durchschnitt etwas größer werde gewählt werden müssen als in jener Anstalt. Endlich wurde allerdings auch eine größere Zahl solcher Modelle vorausgesetzt, was namentlich durch die überwiegende Wichtigkeit des technologischen Unterrichtes an unserer Anstalt und die große Anzahl der für denselben nöthigen Modelle geboten war. Für die Sammlung geometrischer Meßinstrumente konnte Karlsruh sehr genau nachgeahmt werden.

Dagegen fanden sich für die Werkzeugsammlung keine passenden Vorgänge vor.

Es blieb nichts übrig, als sich die Zahl der anzukaufenden Instrumente und den Raum, den sie gut geordnet & aufgestellt einnehmen würden, ungefähr zu denken.

Für die zoologische & die mineralogisch-geologisch-paläontologische Sammlung wurde von dem Raume ausgegangen, welche die gegenwärtig in Zürich bestehenden Sammlungen dieser Art einnehmen, indem bei Fachmännern ein Gutachten darüber eingeholt wurde, wie viel mal größer der Raum sein müsse, den dieselben nach Erreichung der für uns wünschbaren Vollständigkeit einnehmen werden.

Andere Sammlungen konnten hier kaum mit Zuverläßigkeit zum Maßstabe angenommen werden, weil es sich hier uns nicht sowol um die Herstellung vollständiger Sammlungen aus dem ganzen Gebiete des Thier- & Mineralreiches, als um möglichst vollständige Zusammenstellung der schweiz. Naturprodukte dieser Art handelte. Daß dabei übrigens die allgemeine Naturgeschichte, namentlich soweit sie mit den speziellen Erscheinungen unsers Landes im Zusammenhange steht, nicht leer ausgehen soll, versteht sich von selbst. [...]

Die künftige Ausdehnung aller dieser Sammlungen ist nämlich gegenwärtig nicht mit voller Sicherheit zu bestimmen. Auch zeigen die Erfahrungen, welche man andernorts mit neuen Räumen für ähnliche Zwecke gemacht hat, dß man eine zu große Beschränkung derselben, namentlich aber die Unmöglichkeit einer jeden späteren Erweiterung, da wo dieselbe nicht vermieden wurde, bitter bereuen mußte.

Unter diesen Umständen scheint nur eine solche Bauart jener Sääle zweckmäßig zu sein, welche später auf leichte Weise u. ohne Zerstörung ihres architektonischen Organismus eine Erweiterung derselben durch Anfügung neuer Bauten an die schon vorhandenen möglich macht. Sowol bei der Wahl des Bauplatzes als bei derjenigen des Baustyles wird mithin hierauf Rücksicht genommen werden müssen. Nur in der Voraussetzung, daß dieses geschehen werde, hat der schweiz. Schulrath die genannten Reduktionen vorgenommen u. seinen Entwurf nur dem muthmaßlichen Bedürfnisse der nächsten Jahre, nicht aber demjenigen einer fernen Zukunft angepaßt. Er glaubt übrigens vorläufig auch darauf aufmerksam machen zu müssen, daß die Erfüllung dieser Anforderungen an die den Sammlungen eingeräumten Theile des Gebäudes vielleicht durch eine leichtere Bauart derselben sich erleichtern ließe, durch welche nicht nur zugleich ihre Helligkeit u. dadurch ihre Zweckmäßigkeit vermehrt, sondern auch die Kosten der Herstellung vermindert werden würden. [...]

Ein besonderer Werth aber wird auf das Vorhandensein eines hinreichend geräumigen und bequem eingerichteten, mit der Bibliothek verbundenen Lesezimmers gelegt werden müssen. Dasselbe soll für die Schüler insofern eine Ergänzung der Zeichnungssääle sein, als es ihnen Raum & Gelegenheit zur Benutzung der literarischen Hülfsmittel gewähren soll, die sie bei der Bearbeitung ihrer Projekte & überhaupt bei ihren Studien nöthig haben. Dieses Zimmer soll daher sowol mit den Katalogen der Bibliothek versehen als zum Lesen und Schreiben für mehrere Personen vollständig eingerichtet sein. Ueber dessen pädagogischen Werth gilt alles, was in dieser Beziehung über die Zeichnungssääle gesagt worden ist. Außerdem wird es, während es die Benutzung der Bibliothek erleichtert, deren unversehrte Erhaltung wesentlich fördern, indem es die Benutzung manches Werkes, das sonst in die Privatwohnungen verliehen werden müßte, auf das Schulgebäude selbst beschränken läßt. Mit Bezug auf die Sammlungen für Chemie & Physik, wird auf die diese Wissenschaften betreffenden Anstalten verwiesen.

Es bleibt zum Schlusse des über die Sammlungen Gesagten nur noch zu wiederholen übrig, daß man den räumlichen Verhältnissen, in welche diese Abtheilung der schweiz. Anstalt gebracht werden soll, nicht genug Aufmerksamkeit schenken kann, weil ihre künftige, ungehinderte Erhaltung stets eine Hauptbedingung der Blüthe des ganzen Institutes sein wird.

Räume für die Verwaltung.

Die für die Verwaltung nöthigen Räume ergeben sich fast mit Nothwendigkeit aus der im Reglement niedergelegten Organisation der Lehrerschaft & der Behörden. Drei Konferenzzimmer sind für die 7 verschiedenartigen Lehrerkonferenzen vorgeschlagen. Da dieselben beinahe gleichzeitig abgehalten werden müssen, so dürfte diese Zahl nicht zu groß sein. Werden sie in eine passende Lage zu den verschiedenen Auditorien gebracht, so dienen sie ebenfalls zugleich als Wart- & Abtretezimmer für die Lehrer vor und nach den Vorlesungen. Ein besonderes Zimmer für die Versammlungen des Schulrathes ist ebenfalls sowol nothwendig als angemessen. Für den Präsidenten des Schulrathes und den Direktor wird je ein Zimmer als Büreau & ein anderes als Wartzimmer für die zu Audienzen zuzulassenden Personen vorgeschlagen.

Ein Zimmer für den Sekretär, eines für das Archiv und einen Kopisten & eines für den Kassier, sowie ein Abstandszimmer des Abwartes scheint nöthig zu sein, sobald man sich den Umfang der Geschäfte dieser Personen nach der Eröffnung aller Abtheilungen der Anstalt vergegenwärtigt. Die 9 zuletzt genannten Räume sind gleich mittlern oder kleinern Wohnzimmern, die Konferenzzimmer etwas größer angenommen worden.

Für die Größe des Saales für Schulfeierlichkeiten einen bestimmten Flächenraum vorzuschreiben, schien nicht zweckmäßig, weil bei Säälen dieser Art, welche eine bedeutende Höhe zu haben und deshalb sehr oft mit Gallerien versehen zu sein pflegen, die Anzahl der Personen, die sie zu fassen vermögen nicht sehr proportional mit ihrer Flächenausdehnung ist. Es dürfte daher zweckmäßig sein, dem Architekten zunächst vollständig zu überlassen, wie er einen dem angegebenen Zwecke angemessenen Raum herstellen wolle, der im Stande sein wird, die 470 Schüler, die Lehrer und das bei feierlichen Anläßen sonst noch beiwohnende Publikum zu fassen und die dießfälligen Entwürfe erst bei Genehmigung des Bauplanes genauer zu beurtheilen.

Der zu diesem Zwecke übrigens nothdürftig 350 Schüler & Lehrer fassende Saal der Kantonsschule in Zürich nimmt einen Flächenraum von etwa 1 700 [Quadratfuß] ein. [...]

»Bericht über den Entwurf des Programms für das zur Aufnahme des schweizerischen Polytechnikums herzustellende Gebäude«, Schweizerischer Schulrat, Februar/März 1855 (Staatsarchiv Zürich, V II 23)

— 1857
Franz Hagenbuch

Konkurs-Programm

Der Kanton Zürich hat die Herstellung der Bauten für die eidg. polytechnische Schule übernommen, und die Regierung bezweckt in denselben auch die Räumlichkeiten für die zürcherische Hochschule unterzubringen. Nachdem das Programm festgesetzt, und der Bauplatz bestimmt ist, werden die schweizerischen und auswärtigen Architekten eingeladen, sich bei dem Konkurse zu betheiligen, der anmit zur Beibringung von Bauplänen eröffnet ist. […]
Da die Raumverhältnisse es gestatten, so wird gewünscht, daß nicht der ganze Platz ausschließlich für die durch das Programm bedingten Gebäude verwendet, sondern daß auch noch auf die Gewinnung einer möglichst großen Zahl von Bauplätzen für Privatgebäude Bedacht genommen werde, letzteres aber nur in der Weise, daß die Hauptanlage weder in ästhetischer noch in irgend einer andern Beziehung beeinträchtigt wird.
Es ist wünschenswerth, daß die in dem Situationsplan eingezeichneten rothen Linien durch die Gebäude selbst nicht überschritten werden, indem auf der Süd- und Westseite die Terrainverhältnisse Terrassen mit Stützmauern bedingen, in welche den Zugängen des Platzes entsprechende Treppenanlagen anzubringen sind. Mit Rücksicht auf die Zugänge wird bemerkt, daß der auf dem Situationsplane angegebene Fußweg als eine Hauptkommunikation mit dem Platze und dem neuen Kantonsspital zu betrachten ist, daß derselbe aber beliebig verlegt werden kann.
Das Programm zerfällt in 3 Hauptabtheilungen und diese normiren bis zu einem gewissen Grade die Gesammtanlage.
Diese Abtheilungen sind:
A. Das Hauptgebäude, enthaltend die Hörsäle, Zeichnungszimmer und die Verwaltungsräume für das Polytechnikum, ferner die erforderlichen Räume für die zürcherische Hochschule.
B. Ein oder mehrere Gebäude für die Sammlungen beiden Institute.
C. Ein Gebäude für die chemische Schule und die Werkstätten.
Mit Bezug auf die Gruppirung dieser Gebäude und deren gegenseitigen Zusammenhang wird den Herren Konkurrenten freie Hand gelassen und nur bemerkt, daß die Westseite als Hauptfronte zu betrachten ist, von den drei übrigen Seiten des Bauplatzes aber die Südseite vorzüglich Beachtung verdient, mithin das Hauptgebäude an die Linien BC und CD sich anlehnen wird. Die untergeordnetern Gebäude sowie die Bauplätze für Privatgebäude sollen die Nord- und Ostseite des Platzes einnehmen.
Die der Universität bestimmten Räume sind in vertikaler Richtung von denjenigen des Polytechnikums zu trennen und mit eigenem Eingange zu versehen. – Die zur Aufnahme der Sammlungen bestimmten Gebäudetheile sollen so disponirt werden, daß sowohl ein successiver Bau als eine spätere Vergrößerung derselben möglich ist.
Die Wahl des Baustyles wird dem freien Ermessen der Architekten anheimgestellt, wobei mitgetheilt wird, daß das für den Rohbau zu verwendende Material aus graublauem, grobkörnigem, mittelharten Sandstein besteht. –
Der Hauptbau soll in seiner äußern Ausstattung der Würde seines Zweckes entsprechen, und die Nebengebäude – wenn auch einfacher gehalten – sollen sich harmonisch an denselben anschließen. Ein Hauptaugenmerk ist auf zweckmäßige, den ordentlichen Gang der beiden Anstalten möglichst fördernde Vertheilung der einzelnen Räume zu richten; dabei sind übertriebene Dimensionen und komplizirte Konstruktionen zu vermeiden, da bei gleichem künstlerischen Werthe diejenigen Projekte den Vorzug erhalten, deren Ausführung am wenigsten Schwierigkeiten darbietet, und deren Kosten die Summe von 1,000,000 Frkn. erheblich nicht übersteigen.
Die Beheizung erfolgt durch Dampf, die Beleuchtung durch Gas.
Die Konkurspläne sollen enthalten:
1. Einen Situationsplan im Maßstabe des beiliegenden.
2. Grundrisse jeder einzelnen Etage mit Bezeichnung der Bestimmung der Räume, im Maßstab von 1 : 200 oder 1/2 Linie Schweizermaß für den Fuß (10 Schweizerfuß gleich 3 Metres).
3. Façaden für jede Seite der Gebäude, soweit dieselben nicht gleich sind, in demselben Maßstabe wie die Grundrisse, mit Ausnahme der Hauptfaçade, die im 1/100 oder 1 Linie Schweizermaß pr. Fuß auszuführen ist.
4. Durchschnitte in 1/200 soweit dieses zum Verständniß des Planes erforderlich ist.
5. Details der hauptsächlichsten Gesimse und Dekorationen der Hauptfaçade und des großen Saales für Schulfeierlichkeiten im Maßstab von 1 : 10. […]

Hagenbuch, Franz: Konkurs-Programm zur Einreichung von Bauplänen für die eidgenössische polytechnische Schule und die zürcherische Hochschule. Zürich 1857, S. 3–6

— 1858
Gottfried Semper

Vorstellungen des Vorstehers der Bauschule zum Bau des Polytechnikums

Dem Präsidenten des allgem. eidgen. Polytechnikum Herrn Dr. Kappeler.

In Gemäßheit des vom Präsidenten des allgemeinen eidgenössischen Polytechnikum Herrn Dr. Kappeler an mich ergangenen Anweises meine bereits in der Sitzung der allgemeinen Lehrerschaft dieser Anstalt vom 5. dieses ausgesprochenen *Desideria* über das zu erbauende Polytechnische Gebäude, vorzüglich mit Hinblick auf die Bedürfnisse der Bauschule, schriftlich einzugeben, glaube ich folgende Punkte als vornehmlicher Berücksichtigung werth, meiner unmaßgeblichen Ueberzeugung nach, hervorheben zu müßen. Zunächst wäre wohl bei der allgemeinen Distribution des Planes ganz besondere Rücksicht auf die so nothwendige Einheitlichkeit der zur Bauschule erforderlichen Räumlichkeiten zu nehmen, das Trennen und Verzetteln derselben, nämlich der Klassen, Sammlungen, Auditorien und Lehrerlokale, in verschiedene entfernt von einander liegende Theile des Baues möglichst zu vermeiden. Denn so nur wird es möglich sein die so wünschenswerthe Mutualität des Unterrichts und den engen Verkehr der verschiedenen Klassen der Schüler während ihrer Uebungen untereinander einzuführen, dem Studium der Schüler Einheitlichkeit zu geben, Zersplitterung von Zeit, Lehrmitteln und Kräften zu vermeiden, endlich eine wirksame und leichte Kontrole über die Thätigkeit der Schüler zu halten. – Dieser Wunsch erweitert sich selbst dahin, daß meiner unmaßgeblichen Ansicht nach darauf zu sehen seyn dürfte, daß diejenigen Abtheilungen der Anstalt welche einander gegenseitig ergänzen und am meisten in verwandschaftlicher [sic] Beziehung zu einander stehen auch in räumlicher Beziehung so nahe wie möglich an einander zu rücken sind ihre zu große Trennung nach Kräften zu vermeiden ist. Namentlich gilt das von den Abtheilungen für Freihandzeichnen einerseits und für die Ingenieurschule andererseits, so wie auch den zu diesen Abtheilungen gehörigen Sammlungen und Auditorien. Vor allem scheint es daß die Gypssammlung, (als von den einer künstlerischen Richtung zunächst kommenden Baubeflissenen, wie anzunehmen ist, am meisten benutzt und frequentiert,) auch in räumlichen Connex mit der Bauschule zu bringen sei. –

Es entspräche dem oben ausgesprochenen allgemeinen Grundsatze wenn die drei Klassen der Bauschule in einem einzigen langen und verhältnißmäßig schmalen Lokale vereinigt wären, welches nur durch mobile Scheidewände, (wenn diese überhaupt nöthig scheinen sollten,) nach Verhältniß der Größe der Klassen zu subdividiren wäre. Diese Gallerie, (von höchstens 20 bis 22 Fuß Tiefe) müßte mit der langen Fensterfronte gegen Norden oder Nordosten gelegen sein und möglichst viele und hohe Fenster haben die nur an einer Seite des Raumes gelegen wären.

Vielleicht ließe sich eine solche Anordnung so treffen daß gleichzeitig wenigstens für diesen Theil des Gebäudes die Corridors vermieden würden, die in der monotonen Weise wie sie bei allen, bisher in Frage gebrachten Vorschlägen über den in Rede stehenden Bau Anwendung finden zugleich raumverschwenderisch und unschön, (kasernenhaft) erscheinen, wogegen es allen Plänen ohne Ausnahme an einem für Universitäten und dem ähnliche Anstalten höchst nothwendigen geräumigen Vestibulum, (einer salle des pas perdus wie die Franzosen es treffend nennen,) gebricht. Ein solcher Saal könnte meiner unmaßgeblichen Ansicht nach noch mehrere Zwecke in sich vereinigen, worauf ich zurückkommen werde. Es geht ferner aus dem zu Anfang angesprochenen Grundsatze hervor daß die Bauschule auch in Beziehung auf Sammlungen in sich selbst vollständig sei, daß vor allem der Zugang zu den Lehrmitteln, den Kupferwerken und sonstigen spezifisch architektonischen Büchern ein stets ungehinderter und ununterbrochener sei, sowohl für die Schüler wie für die Lehrer. Die Bauschule muß daher, wie es jetzt der Fall ist, ihre eigene aus den auserlesensten architektonischen Werken bestehende Bibliothek haben die übrigens mit den andern Sammlungen möglicherweise in ein einziges größeres Lokale vereinigt werden darf. Was die zuletzt genannten Sammlungen betrifft, nämlich Modelle, Gypsornamente, Proben von Materialien, so halte ich es für rathsam sie möglichst mit den Unterrichtsräumen zu identificiren und nur das Zerbrechlichste und Werthvollste unter besonderem Verschluße zu halten. Dieses ist platzersparend und zugleich höchst fördersam für die Bildung des architektonischen Auges und Sinnes. – Ein Vortheil der den Nachtheil den man dieser Einrichtung vorwerfen könnte, daß die Lehrgegenstände schnell ruinirt würden, zehnfach aufwiegt, zunächst da es sich vornehmlich um leicht darstellbare und restituirbare Gegenstände aus Gyps oder Holz handelt.

Die Auditorien müssen so liegen daß der Lehrer diese Gegenstände und die Folianten der architektonischen Bibliothek zur Hand habe, jedoch auch in so weit isolirt, wie es der vom Geräusche ungestörte Vortrag erheischt. Dicke Mauern für derartige Räume sind deßhalb empfehlenswerth.

Der Verkehr der Lehrer mit den Schülern sollte ein möglichst inniger und kontinuirlicher sein, daher glaubt Unterzeichneter noch auf die Nothwendigkeit solcher Lokale woselbst die Lehrer ein Projekt ausarbeiten können, und zugleich für ihre oft bedeutenden Privatlehrmittel Raum haben aufmerksam machen zu müssen.

Schließlich komme ich noch einmal auf das oben von mir befürwortete Vestibulum der Anstalt zurück indem ich für dasselbe die Möglichkeit einer doppelten Verwerthung in Aussicht stelle. Was nämlich in Beziehung auf Sammlungen oben speziell von der Bauschule bemerkt wurde, das kann, meiner unmaßgeblichen Ansicht nach, auch für das gesammte Polytechnikum seine Anwendung finden. Ich glaube, um kurz zu sein, dieses Vestibulum könne zugleich durch Aufstellung von Gegenständen welche den Unterricht durch Anschauung fördern, höhere Bedeutung und architektonischen Schmuck erlangen. Hierbei blicke ich zurück auf die besten Anstalten ähnlicher Bestimmung die mir bei meiner Praxis und auf meinen Reisen bekannt wurden, und deren Beispiel hier angeführt zu werden verdient; Zunächst die geologische Schule in London, in der das Museum zugleich das Vestibulum der Anstalt und die nothwendige Passage zu den Auditorien für die Schüler bildet. Sodann die école des beaux arts zu Paris, in welcher nicht nur das Vestibulum und das ganze Parterre sondern auch der Vorhof Museum ist. Es bedarf kaum der besonderen Hervorhebung wie sehr durch eine solche Zusammenziehung verschiedener Momente des Baues (wenn sie möglich oder statthaft erscheinen sollte,) gleichzeitig an Raum erspart, an Großräumigkeit und architektonischer Wirkung gewonnen werden könnte.

Zürich, d. 8ten Juni 1858
Gottfried Semper

Vorstellungen des Vorstehers der Bauschule zum Bau des Polytechnikums, Brief von Gottfried Semper an Schulratspräsident Johann Karl Kappeler, 8. Juni 1858 (ETH-Bibliothek, Hochschularchiv, SR3 1858: 326)

— 1858
Friedrich Theodor Fischer, Friedrich Bürklein, Gottfried Semper, Amadeus Merian, Johann Christoph Kunkler

GUTACHTEN DES PREISGERICHTES ÜBER DIE PLÄNE ZU DEM EIDGENÖSSISCHEN POLYTECHNIKUM UND DER ZÜRCHERSCHEN HOCHSCHULE

Von der hohen Regierung des Kantons Zürich zur Beurtheilung der für den Bau des eidgenössischen Polytechnikums und der Zürcherischen Hochschule laut Ausschreiben vom 30. Wintermonate v. Js. eingesandten Konkurspläne als Schiedsrichter berufen, haben wir Unterzeichnete dieser ehrenden Aufforderung durch sorgfältige Prüfung der eingekommenen 19 Entwürfe entsprochen, und erlauben uns hiermit das Ergebniß in Nachstehendem vorzulegen.

Zuvor können wir jedoch nicht umhin unsere einstimmig gewonnene Ansicht dahin abzugeben, daß sämtliche Entwürfe gegen Erwartung den Gegenstand in meisterhafter Behandlung nicht darlegen, wobei wir jedoch nicht verkennen wollen, daß wegen der durchzuführenden Combination so mancher Zwecke derselbe ganz besondere Schwierigkeiten darbietet.

Dieses ganz unerwartete Ergebniß, daß keiner der Entwürfe bei organischer Entwicklung des Grundrisses zur Höhe einer tüchtigen äußern Formenbildung u. Ausdruckes sich erhebt, oder umgekehrt ein homogen erscheinendes Äußeres mit einer zweckmäßigen durchgearbeiteten Anlage des Grundrisses sich verbindet, nöthigt uns von einem Antrage auf Ertheilung des ersten Preises Umgang zu nehmen.

Aus diesem geht nach unserem Ermessen hervor, daß für die Bauausführung keiner der vorliegenden Entwürfe geeignet, und daß vielmehr hierdurch die weitere Aufgabe gegeben ist, einen allen Verhältnissen entsprechenden neuen Plan für dieselbe ausarbeiten zu lassen.

Hiernach glauben wir, den beiden Plänen
N.º 17 mit dem Motto
»Permitte divis caetera.«
und N.º 3 mit dem Motto
»Herrlich glänzt des Sees Spiegel«
nur zweite Preise, und dem ihnen nach unserem Urtheile zunächst stehenden Plane
N.º 7 mit dem Motto
»im Einfachen das Schöne.«
den dritten Preis zuerkennen zu müssen.
Zur Begründung dieser Entscheidung lassen wir nun Nachstehendes folgen:
Zu Plan N.º 17.

Bei der allgemeinen Anordnung dieses Planes wurde der im Programme unter A. B. & C. erwähnten Trennung, in einzelne Gebäude am vollständigsten Rechnung getragen.
Diesen Plan zeichnet ferner aus die großartige Anlage der Treppe, die jedoch mit einem unverhältnißmäßigen Raumaufwand erreicht wurde. Die Zeichnensääle, sowie die übrigen Räume, Seitentreppen und Verbindungsgänge sind im allgemeinen glücklich angeordnet, jedoch letztere an einigen Stellen nicht genügend erleuchtet, auch verdient für Zeichnensääle die Nordseite den Vorzug, und es ist wünschenswerth, daß dieselben in ununterbrochener Reihenfolge zusammengehalten werden. Die chemische Schule und die Werkstätten sind zweckmäßig angebracht, weil sie abgesondert u. zu ebener Erde liegen u. über ersteren kein weiteres Stockwerk sich befindet.
Die Eleganz der Höfe bei denselben entspricht nicht ihren mehr technischen Zwecken. Außerdem ist der offene Säulenumgang des Hofes in der Mitte derselben zwar prachtvoll, aber weil auf beiden Seiten offen, dem Zwecke und den klimatischen Verhältnissen nicht entsprechend.
Die Räume für die Dampfheizung durch Keller u. Erdgeschoß sind unverhältnißmäßig groß u. gehören lediglich in letzteres.
Die Lage welche der Aula in diesem, sowie in den meisten übrigen Entwürfen gegeben wurde, hat den Nachtheil, daß sie nicht in der Weise in der Hauptaxe des Gebäudes liegt, daß sie dem Eintretenden sofort als architektonisches Hauptmoment sich kundgibt. Sie bedingt überdieß den Eingang auf der Langseite, wodurch ein passenderer Platz für die Rednerbühne nicht gewonnen werden kann, u. die architektonische Wirkung des Saales beeinträchtigt wird. Mehrere Räume, welche für Professoren u. Assistenten in dem Programme verlangt sind, finden sich in dem Plane nicht vor, dagegen sind andere verfügbar. Das Zimmer für die zoologische Sammlung liegt zu fern vom Hörsaale u. in einem andern Stockwerke.
Die Abtritte sind nicht gehörig vertheilt, u. nicht ausreichend.
Der Hauptfaçade fehlt einheitliche Durchbildung, und ist dieselbe ungeachtet des Aufwandes an Bauformen nicht von Wirkung. Der Glockenthurm wird dem beabsichtigten Zwecke u. der Erwartung nicht entsprechen. Die Seitenfaçaden gegen Süden u. Norden, bilden keine architektonische Einheit.
Zu Plan N.° 3.
Dieser Entwurf ist in Beziehung auf Anlage des Grundrisses weniger genügend, als jener von N.° 17 obgleich ihm Klarheit des ihm innewohnenden Gedankens nicht abzusprechen ist, auch hat er vor dem erstgenannten Plane den Vorzug größerer Billigkeit, indem er sich innerhalb der Grenzen der gegebenen Mittel bewegt. Der luftige u. freie Hof ist als ein Vorzug hervorzuheben, ebenso die abgesonderte Lage der Laboratorien u. Werkstätten. Eine genauere Prüfung der einzelnen Sääle u. ihrer Raumverhältnisse ergab, daß in diesem Plane der Architekt sich nicht an die Bestimmungen des Programmes hielt. Die Anlage der Aula trifft die bei N.° 17 gemachte Ausstellung u. zwar in noch höherem Grade, weil der Zugang zu derselben hier noch kleinlicher u. dürftiger ist. Die Haupttreppe verspricht trotz ihrer ungewöhnlichen Anlage keine gute Wirkung, dagegen sind die Nebentreppen unter allen Entwürfen am passendsten angebracht u. gut erleuchtet.
Ein erheblicher Übelstand ist es, daß die naturhistorischen Sammlungen über die chemischen Laboratorien zu liegen kommen sollen. In diesen sind die Essen nicht angegeben, u. werden wegen den darüber befindlichen Sammlungssäälen nicht wohl in jeder Beziehung passend anzubringen sein. Die Zeichnensääle sind größtentheils zu tief u. theilweise nicht gut gelegen. Bei dieser Veranlaßung weisen wir lobend hin auf N.° 12 den einzigen Entwurf in welchem diese Aufgabe dem Prinzipe nach richtig gelöst ist.
Die Façade zeigt die früher gerügten Übelstände in noch höherem Grade, hat aber den Vorzug der einheitlichen Durchbildung.
Zu Plan N.° 7.
Wenn auch dieser Riß manche Anordnungen enthält, welche von ernstlichem Studium der innern Eintheilung zeugen, und diese namentlich in den Raumverhältnissen der Zeichnensääle hervortritt, wenn ferner der den Werkstätten zugewiesene Hinterbau weit besser als im Plane N.° 3. beleuchtet ist, u. überhaupt in demselben das Bestreben möglichst einfacher u. wohlfeiler Lösung sich kennzeichnet, so kann dennoch diesem Entwurfe im Hinblick auf die obige Einleitung unseres Gutachtens nur der dritte Preis zuerkannt werden. Namentlich wäre zu vermeiden gewesen, das chem. tech. Laboratorium über einer Stiege, im Programme nicht geforderte Wohnungen über der chemischen Abtheilung, Nebentreppen in fast unmittelbarer Nähe zur Haupttreppe, die Aula mit der Längenseite rechtwinklig auf die Mittelaxe der Treppe anzulegen, den Räumen für die Gipsabgüße eine minder gesuchte Gestaltung zu geben, u. endlich in den Zeichnensäälen keine Blindfenster anzubringen, wodurch zum Theile ungenügende Beleuchtung entsteht.
Spricht auch das Äeußere von N.° 7 nicht in gleich uneinheitlicher Weise wie jenes von N.° 17 sich aus, so weist dasselbe doch zu viele Willkürlichkeiten auf, als daß dieser Entwurf hinsichtlich der Façaden nicht jenem von N.° 3 nachstehen sollte.

Nicht unerwähnt glauben wir lassen zu dürfen, daß über die Preiswürdigkeit des Planes N.° 9 mit dem Motto:
»Artibus et scientiis«
die Stimmen getheilt waren, da derselbe bei manchen Mängeln der Durchführung im Grundgedanken auch wieder manche Vorzüge hat, wie die oben besprochene Lage der Aula, Anlage der chemischen Schule, der Werkstätten u. s. f., auch enthalten manche der übrigen Pläne noch einzelne gelungene Anordnungen.
Am Schlusse unsers Gutachtens angelangt, erlauben wir uns noch zu bemerken, daß wir den Verkauf eines Theiles des Platzes an Privaten nicht für im Interesse der Anstalt gegründet erachten, sondern zu dessen ungetheilter Beibehaltung rathen.

(sig.) Fischer. F. Bürklein. Gottfried Semper. A. Merian. J. C. Kunkler.

»Gutachten des Preisgerichtes über die Pläne zu dem eidgenössischen Polytechnikum und der zürcherschen Hochschule«, Friedrich Theodor Fischer, Friedrich Bürklein, Gottfried Semper, Amadeus Merian, Johann Christoph Kunkler, 29. April 1858 (gta Archiv / ETH Zürich, 20-0300)

— 1858
**Johann Caspar Wolff,
Gottfried Semper**

BERICHT ZU DEM PROJEKTE FÜR DAS EIDG. POLITECHNIKUM & DIE ZÜRCH. HOCHSCHULE

Herr Direktor!

In Folge erhaltenen Auftrages haben die unterzeichneten einen Bauplan für die eidgenössische politechnische Schule & für die zürcherische Hochschule entworfen & wir beehren uns anmit, Ihnen diesen Plan mit folgenden Bemerkungen zu überreichen.
Die Basis unseres Entwurfes bildet das unterm 3. Christm. 1856 vom h. Bundesrath genehmigte Bauprogramm & ferner die Bemerkungen & Wünsche, welche auf Veranlassung der Direktion von den Vorständen der Fachschulen, den Direktoren der Sammlungen & dem akademischen Senate ausgesprochen wurden. Da indessen letztere öfters viel weiter gehen als das Programm & auch zuweilen unter sich in Widerspruch stehen, so konnten sie

»BERICHT ZU DEM PROJEKTE FÜR DAS EIDG. POLITECHNIKUM & DIE ZÜRCH. HOCHSCHULE«

V II 23 (2) Nr. 22b / Staatsarchiv des Kantons Zürich.

Seiten 24–25 aus der von Johann Caspar Wolff und Gottfried Semper verfassten Erläuterungsschrift zum Polytechnikumsentwurf von 1858. Rechts in Bleistift eine Bemerkung von Gottfried Semper.

natürlich nicht alle Berücksichtigung finden. Dieses ist jedoch mehr bei untergeordneten Punkten der Fall, & im Ganzen darf der Entwurf als die bildliche Darstellung des Programms & der besagten Wünsche bezeichnet werden. […]

Gesammtanordnung.

Die neue Anlage besteht aus einem Haupt & einem Nebengebäude, wie dies das Programm verlangt. – Das Hauptgebäude ist 424 Fuß lang 250′ breit & umschließt zwei Höfe jeder von 14,465 [Quadratfuß]. Hinter demselben liegt das Nebengebäude 240′ lang, bei den Flügeln 80′ sonst 50′ tief & vom Hauptgebäude durch einen 100′ breiten Hof getrennt. Die Längenfaçaden beider Gebäude liegen parallel mit der Rämi-Tannenstraße, so daß die beide Gebäude durchschneidende Queraxe ziemlich genau von Ost- nach Westen & die Längenaxe von Süd- nach Norden zu liegen kommt. Erstere durchschneidet in ihrer Verlängerung das Waisenhaus, letztere die hohe Promenade so daß die beiden Hauptfaçaden Front gegen Stadt & See machen. Der Bauplatz zerfällt in zwei Hauptabtheilungen, nämlich den eigentlichen Bauplatz, auf welchem die Gebäude stehen, & die unterhalb liegende Anlage. Der obere Theil bildet ein Rechteck von 560′ Länge, 425 Breite & ist durch Stützmauern begränzt, welche die Niveaux Verhältnisse des Platzes vermitteln. Diese Stützmauern bilden auf 3 Seiten des Hauptgebäudes Terrassen, welche auf der Süd & Nordseite 70′ auf der Hauptseite nur 25′ resp. 10′ breit sind, um von tiefer gelegenen Randpunkten aus dem Auge möglichst wenig von der Hauptfaçade zu entziehen. Überdieß wurde diese Stützmauer in der Mitte auf d. Länge von 208′ gänzlich unterbrochen, um den Mittelbau oder die Hauptparthie des Gebäudes möglichst zu degagiren & heraus zu heben. Treppenanlagen, welche den Haupteingängen des Gebäudes entsprechen, vermitteln die Communication zwischen den Terrassen & den unten liegenden Straßen, an welche sich das Geländer der erstern anschließt. Der höchste Punkt des Platzes, die Ecke bei der Rämi & Tannenstraße, bleibt unverändert, da die bestehenden Straßenanlagen & übrige Umgebung eine erhebliche Tieferlegung nicht wohl zulassen. Von hier aus fällt der Bauplatz in der Richtung nach Westen & Süden mit 1 % lediglich nur, um die vordern Stützmauern weniger hoch halten zu müssen & um die Terrainbewegung in's Gleichgewicht zu bringen. Die Terrassen sind jedoch horizontal mit Fall nach außen angenommen & der auf der Nordseite sich ergebende Fall durch Treppenstuffen [sic] ausgeglichen. Das Nebengebäude steht in der gesetzlichen Entfernung von der Rämi-Tannenstrasse & ist in seiner Höhenlage so gehalten, daß die Straße & der große Hof mittelst einer Durchfahrt verbunden werden könnten. An dies. Gebäude lehnen sich zwei mit 7′ hohen Mauern eingeschlossene Höfe an, welche an der Stelle – wo die Terrassenmauern aufhören – die Abgränzung des Platzes bilden & gleichzeitig zur Aufnahme der unentbehrlichen Abraumplätze etc. sehr geeignet sind. Auch können dieselben zum Abdampfen im Freien für d. chemische Anstalt, zur Aufnahme von Brunnen u. s. f. benutzt werden, in welchem Falle direkte Ausgänge von den Laboratorien aus anzubringen sind, was durchaus keine Schwierigkeiten hat. Beide Höfe haben Ein & Ausfahrten, so daß die Herbeischaffung von Holz & andern nothwendigen Materialien leicht ist.

Zwischen dem untern & obern Platz ligt eine 35′ breite Straße, welche die St. Leonhardsgasse mit der Halseisengasse verbindet. Dieselbe steigt mit 1½ % bis gegen die Mitte, fällt symetrisch [sic] auf der andern Seite & geht mit 4–6 % in das größere Gefälle der Halseisengasse über. Die Fahrbahn wurde schmal, die Trottoirs dagegen 10′ breit angenommen, da der Personenverkehr vorherrschend sein wird. Immerhin ist das Gebäude von allen Seiten mit Fuhrwerken zugänglich, was wir als eine Nothwendigkeit betrachten. Um die Straße zu gewinnen, mußte des abschüssigen Terrains wegen [eine] Stützmauer angenommen werden, die vor der Mitte des Gebäudes im halben 8Eck ausgebaut ist, auf welches man durch eine doppelte Treppenanlage aus den Anlagen gelangt & das durch einen Brunnen oder dergl. geziert werden kann. Die beiden hinter einander liegenden Stützmauern geben von der Ferne gesehen dem Gebäude einen stattlichen Fuß, & werden viel dazu beitragen, den Eindruck des Großartigen zu erhöhen. – Der übrig bleibende Platz unterhalb der untern Terrasse kann beliebige Verwendung finden, wird wohl aber am geeignetsten zu einer Anlage umgewandelt, durch welche in Windungen sanft ansteigend der Fußweg von Hirschengraben direkte zum Haupteingang führt. Der bestehende Fußweg wird in der Weise verlegt, daß derselbe am Ende der Terrasse mittelst einer Treppe in die Halseisengasse ausmündet, & folglich seiner Bestimmung ebensogut entspricht als bis anhin. – Ob vom Vorplatz des Dr. Meier'schen Hauses aus eine Korrektion des Fußweges nach dem obern Theil des Hirschengrabens stattfinden, & ob auf der entgegengesetzten Seite eine Communication mit dem Niederdorf hergestellt werden soll, ist die Sache späterer Untersuchungen, hat aber von technischen Standpunkte aus durchaus keine Schwierigkeiten.

Aus dem Gesagten geht hervor, daß die neue Anstalt von allen Seiten für Fußgänger & Fuhrwerke leicht zugänglich ist, und mit allen Stadttheilen direkte communizirt. Wir haben:
a. die Rämitannenstraße, Verbindung mit dem Zeltweg, Stadelhofen, auf Dorf ec.
b. die Halseisengasse, Verb. mit dem Centrum der Stadt
c. den Fußweg durch d. Anlagen, Verb. ebenfalls mit den Centrum und dem Niederdorf
d. die St. Leonhardsgasse, Verb. mit dem Niederdorf & dem nordwestl. Theile der kleinen Stadt.

Auf jedem der bezeichneten Wege ist die *Niveaux*differenz zwischen der Stadt & dem Bauplatz zu überwinden; doch kann sich jeder die Gefällsverhältnisse wählen, die ihm am besten zusagen.

Durch diese Anordnung des Ganzen glauben wir der Lage des Bauplatzes – unstreitig des schönsten, den Zürich in dies. Beziehung zu bieten vermag – volle Rechnung getragen zu haben, & zwar ohne daß praktische & pekuniäre Vortheile ästhetischen Rücksichten geopfert werden mußten.

Eintheilung des Hauptgebäudes.

Die Hauptgrundsätze, an welchen das vorliegende Projekt bearbeitet wurde, werden wir später aus einander setzen, da diese das Äußere des Gebäudes ebensosehr beschlagen, als die innere Eintheilung. Für d. innere Distribution hielten wir folgende Punkte maßgebend:
1. Einfache Form des Grundrisses zur Erzielung möglichst einfacher Konstruktion
2. Verlegung sämmtl. Lehrzimmer & Zeichnungssäle nach außen um überall direktes Licht zu erhalten, das nicht durch Reflexe beeinträchtigt wird
3. Verlegung der Zeichnungssäle gegen Norden
4. Möglichste Konzentrirung der den einzelnen Fachschulen angehörenden Räume (Zeichnungssäle, Auditorien & Sammlungen) um die Benutzung derselben, so wie die Aussicht im Allgemeinen zu erleichtern
5. Leichte Verbindung zwischen den Fachschulen & den für gemeinschaftliche Benutzung bestimmten Räumen
6. Placirung der großen Sammlungen in der Weise, daß dieselben zwar von Politechnikum & von der Universität aus direkte zugänglich, doch ein abgeschlossenes Ganzes für sich bilden, & daß das Publikum dieselben besuchen kann, ohne Störungen im Gebäude zu verursachen
7. Möglichkeit, d. Sammlungen später zu vergrößern
8. Vollständige Trennung der Universität vom Politechnikum, jedoch so, daß die gemeinschaftlich zu benutzenden Räume (Sammlungen & *Aula*) in direkter Verbindung mit jeder der beiden Anstalten stehen
9. Genügende & leichte Komunikation zwischen den einzelnen *Etagen* mittelst Treppen
10. Verlegung der einzelnen Abtheilungen in diejenigen *Etagen* & Gebäudetheile, die mit Rücksicht auf Entfernung von verwandten Fächern, geographische Lage u. s. f. am besten für dieselben passen.

Die Grundform des Gebäudes wird durch 2 Längenflügel gebildet, welche in der Mitte durch einen niedrigen Querbau, & an den beiden Enden durch vortretende Seitenflügel verbunden sind. Hierdurch werden wie schon bemerkt 2 große Höfe gebildet, welche den Corridors, den Treppenhäusern & den Abtritten das erforderliche Licht geben. Einige Abwartszimmer abgerechnet bezieht sonst nur der Antikensaal seine Beleuchtung aus den Höfen. Jede der 4 Hauptfronten hat einen größern oder kleinern Vorbau, in welchem die Eingänge angebracht sind & denen die verschiedenen Treppenanlagen entsprechen. Das Gebäude hat ein Kellergeschooß, ein Erdgeschooß & 2 obere Stockwerke, & es sind – wie wir später zeigen werden – die *Niveaux*verschiedenheiten des Terrains theilweise im Gebäude selbst ausgeglichen worden, wodurch das *Vestibule* beim Haupteingang auf gleiche Höhe mit dem Kellergeschooß zu stehen kommt.

Die vom Gebäude bedeckte Oberfläche beträgt nach Abzug der Höfe 67,900 [Quadratfuß].

Von der Haupt oder Westseite betritt man durch 3 große Thore den untern *Vestibule*, der in seiner Architektur & Dimensionen (57´ lg. 26´ breit & 27´ hoch) der Größe des ganzen Bauwerkes entspricht. Zu beiden Seiten führen 2 Thüren theils in d. Wohnung des Abwartes theils in ein Portierzimmer & die untere Abtheilung der Sammlung für Baumodelle. Mittelst einer Treppe von 10 Stuffen gelangt man in den obern Vestibule & hier eröffnet sich dem Auge eine prachtvolle Perspektive v. 180´ Länge durch den Antikensaal & den hintern *Vestibule,* weil alle diese Räume auf demselben *Niveaux* [sic] sich befinden & nur durch gewaltige Glasthüren von einander getrennt sind. – Der Antikensaal – zu den Sammlungen gehörend – ist somit von 2 Seiten zugänglich, & es kann für denselben der gleiche Hauseingang benutzt werden, wie für d. übrigen Sammlungen.

Im obern *Vestibule* befindet sich die Haupttreppe, im Erdgeschooß 3armig, im 1^n Stock nur 2armig. Der erste Treppenarm führt in den Corridor des Erdgeschooßes, die beiden andern in den ersten Stock & die Fortsetzung dieser in den 2^n Stock, wo die Treppe endigt. Im Erdgeschooß befindet sich zwischen dem vordern Mittelbau & dem nördl. Eingange die Bauschule mit allen dazu gehörenden Räumen & bildet somit ein für sich abgeschlossenes Ganzes. Das Auditorium & die Sammlungslokale liegen gegen Westen, die Zeichnungssäle gegen Norden, & alle Räume sind unter sich durch Thüren verbunden. Da der geforderte Raum für d. Baumodelle im Erdgeschooß nicht erhältlich war, so wurde der darunterliegende mittelst einer *Service*treppe mit dem obern Saal in direkte Verbindung gebracht. Jener Saal des Kellergeschoßes eignet sich vortrefflich für die schweren Baumodelle, Baumaterialien ec., da die Gegenstände über keine Treppen geschleppt werden müssen, & Größe & Beleuchtung die schönste Aufstellung erlauben.

In ganz gleicher Weise ist die mechanische Schule zwischen dem nördl. & östlichen Eingang placirt, nur bietet das Erdgeschooß für die Samml. von Maschinenmodellen genügenden Raum, da ein Theil des hintern Mittelbaues hierzu benutzt werden konnte. Zwischen dem vord. & südl. Mittelbau ist die Physik untergebracht, jedoch so, daß ein Versuchszimmer & das Laboratorium im Kellergeschooß liegen & mit den obern Räumen durch eine eigene Treppe in Verbindung stehen. Diese Anordnung wurde mit Beziehung auf Etagen & Himmelsgegend vom Lehrer der Physik gewünscht. In diesem Theil des Gebäudes befindet sich noch zunächst dem *Vestibule* das Zimmer für *Specialconferenzen* nebst einem Vor-Zimmer & das Zimmer des *Cassiers*.

Der südl. Mittelbau enthält den Haupteingang zur Universitæt mit großem *Vestibule* & Treppenhaus & dazu noch einige Zimmer für den Pedellen, dessen Wohnung sich im *Sousterrain* befindet.

Zwischen dem südl. & östl. Mittelbau liegen die Werkstätten in Thon, Gyps, Holz & Metall. Die beiden erstern stehen in naher Verbindung mit dem Antikensaal, letztere mit der mechanischen Schule, was den nothwendigen Verkehr sehr erleichtert. Unter der mechanischen Werkstätte & mit dieser durch eine Treppe verbunden befindet sich der Raum für die hydraulischen Modelle, der Dampfmaschinenraum & das Kesselhaus, letzteres aber außerhalb des eigentlichen Gebäudes. Ferner wurden die nöthigen Magazine für Holz, Kohlen, Gyps Thon im *Sousterrain* so angebracht, daß sie von den Werkstätten aus bequem & ohne Zeitverlust benutzt werden können. Die Werkstätten sind durchweg gewölbt, theils der Solidität & Feuersicherheit wegen, theils um sie von dem obern Stockwerke in jeder Beziehung *complet* abzuschließen.

Im hintern Mittelbau befinden sich neben dem *Vestibule* die beiden auf die Höhe des Erdgeschooßes führenden Treppen, sowie das Treppenhaus, das zu den Sammlungen führt. Der Mittelbau des ersten Stockes enthält wie schon bemerkt Haupttreppe & *Vestibule*, & sodann die Zimmer für den Schulrath, Schulrathspräs.dt Sekretär, Direktor, Copist nebst einem Vorzimmer. Es ist dieses schon der Aussicht wegen der geeignetste Platz für diese Räume.

Der Seitenflügel rechts neben dem Mittelbau wird von der Bibliothek eingenommen, & diese ist somit von allen benutzten Theilen des Gebäudes ungefähr gleich weit entfernt. Über der Bauschule befindet sich auf der entgegengesetzten Seite die Ingenieurschule in ganz gleicher Anordnung & der gemeinschl. Hörsaal für Ingr. & Architekten.

Die Zeichnungssäle für Figuren & Landschaftszeichnen liegen über den Sälen der mech. Schule & haben wie dies. reines Nordlicht.

Der ganze östliche Flügel dieser Etage wird durch die naturwissenschaftlichen Fächer (Abth. Geologie, Mineralogie & Paläontologie) eingenommen. In der Mitte befinden sich das Auditorium, die Zimmer für d. Professoren, die Paläont. Samml. & die Handsammlungen; an diese anschließend die großen Samml. Säle für Mineral. & Geologie in Abtheilungen, wie dies. von den betr. Professoren gewünscht wurde.

Die Südseite des 1. Stockes (soweit die geol. Sammlung dies. nicht in Anspruch nimmt) enthält Hörsäle für die Universitæt, Samml. Zimmer für die med. Fakultæt, Dozenten & Facultätszimmer & s. w.

Im 2ⁿ Stock nimmt d. gemeinschaftl. *Aula* die ganze Länge des vordern Mittelbaues ein, & dieselbe gränzt sowohl an die Räume des Politechnikums als an diejenigen der Universität. Ihre Dimensionen im Flächeninhalt & Höhe erlauben einen der Wichtigkeit der beiden Anstalten entsprechenden Ausbau resp. Dekoration.

Oberhalb der Ingenieurschule liegen auf der Westseite die Hörsäle für die litt. & staatswirthschaftl. Fächer & auf der Nordseite diejenigen für Mathematik, letztere durch ein eigenes Treppenhaus mit den 3 Fachschulen für Architektur, Ingenieurwissenschaft & Mechanik direkte verbunden. Unmittelbar daneben befindet sich d. Forstschule.

Der Eintheilung im untern Stockwerke auf der Ostseite entspricht diejenige des 2ᵗ Stockes, & diese Räume dienen zur Unterbringung der zoologischen Sammlung & der Escher-Zollikoferschen Sammlung. Auditorium, Arbeitszimmer, Abwart u. s. f. sind ganz wie unten disponirt.

Die Südseite & die Westseite bis zum vordern Mittelbau ist zu Hörsälen für die Universität eingerichtet. Im Mittelbau ligt das Senatszimmer mit Vorzimmer & im Kniestock der Karzer.

Das Kellergeschooß hat nebst den bereits aufgezählten Räumen eine Wohnung für den Abwart, bestehend aus Wohnstube, Küche & 4 Zimmern, eine Wohnung für den Pedellen mit gleicher Zimmerzahl, Keller, eine Waschküche, Raum für Löschgeräthschaften, 2 Kesselhäuser für d. Dampfheizung (außerhalb des Gebäudes) Räume für Holz, Kohlen, Werkzeuge für die Hauswirthschaft etc. alles in mehr als genügender Anzahl.

Die Abtritte befinden sich durchaus abgeschlossen neben den Treppenhäusern & es sind auf jedem Stockwerke 11 angebracht. 6 Thüren führen in die beiden Höfe, von denen jeder in der Mitte einen laufenden Brunnen besitzt. [...]

Äußeres & Inneres des Hauptgebäudes vom ästhetischen Standpunkte aus.

In Berücksichtigung einerseits, daß das mit der Hochschule des Kantons Zürich in Eins verbundene eidg. Politechnikum ein Gebäude sein soll, dessen ästhetisch architektonisches Erscheinen seiner Bedeutung & Würde entspreche & monumentalen Charakter trage, – in Berücksichtigung anderseits, daß d. größte Einfachheit in der Wahl der Mittel zur Erreichung des bezeichneten Zieles ebensosehr durch die wahren Prinzipien der Kunst wie durch diejenigen einer verständigen *Oeconomie* des Bauens vorgeschrieben sind, hatten wir bei unserer Aufgabe das künstlerische als unzertrennlich von dem zwecklichen Lokalen & Materiellen zu betrachten, & es mußte uns die ästhetische Wirkung des Werkes wesentlich als das Resultat der genannten Hauptfaktoren, die bei dem Werke zusammentreten, & um deren ästhetische Verwerthung es sich handelt, gelten.

Das Gebäude entwickelt sich auf einem von 3 Seiten eingeschlossenen *Plateau* in einem länglichen Viereck, dessen breite Seiten gegen Westen & Osten gewendet sind. Diese allgemeine Disposition war theils wegen des Umstandes nothwendig, daß d. meisten Lokalitæten der Geb. Sonnenlicht erfordern, theils durch die Form des Bauplatzes theils endlich durch den Umstand bedungen, daß die Westfronte als diejenige welche der Stadt zu gekehrt ist, Hauptfaçade bilden soll.

Dabei ist der Umstand, daß das *Terrain* gegen Westen bedeutend abfällt, als in ästhetischer Beziehung sehr günstig zu betrachten, da es die Mittel an die Hand gibt & gleichsam zur Vorschrift macht, die genannte Westfronte als Hauptfaçade herauszuheben & zugleich die architek. Wirkung & die Charakteristik des Gebäudes überhaupt zu erhöhen. Wir glaubten diese Lokalverhältnisse in der durch d. Zeichnungen ersichtlichen Weise möglichst verwerthen zu müssen, eine Rücksicht, die bei den drei vom Preisgerichte gekrönten Entwürfen – diesen Bau betreffend – entweder gar nicht oder nicht entschieden genug hervortritt.

Wie nun diese westl. Fronte schon durch ihre große Breitenausdehnung, den ansehnlichen Terrassenbau, der sie flankirt, sich als Hauptfaçade charakterisirt, so gewinnt sie noch besondern Nachdruck durch den erhöhten Mittelbau, der als der Innbegriff des ganzen Bauwerkes aus der westlichen Hauptfronte heraustritt.

Durch das Übergewicht des genannten Mittelbaues werden d. Glieder der Façade wozu er gehört, die ohne ihn wegen ihrer Länge in ästhetischem Sinn so zu sagen aus einander fallen müßten, gehörig zusammengehalten. Deßhalb war man bedacht, in dies. Mitteltheil die nach räumlicher Ausdehnung & innerer Bedeutung wichtigsten Lokalitäten zu verlegen, um die Berechtigung zu gewinnen, ihn in entsprechender Weise hervorzuheben. Sein Äußeres sollte gleichsam das Titelblatt sein für den ganzen Inhalt des Werkes & zunächst für dasjenige was es enthält, nämlich d. Haupthalle, die mit ihr in Eins vereinigten Haupttreppen, der in der Verlängerung der Halle liegende Antikensaal, der Versamml. Saal des eidg. Schulrathes, endlich die beiden Anstalten der Hochschule & dem Politechnikum gemeinschaftl. Aula. Die letztere als Festlokalitæt & gleichsam als Sanktuarium der ganzen Anlage bildet die Krönung dies. Mittelbaues & als solche den Abschluß des gan-

zen. Bei ihr motivirt sich daher ein gewisser Reichthum & architektonische Ausstattung, dessen Anwendung bei den übrigen Theilen des Baues keine Berechtigung hätte.
Die beiden mäßig vorspringenden Flügel derselben Front, gleichfalls nothwendige Resultate der innern Einrichtung, bilden ein angemessenes *Encadrement* für den Mitteltheil & die ihn flankirenden Zwischentheile der Front, ohne jedoch die Theile durch ein weites Vortreten von der Seite zu maskiren.
Da die Räumlichkeiten im Innern des Gebäudes genau nach den Seiten des Gebäudes & ihnen entsprechend gruppirt sind, so daß jeder Seite eine besondere Hauptsektion des Programms entspräche, war es möglich, jeglicher Seite ihre besondere architektonische Charakteristik beizulegen. Dabei werden diese Seiten doch wieder durch das ihnen gemeinsame Motiv des Zusamenfassens & Hervorhebens der wichtigsten Lokalitæten in dem Mittelbau jeder Front zusamengehalten, obschon dies. Mittelbau für jede Seite, ihrer Bedeutung & Bestimmung entsprechend, verschieden motivirt ist.
Die südliche Front als die Universitætsseite, charakterisirt sich durch einen überragenden den akademischen Rathssaal enthaltenden Mittelbau mit Universitætsuhr; die Nordseite durch *gallerie*artige Anlage & schmale Fensterpfeiler, ihrer Bestimmung entsprechend, da sie die versch. Zeichnungssäle enthalten wird.
Die Ostseite, halb versteckt, ist die schmuckloseste; auch duldet oder motivirt schon das Innere, dem sie entspricht, keine besondere Hervorhebung des Mittels, das übrigens schon durch ein kräftiges Portal genugsam bezeichnet ist.

Anmerkung. Wir waren bestrebt das Motiv, welches schon in dem äußeren Eingangsportale anklingt, durch alle die Räume hindurch, welche der Mittelbau enthält, mit wechselnden Variationen bis zur höchsten Steigerung seiner Wirkung in der *Aula* durchzuführen. So wird diese letztere nach ihrer Vervollständigung durch Wand- und Deckenmalereien alles Uebrige, das auf sie vorbereitet, beherrschen und zugleich nur im Zusammenhange mit letzterem ganz verständlich sein. In gleichem Sinne sollte die bildnerische Ausstattung der Außenseite und was etwa noch später an Schmuck des Inneren hinzutreten dürfte Bezug zu dem Inhalte dessen haben, was die Decken und Wände der *Aula* zeigen werden. Bei der Dekoration des Putzes der Nordseite durch eingravirte Zeichnungen (*Sgraffito*) wurde hierauf Rücksicht genommen indem bei der Komposition der gleiche Grundgedanke unterliegt der durch die Malereien der *Aula* durchgeführt wird, nur unter speziellerer Beziehung auf das technische Wissen und die Kunst; während in der *Aula* die allgemeine *Cultur* und deren Geschichte nach allen Richtungen Verbildlichung finden wird. GS.

Den verhältnißmäßig zu dessen Ausdehnung niedrigen Etagenhöhen des Baues, die leider durch Sitte & klimatische Verhältnisse vorgeschrieben sind, suchte man durch Hinweglassung der Gurtlinie zwischen der 1ⁿ & 2ⁿ Etage soviel als möglich Rechnung zu tragen.
Außer den bezeichneten räumlichen & lokalen Motiven, deren ästhetische Verwerthung uns am Herzen lag, glaubten wir auch dem Stoffe, der bei der Ausführung des Werkes am meisten formenbestimmend auftritt, nämlich dem Sandstein, durch möglichstes Eingehen in den Stil, den dies. Stoff vorschreibt, Rechnung tragen zu müssen.
Die gleichen Prinzipien leiteten uns bei der arch. Ausstattung des Innern, nur daß bei dieser die räumlichen & lokalen Motive vor den construktiv-materiellen überwiegen mußten.
Die Hauptvorhalle, mit der doppelten Treppe, mit der Terrassenerhöhung im Innern, ihrer sehr langen architektonischen Fortsetzung durch den ganzen Mittelbau hindurch, & durch die Benutzung der Ungleichheiten des *Terrains* erreichten Deckenhöhe, kann ihre architektonische Wirkung bei irgend entsprechender Ausstattung nicht verfehlen.
Ebenso bilden d. übrigen Vorhallen, die breiten Gänge, d. Vorplätze der Etagen & vor allem d. *Aula* hinreichende Motive zu architektonischer Durchbildung, die auch den beiden Höfen nicht vorenthalten werden sollte, wenn irgend die disponiblen Mittel dies. gestatten, da sie von den *Corridors* aus doch überall sichtbar & bedeutsam hervortreten müssen.

Konstruktion.

Wir haben schon bemerkt, daß beim Projektiren der Façaden dem Stoffe alle Rechnung getragen wurde & ganz dasselbe ist mit Rücksicht auf die Grundrisse der Fall. Konstruktive Schwierigkeiten bietet der Bau keine.
Die Stützmauern erhalten eine Quaderverkleidung von Sandstein (*Bossage*) einen Sockel von Würenloserstein & eine ihrer Höhe entsprechende Hintermauerung. Deckblatten, Postamente & Geländerbrüstungen sind ebenfalls aus Sandstein angenommen, die *Ballustres* auf der vordern Seite aus gebranntem Thon. Der untere glatte Sockel des Hauptgebäudes besteht aus hartem Stein, alle übrige Steinhauerarbeit aus Sandstein. Die zu Tage tretenden Mauern des Kellergeschooßes & das ganze Erdgeschooß erhalten bis zum Hauptgurt Quaderverkleidung, unten noch bossirt, oben glatt. Der ganze vordere Mittelbau ist massiv, ebenso derjenige auf der Südseite.

Die beiden obern Stockwerke sollen verputzt mit Besenwurf versehen, & dieser quadrirt werden. Das Hauptgesimse ist durchweg massiv angenommen.
Alle Gebäudeecken haben binderartige Quaderverkleidung.
Die Hoffaçaden bekommen einen Sockel von Sandsteinen, im übrigen Putz – unten Besenwurf mit Fugenschnitt, – oben glatt.
Das Gesimse im Hof ist von Holz.
Die Gewölbe im Innern des Gebäudes werden durch Schaalung gebildet & in Putz hergestellt.
Die Treppengewölbe & die in den Werkstätten sind 5″ stark & in gebrannten Steinen ausgeführt. Die Gewölbe im *Sousterrain* unter den Werkstätten werden aus Bruchsteinen construirt.
Sämtliche Treppen – mit Ausnahme der kleinen Estrichtreppen sollen massiv aus Sandsteinen hergestellt werden.
Die *Corridors* sind mit Blatten, die Laboratorien mit Asphalt belegt.
Die Gebälke erhalten Schrägboden & sind, wo die nöthige Unterstützung mittelst Wänden mangelt, durch Unterzüge & gußeiserne Säulen unterstützt.
Die *Plateforme* auf dem vordern Mittelbau erhält *Asphalt*bedeckung, ebenso ein Theil der Deckung über den Antikensaal & die Mittelflügel des Nebengebäudes zur Vermeidung der häßlichen hohen Dächer.
Die First [sic] ist auf den Flügeln des Hauptgebäudes aus dem Mittel gerückt, theils um auf der Hofseite Mauerwerk zu ersparen, theils um auf den Hauptseiten ein möglichst niedriges Dach zu erhalten.
Als Deckmaterial für das Dach schlagen wir Schiefern vor, jedoch mit Dachverschaalung um dem Wind keine Angriffspunkte zu gewähren.
Fenster & Vorfenster sind von Forrenholz angenommen; der Schutz gegen d. Sonne auf der Süd- & Westseite wird am zweckmäßigsten & [auf] die Architektur des Gebäudes am wenigsten entstellende Weise mittelst *Jalousie*storen hergestellt.
Die Abtrittrohre sind von gebranntem Thon.
Der übrige Ausbau ist einfach, dem Zweck & der Bestimmung des Gebäudes entsprechend. [...]

Zürich, den   Nov. 1858
Wolff Bauinspektor
Gottfried Semper

»Bericht zu dem Projekte für das eidg. Politechnikum & die zürch. Hochschule [Konzept]«, erstattet von Johann Caspar Wolff und Gottfried Semper an Franz Hagenbuch, November 1858 (Staatsarchiv Zürich, V II 23)

1860
Gottfried Semper

Replik auf Kritik am Gipssaal des neuen Polytechnikums

Hochgeehrter Herr Regierungsrath!

Wenn ich in folgender Replik auf zwei an den h. Regierungsrath gerichtete Schreiben, betreffend den Gypssaal des neuen Polytechnikums (das eine von dem Präsidenten des Aufsichtscomité der arch. Sammlung *Dr. Fehr, de dato 30 Mai 1860,* das andere von dem Präsidenten des Dozentenvereins Professor *Claussius de dato 4 August 1860*), etwas eingänglicher sein zu müssen glaubte, so bitte ich deßhalb im Voraus um Entschuldigung. Auch bedaure ich die Nothwendigkeit, dieselbe mit einer Art von persönlicher Zurückweisung gewisser in den beiden Schriften enthaltener Vorwürfe gegen die Architectur des Polytechnikums einleiten zu müssen.

In jenen Eingaben liegt zunächst eine Kritik der für die Aufnahme der Gypse bestimmten Räume, über die ich nichts bemerke, da, nach dem alten bekannten Sprichworte, jeder Autor eines Plans und jeder Bauherr sich diese mehr als andre gefallen lassen muß; sie enthalten aber auch angebliche Verbesserungsvorschläge, die freilich nur als Nothbehelfe dargestellt werden, und dieß in einer Weise als hätten wir Architecten nicht vorbedacht wie und durch welche Mittel die Räume in ihren allgemeinen Dispositionen gewißen speziellern Zwecken anzupassen seien, also mit dem offenen, obschon nicht wörtlich ausgesprochenen Vorwurfe unverantwortlicher Fahrläßigkeit und groben Leichtsinns.

Ein Architect, der sich am Debüt seiner Praxis befände müßte sich dadurch an seiner Berufsehre verletzt fühlen, mir dagegen macht es den gleichen Eindruck, den mein Auftreten unbedingt bei anderen erwecken müßte, wollte ich z. B. Herrn Prof. *Dr. Claussius* zeigen, wie er zu experimentiren habe, oder Herrn Prof. *Dr. Köchly Ovids artem amandi* auslegen, oder Herrn *Dr. Fehr* instruiren wie man Hörer feßele, von welchem Allem ich gerade so viel weiß, wie diese Herrn[1] von dem, worin sie mich meistern wollen, der ich sozusagen unter den Antiken aufgewachsen bin, der ich alle Hauptsammlungen selber sah und studirte, dessen nunmehr 26jährige Praxis sich vornehmlich um das Bauen und Anordnen von Kunsthallen, Ausstellungsräumen, Schaugebäuden u. dgl. bewegt.

Nicht aus Ruhmredigkeit sondern wegen der Nutzanwendungen und praktischen Bemerkungen, die sich daran knüpfen, erlaube ich mir einige jener erwähnten Vorkommnisse meiner Praxis, die zu dem gegenwärtigen Falle und Thema in nächster Beziehung stehen, zu berühren.

Mein erster Debüt als Architect war, im Jahre 1834, gleich nach meiner Rückkehr aus Rom, der Bau eines Privatmuseums für moderne Marmorsculpturen, das ich für den Kaufmann *C. H. Donner* in seinem Park bei Altona ausführte. Es ist ein quadratischer Raum von ca. 30 Fuß Durchmesser, der mit einer 8eckigen Laterne bedeckt ist. Acht quadratische Fenster werfen ein ziemlich steiles Seitenlicht auf die Statuen und Reliefs, die theils an den Wänden, theils im Raume selbst befestigt und aufgestellt sind. Das Licht wird durch Vorhänge beliebig regulirt und gewechselt. Die Elastizität dieser Beleuchtung (wenn der Ausdruck gestattet ist) wurde mir von großen Kennern, von Thorwaldsen und Bißen, deren Meisterwerke jener Raum enthält, als sehr gelungen gerühmt.

Dabei bemerke ich daß über die Beleuchtung der Statuen u. Reliefs, auch der Bilder, unter den modernen Kunstkennern großer Schwindel herrscht, wovon die Alten und auch die Meister der *Renaissance* gar nichts wußten. Die schönsten gr. Götterstatuen standen in halbdunkeln Tempelzellen, aber die meisten Bildwerke waren für den offenen Himmel berechnet und vertrugen jede Art von Beleuchtung. Die berühmten Friese des Parthenon erhielten sogar ihr Licht von unten und waren darauf eingerichtet.[2]

Nur zwei Beleuchtungen sind gleichsam absolut verwerflich:

Zuerst das fast senkrechte Oberlicht, welches Herr Bildhauer *Kaiser* zu unserer (der Architecten des Polytechnikums) und anderer ausübender Künstler größter Verwunderung für den neuen Gypssaal verlangt. Man betrachte nur dieselbe Landschaft im Hochsommer in der Mittagssonne und dann bei Abendbeleuchtung, und man wird auch ohne Kunstkenntniß, von der Irrthümlichkeit dieses Verlangens überzeugt werden. Auch ist das Oberlicht gar nicht, oder schwer, zu reguliren und bleibt es unabänderlich. Hätte Herr *Kaiser* den *Elgin Room* in dem Br. Museum und die schlechte Wirkung einiger Oberlichtsääle im *braccio nuovo* des Vatikans mit andern daneben vergleichen können, er wäre gewiß von seiner Vorliebe für diese Münchner Beleuchtungsart zurückgekommen.[3]

Zweitens ist fast unbedingt verwerflich die *Beleuchtung von Vorne,* die nur zu oft vorkommt, (weil man zumeist die Stellung der Statuen von den gewöhnlich quadratischen Grundformen der Piedestale abhängig machen zu müssen glaubt) und die nach der Skizze der Commission auch von dieser für die Anordnung des neuen Gypssaales supponirt wird,[4] obschon sie, wie gesagt, die allerschlechteste ist, die es geben kann. Jeder Pfuscher im Portraitiren, jeder Photograph weiß dieß, und es ist daher, meiner Ansicht nach, unnöthig darüber nur ein weiteres Wort zu verlieren.

Dagegen ist das so gefürchtete Kreuzlicht gar nicht so absolut verderblich wie es die Herrn Aesthetiker glauben, denn es läßt sich beliebig durch Schirme, sowie durch momentane Blendung eines der Lichter, reguliren, oft ist es sogar sehr wirksam indem es bei geschickter Benützung den Wechsel in der Beleuchtung gestattet, der nicht für alle Bildwerke durch Drehscheiben zu gewinnen ist, auch das Undurchsichtige der Schattenpartieen mildert. Immerhin bleibt die wahre Beleuchtung das seitwärts von oben etwa in der Diagonale des Cubus fallende Licht. Aber nur ein der Praxis durchaus Unkundiger kann verlangen, daß in einer Sammlung, die so viele Gegenstände enthalten muß, letztere insgesammt in diesem Sinne gleich gut beleuchtet sein sollen. Vieles hängt dabei von der Disposition der Schirme, noch mehr von der Stellung der Gegenstände ab, was immer es angienge, vornehmlich für Standbilder das verwerfliche Face-Licht so viel möglich vermieden werde, zu welchem Zwecke es gut wäre runde Piedestale machen zu lassen. […]

Ich komme auf unsere Sammlung und da sehe ich mich nun veranlaßt dem Herrn Präsidenten der Gypskommission, *Dr. Fehr,* aufrichtig dafür zu danken daß er mir mit seinem Schreiben Veranlaßung gibt einmal frei von der Leber wegzusprechen.

Was bildet den wahren Inhalt, die ächte Bedeutung der Gypse? An und für sich haben sie nur geringen materiellen Werth, sind sie bald wieder angeschafft oder nach erhaltenen Beschädigungen restaurirt. Unschätzbar aber sind sie als Mittel der Vervielfältigung des Kunstgenußes, der Erleichterung des Studiums der Meisterwerke, der Verallgemeinerung des Geschmakes für die schönen Künste. Diesem ihrem Zwecke entspricht nur möglichst offene Aufstellung z. B. in der Vorhalle eines Heiligthums der Wissenschaften und Künste, wo der Student und Polytechniker jede Zwischenminute seiner Vorträge (die er hört) zur Uebung seines Sinnes für Schönheit und Kunst benützen könne, damit er sozusagen zum Umgange mit dem Schönen gezwungen werde. Ihm wiedersprechend ist [sic] umgekehrt das ängstliche Unterverschlußhalten, das Fürgeldsehenlassen der Kunstwerke nach dem alten Dresdner Lohndienerschlendrian! Sind doch die unschätzbaren Denkmäler des Vatikans, des *Louvre,* des br. Museums, u. s. w. frei für alle Welt offen und zugänglich, deren Verlust unersetzlich wäre; was thun wir daher so zimperlich mit ihren Kopieen aus Gyps? Eine verschloßene Gypssammlung erfüllt ihre

REPLIK AUF KRITIK AM GIPSSAAL DES NEUEN POLYTECHNIKUMS

U 122.1 (Teil 1) (16.2.1961.3) Nr. 3 / Staatsarchiv des Kantons Zürich.

Seiten 4–5 aus einem Brief, den Gottfried Semper am 22. August 1860 an Regierungsrat Franz Hagenbuch sandte. Er wehrt sich darin gegen Kritik, die einige Professorenkollegen an der Konzeption des Antikensaals des neuen Polytechnikums geäußert hatten.

Bestimmung ungefähr in dem gleichen Sinne wie zu meiner Zeit jene sächsischen Eisenbahnen, deren Fahrtenplan so eingerichtet war, daß jeder Reisende in Leipzig übernachten mußte. Es liegen auch beiden Einrichtungen ungefähr die gleichen Motive zum Grunde. Von diesen gewiß richtigen Voraussetzungen ausgehend schlage ich vor die ganze Mittelhalle des Polytechnikums nebst den Vestibülen und Treppen offen und ungetrennt zu lassen, alle hölzernen und selbst gläsernen Schranken und Trennungen fallen zu lassen, damit das Ganze ein einziges großartiggemeinnütziges Museum bilde![5]
Der einzige halbweg gültige Einwurf, der dagegen zu machen ist betrifft die Benützung des Saals zu Winterszeit. Allein für Heitzung [sic] ist in der Anlage gesorgt, die sehr tiefen Leibungen der Eingänge gestatten doppelte Thüren; auch muß ein Kunstjünger gewohnt werden auch bei nur 10 oder 12 Grad Wärme (die gewöhnliche Temperatur für Museen) nach der Antike zu zeichnen.
Das Gehalt eines Invaliden, der als Portier und Gypsaufseher beständig in den Räumen hin u. her zu schlendern und sie in Ordnung zu halten hätte wäre meines Erachtens kein ruinirender Posten im Ausgabeetat der Anstalt.
Also hinweg mit allen, den Organismus des Baues vernichtenden Fachwänden[6] etc., die zugleich dem wahren Sinne, weßhalb man Gypsabgüße macht und sammelt, zuwider sind.

Ob der Docentenverein hierauf eintreten wird, ob er seine Sammlung zu so unbedingter Oeffentlichkeit dem Staate überläßt, hierüber hege ich Zweifel, obschon ich viele seiner Mitglieder kenne, die meine Ansichten theilen.
Was die Kommission betrifft, wie sie derzeit zusammengesetzt ist, so glaube ich aus ihrer Zuschrift an die Regierung, außer der lobenswerthen Sorge für das Heil der Gypse, auch den Plan durchblicken zu sehen, sich rechtzeitig die Mitwirkung bei der Einrichtung des wichtigen mittleren Theils des Baues zu sichern.
Wir dagegen können nur unter der Voraussetzung, daß keine äußeren Einflüße mehr Statt finden, wenn einmal über die Frage, ob die Sammlung zu isoliren sein oder nicht, entschieden ist, den Erfolg der Anlage und Anordnung des Gyps-Museums verbürgen.
Ich schätze den materiellen Werth der Sammlung auf ca. 6 bis 8 000 Franken, und möchte fragen ob schlimmstenfalls die Regierung den unabhängigen Besitz und das freie Schalten nach eigenen Grundsätzen über eine gleiche Sammlung mit 8 bis 12 000 Franken zu theuer erkauft? […]

Mit ausgezeichneter Hochachtung habe ich die Ehre zu zeichnen:
Gottfried Semper Architekt.
Zürich, den 22 August 1860.

1 Zwar ist in der Zuschrift der Commission von besonderen Sachverständigen die Rede, allein ohne sie zu nennen. Ueber die Kompetenz des Herrn Bildhauers Kaiser in der Ausstellungsfrage wird später zu reden sein. Von Herrn Julius Stadler und Koller weiß ich, daß sie die Agitationen des Dr. Fehr nicht unterstützten. Auch Herr Profeßor Vischer blieb meines Wissens neutral.

2 Man sollte sie daher, um ihre wahre Wirkung zu erkennen, eigentlich auch (im Museum) von unten beleuchten.

3 Um ein Oberlicht für Skulpturen erträglich zu machen gehört bedeutender Seitenraum um die Gegenstände von dem Scheitellicht genügend wegrücken zu können, dann tritt aber erst recht der Fall ein daß der ganze mittlere Raum für die Ausstellung verloren geht.

4 Daneben bemerke ich daß nach dem in der Skizze proponirten Beleuchtungssysteme die Gegenstände von dem Lichtfokus viel zu sehr entfernt stehen würden.

5 Ich kann nicht umhin hier an das Prinzip der Alten bei der Aufstellung von Kunstschätzen in Verbindung mit Architectur zu appeliren. Vergl. den Aufsatz: Tapezierwesen der Alten in dem ersten Bande meines Buches: Der Stil etc.

6 Ich meine nicht die Schirme und Storen zur Anlehnung der Statuen und Reliefs, die nur 8–10 Fuß hoch sind, sondern die eigentlichen

Verschlußwände der Arkaden der Halle, gegen das Vestibül zu.

Replik auf Kritik am Gipssaal des neuen Polytechnikums, Brief von Gottfried Semper an Regierungsrat Franz Hagenbuch, 22. August 1860 (Staatsarchiv Zürich, U 122)

— 1865
Gottfried Semper

DEKORATION DER AULA

Plan der Composition

Das Ganze aller bildlichen Darstellungen und selbst der ornamentalen Ausstattungen des Saales werde einheitlich verbunden und zusammengehalten durch den gemeinsamen Bezug auf die Cultur des Menschengeschlechtes u. deren Geschichte.
In dieser Beziehung bilden sie einen zusammenhangenden *Cyklus*, der aber in drei geschiedene Momente sich gliedert.
Diese entsprechen räumlich
1° der Decke
2° dem Fries, (der sich rings um den Saal herumzieht)
3° den 4 Feldern innerhalb der großen Wand-Arkaden, denen alle anderen Felder und Eintheilungen der Wände sich unterordnen, sowohl räumlich, wie auch in Bezug auf dasjenige, was sie enthalten.

Erstens die Decke

Sie gebe den symbolischen u. allegorischen Ausdruck des Grundgedankens wieder, und zwar anlehnend an die *Mythologie* der Griechen u. speziell an den Sagenkreis der *Pallas Athene*. Den Mittelpunkt aller Beziehungen bilde das kreisrunde Feld in der Mitte der Decke. – Auf ihm sei die Geburt der *Athene* aus dem Haupte des Zeus dargestellt.
Athene schwebt als helle Lichtgöttin über dem Haupte des auf dem Throne sitzenden *Zeus*; links von ihr schwebt *Eos* mit der Fackel und dem Morgenstern, rechts *Clymene*, die Abendsonne, mit der Mondsichel.
Am Fuße des Thrones *Hefaistos, Eileithyia, Eros, Hermes* ect.
In den beiden Lünetten über und unter dem Bilde die Flußgötter *Ilissus & Cephissus*, welche die Handlung der Bilder lokalisieren. *(Athen.)*

Die so geborene Lichtgöttin manifestiert sich in vierfacher Weise als:
1. *Minerva Pronoea*.
2. *Minerva Medica*.
3. *Minerva Ergane*.
4. *Minerva Musica*.
Als solche stellt sie sich sitzend auf den 4 Thronen in den Nischen über jedem Säulenpaare des Saales dar.

1. Minerva Pronoea.

Die wachsame u. läuternde, die strenge, weise u. streitbare Göttin. Ihr Waffenglanz ein Bild des strebenden und kämpfenden Geistes. – Was sie in ihres Geistes Tiefen ersann, brachte *Hermes Trophonios* zur Wirklichkeit.
Außer diesem stehen ihr nahe als Emanationen ihres Wesens: *Tithonios* (Pluton), *Cecrops-Erechtheus;* sodann dessen Töchter *Aglauros* (die Helle), *Pandrosos* (der Morgenthau), *Herse* (der Regen).
Unter diesen u. verwandten Gestalten hat der Künstler zu ihrer Benützung für das Beiwerk des Thrones zu wählen. Letzterer ist mit seinen Figuren »en grisaille« auszuführen, gleichwie die Göttin selbst als Bronzebild, oder vielmehr als monochromes Bild von grünlicher Lokalfarbe, mit Goldbeiwerken, erscheint.

2. Minerva Medica.

Die Heilgöttin mit der Heilschlange, Mutter des *Asklepios*, den sie mit dem Weltgeiste Pan erzeugte. – Sie wird ohne Helm und Waffen im *Peplos* dargestellt mit der Heilschlange und der Patera. – Auch mit einem Kräuterbündel in der Hand.
In nächstem Bezuge zu ihr stehen *Hermes & Cadmilus (Pan), Asklepios* u. die drei Begleiterinnen *Panacaea, Jaso, Hygiea*. – Unter ihnen hat der Künstler seine Sujets zur Dekoration des Thrones zu wählen.

3. Minerva Ergane. (Mechanitis)

Die Künstlerin; Sie ist Vorsteherin aller Arbeiten, wozu Geschicklichkeit gehört u. Erfinderin der Künste und Gewerke. Erichthonius erfindet durch *Athenes* Rath u. Beistand den vierspännigen Wagen u. glänzt dafür als Fuhrmann unter den Gestirnen. – Sie wird in der Friedenstracht u. mit der Fackel abgebildet, auch mit der Spindel.
Ihr nahe stehen, außer dem genannten *Erichthonius,*
Dionysos (Begeisterung)
Tyche (Glück)
Hygiea (Gesundheit)
Erganea (Thätigkeit)
Plutus (Reichthum)
welche der Künstler bei der Dekoration des Thrones benutzen darf.

4. Minerva Musica.

Sie ist die Erfinderin der Beredsamkeit, der *Poesie* u. *Musik*. – Ihr huldigen *Apollon, Dionysos*, die *Horen*, die *Chariten* u. *Musen*. Unter ihrer Chorführerschaft führen die *Dioskuren* Tänze auf.
Sie trägt den *Peplus* den sie im Kampfe ablegt. Der *Peplus* enthielt am Saume den Gigantenkampf in 12 Feldern, in der Mitte den *Kosmos*, die geordnete Lichtwelt. –
Zu diesen 4 sitzenden Hauptfiguren stehen in nächstem Bezuge die figürlichen Beiwerke der Throne. Sodann die vier monochromen grünen Ovalen u. die zwei runden *Medaillons*. Erstere 4 stellen Genien dar (*Horen* oder Zeitgöttinnen) mit den Attributen des Sieges, der Musik, des Kunstfleißes, des Reichthums.
Die 2 runden Medaillons stellen dar:
1° Die Begeisterung auf einem Adler emporsteigend,
2° Die Thatkraft *(Alkes)* welche ein Drachengespann bändigt. (Dampfmaschinen)
Eben so beziehen sich die beiden Gemälde rechts und links vom Saale einerseits auf die Göttin im Kampfe gegen Finsterniß u. rohe Naturgewalt (Gigantenkampf) – Die Giganten von Athene Apoll, Herakles u. den übrigen Lichtgöttern verfolgt suchen Schutz im Schooße der Mutter Erde *(Gaea)*, anderseits auf die schaffende kunstbelebende Göttin (Hochzeit der *Athene* u. des *Herkules*, oder auch *Erichthonius*, der durch *Athenes* Eingebung und Beistand den Wagen erfindet).
Die beiden kleinen Bilder der niedrigen Plafonds über den Tribünen stellen dar: Einerseits das Wissen durch weibliche allegorische Figuren (4 Fakultäten?) anderseits die Kunst (die 3 Grazien als Symbole des Schönen, u. des Kunstschönen im Besondern.)
Rechts und links von diesen Bildern das eidgenössische u. das Zürcher Kantons-Wappen.

Zweitens der Fries

Dieser gibt einen Inbegriff der Kulturgeschichte in zugleich symbolischer u. historischer Auffassung. Symbolisch durch sitzende Genien, Lokalgötter, Flüsse u. Städte, welche auf die Hauptsitze der Kultur hinweisen. z. B. *Euphrat & Tigris* für die chaldäisch assyrische Kulturperiode. Ober- u. Unternil (oder *Theben & Memphis*) für Aegypten; *Athen & Sparta* für Griechenland, *Rom, Byzanz, Paris, Florenz* u. s. w.
Diese Figuren sind *en grisaille* auszuführen, auf Feldern die sich jedesmal über den Säulen befinden u. den Fries gleichsam tryglyphenartig eintheilen. (Siehe Durchschnitt)

In den dazwischen befindlichen Theilen des Frieses, die bald länger bald kürzer sind, wird in Farben auf blauem Grund (oder Goldgrund?) derjenige Abschnitt der Kulturgeschichte in Hauptmomenten desselben inbegrifflich dargestellt, der sich an die Örtlichkeiten knüpft, worauf in den symbolischen Figuren daneben hingedeutet wird.

Drittens die Wände

Die Eintheilung derselben ist derart, dass auf jeder Langseite 2 schmale Abschnitte durch *Pilaster* von 3 breitern Abschnitten getrennt sind.
Die großen Abschnitte sind einerseits durch Fenster in Anspruch genommen, anderseits befindet sich im mittlern Abschnitte eine Thür. – Die beiden andern großen Felder dieser der Fensterseite gegenüber liegenden Wand bilden von Bögen umschlossene große Mauerflächen.
Diesen letztern entsprechen 2 andere Mauerflächen von gleicher Größe auf den beiden Schmalseiten des Saales.
Der Plan der Composition geht nun dahin, die vier ganzen Wandfelder u. den über der Thür befindlichen Raum mit 5 bildlichen Darstellungen auszustatten, welche die Verherrlichung des Fortschrittes der Menschheit in ihren berühmtesten Förderern bezwecken.
–
Fünf Hauptbilder, in deren jedem um einen beliebigen Mittelpunkt der Beziehungen berühmteste u. größte Männer ihres Fach's versammelt sind.
Rechts vom Eingange:
1. die Schule des reinen Wissens (Philosophie),
2. die Schule des exakten Wissens (Naturwissenschaften, Mechanik ect.)
Links vom Eingange:
1. die Schule der Beredsamkeit, Poesie u. Musik.
2. die Schule der bildenden Künste.
Dieser Lage rechts u. links vom Eingange müssen auf den Deckenbildern in ihrem jedermaligen Bezuge zu den Wandbildern von denen hier die Rede ist [die Motive?] entsprechen.
Ueber der Thür die Religion als dritte Äußerung des geistigen Strebens nach Vollkommenheit, vertreten durch die Religionsstifter: *Zoroaster, Moses, Christus, Buddha* u. *Mahomed*.
Auf diese 5 Bilder bezieht sich Alles, was sonst noch auf den Wänden dargestellt wird, nicht buntfarbig, sondern theils en grisaille, theils grün en comayen, theils blau mit Goldlichtern.
1° *Zwickel* über den acht Hauptbögen des Saales:
Mythische Culturträger.
a. Über dem Eingangsthürbogen u. der Religion:
die Propheten und Sibyllen.
b. Über der Philosophie: *Athene, Prometheus, Osiris.*
c. Über der praktischen Wissenschaft: *Vulcan, Ceres, Hermes, Chiron.*
d. Über der Poesie: *Orpheus, Voluspa, Anphion* etc.
e. Über der bildenden Kunst: *Trophonius & Harmonia, Daedalus, Smilis,* der Schmid *Wiland* u. dergl.
f. Über den drei Fensterbögen: sechs andere mythische Culturträger.
2° 12 Lünetten in den kleinen Nischen mit allegorischen Figuren; die Tugenden u. die Geisteswissenschaften die zum Großen führen.
3° Zwickel über diesen Nischen, 16 an der Zahl. Genien mit den Attributen der in der Lünette dargestellten Tugend. (oder mit Inschriftstreifen)
4° 12 Medaillons über den Nischen etc: Auch diese müssen Bezug haben auf die in den kleinen Nischen dargestellten Tugenden.
Prometheus raubt das Himmelslicht.
Prometheus bildet Menschen.
Orpheus unter den Thieren.
Hermes erfindet die Leyer.
ect. ect.
5° Füllung über der Thür:
Libertas & Concordia mit dem Schweizer Wappen.
6° Arabesken in den Füllungen der Holztäfelung des Stylobats, bläulich mit Goldlichtern auf perlgrünem Grunde, Oelfarbe.

Art der Ausführung der Dekorationen

Ich hatte die Idee den Plafond auf Leinwand in Oel zu malen u. auf einer Unterlage von Löschpapier an die Stuckdecke anzukleben, das Übrige mit Ausnahme der 5 großen farbigen Bilder an den Wänden, der Wappenbilder über der Thür, u. der Arabesken in dem hölzernen Stylobat in Leimfarben auszuführen. Die bezeichneten 5 großen farbigen Bilder wären wohl *in fresco* oder nach der neuen Wasserglasprocedur (wie sie Kaulbach anwendet) zu behandeln. Sie bilden übrigens einen Gegenstand für sich der allenfalls noch unerledigt bleiben könnte. Sie wollen sehr reiflich erwogen sein.
Da die Boiserie des Stylobats nicht wohl anders als in Oel behandelt werden darf, so folgt von selbst daß auch die Arabeskenmalerei auf ihr in Oel auszuführen ist. Das Gleiche gilt von dem Wappenbilde über der Thür. Vergoldung ächt! aber möglichst sparsam; wo es der Entfernung wegen angeht den Gelb [sic] mit Goldlichtern zu ersetzen.
Sollte die Kostenfrage oder sollten andere Gründe der Ausführung des Plafonds in Oel auf Leinwand entgegentreten, so wäre derselbe auf den sorgfältig präparirten Deckengrund von Kalkputz in Leimfarben oder nach der neuen Wasserglasprocedur auszuführen. Ich sehe über diese u. andere Fragen der Ausführung den Vorschlägen der Herrn Künstler entgegen, wobei besonders auch die Rücksichten auf thunlichst rasche u. auf mindest kostspielige Ausführung in Betracht zu ziehen sind.

NB. Die Oelausführung der Decke des Theaters in Dresden hat sich bei der Restauration desselben als sehr praktisch erwiesen.

Zürich, 2 März 1865
sig: G. Semper

»Eidgenössisches Polytechnikum in Zürich. Dekoration der Aula«, Gottfried Semper, 2. März 1865 (Staatsarchiv Zürich, V II 25)

—
1876
Georg Lasius, Julius Stadler, Adolf von Salis

Gutachten über die Auladecke des Polytechnikums

Hochgeachteter Herr Bundesrath

Mit Zuschrift vom 8. Juli haben sie uns mit dem Auftrage beehrt ein Gutachten abzugeben über den Zustand des Plafonds der Aula im Polytechnikumsgebäude in Zürich. [...]
Ihr Auftrag stellt nun folgende Aufgaben:
1° Die ganze Decke nach Möglichkeit zu untersuchen und dabei die nötigen Erhebungen zu machen, ob die Malerei ohne wesentlichen Schaden abgenommen und wieder angebracht werden könne.
2° Sollen wir uns darüber aussprechen ob wir uns ein ganz bestimmtes Urtheil über den Zustand des Plafonds haben bilden können, wo nicht, was unsere Anschauung über den wahrscheinlichen Zustand desselben & das sich darnach ergebende Verfahren sei?
Kurz nach dem Unfall in der Aula wurden von der cantonalen Baubehörde alle Anstalten getroffen weiteren Beschädigungen vorzubeugen & einer baldigen Renovation Vorschub zu leisten, indem vorerst ein sorgfältig construirtes Gerüst unter der ganzen Decke des Mittelraumes erstellt, die noch lose hängenden Theile der Gemälde heruntergenommen & das Übrige gegen ein Weiterreissen bestmöglichst geschützt wurde.

Mit diesem Gerüste war dann auch Gelegenheit geboten den Plafond von der untern Seite zu besichtigen. Ferner ließ der Bauinspector zur genaueren Untersuchung der Dach- & Deckenconstruction das zwischen Beide eingefügte Schutzdach von Blech entfernen sodaß der Plafond auf seiner obern Seite freigelegt & man bis zu den Gipslatten gelangen konnte.

Unsere Untersuchung hat nun ergeben daß ausser der Einen schadhaften Stelle, der ganze übrige Theil der Decke intact geblieben ist, sich weder andere lose Stellen noch andere Mängel zeigen, wie auch das Baumaterial, soweit es von aussen zu erkennen, sich als vollkommen gesund ergibt.

Die Beschädigung rührt unbedingt von Durchnässung her indem infolge einer Undichtigkeit des frühern Asfaltdaches Wasser eingedrungen ist das, dem Holze entlang laufend sich in den Zapfenlücken festsetzte, Streben & Balken anfaulte & sich dann auch der Pflasterdecke mittheilte.

Es scheint nun daß zufällig diese Stelle von Anfang an nicht gut und eben verputzt wurde & daß man um die Unebenheiten auszugleichen nun Gipslatten & Putz auftrug & ehe noch das Wasser völlig verdunstet war, schon die bemalte Leinwand aufleimte. Die Folge dieser so unverantwortlich flüchtigen Flickerei war daß die Nägel die Last des 45 mm dicken von Wasser gesättigten Packs [?] nicht zu tragen vermochten sodaß dieses herunterfiel.

Ob nun noch andere derart behandelte Stellen sich am Plafond befinden könnte bei der nur von der obern Seite her möglichen Untersuchung nicht bestimmt werden, es ließ sich nur erkennen daß sonst nirgends Spuren von erheblicher Feuchtigkeit sich zeigen.

Wenn nun bei dem sonst guten Zustande des Daches wie der übrigen Theile des Plafonds zunächst keine weiteren Schäden zu befürchten sind, so bleibt es immer eine bedenkliche Sache daß eine so kostbare Malerei an eine so schlechte Construction gebunden ist. Das Bedenkliche liegt namentlich darin daß bei irgend einer zufälligen Verletzung des Daches der Unfall sich wiederholen kann da es bei der ganzen Anordnung unmöglich ist den Schaden rechtzeitig wahrzunehmen und & ihm zu begegnen.

Ob wie und wie die Gemälde vom Plafond abgelöst und wieder angebracht werden können, können wir nicht beurtheilen & dürfte dies allein der Maler im Stande sein, der die Malereien ausgeführt & aufgemacht hat der überhaupt den Zustand der Putzfläche kennen wird.

Zur fernern Sicherstellung der Decke sind:
Erstens die angefaulten Hölzer zu entfernen und durch Neue zu ersetzen
Zweitens ist das Schutzdach, das mit seinem eigenen Wasserfall versehen, sich gut bewährt hatte wieder zu erstellen, es hätte dies jedoch in einer Weise zu geschehen daß der Construction mehr Luft und Licht zugeführt und dadurch auch eine bessere Controllirung des Zustandes der gesammten Construction möglich würde.

Da es nicht unmöglich daß durch die Vorkehrungen bei der Auswechslung der oben angeführten Stücke die Decke so erschüttert wird, daß sich noch andere Stellen loslösen könnten so ist auch aus diesem Grunde die Herbeiziehung des Malers Herrn Bin in Paris unerlässlich.

Wir zweifeln nun nicht daß es der Geschicklichkeit und Sorgfalt der Bauleitung gelingen werde dieses so kostbare Kunstwerk dauernd zu sichern, da jedoch weder der Bauinspector noch seine Angestellten beim Bau des Polytechnikumgebäudes bethätigt gewesen und der Gipsermeister der die Stuccaturen gemacht, gestorben ist so ist Herr Bin die einzige Persönlichkeit die in Stande ist über die Decke ein Urtheil zu fällen auf welches hin die weiteren Vorkehrungen getroffen werden können.

Hochachtungsvollst
Prof. J. Stadler Architect
Prof. G. Lasius Architect
A. Salis

»Gutachten über die Auladecke des Polytechnikums«, Brief von Julius Stadler, Georg Lasius und Adolf von Salis an Bundesrat Numa Droz, 2. Oktober 1876 (Staatsarchiv Zürich, V II 25)

— 1863
Carl Kořistka

Die eidgenössische polytechnische Schule in Zürich. Lokalitäten

Da die Regierung die Schule rasch in's Leben gerufen haben wollte, so konnte man nicht abwarten, bis ein ausschliesslich für die Zwecke derselben bestimmtes Gebäude, dessen Bau beschlossen wurde, vollendet sein würde, und musste daher, so gut es eben ging, einstweilen für die verschiedenen Abtheilungen und Klassen passende Lokalitäten ausfindig machen. So kam es, dass die Schule in verschiedenen Lokalitäten der Stadt untergebracht werden musste, von denen wir nur die alte Universität, die Kantonsschule, das Kornamt, das Stiftsgebäude und den Kapler Hof nennen wollen, welche von einander ziemlich weit entfernt und für einen derartigen Unterricht meist gar nicht geeignet sind. Nur die chemisch-technische Schule hat seit Kurzem den Neubau bezogen, da dieser Theil zuerst begonnen wurde, und da die Vollendung des ganzen grossartigen Baues unmittelbar bevorsteht, und daher auch der Unterricht der anderen Abtheilungen bald dahin verlegt werden wird, so wollen wir uns lieber gleich zur Beschreibung des letzteren wenden.

Gleich bei der Gründung der Schule übernahm der Kanton und die Stadt Zürich die Verpflichtung, ein für die Zwecke derselben taugliches Gebäude zu errichten, und die Verhandlungen hierüber zwischen dem Schulrathe, den Kantonsbehörden von Zürich und dem Bundesrathe begannen bereits im Jahre 1855, kamen jedoch erst zu Ende 1858 zum Abschluss, indem der Grosse Rath von Zürich einen Kredit von 1,700,000 Francs zur Herstellung eines Gebäudes bewilligte, dessen Pläne gemeinschaftlich von Professor Semper und Bauinspektor Wolf entworfen worden waren. In diesem Gebäude sollen alle für das Polytechnikum nöthigen Räume, sowie auch jene der Universität Zürich untergebracht werden.

Der Platz, welcher für das Polytechnikum gewählt wurde, liegt zwar etwas entfernt vom Mittelpunkte der Stadt, hat aber dafür den Vortheil einer freien Lage, vollständiger Ruhe der Umgebung und vollen Lichtes von allen Seiten. Er bildet eine natürliche Terrasse des waldigen Zürichberges und liegt 160 Fuss über dem Spiegel des Züricher See's, so dass die imposante Hauptfaçade des Gebäudes der Südseite und folglich der darunter liegenden Stadt zugekehrt ist, und, überall sichtbar, wesentlich zur Verschönerung derselben beiträgt. Die Schule besteht aus dem Hauptgebäude und der chemischen Schule. Das Hauptgebäude bildet ein Rechteck, dessen längere Seite 426 Fuss (Schweizer) und dessen kürzere Seite 256 Fuss beträgt. Dieses Rechteck bildet im Inneren zwei mit Brunnen versehene Höfe, welche durch einen Mittelbau von einander getrennt sind. Die Façade ist im Renaissancestyl gehalten, der Mittelbau durch eine schöne korinthische Säulenstellung hervorgehoben und der ganze Bau in hellgrünem Sandstein ausgeführt.

In das Innere führen vier Eingänge. Der Haupteingang befindet sich im Mittelbau, welcher ein mit toskanischen Säulen geziertes Vestibul, sowie das Treppenhaus enthält, und an welchen sich in würdiger Weise der 72 Fuss lange und 56 Fuss breite Antikensaal, in dem die schönen Gypsabgüsse des archäologischen Museums aufgestellt werden sollen, anschliesst. Aus der beiliegenden Skizze sind die weiteren Dispositionen des ganzen Gebäudes besser zu

ersehen, als man diess aus einer blossen Beschreibung zu thun vermöchte. Wir bemerken hier nur noch, dass dieselben unserer Meinung nach äusserst zweckmässig angelegt sind. Die Hör- und die Zeichensäle sind alle sehr licht und geräumig, und bei den Sammlungen ist durchgehends auf eine sehr bedeutende Vermehrung derselben vorgesehen. Die Beheizung sämmtlicher Lokalitäten geschieht mit Wasserdampf durch eiserne Röhrenleitungen, was in Zürich um ⅓ weniger kosten soll als die dort übliche Holzheizung. Der ganze östliche Flügel des Hauptgebäudes ist der Züricher Universität vorbehalten.
Hinter dem Hauptgebäude befindet sich die chemische Schule, welche äusserst zweckmässig, namentlich auch im Souterrain, eingerichtet ist, wie aus der Skizze näher ersichtlich; und ein paar hundert Schritte weiter auf dem Abhange des Zürichberges ist die neue, mit dem Polytechnikum verbundene Sternwarte nach einem Projekte Semper's ebenfalls im Baue begriffen.
Die Kosten des Hauptgebäudes sammt der chemischen Schule dürften sich nach ihrer Vollendung auf nahezu zwei Millionen Francs und jene der Sternwarte auf etwa 130,000 Francs stellen, ohne die innere Einrichtung. Gewiss an sich eine bedeutende Summe, aber nicht bedeutend, wenn man den kolossalen Bau gesehen hat, und wenn man bedenkt, dass damit der Kanton Zürich ein unvergängliches Denkmal seiner Intelligenz und seines Verständnisses unserer Zeit geschaffen hat, indem er den industriellen und technischen Wissenschaften und Künsten eine Zufluchtsstätte schuf, wie sie noch keine [sic] der grössten Staaten Europa's besitzt.
Wir haben bei der Beschreibung dieser jungen, aber kräftig emporstrebenden Schule länger verweilt, als bei Beginn der Arbeit unsere Absicht war, weil wir dieselbe, wenn auch ihre Schülerzahl noch geringer ist als anderswo, doch für eine der bedeutendsten und zukunftsvollsten unserer Zeit halten. Gediegene Lehrkräfte und eine dem Fortschritte der Industrie und der Technik entsprechende ungehemmte Entfaltung scheinen ihr gesichert. Möge sie stets auf die freie Kritik ihres Wirkens hören, und möge sie sich nie verleiten lassen, nach dem Beispiele anderer Schulen ihr Verdienst in der möglichst grossen Zahl ihrer Schüler zu suchen!

Kořistka, Carl: Der höhere polytechnische Unterricht in Deutschland, in der Schweiz, in Frankreich, Belgien und England. Ein Bericht an den h. Landesausschuss des Königreichs Böhmen. Gotha 1863, S. 21–23

— 1866
Wilhelm Lübke

KUNSTLEBEN IN DER DEUTSCHEN SCHWEIZ

[…] Ueberaus erfreulich ist das Bild des wissenschaftlichen und künstlerischen Lebens, das sich in Zürich immer mehr zu entfalten scheint. Der Wetteifer des Polytechnikums und der Hochschule bringt namentlich in die wissenschaftlichen Bestrebungen eine Regsamkeit, welche man in Deutschland kaum an einem Orte mittlerer Größe in ähnlicher Weise finden dürfte. Das künstlerische Leben hat seine Stütze in dem Künstlerverein, dessen Gebäude in anmuthiger Lage über der Stadt thront und freilich mehr durch die köstliche Aussicht als durch die nicht eben beträchtliche Gemäldegalerie anzieht. […] Aber ganz in der Nähe erhebt sich das eidgenössische Polytechnikum, ein Bau, mit dessen Ausführung sich der Kanton Zürich ein Ehrendenkmal gesetzt hat. Wohl ließe sich daran Manches anders wünschen: die große Ausdehnung des Gebäudes hätte vielleicht eine wirksamere Gruppirung der Massen, einen kräftigeren Abschluß durch Gesimse verlangt. Die Menge der gleichmäßig angeordneten Fenster giebt dem Ganzen etwas Monotones, das durch eine markigere Behandlung der Profile möglicherweise zu vermeiden gewesen wäre. Ebenso ist im Innern die Eintheilung der Säle mit den dünnen Eisensäulen, welche die Deckenbalken stützen, nicht überall glücklich gelungen und in der Ausführung hätte Manches solider sein sollen. Aber vergessen wir auch nicht, daß es keineswegs mit einem Palast, sondern mit einem Schulhause in den größten Dimensionen zu thun haben, und daß für ein solches ein gewisses Maßhalten vorgezeichnet war. Grade darin verfehlt es unsre heutige Architektur so oft, daß sie nicht zu unterscheiden vermag und den bezeichnenden Ausdruck für die verschiedensten Gattungen von Gebäuden so selten zu treffen weiß. Eine würdige Einfachheit war bei einem Gebäude für Unterrichtszwecke ganz am Platz; nur hätten wir es gewünscht, wenigstens die ganze Façade der Hauptseite in Quadern ausgeführt zu sehen. Statt dessen ist nur das hohe aus zwei Stockwerken bestehende Erdgeschoß und der Mittelbau sammt den Ecken, Fenstereinfassungen und Gesimsen aus Werkstücken errichtet, das Uebrige dagegen mit einem Stucküberzuge versehen worden.
Um das Unerfreuliche dieses Nothmaterials zu mildern hat Semper, von welchem die künstlerische Arbeit des Ganzen herrührt, an der Nordseite die beiden oberen Geschosse mit Sgraffito-Malereien schmücken lassen, von denen wir unsern Lesern das mittlere Hauptstück in einer Zeichnung zur Anschauung bringen. […] Die Hauptelemente der Dekoration bestehen in zwei Friesen, von denen der eine, über der oberen Fensterreihe, die Wappen der eidgenössischen Kantone, der andere, unter den Fenstern des Hauptgeschosses, die hervorragenden Vertreter des Geisteslebens der Menschheit in Wissenschaften und Künsten von den Griechen bis auf unsre Tage in laubgeschmückten Medaillons enthält. Der Mittelbau ist im oberen Geschoß durch die großartigen Gestalten der Wissenschaft und der Kunst, die mit begleitenden Genien in gemalten Nischen dargestellt sind, hervorgehoben. Die übrigen Flächen sind an Pfeilern, Gesimsen und Sockeln mit einer Fülle graziöser Ornamente, Laubgehänge, Embleme und freier Verzierungen bedeckt. Das Ganze macht in seiner Anspruchslosigkeit einen wahrhaft künstlerischen Eindruck. Es wäre sehr zu wünschen, daß die Behörde auch für ähnliche Ausschmückung der übrigen Theile des Außenbaues, die nicht in Quadern ausgeführt sind, die Mittel bewilligen möchte. […]
Im Uebrigen hat der Architekt, da die Mittel zu einer in allen Theilen reicheren Ausstattung nicht gewährt werden konnten, sich in weiser Mäßigung darauf beschränkt, die ideale Bedeutung an den Hauptpunkten des Gebäudes auszusprechen. Dahin gehört zunächst das Treppenhaus der Universität, welches den Südflügel des Gebäudes inne hält. Wie sich hier in den einfachsten Formen, vom Vestibül mit seiner schlicht dorischen Ordnung die zweiarmige Treppe entwickelt und nach oben leichter, zierlicher und eleganter wird, das giebt den Eindruck edler Würde. Nur einige Farbenwirkung hätten wir gern gewünscht; da Semper in ihrer Anwendung ein Meister ist, so wird es wohl an den Mitteln, weniger an der Lust dazu gefehlt haben. Die Hauptwirkung hat sich der Architekt jedoch für den Mittelbau der westlichen, gegen die Stadt gewendeten Seite aufgespart. Drei große Rundbogenportale öffnen sich zwischen dorischen Pilasterstellungen. Die Pilaster sind gleich dem gesammten Erdgeschoß in einer Rustika durchgebildet, die in ihrer Energie einen lebendigen Gegensatz gegen die übrigen Theile ausspricht, aber in der Behandlung denn doch etwas ruhiger und gleichmäßiger hätte sein dürfen. Was nun an der Vorderseite überhaupt dem ganzen Bau die schönste Wirkung sichert, ist die souveräne Art, mit welcher der Architekt die Ungleichheiten des Terrains zu großen Rampen mit Treppen und Balustraden benutzt hat, die an beiden Seiten sich erheben, und deren Wände mit gewaltigen Rustikablöcken höchst wirksam eingefaßt sind. Kehren wir nun zum Mittelbau

selbst zurück, so finden wir das Obergeschoß desselben mit drei kolossalen Bogenfenstern zwischen korinthischen Säulenstellungen gegliedert, die mit ihren dominirenden Formen einen großartigen, weithin wirkenden Eindruck machen. Zwischen dies Obergeschoß und das hohe Erdgeschoß ist ein kleineres Stockwerk eingeschoben, welches durch den Kontrast jene Formen noch majestätischer heraushebt und zugleich das einfachste Mittel darbot, die Linien und Anordnungen des Hauptgeschosses auch hier durchgehen zu lassen und so den Mittelbau mit dem Uebrigen in organische Verbindung zu setzen. Dies Zwischengeschoß ist den Verwaltungslokalitäten eingeräumt, während das obere Geschoß mit den kolossalen Fenstern sich sofort als Aula zu erkennen giebt. So spricht ein Meister architektonischer Komposition die Bedeutung des Inneren überall am Aeußeren aus. Treten wir nun durch eins der drei großen Portale ein, so erhalten wir den Eindruck hoher Raumschönheit und edler Gliederung, den wir unseren Lesern durch einen Holzschnitt zu veranschaulichen suchen. Semper hat das ansteigende Terrain in einer aufsteigenden Bewegung der ganzen Anlage zum Ausdruck gebracht, wie wir sie in ähnlicher Großartigkeit nur in genuesischen Palästen kennen. Schon zu den Portalen führt eine breite Freitreppe. Aus dem dreischiffigen, mit Säulenstellungen gegliederten Vestibül gelangt man dann über eine zweite Treppe in ein zweites Vestibül, von welchem in zwei selbständigen Armen rechts und links die Haupttreppe zum Festsaal emporsteigt. Die Wölbung ist in der Mitte durch ein mit Balustraden eingefaßtes Oberlicht durchbrochen, welches zumeist des schönen Durchblickes wegen angelegt wurde. In der Hauptaxe des Gebäudes aber setzt sich das Vestibül in einem großen dreischiffigen Säulensaal fort, der die Sammlung der Gypsabgüsse nach Antiken aufnimmt. Obwohl Glasthüren die Oeffnungen schließen, giebt der Blick, der diese ganze großartige Anlage umfaßt, das Gefühl einer Raumschönheit, wie sie in modernen Gebäuden nur selten vorkommt, in so hohem Maße aber wohl kaum einem anderen heutigen Architekten zu Gebote steht, wie eben Semper. Und selbst der Umstand, daß bis jetzt die von ihm beabsichtigte dekorative Bemalung der Gewölbfelder nicht zur Ausführung gekommen ist, setzt die Kunst des Meisters in um so helleres Licht, da diese Räume ihre Schönheit sogar ohne alles schmückende Beiwerk zu Geltung bringen, der rechte Prüfstein für die Bedeutung einer architektonischen Komposition.

Das erste Hauptpodest der Treppe enthält die Vorräume der für die Verwaltung bestimmten Lokalitäten. Hier finden sich die Zimmer für den Direktor, den Präsidenten des Schulraths und seine Kanzlei, so wie ein Saal für die Sitzungen des Lehrerkollegiums. Da diese Räume die gleiche Stockwerkshöhe mit dem Hauptgeschoß des ganzen übrigen Baues haben, so hat der Architekt durch eine zierliche Pilasterarchitektur mit Nischen, denen freilich die plastische Ausfüllung noch fehlt, diesem Raume den Charakter heiterer Anmut gegeben. Minder glücklich ist er dagegen bei dem oberen Podest der Treppe gewesen, welches den Zugang zu Aula vermittelt. Hier verlangt das Auge entschieden etwas mehr Höhe, denn der weite Vorplatz, dessen Decke auf einigen schweren ionischen Säulen ruht, macht einen gedrückten, mühsamen Eindruck. Imposant dagegen wirkt die Aula selbst, für welche Semper eine reiche malerisch-plastische Dekoration erfunden hat. Ihr Schwerpunkt ruht in einem Bildercyklus an der Decke und den Wänden, welcher in einigen historisch-symbolischen Hauptbildern und einer Anzahl größerer und kleinerer Einzelfiguren den Gang menschlicher Kulturgeschichte in hoch idealem Stile schildern soll. Erst mit dieser Dekoration wird der Raum seine imposante Wirkung völlig erhalten. Möge man hier nicht engherzig den Meister beschränken, denn ein Kargen mit den Mitteln, ein nur theilweises Ausführen des Gedankens wäre eine nicht zu rechtfertigende Verstümmelung. Möge namentlich der kleinliche Sinn, welcher sich in dem winzigen Brunnen vor dem Mittelbau ein klägliches Denkmal gesetzt hat, auch bei dieser wichtigsten Partie der inneren Ausstattung nicht zu Herrschaft kommen. Will man in der Schweiz etwas Ernstliches für die Kunst thun, so wäre es in erster Linie angemessen, dem ganzen Polytechnikum die volle Ausschmückung zu geben, welche der Meister demselben zugedacht hat. Namentlich dürfen dem Vestibül sammt dem Antikensaal und dem Treppenhaus die grau in grau auszuführenden Deckengemälde nicht ferner entzogen werden, auf welche die sinnreiche Gliederung sämmtlicher Gewölbe angelegt ist. Hier ist vor Allem ein schöner Anlaß, der Kunst eine würdige Aufgabe zu stellen. [...]

[Lübke, Wilhelm]: Kunstleben in der deutschen Schweiz, in: Zeitschrift für bildende Kunst 1 (1866), S. 239–242; 262–263, hier S. 240–242; 262–263

— 1877
Schweizerischer Ingenieur- und Architecten-Verein, Section Zürich

ZÜRICH'S GEBÄUDE UND SEHENSWÜRDIGKEITEN

Das eidgenössische Polytechnikum steht frei auf einem steil abfallenden Plateau und hat eine der schönsten Aussichten auf den Zürichsee und das Limmatthal. Dasselbe wurde auf Kosten der Eidgenossenschaft und des Kantons um die Summe von 2½ Millionen Franken gebaut, der S. O. Flügel dient der zürch. Universität. Der Mittelbau mit dem Haupteingange auf der S. W. Seite ist in einfachem aber effektvollem italienischem Renaissance-Styl ausgeführt. Der Bau ist nach Plänen von Hrn. Prof. Semper von dem Hrn. Staatsbaumeister Wolf in den Jahren 1859–1863 ausgeführt worden. Durch das schöne Vestibul und die beiden grossartigen Treppenhäuser gelangt man in die schöne, mit Malereien nach Sempers Entwürfen, geschmückte Aula, welche zu feierlichen Gelegenheiten sowohl des Polytechnikums wie auch der Universität dient. Die Aula hat eine lichte Höhe von 9 Meter.

Die Grundform des Gebäudes bilden zwei Längen- und drei Querflügel, durch welche Anordnung zwei Höfe zur Beleuchtung der Treppen und Gänge gewonnen wurden. Die Mittel- und Seitenflügel treten bis 5,7 Meter über die Längenfronten vor, um denselben das nöthige Relief zu geben. Die Länge der Hauptfronten beträgt 127,2 Meter, die Länge der Seitenflügel 76,05 Meter und deren Breite 13,5 Meter. Der Mittelbau ist 27,45 Meter breit und 28,14 Meter hoch, die Höhe der Hauptvorhalle 8,10, des Antikensaales 7,90 Meter, Plainpied 7,30 Meter, I. Stock 5,40 und II. Stock 4,70 Meter.

Der Bau hat auf allen 4 Seiten Eingänge. Der am reichsten gehaltene Haupteingang auf der Westseite führt in die erste Vorhalle zur Haupttreppe und zum Antikensaal, der die vordere und hintere (östliche) Vorhalle mit einander verbindet. Der Eingang auf der Südseite ist ausschliesslich für die Universität bestimmt und desshalb reicher gehalten als die Eingänge der Nord- und Ost-Seite, von denen der Letztere grösstentheils zum Eintritt in die naturwissenschaftlichen Sammlungen benutzt wird. Die Nordfaçade ist mit Sgraffitomalereien (nach Vorlagen des Prof. Semper) geschmückt.

Die vier Stockwerke des Gebäudes haben folgende Eintheilung:
Kellergeschoss: Wohnung der Abwarte für das Polytechnikum und die Universität; Hülfsräume für die Physik und Bauschule; Heiz- und Kohlenräume. Sammlungen und Werkstätten

für die mechanische Abtheilung, Depôt-Räume und Werkstätten zum Modelliren in Thon und Gyps und Zeichnungssaal für den Vorkurs.

Erdgeschoss: Im Hauptmittelbau die beiden Vorhallen, Haupttreppe und Antikensaal. Südlicher Mittelbau: Treppen und Vorhalle für die Universität und Pedell-Zimmer, zwischen beiden Conferenz- und Cassa-Zimmer. Räume für Physik. Zwischen dem südlichen Mittelbau und östlichen (hintern) Eingang: Sammlungssäle und Auditorien für die mechanische Schule. Die übrigen Räume: mechanische Schule und Bauschule.

Erster Stock: Hauptmittelbau: Behörden des Polytechnikums; südlicher Flügel: Bibliothek des Polytechnikums und Hörsaal für die Universität. Südöstl. Flügel: Universität. Ganze Ostseite: Hörsaal und Sammlungsräume für Mineralogie und Geologie; nordöstl. Flügel: Zeichnungssäle; nordwestl. Flügel: Ingenieur-Schule.

Zweiter Stock: Hauptmittelbau, grosse Aula. Südwestl. und südöstl. Flügel: Universität. Ganze Ostseite: Hörsal und Sammlungsräume für Zoologie; nordöstl. und nordwestl. Flügel: Hörsäle für Mathematik und die literar. Fächer.

Durch diese Anordnung sind Universität und Polytechnikum gänzlich von einander getrennt und doch beiden Anstalten die gemeinsamen Sammlungen gleich bequem benutzbar. Jede Fachschule bildet für sich ein abgeschlossenes Ganzes und die Zeichnungssäle haben die günstigste Lage mit ruhigem Licht von der Nordseite.

Das chemische Laboratorium, ebenfalls nach Plänen von Semper, mit dem Polytechnikum, hinter demselben erbaut, hat zwei Abtheilungen: eine für technische und eine für analytische Chemie.

Schweizerischer Ingenieur- und Architecten-Verein, Section Zürich: Zürich's Gebäude und Sehenswürdigkeiten. Beschreibung der Stadt mit 57 Illustrationen und einem Plane in Farbendruck. Zürich 1877, S. 53–55

— 1894
Gesellschaft ehemaliger Studierender der Eidgenössischen Polytechnischen Schule

Das Hauptgebäude

Der Bau des Hauptgebäudes mit dem unmittelbar dahinter liegenden chemischen Laboratorium ist im Frühjahre 1860 begonnen und in vier Jahren, unter der technischen Leitung von Bauinspektor Wolf, zu Ende geführt worden.

Die freie Entfaltung der Schule ist in diesem Monumente durch die künstlerische Kraft unseres grossen Meisters Semper zu wahrem Ausdrucke gelangt. Auf freier Bergeshöhe, weit ausschauend in die herrliche Landschaft, erhebt sich der einfache gross gedachte Bau. Prunk ist ihm ferne, aber die wohlthuend abgemessenen Verhältnisse der Architektur entwickeln sich aus den vorgelegten Anlagen und Terrassen harmonisch zu der schönen Umgebung. Die freie Republik, der sonst so gern der ideale Sinn abgesprochen wird, hat hier zur Schaffung eines Werkes die Hand geboten, das den Stempel seiner idealen Bestimmung, der Wissenschaft und Kunst zu dienen, weithin sichtbar trägt.

Nur die edlen Formen der Renaissance, welche die Züricher Bauschule unter Meister Semper auf ihren Schild geschrieben hat, konnten die Gründung der schweizerischen technischen Hochschule in angemessener Weise verherrlichen, und wenn wir vor dem monumentalen Mittelbau dieses Werkes stehen, so müssen wir freudig bekennen, dass im Reiche der Kunst kaum höhere Ziele verfolgt werden können als es diejenigen sind, welche die Architektur sich hier gestellt hat. Auf trotziger Rustica im Erdgeschosse, dem Grundtone des Basses in der Musik vergleichbar, bauen sich, kräftig fortklingend, die oberen Geschosse auf. In luftiger Höhe hält die korinthische Säulenstellung, weithin sichtbar, die harmonische Gliederung in fest abgegrenzten Gesetzen, bis endlich der kraftvolle Schlussaccord des Hauptgesimses dem Ganzen die Vollendung giebt.

Und die Westfassade [sic] bietet uns das Gegenstück zu dieser Schöpfung. In freundlicher Lieblichkeit und doch wieder von dem Ernste des Endzweckes getragen, breiten sich hier in monumentalem Sgraffito allegorische und ornamentale Veranschaulichungen technischer Disciplinen aus. Fruchtschnüre und Ornamente trennen in lebensvoller Weise die figürlichen, zwischen die Fenster komponirten Darstellungen der Scientiae et Artes und anmutige Putti erinnern, in der Weise, wie sie die Inschriftentafeln tragen, an die Malereien Michelangelo's an der Decke der Sixtina. Die Wappen der Kantone sind mit Geschick zwischen hinein angebracht und über die ganze Fassade zieht sich ein Fries mit den Porträtköpfen berühmter Männer, welche zu Wissenschaft, Kunst oder Technik in Beziehung gestanden haben. Die Komposition ist vollständig von Semper entworfen und angegeben worden. Sie steht in ihrer Art nordwärts der Alpen einzig da und verdient wieder und wieder betrachtet und gewürdigt zu werden.

Treten wir jetzt durch das Hauptportal, so erschliesst sich uns die hoch auf toskanische Säulen gewölbte Halle des Vestibüles; zu beiden Seiten vertiefen sich breite Treppen in das Innere des Gebäudes, und nach hinten öffnet sich ein Durchblick in den Saal der Gypsabgüsse nach antiken Marmorwerken. Die keusche Reinheit der Formen in dieser Vorhalle, die Grösse der Auffassung und die Durchbildung des Einzelnen wird den Beschauer stets von neuem ergreifen, und wenn etwas zu bedauern ist, so ist es der Umstand, dass dem Meister an Stelle des toten Gypses der Wände und Wölbungen, statt des grauen Sandsteines der Säulen und Böden kein edleres Material zur Verfügung gestanden hat. Beim Verweilen in dieser poesiedurchhauchten Vorhalle schwindet uns Zeit und Raum: vor unseren Blicken öffnen sich Säulenhallen, grau wie diese, breite Treppen mit weiten Durchblicken, belebt von dunkeln Gestalten in weiten Mänteln, die freundlich fremdartig grüssen und uns doch so heimisch anmuten. Es ist Genua, das stolze, prächtige, mit seinen unvergleichlichen, einzigen Säulenhöfen, Genua, von dem uns Semper ein Stück nach Zürich in die Vorhalle des Polytechnikums gezaubert hat.

Wir steigen die Treppe hinauf in den zweiten Stock, wo sich der grosse, die ganze Breite des Mittelbaues einnehmende Saal, die Aula, befindet, von der Langseite her durch drei grosse Rundbogenfenster erleuchtet. Es ist der einzige Raum im Polytechnikum, der malerischen Schmuck erhalten hat. Obgleich der letztere noch immer nicht ganz vollendet worden ist (es fehlt die Ausmalung der grossen im Halbkreise abgeschlossenen Wandfelder), so wirken doch die vorhandenen farbigen Darstellungen um so freundlicher und harmonischer, als sie in wohlberechnete Beziehung zu der Schule gebracht sind. In der Mitte der flachen Decke tritt die gewappnete Athene aus dem Haupte des Zeus hervor, nicht schwächlich langsam dem Lichte zustrebend, sondern als fertige kraftvolle Erscheinung, das Symbol der jungen, in den Grundzügen vollendeten Schule, wie sie aus dem Beschlusse der eidgenössischen Räte vom 7. Februar 1854 hervorgegangen war. Vor ihr weichen langsam und zögernd, aber unaufhaltsam, geblendet von der Wahrheit der exakten Wissenschaften, Unwissenheit und moderner Mystizismus in das verschwimmende Dunkel des Orkus zurück. Nicht weniger sinnreich knüpfen andere Allegorien an die Ziele und Geistesrichtungen an, denen die Schule zu dienen berufen ist. Der Gedankengang dieser Malereien wird unterstützt durch die wirkungsvolle architektonische Ausbildung des Saales, von dessen beiden Schmalseiten durch Säulenstellungen erhöhte Tribünen abgetrennt werden, die eine lebendige Gliederung des Raumes mit sich bringen.

Es ist hier nicht der Ort, auf die Einzelheiten der Disposition des klar um die zwei Höfe geordneten Grundrisses einzugehen, allein es darf nicht mit Stillschweigen übergangen werden, dass die übersichtliche Einteilung der Räume, die durchwegs vorhandene helle Beleuchtung und ganz besonders die auf äussere architektonische Wirkung berechnete Gruppierung der Massen ihresgleichen suchen.

Die Form und Beleuchtungsart der Lehrsäle folgt im grossen und ganzen einem Systeme, das erst viel später allgemeine Annahme gefunden hat; wir meinen die verhältnissmässig geringe Tiefe der oblongen Zimmer und deren vorwiegend von links einfallendes Licht. Das Polytechnikum ist in dieser Beziehung für grössere Schulhausbauten in der Schweiz typisch geworden, und wenn unsere neuen Volksschulhäuser landauf und landab von den Schulmännern zu dem besten gerechnet werden, was auf diesem Gebiete besteht, so ist ein guter Teil dieses Ruhmes auf Meister Semper zurückzuführen.

Jegher, August; Paur, Heinrich; Rudio, Ferdinand (Hg.): Festschrift zur Feier des 25jährigen Bestehens der Gesellschaft ehemaliger Studierender der Eidgenössischen Polytechnischen Schule in Zürich. Zürich 1894, S. 68–71

— 1913
Hans Semper

SEMPER, GOTTFRIED, ARCHITEKT

[...] Von 1858 an trat endlich auch wieder für S. eine rege Bethätigung als praktischer Architekt ein, in welcher sein schöpferischer Künstlergeist doch allein volles Genüge finden konnte. Im Aug. 1858 erhielt er gemeinsam mit dem Staatsbauinspektor Wolff, welchem die Administration zufiel, den Auftrag, das Schulgebäude des Eidgenössischen Polytechnikums auszuführen, welches er, allerdings unter mancherlei Einschränkungen der damals noch von einem Geist nüchterner Sparsamkeit geleiteten Schweizer Behörden, doch in echt monumentaler Weise bis 1863 vollendete. Das architektonische Schwergewicht, sowohl hinsichtlich des Reichtums der Formen wie der Vornehmheit des Materials, verlegte S. deshalb auf das herrliche Mittelrisalit der die Stadt beherrschenden Westfront, auf das edelgestaltete, an malerischen Durchblicken reiche Treppenhaus, das an genuesische Anlagen erinnert, auf das Vestibül, die Aula und die Dekoration der Gipssäle im Erdgeschoß, wogegen die Seitenflügel und Rückgebäude einfach, aber vornehm gehalten wurden. In zwei Geschossen und einem Mezzanin dazwischen erhebt sich der erhöhte, ganz in Sandstein durchgeführte, imposant wirkende Mittelbau; das Parterregeschoß mit drei offenen Bogen, die zum Vestibül führen, ist, wie das des ganzen Baus, mit Rustikaquadern bekleidet; zwischen den Bögen erheben sich Paare von Rustikapilastern und tragen ein schönes dorisches Triglyphengebälk. Im obern Geschoß streben vier Paare schlanker korinthischer Dreiviertelsäulen empor, abwechselnd große Bogenfenster und kleinere Statuennischen einschließend, und tragen das mit einer Attika bekrönte Gesims. Vestibül, Aula und Treppenhaus zeigen in ihrer Harmonie zwischen feinster architektonischer Gliederung und farbigem wie plastischem Schmuck der Wandflächen und Decken, welcher Meister auch im Dekorativen S. war. Im Gipssaale führte er wieder seine Beleuchtungs- und Verteilungsprinzipien durch, nicht ohne deshalb zuvor einen harten Strauß mit den Behörden und »Kunstkennern« durchfechten zu müssen. Auch an den Sgraffitodekorationen der Nordseite, zu deren Ausführung nach seinen Entwürfen er sich der Mithülfe der Maler Schönherr und Walter aus Dresden bediente, wurde allerlei ausgesetzt, so besonders der Spruch »non fuerat nasci nisi ad has« unter den Gestalten der Kunst und Wissenschaft als fehlerhaft im Latein und als zu wenig demokratisch beanstandet. Doch wußte S. bezüglich des Lateins mit Hülfe des Hochschulprofessors Köchly eine Parallelstelle aus Seneca beizubringen, und bezüglich der Deutung des Spruchs durch einen herrlichen Brief an Regierungsrat Hagenbuch, in welchem er jedes Emporstreben des Menschen aus dem tierischen Urzustand als Regung des künstlerischen und wissenschaftlichen Triebes bezeichnet, die erhobenen Bedenken zu beschwichtigen.

Gleichzeitig mit diesem Bau [...] führte S. von 1861–1864 die Sternwarte auf dem sogenannten Schmelzberg in Oberstraß bei Zürich auf Grund des vom Astronomen Prof. Dr. Johann Rudolf Wolf ausgearbeiteten Bauprogramms aus, welcher er eine »bei aller Einfachheit durch edle Verhältnisse imponierende« Ausbildung verlieh [...]. Das Gebäude, welches trefflich in die landschaftliche Umgebung eingefügt ist, besteht aus einem Gruppenbau mit verschiedenen Höhen der einzelnen Bauteile, die im rechten Winkel zusammenstoßen. Der Hauptkörper besteht aus einem dreigeschossigen Langbau in der Richtung von Süd nach Nord. Am Südende führen einige Stufen zum Vestibül; rechts von diesem liegt ein kleiner Raum zur Aufbewahrung von Instrumenten und Büchern, an welchen sich in der Richtung von West nach Ost der große ebenerdige Meridiansaal anschließt, der sich nach Nord- und Süd in großen Bogenfenstern öffnet und an der östlichen Schmalseite einen eigenen Zugang hat. Geradeaus, gegen Norden, gelangt man vom Vestibül in einen größeren Saal mit Glasschränken für Sammlungen und Instrumente, an den sich links, nach Westen hin, in einem eigenen zweigeschossigen Anbau ein großer Hörsaal zwischen den Zimmern des Professors und des Assistenten befindet. Am nördlichen Ende des Sammlungssaals führt eine Wendeltreppe zur Wohnung des Direktors im Obergeschoß dieses Hauptbaus und zum meteorologischen Bureau im Mezzanin darüber. Eine Beobachtungsterrasse und eine drehbare Kuppel bekrönen diese oberen Geschosse. Nach außen ist der Bau sehr einfach, durch feine Gesimse, Bogenfenster und Lesenen gegliedert, sowie teilweise mit Sgraffito verziert. [...]

Ehe S.s letzte, großartige Bauthätigkeit in Wien weiter verfolgt werden soll, sei noch darauf hingewiesen, daß die wenigen Bauten, welche ihm in der Schweiz auszuführen vergönnt gewesen, durch die Klarheit ihres Ausdrucks, der auch die Bestimmung des Gebäudes stets deutlich hervortreten läßt, sowie durch ihre edle Schönheit, auf den Geschmack des Schweizervolks einen geradezu erzieherischen Einfluß ausübten. Während beim Bau des Polytechnikums das damals in Schweizer Bauwesen noch wesentlich maßgebende Sparsamkeits- und Nützlichkeitsprinzip ihm manche nachmals bedauerte Einschränkung auferlegte, so bürgerte sich doch durch S.s Einfluß gerade in der Schweiz ein monumentaler Sinn und eine Freude an edel und auch im Material vornehm ausgestatteten Bauten aus, der geradezu vorbildlich genannt werden kann. Ein S. befreundeter englischer Architekt (Donaldson) war über diesen läuternden Einfluß S.s auf das Zürcher Bauwesen geradezu überrascht. In seinem Nekrologe S.s äußerte er sich: »Einige der Gebäude in den Straßen (Zürichs), die von modernen Architekten ausgeführt wurden, sind ebenbürtig den schönsten Handelshäusern in Paris oder London und übertreffen sie noch an Geschmack.« Freilich ernteten S.s zahlreiche Schüler, die ebenso viele begeisterte Apostel seiner Kunst waren, ohne doch, vermöge seiner liberalen Lehrweise, sklavische Nachahmer derselben geworden zu sein, reichlich auch die Früchte der von ihm gestreuten Saat ein, indem ihnen eben der wesentlich durch S. erweckte höhere Bausinn in der Schweiz zu gute kam. S.s Name ist denn auch in der Schweiz noch heute so volkstümlich wie etwa derjenige Michelangelos in Italien, und in traulich familiärem Tone nennt man ihn im Volke »Unser Semper.« […]

Semper, Hans: Semper, Gottfried, Architekt, in: Schweizerischer Kunstverein (Hg.): Schweizerisches Künstler-Lexikon. Bd. 3. Frauenfeld 1913, S. 123–143

— 1976
Martin Fröhlich

ZÜRCHER BAUTEN GOTTFRIED SEMPERS

Bauten des 19. Jahrhunderts werden gerne missverstanden. Häufig wird ihre Relevanz, besonders die künstlerische, mit formalen Analysen und Interpretationen begründet, die ausser acht lassen, dass zu allen Zeiten und seit dem Beginn der Industrialisierung noch viel mehr, Funktion, Organisation und Konstruktion eines Bauwerks einen gewichtigen Teil seiner Bedeutung, auch der künstlerischen, ausmachen. […]
Dieser Sachverhalt soll im folgenden an den Zürcher Bauten Gottfried Sempers erläutert werden. Am Anfang soll der bedeutendste Bau Sempers aus dieser Periode stehen. Die Gebäude für das Eidgenössische Polytechnikum und die Zürcher Kantonale Universität. Zahlreiche formale Analysen haben diesen Hochschulkomplex zu einem der am gründlichsten missverstandenen Bauwerke seiner Zeit gemacht. […]
Nicht nur die Differenzen zwischen den Architekten, sondern auch zwischen den Bundes- und Kantonsbehörden waren die Ursache, dass das Polytechnikum nach langem Zögern schliesslich rasch und unsolid gebaut wurde. Der Drang nach Kosteneinsparungen und die kurze Bauzeit zwischen 1861 und 1864 sind die Ursache der schlechten konstruktiven Qualität des Gebäudes. Semper leugnete deshalb sogar die Autorschaft an diesem Bau. Nur das grosse Sgrafitto der Nordfassade, das genau nach seinen Zeichnungen ausgeführt worden ist, hat Semper eigenhändig signiert. Gustav Gull, der den Bau 1920–24 nach Osten hin vergrösserte und gleichzeitig renovierte, schilderte, in welchem Zustand er das Gebäude vorgefunden hatte. Er musste nicht nur alle Decken-Unterzüge aus Beton neu einfügen, sondern auch den ganzen Steinmantel der Fassaden aus Kunststein neu aufführen lassen, weil der originale Sandstein total verwittert war. Gulls Bericht gibt Semper nachträglich recht, wenn dieser sich gegen Kostensenkungen zu Lasten der Bauqualität gewehrt hat.
Nun hat aber die Semper-Schule von jeher dem Bauleiter Wolff nicht nur technische Mängel des Baus zu Recht angelastet, sondern ihm auch konzeptionelle Fehler am Bau in die Schuhe geschoben.[1] Zu den wichtigsten Vorwürfen dieser Art an die Adresse Wolffs gehören etwa: die gerade Anzahl Fensterachsen an den Seitenflügeln der West- und Südseite, die Lage des Chemiegebäudes im Gesamtkomplex, die Konzentration der Schmuckelemente auf die Mittelrisalite der West- und Südfassade. Alle diese ›Fehler‹ gehen aber auf Absichten Sempers zurück, haben im Konzept der Anlage einen bestimmten Zweck und sind bloss aus einer allzu formalen Betrachtungsweise heraus irrtümlich als Fehler gebrandmarkt worden:
Die Behauptung, Semper habe für die Seitenflügel der Haupttrakte eine ungerade Anzahl Fensterachsen vorgesehen, stützt sich auf die beiden Ansichten der Westfassade, die die reiche und die einfache Möglichkeit des Bauschmucks wiedergeben. Auf diesen Zeichnungen sind tatsächlich 9 Fensterachsen zu sehen. Nur ist die zehnte Fensterachse hinter dem Vorsprung des Mittelrisalits verborgen. Ganz zu Anfang der Planung entstanden allerdings Planskizzen mit unpaariger Anzahl Fensterachsen.[2]
Die paarige Zahl, als Darstellung einer beliebigen Addition, deutet auf die Zufälligkeit des Endes eines solchen Seitenflügels hin und betont, dass es sich bei den »Zwischenrisaliten« der Westfassade *gerade nicht* um Zwischenrisalite eines Palastes aus dem italienischen 16. Jahrhundert, sondern eben um die Seitenflügel eines recht selbständigen Traktes einer Schulanlage des 19. Jahrhunderts handelt. Die ›Seitenrisalite‹ sind demnach die Schmalseiten der benachbarten ebenso selbständigen Trakte der Anlage.
Die äussere Betonung der Selbständigkeit der einzelnen Trakte ist für die Gesamtanlage deshalb so wichtig, weil sie nach ganz bestimmten Aufgaben in Trakte aufgegliedert ist.[3] Diese Gliederung soll am Äussern des Baus abgelesen werden können. Erster Hinweis auf diese Gliederung der Anlage sind allerdings nicht die an den Seitenflügeln paarweise auftretenden Fenster, sondern die Gestaltung der jeweiligen Mittelrisalite. Die Individualität dieser Mittelbauten geht so weit, dass der Mittelbau des Südtraktes – des Universitätsbaus – durch seine Überhöhung sogar die Symmetrie der Westansicht der Anlage stören darf.
Der Vorwurf, das Chemielabor liege falsch im Gesamtkomplex der Schule, geht auf ein Missverstehen der städtebaulichen Situation zurück, in die hinein Semper die Anlage zu entwerfen hatte. Nach längerem Hin und Her stellte der Kanton Zürich für den Neubau des Polytechnikums und der Universität einen Bauplatz zur Verfügung im ehemaligen Schanzengebiet des Schienhut, der ersten Terrasse östlich über der Altstadt mit Blick über Stadt, See, Berge und Limmattal.
Diese beherrschende Lage der Schule über der Stadt verursacht ganz verschiedene Probleme: Die Zugänge sind steil und schwierig und befinden sich nicht dort, wo man sie erwarten möchte: vor der dominierenden Westfassade. Die städtebauliche Situation ist aber entscheidend für die Organisation der Gesamtanlage.
Das Areal der Schule liegt verkehrstechnisch an der alten Ausfallstrasse nach Winterthur, der heutigen Künstlergasse, die von Süden her gegen das Polytechnikumsareal ansteigt und in die östlich davon gelegene, neuere Rämistrasse einmündet. Die von Norden her ansteigende Leonhards- und Tannenstrasse war damals nur eine Quartierverbindungsstrasse. Die westlich am Schulbezirk vorbeiführende Verlängerung der Leonhardstrasse wurde zusammen mit den Polytechnikumsgebäuden neu angelegt. Es gab also keine direkte Verbindung nach Westen mit der Stadt. Diesem Umstand passt sich die Planung des Polytechnikums an: Das Gebäude besitzt eine überragende Fernwirkung nach Westen. Etwa vom Lindenhof, dem erhöhten Platz eines Römischen Kastells in Zürich, kann die Anlage überblickt werden. Der Westfassade kommt der grösste Repräsentationswert zu.
Wer von der Stadt her das Polytechnikum und die Universität aufsuchen will, kommt von Süden her auf die Anlage zu. Aus der Künstlergasse ist die Westfassade aber kaum sichtbar. So muss die Südfassade die ganze Nahwirkung übernehmen. Sie ist also die nächst wichtige Front des Schulkomplexes. An der langen und geraden Rämistrasse kann der Bau kaum in Erscheinung treten. Die lange Ostfassade wäre auch kaum geeignet, als Blickfang zu dienen. Der Zugang von Norden ist von ganz untergeordneter Bedeutung.

Dieser äussern Situation ist die Organisation des Gebäudes völlig angepasst. Die wichtigste, die Westfassade, bedeckt den Repräsentations- und Verwaltungsbau des Polytechnikums. Er enthält die Räume des Schulratspräsidenten, des Rektors, den Sitzungssaal des Eidgenössischen Schulrates, die Aula, die beiden Schulen dient, sowie die Bibliothek und wichtige Hörsäle. Der Südtrakt enthält die Universität des Kantons Zürich. Wie der Westtrakt die Aula besitzt, enthält der Südbau den Senatssaal an der entsprechenden Stelle. Der Nordflügel enthält die Übungs-, Hör- und Zeichensäle des Polytechnikums. Diese Räume bekommen angenehmes Nordlicht und haben entsprechend grössere Fenster. Den Sammlungen, die beiden Hochschulen dienen, ist der lange Ostbau reserviert, der zwischen Hörsaaltrakt und Universität liegt. Der Ostbau ist mit dem Westbau durch die Antikenhalle verbunden, die Abgüsse vor allem antiker Bildwerke enthält und einerseits einen Teil der Sammlungen darstellt, andererseits aber auch den hohen Bildungsstand einer technischen Schule repräsentieren soll, also eine echte Verbindung zwischen Sammlung und Repräsentation nicht nur räumlich, sondern auch ideell herstellt. Das Chemielabor steht als baulicher Akzent an der Rämistrasse. Dieses Labor vom Rest der Schulen baulich zu trennen, ist ein Gebot der Sicherheit. Er ist aber auch geschickt dazu verwendet, der langen Ostfront der Anlage einen Akzent zu geben, ihn als Tormotiv zu verwenden und in ihm eine Einzelform der ganzen Komposition zu zeigen. Auch das Chemielabor hilft anzuzeigen, dass die Anlage kein Palast, sondern ein Komplex aus 5 ähnlichen Bauteilen darstellt, die alle aus einem Mittelbau mit der Vertikalverbindung und zwei Flügeln bestehen, die auf der Hofseite Korridore, auf der Aussenseite Schulräume aufweisen. Die Schulräume sind doppelt so tief wie die Gänge, die Vertikalverbindungen sind nach der Wichtigkeit der betreffenden Flügel ausgestattet. [...]

Der dritte Vorwurf, aus Sparsamkeitsgründen sei der Architekturschmuck, der eigentlich die ganze Fassade hätte umspannen sollen, nur in den Mittelpartien der vier Fassaden ausgeführt worden, trifft ebenfalls nicht direkt die Knauserigkeit des Bauherrn, sondern eine gestalterische Massnahme Sempers, allerdings in einem eng gesteckten finanziellen Rahmen.

Die beiden Ansichten der Westfassade, die auf der gleichen Perspektivkonstruktion beruhen, zeigen, dass Semper die reichere wie die bescheidenere Fassung als durchaus möglich betrachtet hat, sozusagen dem Bauherrn die Entscheidung lässt, in welchem Umfang der Bau geschmückt werden soll. In beiden Varianten bleibt der Architekturschmuck der gleiche. Die reichere Variante zeigt lediglich auf fast allen glatten Mauerflächen Sgraffitoschmuck, der ja auf grössere Distanz doch als Grauton wirken müsste. So unterscheiden sich in der Fernwirkung des Baus die beiden Varianten nur im reichen Statuenschmuck, der aber ohnehin auf die reich gegliederte Mittelpartie beschränkt ist und damit den Eindruck des Abfallens der Seitenflügel gegenüber dem Mittelrisalit noch unterstreichen muss.

Dieser Unterschied in der Wirkung muss also in Sempers Absicht gelegen haben. Warum? Der Architekturschmuck soll die Funktion und die Stellung des Baus in seiner geographischen und sozialen Umgebung erklären helfen. Die Funktion des Baus ist aber nach Trakten verschieden. So muss notwendigerweise die Architekturform auf diese Unterschiede anspielen, wenn das Bauwerk nicht den Eindruck eines Renaissance-Palastes wecken soll.

Der gewollte Eindruck, dass es sich bei den Gestaltungen der einzelnen Mittelbauten um die Formulierung des besondern Zwecks des betreffenden Flügels der Gesamtanlage handle, wird durch die Art, wie diese Schmuckteile mit dem ›Bau‹ verbunden sind, sehr unterstrichen. Diese Schmuckteile, die die Architektur-Gestaltung der Mittelbauten ausmachen, sind nur ›lose‹ an den Bau angefügt, sie scheinen wegnehmbar, austauschbar zu sein.

Durch die Art der Gestaltung wird nicht nur der Symbolcharakter dieses Architekturschmucks unterstrichen, sondern auch eine neue Interpretation des Zusammenwirkens von Bau als Erfüllung bestimmter, vom Schmuck dargestellter Zwecke und von Architektur als Kanon der Gestaltung ebendieses Schmucks gegeben: Architektur und Bauen könnten nun voneinander auch am selben Bauwerk unterschieden werden. Selbstverständlich ist eine solche Aufgliederung in »Bauen« und »Architektur« nicht haltbar, auch wenn sie in der Nachfolgezeit Sempers gerade von Gegnern der »Baustile« für diese Zeit abwertend gebraucht worden ist. Deshalb ist für das, was oben mit »Bauen« umschrieben ist, der Begriff »Kernform«, für die »Architektur« der Begriff »Kunstform« geprägt worden. Diese Zweiteilung ist erst möglich im Moment, da dem Bauwerk ein freigewähltes Stilkleid angezogen werden kann und der Bau in seinen Strukturen von diesem Stil wenig oder gar nicht betroffen wird. Semper macht nun am Hauptgebäude des Polytechnikums deutlich, dass es sich bei der Gestaltung der Mittelbauten tatsächlich um »Kunstformen« handelt, dadurch, dass er sie als wegnehmbar, austauschbar darstellt. Mit der Verselbständigung der Kunstform geht auch die Verselbständigung der Kernform einher, die sich in der beschriebenen konsequenten Organisation und Konstruktion des Bauwerks darstellt. [...]

1 U. a. in Arnold Pfister, Vergessenes und Neues zur Baugeschichte des Polytechnikums, Neue Zürcher Zeitung, ›Wochenende‹, Nr. 2119, 13. 8. 1955.

2 Blätter MV 300-1-6 bis 300-1-21, Semper-Katalog I, S. 232ff.

3 Nach dem Wettbewerbsprogramm von 1857.

Fröhlich, Martin: Zürcher Bauten Gottfried Sempers, in: Fröhlich, Martin; Reble, Christina; Vogt, Adolf Max (Hg.): Gottfried Semper und die Mitte des 19. Jahrhunderts (Geschichte und Theorie der Architektur, Bd. 18). Basel/Stuttgart 1976, S. 83–94, hier S. 83–90

—
2000
Hans-Dieter Nägelke

Hochschulbau im Kaiserreich

[...] Kurzum: Wenn aus dem vielgesichtigen Bild, das die Bauten deutscher Universitäten bis an die Wende zum neunzehnten Jahrhundert prägte, überhaupt gemeinsame Entwicklungszüge abgelesen werden dürfen, dann die einer Zurückdrängung von Wohnaufgaben, einer funktionalen Differenzierung der Unterrichtsräume (Aula, Bibliothek, getrennte Hörsäle der Fakultäten, Sammlungen, Anatomisches Theater) und dennoch einer Integration aller Bereiche in einem Gebäude. Diese Tendenz zum *Gesamtgebäude* setzten die Umnutzungen in Berlin und Bonn fort. So umfaßte das Prinz-Heinrich-Palais neben der Aula, den Hörsälen und Verwaltungsräumen auch die anatomischen und naturkundlichen Sammlungen, ein Chemisches Labor, ein Physikalisches Kabinett und sogar ein Klinikum mit sechs Betten;[1] in Bonn wurde das ehemalige *Buen Retiro* der Residenz für die Klinik, die übrigen Räume für Aula und Hörsäle, Verwaltung, Physikalisches Kabinett sowie die Bibliothek genutzt:[2] Sparsamkeit, aber angesichts der fortdauernden Diskussionen um eine Auflösung der Universitäten in spezialisierte Fachschulen wohl auch ein bauliches Bekenntnis zur Einheit der Wissenschaften.

Einheitsdogma und Spezialisierungszwang

So wirkte der Gedanke des Gesamtgebäudes fort, […] während ihn gleichzeitig die sich ausdifferenzierenden Fächer und ihre spezifischen Bedürfnisse in Frage stellten. […]
In München konnte die Universität 14 Jahre nach ihrer 1826 durch Ludwig I. verfügten Translokation aus Landshut einen großzügigen Neubau beziehen, der zudem als Teil der Ludwigstraße und gemeinsam mit den gegenüberliegenden Bauten für das *Georgianum* und das *Adelige Erziehungsinstitut* einen im Stadtgefüge hervorgehobenen Standort erhielt.[3] Somit ein (wenn auch verspäteter) Gründungsbau, konnte hier ein umfassendes Raumprogramm verwirklicht werden: Neben den Hörsälen und Verwaltungsräumen, der Aula und den Sitzungszimmern der Gremien bot das 1835–1840 von Friedrich von Gärtner errichtete Gebäude Platz für Chemische und Pharmazeutische Laboratorien, naturgeschichtliche Sammlungen, ein Physikalisches Kabinett, die Sternwarte und die Universitätsbibliothek, die allein fast das ganze zweite Obergeschoß für sich beanspruchte.[4] Lediglich der medizinische Unterricht vollzog sich außerhalb in den (1809 gegründeten) städtischen Kliniken und dem Anatomischen Theater, das 1825 für die Akademie der Wissenschaften errichtet worden war.

Was in Berlin, Bonn oder München aus der speziellen Situation einer Universitätsgründung vorerst aufgehalten werden konnte, war anderorts längst eine selbstverständliche Folge des diskontinuierlichen Wachstums der Einzeldisziplinen: Die räumliche Trennung von experimentellen und theoretischen Fächern. Vorreiter dafür war die Göttinger Universität. Unter dem Anspruch eines engen Praxisbezuges hatten dort medizinische, naturwissenschaftliche und kameralistische Fächer seit der Gründung 1737 eine besondere Förderung erfahren. Einer Sternwarte, die 1751 auf einem Wehrturm eingerichtet wurde, folgten 1753 die erste deutsche Frauenklinik, 1781 ein »Academisches Hospital«, 1783 ein Chemisches Labor, 1793 ein Physikalisches Kabinett, 1802–1816 ein Neubau für die Sternwarte, 1809–1811 eine Chirurgische Klinik und 1827–1829 ein neues Anatomisches Theater.[5] Damit war die Nutzung des Ursprungsbaus – ein in Teilen neu aufgeführter Klosterkomplex – immer weiter auf die Hörsäle und Sammlungen der nichtexperimentellen Fächer eingegrenzt worden. Als dennoch wegen der ebenfalls dort untergebrachten, rapide wachsenden Bibliotheksbestände eine Erweiterung unausweichlich wurde, entschloß man sich, den Klosterbereich ganz für die Bibliothek zu nutzen. Für Aula und Hörsäle wurde 1835–1837 an anderer, repräsentativer Stelle ein Neubau errichtet, der auch die Göttinger Akademie der Wissenschaften aufnehmen sollte: Ein Aulagebäude, das angesichts der spezialisierten Einzeldisziplinen eine sehr eng umgrenzte Aufgabe zu erfüllen hatte, dennoch aber das Zentrum der Hochschule blieb. Ähnliches vollzog sich gleichzeitig in Halle,[6] und als ebenfalls in den dreißiger Jahren in Königsberg ein neues Universitätsgebäude diskutiert wurde, stellte Karl Friedrich Schinkel bereits die Frage, ob es nicht besser sei, statt eines allumfassenden Neubaus lieber von vornherein »eine Gruppe von Gebäuden verschiedener Charakteristik [zu errichten], welche zweckmäßig unter sich verbunden und schön geordnet auf dem Bauplatze stehen würden.«[7]

Damit machte Schinkel zum Programm, was aus praktischen wie aus ästhetischen Erwägungen ohnehin unausweichlich schien und in der Zukunft bestimmend bleiben sollte: Die Trennung von experimentellen und theoretischen Fächern. […]

Bestimmung

An dieser repräsentativen Konzeption eines Hauptgebäudes, das wenn schon nicht alle, so doch wenigstens die nichtexperimentellen Fächer aufnimmt und vor allem die Hochschule als Ganzes durch zentrale und übergreifende Funktionen vertritt, änderte sich bis zum Ende des Kaiserreiches nur wenig. Auf die genannten Neubauten in Leipzig, Halle, München, Tübingen, Königsberg und Rostock folgen im Kaiserreich diejenigen in Kiel, Marburg, Gießen, Straßburg, Erlangen, Würzburg, Jena und Freiburg. Sie alle bilden mit einer großen Festaula, den Geschäftsräumen (Verwaltung, Rektorat und Dekanate, Sitzungszimmer), den fachübergreifend genutzten Hörsälen sowie, wenn auch seltener, den Sammlungsräumen und einem Lesezimmer den eigentlichen Kern des akademischen Lebens. Dabei hatten sie ein gewaltiges Wachstum zu bewältigen: Gegenüber dem Göttinger Aulagebäude mit seinen sechs Hörsälen verfügte selbst Kiel als kleinster Neubau eines Hauptgebäudes im Kaiserreich über 13 Auditorien mit insgesamt 450 Plätzen. Große Gebäude wie jenes in Straßburg (1879–1884) konnten 2 000 Hörer gleichzeitig fassen; die nach der Jahrhundertwende errichteten Erweiterungsbauten in München (ab 1906) und Berlin (ab 1913) waren, obwohl ein großer Teil ihrer Nutzfläche bereits für andere Zwecke genutzt wurde, für jeweils etwa 4 000 Hörer konzipiert. Doch spiegelt dieses Bild keineswegs nur die Studentenzahlen, die nach der Reichsgründung an allen Universitäten stark angestiegen waren und sich zur Jahrhundertwende gegenüber dem Stand von 1860 annähernd verdreifacht hatten. Immerhin wurden die Hauptgebäude gleichzeitig ja dadurch entlastet, daß die medizinischen und naturwissenschaftlichen Disziplinen zunehmend eigene Gebäude mit fachspezifisch eingerichteten Auditorien erhielten – der Nutzerkreis der zentralen Hörsäle verengte sich mithin immer weiter auf die ›Papierwissenschaften‹ der Theologischen, der Juristischen und des geisteswissenschaftlichen Teils der Philosophischen Fakultät.[8] Andererseits wuchs der Raumbedarf auch dieser Fächer bald über die frei gewordenen Kapazitäten hinaus: Zum einen, weil mit der fortschreitenden Formalisierung der Lehre immer weniger Vorlesungen außerhalb der Universität in den Privatwohnungen der Professoren stattfanden, zum anderen, weil mit der fachlichen Zergliederung innerhalb der Fakultäten räumliche Bedürfnisse der einzelnen Seminare und Institute einhergingen. So traten neben die fachübergreifenden Hörsäle spezielle Räume für Seminare. Sie wurden zunächst noch, wie z. B. im Kieler Hauptgebäude, wiederum von mehreren Fächern gemeinsam genutzt, indem einfach ein großer Tisch für seminaristische Übungen bereitgestellt wurde […]. Bald jedoch entwickelten sie sich zu Räumen oder Raumgruppen, die nur von einer Disziplin benutzt wurden und damit auch die Möglichkeit boten, eigene Bibliotheken (›Apparate‹) und Sammlungen aufzustellen. […]

Neben einem ständig steigenden Flächenbedarf waren es also strukturelle Wandlungen, die die Planung von Hochschulhauptgebäuden begleiteten: Vom Gesamtgebäude als Versuch der Integration aller Bereiche einer Universität, über das Aulagebäude als Einengung auf fachübergreifende Auditorien und die Festaula, bis zum Hauptgebäude als Sitz übergeordneter und repräsentativer Aufgaben, neben denen sich die Nutzung für Unterrichtszwecke – Hörsäle und Seminare – immer mehr auf den Kreis der ›Papierwissenschaften‹ beschränkte. Für die Technischen Hochschulen gilt ähnliches: Auf die bescheidenen, doch noch alle Lehrfächer umfassenden Schulbauten der ersten Jahrhunderthälfte[9] folgten Hauptgebäude, die neben der Aula und der Verwaltung vor allem die Säle für den Zeichenunterricht beherbergen, der in den technischen Fächern den Vorlesungsbetrieb dominierte. Die Labors für chemische und mechanische Experimente wurden wie jene der Universitäten in eigene Gebäude verlagert: Schon 1851 konnte das 1836 von Heinrich Hübsch errichtete Karlsruher Polytechnikum um ein Chemisches Labor und 1859 um ein Maschinenbaulaboratorium ergänzt werden. Nach dem Vorbild Zürichs (1858–1864 von Gottfried Semper) wurden die Neubauten des Aachener Polytechnikums (1865–1870) und der Dresdner Technischen Hochschule (1872–1875) in ein Hauptgebäude und ein dahinter liegendes Chemisches Labor differenziert. Der Darmstädter Neubau (1893–1895) umfaßte neben dem Hauptgebäude bereits zwei Institutsbauten für Chemie, Physik und Elektrotechnik; zur Gründung der Technischen Hochschule in Danzig wurden 1900–1904 ein Hauptgebäude, ein Chemisches und ein Elektrotechnisches Institut, ein Maschinenlaboratorium sowie einige Nebengebäude errichtet; in Breslau (1905–1910) schließlich kam noch ein Hüttenmännisches Institut hinzu. In den Hauptgebäuden selbst erfolgte parallel zur fortschreitenden Disziplinenbildung ebenso eine zunehmende Aufgliederung der zuvor übergreifend genutzten Hör- und Zeichensäle. Sie wurden mit Spezialsammlungen, Fachbibliotheken und Dienstzimmern zu seminarähnlichen Raumeinheiten zusammengebunden, die die immer spezialisierteren Fächer und Fachgruppen als abgeschlossene Einheiten in sich vereinigten. Daneben aber blieben die zentralen Aufgaben erhalten und wurden – durchaus analog zum Angleichungsprozeß der Technischen Hochschulen an die Universitäten – in Größe und Gestalt noch aufgewertet. Von der Erfüllung derart spezialisierter Ansprüche war die innere Organisation der frühen Universitätsgebäude des neunzehnten Jahrhunderts noch weit entfernt. Wie andere ›neue‹ Bauaufgaben auch – Regierungs- und Verwaltungsgebäude, Gerichte, Schulen, Bibliotheken oder Museen – schrieben sie das barocke Gliederungsschema eines dominanten Mittelbaus mit angehängten Flügeln fort: Ein Baumuster, das einerseits durch Schloß- und Palaisbauten als bis dahin einzigen Profangebäuden dieser Größe geprägt war, das andererseits aber auch geeignet war, die allgemeinen Anforderungen eines öffentlichen Gebäudes mit definiertem Zentrum (Aula) und Peripherie (Hörsäle und Nebenräumen) zu befriedigen.

Ordnungsmuster

Was allerdings einer Klärung bedurfte, waren Anlage und Zuordnung der Räume im einzelnen. Während das 1809 fertiggestellte Universitätsgebäude in Dorpat[10] das Grundrißformular eines barocken Palais – zentraler Festsaal, beigeordnete Haupttreppe und seitlich nach Art eines *Appartement double* organisierte Flügel – noch fast unverändert übernommen hatte, erfolgte im Leipziger *Augusteum* eine konzeptionelle Neubestimmung. Hier begann nicht nur die Nutzung die Raumstruktur zu bestimmen, sondern bildete auch – jedenfalls in der Argumentation des Architekten Albert Geutebrück (1800–1868) […] – die eigentliche Grundlage des Äußeren:
»Das neue Gebäude sollte nun eine Aula […] enthalten, [welche] als Haupttheil des Gebäudes dessen Mitte einnehmen mußte, und in der Hauptfassade hervortretend, sowohl eine reichere, sich von den Flügeln auszeichnende und der innern Decorazion des Saales entsprechende Architektur, als auch die nöthige Tiefe erhalten konnte.«[11]
Allerdings füllte die im Verhältnis zum Gesamtgebäude sehr große Aula den Mittelbau so vollständig aus, daß die Treppen nur an untergeordneter Stelle in den Flügeln anschließen konnten.[12] Das störte den Zugang zum Festsaal, unterstrich andererseits aber den Charakter eines heterogen genutzten Gesamtgebäudes, dessen verschiedene Aufgaben auch unabhängig voneinander erschlossen werden. So beschränkt sich die Nutzung des Erdgeschosses im wesentlichen auf 9 Auditorien, die beiderseits eines schmalen Durchganges zum Hof von Stichkorridoren erschlossen werden. Neben der Aula erschließen die Treppen links das Physikalische Kabinett, rechts die Bibliothek, die den rechten Flügel des ersten und beide Seiten des zweiten Obergeschosses belegt. […]
Die steigenden Studentenzahlen forderten mithin eine andere Lösung, die Nutzung und Erschließung besser vereinbaren konnte. Nachdem die Königsberger Bauverwaltung 1840 für die dortige Universität noch einmal auf einen nach Muster Leipzigs von seitlichen Treppen erschlossenen Mittelbau mit durchgehender Aula zurückgreifen wollte,[13] entwickelte Friedrich August Stüler (1800–1865) für den schließlich 1858–1862 ausgeführten Bau ein neues Konzept.[14] Das Königsberger Universitätsgebäude entspricht in seiner Gesamtgröße etwa der Tübinger *Neuen Aula*, doch proportionierte Stüler den Mittelbau etwas breiter um die ohnehin deutlich kleinere Aula […] auf dessen vordere Hälfte zu beschränken, wo sie als zweigeschossiger Saal beide Obergeschosse überspannt. So blieb Platz genug für ein monumentales Treppenhaus an der Rückseite des Mittelbaus. Der Besucher betritt das Gebäude über eine dreijochige Loggia, die sich vor den Seitenflügeln als eingeschossiger, offener Arkadengang fortsetzt. Sie vermittelt über das überwölbte Vestibül zur Mittelhalle des Gebäudes. Hier führt der Weg zu beiden Seiten in die Korridore der Flügel, geradeaus aber auf den Antritt der dreiläufigen Treppe und, an der durchfensterten Rückfront gewendet, weiter über die Mittelhalle des Obergeschosses zum Festsaal. Damit erscheinen Eingang, Mittelhalle, Treppenhaus und Aula zu einer in sich geschlossenen und repräsentativen Raumfolge zusammengefügt, der sich die Flügel im Grundriß wie am Außenbau deutlich unterordnen: Analog der Entwicklung vom Gesamt- zum Hauptgebäude werden die allgemeinen und öffentlichen Funktionen auf den Mittelbau konzentriert, während die seitlichen Räume als Hör- Sammlungssäle dem speziellen Bedarf einzelner, doch eben längst nicht aller Fächer vorbehalten sind.[15]
Das Konzept der klaren Gegenüberstellung von Repräsentationskern und Unterrichtsflügeln wird von den nachfolgenden Hauptgebäuden fortgesetzt und auf die jeweiligen Bedürfnisse zugeschnitten. Wenig Zukunft hatte jedoch die zweibündige Anlage der Flügel. Dunkle Mittelkorridore, wie sie zuvor auch in Leipzig, Göttingen oder Tübingen die Hörsäle, Sammlungen und Verwaltungsräume erschlossen, konnten auf Dauer weder den steigenden Studierendenzahlen noch den wachsenden Anforderungen an Beleuchtung und Belüftung genügen, zumal die Flure und Hallen über ihre Erschließungsfunktion hinaus auch jene Orte wurden, »in denen die Professoren und Studenten sich versammeln und in den Zwischenpausen der Vorlesungen sich in angenehmer Weise ergehen können«.[16]
Die Alternative in Gestalt einbündig erschlossener, dafür weiter aufgespannter Flügel verwirklichte fast gleichzeitig Gottfried Semper (1818–1879) im Neubau des Zürcher Polytechnikums (1858–1864). Nachdem die Polytechnischen Schulen bis über die Mitte des neunzehnten Jahrhunderts hinaus nur über bescheidene Gebäude verfügt hatten, vollzog sich mit der Gründung der Eidgenössischen Technischen Hochschule in Zürich nicht nur der institutionelle, sondern auch der bauliche Anschluß an die Universitäten. Während die älteren Polytechnika entweder gar keine Aula besaßen (Karlsruhe, 1836; Darmstadt, 1844)[17] oder aber der größte Raum lediglich auch für Festversammlungen genutzt werden konnte (Hannover, 1836; Dresden, 1846)[18] übernahm Semper für sein Zürcher Polytechnikum mit einem zentralen Festsaal auch das Konzept einer klaren Scheidung des (öffentlichen) Repräsentationskernes von den (intern genutzten) Unterrichtsräumen. Der gegenüber Königsberg um ein Halbgeschoß erweiterte Mittelbau tritt aus der Front hervor und beherrscht die Flügel als hoher, im Aulageschoß durch Rundbogenfenster und korinthische Dreiviertelsäulen reich gegliederter Pavillon. Im Inneren öffnet er sich zu einem weiten, überwölbten Vestibül, das nach hinten in den Erschließungskern übergeht. Zwei Treppen führen den Besucher zu den Geschäftsräumen im Halbgeschoß und zur Aula, die sich als zweigeschossiger Saal zur Front richtet. Doch geht Semper noch einen Schritt weiter.

Die in Königsberg kompakt geschlossenen Flügel entfalten sich. Sie erweitern das Zweiflügelschema – so die etwas mechanistische Deutung Martin Fröhlichs – zu einem »Komplex aus vier ähnlichen Gebäuden, die einen inneren Hof umstehen und untereinander mit dem Antikensaal verbunden sind«.[19] Wiewohl der additive Charakter, der äußerlich an den zu Eckrisaliten entwickelten Stirnflächen der Seitenflügel anschaulich wird, aus dem komplexen Bauprogramm[20] motiviert erscheinen mag – Semper war andererseits bemüht, den Bau organisatorisch zusammenzufassen, indem er ihn durch ein einheitliches Korridorsystem erschloß. Es findet einen klaren Ausgangspunkt im Mittelbau, von dessen tiefliegender Eingangshalle man über wenige Stufen zur Antikenhalle gelangt, die den Hof als eingeschossiger Mittelflügel teilt. Zu den Seiten aber führen, schon Teil des Treppenhauses, je 15 Stufen ins Erdgeschoß. Von hier aus umziehen gewölbte Gänge die beiden Höfe, um im östlichen Mittelbau wieder auf die Höhe der Antikenhalle hinabgeführt zu werden. Die kräftigen, den Außenbau als Risalite bestimmenden Zäsuren zwischen den Flügeln werden somit im Inneren durch einen fortlaufenden Umgang verleugnet. Er ist mehr denn bloße Verkehrsfläche. Seine zum Hof loggienartige Durchfensterung weist ihn vielmehr als Wandelhalle aus, die im Gegensatz zum Tübinger Vorplatz oder zur Königsberger Arkadenhalle nun nicht mehr den halböffentlichen Repräsentationsraum der Gebäudemitte nach außen erweitert, sondern einen zweiten, hochschulinternen Kommunikationsraum schafft.[21] Damit ist die Orientierung des Gebäudes ambivalent geworden. Während der Mittelbau unverändert auf die Front zentriert und sich als Repräsentationsraum funktional wie gestalterisch nach außen richtet, wenden sich die Korridore vom Mittelbau fort zum ungerichteten Hof, mit dem zusammen sie einen zweiten, ausschließlich internen Gesprächsraum schaffen.

Noch bevor der Semperbau selbst seine Wirkung entfalten konnte, hatte sich die wissenschaftliche Aufwertung technischer Ausbildung in der Baugestalt deutscher Polytechnka bemerkbar gemacht. In Karlsruhe war das Hauptgebäude Heinrich Hübschs 1851 um einen Rückflügel vergrößert und 1864 auch straßenseitig erweitert worden: Der Ursprungsbau bildete nunmehr die rechte Hälfte eines gewaltigen Zweiflügelbaus, der durch einen kräftigen Mittelpavillon nun ebenso zentriert wie nobilitiert wurde.[22] Ähnlich war die Entwicklung in Stuttgart. Hier erhielt das bis dahin in einem ehemaligen Gardeoffizierspavillon untergebrachte Polytechnikum 1861–1864 durch Josef von Egle einen Neubau, der sich im Vergleich zu den schlichten Schulgebäuden der dreißiger und vierziger Jahre nun ebenfalls mit einer klaren Gegenüberstellung von Mittelbau und Flügel einem stärker auf Repräsentation gerichteten Formular anzugleichen versuchte, dabei jedoch nicht jene Logik in Erschließung und Nutzung entwickelte, die Zürich auszeichnet.[23]

Schon der erste nach Zürich aufgeführte Neubau jedoch, das 1865–1868 durch Gottfried von Neureuther errichtete Polytechnikum in München,[24] orientierte sich eng an Semper – enger jedenfalls, als es seine auf den ersten Blick ganz gegensätzliche Gestalt vermuten ließe. Der geschlossene Aufbau Zürichs weicht hier einer offenen Baukörpergruppierung, die einem breiten, dreigeschossigen und durch einen Mittelpavillon zentrierten Hauptgebäude zwei nur zweigeschossige, aus der Front zurückgesetzte Pavillons zur Seite stellt. Doch begründete nicht ein konzeptioneller Neuansatz diese auffällige und im neunzehnten Jahrhundert einzigartige Anlage, sondern der einfache Umstand, daß das Grundstück nicht tief genug war, »um das Gebäude in der Form eines geschlossenen Rechtecks mit einem Hof in der Mitte zu entwerfen«.[25] Gleichwohl setzte auch er auf einen einhüftigen, die Verkehrsflächen betonenden Aufbau. In allen drei Geschossen ziehen sich gewölbte, nach außen eng durchfensterte Korridore an der Rückfront des Gebäudes entlang. Sie durchschneiden den Mittelbau fast bruchlos, werden dort lediglich durch breitere Gurte rhythmisiert – das vordere, zwischen Sockel- und Erdgeschoß vermittelnde Vestibül und das nach hinten als oberbelichtete Umgangshalle anschließende Treppenhaus sind durch kräftige Pfeiler gegen die langen Gänge abgegrenzt. Zu den Seiten werden sie über viertelrunde Gelenkbauten in die beiden zweigeschossigen Pavillons durchgeführt, die das Hauptgebäude als Laborbauten für Chemie (rechts) und Mechanik (links) ergänzen. Sie sind aus der Hauptfront zurückgezogen,[26] schließen nach hinten in einer Flucht mit dem Mittelpavillon ab. Damit werden auch hier zwei Höfe abgegrenzt, die über die Gelenkbauten, aber auch von den Korridoren selbst betreten werden können: Gärtnerisch gestaltet, bilden sie einen die Wandelhallen ergänzenden Erholungs- und Gesprächsraum.

Gleichzeitig mit Bayern suchte auch Preußen engeren Anschluß an die übrigen, zusehends aufblühenden Polytechnika in Deutschland – nicht in der Hauptstadt, wo das in Bau-, Berg- und Gewerbeakademie getrennte technische Ausbildungswesen weiterhin eine Sonderstellung einnahm, sondern in Aachen, das mit privatwirtschaftlicher Unterstützung seit längerem eine Gründung vorbereitete.[27] Die Planung des 1863 beschlossenen Neubaus wurde dem kurz zuvor in die Stadt berufenen Staatsbaubeamten Robert Cremer (1826–1882) anvertraut. Wie Neureuther unternahm Cremer vor Planungsbeginn eine Informationsreise, die nach Karlsruhe, nach Stuttgart und natürlich zum Zürcher Polytechnikum führte – »in architektonischer als auch in administrativer Hinsicht die bedeutendste der polytechnischen Lehranstalten«.[28] Cremers Hauptaugenmerk galt der Grundrißgestaltung, die Semper seiner Ansicht nach »ebenso klar als einfach durchdacht und ebenso zweckmäßig als großartig durchgeführt«[29] habe und die hier das unmittelbare Vorbild werden sollte. Wie der Semperbau sollte das Aachener Polytechnikum zunächst als Vierflügelanlage entstehen, deren als Chemisches Labor genutzter Rückflügel allerdings schon im ersten Entwurf durch einen Durchgang vom übrigen Bau getrennt werden sollte, um schließlich nach Sicherheitsbedenken der Superrevision ganz aus dem Geviert herausgezogen zu werden.[30] Dennoch blieb die Sempersche Konzeption noch im ausgeführten Bau sichtbar, ja wurde zu noch größerer ›Klarheit‹ und ›Einfachheit‹ fortentwickelt. Wie im Vorbild ist der Mittelbau der Repräsentationskern der Hochschule. Über drei Portale gelangt der Besucher in die überwölbte Vestibülhalle, die nach hinten in das weite, in den Hof ausgezogene Treppenhaus übergeht. Ohne trennendes Zwischengeschoß schließt die Aula als zur Front querliegender, zweigeschossiger Saal im ersten Obergeschoß an. Die Flügel stehen nach Geschossen und Seiten getrennt den Hör-, Übungs- und Zeichensälen der vier Abteilungen und ihrer Jahreskurse zur Verfügung.[31] Ihre Räume entwickeln sich im Gegensatz zum Semperbau mit seinen nutzungsbedingten Asymmetrien ebenso spiegelsymmetrisch, wie sich die Korridore hier vollkommen dem abstrakten Grundrißraster unterordnen. Als weite, über den Rasterpunkten gewölbte Wandelhallen dienen sie wiederum als Gesprächs- und Pausenraum, der über den Mittelbau und die rückwärtigen Kopfbauten der Flügel mit dem durch Rasenflächen, Sträucher und »Fontaine« belebten Hofraum verbunden ist. Während der Mittelbau jedoch mit einer polychromen Dekoration, dem »lediglich von ästhetischen Rücksichten bestimmt[en]« Treppenhaus und seinen »bedeutendsten Statuen altclassischer Kunst« sowie der Aula mit ihren Medaillons der »bedeutendsten Coryphäen der technischen Wissenschaften«[32] ebenso repräsentativ gesteigert ist, wie die Außenfronten bereits im Material (roter Sandstein im Erd-, gelber Tuff in den Obergeschossen) den Anspruch des Gebäudes zu erkennen geben, bleiben Hof und Wandelgänge ihrem internen Charakter gemäß schlicht. Die Korridore zeigen mit »Anstrich mit Wasserfarben und Einfassungen mit linearem Ornament«[33] eine zurückgenommene Dekoration, die Hoffronten präsentieren sich als »Ziegelrohbau mit Sandstein-Gesimsen und Einfassungen«.[34]

Idealtyp

Symmetrischer Gesamtaufbau, ein mittiger Repräsentationskern, die rückwärtige Ausrichtung der nach Funktionen geschiedenen Flügel und die Ausgrenzung eines inneren Kommunikationsraumes: Robert Cremer griff im Kleinen alle diejenigen Elemente auf, die Gottfried Semper dem Entwurf seines viel größeren Zürcher Gebäudes zugrundegelegt hatte. Sie blieben bis über die Jahrhundertwende hinaus wirksam, konnten als ebenso offenes wie anpassungsfähiges Organisationsmodell je nach Hochschulgröße und dem Grad ihrer fachlichen Differenzierung flexibel gehandhabt werden: Größere Bauten – und das waren zunächst die Technischen Hochschulen mit ihrem großen Raumbedarf – orientierten sich eher am geschlossenen Vierflügelmodell Zürichs, während die kleineren Kollegiengebäude der Universitäten meist mit Zwei- oder Dreiflügelbauten nach Muster Königsbergs oder Aachens auskommen konnten. [...]

Für die Berliner Technische Hochschule, deren Gründung als Zusammenschluß von Bau- und Gewerbeakademie 1876 beschlossen worden war, orientierte sich Richard Lucae (1829–1877) in seinem ersten Entwurf noch unmittelbar am Muster Zürichs oder Dresdens. Das zunächst favorisierte Grundstück an der Ecke Scharnhorst-/Invalidenstraße[35] forderte einen längsoblongen Grundriß, den Lucae als eine um zwei Höfe entwickelte Vierflügelanlage zu verwirklichen suchte, die nach hinten um zwei weitere, nun glasbedeckte Höfe verdoppelt und schließlich mit zwei weit ausgezogenen Flügeln zum Hof hin geöffnet worden wäre. Der durchgeführte Mitteltrakt hätte im vorderen Bereich als weite Wandelhalle, dahinter als ebenso großzügiges Treppenhaus fungiert, um sich rückwärtig mit Vestibül und Freitreppe nach außen zu öffnen: Der Hofraum hätte die äußere Fortsetzung des inneren Kommunikationsraumes gebildet. Die wie in Dresden nach Fachabteilungen geschiedenen Flügel sollten wiederum durch hofseitige Korridore erschlossen werden, um zugleich an den Stirnseiten der hinteren Querriegel die angesichts der enormen Größe des Planes notwendige vertikale Verbindung durch Nebentreppen zu erhalten.[36]

Nachdem sich Wilhelm I. im August 1876 gegen den Invalidenpark und für einen Standort der Hochschule am Hippodrom des Tiergartens entschieden hatte [...], mußte das Gebäude für den nun queroblongen Baugrund umorientiert werden, mußte die Hauptfassade eine Längsfront belegen. Lucae gelang dies, indem er den von Korridoren umschlossenen Hof wie eine Art Modul auffaßte, aus dessen Vervielfachung er den Grundriß gewann: Fünf Höfe werden nebeneinander und zwei hintereinander gestaffelt. Dennoch bleibt eine Konzentration auf einen Repräsentationskern und mit ihr eine eindeutige Mittenakzentuierung wirksam. Aus dem mittleren Karree wird ein breiter Risalit ausgezogen, der im Inneren eine weite, überwölbte Vestibülhalle aufnimmt. Seitlich des Mittelhofes die beiden großen Treppenhäuser, hinten sollte sich der Mittelbau über ein zweites, etwas kleineres Vestibül entweder direkt zum Gartenraum oder – in einem weiteren Planungsschritt – zu einem weiteren Hof öffnen. In der schließlich ausgeführten, nicht mehr nach Süden zur Hardenbergallee, sondern nach Norden zur Berliner Chaussee gerichteten Variante erscheint diese Konzeption jedoch umgedreht. Die kurzen Rückflügel, die zuvor den Gartenraum begrenzt hätten, spannen nun der Hauptfront ein und umfassen dort eine Art *cour d'honneur* [...]. Damit wurde die öffentliche und nach außen gerichtete Funktion des Repräsentationskernes noch einmal gesteigert, gleichzeitig jedoch die Anbindung nach hinten zurückgenommen. Zum Garten führen nur noch untergeordnete und vergleichsweise kleine Treppenhäuser seitlich des Mittelbaus – der zentrale, glasbedeckte Hof ist kein Durchgangsraum mehr, sondern der Höhepunkt einer sich von der äußeren *cour* über das innere Vestibül steigernden architektonischen Inszenierung. Dennoch blieben auch hier Nutzungsgedanken bestimmend. Zwar bleibt die nach vorn gerichtete, über die beiden seitlichen Treppenhäuser in die Raumfolge eingebundene Aula das eigentliche Zentrum der Hochschule, doch sollte eben auch der Lichthof über seine Funktion als Verkehrs- und Aufenthaltsraum hinaus »zur Abhaltung größerer Festakte benutzt [werden], für welche die Aula räumlich nicht mehr ausreichend ist«.[37] [...]

1 Klaus-Dietrich Gandert, *Vom Prinzenpalais zur Humboldt-Universität*, a.a.O. [Berlin 1986], S. 55ff.

2 Heinrich Lützeler, *Die bauliche Entwicklung* a.a.O. [Die bauliche Entwicklung von 1818–1939, in: ders. (Hg.): Die Bonner Universität. Bauten und Bildwerke (150 Jahre Rheinische Friedrich-Wilhelms-Universität zu Bonn 1818–1968, Bd. 5). Bonn 1968], S. 45. Die naturkundlichen Sammlungen wurden in Schloß Clemensruhe zusammengefaßt.

3 Zur Baugeschichte vgl. neben Klaus Eggert, *Friedrich von Gärtner. Der Baumeister Ludwig I.*, München 1963 (= Neue Schriftenreihe des Stadtarchivs München Bd. 15), S. 83–90 besonders den Beitrag von Antonia Gruhn-Zimmermann, *Das Universitätsforum in München: Universität – Georgianum – Adeliges Erziehungsinstitut, 1835–40*, in: Winfried Nerdinger (Hrsg.), Romantik und Restauration. Architektur in Bayern zur Zeit Ludwig I. 1825–48, Ausst. Kat. München 1987, S. 352–359. Eine 1985 von Nadia von Seckendorff am Kunsthistorischen Institut der Universität München verfaßte Magisterarbeit, *Die Universität München. Der Bau Friedrich von Gärtners,* war mir nicht zugänglich.

4 Zum Raumprogramm vgl. Hans Moninger, *Friedrich von Gärtners Original-Pläne und Studien*, München 1882, S. 44–48.

5 Einen (allerdings vielfach ungenauen) Überblick über den gesamten Baubestand vermittelt Alfred Oberdieck, *Göttinger Universitätsbauten. 250 Jahre Baugeschichte der Georg-August-Universität*, Göttingen 1989. Zu den Neubauten des neunzehnten Jahrhunderts vgl. auch die zusammenfassende Darstellung Hans-Günther Sperlichs, *Göttinger Universitätsbauten*, Göttingen 1954 (= Kleine Kunstführer für Niedersachsen H. 3).

6 Hier nahm das bereits seit 1823 geplante Gebäude neben der notwendigen Aula, Hörsälen und Verwaltungsräumen nur noch wenige Sammlungsräume auf: zum Gebäude vgl. neben Wilhelm Waetzoldt, *Der Universitätsbau zu Halle und Friedrich Schinkel*, Breslau 1913 vor allem Angela Dolgner, *Die Bauten der Universität Halle-Wittenberg im 19. Jahrhundert*, Diss. phil. Halle 1984, S. 51ff. und dies., *Die Bauten des 19. Jahrhunderts für die Universität Halle-Wittenberg*, in: Wissenschaftliche Zeitschrift der Universität Halle 27/1988, S. 82–97, S. 82ff.

7 Schreiben Karl Friedrich Schinkels an den Senat der Königsberger Universität v. 8. 1. 1836, zit. nach Carl Diesch, *Friedrich Schinkel und der Bau der Königsberger Universität*, in: Altpreussische Beiträge 1933, S. 127–144, S. 135.

8 So beherbergte das 1880 bezogene Hauptgebäude der Gießener Universität neben der Aula, Hörsälen und Verwaltungsräumen ursprünglich die Archäologische Sammlung, das Physikalische, das Mathematische, das Landwirtschaftliche, das Meteorologische und das Pharmakologische Institut, die jedoch Zug um Zug eigene Gebäude erhielten und damit im Hauptgebäude Platz für neue Hörsäle und Seminare freimachten.

9 Karlsruhe (1833–1836 von Heinrich Hübsch), Hannover (1834–1837 von Ernst Ebeling), Darmstadt (1842–1844 von Balthasar Harres) und Dresden (1844–1846 von Gustav Heine).

10 Vgl. *Die Kaiserliche Universität zu Dorpat – 25 Jahre nach ihrer Gründung*, Dorpat 1827, S. 3–6 und Taf. II–V. Der seit der Eröffnung der Universität 1797 dort als Professor für Baukunst und Ökonomie lehrende Johann Wilhelm Krause (1757–1828) entwarf den Neubau mit allen Funktionen eines Gesamtgebäudes, das neben der Aula, den »Facultäts-Hörsälen« und den Räumen der akademischen Gremien auch ein Chemisches, ein Mineralogisches und ein Physikalisches Kabinett, Kunst- und umfangreiche (technologische und militärische) Modellsammlungen aufnahm.

11 Albert Geutebrück, *Der Bau des Augusteums in Leipzig*, in: Allgemeine Bauzeitung 1/1836, S. 65–68 u. 73–75, hier: S. 65.

12 Vgl. ebd., S. 66.

13 Neben anderen Plänen als Lithographie im GStA PK, Hpt. Abt. XX, Königsberg F 10.641, 1–3.

14 Die bereits 1844 erfolgte Grundsteinlegung richtete sich vermutlich noch nach den Planungen von 1840, die ihrerseits durch 1836 vorgelegte Skizzen Karl Friedrich Schinkels beeinflußt gewesen sein dürften. Die weiteren Verzögerungen ergaben sich teils aus dem vorrangigen Ausbau des Platzes, teils aber auch aus dem gestörten Verhältnis zwischen der traditionell auf ihre Selbstbestimmungsrechte beharrenden Universität und dem restaurativ gesinnten König Friedrich Wilhelm IV.: vgl. Carl Diesch, *Schinkel und der Bau der Königsberger Universität*, a.a.O., S. 140ff. und Götz von Selle, *Geschichte der Albertus-Universität zu Königsberg in Preußen*, Königsberg 1944, S. 203f. Zum ausgeführten Bau: Friedrich August Stüler, *Das neue Universitätsgebäude in Königsberg in Pr.*, in: Zeitschrift für Bauwesen 14/1864, Sp. 1–14 u. Atlas Taf. 1–6.

15 Im Erdgeschoß das Physikalische Kabinett, die Verwaltung und kleinere Auditorien, im ersten Obergeschoß größere Hörsäle und Sitzungsräume, im zweiten Obergeschoß schließlich die Antikensammlung, eine Bibliothek und die Mineraliensammlung: ebd. [Sp. 4 und Taf. 3.]

16 Hermann Eggert, *Universitäten*, in: Handbuch der Architektur, 4.6.2a., ²Stuttgart 1905, S. 80. Ganz ähnlich auch die Begründung Stülers für die weiträumige Anlage von Mittelhalle und äußerem Arkadengang des Königsberger Gebäudes: Stüler, *Das neue Universitätsgebäude in Königsberg*, a.a.O., Sp. 7.

17 Zu Karlsruhe: Heinrich Hübsch, *Bauwerke von Heinrich Hübsch*, 1. Folge Karlsruhe 1838, S. 15–17 u. Taf. 9; zu Darmstadt: Balthasar Harres, *Die höhere Gewerb- und Realschule zu Darmstadt*, Darmstadt 1845.

18 Zu Hannover: Heeren, *Das chemische Laboratorium der polytechnischen Schule in Hannover*, in: Zeitschrift des Architecten- und Ingenieur-Vereins für das Königreich Hannover 3/1857, Sp. 54–71, Sp. 57ff.; zu Dresden: *Die Bauten, technischen und industriellen Anlagen von Dresden*, Dresden 1878, S. 190f.

19 Martin Fröhlich, *Gottfried Semper. Zeichnerischer Nachlaß an der ETH Zürich*, Basel 1974, S. 224.

20 Das Gebäude sollte nicht nur Aula, Verwaltungs- und Unterrichtsräume des Polytechnikums dienen, sondern auch einen Teil der Universität und vor allem die von beiden gemeinsam genutzten Kunst- und Naturkundesammlungen aufnehmen. Universität und Polytechnikum standen seit dessen Gründung 1854 in enger personeller und räumlicher Verbindung, Vorlesungen und Seminare konnten wechselseitig besucht und anerkannt werden, Sammlungen und Bibliothek wurden gemeinsam genutzt: Georg von Wyss, *Die Hochschule Zürich in den Jahren 1833–1883*, Zürich 1883, S. 68ff. Dem Entwurf Sempers war eine architektonische Konkurrenz vorausgegangen, die ebenso mehrere Gebäude für die verschiedenen Aufgaben zugelassen hätte, wie Semper selbst in seinen Vorplanungen eine solche Lösung erwog: Wilhelm Oechsli, *Geschichte der Gründung des Eidg. Polytechnikums mit einer Übersicht seiner Entwicklung 1855–1905*, Zürich 1905, S. 285 u. Fröhlich, *Gottfried Semper*, a.a.O., S. 224f.

21 Diese Gestaltung fußte nicht zuletzt auf Sempers Vorstellung einer Kontinuität ursprünglicher Lösungen für spezifische Bauaufgaben: Da Unterrichtsgebäude »fast denselben Bedingungen unterworfen seien« wie zur Zeit ihrer Entstehung im Mittelalter, gäbe »die Form des Klosterhofes, dessen innere Hallen von den Hörsälen umgeben sind, die schönsten und passendsten Formen für eine Schule ab«: Vorlesungen zur Gebäudelehre, Dresden 1840/41, Semperarchiv der ETH Zürich, Ms. 25, fol. 293, hier zit. nach Heidrun Laudel, *Gottfried Semper. Architektur und Stil*, Dresden 1991, S. 47.

22 Vgl. Carl Kořistka, *Der höhere polytechnische Unterricht in Deutschland, in der Schweiz, in Frankreich, in Belgien und England*, Gotha 1863 und *Die Großherzoglich Technische Hochschule Karlsruhe. Festschrift zur Einweihung der Neubauten im Mai 1899*, Stuttgart 1899, S. 9ff.

23 Handbuch der Architektur, 4.6.2a., ²Stuttgart 1905, S. 114.

24 Zur Baugeschichte vgl. Florian Hufnagl, *Gottfried von Neureuther – Leben und Werk*, München 1980 (= Diss. phil. München 1979), S. 169ff.

25 Julius Meyer, *Das neue Polytechnikum zu München und die moderne Stilfrage*, in: Zeitschrift für bildende Kunst 3/1868, S. 149–155, hier: S. 153.

26 Der Grund liegt in ihrer Nutzung für Laboratorien, die wegen der aus den »Kaminen entweichenden Gase« in »Rücksicht auf die gegenüberliegende Pinakothek mit ihren unschätzbaren Kunstwerken« so weit wie möglich von der Arcisstraße abgerückt werden mußten: Gottfried Neureuther, *Der Neubau des Polytechnikums in München*, in: Deutsche Bauzeitung 4/1870, S. 233–236 u. S. 247–248, S. 234.

27 Zur Gründungsgeschichte vgl. Albert Huyskens, *Die Gründung der rheinisch-westfälischen polytechnischen Schule*, in: Paul Gast (Hrsg.), Die Technische Hochschule zu Aachen 1870–1920. Eine Gedenkschrift, Aachen 1921, S. 1–107 und Kurt Düwell, *Die Gründung der Kgl. Polytechnischen Schule in Aachen. Ein Abschnitt preußischer Schul- und Hochschulgeschichte in einer rheinischen Stadt*, in: Zeitschrift des Aachener Geschichtsvereins 81/1971, S. 173–212.

28 Reisebericht Cremers an das Aachener Regierungspräsidium v. 16.3.1864, HStA Düsseldorf, Regierung Aachen, Nr. 16535.

29 Ebd.

30 Auch das Zürcher Chemische Laboratorium ist als selbständiger Zweiflügelbau im Rücken des Hauptgebäudes ausgeführt worden: Fröhlich, a.a.O., S. 288ff.

31 Zur Nutzung vgl. Kat. S. 228 und Carl Esser, *Die polytechnische Schule zu Aachen*, in: Zeitschrift für Bauwesen 21/1871, Sp. 5–20, Sp. 8.

32 Ebd., Sp. 12.

33 Ebd.

34 Ebd., Sp. 9.

35 Vgl. Erich Konter, *Zur Standortwahl der »Königlichen Technischen Hochschule zu Berlin«*, in: Karl Schwarz (Hrsg.), 100 Jahre Technische Universität Berlin 1879–1979, Ausst. Kat. Berlin 1979, S. 169–178.

36 Dieser Entwurf hat sich wie alle weiteren Planungsstufen in der Plansammlung der Technischen Universität erhalten: Inv. Nr. 10753/54, Abbildung bei Schwarz, 100 Jahre Technische Universität Berlin, a.a.O., nach S. 239.

37 Hugo Koch, *Die Königliche Technische Hochschule zu Berlin*, Berlin 1903, S. 19. Bereits die Einweihung des Gebäudes am 1. Dezember 1884 fand im Lichthof statt: Richard Koss, *Die Einweihung der Technischen Hochschule in Berlin*, in: Zentralblatt der Bauverwaltung 4/1884, S. 455–57, S. 455.

Nägelke, Hans-Dieter: Hochschulbau im Kaiserreich. Historistische Architektur im Prozess bürgerlicher Konsensbildung. Kiel 2000, S. 22–36

— 2001
Andreas Hauser

DAS POLYTECHNIKUM ALS GEISTIGES BUNDESHAUS

[…] Wenn [Semper] auf einen Bau anspielte, dann auf das 1852–1857 errichtete Bundesratshaus in Bern.[1] Auf dieses weisen die weit ausgreifenden Baumassen, der akzentuierte Zentralkorpus, die Autonomie der Flügeltrakte und die exponierte Lage oberhalb eines Hanges.[2] Was Semper an dem mächtigen Palazzo interessierte, war das Gouvernemental-Schlosshafte. Das bestätigt sich, wenn man sieht, in welchen Punkten er vom Berner Bau abwich. Zunächst verzichtete er auf den Rundbogenstil, der frührenaissancistischen Bürgersinn und Republikanismus demonstrierte. Und während Stadler und Studer antikische Säulen vermieden, weil diese von ihren Lehrern Hübsch und Gärtner als etwas Unpraktisches und Lügenhaftes bezeichnet worden waren, stattete er, auf Sanmichelis Palazzo Bevilacqua in Verona zurückgreifend, das Schulgebäude mit einer korinthischen Blendkolonnade aus. Solch feudale Rhetorik hat in der Schweiz höchstens einen Vorläufer im College Latin in Neuenburg, einem Bau, dessen Architekt sich im Paris der Restauration als Schlossbauer einen Namen gemacht hatte. Warum dieses Pathos, warum die Anspielung auf einen Regierungs- und Parlamentsbau, warum der Versuch, diesen im Sinn des Fürstlichen zu übertrumpfen, wo doch die Bauaufgabe wie kaum eine andere nach einer Akzentuierung des Rationalen ruft? Ähnliche Fragen stellen sich auch, wenn man sieht, wie Semper den Herzbereich des Gebäudes ausformt. Hinter dem atriumartigen Vestibül, in der Hauptachse des Baues also, situiert er einen dreischiffigen Saal, bestimmt für die nach Antiken gefertigten Gipsstatuen, welche der Dozent des Freifaches Kunstgeschichte, Jacob Burckhardt, mit Hilfe einiger Kollegen gesammelt hatte.[3] Musste der Eintretende so nicht den Eindruck erhalten, sich statt in einer technischen Schule in einer Akademie der schönen Künste oder in einem Kunstmuseum zu befinden?[4]

Man hat den Eindruck, Semper wolle sich bewusst vom »Polytechnizismus« der Schinkelschen Bauakademie distanzieren. Um die Gründe dafür zu verstehen, muss man die Auftragssituation in ihrer Besonderheit kennen.[5] Blenden wir nochmals in die Regenerationszeit zurück. Damals setzte sich das liberale Zürich mit seiner Reorganisation der Schulen an die Spitze der eidgenössischen Bildungspolitik. Neben einer Mittelschule, wo die »Industrie«-Ausbildung gleichwertig neben der klassischen stand, gründete man 1833 auch eine Universität. Dass die Regierung den Mut zur Schaffung einer eigentlichen Hochschule fand, hängt mit dem Umstand zusammen, dass damals gerade die Gründung einer nationalen Universität zur Debatte stand – mit einer eigenen Hochschule konnte Zürich um den Sitz derselben konkurrieren. Aus Furcht vor finanziellen Konsequenzen erwies sich dann aber Zürich der Idee einer nationalen Universität gegenüber ebenso ablehnend wie zum Beispiel Basel, das sich wegen seiner konservativen Position die eigentlich ihm gebührende Anwartschaft verscherzt hatte. Der Zwiespalt Zürichs zwischen Weitblick und Kleinkrämertum manifestierte sich eindrücklich im unansehnlichen Hochschulgebäude. Auch als 1848 die Frage der nationalen Universität im Zusammenhang mit der Erarbeitung des Bundesgesetzes wieder auftauchte, zeigte sich Zürich skeptisch; mit Ausnahme der Jungliberalen Escher und Dubs waren die Politiker dagegen, die Gründung einer solchen Institution durch den Bund für obligatorisch zu erklären. Erst als der Wettstreit um den Bundessitz verloren war, begann man sich in Zürich mit dem Gedanken zu befreunden, als Ausgleich eine nationale Universität zu erhalten. Für einen Kanton, der als einer der ersten erkannt hatte, wie entscheidend eine moderne Ausbildung für den wirtschaftlichen Fortschritt war, war das an sich eine verlockende Alternative. Noch rascher als Zürich selber erkannten aber die anderen Kantone, welch gefährliches Monopolisierungsvehikel eine solche Eliteschule darstellte. Mehr Sympathien fand deshalb ein Vorhaben, das von welschen Politikern in die Debatte eingebracht worden war – das der Gründung einer nationalen polytechnischen Schule. Alfred Escher, der führende Kopf in der Hochschulangelegenheit, hatte zwar im Hinblick auf die Bundesverfassung auch für das Polytechnikum einen Gesetzesentwurf erarbeitet, aber als es dann um die Realisierung der beiden Schulen ging, behandelte er, um die Universitätsvorlage nicht zu gefährden, das Polytechnikum ausgesprochen stiefmütterlich; nicht einmal eine Architektenschule sollte es umfassen. Im Ständerat vollzog Escher dann aber plötzlich eine Kehrtwendung; er schloss sich jetzt einem Vorschlag an, der bloss gemacht worden war, um die Universitätsvorlage auszuhöhlen – den nämlich, sich auf die Installierung eines Polytechnikums zu beschränken, und diesem zum Ausgleich einige Universitätsfächer anzugliedern. Der erfahrene Taktiker hatte erkannt, dass Zürich nur so eine Chance hatte, ein nationales Bildungsinstitut zu erhalten. Zwar würde man bloss die vormals dem Welschland zugedachte technische Schule erhalten, aber die angekoppelten universitären Fächer liessen sich später zu einer Gesamtuniversität ausbauen.

Die Parlamentarier durchschauten allerdings dieses Kalkül; sie teilten das zu gründende Polytechnikum zwar Zürich zu, degradierten aber die universitären Fächer zu Freifächern. Zürich hatte indessen noch eine Trumpfkarte in Reserve. Wie wir gesehen haben, setzte die Kantonsregierung beim Bund durch, im Neubau auch die kantonale Universität unterbringen zu dürfen. Indem man die Hochschule an ein eidgenössisches Bildungsinstitut ankoppelte, wollte man jener einen nationalen Status verleihen […]. Zwar nicht de jure, wohl aber de facto war somit mehr erreicht, als man erhofft hatte: Zürich besass jetzt nicht nur eine (quasi)nationale Universität, sondern zusätzlich noch ein nationales Polytechnikum. Der Traum des helvetischen Bildungsministers Stapfer von einer alle Wissenszweige umfassenden nationalen Bildungsanstalt war – wenigstens ansatzweise – verwirklicht. Zürich, als rücksichtslose Wirtschaftsmacht gefürchtet und verachtet, konnte sich mit diesem Institut, in welchem technisches und universitäres Wissen im Gleichgewicht standen, als intellektuelle Hauptstadt der modernen Schweiz in Szene setzen.

Jetzt begreift man, weshalb Semper der Schule die Gestalt eines majestätischen Regierungspalastes gab und weshalb er das Herzstück des Baues als Musentempel gestaltete – das Gebäude sollte sich als geistiges Bundeshaus präsentieren. Nun stellt es für einen Architekten gewiss einen Fähigkeitsausweis dar, wenn er es versteht, den Ideen und Ideologien der Bauherrschaft Gestalt zu geben. Aber hat der Entwerfer im vorliegenden Fall nicht seine politisch-künstlerischen Überzeugungen verraten? Eben um diese Zeit vollendete Semper ja ein theoretisches Opus, in welchem er die Baukunst als Entwicklungsprodukt aus verschiedenen elementaren handwerklichen Verrichtungen versteht.[6] Wie die Schinkelsche Bauakademie und später die Werke der arts & crafts-Bewegung zeigen, geht solches Interesse fürs Handwerkliche üblicherweise mit einer ausgesprochenen Abneigung gegen alles Pompöse, Repräsentative und Idealistische einher. So gesehen, scheint der Erbauer des Polytechnikumspalastes seiner eigenen Theorie zuwider zu handeln. Aber diese ist komplexer als verwandte Lehren. Zwar bewundert auch Semper das ursprüngliche Kunsthandwerk wegen seiner Stilsicherheit und seiner Volksnähe, zwar sieht auch er, dass die monumentalen Bauformen der Vergangenheit oft genug im Dienst von politischem und religiösem Despotismus stehen, aber er sieht das Heil nicht in der Flucht ins Einfache und Anspruchslose, sondern in der Transformation des baulichen Erbes zu einer »res publica«. Er träumt von einer Architektur, die so glanzvoll ist wie jene der grossen Imperien, dabei aber die Herkunft aus dem Handwerklichen nicht verleugnet, sondern im Gegenteil sichtbar macht – so vermag der Bürger die Genese des Monumentalen aus dem Einfachen nachzuvollziehen.

Wenn Semper im Polytechnikum königliche Formen verwendet, wäre das also nur dann ein Verrat an seiner republikanischen Symboltheorie, wenn er sie zur Überwältigung und Entmündigung des Benutzers verwenden würde. Dass das nicht der Fall ist, zeigt sich, wenn man das Polytechnikums- und Hochschulgebäude nicht vom Klassizismus, sondern vom Hochhistorismus her betrachtet. Neben einem Kubly-Bau mag zwar die Massenorganisation so naturhaft-organisch wirken wie im Barock, aber vom Neubarock her erscheint das Ganze als etwas rational-konstruiertes. Strukturell gesehen ist der Komplex, wie Fröhlich richtig gesehen hat, als Gefüge von vier Baukörpern konzipiert, die je aus einem Mittelkorpus und zwei einfachen Flügelarmen bestehen.[7] Die Seitenrisalite der Hauptfront, welche so massgeblich zu deren majestätischem Aussehen beitragen, sind also bloss »Leihgaben« – in Wahrheit sind sie die Flankenstücke der seitlichen Trakte.[8] Ähnliche Ambivalenzen findet man im Mittelkorpus. Bauschmuck und Baukörper formen hier nicht, wie im Barock, eine organisch wirkende Einheit; man hat vielmehr den Eindruck, eine Kulissenwand sei an den Kernbau herangeschoben worden. So ist deutlich gemacht, dass der Bauschmuck nicht naturhafte Manifestation des Majestätischen ist, sondern bloss ein Symbol fürs Erhaben-Triumphale.

Was die »königlichen« Säulen betrifft, so sind sie ebenso wenig für einen König bestimmt wie die Herrscherädikula am Bug des zweiten Dresdner Theaters. Sie und die zwischen ihnen liegenden, an die Bogenstellung einer Loggia erinnernden Rundbogenfenster gehören zu der von den beiden Hochschulen gemeinsam benutzten Aula. Die Deckengemälde dieses Saales sind der Weisheitsgöttin Minerva gewidmet […]; die Wände hatte Semper mit vier Darstellungen von Wissens-»Schulen« schmücken wollen, »welche die Verherrlichung des Fortschrittes der Menschheit in ihren berühmtesten Förderern bezwecken«.[9] Der Raum ist demnach, wie der Tempel in Raffaels sogenannter Schule von Athen, als Versammlungsort grosser Geister aller Wissenszweige gedacht. Wenn das Polytechnikum das geistige Bundeshaus der Schweiz ist, dann ist dieser Raum der Parlamentssaal. […]

Das Prinzip der Republikanisierung von Hohem lässt sich auch in der Antikenhalle erkennen.[10] Semper hat mit dieser dreischiffigen Galerie ein Gegenstück zur »Salle des pas perdus« geschaffen, die man in Justizpalästen findet. Im Gegensatz zur sakralen »Tribuna« des Kunstmuseums war der Raum nämlich nicht zum passiv-bewundernden Stehen, sondern zum Zirkulieren und Flanieren bestimmt. Er diente als Verbindung zwischen den Eingangs- und Treppenhaushallen im Westen und im Osten und formte mit diesen (in welchen ebenfalls Skulpturabgüsse stehen sollten) ein einziges grosses »Vestibulum«.[11] Hier, in einer denkbar ungezwungenen Umgebung, sollten die Studenten mit den Erbstücken der Antike und der Renaissance vertraut werden, um daraus in den Ateliers Neues zu schaffen. Dieselbe Idee einer Verquickung von Vestibül und Museum hat Semper auch in der Sternwarte realisiert, jener zauberhaften »fabrique« (Landschaftsgarten-Kleinbau) bergwärts vom Hochschul-Schloss, in der er dem Traum von einem bukolischen, den Sternen gewidmeten Gelehrtendasein bauliche Gestalt verliehen hat.[12]

1 Erbaut von Jakob Friedrich Studer (1817–1879) unter Verwendung der Konkurrenzprojekte von Felix Wilhelm Kubly und vor allem von Ferdinand Stadler.

2 Dagegen nicht der Grundriss als Ganzes. Es handelt sich hier wie in Bern um eine Hufeisen- sondern um eine geschlossene Zwei-Huf-Anlage, vergleichbar etwa mit Friedrich Gärtners Staatsbibliothek in München, wo allerdings die Treppen anders organisiert sind.

3 StAZ VV II 1.1: Hochbau-Protokoll der Direktion der öffentlichen Arbeiten, Bd. 22, S. 43–44 (15.5.1857) […].

4 In einem Vorentwurf dachte Semper sogar daran, den Mittelteil als Zentralraum auszubilden. Fröhlich 1974 [Fröhlich, Martin: Gottfried Semper. Zeichnerischer Nachlass an der ETH Zürich. Kritischer Katalog. Basel/Stuttgart 1974], S. 227, 233.

5 Zum Folgenden: Poly II (1905), S. 37–144

6 Gottfried Semper, Der Stil in den technischen und tektonischen Künsten oder praktische Aesthetik. Ein Handbuch für Techniker, Künstler und Kunstfreunde, 2 Bde., Frankfurt a. M. 1860 (Nachdruck Mittenwald 1970). – Zum Folgenden: Andreas Hauser, Der »Cuvier der Kunstwissenschaft«. Klassifizierungsprobleme in Gottfried Sempers »Vergleichender Baulehre«, in: Grenzbereiche der Architektur (Festschrift Adolf Reinle), Basel 1985, S. 97–114.

7 Fröhlich 1974 [wie Anm. 4], S. 224.

8 So sieht es schon der (wohl von Wolff verfasste) Baubeschrieb in Rechenschaftsbericht Regierungsrat 1860, S. 87: »Die Grundform des Gebäudes bilden 2 Längen- und 3 Querflügel, durch welche Anordnung 2 Höfe zur Beleuchtung der Treppenhäuser, Korridors etc. gewonnen werden. Der Mittel und die Seitenflügel treten bis auf 19´ über die Längenfronten vor, um denselben das nöthige Relief zu geben.«

9 Gottfried Semper, »Plan der Composition«, zitiert nach: Fröhlich 1979 [Fröhlich, Martin: Sempers Hauptgebäude der ETH Zürich (Schweizerische Kunstführer, Bd. 256). Basel 1979 (Nachdruck 1990)], S. 20.

10 StAZ V II 23.1: Wichtige Bemerkungen Sempers betreffend seine Vorstellung über den Bau finden sich in einem vom 11.6.1858 datierten, vom Präsidenten des Schulrates an die Direktion der öffentlichen Bauten gerichteten Gutachten, in welchem die Professoren ihre Wünsche betreffend räumliche Organisation formulierten. Sempers Bemerkungen betreffen die Bauschule und finden sich auf den Seiten 2 bis 7. Von der »Gypssammlung« sei anzunehmen, sagt Semper, dass sie »von den einer künstlerischen Richtung zunächst kommenden Baubeflissenen (…) am meisten benützt & frequentiert« werde. (S. 3)

11 In dem in der vorangehenden Anmerkung erwähnten Gutachten spricht Semper ausführlich über das »Vestibulum«. Allen (Konkurrenz-)Plänen gebreche es »an einem für Universitäten & den ähnlichen Anstalten höchst nothwendigen geräumigen Vestibulum (einer salle des pas perdus, wie die Franzosen es treffend nennen)«. (S. 4). […] – Auch der Zentralraum, an welchen Semper […] während des Entwurfsprozesses dachte, hätte Vestibülfunktion gehabt: er hätte zwischen einem Hofeingang und einem Treppenhaus vermittelt. Vgl. Fröhlich 1979 [wie Anm. 9], S. 227, 233.

12 Hanspeter Rebsamen et al., Zürich, in: INSA 10 (1992), S. 398 (Schmelzbergstr. 25). – Thomas K. Friedli, Martin Fröhlich, Adolf Muschg, Hanspeter Rebsamen, Beate Schnitter, Sempers ehemalige Eidg. Sternwarte in Zürich (GSK: SKF Nr. 631/632), Bern 1998.

Hauser, Andreas: Das öffentliche Bauwesen in Zürich, T. 1: Das kantonale Bauamt 1798–1895 (Kleine Schriften zur Zürcher Denkmalpflege, Bd. 4). Zürich/Egg 2001, S. 106–110

— 2005
Werner Oechslin

Sempers Polytechnikum – der Stolz Zürichs

Man mag es in Zweifel ziehen, es als Übertreibung oder als unangemessenes Urteil abtun: Es ist gleichwohl kaum zu bestreiten, dass Sempers Bau des Polytechnikums die Zürcher Kleinstadt aus dem Dornröschenschlaf geweckt und auf den Weg zu einer modernen Stadt gewiesen hat. Ein Monumentalbau von bislang unbekannter Grösse und Dominanz wurde in prominenter Lage über der Stadt errichtet und thront dort wie eine »*Stadtkrone*«, lange bevor der nachmalige Stadtarchitekt Hermann Herter diesen Begriff 1918 als Motto seines Projekts für die Weiterentwicklung der Hochschulbauten verwendet und Bruno Taut ihn 1919 durch seine einschlägige Publikation weltweit berühmt gemacht hat. Ein entscheidender Akzent für die künftige Entwicklung der Stadt war gesetzt mit einem Bauwerk, das von Anfang an als epochemachend eingeschätzt und weiterum bewundert wurde. […]

Also doch! Fakten! Der durch das Polytechnikum ausgelöste Bauschub hatte zu unübersehbaren Resultaten – und zur Veränderung der Stadt – geführt. Und man erinnerte sich, dass die Bauschule des Eidgenössischen Polytechnikums ja gerade auch deshalb gegründet worden war, um der Schweizer Bautätigkeit eigene, im Land ausgebildete kompetente Kräfte zuzuführen. Die entsprechenden Zielsetzungen – bezogen auf ein *umfassendes Bauwesen* – differierten allerdings damals wie heute. Darüber, was notwendig, erwünscht oder bloss schön sei, bestand keineswegs ein Konsens. Und es scheint gerade so, dass Sempers Rolle in Zürich durch diese Umstände und die damit verbundenen Querelen von Anfang an belastet, wenn nicht gar deutlich eingeschränkt worden ist. Dieses ›Profil‹ nachzeichnend, beschreibt Wilhelm Oechsli in der Festschrift von 1905, wie mit der Berufung Sempers zwar »das *künstlerische Element* […] eine so glänzende Vertretung« erhalten habe, wie aber der Schulrat gleichzeitig besorgt gewesen sei, eine »*zweite, mehr für die technische Seite bestimmte Professur durch einen mit den Bedürfnissen des Landes vertrauten einheimischen Baumeister*« zu bestellen.[1]

Die befruchtende Wirkung des Semper'schen Monuments wäre demnach also in erster Linie eine ›baukünstlerische‹ gewesen, was heute niemand bezweifelt. In der Festschrift von 1905 hat Georg Lasius den Bauten der Eidgenössischen Polytechnischen Schule ein eigenes Kapitel gewidmet, das er mit der Beschreibung des Semperbaus einleitet: »*In hoher Lage über der Stadt, weithin sichtbar* […]«.[2] Die dominierende Lage hebt den Bau des Polytechnikums aus der Vielzahl anderer Bauten heraus. Diesen Vorrang kann man ihm nicht streitig machen. Der Monumentalbau in seiner künstlerischen Erscheinung ist das Auffällige – und das städtebaulich Entscheidende. Was darüber hinausreicht, entzieht sich schnell dem Auge und der Beurteilung. Es bleibt zumindest offen, ob der Semperbau in jener Wachstumsphase der Stadt Zürich überhaupt allgemein als so wichtig eingestuft wurde. Die Festschrift von 1905 lässt erkennen, was hier auch noch oder in erster Linie zu Buche stand. Die bauliche Entwicklung der Stadt Zürich, wie sie S. Pestalozzi unter dem Titel »Das Neue Zürich von 1855 bis 1905« darstellt, umfasst in erster Linie die notwendigen und vordringlichen Voraussetzungen, nämlich Erschliessung, Kanalisation, Verkehr Strassen, Plätze und Brücken.[3] Diese hatte man vorgängig der Setzung architektonischer Akzente erst noch schaffen müssen: »Als vor fünfzig Jahren die eidgenössische polytechnische Schule in Zürich gegründet wurde, befanden sich die Verkehrsverbindungen im Innern der Stadt und die Zugänge zu derselben von aussen noch in einem unbefriedigenden Zustand.«[4] Der Stadtingenieur Viktor Wenner leitete seinen Beitrag zur Festschrift mit vergleichbaren Äusserungen ein: »Solange die Stadt durch den mittelalterlichen Befestigungsgürtel eingeengt war, konnte von einer eigentlichen Erweiterung und Entwicklung derselben keine Rede sein.«[5] So besehen passt der Semperbau gar nicht in das Bild einer sich entwickelnden Stadt; er bildet eher einen Fremdkörper. Und das spiegelt sich nicht nur in der – späteren – Beurteilung, sondern auch in der Entstehungsgeschichte selbst. Der Zusammenhang mit der Stadt Zürich war aber auch so gegeben. Die Situation war gleichermassen herausfordernd wie von Anfang an kompromittiert, sodass jenes Urteil der Illustrierten Chronik Zürichs von 1896, Sempers Bau sei der »höchste Stolz« Zürichs, eher überrascht.[6]

Natürlich hatte sich Zürich noch vor Sempers Ankunft längst darangemacht, durch »nicht unbedeutende Bau-Veränderungen und Verbesserungen« den Weg in die Zukunft anzutreten.[7] Das sollte im ersten Band der *Zeitschrift über das gesammte Bauwesen* 1836 auch durch einen Plan verdeutlicht werden.[8] Es ging durchaus um Städtebau und insbesondere um Verkehrswege und eine neue Ratshausbrücke. Der Herausgeber der Zeitschrift und »öffentliche Lehrer der Baukunst an der Universität«, Carl Ferdinand von Ehrenberg, hat in der »Vorrede« in grundsätzlicher Hinsicht die zunehmende Bedeutung des »Gebiets der Baukunst« und das »*daraus entspringende Interesse für Staat und Volk*« beschrieben.[9] Sie hätte »einen früher noch nie erreichten Standpunkt hinsichtlich ihrer technischen Ausbildung erlangt«. »Die Baukunst im weiteren Sinne« hätte dabei »eine Hauptrolle« gespielt.

Was darunter zu verstehen sei, legte Ehrenberg in demselben Band ausführlich und in systematischer Absicht dar. Keine »Kunst noch Wissenschaft« würde der Baukunst im Umfang gleichkommen.[10] Sie würde »Strassen-, Brücken-, Strom-, Deich-, Kanal-, Schleusen-, Hafen-, Schiffs-, Maschinen-, Mühlen-, und Kriegsbaukunst« umfassen. Kein Zweifel, diese Sichtweise ist ganz dem Zeitgeist entsprechend vom ›polytechnischen‹ Geist geprägt. Die »*bauwissenschaftliche*« *Ausrichtung* und das *Gebot allgemeiner Nützlichkeit* standen im Vordergrund. Dementsprechend nimmt Ehrenberg die Aufteilung der Baukunst im engeren Sinn, den »Hochbau« vor, den er – in dieser Reihenfolge – in »*Stadtbaukunst*«, in »*ökonomische oder Landbaukunst*« und schliesslich in »*ästhetische oder schöne Baukunst*« gliedert.[11] Dabei fällt einerseits auf, dass »*Stadtbaukunst*« die Errichtung sämtlicher privater (»bürgerlicher«) und öffentlicher Bauten umfasst, insofern sie der Einrichtung des Zwecks des Gebäudes, dem Wunsch des Bauherrn, den technischen Erfordernissen und dem guten Geschmack entspricht, und dass andererseits und davon abgelöst die »ästhetische und schöne Baukunst«, »dem Zwecke und Nutzen untergeordnet«, einer Proportionslehre stattgeben soll. Mehr nicht! »Nur bei sehr wenigen Bauwerken darf der Architekt die Construction und die gegebenen Bedingungen der Aesthetik unterordnen«, schreibt von Ehrenberg.[12]

1839 liess von Ehrenberg unter dem Titel »*Republikanische Einfachheit im Bauwesen*« eine Standortbestimmung folgen.[13] Man gewinnt dort den Eindruck, dass der Autor nach dem lauten Ruf und Appell zur Einfachheit doch noch Schönheit einzufordern gedenke. »Warum soll das jetzige Zeitalter alle Kunst bei Seite setzen, und seinen Nachkommen beweisen, dass nur Speculationsgeist und Knickerei das Losungswort bei seinen Bauten gewesen sey?«[14] »Die herrschende Meinung auf einmal schnell zu ändern, ist unmöglich; suchen wir daher dasjenige zu benutzen, was uns die Umstände darbieten. Einfachheit im Bauwesen soll dem Baumeister der jetzigen Zeit zur Richtschnur dienen, wie sie die früheren Baumeister sich bei wirklich schönen Bauwerken jederzeit angelegen seyn liessen; *aber diese Einfachheit soll keineswegs das Schöne verbannen* […].«[15] Doch kaum ist dieses umständliche Plädoyer für Schönheit ausgesprochen, wird es gleich wieder relativiert. Es soll die Regel gelten: »*Bauen wir einfach, edel, dabei dem Zwecke entsprechend, so bauen wir im republikanischen Sinne.*« Das Gegenteil, Überladung mit »zwecklosen Verzierungen« in modischen »nur für ein Menschenalter« ausgelegten Formen sei dagegen »unrepublikanisch«.[16]

Man darf diese 16 Jahre vor Sempers Ankunft in Zürich geschriebene Definition der Baukunst durchaus als im Konsens mit den Zürcher'schen Verhältnissen entstanden auffassen. Und man muss von hier aus die Andersartigkeit des Semper'schen Gebäudes und die dort entstandenen Schwierigkeiten betrachten. Der »republikanischen Einfachheit« entsprachen just jene Bauten, die damals – auch schon auf der Terrasse über dem rechten Limmatufer – errichtet wurden: das 1837–1842 nach Plänen von Albert Wegmann und Leonhard Zeugheer erbaute kantonale Krankenhaus und das Pfrundhaus St. Leonhard.[17] Wieweit man in einigen Fällen Schönheit zuliess, zeigt die nach einer mühseligen Vorgeschichte schliesslich – wie später eben auch der Semperbau – auf der erhöhten Lage des ehemaligen Rämibollwerks erbaute Kantonsschule von Gustav Albert Wegmann, die sich das Modell von Schinkels Berliner Bauakademie zu Nutze machte.

Zürich hatte also längst seine neuen baulichen Akzente gerade an jenem Ort, den man schliesslich, nachdem anderweitige, teurere Optionen – der Exerzierplatz und der neu aufgeschüttete Platz am See – verworfen worden waren, auch für den Bau des Polytechnikums vorsah. Die Parzelle ist in dem verbindlichen Plan nach Breitinger, der 1852 von L. Pestalozzi vervollständigt und von Johann Heinrich Bachofen gezeichnet und gestochen worden ist, zwischen Kantonsspital und Pfrundhaus als geeignetes, grossflächiges Grundstück (»Schienhut«) ausgewiesen. Dass man den Bau möglichst nach vorn an die Krete rücken sollte, wurde offensichtlich schnell erkannt. Bei dem Prozess der Standortwahl scheint der Zürcher Staatsbauinspektor Johann Caspar Wolff eine bedeutende Rolle gespielt zu haben.[18] Gottfried Semper trat am 23. November 1857 nur gerade als Experte im Gefolge des Schulratspräsidenten Kappeler auf, der seinerseits die Vorzüge dieser Lage würdigte und sie in knappen Worten festhielt: »frei nach allen Seiten, vom Stadtgeräusch abgelegen, mit prächtiger, die ganze Stadt dominierender Aussicht«.[19] Dementsprechend ging die Empfehlung des Schulrats an den Bundesrat, der am 4. Dezember 1857 den Beschluss zum Bau des Polytechnikums fasste.

In seinem Gutachten vom 17. Oktober 1857 hatte Wolff diese städtebaulichen Vorzüge etwas ausführlicher beschrieben: »*An den Rand des Abhanges vorgerückt, würde die Lage des Hauptgebäudes eine wunderbar prachtvolle, weit schöner als die so gerühmte des Bundesrathhauses in Bern.*«[20] Hier ist nun keinerlei ›republikanische‹ Zurückhaltung mehr zu spüren; stattdessen provozierte Wolff den Vergleich mit jenem Bauwerk, das man ursprünglich gerne in Zürich gehabt hätte und an dessen Stelle dank Alfred Escher nunmehr ›kompensatorisch‹ das Eidgenössische Polytechnikum zu stehen kam. Am Berner Bundeshaus sollte sich die Architektur des Polytechnikums messen dürfen.[21] Und vorerst war es schon einmal die Lage, die das in jedem Falle garantieren würde: mit dem unvergleichlichen Blick auf See und Hochgebirge und mitsamt der anzulegenden Terrasse, die »Erholungsplatz für die Lehrer und Schüler der Anstalt« und gleichzeitig »Lieblingsspaziergang für Einheimische und Fremde« werden könne.[22] »*Das Gebäude selbst könnte nirgends einen grossartigeren Effekt machen*«. Und wenn man sich ihm annähere, würde es »dem Fremden als die Krone der öffentlichen Bauten in die Augen springen«.[23] Im Angesicht des blossen Bauplatzes ist hier die – später so wirksame – Idee der Stadtkrone längst beschrieben; die Begründung einer aufwändigeren Architektur geht damit einher.

Allein, gerade Johann Caspar Wolff fand sich später in der Rolle dessen, der auf die Anwendung des Prinzips der Sparsamkeit zu achten hatte. Auch diese Geschichte reicht in die Anfangsphase der Planung des Polytechnikums zurück. Wolff war in seiner Funktion als Staatsbauinspektor für die Zuweisung von Räumen an das neu gegründete Polytechnikum zuständig. Der Schulrat seinerseits entwickelte, basierend auf Grundlagen, die vom Karlsruher Polytechnikum zur Verfügung gestellt worden waren,[24] ein Bauprogramm, das der Zürcher Kantonalregierung, die in der Finanzierungsverpflichtung stand, viel zu gross vorkam. Nach zähem Ringen ging der Kompromiss am Ende dahin, dass auch die Räume der kantonalen Hochschule unter das gleiche Dach zu bringen seien. Über die damit zusammenhängenden Auswirkungen gingen die Meinungen auseinander. Man fürchtete beispielsweise »einen ungünstigen Einfluss auf die Disziplin der ›Polytechniker‹«.[25] Das Ganze hatte aber insbesondere auch architektonische Konsequenzen. Sie sind schon in Wolffs Gutachten vom Oktober 1857 im Hinweis auf die durch die Lage gegebenen »Hauptfronten des Gebäudes gegen Süden & Westen« ausdrücklich erwähnt.[26]

Es gab also am Semperbau eine Fassade des Polytechnikums und eine Fassade der Universität. Wie schlecht man mit diesem ›Kompromiss‹ lebte, ist bis auf den heutigen Tag deutlich spürbar. Als 1914 die Universität endlich in den eigenen, von Karl Moser noch grossartiger über der Stadt inszenierten Neubau einziehen konnte und auch zu diesem Anlass eine Festschrift veröffentlicht wurde, wurde die »Alte Universität« auf zwei Bildtafeln gerade so abgebildet, dass auch nicht der geringste Hinweis zu entdecken gewesen wäre, es handle sich um den Semperbau des Polytechnikums.[27] Heute finden sich dort, über den beiden stets verschlossenen seitlichen Türen, zwei Inschriften, die diesen Wechsel von 1914 in eher holprigem Latein in Erinnerung rufen: »In hac aedium parte *habebantur* / Universitatis Turicensis Scholae / ab anno MDCCCLXIV / ad annum MCMXIV.« Und: »In hac parte Scholae / Academiae Technicae Helveticae / *haberi coeptae* / Anno MCMXIV.« »Habebantur«, »haberi coeptae«: Es ging also mehr um Haben als um Sein. Und als ob man sich dieser ungeliebten Kohabitation möglichst gar nicht entsinnen sollte, erscheint dieser ehemals stolze Eingang der Zürcher Universität heute wie ein Bediensteten-Zutritt behandelt. Man betritt ihn als Hintereingang, stösst auf ein paar Stellwände mit einem Lageplan, auf der die Strasse zwischen den beiden Hochschulen noch mit »Künstlergasse« – mittlerweile heisst sie Karl-Schmid-Strasse – bezeichnet ist und steht nach wenigen Stufen vor einer Wand; vor dieser wiederum ist ein hölzernes Podest als dauerndes Provisorium so eingebaut, auf dass der seitwärts vorüberziehende hölzern tönende Verkehrsfluss eiliger Personen möglichst wenig gestört würde. Dort finden sich – wie übrigens im ganzen Gebäude vielfach verteilt – Vitrinen, in denen auf akademische Tätigkeiten und Produkte hingewiesen wird, und die in diesem Fall mit »Abteilung XII.«, einem Relikt aus vergangener Zeit, überschrieben sind.[28] So lieblos wurde und wird, Ausnahmen vorbehalten, mit dem Semperbau umgegangen – und dies just an der Stelle, an der die beiden Hochschulen sich einmal zusammenfanden und wieder zusammenfinden könnten.

Die Spuren des Konflikts zwischen den Interessen von Bund und Kanton sind also perpetuiert worden. Aus der Sicht dieser Verhältnisse scheint weniger Semper als vielmehr Wolff die entscheidende Figur beim Bau des Polytechnikums gewesen zu sein. Ihm war ja schliesslich das Portefeuille der Ausführung in die Hände gelegt und damit insbesondere die Sorge um die Sparsamkeit übertragen worden. Wie sehr Semper bei all diesen Auseinandersetzungen und Querelen Opfer geblieben ist, kann man nur erahnen. »Sein ehrliches, fast kindliches Wesen machte Semper aber auch gegen jede Art von Schleichwegen und Intrigen wehrlos und war mehrmals die Ursache, dass seine schönsten Aussichten und Projekte, deren Ausführung schon gesichert schien, in letzter Stunde hintertrieben wurden.« So entwirft Sempers Sohn Hans das

Charakterbild seines Vaters.[29] In Anbetracht all dieser Umstände wird man Sempers Rolle wohl neu betrachten müssen. Natürlich figuriert das Polytechnikum Zürich in der grossen Kunstgeschichte als das Werk Sempers […]. So hat es nun einmal in die einschlägige Literatur Eingang gefunden, ohne dass die zürcherischen Verhältnisse, die permanente Spardrohung in angemessener Weise berücksichtigt worden wären. Man wusste davon nichts oder nur wenig; oder man verschwieg es höflich. Hans Semper beschreibt im Nachruf auf seinen Vater das Verhältnis und die Arbeit mit Wolff beim Unternehmen Polytechnikum als »in Gemeinschaft mit dem Architecten Wolff«.[30] Doch wenn er ansetzt, um das Polytechnikum in ganz anderer als republikanischer Terminologie als »Monumentalbau ersten Ranges« zu würdigen, wird, wie könnte es anders sein, die »Beschränktheit der Mittel« angeprangert, durch die sich Semper gedemütigt und genötigt sah, von manchen monumentalen und dekorativen Motiven des anfänglichen Planes abzustehen und die »Entfaltung aller seiner künstlerischen Mittel« einzuschränken.[31] Die Wirkung des erhöhten Mittelbaus, so der tröstliche Hinweis, sei trotzdem »wahrhaft imposant«.[32] Doch alle diese gequälten Feststellungen münden schliesslich in die eine Aussage: »*Er hatte daher schon seit einiger Zeit den Wunsch und die Hoffnung gefasst, in Wien […] ein grösseres Feld der Thätigkeit zu finden, als es ihm in Zürich vergönnt war.*« Auch wird dort eine Notiz zitiert, die Semper im Zusammenhang mit einer früheren möglichen Rückkehr nach London hinterlassen haben soll: »*Ich bin leider hier geblieben, um glanzlos, im Trüben und unbeachtet zu verlöschen. Zürich, 1868.*«[33] […]

1 Oechsli 1905 [Oechsli, Wilhelm: Festschrift zur Feier des fünfzigjährigen Bestehens des Eidg. Polytechnikums, Bd. 1: Geschichte der Gründung des Eidgenössischen Polytechnikums mit einer Übersicht seiner Entwickelung. Frauenfeld 1905], S. 176.

2 G[eorg] Lasius, »Die Gebäude der Eidgenössischen Polytechnischen Schule«, in: Festschrift 1905 [Zürcher Ingenieur- und Architekten-Verein; Eidg. Polytechnikum; Gesellschaft ehemaliger Studierender des eidgenössischen Polytechnikums (Hg.): Festschrift zur Feier des fünfzigjährigen Bestehens des eidg. Polytechnikums. Bd. 2. Zürich 1905], S. 321–345, hier S. 322.

3 Vgl. S. Pestalozzi, »Die bauliche Entwicklung der Stadt Zürich hinsichtlich Tiefbauten und Quartieranlagen von 1855 bis 1893«, in: Festschrift 1905 [wie Anm. 2], S. 97–128.

4 Ebd., S. 99.

5 Vgl. V[iktor] Wenner, »Strassen, öffentliche Plätze, Gartenanlagen und Brückenbauten«, in: Festschrift 1905 [wie Anm. 2], S. 129–145, hier S. 129.

6 Die Stadt Zürich. Illustrierte Chronik, bearbeitet unter Mitwirkung fachmännischer Autoritäten, Zürich 1896, S. 125. – Die aufwändige Publikation trägt die Widmung »Zürichs fortschreitender Grösse, seinem Blühen und Gedeihen gewidmet«.

7 »Miscellen/Zürich«, in: Zeitschrift über das gesammte Bauwesen, bearbeitet von einem Vereine Schweizerischer und Deutscher Ingenieure und Architekten 1 (1836), S. 56.

8 Ebd., Tf. III, die die beidseitige Situation am Seebecken mit den Massnahmen von Hafen, Sihlquai, Rathausbrücke und neuer Poststrasse samt Posthaus zeigt. Eine weitere Tafel (»Neu projectirte See-Anlage hinter dem Stadthause 1837«) zeigt die geplanten Regulierungen mit Schanzen-Graben, Thal-Strasse und der See-Anlage in der Erweiterung des Kratzquartiers sowie mit dem dem Stadthaus vorgelagerten Bauplatz.

9 Carl Ferdinand von Ehrenberg, »Vorrede«, in: ebd., S. 3: »Das Gebiet der Baukunst im engeren und weiteren Sinne hat in neuerer Zeit an Umfang, Wichtigkeit und daraus entspringendem Interesse für Staat und Volk ungemein gewonnen.«

10 Ders., »Ueber das Gebiet der Baukunst im Allgemeinen«, in: ebd., S. 35f., hier S. 35.

11 Ebd.

12 Ebd., S. 36.

13 Carl Ferdinand von Ehrenberg, »Republikanische Einfachheit im Bauwesen«, in: Zeitschrift über das gesammte Bauwesen 3 (1839), S. 95f. – Vgl. Werner Oechslin, »›Einfach, edel, dabei dem Zweck entsprechend‹: eine moderne, klassische und ›republikanische‹ Version der Baukunst – Melchior Berri 1801–1854«, in: Dorothee Huber/Doris Huggel (Hg.), Melchior Berri 1801–1854. Architekt des Klassizismus, Basel 2001, S. 42f.

14 Ehrenberg 1839 (Anm. 13), S. 95.

15 Ebd., S. 96.

16 Ebd.

17 Vgl. dazu und im Folgenden INSA 10, S. 232f., S. 246f., und vor allem die umfassende Darstellung Andreas Hauser, Das öffentliche Bauwesen in Zürich. Erster Teil: Das kantonale Bauamt 1798–1895 (Kleine Schriften zur Zürcher Denkmalpflege, H. 4), Zürich/Egg 2001 und ders., Das öffentliche Bauwesen in Zürich. Dritter Teil: Das städtische Bauamt 1798–1907 (Kleine Schriften zur Zürcher Denkmalpflege, H. 6), Zürich/Egg 2000.

18 Hauser 2001 (Anm. 17), S. 101f.

19 Vgl. Oechsli 1905 [wie Anm. 1], S. 259; Hauser 2001 (Anm. 17), S. 103.

20 Zit. n. Hauser 2001 (Anm. 17), S. 103.

21 Damit ist natürlich das alte von Friedrich Studer 1852–1857 erbaute Bundesrathaus, das heutige Bundeshaus West gemeint.

22 Stets gemäss dem Wolff'schen Gutachten, zit. n. Hauser 2001 (Anm. 17), S. 103.

23 Ebd.

24 Vgl. Oechsli 1905 [wie Anm. 1], S. 248.

25 Ebd., S. 296.

26 Vgl. Hauser 2001 (Anm. 17), S. 103.

27 Vgl. Universität Zürich. Festschrift des Regierungsrates zur Einweihung der Neubauten. 18. April 1914, Zürich [1914], Bildtafeln nach S. 18 (»Alte Universität von 1864 bis 1914. Südansicht; Eingangshalle«) und nach S. 20 (»Alte Universität«). […]

28 Diese – hier nicht vollständig wiedergegebene Bestandsaufnahme – entstammt einer (letzten) Begehung im Januar 2005. Vgl. auch: Norbert Staub, »Hochburg der Bildung«, in: ETH life 19.12.2003, S. 1f.

29 Hans Semper, »Gottfried Semper«, in: Carl Brun (Hg.), Schweizerisches Künstler-Lexikon, Bd. 3, Frauenfeld 1913, S. 123f., hier S. 135 […].

30 Hans Semper, Gottfried Semper. Ein Bild seines Lebens und Wirkens mit Benutzung der Familienpapiere, Berlin 1880, S. 26.

31 Ebd.

32 Ebd.

33 Ebd., S. 30.

Oechslin, Werner: Die Bauten der ETH und die Stadt, in: Oechslin, Werner (Hg.): Hochschulstadt Zürich. Bauten für die ETH 1855–2005. Zürich 2005, S. 18–63, hier S. 18–25

— 2005
Andreas Tönnesmann

Schule oder Universität?

Architektur als räumliche und bildliche Hypostase von institutionalisierter Wissenschaft – diese Lesart des Zürcher Schulgebäudes liefert wohl am ehesten den Schlüssel für eine adäquate Anschauung des in der Grossform bewundernswert klaren, im Einzelnen aber höchst komplexen und seinen Entstehungsbedingungen entsprechend vielfach belasteten Entwurfs.[1] Die politischen Verwicklungen, die ihm vorausgegangen waren, hätten einen weniger zielbewussten Architekten als Semper nur allzu leicht zu einer künstlerisch zweitrangigen Kompromisslösung verführen können. […]

Erst jüngst ist der Typus des Universitätsbaus, den Semper hier kreiert hatte, auf die lange Ahnenreihe der europäischen Klosterarchitektur bezogen worden.[2] Diese Ableitung scheint schon deshalb nahe zu liegen, weil Semper selbst in einer Vorlesung zur Gebäudelehre, die er 1840/41 in Dresden gehalten hatte, Schulen und Klöster in ihrer typologischen Genese ausdrücklich vergleicht; insbesondere empfiehlt er für Unterrichtsgebäude aller Art den »Klosterhof mit umgebenden Hörsälen« als die gegebene Grundrisslösung.[3] Der Baugedanke des Klosterhofs gab dem Entwurf des Polytechnikums demnach eine erste Richtung vor, wenn dieser auch bis zur gültigen Formulierung noch eine beträchtliche Redaktion zu durchlaufen hatte. Er war ausschliesslich historisch begründet; die gegenwärtige europäische Hochschularchitektur ging andere Wege. In der Tat konnten selbst aktuelle Hochschulbauten von Rang wie Heinrich Hübschs Karlsruher Polytechnikum[4] oder Schinkels Berliner Bauakademie[5] – beide 1836 vollendet – dem äusseren und inneren Massstab kaum gerecht werden, den Semper an seinen Zürcher Neubau anlegte; zu offensichtlich blieben sie aus seiner Sicht ihrem Gebrauchszweck verpflichtet, zu gering war ihr Anspruch auf symbolische Repräsentation von Ideen, auf Fortschreibung grosser kultureller Tradition. Aus demselben Grund schied Melchior Berris qualitätsvoller Museums- und Universitätsbau in Basel, seinerseits dem Vorbild der Berliner Bauakademie verpflichtet, als Anknüpfungspunkt für Semper aus.[6] Während Schulen, so Semper in der schon erwähnten Dresdner Vorlesung, bescheideneren Anforderungen zu entsprechen hätten, sei die Universität »in einem höheren, grossartigeren Sinne aufzufassen«, ja »als eines der bedeutendsten Staatsgebäude« kenntlich zu machen.[7] Und als einen solchen Universitätsbau von höchster, nicht zuletzt politischer Aussagekraft, daran konnte von vornherein kein Zweifel bestehen, gedachte Semper das Zürcher Polytechnikum zu gestalten – wohl nicht nur, weil sich die kantonale Universität das Gebäude mit der eidgenössischen Lehranstalt teilte, sondern weil der ganze Bauanlass und nicht zuletzt Sempers Befassung mit ihm eine entsprechende Gestaltungshöhe verlangte.

Dass der Entwurf von Gebäuden stets die typologische Tradition zu berücksichtigen habe – und das über lange Zeiträume hinweg – diese Forderung gehört zum Kernbestand der Semper'schen Kunstlehre. Der *Typus* – ein bevorzugter Ordnungsbegriff in der Wissenschaftssprache des 19. Jahrhunderts[8] – bindet sich für Semper eng an die Zweckbestimmung des Bauwerks, wird aber erst in der historischen Kontinuität der Bauaufgaben fassbar. […]

Wie souverän sich der Architekt Semper typengeschichtlicher Zitate zu bedienen wusste, um seine Entwürfe funktional zu präzisieren, wenn nicht gar ihre Zweckbindung symbolisch zu überhöhen und in gewünschte historische Nachbarschaften zu rücken, zeigt sich beim Blick auf sein gesamtes Werk: beginnend mit dem Rekurs auf das Halbrund des antiken *theatron* im ersten Dresdner Hoftheater und endend mit dem Verweis auf griechische Tempelarchitektur, für Semper steingewordener Ausdruck der Demokratie, im Winterthurer Stadthaus.[9] Gleiches gilt nun offenbar auch für den Zürcher Entwurf. Erstmals mit der Planung eines Unterrichtsgebäudes konfrontiert, scheint sich Semper keineswegs mehr wie in seinen Dresdner Vorlesungen mit der recht allgemeinen Erinnerung an Klosterbauten begnügt, vielmehr in typologischer Zuspitzung die genuine Tradition der Universitäts- beziehungsweise Kollegienarchitektur seit dem Mittelalter in den Blick genommen zu haben. Auf eben dieses geschichtliche Bezugsfeld galt es, den Bau – der ja mehr als ein blosser Schulbau sein sollte – mit Entschiedenheit zu verpflichten, obwohl gerade die Universität, als Institution wie als Bautypus, nicht den Vorzug besass, antiker Abstammung zu sein.

Anhaltspunkte für eine typologische Lesart unter dem Motto ›Universität‹ bietet der Bau selbst, insbesondere im Grundriss, wobei man nicht jedes einzelne typenrelevante Merkmal zweifelsfrei auf Universität *oder* Kloster als Quelle beziehen kann – hatte sich doch die mittelalterliche Kollegienarchitektur ihrerseits aus der monastischen Tradition entwickelt.[10] In diesem Sinne doppeldeutig bleibt etwa eine der funktional wichtigsten und folgenreichsten Entscheidungen Sempers, nämlich alle Trakte des Polytechnikums durch direkt belichtete Seitenkorridore entlang der Binnenhöfe zu erschliessen. Gerade darin wich der Entwurf von den wenigen exemplarischen Hochschulbauten jüngeren Datums ab, wie sie kurz vor Semper vor allem deutsche Architekten geplant hatten.[11] Ältere Vorbilder für die einbündige Erschliessung von Hoftrakten liessen sich nun sowohl in Kreuzgängen finden, also einem tragenden Element monastischer Tradition, als auch in den beispielhaften Anlagen italienischer Kollegienbauten, wie sie Semper aus Bologna oder Rom gekannt haben mag.[12] Am Anfang dieser typologischen Tradition des Universitätsbaus steht Matteo Gattaponis Collegio di Spagna in Bologna, 1365 über einem quadratischen, axialsymmetrisch regulierten Hofgrundriss errichtet: ein Bau mit so vorbildlichem Dispositionsschema, dass er noch in Giacomo della Portas römischer Sapienza (begonnen 1575) merklich nachwirken konnte.[13]

Für Semper, den Stimmführer der Neurenaissance unter den Architekten des 19. Jahrhunderts, dürften diese italienischen Beispiele durchaus Relevanz besessen haben. Übrigens hatte Semper bereits in seiner Dresdner Vorlesung empfohlen, Universitäten in katholischen Gegenden auf eine Kapelle (in protestantischen ersatzweise auf den Hörsaal) zu zentrieren – eine Erwägung, die sich kaum auf die übliche, stets laterale Zuordnung von Kreuzgang und Kirche in traditionellen Klosteranlagen,[14] sehr wohl aber auf die genannten italienischen Kollegiengebäude beziehen lässt, in denen die Kirche (im Falle der Sapienza dem Kolleg bekanntlich erst durch Borromini hinzugefügt) mittig an die rückwärtigen Hofseiten anschliesst und damit die Hauptachse der Anlagen verlängert. Im Polytechnikum nimmt Semper diesen Baugedanken wieder auf, wenn auch in modifizierter Form und in pointierter inhaltlicher Neubesetzung.

Sein »Vestibulum«, anders als die Kirchen früherer Kollegien ins geometrische Zentrum der Anlage verpflanzt, war Museum, Durchgangsraum und Wandelhalle.[15] Ein verpflichtender ›Bildungsparcours‹ konfrontierte jeden, der den Bau auf dem kürzesten Weg durchqueren wollte, mit jenen massgeblichen Kunstwerken der Antike, die der Privatdozent Jacob Burckhardt für die Zürcher Universität in Abgüssen gesammelt hatte. In der dreischiffigen Disposition, mit gerichteten Säulenarkaden und in Triumphbögen geöffneten Stirnwänden hielt der Antikensaal die Erinnerung an die sakralen Ursprünge der Bauidee noch merklich aufrecht; in geradezu demonstrativer Sichtbarkeit hatte sich jetzt freilich eine säkularisierte Kunstreligion die Mitte des Baus gesichert.[16] Für Semper war die Ausrichtung des Baus auf Kunst und Kunstgeschichte das entscheidende Kriterium ihres herausgehobenen Status als Universität; sie definierte ihren geistigen Rang.

Wie sehr Semper daran gelegen war, die Hauptachse seines Gebäudes einerseits räumlich zu artikulieren, andererseits aber als ideelles Gravitationszentrum des Ganzen augenfällig herauszuheben, zeigt auch die zunächst wenig einleuchtende Idee, ausgerechnet die Aula – den wichtigsten, von Universität und Polytechnikum gemeinsam genutzten Raum – in die Peripherie des Gebäudes, nämlich ins zweite Obergeschoss des westlichen Mittelpavillons zu legen. Hier wich Semper ein weiteres Mal von nahe liegenden Lösungen ab, wie sie im neueren deutschen Hochschulbau entwickelt worden waren – so in den Universitätsgebäuden von Leipzig, Tübingen oder Königsberg, wo Friedrich August Stüler genau gleichzeitig mit Semper (1858–1864) die Aula wie einen barocken Festsaal im Hauptgeschoss über dem Eingang unterbringt und über ein zentrales Treppenhaus leicht zugänglich macht.[17] Nur Friedrich von Gärtner hatte in seinem eigenwilligen Münchner Universitätsbau von 1835 die Aula dezentral postiert, wenn auch immerhin durch grosszügige Treppen erschlossen.[18]

Anders Semper. Nicht nur, dass er in charakteristischer Distanz zu barocker Prachtentfaltung auch hier – wie vorher und nachher in den Dresdner Theaterbauten – den grossen Gestus eines zentralen Treppenhauses meidet[19] und stattdessen links und rechts des Foyers[20] zwei verhältnismässig enge Treppen in kurzen, gewinkelten Läufen um quadratische Schächte legt. Man musste – und muss bis heute, wenn man nicht den Lift vorzieht – sogar die gesamte Treppenhöhe erklimmen, um in den wichtigsten Versammlungsraum zu gelangen. Ausgangspunkt des mühsamen Weges waren die westliche Eingangshalle und das nachgeschaltete Treppenfoyer, die ihrerseits auf den Antikensaal – Sempers »Vestibulum« – mittels perspektivisch verketteter Bogenstellungen eindrucksvoll bezogen wurden. Was Semper durch diese eigenwillige Disposition erreichte, war die visuelle Verknüpfung der horizontalen und vertikalen Primärachsen durch ein Gelenk am entscheidenden Punkt der Richtungswahl; zugleich waren beide thematischen Pole des Entwurfs, Bildung und gesellschaftliche Zusammenkunft, wie Zielmarken ans Ende der räumlichen Erschliessungswege gerückt. […]

Dass sich nun Sempers Hochschulbau zumindest auf der Erdgeschossebene um zwei parallel situierte Höfe ordnete, war eine nahe liegende Konsequenz aus der Entscheidung für den zentralen, beidseitig zu belichtenden Museumstrakt. Eine typologische Begründung für die Doppelhöfigkeit – immerhin das auffälligste Merkmal des Grundrissentwurfs – bietet sich damit jedoch noch nicht. Wieder ist aus dem Klosterbau kein schlagendes Vorbild überliefert, und auch die jüngere kontinentale Universitätsarchitektur hatte vergleichbare Lösungen nicht im Repertoire. Allerdings hatte Semper die Jahre 1850 bis 1855, den längsten Abschnitt seines Exils also, in London verbracht. Zweifellos konnte er während dieser Zeit die reiche Tradition des englischen Universitätsbaus und besonders der College-Architektur kennen lernen, auch wenn seine gleichermassen vehemente Ablehnung von Gotik und Neugotik dem Verständnis für dieses Feld architektonischer Überlieferung enge Grenzen gezogen haben mag. Davon abgesehen: Es fällt auf, dass gerade in Oxford und Cambridge zweihöfige, von Mitteltrakten geteilte Anlagen über Jahrhunderte hinweg einen konsistenten Typus des College-Baus ausgeprägt haben. Die Wurzeln dieser Entwicklung liegen in der mittelalterlichen Hausarchitektur, wie das oft zitierte Beispiel von Haddon Hall in Derbyshire verdeutlichen kann:[21] die zweigeschossige *hall,* ergänzt um Speisekammern und Küche, definiert den über beide Langseiten belichteten Mittelflügel, der quer zur Eingangsrichtung liegt; davor beziehungsweise dahinter sind die von einbündigen Raumfolgen umschlossenen Höfe angelegt. Diese Disposition findet, nur wenig verändert, über Hospizien ihren Weg in die universitäre Baukunst des Spätmittelalters, wie als frühes Beispiel Queen's College in Cambridge verdeutlichen kann (Mitte 15. Jahrhundert, im späten 16. Jahrhundert erweitert). Hier liegt der repräsentative Versammlungstrakt mit *hall* und *combination room* gleichfalls im Mittelflügel zwischen zwei Höfen unterschiedlichen Formats, von denen der rückwärtige wie ein Kreuzgang mit umlaufenden Portiken ausgestattet ist. In Oxfords New College (1380–1400) finden sich beide Höfe dann lateral angeordnet wie gleichzeitig auch im Pariser College de Beauvais (gestiftet 1373; Semper könnte es schon aus seiner Studienzeit gekannt haben);[22] allerdings zeigt sich nur im englischen Beispiel der sekundäre Hof als vollwertiger Kreuzgang ausgebildet. Noch in den prominentesten Collegebauten des 18. Jahrhunderts, in Oxford unter führender Mitwirkung von Nicholas Hawksmoore geplant, bleibt das mittelalterliche Schema insofern präsent, als hier ältere einhöfige zu doppelhöfigen Anlagen erweitert werden – beispielsweise in Magdalen College (1720–1734).[23]

Gewiss konnte Semper in den englischen Collegebauten, denen man ihre wechselvolle Entstehungsgeschichte über verschiedene Bauphasen immer ansieht, keine Anregung für die geometrische Strenge und die räumliche Kohärenz seines Zürcher Entwurfs finden. Dennoch darf man ihm, der sich so oft mit hohem Einsatz dem Nachweis viel entlegener typologischer Verknüpfungen und Entwicklungen in der Geschichte der Baukunst gewidmet hatte,[24] den bewussten Einbezug der College-Tradition in die Ahnenreihe des Polytechnikums durchaus zutrauen – keineswegs im Sinne sklavischer Nachahmung des Einzelnen, von der nicht annähernd die Rede sein kann, sondern als schöpferische Bezugnahme auf einen ganzen Überlieferungsstrang in einem komplexen Entwurfsprozess. Wie stets bei Semper flossen hier funktionale und räumliche Erwägungen mit der Besinnung auf das breite Spektrum der historischen Bautypen zusammen.

Was konnte die subtil entsponnene, keineswegs in den Vordergrund gespielte Analogie ›italienisches Kolleg – englisches College – Polytechnikum‹ im Sinne Sempers zum Verständnis des Zürcher Baus leisten? Ohne Zweifel bot sie eine Grundlage, den Status des Gebäudes – und damit der Institution – als Universität architektonisch zu definieren, und zwar durch Rückbezug auf eine wenn nicht kunst-, so doch wissenschaftsgeschichtlich höchstrangige Tradition. Allerdings hat Semper selbst das assoziative Potential solcher Verknüpfungen mit früher Universitätsarchitektur auch wieder relativiert und überlagert, und zwar durch die rigide Klassizität von Formensprache und Ikonographie, die durchgehend das Stilregister des Baus bestimmt. Polychrome Säulenarchitektur wie in der Aula, dem Kulminationspunkt in Sempers räumlicher Hierarchie, findet man eben nicht in alten Universitätsbauten, stattdessen in Palästen oder Theatern der Hoch- und Spätrenaissance; und eben diese oder doch vergleichbare Quellen waren auch dazu bestimmt, das thematische Repertoire für die geplante malerische Ausstattung – Semper wollte sie dem »menschlichen Streben nach Vollkommenheit« widmen, konnte sie aber nur zu geringen Teilen vollenden – zu speisen.[25] […]

---

1 So im Ansatz bereits Andreas Hauser, Gottfried Semper in Zürich: »Republikanische Bauformen«, in: Nerdinger/Oechslin [Nerdinger, Winfried; Oechslin, Werner (Hg.): Gottfried Semper, 1803–1879. Architektur und Wissenschaft. München/Zürich 2003], S. 299–305.

2 Hauser (wie Anm. 1), 304; Altmann u. a. [hier: Weidmann, Dieter: Eidgenössisches Polytechnikum in Zürich, in: Nerdinger, Winfried; Oechslin, Werner (Hg.): Gottfried Semper, 1803–1879. Architektur und Wissenschaft. München/Zürich 2003, S. 342–351], S. 346.

3 Bruno Maurer, »Lehrgebäude – Gottfried Semper am Zürcher Polytechnikum«, in:

Nerdinger/Oechslin [Nerdinger, Winfried; Oechslin, Werner (Hg.): Gottfried Semper, 1803–1879. Architektur und Wissenschaft. München/Zürich 2003], S. 306–313, 307f.

4 Wulf Schirmer (Hg.), Heinrich Hübsch 1795–1863. Der große Badische Baumeister der Romantik, Ausstellungskatalog Karlsruhe 1983.

5 Zuletzt: Robert Suckale, »Die Bauschule (Die Bauakademie)«, in: Christoph Brachmann und Robert Suckale (Hg.), Die Technische Universität Berlin und ihre Bauten. Ein Rundgang durch zwei Jahrhunderte Architektur- und Hochschulgeschichte, Berlin 1999, S. 25–32; Doris Fouquet-Plümacher (Hg.), Mythos Bauakademie, Ausstellungskatalog Berlin 1998.

6 Hauser (wie Anm. 1), S. 302. Zu Berris Bau: Georg Germann u. a., »Der Bau des alten Museums in Basel (1844–1849)«, in: Basler Zeitschrift für Geschichte und Altertumskunde 78 (1978), S. 5–30; Dorothee Huber/Doris Huggel, Antikenmuseum Basel (Hg.), Melchior Berri 1801–1854. Architekt des Klassizismus, Basel 2001, S. 197–200.

7 Zitat nach Maurer (wie Anm. 3), S. 308.

8 Jacob und Wilhelm Grimm, Deutsches Wörterbuch XI.1.2, Leipzig 1952, Sp. 1961–1967.

9 Nerdinger [Nerdinger, Winfried: Der Architekt Gottfried Semper. »Der notwendige Zusammenhang der Gegenwart mit allen Jahrhunderten der Vergangenheit«, in: Nerdinger, Winfried; Oechslin, Werner (Hg.): Gottfried Semper, 1803–1879. Architektur und Wissenschaft. München/Zürich 2003, S. 9–50], S. 38.

10 Konrad Rückbrod, Universität und Kollegium. Baugeschichte und Bautyp, Darmstadt 1967.

11 So Hans-Dieter Nägelke, Hochschulbau im Kaiserreich. Historistische Architektur im Prozess bürgerlicher Konsensbildung, Kiel 2000, S. 28f.

12 1830–33 hält sich Semper mit Unterbrechungen in Rom auf, 1834 bereist er Bologna: Heidrun Laudel, »Gottfried Semper – Biografischer Überblick«, in: Nerdinger/Oechslin [Nerdinger, Winfried; Oechslin, Werner (Hg.): Gottfried Semper, 1803–1879. Architektur und Wissenschaft. München/Zürich 2003], S. 491–506, hier 492f.

13 Michael Kiene, »Der Palazzo della Sapienza – zur italienischen Universitätsarchitektur des 15. und 16. Jahrhunderts«, in: Römisches Jahrbuch für Kunstgeschichte 23/24 (1988), S. 221–272.

14 Selbst wo es mehrere Klosterhöfe gibt wie z. B. in der Certosa von Pavia, werden diese doch stets an eine Flanke der Kirche angelagert.

15 Hauser (wie Anm. 1), S. 305.

16 Vgl. Ernst Müller, Ästhetische Religiosität und Kunstreligion in den Philosophien von der Aufklärung bis zum Ausgang des deutschen Idealismus, Berlin 2004.

17 Nägelke (wie Anm. 11), S. 25f.

18 Winfried Nerdinger (Hg.), Romantik und Restauration. Architektur in Bayern zur Zeit Ludwigs I. 1825–1848, Ausstellungskatalog München 1987, S. 352–359; ders., Friedrich von Gärtner. Ein Architektenleben 1791–1845, München 1992.

19 Erst in den Wiener Museen wird sich Semper zu zweiarmigen, gerichteten, zentral postierten Prachttreppen durchringen.

20 An analoger Stelle lagen schon die Treppenhäuser in der römischen Sapienza: Kiene (wie Anm. 13), Abb. 27.

21 Michael Kiene, »Die Grundlagen der europäischen Universitätsbaukunst«, in: Zeitschrift für Kunstgeschichte 46 (1983), S. 63–114, 69; auch zum Folgenden.

22 Das Schema kehrt sehr viel später noch einmal wieder im Pariser College de Sorbon; vgl. Kiene (wie Anm. 21) S. 108.

23 Ein weiteres Beispiel ist All Souls College (ab 1715); dazu Kiene (wie Anm. 21), S. 108f. Einen konsistenten Überblick über die Entwicklung der College-Architektur bieten Christopher Brooke und Roger Highfield, Oxford and Cambridge, Cambridge 1988 (ohne Grundrisse).

24 Zu Sempers Spekulationen über den antiken Tempelbau etwa Nerdinger (wie Anm. 9), S. 37f.; vgl. auch Oechslin [Oechslin, Werner: »… bei furchtloser Konsequenz (die nicht jedermanns Sache ist …)«. Prolegomena zu einem verbesserten Verständnis des Semper'schen Kosmos, in: Nerdinger, Winfried; Oechslin, Werner (Hg.): Gottfried Semper, 1803–1879. Architektur und Wissenschaft. München/Zürich 2003, S. 53–91], S. 70f., sowie Michael Gnehm, »Kritik gegenwärtiger Zustände« als Ursprungskritik, in: Nerdinger/Oechslin [Nerdinger, Winfried; Oechslin, Werner (Hg.): Gottfried Semper, 1803–1879. Architektur und Wissenschaft. München/Zürich 2003], S. 314–320.

25 Altmann u. a. (wie Anm. 2), S. 348.

Tönnesmann, Andreas: Schule oder Universität? Das Hauptgebäude der ETH, in: Oechslin, Werner (Hg.): Hochschulstadt Zürich. Bauten für die ETH 1855–2005. Zürich 2005, S. 64–79, hier S. 64–69, 71–73

— 2007
Andreas Hauser

Sempers Wahlspruch

Der Mittelrisalit-Dekor: die persönliche Devise Sempers

Als der für den Bau zuständige Regierungsrat Franz Hagenbuch, ein aufgeklärter und Semper – wenigstens anfänglich – sehr wohlgesinnter Mann, die Sgraffiti des Mittelrisalits erstmals sah, bekam er einen Wutanfall. Anlass war nicht das Bildprogramm, sondern eine Inschrift. Bei einer Besprechung der am Bau anzubringenden Inschriften hatte Semper den Vorschlag gemacht, in einer der »bei den Thüren anzubringenden Inschriften« einen Satz aus Senecas »naturales quaestiones« zu zitieren:[1] »Nisi ad haec admitterer non fuerat nasci«, auf Deutsch in etwa: »Wenn ich mich nicht darauf einlassen könnte [nämlich auf das Suchen nach den Geheimnissen der Natur], wozu wäre ich dann geboren?«[2] Weil Hagenbuch gegen diese Sentenz Bedenken geäußert hatte, ließ Semper sie fallen – nur um an viel prominenterer Stelle eine ganz ähnliche anzubringen, und zwar ohne den Politiker darüber zu informieren.[3] Verteilt auf verschiedene Felder über, neben und unter den beiden Frauenfiguren konnte dieser nach der Enthüllung der Sgraffiti lesen: »Non fuerat nasci/nisi ad has//scientiae/artes//harum/palmam/feretis« – »Es wäre nicht wert, geboren zu werden, wenn nicht für Wissenschaften und Künste. In ihnen werdet ihr den Siegespreis gewinnen« […]. Hagenbuch war überzeugt, dass der Spruch »großen Anstoß« erregen werde, und außerdem zweifelte er an dessen grammatikalischer Korrektheit. Er verlangte von Semper eine Erklärung.[4] Damit hatte dieser nun allerdings seine liebe Mühe; er fragte einen befreundeten Philologen, woher der Spruch eigentlich stamme und ob er sprachlich richtig sei.[5] Erst nach der Rückkehr von einem Aufenthalt in Hamburg, wo er neben seiner Tätigkeit als Preisrichter Recherchen zur Sentenz gemacht hatte, meldete sich Semper wieder.[6] Es war höchste Zeit; nur mit Mühe hatte sein Sohn Manfred den erzürnten Politiker davon abhalten können, den Spruch übertünchen zu lassen.[7] Semper schrieb, dass er diesen von einem Porträt des spanischen Königs Alfons des Weisen (1221–1284) übernommen habe, das während seiner Schulzeit im Hamburger Johanneum gehangen hatte.[8] Er behauptete, die Worte stammten von Seneca. Dies trifft zumindest halbwegs zu; wahrscheinlich handelt es sich bei der Bildinschrift um eine humanistische oder neuhumanistische Paraphrase des oben zitierten Spruches aus den »naturales quaestiones«.⁹

Interessant ist nun, wie Semper die Wahl des Mottos begründet. Am Ende seiner Schulzeit sei er mit sich selbst »in größtem Zwiespalt und Zerwürfnis« gewesen; Zweifel und Selbstvorwürfe hätten ihn gequält, und er habe nicht gewusst, »welche Lebensrichtung« er einschlagen solle. In diesem Zustand seien ihm der »ernste Kopf« des Königs und die Sentenz »Mittel der Beruhigung und des Selbstfindens« gewesen; deshalb habe er das Motto zu dem seinen gemacht – ihm verdanke er es, dass sein Leben für ihn selbst und für andere »nicht ganz vergeblich« gewesen sei. Dies zeige, dass der Spruch für alle Menschen, die nach ihrer Bestimmung suchten, wertvoll sei.¹⁰ Hagenbuch ließ sich von dem zugleich treuherzigen und listigen Schreiben¹¹ erweichen und gab sein Plazet zum umstrittenen Spruch.

Es fällt auf, dass Sempers Name am Polytechnikumsgebäude nirgends zu finden ist.¹² Nach der Überlieferung weigerte er sich, den Bau zu »signieren«, weil er die Politiker daran hindern wollte, sich ihrerseits zu verewigen¹³ – eine Rache für die seiner Meinung nach schnöde und der Bauqualität abträgliche Art und Weise, in der man ihn behandelt hatte. Der Brief an Hagenbuch macht nun klar, dass wir am Polytechnikum etwas noch Persönlicheres vor uns haben als einen Namen: die eigene Devise des Architekten.¹⁴ Während andere Architekten sich eigene Wohnhäuser bauten und diese mit ihren Motti zierten, schmuggelte Semper, der stets nur in Mietwohnungen gelebt hat, das seinige an die Fassade des Schulpalastes, in dem er lehrte.¹⁵

Neuplatonischer Geisteselitarismus

Die Quellen für Sempers Motto und für das Bildprogramm des Mittelrisalits liegen im Humanismus, in einer Kultur also, in der sich ein neues Interesse für die Realien mit einer neuplatonisch-pythagoräischen Konzeption von Wissenschaft und Kunst als Suche nach dem Göttlichen verband. In Raffaels Parnass und in seiner sogenannten Schule von Athen, beide im Vatikan, hat dieses Gedankengut eine exemplarische Formulierung erhalten.¹⁶ An diese beiden Fresken hat Semper im Bildprogramm der Aula angeknüpft: Er wollte die Wände mit vier Darstellungen von Versammlungen großer Geister bemalen lassen. Von der für die Nordwand geplanten Schule der Künste hat sich eine Skizze erhalten,¹⁷ rechts unten erkennt man ein Zitat nach Raffael: den zirkelschlagenden Euklid mit den Zügen Bramantes. Niemand hätte an diesen Bildern, wären sie realisiert worden, Anstoß genommen, und

ebenso wenig stieß man sich an der humanistischen Schlagseite der Sgraffito-Fassade. Im Gegenteil: Sempers Auffassung traf sich mit dem – in der zweiten Jahrhunderthälfte immer ausgeprägteren – Wunsch der Technikerschaft, sich mit traditionellen, akademisch-universitären Symbolen zu schmücken, eine Tendenz, die schließlich zur Umwandlung der Polytechnika in Technische Hochschulen führte. Sempers Bildprogramm hat denn auch Schule gemacht.¹⁸ Dass aber die Schüler *expressis verbis* aufgefordert wurden, Kunst und Wissenschaft als selbstzweckliche Religion zu betreiben statt als Instrumente für den wirtschaftlich-technischen Fortschritt der Nation, war für einen liberalen Politiker schwer zu akzeptieren. Er freue sich ja, schrieb Hagenbuch in dem bereits zitierten Brief, wenn Wissenschafter und Künstler mit Selbstbewusstsein aufträten, aber sie dürften »die anderen Lebensgebiete [gemeint sind wohl Technik, Wirtschaft und Politik] nicht verachten«. »Der Auserlesenen«, meinte er sarkastisch, »sind nur wenige, & wenn die Welt nur aus Gelehrten & Künstlern bestehen müsste [Hagenbuch denkt hier vermutlich an Leute wie Semper], so weiss ich nicht wie sie aussähe, ich wenigstens möchte dann auch sagen non fuerat nasci, vorausgesetzt, dass der Ausdruck sprachlich richtig ist.«¹⁹

Der Politiker hat richtig erkannt, dass die Gedankenwelt, in welcher Sempers Emblematik wurzelt, eine geistesaristokratisch-elitäre Stoßrichtung hat.²⁰ In der Renaissance war sie eng in die höfische Kultur eingebunden. Antiken Argumentationsmustern folgend, schlugen die Kunstideologen jener Zeit den Herrschenden einen Pakt vor: Falls sie von diesen als Fürsten in ihrer Domäne, nämlich als Hohepriester einer Religion der Schönheit anerkannt (und entsprechend unterstützt) würden, würden sie ihnen im Gegenzug mittels Kunstwerken unsterblichen Ruhm verschaffen. Semper stellte nun allerdings sein humanistisches Emblem nicht unter die Insignien fürstlicher Schutzherrschaft, sondern unter die Wappen von Kantonen, also von Kleinrepubliken. Wie viele Künstler seiner Generation träumte er davon, dass seine Bauwerke nicht bloß von einem einzelnen Herrscher, sondern vom ganzen Volk getragen würden. Zu diesem Traum gehörte die Vorstellung, dass die Volksvertreter die Künste ebenso begeistert förderten wie einst Perikles, und dass mit der Republik die Kunstbegeisterung wieder auferstehe, die an den fürstlichen Höfen im Beamtentum erstickt sei. [...]

1 Brief von Franz Hagenbuch an Gottfried Semper vom 18.6.1863. Institut gta, ETH Zürich: 20-K-1863-06-18.

2 Seneca, *Naturales quaestiones*, praefatio 4. – Zu Semper und Seneca: Berry 2005 [Berry, J. Duncan: Hans Auer and the Morality of Architectural Space, in: Johnson, Deborah; Ogawa, David (Hg.): Seeing and Beyond. Essays on Eighteenth- to Twenty-First-Century Art in Honor of Kermit S. Champa. New York/Berlin 2005, S. 149–184].

3 Diesen Ablauf der Ereignisse erschließe ich aus dem Brief Hagenbuchs vom 18.6.1863 (wie Anm. 1).

4 Brief vom 18.6.1863 (wie Anm. 1).

5 Antwortschreiben von Hermann Koechly (Professor für klassische Philologie an der Universität Zürich 1850–1864) vom 20.6.1863. Institut gta, ETH Zürich: 20-K-1863-06-20:03.

6 Entwurf für einen Brief von Gottfried Semper an Franz Hagenbuch vom 20.7.1863. Institut gta, ETH Zürich: 20-K-1864 (S):02.

7 Brief Manfred Sempers an Franz Hagenbuch vom 27.6.1863. Institut gta, ETH Zürich: 20-K-1867-6-27 (S).

8 Briefentwurf Sempers vom 20.7.1863 (wie Anm. 6).

9 Seinem Vater, berichtet Hans Semper, sei die Entkräftung von Hagenbuchs sprachlicher Kritik dadurch gelungen, dass er »mit Hülfe des Hochschulprofessors Köchly eine Parallelstelle aus Seneca« beigebracht habe. Im oben zitierten Brief (wie Anm. 5) zitiert Koechly zwar einige vergleichbare Stellen, aber den Autor des Spruchs konnte er nicht ausmachen, und deshalb empfahl er Semper, darüber in Hamburg Recherchen anzustellen.

10 Briefentwurf Sempers vom 20.7.1863 (wie Anm. 6): »Auch der Fromme, der Mann der Bibel« dürfe sich, so Semper, mit seiner »Inschrift befreunden, sollte sie auch nicht ganz orthodox sein«. Ob gegen die Sentenz auch aus religiöser Sicht Bedenken erhoben wurden oder ob Semper sich hier prophylaktisch gegen mögliche Angriffe wehrt, wissen wir nicht – in Hagenbuchs Brief jedenfalls ist dieser Aspekt nicht thematisiert.

11 Hans Semper spricht von einem »herrlichen« Brief, wohl im Sinn von souverän-köstlich usf. Semper 1913 [Semper, Hans: Gottfried Semper, in: Schweizerischer Kunstverein (Hg.): Schweizerisches Künstler-Lexikon. Bd. 3. Frauenfeld 1913, S. 123–143].

12 Nur an einer Stelle war Sempers Name vorhanden: als kleiner Schriftzug auf dem Sgraffito (das entsprechende Bruchstück wurde bei der Neuanfertigung der Sgraffiti aufbewahrt). Mit dieser Signatur wollte Semper sich aber nur als Entwerfer des Fassadenschmuckes ausweisen. Eine Tafel mit Sempers Namen gab es dagegen, so weit bekannt ist, nicht. Dagegen scheint

Semper damit gerechnet zu haben, dass man ihm dereinst eine Büste aufstellen werde – was dann auch geschah. Vgl. dazu Hauser 2001 [Hauser, Andreas: Das öffentliche Bauwesen in Zürich, T. 1: Das kantonale Bauamt 1798–1895 (Kleine Schriften zur Zürcher Denkmalpflege, Bd. 4). Zürich/Egg 2001], S. 112.

13 Pfister 1955 [Pfister, Arnold: Vergessenes und Neues zur Baugeschichte des Polytechnikums. Ein Beitrag zum hundertjährigen Bestehen der ETH in Zürich, in: Neue Zürcher Zeitung, 13. August 1955]. Man habe Semper, meint Pfister, nicht gestattet, die ersten Pläne zu verändern und zu verbessern, und so seien zum Beispiel die in den Erstplänen vorgesehenen eisernen Säulen, »die alle Säle im Innern ungünstig teilten«, realisiert worden. Auch in anderer Hinsicht habe man den Architekten zum Schaden des Baues eingeschränkt. Und darum habe er auf einem Entwurf für die Inschriften der Hauptfassade »seinen Namen nachträglich gestrichen, worauf natürlich auch die andern am Bau Beteiligten« sich nicht mehr hätten nennen können.

14 Man kann auch das ganze Emblem – Bild und Worte – als Ausdruck des persönlichen Credos Sempers interpretieren.

15 Ich habe mich gefragt, ob es sich bei dem im Porträtfries zentral situierten Kopf Homers nicht um ein Rollenporträt Sempers handle. Das ließ sich aber bis jetzt nicht verifizieren; auf den Detailfotografien, die 1924 vor der Erneuerung der Sgraffiti gemacht wurden, war das Porträt bereits von der Witterung zerstört; ältere Abbildungen der Fassade sind zu wenig detailgetreu.

16 Stellvertretend für die umfangreiche Literatur zur neuplatonisch-pythagoräischen Tradition in Spätmittelalter und Renaissance: Schröter 1977 [Schröter, Elisabeth: Die Ikonographie des Themas Parnass vor Raffael. Die Schrift- und Bildtraditionen von der Spätantike bis zum 15. Jahrhundert. Hildesheim/New York 1977].

17 Institut gta, ETH Zürich: 300-I-471.

18 Wagner 1989 [Wagner, Monika: Allegorie und Geschichte. Ausstattungsprogramme öffentlicher Gebäude des 19. Jahrhunderts in Deutschland. Von der Cornelius-Schule zur Malerei der Wilhelminischen Ära (Tübinger Studien zur Archäologie und Kunstgeschichte, Bd. 9). Tübingen 1989], besonders S. 215–217.

19 Brief Hagenbuchs an Semper vom 18. 6. 1863 (wie Anm. 1).

20 Hans Semper sagt, Hagenbuch habe Sempers Emblem »als zu wenig demokratisch beanstandet«. Semper 1913 [wie Anm. 11].

Hauser, Andreas: Sempers Wahlspruch. Der Konflikt um das Bildprogramm des Eidgenössischen Polytechnikums, in: Karge, Henrik (Hg.): Gottfried Semper – Dresden und Europa. Die moderne Renaissance der Künste. Akten des Internationalen Kolloquiums der Technischen Universität Dresden aus Anlass des 200. Geburtstags von Gottfried Semper. München/Berlin 2007, S. 301–310, hier S. 305–309

	Bodenfläche m²	Lage	Niveau	Programm
Für den Unterricht in Geographie				
1 Professorenzimmer	34	II. Stock		30
1 Zimmer für Übungen	48	"		40
1 " für Unterrichtsmaterial	50	"		40
1 Auditorium	48	"		50
	170 m²			160 m²

7. Die VII.te Abteilung würde analog wie bisher, das Auditorium der anderen namentlich der II. Abteilung verwenden, als Dozentenzimmer dasjenige der VI. Abteilung u. dann für öffentliche Vorträge das Auditorium maximum 430 m². Der Raum für Aufbewahrung von Hartematerial findet sich wohl am besten in der sehr reichlich bemessenen Bibliothek der Ingenieurschule.

8. Die militär-wissenschaftliche Abteilung hat zur Verfügung im II. Stock:

Vorstand u. Lehrer u. Konferenzzimmer	50 m²			50 m²
Bibliothek	71			75
1 gr. Auditorium	113			100
2 kl. Auditorien	104			100
1 Zeichnungssaal	128			125
	466 m²			450 m²

9. Für die Bibliothek sind mit Ausnahme der für die Verwaltung beanspruchten Räume im I.ten Stock alle Räume des Baues zwischen dem Mittelbau der Westfront und dem Mittelbau der Südfront reserviert.

d. h. im Untergeschoss	734 m²			
im Erdgeschoss	567			
" I. Stock	386			
" II. "	563			
	2250 m²			1252 m²

Die Hauswartwohnung ist in das Untergeschoss des neuen Ostflügels verlegt, die beiden Gasanlagen sind wie schon erwähnt anders disponiert, so dass die bisherigen Übelstände für die Bibliothek wegfallen. Die Korridore haben im Erdgeschoss I und II. Stock freien Durchpass.

10. Die Kupferstichsammlung ist im Erdgeschoss des alten u. neuen Ostflügels untergebracht und es sind ihr da 1155 m² Bodenfläche zugewiesen.

11. Die Archäologische Sammlung hat in den 2 grossen Sälen links und rechts von der zentralen Durchgangshalle 550 m²
im Erdgeschoss des Ostflügels 425 m²
975 m² Bodenfläche
ausserdem wäre an den Wandflächen der Durchgangshalle, der Vestibüle u. Corridore noch sehr viel geeigneter Platz zur Wandaufstellung von Gipsabgüssen vorhanden.

»KONKURRENZ PROJEKT FÜR DAS EIDG. POLYTECHNIKUM. ERLAEUTERUNGSBERICHT UND TABELLARISCHE ZUSAMMENSTELLUNGEN DER RAUMFLAECHEN«
CH-BAR#E3240A#1000/745#40*, Az. 2–05 / Bundesarchiv Bern.

Seiten 12–13 aus dem Erläuterungsbericht, den Gustav Gull seinem Beitrag zum Wettbewerb für den Ausbau des Polytechnikums 1909 beigab.

MATERIALIEN ZUR ZEIT GUSTAV GULLS

— 1930
Robert Gnehm

Die bauliche Entwicklung der Eidgenössischen Technischen Hochschule

Zweite Bauperiode (1884–1900)

[…] Der bedeutende Raumgewinn, den die zweite Bauperiode brachte, konnte indessen bei weitem nicht genügen, um allen alten und neuen Bedürfnissen gerecht zu werden. An das einfachste Mittel zu deren Befriedigung: die Erstellung weiterer Neubauten, war unter den damals obwaltenden Umständen nicht zu denken. Ein wesentliches Hindernis bildeten die sogenannten Sammlungsverträge, die in den Jahren 1859 und 1860 mit dem Kanton und der Stadt Zürich abgeschlossen worden waren und die damit im Zusammenhang stehenden Bestimmungen des Vertrages von 1883, Art. 2. Letzterer lautet: »Sollten die der Eidgenossenschaft, dem Kanton Zürich und der Stadt Zürich gemeinsam angehörenden naturwissenschaftlichen und künstlerischen Sammlungen neue Räumlichkeiten beanspruchen, so tritt der Kanton Zürich hierfür den erforderlichen Baugrund unentgeltlich ab; die Bau-, Einrichtungs- und Unterhaltungskosten übernimmt der Bund.«

Nun waren es namentlich auch diese Sammlungen, die sich schon längst in einer argen Beengung befanden. Durch den fortlaufenden Zuwachs ergaben sich allmählich Zustände, die mehr an überfüllte Warenmagazine als an geordnete wissenschaftliche Sammlungen erinnerten. Die Benützung für Lehr- und Forschungszwecke war erschwert, teilweise ganz unmöglich; der Besuch durch Schulen, Gesellschaften usw. musste eingeschränkt, zuletzt verboten werden. Eine Behebung der Übelstände im Hauptgebäude war ausgeschlossen, denn die Disziplinen, auf deren Kosten es hätte geschehen müssen, befanden sich selbst seit langem in drückendster Raumnot. Abhilfe war daher nur durch Entfernen des einen oder andern Teiles aus dem Hauptgebäude möglich. Jeder andern Frage aber musste vorangehen ein Entscheid über die Zukunft der gemeinsamen Sammlungen im Sinne des Artikels 2 des 1883er Vertrages. Besprechungen zwischen den massgebenden Behörden führten zu keinem Resultat, das eine baldige und befriedigende Lösung erwarten liess.

Der Bund machte daher von dem ihm zustehenden Rechte Gebrauch und kündigte im Jahre 1898 dem Kanton Zürich und der Stadt Zürich die Verträge vom 14. Oktober 1859 und 1. Mai 1860 auf den nächsten Termin (14. Oktober 1898 und 1. Mai 1899).

Der Schulrat erhielt gleichzeitig die Ermächtigung, mit dem Kanton und der Stadt Verhandlungen zu eröffnen zum Zwecke der Vereinbarung eines neuen Vertrages in dem Sinne, dass der Bund für das Polytechnikum die geologischen und mineralogischen Sammlungen, der Kanton Zürich die zoologische Sammlung übernehme, als getrennten Besitz zur Besorgung und Verwaltung auf eigene Kosten. Des fernern sollte die dem Bunde gemäss Art. 2 des Vertrages vom 1. März 1883 obliegende Baupflicht abgelöst, bzw. so geregelt werden, dass der Kanton Zürich gegen einen angemessenen Beitrag des Bundes an die Baukosten für die ihm zugewiesene zoologische Sammlung selbst einen Neubau erstellt. Der durch den Auszug dieser Sammlung aus dem Hauptgebäude frei werdende Platz würde den geologischen und mineralogischen Sammlungen zugewiesen.

Endlich sollte die Abtretung des ganzen Hauptgebäudes, einschliesslich des von der zürcherischen Universität benützten Teiles, sowie des Nebengebäudes (Chemiegebäude an der Rämistrasse) und des land- und forstwirtschaftlichen Gebäudes an den Bund zum definitiven Eigentum und alleinigem [sic] Unterhalt gegen Bezahlung einer zu vereinbarenden Summe angestrebt werden. Nach jahrelangen mühevollen Verhandlungen kam endlich am 28. Dezember 1905 der Entwurf des sogenannten »Aussonderungsvertrages« zustande, der jedoch erst am 9. Juni 1908, d. h. nachdem er die zuständigen (städtischen, kantonalen und eidgenössischen) Instanzen mit Erfolg durchlaufen hatte, in Kraft erwachsen konnte.

Die wichtigsten Bestimmungen dieses Vertrages sind: das Hauptgebäude mit dem Universitätsflügel, das kantonale Chemiegebäude, das land- und forstwirtschaftliche Gebäude mit dem dazu gehörenden Areal, sowie die ehemalige Brauerei Seiler (zwischen Sonnegg- und Clausiusstrasse gelegen) gingen in das Eigentum der Eidgenossenschaft über; die Unterhaltungspflicht, die dem Kanton Zürich für das Hauptgebäude und für das land- und forstwirtschaftliche Gebäude oblag, wurde abgelöst; die Bau-, Einrichtungs- und Unterhaltungspflicht für die naturwissenschaftlichen und künstlerischen Sammlungen, ebenso das Eigentumsrecht wurden klar geordnet; das bisherige Verhältnis betr. den Botanischen Garten wurde gelöst und das Benützungsrecht der Sammlungen und Institute ebenfalls deutlich umschrieben.

Damit war eine klare Situation geschaffen, die für die E. T. H. wie für die Universität Zürich die längst ersehnte Bewegungsfreiheit brachte.

Dritte Bauperiode (von 1912–1925)

Nach Abschluss des Aussonderungsvertrages durch Vertreter der drei Kontrahenten (28. Dezember 1905) wurden vom Schulrat unverzüglich die Vorarbeiten für ein Lokalitätenprogramm aufgenommen und zu diesem Zwecke durch ein Zirkularschreiben vom 3. Januar 1906 die Direktion (Rektorat), die Abteilungsvorstände, die Direktoren der Sammlungen, Laboratorien und Institute eingeladen, Wünsche über den Raumbedarf beförderlich einzureichen. Zunächst war zu untersuchen, ob es sich empfehle, die verschiedenen Bedürfnisse nach und nach getrennt zu befriedigen, wie es bisher für die Chemie, die Physik usw. geschehen war, oder ob es nicht zweckmässiger sei, den ganzen Fragenkomplex für eine gemeinsame Lösung zusammenzufassen, wobei die Forderung eines möglichst rationellen Unterrichtsbetriebes durch angemessene Raumzuteilung und praktische Gliederung als Richtschnur dienen müsste. Der Schulrat entschied sich für das letztere Verfahren.

Nachdem der »Aussonderungsvertrag« durch Bundesbeschluss vom 9. Juni 1908 Rechtskraft erlangt hatte, beschloss der Schulrat am 27. Juni 1908 nach Einsichtnahme eines vom Schulratspräsidenten vorgelegten Berichtes: »Grundlagen zur Ausarbeitung der Bauprojekte für das eidg. Polytechnikum«, dem schweizerischen Departement des Innern zu beantragen, es möge nach Massgabe dieser Vorlage und gemäss den Normen des S. I. und A. V. zum Zwecke der Veranstaltung einer Ideenkonkurrenz die für die Aufstellung des Bauprogramms nötigen Planskizzen durch die Direktion der eidg. Bauten zuhanden des Schulrates beförderlich ausarbeiten lassen. Am 2. Juli 1908 erklärte das Departement sein Einverständnis mit dem Vorschlage. Die erwähnten »Grundlagen . . . . .« enthielten Angaben über die Raumbedürfnisse, orientierende Mitteilungen über das Bauterrain, Richtlinien für die Lösung der Raum- und Baufragen und wegleitende Bemerkungen betreffend das Übergangsstadium.

Aus der detaillierten Aufstellung, die auf Grund der von den Beteiligten gelieferten Angaben gemacht worden war, ergab sich ein Mehrbedarf an Raum (in m² Grundfläche ausgedrückt) von 14,369 m² […].

Zur Errichtung der Neubauten standen folgende Objekte zur Verfügung […]:
1. Die Liegenschaft »ehemalige Brauerei Seiler« zwischen der Sonneggstrasse und Clausiusstrasse gelegen, 6 673,4 m²;
2. die Wiese an der Clausiusstrasse, 1 519,8 m²;
3. das Terrain zwischen dem Hauptgebäude und der Rämistrasse, mit Einbezug des alten kantonalen Chemiegebäudes.

Als Wegleitung für die Lösung der Baufragen war folgendes festgesetzt:
1. Für den Fall, dass das Hauptgebäude als solches, d. h. ohne Vergrösserung erhalten bleibt, sollen zwei Lösungen studiert werden:
a) die Ingenieurschule wird in ein neues Gebäude verlegt; die übrigen Abteilungen, Institute und Sammlungen verbleiben im alten Haus, das sachgemäss umgebaut bezw. renoviert wird;
b) die naturhistorischen (mineralogischen und geologischen, eventuell paläontologischen) Sammlungen (eventuell mit der entomologischen Sammlung) kommen in einen Neubau; die Ingenieurschule mit den anderen Abteilungen, Instituten und Sammlungen müssen im Polytechnikumsgebäude gemäss den neuen Raumforderungen untergebracht werden.

2. Für den Fall, dass das Hauptgebäude einen Anbau erhalten sollte durch Verlängerung des nordöstlichen und südwestlichen Flügels nach der Rämistrasse und Verbindung der neuen Seitenflügel (mit Einbeziehung des alten kantonalen Chemiegebäudes) durch einen Neubau längs der Rämistrasse: der vergrösserte Bau soll, wenn möglich, allen Abteilungen, Sammlungen und Instituten, die sich bereits im Hauptgebäude befinden, Unterkunft gewähren.

Wird ein in der Mitte von der Rämistrasse bis zur Polytechnikumstrasse (jetzt Leonhardstrasse) ununterbrochener Durchgang angelegt, so ist zu untersuchen, ob die für das Publikum zugänglichen Sammlungen (naturhistorische, Kupferstich- und archäologische Sammlungen) nicht an den Längsseiten dieses Durchganges unter Mitbenützung der Höfe Aufstellung finden könnten.

3. Ein Neubau ist zu erstellen für die folgenden Institute: Pharmazeutisches Institut, Hygienisch-bakteriologisches Institut (eventuell mit der gewerbehygienischen Sammlung), Photographisches Laboratorium (eventuell in Verbindung mit einem 126 m² grossen Raum für »graphische Vervielfältigung«), Agrikulturchemie, spezielle Zoologie (eventuell mit der entomologischen Sammlung) und Botanik (Biologisches Institut).

Möglicherweise erweist sich bei näherem Studium die Anlage von zwei Gebäuden als vorteilhaft oder notwendig, wobei auch andere Gruppierungen denkbar wären.

Überhaupt sollten die in den »Grundlagen…« ausgesprochenen Gedanken für die konkurrierenden Architekten keineswegs verbindlich sein und nicht andere Lösungen ausschliessen. Vom Schulrat wurde einzig Wert darauf gelegt, dass die Ingenieurschule im vergrösserten Hauptgebäude verbleiben könne.

Gnehm, Robert: Die bauliche Entwicklung der Eidgenössischen Technischen Hochschule, in: Eidgenössische Technische Hochschule (Hg.): Festschrift zum 75jährigen Bestehen der Eidgenössischen Technischen Hochschule in Zürich. Zürich 1930, S. 25–57, hier S. 32–36

— 1909
Louis Perrier, Karl Moser, Albert Müller, Paul Ulrich, Arnold Flükiger

BERICHT DES PREISGERICHTS ÜBER DEN WETTBEWERB ZU UM- UND NEUBAUTEN FÜR DIE EIDG. POLYTECHNISCHE SCHULE

[…] Vor dem Beginn des Rundganges einigte sich das Kollegium dahin, dass bei der Beurteilung besonderer Wert gelegt werden müsse
1. auf eine vorteilhafte Bebauung der zur Verfügung stehenden Grundstücke, auf wirkungsvolle architektonische Gruppierung der Bauten unter sich und im Stadtbild;
2. auf möglichste Erhaltung des bestehenden Hauptgebäudes und Schonung desselben bei eventuellen Anbauten, auf praktische Vorschläge bezüglich der Einrichtung des Hauptbaues sowie der Anbauten und auf architektonisch wirkungsvolle und gut gelöste Verbindung zwischen dem alten und neuen Bau;
3. auf entsprechende, den heutigen Anforderungen voll genügende Anlagen der übrigen Neubauten. […]

Nr. 8, Kennwort: »Auditorium maximum«.

Das Projekt Nr. 8 zeichnet sich vor allen andern dadurch aus, dass damit der Versuch einer grosszügigen, einheitlichen Verbauung des ganzen Polytechnikumareals nicht nur versucht, sondern in nachdrücklichster Weise durchgeführt worden ist. Der Plan Nr. 1 (1:500) zeigt die klare Anlage und wohl abgewogene, glückliche Verteilung der einzelnen Bauten, welche sich zu interessanten Gruppen zusammenschliessen. Auch die Architekturbilder von den Strassen aus werden sich durch die Ueberbauung und Korrektur der Clausiusstrasse sowohl, wie durch die Vervollständigung der Forstschule und der Festigkeitsanstalt interessant gestalten. Die Pläne zeigen deutlich, wie notwendig es ist, nach und nach das Besitztum der Eidgenossenschaft in der vorgeschlagenen Weise abzurunden, um die eidg. Bauten nicht nur zu einer praktisch wertvollen, sondern auch zu einer schönen Gesamtanlage zusammenzuschliessen.

Aber nicht nur was die Gesamtanlage anbelangt, sondern auch was den Um- und Erweiterungsbau des Polytechnikums betrifft, zeigt das Projekt die weitaus beste und erfreulichste Lösung. Der Hauptbau bleibt im wesentlichen in seiner Individualität bestehen und erfährt durch die Erweiterungen im Aeussern sowohl wie im Inneren eine bedeutende Bereicherung und Vervollständigung. Der Erweiterungsbau ist in diesem Falle kein Annex, sondern ist das Resultat organischer Entwicklung. Als ganz besonders glücklich ist die offene Hofanlage an der Rämistrasse zu bezeichnen. Nur durch dieses Mittel ist es möglich, von den Strassen aus die Gruppierung des Baues geniessen zu können. Jeder an die Baulinie gerückte Anbau entbehrt dieses architektonischen Vorteils. Der Verfasser hat allerdings die im Situationsplan eingezeichneten nördlichen und südlichen Baulinien überschritten. Da die Ueberschreitung aber auf Bundesterrain und behördlich zweifellos erreichbar ist, so wurde sie nicht beanstandet.

Auch die Einteilung des Innern ist mit grösstem Verständnis und mit dem Gedanken an eine möglichst praktische Verwendbarkeit der Räume der verschiedenen Abteilungen durchgearbeitet. Im Erdgeschoss finden wir freie Höfe und gedrängte abwechslungsreiche Raumanordnung in der Mittelachse; die dem Publikum zugänglichen Sammlungen liegen im Hochparterre. Es muss als nachteilig aber gerügt werden, dass sowohl die archäologische wie die Kupferstichsammlung in drei verschiedenen und getrennten Lokalitäten untergebracht sind. Ferner sind die vielen Säulen im östlichen Vestibül verkehrshemmend und architektonisch unschön. Die Nebeneingänge in den östlichen Arkaden sind für den Verkehr, der sich dort voraussichtlich entwickeln wird, zu kleinlich behandelt. Die Anlage der Architektenschule in Verbindung mit der Gipsabguss- und in allernächster Nähe der archäologischen Sammlung ist zweckmässig.

Im I. Stock sind Treppen, Vestibüle, Gänge, die beiden Hörsäle, sowie die Ingenieurschule und die Bibliothek einwandfrei angelegt. Auch das gegen Osten liegende Lesezimmer für die Ingenieure ist an sich ausgezeichnet, aber wesentlich grösser als im Programm verlangt. Die Einteilung des II. Stockes mit dem Auditorium maximum als Hauptmotiv, das sich im Aeussern als Dominante entwickelt, ist einwandfrei. Die Anlage eines grossen Hörsaales lässt sich umsomehr rechtfertigen, als die Bedürfnisse für Volksvorträge sich in neuerer Zeit gesteigert haben und im ganzen Bau keine disponibeln Räume mehr vorhanden sind. [...]

Das Preisgericht spricht sein Bedauern darüber aus, dass der Wettbewerb in so spärlicher Weise beschickt worden ist und dass trotz der verlockenden Aufgabe und den hohen Preisen sich keine grössere Anzahl von Bewerbern eingestellt hat. Immerhin darf es mit Genugtuung feststellen, dass die Konkurrenz insofern ein vollwertiges Resultat gezeitigt hat, als in dem Projekte Nr. 8 die Grundlagen vorhanden sind, nach welchen die Um- und Neubauten der eidg. polytechnischen Schule in Angriff genommen werden könnten. Es ist die einzige Arbeit, welche für eine einwandfreie, praktische und grosszügige Lösung der Aufgabe in Betracht fällt.

Zürich, den 28. November 1909.
Louis Perrier, Moser, Alb. Müller, Paul Ulrich, Flükiger

»Bericht des Preisgerichts über den Wettbewerb zu Um- und Neubauten für die eidg. polytechnische Schule in Zürich«, Louis Perrier, Karl Moser, Albert Müller, Paul Ulrich, Arnold Flükiger, 28. November 1909 (Bundesarchiv Bern, CH-BAR #E3240A#1000/745#40*, Az. 2–05, Polytechnikum, Zürich, 1902–1923)

Vgl. auch: Perrier, Louis; Bonjour, Charles; Flükiger, Arnold u. a.: Wettbewerb zu Um- und Neubauten für das Eidg. Polytechnikum in Zürich, in: Schweizerische Bauzeitung 55 (1910), S. 45–54; 64–69

— 1909
Gustav Gull

ERLÄUTERUNGSBERICHT ZUM KONKURRENZ-PROJEKT

Der Verfasser des Entwurfs »Auditorium maximum« ist an die Lösung der Aufgabe herangetreten mit dem Vorsatz: die gesammte künftige Gestaltung der Bauten für das Polytechnikum in's Auge zu fassen und zu versuchen ob es nicht möglich sei die Bauten zu einer grossen einheitlichen, ihrer Bedeutung entsprechenden Anlage zusammen wirken zu lassen. Er hat deshalb das der Konkurrenz zu Grunde gelegte Programm in dem Sinne erweitert, dass er auch die künftige Vergrösserung des Maschinenlaboratoriums und der Materialprüfungsanstalt, sowie des Gebäudes für die Forst- und Landwirthschaftliche Schule in seine Studien einbezog. Nur so dürfte es möglich sein, die in der nächsten Zeit auszuführenden Bauten derart zu projektiren dass sie zur schliesslichen Erzielung einer würdigen Gesamtanlage beitragen.

Für die gemäss Programm zu projektirenden Bauten ist nur das hiefür zur Verfügung gestellte Terrain in Anspruch genommen. Für die später zu erstellenden Erweiterungsbauten zum Maschinenlaboratorium und zur Materialprüfungsanstalt wäre die künftige Erwerbung einiger, zum Teil in hässlicher Art überbauter Grundstücke an der Tannenstrasse und des Polygraphischen Instituts an der Clausiusstrasse erwünscht [...]. Die Erweiterungsbauten des Maschinenlaboratoriums sind immerhin so projektirt dass ein sehr bedeutender Teil derselben auf der Nord- und Westseite ohne weiteren Landerwerb möglich ist, so dass letzterer erst für eine zweite spätere Bauvergrösserung nötig wäre.

Ein grosses Hindernis für eine günstige architektonische Gesammtdisposition, ist die derzeitige Axenlage der Clausiusstrasse, die abgeändert und auf den Mittelbau der Nordfront des Polytechnikums gerichtet werden sollte. Dies ist möglich, wenn die Häuser No 1 und 3 an der Clausiusstrasse erworben und geschleift werden.

Für die Erweiterungsbauten am Polytechnikumsbau war der Verfasser bestrebt die Dispositionen so zu treffen dass keine Beeinträchtigung der Süd-, West- und Nordfront des Semperschen Baues erfolge und dass die neue Ostfront als eigentliche Eingangsfassade eine der idealen Zweckbestimmung des Baues würdige Gestaltung erhalte. Was für die Westfront die Aula, ist für die Ostfront das »Auditorium maximum« das der Verfasser über die Anforderungen des Programmes hinaus, seinem Entwurf einfügte. Die Zweckmässigkeit eines grossen für ca. 500 Zuhörer berechneten Auditoriums glaubt der Verfasser nicht begründen zu müssen, er erlaubt sich nur darauf hinzuweisen, dass in jüngster Zeit bei grösseren Hochschulen derartige Auditorien erstellt werden und hält es für erwünscht, dass die höchste eidg. Lehranstalt hierin nicht zurückstehe. Im Mittelbau ist die Sempersche Idee der Durchgangshalle in einer den neuen Verhältnissen angemessenen Form aufgenommen, so dass zwischen der westlichen und der östlichen Eingangshalle eine mit Glasgewölbe überdeckte Arkadenhalle den Zugang zu den links und rechts davon in die Höfe eingebauten Räumen für die Archäologische Sammlung im Erdgeschoss und die grossen Auditorien für die VI. Abteilung im I. Stock vermittelt und die Verbindung zwischen der Aula und dem Auditorium Maximum im II. Stock herstellt.

Die neuen Süd- und Nordflügel des Baues in der Fortsetzung der Quer-Korridore des bestehenden Baues umschliessen mit der neuen Ostfassade den auf der Ostseite gegen die Rämistrasse geöffneten Vorhof.

Das Heraustreten der Seitenflügel über die südliche und nördliche Baufluchten des Polytechnikums hat sich der Verfasser erlaubt, nachdem er sich vergewissert hatte, dass dort Baulinien amtlich noch nicht festgesetzt sind. Die gegen die Rämistrasse projektirten Vorhallen der Seitenflügel sollen zusammen mit der sie verbindenden Abgrenzungsmauer des Vorhofes die nötige Abtrennung vom Strassenverkehr bewirken. Statt des in den »Grundlagen« angeregten Verbindungsbaues der Seitenflügel längs der Rämistrasse, gegen den praktische und aesthetische Bedenken sich aufdrängen, ist längs der bisherigen Ostfront des Polytechnikums eine Saalreihe angeordnet, und der alte Bautrakt in der Hauptsache für Sammlungsräume verwendet, die vom Hof her beleuchtet sind und von denen ein Corridor nur durch Säulen und eventuell Glaswände abgetrennt würde. Diese Anordnung ist um so leichter ausführbar als dieser Bautrakt im Iten und IIten Stock zur Zeit nur durch Säulen unterteilt ist, also nur relativ wenig Mauerwerk im Erdgeschoss und Keller zu beseitigen wäre.

Es wird so mit geringeren Kosten ebensoviel Raum gewonnen wie durch Erstellung eines neuen Längstraktes an der Rämistrasse. Ganz besonderen Werth misst der Verfasser den direkt neben den Zeichnungssäälen projektirten Sammlungsräumen für die Architekten- und Ingenieurschule bei, die den Studierenden möglichst unbehindert zugänglich, und wo irgend thunlich, überhaupt nicht vom Corridor abgetrennt sein sollten. Die Anregungen die aus der zwanglosen und freiwilligen Betrachtung der Sammlungsobjekte erfolgen, gehören nach des Verfassers eigener Erfahrung zu den werthvollsten.

Im II. Stock sind im nördlichen Trakt über den Sammlungsräumen der unteren Geschosse, gegen den Hof, 3 Auditorien d3–d5 und 2 Professorenzimmer angeordnet, und es ist für den hier beidseitig geschlossenen Corridor Beleuchtung durch Oberlicht vorgesehen.

Die Untergeschossräume des Polytechnikums können durch die projektirte Tieferlegung ihres Bodens und des Bodens der Höfe, (derart dass letzterer noch tiefer gelegt würde als der Boden des Untergeschosses), sowie durch ringsum gegen aussen vorgesehene Isoliergänge in gut brauchbare, für Sammlungszwecke geeignete Räume umgewandelt werden. Dem bisherigen, grossen Übelstand, dass die Höfe keine Einfahrten hatten, ist durch die projektirten Durchfahrten an der Ostseite abgeholfen.

Die beiden Centralheizungsräume sind verlegt und in gut beleuchtete Untergeschossräume links und rechts von dem als Kohlenmagazin dienenden Kellerraum unter dem östlichen Eingangsvestibule, direkt neben den Durchfahrten angeordnet, an einer Stelle wo sie in mustergültiger, auch Unterrichtszwecken dienlicher Weise neu eingerichtet werden können.

Der nach Projekt erweiterte Bau des Polytechnikums umfasst folgende Raumgruppen:

1. Verwaltungsräume […]
2. Architektenschule […]
3. Ingenieurschule […]
4. Mechanisch Technische Schule […]
5. Chemisch Technische Schule […]
6. Die Sechste Abteil. (Schule f. Fachlehrer) […]
7. Die VII^{te} Abteilung würde analog wie bisher Auditorien der andern namentlich der VI. Abteilung verwenden, als Dozentenzimmer dasjenige der VI. Abteilung u. dazu für öffentliche Vorträge das Auditorium Maximum (430 m²). Der Raum für Aufbewahrung von Kartenmaterial fände sich wohl am besten in der sehr reichlich bemessenen Bibliothek der Ingenieurschule.
8. Die Militärwissenschaftliche Abteilung […]
9. Für die Bibliothek sind mit Ausnahme der für die Verwaltung beanspruchten Räume im Iten Stock, alle Räume des Baues zwischen dem Mittelbau der Westfront und dem Mittelbau der Südfront reserviert, im Ganzen 2 250 m² […].

Die Hauswartwohnung ist in das Untergeschoss des neuen Ostflügels verlegt, die beiden Heizanlagen sind wie schon erwähnt anders disponiert, sodass die bisherigen Übelstände für die Bibliothek wegfallen. Die Korridore haben im Erdgeschoss, I. und II. Stock freien Durchpass.

10. Die Kupferstichsammlung ist im Erdgeschoss des alten u. neuen Ostflügels untergebracht und es sind ihr da 1 155 m² Bodenfläche zugewiesen.
11. Die Archäologische Sammlung hat in den 2 grossen Säälen links und rechts von der centralen Durchgangshalle und im Erdgeschoss des Ostflügels zusammen 975 m² Bodenfläche. Ausserdem wäre an den Wandflächen der Durchgangshalle, der Vestibule und Corridore noch sehr viel geeigneter Platz zur Wandaufstellung von Gipsabgüssen vorhanden.
12. Die Naturhistorischen Sammlungen und Institute können in rationeller Weise wohl nur in einem Neubau Unterkunft finden. Für sie ist in ausreichender, dem Programm in jeder Beziehung gerecht werdender Weise gesorgt, durch den auf den Liegenschaften Cat. No 264–262 projektirten Neubau, der die beiden Bauplätze zusammenfasst indem er über Erdgeschosshöhe über die Clausiusstrasse hinweggeführt ist.

Die ganze Gruppe der Neubauten für das Polytechnikum erhält durch diese Anordnung einen architektonischen Abschluss und der von Norden Herkommende betritt durch die Torhalle unter dem naturwissenschaftlichen Institut den Bezirk der Hochschulbauten mit dem nördlichen Seitenportal des Polytechnikums als Zielpunkt. Zwischen dem naturwissenschaftlichen Institut und dem künftigen Erweiterungsbau des Maschinenlaboratoriums ist ein Treppenaufgang zur Sonneggstrasse hergestellt, der einen leider schon teilweise verbauten Durchblick in den Hof des Chemiegebäudes bietet.

Der Verbindungsweg zwischen der Leonhardstrasse und der Clausiusstrasse soll später unter dem nördlichen Flügel der künftigen Erweiterungsbauten der Materialprüfungsanstalt, die sich direkt an den südwestlichen Flügel des naturwissenschaftlichen Institutes anschliessen würde, hindurchgeführt und durch eine Treppenanlage an Stelle der steilen Rampe in die Clausiusstrasse eingeführt werden. In der Axe dieses Aufgangs liegt der Haupteingang zu den öffentlichen Sammlungen des Naturwissenschaftlichen Institutes. Diese Sammlungen beanspruchen das Erdgeschoss und den I. Stock, die zugehörigen Lehrräume, mit getrennten Zugängen von der Sonneggstrasse aus, den II. Stock des Neubaues. Der Innenhof ist über dem II. Stock durch eine verglaste Decke mit Oberlicht abgeschlossen, so dass im Erdgeschoss die ganze Bodenfläche für die geologische und paläontologische Sammlung zur Verfügung steht. Die Räume der mineralogischen Sammlung sind im I. Stock rings um diesen Lichthof angeordnet. Von den Corridoren des II. Stocks aus erhalten die Studierenden der Mineralogie u. Geologie direkten Einblick in die Sammlungsräume. […]

13. Die Bau- und gewerbehygienische Sammlung ist in den umgebauten Räumen des alten und den Räumen des neuen Ostflügels des Polytechnikums unter der Kupferstichsammlung angeordnet und hat dort eine Bodenfläche von 819 m² zur Verfügung.
14. Die Aula bleibt ihrer Bestimmung erhalten, die bisherigen etwas gedrückten Raumverhältnisse des Vestibules vor der Aula würden durch die Fortführung des Gewölbes über die Durchgangshalle bis zur Aulawand verbessert.
15. Das Zimmer für den Vorstand des Polytechnikerverbandes, würde nach Ansicht des Verfassers zweckmässig in der Nähe des Einganges auf der Westseite bei der bisherigen Hauswartwohnung von den der Bibliothek zugedachten Untergeschossräumen abgetrennt, und daneben auch
16. Dem Akademischen Leseverein ein passendes, neues Lokal zugewiesen.
17. Von den übrigen Räumen würden No 8, 9, 10, 11, 30, 31, 32, 53, 54 im Untergeschoss ihrer bisherigen Zweckbestimmung erhalten bleiben.

Der erweiterte Polytechnikumbau umfasst also für Verwaltungs- und Schulräume excl. Hauswartwohnung, Heizung etc 17 493 m² nutzbare Bodenfläche. […]

»Konkurrenz Projekt für das Eidg. Polytechnikum. Erlaeuterungsbericht und tabellarische Zusammenstellungen der Raumflaechen«, Gustav Gull, 1909 (Bundesarchiv Bern, CH-BAR# E3240A#1000/745#40*, Az. 2–05, Polytechnikum, Zürich, 1902–1923); vgl. auch: Perrier, Louis; Bonjour, Charles; Flükiger, Arnold u. a.: Wettbewerb zu Um- und Neubauten für das Eidg. Polytechnikum in Zürich, in: Schweizerische Bauzeitung 55 (1910), S. 45–54; 64–69

— 1923
Gustav Gull

BERICHT BETREFFEND DIE BISHERIGEN AUSGABEN UND DIE KOSTEN DER VOLLENDUNGSARBEITEN

An die Direktion der eidg. Bauten Bern.

[…] Anlässlich unserer Besprechung vom 23. und 24. Februar a.c. habe ich Ihnen über die hauptsächlichsten Faktoren berichtet, welche diese Kreditüberschreitung bewirken, und ich will Ihnen darüber auch noch schriftlich Auskunft geben.
Als Sie mit Zuschrift vom 7. Juli 1920 im Auftrag des eidgen. Departements des Innern die sofortige begründete Vorlage der voraussichtlichen Gesammtkosten bis zum 15. Juli 1920 einverlangten, waren die Berechnungen für die voraussichtlichen Baukosten des neuen Bauteiles aufgestellt. Der berechnete Totalbetrag von Fr. 8'100,000.– wurde aber unter dem Zwange der Verhältnisse und in der bestimmten Erwartung, dass die sprunghaften Preissteigerungen endlich ihren Höhepunkt erreicht hätten, um Fr. 234,000.– auf den Betrag von Fr. 7'866,000.– heruntergedrückt.
Die Voraussetzungen für diese Reduktion haben sich dann aber leider nicht erfüllt, denn die Preise stiegen im Jahr 1920 noch wesentlich höher.
Bei Aufstellung der Kostenschätzung für die Renovation des alten Baues konnte unmöglich vorausgesehen werden, dass der Zustand des Mauerwerks und der Steinhauerarbeiten ein so über alle Massen schlechter sei, wie es sich dann herausgestellt hat. Einigermassen zweckmässige Berechnungen hätten sich nur aufstellen lassen auf Grund des Ergebnisses der Renovation einer ganzen Partie des alten Baues.
Leider musste dann aber von einer solchen massgebenden Vorarbeit abgesehen werden und es konnten dem Nachtragskreditbegehren nur unsere bisherigen Schätzungen zu Grunde gelegt werden.
Es ist sowieso praktisch unmöglich, genaue und zuverlässige Kostenberechnungen über Renovations- und Umbauarbeiten anzustellen, schon deshalb, weil viele Arbeiten nicht veraccordiert werden können, sondern nur im Taglohn ausführbar sind, und weil immer Mehrarbeiten und Nebenarbeiten erforderlich werden, die sich erst bei der Arbeitsausführung zeigen. Ich erinnere Sie beispielsweise nur an den Ihnen anlässlich des Besuches am 24. Februar zur Kenntnis gebrachten Fall, wonach sich beim Versetzen der neuen Balkonplatten bei den Aulafenstern Mittelbau II. Stock Westfront herausstellte, dass die im Fassadenmauerwerk liegenden Köpfe der den Aulaboden tragenden Holzbalken gänzlich verfault waren, was über kurz oder lang eine Katastrophe herbei geführt hätte. Derartige missliche Zustände fanden sich aber während der Renovation viele, und es war selbstverständlich, dass da überall Remedur geschaffen werden musste.
Von den Mängeln, die sich anlässlich der Ausführung der Renovationsarbeiten am Mauerwerk und an andern Konstruktionsteilen zeigten, habe ich soweit als möglich photographische Aufnahmen machen lassen und Ihnen einen Teil solcher bereits zugestellt.
Die unvorhergesehenen Mehrkosten für die Consolidierung des alten Mauerwerks der Hauptfassaden und der Hoffassaden im Ausmass von ca. 5 400 m³ werden den Betrag von Fr. 140 000.– erreichen.
Die innern Scheidewände im alten Bau waren nur in verputztem Riegelwerk mit Hobelspahnfüllung [sic] der Zwischenräume erstellt, deren notwendiger Ersatz durch feuersichere Schlackensteinwände kostet ca. Fr. 20 000.–
Im Mittelbau des Südflügels standen die Steinsäulen in zwei Stockwerken übereinander auf Holzbalken, der Ersatz der letztern durch Eisenbetonkonstruktionen erforderte ca. Fr. 5 000.–
Das Fassadenmauerwerk über dem II. Stock im südlichen Mittelbau war so baufällig, dass es abgetragen und durch neues Mauerwerk ersetzt werden musste, was wiederum ca. Fr. 5 000.– kostete.
Ausser diesen grössern unvorhergesehenen Posten ergaben sich noch eine Menge kleinerer, aber durchaus notwendiger Reparaturarbeiten, deren Kosten nicht einzeln feststellbar sind, weil sie zusammen mit andern vorgesehenen Arbeiten ausgeführt werden mussten.
Sehr viele unvorhergesehene Kosten verursachten auch die wegen Aufrechterhaltung des Schulbetriebes während der Bauzeit nötig gewordenen Abschliessungen einzelner Bauteile mit der zugehörigen Schutzvorrichtung, die provisorische Herrichtung der Räume im Nordflügel für Schulzwecke, und der Räume im ausgebauten Südostflügel für die Verwaltung, sowie auch der Umzug der Bibliotheken und der Sammlungen.
Der ursprünglich vorgesehene Ansatz von 12 % der Bausummen für Mobiliar und Einrichtung hätte auch bei der erhöhten Bausumme beibehalten werden sollen, statt dessen wurde er für den Umbau und die Renovation um ⅓ auf 8 % reduziert, was einen Ausfall von Fr. 144,000.– ergab. Mit diesem Mehrkostenbetrag für Mobiliar und Einrichtung werden wir rechnen müssen, umsomehr als das Mobiliar zur Hauptsache aus Schreinerarbeiten besteht, deren Kosten sich bedeutend vergrössert haben, weil diese Preise beinahe die stärksten Steigerungen erfahren haben.
Weitere sehr bedeutende unvorhergesehene Mehrkosten sind uns sodann erwachsen aus dem Umstand, dass wir seit Betriebsübergabe des Neubaues die Auslagen für die Bedienung und Wartung der Maschinen und Apparate, Motoren ect. für die Heizung, Ventilation, Elektr. Aufzüge und elektrische Beleuchtung, sowie die Baubewachung aus dem Baukredit bestreiten mussten.
Die bezüglichen Ausgaben belaufen sich auf ca. Fr. 30 000.– […]
Bei den Aborteinrichtungen für den alten Bau wurde seinerzeit nur die Erneuerung der Apparate in den Aborten vorgesehen, unter Belassung des alten Kübelsystems welches viele Reinigungs- und Unterhaltkosten verursacht.
Im Interesse zweckmässiger hygienischer Einrichtungen musste aber auch hier wie im neuen Bauteil das Fäkalienklärsystem eingeführt werden. Die einmalige Mehrausgabe für die Klärtonnen mit ihren Zu- und Abflussleitungen und den baulichen Veränderungen in den Kübelräumen schätze ich auf ca. Fr. 20 000.–
Das veraltete System der Warmwasserbereitung für Reinigungszwecke wird durch eine elektrische, von der Heizung ganz unabhängige Boileranlage ersetzt, deren Kosten auch ca. Fr. 20 000.– betragen werden.
In den Arbeits-, Unterrichts- und Verwaltungsräumen des alten Baues war kein laufendes Wasser vorhanden. Als Wasserverbrauchsstellen dienten lediglich die transportablen Giessgefässe, die neben allerlei Unzukömmlichkeiten bedeutende Wartungs- und Unterhaltskosten verursachen.
Gleichfalls veraltet sind die bestehenden Feuerlöscheinrichtungen. Weil sie den feuerpolizeilichen Anforderungen nicht mehr genügen, gesetzlich aber verlangt sind, muss eine totale Erneuerung stattfinden.
Die Kosten der neuen Wasserzu- und Verteilleitungen, die Installation der Wandbecken sowie der Feuerlöscheinrichtungen im alten Bau betragen ca. Fr. 40 000.–

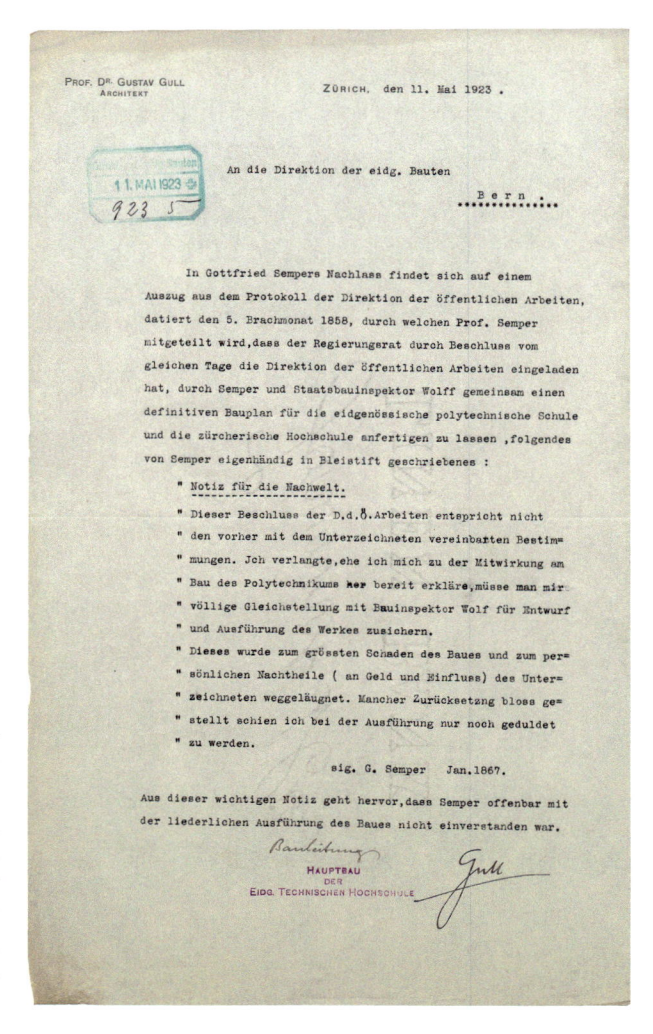

HISTORISCHE RECHTFERTIGUNG

CH-BAR#E3240A#1000/745#40*, Az. 2–05 /
Bundesarchiv Bern.

In einem Brief vom 11. Mai 1923 an die Direktion der eidgenössischen Bauten führt Gustav Gull ein Semperzitat an, das belegen soll, dass schon der große Meister das (finanzielle) Unheil kommen sah, das die schlechte bauliche Ausführung des Polytechnikums später bewirken würde.

Bezüglich der elektrischen Beleuchtung ist zu bemerken, dass im Voranschlag der Bauinspektion Zürich vom Jahr 1908 hiefür überhaupt nichts ausgesetzt wurde. Uns war bekannt, dass die Bogenlampenbeleuchtung in den Zeichnungssälen und Hörsälen, sowie die Gasbeleuchtung in den Korridoren und Aborten ersetzt werden sollten, und wurde hiefür in den Berechnungen vom Jahr 1919 über die mutmasslichen Umbaukosten ein entsprechender Posten von Fr. 75 000.– eingestellt. (Fr. 25 000.– plus 200 % Preissteigerung = Fr. 75 000.–).

Erst bei den Vorarbeiten und den nachherigen Kostenberechnungen über die elektrischen Einrichtungen für den neuen Bauteil stellte sich dann im Mai 1920 heraus, dass die bisher auf Gleichstrom eingestellten Beleuchtungsanlagen im alten Bau gänzlich zu erneuern seien, indem die Stadt Zürich ihre auf eigene Kosten erstellte und unterhaltene Gleichstrom-Generatorenanlage entfernte und in der Folge nur noch Wechselstrom abgab. Das bedeutete also nichts anderes, als dass sämmtlich elektrische Beleuchtungseinrichtungen im alten Bau infolge ihrer Umstellung auf Wechselstrom neu zu installieren seien.

So wurde dann fast im letzten Momente vor Abgang meines Berichtes vom 15. Juli 1920 im Kostenvoranschlag für die Umbauarbeiten der Titel elektrische Beleuchtung um Fr. 90 000.– auf Fr. 165 000.– erhöht, was nur auf Kosten und zu ungunsten anderer Voranschlagsposten erfolgen konnte, weil die Gesammtsumme nicht erhöht werden durfte. Die Beleuchtung im alten Bau war bezüglich der Beleuchtungsstellen sowieso mangelhaft, speziell die Kellerräume waren gar nicht oder nur schlecht beleuchtet. Als ich Ihnen anlässlich unserer Besprechung vom 24. Februar die vollständige, für alle Verhältnisse ausreichende Projektvorlage mit den bezüglichen Kostenberechnungen für die elektrischen Installationen im alten Bau vorlegte, erkannten wir, dass allerdings einige Reduktionen der Lichtstellen vorgenommen werden könnten, dass aber keine wesentlichen Einsparungen erzielbar seien, wenn die Anlage den Bedürfnissen entsprechend ausgeführt werden soll.

Die vorstehend erwähnten […] Mehrkostenbeträge […] ergeben den Gesammtbetrag von Fr. 903,100.–
Wenn bei Aufstellung des approximativen Kostenbetrages über die Renovations- und Umbauarbeiten alle diese Mehrarbeiten hätten vorausgesehen werden sollen, so wäre die Einsetzung eines viel höheren Procentsatzes für Unvorhergesehenes erforderlich gewesen, und es hätte dieser Ansatz statt mit nur 6 % der Gesammtkosten des Umbaues zu mindestens 15 % angenommen werden müssen, was dann einen Betrag von Fr. 900,000.– ergeben hätte.

Dem gegenüber glauben wir mit dem Mehrbetrag von Fr. 750,000.– für die Vollendungsarbeiten auskommen zu können, weil die Kosten einer Anzahl Arbeiten nicht den im Jahr 1920 geschätzten Betrag erreicht haben. Auf die bisher bewilligten Kredite für den Hauptbau der E.T.H im Betrag von Fr. 15'807,000.– macht dieser Mehrbetrag von Fr. 750,000.– 4,7 % aus, und da hiebei die Mehrausgaben für das Naturwissensch. Institut und das Land- und Forstwirtschaftl. Insti-

tut ebenfalls mitspielen, so beträgt bei den Gesammtkrediten für die Erweiterungsbauten der E.T.H von Fr. 21'465,000.– die voraussichtliche Ueberschreitung ca. 3,5%. […]
Auch wenn wir uns alle Mühe geben, nur das absolut notwendige zu machen, sind unliebsame Ueberraschungen bei der Renovation des Nordflügels doch nicht ausgeschlossen, und es sollte hier vorsichtshalber noch ein Posten für Unvorhergesehenes in die Berechnung eingestellt werden.
Die neuesten Untersuchungen der alten Sgraffittomalereien der Nordfassade haben ergeben, dass für deren Wiederherstellung mit der Erneuerung der obersten weissen Schicht nicht auszukommen ist. Vielerorts ist leider der Untergrund zerrissen und wird bei Erneuerung der Steinhauerarbeit abfallen. Ob der eingesetzte Betrag von Fr. 30 000.– für die Rekonstruktion genügen wird kann ich zur Stunde nicht sagen.

Bauleitung Hauptbau der Eidg. Technischen Hochschule Gull

»Hauptbau der eidg. Technischen Hochschule Zürich. Bericht betreffend die bisherigen Ausgaben und die Kosten der Vollendungsarbeiten«, Brief von Gustav Gull an die Direktion der eidg. Bauten, 15. März 1923 (Bundesarchiv Bern, CH-BAR#E3240A#1000/745#40*, Az. 2–05, Polytechnikum, Zürich, 1902–1923)

—
1923
Gustav Gull

Notiz für die Nachwelt

An die Direktion der eidg. Bauten Bern.

In Gottfried Sempers Nachlass findet sich auf einem Auszug aus dem Protokoll der Direktion der öffentlichen Arbeiten, datiert den 5. Brachmonat 1858, durch welchen Prof. Semper mitgeteilt wird, dass der Regierungsrat durch Beschluss vom gleichen Tage die Direktion der öffentlichen Arbeiten eingeladen hat, durch Semper und Staatsbauinspektor Wolff gemeinsam einen definitiven Bauplan für die eidgenössische polytechnische Schule und die zürcherische Hochschule anfertigen zu lassen, folgendes von Semper eigenhändig in Bleistift geschriebene:
»Notiz für die Nachwelt.
Dieser Beschluss der D. d. ö. Arbeiten entspricht nicht den vorher mit dem Unterzeichneten vereinbarten Bestimmungen. Jch verlangte, ehe ich mich an der Mitwirkung am Bau des Polytechnikums bereit erkläre, müsse man mir völlige Gleichstellung mit Bauinspektor Wolf für Entwurf und Ausführung des Werkes zusichern.
Dieses wurde zum grössten Schaden des Baues und zum persönlichen Nachtheile (an Geld und Einfluss) des Unterzeichneten weggeläugnet. Mancher Zurücksetzung bloss gestellt schien ich bei der Ausführung nur noch geduldet zu werden.
sig. G. Semper Jan. 1867.«
Aus dieser wichtigen Notiz geht hervor, dass Semper offenbar mit der liederlichen Ausführung des Baues nicht einverstanden war.

Bauleitung Hauptbau der Eidg. Technischen Hochschule
Gull

Brief von Gustav Gull an die Direktion der eidgenössischen Bauten, 11. Mai 1923 (Bundesarchiv Bern, CH-BAR#E3240A#1972/129#157*, Az. 2-05, ETH-Hauptgebäude, 1961–1966)

—
1930
Gustav Gull

Baubericht

Die Entwicklung der Eidg. Technischen Hochschule seit ihrer Gründung durch das »Bundesgesetz über die Errichtung einer Eidg. Polytechnischen Schule vom 7. Hornung 1854« hat in den Bauten, welche sukzessive für diese höchste schweizerische Bildungsanstalt errichtet wurden, ihren architektonischen Ausdruck gefunden.
Es war ein besonderer Glücksfall, dass der erste Bau durch den im Jahr 1855 an das Polytechnikum berufenen grossen Architekten Gottfried Semper entworfen wurde und dass die Regierung des Kantons Zürich, dem die Baupflicht oblag, vor einem grossen finanziellen Opfer nicht zurückscheute und dazu den herrlichen über der Stadt gelegenen Platz zur Verfügung stellte.
Der Umstand, dass die Schweizerische und die Kantonale Hochschule in demselben Bau Unterkunft finden mussten, bedingte eine grosse räumliche Entwicklung der Anlage, für die Semper einen monumentalen Ausdruck fand.
Die Ausführung des Baues erfolgte in den Jahren 1860–64 nach den Plänen Sempers unter der Bauleitung von Staatsbauinspektor Wolff. […]
Offenbar war Semper mit mancher Konstruktions-Anordnung von Staatsbauinspektor Wolff, die letzterer wahrscheinlich als »Sparmassnahmen« getroffen hatte, nicht einverstanden, und es hat sich auch diese am unrichtigen Ort angewandte Sparsamkeit an mancher Stelle des Baues bitter gerächt. Es sind anlässlich der Renovation des Semperbaues konstruktive Mängel schwerwiegender Art zum Vorschein gekommen, welche den Bestand des Baues direkt gefährdeten. Deren Beseitigung hat grosse Kosten verursacht.
Schon die Wahl des Bausteines für die Fassaden, des billigen, aber leicht verwitternden Ostermundiger Sandsteines, war verhängnisvoll. Dieser Stein hat sich auch in Bern nur da gehalten, wo er durch weitvorspringende Dächer vor Schlagregen geschützt ist, während er am Berner Münster sich gar nicht bewährt hat. […]
Das aus der unter den schweizerischen Architekten im Jahr 1909 durch das Eidg. Departement des Innern veranstalteten Plankonkurrenz siegreich hervorgegangene Projekt des Unterzeichneten, welches über die Erfüllung der momentanen Bedürfnisse hinaus Vorschläge enthielt, wie die künftige Vergrösserung des Maschinen-Laboratoriums und der Materialprüfungsanstalt in Aussicht zu nehmen sei, um schliesslich eine würdige Gesamtanlage zu erhalten, wurde von den Behörden genehmigt und der Ausführung zugrunde gelegt.
Die Reihenfolge der Bauten war bedingt durch die Forderung, Störungen im Unterrichtsbetrieb möglichst zu vermeiden, was sich am leichtesten machen liess, wenn zuerst die neuen Räume für die Sammlungen und den naturwissenschaftlichen Unterricht erstellt wurden.
Für die zoologische und die archäologische Sammlung sorgte gemäss »Aussonderungsvertrag« der Kanton Zürich im Neubau der Universität, welcher im Frühjahr 1914 bezugsbereit war, so dass auf diesen Zeitpunkt auch der Südflügel des Semperbaues für die Bedürfnisse der E. T. H. frei wurde.
Für die Neuaufstellung der geologischen und mineralogischen Sammlungen und die zugehörigen Lehrräume und Laboratorien wurde der Neubau des Naturwissenschaftlichen Instituts bestimmt, welcher ausserdem noch die Lehrräume für Geographie, Photographie, Pharmazie, Bakteriologie und Hygiene und im Zusammenhang mit letzteren die gewerbehygienischen Sammlungen aufzunehmen hatte, während für die Aufnahme der Räume für Entomologie, Zoologie, für Land- und Forstwirtschaft, Agrikulturchemie, Bakteriologie für Landwirte, allgemeine und spezielle

Botanik der Umbau und eine bedeutende Vergrösserung des Land- und Forstwirtschaftsgebäudes vorgesehen wurden, wobei sich durch die Erwerbung des zwischen der Sternwarte und dem Landwirtschaftsgebäude liegenden Spitalscheuneareals an der Schmelzbergstrasse zugleich noch die Anlage eines kleinen botanischen Gartens mit zwei Gewächshäusern ermöglichen liess.

Die Anlage des Naturwissenschaftlichen Instituts beruht auf dem von den Behörden genehmigten Gesamtsituationsplan, welcher die Verlegung der Clausiusstrasse in der Richtung auf das Nordportal des Hauptgebäudes vorsah. Indem die beiden Bauplätze östlich und westlich der Clausiusstrasse durch den Neubau, welcher in den Obergeschossen über die Clausiusstrasse hinweggeführt ist, zusammengefasst sind, bildet der Bauflügel über der Clausiusstrasse den architektonischen Abschluss der ganzen Gruppe der auf dem Areal zwischen Tannenstrasse, Leonhardstrasse und Sonneggstrasse vorgesehenen Bauten für die E. T. H. und der von Norden Herkommende betritt durch die Durchfahrtshalle unter dem Naturwissenschaftlichen Institut den Bezirk der Hochschulbauten mit dem Sgraffitogeschmückten Nordfassade des Semperbaues als architektonischem Abschluss. [...]

Die Erweiterung des Hauptgebäudes erfolgte auf Grund des im Jahre 1910 aufgestellten Programms nach den schon im Konkurrenzprojekt 1909 enthaltenen Ideen derart, dass die West-, Süd- und Nordfassade des Semperbaues erhalten blieben und der Erweiterungsbau sich an die Ostfront des alten Baues auf dem zwischen diesem und der Rämistrasse nach Abbruch des alten Chemiegebäudes verfügbar gewordenen Terrain so anschloss, dass die Neubauten einen grossen, gegen die Rämistrasse offenen Vorhof hufeisenförmig umfassen. An Stelle der in der bisherigen West-Ostachse des Semperbaues gelegenen eingeschossigen Gipsabgußsammlung trat die zentrale, durch alle Stockwerke durchgehende, durch hohes Seitenlicht beleuchtete, und den alten Westtrakt mit dem neuen Osttrakt in allen Stockwerken verbindende Mittelhalle, von welcher aus zu beiden Seiten im Erdgeschoss und im I. Stock die grossen, in die Höfe eingebauten Auditorien zugänglich sind. Damit wurde die Absicht Sempers: die Gipsabgusshalle als Durchgangshalle zwischen West- und Osteingang auszubilden, welche seinerzeit durch die Abschliessung der Gipsabgusssammlung vereitelt wurde, in einer den neuen Verhältnissen angemessenen Form wieder aufgenommen, und so ist im Zentrum des Baues ein würdiger, allseitig zugänglicher Vorraum der wichtigsten Räume des Gesamtbaues entstanden, geeignet, den Studierenden auch als Sammelpunkt in den Unterrichtspausen zu dienen und die Angehörigen der verschiedenen Abteilungen zusammenzuführen.

Die vier grossen, auch öffentlichen Vorträgen dienenden Auditorien sind in die beiden Höfe so eingebaut, dass die gegen diese Höfe gerichteten Korridore keine Beeinträchtigung ihrer Beleuchtung erfuhren. Die Mittelhalle bildet im Erdgeschoss nun die Verbindung zwischen dem bisherigen Semperschen Haupteingangsvestibül der Westfront und dem neuen, am Vorhof gegen die Rämistrasse gelegenen Haupteingangsvestibül im Mittelbau der Ostfront. Dieser halbrund vorspringende Mittelbau enthält im I. Stock das durch letzteren und den II. Stock durchgreifende Auditorium Maximum mit Platz für 644 Zuhörer, bestimmt für die Festakte der E. T. H. und für öffentliche Vorträge, und im III. Stock, über dem Auditorium Maximum, den grossen kuppelüberwölbten Lesesaal der Bibliothek der E. T. H.

Durch diese Anordnung erhielt die neue Ostfront in dem von einer offenen Säulenhalle umgebenen Auditorium Maximum ihre architektonische Dominante. Der Osteingang des Semperbaues war im Laufe der Zeit zum meistbenützten Eingang geworden, je mehr sich die an der Zürichberghalde gelegenen Quartiere Oberstrass, Fluntern und Hottingen zu bevorzugten Wohnquartieren der Studentenschaft entwickelt hatten. Seit der Vereinigung der Vororte mit der Altstadt im Jahre 1893 hat sich das ehemals spärlich bebaute Rebland und Wiesengelände am Zürichberg in eine stark bevölkerte Gartenstadt verwandelt, und die Rämistrasse ist zu einer Hauptverkehrsader der Stadt geworden. Da weitaus die meisten Studierenden entweder von der Südost- oder von der Nordostseite über die Rämistrasse zur E. T. H. gelangen, schien es geboten, denselben den nächsten Weg zu ihren Lehrräumen durch die in den beiden Seitenflügeln des Neubaues angeordneten Eingänge mit Vorhallen gegen die Rämistrasse und die von den anschliessenden Vestibülen aus direkt zum I. und II. Stock führenden geräumigen Treppen zu vermitteln.

Zum Auditorium Maximum und den vier grossen Hofauditorien, sowie zum Lesesaal der Bibliothek gelangt man von der Rämistrasse aus am direktesten über den Vorhof und das Hauptvestibül im Rundbau. Die Mitte dieses Vestibüls ziert ein von Herrn Schulratspräsident Prof. Dr. Gnehm zum Andenken an seinen 1919 verstorbenen Sohn, Herrn Dr. jur. Heinrich Walter Gnehm (11. Oktober 1885 – 17. März 1919), gestifteter Trinkwasserbrunnen aus Solothurner Marmor. Die schöne, das runde Postament bekrönende Gruppe der drei Grazien (in Bronzeguss) ist das Werk von Bildhauer Ed. Zimmermann in Zollikon.

Die in den Fensternischen angebrachten zwölf Postamente warten noch auf zwölf figürliche Kunstwerke, welche an dieser Stelle vorzügliche Seitenbeleuchtung haben.

Vom Eingangsvestibule führen zwei breite dreiarmige Haupttreppen links und rechts empor, mit dem ersten Treppenarm in das 1,80 m über dem Vestibül gelegene Hochparterre. Die linksseitige, auf Säulen und Bogen gelagerte, führt bis in den II. Stock, die rechtsseitige, zwischen Wänden geführte, umfasst zwei Personenlifts und vermittelt wie diese den Verkehr vom Keller bis zum Vorraum des Lesesaales im III. Stock. Ein besonderer, für die Bibliothekbeamten bestimmter Lift ist vom Hauptvestibül in der Ecke links zugänglich. Unter der linksseitigen Treppe befindet sich eine allgemeine, bewachte Garderobe. Jedes der beiden Treppenhäuser hat Verbindung mit einem der beiden Innenhöfe und zu den Durchfahrten zu denselben. Geradeaus gelangen wir aus dem Hauptvestibül durch das Zwischenvestibül der beiden Haupttreppen zu der arkadenumsäumten dreischiffigen Mittelhalle. An dieser liegen links und rechts die beiden grossen Hofauditorien I und II, jedes mit ca. 250 Banksitzplätzen, Vorbereitungszimmer, Garderobevorraum und W. C. Beide Auditorien sind mit grossen dreifachen Wandtafeln, mit Projektionsschirmen und Projektionseinrichtung ausgestattet. Sie werden wie die darüber im I. Stock liegenden grossen Auditorien III und IV häufig auch für dem Publikum zugängliche Vorlesungen benutzt. An den Seitenwänden zwischen den Auditorientüren sind die Anschlagbretter für Mitteilungen der Behörden.

Durch die Mittelhalle gelangen wir direkt in das alte Vestibül des Semperbaues mit den beiden bis zum II. Stock führenden dreiarmigen Treppen. Der erste Treppenarm führt bei beiden in das Hochparterre, bei der linksseitigen südlichen zur Kupferstichsammlung, bei der rechtsseitigen nördlichen zu der Architekturabteilung.

Zwischen dem Mittelbau und den Seitenflügeln wurde der alte östliche Bautrakt, welcher früher im I. und II. Stock die naturwissenschaftlichen Sammlungen enthielt, durch den vorgesetzten Neubau um Zeichnungssaaltiefe verbreitert und so umgebaut, dass er nun in allen Stockwerken vom Hof aus beleuchtete Sammlungsräume enthält, die gegen den Korridor längs den Zeichnungssälen offen und direkt zugänglich sind. Der Gedanke, den Studierenden die Spezialsammlungen der verschiedenen Abteilungen frei zugänglich zu machen, ist durch den ganzen Bau bis in die Zeichnungssäle durchgeführt; die früher vorhandenen vielen Korridorabschlüsse sind alle beseitigt worden, und sämtliche allgemein zugänglichen Räume bilden jetzt ein einziges grosses Museum, das den Studierenden durch die nun mögliche zwangslose freie Betrachtung der Sammlungsobjekte aus allen Zweigen der Kunst und Wissenschaft eine Fülle von Anregung bietet. Derselbe Gedanke ist auch im Naturwissenschaftlichen Institut und im Land- und Forstwirtschaftlichen Institut durchgeführt worden. Die sehr wichtige Garderobefrage wurde so gelöst, dass in den Korridoren für jeden in den Zeichnungssälen beschäftigten Studierenden ein verschliessbarer Garderobeschrank erstellt und daneben noch ein bewachter Garderoberaum in der Mittelhalle eingerichtet wurde.

Für die Raumverteilung war der Grundsatz massgebend, dass die Zeichnungssäle an die Nord- und Ostseite, die Hörsäle an die Süd- und Westseite des Baues zu legen seien.

Die Verwaltungsräume blieben wie bisher im I. Stock an der Westfront, wurden aber bedeutend erweitert; auf der einen südlichen Seite des Mittelbaues wurden die Räume für den Schulrat (Zimmer des Schulratspräsidenten, des Schulratssekretärs, der Schulratskanzlei und Sitzungszimmer des Schulrates mit Vorzimmer), auf der andern Seite die des Rektorates (Zimmer des Rektors, des Sekretärs, der Rektoratskanzlei), der Schulkasse und des Inventarkontrollers, neu eingerichtet, wobei die Zimmer des Schulratspräsidenten und des Rektors eine etwas würdigere Ausstattung erhielten.

Der Kupferstichsammlung, die früher in dem feuchten und teilweise auch mangelhaft beleuchteten Untergeschoss nordwärts vom Westmittelbau untergebracht war, wurden die Hochparterreräume zwischen dem westlichen und südlichen Mittelbau zugeteilt und für ihre Zwecke neu eingerichtet, nachdem die vorher dort untergebrachte Bibliothek im Herbst 1921 ihre neuen Räume auf der Ostseite des Hauses bezogen hatte.

Der frühere Lesesaal der Bibliothek, in der Südwestecke des Hauses, wurde als Studiensaal eingerichtet mit Garderobevorraum versehen; an diesen schliesst sich längs der Westfront bis zum Mittelbau der grosse Ausstellungssaal, in welchem die Sammlungsschränke für die Kupferstiche so umgestaltet wurden, dass deren Glastüren nun Ausstellungsvitrinen bilden. Längs der Fenster aufgestellte niedrigere Schränke dienen zum Auslegen der Mappen. Der Ausstellungssaal ist durch eine besondere Diensttreppe mit den im Untergeschoss eingerichteten Arbeitsräumen des Konservators verbunden.

Längs der Ostfront schliessen sich an der Studiensaal, das Zimmer des Direktors, die Bühlmannsche und Schultheßsche Sammlung und das Kommissionssitzungszimmer.

Der Architekturabteilung sind alle im Hochparterre und im Untergeschoss befindlichen Räume auf der Nordseite des Mittelbaues zugeteilt. Das Untergeschoss des alten Baues wurde für die technische Sammlung und die Sammlung der Unterrichtszwecken dienenden Gipsmodelle bestimmt, nachdem nähere Studien ergeben hatten, dass diese Räume sich für das früher dort vorgesehene Wasserbaulaboratorium nicht eigneten.

Im Untergeschoss des neuen Nordostflügels konnten die für den Unterricht im Aktzeichnen, Modellieren und Bildhauerei bestimmten Räume (zwei Aktsäle, Raum für Steinbildhauerei, Gipsgiesserei, Feuchtraum, Zimmer des Professors und Garderobe) zweckmässig untergebracht werden.

Im Hochparterre befinden sich längs der Nord- und Ostfassade die Zeichnungssäle, längst der Süd- und Westfassade die Hörsäle, die Fachbibliotheken und die Professorenzimmer der Architekturabteilung.

Das Untergeschoss des neuen Südostflügels enthält auf der Nordseite gegen die Vorhof-Area die geodätische Sammlung mit Werkstatt, auf der Südseite die geräumige Hauswartwohnung mit Vorgarten gegen die Künstlergasse. Neben der Durchfahrt zum südlichen Innenhof wurde ein Laboratorium für die Ingenieurschule eingerichtet, in den gewölbten Untergeschossräumen des ehemaligen Südostflügels des alten Baues die Reparaturwerkstatt der E. T. H. mit Magazinraum; im Mittelbau ein Baderaum für die Angestellten, im Südwestflügel das Laboratorium für Akustik und unter dem Ausstellungssaal der Kupferstichsammlung, Arbeitsräume des Konservators dieser Sammlung.

In den Räumen der ehemaligen Hauswartwohnung sind, mit direktem Zugang vom westlichen Hauptvestibül die Zimmer für den akademischen Delegiertenkonvent und den Verband Schweizerischer Studentenschaften eingerichtet worden, unter der Mittelhalle gegen den südlichen Innenhof eine zur Ingenieur-Abteilung gehörige Sammlung von Eisenbahnbetriebseinrichtungen, gegen den nördlichen Innenhof ein Magazinraum für die Architekturabteilung, in der Mitte die Apparate für Pulsionslüftung der Hofauditorien, unter den Vorhallen an der Rämistrasse zwei von der Vorhof-Area aus zugängliche Räume für die Parkierung von Velos usw.

An dem von der Künstlergasse über einen Treppenaufgang und vom Vorhof aus durch Windfänge zugänglichen Nebenvestibül im Südostflügel befindet sich im Hochparterre die Loge des Hauswarts, gegenüber der Raum für das öffentliche Telephon und die Postablage.

Neben der Treppe zum I. Stock, über der Hauswartwohnung, ist das Konferenzzimmer der Professoren, daneben ein grosser Lesesaal für die Studierenden eingerichtet worden, auf der Nord- und Ostseite gegen den Vorhof Zeichnungssäle der Ingenieurabteilung, vis-à-vis gegen den südlichen Innenhof die Sammlung für Eisenbahnbau und Wasserbau.

Der erste Stock enthält ausser den Verwaltungsräumen an der Westfront im Mittelbau, von der Arkadengallerie der Mittelhalle aus zugänglich, die zwei grossen, mit amphiteatralisch angeordneten Einzelsitzen ausgestatteten Hofauditorien III und IV für je 366 Zuhörer. Unter den oberen Sitzreihen ist bei beiden längs der Aussenmauer ein ebenfalls von der Arkadengalerie aus zugänglicher ringsum laufender Garderobegang mit Fenster gegen den Hof und direkt zu den oberen Sitzreihen führenden Treppen angebracht. Die beiden Arkadengänge der Mittelhalle verbinden das alte bis an die Westfassade erweiterte Vestibül direkt mit dem gegen die Mittelhalle in weitem Bogen geöffneten Vorplatz des Auditorium Maximum, auf welchem die beiden Haupttreppen ausmünden. Von diesem Vorplatz aus führen zwei Türen direkt in das Auditorium Maximum, zwei weitere in die den Saal umgebende Säulenhalle und in einen, hinter dieser, unter den oberen Sitzreihen des Saales ausgesparten Umgang, von welchem aus links und rechts und in der Mitte Treppen in die oberen Teile des Saales führen. Die emporsteigenden, leicht geschweiften zehn Sitzreihen im Mittelteil sind umfasst von einer gegen die Fensterwand ansteigenden Galerie mit weiteren acht Sitzreihen.

Die Decke wird getragen von zwei Pilastern und zwölf jonischen Säulen, wobei hinter den acht im Rund stehenden Säulen die Aufgänge zu den Galeriesitzreihen so angelegt sind, dass von allen Sitzplätzen aus der Blick auf den Redner frei bleibt. Die sieben Medaillons in den Wandfeldern der geraden Wand hinter dem Rednerpult sind von Bildhauer Gisler modelliert. Der farbige Fries unter dem Deckenarchitrav mit der Darstellung einer Huldigung der Pallas Athene ist von dem Maler Rudolf Münger, Bern, entworfen und in Temperafarben auf Leinwand gemalt worden als einziger farbiger Schmuck des Saales, der im übrigen in einem hellen zarten, durch sparsame unaufdringliche Vergoldungen leicht aufgehöhten Rehbraunton gehalten ist. Die Kasettendecke [sic] des Saales aus Gips-Hartstuck ist frei an die armierte Betondecke, welche den Boden des darüberliegenden Lesesaales trägt, aufgehängt, sie begünstigt durch ihre kräftige Gliederung wesentlich die gute Akustik des Saales.

Rechts neben dem Auditorium Maximum finden wir ein Kommissionssitzungszimmer, das auch als Wartezimmer für Dozenten benützt wird, links das Erfrischungslokal für alkoholfreie Bewirtung, ausgerüstet mit allen für diesen Betrieb notwendigen Einrichtungen. Die Wände erhielten dekorative Malereien durch Kunstmaler E. Näf-Bowin nach Skizze des Architekten. Nach solchen sind auch die beiden Tonnengewölbe der Arkadengalerie im I. Stock der Mittelhalle durch Kunstmaler H. Appenzeller dekoriert worden.

Mit Ausnahme der Verwaltungsräume, der Hofauditorien und des Auditorium Maximum mit den genannten Nebenräumen dienen alle übrigen Räume im I. Stock den Zwecken der Ingenieurabteilung, die ausserdem noch weitere Zeichnungssäle und den grossen Sammlungsraum im Hochparterre des südöstlichen Bauviertels zugewiesen erhielt.

Der II. Stock (d-Boden) enthält Hörsäle, Zeichnungssäle, Sammlungsräume und Professorenzimmer der Abteilungen für Maschineningenieurwesen und Elektrotechnik, für Bauingenieurwesen (Südwestflügel), für Kulturingenieurwesen, für Fachlehrer, für Militärwissenschaften und für Freifächer.

Die alte Aula im II. Stock blieb unverändert. Sie wurde mit neuen Tischen und Stühlen ausgestattet und mit elektr. Beleuchtung versehen, um als Sitzungszimmer für grosse Kommissionen dienen zu können.

Im III. Stock wurden im Nordflügel des alten Baues zwei Dienstwohnungen eingerichtet, mit den Zimmern nach Süden gegen den Hof.

Der III. Stock des Mittelbaues des Ostflügels und der südlichen Hälfte des Gesamtbaues wurden für die Aufnahme des Lesesaales mit Katalogzimmer und des Büchermagazins bestimmt, nachdem eingehende Studien ergeben hatten, dass nur so ein genügend grosser gutbeleuchteter und ruhiger Lesesaal in direkter Verbindung mit dem Katalogzimmer und einem erweiterungsfähigen Büchermagazin zu gewinnen war. Diese neue Disposition bot viele Vorteile: es wurden im Südostflügel des alten Baues viele notwendige und wertvolle Räume gewonnen, namentlich konnte die Kupferstichsammlung in würdiger und ihrem hohen Wert entsprechender Weise untergebracht werden und für die Bibliothek konnte eine Raumanordnung geschaffen werden, bei welcher sich die Wege des Publikums und des Bibliothekpersonals nirgends kreuzen.

Der Lesesaal über dem Auditorium Maximum hat 415 m² Grundfläche und bietet an sieben 1,23 m breiten Tischen 174 bequeme Sitzplätze. Der Besucher gelangt zum Lesesaal von der Haupttreppe oder den zwei Personenlifts aus durch den Garderobevorraum, an den sich die Toilettenräume für Herren und Damen anschliessen, und von dem aus auch der Katalogsaal direkt zugänglich ist. Unter den hochgelegenen Fenstern der runden Aussenwand des Lesesaales sind die Gestelle für Nachschlagewerke und Zeitschriften, an der geraden Eingangswand der erhöhte Sitzplatz des Aufsichtsbeamten angebracht, rechts und links von ihm Zettelkataloge.

Die elektrische Beleuchtung des Saales ist so angeordnet, dass jeder Platz das Licht von links erhält, durch extra angefertigte Lampenschirme ist dafür gesorgt, dass keine Blendungen möglich sind. Die indirekte allgemeine Beleuchtung des Saales erfolgt durch eine einzige zentral unter dem Gewölbe aufgehängte Lampe, deren Licht durch den unter derselben befindlichen Flachschirm an die Decke geworfen wird.

An den neben dem Lesesaal gelegenen Katalograum schliesst sich die Bücherausgabe an. Der von der Haupttreppe direkt zugängliche Vorraum desselben ist gegen die Mittelhalle offen und mit Sitzbänken ausgestattet. Gegenüber der Bücherausgabe liegen mit ihren Fenstern nach Westen, gegen den Innenhof gerichtet, die Zimmer des Bibliothekariats. An letztere und an die Bücherausgabe angeschlossen, folgt das Büchermagazin in zwei Etagen von je 2,18 m Lichthöhe mit 1 090 m Büchergestellen in Eisenkonstruktion (System Illi, Zürich), im östlichen Flügel befinden sich die Patentschriftengestelle, zu welchen die alten Büchergestelle Verwendung gefunden haben. Wie schon bemerkt, sind die anschliessenden Dachbodenräume bis zum Mittelbau der Westfassade im Rohbau soweit erstellt, dass sie ohne Störung der unteren Räume nach Bedarf zu Büchermagazinen eingerichtet werden können, welche für ungefähr das Doppelte des jetzigen Bestandes ausreichen werden. Boden, Wände und Dach der Bibliothekräume sind feuersicher in Eisenbeton erstellt. Die Studien für die feuersichere Deckenkonstruktion über dem Lesesaal führten zu der seiner Grundform entsprechenden Kuppelform der Decke und damit zur Kuppelbekrönung des Ost-Mittelbaues.

Die Ausführung dieses Kuppelbaues fiel in den Spätherbst des Kriegsjahres 1918, in eine Zeit, da wir als disponible Baumaterialien wohl Kies, Sand, Zement, Betonrundeisen und Holz, aber kein Walzeisen zur Verfügung hatten. Die auf Schalung erstellte Eisenbetondecke über dem Auditorium Maximum hatte zu ihrer Erstellung einen Wald von hölzernen Stützen erfordert, beim Bau der Kuppel kam ein ganz anderes Verfahren zur Anwendung, welches nur ein sehr einfaches, relativ leichtes Gerüst erforderte: Die Kuppel wird gebildet durch 24 Bogenrippen, die durch einen Fussring, zwei Zwischenringe und einem [sic] die Laterne tragenden Kopfring zusammengehalten werden. Diese Bogenrippen tragen auf sie aufgelegte Deckplatten, welche ähnlich wie die Marmorziegel des griechischen Tempeldaches, übereinandergreifen und über der Tragrippe durch eine sie übergreifende Deckrippe überkragt werden.

Die an der Unterseite behufs Verkleinerung ihres Gewichtes kassettenartig ausgehöhlten Deckplatten bilden die durchschnittlich 15 cm starke Deckhaut der Kuppel.

Die Tragrippen der 26 m weit gespannten Kuppel wurden aus drei, je ein Drittel ihrer Gesamtlänge messenden Stücken zusammengesetzt, welche als oben offene Eisenbetonhohlkörper von ca. 8 cm Wandstärke konstruiert wurden. Auf diese Weise war es möglich, alle Einzelbestandteile der Kuppel, mit Ausnahme des horizontalen Ringverbandes, zum voraus herzustellen, wobei es relativ weniger Modelle bedurfte, da nach einem Modell immer 24 gleiche Stücke gemacht werden konnten.

Da der übrige Bau im Rohbau fertig gestellt und unter Dach war, stunden uns hiezu links und rechts von der Kuppel in allen Etagen geräumige Lokale zur Verfügung.

Die Ausführung in eigener Regie ersparte grosse Transportauslagen und ermöglichte eine sorgfältige Überwachung der Arbeiten. Die Tragrippen der Kuppel wurden im Dachstock, die Platten und Rippendeckel im I. und II. Stock des Neubaues hergestellt und nach genügender Feuchtlagerung auf extra dafür konstruierten Rollwagen in den künftigen Lesesaal transportiert und von dort aus an die Stelle aufgezogen, wo sie versetzt wurden. Dies geschah mittels eines vierarmigen Drehkranes, der so konstruiert war, dass er in seiner Auslandung sukzessive dem Gang der Arbeit angepasst werden konnte. An die Rippen der Kuppel wurde das T- und Rundeisennetz der gewölbten Decke des Lesesaals aufgehängt, die in Monierkonstruktion mit doppelter Isolierung durch Hohlziegelschicht und Zellen mit Torfmullfüllung erstellt und in den Fussring der massiven Schutzkuppel eingespannt ist, so dass sie sich seit Erhärtung des Zementmörtels selbst trägt.

Der Zwischenraum zwischen der Kuppel des Lesesaales und der Schutzkuppel ist bequem zugänglich durch eine vom III. Stock hinaufgeführte massive Treppe, welche fortgesetzt ist bis zu der an den Schlussring der Schutzkuppel angehängten Wendeltreppe, über welche man zu der von zwölf Säulen getragenen Kuppellaterne gelangt, von der aus man eine einzigartige herrliche Aussicht geniesst.

Das Einsetzen der Schlußsteine des ganzen Baues am 19. April 1919, mittags 12¼ Uhr, gab Anlass zu einer ad hoc improvisierten bescheidenen Feier der Bauleute, welche einen vom damaligen Rektor der E. T. H., Herrn Prof. Dr. Bosshard, dargebrachten Dankspruch an das Vaterland ihre Weihe erhielt.

Die Ziegeleindeckung der Kuppel erfolgte auf Holzlattung analog wie bei den übrigen Dächern mit massiver Dachschale, so dass zwischen letzterer und dem Doppelziegelbelag noch ein isolierender Luftraum vorhanden ist.

Die Holzkonstruktion der Dachterrasse über der Aula wurde durch eine Eisenbalkenlage mit überbetonierten Hunziker-Hourdis ersetzt und mit Vallanda-Abdeckung versehen, welche nun die Fortsetzung der begehbaren Terrassenabdeckung über der Mittelhalle bildet.

Die Holzsprengwerke, an welche die Auladecke aufgehängt ist, haben nur noch diese zu tragen.

Der First der Ziegeldächer wurde auf dem ganzen Bau etwas gehoben, um eine unserem Klima besser angepasste Dachneigung zu erhalten.

Die im Dachgesims liegenden Dachrinnen wurden an den Neubauteilen mit Vallanda ausgekleidet, weil zur Zeit ihrer Erstellung Kupferblech unerschwinglich teuer war. Für die Dachzinnen des alten Baues konnte wieder Kupfer verwendet werden. Sämtliche Abfallrohre sind aus Kupferblech.

Für die Decke über dem Vorplatz des Auditorium Maximum wurden die Kassetten in feinkörnigem Beton vorher gegossen und auf einer leichten Schalung aufgelagert, sodann die Armierungseisen in die Zwischenräume der Kassetten eingelegt und dann der Betonüberguss aufgebracht.

Die 17,29 m weitgespannte Tragdecke über der Mittelhalle wurde als flaches Tonnengewölbe von 20 cm Scheitelstärke mit NP 24 Zugbändern zur Aufhebung des Seitenschubes konstruiert in Einzelfeldern von 2 m Breite, entsprechend der Distanz der Fensterpfeiler; jedes Einzelfeld mit einer mitbetonierten Tragrippe versehen, auf welche die Ortogonbalken als Träger der Dachterrasse aufgelagert wurden. Auf letztere kam eine Gartenkiesbetonlage mit Vallandaüberzug, der den begehbaren Boden der Dachterrasse bildet.

Der Gewölberücken erhielt Zementüberzug und Tropical-B 4-Anstrich, über welchen allfällig (bei Undichtwerden der Terrasse) eindringendes Wasser in die am Fuss des Gewölbes angebrachten Ausläufe zur Dachrinne geleitet wird. Die Dilatation der Terrassenfläche kann erfolgen ohne die Attika-Mauer in Mitleidenschaft zu ziehen. Die horizontalen NP 24 Zugbänder am Fuss des Gewölbes sind an letzteres aufgehängt; sie tragen ihrerseits die Kassettendecke aus Hartstuck, deren einzelne Felder von 2 m Quadrat vorher einzeln gegossen und dann an sie aufgehängt wurden.

Die grossen Fensterflächen der Mittelhalle sind durch Eisenbetonsprossen unterteilt und haben Doppelverglasung mit Antikglas. Die Lampen für die elektrische Beleuchtung der Mittelhalle sind auf dem Gesims unter den Fenstern so angeordnet, dass ein Drittel oder zwei Drittel derselben oder alle eingeschaltet werden können. Normal wird nur ein Drittel derselben gebraucht.

Die Reihenfolge und das Ineinandergreifen der Renovationsarbeiten waren bedingt durch den Vorsatz, dass keine Störungen des Unterrichtsbetriebes eintreten durften.

Es erforderte dies die zeitweilige Verlegung von Vorlesungen und Übungen in andere Räume des Hauses, auch musste die Verwaltung während der Renovation des Westflügels in vorher fertiggestellte Lokalitäten im Südflügel verlegt werden (Frühjahr 1922). Doch erleichterte der Umstand, dass in den neuangebauten Teilen viele fertige Räume vor Beginn der Renovationsarbeiten zur Verfügung gestellt werden konnten, sehr wesentlich die bezüglichen Anordnungen.

Vor Beginn der Renovationsarbeiten der Fassaden des Semperbaues wurde der vorhandene Zustand durch genaue geometrische Aufnahmen, durch photographische Detailaufnahmen und durch Gipsabgüsse aller Profile festgestellt, kurz alles getan, um eine absolut zuverlässige Renovation sicherzustellen.

Bei der Wahl des Materials für die Steinhauerarbeiten der Fassaden des Neubaues war angenommen worden, dass bei der Renovation des alten Baues die verwitterten Werkstücke durch solche aus einem wetterbeständigen Material gleicher Struktur und Farbe zu ersetzen seien, und dass dieses Material auch für die Fassaden der Erweiterungsbauten im Interesse der Einheitlichkeit des Gesamtbaues zu verwenden sei.

Ein wirklich wetterbeständiger Naturstein gleicher Farbe war aber nicht zu finden, und da langjährige Beobachtungen ergeben hatten, dass ein sorgfältig hergestellter Kunststein allen unseren Sandsteinen bezüglich Wetterbeständigkeit weit überlegen sei, wurden zunächst zahlreiche Versuche gemacht, um aus einer Mischung von Naturhartsteinsand mit Portlandzement als Bindemittel einen Kunststein von gleicher Farbe wie der am alten Bau verwendete Bernersandstein, zu gewinnen. Diese Versuche ergaben kein befriedigendes Resultat. Erst die mikroskopische Untersuchung von Berner Sandsteinschliffen im Mineralogischen Institut (Prof. Dr. Grubenmann) führte auf den richtigen Weg: Die Steinschliffe zeigten zwischen hellen Quarzkörnern in deren Bindemittel zerstreut kleine grüne Punkte. Der Versuch durch Zusatz von Chromoxyd und Ocker zum Portlandzement unter Verwendung von weissem Quarzsand von Benken (Zürich) einen passenden Kunststein zu erhalten, gelang sofort, und wir erhielten eine Kunststeinmasse, welche im trockenen und nassen Zustand dem Natursandstein des alten Baues in Korn und Farbe täuschend ähnlich ist, aber eine viel grössere Festigkeit aufweist und die Proben auf Frostbeständigkeit glänzend bestand. Auch die Proben auf Abscherungsfestigkeit der Vorsatzmasse vom Betonkern ergaben ein sehr günstiges Resultat.

Rezept:

Kernbeton:
1 Voll-Teil Portlandzement von Holderbank,
3 „   „   absolut sauberer Sand,
1 „   „   sauberer Schlagkies von
15 – 18 mm Korngrösse.

Vorsatz:
1 „   „   Portland von Holderbank,
1 „   „   Quarzsand von Benken von
1 – 2 mm Korngrösse,
2 „   „   Quarzsand von Benken
0 – 1 mm Korngrösse.

Zusatz zum Vorsatzmaterial:
13 ‰ des Zementgewichtes Chromoxyd,
39 ‰ des Zementgewichtes Ocker,
auf Mischmaschinen mit dem Zement aufs sorgfältigste zu mischen. Verlangte Vorsatzdicke nach der Bearbeitung noch min. 5 cm.

Die Bearbeitung der Kunststeinwerkstücke erfolgte durchaus in derselben Weise, wie es bei Naturstein üblich ist, nur verursachte sie wegen der grösseren Härte der Kunststeine eine bedeutend grössere Abnützung der Werkzeuge und daher auch etwas grössere Kosten als bei Naturstein. Eine sehr wichtige Bedingung für die gute Qualität der Kunststeine ist die 4–5wöchige Feuchtlagerung der Werkstücke nach deren Herstellung; die Bildung von Schwindrissen kann dadurch verhindert werden.

Für die Renovation der Steinhauerarbeit des alten Baues musste die Vorsatzmasse sehr stark genommen werden, um die kräftigen Bossen des Erdgeschossquaderwerkes so wie am alten Bau durch Absprengen der Steinmasse herauszubringen, da dieses für Naturstein durchaus sachgemässe Verfahren aber für Kunststein eigentlich stilwidrig ist, war es nur für die Renovation des Quaderwerkes am alten Bau gerechtfertigt und wurde deshalb am Quaderwerk der neuen Bauteile nicht angewandt, sondern den Bossen eine Form gegeben, die weniger Materialverlust und damit auch geringere Kosten verursachte.

Regiearbeiten für Renovation. Für die Reparatur von altem Mobiliar und die Herstellung zur Neuverwendung von alten Schreinerarbeiten waren ständig eine Anzahl Schreiner im Taglohn unter Aufsicht der Bauleitung beschäftigt. Es war für sie im Dachgeschoss nach und nach eine vollständige geräumige Werkstätte eingerichtet worden mit allen nötigen, elektrisch betriebenen Maschinen, die aus dem Erlös von unverwendbarem Altmaterial angeschafft wurden. In dieser Werkstätte wurde auch das vom Abbruch herrührende, im Dachraum deponierte Bauholz für die neuen Zwecke umgearbeitet durch eine Anzahl im Taglohn angestellter, unter der Aufsicht der Bauleitung stehender Zimmerleute mit einem Zimmerpolier. So wurden die Dachstühle und übrigen Zimmerarbeiten für die Hofauditorien, die Dachstühle der beiden Eckbauten an der Rämistrasse und des Nordflügels aus altem Bauholz erstellt und in den Balkenlagen des alten Baues die vielen defekten Balken ausgewechselt, die Böden wieder ins Blei gebracht, die Unterlagen für ansteigende Bestuhlungen und für Podien gemacht und dann auch für den Bau der Kuppel die Gerüste, der Drehkran für das Versetzen der Werkstücke, sowie die Modelle und Schalungen für die Rippen und Deckplatten der Kuppel nach den Zeichnungen und Angaben der Bauleitung im Bau selbst hergestellt.

Für das Umarbeiten wieder verwendbarer Steinwerkstücke waren Steinhauer im Taglohn angestellt.

Eine im Keller installierte Kompressorenanlage ermöglichte eine prompte Vornahme der Abbruch- und Durchbrucharbeiten und dann auch das Einpressen von Zementmörtel zum Konsolidieren des schlechten Mauerwerkes. Wir hatten also neben den Akkordarbeitern eine eigentliche »Bauhütte« für die Renovationsarbeiten. Das alte Bruchsteinmauerwerk wies überall einen viel zu mageren und äusserst mürben Mörtel auf, der z. B. bei der Herausnahme von Fenstergewänden aus den Fugen herausrieselte. Ein grosser Teil der Fugen war gar nicht mit Mörtel ausgefüllt, es wurden Hohlräume bis zu 30 cm Tiefe konstatiert. Die alten Hebellöcher vom ehemaligen Baugerüst waren meistens nur trocken ausgefüllt. Die Hintermauerung der glücklicherweise stark eingreifenden Quaderverkleidung bestand vielfach nur aus kleinen Steinbrocken. Es war unbedingt erforderlich, die Fugen auszukratzen, mit gutem Mörtel mit Zementzusatz satt auszufüllen und die von aussen erkennbaren Hohlräume satt auszugiessen, was grosse Kosten verursachte.

Die Verwitterung des Quaderwerkes der Fassaden erwies sich bei näherem Zusehen als so umfangreich, dass nichts anderes übrig blieb, als eine vollständige Erneuerung in Kunststein. Die neuen Quader wurden schichtenweise den entsprechend zurückgespitzten alten Quadern in richtigem Verband vorgesetzt und das schlechte Hintermauerungswerk mit Zementmörtel vergossen. Am auffälligsten zeigte sich die Verwitterung bei den Balustraden der Terrassenbrüstungen, wo die Baluster bei der leisesten Berührung herausfielen. Auch die Postamente aus Bollingerstein waren verwittert und mussten durch neue aus Kunststein ersetzt werden. Gut erhalten hatten sich nur die mächtigen Bossenquader der Terrasse gegen die Leonhardstrasse, die seinerzeit aus dem wetterbeständigen Kalksandstein von Othmarsingen erstellt worden sind.

Renovationsarbeiten: Deckenerneuerung. Im alten Bau waren mit Ausnahme der gewölbten Decken über dem Untergeschoss des Südostflügels alls Zwischendecken in Holz konstruiert. Die Balken lagen senkrecht zu den Fassadenmauern auf diesen, der Korridormauer und einem durch Gusseisensäulen gestützten Holzunterzug, so dass die Spannweite nirgends das normale Mass von 3,5 m überschritt.

Das Auflager der Holzunterzüge auf die runden Gußsäulen war sogar bei den Stössen nur durch eine dünne schmiedeiserne Platte bewerkstelligt, die sich im Laufe der Zeit mit dem Unterzug durchbog. Über dem Unterzug lag in der Achse der Säule ein durchgehender Etagenbalken und auf diesem stand ohne weiteres die Gusseisensäule des höheren Stockwerkes. Im Kellergeschoss dienten statt der Gusseisensäulen vielerorts nur Holzpfosten als Stützen. Die Folge dieser sehr mangelhaften Konstruktion waren grosse Einsenkungen, die behoben werden mussten. Die Gusseisensäulen, welche alle Säle in halber Breite unterteilen, waren überall ein Hindernis für zweckmässige Möblierung.

Die Abhilfe erfolgte in radikaler Weise dadurch, dass bei jeder Säule zwei auf Fassaden- und Korridormauer aufgelegte Querunterzüge aus I-Eisen zur Aufnahme des hölzernen Längsunterzuges eingezogen wurden, worauf die Gusseisenstütze weggenommen werden konnte. Die Holzstützen im Keller wurden durch massive Pfeiler ersetzt.

Sämtliche Böden im alten Bau mussten erneuert werden. Das geschah soweit als möglich unter Verwendung alten Materials.

Die teilweise sehr schadhaften Sandsteinplatten der Gänge wurden weggenommen und für den Belag der Innenhöfe verwendet.

Die Gänge im Erdgeschoss und die neben ihnen liegenden Sammlungsräume in allen Etagen wurden, wie im Neubau, mit Marmormosaikplatten von Baldegg belegt, die Gänge der oberen Etagen erhielten Kork-Jaspé-Belag. Brüstungstäfer, Fenster- und Türverkleidungen, sowie die Türen wurden im alten Bau gründlich repariert und die Türen mit Einsteckschlössern versehen.

Sämtliche Fenster am ganzen Bau wurden neu angefertigt und mit Doppelverglasung versehen. Die alten Fensterflügel fanden Verwendung für die vielen in den Zeichnungssälen angebrachten Wandvitrinen zur Ausstellung von Vorlagen usw.

An den dem Wetter besonders ausgesetzten Stellen wurde bei den Fenstern über dem Wetterschenkel ein aufklappbarer eiserner Wetterschenkel vorgesetzt, wodurch erfolgreich verhindert wird, dass bei starkem Windanfall der Regen ins Innere getrieben wird. Die Sandsteintreppen im alten Bau waren stark ausgelaufen und wurden deshalb, analog der Treppen im Neubau, durch Granittreppen ersetzt. Die im alten Bau vorhandenen Zwischenwände aus Riegelholz mit Hobelspanfüllung wurden durch Schwemmsteinwände ersetzt. Im alten Bau wurden im Erdgeschoss des Nordflügels die Decken, welche überall neu hergestellt werden mussten, als Rabitzdecken unter den Unterzügen frei aufgehängt und damit ist, infolge Verminderung des Schlagschattens auf diesen tieferliegenden Decken, die Raumwirkung dieser Räume viel freundlicher geworden; auch eignen sich diese glatten Decken viel besser für die halb-indirekte elektrische Beleuchtung. Wie die neuen Zeichnungssäle wurden auch die alten mit neuem Mobiliar ausgestattet, die Hörsäle erhielten statt der alten Bankbestuhlung eine neue mit aufklappbaren Einzelsitzen, ferner neue Wandtafeln. Bei den mit Projektionseinrichtung ausgestatteten Hörsälen kann der Projektionsapparat bei Nichtgebrauch in einen der Rückwand des Hörsals vorgesetzten oder in sie eingelassenen Kasten eingeklappt werden.

In den Zeichnungssälen wurden ausser grossen Wandtafeln möglichst viel schwarze Tafeln zum freien Gebrauch der Studierenden angebracht.

Mit Ausnahme der grosser Abnützung ausgesetzten Teile sind alle neuen Schreinerarbeiten in sauberem, geöltem Tannenholz ausgeführt. Nur im Schulratssaal, in den Zimmern des Schulratspräsidenten und des Rektors, im Auditorium Maximum, im Lesesaal und im Katalogsaal wurde Hartholz verwendet.

Anlässlich der Renovation der Steinhauerarbeiten im I. und II. Stock der mit Sgraffitomalerei geschmückten Nordfassade zeigte sich das Mauerwerk im bedenklichsten Zustande, der Grundputz der Sgraffitomalereien war so zerrissen, dass eine vollständige Erneuerung der Sgraffitomalereien nötig war. Der neue Sgraffitoputz wurde nach dem Rezept, welches Semper im Beiblatt der Zeitschrift für bildende Kunst, III. Jahrgang, Nr. 6 vom 10. Januar 1868, publiziert hatte, aufgetragen, und die unter der Aufsicht des Malers Chr. Schmidt durch seine Gehilfen aufs sorgfältigste durchgepausten Sgraffitomalereien auf den neuen Putz übertragen und in Sgraffitotechnik wieder hergestellt. Stücke der alten Sgraffitodekoration, die erhalten werden konnten, wurden der bautechnischen Sammlung der E. T. H. einverleibt. [...]

Umgebungsarbeiten. Der Hauptbau der E. T. H. steht auf ehemaligem Schanzengebiet. Die Schanzen sind in den Dreissigerjahren des letzten Jahrhunderts abgetragen, die Schanzengräben mit dem Schanzenmaterial wieder ausgefüllt und das Terrain ausgeebnet worden, so dass sich der Bauplatz bei Baubeginn anno 1859 als grosse ebene Terrasse darstellte, deren ungleichartige innere Beschaffenheit (grosser Wechsel von gewachsenem Boden (Molasse) und aufgefülltem Terrain) bei den Fundamenten des Semperbaues nicht genügend berücksichtigt wurde, so dass sich stellenweise sehr bedeutende Senkungen eingestellt haben. [...] Bei den Grabarbeiten für die Fundamente der Erweiterungsbauten hat sich gezeigt, dass der Schanzengraben seinerzeit aus der Molasse herausgespitzt wurde.

Alle Fundamente des Neubaues sind auf der festen Molasse angesetzt, was einen Aushub von 3–5 m unter dem Niveau der Baugrube erforderte.

Mit den Erdarbeiten wurde am 14. Dezember 1914, also 4½ Monate nach dem Ausbruch des Weltkrieges, begonnen, und damit vielen Arbeitslosen Beschäftigung und Verdienst geboten.

Anlässlich des Fortschrittes der Erdarbeiten erschien es geboten, soviel als möglich von dem Erdaushub und für die Erweiterung der Terrasse auf der Westseite des Hauptbaues zu verwenden, indem so ein Teil von deren Kosten durch Ersparnisse bei der Materialabfuhr gedeckt werden konnte.

Die ursprüngliche Terrasse wurde durch Anlage einer 6 m hohen Stützmauer auf der Stadtseite bedeutend erweitert und in symmetrischer Anlage als Vorplatz des Semperschen Mittelbaues behandelt, beidseitig mit Stein-Sitzbänken zwischen Figuren-Postamenten eingefasst und stadtseitig durch Treppen mit dem 1,30 m tiefer liegenden, 4 m breiten, durch Steinbalustraden nach aussen begrenzten Spazierweg verbunden, so dass man auch von der Terrasse aus über die Köpfe der auf dem Spazierweg Stehenden den schönen Ausblick auf die Stadt geniessen kann. Die vier Steinpostamente links und rechts von der Terrasse wurden benutzt, um darauf bei Beginn der Renovationsarbeiten am Semperbau die vier allegorischen Figuren aufzustellen, die für die Nischen zwischen den Säulen der Aula zu gross geraten waren, so dass sie die feinen Verhältnisse des Semperbaues störten.

Die 1915 erstellte Terrasse erhielt im Jahr 1925 einen Teer-Makadam-Belag und zwei Brunnenanlagen auf Kosten der Stadt Zürich. Zur Verbreiterung der Tannenstrasse musste längs dieser ein 2 m breiter Landstreifen an die Stadt abgetreten werden, was zur Folge hatte, dass an Stelle der schrägen Terrassenböschungen längs der Tannenstrasse und dann auch auf der Seite der Künstlergasse Stützmauern als Fortsetzung der an der Westseite schon vorhandenen, erstellt wurden, wie es schon auf

Sempers Plänen vorgesehen war. Auf der Terrasse gegen die Tannenstrasse, vor den Zeichnungssälen der Architekturabteilung, ist an einer unter den Bäumen aufgestellten Wand aus St. Triphonmarmor ein Bronzemedaillon mit dem Profilbild Gottfried Sempers, modelliert von seinem Sohne, Emanuel Semper, angebracht worden. Vis-à-vis auf der Seite gegen die Rämistrasse wurde ein Quellwasserbrunnen mit einer Brunnenfigur in Flachrelief, modelliert vom Bildhauer H. Gisler in Zollikon, erstellt.

Der mit Granitplatten belegte Vorhof an der Rämistrasse ist im Halbrund durch Granitbänke zwischen Postamenten für künftig dort aufzustellende Büsten hervorragender Männer der Kunst und Wissenschaft und eine dahintergepflanzte Taxushecke eingefasst und auch gegen die Rämistrasse durch Granitbänke zwischen Postamenten abgegrenzt. Die dort ursprünglich vorgesehene stärkere Abgrenzung mit Portal und Pergola wurde aus Spargründen nicht ausgeführt. Der Boden der beiden Hofteile zwischen dem halbrunden Vorhofabschluss und den Fassaden der Seitenflügel liegt 2,15 m unter dem Niveau des Vorhofes und 4,40 m unter dem Boden des Hochparterregeschosses, in gleicher Höhe wie der neue Boden der beiden Innenhöfe, so dass die Untergeschossräume gute Beleuchtung erhielten und unter dem Hochparterre Durchfahrten von der Tannenstrasse und von der Künstlergasse her zu den Höfen geführt werden konnten. Auch unter sich sind die beiden Höfe verbunden durch eine im neuen Mitteltrakt unter dem Boden der Mittelhalle angelegte Durchfahrt, von welcher aus die unter der Mittelhalle und dem östlichen Eingangsvestibule befindlichen Untergeschossräume bedient werden, und welche bei festlichen Anlässen auch als gedeckte Vorfahrt für Wagen dienen kann.

Durch das Tieferlegen der beiden Höfe unter dem Niveau des Untergeschosses und die Anlage eines begehbaren, gut gelüfteten Isolierganges längs dem ganz durchfeuchteten Kellermauerwerk der Süd-West- und Nordseite des alten Baues ist erreicht worden, dass die früher feuchten Untergeschossräume zu gut brauchbaren Lokalitäten wurden. Durch Vergrösserung der Fenster gegen den Hof erhielten sie auch bessere Beleuchtung. [...]

Gull, Gustav: Baubericht, in: Eidgenössische Technische Hochschule (Hg.): Festschrift zum 75jährigen Bestehen der Eidgenössischen Technischen Hochschule in Zürich. Zürich 1930, S. 58–95, hier S. 58–59, 61–62, 69–87

— 1920
Fritz Mousson, Carl Jegher

EINGABE BETR. DIE KUPPEL DER E. T. H.

Sehr geehrter Herr Bundesrat!

In seiner Sitzung vom 4. Juli d. J. hat der Ausschuss unserer Gesellschaft, die, wie Ihnen bekannt, von jeher lebhaftes Interesse bekundete an allen wichtigen, die E. T. H. betreffenden Fragen, sich u. a. auch mit der Angelegenheit der auf dem Erweiterungsbau der E. T. H. aufgesetzten Kuppel befasst. Der Ausschuss hat beschlossen, in einer Eingabe an Ihre h. Behörde, als die Vertreterin der Bauherrschaft, das lebhafte Bedauern auszusprechen über die durch diese Kuppel bewirkte baukünstlerische Schädigung des alten Semper-Baues, sowie Einsprache zu erheben gegen weitere Eingriffe in seinen Architektur-Charakter. Anlässlich des Wettbewerbes für die Entwürfe zum Erweiterungsbau der E. T. H. bestand darüber nur eine Meinung, dass das Neue sich dem Alten unterzuordnen, anzupassen habe. So legte das Preisgericht »besondern Wert auf möglichste Erhaltung des bestehenden Hauptgebäudes und Schonung desselben bei eventuellen Anbauten«; es bezeichnete den Entwurf Gull als »weitaus beste und erfreulichste Lösung«, die den Hauptbau »im wesentlichen in seiner Individualität bestehen« lasse usw. Und Prof. Gull betonte damals in seinem Erläuterungsbericht selbst, bestrebt gewesen zu sein, »dass keine Beeinträchtigung der Süd-, West- und Nordfront des Semperschen Baues erfolge« (siehe »Schweiz. Bauzeitung« vom 22. Januar 1910). Nach übereinstimmendem Urteil der Fachkreise entsprach in der Tat sein Entwurf in hohem Masse diesen Grundsätzen. Umso enttäuschter steht man vor der Ausführung, die über dem Rundbau statt des flachen, den bestehenden Dachneigungen vortrefflich angepassten Zeltdaches eine Kuppel aufweist, die durch ihre gegenüber dem prämiierten Dach fast doppelte Höhe, von der Stadt aus gesehen den Semperschen Bau stark überragt und ihn durch ihren Kontrast in Form und Farbe in seiner vornehmen, geradezu klassischen Wirkung im Stadtbild aufs schwerste schädigt. Dass die städtische Baubehörde diesen Eingriff niemals zugelassen hätte, wenn der Architekt die gesetzlich vorgeschriebene Bewilligung zur Abweichung vom genehmigten Bauprojekt eingeholt hätte, darüber hat der Bauvorstand Dr. E. Klöti anlässlich der Beratung des Geschäftsberichtes im Nationalrat am 22. Juni d. J. keinen Zweifel gelassen. Die Einwände der Eidg. Baudirektion wie des Architekten gegenüber der bezüglichen Eingabe der »Heimatschutz-Vereinigung« vom 7. Mai d. J. erscheinen nicht stichhaltig. Dass zur Zeit der Ausführung das Eisen für die Zeltdach-Konstruktion nicht erhältlich gewesen sei, wird, unter Anerbietung des Beweises, von unterrichteter Seite des bestimmtesten bestritten; auch ist nicht einzusehen, weshalb die ganz flach gewölbte Decke des Lesesaals nicht ebensogut am Zeltdach hätte angehängt werden können wie unter der Kuppel. Dass diese eine interessante Eisenbeton-Konstruktion darstellt und als solche den Architekten zu dem Versuch gereizt haben mag, wird nicht bestritten. Nur sollte man von einem »konstruktiven Meisterwerk« auch Undurchlässigkeit gegen Regenwasser erwarten dürfen.

Da die Kuppel von innen gar nicht sichtbar ist, steht sie auch nicht in organischem Zusammenhang mit den darunter liegenden Räumen. In noch höherem Mass trifft dies zu im Hinblick auf die ganze Grundrissgestaltung, zu der die Kuppel in gar keiner logischen Beziehung steht. Das halbkreisförmige Zeltdach wäre viel eher die der halbrunden Grundform der Säle entsprechende äussere Form gewesen.

Es unterliegt für die weit überwiegende Mehrzahl der Fachleute keinem Zweifel, dass für die Wahl der Kuppel anstelle des Zeltdaches nicht technische Notwendigkeiten, sondern baukünstlerische Absichten des Architekten entscheidend waren; es geht das übrigens auch aus seiner eigenen Aeusserung an die Eidg. Baudirektion deutlich hervor. Es geht dies aber auch daraus hervor, dass Prof. Gull die im Projekt noch vorhanden gewesene Anpassung an die *Horizontal*-Architektur des Semperbaues in der Ausführung bewusstermassen fallen gelassen, statt dessen durchwegs eine ausgesprochene *Höhe*wirkung angestrebt und diese durch Pilaster- und Lisenen-Gliederung der Fassaden noch verstärkt hat, was zu einer empfindlichen Beeinträchtigung der bisher einheitlichen Wirkung der Semperschen Süd- und Nordfront führte. Da gegenwärtig am Anschluss des Neubaues an die Südfront der schadhafte Verputz abgeschlagen wird, und der Semperbau überhaupt renoviert werden muss, drücken wir die bestimmte Erwartung aus, dass diese Renovation in allen Teilen im Sinne der Erhaltung des ursprünglichen Zustandes erfolge. Dazu gehört auch die Entfernung der stilwidrigen Nischen-Figuren am alten Mittelbau, bezw. deren Ersatz durch geeignetere. Auch wäre es im Interesse der frühern, in der Ruhe ihrer schlichten, grünen Böschungen so vornehmen Wirkung des Semperbaues in hohem Grade erwünscht, wenn wenigstens ein Teil der ringsum in verschiedenen Höhen und Fluchten im Ueberfluss angebrachten Mauern und Ballustraden wieder beseitigt würde, umsomehr als sie, z. B. an der Südfront, die offensichtlich angestrebte Uebereinstimmung mit der Universitäts-Umgebung doch nicht bewirken können. Das alte Polytechnikum würde dadurch seine klare Basis und somit an Einheit und Grösse wieder etwas zurückgewinnen.

Wir sind zu unserem Bedauern nicht in der Lage, präzise Vorschläge zur Beseitigung des Aergernisses zu machen. Das als nächstliegendes vom »Heimatschutz« beantragte Radikalmittel der Abtragung der ohne Bewilligung durch die gesetzlich vorgeschriebene städtische Genehmigungsbehörde errichteten Kuppel wird wegen der heutigen allgemein gespannten Finanzlage wohl ausser Betracht fallen müssen; dies umsomehr, als die Baukosten durch die nicht vorgesehen gewesenen reichen Umgebungsarbeiten ohnehin stark belastet werden. Dass eine dunkle Tönung der mit ihren stark schattenden Rippen so grell über den Semperbau aufragenden Kuppel den Gesamteindruck mildern würde, ist sicher; sie würde weiter zurücktreten und dadurch auch der Absicht des Architekten, den wichtigen Neubauteil zu selbständigem Ausdruck zu bringen, eher entsprechen. Sehr störend und den Masstab allseitig ungünstig beeinflussend wirkt der hohe, stark detaillierte Laternen-Aufbau, dessen Beseitigung zu erwägen ist; dies würde auch den weitverbreiteten Eindruck abschwächen, als ob die Höhe der Universitäts-Kuppel angestrebt und doch nicht erreicht worden wäre.

Wie gesagt haben wir hierüber keine bestimmten Vorschläge zu machen, aber wir sprechen den umso bestimmtern Wunsch aus, dass ernsthaft studiert und versucht werde, auf welche Weise das am Semperbau begangene baukünstlerische Unrecht vermindert werden kann, da eine völlige Tilgung leider ausgeschlossen erscheint.

Genehmigen Sie, sehr geehrter Herr Bundesrat, die Versicherung unserer Hochachtung Zürich, den 5. August 1920.
Namens des Ausschusses der Gesellschaft ehem. Studierender der Eidg. Techn. Hochschule
Der Präsident: F. Mousson. Der Generalsekretär: Carl Jegher.

Mousson, Fritz; Jegher, Carl: Gesellschaft ehemaliger Studierender der Eidgenössischen Technischen Hochschule in Zürich. Eingabe betr. die Kuppel der E. T. H., in: Schweizerische Bauzeitung 76 (1920), S. 106

— 1920
Ernest Chuard

ANTWORT ZUR EINGABE BETR. DIE KUPPEL DER E. T. H.

Sehr geehrte Herren!

Nachdem uns der Präsident des Schweiz. Schulrates die Vernehmlassung des Herrn Prof. Dr. Gull auf die in Ihrer Zuschrift vom 5. August 1920 enthaltenen Aeusserungen übermittelt hat, sind wir in der Lage, Ihre Eingabe zu beantworten, in welcher Sie das lebhafte Bedauern über die, Ihrer Ansicht zufolge, durch die neuerstellte Kuppel bewirkte baukünstlerische Schädigung des alten Semper-Baues aussprechen und gegen vermeintliche weitere Eingriffe in seinen Architektur-Charakter Einsprache erheben.

Indem wir zu dieser Einsprache Stellung nehmen, möchten wir in erster Linie feststellen, dass wir es begrüssen müssen, wenn wir von den Anschauungen der Bevölkerung über neuerrichtete öffentliche Bauwerke in sachlicher Weise in Kenntnis gesetzt werden.

Der künstlerische Teil der Arbeit jedes Architekten muss darin bestehen, seinem Bauwerk eine Gestalt zu geben, welche im Beschauer angenehme Empfindungen erweckt. Diese Empfindungen sind aber zum grössten Teil subjektiver Natur und wechseln nicht nur von Person zu Person, sondern auch zeitlich bei den gleichen Personen.

Es ist daher von jeher als unfruchtbar bezeichnet worden, über diese subjektiven Empfindungen zu streiten. Wir möchten uns deshalb in dieser Hinsicht darauf beschränken, zu bemerken, dass nach unseren Wahrnehmungen Ihre Kritik von einem grossen Teil der Beschauer im allgemeinen sowohl, als auch der ehemaligen Studierenden der Eidg. Technischen Hochschule nicht geteilt wird. Ihre Kritik ist aber mit einer Anzahl objektiver Angaben begründet, die wir nicht unwidersprochen lassen können.

In dieser Hinsicht möchten wir in erster Linie feststellen, dass Sie offenbar falsch unterrichtet sind, wenn Sie befürchten, dass bei der Renovation der alten Fassadenteile Veränderungen architektonischer Art beabsichtigt seien. Eine solche Veränderung der »Horizontal-Architektur« des Semperbaues war von der Bauleitung weder vorgeschlagen, noch überhaupt je beabsichtigt.

Diese »Horizontal-Architektur«, die unserm heutigen Empfinden entspricht, scheint aber nicht dem künstlerischen Empfinden Sempers entsprochen zu haben, sondern in den damaligen finanziellen Verhältnissen begründet gewesen zu sein, die eine reichere

Gestaltung der Fassaden, mit Ausnahme des Mittelbaues, nicht gestatteten.

Es geht das einmal aus einer Darstellung der Hauptfassade des Polytechnikums hervor, die höchst wahrscheinlich von Semper stammend, aber jedenfalls in seinem Einverständnis im Jahre 1863 in der Leipziger Illustrierten Zeitung (Nr. 1043 vom 27. Juni) veröffentlicht wurde. In dieser Darstellung sind die zwei obern Stockwerke der Flügelbauten mit einer Pilaster- und Lisenen-Architektur ausgestattet, die offenbar als Sgraffito-Zeichnung gedacht war.

Dass diese Höhewirkung Semper im allgemeinen besser passte als die Horizontal-Architektur, dürfte auch daraus geschlossen werden, dass er auch bei den Wiener Hofmuseen, wo ihm genügend Mittel zur Verfügung standen, die Gliederung der Flügel durch Säulen und Pilaster in reichstem Masse vorgenommen hat. Was nun die Architektur der neuen Teile des Hauptgebäudes anbetrifft, lässt sich mit Ausnahme der Kuppel auch Ihre Darstellung mit den Tatsachen nicht wohl in Einklang bringen, dass im Konkurrenzprojekt des Herrn Prof. Dr. Gull noch eine Anpassung an die *Horizontal*-Architektur des Semperbaues vorhanden gewesen, die bei der Ausführung bewusstermassen fallen gelassen worden sei.

Der Vergleich der Ausführungspläne mit dem Konkurrenzprojekt zeigt, dass in der Ausführung in den beiden obern Stockwerken genau dieselben Vertikalteilungen vorhanden sind, die schon im Konkurrenzprojekt vorgesehen waren.

Das Preisgericht äusserte sich damals dazu wie folgt:

»Der Hauptbau bleibt im wesentlichen in seiner Individualität bestehen und erfährt durch die Erweiterung im Aeussern sowohl wie im Innern eine bedeutende Bereicherung und Vervollständigung. Der Erweiterungsbau ist in diesem Falle kein Annex, sondern ist das Resultat organischer Entwicklung.«

Es lag deshalb weder für den Bauleiter noch für den Bauherrn eine Veranlassung vor, von dieser im Konkurrenzprojekt vorhandenen Fassadenteilung bei der Ausführung Umgang zu nehmen.

Was nun die von Ihnen beanstandete Kuppel anbelangt, bedeutet diese allerdings eine wesentliche Abänderung des ursprünglichen Planes, aber Ihre Ansicht, die Kuppel stehe in gar keiner logischen Beziehung zur ganzen Grundrissgestaltung und auch nicht in organischem Zusammenhang mit den darunter liegenden Räumen, dürfte kaum allseitig geteilt werden.

Der symbolischen Bedeutung der Kuppel tut es keinen Eintrag, wenn auch im Grundriss nicht die ganze Kreisfläche von dem Auditorium maximum und dem Lesesaal ausgenutzt wird und das Innere der Kuppelschale von letztern Räumen auch nicht sichtbar ist. Solche symbolische Kuppeln werden, in der Architektur und gerade bei Sempers Bauten durchaus nicht grundsätzlich als unzulässig erklärt, wenn sie, wie hier, zur Bereicherung des Bauwerkes dienen.

Wir halten diese baukünstlerische Absicht des Architekten durchaus nicht für verwerflich, denn die dadurch bewirkte gesteigerte Betonung des nunmehrigen architektonischen Zentrums der ganzen Anlage kommt wenigstens für die Ansicht von der Rämistrasse aus, dem ganzen Bauwerk zu gute, während das Zeltdach des Konkurrenzprojektes unseres Erachtens kaum eine allgemein befriedigende Silhouette ergeben hätte.

Durch die nunmehrige Eindeckung der Kuppel mit engobierten Biberschwanzziegeln ist den ästhetischen Mängeln, die dem Kuppeldach früher anhafteten und die der bauleitende Architekt selbst am meisten empfand, abgeholfen worden. Dadurch hat auch der Laternenaufbau gewonnen, dessen Motiv des gedeckten Säulenumganges in der wundervollen Rundsicht begründet ist, die nun von dort über das ganze Stadtgebiet und weit darüber hinaus genossen werden kann. Nachdem diese Abänderung des ursprünglichen Projektes am 15. Juni 1918 von unserem Departement gutgeheissen worden ist, sehen wir uns nicht veranlasst, eine Aenderung der bisher entstandenen Laterne zu verlangen, in der Annahme, dass diese mit der Zeit durch die natürlichen Einflüsse eine dunklere Färbung erhalten und dadurch mit den übrigen Bauteilen in immer bessere Harmonie treten werde.

Die von Ihnen als »stilwidrig« bezeichneten Nischen-Figuren am alten Mittelbau sollen bei Anlass der Instandstellung dieses Fassadenteiles heruntergenommen werden, weil sie im Masstab zur Architektur der Fassade nicht passen. Es ist vorgesehen, sie auf den vier Postamenten der Westterrasse aufzustellen, welche schon ausgeführt sind. Ob in die vier Nischen andere, besser passende Figuren gestellt werden, hängt nicht nur von den seinerzeit verfügbaren Geldmitteln ab, denn es dürfte sich fragen, ob nach der Entfernung der Figuren von ihrem jetzigen Standpunkt, das Bedürfnis nach einem andern figürlichen Schmuck an dieser Stelle überhaupt noch vorhanden sein wird.

Die von Ihnen wenigstens zum Teil als überflüssig bezeichneten Einfriedigungsmauern waren teils erforderlich infolge der veränderten Verhältnisse der umgebenden Strassen und andernteils wegen der zu schaffenden Zufahrten zu den innern Höfen. An der von Ihnen besonders erwähnten Südfront entsprechen sie den ursprünglichen Plänen Sempers. Aus diesen Plänen ist zu schliessen, dass Semper sich in der Ausführung auf diese schlichten grünen Böschungen an der Süd- und Nordseite offenbar blos deshalb beschränkt hat, weil damals die Mittel zu der projektierten Herumführung der balustradenbekrönten Terrassenmauer fehlten und diese blos gärtnerischen Anlagen mit den damaligen Anlagen auf der Ostseite des Gebäudes in Zusammenhang gebracht werden konnten. Bei der allgemeinen Neuordnung der Umgebung war die von Ihnen gewünschte Lösung nicht mehr angängig.

Wir bedauern, dass Sie zum Schlusse kommen, dass am Semperbau ein baukünstlerisches Unrecht begangen worden oder beabsichtigt ist.

Wie Sie aus vorstehenden Auseinandersetzungen entnehmen können, war nach unserer Wahrnehmung die Bauleitung stets bestrebt, die Erweiterungsbauten und die Renovation der vom alten Bau noch bestehenden Teile im Geiste Sempers auszuführen.

Genehmigen Sie die Versicherung unserer Hochachtung
Eidg. Departement des Innern: Chuard.

Chuard, Ernest: Antwort zur Eingabe betr. die Kuppel der E.T.H., in: Schweizerische Bauzeitung 76 (1920), S. 292

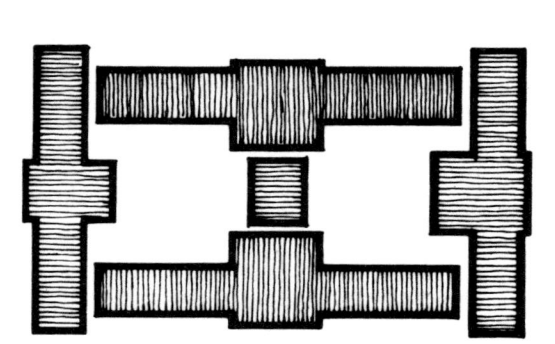

—
1972
Martin Fröhlich

GUTACHTEN ZUR GESCHICHTE DER KUPPEL DES HAUPTGEBÄUDES DER ETH ZÜRICH

1. Kurze Geschichte des Ost-Anbaus 1909–24

[…] [Gustav Gulls] Wettbewerb-Projekt »Auditorium Maximum« sah vor, auf der Etage von Sempers Aula und als Gegenstück zu dieser ein Auditorium Maximum zu errichten, dessen Umgang Fenster in der dunkleren, oberen Zone der Kolonnaden des Ostmittelbaus gehabt hätte, selber aber Licht aus Fenstern an Stelle derjenigen des späteren Lesesaals empfangen hätte. Das wäre für das dominante Auditorium Maximum eine gute Lösung gewesen.[1]

Es zeigte sich aber im Verlaufe der Planung, dass die Bibliotheken nicht wie zuerst angenommen die Südwestecke des Gebäudes einnehmen konnten, sondern für sie der Dachstock ausgebaut werden musste. Da lag es nahe, den Lesesaal, der im Wettbewerbsprojekt den 1. Stock unter dem Auditorium Maximum eingenommen hatte, mit diesem zu vertauschen und in den 3. Stock über das Auditorium Maximum zu legen.

Mit dieser Umorganisation hätte eigentlich der Kolonnadenumgang wegen der schlechten Lichtverhältnisse für das Auditorium Maximum verschwinden müssen. – Tatsächlich ist aber die Kolossalordnung der Kolonnaden, die im Wettbewerbsprojekt konsequent die Stellen der Eingänge (Ostfronten der Seitenflügel und Mittelbau) bezeichnet hatten, auf die ganzen neuen Fassadenteile übertragen worden. Im Wettbewerbsprojekt hatten die restlichen neuen Fassadenteile Sempers Fassadenaufbau mit glatten Wandpartien übernommen.

Die wesentlichste Veränderung erlitt aber die Bedachung des neuen Ostmittelbaus. Aus dem Kegel-Walmdach war eine Kuppel geworden. Die offizielle Begründung dafür lautet dahin, dass nachdem der Baubeginn durch den 1. Weltkrieg verzögert worden war, die nötigen Walzeisen für den Dachstuhl des Walm-Kegeldachs nicht mehr erhältlich gewesen seien,[2] aber auch, dass die Rundform des Lesesaals nach einer gekuppelten Decke gerufen habe. (– Was offenbar für das genau gleich halbrunde Auditorium Maximum nicht zutraf! –) Zudem sei der Hauptzugang zum Hauptgebäude nicht mehr, wie zu Sempers Zeiten auf der Westseite, sondern durch die Ausbreitung des Hochschulviertels auf die Ostseite gerückt. Die »dominante« Ostseite verlange als Zeichen die Kuppel.[3] (– Wie wenn sich die städtebauliche Lage des Hauptgebäudes zwischen 1909 und 1920 wesentlich verändert hätte! –)

Diese Gründe für diese Umplanung sind dürftig. Die echten Gründe liegen wohl auf einer anderen Ebene.

Die Kuppel ist 1920 als Betonrippenkuppel ausgeführt und einerseits wegen ihrer Wasserdurchlässigkeit aber andererseits auch wegen des öffentlichen Protestes gegen diesen hellen Bauteil noch im gleichen Jahr mit speziell dunklen Biberschwanzziegeln eingedeckt worden.[4]

2. Analyse des Ostmittelbaus

Es steht ausser Frage, dass in der Situation der Jahre 1908–10 nur eine Erweiterung des Poly-Hauptgebäudes in Frage kam. Es muss aber mit Deutlichkeit festgestellt werden, dass dabei nicht nur eine »organische Weiterentwicklung«[5] vollzogen wurde, sondern kubisch und organisatorisch der Semperbau entstellt worden ist: Aus Sempers Komplex aus vier ähnlichen Baukörpern, der klar aus den von Semper selber formulierten Wettbewerbsbestimmungen von 1858 hervorgegangen war, ist eine Anlage mit kubisch und räumlich dominanter Hauptachse in ost-westlicher Richtung entstanden.

Zudem ist aus der 2. Nebenfassade (die erste Nebenfassade des Semperbaus ist die Südfassade) unbestreitbar die Hauptfassade geworden. Heute kehrt das Hauptgebäude des Poly der Stadt den – allerdings schönen – Rücken zu. Das ist, wenn nicht sogar die Zerstörung, so doch eine massive Veränderung des Semperschen Baugedankens.

(Der wohl unbestritten beste Bauteil des Gull-Anbaus ist die Haupthalle, die in ihrer ausgeführten Form auch erst nach dem Wettbewerb entwickelt wurde. Dort zeigt sich, mit wieviel Subtilität Gull, wenn ihn die Nähe des Universitätsneubaus nicht störte, mit den Semperschen Bauteilen umgehen konnte und den Besucher fast unbemerkt von alten in die neuen Raumteile führt. Leider ist auch dieser Bauteil von den modernsten Umbauten schwer beeinträchtigt.)

Dass das östliche Kopfende des nun von Westen nach Osten gleich noch durchgehenden Mittelbaus die für die Qualität des Baus

entscheidende Zone wurde, scheint Gull gewurmt zu haben, wie zahlreiche Modellaufnahmen zeigen.⁶ Es fehlen dabei aber solche, die die Betonrippenkuppel zeigen.
Im Wettbewerbsprojekt ist noch klar, dass der Ostabschluss des Mittelbaus kein runder, sondern ein halbrunder ist. Dementsprechend ist auch die Bedachung angelegt. Gull schlug damals noch das Walm-Kegeldach vor. Es hätte wohl auch ein Sattel-Kegeldach daraus werden können, wenn die Haupthalle schon im Wesentlichen 4-stöckig gewesen wäre.
Auch nach Sempers Baulehre, wo sie aus seinen Entwürfen und Bauten hervorgeht, wäre das die angemessene Bedachung gewesen.
Zudem sind meines Erachtens zwei wesentliche Fehler in der Kuppelargumentation Gulls:
– Der Verkehr der Studenten und Besucher hatte sich wohl schon zu Sempers Zeiten durch die Portale der Nebengebäude bewegt und nicht durch das Hauptportal. Dieses lag immer verkehrstechnisch ungünstig und war auch zur Erschliessung des Verwaltung- und Repräsentationsbaus gedacht. Der Zugang zu Universitätsbau und Hörsaalbau des Polys hatte durch das Süd- und Nordportal zu geschehen. Der interne Zugang zum heute abgerissenen Laborbau der Chemie durch das Ostportal im Sammlungsbau. Alte Fotos zeigen auch, dass die Antikenhalle, mit Glasabschluss nach Osten und Westen versehen, nicht wie ihr Nachfolger die Haupthalle, als Durchgangsraum verstanden war, sondern musealen Charakter hatte.
Gulls Argument des neuen Zustroms von Osten ist sicher falsch.
– Das neue Zentrum der Anlage braucht das Zeichen der Kuppel für die Fernwirkung! Gerade Fernwirkung hat die Kuppel von nirgends her in der Stadt, ausser vielleicht vom Rigiplatz die Universitätsstrasse hinunter. Sonst ist der Betrachter an Stellen, wo ein grosser Teil der Kuppel sichtbar wird, so weit von ihr weg, dass die Anlage nicht mehr analysiert werden kann. Wohl aber hat sie von näheren Standpunkten her, etwa dem Lindenhof oder der Brücke über die Uraniastrasse, »Störwirkung«. Man sieht die Laterne über der Westfassade, spürt damit, dass das Wichtigste dem Betrachter verborgen bleibt, es bleibt ihm auch verborgen, was es sei. Nur dass das, was er sieht, die Westfassade, nicht der wichtigste Bauteil ist, das wird klar; somit wird nur die Beeinträchtigung der Westfassade manifest, nicht aber die gewünschte Akzentverschiebung.

3. Kuppel und Kolonnade im 19. Jahrhundert

Gustav Gull hat kurz nach dem Weggang G. Sempers von Zürich am Poly studiert, zur Zeit des »Interregnums«, wahrscheinlich auch noch bei Alfred F. Bluntschli, der 1881 erst den seit 10 Jahren »verwaisten« Lehrstuhl Sempers übernommen hatte. Gull hat, wie auch sein späterer Kollege Bluntschli, immer wieder seine Eigenschaft als Semperschüler betont und sich als Bewahrer der Semperschen Traditionen am Poly verstanden. Es ist deshalb wohl von Interesse, in den Werken Sempers und Bluntschlis nach Vorbildern für Gulls Lösung des Ostendes am Mittelbau des Poly zu suchen:
Der Halbrundbau mit oder ohne Kolonnadenumgang bezeichnet im 19. Jh. »Auditorium«. Von Gondoins »Amphithéâtre de Chirurgie« bis zu Bluntschlis erstem Berner Parlamentsentwurf führt eine direkte Linie, auf der auch Sempers Theaterbauten und -Entwürfe liegen. Alle diese Bauten auf Halbkreis-mit-Rechteck-Fläche haben eine gemeinsame Art der Bedachung: Kegel-Walm- oder Kegel-Sattel-Dach. In keinem Semperschen Theater, gebaut oder projektiert, wird von diesem Prinzip abgegangen, selbst das von Hasenauer vollendete Wiener Burgtheater besitzt ein solches Dach über dem Zuschauerhaus, allerdings mit gebuckelten Flächen. Von allen namhaften Theaterbauten des letzten Jahrhunderts in Europa besitzt lediglich die Pariser Oper eine Kuppel als Dachabschluss über dem Zuschauerhaus.
– Was viel mehr über den repräsentativen Charakter des auf sich selber konzentrischen Verhaltens jener Zuschauer-Generation aussagt, als über die Möglichkeit, ein Auditorium doch mit einer Kuppel einzudecken.
Das nächste und direkteste Vorbild in der Sempertradition für Gulls Grundidee dürfte wohl Bluntschlis erster Parlamentsentwurf für Bern aus dem Jahre 1885 sein, der seinerseits nicht denkbar ist, ohne Sempers erstes Dresdner Hoftheater, ein Schritt, der nicht zu gross ist, wenn man in Betracht zieht, wie häufig Bluntschli Sempersche Bauten und Entwürfe persifliert hat.
Bluntschli hat denn auch im 2. Bundeshaus-Wettbewerb, 1891, da dies durch Auers Vorschlag im ersten Wettbewerb provoziert worden war, das Parlamentsgebäude durch eine Kuppel gekrönt und diese – über der Eingangshalle angeordnet. Auch Auer hat sie dort, und nicht etwa über dem halb- oder viertelrunden Nationalratssaal vorgesehen.
– Einfach deshalb, weil »Kuppel« gerade im 19. Jh. aesthetischer Ausdruck für »Zentrum« ist, auf sichtbarem Tambour angeordnet wird, dem Wesen nach etwas Strahlendes haben muss, das aus unüberblickbarem Sockel aufsteigend mit seinen Achsbezügen das Ganze eines Baus organisieren und lesbar machen muss. […]
Gulls Entwurfstechnik, soweit sie aus seinem Nachlass ersichtlich ist, dürfte eher klarer und wohl auch spröder sein als diejenige Bluntschlis. Seine Gebäudeorganisationen, im Grund- und Aufriss, sind meist völlig durchsichtig und folgerichtig. Bei aller Unsensibilität für Entwicklung, im Gegensatz etwa zu seinem Kontrahenten Karl Moser, sind Gulls kubische Gliederungen und der plastische Gestaltungswille dieses Traditionalisten immer wieder hochinteressant. Das Landesmuseum, die Amtshäuser an der Uraniastrasse (vor allem das Gesamtprojekt), aber auch sein Institutsgebäude an Sonnegg- und Clausiusstrasse zeigen das deutlich. Diese Bauten weisen aber auch darauf hin, dass er im Stand ist, solche Anordnungen folgerichtig zu Ende zu führen: Gelenke am Bau etwa mit Türmen (Landesmuseum) oder Erkern (Amtshaus II) zu verdeutlichen. Diese Elemente werden auch meist nicht als Maske aufgesetzt, sondern ihrer Erscheinungsform entspricht auch ihre kubische Gestalt, indem sich in Rundtürmen Treppen befinden und Erker organisatorisch wichtige Räume markieren. Bluntschli verhält sich in seinem Entwerfen viel malerischer, legt mehr Gewicht auf Formassoziationen, ohne im Detail abzuwägen, ob die Analogie, etwa zu einem Semperbau, auch gerechtfertigt sei.
Mit einem kleinen Exkurs soll gezeigt werden, inwieweit Gull in seinem natürlichen Gestalten Strukturfehler unterlaufen können:
– Sie entstehen dort, wo Gull sich verkrampft.

4. Gustav Gull kontra Karl Moser

Nur in der Tradition der beiden Familien gibt es »Gründe« für die Gegnerschaft zwischen den Kollegen. Unzweifelhaft war Karl Moser der bedeutendere der beiden, Gull aber wohl, schon durch seine frühere Tätigkeit als Stadtbaumeister und als aktives SIA-Mitglied, der politisch Einflussreichere. Das allein könnte ein Spannungsverhältnis bereits begründen. Dass ein solches jedenfalls in den 20er Jahren bestand und wohl von beiden Seiten befestigt wurde, wird schon aus Wettbewerbsbeiträgen der beiden deutlich: Hat der eine der beiden im Bereich des Wettbewerbsgebietes bereits gebaut, setzt der andere in seinem Wettbewerbsbeitrag alles daran, die architektonische Wirkung der bestehenden Gebäude des andern zu verderben.
(Beispiel: Mosers Vorschlag für den Ausbau des HB-Zürich (1928) sieht zwischen Werdinsel und Urania-Brücke scheibenartige Gebäude parallel zur Limmat vor, die Gulls Amtshäuser völlig zum Verschwinden bringen.)

Die Vermutung liegt deshalb nahe, Gull habe mit seiner Kuppel Mosers Universität in der Fernwirkung duplizieren wollen: Auch Mosers Wettbewerbsentwurf für die Uni sah als Dachform für den Turm keine Kuppel, sondern ein Satteldach vor mit First in west-östlicher Richtung. Moser hat dann im Verlauf der Planung das Satteldach durch die Kuppel ersetzt, und damit erheblich zur Profilbetonung seiner Uni in Nachbarschaft des Polyumbaus beigetragen. Diese Veränderung des Moserbaus führt in die Zeit zwischen dem Polywettbewerb und der Vollendung der Uni 1914. Gull hat zur Zeit des Wettbewerbs davon sicher noch nichts wissen können. – Umso mehr hat ihn sicher diese Veränderung gestört, die er als Gewichtsverlagerung empfunden hat, und der er begegnen wollte. Wohl nur auf Grund dieser psychologischen Situation und aus der Parteiung der Schule in Moser- und Gullschüler ist auch die Entwicklung des Projekts für den Polyumbau in diesem Teilbereich und die daraus entstehende Kontroverse zu verstehen. […]

Thesen und Schlussbemerkung

1. Gull hat im Verlauf der Projektentwicklung dem Auditoriumsbau die unorganisch mit ihm verbundene und in der Bauidee nicht enthaltene Kuppel aufgesetzt, die, auch zur Milderung ihrer schlechten aesthetischen Wirkung, mit der Ziegelkalotte verkleidet wurde.
2. Wenn es darum geht, Bauentwicklungsstufen rückgängig zu machen, muss im Sinne der Bauidee, nicht im Hinblick auf ein Teilergebnis, gearbeitet werden. Diese heisst aber: »Auditorium Maximum« und nicht etwa »zentrale Osthalle«.
3. Wenn ein Bau mit verschieden guten Entwicklungsphasen, wie das Hauptgebäude der ETH-Zürich, purifiziert wird, so doch nur im Hinblick auf die objektiv beste Entwicklungsphase. Diese ist aber ganz eindeutig die Sempersche. Verbesserung heisst also, den Semperbau von schädlichen Einwirkungen befreien. Zu diesen gehört die Gull-Kuppel.
4. »Es kann nicht Sache des Denkmalpflegers sein, das Rad der Geschichte zurückzudrehen, sondern das Geschichte gewordene zu schützen«.
(Gebessler, Leiter der Abt. für praktische Denkmalpflege im Bayrischen Landesamt für Denkmalpflege).

Schlussbemerkung:
Aus Analyse, Baugeschichte und zeitgenössischer Kritik lassen sich drei mögliche Konsequenzen ablesen, hier in qualitativ absteigender Folge genannt:

1. Die Kuppel ist abzubrechen und durch das ursprünglich vorgeschlagene und dem Ost-Mittelbau angemessene Kegel-Walm-Dach zu ersetzen.
2. Die Kuppel bleibt und mit ihr die speziell für sie engobierte Ziegelkalotte.
3. Die Ziegelkalotte wird entfernt.

1 Grundrisse und Schnitte Schweiz. Bauzeitung 1910 / Bd. LV / S. 50 u. 51

2 Schweiz. Bauzeitung 1920 / Bd. LXXVI / S. 282

3 dito

4 Schweiz. Bauzeitung 1920 / Bd. LXXVI / S. 290

5 Wettbewerbsbericht der Jury, publiziert in Schweiz. Bauzeitung 1910 / LV / S. 48

6 Diese haben sich im Photokonvolut zum Gull-Anbau erhalten. Heute im Semper-Archiv.

»Gutachten zur Geschichte der Kuppel des Hauptgebäudes der ETH-Zürich«, Martin Fröhlich, 10. Juli 1972 (Archiv der kantonalen Denkmalpflege Zürich, Zürich Rämistrasse 101 ETH-Hauptgebäude)

— 1977
Oskar Emmenegger

Zürich ETH/HG Sempersgraffitti. Untersuchungsbericht

Technik der Sempersgraffiti [sic]

Die Sgraffitti, von Semper entworfen und mit Hilfe von Schönherr 1863 ausgeführt, sind nicht nur eine hervorragende künstlerische Arbeit, sondern auch in technischer Hinsicht eine gute Leistung. Tatsache ist, daß das noch vorhandene Original immer noch besser erhalten ist als die späteren Restaurierungen von Chr. Schmid. Gestaltung und Stil verraten untrüglich toskanischen Einfluß. Die Fassade erinnert stark an Gestaltungen von Bernardino Pocuti. Auch die angewandte Technik zeigt den Versuch, das von Vasari beschriebene Vorgehen zu kopieren. Allerdings scheint die Arbeitsweise von Semper nur eine optische Annäherung an Vasaris Methode herstellen zu wollen, wobei nicht klar wird, ob Vasaris Vorgehen falsch verstanden wurde oder bewußt geändert ist im Sinne einer Verbesserung, oder sogar einer Vereinfachung. Der Unterschied zwischen Semper und Vasari liegt darin: Semper färbt den Verputz ein, während Vasari den Putz natur lasiert verwendet, teilweise mit Farben vor dem Tünchen, und er vertieft andererseits freigekratzte Naturputze mit Farblasuren. Das Einfärben der obersten Putzschicht, wie Semper es pflegte, wird typisch für das 19. Jh. und den Anfang des 20. Jh. […]
Semper ging technisch wie folgt vor:
1. Auftragen eines Grundputzes
2. Auftragen eines eingefärbten Putzes
3. Übertünchen des eingefärbten Verputzes mit Sumpfkalk
4. Einritzen der Dekorationen

Restaurierungen:

Zwei Restaurierungen wurden schon durchgeführt, beide von Christian Schmid: eine 1924, die andere 1948–49, bei welcher außerdem folgende Personen, die wahrscheinlich bei Chr. Schmid angestellt waren, mitwirkten: W. Naef, Gruber, Dillena, H. Gering, E. Greber, Vonesch. Diese Namen und Daten sind an der Fassade ganz rechts im untersten Dekorationsfries festgehalten.
Anlaß zu den Restaurierungen 1924 und 1948/49 waren Schäden infolge von undichten Fugen an Gesimseprofilen und Profile ohne Tropfnasen. An solchen Stellen lief das Meteorwasser an der Fassade herunter. In Frostperioden sprengte der mit Dekorationen versehene Verputz ab. Chr. Schmid entfernte schlechte Stellen, vor allem Partien unterhalb der Kämpfergesimse im 1. O.G. Mit Keimfixativ erfolgte eine Festigung des Originalbestandes. An einzelnen Partien entstanden wegen Überfixierung weißliche Verschleierungen. Ergänzt wurde mit einem nicht eingefärbten Mörtel entsprechend dem Original, welcher zu fein ausgesiebten Sand und zuviel aufschlemmbare Anteile aufweist. Die zu ergänzenden Dekorationsmuster wurden nicht geritzt, sondern aufgemalt, und zwar mit Keimscher Mineralfarbe. Ferner hat man bei der Restaurierung 1948/49 die originale weiße gekalkte Oberfläche mit Mineralfarbe übermalt. Dadurch ist ein entscheidender typischer Faktor des Sgraffitto verschwunden. Das Transparente und trotzdem Leuchtende der gekalkten Fläche ist stumpf geworden durch einen zudeckenden Anstrich.

Zustand 1977:

Offen auffallende Schäden sind vor allem den 4 Ablaufrohren entlang zu beobachten. Der mit Dekorationen verzierte Putz rollt ab. Nicht selten gibt es Partien von ¼ m² und mehr, wo der Putz vom Grund abgehoben ist. Praktisch sämtliche Ergänzungen, unterhalb der Kämpfergesimse, von Chr. Schmid sind hohl, lose und rollen teilweise ab; sie sind nicht mehr restaurierbar. Schuld an diesem Zustand sind nicht nur die Frostsprengungen unterhalb der Gesimse, sondern auch die schlechte Putzzusammensetzung, siehe oben. Auch der Mineralfarbanstrich hat nicht gut gehalten, er kreidet aus oder rollt sich ab. Interessant ist die Tatsache, daß die Ergänzungen der vorangegangenen Restaurierungen total ersetzt werden müssen. Originale Partien erlitten nur geringe Schäden, obwohl sie zum Teil unmittelbar im Bereich der defekten Abfallrohre sind und daher stärksten Frostsprengungen ausgesetzt waren. Selbst der originale Kalkanstrich hält besser als der Mineralfarbanstrich. Dies spricht gegen die Behauptung, daß Kalk in städtischen Verhältnissen infolge von Abgasen nicht lange haltbar sei. Der Kalkanstrich von 1863 ist so gut erhalten, daß er nur einiger Retouchen bedarf, dabei ist er immerhin 115 Jahre alt. Nicht mehr restaurierbar hingegen ist die nur 30 Jahre alte Mineralfarbe.

Wo offene Fugen an den Gesimsen und Fensterbänken sind, kann man fast regelmäßig darunter Risse beobachten.

Die Sandsteine, die für die architektonische Gliederung verwendet werden, sind in relativ gutem Zustand. Sie sanden leicht, sind aber stark verschmutzt.

Schadenursachen:

Die Ursache der Schäden liegt an Mängeln, auf Grund derer man schon 1924 und 1948/49 die Restaurierungen durchführte. Diese Mängel sind offene Fugen der Gesimse und Fensterbänke, die früher mit Glaserkitt geschlossen wurden. Verantwortlich für die Schäden unterhalb der Kämpfergesimse ist ihre Profilabfolge. Sie zeigen ein Karnies mit Platte, also eine Abfolge, die keine Tropfnase zuläßt. Das Wasser läuft somit ungehindert dem Profil entlang herunter, durchnäßt die darunter befindlichen Partien; Frostsprengungen lockerten den Verputz von der Wand und sorgten für den jetzt sichtbaren katastrophalen Zustand. Der Mineralfarbanstrich (Chr. Schmid) blättert ab und kreidet aus. Unschön wirken weißliche, verschleierte, mit Keimfixativ überfixierte Partien. […]

»Betrifft: Zürich ETH/HG Sempersgraffitti. Untersuchungsbericht«, erstattet von Oskar Emmenegger an die Baudirektion V Zürich, 22. März 1977 (Bundesarchiv Bern, CH-BAR#E3240A#1985/87 #100*, Az. 2–05, Zürich-ETH, Hauptgebäude, 1967–1980)

REISESTVDIEN
DER ARCHITECTENSCHVLE AM EIDG. POLYTECHNIKVM ZVRICH.

1905   **1908**

BVRGVND	CREMONA
TEILNEHMER	TEILNEHMER
PROFESSOREN	PROFESSOR
F. BLVNTSCHLI	F. BLVNTSCHLI
C. GVLL	
ASSISTENT	ASSISTENT
E. CORRODI	E. WIPF
P. BLVM	C. AGTHE
E. BISAZ	ANDERFVHREN
H. FALKENBERG	C. BACHMANN
E. FEHR	BAVMGARTNER
K. GABRIEL	W. BVRGI
O. GÖTZEL	F. GILLARD
Z. GVDINCHET	G. GILLIERON
K. HIRZEL	F. GODET
A. HIGI	V. GRILLO
H. KESSLER	E. ECKENSTEIN
P. NAEFF	O. DORRER
TH. HAGER	G. HALLER
NADENBOVSCH	F. JOB
E. ODIER	G. MERCIER
A. PESTALOZZI	W. SCHWEGLER
M. POLAK	O. STOCKER
O. SCHMID	R. SAVOIE
P. SCHOECK	A. TSCHÄPPÄT
M. SCHVAN	W. TVRCKE
A. SIDLER	E. WAGNER
M. STEFFEN	E. WASSMER
J. STEINER	
J. VAVCHER	
E. YVNG	

CREMONA
- N 1 PALVGOLANI-DATI
- N 2. "
- N 3. "
- N 4. "
- N 5. CASA CAETANI
- N 6. "
- N 7. MONTE PIETA
- N 8. "
- N 9. "
- N 10. BISCHFL. PALAST
- N 11. DOM KANZEL

DIJON
- N 12. HOTEL FIOT
- N 13. "
- N 14. RVE AMIRAL ROVSSIN
- N 15. ST. FRANÇOIS DE SALES
- N 16. " "

BESANÇON
- N 17. 20 RVE CLOS
- N 18. " "
- N 19. " "
- N 20. 131 GRD RVE
- N 21. 33 " " TVRE

BEAVNE
- N 22. RVE MAVFOVX N 29
- N 23. "
- N 24. "
- N 25. ST. NICOLAS
- N 26. "
- N 27. "
- N 28. 7 RVE DE LA CHARITE
- N 29. LVKARNEN
- N 30. NOTRE DAME

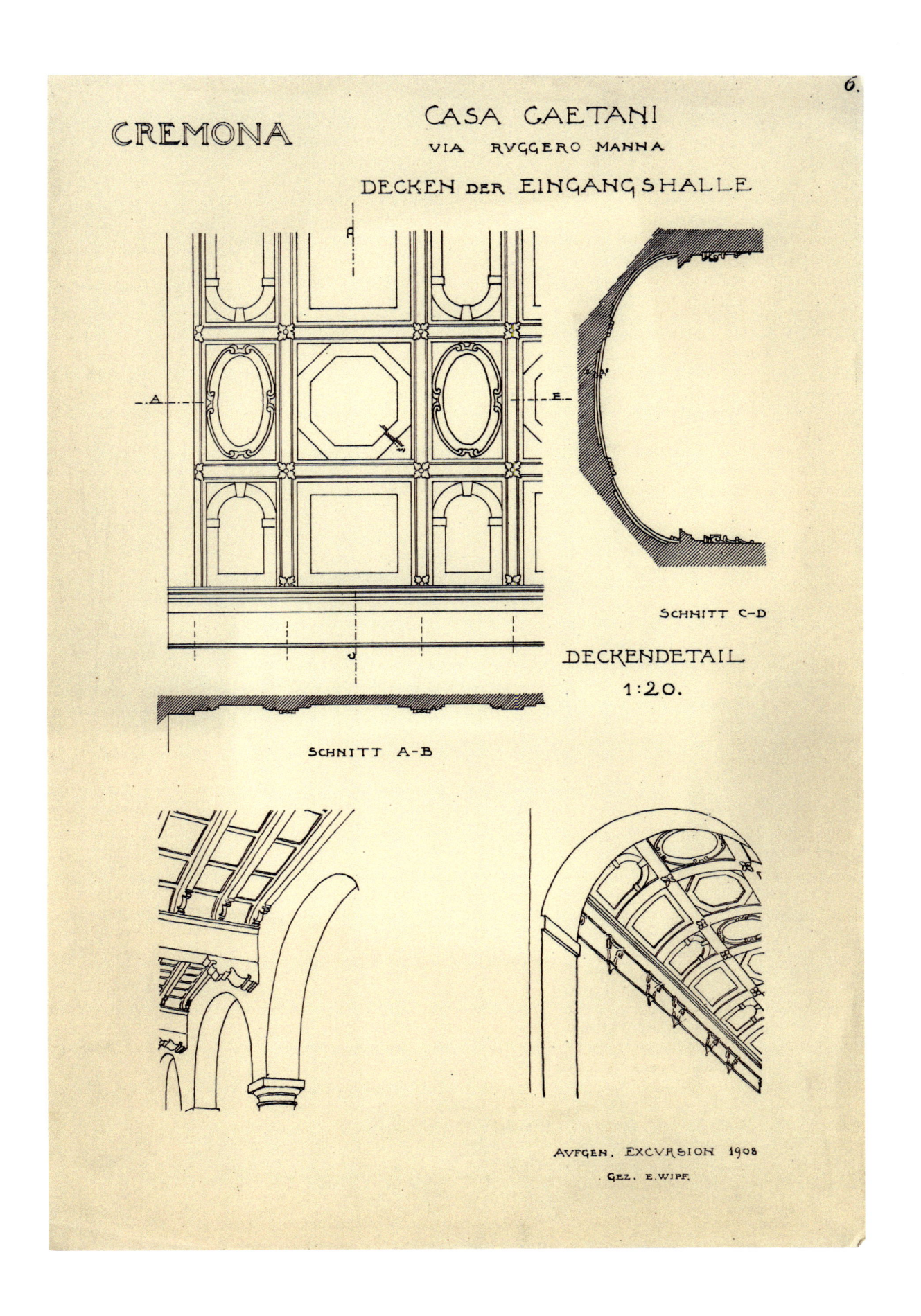

CREMONA

CASA CAETANI
VIA RVGGERO MANNA

DECKEN DER EINGANGSHALLE

SCHNITT C-D

DECKENDETAIL
1:20.

SCHNITT A-B

AVFGEN. EXCVRSION 1908
GEZ. E. WIPF.

EXKURSION
DER ARCHITEKTENSCHULE
NACH DEM TESSIN
PFINGSTEN 1914

TEILNEHMER:

PROF. DR. GUSTAV GULL
TH. NAGER, ARCHITEKT
FRITZ BOHNY
EDUARD BRUNNER
WALTER CHRISTEN
GERHARD DACHSELT
ALFRED DEBRUNNER
HEINRICH LABHART
ARMIN MEILI
JOSEF MÜHLE
ALFRED MÜTZENBERG
HEINRICH MYRBACH
LAURENT OBERLÉ
HEINRICH PETER
EMIL ROTH
FRIEDRICH SCHERRER
GODEFROY STENGELIN
EMIL STRASSER
WALTER SULSER
HEINRICH WEBER
WALTER WILHELM
HANS WITTWER

EIDG. TECHN. HOCHSCHULE

LUGANO
ASILO VECCHIO

GEZ.: H. PETER

50 JÄHRIGES JUBILÄUM DES EIDGENÖSS. POLYTECHNIKUMS
BIERZEITUNG.

REORGANISATION! DES POLY
EINST v. IETZT
An der Alma Mater Brust trank er früher weil er musst
Mit ganz anderen Genuss-trinkt er heute — weil er muss
Die Freiheit die sein liebstes war führt er jetzt gar zum Altar
Der Weise spricht: Mir ist alles wurscht jetzt hab ich Durscht
Mir is all eins — ob jetzt a Reorganisation hab öder Keine

VOR·DEM·PORTALE·ABER·LIEGT·EIN·GRAESSLICHER
WURM·DER·DIE·STUDIENFREIHEIT·VERTREIBT·

Reformer heraus!

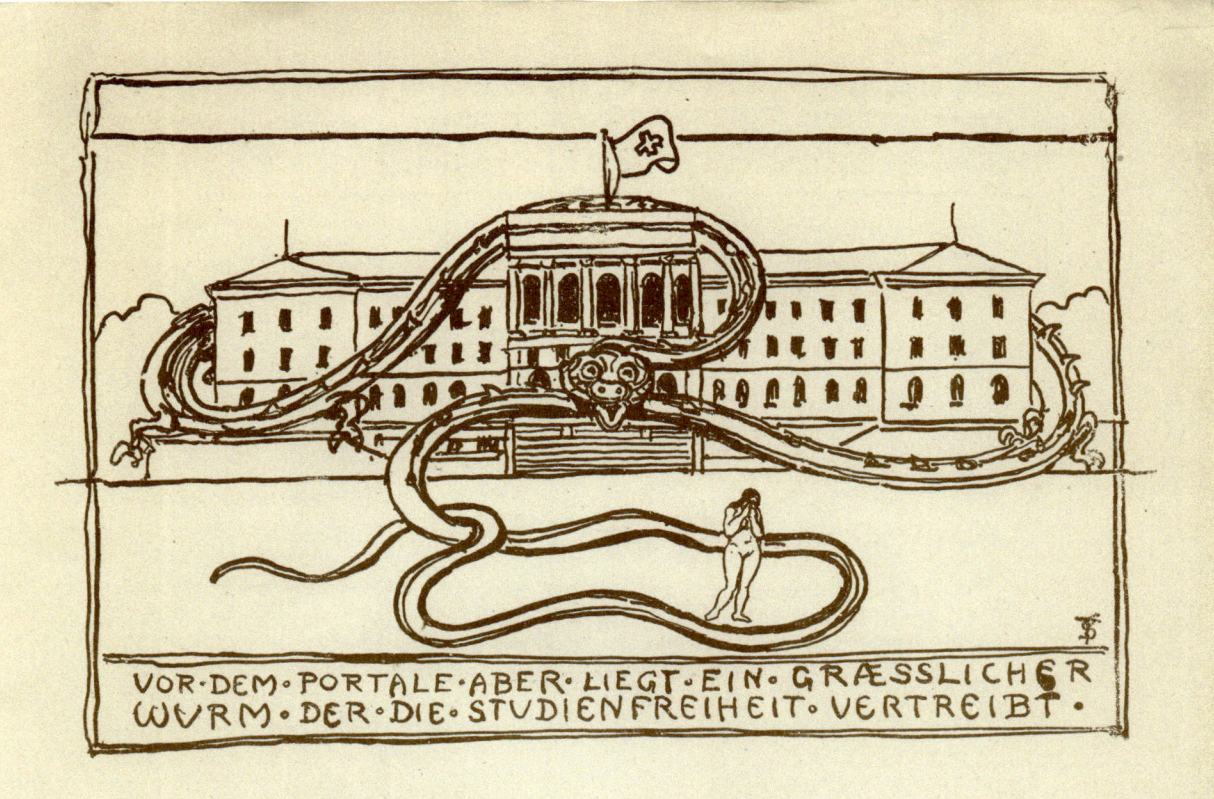

Reformer heraus!
Lasset es schallen von Haus zu Haus!
Singt's hinaus mit kräftigem Ton,
Schmettert's hinauf vor des Bundesrats Tron,
Dass er nun endlich von allen gedrängt,
Der Freiheit die hemmenden Bande sprengt.
Reformer hinaus!

Reformer hinaus!
Lasset es schallen von Haus zu Haus!
Rücket zu Leib der Schulmeisterei
Schafft uns studentische Freiheit herbei,
Kämpfet tapfer für Wissen u Kunst
Kämpfet geschlossen in ehrlicher Brunst.
Reformer heraus!

———o———

Wie man den **thermischen** Wirkungsgrad der Auditorien, am 1. Juli, durch Einsetzen von Vorfenster**n** mit Erfolg erhöhte!!!

ENDAUSBAU DES ETH HAUPTGEBAEUDES IN ZUERICH

Reduzierte Pläne mit Baubeschrieb und Kostenverteilung gemäss Botschaft vom 3. Mai 72 und Teilrevision des Programmes im Herbst 72.

Kosten, Index 1.4.71, Basis 66, 132.2

A. Renovationsarbeiten und Kuppelhaut
- Wiederherstellung der Kuppeloberfläche … 300'000.—
- Endausbau und Renovation der Verkehrsfläche im D-G-Boden; Wartehalle im E-Boden; Ausbesserungen in der Aula … 1'365'000.—
- Möblierung der Verkehrsflächen und Halle, ausser Hofausbauten; Erneuerung der Vitrinen und Garderoben … 641'000.—
- Unvorhergesehenes … 230'000.— … 2'536'000.—

B. Anpassungsarbeiten und WC
- Zugänge zu Rämigaragen plus neue WC- und Garderobeanlagen für Publikum im C- u. D-Boden; Wiederherstellung der Gründflächen an der Tannenstrasse … 1'123'000.—
- Ventilationsanlagen und Anpassung der Installationen im C- u. D-Boden; Windfänge bei Haupteingängen im E-Boden; Erweiterung der 2- Kanalanlage der Bibliothek im H-Boden … 965'000.—
- Unvorhergesehenes … 210'000.— … 2'298'000.—

C. Dachfoyer
J-Boden: Betriebsräume ca. 35 m2; K-Boden: Lehrersaal ca. 300 m2 u. 130 Sitzplätze + Dachterrasse, ca. 750 m2 u. 140 Sitzplätze.
- Neue Boden und Erneuerung des undicht gewordenen Daches über Haupthalle; Stahlskelett mit Vordächern und verglasten Aussenwänden; Flachdach aus Leichtbeton-Elementen … 1'111'600.—
- Installationen, Aufzug und Ausbauarbeiten … 335'000.—
- Terrassenbelag; vorfabrizierte Brüstungströge und Bepflanzung; Dachaufbauten der Hauptaufzugsgruppen … 65'400.—
- Selbstbedienungsbuffet, Automaten, Möblierung, Beleuchtungskörper, Vorhänge, Kleininventar … 290'000.—
- Unvorhergesehenes … 152'000.— … 1'944'000.—

Uebertrag: 6'778'000.—

– 2 –

Uebertrag: 6'778'000.—

D. Kuppelausbau (ca. 485 m2)
K-Boden: Informationszentrum für neue Lehrmittel und- Methoden, Vorführungsfläche, Demonstrationskabinen, technische Räume; L-Boden (Galerie): Zeitungs- Zeitschriften- und Referenzbibliothek für Didaktik, Wissenschafts- und Hochschulpolitik, allgemeine Bildung, Interdisziplinäre Fragen usw.; offene Lese- und Ruheplätze und 30 Arbeitsplätze in Bibliotheksnischen.
- Boden auf neue Decke über Bibliothekslesesaal; innere wärme- und schallisolierende Kuppelbekleidung; mobile Zwischenwände; aufgehängte Galerie in Stahlkonstruktion und vorfabrizierten Bodenelementen … 971'000.—
- Lüftungsanlage; Liftanlage Bibliothek- Informationszentrum … 100'000.—
- Möblierung ohne Spezialausbauten … 120'000.—
- Unvorhergesehenes … 108'000.— … 1'299'000.—

E. Archiv über Aula (ca. 300 m2)
H-Boden: 2 Vorräume erreichbar von den 4 Hauptaufzügen - Westgruppe (ca. 130 ml Tablare) verbunden mit Hebebühnen und kurzer Treppe mit J-Boden: Archivraum für Schulrat, Rektorat und Schuldirektion (ca. 2400 ml Tablare).
- Erneuerung der undicht gewordenen Dachkonstruktion mit Leichtbetonplatten; Entfernen des alten Holzsprengwerkes und Aufhängung eines neuen Bodens mit Zugstangen an bestehenden Stahldachträger … 425'000.—
- Abluftanlage … 5'000.—
- Rollschrankanlage … 135'000.—
- Unvorhergesehenes … 58'000.— … 623'000.—

Total des Endausbaues Hauptgebäude ETH-Z … 8'700'000.—
Bewilligter Kredit mit B.B. vom 10.3.1966 … 500'000.—
Teuerung auf bewilligtem Kredit … 152'500.—
Erforderlicher Kredit in Baubotschaft vom 3.5.1972 … 8'047'500.—
d.h. 1,38% des Gesamtkredites dieser Botschaft, im Total … 583'112'000.—

25.1.1973/CEG/fzr

MATERIALIEN ZUR ZEIT HANS HOFMANNS, CHARLES-EDOUARD GEISENDORFS UND ALFRED ROTHS

— 1945
Bundesrat

BOTSCHAFT ÜBER DEN AUSBAU DER EIDGENÖSSISCHEN TECHNISCHEN HOCHSCHULE

Schaffung neuer Arbeitsräume im Hauptgebäude.

Die Direktion der eidgenössischen Bauten hat Herrn Prof. Dr. Hofmann, Vorstand der Abteilung für Architektur der E. T. H., mit der Erstattung eines Gutachtens über die Möglichkeiten der Raumgewinnung im Hauptgebäude der E. T. H. betraut.
Eine Veränderung der Grundform des Gebäudes oder seiner Aussenarchitektur kommt selbstredend nicht in Betracht. Alle Vorschläge zur Raumgewinnung erfordern ausschliesslich Veränderungen und Verbesserungen der bestehenden baulichen Innenorganisation und deren rationelle Ausnützung.
Die Hauptänderung bezieht sich auf die Heranziehung der beiden Lichthöfe zum inneren Gebäudeorganismus, im besondern für die Unterbringung von Sammlungsstücken und Modellen aller Art, die heute im Souterrain und in den Ganghallen der Obergeschosse aufgestellt sind. Diese Lichthöfe messen im Grundriss etwa 20 m auf 37 m; durch ihre bessere Ausnutzung könnte in allen Geschossen zusätzlicher Raum für andere wichtigere Zwecke (Übungssäle usw.) freigemacht werden.
Die Nutzung der Lichthöfe ist daher eine Vorbedingung für die Raumgewinnung. Die Einbeziehung der Lichthöfe als Nutzflächen würde aber auch erheblich zur räumlichen und künstlerischen Bereicherung des Hauptgebäudes der E. T. H. beitragen. Es wird vorgeschlagen, die Innenhöfe – deren Boden auf Souterrainhöhe (Geschoss A) zu liegen käme – nach oben mit Glasdecken abzuschliessen und auf der Höhe des Erdgeschosses (Geschoss B) mit Ausstellungsgalerien zu umgeben. Weiterhin würden die um die Lichthöfe herumführenden Korridore und Hallen gegen dieselben hin geöffnet und die grossen Nischen der Lichthöfe als offene Loggien ausgebildet. Durch räumlichen und architektonischen Zusammenhang der Lichthöfe und Korridore und deren harmonische farbliche Ausgestaltung könnte auch die künstlerische Wirkung der Korridore und Hallen wesentlich gesteigert werden und dadurch in ihrer heute ziemlich kühl gestimmten Atmosphäre eine wünschbare und wohltuende Aufheiterung erfahren. Das Hauptgebäude der E. T. H. würde nicht nur zwei wichtige Zentren praktischer Demonstrationsgelegenheiten erhalten, sondern zugleich auch solche des geselligen Treffens inmitten der Räume des Studiums und der Arbeit. Vorbilder solcher Ausführungen bieten die Universität Zürich sowie das Naturwissenschaftliche und das Land- und Forstwirtschaftliche Institut der E. T. H. – Über die Belichtungsverhältnisse der Räume um die Lichthöfe wurde ein ausführliches Gutachten eingeholt, dessen Ergebnisse als befriedigend bezeichnet werden können.
Die zweite Möglichkeit, im Hauptgebäude einen grösseren Raumgewinn zu erzielen, liegt in einem Aufbau auf die Hörsäle III und IV des Geschosses C (2. Stockwerk). Ohne organisatorische Veränderungen des Mittelbaues können zwei neue grosse Hörsäle auf dem D-Boden geschaffen werden im selben Ausmass und in derselben Grundform wie die grossen Hörsäle III und IV. Die Eingänge zu den neuen Auditorien würden auf dem D-Boden liegen inmitten der grossräumigen Gänge der Mittelhalle. Damit würde das Korridorsystem des D-Geschosses im Mittelbau mehr als bisher seinem Zwecke dienstbar gemacht. Gleichzeitig würde die Aula – Geschoss D, Limmatseite – dem Unterrichtsbetrieb näher gebracht. [...]
Die Durchführung der verschiedenen baulichen Ergänzungen und Dislokationen kann in beliebigen Etappen geschehen. Notwendige Räume würden kaum längere Zeit ausgeschaltet werden müssen, da viel mehr zusätzliche Räume geschaffen werden. Etwa störende Baumassnahmen müssten auf die Ferien verlegt werden.
Wie schon erwähnt, dürfte zweifellos der Umbau des Hauptgebäudes nicht nur flächenmässig den Raumbedürfnissen entsprechen, sondern im Hinblick auf die Hebung der künstlerischen Bedeutung des Hauptgebäudes sehr wertvoll sein. Die gegenwärtige Abgeschlossenheit der einzelnen Bau- und Korridorteile und ihre wenig freundliche Gesamtstimmung würden durch Einbeziehung der Lichthöfe verwandelt in zusammenhängende, übersichtliche Raumgruppierungen und künstlerisch aufgeheitert vermittels hellem Verputz, leuchtenden Farben und lebendigem Pflanzenschmuck.
Der Kostenaufwand von ca. 1,306 Millionen Franken (ohne Möblierung) für einen Raumgewinn von 5570 m² (8260–2690 m²) entspricht einem Quadratmeterpreis der Nutzflächen von ca. Fr. 234 gegenüber ca. Fr. 400, die in Rechnung zu setzen wären bei der Durchführung baulicher Neuanlagen.
In seinem Gutachten erwähnt Prof. Dr. Hofmann als andere Möglichkeit zur Behebung der Raumnot im Hauptgebäude die Verlegung der gesamten Architektenschule in einen in der Nähe der E. T. H. zu errichtenden Neubau. Heute beansprucht die Architektenabteilung eine Arbeitsfläche von 7360 m². Wird die gleiche Nutzfläche einem eventuellen Neubau zugrunde gelegt, mit einem Einheitspreis von Fr. 400 für den m², so ergeben sich die Kosten dieser Variante einschliesslich eines Betrages von Fr. 660 000 für Landerwerb (6000 m² zu Fr. 60), Umgebung und Möblierung zu Fr. 3 560 000.
Wir möchten diese zweite Lösung nicht weiter verfolgen, da sie, abgesehen von den wesentlich höheren Kosten, den Nachteil einer räumlichen Trennung der Architektenschule von den übrigen Abteilungen der E. T. H., mit deren Unterricht sie zum Teil verbunden ist, zur Folge hätte.

Botschaft des Bundesrates an die Bundesversammlung über den Ausbau der Eidgenössischen Technischen Hochschule (Vom 17. Dezember 1945), in: Bundesblatt 97 (1945), Bd. 2, S. 737–779, hier S. 747–750

— 1965
Bundesrat

BOTSCHAFT DES BUNDESRATES ÜBER DEN WEITEREN AUSBAU DER EIDGENÖSSISCHEN TECHNISCHEN HOCHSCHULE

1.71 Arealerweiterung des ETH-Zentrums
Ist eine weitere Arealerweiterung möglich und erwünscht? Das heutige Areal des ETH-Zentrums lässt sich nicht mehr wesentlich ausweiten. Die frühere Zurückhaltung im vorsorglichen Kauf von Liegenschaften wurde bereits in der Botschaft 4914 vom 17. Dezember 1945 (BBl 1945 II 745) beklagt. Seit 1946 wurden dann 34 Liegenschaften – meist kleinere – im Anstösserbereich der ETH vom Bund gekauft, auf die grossteils für die Erweiterungsvorhaben der vorliegenden und der 1967 zu erwartenden Botschaft gegriffen werden muss. Das ETH-Zentrum grenzt auf weite Strecken an Areale, die der Kanton Zürich für das Kantonsspital und für die Universität Zürich reserviert. Längs der Universitätstrasse sollte man nur bei günstigen Gelegenheiten eine Erweiterung der ETH anstreben. Dort erworbene Liegenschaften könnten unter Umständen auch Verwendung als Realersatz finden oder für die provisorische Unterbringung von Instituten dienen. Dies gilt auch für das Gebiet der Leonhardstrasse sowie längs der Sonneggstrasse. Einzig das unmittelbar an die ETH anstossende und vom Verkehr abliegende Areal beidseits der Clausiusstrasse böte in den kommenden Jahrzehnten gute Erweiterungsmöglichkeiten für das ETH-Zentrum.

l.72 Die Liegenschaften im ETH-Zentrum müssen räumlich und betrieblich optimal genutzt werden. Diese intensivere Nutzung hat unter Beachtung der zürcherischen Baubestimmungen auf die städtebaulichen und verkehrstechnischen Belange Rücksicht zu nehmen; sie zwingt im Verlaufe der nächsten Jahrzehnte:
– zur Erstellung von Neubauten anstelle abbruchreifer ETH- oder Anstaltgebäude sowie der für diesen Zweck erworbenen Privathäuser;
– zum Ausbau und Umbau bestehender Lehr- und Forschungsgebäude, die eine günstige bauliche Grundstruktur und zudem auch hohen Bauwert besitzen.
Für den Ausbau sind folgende ETH-Gebäude geeignet:
– das Hauptgebäude;
– das Naturwissenschaftliche Gebäude an der Sonnegg- und Clausiusstrasse;
– das Physikgebäude zwischen Gloria-, Physik- und Sternwartstrasse;
– die Chemiegebäude an der Universitätstrasse;
– die Gebäude für Land- und Forstwirtschaft an der Universität- und Schmelzbergstrasse;
– die Anstalt für Wasserbau und Erdbau an der Gloriastrasse. […]

2. Ausbau des ETH-Hauptgebäudes

2.1 Allgemeines
[…] Besonders seit Mitte der dreissiger Jahre stieg die Zahl der Studenten wie auch die der Dozenten und Assistenten an. Bis nach dem Zweiten Weltkrieg, also volle 20 Jahre seit der Erweiterung, gab es im Hauptgebäude keine baulichen Änderungen. Doch dann kam die Raumnot; die Auditorien und Praktikumssäle aller ETH-Gebäude waren mit der damaligen Rekordzahl von 4150 Studierenden übersetzt, und viele Kurse mussten mehrfach geführt werden. Auch die Forschung setzte nach dem Zweiten Weltkrieg international mit unerwarteter Intensität ein, und die ETH konnte sich diesem wissenschaftlichen Wettbewerb, wollte sie ihren Rang halten, nicht entziehen. Die verschiedenen ETH-Abteilungen präsentierten ihre wohlmotivierten Raumwünsche, und am 17. Dezember 1945 wurde der Bundesversammlung die Botschaft 4914 (BBl 1945 II 737) über den Ausbau der ETH vorgelegt. Mit Bundesbeschluss vom 2. April 1946 (AS 1946, 429) wurden für die bessere Ausnützung des Hauptgebäudes, für die Erweiterung des Land- und Forstwirtschaftlichen Gebäudes, des Physikgebäudes, der Versuchanstalt für Wasserbau und Erdbau, des Maschinenlaboratoriums sowie für den Ankauf verschiedener Liegenschaften 27 Mio Franken gewährt. Ein Zusatzkredit von 12,129 Mio Franken (BB vom 7. Juni 1955; in BBl 1955 I 89) sichert den Abschluss dieser Bauvorhaben.
Architekt Prof. H. Hofmann bearbeitete 1944/45 das Projekt für das Hauptgebäude; er sah den Ausbau der beiden offenen Lichthöfe zu Sammlungen, die Errichtung zweier Auditorien V und VI über den bestehenden Auditorien III und IV und die Erweiterung der Büchermagazine der Hauptbibliothek vor. Der kompetente Projektverfasser erklärte: »Die Einbeziehung der Lichthöfe als Nutzflächen würde auch erheblich zur räumlichen und künstlerischen Bereicherung des Hauptgebäudes beitragen.« Diese Konzeption liegt auch den Projekten unserer heutigen Botschaft zugrunde.
Die meisten dieser das Hauptgebäude betreffenden Vorhaben Prof. Hofmanns blieben unausgeführt; man begünstigte die Verwirklichung anderer, im Verlaufe der Nachkriegsjahre dringender gewordener Projekte. Das scharfe Absinken der Studierendenzahlen zwischen 1947/48 und 1953/54 von 4141 auf 2664 liess den Hörsaalbau im Hauptgebäude weniger dringlich erscheinen.
Nun wird in der vorliegenden Botschaft auf die Ideen des inzwischen verstorbenen Prof. Hofmann in ausgereifteren Projekten zurückgegriffen. Diese neuen Projekte stehen nun aber unter dem Zeichen der rasch wachsenden Zahl der Studenten, einer starken Vermehrung des Lehrkörpers und der seit Jahren intensivierten Forschung. Wie 1944/45 gilt auch heute die Devise: die Grundform des Hauptgebäudes und seine Aussenarchitektur müssen unverändert bleiben (Denkmalschutz), man nütze vor allem die zu wenig ausgeschöpften Raumreserven der beiden grossen offenen Lichthöfe und des weiten Dachstocks!
In den beiden ungedeckten Lichthöfen sind Auditorien geplant; dann soll fast der ganze Dachstock für die Zwecke der Hauptbibliothek ausgebaut werden. Im f-Geschoss des Dachstocks werden Nebenräume (rd. 1 000 m²) für die Institute und Verwaltungen sowie drei Dienstwohnungen vorgesehen. Die Bibliothek benötigt überdies in den Lichthof-Untergeschossen Büchermagazine für ihre Latenzbestände. Des weiteren sollen bestehende Auditorien modernisiert werden. Durch die Konzentration der Auditorien in den Lichthöfen werden periphere Gebäudeteile frei für die Erweiterung der verbleibenden Fachabteilungen, für die Verwaltung und auch für das Studentenrestaurant frei. […]

2.2 Die Bauvorhaben im Hauptgebäude
2.21 Ausbau der beiden offenen Lichthöfe (Arch. Prof. Ch.-Ed. Geisendorf)
Schaffung neuer Auditorien; Büchermagazine im Untergeschoss und Verlegung von Dienstwohnungen. Die im Zentrum und in der Aussenstation dereinst vollausgebaute Bundeshochschule wird rund 8 000 Studierenden und rund 1 000 bis 2 000 Studenten des sogenannten 3. Zyklus Platz bieten. Eingehende Berechnungen und Vergleiche mit ausländischen Hochschulen ergaben, dass hiefür insgesamt an die 19 500 Hörsaalplätze notwendig sind. Diese Zahl muss sukzessive erreicht werden. Heute zählt man an der ETH 59 Auditorien mit 7 800 Sitzen; die vorliegende Botschaft sieht in 32 neuen Auditorien weitere 6 500 Plätze vor. Für den Vollausbau werden dann nochmals neue Auditorien mit 5 600

Plätzen nötig, besonders wenn man für die Erweiterung von Instituten und Verwaltungen in ältern ETH-Gebäuden einige kleinere Hörsäle opfern muss.

Die meisten propädeutischen, für mehrere Fachabteilungen gemeinsamen und nicht experimentellen Vorlesungen müssen aus organisatorischen Gründen im Hauptgebäude, dem Mittelpunkt der ETH-Anlagen, gehalten werden. Im Maschinenlaboratorium, im Naturwissenschaftlichen Gebäude, in den Chemie-, den Land- und Forstwirtschaftlichen sowie den Physik-Gebäuden (künftiges Erweiterungsgebiet der Elektrotechnik) liegen die Hörsäle für experimentelle Vorlesungen. Das Fehlen von Auditorien, insbesondere mit einem Fassungsvermögen von 350–400 Studierenden, stellt das Rektorat bei der Aufstellung der Semesterprogramme vor immer grössere Probleme. Die andauernde Frequenzzunahme erfordert nun die rasche Schaffung zusätzlicher grösserer Hörsäle. Dies kann nur durch den Ausbau der beiden offenen Innenhöfe des Hauptgebäudes sowie die Aufstockung von zwei Hörsälen mit je 350 Plätzen über den heutigen Auditorien III und IV gut realisiert werden. Für sechs kleinere Auditorien (mit je 60 Plätzen) für Übungen und Spezialvorlesungen bietet sich im a-Geschoss unter den bestehenden Auditorien I und II geeigneter Platz an. Die im Nord- und Südhof in den Geschossen a, b und c neu entstehenden sechs grossen und unterteilbaren Auditorien sollen je rund 400 Sitzplätze erhalten; sie sind durch Foyerflächen und Galerien mit den Normalgeschossen a, b und c um den Hof herum verbunden und leicht über die bestehenden Treppen zugänglich. Zwei weitere freie Treppen in jedem Innenhof sorgen zusätzlich für eine übersichtliche Verbindung zwischen den verschiedenen Geschossen und Auditorien und helfen mit, stärkeres Gedränge in den Gängen und Hallen zu vermeiden. Die neuen Hörsäle müssen vollständig klimatisiert und künstlich belichtet werden. Die ansteigende Bestuhlung muss eine gute Sicht auf die reflexfreie Wandtafel gewährleisten. Die neuen Auditorien werden mit Projektionsanlagen ausgerüstet.

Im d-Geschoss der Hofausbauten bietet sich willkommene Gelegenheit zur Schaffung von zwei Zeichensälen mit gutem Oberlicht und total 730 m² Nutzfläche. Der im Abschnitt 2.225 später beschriebene Ausbau der ETH-Hauptbibliothek macht eine Verlegung der Dienstwohnungen im Dachgeschoss notwendig. Gleichzeitig mit dem Ausbau der Lichthöfe sollen dort zwei Untergeschosse –a und –b gebaut werden, die die Ventilations- und Transformatorenanlagen aufnehmen und in denen sich zweckmässig Büchermagazine für die Hauptbibliothek (Latenzbestände) und Räume für die Betriebsschutzorganisation einrichten lassen. […]

2.22 Aufbau des Mitteltraktes; Vollausbau des Dachgeschosses für die Hauptbibliothek und die Verwaltung; Renovation von Auditorien und Erweiterung des Studentenrestaurants (Arch. Prof. A. Roth).
2.221 Totalrevision der Auditorien III und IV.
Infolge des vorgesehenen Ausbaus der offenen Lichthöfe müssen die derzeitigen Auditorien III und IV in Zukunft künstlich belichtet und vollklimatisiert werden. Gleichzeitig mit dem Einbau der Klimaanlage und der neuen Beleuchtung drängt sich eine vollständige Erneuerung dieser beiden seit dem Wintersemester 1920/21 in Betrieb stehenden und nie durchgehend renovierten Hörsäle auf. Dieses Vorhaben figuriert schon seit Jahren im Bauprogramm der ETH, doch wurde die Realisierung aus konjunkturellen Gründen immer wieder hinausgeschoben. Die geplante Neugestaltung der Auditorien III und IV zielt vor allem auf eine bessere Anordnung der Sitze und die Modernisierung der technischen Einrichtungen ab.

Die Auditorien I und II konnten bereits im Jahre 1958 dank eines mit dem Bauvoranschlag bewilligten Objektkredites von 631 000 Franken umgebaut und mit einer Klimaanlage versehen werden.

2.222 Aufbau von zwei neuen Auditorien V und VI auf die bestehenden Hörsäle III und IV
Im Hauptgebäude wird eine Vermehrung der Sitzzahl um 3 000 Plätze angestrebt. Durch Drehen der Sitzanordnung um 180° und eine flachere Abtreppung wird es möglich, die Raumhöhe der zu erneuernden Auditorien III und IV und der neu zu erstellenden Auditorien V und VI den heutigen Geschosshöhen des Hauptgebäudes anzugleichen. Der Aufbau darf nicht über das e-Geschoss der Hauptbibliothek hinausragen, damit der Semperbau in keiner Weise beeinträchtigt wird. Die beiden neuen Auditorien V und VI weisen mit ansteigender Bestuhlung je 350 Plätze auf und sind mit den nötigen technischen Einrichtungen ausgerüstet. Die Aufstockung der neuen Auditorien V und VI, der Bau der erwähnten Hörsäle im Nord- und Südhof sowie die Schaffung von zwei Untergeschossen unter den Lichthöfen erfordern eine umfangreiche Verstärkung der Fundamente. Es werden Bauelemente und Konstruktionssysteme gewählt, die ein zeitsparendes und rationelles Bauen gestatten.

2.223 Umwandlung des Auditorium Maximum in ein Mehrzweckauditorium
Die rapide Zunahme der Zahl der regulären Studierenden im letzten Jahrzehnt (1953/54 = 2646; 1963/64 = 5 112) hatte zur Folge, dass das ursprünglich für die Durchführung besonderer akademischer Anlässe konzipierte Auditorium Maximum schon seit vielen Jahren intensiv als Hörsaal für die grossen propädeutischen Vorlesungen benutzt werden muss. Als Unterrichtsraum weist es viele Mängel auf: ungünstige Sichtverhältnisse, Fehlen geeigneter Wandtafeln und Projektionseinrichtungen, unzweckmässige Sitze, schlechte Beleuchtung und mangelhafte Belüftung. Das Auditorium Maximum soll auch in Zukunft für Unterrichtszwecke zur Verfügung stehen, und das bisherige unbefriedigende Provisorium muss daher durch ein modernes Mehrzweckauditorium abgelöst werden, das sowohl für die besonderen akademischen Veranstaltungen als auch für den Unterricht und öffentliche Vorträge bestmögliche Voraussetzungen bietet. Es ist geplant, die heutige Innenausstattung samt Bestuhlung von Grund auf zu erneuern. Die Wandtafel und der Projektionsschirm werden so placiert, dass sie bei festlichen Anlässen mit einem Vorhang verdeckt werden können. Von sämtlichen Sitzen aus – auch von denen des neu eingefügten Balkons – soll eine einwandfreie Sicht auf Katheder, Wandtafel und Projektionsschirm möglich sein. Eine moderne Lautsprecheranlage gehört selbstredend zur Ausrüstung des grossen Auditoriums. Sitze aus Stahl und Holz mit Klapp-Schreibbrettern werden das Auditorium zu einem vollwertigen Unterrichtsraum machen. Das neue Mehrzweckauditorium wird vollklimatisiert und mit guten Beleuchtungs- und Verdunkelungsanlagen ausgerüstet. Durch entsprechende Materialwahl und besondere baukünstlerische Gestaltung wird auch hier eine festliche Atmosphäre möglich. Das neu gestaltete Mehrzweckauditorium wird 765 Personen Platz bieten, gegenüber 629 heute.

2.224 Erweiterung des Studentenrestaurants
[…] Bis zur Verwirklichung des projektierten Studentenheim-Neubaues im Pfrundhausgarten SE der Seilbahn werden wohl noch einige Jahre vergehen. Es wird immer wichtiger, dass sich die Studierenden in den kurzen Mittagpausen in der Nähe ihrer Arbeitsstätten verpflegen können. Die Überlastung des Studentenheims bringt es mit sich, dass immer mehr Studierende der ETH den Erfrischungsraum im Hauptgebäude, der ebenfalls vom Studentenheim betrieben wird, aufsuchen. Dort werden ausser den Zwischenmahlzeiten täglich bis zu 400 Mittagessen ausgegeben, eine Zahl, die nur bei einem raschen Wechsel der Gäste möglich ist. Eine neuerliche Vergrösserung des 1962 durch Einzug eines Zwischenbodens auf 170 Plätze erweiterten Restaurants lässt sich nicht mehr aufschieben. Sein Ausbau

wird um so dringender, als das im ETH-Zentrum gelegene und von den Studenten ebenfalls stark besuchte alkoholfreie Restaurant »Tanne« der Erweiterung des Maschinenlaboratoriums weichen muss. Die Vermehrung der Sitzplätze im Studentenrestaurant lässt sich durch die Einbeziehung des heutigen Zeichensaales 7c und eines Teils des Archivraums 6c in bester Weise verwirklichen. Mit den vorgesehenen baulichen Massnahmen können über 100 zusätzliche Sitzplätze geschaffen werden. Mit der geplanten Erweiterung des Restaurants werden auch einige betriebliche Verbesserungen realisiert. […]
Die konstruktive Ausführung der Um- und Erweiterungsbauten erfolgt je nach örtlichen Voraussetzungen in Eisenbeton, Stahl und Mauerwerk. Die bestehenden Ziegeldächer werden durchwegs unverändert gelassen. Sämtliche Baumassnahmen ergeben keine von aussen sichtbaren Veränderungen der heutigen Architektur des Hauptgebäudes. […]

Botschaft des Bundesrates an die Bundesversammlung über den weiteren Ausbau der Eidgenössischen Technischen Hochschule und der mit ihr verbundenen Anstalten (Vom 9. Juli 1965), in: Bundesblatt 117 (1965), Bd. 2, S. 889–997, hier S. 894–903

— 1970
Gaudenz Risch

DER WEITERE AUSBAU DER EIDGENÖSSISCHEN TECHNISCHEN HOCHSCHULEN

Organisation und Methoden der ETH-Planung

[…] Für den weiteren Ausbau gilt heute der Grundsatz, Hochschulbauten wenn immer möglich so zu projektieren, dass sie laufend neuen Erfordernissen angepasst werden können. Wirtschaftliche Überlegungen und die Rücksichtnahme auf sich wandelnde Organisations- und Strukturformen sind bei Entscheiden in Bau- und Planungsfragen ausschlaggebend.

Die ETH – eine Grossunternehmung

Im gesamten sind heute 14 000 Personen (Studierende, Lehrkörper, Mitarbeiter) an den beiden Hochschulen tätig. Die jährlichen Aufwendungen bewegen sich um 170 Mio Fr., und die Bauinvestitionen betragen zurzeit 100 Mio Fr. im Jahr. Die Planung und Leitung einer solchen Institution verlangt eine Organisation nach modernen Grundsätzen. Zur Planung gehören die laufende Analyse der bestehenden Verhältnisse, die Verfolgung der Entwicklungstendenzen und eine stets nachzuführende Prognose der zukünftigen Bedürfnisse hinsichtlich der bildungs- und forschungspolitischen, personellen, finanziellen und baulichen Belange. […]

Die ETH-Planung in Zürich und in Lausanne

Der Ausbau der Planungsorganisation der Bauherrschaft wurde 1961 eingeleitet, indem eine Koordinationsstelle für die Bauten der ETH-Zürich geschaffen wurde. 1968 ist eine beratende Planungskommission eingesetzt worden. Gleichzeitig begann man, die in der ETH-Zürich bestehenden Institutionen zu mobilisieren, indem zum Beispiel dem Betriebswissenschaftlichen Institut, den Instituten für Operations Research und Verkehrstechnik, sowie neuerdings dem Institut für Hochbauforschung Studienaufträge erteilt wurden.
Vor kurzem wurde bei der Verwaltung der *ETH-Zürich* eine *Planungsstelle* geschaffen, die entsprechend den Weisungen des Präsidenten der ETH-Zürich selbständige Planungsaufgaben zu erfüllen hat (Ausarbeitung des Generalplanes, die Projektvorbereitung und Projektbegleitung). Um einen aufgeblähten Apparat zu vermeiden, wird die Planungsstelle möglichst viele Arbeiten im Auftragsverhältnis durch spezialisierte Institute und Firmen (Büros) ausführen lassen. Die Aufgaben und Tätigkeit der Planungsstelle wird künftig ein Ausschuss der Planungskommission betreuen. Diese ist ihrerseits erweitert worden und bildet das beratende Organ der Planungsstelle und das Bindungsglied zu allen an der Planung interessierten Kreisen.
Der weitere Ausbau der ETH-Zürich erfolgt weiterhin gemäss der vor 10 Jahren eingeleiteten räumlichen Zweiteilung in die ETHZ-Zentrum und die ETHZ-Hönggerberg. Der immer wieder befürchteten Aufspaltung in zwei Schulen soll durch eine optimale *Verkehrserschliessung* begegnet werden. Dazu gehören: Anschluss der ETH-Hönggerberg an das Netz der städtischen Verkehrsbetriebe (VBZ), Einrichtung eines vom Fahrplan der VBZ unabhängigen ETH-eigenen Pendelverkehrs, Schaffung genügender Parkplätze, Sanierung der Verkehrsverhältnisse im ETH-Zentrum, kreuzungsfreier und leistungsfähiger Anschluss der Aussenstation Hönggerberg an die städtischen Hauptstrassen, Ausbau der öffentlichen Strassen (Zufahrt) und Plätze, Unterführungen u. a. Damit das Zusammenspiel Zentrum und Hönggerberg gut funktioniert und die örtliche Trennung der Schule möglichst wenige Nachteile zur Folge hat, sind auch alle *Kommunikationsmedien* auszubauen. Dazu gehören insbesondere: das Telephon (Personensucheinrichtungen, kombiniert mit Direktverbindungen im ganzen ETH-Bereich); weitere Fernschreiberverbindungen zwischen den verschiedenen Dienstleistungsbetrieben; Fernsehverbindungen für Eidophor-Projektionen.
Bei der Beratung der ETH-Botschaft Nr. 9711 (5. Juni 1967) in den Räten wurden verschiedene Postulate zur *Standortfrage* von Abteilungen eingereicht. Sie hatten u. a. zur Folge, dass die Abteilungen Bauingenieurwesen (II) sowie Kulturtechnik und Vermessung (VIII) nunmehr auf den Hönggerberg verlegt werden sollen. Diese von den Planungsrichtlinien des Jahres 1959 abweichenden Entscheide des Schulrates und die in den letzten zehn Jahren allgemein wesentlich enger gewordene interdisziplinäre Verflechtung in Lehre und Forschung verlangten, weitere Standortfragen zu überprüfen. Dabei war auch auf vorhandene Bauten Rücksicht zu nehmen, soweit diese nicht bei verantwortbaren Kosten neuen Verwendungszwecken dienstbar gemacht werden können. […]
Für die ETH-Zürich gilt nach wie vor das 1965 festgelegte Planungsziel mit einem Vollausbau für 10 000 Studenten, davon 2 000 Nachdiplom-Studierende. Trotzdem sich die Entwicklung der Studierendenzahl jeder Steuerungsmöglichkeit (bei uns!) entzieht, ist eine vorausschauende Bauplanung unerlässlich. Für die ETH-Zürich sollten im Endausbau rund 600 000 m² Bruttogeschossflächen realisiert werden können. Davon sind rund 230 000 m² heute vorhanden. Wieviel Fläche auf dem sich im Bundeseigentum befindenden überbaubaren Areal im Zentrum und auf dem Hönggerberg noch untergebracht werden kann, hängt von den Bauvorschriften der Stadt Zürich ab. Unter den heute geltenden Regelungen dürften sich nur etwa 500 000 m² Bruttogeschossfläche verwerten lassen. Auf längere Frist werden gemeinsam mit den Behörden des Kantons und der Stadt Zürich für das Hochschulquartier im Zentrum und auf dem Hönggerberg Sonderbauordnungen angestrebt. Diese sollen eine dichtere, wirtschaftlichere und den speziellen Bedürfnissen der Hochschule angepasste Überbauung der verfügbaren Areale ermöglichen. Trotzdem wird es notwendig sein, das Hochschulgebiet noch zu erweitern. […]

Globalplanung

Die Bauherrschaft bedient sich der heute im In- und Ausland üblichen Methoden der Hochschulplanung. An die Stelle der blossen Addierung von Einzelbegehren tritt die generelle Bedarfsschätzung, welche mit vergleichbaren Richtwerten für die Raumbedürfnisse der verschiedenen Fachrichtungen rechnet. Für die den gesamten Raumbedarf für eine Hochschule erfassende Planung eignet sich als Vergleichswert besonders die *Bruttogeschossfläche je Studierenden*. Diese Zahl bewegt sich für europäische Hochschulen zwischen 40 und 80 m^2 pro Studierenden. Für technische Hochschulen in der Art der beiden ETH bedeuten 50 m^2 das Minimum für den heutigen Ausbaustand. Angesichts der laufenden Entwicklung der Anforderungen muss für einen Ausbau im Rahmen des Planungszieles mit mindestens 60 m^2 für jeden Studenten gerechnet werden. Mit Hilfe dieser Richtwerte lässt sich unter Berücksichtigung der städtebaulichen Möglichkeiten (Baugesetze, Ausnützungsziffer usw.) der notwendige Baulandbedarf ermitteln. [...]

Die Botschaft 1970 über den weiteren Ausbau der Eidgenössischen Technischen Hochschulen und der mit ihnen verbundenen Anstalten

[...]

Mensa-Mehrzweckräume in der Polyterrasse

Im Jahre 1930 wurde das bestehende Studentenheim an der Clausiusstrasse für damals 1 600 Studenten eröffnet. Heute kann der Grossteil von 6 000 Studierenden und 3 000 Professoren, Assistenten, wissenschaftlichen, technischen und administrativen Mitarbeitern nicht angemessen verpflegt werden. Alle momentan im Zentrum befindlichen Verpflegungsstätten vermögen auf rund 1 000 verfügbaren Plätzen gesamthaft etwa 2 600 warme Mittagessen abzugeben. Diese Kapazität muss nun verdoppelt werden, um 60 % der ETH-Angehörigen verpflegen zu können. Die Neueröffnung der Universitätsmensa hatte keinen Einfluss auf den Umsatz der Verpflegungsbetriebe der ETH.
Es hat sich gezeigt, dass es weder zumutbar noch organisatorisch rationell wäre, die notwendigen 2 500 Plätze zu konzentrieren. Zweckmässig scheint eine Lösung zu sein, wonach eine Grossküche die Hauptmensa versorgt und zugleich noch einige wenige, dezentralisierte Nebenrestaurants in Institutsgebäuden beliefert.

Als Standort für eine neue Mensa kann lediglich das Areal unter der Polyterrasse dienen, wozu noch der städtische Pfrundhausgarten mit rund 7 200 m^2 einbezogen werden muss. Innerhalb des Ausbaus des ETH-Zentrums liegt der künftige Komplex der Mensa-Mehrzweckräume unter der Polyterrasse und nördlich von dieser günstig. Der ganze obere Hangbereich vom Bürgerasyl bis zum Rämibühl soll eine zusammenhängende, von einem Fussgängerweg durchzogene Erholungszone zwischen Altstadt und Hochschulquartier werden. Polyterrasse, Mensa-Universität und Rechberggarten geben ihr heute schon Akzente. Im Bereich der Polyterrasse wird die Leonhardstrasse als Teilstück des Kreiselverkehrs um das Hauptgebäude unterführt. Dadurch wird die Terrasse als Fussgängerplatz aufgewertet. Zugleich ergibt sich eine gedeckte Bus- und Autovorfahrt mit An- und Auslieferung für die Mensa.
Vor dem klassizistischen Hauptgebäude ist die Bebauung Polyterrasse unauffällig (innerhalb des leerstehenden Geländes) in die Hangkante über der Altstadt eingeschoben und bildet ein diskretes Sockelgeschoss. Damit wird ein denkmalpflegerisches Erfordernis, die völlige Freihaltung der Semperschen Westfassade, gewahrt [...]. Das Bauvolumen von 67 000 m^3 (14 500 m^2) ist zu über 95 % unterirdisch angelegt mit einseitiger Belichtung und Aussicht über die alten Stadtquartiere. Die neugestaltete Polyterrasse und die seitlich dieser abgetreppten Dachflächen sind als Platz- und Gartenlandschaft gedacht.
Die darunterliegenden Bauten werden mit Ausnahme der Treppenhäuser als Skelettbauten und Hallenkonstruktionen konzipiert. Die dadurch optimal erreichte Variabilität erlaubt es, die Räume späteren Nutzungsveränderungen anzupassen. Unterzugslose Plattendecken lassen die Installationen auf einfache Weise anordnen.
Über die beidseits und symmetrisch zur Polyterrasse geführten Freitreppen ist die Eingangshalle mit einer Informationsstelle der Studenten-Organisationen erreichbar. Davor liegt die unterteilbare Cafeteria (600 Plätze), die sich stadtwärts auf einen Arkadenumgang öffnet. Dahinter die Anlieferung, Unterführung und Vorfahrt.
Unter dem ersten Terrassengeschoss (Eingangshalle/Cafeteria) liegt die zweistöckig ausbaubare Mehrzweckhalle (2 x 2 200 m^2). Sie kann als Provisorium Grossraumbüros, Zeichensäle, Arbeitsräume usw. aufnehmen und so den Umlegungen dienen, welche während der noch längere Zeit dauernden Ausbauphase der ETHZ notwendig werden. Es werden jedoch im voraus installations- und bautechnische Massnahmen getroffen, um später den Ausbau dieses Volumens zu einem

grossen Mehrzwecksaal rasch und kostensparend vorzunehmen. Dieser wird mit rund 1 200 Plätzen für Weiterbildungskurse, Abteilungsversammlungen, Schulanlässe, Vorlesungen mit grossem Hörerbesuch usw. benützt werden. Ein Grossauditorium [...] mit modernen Einrichtungen, Nebenräumen usw. würde aber auch ausserhalb des Schulgebrauches für Tagungen, internationale Kongresse und andere Veranstaltungen wertvollste Dienste nicht zuletzt zugunsten der Stadt Zürich als internationale Metropole leisten.
Auf dem Areal Pfrundhausgarten befindet sich, halbgeschossig zur Eingangshalle versetzt, die Shopping-Speiseausgabe und davor der terrassierte Essraum. Dieser gewährt trotz grosser Tiefe den 600 Gästen Ausblick ins Grüne. Im zugehörigen Untergeschoss ist die gesamte Küchenanlage entwickelt. Der Bereich Hauptmensa/Grossküche umfasst:
600 Caféplätze an zwei Doppelbuffets, in verschiedene Raumgruppen unterteilbar; 600 Essplätze mit Shopping-Speiseausgabe und freistehendem Kassenblock; zentrale Geschirrspüle an direktem Transportband ab Ausgang Essraum; Grossküche (kalte K., warme K., Rüstküche) Kapazität 5 600 warme Essen, davon 2 600 an Nebenmensen auszuliefern; Bäckerei, Konditorei mit Auslieferung von 60 % der Produktion an Nebenmensen; Personalgarderoben für 100 Angestellte; Büro- und Besprechungsräume der Betriebsleitung; Kühl-, Lager- und Vorratsräume; Sanitäts- und Esszimmer. Die Anlieferung erfolgt teils mit Kühllastschleppern und schweren Lastwagen.
Der Gesamtkomplex Mensa-Mehrzweckhalle bildet einen variablen Organismus. Dessen Teile können je für sich benützt oder gesamthaft zugänglich gemacht werden. Durch die internen rückwärtigen Verbindungen zum Hauptgebäude und den separaten Eingang zum Mehrzwecksaal von der Schienhutgasse wird aber jede Ausnützungskombination möglich. Die Aufwendungen für dieses Bauvorhaben werden auf 25,1 Mio Fr. berechnet. Mit der Projektierung wurde Prof. *C. E. Geisendorf* beauftragt. Sachbearbeiter ist Architekt *D. Schäfer*. [...]

Risch, Gaudenz: Der weitere Ausbau der Eidgenössischen Technischen Hochschulen, in: Schweizerische Bauzeitung 88 (1970), S. 647–653

— 1969
**Charles-Edouard Geisendorf,
Gaudenz Risch**

Die zweite Erweiterung des ETH-Hauptgebäudes

Bauprogramm

Seit 15 Jahren hat sich die Zahl der Neueintretenden der ETH vervierfacht (1954/55: 670, 1969/70: 2 600). Dieses verlangte neben dem Ausbau der verschiedenen Abteilungen im Zentrum oder in Aussenstationen vordringlich die *räumliche Erweiterung des ETH-Hauptgebäudes* für folgende *zentrale Funktionen:*
a) *Unterricht* (Auditorien)
– Propädeutika, gemeinsam für mehrere Abteilungen
– Freifachvorlesungen, für alle Abteilungen
– interdisziplinäre Weiterbildungskurse;
b) *Hauptbibliothek* (Lesesäle, Magazine)
– zentrale Leitung aller Abteilungsbibliotheken;
c) *Verwaltung* (Büro und Archivflächen)
– Schulrat
– Rektorat
– Technischer Dienst
Da die sprunghafte Entwicklung der einzelnen Abteilungen und Institute Spezialbauten oder -baugruppen erfordert, war es naheliegend, diese aus dem Hauptgebäude schrittweise auszusiedeln und die zentralen Funktionen in dem wenig differenzierten Altbau zu belassen und auszubauen. Dies umsomehr, als das Hauptgebäude ursprünglich vom Kanton gebaut und der Eidgenossenschaft zur Verfügung gestellt wurde mit der Bedingung der Rückgabe, falls es durch die ETH nicht mehr genutzt würde.
Es bedeutet einen Glücksfall, dass der von Gottfried Semper grosszügig konzipierte Bau in Etappen von 50 Jahren den erweiterten aktuellen Bedürfnissen angepasst werden konnte, wobei die repräsentative Bedeutung des Hauptgebäudes als Zentrum einer wichtigen öffentlichen Institution in ihrer historisch wertvollen baulichen Erscheinung gewahrt werden konnte.

Aktuelle Ausbauetappe

Die heute in Ausführung begriffene Ausbauetappe nach der Konzeption des früheren Schulratspräsidenten *Pallmann* besteht aus folgenden Teilen:
1. Vollausbau der Hauptbibliothek im Dachgeschoss mit teilweiser Aufstockung innerhalb der heutigen Baukontur; Umgestaltung und Aufstockung der Gullschen Auditorien und Ausbau der Polybar (Arch. Prof. *A. Roth*, Mitarbeiter: *H. Eberli, F. Weber,* Ingenieur: *Ochsner & Spahn*).
2. Einbauten in die Innenhöfe mit neuen Auditorien und Foyers, sowie Bibliothekmagazine und Installationsräume im 2. und 3. Untergeschoss; Umgestaltung der umgebenden Korridore und der übrigen Kommunikationsflächen sowie Neugestaltung des 1. Untergeschosses (Arch. Prof. *C. E. Geisendorf,* Mitarbeiter: *K. Noack, K. Rohner, G. Wielandt* und *D. Schaefer,* Ingenieurgemeinschaft: Prof. Dr. *K. Hofacker* und *R. Fietz,* Mitarbeiter *K. Gutknecht*).
3. Umlegung und Renovation der peripheren Fassadenräume im Altbau für Verwaltung und Unterrichtszwecke (Arch. Umbausektion der Eidg. Bauinspektion V). […]

Hofeinbauten und Kommunikationen

Der grosse, breitformatige Innenhof Sempers war nur durch eine eingeschossige Verbindungshalle (»Antiken-Sammlung«) in der Hauptachse gegliedert und verband somit räumlich die beiden Flügelbauten längs Tannenstrasse und Künstlergasse. Die mehrgeschossige Haupthalle von Gull mit den beidseitsliegenden Auditorienrundbauten schnitt diesen Hof in zwei wenig interessante Teile, die als Freiräume keine architektonische Funktion mehr erfüllten. Durch die neuen Hofeinbauten wird die ursprüngliche räumliche Weite des ehemaligen Innenhofes wieder spürbar sein, weil durchgehende Öffnungen beidseits der Gullschen Auditorien auf den verschiedenen Geschossen die beiden Höfe durch die Haupthalle hindurch verbinden. Eine neue Kommunikationsebene, die ein Geschoss unter der Haupthalle liegt und die beiden Hofebenen verbindet, verdeutlicht die zusammenfassende Wirkung der neuen Hofeinbauten. Beide Dispositionen geben dem Gesamtbau eine neue Transparenz.
Von dieser 1. Untergeschossebene sind alle Gebäudeteile über alle zugehörigen Vertikalverbindungen erreichbar. Jede Raumgruppe des Gesamtbaues wird ohne interne Kreuzung erschlossen. Damit lässt sich die Zugänglichkeit des ganzen Gebäudekomplexes nach Bedarf dosieren. Von diesem Geschoss sind auch die folgenden, in der Planung des ETH-Zentrums vorgesehenen Teile späterer Ausbauetappen, direkt erreichbar: Grossauditorium, Studentenmensa und Vorfahrt unter der Polyterrasse, Autoeinstellgarage und Warenanlieferung unter dem Hof gegen die Rämistrasse, Fussgängerplattform unter der Einmündung Tannenstrasse-Universitätsstrasse mit unterirdischem Anschluss an Tram, Untergrundbahn, Central-Garage und Central-Platz.

Räumliche Gliederung

Die hohe, monumentale Haupthalle Gulls bleibt als innenräumliche Dominante des Hauptgebäudes bestehen. Die seitlichen neuen Durchbrüche verbinden sie nun zusätzlich durch niedrige Passagen mit den mehrgeschossigen Hallen in den Höfen und schaffen so Querverbindungen und -durchblicke. Diese Querverbindungen, sowie die neuen Treppenhäuser Süd und Nord und die optische Einbeziehung der alten Korridore in die Höfe ergeben eine übersichtlichere Orientierung im Gesamtbau. Die durch Prof. *A. Roth* umgebauten oberen Geschosse öffnen sich nun durch die hochliegend durchlaufenden Fensterbänder zur Haupthalle; der Einblick in die mit Oberlichtern versehenen neuen Hallen der Hauptbibliothek verstärkt die Präsenz des Bibliothekbetriebes, der den oberen Teil der Haupthalle belebt.
Die Hofeinbauten sind geprägt durch ein neues, aus dem maximalen Sichtwinkel der Auditorien abgeleitetes diagonales Koordinatensystem. Dieses wird in der Tragkonstruktion der grossflächigen, über das 2. Obergeschoss gespannten Glasdecke übernommen. Dadurch ergibt sich eine massstäbliche Unterteilung des Hofausbaus. Über der Glasdecke werden die drei aufgestockten Geschosse mit Büroflächen (an der Peripherie des ursprünglichen Hofes), ein Auditorium und ein Mehrzwecksaal natürlich belichtet. Darunter erhalten die galerieartig angelegten Foyers der Auditorien sowie das Kommunikationsgeschoss ausreichend Tageslicht. Die trapezförmig von der alten Hoffassade abgelösten Foyergalerien machen die Mehrgeschossigkeit der Hofeinbauten erkennbar.
Die umliegenden, früher eher monotonen Korridore wurden durch Wegnahme der Fensterbrüstungen und Vollverglasung der Öffnungen räumlich in die Höfe einbezogen. Sie erhalten den Charakter von umlaufenden Galerien. Die Hoffassaden wurden renoviert und erhielten Putzeinteilungen mit verschiedener Körnigkeit. Sie stehen im Kontrast zu den Materialien der Einbauten: Konstruktionen in Sichtbeton, Natursteinböden und perforierte, schallschluckende Tongittersteinverkleidungen.
In architekturhistorischer Hinsicht wurde der Altbau aus der Semperzeit möglichst erhalten und, wo es die neuen Funktionen des Hauptgebäudes zuliessen, in seinem charakteristischen Bestand unterstützt (hier wäre zum Beispiel an die perspektivisch erschlossene Weite der ursprünglichen semperschen Hofumbauung zu erinnern). Die straffe, zurückhaltende und etwas nüchterne Haltung des Semperbaus, mit Betonung von Symmetrie und klarer Rhythmisierung, ist in der zeitgemässen Archi-

tekturformensprache der Höfe weiterverfolgt worden. Auch die rund 50 Jahre jüngeren Bauteile von Prof. Gull hat man in solchem Sinne pfleglich respektiert. Die manche Feinheiten aufweisende Integration des Neuen in das Alte ist auch dem ständigen Kontakt des Architekten mit dem Kunsthistoriker zu danken, dessen beratender Funktion sich Professor Dr. *Paul Hofer* gewissenhaft und liebevoll (als Vertreter der Schule) angenommen hat.

Neue Auditorien

In jedem der neu ausgebauten Höfe befinden sich etwa 1200 Sitzplätze in drei übereinanderliegenden Auditorien mit 400 Plätzen. Die zwei untersten sind in je zwei Auditorien für rund 200 Hörer unterteilbar. Die obersten erhielten eine komplette Ausstattung für Kino, Eidophor und Grossraum-TV, Radio und Simultan-Übersetzungsanlagen.

Der Höhenunterschied zwischen der hintersten Sitzreihe und der Rednerzone entspricht einem halben Normalgeschoss, beziehungsweise der Niveaudifferenz zwischen der Haupthalle und den Erdgeschosskorridoren. Somit korrespondieren entweder die vorderen oder die hinteren Zugänge der Auditorien mit den bestehenden Niveaus der Korridore. Die oberen und unteren Türpaare erlauben zudem ein rasches Füllen und Entleeren der neuen Auditorien und das Steuern der Zuhörerströme (z. B. Einbahnbetrieb bei grossem Andrang und dichter Vorlesungsfolge).

Die amphitheatrale Form, die parabolische Stufung der Sitzreihen, die Bestuhlung und die übrige Gestaltung der Auditorien ist auf möglichst gute Sicht- und Hörkontakte Redner-Zuhörer und eine maximale Konzentration auf Katheder mit Projektions- und Tafelflächen ausgerichtet worden. […]

Konstruktion

Um die Bauhöhe minimal zu halten, wurden die Zwischendecken der Auditorien als rippenlose, 25 cm dicke, doppelt gekrümmte hängende Schalen in die Umfassungswände der Auditorien eingespannt. Die grossen Zugkräfte der Schale nimmt der horizontale Druckrahmen auf, der aus dem Rand der Schale selbst und den geschlossenen Wänden gebildet wird. Die Umfassungswände sind durch vertikale Rippen versteift, welche die Einspannungsmomente des Schalenrandes übernehmen. Zwischen diesen Rippen sind schallschluckende Füllungen eingebracht, die nach aussen durch dünne Tongittersteine abgedeckt sind. Die Foyerdecken und -brüstungen bestehen in Sichtbeton. Die Brüstungen dienen als versteifende Randträger.

Die gesamte Konstruktion der Hofeinbauten ist vom bestehenden Altbau gänzlich unabhängig und auch getrennt fundiert. Tragende Konstruktionsteile bilden die rippenversteiften Auditorienaussenwände, eine Reihe von Pendelstützen, die sich um die halbrunden Auditorien von Gull verteilen, und zudem je vier runde Sichtbetonsäulen in den Ecken der trapezförmigen Bodenöffnungen der Foyerdecken. Diese Decken sind durch einen 15 cm breiten, sichtbaren Schlitz von den ursprünglichen Hofumfassungsmauern abgesetzt und nur in wenigen Punkten durch Stahldübel gelenkig gelagert.

Die tragende Struktur der oberen Glasdecke besteht in einem Trägerrost mit optischer Rasterwirkung. Ein Netz aus Ortsbetonbalken, in drei Richtungen gespannt, übernimmt das aus den Seitenwänden der Auditorien abgeleitete diagonale Koordinatensystem. Die Ortsbetonbalken wurden in sichtbar bleibende, verlorene Schalungen (aus vorfabrizierten dreieckigen Weissbetonrahmenelementen) gegossen. Das weitausgedehnte, einfach gefaltete Glasdach ist mit einem Abstand (20 cm für Ventilation und Heizung) punktweise gelagert. Die Glasdachkonstruktion besteht aus einem Isolierglas mit einem oberen Spezialglas, das sich bei grosser Wärmeeinstrahlung automatisch beschichtet und dadurch die eindringenden Sonnenstrahlen abfängt; bei normalem oder kaltem Wetter bleibt dieses transparent und lässt ein Maximum an Licht durch. Damit wird eine gute Tagesbelichtung der darunterliegenden Foyerhallen wie auch der angrenzenden umgestalteten alten Korridore erreicht. […]

Geisendorf, Charles Edouard; Risch, Gaudenz: Die zweite Erweiterung des ETH-Hauptgebäudes, in: Schweizerische Bauzeitung 87 (1969), S. 757–762

— 1974
Jean-Pierre Sydler, Walter Willy, Alfred Roth

Die neue Hauptbibliothek der ETH Zürich

Betriebstechnische Voraussetzungen und Lösungen

Die Planung und Ausführung der Erweiterungsbauten sowie die Erneuerung der technischen Anlagen der ETH-Bibliothek haben fast 10 Jahre gedauert. Mit dem Entscheid, dass die Bibliothek am ursprünglichen Standort, den obersten Geschossen des Hauptgebäudes, zu verbleiben habe, begann 1963 die für Benutzer und Mitarbeiter gleichermassen betriebsstörende Ausbauperiode. Dieser Beschluss ermöglicht es, die äusserst prekären Platzverhältnisse innert kurzer Zeit zu verbessern, so dass keine Beschränkung des Betriebes durch kostenaufwendige Auslagerungen von Beständen vorgenommen werden mussten. Er hatte aber anderseits zur Folge, dass die Organisation des Betriebes durch den Gebäudegrundriss weitgehend vorgeschrieben wurde. Beispielsweise konnten Arbeitsräume nur gegen die Innenhöfe zu eingerichtet werden, was eine Konzentration verhinderte und lange Verbindungswege ergab. So muss ein Buch vom Eingang bis zum Versorgen ins Magazin bis 150 m zurücklegen. Auch kleine Niveauunterschiede auf dem gleichen Stockwerk waren in Kauf zu nehmen und durch Rampen zu überbrücken, um einen Verkehr mit Büchertransportwagen in der ganzen Bibliothek zu ermöglichen. Trotz dieser Erschwernisse ist es gelungen, ein Optimum aus den bestehenden Verhältnissen herauszuholen. […]

Raumanlage

Die Zuordnung der Bibliotheksräume wurde durch die gegenwärtigen und durch voraussehbare künftige Dienstleistungen nur zum Teil bestimmt. Koordinativ waren zudem die Pläne für die Erschliessung des Gesamtgebäudes zu berücksichtigen. Geraume Zeit blieben die Ausbaumöglichkeiten der Kuppel offen wie auch eine denkbare Absenkung der Decke über der zentralen Halle zur Gewinnung eines Lesesaales mit einer grossen Freihandbibliothek. Die getroffene Lösung vereinigt für den Benützer der Präsenzbibliothek (Zeitschriften- und Bücherlesesäle) und für die Benützung der Ausleihbestände am Ort alle benötigten Einrichtungen im Zentrum. […]

Die Durchführung des Bauvorhabens

Die flächenmässige Ausdehnung der Bibliothek beansprucht heute die gesamte Grundfläche des Hauptgebäudes mit Ausnahme der ehemaligen Aula von Gottfried Semper. Die Vermehrung der Nutzfläche beträgt gegenüber dem früheren Zustand insgesamt 6 100 m², wobei die durch den Ausbau der beiden Lichthöfe (Prof. *Ch. E. Geisendorf*) gewonnenen zweigeschossigen Kellermagazine von insgesamt 2 000 m² hinzuzuzählen sind; davon stehen heute nur die des Südhofes zur Verfügung.

Die besonderen Schwierigkeiten der praktischen Durchführung des umfangreichen und komplexen Bauvorhabens bestanden darin, einen möglichst ungestörten Fortgang des Bibliotheksbetriebes während allen Umbauetappen zu gewährleisten. Hinzu kam die Forderung des Denkmalschutzes nach Beibehaltung der äusseren Erscheinung der Dachzone des Gebäudes, während die Hofseiten vollständig erneuert wurden. Durch Beseitigen der schrägen Dachflächen konnte hier ein neues Geschoss gewonnen werden.

Vom Frühjahr 1966 bis Ende 1972 waren die Umbauarbeiten in vier Etappen verlaufen:

1. Ausbau des Nordrisalites mit Magazinen und Mikrokopierraum.

2. Zweigeschossige Aufstockung südlich und nördlich längs der Halle des Hauptgebäudes, hauptsächlich für Räume der Verwaltung und Direktion. Gleichzeitig wurden darunter zwei neue Hörsäle eingebaut.

3. Ausbau der Zonen an den beiden Lichthöfen für Katalogsaal, Büchermagazine mit Rollschränken, Karten- und Handschriftensammlungen, Verwaltungsräume. Alle Büchermagazine sind mit der Ausleihe durch Förderbänder verbunden. Im Obergeschoss [des] nördlichen Hoftraktes liegen zwei Hausmeisterwohnungen.

4. Ausbau des Zentrums mit der Bücherausgabe, den Lesesälen, der Repro-Abteilung. Während der Ausführung dieser Etappe war der Lesesaal im Raum (13) [über den Gullschen Auditorien im nördlichen Hof] untergebracht.

Konstruktion und Ausbau

Die rasche etappenweise Ausführung der Bauarbeiten wurde durch die Verwendung von ausbetonierten oder ausgemauerten Stahlskeletten ermöglicht. Geschosshohe Vierondeel-Träger [sic] auf die ganze Hofbreite kamen in den Fassaden des nördlichen und südlichen Hoftraktes zur Anwendung. Die Verkleidung der neuen Hoffassaden besteht aus Pelichromplatten. Die Raumanlage ist weitgehend klimatisiert; dementsprechend bestehen die abgehängten Decken aus perforierten Aluminiumblechelementen mit Schallabsorptionseinlagen. Die alte Rohrpostanlage wurde durch eine moderne Kombination von Gegensprech- und Telexanlage ersetzt. Die Bodenbeläge bestehen aus PVC-Platten (Magazine) und Nadelfilzteppichen (Lesesäle, gewisse Verwaltungsräume). Im Ausbau der repräsentativen Räume des Zentrums und der Direktion kam naturlackiertes Eichenholz zur Verwendung. Die totalen Baukosten ohne Kellermagazine und Personenaufzüge bewegen sich in der Grössenordnung von 14 Mio Fr.

Sydler, Jean-Pierre; Willy, Walter; Roth, Alfred: Die neue Hauptbibliothek der ETH Zürich, in: Schweizerische Bauzeitung 92 (1974), S. 591–594, hier S. 591, 593–594

— 1975
Charles-Edouard Geisendorf

Einige Angaben über Renovation und Erweiterungen des ETH-Hauptgebäudes

A. Rückblick

1. Bauperiode

Das Hauptgebäude der Eidg. Technischen Hochschule in Zürich wurde vor ungefähr einem Jahrhundert von Prof. Gottfried Semper als Unterrichtsgebäude für das Polytechnikum und die eidgenössische Universität mit vielen grossen Zeichen-, Hör- und Lehrsälen und wenigen kleinen, an einigen repräsentativen Punkten konzentrierten Verwaltungsräumen konzipiert. Der Bau steht heute unter Denkmalschutz und ist international bekannt als eines der besten Beispiele der Architektur des zweiten Teils des XIX Jahrhunderts, sowie eines für seinen ursprünglichen Zweck heute noch vorbildlich geeigneten Hochschulgebäudes.

2. Bauperiode

Infolge der rasch steigenden Unterrichtsbedürfnisse musste der Semperbau ein halbes Jahrhundert später von Prof. Gustav Gull bedeutend vergrössert werden. Eine Reihe weiterer Säle gleicher Funktion und Grösse entstanden in neuen, gegen die Rämistrasse symetrisch [sic] vorspringenden Flügeln. Um den Bedarf an grossen Auditorien zu decken, führte Gull zu der orthogonalen, grosszügig dimensionierten und zurückhaltend gestalteten Komposition von Semper neue runde Elemente ein, da rektanguläre Hörsäle bei hoher Platzanzahl keinen genügend guten Sichtkontakt gewähren können: amphitheatralisches Auditorium Maximum über einer Eingangsrotunde und unter einem weiten, kuppelüberdeckten Lesesaal für die im Dachgeschoss neu ausgebaute Hauptbibliothek; grosse, halbkreisförmige Hörsäle beidseitig um eine mehrgeschossige, monumentale Haupthalle, die den ausgedehnten, rechteckigen Innenhof von Semper in zwei kleinere, quadratische Höfe trennt. Die Grösse aller Räume und Kommunikationen blieb grosszügig, ihre Gruppierung und gegenseitige Beziehung, mit starker Betonung des zentralen Bereichs in der Hauptachsenkreuzung des Gebäudekerns, klar überblickbar.

3. Bauperiode

Ein halbes Jahrhundert später war es wiederum Zeit, das Hauptgebäude den weiter gestiegenen Unterrichtsbedürfnissen anzupassen. Für diese dritte grosse Bauetappe wurden nun drei verschiedene Gruppen von Fachleuten mit der Ausführung des nur punktweise aufgestellten Bauprogramms beauftragt, welches bis heute nur zum Teil, ohne Gesamtplan und ohne einheitliche Gesamtkonzeption weiterentwickelt wurde.

B. Arbeitsverteilung

Zentraler Bereich

Der grösste Teil dieser 3. Bauperiode, jener des zentralen Bereichs des Gebäudes mit den weiten offenen Kommunikationsräumen wird nach und nach von einem Arbeitsteam bestehend aus Architekt, Denkmalpfleger und Chefbauleiter renoviert, welches sich konsequent bemüht, das ehrwürdige Gebäude sachgemäss zu erneuern. Neuen Funktionen und Bedürfnissen wird durch zeitgemässe Bau- und Ausdrucksmittel mit einem Minimum an Aenderungen der historischen Baustruktur und einem Maximum an Anpassung an die früheren Gestaltungsprinzipien entsprochen.

Oberer Bereich

Ein anderer Teil der 3. Bauperiode, die seit ein paar Jahren abgeschlossenen Umbauten der Hauptbibliothek auf zwei selbständigen Dachgeschossen wie auch der frühen Auditorien von Gull und der Polybars wurde von einem anderen Architekten und dessen technischem Büro mit anderen Gestaltungsmitteln durchgeführt, meistens ohne Kontakt mit dem Denkmalpfleger, jedoch mit dem gleichen Chefbauleiter, um mindestens die Koordination der Ausführung und des Rechnungswesens in diesen zwei Bereichen zu sichern. Die Arbeit konnte in gut abgestuften Bauetappen durchgeführt werden, da sie im Unterschied zu jenen des zentralen Bereichs eine einheitliche, kontinuierliche Operation bildete.

Peripherer Bereich

Ein weiterer, nicht beendeter Teil, jener des peripheren Bereichs längs der Aussenfassaden bestehend aus geschlossenen Raumreihen mit etwas individueller Nutzung, wird mit den eigenen Mitteln des Baufachorgans, d. h. in der Regel ohne Zuzug von Architekt, Denkmalpfleger und Chefbauleiter sukzessiv umgebaut. Die Gestaltung dieses Bereichs ist sehr verschieden von den anderen, da diese Teilumbauten, meistens nicht bewilligungspflichtig, nur stückweise und ausserordentlich kurzfristig, ohne Gesamtplanung, detaillierte Projektierung oder Zusammenhang mit den anderen Bereichen ausgeführt werden müssen.

Einheit des Werkes

Dank der Bedeutung der offenen Verkehrs- und übrigen allgemeinen Räume und ihrer zentralen Lage wurde es dem Arbeitsteam des zentralen Bereichs möglich, eine deutliche Einheit des Hauptteils der Umbauten zu gewährleisten. Die auferlegte Unterteilung der Projektierungs- und Bauarbeiten hätte sonst vor aller Augen noch grössere Konsequenzen gehabt. Durch diese Gruppe wurden auch alle Gesamtpläne für die Koordination der Kreditgesuche, der Bewilligungen und der technischen Installationen der zwei ersten Bereiche erstellt, sowie die Eintragungen der Umbauten des peripheren Bereichs in die Hauptpläne vorgenommen, die öfters erst nachträglich auf diese Weise in Planform festgehalten wurden.

C. Auftrag

Innenhöfe

Die Gestaltung des zentralen Bereichs wurde erneut durch das weitergestiegene Bedürfnis an Auditoriumsplätzen für propädeutische-, Freifach- und Abendkurse diktiert. Da die amphitheatralischen Hörsäle den Projektionstechniken nicht mehr genügten, wurde den neuen Auditorien durch den maximalen Sichtwinkel eine polygonale Form gegeben; ihre Plazierung war wiederum wegen ihrer Grösse nur in den leeren Innenhöfen möglich. Die neuen N- und S-Höfe, von der so gegebenen Diagonalrichtung gekennzeichnet, sind mit einem sichtbaren, diagonal gespannten Tragwerk für das vollverglaste Dach gedeckt und mit versetzten Galerien um polygonale Bodenöffnungen längs der alten Hoffassaden ausgebaut. Das Tageslicht wird somit gegen diese alten verzierten Putzfassaden und ihre bis zu den Korridorböden verlängerten Fenster so gerichtet, dass die lichtspendende Funktion und frühere Wirkung der offenen Innenhöfe weitmöglichst beibehalten werden kann. Dazu ermöglicht die Diagonalrichtung Querverbindungen durch die Innenhöfe, die kürzere Wege zwischen umgebenden Gebäudeflügeln ergeben. Der bestehende charakteristische halbgeschossige Höhenunterschied zwischen den Haupteingangshallen und den hofumgebenden Korridoren ist in der Bodenneigung der neuen Hörsäle, bei ihren Eingängen und den Hofgalerien wieder aufgenommen. Durch Materialunterschied und deutlich markierte statische Unabhängigkeit zwischen altem und neuem Teil sind die zeitlichen Bauetappen klar ausgedrückt. Die neuen Durchbrüche zwischen den Innenhöfen, der Haupthalle und den hofumgebenden Korridoren erlauben Durchblicke und neue Sichtverbindungen, die die ursprüngliche Weite des Innenhofs von Semper wieder spürbar machen.

Parkierung

Die Parkierungsfrage hätte durch eine grosse, fünfgeschossige Anlage tief unter dem ETH-Zentrum, gleichzeitig zentrale, atomsichere Luftschutzanlage für ETH, Uni und Kantonsspital, eine Lösung finden sollen, welche aber bis heute noch nicht zur Ausführung kam. Für das Hauptgebäude wurden in der Zwischenzeit eine unterirdische Motorrad- und Velogarage kombiniert mit Trafostation und Notstromgruppe unter der bepflanzten Terrasse längs der Tannenstrasse sowie eine Autoeinstellhalle auf zwei Geschossen unter dem neu begrünten Rämihof zwischen der Rämistrasse und den umliegenden Hauptgebäudeflügeln erstellt.

Mensa-Mehrzweckhalle

Das in den Fünfzigerjahren von Prof. Hans Hofmann projektierte Grossauditorium konnte nicht mehr in den Innenhöfen Platz finden und wurde unter die neue orthogonale Polyterrasse mit dem als Sockel für den Semperbau gestalteten Mensagebäude verlegt. Dieses für Grossvorlesungen, Kongresse, Tagungen und Weiterbildungskurse von der Stadt erhoffte und von der Universität bereits zu 50 % der Zeit gebuchte Grossauditorium, welches mit den Mensaräumlichkeiten und den Auditoriums- und weiteren Raumgruppen des Hauptgebäudes eine für diesen Zweck ideale Kombination darstellt, wurde aus Spargründen nicht bewilligt. Die freibleibenden Flächen wurden als Ersatz für die Lokale der Architekturabteilung im Globusprovisorium reserviert und im letzten Augenblick ersetzt durch eine provisorische Anlage für Turnen, Sport und studentische Freizeiträume mit einer zentralen Sporthalle, die dank der Initiative und einer Schenkung des VSETH, durch eine letzte Aenderung schliesslich auch für grössere Podiums-, Musik-, Theater- und andere Veranstaltungen wertvolle Dienste leisten wird.

Dachaufbauten

Der für andere Bedürfnisse, heute für jene der Verwaltung umgebaute, seit Jahrzehnten fehlende zentrale Lehrersaal im Hauptgebäude wird künftig in einem Pavillon auf dem Dach der Haupthalle mit gedeckten Terrassen und einmaliger Sicht über Stadt, See, Berge und Limmattal Platz finden, um, gepaart mit einem Lese-, Arbeits- und Ausstellungssaal in dem bis jetzt ungenutzten Kuppelraum, dem Lehrkörper die längst verlorene Kontaktmöglichkeit wiederzugeben. Die frühere Struktur der Gullschen Kuppel mit grossen, überlappten Füllungselementen zwischen sichtbaren Rippen wird laut Auflagen der Denkmalpflege wiederhergestellt und die neue Struktur der Stahl- und Glasausbauten des Dachpavillons damit in Einklang stehen.

Abschlussarbeiten

Alle diese zusätzlichen Erweiterungen des Hauptgebäudes sind durch die gleiche Arbeitsgruppe Architekt-Denkmalpfleger-Chefbauleiter unter Anwendung der gleichen Gestaltungsprinzipien wie für den zentralen Bereich vorgeschlagen und projektiert worden. Wurden sie alle nach und nach diesem Team anvertraut, so anscheinend, weil es dafür über die notwendige Erfahrung und Kompetenz verfügt. Einige der wichtigsten Erweiterungen werden nächstes Jahr abgeschlossen, einige kleinere stehen in der Vorbereitungsphase.
Nur wenn der Abschluss aller dieser Bauarbeiten auf genügend kompetente Weise durchgeführt werden kann, wird bewiesen, dass unsere Behörden auch heute in der Lage sind, bei dieser unsere Zeit charakterisierenden Bauetappe wie bei den früheren grossen Bauperioden, das Hauptgebäude mit der erforderlichen Einheitlichkeit auf eine würdige, zusammenhängende Weise zu erweitern und erneuern.

D. Heutiger Zustand

Unfertige Arbeiten

Den Projektierenden war es leider bis jetzt nur bei den wichtigsten Bauabschnitten möglich, wo klare und selbständige Einzelaufträge vorlagen, die notwendige Einheitlichkeit beizubehalten. Selbst die Abschnitte des zentralen Bereichs wurden selten vollständig nach den erstellten Plänen fertig ausgeführt. Massgebende Elemente für den Gesamteindruck, für die Stimmung und die Orientierung, die in einem so grossen Haus von erstrangiger Bedeutung sind, wurden von Jahr zu Jahr vertagt: Möblierung der Innenhöfe, Vitrinen und Garderoben in den anderen Kommunikationsräumen, Beschriftung aller Räume, Sektoren, Aufzüge usw. Die Teile ohne selbständige Einzelaufträge wurden nur punktweise, ohne Gesamtarbeitsplan, meistens zu spät beschlossen und unvollständig durchgeführt.

So zeigt das zentralste, wichtigste und ehrwürdigste Haus der ETH nach 10 Jahren schleppender Umbauarbeiten ein beschämendes Bild der Unordnung und Unfertigkeit.

Verantwortungsfrage

Für ein so aufsehenerregendes Resultat muss jemand die Schuld tragen: wer sonst als der hauptverantwortliche Architekt, obwohl er Jahr für Jahr keine Mühe scheute, um diesem Chaos entgegenzuwirken und bei der Bauerweiterung möglichst gute funktionelle und gestalterische Qualität zu erreichen. In seiner Berufsethik, seinem Form- und Pflichtgefühl wird er am schwersten getroffen, vor allem durch diesen niemandem verständlichen, unfertigen Zustand, so auch durch alle Vorwürfe, die von gewissen Amtsstellen seit so langem hinter seinem Rücken verbreitet werden, dass sie schliesslich alle anderen für wahr halten müssen, da ihm damit die Möglichkeit zu zeigen, wie es sich in Wirklichkeit verhält, genommen, gelegentlich sogar verweigert wurde.

Nur im Vergleich mit manchen Neubauten im ETH-Zentrum, die durch die Projektierenden zu einem vollständigen Abschluss geführt werden konnten, oder mit den Umbauten des Hauptgebäudes der Universität, das in den letzten Jahren konsequent als Baudenkmal gepflegt und erneuert wurde, kann die wirkliche Ursache all dessen verstanden werden.

Das progressive Verlegen durch das Baufachorgan der sachlichen, kompetenten Diskussionen auf eine subjektive, persönliche Ebene – eine klassische Art der Machtausübung und ein gefährlicher Polarisationsprozess – kann schliesslich nicht anders als die Sache selbst gefährden. Es steht nunmehr fest, zum Beispiel, dass gewisse Abschnitte der vom verantwortlichen Team vorbereiteten Ausbauarbeiten von verschiedenen Verwaltungsinstanzen übernommen werden sollen, wobei wichtige Gestaltungsprinzipien für die Beibehaltung des Baucharakters nur teilweise berücksichtigt werden.

Kompetenzaufteilung

Die Arbeits- und Kompetenzaufteilungen zwischen den verschiedenen Verwaltungsinstanzen sind scheinbar heute nicht viel klarer als beim Abschluss des Vertrages für das Bauvorhaben Polyterrasse, wo, nach achtzehn Monaten Diskussion und Detailkorrekturen des Baufachorgans in verschiedenen Punkten, kein definitiver Entscheid über diese massgebende Aufteilung erhalten werden konnte. Es hat sich auch zum Beispiel gezeigt, dass die von Architekt und Chefbauleiter mit der ETH-Sektion Bauten Anfang 1975 sorgfältig vorbereitete Zusammenstellung der übriggebliebenen Renovationsarbeiten im Hauptgebäude, bestehend aus Kostenaufstellungen aller früheren Jahre, von der Baukreisdirektion V wiederholt als eine Uebergehung ihrer Befugnisse angefochten wurde, obwohl sie diese als Basis ihres Programms und ihrer Kostenzusammenstellung zur Vorbereitung der weiteren Bauetappe benützte, ohne das zuständige Arbeitsteam für wichtige Bauabschnitte zuzuziehen.

Obwohl das Hauptgebäude und seine Erweiterungen viele Probleme ergeben, die die oberen Instanzen berühren, kann der Projektierende nur selten in Kontakt mit den höheren, beschlussfassenden Schul- und Baubehörden gelangen. Er wird bei der massgebenden Projektleitungskommission als Spezialisten der Verwaltung nie zugezogen und hat meistens ausschliesslich mit Instanzen auf mittlerer Ebene zu tun, die sich aus diesem Grund grössere Kompetenzen beimessen als sie in Wirklichkeit besitzen, oft divergierende Auffassungen vertreten und gerne über seinen Kopf hinweg einseitige Beschlüsse fassen. Dadurch wird er zusätzlichen Schwierigkeiten und Kritik ausgesetzt, die ihm in seinem Bestreben nach einer sachgemässen, einheitlichen Baudurchführung, im Vergleich mit der produktiven und schöpferischen Arbeit, unproportioniert viel Zeit nehmen.

Gesamtplanung

Eine offizielle Gesamtplanung des Hauptgebäudes liegt nicht vor, der Schweizerische Schulrat hat es mehrmals beanstandet. Die Aufteilung der Vorbereitungsarbeiten zwischen verschiedenen Verwaltungsinstanzen – einerseits Planung ohne Zuzug von kompetenten, unabhängigen Fachleuten, andererseits Weiterbearbeitung ohne genügenden Kontakt mit dem Projektierenden –, die Verteilung der Projektierungs- und Ausführungsarbeiten zwischen mehreren Gruppen von Beauftragten, die Zerstückelung der Bauabschnitte und Durchführung der Bauetappen nach oft abgeänderten Richtlinien und mehrmals ohne vollen Abschluss – all dies führte zu einer ausgesprochenen Verwirrung der Ideen. So wurde das Gesamtkonzept, welches das hauptverantwortliche Arbeitsteam seit Jahren zur Durchführung seiner Aufgaben erweitert und verfolgt, von den zuständigen Behörden mehr oder weniger ignoriert, weil dafür kein formeller Auftrag erteilt worden war. Schon bei der allerersten Gesamtplanung des ETH-Zentrums wurde diese Aufgabe zur Vorbereitung der Bebauung Polyterrasse auf Anfrage der städtischen Baubehörden durch den beauftragten Architekten gelöst und in ständigem Kontakt mit der Sektion Bauten und der Bauinspektion V zwei Jahre lang entwickelt. Die entsprechenden, hohen Kosten wurden von ihm vorgestreckt, vom Baufachorgan jedoch während mehreren Jahren nicht zurückbezahlt, da keine Kredite und formellen Verträge vorhanden waren, und seine Mitwirkung bei Planungsproblemen seither nicht mehr gefragt, nachdem er im Interesse der Sache seinen leitenden Planungsmitarbeiter der Verwaltung abgetreten hatte.

Die heutige Konzentration der Planung bei den administrativen Verwaltungsinstanzen ist der für eine wirkliche Gesamtplanung erforderlichen Zusammenarbeit und einem effektiven Zusammenhang zwischen Planung und Ausführung wenig förderlich. Vier ETH-Präsidenten haben im Laufe der Zeit die Arbeiten der dritten Bauperiode nacheinander begleitet. Die notwendige Kontinuität und Einheitlichkeit des Werkes wurde dank jener der Projektierung und Durchführung durch das hauptverantwortliche Team bis jetzt gesichert: die letzten Etappen dieser Bauperiode sollten von ihm zu einem entsprechenden Abschluss geführt werden können.

E. Gebäudegliederung

Bauerneuerungen

In den letzten Jahrzehnten wurde das Hauptgebäude sukzessiv für neue oder erweiterte Funktionen mit vielen, bereits erwähnten zusätzlichen Elementen ausgebaut: neuen Auditorien und Seminarräumen im N- und S-Hof, zusätzlichen Dach- und Kellergeschossen für die Hauptbibliothek wie für den technischen Dienst und Installationen, unterirdische Trafostation und Garage für Motorräder und Velo längs der Tannenstrasse und Autoeinstellhalle unter dem Rämihof, Studentenmensa mit Zentralküche und Sport- und Freizeitanlage mit Mehrzweckhalle, Verwaltungsarchiv im Dachstuhlraum über der Aula und Lehrkörperfoyer mit Sammlungs- und Lesesaal auf dem Dach der Haupthalle und im Kuppelraum. Durch Erweiterung und Diversifizierung des Raumbestandes im Verhältnis zu der gestiegenen Studentenzahl und den Unterrichtsbedürfnissen, sowie durch Ausnützung aller Raumreserven nach dem Pallmannschen Prinzip, würde nicht nur eine wertvolle Vergrösserung der Nutzfläche des bedeutendsten Hauses der ETH erreicht, sondern auch seine konsequente Erneuerung in Form eines dienstfähigen, gut organisierten und sorgfältig gestalteten Baukomplexes – sofern die Aufgabe durch kompetente Fachleute beendet werden kann.

Kombinatorik

Die Vielseitigkeit der Funktionen des Hauptgebäudes verlangt eine klare Verteilung der verschiedenen Unterrichts- und Verwaltungszweige und eine möglichst grosse Kombinationsfähigkeit der verschiedenen Raumgruppen für öffentliche Veranstaltungen innerhalb des ausgedehnten Baukomplexes: Vorlesungen, Kurse, Kongresse, Ausstellungen und ähnliche Zwecke, für welche ein solcher Gebäudekomplex dank seiner zentralen Lage im Stadtgefüge geradezu berufen ist. Das Hauptgebäude ist somit nicht nur als Element einer internen akademischen Planung der ETH-Verwaltungsinstanzen sondern als Teil einer höheren, breiter ausgelegten Planung zu betrachten.

Horizontale Strukturierung

Der grosse, kreuzförmige Kern des Gebäudes besteht, der Hauptachsenkreuzung entsprechend, in einer Richtung aus der Haupthalle, ihren Eingangsvorhallen und den darüberliegenden Haupträumen, in der anderen aus den ihr angeschlossenen N- und S-Höfen. Dieser Kern enthält mehrere Gruppen Auditorien und Seminarräume von verschiedener Art und Grösse, verbunden durch eine Reihe von Hallen, Foyers und Galerien für Vorlesungspause, Ausstellungen und weitere Veranstaltungen, die sich, je nach dem, auf verschiedene Weise miteinander oder mit der Mensa-Mehrzweckhalle kombinieren lassen. So können, zum Beispiel bei Tagungen oder Kongressen, jede der vier durch die Haupthalle, den N- oder S-Hof oder die Mehrzweckhalle erschlossenen Auditorien- oder Raumgruppen entweder für sich selbst oder kombiniert zu zweien, dreien oder vieren und mit diversen Unterteilungen benützt werden, sowie bei Bedarf unabhängig vom normalen Schulbetrieb und je mit eigenen separaten Eingängen und Toiletten im Eingangs- und Kommunikationsgeschoss funktionieren.
Rund um diesen Kern öffentlicher Räume, ebenso durch unabhängige Treppenhäuser und Korridore erschliessbar, befinden sich entlang den Fassaden periphere, eher individuelle, geschlossene Raumreihen, welche dank vollverglasten Korridorunterteilungen und -türen abtrennbare Sektoren bilden.

Sektorierung

In der westlichen Gebäudehälfte mit Sicht auf Altstadt und City an sonniger, etwas ruhigerer und mehr repräsentativen Lage, liegen die klar begrenzten, eingeschossigen Sektoren, auf die die Verwaltung und die übrigen Büros, deren Bedeutung eine so vornehmliche Plazierung berechtigt, beschränkt sein sollten. In der östlichen Gebäudehälfte sind, gegen das Hochschulquartier gerichtet, die grösseren, von Gull erweiterten und durch eigene, direkt belichtete Hallen und offene Treppen verbundenen mehrgeschossigen Sektoren gelegen, welche mit grossen, installationslosen Zeichen- und Lehrsälen gebaut wurden und für Abteilungen mit zusammenhängenden, konzentrierten Räumen dieser Art besonders geeignet sind. Dort könnten diese Abteilungen zentrale, durch individualisierte Eingänge und innere Hallen betonte, gut entwickelte Schwerpunkte bilden, die das Bestehen vollkommen studentischen Lebens im Haus sichern würden.

Vertikale Strukturierung

Ueber den zentralen, öffentlichen Sektoren und den peripheren Verwaltungs- und Abteilungssektoren der drei ursprünglichen Hauptgeschose erstrecken sich die zwei vollausgebauten Dachgeschosse der Hauptbibliothek und zuoberst die Dachaufbauten des Lehrkörperfoyers; darunter das vorherige Kellergeschoss, jetzt zum Kommunikationsgeschoss umgebaut, und die zwei neuen Untergeschosse für die Bibliotheksmagazine und technischen Installationen, welchen stadtwärts durch die Cafeteria- und Mensageschosse entsprochen wird, zuunterst durch die drei Geschosse der Küchenabteilung und der Turn- u. Sportanlage ergänzt.
Bei einer so hoch ausgenützten vertikalen Erweiterung sind Tagesbelichtung und Transparenz grösstes Gewicht beizumessen. Die Plazierung der vollverglasten Decken auf halber Höhe der Innenhöfe gibt den drei oberen Hofgeschossen eine direkte Belichtung und den drei unteren mit deren Foyers und den umlaufenden Korridoren reichlich Tageslicht. Durch Lichtbrunnen, Dachoberlichter und Fensterschlitze zwischen versetzten Dachflächen erhält die Mensa-Mehrzweckhalle so viel Licht, und durch ihre einzige, als perforierte Stützmauer gestaltete Fassade so viel Aussicht, dass sie trotz ihrer Verlegung zu 95 % unter die frühere Terrainfläche der Polyterrasse und des Pfrundhausgartens nirgends als unterirdischer Bau erscheint.

Interne Kommunikation

Das durchgehende Kommunikationsgeschoss im ersten Untergeschoss fällt mit dem unteren Boden des N- und S-Hofes zusammen, verläuft unter der Haupthalle, verbindet auf dieser Ebene die vielen Eingänge mit allen Treppenhäusern, Personen- und Lastaufzügen und allgemeinen Toilettengruppen, und kann somit, je nach Wunsch, alle Sektoren durch unabhängige vertikale Kommunikation von unten erschliessen. Die vier neuen Liftpaare bei den Treppenhäusern der Haupthalle gelangen gegen Osten in sechs Stockwerken vom Kommunikationsgeschoss bis zum Bibliotheks- und Dachgeschoss, gegen Westen in zehn Stockwerken vom untersten Geschoss der Mensa-Mehrzweckhalle bis zum Eingangshof der Dachterrasse.
Alle Anlieferungen zum Hauptgebäude geschehen durch den früheren Durchgang von der Künstlergasse zum Rämihof, mittels Lastrampen bei der Einstellhalle, auf der gleichen Höhe wie das Kommunikationsgeschoss und die Lager- u. Diensträume des Technischen Dienstes und des Hausdienstes. Die gedeckte, zweispurige Durchfahrt der Leonhardstrasse unter der Polyterrasse ist mit zwei Vorfahrtspuren zu Hauptgebäude, Polyterrasse und Sport- u. Freizeitanlage und durch eine Anlieferungsspur zu Mensa, Grossküche, Sportanlage und Mehrzweckhalle ergänzt. Gesamthaft gesehen gehören nunmehr zum Hauptgebäudekomplex, mit allen neuen auf dem Dach und unter der Polyterrasse gelegenen Räumen, neben seiner Hauptfunktion als ETH-Zentrum des Unterrichts- Bibliotheks- und Verwaltungswesens, auch jene der akademischen Wohlfahrt.

F. Letzte Etappen

Einheitlichkeit des Werkes

Durch den Umzug der Abteilungen II und VIII auf den Hönggerberg, sowie provisorisch laut Anweisung des Schweiz. Schulrates des Gros der Abteilung I, werden im Hauptgebäude eine grosse Anzahl peripherer Räume frei. Die danach erforderlichen Renovationsarbeiten werden anscheinend, statt durch das heutige Projektierungsteam, durch das Baufachorgan oder einen anderen Architekten durchgeführt, aus Gründen der Kostenreduktion oder der Arbeitsbeschaffung, die bei solchen Restaurierungsarbeiten und bei so fortgeschrittenem Stand der Umbauten aller anderen Teile des Hauses nicht im Interesse der Sache sein dürfte.

Da der hauptverantwortliche Architekt als voll entlöhnter ETH-Professor seinen persönlichen grossen Einsatz für die Bauarbeiten unentgeltlich zur Verfügung stellt und sein Architekturbüro ohne kommerzielle Absicht und ausschliesslich im Dienst des Bundes führt, sollten die Kosten und die Qualität der Resultate für die ihm anvertrauten Arbeiten entsprechend vorteilhafter sein als bei anderen, neu einzusetzenden Fachleuten. Gute neue Kräfte werden andere Gestaltungsideen entwickeln, weniger gute keine genügenden Resultate erbringen, das Endergebnis und seine Einheitlichkeit jedenfalls darunter leiden.

Benützungsfrage

Das Hauptgebäude wurde durch Semper und Gull in grossen Etappen, sehr einheitlich und mit sicherem Gefühl für die zentrale Bedeutung dieses Baus für die Eidgenossenschaft wie für seine historische Bedeutung und Entwicklung ausgeführt.
Alle Elemente des Gebäudes wurden von Anfang an durch die Unterrichtsfunktion bedingt: grosse Geschosshöhe und -tiefe, weite Räume und breite Korridore, grossachsige, hohe Fenster, die bis in die Raumtiefe Licht einbringen, klar rhythmisierte Raumstruktur mit bedeutenden Spannweiten und einem Minimum an Tragwänden wie an technischen Installationen. Alle entsprechen heute noch aktuellen und berechtigten Bedürfnissen, die nicht durch andere, für welche das Gebäude nicht errichtet worden ist, ersetzt werden können, ohne seinen Wert, seine Integrität und seine Oekonomie in Frage zu stellen.

Kostenfrage

Die Jahr für Jahr vermehrt vorkommende Unterteilung der grossen Unterrichtsräume in kleinere, schmale Büroräume ergibt eine sehr unwirtschaftliche Nutzung des an dieser zentralen Lage höchst wertvollen Baukubus, da die für grosse Säle benötigten Raumhöhen und Raumtiefen nicht mehr verwertet werden, in keinem Verhältnis zu den geringeren Raumbreiten stehen und zu schlauchartigen Räumen führen, die mit unoekonomischen, sekundären Korridoren oder schlecht anwendbaren hinteren Räumen noch mehr unterteilt werden – eine Raumzerstückelung ohnegleichen.

Im Gegensatz zu geschlossenen Büroräumen erlauben grosse Lehr- und Zeichensäle, wo viele Studenten zusammensitzen – wenn erwünscht etwas abgetrennt durch mobile Trennwände zum Aufhängen von Bildern, Plänen usw. – eine volle Auswertung der Raumhöhe, sowie die wirtschaftlichste Nutzung des Baukubus, indem Galerien in halber Raumhöhe – eventuell als leicht demontierbarer Normtyp – je nach Wunsch eine Vergrösserung bis um die Hälfte der Raumfläche ergeben. So wird eine sonst unerreichbare Raumelastizität und Anpassung an die oft wechselnden Bedürfnisse des Unterrichts und der Studentenzahl ermöglicht, die bei niedrigeren Geschosshöhen in anderen Altbauten oder rationalisierten Neubauten nirgends unter so vorteilhaften Bedingungen anzutreffen sind.

G. Ausblick

Der Wert des Hauptgebäudes ist zu hoch, der Unterschied zwischen den letzten Umbauabschnitten zu gross, um ohne Gesamtplanung und Gesamtarbeitsplan weiterarbeiten zu können und ohne jene einheitliche Gesamtkonzeption weiterzuentwickeln, welche ebenso selbständig vom gleichen Arbeitsteam wie die Einzelaufträge des zentralen Gebiets durchgeführt, gleiche Gewähr bietet für Einhaltung von Kredit, Bauzeit und Bauqualität.
Die Renovation und Erweiterungen sind trotz Schwierigkeiten aller Art und einer langen Bauzeit, die viel Misstimmung verursacht hat, sehr weit gediehen. Es fehlt nur wenig, um diesen zentralen Punkt der ETH zu dem sorgfältig organisierten und gestalteten Organismus zu führen, der mit ausserordentlich viel Arbeit und Interesse jahrelang vorbereitet wurde, auch wenn dies bis jetzt von vielen nicht erkannt wird. Die letzten Schritte sind von Bedeutung. Das ehrwürdige Haus kann entweder seinen einmaligen Charakter verlieren, oder zu einem klar strukturierten Baukomplex werden, voll studentischen Lebens und vieler Art von Vorlesungen, Tagungen, Weiterbildungskursen und anderen kommenden Formen der Unterrichtsveranstaltungen, welche der zentralen Lage und der Bedeutung des Hauptgebäudes vollumfänglich entsprechen.
Mit den hier aufgeführten Angaben wurde versucht, einen knappen Ueberblick über die Hauptlinien des entwickelten Gesamtkonzepts und über die Einstellung zur Aufgabe zu geben, die im Zentrum der Arbeit für das ehrwürdige Gebäude steht, sowie der Vollständigkeit halber über die angetroffenen Hindernisse, nebensächlicher und teilweise vertraulicher Natur, kurz über alle verschiedenen Aspekte dieses langen und schwierigen Einsatzes im Interesse der Sache.

C. E. Geisendorf, Prof. ETH
Revidierte Fassung, Sept. 75

»Einige Angaben ueber Renovation und Erweiterungen des ETH-Hauptgebäudes«, revidierte Fassung, Charles-Edouard Geisendorf, September 1975 (ETH Zürich, gta Archiv, Nachlass Charles-Edouard Geisendorf)

— 1977
Diego Peverelli

Um- und Erweiterungsbauten des ETH-Hauptgebäudes in Zürich

[…] Die dem Hauptgebäude gegebene Qualifikation als Zentrum der gesamten Ausbildungsinstitution, einerseits als baulich- und architekturhistorisches Zeugnis einer bedeutenden gesellschaftlichen Leistung des XIX. Jahrhunderts, andererseits als eigentlicher Mittelpunkt der zweigeteilten Hochschule und als Begegnungsstätte von Hochschulangehörigen untereinander wie auch mit der Öffentlichkeit, ist durch die nunmehr vollendete Bauphase von den zuständigen Behörden unterstrichen und veranschaulicht worden. Ob das entsprechend der ihm neu übertragenen Funktion erweiterte Hauptgebäude (ETH-Zentrum) hinsichtlich der Nutzung den reellen Bedürfnissen einer zentralen Einrichtung, die auch im Zusammenhang mit dem Stadtkontext zu betrachten ist, angepasst wurde, wird bereits die nahe Zukunft zeigen.
Aufgrund der ausgeführten Umbauten und Erweiterungen wird deutlich, dass das Hauptgebäude zu einem Zentrum institutionsinterner oder mit der Universität koordinierter, aber auch öffentlicher grosser Veranstaltungen werden wird. Zu dieser Annahme gelangt man beim Betrachten des grosszügig dimensionierten Hörsaalbereiches, eine imposante bauliche Struktur, welche den grössten Teil beider Innenhofvolumen einnimmt.
In Anbetracht der neuen Standortverteilung einzelner Abteilungen nach Inbetriebnahme der zuletzt erstellten Neubauten der Aussenstation auf dem Hönggerberg, der Entwicklung auf dem Sektor von Lehr- und Lernmitteln sowie neuer Formen bei der Vermittlung von Stoffwissen, die Auswirkungen auf die Konzeption von Unterrichtsräumen haben

könnten, fragt man sich, ob nicht bereits jetzt ein beträchtliches Überangebot an Hörsaalplätzen im ETH-Zentrum für den eigenen Bedarf vorhanden ist. Dennoch ist, im Sinne einer zu fördernden Intensivierung der Beziehungen zwischen Hochschule und Stadt, die Nutzung von Teilen der Hochschuleinrichtungen auch seitens der Öffentlichkeit begrüssenswert. Im Zusammenhang mit der angestrebten Wiedergewinnung eines auf der Ebene der Nutzung gemischten inneren Stadtraumes, müsste ein Hochschulkomplex nicht nur aus den den Lehr- und Forschungseinheiten zugeteilten speziellen Räumen bestehen, sondern auch Einrichtungen beinhalten, welche ebenfalls von der Öffentlichkeit benutzt werden können. Denn keine Stadt, kein Kanton und kein Land können sich grosse Investitionen für unterbelegte Räumlichkeiten leisten.

Es ist wichtig, dass nötige Veränderungen der bestehenden Bausubstanz eines Hochschulkomplexes im Sinne der Aufrechterhaltung eines als »offener und integrationsfähiger« Organismus konzipierten räumlichen Modells erfolgen. Dieses so gedachte räumliche Modell sollte wiederum ermöglichen, dass durch angemessene finanzielle Aufwendungen relativ einfache bauliche Massnahmen getroffen werden können, welche die Durchführung von neuen Ausbildungskonzepten in nützlicher Zeit gewährleisten würden. Zu vermeiden ist, dass in oder um eine vorhandene bauliche Struktur Volumen- oder Flächenreserven durch rein funktionelle Räume und Einrichtungen endgültig beansprucht werden. Auch nicht, wenn beispielsweise unvorhergesehene Engpässe die Formulierung neuer Prioritätsprinzipien ins Planungskonzept als Folge von Sachzwängen verlangen. So betrachtet, kann der Vollausbau der zwei Innenhöfe des Hauptgebäudes mit den Auditorien als Exempel aufgeführt werden, wobei diese Intervention auch den Aspekt der Rechtfertigung der Veränderung eines strukturellen Elementes in der ursprünglichen Architektur des Semper-Baus berührt. […]

Peverelli, Diego; Geisendorf, Charles-Edouard: Bauchronik. Um- und Erweiterungsbauten des ETH-Hauptgebäudes in Zürich, in: Werk – Archithese 64 (1977), Nr. 10, S. 68–82, hier S. 68

— 1977
Charles-Edouard Geisendorf

BAUCHRONIK

Erste Bauperiode 1860–65

Gottfried Semper konzipiert das grosszügige ETH-Hauptgebäude – viele Zeichen- und Arbeitsräume und wenige Verwaltungsbüros – in einer dafür zweckmässigen orthogonalen Komposition. Er reiht diese mit einigen repräsentativen Grossräumen, Hallen und Treppenhäusern um einen weiten, rechteckigen Innenhof, unterteilt diesen durch eine betonte, ein halbes Geschoss tiefer als die vier umgebenden Flügel gelegene, axiale Querverbindung mit eingeschossiger Antikenhalle und nimmt, dem Gelände folgend, weitere Abtreppungen bei der Vorhalle und dem axialen Haupteingang sowie bei den beidseitigen, terrassierten Sockelverbreiterungen vor: ein Hauptzug der der Stadt zugewandten Seite des Monumentalbaus, in dessen gegen unten verlängertem Mittelrisalit die charakteristische vertiefte Querverbindung zum Ausdruck kommt.

Zweite Bauperiode 1915–24

Gustav Gull erweitert das Hauptgebäude durch ähnlich grosse Zeichensäle in seitlichen Flügelbauten zur Rämistrasse hin und gewinnt durch den Abbruch des alten, dicht vor der Ostfassade gelegenen Chemiebaus einen offenen, axialsymmetrischen Hof. Durch grosse Auditorien in der akustisch bedingten Form von Amphitheatern führt er in die Komposition runde Elemente ein, die nur im Innenhof, links und rechts einer axialen, monumentalen Haupthalle anstelle der Antikenhalle sowie im neuen Aussenhof in einem runden, axialen Kopfbau genügend Platz finden. Ausser dem Auditorium Maximum umfasst dieser eine Eingangsrotunde und einen Bibliothekslesesaal unter einer Rippenkuppel aus Sichtbeton, die die Entwicklung der ständig wachsenden ETH im bergseitigen, ausbaufähigen Gebiet hervorhebt und den Ausdruck der axialen Querverbindung von der stadtseitigen Fassade bis in die Gebäudetiefe weiterführt. Den stadtseitigen Abschluss des bedeutend erweiterten Gebäudes stellt eine axiale, halbrunde Polyterrasse dar.

Dritte Bauperiode 1965–78

Fünfzig Jahre später ist es wieder Zeit, das Hauptgebäude den neuen Bedürfnissen der ETH durch Ausnützung aller Raum- und Grundstücksreserven anzupassen.
Alfred Roth erweitert die auf zwei Dachgeschossen und in Hofunterkellerungen untergebrachte Hauptbibliothek und baut die Gull'schen Auditorien um, die er im Mittelbau durch Einbeziehung der Dachstühle verdoppelt.

Die Eidg. Baudirektion ändert nach und nach alle grossen äusseren Fassadenräume um in kleinere, schmale und hohe Büroeinheiten für Verwaltung und Institute, die sie mit Standardkunststoffelementen ausrüstet und mit sekundären Korridoren und heruntergehängten Decken weiter unterteilt, entgegen der ursprünglichen Baukonzeption mit richtig dimensionierten, noch voll funktionsfähigen Zeichen- und Arbeitssälen sowie der wirtschaftlichsten Nutzung des an dieser Lage höchst wertvollen Baukubus.

Ch.-Ed. Geisendorf sorgt für die Neustrukturierung aller Kommunikationsflächen und schafft viele zusätzliche Auditorienplätze in grossen, unterteilbaren Hörsälen, die wiederum nur in den verbleibenden, nun zu Lichthöfen erhobenen, seitlichen Innenhöfen Platz finden. Die Diagonale, die sich aus dem maximalen Sichtwinkel in den Grossauditorien ergibt – in denen heute den projektionstechnischen Anforderungen vor den steuerbaren akustischen Priorität zukommt – führt er in den Innenhöfen bei der dreieckförmigen Trägerrostdecke der vollverglasten Oberlichtdecken sowie bei den wegverkürzenden Galerien und Treppen weiter, um polygonale, gestaffelte Öffnungen angeordnet, die das Tageslicht gegen die bestehenden Hoffassaden und -korridore freigeben. Er übernimmt die Halbgeschossigkeit der Semper'schen axialen Querverbindung bei den niveauversetzten Eingängen der Hofauditorien, beim Bodengefälle ihrer Tragschalen, bei den Räumen für Projektions- und Simultanübersetzung, im Mittelteil der seitlichen Korridore in der Halbhöhe gewonnen, bzw. bei den vielen Glasabschlüssen zur Unterteilung des grossen Hauses in unabhängige er- und abschliessbare Sektoren. In einem Dachpavillon und im leeren Kuppelraum richtet er Lehrkörperfoyers ein.

Mit der Projektgemeinschaft Polyterrasse erweitert er das Altgebäude durch einen im stadtseitigen Hang gewonnenen grossen Sockelbau, unter der neuen rechteckigen Polyterrasse mit Mensa, Mehrzweckhalle und Räumen für Sport und studentische Freizeitgestaltung.

Städtebauliche Anpassung

Der grosse Baukubus der Mensa-Mehrzweckhalle, als schlichter Sockelbau zu neunzig Prozent unterirdisch aus dem Hang unter der Polyterrasse gewonnen, weist eine einzige vollverglaste Fassade auf, die dank des starken Vorsprungs der Terrasse über der Cafeteria und der vor den verschiedenen Räumen der unteren Geschosse gestellten Pfeilerfront wenig in Erscheinung tritt und sich als eine Art geschlitzte Stützmauer durch zwei Versetzungen an die Schräge der unteren Grundstücksgrenze anpasst. Die vergrösserte, rechteckige Polyterrasse übernimmt die Vorsprünge der Semper-Hauptfassade und deren Sockelverbreitung und wird durch die Einteilung ihres Granitbodens, durch die Trogbepflanzung am Rand mit Nischen für Sitzplätze und durch ein zentrales Wasserbecken über den Oberlichtern der Cafeteria-Vorhalle wie eine umgeklappte Fassade sinngemäss strukturiert. Formensprache und Materialwahl, zeitgemäss aber fern jedem modischen Trend, sind jenen von Semper und Gull überall untergeordnet (in Kontakt mit den Denkmalpflegern der ETH und des Bundes ausgearbeitet) entsprechend würdig, gepflegt und dauerhaft. Im Unterschied zur Angst mancher junger Bauhistoriker vor jeder Änderung gilt hier die von erfahrensten Denkmalpflegern international festgehaltene Maxime »Eine Zukunft für unsere Vergangenheit«, d. h. möglichst viele der schützenswerten Bauten und alle Teile, die eine sinnvolle Funktionsfähigkeit nicht verunmöglichen, am Leben zu erhalten.

Gesamtkonzeption

Das Hauptgebäude bleibt, in der 120jährigen Entwicklung der ETH, Zentrum der Schule und, noch mehr als in schulbetrieblicher, in historischer und kultureller Hinsicht von grösster Bedeutung. Die laufende Bauperiode basiert auf dem ursprünglichen Gesamtkonzept Schulratspräsident Pallmanns, in engem Kontakt mit Architekten und Eidg. Baudirektion erstellt: optimale Nutzung aller Raumreserven und Terrainmöglichkeiten des Grundstücks bei bestmöglicher Anwendung aller vorhandenen Elemente und Mittel in einem würdigen, dauerhaften Ausführungsstandard.
Hauptaufgabe war während anderthalb Jahrzehnten, die Einheitlichkeit des Werkes und die Grundidee der ersten Auftraggeber bei ihren Nachfolgern zu bewahren, allen Programmänderungen zum Trotz. Die Ausführung erfolgte ohne Unterbruch des Unterrichts- und Verwaltungsbetriebes. Der letzte der stückweise bewilligten Bauabschnitte, für die Funktionsfähigkeit wichtiger Knotenpunkte unentbehrlich, fehlt noch.

Dachgeschosse H, J und K: Hauptbibliothek und Räume für den Lehrkörper

Die Wiederherstellung der ursprünglichen ETH-Kuppel, deren authentische Struktur zur Verbesserung der Isolierung freigelegt werden musste, bot die Möglichkeit, unter einer gleich strukturierten Glashaut zwischen den kräftigen Betonrippen Sonnenkollektoren unsichtbar zu montieren und den Beweis anzutreten, dass sich die ETH auch mit bescheidenen, dezentralisierten Energiequellen von morgen auseinandersetzt, sowie den zuständigen Behörden zu demonstrieren, wie Kollektoren künftig integriert werden können, ohne die Dachlandschaft einer Stadt zu zerstören. Gegen die Meinung kompetentester Denkmalpfleger und Sonnenenergieexperten haben jedoch Bautheoretiker und Atombefürworter die Behörden mit der Begründung einer Gewöhnung der Bevölkerung an das rote Kuppelbild bewogen, bei der Notlösung einer Ziegelüberdeckung zu bleiben.
Die durchdachte Tiefenwirkung der Gull'schen Betonrippenkuppel wird somit weiter abgeschwächt, da die roten Dachziegel zum Schluss durch schwarze ersetzt wurden und nun mit den gleichfarbigen Dächern der Semper'schen Hauptfassade verschmelzen.
Die auskragenden Terrassendächer rund um den Dachpavillon zeigen eine vom Statiker entwickelte Stahlstruktur, der fortschrittlichen, teilweise vorfabrizierten und heute nur noch im Kuppelinnern sichtbaren Gull'schen Konstruktion kongenial. [...]
Im bisher ungenutzten Raum [des Dachgeschosses J] findet der seit Jahren mit Verwaltungsfunktionen belegte Lehrersaal endlich den erforderlichen Platz: über der Haupthalle, in einem extrovertierten Dachpavillon aus Stahl und Glas mit gedeckten Terrassen für Geselligkeit und Imbisse und einmaligem Rundblick und über dem Bibliothekslesesaal, anstelle des Scheingewölbes aus Rabitz, in einem introvertierten Kuppelraum für kulturelle Veranstaltungen. In der aufgehängten Galerie sind Leseecken und Arbeitsplätze für die Dozenten eingerichtet. Alle übrigen Dachräume sind vollumfänglich genutzt, teils in ausgedehnten Bibliotheksräumen, Büchermagazinen und Maschinenräumen unter den blinden äusseren, neu betonierten Dachflächen, teils mit bis an den alten Dachgrat aufgestockten Büroräumen und mit einem Verwaltungsarchiv, anstelle des alten Holzdachstuhles der Aula unter der vorderen Dachterrasse aufgehängt.

Mittlere Geschosse F + G: Unterricht und Verwaltung

Um die neuen, grossen Foyerflächen der Nord- und Südhöfe gruppiert stehen für Vorlesungen, Vorträge, Tagungen und Kongresse installationslose Hörsäle jeglicher Art und Grösse mit Wandel- und Ausstellungshallen in den beiden unteren und mit Arbeitsplätzen in der oberen Ebene zur Verfügung.
Die Galerien sind so versetzt, dass das durch die tragende Rasterkonstruktion gedämpfte Tageslicht der vollverglasten Decke gegen die alten Fassaden und Schulkorridore fällt und somit die Raumgestaltung der früheren Innenhöfe hervorhebt. Ausserdem heben sich die neuen Bauteile statisch, gestalterisch und materialmässig vom Altbau ab.
Die unteren grossen Auditorien sind mit sog. parlamentarischer Möblierung und umfangreicher Projektions-, Übersetzungs- und elektronischer Frage-Antwort-Anlage ausgerüstet. [...]
Hauptfunktion des neu strukturierten Hauptgebäudes bilden die gemeinsamen Vorlesungen: Propädeutika für mehrere Abteilungen, Freifachvorlesungen sowie Abend- u. Weiterbildungskurse in Auditorium Maximum, Grossauditorien mit Projektionsräumen, mittleren Auditorien und Seminarräumen. Diese können bei Parallelveranstaltungen der Schule und anderer Benutzer separate Gruppen um die drei zentralen Foyers Haupthalle, Nordhof u. Südhof bilden, die unabhängig voneinander funktionieren mit eigenen Eingängen, Wandel- u. Ausstellungshallen und Toiletten im Untergeschoss. Die Verwaltungsfunktion ersetzt nach und nach die Unterrichtsfunktion in den grossen Fassadenräumen, deren ursprüngliche, grosszügige Raumstruktur aufgrund ausschliesslich verwaltungsinterner Planung und Ausführung in kleinere Instituts- und Verwaltungsbüros unterteilt wird.

Erdgeschoss E: Hauptebene

In einem so grossen Baukomplex sind Orientierungsschwierigkeiten durch verschiedene Mittel zu beheben:
Transparenz der Kommunikationen, z. B. bei Durchblicken von Haupthalle in Lichthöfe, die auch den Zusammenhang von Alt und Neu und die Weite des ursprünglichen Innenhofes wiedergeben.
Klares Raumnumerierungssystem und Beschriftung, z. B. bei den Sektorenabschlüssen, die lange Korridore unterteilen, ohne die Transparenz zu beeinträchtigen, und deren Türsturz in Korridorhalbhöhe Lesbarkeit und Massstäblichkeit begünstigt.
Orientierungstafeln in den standardisierten Vitrinen, deren Beleuchtung jene der Korri-

dore verbessert, und welche – wie die gleichförmigen Garderobenschränke, ebenfalls als Aktenschränke verwendbar – mehr Platz und Ordnung schaffen als die bisherigen, verschiedenen Typen.
Orientierungs- und Informationszentrum in der noch heute leeren Eingangsrotunde, da keine finanziellen Mittel dafür freigemacht werden, wie auch für die darunterliegende, zentrale Besuchergarderobe und zugehörigen, neuen, jedoch geschlossenen Besuchertoiletten.
Verbesserung der Orientierung und Transparenz in der Hauptverbindungsachse gegen die neue Polyterrasse und ihre attraktive Aussicht – durch Offenlassen der ehrwürdigen Holztüren der Hauptfassade während des Tages – sofern die Kredite für die Ganzglaswindfänge, nicht gesperrt bleiben. […]
Fussgänger und Benutzer des öffentlichen Verkehrs erreichen über Vorplätze bei den vier axialen Fassadeneingängen und durch zwei strassennahe Eingangspaare am Kopf beider Flügel gegen die Rämistrasse das Hauptgeschoss, welches das ganze Gebäude, dank der Tieferlegung der Leonhardstrasse, direkt und verkehrsfrei mit der neuen Polyterrasse und dem Fussgänger- und Grüngebiet zwischen Altstadt und Hochschulquartier, eigentlich Freizeitzone beider Hochschulen, verbindet. Die breite, axiale Ost-West-Verbindung durch das Altgebäude – ein halbes Geschoss tiefer als die umgebenden Korridore und Flügel – erschliesst die öffentlichen, zentralen Räume: Informationsrotunde beim Haupteingang Rämistrasse, Haupthalle, Nordhof u. Südhof und restaurierte Semper'sche Treppenhalle u. Vorhalle. Die Nord-Süd-Verbindung verläuft wie ursprünglich durch die alten Korridore und nun auch diagonal durch die neuen Nord- u. Südhöfe. Die erweiterte, orthogonale Polyterrasse bietet einen für Sightseeing noch attraktiveren Rundblick über Stadt, See und Berge bzw. Platz für grössere Feste, Ausstellungen und andere Aktivitäten von Schule und Öffentlichkeit.

Untergeschosse C + D: Durchgangs- und Kommunikationsgeschosse

Für den motorisierten Verkehr liegen östlich des Altgebäudes, Warenanlieferung und zweigeschossige Einstellhalle, westlich des die Unterführung Leonhardstrasse mit Vorfahrt zu Hauptgebäude und Polyterrasse, Anlieferung zu Sportanlage und Mehrzweckhalle bzw. zu Mensa und Grossküche, von der auch alle Verpflegungsstellen des ETH-Zentrums beliefert werden. Dazwischen das im Keller gewonnene Durchgangsgeschoss mit den zentralen Garderoben und WC-Gruppen für Besucher des Hauptgebäudes; durch neue Gänge und Hallen auf dem unteren Boden des Nordhofes und Südhofes verbindet es alle Eingänge, Treppenhäuser und Aufzüge des Altgebäudes, und erlaubt, dessen verschiedene Sektoren unabhängig voneinander er- und abzuschliessen. Vom Altgebäude führen zwei Haupttreppen und Aufzugspaare im östlichen Teil bis zu den Vorräumen des Dachfoyers, zwei im westlichen Bereich auch noch zu den Geschossen der Mensa-Mehrzweckhalle im sog. Festpunkt, der den Alt- und Neubau in allen Geschossen erschliesst. Links und rechts unter der Polyterrasse liegen die Eingänge, Garderoben und Haupttreppenhäuser der Mensa und Mehrzweckhalle, zwischen diesen Kiosk, Läden und Leseplätze der durch Oberlichter beleuchteten Vorhalle zu der dreiteiligen Cafeteria mit breiten gedeckten Terrassen und weiter Sicht auf die Stadt. Der freistehende GEP-Pavillon ragt allein etwas über das Niveau des bepflanzten Fussgängergebiets der Polyterrasse und steht im Take-Out und öffentlicher Terrasse den ETH-Ständen und Althäusern für Veranstaltungen und Feste zur Verfügung.
Die Cafeteria bietet dank ihrer Lage auf der Ebene zwischen Polyterrasse und Mehrzweckhalle die besten Voraussetzungen für effektive Erholung: viel Grün, Sicht und Sonne, weit vom Verkehrslärm.
Die oberen Eingänge der Cafeteria und anderer Freizeiträume sind, statt über die Polyterrasse zu ragen, via beidseitige Terrassenabsenkungen mit äusseren Winkeltreppen zu erreichen, welche darunter bis zu den Sport- und Mehrzweckräumen im Hausinnern verlaufen.
Die Cafeteria-Vorhalle, studentischer Treffpunkt mit Kiosk und Läden, Lesenischen, Anschlagwänden usw. verbindet die drei Caféräume mit den beiden Eingängen und Treppenhäusern, wodurch die unteren Galerien, Korridore, Eingänge und alle Mensa- und Sporträume erschlossen sind.
Das zentrale Treppenhaus, welches die stadtseitige Treppen- und Aufzuggruppe des Hauptgebäudes unter der Westhalle verlängert, stellt die Verbindung zwischen den verschiedenen Niveaus des Altbaus und denen des Neubaus der Mehrzweckhalle, Mensa-, Sport- und Freizeiträume dar.
Die breite Vorfahrtshalle, durch die Rampen der abgesenkten Leonhardstrasse in der Zäsur zwischen altem und neuem Teil der Polyterrasse erschlossen, und darum grösstenteils mit Glasbetonoberlichtern und schallschluckenden Wänden versehen, ermöglicht in halber Höhe zwischen Alt- und Neubau eine direkte Autoeinfahrt und eine Anlieferung zum Mensa- und Sportteil. […]

Peverelli, Diego; Geisendorf, Charles Edouard: Bauchronik. Um- und Erweiterungsbauten des ETH-Hauptgebäudes in Zürich, in: Werk – Archithese 64 (1977), Nr. 10, S. 68–82, hier S. 69–78

— 1969
Alfred Schmid

STELLUNGNAHME DER EIDG. KOMMISSION FÜR DENKMALPFLEGE

Sehr geehrter Herr Kollege
[Charles-Edouard Geisendorf],

Ich bin im Besitz des von Ihnen, Herrn Baukoordinator C. Maag und Herrn Prof. P. Hofer unterzeichneten Expressschreibens vom 3. März 1969 in obenerwähnter Sache. Sie sprechen darin den Wunsch aus, eine schriftliche Stellungnahme unserer Kommission zum bereinigten Umbauprojekt für das ETH-Hauptgebäude zu erhalten, und zwar nach Möglichkeit vor dem 11. dies. In der äusserst knappen Frist, die Sie uns einräumen, ist die Redaktion eines eingehenden Gutachtens leider nicht möglich; ich muss Sie deshalb bitten, sich mit einer knappen Zusammenfassung der Gedanken zu begnügen, die der Unterzeichnete und seine engsten Mitarbeiter an den Besprechungen vom 13. Dezember 1968 und vom 14. und 30. Januar 1969 zum Ausdruck brachten.
1. Mensa und Auditorium maximum
Unter den drei von Ihnen erwogenen Lösungen – Hochbau, Tiefbau oder Terrassenbau – ist die nunmehr gewählte, welche die Mensa unter Ausnützung der natürlichen Gegebenheiten des Terrains terrassenartig in den Hang setzt, sicher die überzeugendste. Sie bleibt niedrig und tritt dem Hauptgebäude der ETH von Semper und Wolf nicht zu nahe. Es wird indessen wichtig sein, die nach Westen blickenden Fronten der neuen Bauten durch einen angemessenen Grüngürtel dem Hang möglichst zu integrieren, um vor allem für die Fernsicht auf ETH und Universität möglichst viel vom traditionellen Anblick beizubehalten.
2. Vorfahrt Künstlergasse und Lösung des Verkehrsproblems
Wir haben von Anfang an entschieden der von Ihnen ausgearbeiteten Variante B den Vorzug gegeben, weil sie nach unserer Ueberzeugung dem Semperbau am ehesten gerecht wird. Die Schwierigkeiten ergeben sich in jedem Fall aus der Notwendigkeit, den Fahrverkehr in eine Schneise zu verlegen und in

einer Unterführung am Mittelrisalit vorbeizuleiten, was besonders beim nordseitigen Eingang schwer zu bewältigende ästhetische Probleme aufwirft. Die von uns vorgezogene Variante B mag bezüglich Lärmimmissionen mit gewissen Nachteilen verbunden sein; sie wiegen indessen die grossen architektonischen und ästhetischen Vorteile dieser Lösung bei weitem nicht auf. Es scheint uns entscheidend, dass wir nur mit Variante B einen wesentlichen Charakterzug Semperscher Architektur, die knappen, der Fassade entlanggeführten Terrassen, und die ursprünglichen fassadenparallelen Treppenläufe vom Vorplatz unmittelbar vor dem Hauptportal auf das Niveau der Terrassen erhalten können; die Sockelmauer kann nur so auf eine grössere Strecke in ihrem bisherigen Verlauf erhalten bleiben. Variante A mit weit ausgreifenden Terrassen würde eine sehr aufwendige Platz- und Terrassenfolge schaffen, die mit ihrem eher barocken Charakter dem spröden Klassizismus Sempers nicht angemessen wäre. Dass sich bei Lösung B auch für den Autofahrer günstigere Lichtverhältnisse und damit optisch-psychologische Vorteile ergeben und überdies die Beziehung Zufahrt – kellergeschossige Eingangshalle kontrastreicher und interessanter gestaltet werden kann, sei nur am Rande vermerkt.

3. Dachfoyer

Wir haben aus unseren Bedenken gegenüber diesem Aufbau über der Gullschen Halle kein Hehl gemacht. Selbst wenn sie nur von sehr wenigen Punkten der Stadt aus eingesehen werden kann und auch dann nicht störend in Erscheinung tritt, halten wir das Foyer für ein offenbar notwendiges Uebel. Wir anerkennen gerne, dass die von Ihnen vorgesehene Lösung interessant ist und aus den Gegebenheiten das Beste macht. Wir nehmen auch mit Erleichterung zur Kenntnis, dass die gelenkhafte Verbindung zwischen Kuppel und Hallendach auf Grund unserer ersten Aussprache verbessert werden konnte, namentlich durch die Reduktion der Liftaufbauten, die infolge der Wahl hydraulischer Aufzüge möglich geworden ist. Sie werden es mir aber nicht verübeln, wenn wir trotz dieser Korrekturen unsere Zustimmung zur Errichtung des Dachfoyers ohne jede Begeisterung geben.

4. Kuppel

Es scheint uns sehr wichtig, dass im Zusammenhang mit den grossen Umbauten, die in nächster Zukunft im Hauptgebäude der ETH und dessen nächster Umgebung vorgenommen werden, die Frage der Gullschen Kuppel neu und unvoreingenommen überprüft wird. Die Kuppel war, wie erinnerlich, ursprünglich als freie Rippenkuppel geplant und so auch ausgeführt worden, und einzig die ungünstigen klimatischen Bedingungen Zürichs und die damals noch nicht gegebene Möglichkeit einer einwandfreien Abdichtung der Kuppelschale führte wenige Jahre später dazu, dass man dieser eleganten Rippenkuppel eine schwerfällige Ziegelbedachung von der Art eines Kaffeewärmers überstülpte und damit die anfängliche Eleganz dieses krönenden Bauteils höchst nachteilig verfälschte. Wir treten mit Nachdruck dafür ein, dass nun, wo die technischen Möglichkeiten hierzu gegeben sind, die ursprüngliche Rippenkuppel wiederhergestellt wird.

Im Sinne der vorstehenden Aeusserungen können wir den uns vorgelegten Punkten des Umbauprojekts des ETH-Hauptgebäudes zustimmen, und wir ermächtigen Sie selbstverständlich auch, unsere Stellungnahme den interessierten Instanzen bekannt zu geben. Ich möchte im übrigen die Gelegenheit benützen, um Ihnen für das anregende Gespräch, das wir mit Ihnen und Ihren Mitarbeitern in dieser Sache führen durften, und für Ihre Bereitschaft, nach Möglichkeit auch unsere Kritiken und Wünsche zu berücksichtigen, unseren verbindlichen Dank auszusprechen. Mit freundlichen Grüssen und der Versicherung meiner kollegialen Hochschätzung.

Der Präsident der Eidg. Kommission für Denkmalpflege
Alfred A. Schmid

»Betrifft: Zürich, Hauptgebäude der Eidg. Technischen Hochschule«, Brief vom Präsidenten der Eidg. Kommission für Denkmalpflege, Alfred Schmid, an Charles-Edouard Geisendorf, 7. März 1969 (Eidgenössisches Archiv für Denkmalpflege, Archiv Alfred A. Schmid)

— 1979
Alberto Camenzind, Martin Fröhlich, Charles-Edouard Geisendorf u. a.

»Hosianna« – oder Barbarei?

Geisendorf: Erwarten Sie von mir nicht etwas Hochintellektuelles. Ich bin ein Architekt, kein Kunsthistoriker; überdies bin ich in dieser Angelegenheit Partei und die sogenannte kritische Distanz ist etwas, was mir völlig abgeht. […]
Weitere fünfzig Jahre später ist es wiederum soweit, dass dieses Haus viel zu klein geworden ist. Für die Vergrösserung der Schule wird ausserhalb der Stadt gesorgt. Es entstehen Aussenstationen: die EMPA in Dübendorf, die landwirtschaftlichen Anlagen hinter dem Uetliberg, der berühmte Hönggerberg mit Physik und »Bauwesen« und zum Schluss Würenlingen und Villingen, die einen grossen Teil des jährlichen Schulbudgets schlucken. Es ist also ein Körper, der sich in alle Richtungen ausdehnt, ohne dass der Kopf entsprechend mitwächst: eine physische Situation, die nicht stimmt. Die einzige Möglichkeit, diesem Kopf seine Bedeutung zu erhalten, ist, im Inneren weiterzumachen. Darum das Konzept von Pallmann, alle Raumreserven des Hauptgebäudes auszuschöpfen. Mit dem Umbau der Hauptbibliothek und der Gullschen Auditorien wird Alfred Roth, mit jenem sämtlicher Fassadenräume die Baukreisdirektion V beauftragt. Was mir anvertraut wurde, ist mehr als heikel: Ich hatte ungefähr 2 500 neue Auditorienplätze zu schaffen. Wo? – Das Äussere ist unter Denkmalschutz: es blieb also nur das Innere, besonders die Höfe. Dort wurde – dem maximalen Sichtwinkel der Grossauditorien folgend, wo die projektions-technischen Anforderungen heute dominieren – die schräge Linienführung in die orthogonale Komposition eingeführt. Dazu kamen später in einem neuen Sockelbau am Fuss der Hauptfassade eine Mensa (600 Plätze), eine Grossküche (6 000 Mahlzeiten) und eine Cafeteria (600 Plätze), darunter eine Mehrzweckhalle. Darüberhinaus noch die Dachaufbauten: Lehrkörperfoyer als Glas- und Stahlpavillon und Aufwertung des unbenutzten Kuppelraums aus Sichtbeton. Man hat einen Körper fünfzehn Jahre lang einer stufenweisen chirurgischen Operation unterzogen, ohne ihm eine Narkose geben zu können. Sie können sich denken, wie viele psychologische Schwierigkeiten das zur Folge hatte: mit den Beamten, dem Lehrkörper und den Studenten.
Die schöne Seite an der ganzen Geschichte war der Kontakt mit der Denkmalpflege. Das war auch die einzige Rettung, denn der Architekt hat keine Autorität. Der Ingenieur, der Denkmalpfleger – die Spezialisten –: sie werden respektiert. Der Architekt, der diese Leute koordinieren soll, der schöpferisch das Resultat dieser oft entgegengesetzten Meinungen gestalten und durchführen soll, dem wird heutzutage nicht zugehört.

Fröhlich: Ich erinnere mich, dass ich einmal ausgelacht worden bin, als ich meinte, dass die ETH im Rahmen ihrer Entstehungszeit ein weit bedeutenderes Bauwerk gewesen sei als das Grossmünster im Rahmen seiner Epoche. Wenn Sie sich vorstellen, dass mit dem Grossmünster in Zürich derart hätte umgegangen werden können, wie mit der ETH umgegangen wurde: wir würden alle kopfstehen.

Das kommt in etwa dem Versuch gleich, dem Grossmünster eine Autogarage einzubauen. Denn von dem, was ehemals als lebendiger Baukörper vorhanden war, ist nun nichts mehr als ein bisschen Fassade und zwei, drei Räume übriggeblieben. Ich weiss nicht, wessen Schuld das ist, aber das ist ein Verbrechen, was hier passiert ist. Wenn es nicht die Schuld des Architekten, nicht der Eidg. Baudirektion, nicht die Schuld des zweiten Architekten war, so muss es ein jämmerliches Versagen der Behörden, der Besitzer, der Denkmalpflege gewesen sein. Es steht mir nicht an, hier den Schuldigen zu suchen, aber wo es Verbrechen gibt, gibt es auch Schuldige.
Ich vermisse an dieser Stelle, auch in der Diskussion, die Bauherren, die Behörden. Ich vermisse auch den Schulpräsidenten Ursprung, der auch in einer langen Kette von Unglücksfällen das letzte Glied ist. In diese Kette gehört auch der Schulpräsident Rohn, der in den dreissiger Jahren, als es darum ging, das Kantonsspital neu zu bauen – und der Kanton willens war, das Kantonsspital in die Nähe des Burghölzli zu verlegen, um der Schule Luft zu verschaffen – erklärte, die Schule hätte ihre endgültige Grösse erreicht, sie brauche das Areal nicht. […]

Fröhlich: Ich bin froh um Bruno Reichlins Stichwort »Bauanalyse«. Gerade diese Bauanalysen z. B. sind offensichtlich nicht gemacht worden im Fall der ETH, obwohl sie sich in diesem speziellen Fall angeboten hätten, weil die beiden Bauphasen klar ablesbar sind. Es sind ja Patzer passiert – das nur pro memoria für diejenigen, die auch dabei waren – z. B. dass man Semper-Teile für Gull-Teile gehalten hat und umgekehrt.

Camenzind: Die erste gründliche Analyse bei jedem Eingriff besteht darin, dass man sich fragt, ob die zukünftige Bestimmung des Baus sinnvoll ist, d. h. ob dieser alte Bau die Eigenschaften hat, um die Nutzung, die man ihm zuschieben will, aufzunehmen.
Was z. B. das Poly anbelangt: Ich frage mich, ob das jetzige Hauptgebäude der ETH eine Schule ist, ein Kongresshaus oder ein Verwaltungsgebäude? Hätte man von Anfang an gesagt, man will ein Verwaltungsgebäude daraus machen, so wäre der Fall klar gewesen: Hände weg, das ist kein Gebäude, das sich dazu eignet, in einen Verwaltungsbau umfunktioniert zu werden. […]

Geisendorf: Wegleitend bleiben für uns Architekten die Prinzipien, die für das Jahr der Denkmalpflege (1975) gemeinsam von ICOMOS, UIA und EUROPA NOSTRA festgelegt wurden, d. h. »L'introduction d'éléments nouveaux dans des ensembles anciens est possible, et est souhaitable pour autant que soit ainsi offerte la possibilité d'un enrichissement de caractère social, fonctionnel et esthétique du tissu existant.« In Sachen ETH: Leider sind die Bauanalysen von den Spezialisten zu spät gekommen, die Bauarbeiten waren schon fertig. Und jetzt ist es leicht zu sagen, der Fehler liege bei Rohn. Der Fehler liegt nicht bei Rohn, sondern darin, dass keine Planung vorhanden war. Heute liegt die Planung in den Händen von Beamten, die alles bestimmen und niemanden anhören wollen. Ob es sich um die Schulleitung der ETH handelt, um die Baudirektion oder die Baukreisdirektion (die sicher gut eingerichtet sind, wenn es gilt, einen kleineren Umbau zu machen) – immer liegt die Entscheidung bei selbstherrlichen Beamtengremien.
Camenzind hat recht: anstatt dafür zu sorgen, dass die ETH eine Schule bleibt (die gern Kongresse aufnimmt, weil die Weiterbildung ein Teil der Schulung ist), hat man daraus ein Bürohaus machen wollen. Nicht nur hat man hier die gesamte Verwaltung konzentriert, man hat konsequent von allen Instituten rundherum alles, was Büro war, ins Hauptgebäude verlegt, so dass dort Labors und Spezialräume eingerichtet werden konnten. Das ist eine vollkommen falsche Planung. Mindestens in diesem Punkt bin ich mit Fröhlich einig. Wir müssen sehen, was man machen kann, damit solche Fehler nicht mehr passieren. […]

Camenzind, Alberto; Geisendorf, Charles-Edouard; Fröhlich, Martin; u. a.: »Hosianna« – oder Barbarei? Bruchstücke eines Gesprächs über drei exponierte Schweizer Bauveränderungen, in: Werk – Archithese 66 (1979), Nr. 25/26, S. 37–47, hier S. 37–40, 44–45.

— 1983
Stabsstelle Planung ETHZ

Zusätzliche Büroeinheiten im Hauptgebäude (G-Geschoss)

IST-Bestand:
in den bestehenden Seitenflügeln der HG-Westfassade sind je 10 Büroeinheiten mit den Massen 3,5 m breit, 7,5 m tief und 5,0 m hoch. Sowohl die Bürotiefe wie die Höhe geben den Räumen unangenehme Proportionen und die Tiefe von mehr als 5 m lässt sich durch die Möblierung nicht geeignet ausnützen.

SOLL-Bestand:
eine Zwischendecke über der bestehenden Bürozone (s. Variante A) oder über Büro- und Korridorzone (Variante B,C) ermöglicht den Einbau von zusätzlichen, gut proportionierten Büroeinheiten. Während bei der Variante A der Korridorbereich unangetastet bleibt und bei der Variante B die Korridorführung im Hauptgeschoss bestehen bleibt und nur in der Höhe reduziert wird, verlegt die Variante C den Korridor in die übergrosse Zone der Bürotiefe. Das Zwischengeschoss kann einerseits vom bestehenden Treppenhaus seitlich der Aula und einer zusätzlichen neuen Nottreppe erschlossen werden.
Baukosten:
Variante A kostet für zusätzliche 8 Büroeinheiten ca. 320 000.– oder ca. 45 000.–/BE
Variante B kostet für zusätzliche 17 Büroeinheiten ca. 600 000.– oder ca. 35 000.–/BE
Variante C kostet für zusätzliche 26 Büroeinheiten ca. 650 000.– oder ca. 25 000.–/BE
Folgerungen:
aus Kostengründen sollte die Variante C gewählt werden die auch den grössten Raumgewinn ergibt. Die Verlegung des Korridors verlangt aber eine sorgfältige und geschmackvolle Anpassung der Anschlusspunkte durch einen ausgewiesenen Architekten mit entsprechenden Erfahrungen. […]

»Zusätzliche Büroeinheiten im Hauptgebäude (G-Geschoss)«, Stabsstelle Planung ETHZ, März 1983 (Bundesarchiv Bern, CH-BAR#E3240 B#1999/70#261, ETH-Hauptgebäude, 1. 1981 – Aug. 1998)

»ZÜRICH, HAUPTGEBÄUDE DER ETHZ, UMBAU EINES KORRIDORS IM G-GESCHOSS«

CH-BAR#E3240B#1999/70#261*, Az. 05.2-088 / Bundesarchiv Bern.

Eine Stellungnahme Martin Fröhlichs vom 15. Dezember 1983 zuhanden der für das Hauptgebäude zuständigen Baukreisdirektion 4. Fröhlich spricht sich dezidiert gegen das – oftmals auch in die Tat umgesetzte – Vorhaben aus, die Büro-, Schul- und sogar Korridorräume aus der Semper- und Gullzeit mittels Zwischendecken und Trennwänden in Zellenbüros zu zergliedern.

—
1983
Martin Fröhlich

Umbau eines Korridors im G-Geschoss

Sehr geehrter Herr Baukrei[s]direktor,

anlässlich der überaus erfreulichen Sitzung mit Herrn Wirth habe ich das Projekt dieser Umfunktionierung des Korridors Süd im Westflügel zu Bürozwecken zur Stellungnahme erhalten. Als Bundesexperte für dieses Gebäude möchte ich mich dazu wie folgt äussern:

1. Der betreffende Korridor befindet sich in unmittelbarer Nähe der Aula, des einzigen von Sempers Hand farbig ausgestalteten Innenraums, der unverändert auf uns gekommen ist. Dieser nimmt nicht nur als Teil des Hauptgebäudes, eines Hauptwerks Sempers, sondern auch für sich einen ausserordentlichen Platz im Oeuvre dieses Architekten ein. Seine Umgebung bedarf daher ganz besonderer Pflege.

2. Die geplante Umstrukturierung der Korridorzone greift in gravierender Art in die Baustruktur des Hauses ein und ist geeignet die durch den Ausbruch der Treppenhäuser Süd und Nord ohnehin schon schwer beeinträchtigte Lesbarkeit des Gebäudes noch mehr zu erschweren.

3. Das Eidg. Natur- und Heimatschutzgesetz von 1966 schreibt vor, dass alle Bundesstellen (zu diesen gehört die ETHZ eindeutig) das kulturelle Erbe zu erhalten und zu pflegen haben. Bei einem Architekturdenkmal von so hohem Wert, das der ›Lebensfähigkeit‹ der Schule schon so hohe Opfer zu bringen hatte, kann das häufig gehörte Argument der Schulleitung, die Schule müsse sich entwickeln können, nicht mehr verfangen. Nach allen Eingriffen, die das Gebäude über alles Mass geschädigt haben, kann es heute nur noch darum gehen, die noch vorhandene Substanz zu schützen. Zu den wichtigsten Teilen dieser Substanz gehört die Baustruktur, die nun verunklärt werden soll.

Das vorliegende Vorhaben muss unterbleiben. Wenn die zur Verfügung stehende Bürofläche für die Schulverwaltung zu klein ist, muss ausserhalb des Hauptgebäudes, das ja eigentlich ein *Schulhaus* ist, in einem eigentlichen Verwaltungsbau gesucht werden.

Mit freundlichen Grüssen
Dr. Martin Fröhlich

»Zürich, Hauptgebäude der ETHZ, Umbau eines Korridors im G-Geschoss«, Brief von Martin Fröhlich an den Direktor der Baukreisdirektion 4, 15. Dezember 1983 (Bundesarchiv Bern, CH-BAR# E3240B#1999/70#261#2#4, ETH-Hauptgebäude, 1. 1981 – Aug. 1998)

— 1982
Hermann Burger

DIE KÜNSTLICHE MUTTER

Ermordung eines Privatdozenten

Nein: ich hatte in dieser zweiten Maiwoche nach dem verhagelten Muttertag, da die Eisheiligen Pancratius, Servatius, Bonifatius und insbesondere die Kalte Sophie ihr glaziales Symposium abhielten, noch nicht, wie vorgesehen, nach Göschenen einrücken können, zuerst musste, nach der skandalösen Semesterkonferenz der Abteilung für Geistes- und Militärwissenschaften der Eidgenössischen Technischen Universität, der Alma Mater Polytechnica Helvetiae, die ETU-Schmach getilgt werden, musste Wolfram Schöllkopf, daselbst Privatdozent für neuere deutsche Literatur und Glaziologie – diese Verbindung eines humanistischen mit einem naturwissenschaftlichen Fach entspricht einer alten Tradition der Fakultativfächerfakultät –, auf die Erdrosselung seines Lehrauftrags durch Dekan Wörner reagieren.

Eine geschlagene Dreiviertelstunde lang stand Schöllkopf, der erbrechend aus der Konferenz gestürzt war, als gerade über die Verteilung von Ehrenadressen zum Anlass des ETU-Jubiläums diskutiert wurde, an der Toggenbalustrade des dritten Stockwerks, zwischen den Marmorbüsten der Schulratspräsidenten Bleuler und Gnehm, und fragte sich: Sollst du, sollst du nicht? Zu Häupten die Kassettendecke, tief unter ihm die Mosaikfliesen des von den Großauditorien umgebenen Pausenhofs, der Gullschen Halle, auch Ehrenhalle genannt, gegenüber der östliche Triumphbogen, der sich über die Estrade vor dem Auditorium Maximum wölbte, wo der mit der Venia Legendi Ausgezeichnete – denn es war tatsächlich eine Gunst, an dieser Höchsten aller Schweizerischen Hochschulen lehren zu dürfen – vor zweihundertdreiundzwanzig Personen seine Antrittsvorlesung über »Die Bedeutung der Gletscher in der Schweizer Gegenwartsliteratur« gehalten hatte.

Stand Privatdozent Wolfram Schöllkopf, unweit vom Vorzimmer des Schulrats, des obersten Aufsichtsorgans, unweit von der Spannteppichresidenz des Präsidenten, immer noch Magensäfte speiend: Sollst du, sollst nicht?

Man unterschätzte, von unten zur Decke emporblickend, die Höhe der Gullschen Halle, weil die oberen Stockwerke hinter die doppelgeschossigen Arkaden zurücktraten und somit der rosettengeschmückte Eierkarton frei über dem Hof zu schweben schien. Aber Schöllkopf wusste: fünfundzwanzig Meter genügten, einer bereits zerschmetterten akademischen Existenz den Rest zu geben, und es war richtig, der Kombinierten Abteilung für Geistes- und Militärwissenschaften diese Existenz samt der Venia, die fortan höchstens noch eine Schande des Lehrens sein würde, vor die Füße zu schmeißen. Sollten die Kollegen ihn da unten in der Ehrenhalle vom süßlichen Steinboden kratzen, nachdem das Vernehmlassungsverfahren betreffs Honoris-Causa-Adressen abgeschlossen war!

Es war, und dies kränkte ihn am meisten, eine plumpe Intrige gewesen, welche zur Streichung seines Lehrauftrags in der Höhe von monatlich sechshundertsiebenunddreißig Franken brutto geführt hatte. Professor Stefan Schädelin aus St. Gallen, der neugewählte Militärhistoriker, von Haus aus ein Heer- und Haus-Spezialist, hatte auf einer Konferenz, an der Schöllkopf krankheitshalber fehlte, den Antrag eingebracht, man müsse diesen Lehrauftrag »überprüfen«, und das Wort »überprüfen« hört ein Dekan, der sich in einer chronischen Budgetkrise befindet, immer gern. Natürlich steckten ganz andere als finanzielle Motive hinter dem Schädelinschen Überraschungs-Angriff. Die militärwissenschaftliche Hälfte der Abteilung XIII sah es ungern, dass die Gletscher als topographische Bestandteile des Reduit-Verteidigungskonzeptes der Schweizer Armee von der jüngsten Literatur dieses Landes vereinnahmt und damit in ihrer erdgeschichtlich-strategischen Lage quasi ans Ausland, also an den Feind verraten wurden. Vom Milizhistoriographen Schädelin stammte der Satz: »Die Gletscher sind unsere Gebirgsinfanterie. Hätte Russland über ebenso viel Eis verfügt wie die Schweiz, Hitler hätte den Einmarsch nicht gewagt.«

Wolfram Schöllkopf indessen hatte in seiner Antrittsvorlesung darauf hingewiesen, dass sich in der neueren Schweizer Literatur, welche sich in den sechziger Jahren behaglich am Jurasüdfuß eingerichtet habe, eine Tendenz abzeichne, die erstarrten Packeisfronten in den Alpen von unten her zu schmelzen, und das hatte sich natürlich unter den Militärwissenschaftlern herumgesprochen. Diese subversiven Literaten, so mochte es geheißen haben, unterwühlen nicht nur das Gesellschaftssystem, sondern rühren ans Heiligste: an die Naturabwehrkräfte, die Seine Eminenz, der liebe Gott persönlich, nach dem ja das Zentrum unseres Zentralalpenmassivs, der Gotthard, benannt ist, anlässlich der Erschaffung von Himmel und Erde für die künftige Eidgenossenschaft reserviert hat, exklusiv, streng geheim und vertraulich. Das war der Grund für die handstreichartige Rückeroberung von Wolfram Schöllkopfs Lehrauftragsstellung.

Soll ich, soll ich nicht: PD heißt ja nicht nur Privat- und Pendeldozent, sondern auch Pedell und Professoren-Domestike, das absolut Infausteste, was es auf dem akademischen Pflaster gibt; die Herren Lehrstuhlinhaber konnten davon ausgehen, dass sich ein Edelreservist, der darauf angewiesen ist, dass die Venia Legendi alle vier Semester erneuert wird, schon ducken würde und in die Kappe scheißen ließe, aber er, Schöllkopf, nein, er nicht. Es gab zwei Möglichkeiten: diesen Schädelin standrechtlich abzuknallen oder auf den grießgrauen Fliesen der Gullschen Ehrenhalle zu zerschellen, mit dem Pausenläuten, das durch die zwielichtigen Stollengänge der Semperschen Polytechnikums-Festung schrillte, zugrunde zu gehen. Der Diskussion über Ehrenadressen ein vorzeitiges Ende bereiten mit dem Skandal eines Privatdozenten-Suizids. Freilich, so sagte der Germanist in mir und nicht der Glaziologe, wäre es ein Pleonasmus, dem Mord von außen einen Mord von innen folgen zu lassen. Aber wie weiterexistieren, mit der Aussicht auf eine Kur in Göschenen-Kaltbad?

Dekan Wörner, Strafrechtler, hatte sich den Schädelinschen Antrag unterjubeln lassen und ohne jede Vorwarnung in der Traktandenliste, die ohnehin viel zu spät verschickt worden war, in der üblichen Schlamperei jener ETU-Dozenten, welche, mit Nebenämtern überlastet und Nebeneinkünften vergoldet, die Bürde der Abteilungsvorsteher-Würde wider Willen, durch das Ancienniätsprinzip dazu gezwungen, auf sich nahmen, die Konferenz zum Semesterbeginn mit dem Vorschlag überfallen – Herr Kollega Schöllkopf darf ruhig zuhören und im Saal bleiben –, meinen Lehrauftrag im Rahmen der Sparmaßnahmen zu streichen. Alle müssten kürzer treten und den Gürtel enger schnallen et cetera: pikanterweise lag gleichzeitig ein Antrag Schädelins für drei Stellvertretungen auf dem Tisch, denn der knapp Vierzigjährige hatte sich bei seiner Wahl als Provision ein Urlaubssemester eingehandelt, um seine Habilitationsschrift – man höre und staune: Nachhabilitation eines Ordinarius – »Die Dissuasionswirkung des Schweizer Armee im Rahmen der Sicherheitspolitik des Bundes« – in Ruhe, also ohne die lästige Verpflichtung von fünf Wochenstunden, fertigschreiben zu können.

Es gab kein Votum, in eigener Sache zu Wort melden konnte ich mich nicht, verbal befand ich mich im Ausstand und psychisch in einer Katastrophe, ich hätte ohnehin keine Silbe über die Lippen meiner cardialen Gipsmaske gebracht. Man schritt flott zur Abstimmung, und das Resultat, o Wunder und Pech für das Intriganten-Duo Wörner/Schädelin, lautete neun zu sieben gegen den Antrag des Dekans, bei fünf Enthaltungen und einem Dutzend Absenzen, also für Beibehaltung des Schöllkopfschen Engagements, das ohnehin von Semester zu Semester neu bestätigt werden musste. Nach gut demokratischer Gepflogenheit beugte sich Professor Wörner – Schädelin fehlte entschuldigt – der Mehrheit, indem er das Traktandum, das laut Liste keines war, vorläufig zurückstellte, um dann unter Verschiedenes und Umfrage, geschickt vor die Aussprache über Ehrenadressen manövriert, nebenbei zu Protokoll zu geben: Sie haben also, wenn ich das recht verstanden habe, in der Angelegenheit Lehrauftrag Schöllkopf mit neun zu sieben zugestimmt. Allgemeines Kopfnicken der in irgendwelche Gutachterpapiere vertieften Fachifizenzen, plus mal minus ergibt minus; sie hatten aber nicht dem Schachzug des Winkeljuristen, sondern der Prolongierung meiner bezahlten Stunde zugestimmt – minus mal minus gleich plus –, also war mit einem billigen Trick an einer Universität, die berühmt war für ihre Kapazitäten auf dem Gebiet der höheren Mathematik, dieses Lehrauftragsattentat an einem Privatdozenten ins Protokoll hineingeschmuggelt worden.

Mein wichtigster Lehrer und Förderer, Professor Walter Kern, der Gute Gott der ETU genannt, hätte sich dreimal im Grab umgedreht, wenn er diese Gaunerei von seinem Friedhof aus mit angesehen hätte, das Knarren des Sarges wäre durch das dicke Zyklopengemäuer der Nordfassade gedrungen mit den Sgraffitos, welche Aufbau und Aufgaben der Eidgenössischen Technischen Universität allegorisierten: zwei beflügelte Standartenträgerinnen versprachen dem Studenten, der diese Bildungskasematte in mattem Basaltgrün zu sprengen versuchte, dass unter den Auspizien der Eidgenossenschaft in gegenseitigem Einvernehmen von Wissenschaft und Kunst alle Sparten vom Bauingenieurwesen bis zum Militärwesen, ergänzt durch humanistischen Zuckerguss, in interdisziplinärem Föderalismus, für den die Girlanden der Kantonswappen unter dem Dachvorsprung bürgten, sine ira et studio gelehrt werden würden. Über den Fenstern des Erdgeschosses siebzehn Zelebritäten von Homer bis Newton. Und was hatte Seneca, vom gesprengten Segmentgiebel des Nordportals hinuntergrüßend, den Famuli zu sagen? »Non fuerat nasci / nisi ad has«: die Geburt lohnt sich nur dann, wenn man als Wissenschaftler oder als Künstler zur Welt kommt.

Von Epikur aber, Herr Dekan Wörner und Herr Professor Schädelin, ist die Maxime überliefert, der eigene Tod könne einem nichts anhaben, weil dem Zersetzten jede Empfindung fehle, also stand dem Schöllkopfschen Experiment des freien Falles nichts im Wege, umso weniger, als sich der Gute Gott der ETU, der kremiert worden war, als Häuflein Asche nicht in seiner Urne umdrehen konnte. Was war das für eine Schreckensmutter, diese Alma Mater Helvetica, von nähren konnte weder im pekuniären noch im übertragenen Sinn die Rede sein, eher von akademischem Liebesentzug; ein Privatdozent war ja genauso wehrlos wie ein blaugeschrieener Säugling, der vergeblich nach der monumentalen Kuppelbrust verlangte, dieser über sechsundzwanzig Meter gespannten, aus dem Kriegsjahr 1918 stammenden, von vierundzwanzig Bogenrippen, einem Fußring, einem Zwischenring und einem Kopfring zusammengehaltenen Dachziegelbrust, deren Laterne ganz Zürich und die umliegende Eidgenossenschaft von Romanshorn bis Genf, von Basel bis Chiasso erleuchten mochte, doch einem Spezialisten für Glaziologie und neuere deutsche Literatur lediglich eine Gratifikation von fünfhundert Franken pro Jahr für die Gunst der unbezahlten Lehrtätigkeit gab.

Hatte Wolfram Schöllkopf denn überhaupt noch eine Wahl? Er war ein chronisch schwerkranker Mann, ein psychosomatisch Frühinvalider, konnte, nachdem die Labortechniker der Schulmedizin so ziemlich alles verpfuscht hatten, was sich mit Hilfe von Chemie, die an dieser Anstalt nicht nur gelehrt, sondern geradezu gehätschelt wurde, ruinieren ließ, nur noch das Kurangebot von Göschenen wahrnehmen, dubios genug, diese Auer-Aplanalpsche Tunneltherapie der Künstlichen Mutter, und wofür, wenn überhaupt, würde der Omnipatient wieder rehabilitiert werden: für die ETU-Schande. Es gab ja in der Tat hochinteressante Parallelen zwischen dem Fort Reduit im Gotthard und dem über und über rustizierten Semper-Gullschen Hochschulsackbahnhof, der auf einer Schanze des ehemaligen Festungsareals der Stadt Zürich thronte: hier biss man auf Granit, dort würde man auf Granit beißen; hienieden ein undurchschaubares Labyrinth von Auditorien, Sammlungen, Zeichensälen, Stichtonnengewölben, Materialkatakomben, Lieferanteneingängen, Senatszimmern, Lichthofkanzeln, Blendarkaden, Säulen-Balustraden – dort, wenn man dem Gerücht über die Existenz einer Heilstollenklinik Glauben schenken durfte, ein nicht minder verwirrendes Carceri-System; der heilige Godehard war sozusagen die Natur gewordene ETU unter besonderer Berücksichtigung der Abteilung für Geologie, Hydrologie und Glaziologie, umgekehrt die Landeslehrstätte ein zum Polytechnikum aufgefächertes Gebirgsmassiv; in Göschenen wie hier herrschte permanente Geistesdämmerung, betrat man an einem gleißenden Frühsommertag die Apsis des Vestibüls, verfinsterte sich der Junimorgen zu einem Dezembernachmittag, und man hielt unwillkürlich Ausschau nach einer heißen Schokolade, wie sie im Bahnhofbuffet Göschenen, so die kulinarische Legende, verabreicht wurde, aus Cremant-Riegeln gestoßen.

Als Privatdozent Wolfram Schöllkopf die Ritterfaust zu spüren begann, die ihm von hinten, wo die marmornen Schulratspräsidenten im Halbrund postamentierten, durch den Rücken und in den Brustkasten griff, um den Herzmuskel zusammenzuquetschen, wusste er, dass er diesen Eidgenössischen Hoch-Schul-Verrat nicht überstehen würde, sich gar nicht über das Balustergeländer zu stürzen brauchte. Zur Poliklinik auf der anderen Seite der Semper-Allee waren es hundertfünfzig Granitstufen und gut zweihundert Schritte, das musste auch ohne Blaulicht zu schaffen sein. Doch diese kombinierte Abteilungs- und Herzattacke war nicht zu unterschätzen. Neben der Reiterstatue von Remo Rossi, welche die fünfundzwanzig Kantone ihrer Alma Mater zur Centenarfeier geschenkt hatten – sein Entdecker, Professor Kern, hatte sie als Rektor, als Magnifizenz eröffnen dürfen –, ging der Infauste zu Boden und blieb liegen bis neun. Die Panzerfaust hatte auch noch Morgensternstacheln, und sie bohrten sich gegen die Schulterblätter hinauf.

Und jetzt ging es darum zu kapieren, dass der Knockout meines Lebens gemeint war, im neununddreißigsten Jahr. Im Dozenten-Boudoir befand sich eine Hausapotheke, doch Nitrolingual würde dort kaum zu finden sein. Noch zwei Treppenarme im düsteren Gewölbe bis zum Hochparterre Nord der Architekturabteilung, wo er vier Semester studiert hatte, und zur Ehrenhalle, dem Pausenparlatorium anstelle des früheren Gipsabgusspavillons. Wie auf einer stotzigen Eisbahn tappte ich die Stufen hinunter, schob mein moribundes Gehäuse von den Gullschen Mosaikfliesen auf den Vestibülbelag, vom Vestibülbelag am Gnehmschen Trinkwasserbrunnen, an den drei Bronzegrazien vorbei über die Barrikade der Portalschwelle auf die Granitplatten des hufeisenförmigen Vorplatzes, wo die Seitenflügel den Druck auf mein Herz verstärkten, raus aus dieser Alma-Mater-Krebszange auf die Semper-Allee, ein Infarkt kam nicht in Frage, nein, ich gönnte diesen Judassen der Abteilung für Geistes- und Militärwissenschaften alles, nur nicht einen Herzinfarkt als Alibi einer natürlichen Todesursache ihres für dreißig Silberlinge verratenen Nachwuchs-Germanisten und -Glaziologen; oben im glarigen Licht die braunrote Kuppel über dem Lesesaal mit den giftgrünen Tischlämpchen, eine enge Wendeltreppe zwischen der äußeren und inneren Schale führte hinauf zur Laterne; wenn schon, dann dort oben verrecken, in der Zitze der Steinbrust, doch zum Greifen nah war die Spitalfassade, ein wildes Mobile von Fertigbauelementen in seinem Blick, Schöllkopf versuchte, mit einer Hand zu fuchteln, um das rotierende Blaulicht zu imitieren, Autoreifen quietschten, ein Tramzug klingelte und knirschte, richtig, die ganze Welt in den Alarmzustand versetzen, wo war der Noteingang, nicht Exit, nein, Exitus auf keinen Fall, die Notaufnahme, Linoleum, kotzbraun gesprenkelt, Gummibäume, kitschig in der Tat, der Abgang, wie die unbefleckte Geburt, er halluzinierte plötzlich an der unbefleckten Geburt herum, Schwester, Hilfe, der Raubritter lässt das Herz nicht mehr los, sprengt endlich diese eiskalt glühende Folterzange, ihr Medizinalbanausen, ihr gottverdammten Notfalldilettanten, ihr ...

Starte noch einmal, wie nach Absolvierung der Bobschule in St. Moritz, zur Jungfernfahrt, das erste Mal in einer Podar-Büchse, schwarz wie ein Blechsarg, zwei Mann Gepäck und ein diplomierter Bremser, auf geht's, toi-toi-toi, erstmals ein Professor für Glaziologie im Olympiaeiskanal, Schlangenkurven, kein Problem, Sunny Corner drittelhoch anfahren und raus, sobald man die Innenbande sieht, geschafft, Nash/Dixon, Schüttelbecher, unten die enge Kehre der Kantonsstraße mit den fotografierenden Zuschauern, die Eiszapfen oben am Horse Shoe, vierfacher Erddruck, der Arsch meldet, wie wir liegen, runterreißen und auf Schienen ins Telefon und in den Shamrock, Schwein gehabt, Devil's Dyke, brutal an der Sohle bleiben, weil kürzerer Weg, ottimo, viel leichter zu steuern als der Feierabend, Nameless und Tree, was ist das, ein Arzt in der Rinne, weg, du Fachidiot, herrgottsackerment, Fachidiot, wie eine Rakete an die Eigernordwand des Bridge Corners hinauf, Seilzug entglitten, Kippsturz, auf dem Helm in die Bahnunterführung, Sturmböen von Eismehl, aber vor der Fallgrube wieder aufgestellt, Bremser weg, Polster weg, blinde Passagiere weg, hin und her schlagend im Kanonenrohr zum Sachs hinunter, ein Leberhaken, leck mich doch am Arsch, dieser Sarg ist überhaupt nicht mehr zu kontrollieren, Bariloche, von der argentinischen Schwesterstadt gestiftet, raus, bevor der Sack zu eng wird, und die Arrivato, eine Tortur ohne Ende, zu hoch, du Trottel, nachziehen, raus auf zwei Kufen, drücken, wer bremst eigentlich, he, hallo, wir sind da, ackert die Piste mit dem Rechen auf, nicht wie die Japaner kopfvoran auf dem Lastwagen landen, stopp, stopp, stopp!

Burger, Hermann: Die künstliche Mutter. 2. Aufl. Zürich 2014, S. 7–16

Gustav Gull (1858–1942) – Zürichs Großstadtarchitekt

Cristina Gutbrod

Zwischen 1890 und 1910 war Gustav Gull der einflussreichste Architekt der Stadt Zürich. Im Mittelpunkt seines Werks steht ein monumentales Großprojekt, mit dem er ein Stück der mittelalterlichen Stadtstruktur neu gestaltete: das städtische Verwaltungszentrum auf dem Areal des einstigen Oetenbachklosters (**Abb. 1**). Das enorme städtebauliche Vorhaben zeugt vom Selbstbewusstsein der Stadt Zürich, ihre Bedeutung als Großstadt nach der ersten Eingemeindung 1893 im Stadtkern zu kennzeichnen. Gull legte die Grundzüge des Entwurfs um 1900 fest. Wurde das Projekt 1905 noch gefeiert, stand es 1911 im Fokus der öffentlichen Kritik. Die Anlage blieb ein Fragment: Vom Gesamtkomplex realisierte Gull in der ersten Hälfte der 1910er Jahre die heutigen Amtshäuser I, III und IV mit der Lindenhofstrasse. Gleichzeitig entstanden das Land- und Forstwirtschaftliche und das Naturwissenschaftliche Institut der ETH, deren Bau aus dem Wettbewerb für die Erweiterung des Polytechnikums 1909 hervorging. Sowohl die Neugestaltung des Werdmühle- und Oetenbachareals als auch die städtebauliche Fassung des Hochschulquartiers zeigen, dass Gull das bestehende Stadtgefüge in einer städtebaulichen Gesamtsicht weiterdachte und mit der laufenden Stadtentwicklung in Zusammenhang brachte.

Aufstieg: Landesmuseumsarchitekt und Stadtbaumeister

Die herausragende Karriere des Baumeistersohns Gustav Gull (1858–1942) begann mit dem Entwurf des Landesmuseums 1890 (**Abb. 2–4**).[1] Sein Projekt trug maßgeblich dazu bei, dass Zürichs Bewerbung um den Museumssitz denjenigen der Städte Basel, Bern und Luzern vorgezogen und Zürich 1891 von der Bundesversammlung zum Museumsstandort gewählt wurde. Schlüsselfigur für die Museumskonzeption war der Kunsthistoriker Johann Rudolf Rahn (1841–1912). In seinem Hauptwerk *Geschichte der bildenden Künste in der Schweiz* (1876) bezeichnete er kunstgewerbliche Artefakte vornehmlich des 16. Jahrhunderts als spezifisch »schweizerische Kunst«.[2] Mit seiner Auffassung bestimmte Rahn, der zu den Gründungsmitgliedern des Landesmuseums zählte, die Ankaufspolitik und das ästhetische Programm des Museums.[3] Die Zusammenarbeit mit dem Kunsthistoriker und Denkmalpfleger Rahn war für Gulls Entwicklung als Entwerfer von entscheidender Bedeutung:[4] Gull, der an der Bauschule des Polytechnikums bei Gottfried Sempers ehemaligen Hilfslehrern Georg Lasius und Julius Stadler studiert und sich bislang an der Semperschen Neurenaissance-Tradition orientiert hatte, nahm nun auf eine Architektur des Übergangs von Spätgotik zu Renaissance in der Schweiz Bezug. In seinem Entwurf wurde die damalige Auffassung von Schweizer Geschichte fassbar gemacht. Das Äußere des Museums bildete die im Inneren zusammengeführten historischen Zimmer und Bauteile ab, die den Kern der Sammlung darstellten. Wie bei den historischen Baukomplexen des Musée de Cluny in Paris oder des Germanischen Nationalmuseums in Nürnberg sind Bau und Ausstattung, Alt und Neu zu einer untrennbaren Einheit verschmolzen.

Noch während der Ausführung des Museumsbaus trat Gull 1895 die Stelle des zweiten Stadtbaumeisters der Stadt Zürich an.[5] Für Gull – Mitte dreißig – war das ein spektakulärer Karrieresprung. Seine Hauptaufgabe war es, das umfangreiche Neubauprogramm der Stadt Zürich nach der ersten Eingemeindung 1893 umzusetzen. In dessen Zentrum stand die Errichtung neuer Stadthausbauten. Dabei ging es nicht nur darum, den Flächenbedarf der sich neu strukturierenden und professionalisierenden Verwaltung zu decken, sondern Zürichs politischer, wirtschaftlicher und gesellschaftlicher Bedeutung mit einem Großbau im Stadtzentrum Ausdruck zu verleihen. Gull war für dieses Amt prädestiniert. Sein Landesmuseum stand für Geschichtsbewusstsein und Aktualität und war beispielhaft für die Architektur, die sich die Stadt für ihre neuen Verwaltungsbauten wünschte.

Mit dem Bau des Stadthauses Fraumünsteramt (1898–1901) gelang es Gull, zwischen Zürichs verschwindender mittelalterlicher Stadt und der neu entstehenden Geschäftsstadt ›Gross-Zürich‹ zu vermitteln. Das Stadthaus wurde anstelle der einstigen Abteigebäude des Fraumünsterklosters errichtet, deren Abbruch durch die städtebauliche Umgestaltung des Kratzquartiers seit den 1860er Jahren vorbestimmt war.[6] Das städtebauliche Ensemble setzt sich aus der Fraumünsterkirche, die Gull später – 1911/12 – restaurierte, einem neu konzipierten

1 Zürich, Baustelle auf dem Werdmühle- und Oetenbachareal mit Straßendurchstich durch den einstigen Klosterhügel und Bauten Gustav Gulls: Geschäftshaus Urania, Schweizerische Bodenkreditanstalt (im Bau) und Verwaltungsgebäude für das Bauwesen II neben dem bestehenden Waisenhaus. (Fotografie von Eduard Spelterini, um 1909/10; Baugeschichtliches Archiv der Stadt Zürich)

2 Schweizerisches Landesmuseum, Zürich, erbaut von Gustav Gull 1892–98.

3 »Obere Stube« aus dem einstigen Äbtissinnenhof des Fraumünsterklosters, eingebaut im Schweizerischen Landesmuseum Zürich. Fotografie um 1905. (gta Archiv / ETH Zürich)

4 Giebel des Landesmuseums, Entwurfsskizze von Gustav Gull, undatiert. (gta Archiv / ETH Zürich)

›Kreuzgang‹ und dem eigentlichen Stadthausneubau zusammen, der wiederum das von Stadtbaumeister Arnold Geiser in den 1880er Jahren erstellte Eckgebäude integriert (**Abb. 5–7**).[7] Die Baugruppe weist Gestaltungsprinzipien eines im späten 19. Jahrhundert in Deutschland weit verbreiteten malerischen Rathaustypus auf.[8] Zugleich überlieferte Gull die abgebrochene Klosterarchitektur auf mehreren Maßstabs- und Bedeutungsebenen.[9] Für die Verbindung von Landesmuseum und Stadthaus stehen die im Landesmuseum eingebauten Fraumünsterzimmer aus den ehemaligen Abteigebäuden (**Abb. 3**). Sie deuten auf den Konflikt hin, in dem sich Gull zwischen Zerstörung historischer Stadtsubstanz und deren Erneuerung im architektonischen und städtebaulichen Entwurf befand.

Im Zenit: Verwaltungszentrum auf dem Oetenbachareal

Bei der Planung von neuen städtischen Verwaltungsbauten nach der ersten Eingemeindung verfolgte der Stadtrat das Ziel, sämtliche Verwaltungszweige in einer Anlage im Stadtzentrum zu konzentrieren, die das ursprünglich als Provisorium geplante Verwaltungsgebäude im Fraumünsteramt überflüssig machen sollte.[10] Bei Planungsbeginn war vorgesehen, das ausgebaute Fraumünsteramt durch ein Repräsentationshaus am See zu ergänzen. Im Fokus der 1897/98 im Baukollegium geführten Bauplatzdiskussion jedoch stand das Areal des ehemaligen Dominikanerinnenklosters Oetenbach, das seit dem 17. Jahrhundert als Zucht- und Waisenhaus verwendet wurde.[11] Der Klosterkomplex war im 13. Jahrhundert am nördlichen Stadtrand innerhalb der mittelalterlichen Befestigung erbaut worden. Obschon von 1868 bis 1878 zur kantonalen Strafanstalt umgebaut, zeichnete sich eine städtebauliche Neugestaltung des Geländes ab. Denn durch den Bau des Hauptbahnhofs und die Anlage der Bahnhofstrasse in den 1860er Jahren war die einstige Randzone in Zürichs Stadtmitte gelangt. Die Planungsbestrebungen konkretisierten sich in den 1890er Jahren, als der Kanton die Projektierung einer neuen Strafanstalt in Regensdorf in Angriff nahm. Das Oetenbachareal wurde zum Verkauf ausgeschrieben und die Stadt sicherte sich die Gestaltung dieser städtebaulichen Schlüsselstelle. Gull hatte zunächst die Platzanlage beim Bellevue, auf der sich bis Ende der 1890er Jahre die alte Tonhalle befunden hatte (heute Sechseläutenplatz), für einen monumentalen Stadthausbau vorgeschlagen. Er erkannte jedoch, dass Gottfried Sempers Vision eines neuen Stadtzentrums am Wasser auf dem Oetenbachareal weit besser realisiert werden konnte als am See, wo das Stadthaus im Rahmen der Neuplanung des Kratzquartiers und der Quaianlagen als »ein würdiges Zeichen der Ausdehnung und Bedeutung Zürichs in seiner künftigen Entwicklung« ursprünglich errichtet werden sollte.[12] Zum einen war das Oetenbachareal mit dem historischen Schwerpunkt der Stadtentwicklung am Lindenhof verbunden, zum anderen lag es im Herzen der sich ausdehnenden Großstadt.

Gustav Gulls Ziel war es, den einstigen Randbereich in einen monumentalen Stadtmittelpunkt zu transformieren (**Abb. 8**).[13] Für die Erschließung des Oetenbachareals waren seit den 1860er Jahren verschiedene Pläne ausgearbeitet worden, die Ende der 1890er Jahre in Bebauungsstudien des städtischen Tiefbauamts mündeten. Der Straßendurchstich durch den einstigen Klosterhügel wurde schließlich in den 1898 vorliegenden *Bebauungsplan für die Stadt Zürich* aufgenommen.[14] Gull gelang es, den projektierten Oetenbachdurchstich als Schlüsselstück in eine städtebauliche Gesamtvision für Zürichs Kernstadt einzubinden. Auf seinem Übersichtsplan der Stadt Zürich bildet der Stadthauskomplex den Schwerpunkt einer von Osten nach Westen verlaufenden Hauptverbindungsstraße, die – bestückt mit öffentlichen Bauten – den Charakter einer Ringstraße aufweist. Von zentraler Bedeutung für deren Durchführung war der in Johann Jakob Breitingers Generalplan zur *Erweiterung & Correction des städtischen Strassennetzes* von 1866/67 verankerte rechtsufrige Altstadtdurchbruch,[15] den Gull mit einem Vorschlag für den Neubau eines kantonalen Verwaltungs- und Gerichtsgebäudes auf dem Obmannamtareal verknüpfte.[16] Gull brachte langfristige städtebauliche Vorhaben mit aktuellen Planungs- und Bauaufgaben zusammen. Zugleich etablierte er stadtplanerische Themen, die bis in die 1930er Jahre hinein bearbeitet wurden: Mit den Bauten an der Sihlporte erhielt die von Gull projektierte städische Hauptverbindungsstraße, die im Westen dem Lauf des trockengelegten Sihlkanals folgte, ihren städtebaulichen Abschluss.[17] Das Projekt des Zähringerdurchbruchs wurde jedoch zu Beginn der 1940er Jahre aufgegeben.

Im Entwurf für das Werdmühle- und Oetenbachareal begriff Gull die Stadttopographie als Ausgangspunkt eines vielgliedrigen Baukonglomerats, mit dem er den Geländeverlauf nachzeichnen wollte (**Abb. 9–10**).[18] Dessen Kern sollte ein zentraler Stadthausbau über der durch den einstigen Klosterhügel zu brechenden neuen Hauptverbindungsstraße bilden. Im Norden integrierte er das im 18. Jahrhundert erbaute Waisenhaus in seine Planung und schloss das neue Quartier durch das anstelle des Oetenbachbollwerks konzipierte Gebäude des Bauwesens II ab. Im Süden wollte er das Stadthaus durch einen Baukomplex erweitern, zum Lindenhof hochgestaffelt und dort in einem Parlamentsbau gipfelnd. In Gulls Konzept sollte der Lindenhof, wo sich einst ein römisches Kastell und später eine Kaiserpfalz befunden hatten, zum eigentlichen »Stadthausplatz« werden. Dieser wurde im Entwurf mit Marktterrassen zur Limmat abgestuft, die sich zwischen der »Rat-« und »Stadthausbrücke« erstreckten. Der Rathausturm ist als Treppenhaus mit dem Komplex verschränkt. Ein System mehrerer Stadtebenen sollte die Gesamtanlage erschließen. Im Inneren des neuen Quartiers zielte Gull auf die Schaffung eines geschlossenen Platzraumes, wo er die am Verlauf des trockengelegten Sihlkanals ausgerichteten Straßenzüge und den Durchstich mit dem Stadthausbau zusammenführen wollte.

Die Umsetzung von Gustav Gulls Plänen bedeutete einen großmaßstäblichen Eingriff in Zürichs Altstadt. Ein städtebauliches Denken in der Nähe zu Camillo Sitte ermöglichte es Gull, den Oetenbachdurchstich als verkehrstechnische Planungsanforderung in eine Stadtraumgestaltung zu integrieren und zugleich Spuren der gewachsenen Stadt in die Gesamtplanung aufzunehmen. Seine plastische Auffassung des Stadtgebildes steht im Kontrast zu den Bebauungsplänen der Stadtbehörden aus den 1880er und 1890er Jahren, in denen das Planungsgebiet von einem Straßenraster überzogen wird. Als Städtebauer strebte Gull nach der Aktualisierung des städtischen Gefüges. Seine Stadtgestaltung verweist auf das *embellissement* des 18. Jahrhunderts, das im Rahmen der Städtebaudiskussion um 1910 von der Kunstgeschichtsschreibung aufgegriffen wurde.[19] Die auf die Stadttopographie bezogenen Stadträume, die er auf dem Werdmühle- und Oetenbachareal entwarf, können schließlich auch als Versuch gesehen werden, den Verlust der mittelalterlichen Klosteranlage ansatzweise auszugleichen.

Gulls Projekt für ein Verwaltungszentrum im Oetenbach steht in enger Verbindung zu den großen Rathausbauten, die um die Jahrhundertwende in Deutschland entstanden.[20] Nahm Gull zunächst das Vokabular der deutschen Renaissance auf, suchte er später im Entwurfsprozess Anschluss an neubarocke Strömungen. Die Verwendung verschiedener historischer Stilformen innerhalb des neuen Quartiers evoziert ein Bild der historischen Stadt, das zugleich Elemente großstädtischer Geschäftshausarchitektur enthält (**Abb. 11–12**). Die Amtshäuser am Werdmühleplatz sind ein vielschichtiges stadträumliches

5 Gesamtanlage Stadthaus Fraumünsteramt, Zürich, erbaut von Gustav Gull 1898–1901.

6 Lichthof im Stadthaus Fraumünsteramt, Zürich, erbaut von Gustav Gull 1898–1901.

7 »Fraumünsteramt. Durchgang mit den Fragmenten des romanischen Kreuzganges«, Entwurfsskizze von Gustav Gull, 1899. (gta Archiv / ETH Zürich)

Gebilde, mit dem Gull nach einer Kontinuität historisch gewachsener – und für die Schweiz spezifischer – Stadtgefüge innerhalb der modernen Großstadt suchte.

Als Gull das Stadtbaumeisteramt 1900 zugunsten einer Professur an der Architektenschule des Polytechnikums niederlegte, war seine Position als Stadthausarchitekt unangefochten: Die Stadt überließ ihm die Ausarbeitung der Pläne für das Großprojekt auf dem Werdmühle- und Oetenbacharealt. Gull hatte das damals größte städtebauliche Projekt der Stadt Zürich als freischaffender Architekt in Auftrag. Sein Übersichtsplan der Stadt Zürich von 1905 zeigt nicht nur die von ihm angestrebte Einbettung des Verwaltungszentrums in den Stadtkontext,[21] sondern verweist auf den weitreichenden Einfluss, den er in Entscheidungsgremien wie dem städtischen Baukollegium, kantonalen und städtischen Baukommissionen und Preisgerichten auf private und öffentliche Bauvorhaben ausübte.[22] 1905 stand Gull im Zenit des beruflichen und gesellschaftlichen Ansehens: Anlässlich der Feier zum fünfzigjährigen Bestehen des Eidgenössischen Polytechnikums wurde ihm der Ehrendoktor der Universität verliehen. Sein Projekt für ein Stadthaus im Oetenbach wurde in der *Schweizerischen Bauzeitung* publiziert und den Festteilnehmern im Rahmen der Generalversammlung des Schweizerischen Ingenieur- und Architekten-Vereins gezeigt. Gull trat als derjenige Architekt an die Öffentlichkeit, der die von Camillo Sitte geprägten zeittypischen Grundsätze eines künstlerischen Städtebaus in Zürich umsetzte.

Bei der Präsentation des Gesamtentwurfs war das Großprojekt bereits in Ausführung begriffen (**Abb. 1**):[23] Die Klosterbauten wurden 1902/03 abgebrochen, nachdem ein Teilstück des Sihlkanals für den Bau der Platz- und Straßenanlagen trockengelegt worden war. Mit dem Gebäude des Bauwesens II für die Verwaltungen der städtischen Infrastrukturbetriebe wurde der nördliche Endpunkt des Stadthauskomplexes definiert. Der Oetenbachdurchstich wurde im Sommer 1905 mit den Feierlichkeiten zum Jubiläum des Polytechnikums fertig gestellt. Dank privater Bauaufträge konnte Gull anschließend die am Werdmühleplatz vorgesehenen Geschäftshausbauten auf die Architektur des Stadthausentwurfs abstimmen. Mit dem Turm der Sternwarte Urania steigerte er die plastische Gesamtwirkung des Platzraumes. Dem protoexpressionistischen Turm kommt heute im Ensemble der Amtshäuser die Rolle eines Rathausturmes zu, denn Gull sollte das Kernstück des Gesamtprojekts – das Stadthaus über der heutigen Uraniastrasse – nicht verwirklichen können. Obschon ein monumentales Fragment, bilden die Amtshäuser den wohl größten Munizipalkomplex der Schweiz.

Wendepunkt der Karriere: Opposition gegen das Stadthausprojekt

1911 stand Gustav Gulls Entwurf für die Überbauung des Werdmühle- und Oetenbacharealts anlässlich der Abstimmung über die Ausführung der nachmaligen Amtshäuser I, III und IV mit der Lindenhofstrasse und der Freihaltung des Bauplatzes für das zentrale Stadthaus über dem Oetenbachdurchstich im Zentrum der öffentlichen Kritik.[24] Diese betraf in erster Linie den städtebaulichen Gesamtentwurf und dessen Angelpunkt, das Stadthaus über der Stadthausstrasse, zielte jedoch auch auf Gulls bevorzugte Position im stadtzürcherischen Baugeschehen. Eine regelrechte Flut öffentlichen Widerspruchs wurde durch die Protestschrift einer von Otto Pfleghard angeführten Gruppe jüngerer Architekten ausgelöst, in der zur Ablehnung und Wiedererwägung der Vorlage aufgerufen wurde. Hatte Gull mit dem Agglomerationsbau des Landesmuseums 1890 Furore gemacht, wurde ihm 1911 vorgeworfen, die Stadttopographie mit dem malerischen Konglomerat des Stadthauses herabzusetzen. Kritisiert wurde die »Unruhe, die in den vielen Vor- und Rücksprüngen, in dem Wechsel von flachen Dächern mit Mansardendächern, in dem Fehlen grosser, einheitlicher Linien begründet ist«.[25] Gefordert wurde eine »einfachere Form«.[26] Als Vorbild gegenwärtiger Architekturbestrebungen galt in der Debatte das barockklassizistische Waisenhaus. Die historistische Architektursprache des Gesamtkomplexes erschien ohne Bezug zu heimischen Bautraditionen. Zudem wurde der monumentale Baukomplex als konservativer Rathausbau der 1890er Jahre gesehen, der um 1910 für eine überkommene Macht- und Repräsentationsgeste der Stadtverwaltung stand.

Die Kritik verdeutlicht den Wandel der Architekturvorstellungen im Zeitraum von 1905 bis 1910, der mit einer Ablehnung historischer Bauten einherging. Die 1905 gegründete Schweizerische Vereinigung für Heimatschutz strebte – wie auch der 1908 ins Leben gerufene Bund Schweizer Architekten – eine Überwindung »akademische[r] und heimatlose[r] Formgebungen« und eine Weiterentwicklung heimischer Formen und Bautraditionen an.[27] Gustav Gulls Position war ambivalent: Als Gründungsmitglied des Heimatschutzes stand er 1905 im Brennpunkt der aktuellen Architekturdebatte.[28] Mit dem Entwurf des Landesmuseums hatte er dem reformerischen ›Vernacular‹ den Weg bereitet. Das Gebäude versammelte Motive schweizerischer Baukunst des 16. Jahrhunderts und war ein Bezugspunkt für Heimatstil-Bauten in der Schweiz.[29] Gulls privates Wohnhaus an der Moussonstrasse, mit dem er sich als Architekt des Landesmuseums auswies, wurde als Beispiel eines »vorbildlichen modernen Landhauses« in die Bildstrecke zum Aufsatz *Das Schweizer Wohnhaus* in der Zeitschrift *Heimatschutz* aufgenommen.[30]

Zugleich befand sich Gull auf der Höhe des um 1910 in Zürich geführten Städtebaudiskurses.[31] Er gehörte der Ausstellungskommission an, die für die Städtebau-Ausstellung vom Frühling 1911 im Zürcher Kunstgewerbemuseum, das sich im Bau des Landesmuseums befand, verantwortlich war. Vorbild der Zürcher Ausstellung waren die Städtebauausstellungen in Berlin und Düsseldorf 1910/11, an denen die Resultate des Wettbewerbs *Grundplan für die Bebauung von Groß-Berlin* gezeigt worden waren. Die in der Städtebau-Ausstellung aufgeworfenen Themen überlagerten sich mit den Interessen der Heimatschutzbewegung. Schnittpunkt war die Entdeckung der historischen

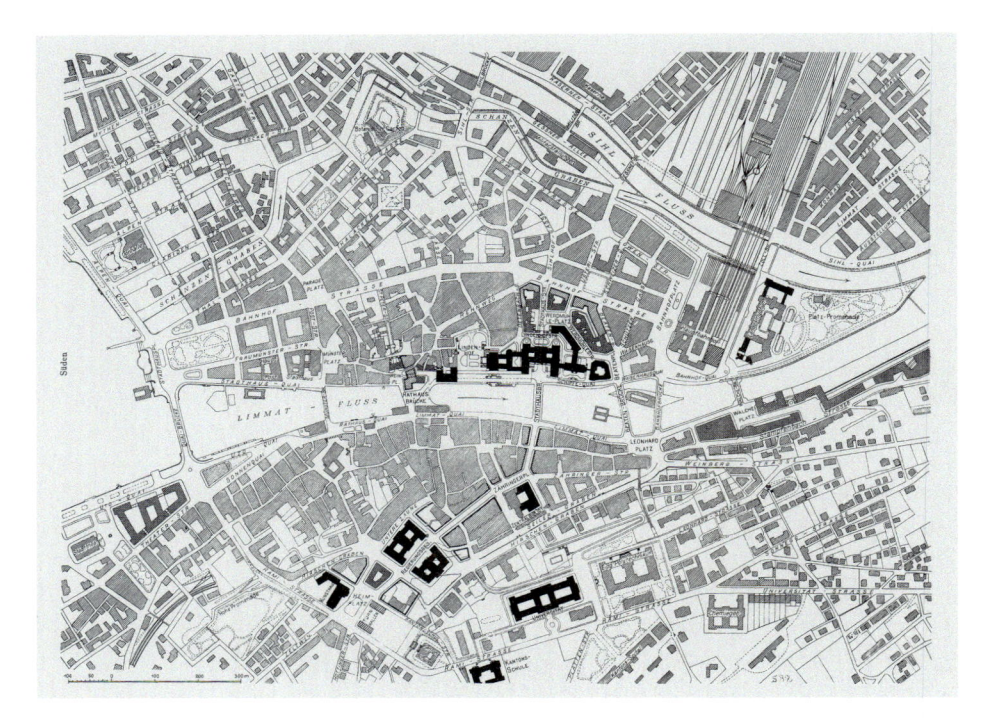

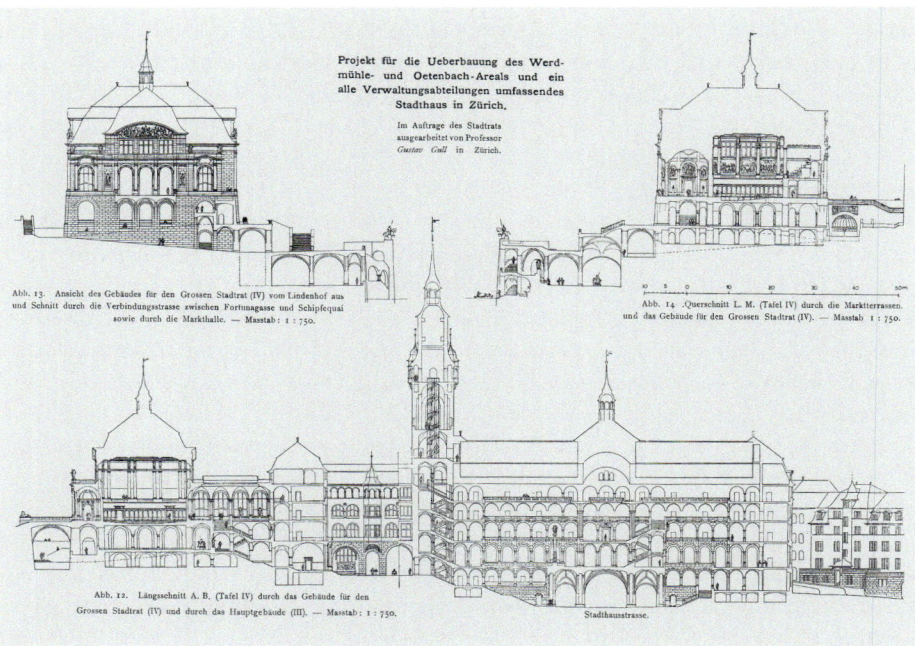

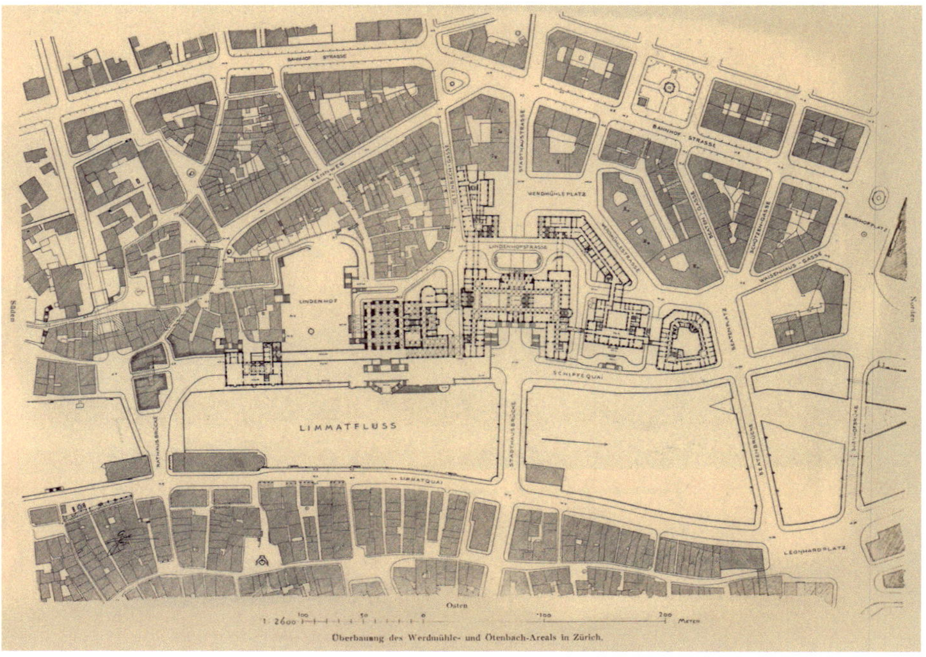

8 Neues Stadtzentrum auf dem Werdmühle- und Oetenbachareal, Zürich. »Uebersichtsplan von Zürich I, ergänzt durch die geplanten öffentlichen und privaten Bauten«, Gustav Gull, 1905.

9 Ansicht und Querschnitt des Gebäudes für den Grossen Stadtrat und Marktterrassen an der Limmat, Längsschnitt durch das Stadthaus mit Gebäude für den Grossen Stadtrat am Lindenhof, Turm und zentraler Arkadenhalle über dem Straßendurchstich. Projektplan von Gustav Gull, 1905.

10 Verwaltungszentrum auf dem Werdmühle- und Oetenbachareal, Zürich. Grundriss der Gesamtanlage, Gustav Gull, 1911.

Stadt als Kunstwerk durch Camillo Sitte. Als Folge der Ausstellung wurde der Städtebau-Wettbewerb *Gross-Zürich* veranstaltet, dessen Resultate 1918 wichtige Impulse für die weitere Stadtentwicklung liefern sollten. Noch im Ausstellungsjahr jedoch traten Gulls Mitstreiter für ›Städtebaukunst‹ als Gegner des Stadthausentwurfs an die Öffentlichkeit.

Entscheidend für die Kritik war nicht zuletzt, dass Gull es versäumt hatte, den 1905 festgelegten Gesamtentwurf erneut zu überprüfen. Neben der Ausarbeitung der Pläne für die nachmaligen Amtshäuser war Gull zwischen 1905 und 1910 auch mit der Planung und Ausführung großer Bauten wie der städtischen Schulhäuser Aemtler (erbaut 1907–08/09) und Hohe Promenade (erbaut 1912/13, ausgeführt durch Streiff & Schindler) und der Geschäftshäuser Urania (erbaut 1905–07) und Schweizerische Bodenkreditanstalt (erbaut 1909/10) auf dem Werdmühle- und Oetenbachareal beschäftigt. Möglicherweise war er sich bewusst, dass der günstige Zeitpunkt für eine Verwirklichung seines Gesamtentwurfs verstrichen war. An Bauvorstand Heinrich Wyss schrieb er im Herbst 1909: »Ich habe eben nie begriffen, warum die principielle Frage ob das Stadthaus auf dem Oetenbachareale zu errichten sei [,] nicht an Hand der Vorlage vom Jahr 1904 zur Abklärung gebracht wurde.«[32] Die Kritik am Stadthausprojekt bezeichnet einen markanten Wendepunkt in Gulls Karriere, danach befand er sich mit seinen Entwürfen mehr und mehr im Gegenwind: Sein Projekt für den Umbau des Klosters zu Allerheiligen in Schaffhausen in ein Museum macht deutlich, dass seine im 19. Jahrhundert geprägte Restaurierungspraxis einem veränderten Denkmalverständnis widersprach. Aus seiner langjährigen Auseinandersetzung mit der Erweiterung des Landesmuseums, die in eine Zeitspanne von rund einem Vierteljahrhundert fiel, ging Anfang der 1930er Jahre einzig der Umbau des ehemaligen Kunstgewerbeflügels hervor. Gull brachte sich bis in die 1930er Jahre mit Projektideen in die Stadtplanungsdiskussion ein. Mit besonderem Ehrgeiz widmete er sich der Umgestaltung des Zürcher Hauptbahnhofs. Die Vervollständigung des Verwaltungszentrums auf dem Werdmühle- und Oetenbachareal beschäftigte ihn noch in seinem letzten Lebensjahr.

Schlaglichter – Erweiterung der Polytechnikumsbauten

Kurz bevor sich Gull mit der Opposition gegen seinen Stadthausentwurf konfrontiert sah, feierte er mit seinem siegreichen Wettbewerbsprojekt für die Um- und Neubauten des Polytechnikums 1909 einen herausragenden Erfolg.[33] Sein großzügig gedachter städtebaulicher Plan für das Hochschulquartier stimmte mit seiner prägnanten Gestaltungsabsicht für die Erweiterung des Semperbaus durch eine Rotunde überein. Die klassisch-monumentalen Formen, die der für seinen mittelalterlich-pittoresken Landesmuseumsentwurf berühmt gewordene

11 Werdmühleplatz mit Geschäftshaus der Sternwarte Urania, Schweizerischer Bodenkreditanstalt, Amtshaus IV und Amtshaus III. Erbaut von Gustav Gull, 1905–14. (Fotografie von Heinrich Wolf-Bender; Baugeschichtliches Archiv der Stadt Zürich)

12 Werdmühleplatz mit Amtshaus III, Amtshaus IV und Lindenhofstrasse. Erbaut von Gustav Gull, 1911–14. (Fotografie von Heinrich Wolf-Bender; Baugeschichtliches Archiv der Stadt Zürich)

13 Offene Treppenhalle im
Amtshaus IV. Entwurfsskizze
von Gustav Gull, undatiert.
(gta Archiv / ETH Zürich)

14 Blick vom Amtshauskomplex Gustav Gulls zum Universitätsgebäude Karl Mosers (Fertigstellung 1914). (Fotografie von Ernst Linck, ca. 1915; Baugeschichtliches Archiv der Stadt Zürich)

Gull überraschend aufgriff, wurden als »Resultat organischer Entwicklung« der Semperschen Architektur gelobt,[34] verdeutlichen jedoch den Gegensatz zum Reform-›Picturesque‹ des Oetenbach-Projekts, gegen das sich die Kritik 1911 aussprach.

Der Wendepunkt in Gustav Gulls Laufbahn ist gleichzeitig der Auftakt zu seiner letzten umfassenden – fulminanten und zugleich kontroversen – Bautätigkeit in der Stadt Zürich, die mit der Erweiterung des Semperbaus bis Mitte der 1920er Jahre andauerte. Während die Amtshäuser I, III und IV mit der Lindenhofstrasse realisiert wurden, setzten auch die Bauarbeiten für die ETH-Institute ein. Gull verwirklichte zwei wichtige Bausteine seines städtebaulichen Gesamtplans für das Hochschulquartier. Das Naturwissenschaftliche Institut (erbaut 1912–16), dessen westlichen und östlichen Gebäudeabschnitt er mit einem über die Clausiusstrasse hinweggreifenden Bauteil zusammenfasste, schließt dieses im Norden ab. Das Land- und Forstwirtschaftliche Institut (erbaut 1912–15), in das Gull den Vorgängerbau integrierte, definiert den stadträumlichen Endpunkt der Tannenstrasse (**Abb. 15–16**). 1914 – kurz bevor die Bauarbeiten für die Erweiterung des Semperbaus einsetzten – wurden nicht nur die Amtshäuser fertig gestellt, sondern auch ein Großbau, an dessen Entstehung Gull als Mitglied der zuständigen Baukommission maßgeblich beteiligt gewesen war: Karl Mosers Universitätsgebäude.[35] Im Stadtkontext erweist sich Mosers Bau als eine Antwort auf Gulls unvollendeten Verwaltungskomplex (**Abb. 14**).[36] Dieser Zusammenhang wird durch den Lichthof der Universität verstärkt, der die große Lichthofhalle über der Uraniastrasse im nie gebauten zentralen Stadthaus zu ersetzen scheint. Das verwobene Raum- und Lichtgefüge, das Gull für die Halle des ETH-Hauptgebäudes entwarf, kann als Kontrapunkt zu Mosers Lichthof – wie auch als Weiterführung des Lichthofthemas in den eigenen Institutsbauten – gesehen werden.[37]

Die beiden Architekten Gull und Moser trafen auch als Entwurfslehrer aufeinander: 1915 folgte Moser dem Semper-Schüler Alfred Friedrich Bluntschli als Professor an der Eidgenössischen Technischen Hochschule. Von ihm erwartete die Fachwelt die »so dringend nötige[ ] Verjüngung unserer Architektenschule«.[38] Der Versuch eines gemeinsamen Entwurfsunterrichts mit Gull scheiterte jedoch nach kurzer Zeit:[39] Gegenüber Mosers Auffassung, die mit der Suche nach einer neuen Formensprache verbunden war, stand Gulls Architekturverständnis mehr und mehr für einen im 19. Jahrhundert verhafteten akademischen Umgang mit historischen Bauformen. Indem Gull die Rotunde des erweiterten Semperbaus – im Wettbewerb zunächst mit einem Zeltdach versehen – durch eine Kuppel im Stadtbild auszeichnete, bewegte er sich zwangsläufig zwischen Annäherung und Abgrenzung zu Mosers Zürcher Universitätsgebäude und konnte sich einer kritischen Gegenüberstellung letztlich nicht entziehen.

1920 wurde Gulls Kuppel vom Heimatschutz angegriffen.[40] Die Kritik betraf ihre Stellung im Stadtbild wie auch ihre markante Betonkonstruktion. Gull wurde vorgeworfen, dass er sich gegenüber dem Moserbau habe behaupten wollen. »In der Beschränkung zeigt sich der Meister!«, hielt man ihm vor.[41] Den konstruktiven Ausdruck der Kuppel sah der Redaktor der *Schweizerischen Bauzeitung*, August Jegher, als Folge der »*Vertikal*-Architektur«, die Gull dem Semperbau mit durchlaufenden Lisenen

15 Das Land- und Forstwirtschaftliche Institut der ETH Zürich, erbaut von Gustav Gull 1912–15. Im Vordergrund das Hauptgebäude der ETH. (gta Archiv/ETH Zürich)

16 Lichthof im Land- und Forstwirtschaftlichen Institut. (Fotografie von Heinrich Wolf-Bender, 1915; gta Archiv/ETH Zürich)

an der Ostfassade aufoktroyiert habe, und »die eben in einer Kuppel ihren logischen Ausklang sucht«.[42] Die Kuppelkonstruktion, die Gull auf das universelle Fügungsprinzip des »griechischen Tempeldaches« zurückführte,[43] bezog Robert Rittmeyer auf die »Gotik«. Das »hart zur Schau gestellte Konstruktionssystem« widersprach in den Augen Rittmeyers Sempers Architektur, deren »Formen die Erinnerung an die Arbeit des Tragens und Stützens einzelner Bauglieder, nicht dulde[n]«.[44]

Nach Gulls Tod würdigte Otto Pfleghard – einst Gulls Mitarbeiter und später scharfer Kritiker von dessen Stadthausprojekt – in einem Brief an einen Freund die Erweiterung des Semperbaus: »Auf dem Rückwege von der Leichenfeier bin ich am Poly vorbei gekommen und habe mich gefragt, wie es wohl herausgekommen wäre, wenn statt Gull, einer der modernen Herren den Semperbau erweitert hätte und da dankte ich der Vorsehung.«[45]

1 Zum Landesmuseum vgl.: Lafontant Vallotton, Chantal: Entre le musée et le marché. Heinrich Angst: collectionneur, marchand et premier directeur du Musée national suisse. Bern/Berlin/Brüssel u. a. 2007; de Capitani, François: Das Schweizerische Landesmuseum. Gründungsidee und wechselvolle Geschichte, in: Zeitschrift für Archäologie und Kunstgeschichte 57 (2000), H. 1, S. 1–16; Draeyer, Hanspeter: Das Schweizerische Landesmuseum Zürich. Bau- und Entwicklungsgeschichte 1889–1998. Zürich 1999; Sturzenegger, Tommy: Der grosse Streit. Wie das Landesmuseum nach Zürich kam (Mitteilungen der antiquarischen Gesellschaft in Zürich, Bd. 60). Zürich 1999; Meyer, André: Museale Architektur am Beispiel des Schweizerischen Landesmuseums in Zürich, in: Stüber, Karl; Zürcher, Andreas (Hg.): Festschrift Walter Drack zu seinem 60. Geburtstag. Beiträge zur Archäologie und Denkmalpflege. Stäfa 1977, S. 211–223; Gubler, Jacques: Nationalisme et internationalisme dans l'architecture moderne de la Suisse. Lausanne 1975, S. 28–29. Zu Gustav Gull allgemein vgl.: Gutbrod, Cristina: Gustav Gull (1858–1942). Architekt der Stadt Zürich 1890–1911. Zwischen Vision und Baupolitik. Diss. ETH Zürich 2009.

2 Rahn, Johann Rudolf: Geschichte der bildenden Künste in der Schweiz. Von den ältesten Zeiten bis zum Schlusse des Mittelalters. Zürich 1876.

3 Vgl. Lafontant Vallotton 2007 (wie Anm. 1), S. 185–189.

4 Vgl. Gutbrod, Cristina: »Nicht nur im Innern, sondern auch durch sein Äußeres geschichtlich docieren.« Gustav Gulls Landesmuseum als bauliche Umsetzung von Johann Rudolf Rahns Verständnis schweizerischer Kunst und Architektur, in: Zeitschrift für Schweizerische Archäologie und Kunstgeschichte 69 (2012), H. 3/4, S. 275–284.

5 Vgl. dazu: Hauser, Andreas: Das öffentliche Bauwesen in Zürich, T. 3: Das städtische Bauamt 1798–1907 (Kleine Schriften zur Zürcher Denkmalpflege, Bd. 6). Zürich/Egg 2000, S. 96–105.

6 Vgl. Haas, Beat; Meyer, Thomas; Wild, Dölf: Fast wie in Paris. Die Umgestaltung des Kratzquartiers um 1880. Zürich 2001 (Ausstellung Haus zum Rech, Zürich 2000–2001).

7 Zum Stadthaus jüngst Rauhut, Christoph: Die Praxis der Baustelle um 1900. Das Zürcher Stadthaus Fraumünsteramt. Diss. ETH Zürich 2014. Vgl. auch: Gutbrod, Cristina: Neuinszenierung von Stadtgeschichte. Das Stadthaus im Fraumünsteramt, in: Pfister, Thomas; Schiess, Rita; Tropeano, Cristina (Hg.): Ein Haus für die Stadt. Umbau und Renovation des Stadthauses Zürich 2007–2010. Zürich 2011, S. 110–117 (mit weiterer Literatur).

8 Maggi, Pietro: Die Stadthaus-Fassade des Baumeisters Gustav Gull. Eine spielerische Stilkombination mit neugotischen Elementen, in: Neue Zürcher Zeitung, 12. Januar 2001.

9 Dazu und zum Folgenden vgl.: Abegg, Regine: Von den mittelalterlichen Klöstern zur Stadtverwaltung. Fraumünsterabtei und Oetenbachkloster. Zürich 2009; Abegg, Regine: Spätgotische Stuben und Flachschnitzfriese aus dem Hof der Fraumünster-Äbtissin Katharina von Zimmern im Schweizerischen Landesmuseum in Zürich. Zürich 2008; Lafontant Vallotton 2007 (wie Anm. 1), S. 45–46.

10 Zur Überbauung des Werdmühle- und Oetenbachareals vgl.: Fischli, Melchior: Geplante Altstadt. Zürich, 1920–1960 (Mitteilungen der Antiquarischen Gesellschaft in Zürich, Bd. 79). Zürich 2012, S. 27–33; Gutbrod 2009 (wie Anm. 1), S. 215–264; Kurz, Daniel: Die Disziplinierung der Stadt. Moderner Städtebau in Zürich 1900 bis 1940. Zürich 2008, S. 38–46; Gutbrod, Cristina; Hauser, Andreas: Eine Realutopie. Gustav Gulls Projekt für ein Zürcher Stadthaus im Oetenbach, in: Hochbaudepartement der Stadt Zürich (Hg.): Drei Umbaustrategien – Die Zürcher Verwaltungsbauten von Gustav Gull. Zürich 2004, S. 40–55; Rebsamen, Hanspeter; Bauer, Cornelia; Capol, Jan u. a.: »Die Organisation von Gross-Zürich« 1890–1920, in: Gesellschaft für Schweizerische Kunstgeschichte (Hg.): Winterthur, Zug, Zürich (Inventar der neueren Schweizer Architektur 1850–1920, Bd. 10). Zürich 1992, S. 256–268, hier S. 256–261; Rebsamen, Hanspeter: Stadt und Städtebau in der Schweiz 1850–1920. Entwicklungslinien und Schwerpunkte, in: Gesellschaft für Schweizerische Kunstgeschichte (Hg.): Aarau, Altdorf, Appenzell, Baden (Inventar der neueren Schweizer Architektur 1850–1920, Bd. 1). Zürich 1984, S. 55–77, hier S. 58; Haefelin, Jürg: Vision eines monumentalen Verwaltungspalastes. Das Projekt eines Stadtzentrums und sein Scheitern, in: Neue Zürcher Zeitung, 8. Dezember 1992; Winkelmann, Jürg: Gustav Gull. Diplomwahlfacharbeit ETH Zürich 1986, S. 18–23.

11 Zum Oetenbachkloster vgl.: Abegg, Regine; Barraud Wiener, Christine: Das Dominikanerinnenkloster Oetenbach, in: Gesellschaft für Schweizerische Kunstgeschichte (Hg.): Die Stadt Zürich II.I: Altstadt links der Limmat. Sakralbauten (Die Kunstdenkmäler der Schweiz: Die Kunstdenkmäler des Kantons Zürich, Neue Ausgabe Bd. II.I). Bern 2002, S. 212–276.

12 Direktion der Quaibauten: Bericht über die Ausführung des Zürcherischen Quaiunternehmens in den Jahren 1881–1888, erstattet dem Verwaltungsausschusse der Unternehmung von der Direktion der Quaibauten. Zürich 1889, Zitat S. 10–11. Zu Sempers Projekt vgl.: Altmann, Bernd; Hauser, Andreas: Neues Quartier und Stadthaus im ›Kratz‹ in Zürich, in: Nerdinger, Winfried; Oechslin, Werner (Hg.): Gottfried Semper, 1803–1879. Architektur und Wissenschaft. München/Zürich 2003 (Ausstellung Architekturmuseum der Technischen Universität München, Museum für Gestaltung Zürich 2003–04), S. 336–342.

13 Zum Folgenden vgl.: Gutbrod 2009 (wie Anm. 1), S. 264–281.

14 »Bebauungsplan für die Stadt Zürich 1898. Hauptverkehrslinien« (ETH-Bibliothek Zürich, Kartensammlung K 213064).

15 »Erweiterung & Correction des städtischen Strassennetzes«, Johann Jakob Breitinger, 1866/67 (Stadtarchiv Zürich, IX.G.85.a).

16 Zum Zähringerdurchbruch in Gulls Übersichtsplan vgl.: Fischli 2012 (wie Anm. 10), S. 28–33, 42–45; Müller, Thomas: Das öffentliche Bauwesen in Zürich, T. 2: Das kantonale Bauamt 1896–1958 (Kleine Schriften zur Zürcher Denkmalpflege, Bd. 5). Zürich/Egg 2001, S. 64–68.

17 Kurz 2008 (wie Anm. 10), S. 284–288.

18 Vgl. Gull, Gustav: Projekt für die Ueberbauung des Werdmühle- und Oetenbach-Areals, in: Schweizerische Bauzeitung 46 (1905), S. 51–60.

19 Vgl. Oechslin, Werner: »Embellissement«. Die Verschönerung der Stadt, www.bibliothek-oechslin.ch/tolle-lege/embellissement/view (23. März 2015).

20 Paul, Jürgen: Das »Neue Rathaus«. Eine Bauaufgabe des 19. Jahrhunderts, in: Mai, Ekkehard; Paul, Jürgen; Waetzoldt, Stephan: Das Rathaus im Kaiserreich. Kunstpolitische Aspekte einer Bauaufgabe des 19. Jahrhunderts. Berlin 1982, S. 29–90.

21 Gull 1905 (wie Anm. 18), S. 52.

22 Gutbrod 2009 (wie Anm. 1), S. 264–313. Vgl. Kurz, Daniel; Morra-Barrelet, Christine; Weidmann, Ruedi: Das öffentliche Bauwesen in Zürich, T. 4: Das städtische Bauamt 1907–1957 (Kleine Schriften zur Zürcher Denkmalpflege, Bd. 7). Zürich/Egg 2000, S. 19–20.

23 Zur Ausführung in Etappen vgl.: Gutbrod 2009 (wie Anm. 1), S. 246–264.

24 Eine Auswertung der in der Presse geführten Kontroverse bei Gutbrod 2009 (wie Anm. 1), S. 314–327.

25 Arter, August; Bischoff, Robert; Bräm, Adolf u. a.: Die neuen Stadthausbauten in Zürich, in: Schweizerische Bauzeitung 58 (1911), S. 229–231, hier S. 230 (Protestschrift der Architekten August Arter, Robert Bischoff, Adolf Bräm, Max Guyer, Max Häfeli, Jakob Haller, Alfred Hässig, Karl Knell, Emil Meyer, Otto Pfleghard, Eugen

Probst, Martin Risch, Carl Schindler, Hermann Weideli, Ernst Witschi und Robert Zollinger mit einer Einleitung der Redaktion).

26 Sch.: Mitteilungen aus dem Publikum, in: Neue Zürcher Zeitung, 16. September 1911.

27 Zit. nach: Crettaz-Stürzel, Elisabeth: Heimatstil. Reformarchitektur in der Schweiz 1896–1914. Bd. 1. Frauenfeld 2005, S. 108.

28 Vgl. Gutbrod 2009 (wie Anm. 1), S. 19–25.

29 Vgl. Crettaz-Stürzel 2005 (wie Anm. 27), S. 173–186.

30 Baer, C[asimir] H[ermann]: Das Schweizer Wohnhaus, in: Heimatschutz 3 (1908), H. 5, S. 33–38. Gulls Entwurf für das Maschinenhaus des Albulawerks in Sils (Domleschg) (1907/08) galt als »glückliche Vereinigung des Zweckausdrucks mit Bündner Bauart« (Rollier, Arist: Moderne Wasser-Kraftwerke, in: Heimatschutz 7 [1912], H. 11, S. 169–184, hier S. 172).

31 Zum Folgenden vgl.: Oechslin, Werner: Die Bauten der ETH und die Stadt, in: Oechslin, Werner (Hg.): Hochschulstadt Zürich. Bauten für die ETH 1855–2005. Zürich 2005, S. 18–63, hier S. 30–39; Fischli 2012 (wie Anm. 10), S. 33–39. Zum Wettbewerb *Gross-Zürich* vgl.: Kurz 2008 (wie Anm. 10).

32 Brief von Gustav Gull an Bauvorstand Heinrich Wyss, 23. Oktober 1909 (Stadtarchiv Zürich, V.G. c.31. [Schachtel 201]).

33 Vgl. Oechslin 2005 (wie Anm. 31); Hildebrand, Sonja: »…keine andere ihm gleichkommende Anlage…« Die Bauten der ETH und die moderne Architektur, in: Oechslin, Werner (Hg.): Hochschulstadt Zürich. Bauten für die ETH 1855–2005. Zürich 2005, S. 80–105, hier S. 89–91.

34 Perrier, Louis; Bonjour, Charles; Flükiger, Arnold u. a.: Wettbewerb zu Um- und Neubauten für das Eidg. Polytechnikum in Zürich, in: Schweizerische Bauzeitung 55 (1910), S. 45–54; 64–69, Zitat S. 48.

35 Zum hundertjährigen Jubiläum erschienen: von Moos, Stanislaus; Hildebrand, Sonja (Hg.): Kunst – Bau – Zeit 1914–2014. Das Zürcher Universitätsgebäude von Karl Moser. Zürich 2014.

36 Gnägi, Thomas: Ein Hochhaus für die Stadt, in: von Moos/Hildebrand 2014 (wie Anm. 35), S. 172–183, hier S. 181; Gutbrod/Hauser 2004 (wie Anm. 10), S. 54; Rebsamen/Bauer/Capol 1992 (wie Anm. 10), S. 257.

37 Vgl. dazu: Hildebrand, Sonja: Merkorte und Denkräume. Karl Moser, Architektur und Wissenskultur um 1910, in: von Moos/Hildebrand 2014 (wie Anm. 35), S. 196–231, hier S. 222–223; Gnehm, Michael: Wissenswertes zum Hauptgebäude. 3 Lichthof, www.haus-der-wissenschaft.uzh.ch/kunsthistorische-tour.html (23. März 2015).

38 Redaktion: Eidgenössische Technische Hochschule, in: Schweizerische Bauzeitung 66 (1915), S. 23.

39 Hildebrand, Sonja: »Es gibt kein Alter!« Karl Moser und die »kommende Generation«, in: Oechslin, Werner; Hildebrand, Sonja (Hg.): Karl Moser. Architektur für eine neue Zeit 1880 bis 1936. Bd. 1. Zürich 2010, S. 294–321, hier S. 303–306.

40 Anonym [Lang, Ernst: Börlin, Gerhard]: Polytechnikum und Kuppel, in: Heimatschutz 15 (1920), S. 66–68 (Eingabe des Heimatschutz-Zentralvorstandes an die Eidgenössische Baudirektion).

41 Jegher, August: Zur Kuppel der Eidgen. Technischen Hochschule. in: Schweizerische Bauzeitung 75 (1920), S. 281–283, Zitat S. 283.

42 Ebd., S. 282.

43 Gull, Gustav: Baubericht, in: Eidgenössische Technische Hochschule (Hg.): Festschrift zum 75jährigen Bestehen der Eidgenössischen Technischen Hochschule in Zürich. Zürich 1930, S. 58–95, hier S. 77. Vgl. dazu: Hassler, Uta; Zurfluh, Lukas: Pragmatische Materialwahl und das Ideal des Monolithischen. Karl Moser und die Baukonstruktion, in: Oechslin, Werner; Hildebrand, Sonja (Hg.): Karl Moser. Architektur für eine neue Zeit 1880 bis 1936. Bd. 1. Zürich 2010, S. 198–217, hier S. 212–215.

44 R[ittmeyer], R[obert]: Die Kuppel, in: Neue Zürcher Zeitung, 12. August 1920. Rittmeyer schlug eine Eindeckung der Kuppel mit Schiefer vor, was schließlich mit Ziegeln ausgeführt wurde.

45 Brief von Otto Pfleghard an Fritz Widmer, 9. Juli 1942 (gta Archiv / ETH Zürich, Nachlass Gustav Gull).

BAUCHRONIK DES ETH-HAUPTGEBÄUDES

Vorgeschichte: Gründung des Polytechnikums

— 1848
12. September
In der schweizerischen Bundesverfassung wird dem Bund die Befugnis eingeräumt, eine eidgenössische Universität und eine polytechnische Schule einzurichten. Die Gründung gesamtschweizerischer Bildungsinstitutionen stößt vor allem in der Westschweiz auf Widerstand, weshalb die zuständige Verfassungskommission auf diese Minimalvariante zurückgreift.

— 1851
1. und 2. August
Der Bundesrat unterbreitet dem Parlament die Gesetzesentwürfe zur eidgenössischen Universität und zur polytechnischen Schule. Die Beratung über die Vorlagen wird lange verschoben, unter anderem weil der finanzpolitisch heikle Entscheid über die Frage, ob die Eisenbahn in der Schweiz privat oder öffentlich organisiert sein soll, noch aussteht.

— 1854
1. Februar
Nachdem der Nationalrat am 27. Januar beide Gesetzesentwürfe angenommen hat, beschließt der Ständerat, nicht auf die Vorlagen einzutreten, und bringt sie damit zum Absturz. Noch immer spielen Vorbehalte gegen die Gleichmachung kultureller Unterschiede durch zentrale Bildungsinstitutionen – vorab die Universität – eine wichtige Rolle.

4. Februar
In kürzester Zeit erarbeitet Ständerat Karl Kappeler einen separaten Gesetzesentwurf für die weniger umstrittene polytechnische Schule und legt ihn dem Ständerat vor, der ihn mit großer Mehrheit annimmt. Die Zustimmung des Nationalrats folgt drei Tage später. Die neue Schule hat die Aufgabe, Techniker für den Hoch-, Straßen-, Eisenbahn-, Wasser- und Brückenbau, für die industrielle Mechanik und die industrielle Chemie sowie Fachmänner für die Forstwirtschaft und Lehrer für technische Unterrichtsanstalten auszubilden; sie umfasst hierzu auch eine Abteilung mit philosophischen und staatswirtschaftlichen Lehrfächern als Hilfswissenschaften. Zum Standort der Schule ist Zürich auserkoren, das bei der Vergabe des Bundessitzes zugunsten Berns übergangen worden war.

19. Februar
Der Grosse Rat des Kantons Zürich gibt seine Zustimmung zur Übernahme der dem Kanton und der Stadt durch das Bundesgesetz zufallenden Bau- und Unterhaltspflicht der Gebäude der polytechnischen Schule.

Die erste Bauphase: Raumprogramme und Wettbewerb

— 1855
5. Februar
Der Schulrat, das Leitungsgremium des eidgenössischen Polytechnikums, stellt ein erstes Raumprogramm für den Neubau der Schule vor. Es stößt auf Widerstand vonseiten der Zürcher Behörden, die im Juli 1856 ein Gegenprogramm präsentieren, das von geringeren Studentenzahlen und kleineren Nutzungsziffern ausgeht und die räumliche Vereinigung von Polytechnikum und zürcherischer Universität vorschlägt. Der Streit wird am 3. Dezember 1856 vom Bundesrat zugunsten der schulrätlichen Forderungen entschieden, nachdem eine Expertenkommission die unterschiedlichen Programme geprüft hat.

15. Oktober
Inzwischen hat das eidgenössische Polytechnikums seinen Betrieb aufgenommen. Es ist in verschiedenen provisorischen Räumlichkeiten untergebracht worden, darunter der Bau der Universität im ›Hinteramt‹ bei der Augustinerkirche, das alte Münzgebäude nebenan, die Stiftsverwalterei an der Kirchgasse auf der anderen Seite der Limmat, das Obmannamt am Hirschengraben und die Kantonsschule. Später kommen weitere Standorte dazu, etwa 1856 das Kornamt im Kloster Oetenbach.

— 1857
25. August
Nach erneuten Auseinandersetzungen zwischen dem Schulrat und dem Kanton Zürich hat der Bundesrat am 17. August 1857 dem Vorschlag zugestimmt, im Neubau des Polytechnikums auch der zürcherischen Universität Platz einzuräumen. Er verlangt aber die möglichst durchgehende Trennung der Lokalitäten der beiden Institutionen. Auf diese Konzession hin beschließt der Zürcher Regierungsrat die Veranstaltung eines entsprechenden Architekturwettbewerbs.

5. November
Der Regierungsrat entscheidet sich für den Bauplatz Schienhut auf der Geländeterrasse oberhalb des Niederdorfs. Zur Diskussion standen unter anderem auch Grundstücke südlich des Stadthauses gegen den See hin, am Standort des Kornhauses auf der heutigen Sechseläutenwiese, am Paradeplatz sowie der Exerzierplatz der Kaserne am Schanzengraben.

30. November
Ausschreibung des anonymen Wettbewerbs für den Neubau der eidgenössischen polytechnischen Schule und der zürcherischen Hochschule.

— 1858
15. April
Abgabetermin des Wettbewerbs. Eingegangen sind 19 Entwürfe. Das Preisgericht, bestehend aus Gottfried Semper, Friedrich Theodor Fischer, Friedrich Bürklein, Amadeus Merian und Christoph Kunkler, kommt in seinem Gutachten vom 29. April 1858 zum Schluss, dass sich kein Projekt zur Ausführung eigne und daher kein erster Preis zu verleihen sei.

19. Mai
Der Zürcher Regierungsrat eröffnet die Vernehmlassung über das Raumprogramm des Polytechnikums auf Grundlage der im Wettbewerb erarbeiteten architektonischen Lösungen. Angesprochen sind der Schulrat, der Senat und die Vorsteher der einzelnen Teilschulen, darunter Gottfried Semper, der die Bauschule leitet.

5. Juni
Der Regierungsrat erteilt Semper und Staatsbauinspektor Johann Caspar Wolff den Direktauftrag zur Ausarbeitung von Plänen für den Neubau des Polytechnikums.

November
Semper und Wolff legen ihre Pläne mitsamt Erläuterungsbericht vor. Sie werden vom Grossen Rat des Kantons Zürich am 28. Dezember 1858 und vom Bundesrat am 21. Februar 1859 genehmigt.

— 1859
14. Oktober
Bund und Kanton Zürich vereinbaren die Vereinigung ihrer naturkundlichen und künstlerischen Sammlungen zur gemeinschaftlichen Nutzung durch das Polytechnikum und die Universität. Am 1. Mai 1860 folgt ein entsprechender Vertrag des Bundes mit der Stadt Zürich.

Der Bau des Chemiegebäudes

— 1859
28. Juli
Die Baugespanne des Chemiegebäudes werden ausgesteckt.

30. Juli
Der Regierungsrat erteilt die Baubewilligung für das Chemiegebäude.

1. August
Baubeginn; die Arbeiten werden einzeln vergeben.

— 1860
15. Juni
Aufrichtung des Daches.

Oktober
Bezug des technischen Laboratoriums (Nordseite des Baus); die erste Vorlesung findet am 6. November statt.

— 1861
Ostern
Bezug des analytischen Laboratoriums (Südseite).

29.–30. November
Das Chemiegebäude wird von den Bundesexperten Amadeus Merian und Niklaus Riggenbach geprüft.

— 1862
7. März
Der Bundesrat übernimmt das Chemiegebäude.

Der Bau des Hauptgebäudes

— 1860
Sommer
Die Arbeiten am Hauptgebäude werden ausgeschrieben und vergeben. Johannes Fürst aus Riesbach erhält den Universitätsflügel, Ing. Johannes Fehr aus Fluntern und Baumeister Johann Jakob Gelzer aus Schaffhausen das Polytechnikum.

1. September
Der Regierungsrat erteilt die Baubewilligung für das Hauptgebäude.

17. September bis 23. November
Abbruch der alten Gebäude auf dem Bauplatz.

Herbst
Aushub der Baugrube.

— 1861
Ende April
Vollendung des Fundaments.

September
Beginn der Eindeckung des Hauptgebäudes. Die Arbeiten dauern bis Juni 1862.

— 1862
31. Januar
Das Gerüst des Mittelrisalits wird abgebaut.

2. Mai
Ausbruch eines Feuers im Südwestflügel, das das Balkenwerk und die Eindeckung des Daches sowie die Etagenböden, das Kranzgesims und Teile des Mauerwerks zerstört. Die Schäden werden bis Ende Juni 1862 repariert.

10. Juni
Der Regierungsrat stimmt dem Vorschlag Sempers zu, die Nordfassade des Hauptgebäudes mit einer Sgraffitodekoration zu schmücken. Sie wird 1863 von den Dresdner Künstlern Adolf Wilhelm Walther und Karl Gottlob Schönherr ausgeführt und gibt in der Folge Anlass zu einer Kontroverse zwischen Semper und Regierungsrat Franz Hagenbuch, der die elitäre Stoßrichtung des ikonographischen Programms bemängelt.

— 1863
Frühjahr
Beginn des inneren Ausbaus.

April
Einzug der mechanischen Schule in den Nordosttrakt des Hauptgebäudes.

20. oder 22. April
Erste Vorlesung im Hauptgebäude.

Oktober
Einzug der Ingenieur- und Forstschule sowie einiger Freikurse.

— 1864
April
Einzug der Universität und der Bauschule.

Oktober
Die letzten Abteilungen des Polytechnikums siedeln in den Neubau über.

18. Oktober
Die zoologische Sammlung ist eingezogen; einzig an der entomologischen Abteilung wird noch bis März 1865 gearbeitet.

25. November
Die geologischen Sammlungen sind eingezogen.

— 1865
bis Ende Mai
Umgebungsarbeiten nach den Plänen Wolffs.

29. Juli
Der Regierungsrat vergibt den Auftrag zur Ausmalung der Aula nach den Plänen Gottfried Sempers an die Pariser Künstler Emile Bin, Alfred Diéterle und Edmond Lahens.

Ende Oktober
Der Antikensaal wird bezogen, nachdem die Dichtungsprobleme des flachen Dachteils behoben worden sind.

29. November bis 1. Dezember
Prüfung des Neubaus durch die Bundesexperten Amadeus Merian und Hans Rychner.

— 1866
23. Mai
Beginn der Arbeiten an der malerischen Ausstattung der Aula. Sie werden von verschiedenen Donatoren abschnittsweise finanziert und entsprechend in Einzelschritten ausgeführt. Beim vorläufigen Abschluss 1870 ist Sempers Bildprogramm noch immer nicht komplett umgesetzt.

24. August
Der Bundesrat übernimmt das Hauptgebäude.

— 1868
29. April
Die Aula wird mit der Stiftungsfeier der Universität eingeweiht. Das Hauptgebäude selbst erfährt keinen offiziellen Einweihungsakt.

— 1876
18. Mai
Aufgrund fehlerhafter Abdichtung der Dachkonstruktion und Fäulnis der tragenden Balken stürzt ein Teil der Auladecke ein. Zur Beurteilung des Schadens werden die Professoren Georg Lasius und Julius Stadler sowie der eidgenössische Oberbauinspektor Adolf von Salis einberufen. Die Reparatur erfolgt zwischen 1876 und 1877.

— 1888–90
Die Eidgenössische Kunstkommission veranstaltet einen Wettbewerb für zwei Wandbilder in den Bogenfeldern der Aula mit den Themen »Die Baukunst« und »Die Ingenieurkunst«. Entwürfe dazu werden unter anderem von Gustave de Beaumont, Ferdinand Hodler und Arnold Böcklin angefertigt. Zur Ausführung gelangt keine der Arbeiten.

— 1892–94
Die Eidgenössische Kunstkommission schreibt im November 1892 einen Wettbewerb für vier sitzende weibliche Figuren aus, die am Mittelrisalit der Westfassade aufgestellt werden sollen. Am 8. Mai 1893 erfolgt die erste Beurteilungsrunde, in welcher 15 Entwürfe zur Weiterbearbeitung empfohlen werden; aus der zweiten Runde am 12. Mai 1894 geht der in Paris wirkende Schweizer Bildhauer Natale Albisetti als Sieger hervor. Die Statuen werden im September 1894 ausgeführt.

DER BAU DER STERNWARTE

— 1860
Dezember
Semper wird mit dem Entwurf einer Sternwarte beauftragt. Das Projekt war durch ein entsprechendes Legat der Erben des Spinnereiunternehmers Heinrich Kunz angestoßen worden; die verbliebenen Baukosten übernimmt der Bund, während Zürich den Bauplatz am Schmelzberg oberhalb des Hauptgebäudes stellt.

— 1861
18. Juli
Die Bundesversammlung bewilligt den Baukredit.

— 1862
27. März
Baubeginn.

— 1863
November
Teilbezug.

— 1864
16. Mai
Vollständige Inbetriebnahme der Sternwarte.

Juni
Abschluss der Bauarbeiten.

23. Oktober
Prüfung des Baus durch die Bundesexperten Felix Wilhelm Kubli und Dr. Adolf Hirsch, den Astronomen der Sternwarte Neuenburg.

DAS POLYTECHNIKUM UND DIE UNIVERSITÄT IN DEN NEUEN BAUTEN

— 1868
Die Lokalitäten für die physikalischen Übungen genügen den Anforderungen bereits nicht mehr. Grund dafür ist der Wandel der Physik von einer theoretischen zu einer experimentellen Wissenschaft, der nach größeren und besser ausgestatteten Laboratorien verlangt.

Die Verhandlungen über die entsprechenden Erweiterungsbauten gestalten sich schwierig. Zürich stellt sich auf den Standpunkt, gemäß dem Wortlaut der Kollaudation des Hauptgebäudes von 1865 seinen Verpflichtungen vollumfänglich nachgekommen zu sein und keine weiteren Bauten mehr aufführen zu müssen. Der Bundesrat hingegen beharrt darauf, dass Zürich weiterhin für die Bedürfnisse zuständig sei, die aus der Entwicklung der ursprünglichen Fachschulen entstünden, dass hingegen bei Erweiterung des fachlichen Programms des Polytechnikums die Erstellung der entsprechenden Räumlichkeiten Sache der freien Vereinbarung zwischen Kanton und Bund sei. Die Auseinandersetzungen über die Baupflicht, die die Entwicklung des Polytechnikums in den nächsten 15 Jahren hemmen werden, beginnen.

— 1869
22. und 23. Dezember
Seit 1859 wird vonseiten landwirtschaftlicher Vereine und des Schulrats die Aufnahme der Landwirtschaft unter die Lehrfächer des Polytechnikums betrieben. Am 5. Dezember 1864 reicht der *Schweizerische Landwirtschaftliche Verein* bei der Bundesversammlung ein Gesuch zur Erweiterung der forstwirtschaftlichen Schule des Polytechnikums zu einer forst- und landwirtschaftlichen Abteilung ein. Daraufhin nimmt der Schulratspräsident mit den Zürcher Behörden Verhandlungen über die Errichtung der nötigen Räumlichkeiten auf. Eine Baupflicht des Kantons besteht in diesem Fall nicht, doch fördert die unerwartete Konkurrenz des Kantons Waadt, der die Auslagerung der Abteilung in die Westschweiz anregt, die Bereitschaft Zürichs zur freiwilligen Übernahme der Leistungen. Schließlich legt der Schulrat am 23. Oktober 1869 dem Bundesrat ein *Gutachten über die Errichtung einer landwirthschaftlichen Schule am eidg. Polytechnikum, oder Verlegung derselben nach Lausanne* vor. Aus organisatorischen Überlegungen schließt der Bundesrat die Auslagerung der Abteilung in die Westschweiz aus und unterbreitet dem Parlament am 28. November eine Vorlage zur *Erweiterung der Forstschule des eidgenössischen Polytechnikums in eine forst- und landwirtschaftliche Schule*, die von National- und Ständerat angenommen wird.

— 1871
28. Juni
Nachdem der Zürcher Kantonsrat am 28. Februar 1870 der Übernahme der Kosten für den Bauplatz und die Erstellung des neuen Gebäudes zugestimmt hat, unterzeichnen Bund und Kanton einen Vertrag über Bauplatz, Raumprogramm und Bauplan der land- und forstwirtschaftlichen Schule.

— 1872–74
Bau der land- und forstwirtschaftlichen Schule gegenüber dem Hauptgebäude nach den Plänen des Zürcher Staatsbauinspektors Johann Jakob Müller.

— 1879
30. November
Der Schulrat klagt am 14. August 1872 in einer Botschaft zuhanden des Bundesrats über die Verweigerungshaltung Zürichs in der dringlichen Frage des Platzproblems der physikalischen Schule. Der Bundesrat verlangt 1874 von Zürich die Vermehrung der Räume für physikalische Arbeiten und für Konstruktionsübungen der Ingenieurschule sowie Anbauten an die Laboratorien für technische und analytische Chemie. Der Regierungsrat widersetzt sich weiterhin der Anerkennung weiterer Baupflicht und verlangt Unterhandlungen, die sich in der Folge fünf Jahre hinziehen, bis im Mai 1879 ein Vertragsentwurf zustande kommt, der Zürich von aller weiteren Bau- und Unterhaltpflicht entbinden soll. Als Gegenleistung würde der Kanton für 250.000 SFr. das chemische Laboratorium kaufen, weitere 250.000 SFr. Ablösesumme zahlen und zwei Bauplätze für ein neues Chemie-

und ein neues Physikgebäude stellen, die der Bund zu errichten und zu unterhalten hätte. Nachdem der Vertrag am 30. Mai 1879 vom Bundesrat und am 3. September 1879 vom Zürcher Kantonsrat genehmigt worden ist, verwirft ihn das Zürcher Stimmvolk in einer Referendumsabstimmung. Der Bundesrat betritt daraufhin den Rechtsweg.

— 1883
1. März
Der langwierige Gerichtsprozess befördert auf beiden Seiten das Interesse an einem Vergleich und führt schließlich zu einem neuen *Vertrag über die Regulirung der Baupflicht des Kantons Zürich gegenüber der eidgenössischen polytechnischen Schule*. Er beinhaltet folgende Punkte: Zürich wird von aller weiteren Baupflicht und der Unterhaltspflicht für Neubauten befreit und verpflichtet sich im Gegenzug zur Zahlung von 450.000 SFr., worin auch die Kaufsumme für das Chemiegebäude samt Einrichtung einbegriffen ist, und zur unentgeltlichen Abtretung von Baugrund für ein neues Chemiegebäude; für den Bauplatz des Physikgebäudes zahlt der Bund 45.000 SFr. Der Unterhalt von Hauptgebäude und Gebäude für Forst- und Landwirtschaft obliegt weiterhin dem Kanton Zürich. Die Sammlungen gehören nach wie vor gemeinsam dem Bund, dem Kanton und der Stadt Zürich; im Fall eines baulichen Erweiterungsbedarfs hat der Kanton den erforderlichen Baugrund zu stellen, während der Bund für Bau-, Einrichtungs- und Unterhaltskosten aufkommt. Der Vertrag wird am 27. Mai 1883 vom Zürcher Stimmvolk und am 7. Juli 1883 von der Bundesversammlung angenommen. Damit setzt eine intensive Bautätigkeit zur räumlichen Erweiterung des Polytechnikums ein.

17. Dezember
Die Bundesversammlung genehmigt die Vorlage zum Bau eines neuen Chemiegebäudes, dessen Pläne die Professoren Alfred Friedrich Bluntschli und Georg Lasius im Auftrag des Bundesrates seit dem 18. August 1883 ausgearbeitet hatten.

— 1884–86
Bau des neuen Chemiegebäudes in unmittelbarer Nachbarschaft von Hauptgebäude sowie land- und forstwirtschaftlicher Schule.

— 1886
30. Juni
Die Bundesversammlung beschließt den Bau eines Physikgebäudes. Der Auftrag wird aufgrund von dessen Qualifikation direkt an Bluntschli vergeben, der wiederum Lasius beizieht.

— 1887
Das alte Chemiegebäude wird aufgestockt.

— 1887–90
Bau des Physikgebäudes in isolierter, erschütterungs- und staubfreier Lage am Schmelzberg hinter dem Kantonsspital.

— 1889
6. Dezember
Die Bundesversammlung genehmigt den Kredit für die Errichtung eines Gebäudes für die eidgenössische Anstalt zur Prüfung von Baumaterialien.

— 1891
Das Gebäude wird bezogen. Es wurde von der Direktion der eidgenössischen Bauten – möglicherweise von Hans Wilhelm Auer – nach den Vorgaben des Direktors der Anstalt, Ludwig von Tetmajer, erstellt. Im Jahr 1907 wird es aufgestockt.

— 1893
Bau des Sitzes der eidgenössischen Bauinspektion an der Clausiusstrasse.

— 1894
März
Für das Hauptgebäude werden erste Erweiterungsstudien ausgearbeitet. Die Professoren Alfred Friedrich Bluntschli und Benjamin Recordon schlagen den Ausbau der Innenhöfe durch den Ersatz der Antikenhalle respektive eingeschossige Anbauten an dieselbe vor.

— 1897
20. März
Die Bundesversammlung genehmigt den Baukredit für das Gebäude der mechanisch-technischen Abteilung, dem auch das Maschinenlaboratorium eingegliedert ist.

— 1897–1900
Bau des Gebäudes der mechanisch-technischen Abteilung durch Benjamin Recordon.

— 1898
13. September
Der Bundesrat kündigt dem Kanton und der Stadt Zürich die Verträge vom 14. Oktober 1859 und 1. Mai 1860 betreffend die gemeinsamen Sammlungen, wie dies der Schulrat am 8. Juli 1898 beantragt hatte. Mit der Aufteilung der Sammlungen – Zürich soll die zoologische, der Bund die geologische und mineralogische Sammlung erhalten – soll der Auszug der zoologischen Sammlung und der ganzen Universität aus dem Hauptgebäude angebahnt werden, was dem Polytechnikum weiteren Platz verschaffen würde. Weiterhin schlägt der Schulrat vor, dass – in Abwandlung des Vertrags vom 1. März 1883 – Zürich selbst (mit Bundesbeitrag) den Neubau für die zoologische Sammlung erstelle und dem Bund das alte Chemiegebäude und die forst- und landwirtschaftliche Schule verkaufe. Die Bedingungen des Vertrags sind in der Folge während fünf Jahren Gegenstand von Verhandlungen zwischen Bund und Kanton.

— 1898–1900
Umbau der Bibliothek im Südteil des Westflügels des Hauptgebäudes durch Benjamin Recordon; anstelle des Hörsaales für Physik wird ein Lesesaal eingebaut.

— 1899
Weiteres Ausbauprojekt für das Hauptgebäude: Auch der Architekt Adolphe Tièche schlägt den Ausbau der Innenhöfe vor.

— 1905
28. Dezember
Der Entwurf für den sogenannten ›Aussonderungsvertrag‹ zwischen Bund und Kanton Zürich steht: Das Hauptgebäude, das alte Chemiegebäude, die land- und forstwirtschaftliche Schule sowie die Brauereiliegenschaft Seiler sollen in den Besitz des Bundes übergehen, der auch sämtliche Unterhaltspflichten für die Bauten übernimmt; die naturwissenschaftlichen Sammlungen – die archäologische Sammlung bleibt ausgeklammert – werden mitsamt den jeweiligen Baupflichten auf das Polytechnikum und die Universität aufgeteilt.

— 1906
3. Januar
In Erwartung der bevorstehenden Entwirrung der baulichen Verhältnisse und Zuständigkeiten versendet der Schulrat ein Zirkularschreiben an die Direktion des Polytechnikums, an die Abteilungsvorstände und die Direktoren der Sammlungen, Laboratorien und Institute zwecks Abklärung des Raumbedarfs der Schule. Daraufhin erarbeitet er den Bericht *Grundlagen zur Ausarbeitung der Bauprojekte für das eidg. Polytechnikum*. Es wird entschieden, die Erweiterung der Schule in einem Gesamtprojekt anzugehen und nicht wie bisher in Einzelschritten nach den verschiedenen Abteilungen getrennt.

— 1908
9. Juli
Nach weiteren Verhandlungsrunden zwischen Bund und Kanton genehmigt die Bundesversammlung den leicht modifizierten Aussonderungsvertrag, der am 26. April bereits vom Zürcher Stimmvolk angenommen worden war.

Die zweite Bauphase: Wettbewerb und Ausführung

— 1909
2. März
Der Bundesrat genehmigt das vom Schulrat ausgearbeitete Programm für den Wettbewerb zur baulichen Erweiterung des Polytechnikums.

31. Oktober
Bei der um einen Monat hinausgeschobenen Abgabefrist des am 3. März eröffneten Wettbewerbs sind 14 Entwürfe eingegangen, die zwischen 25. und 28. November 1909 juriert werden. Als Sieger geht das Projekt *Auditorium Maximum* von Gustav Gull, Professor am Polytechnikum, hervor.

— 1910
Gull erarbeitet ein Projekt für ein Ausstellungsgebäude für Gipsabgüsse auf dem Gelände des Stockarguts, westlich des im Entstehen begriffenen Neubaus der Universität. Zu diesem Zeitpunkt sind der Verbleib der archäologischen Sammlung und die entsprechende Baupflicht noch immer nicht geregelt; Bund und Kanton einigen sich schließlich am 12. April 1911 auf die räumliche Aufteilung der Sammlung gemäß den Besitzverhältnissen an den einzelnen Stücken und damit auf deren Unterbringung im Kollegiengebäude der Universität und dem Hauptgebäude der ETH. Der Bund zahlt eine Loskaufsumme zur Ablösung von der Baupflicht.

— 1911
11. Februar
Der Bundesrat gibt einem dringlichen Anliegen des Schulrats statt und bewilligt einen Vorkredit für die Vorbereitung des Bauplatzes Sonnegg-/Clausiusstrasse (naturwissenschaftliches Institut), damit noch vor der Gewährung des Gesamtkredits durch die Bundesversammlung mit den Abbrucharbeiten begonnen werden kann. Der Bau des naturwissenschaftlichen Instituts wird vorgezogen, um die zum Abbruch vorgesehenen Teile des Hauptgebäudes und das alte Chemiegebäude räumen zu können.

12. und 19. Dezember
Die Bundesversammlung genehmigt den Antrag auf einen Baukredit für die Um- und Neubauten der Eidgenössischen Technischen Hochschule, den der Schulrat am 5. August mitsamt den definitiven Bauplänen dem Bundesrat vorgelegt hatte.

— 1911–16
Bauarbeiten am naturwissenschaftlichen Institut. Zwischen dem 22. Mai und dem 26. September 1911 werden der Bauplatz von den Bauten der früheren Seilerschen Brauerei geräumt und das abschüssige Terrain terrassiert; Mitte Juli 1912 beginnen die Fundamentierungsarbeiten; am 20. Dezember 1913 ist der Rohbau fertig; im September und Oktober 1915 wird das Gebäude teilweise, bis zum Ende des Jahres 1916 vollständig bezogen.

— 1912–15
Bauarbeiten am land- und forstwirtschaftlichen Gebäude. Am 14. Juni 1912 beginnen die Maurerarbeiten für die großen Erweiterungen; Ende 1913 ist der Rohbau abgeschlossen; im September 1915 beginnt der Unterricht im fertig gestellten Gebäude. In den Jahren 1922 und 1923 wird es durch das Institut für Haustierernährung erweitert, das Gull auf einen Beschluss des Bundesrats vom Juni 1920 entworfen hat.

— 1913/14
Die zoologische und die archäologische Sammlung sowie die Universität ziehen zum Jahresende 1913 und im Februar 1914 in ihren Neubau um, den der Kanton Zürich durch Karl Moser hat erstellen lassen. Damit sind der Antikensaal und der Südflügel des Hauptgebäudes komplett geräumt; der ostseitige Sammlungstrakt wird mit dem Bezug des naturwissenschaftlichen Instituts ab September 1915 frei.

— 1914/15
Am Hauptgebäude werden die ersten Arbeiten ausgeführt, die den Betrieb der Schule noch nicht tangieren. Die Erdarbeiten beginnen am 14. Dezember 1914; von Januar bis April 1915 werden die Baugruben der Flügelbauten zur Rämistrasse hin ausgehoben und die Innenhöfe des Semperbaus abgegraben; von Mai bis November 1915 wird die Stützmauer gegen Westen erweitert und die Terrasse aufgefüllt (die Stützmauern zur Tannenstrasse und zur Künstlergasse hin werden erst zwischen August 1919 und Oktober 1920 errichtet); vom 1. August bis in den September 1915 findet der Aushub für die Fundamente der Flügelbauten statt.

— 1915
20. September bis Dezember
Abbruch des alten Chemiegebäudes.

— 1915–20
Die beiden Flügelbauten zur Rämistrasse hin werden errichtet. Ab dem 15. September 1915 werden die Granitsockel gebaut, danach gehen die Maurerarbeiten stetig weiter, bis am 26. September 1917 die Stahlbetondecke über dem zweiten Obergeschoss fertig gegossen ist. Anschließend werden bis zum 2. November respektive dem 5. Dezember 1917 aus altem Bauholz des Semperbaus die Dachstühle des südlichen und des nördlichen Eckpavillons gezimmert; die Eindeckung erfolgt bis Ende des Jahres. Vom September 1918 bis Ende Dezember 1919 erfolgen die Verputz- und Gipserarbeiten am Außen- und Innenbau, mit den Schreinerarbeiten und den Elektro- sowie Wasserinstallationen vom August bis in den Dezember 1920 finden die Arbeiten ihr Ende.

— 1916
Februar bis Oktober
Abbruch- und Fundamentierungsarbeiten für die Mittelhalle, die Rotunde und den neuen Ostflügel des Hauptgebäudes. Im Februar und März wird der Antikensaal abgebrochen und die Unterkellerung der neuen Mittelhalle mitsamt Bodenplatte erstellt; vom Februar bis in den Juni werden die Durchfahrten von Norden und Süden unter den neuen Flügelbauten hindurch sowie in die Höfe des Semperbaus errichtet; vom 12. April bis Ende September wird der Mittelbau des alten Osttrakts bis auf Kellerniveau abgerissen, wobei die seitlichen Teile stehen gelassen werden; im Oktober werden die Fundamente, Kellermauern und Untergeschossdecken der Rotunde betoniert.

— 1916–20
Im Oktober 1916 beginnen die Arbeiten am Roh- und Ausbau der Mittelhalle mit den Auditorien und der Rotunde mit dem neuen, dem Semperbau schalenartig vorgesetzten Ostflügel. Die Auditorien werden schnell hochgezogen, schon am 30. August (Nordseite) respektive am 19. September 1917 (Südseite) sind ihre Dachkonstruktionen aus altem Bauholz fertig, am 10. Dezember sind sie eingedeckt. Mittelhalle und Rotunde sind im Juni 1917 bis zur Decke über dem Erdgeschoss gediehen, danach beginnen die Arbeiten am Auditorium Maximum, dessen Innensäulen und Stufenreihen bis September 1917 erstellt werden. Zum Jahresende 1917 ist der Außenbau der Rotunde bis zum Hauptgesims fertig und die Verschalung für die Decke über dem Auditorium Maximum ist angebracht; die Decke selbst wird zwischen dem 25. März und dem 2. Mai 1918 gegossen. Etwa gleichzeitig erfolgt der Abbruch des alten Dachstuhls über dem Ostflügel und die Errichtung des neuen aus Stahlbeton. Bereits am 18. März 1918 wurde der große Bogen in der Mittelhalle fertig gestellt, zwischen dem 26. April und dem 2. Oktober wird das Tonnengewölbe betoniert. Am 9. September 1918 hat der Aufbau des Gerüstes für den im Wettbewerbsprojekt noch nicht geplanten Kuppelbau der Rotunde begonnen; bis am 19. April 1919 werden der Fußring betoniert, die Hohlrippen und die Zwischenplatten – die vor der Witterung geschützt

in den neuen Dachräumen des Ostflügels hergestellt werden – versetzt, die Zwischenringe und der Abschlussring gegossen und schließlich die Laterne aufgesetzt. Im Anschluss erfolgen die inneren Ausbauten, vom 28. Juli bis zum 31. Oktober 1919 wird das innere Gewölbe über dem Lesesaal erstellt, zwischen dem 13. September und dem 22. November werden die neuen Haupttreppen des Ostflügels eingebaut, vom 5. April bis zum 7. August 1920 die Kassettendecke des Auditorium Maximum und vom 5. Juli bis zum 15. September 1920 diejenige der Mittelhalle eingezogen. Die Eindeckung der Kuppel mit einer – ursprünglich nicht geplanten, aber aus Dichtigkeitsgründen notwendigen – Ziegelhaut erfolgt zwischen dem 6. September und dem 20. Oktober 1920. Mit dem Verlegen der elektrischen Installationen und der Wasserleitungen sind die großen Bauarbeiten an den neuen Teilen des Hauptgebäudes Ende Dezember 1920 abgeschlossen.

— 1917
Januar bis November
Als erstes Teilstück des alten Semperbaus wird der Südostflügel renoviert. Die Fundamente und Pfeiler werden verstärkt, bis auf Dachstockhöhe werden neue Innenwände eingezogen, die Eisensäulen durch eiserne Unterzüge ersetzt, die Balkendecken repariert und es wird – wie später über dem alten Nordostflügel – ein neuer Dachstuhl aus Stahlbeton für das Bibliotheksmagazin erstellt. Die Dächer der übrigen Teile des Altbaus – Südwest-, West- und Nordwestflügel – werden lediglich neu eingedeckt.

— 1920/21
Die ersten Räume der neu erstellten Teile des Hauptgebäudes werden im Mai 1920 dem Betrieb übergeben. Den Anfang machen die ebenerdigen Auditorien an der Mittelhalle, noch bevor die Bauarbeiten an deren Decke überhaupt begonnen haben; als letzter Raum wird am 7. Dezember 1921 der Lesesaal der Bibliothek eröffnet. Ein Eröffnungsakt findet am 9. Oktober 1922 im Auditorium Maximum statt.

— 1921
10. und 21. Juni
Die Bundesversammlung bewilligt einen ersten Nachtragskredit für die Um- und Ausbauarbeiten am Hauptgebäude, nachdem der Bundesrat bereits 1919 einen entsprechenden Vorschusskredit gewährt hatte. Die kriegsbedingte Preissteigerung für Material und Arbeit hat die Kosten für den Bau auf das Doppelte ansteigen lassen. Am 1. Juni 1923 wird der Bundesrat einen zweiten Nachtragskredit genehmigen, für den auf die Arbeitslosenfürsorge zurückgegriffen wird.

— 1921–25
Renovation der weiteren Flügel des Semperbaus. Die ehemalige Bibliothek im Südteil des Westflügels wird für die Kupferstichsammlung umgebaut; am 20. Juni 1921 beginnen die Arbeiten an der Fassade des Südostflügels; vom 10. März 1922 bis am Ende des Jahres werden der südliche Mittelbau, der Südwestflügel und die Flügel des Westtrakts renoviert; bis Ende Mai 1923 ist der westliche Mittelrisalit erneuert; von Juli bis Dezember 1923 wird am Nordtrakt gearbeitet, dessen Dachstock anschließend bis 1925 mit Abwartswohnungen ausgebaut wird. Zwischen 1922 und 1923 wird die Aula mit elektrischem Licht ausgestattet und die Holzbalkenkonstruktion der Dachterrasse darüber durch Stahlträger mit Hourdiselementen ersetzt. Zwischen dem 29. April und dem 15. Juli 1924 restauriert Christian Schmid das Sgraffito an der Nordfassade.

— 1925
Mit der Fertigstellung des Belags der Polyterrasse und der Versetzung von Albisettis polytechnischen Figuren auf Postamente an deren Rand finden die Um- und Ausbauarbeiten Gustav Gulls ihr Ende.

— 1917–35
Das neue Hauptgebäude erhält seine künstlerische Ausstattung. 1917 wird das Semperdenkmal auf der Nordterrasse mit dem Reliefbild von der Hand Emanuel Sempers eingeweiht; zwischen 1921 und 1930 führen Wilhelm Ludwig Lehmann, Wilhelm Hummel, Burkhard Mangold, Louis Vonlanthen und Adolphe Tièche die Gemäldefolge der Technischen Werke in den Stichkappenlünetten der Nebenvestibüle zur Rämistrasse aus; 1923 wird im Ostvestibül der von Schulratspräsident Robert Gnehm gestiftete Grazienbrunnen Eduard Zimmermanns aufgestellt; 1923–25 malt Rudolf Münger den Fries *Fest der Pallas* für die Stirnwand des Auditorium Maximum, 1924 werden dort Hans Gislers Medaillons angebracht; 1926 entsteht Gislers Brunnenrelief an der Ecke Tannen-/Rämistrasse; zwischen 1928 und 1931 werden die beiden Frauenfiguren Eduard Zimmermanns in der Haupthalle aufgestellt; 1928/29 führen Pietro Chiesa, Emile Bressler, Numa Donzé und Fred Stauffer die Ansichten von Basel, Bern, Locarno und Genf in der Uhrenhalle im ersten Obergeschoss des westlichen Mittelbaus aus; 1934 bis 1935 malt Augusto Giacometti das Fresko *Iktinus* zwischen den Eingangstüren des Auditorium Maximum.

Die Ausbaupläne der 1940er und 1950er Jahre

— 1943
Hans Hofmann, Professor an der Architekturabteilung der ETH, entwirft im Auftrag der Direktion der eidgenössischen Bauten ein erstes Ausbauprojekt für das Hauptgebäude.

— 1945
Unmittelbar nach dem Krieg schnellen die Studentenzahlen der ETH in die Höhe. Es werden erste Maßnahmen zur Schaffung von zusätzlichem Arbeitsraum im Hauptgebäude ergriffen: Sammlungen werden ausgeräumt, eine Garderobe wird beseitigt.

— 1946
2. April
Die Bundesversammlung genehmigt den vom Bundesrat beantragten Kredit für den Ausbau der Eidgenössischen Technischen Hochschule. Geplant ist neben der Erweiterung verschiedener Institutsbauten und dem Erwerb zusätzlicher Liegenschaften für zukünftige Neubauten »die bessere räumliche Ausnützung des Hauptgebäudes« (Botschaft des Bundesrates 1955, S. 90). Als Grundlage für diese Planung dient ein Gutachten Hans Hofmanns, das die Überdeckung der beiden Höfe und den Ausbau der so neu entstandenen Innenräume mit Hörsälen und Mensa, die Aufstockung der Gullschen Auditorien an der Mittelhalle, die Unterbauung der Terrassen durch Garagen etc. und die generelle »baukünstlerische Aufwertung des düsteren Hauptgebäudes« (Botschaft des Bundesrates 1945, S. 749) vorsieht.

— 1947
Hans Hofmann entwirft ein zweites Ausbauprojekt und baut die Rektoratsräume im Westflügel um.

— 1948/49
Christian Schmid restauriert das Sgraffito der Nordfassade.

— 1948–51
Umbau der Bibliothek durch Hans Hofmann und Hermann Platz. Der Katalogsaal wird durch eine Pfeilerreihe zur Mittelhalle hin geöffnet, im Oberlicht wird durchlässigeres Glas eingesetzt, die Räume der Ausgabe und der Administration werden – auch durch den Abbruch von Zwischenwänden – neu organisiert; die Magazine werden erweitert; die Terrasse der Rotunde wird vom Lesesaal aus zugänglich gemacht.

— 1955
21. Januar
In der *Botschaft des Bundesrates über den Ausbau der Eidgenössischen Technischen Hochschule* figurieren keine Projekte für das Hauptgebäude mehr. Der von Hans Hofmann angedachte Einbau eines großen Hörsaals wird aufgrund wieder gefallener Studentenzahlen nicht weiterverfolgt.

— 1959
Der ETH-Professor Alfred Roth baut die beiden unteren Hörsäle an der Mittelhalle um.

6. Februar
In der *Botschaft des Bundesrates über die bauliche Entwicklung der Eidgenössischen Technischen Hochschule und der mit ihr verbundenen Anstalten* fällt der strategische Entscheid zum Aufbau einer Außenstation auf dem Hönggerberg.

— 1961
Umbau der Polybar neben dem Auditorium Maximum durch Roth. Erweiterung der Kapazität durch Einziehen eines Zwischenbodens.

Die dritte Bauphase

— 1966
10. März
Die Bundesversammlung bewilligt den vom Bundesrat am 9. Juli 1965 beantragten Kredit zum weiteren Ausbau der Eidgenössischen Technischen Hochschule und der mit ihr verbundenen Anstalten. Die umfassende Vorlage ist das Produkt der Neuplanungen für den Gebäudebestand der ETH nach dem Richtungsentscheid von 1959. Neben dem Auf- und Ausbau der großen Außenstationen auf dem Hönggerberg, in Dübendorf, Villigen und Würenlingen spielt auch das Hauptgebäude als ausbaufähige Immobilie am Standort ETH-Zentrum wieder eine wichtige Rolle. Bereits am 9. April 1963 fiel im Schulrat der Entschluss zu dessen »Vollausbau«; in der Folge arbeiteten die Professoren Charles-Edouard Geisendorf und Alfred Roth sowie die zuständige Baukreisdirektion V unter Hans-Ulrich Hanhart entsprechende Projekte für einzelne Teile des Baus aus. Geisendorf nimmt die Konzepte Hofmanns wieder auf und plant den Ausbau der Höfe mit Hör- und Zeichensälen, die Aufstockung und Unterkellerung der bestehenden Hörsäle sowie die Unterkellerung der Höfe für technische Einrichtungen und Büchermagazine. Roth plant die Revision der alten Auditorien Gulls an der Mittelhalle und den Neubau der ihnen aufgesetzten neuen Hörsäle, den Umbau des Auditorium Maximum und den Ausbau der Bibliothek in allen ihren Teilen (Magazine, Büroräume entlang der Mittelhalle, Lesesaal). Der historische Außenbau des Hauptgebäudes soll unverändert bleiben. Bereits angedacht ist in der bundesrätlichen Vorlage der Neubau eines Studentenrestaurants im Pfrundhausgarten südöstlich der Polybahn.

— 1966–72
Alfred Roth erweitert in fünf Etappen zwischen dem Frühjahr 1966 und dem Jahresende 1972 die Bibliothek. Der Dachraum des nördlichen Mittelrisalits wird für weitere Büchermagazine und einen Mikrokopierraum ausgebaut; den Gullschen Auditorien auf beiden Seiten der Mittelhalle werden je ein weiterer Hörsaal und zwei Geschosse für Räume der Verwaltung und Direktion aufgesetzt; rund um die beiden Lichthöfe werden die Dächer abgebrochen und durch Räume für den Katalogsaal, für Büchermagazine, die Karten- und Handschriftensammlung und für Verwaltungsräume ersetzt; und schließlich wird die Rotunde für den neuen Lesesaal, die Bücherausgabe und die Repro-Abteilung umgebaut. Die Gullsche Innenkuppel wird entfernt und ein Galeriegeschoss eingezogen.

— 1966–73
Umbau der Auditorien durch Alfred Roth. 1967 sind die alten Auditorien der Nordseite renoviert und der darauf aufgesetzte neue Hörsaal vollendet, ein Jahr später sind auch die Arbeiten im Südhof abgeschlossen. 1971–73 wird das Auditorium Maximum umgebaut.

— 1967–71
Abbruch der Semperschen Treppenhäuser Süd und Nord und Ausbau der Innenhöfe durch Charles-Edouard Geisendorf. 1967–69 werden die Kellergeschosse, die Auditorien, die Foyers mit den Treppenanlagen und die Überdachung des Südhofs realisiert, im Anschluss folgen die entsprechenden Arbeiten im Nordhof, die 1971 vollendet werden.

— 1970
1. Dezember
Das Parlament genehmigt den Baukredit für das von Geisendorf projektierte und am 28. November 1969 vom Zürcher Bauamt bewilligte Mehrzweckgebäude auf dem Gelände des Pfrundhausgartens vor der Westfassade des Hauptgebäudes. Teil der Vorlage ist auch die neue Anlieferung zum Hauptgebäude via die Durchfahrt Leonhardstrasse.

— 1972
Der Vorhof zur Rämistrasse wird mit einer Einstellhalle für Motorfahrzeuge ausgebaut und mit einer neuen Bepflanzung versehen.

— 1972–77
Bau des Mehrzweckgebäudes Polyterrasse. Zwischen April und Mai 1972 wird die alte Gullsche Polyterrasse abgebrochen, die aufwendigen Hangsicherungsarbeiten und der Aushub für den Neubau beginnen. 1976 sind die Arbeiten am Gastro-Teil mit der Mensa, der Cafeteria, der Vorhalle mit den Läden und den zugehörigen Terrassen abgeschlossen; 1977 werden auch die Mehrzweckhalle – die erst 1975 zur Sporthalle bestimmt worden ist – mit den umgebenden Räumen, die Durchfahrt Leonhardstrasse mit der Anlieferung und dem neuen Treppenhaus sowie die Hauptterrasse und der GeP-Pavillon eröffnet.

— 1973
21. März
Die Bundesversammlung bewilligt einen Zusatzkredit für Renovationsarbeiten und ergänzende Betriebseinrichtungen im Hauptgebäude. Darin eingeschlossen sind neue Bodenbeläge, die Renovation der Wände und eine neue Beleuchtung in den Korridoren des Altbaus, die Renovation der Haupthalle inklusive neuer Beleuchtung, die Renovation der Vorhalle in der Rotunde inklusive neuer Beleuchtung, der Einbau einer Wartehalle zwischen den Räumen der Schulleitung und des Rektorats sowie Windfänge. Weiterhin gehören dazu eine Treppenverbindung von der Garage Rämistrasse in die Eingangshalle der Rotunde und der Einbau eines Schulleitungsarchivs in den Dachraum über der Aula. Daneben sind zwei größere Projekte dazugekommen: ein Dachpavillon über der Gullschen Mittelhalle für ein Dozentenfoyer und der innere Ausbau der Kuppel sowie die Sichtbarmachung von deren Konstruktion gegen außen. Vorprojekte dazu entwickelte Geisendorf im Auftrag der ETH schon seit 1966.

— 1975
Der Dachraum über der Aula wird in ein Archiv umgebaut, ohne dass angemessene Verstärkungen der Tragstruktur angebracht würden.

— 1976
11. Juni
Die Bundesversammlung gewährt einen Nachtragskredit für die Neu- und Umbauten am Hauptgebäude. Die Mehrkosten werden (neben der allgemeinen Teuerung) mit der betriebsbedingten Staffelung der Bauarbeiten in kleine Etappen und der daraus folgenden langen Bauzeit begründet.

6. September
Die Baudirektion des Kantons Zürich verweigert die Bewilligung für äußere Veränderungen an der Kuppel des Hauptgebäudes. Damit ist

entschieden, dass die Kuppel nach der Instandsetzung wieder mit Ziegeln überdeckt wird. 1969 hatte der Präsident der eidgenössischen Kommission für Denkmalpflege, Alfred Schmid, angeregt, die Betonkonstruktion der Kuppel – wie von Gull ursprünglich geplant – wieder sichtbar zu machen. Allerdings stellte sich bei Untersuchungen der EMPA 1974 heraus, dass eine sichere Abdichtung derselben weiterhin nicht möglich sein würde; daraufhin wurden Varianten erwogen, wobei die Abdeckung der Rippen mit Blech und der Zwischenräume mit Glas und der Einbau von Sonnenkollektoren favorisiert wurden.

— **1977**
Bau des Dozentenfoyers über der Gullschen Mittelhalle und Ausbau des Kuppelraums mit einer Galerie nach den Plänen Geisendorfs. Die Erschließung der beiden Räume erfolgt über ein Treppenhaus in deren Gelenk.

Erneuerung des Semperschen Vestibüls und des Treppenhauses im Westflügel sowie der Gullschen Mittelhalle und des Treppenhauses im Ostflügel. Das Sgraffito der Nordfassade wird durch Willy Arn aus Andeer restauriert.

Die weiteren Baumassnahmen bis heute

— **1970er und 1980er Jahre**
Zahlreiche Umbauten in den Fassadenräumen des Hauptgebäudes. Mit dem Einzug von Zwischenwänden und Galerien werden Zellenbüros geschaffen.

— **1996**
Restaurierung der Räumlichkeiten der Graphischen Sammlung und der Aula durch Beate Schnitter, Ueli Fritz und Gertrud Fehringer. In der Aula wird ein neuer Parkettboden verlegt, die in den 1960er Jahren eingebauten Wandleuchten werden durch konische Aluminiumkandelaber ersetzt, die Fenster werden instand gesetzt und mit Stoffstoren ausgerüstet, in Deckenraum und Unterboden werden elektrische Leitungen installiert, die Malereien an Wänden und Decke werden gereinigt; die Mitteltüre erhält eine grüne Fassung.

— **1995–2005**
Die ETH sieht Handlungsbedarf, um die Repräsentativität ihres Hauptgebäudes zu erhöhen. Eine Arbeitsgruppe *Erscheinungsbild Hauptgebäude* erarbeitet 1995 einen Maßnahmenkatalog zur Verbesserung der Orientierung im Gebäude und zur Steigerung von dessen Wert als Aufenthaltsort; Überlegungen zur Corporate Identity der Schule spielen ebenfalls eine Rolle. Dazu wird 1997 ein beschränkter Wettbewerb veranstaltet, den das Team aus Axel Fickert und Kaschka Knapkiewicz sowie Marcel Meili und Markus Peter gewinnt. Es plant unter anderem die ›Belebung‹ der Haupthalle durch einen rot eingefärbten Boden und die Ausstattung des Vorhofs zur Rämistrasse mit kubischen Einbauten. Die Ideen werden 1999 zur Vision *Hauptgebäude 2005* ausgebaut, welche die Renovation der Korridore und Höfe mit einer differenzierten Farbgebung und den Durchbruch von Wänden zur Verbesserung der Belichtung vorsieht, aber auch die Neugestaltung der Bereiche Polyterrasse und Vorhof Rämistrasse sowie die Renovation der Bibliothek und weitere Instandsetzungsarbeiten umfasst. Umgesetzt werden die Vorschläge nur teilweise: 2001–02 entstehen eine Verpflegungs- und eine Informationsloge im Vestibül der Rotunde sowie Windfänge am Ost- und Westeingang; 2002 renovieren Beat und Rolf Hintermann, Axel Neubert und ArchiNet den Lesesaal der Bibliothek und statten ihn neu aus; 2004 werden die Wände der Mittelhalle mit Stuckmarmor verputzt, die Deckengewölbe heller gestrichen und neue Beleuchtungskörper angebracht.

— **1997**
Der Innenraum der Kuppel wird von den Architekten Burkhalter Sumi zum Visualisierungszentrum *Visdome* umgebaut.

— **1998**
Restaurierung der Nordfassade durch Willy Arn.

— **2004**
Die Durchgänge von der Mittelhalle in die Höfe werden mit Brandschutztüren ausgestattet, zwischen dem Haupteingang und der Rämistrasse wird eine hölzerne Rampe errichtet.

— **2006–07**
Das Architekturbüro Pfister Schiess Tropeano & Partner saniert die Polyterrasse. Die verschiedenen Ebenen der Terrasse erhalten einen neuen Plattenbelag, neue Brüstungselemente und Sitzmöbel aus Stahl und Holz.

Quellen

Altmann, Bernd: Chemiegebäude (heute Studentische Organisationen), in: Oechslin, Werner (Hg.): Hochschulstadt Zürich. Bauten für die ETH 1855–2005. Zürich 2005, S. 159–161

Altmann, Bernd: Physikgebäude, in: Oechslin, Werner (Hg.): Hochschulstadt Zürich. Bauten für die ETH 1855–2005. Zürich 2005, S. 165–167

Botschaft des Bundesrathes an die h. Bundesversammlung, betreffend Erweiterung der Forstschule des eidgenössischen Polytechnikums in eine Forst- und landwirthschaftliche Schule, in: Schweizerisches Bundesblatt 21 (1869), Bd. 3, S. 327–356

Botschaft des Bundesrathes an die Bundesversammlung, betreffend den Vertrag mit Zürich über Regulirung der Baupflicht am eidgenössischen Polytechnikum, in: Schweizerisches Bundesblatt 35 (1883), Bd. 3, S. 81–88

Botschaft des Bundesrathes an die Bundesversammlung, betreffend den Bau eines Chemiegebäudes für das eidgenössische Polytechnikum in Zürich, in: Bundesblatt 35 (1883), Bd. 4, S. 783–796

Botschaft des Bundesrathes an die Bundesversammlung, betreffend die Erstellung eines Gebäudes für Physik und für die forstliche Versuchsstation der polytechnischen Schule in Zürich, nebst Lokalitäten für die meteorologische Centralanstalt, in: Schweizerisches Bundesblatt 38 (1886), Bd. 2, S. 632–644

Botschaft des Bundesrates an die Bundesversammlung, betreffend die Einrichtungskosten des Maschinenlaboratoriums an der eidgenössischen polytechnischen Schule in Zürich, in: Schweizerisches Bundesblatt 49 (1897), Bd. 3, S. 471–490

Botschaft des Bundesrates an die Bundesversammlung, betreffend die definitive Auseinandersetzung der Eidgenossenschaft mit dem Kanton Zürich in bezug auf die eidgenössische polytechnische Schule, in: Bundesblatt 58 (1906), Bd. 2, S. 240–266

Nachtrag zur Botschaft des Bundesrates an die Bundesversammlung, betreffend die definitive Auseinandersetzung der Eidgenossenschaft mit dem Kanton Zürich in Bezug auf die eidg. polytechnische Schule, in: Schweizerisches Bundesblatt 60 (1908), Bd. 3, S. 771–782

Botschaft des Bundesrates an die Bundesversammlung betreffend Um- und Neubauten für die Eidgenössische Technische Hochschule in Zürich, in: Schweizerisches Bundesblatt 63 (1911), Bd. 4, S. 403–443

Botschaft des Bundesrates an die Bundesversammlung betreffend Bewilligung eines Nachtragskredites für Um- und Neubauten für die Eidgenössische Technische Hochschule in Zürich, in: Schweizerisches Bundesblatt 72 (1920), Bd. 5, S. 173–186

Botschaft des Bundesrates an die Bundesversammlung über den Ausbau der Eidgenössischen Technischen Hochschule, in: Schweizerisches Bundesblatt 97 (1945), Bd. 2, S. 737–779

Botschaft des Bundesrates an die Bundesversammlung über den Ausbau der Eidgenössischen Technischen Hochschule, über den Neubau der Eidgenössischen Anstalt für das forstliche Versuchswesen und über die Errichtung einer Hochschulsportanlage in Zürich, in: Schweizerisches Bundesblatt 107 (1955), Bd. 1, S. 89–130

Botschaft des Bundesrates an die Bundesversammlung über die bauliche Entwicklung der Eidgenössischen Technischen Hochschule und der mit ihr verbundenen Anstalten, in: Schweizerisches Bundesblatt 111 (1959), Bd. 1, S. 199–235

Botschaft des Bundesrates an die Bundesversammlung über den weiteren Ausbau der Eidgenössischen Technischen Hochschule und der mit ihr verbundenen Anstalten, in: Schweizerisches Bundesblatt 117 (1965), Bd. 2, S. 889–999

Botschaft des Bundesrates an die Bundesversammlung über den weiteren Ausbau der beiden Eidgenössischen Technischen Hochschulen und der mit ihnen verbundenen Anstalten, in: Schweizerisches Bundesblatt 122 (1970), Bd. 1, S. 859–922

Botschaft des Bundesrates an die Bundesversammlung über den weiteren Ausbau der beiden Eidgenössischen Technischen Hochschulen und der mit ihnen verbundenen Anstalten, in: Schweizerisches Bundesblatt 124 (1972), Bd. 1, S. 1325–1435

Botschaft des Bundesrates an die Bundesversammlung über grösstenteils teuerungsbedingte Zusatzkreditbegehren für den Ausbau der Eidgenössischen Technischen Hochschule Zürich, in: Schweizerisches Bundesblatt 128 (1976), Bd. 1, S. 21–60

Gadient, Hansjörg: Subtil saniert, in: Tec21 36 (2009), S. 46–49

Gagliardi, Ernst; Nabholz, Hans; Strohl, Jean: Die zürcherischen Schulen seit der Regeneration der 1830er Jahre, Bd. 3: Die Universität Zürich 1833–1933 und ihre Vorläufer. Zürich 1938

Gnehm, Robert: Die bauliche Entwicklung der Eidgenössischen Technischen Hochschule, in: Eidgenössische Technische Hochschule (Hg.): Festschrift zum 75jährigen Bestehen der Eidgenössischen Technischen Hochschule in Zürich. Zürich 1930, S. 25–57

Gribi, Stefan: Akzente im historischen Bau, in: ETH-Intern, 17. Mai 1997

Guggenbühl, Gottfried: Geschichte der Eidgenössischen Technischen Hochschule in Zürich, in: Eidgenössische Technische Hochschule (Hg.): Eidgenössische Technische Hochschule 1855–1955. Ecole Polytechnique Fédérale 1855–1955. Zürich 1955, S. 3–199

Gull, Gustav: Baubericht, in: Eidgenössische Technische Hochschule (Hg.): Festschrift zum 75jährigen Bestehen der Eidgenössischen Technischen Hochschule in Zürich. Zürich 1930, S. 58–95

Gürtler Berger, Theresia: Maschinenlaboratorium und Heizwerk, in: Oechslin, Werner (Hg.): Hochschulstadt Zürich. Bauten für die ETH 1855–2005. Zürich 2005, S. 175–176

Gutbrod, Cristina: Land- und Forstwirtschaftliche Schule, in: Oechslin, Werner (Hg.): Hochschulstadt Zürich. Bauten für die ETH 1855–2005. Zürich 2005, S. 153–157

Hanhart, Hans Ulrich; Risch, Gaudenz: Der Ausbau der Eidg. Techn. Hochschule und der mit ihr verbundenen Anstalten, 1. Teil: Das ETH-Zentrum, in: Schweizerische Bauzeitung 85 (1967), S. 867–871

Hauser, Andreas: Das öffentliche Bauwesen in Zürich, T. 1: Das kantonale Bauamt 1798–1895 (Kleine Schriften zur Zürcher Denkmalpflege, Bd. 4). Zürich/Egg 2001

Joos, Dominik: Im Spannungsfeld von Tradition und High-Tech, in: ETH-Intern, 13. Januar 1996

Oechsli, Wilhelm: Festschrift zur Feier des fünfzigjährigen Bestehens des Eidg. Polytechnikums, Bd. 1: Geschichte der Gründung des Eidgenössischen Polytechnikums mit einer Übersicht seiner Entwickelung. Frauenfeld 1905

Perrier, Louis; Bonjour, Charles; Flükiger, Arnold u. a.: Wettbewerb zu Um- und Neubauten für das Eidg. Polytechnikum in Zürich, in: Schweizerische Bauzeitung 55 (1910), S. 45–54; 64–69

Peverelli, Diego; Geisendorf, Charles-Edouard: Bauchronik. Um- und Erweiterungsbauten des ETH-Hauptgebäudes in Zürich, in: Werk – Archithese 64 (1977), Nr. 10, S. 68–82

Scherrer, Paul: Der Umbau der ETH-Bibliothek in den Jahren 1948 bis 1951, in: Schweizerische Bauzeitung 70 (1952), S. 199–203

Semper, Manfred: Das neuerbaute Eidgenössische Polytechnikum in Zürich, in: Illustrirte Zeitung. Wöchentliche Nachrichten über alle Ereignisse, Zustände und Persönlichkeiten der Gegenwart, über Tagesgeschichte, öffentliches und gesellschaftliches Leben, Wissenschaft und Kunst, Musik, Theater und Mode 40 (1863), S. 444–445

Sydler, Jean-Pierre; Willy, Walter; Roth, Alfred: Die neue Hauptbibliothek der ETH Zürich, in: Schweizerische Bauzeitung 92 (1974), S. 591–594

Tscholl, Philipp: Eidgenössische Anstalt zur Prüfung von Baumaterialien (heute Seminar für Statistik, Institut für mechanische Systeme, Institut für Hygiene und Arbeitspsychologie), in: Oechslin, Werner (Hg.): Hochschulstadt Zürich. Bauten für die ETH 1855–2005. Zürich 2005, S. 173–174

Tscholl, Philipp: Verzeichnis der ETH Bauten und Projekte, in: Oechslin, Werner (Hg.): Hochschulstadt Zürich. Bauten für die ETH 1855–2005. Zürich 2005, S. 234–241

Weidmann, Dieter: Hauptgebäude und erstes Chemiegebäude, in: Oechslin, Werner (Hg.): Hochschulstadt Zürich. Bauten für die ETH 1855–2005. Zürich 2005, S. 136–147

Weidmann, Dieter: Eidgenössische Sternwarte, in: Oechslin, Werner (Hg.): Hochschulstadt Zürich. Bauten für die ETH 1855–2005. Zürich 2005, S. 148–151

Weidmann, Dieter: Gottfried Sempers ›Polytechnikum‹ in Zürich. Ein Heiligtum der Wissenschaften und Künste. Diss. ETH Zürich 2010

Wolf, Rudolf: Das Schweizerische Polytechnikum. Historische Skizze zur Feier des 25jährigen Jubiläums im Juli 1880. Zürich 1880

Zimmermann, Adrian: »...unserer Landesausstellung zur nothwendigen Vervollständigung, dem Polytechnikum zur bleibenden Zierde...« – Vom Schicksal der Abgüsse nach Frührenaissance-Skulpturen aus dem Kanton Tessin, in: Georges-Bloch-Jahrbuch des Kunstgeschichtlichen Seminars der Universität Zürich 3 (1996), S. 40–56

»Zürich ETH Zentrum Hauptgebäude. Renovation Aula«, Bericht von Beate Schnitter, 26. Juli 1999 (Archiv der kantonalen Denkmalpflege Zürich, Zürich, Vers. Nr. g 666, Rämistrasse 101 ETH-Hauptgebäude Aula)

FÜNF ARCHITEKTENBIOGRAPHIEN

Gottfried Semper

29. November 1803
Geboren in Hamburg

1823–25
Studien in Geschichte, Statistik sowie angewandter und analytischer Mathematik in Göttingen

1826/27; 1829/30
Tätigkeit im Architekturbüro von Franz Christian Gau in Paris

1830–33
Studienreise durch Südfrankreich, Italien und Griechenland

1834–49
Professor der Architektur an der Kunstakademie Dresden und Revisor der Baugesuche bei der städtischen Baupolizei

1835–38
Maternihospital, Dresden

1838–40
Synagoge, Dresden

1838–41
Hoftheater, Dresden

1839–46
Villa Rosa, Dresden

1847–55
Gemäldegalerie, Dresden

1849
Republikanischer Aufstand in Dresden unter Beteiligung Sempers; nach der Niederschlagung durch Regierungstruppen Flucht nach Frankreich

1850–55
Aufenthalt in London; Einrichtung der Abteilungen Kanadas, der Türkei (mit Ägypten) und Schwedens (mit Norwegen und Dänemark) an der Weltausstellung 1851; Lehrer am *Department of Practical Art* (später *Department of Science and Art*) der *Schools of Art;* Ausstattung des *Mixed Fabrics Court* im Crystal Palace an dessen neuem Standort in Sydenham; Britische Abteilung auf der Weltausstellung in Paris 1855

1855
Berufung zum Professor für Architektur und zum Vorsteher der Bauschule am Eidgenössischen Polytechnikum

1859–70
Eidgenössisches Polytechnikum, Zürich

1862–64
Eidgenössische Sternwarte, Zürich

1863
Villa Garbald, Castasegna (Graubünden)

1865–67
Geschäfts- und Wohnhaus Fierz, Zürich

1865–70
Stadthaus, Winterthur

ab 1866
Empfangsgebäude des Bahnhofs in Altona

1871–78
Neues Hoftheater in Dresden

1871
Rücktritt von der Professur am Polytechnikum und Übersiedelung nach Wien

1871–91
Hofmuseen, Wien

ab 1874
Erweiterung der Hofburg, Wien

1874–88
Hofburgtheater, Wien

1877–79
Krankheitsbedingter Aufenthalt in Italien

15. Mai 1879
Gestorben in Rom

Nerdinger, Winfried; Oechslin, Werner (Hg.): Gottfried Semper, 1803–1879. Architektur und Wissenschaft. München/Zürich 2003 (Ausstellung Architekturmuseum der Technischen Universität München, Museum für Gestaltung Zürich 2003–04)

Gustav Gull

7. Dezember 1858
Geboren in Altstetten (Zürich)

1876–79
Studium der Architektur am Eidgenössischen Polytechnikum in Zürich

1879/80
Kurse für Steinbildhauerei und Modellieren an der *Ecole des Arts industriels* in Genf

1880–82
Tätigkeit im Büro von Benjamin Recordon, Lausanne, und von Robert Moser, Baden

1883/84
Italienreise

1884
Gründung eines eigenen Büros (bis 1886 mit Conrad von Muralt)

1886–88
Eidgenössisches Postgebäude, Luzern

1892–98
Schweizerisches Landesmuseum, Zürich

1895–1900
Amt des Zweiten Stadtbaumeisters in Zürich

1896/97
Lavaterschulhaus, Zürich

1898–1900
Turm der Predigerkirche, Zürich

1898–1901
Stadthaus am Fraumünster, Zürich

1900
Berufung als Professor für Architektur an das Polytechnikum in Zürich

1901–03
Villa Sonnenberg, Winterthur

1903–06
Mitglied der Eidgenössischen Kunstkommission, 1905/06 als deren Präsident

1903–14
Amtshäuser, Geschäftshäuser und Sternwarte am Werdmühleplatz, Zürich

1905
Mitbegründer der *Schweizerischen Vereinigung für Heimatschutz*

1907–09
Schulhäuser Ämtlerstrasse, Zürich

1911/12
Restaurierung der Fraumünsterkirche, Zürich

1911–25
Erweiterung des Hauptgebäudes der ETH Zürich und neue Sammlungs- und Institutsgebäude

1912/13
Höhere Töchterschule Hohe Promenade, Zürich

1929
Rücktritt von der Professur an der ETH Zürich

10. Juni 1942
Gestorben in Zürich

Bauer, Cornelia: Gull, Gustav, in: Huber, Dorothee; Rucki, Isabelle (Hg.): Architektenlexikon der Schweiz 19./20. Jahrhundert. Basel/Boston/Berlin 1998, S. 237–239

Gutbrod, Cristina: Gustav Gull (1858–1942). Architekt der Stadt Zürich 1890–1911 zwischen Vision und Baupolitik. Diss. ETH Zürich 2009

Hans Hofmann

8. April 1897
Geboren in Zürich

1918–22
Architekturstudium an der ETH Zürich, Diplom bei Karl Moser

1922
Studium bei Paul Bonatz an der Technischen Hochschule in Stuttgart

1922–25
Tätigkeit im Büro Mebes und Emmerich (Berlin)

1925–52
Eigenes Architekturbüro in Zürich, ab 1928 zusammen mit Adolf Kellermüller

1928
Schweizer Abteilung an der Internationalen Presse-Ausstellung *Pressa* in Köln

1931/32
Kindergarten und Wohnkolonie Zurlindenstrasse, Wiedikon (Zürich)

1928–43
Siedlung Stadtrain, Winterthur

1929
Schweizer Abteilung an der Internationalen Ausstellung in Barcelona

1930
Laubenganghaus an der Schweizerischen Wohnungsausstellung WOBA in Basel

1930
Schweizer Pavillon an der Internationalen Ausstellung in Lüttich

1934–36; 1950
Wohnkolonie an der Trottenstrasse, Höngg (Zürich)

1935
Schweizer Pavillon an der Weltausstellung in Brüssel

1937/38
First Church of Christ, Scientist, Zürich

1937/38
Volkshaus, Winterthur

1937–39
Chefarchitekt der Schweizerischen Landesausstellung in Zürich

1941
Berufung zum ordentlichen Professor an der ETH Zürich

1943–51
Umbauprojekte für das Hauptgebäude der ETH Zürich und Umbau der Hauptbibliothek der ETH

1948/49
Gewerbliche Berufsschule, Winterthur

1951–54
Kraftwerk, Birsfelden

1953/54
Halle 10-21 der Mustermesse, Basel

1955/56
Verwaltungsgebäude der Aluminium-Industrie-Aktiengesellschaft, Zürich

1955–57
Clubhaus der Schweizerischen Rückversicherungsgesellschaft, Zürich

1956–61
Schweizer Botschaft, Bangkok

1957–61
Thomaskirche, Wiedikon (Zürich)

1957–63
Schweizer Botschaft, Neu Delhi

25. Dezember 1957
Gestorben in Zürich

Luchsinger, Christoph: Hans Hofmann (1897–1957). »Vom Neuen Bauen zur Neuen Baukunst.« Zürich 1985

Alfred Roth

21. Mai 1903
Geboren in Wangen an der Aare (Bern)

1922–25
Studium der Architektur an der ETH Zürich, Diplom bei Karl Moser

1925/26
Tätigkeit im Büro von Karl Moser und als dessen Assistent an der ETH

1926–28
Tätigkeit im Büro von Le Corbusier und Pierre Jeanneret für die Projekte Völkerbundpalast und Weissenhofsiedlung

1928–30
Eigenes Büro in Göteborg mit Ingrid Wallberg

1929/30
Siedlung der Baugenossenschaft H.S.B., Göteborg

Tätigkeit im Baubüro der Werkbundsiedlung Neubühl, Zürich

ab Anfang 1930er
Mitglied der CIAM

ab 1932
Eigenes Büro in Zürich

1935/36
Wohnhäuser Doldertal (mit Emil Roth und Marcel Breuer)

1950
Roth publiziert *The New School. Das neue Schulhaus. La nouvelle école*. Das Buch erlebt bis 1966 vier Auflagen

1951/52
Primarschule St. Louis, Berkeley (Kalifornien)

1957
Berufung an die Architekturabteilung der ETH Zürich, zusammen mit Charles-Edouard Geisendorf, Albert Heinrich Steiner und Rino Tami

1959–73
Umbau der Gullschen Hörsäle, der Bibliothek und der Polybar im Hauptgebäude der ETH Zürich

1960/61
Fellowship Home, Zürich

1961–63
Primarschule Riedhof, Zürich

1966–69
Sekundarschule Heinrich Pestalozzi, Skopje

1966–70
Geschäftshaus Sabbag, Beirut

1967–70
Einkaufszentrum Schönbühl, Luzern (mit Alvar Aalto)

1967–70
Mädchen-Sekundarschule Rumaithiya, Kuwait

1971
Rücktritt als Professor der ETH

1970er und 1980er
Projekte für vorfabrizierte Schulen in Jordanien und Kuwait

20. Oktober 1998
Gestorben in Zürich

Winiger, Alex: Bestandesbeschrieb Alfred Roth, Mai 2011, www.archiv.gta.arch.ethz.ch/nachlaesse-vorlaesse/roth-alfred (21. Oktober 2015)

Zanoni, Tomaso: Roth, Alfred, in: Huber, Dorothee; Rucki, Isabelle (Hg.): Architektenlexikon der Schweiz 19./20. Jahrhundert. Basel/Boston/Berlin 1998, S. 455–456

Charles-Edouard Geisendorf

6. Juli 1913
Geboren in Genf

1932/33
Studium der Architektur an der Universität und der *Ecole des Beaux Arts* in Genf

1933–39
Studium der Architektur an der ETH Zürich, Diplom bei Otto Rudolf Salvisberg

1939–46
Tätigkeit in den Architekturbüros von Kjell Westin und A. E. Lindquist in Stockholm

1946–55
Eigenes Architekturbüro mit Léonie Geisendorf in Stockholm; Beschäftigung mit Fragen des Wohnbaus und der Stadtplanung

1954–55
Reihenhaussiedlung Riksrådsvägans radhusområde, Bagarmossen, Stockholm

1956–59
Sankt Görans Gymnasium, Stockholm

1957
Berufung an die Architekturabteilung der ETH, zusammen mit Albert Heinrich Steiner, Alfred Roth und Rino Tami

1962–67
BBC-Wohnsiedlung In den Wyden, Birr (mit Robert Winkler)

1967–70
Erweiterung des Maschinenlaboratoriums der ETH

1967–77
Ausbau der Innenhöfe des Hauptgebäudes der ETH Zürich und Erweiterung desselben durch das Dozentenfoyer und das Mehrzweckgebäude Polyterrasse

1980
Rücktritt als Professor der ETH

1981–83
Nationalfondsstudie *Dichte individuelle Wohnbauformen*

1982/83
Résidences les Martelles, Cologny (Genf)

9. Februar 1985
Gestorben in Kairo

Lauber, Monika: Geisendorf, Charles-Edouard, in: Huber, Dorothee; Rucki, Isabelle (Hg.): Architektenlexikon der Schweiz 19./20. Jahrhundert. Basel/Boston/Berlin 1998, S. 208–209

»Prof. Charles Edouard Geisendorf«, Eintrag im Professorenbuch der ETH Zürich (ETH-Bibliothek, Hochschularchiv Akz-2009/19/Professorenbuch IV)

Roth, Alfred: Zum Tod Prof. Geisendorfs, in: Neue Zürcher Zeitung, 26. Februar 1985

BIBLIOGRAPHIE

Überblick

Altmann, Bernd; Brnić, Ivica; Graf, Florian u. a.
Ausgewählte Bauten und Projekte der ETH Zürich 1855–2005, in: Oechslin, Werner (Hg.): Hochschulstadt Zürich. Bauten für die ETH 1855–2005. Zürich 2005, S. 135–225

D'Andrea, Attilio; Diethelm, Annegret:
Eidg. Technische Hochschule ETH, Hauptgebäude, in: Gesellschaft für Schweizerische Kunstgeschichte (Hg.): Kunstführer durch die Schweiz, Bd. 1: Aargau, Appenzell Ausserrhoden, Appenzell Innerrhoden, Luzern, St. Gallen, Schaffhausen, Thurgau, Zug, Zürich. Bern 2005, S. 802–803

Anonym
Aus der Geschichte der Eidgenössischen Technischen Hochschule und der mit ihr verbundenen Anstalten, in: Schweizerische Hochschulzeitung 28 (1955), Sonderheft 100 Jahre Eidgenössische Technische Hochschule, S. 240–249

Anonym
Die Eidgenössische Technische Hochschule. Ein Führer durch ihre Abteilungen und Institute. Zürich 1955

Birchler, Linus
Die Bauten der ETH, in: Neue Zürcher Zeitung, 21. Oktober 1955, Sonderausgabe Hundert Jahre ETH

Burger, Hermann
Die künstliche Mutter. 2. Aufl. München 2014

Eidgenössische Technische Hochschule (Hg.)
Eidgenössische Technische Hochschule 1855–1955. Ecole Polytechnique Fédérale 1855–1955. Zürich 1955

Fontana, Mario; Tönnesmann, Andreas (Hg.)
Luftschloss. Festarchitektur zwischen Imagination und Realität. Ein Nachwuchswettbewerb der ETH Zürich 2004. Zürich 2004

Fröhlich, Martin
Die Hauptetappen der Baugeschichte des ETH-Hauptgebäudes zwischen 1858 und 1930, in: Schweizerische Bauzeitung 87 (1969), S. 751–756

Gnehm, Robert
Die bauliche Entwicklung der Eidgenössischen Technischen Hochschule, in: Eidgenössische Technische Hochschule (Hg.): Festschrift zum 75jährigen Bestehen der Eidgenössischen Technischen Hochschule in Zürich. Zürich 1930, S. 25–57

Gugerli, David; Kupper, Patrick; Speich, Daniel
Die Zukunftsmaschine. Konjunkturen der ETH Zürich 1855–2005. Zürich 2005

Hildebrand, Sonja
»…keine andere ihm gleichkommende Anlage…« Die Bauten der ETH und die moderne Architektur, in: Oechslin, Werner (Hg.): Hochschulstadt Zürich. Bauten für die ETH 1855–2005. Zürich 2005, S. 80–105

Maurer, Bruno
»City Upon a Hill«. Von der »Aussenstation« zum Campus Hönggerberg, in: Oechslin, Werner (Hg.): Hochschulstadt Zürich. Bauten für die ETH 1855–2005. Zürich 2005, S. 106–133

Oechsli, Wilhelm; Zürcher Ingenieur- und Architekten-Verein; Eidg. Polytechnikum; Gesellschaft ehemaliger Studierender des eidgenössischen Polytechnikums (Hg.)
Festschrift zur Feier des fünfzigjährigen Bestehens des eidg. Polytechnikums. 2 Bde. Frauenfeld/Zürich 1905

Oechslin, Werner
Die Bauten der ETH und die Stadt, in: Oechslin, Werner (Hg.): Hochschulstadt Zürich. Bauten für die ETH 1855–2005. Zürich 2005, S. 18–63

Pfister, Arnold
Vergessenes und Neues zur Baugeschichte des Polytechnikums. Ein Beitrag zum hundertjährigen Bestehen der ETH in Zürich, in: Neue Zürcher Zeitung, 13. August 1955

Gesellschaft für Schweizerische Kunstgeschichte (Hg.)
Zürich. Architektur und Städtebau 1850–1920 (Separatdruck aus: Inventar der neueren Schweizer Architektur 1850–1920, Bd. 10). Zürich 2001

Rektor der ETH Zürich (Hg.)
Eidgenössische Technische Hochschule Zürich 1955–1980. Festschrift zum 125jährigen Bestehen. Zürich 1980

Risch, Gaudenz
Gründung, Bau und Erweiterung der Eidgenössischen Technischen Hochschule in Zürich, in: Schweizerische Bauzeitung 87 (1969), S. 746–751

Risch, Gaudenz
Schriftenverzeichnis, in: Schweizerische Bauzeitung 87 (1969), S. 762–763

Stadt Zürich, Amt für Städtebau (Hg.)
Baukultur in Zürich, Bd. 6: Stadtzentrum. Altstadt/City. Zürich 2008

Tscholl, Philipp
Pläne zur baulichen Entwicklung der ETH 1902, 1937, 1979, 2004, in: Oechslin, Werner (Hg.): Hochschulstadt Zürich. Bauten für die ETH 1855–2005. Zürich 2005, S. 226–233

Tscholl, Philipp
Verzeichnis der ETH Bauten und Projekte, in: Oechslin, Werner (Hg.): Hochschulstadt Zürich. Bauten für die ETH 1855–2005. Zürich 2005, S. 234–241

Westermann, Andrea
›Raumnot‹. Hochschulwachstum und Krisenwahrnehmung, in: Burri, Monika; Westermann, Andrea (Hg.): ETHistory 1855–2005. Sightseeing durch 150 Jahre ETH Zürich. Baden 2005, S. 219–222

1. Bauphase: Semper

Altmann, Bernd; Weidmann, Dieter
Sternwarte Zürich, in: Nerdinger, Winfried; Oechslin, Werner (Hg.): Gottfried Semper, 1803–1879. Architektur und Wissenschaft. München/Zürich 2003 (Ausstellung Architekturmuseum der Technischen Universität München, Museum für Gestaltung Zürich 2003–04), S. 359–364

Anonym
Sempers neueste Arbeiten, in: Allgemeine Zeitung, 28. Januar 1862

Anonym
Die Kuppel der neuen Sternwarte in Zürich, in: Zeitschrift für Bauhandwerker 8 (1864), S. 252–256

Anonym
Die malerische Ausschmückung der Aula des Polytechnikums, in: Neue Zürcher Zeitung, 2. August 1865

Anonym
Deckeneinsturz in der Aula des eidg. Polytechnikums, in: Die Eisenbahn 4 (1876), S. 290

Anonym
Die Gebäude der Eidg. polytechnischen Schule mit 7 Illustrationen, in: Academia. Schweizerische Hochschulzeitung 1 (1904/05), S. 287–291; 293

Auer, Hans
Das Semper-Museum in Zürich, in: Kunstchronik 20 (1884/85), S. 85–89; 103–106; 185–188

Augustin, Frank
Eidgenössisches Polytechnikum Zürich. Zum Projekt von Gottfried Semper, in: Schwarz, Karl (Hg.): 100 Jahre Technische Universität Berlin 1879–1979. Berlin 1979 (Ausstellung Berlin 1979), S. 209–216

Berlepsch, Hermann Alexander
Zürich und seine Umgebungen. Ein Führer für Einheimische und Fremde. Zürich 1875

[Bleuler, Hermann (Hg.)]
Die Eidgenössische Polytechnische Schule in Zürich. Herausgegeben im Auftrage des Schweizerischen Bundesrathes bei Anlass der Weltausstellung in Paris 1889. Zürich 1889

Bluntschli, Albert Friedrich
Aus Gottfried Sempers Tätigkeit in Zürich, in: Schweizerische Bauzeitung 44 (1904), S. 61–66

Börsch-Supan, Eva
Der Renaissancebegriff der Berliner Schule im Vergleich zu Semper, in: Fröhlich, Martin; Reble, Christina; Vogt, Adolf Max (Hg.): Gottfried Semper und die Mitte des 19. Jahrhunderts (Geschichte und Theorie der Architektur, Bd. 18). Basel/Stuttgart 1976, S. 153–175

[Bürkli, David Friedrich]
Der Palast der Wissenschaft und Kunst oder das Polytechnikum und die Hochschule in Zürich, in: Zürcher Kalender nebst Monatskalenderchen auf das Schuljahr 1860. [Zürich 1859], S. 4–7

Carl, Lea
Zürcher Baukunst des Historismus, in: Hüttinger, Eduard; Lüthy, Hans Armin (Hg.): Gotthard Jedlicka. Eine Gedenkschrift. Beiträge zur Kunstgeschichte des 19. und 20. Jahrhunderts. Zürich 1974, S. 19–34

Carl, Bruno
Letzte Zeugen des Klassizismus. Das Polytechnikum Gottfried Sempers, in: Neue Zürcher Zeitung, 28. Dezember 1960

Curjel, Hans
Gottfried Semper. Entwürfe und Zeichnungen. ETH, 18. Oktober bis 26. November, in: Werk 42 (1955), S. 245–247

Eggert, Hermann; Körner, Carl; Junk, Carl u. a.
Hochschulen, zugehörige und verwandte wissenschaftliche Institute (Handbuch der Architektur, T. 4, Halbbd. 6, H. 2). Darmstadt 1888

Eggert, Hermann; Körner, Carl; Junk, Carl u. a.
Hochschulen im allgemeinen. Universitäten und Technische Hochschulen. Naturwissenschaftliche Institute (Handbuch der Architektur, T. 4, Halbbd. 6, H. 2a I). 2. Aufl. Stuttgart 1905

Ettlinger, Leopold
Gottfried Semper und die Antike. Beiträge zur Kunstanschauung des deutschen Klassizismus. Bleicherode (Harz) 1937

Fleischer, Ernst
Chronologische Übersicht von Gottfried Semper's Werken, Literatur, Bildnissen und Gedenkstücken, zugleich Führer durch die Semper-Ausstellung. Dresden 1892

Franz, Rainald; Nierhaus, Andreas (Hg.)
Gottfried Semper und Wien. Die Wirkung des Architekten auf »Wissenschaft, Industrie und Kunst«. Wien/Köln/Weimar 2007

Friedli, Thomas K; Fröhlich, Martin; Muschg, Adolf u. a.
Sempers ehemalige Eidgenössische Sternwarte in Zürich (Schweizerische Kunstführer, Bd. 631–632). Bern 1998

Fritz, Ueli
Materielle Relikte und Farbspuren in Sempers Gebäuden für das Zürcher Eidgenössische Polytechnikum, in: Hassler, Uta (Hg.): Maltechnik & Farbmittel der Semperzeit. München 2014, S. 236–241

Fröhlich, Martin
Gottfried Semper. Zeichnerischer Nachlass an der ETH Zürich. Kritischer Katalog (Geschichte und Theorie der Architektur, Bd. 14). Basel/Stuttgart 1974

Fröhlich, Martin
Gottfried Semper als Entwerfer und Entwurfslehrer. Materialien zur Entwurfslehre im 19. Jahrhundert aus dem Zürcher Semper-Archiv. Zürich 1974

Fröhlich, Martin
Zürcher Bauten Gottfried Sempers, in: Fröhlich, Martin; Reble, Christina; Vogt, Adolf Max (Hg.): Gottfried Semper und die Mitte des 19. Jahrhunderts (Geschichte und Theorie der Architektur, Bd. 18). Basel/Stuttgart 1976, S. 83–94

Fröhlich, Martin
Sempers Hauptgebäude der ETH Zürich (Schweizerische Kunstführer, Bd. 256). Basel 1979 (Nachdruck 1990)

Fröhlich, Martin
Formzitate und ihr Sinn im Werk Sempers, in: Technische Universität Dresden (Hg.): Gottfried Semper 1803–1879. Sein Wirken als Architekt, Theoretiker und revolutionärer Demokrat und die schöpferische Aneignung seines progressiven Erbes. Dresden 1980, S. 75–80

Fröhlich, Martin
Eidgenössische Bauten als Darstellungen der Eidgenossenschaft, in: Werk, Bauen + Wohnen 69 (1982), Nr. 12, S. 32–39

Fröhlich, Martin
Architekturauffassung und Stadtentwicklung im 19. Jahrhundert am Beispiel Zürichs, in: Unsere Kunstdenkmäler 42 (1991), S. 152–163

Fröhlich, Martin
Gottfried Semper. Zürich/München 1991

Fröhlich, Martin
Farbenfrohes Unikum. Zur Restaurierung von Gottfried Sempers ETH-Sternwarte, in: Neue Zürcher Zeitung, 17. April 1997

Fröhlich, Martin
Der Bundesstaat formt sein Gesicht. Bundesarchitektur vor dem ersten Weltkrieg, in: Kunst + Architektur in der Schweiz 49 (1998), H. 3/4, S. 71–76

Fröhlich, Martin
Europäische Architektur für die Schweizer Gründerzeit. Gottfried Semper, Lehrmeister am Zürcher Polytechnikum, in: Schläpfer, Beat (Hg.): Swiss made. Die Schweiz im Austausch mit der Welt. Zürich 1998, S. 151–194

Fröhlich, Martin
Semper, Gottfried, in: Huber, Dorothee; Rucki, Isabelle (Hg.): Architektenlexikon der Schweiz. 19./20. Jahrhundert. Basel/Boston/Berlin 1998, S. 491–493

Fröhlich, Martin
Seilschaften, in: Schweizer Ingenieur und Architekt 117 (1999), S. 509–512

Fröhlich, Martin
Gottfried Semper am Zeichenbrett. Architektur entwerfen in der zweiten Hälfte des 19. Jahrhunderts (Zürcher Denkmalpflege, Monographien Denkmalpflege, Bd. 5). Zürich 2007

Fröhlich, Martin
L'architettura della giovane Svizzera e il Politecnico di Gottfried Semper a Zurigo, in: Agliati, Carlo (Hg.): Stefano Franscini 1796–1857. Le vie alla modernità. Bellinzona 2007, S. 267–277

Glaus, Beat
Die ersten Jahrzehnte der ETH-Bibliothek (Schriftenreihe der ETH-Bibliothek, Bd. 33). Zürich 1994, http://e-collection.library.ethz.ch/eserv/eth:609/eth-609-01.pdf (9. Oktober 2015)

Gnehm, Michael
Stumme Poesie. Architektur und Sprache bei Gottfried Semper. Zürich 2004

Gribi, Stefan
Die Göttin und das Schweizerkreuz. Die Aula – ein kunsthistorisches Kleinod, in: ETH Intern, 27. Mai 1995

Hagenbuch, Franz
Konkurs-Programm zur Einreichung von Bauplänen für die eidgenössische polytechnische Schule und die zürcherische Hochschule. Zürich 1857

Hassler, Uta; Vernooij, Martine; Emmerling, Erwin; Pietsch, Annik
Marmorfarben. Das Weiß und das Grau der Zürcher Semperaula, in: Hassler, Uta (Hg.): Maltechnik & Farbmittel der Semperzeit. München 2014, S. 242–263

Hassler, Uta; Günther, Detlef; Wolf, Sophie; Vernooij, Martine; Krumeich, Frank
Die ›einfachen Schulzimmer‹. Farbbefunde der Semperzeit im Hauptgebäude der ETH Zürich, in: Hassler, Uta (Hg.): Maltechnik & Farbmittel der Semperzeit. München 2014, S. 274–289

Hassler, Uta; Wilkening-Aumann, Christine
»den Unterricht durch Anschauung fördern‹: Das Polytechnikum als Sammlungshaus, in: Hassler, Uta; Meyer, Torsten (Hg.): Kategorien des Wissens. Die Sammlung als epistemisches Objekt. Zürich 2014, S. 75–95

Hauser, Andreas
Das öffentliche Bauwesen in Zürich, T. 1: Das kantonale Bauamt 1798–1895 (Kleine Schriften zur Zürcher Denkmalpflege, Bd. 4). Zürich/Egg 2001

Hauser, Andreas
Das Eidgenössische Polytechnikum als geistiges Bundeshaus. Gottfried Semper und die Zürcher Hochschul-Träume, in: Neue Zürcher Zeitung, 21./22. April 2001

Hauser, Andreas
Gottfried Semper in Zürich. Republikanische Bauformen, in: Nerdinger, Winfried; Oechslin, Werner (Hg.): Gottfried Semper, 1803–1879. Architektur und Wissenschaft. München/Zürich 2003 (Ausstellung Architekturmuseum der Technischen Universität München, Museum für Gestaltung Zürich 2003–04), S. 299–305

Hauser, Andreas
Sempers Wahlspruch. Der Konflikt um das Bildprogramm des Eidgenössischen Polytechnikums, in: Karge, Henrik (Hg.): Gottfried Semper – Dresden und Europa. Die moderne Renaissance der Künste. Akten des Internationalen Kolloquiums der Technischen Universität Dresden aus Anlass des 200. Geburtstags von Gottfried Semper. München/Berlin 2007, S. 301–310

Herrmann, Wolfgang
Gottfried Semper im Exil. Paris, London 1849–1855. Zur Entstehung des »Stil« 1840–1877. Basel/Stuttgart 1978

Herrmann, Wolfgang
Gottfried Semper. Theoretischer Nachlass an der ETH Zürich. Katalog und Kommentare. Basel/Stuttgart 1981

Jegher, August; Paur, Heinrich; Rudio, Ferdinand (Hg.)
Festschrift zur Feier des 25jährigen Bestehens der Gesellschaft ehemaliger Studierender der Eidgenössischen Polytechnischen Schule in Zürich. Zürich 1894

Jegher, August
Die Verbauung des Polytechnikums und der Hochschule, in: Neue Zürcher Zeitung, 7. Juni 1895

Karge, Henrik (Hg.)
Gottfried Semper – Dresden und Europa. Die moderne Renaissance der Künste. Akten des Internationalen Kolloquiums der Technischen Universität Dresden aus Anlass des 200. Geburtstags von Gottfried Semper. München/Berlin 2007

Keller, Gottfried
Bericht an den hohen Großen Rath über den gemeinsamen Bau des eidgenössischen Polytechnikums und der zürcherischen Hochschule, in: Amtsblatt des Kantons Zürich 33 (1866), S. 165–205

Knoepfli, Albert
Zu Tische in der Aula des Semperschen Polytechnikumgebäudes. Zu den Zürcher Kreisen der frühen Semperzeit, in: Fröhlich, Martin; Reble, Christina; Vogt, Adolf Max (Hg.): Gottfried Semper und die Mitte des 19. Jahrhunderts (Geschichte und Theorie der Architektur, Bd. 18). Basel/Stuttgart 1976, S. 255–274

Kořistka, Carl
Der höhere polytechnische Unterricht in Deutschland, in der Schweiz, in Frankreich, Belgien und England. Gotha 1863

Kühne, Hellmut R. W.
Über die Beziehung Sempers zum Baumaterial, in: Fröhlich, Martin; Reble, Christina; Vogt, Adolf Max (Hg.): Gottfried Semper und

die Mitte des 19. Jahrhunderts (Geschichte und Theorie der Architektur, Bd. 18). Basel/Stuttgart 1976, S. 112–119

Krenn, Anton
Die vergessenen Genien der technischen Wissenschaften, in: Neue Zürcher Zeitung, 7. Januar 1956

Zürcher Kunstgesellschaft (Hg.)
Kunsthaus Zürich. Internationale Ausstellung Plastik. 25. Juli – 30. September 1931. Skulpturen in Zürich. Zürich 1931

Lasius, Georg
Die Sternwarte in Zürich. Ein Bau Gottfried Semper's, in: Die Eisenbahn 12 (1880), S. 74–75

Lasius, Georg
Die Gebäude der Eidgenössischen Polytechnischen Schule, in: Zürcher Ingenieur- und Architekten-Verein; Eidg. Polytechnikum; Gesellschaft ehemaliger Studierender des eidgenössischen Polytechnikums (Hg.): Festschrift zur Feier des fünfzigjährigen Bestehens des eidg. Polytechnikums. Bd. 2. Zürich 1905, S. 321–345

Laudel, Heidrun
Gottfried Semper. Architektur und Stil. Dresden 1991

Lipsius, Constantin
Gottfried Semper, in: Deutsche Bauzeitung 14 (1880), S. 109–111

[Lübke, Wilhelm]
Kunstleben in der deutschen Schweiz, in: Zeitschrift für bildende Kunst 1 (1866), S. 239–242; 262–263

Mallgrave, Harry Francis
Gottfried Semper. Ein Architekt des 19. Jahrhunderts. Zürich 2001

Marschall, Sabine
Das Hauptgebäude der deutschen Universität und technischen Hochschule im 19. Jahrhundert. [Tübingen] 1993

Meister, Ulrich
Zwei bestrittene Inschriften unseres Polytechnikums, in: Neue Zürcher Zeitung, 7. April 1895, Beilage

Meyer, Peter
Vor Gottfried Sempers Polytechnikum, in: Schweizerische Bauzeitung 73 (1955), S. 599–602

Muecke, Mikesch Walter
Gottfried Semper in Zurich. An Intersection of Theory and Practice. Ames 2005

Nägelke, Hans-Dieter
Hochschulbau im Kaiserreich. Historische Architektur im Prozess bürgerlicher Konsensbildung. Kiel 2000

Oechsli, Wilhelm
Festschrift zur Feier des fünfzigjährigen Bestehens des Eidg. Polytechnikums, Bd. 1: Geschichte der Gründung des Eidgenössischen Polytechnikums mit einer Übersicht seiner Entwickelung. Frauenfeld 1905

von Orelli-Messerli, Barbara
Gottfried Semper (1803 bis 1879). Baukeramik in Theorie und Praxis, in: Endres, Werner; Spindler, Konrad (Hg.): Beiträge vom 34. Internationalen Hafnerei-Symposium auf Schloss Maretsch in Bozen/Südtirol 2001 (Nearchos, Bd. 12). Innsbruck 2003, S. 23–35

von Orelli-Messerli, Barbara
Gottfried Semper (1803–1879). Die Entwürfe zur dekorativen Kunst (Studien zur internationalen Architektur- und Kunstgeschichte 80). Petersberg 2010

Peter, Heinrich
Vom Bau des eidgenössischen Polytechnikums, in: Neue Zürcher Zeitung, 27. März 1959

Quitzsch, Heinz
Die ästhetischen Anschauungen Gottfried Sempers. Berlin 1962

Quitzsch, Heinz
Gottfried Semper. Praktische Ästhetik und politischer Kampf. Braunschweig/Wiesbaden 1981

Rambert, Eugène
L'université fédérale. Zürich 1862

Rebsamen, Hanspeter
Zürich, ehem. Eidgenössische Sternwarte, in: Baudirektion Kanton Zürich (Hg.): Zürcher Denkmalpflege. 14. Bericht 1995–1996. Zürich/Egg 2001, S. 290–303

Rehm, Robin
Semper – Ingres – Michelangelo. Das Plafondgemälde im Zürcher Eidgenössischen Polytechnikum, in: Hassler, Uta (Hg.): Maltechnik & Farbmittel der Semperzeit. München 2014, S. 300–319

Reichensperger, August
Reichensperger's Urtheil über das Polytechnicum in Zürich, in: Organ für christliche Kunst. Organ des christlichen Kunstvereins für Deutschland 16 (1866), S. 164–165

Schweizerischer Ingenieur- und Architecten-Verein, Section Zürich
Zürich's Gebäude und Sehenswürdigkeiten. Beschreibung der Stadt mit 57 Illustrationen und einem Plane in Farbendruck. Zürich 1877

Semper, Gottfried
Ornamente und Motive. Nr. 12, 13 u. 14. Rosetten und Handgriff (in Metallguß) am Haupteingange in das Zürcher Polytechnikum, in: Gewerbehalle. Organ für den Fortschritt in allen Zweigen der Kunst-Industrie 11 (1864), S. 171

Semper, Gottfried
Ornamente und Motive. Nr. 7. Eingangsportal der westlichen Façade des Polytechnikums in Zürich in 1/40 der wirklichen Größe, in: Gewerbehalle. Organ für den Fortschritt in allen Zweigen der Kunst-Industrie 12 (1864), S. 181; Beilage

Semper, Gottfried
Die Sgraffito-Dekoration, in: Kunst-Chronik 3 (1868), S. 45–48; 53

Semper, Hans
Gottfried Semper. Ein Bild seines Lebens und Wirkens. Berlin 1880

Semper, Hans
Semper, Gottfried, Architekt, in: Schweizerischer Kunstverein (Hg.): Schweizerisches Künstler-Lexikon. Bd. 3. Frauenfeld 1913, S. 123–143

Semper, Manfred
Das neuerbaute Eidgenössische Polytechnikum in Zürich, in: Illustrirte Zeitung. Wöchentliche Nachrichten über alle Ereignisse, Zustände und Persönlichkeiten der Gegenwart, über Tagesgeschichte, öffentliches und gesellschaftliches Leben, Wissenschaft und Kunst, Musik, Theater und Mode 40 (1863), S. 444–445

Semper, Manfred
Die Bauten, Entwürfe und Skizzen von Gottfried Semper k. k. Oberbaurath. Leipzig 1881

Semper, Manfred
Zur kunstgeschichtlichen Würdigung Gottfried Sempers, in: Deutsche Bauzeitung 19 (1885), S. 401–404; 409–411

Spinner, Wilfried
Abgeräumte Polyterrasse, in: Neue Zürcher Zeitung, 3. Mai 1972

St.
Kandelaber vor dem Mittelbau der polytechnischen Schule in Zürich, in: Schweizerisches Gewerbe-Blatt 2 (1877) S. 65

Staatliche Kunstsammlungen Dresden; Institut für Denkmalpflege, Arbeitsstelle Dresden (Hg.)
Gottfried Semper. 1803–1879. Baumeister zwischen Revolution und Historismus. 2. Aufl. München 1980 (Ausstellung Albertinum Dresden 1979)

Sturm, Hermann
Alltag & Kult. Gottfried Semper, Richard Wagner, Friedrich Theodor Vischer, Gottfried Keller (Bauwelt Fundamente, Bd. 129). Berlin 2003

Tönnesmann, Andreas
Schule oder Universität? Das Hauptgebäude der ETH, in: Oechslin, Werner (Hg.): Hochschulstadt Zürich. Bauten für die ETH 1855–2005. Zürich 2005, S. 64–79

Tschanz, Martin
Die Bauschule am Eidgenössischen Polytechnikum in Zürich. Architekturlehre zur Zeit von Gottfried Semper (1855–1871). Zürich 2015

Vernooij, Martine
Die Zürcher Semper-Kandelaber. Oberflächen, Fassungen und Qualitäten, in: Hassler, Uta (Hg.): Maltechnik & Farbmittel der Semperzeit. München 2014, S. 264–273

Waldmeier, Max
Die Eidgenössische Sternwarte 1863–1963 (Astronomische Mitteilungen der Eidgenössischen Sternwarte Zürich, Bd. 250). Zürich 1963

Waldmeier, Max
Die Eidgenössische Sternwarte 1863–1980, in: Turicum 12 (1981), S. 27–29; 32

Wegmann, Peter
Gottfried Semper und das Winterthurer Stadthaus. Sempers Architektur im Spiegel seiner Kunsttheorie (Neujahrsblatt der Stadtbibliothek Winterthur, Bd. 316). Winterthur 1985

Weidmann, Dieter
Eidgenössisches Polytechnikum in Zürich, in: Nerdinger, Winfried; Oechslin, Werner (Hg.): Gottfried Semper, 1803–1879. Architektur und Wissenschaft. München/Zürich 2003 (Ausstellung Architekturmuseum der Technischen Universität München, Museum für Gestaltung Zürich 2003–04), S. 342–351

Weidmann, Dieter
Hauptgebäude und erstes Chemiegebäude, in: Oechslin, Werner (Hg.): Hochschulstadt Zürich. Bauten für die ETH 1855–2005. Zürich 2005, S. 136–147

Weidmann, Dieter
Gottfried Sempers ›Polytechnikum‹ in Zürich. Ein Heiligtum der Wissenschaften und Künste. Diss. ETH Zürich 2010

Wilkening-Aumann, Christine; von Kienlin, Alexander
»zum Umgange mit dem Schönen gezwungen« – Die Gipsabguss-Sammlung der ETH und Universität Zürich, in: Hassler, Uta; Meyer, Torsten (Hg.): Kategorien des Wissens. Die Sammlung als epistemisches Objekt. Zürich 2014, S. 193–207

Wolf, Rudolf
Die älteren Sternwarten Zürich's; die neue Sternwarte des Polytechnikums, ihre Instrumente und Sammlungen. Zürich 1866

Wolf, Rudolf
Das Schweizerische Polytechnikum. Historische Skizze zur Feier des 25jährigen Jubiläums im Juli 1880. Zürich 1880

Ziesemer, John
Studien zu Gottfried Sempers dekorativen Arbeiten am Aussenbau und im Interieur. Ein Beitrag zur Kunst des Historismus. Weimar 1999

Zimmermann, Adrian
»... unserer Landesausstellung zur nothwendigen Vervollständigung, dem Polytechnikum zur bleibenden Zierde ...«. Vom Schicksal der Abgüsse nach Frührenaissance-Skulpturen aus dem Kanton Tessin, in: Georges-Bloch-Jahrbuch des Kunstgeschichtlichen Seminars der Universität Zürich 1996, S. 41–56

Zoege von Manteuffel, Claus
Die Baukunst Gottfried Sempers. Im Anhang: Provisorisches Werkverzeichnis. Diss. Univ. Freiburg (Breisgau) 1952

Zwischen Semper und Gull

Bericht des schweizerischen Schulrates
betreffend das neue Maschinenlaboratorium für die mechanisch-technische Abteilung des eidgenössischen Polytechnikums, in: Schweizerisches Bundesblatt 49 (1897), Bd. 1, S. 17–41

Botschaft des Bundesrathes an die h. Bundesversammlung
betreffend Erweiterung der Forstschule des eidgenössischen Polytechnikums in eine Forst- und landwirtschaftliche Schule, in: Schweizerisches Bundesblatt 21 (1869), Bd. 3, S. 327–356

Botschaft des Bundesrathes an die Bundesversammlung
betreffend den Vertrag mit Zürich über Regulirung der Baupflicht am eidgenössischen Polytechnikum, in: Schweizerisches Bundesblatt 35 (1883), Bd. 3, S. 81–88

Botschaft des Bundesrathes an die Bundesversammlung
betreffend den Bau eines Chemiegebäudes für das eidgenössische Polytechnikum in Zürich, in: Schweizerisches Bundesblatt 35 (1883), Bd. 4, S. 783–796

Botschaft des Bundesrathes an die Bundesversammlung
betreffend die Erstellung eines Gebäudes für Physik und für die forstliche Versuchsstation der polytechnischen Schule in Zürich, nebst Lokalitäten für die meteorologische Centralanstalt, in: Schweizerisches Bundesblatt 38 (1886), Bd. 2, S. 632–644

Botschaft des Bundesrates an die Bundesversammlung
betreffend die Einrichtungskosten des Maschinenlaboratoriums an der eidgenössischen polytechnischen Schule in Zürich, in: Schweizerisches Bundesblatt 49 (1897), Bd. 3, S. 471–490

Botschaft des Bundesrates an die Bundesversammlung
betreffend die Bewilligung eines Nachtragskredites für die Erstellung eines Gebäudes für die mechanisch-technische Abteilung der eidgenössischen polytechnischen Schule in Zürich, in: Schweizerisches Bundesblatt 52 (1900), Bd. 1, S. 1047–1050

Botschaft des Bundesrates an die Bundesversammlung
betreffend die definitive Auseinandersetzung der Eidgenossenschaft mit dem Kanton Zürich in bezug auf die eidgenössische polytechnische Schule, in: Schweizerisches Bundesblatt 58 (1906), Bd. 2, S. 240–266

Nachtrag zur Botschaft des Bundesrates an die Bundesversammlung
betreffend die definitive Auseinandersetzung der Eidgenossenschaft mit dem Kanton Zürich in Bezug auf die eidg. polytechnische Schule, in: Schweizerisches Bundesblatt 60 (1908), Bd. 3, S. 771–782

Brüschweiler, Jura
Eine klassizistische Etappe in der Stilentwicklung Ferdinand Hodlers. ›Die Architektur‹ und ›Die Ingenieurkunst‹ 1889/90, in: palette 42 (1973), S. 3–22

2. Bauphase: Gull

Anonym
Konkurrenzen. Um- und Neubauten für das eidgen. Polytechnikum in Zürich, in: Schweizerische Bauzeitung 54 (1909), S. 331

Anonym
Neubauten für die Eidgen. Techn. Hochschule, in: Schweizerische Bauzeitung 65 (1915), S. 220

Anonym
Das neue Land- und Forstwirtschaftliche Institut in Zürich, in: Das Werk 3 (1916), S. 11–15

Baer, Casimir Hermann
Der Wettbewerb zur Erweiterung des eidg. Polytechnikums, in: Die Schweizerische Baukunst 2 (1910), S. 16–17

Botschaft des Bundesrates an die Bundesversammlung
betreffend Um- und Neubauten für die Eidgenössische Technische Hochschule in Zürich, in: Schweizerisches Bundesblatt 63 (1911), Bd. 4, S. 403–443

Botschaft des Bundesrates an die Bundesversammlung
betreffend Bewilligung eines Nachtragskredites für Um- und Neubauten für die Eidgenössische Technische Hochschule in Zürich, in: Schweizerisches Bundesblatt 72 (1920), Bd. 5, S. 173–186

Botschaft des Bundesrates an die Bundesversammlung
betreffend den Bau und den Betrieb eines Institutes für Haustierernährung an der landwirtschaftlichen Abteilung der Eidg. Technischen Hochschule in Zürich, in: Schweizerisches Bundesblatt 73 (1921), Bd. 2, S. 995–1001

Chuard, Ernest
Antwort zur Eingabe betr. die Kuppel der E.T.H., in: Schweizerische Bauzeitung 76 (1920), S. 292

Escher, Konrad
Chronik der Gemeinden Ober- und Unterstrass. Zürich 1915

Gugerli, David
Die Kuppel. Aufgesetztes Zeichen der Neuorientierung, in: Burri, Monika; Westermann, Andrea (Hg.): ETHistory 1855–2005. Sightseeing durch 150 Jahre ETH Zürich. Baden 2005, S. 234–237

Gull, Gustav
Das Land- und Forstwirtschaftliche Institut, in: Schweizerische Bauzeitung 74 (1919), S. 172–175

Gull, Gustav
Orientierungs-Schrift über die an den Erweiterungs-Bauten beteiligten Unternehmer und Lieferanten. Zürich 1924

Gull, Gustav
Baubericht, in: Eidgenössische Technische Hochschule (Hg.): Festschrift zum 75jährigen Bestehen der Eidgenössischen Technischen Hochschule in Zürich. Zürich 1930, S. 58–95

Gutbrod, Cristina
Gustav Gull (1858–1942). Architekt der Stadt Zürich 1890–1911 zwischen Vision und Baupolitik. Diss. ETH Zürich 2009

Haefelin, Jürg
Gustav Gull. Bauten und Projekte in Zürich. Zürich 1991

Herter, Hermann
† Gustav Gull, in: Schweizerische Bauzeitung 120 (1942), S. 296–298

Jegher, August
Zur Kuppel der Eidgen. Technischen Hochschule, in: Schweizerische Bauzeitung 75 (1920), S. 281–283

Jegher, August
Zur Kuppel der Eidg. Techn. Hochschule, in: Schweizerische Bauzeitung 76 (1920), S. 92–93

Jegher, Carl
Eidg. Techn. Hochschule Zürich. Orientierungsschrift über die an den Erweiterungsbauten beteiligten Unternehmer und Lieferanten [Rezension], in: Schweizerische Bauzeitung 92 (1928), S. 221

[Lang, Ernst; Börlin, Gerhard]
Polytechnikum und Kuppel, in: Heimatschutz 15 (1920), S. 66–68

Lehmann, Wilhelm Ludwig
Gustav Gull. Zum siebzigsten Geburtstag, in: Neue Zürcher Zeitung, 7. Dezember 1928

Mousson, Fritz; Jegher, Carl
Gesellschaft ehemaliger Studierender der Eidgenössischen Technischen Hochschule in Zürich. Eingabe betr. die Kuppel der E. T. H., in: Schweizerische Bauzeitung 76 (1920), S. 106

Perrier, Louis; Bonjour, Charles; Flükiger, Arnold u. a.
Wettbewerb zu Um- und Neubauten für das Eidg. Polytechnikum in Zürich, in: Schweizerische Bauzeitung 55 (1910), S. 45–54; 64–69

Peter, Heinrich
Architekt Gustav Gull. Zum hundertsten Geburtstag, in: Neue Zürcher Zeitung, 7. Dezember 1958

Verlagsgesellschaft A.-G. Zürich (Hg.)
Prof. Dr. Gustav Gull, Architekt. Ausgeführte Bauten. Laupen (Bern) 1925

Vorstand der Schweiz. Vereinigung für Heimatschutz; Weber, [Oskar]; Gull, Gustav
Die Kuppel des Polytechnikums, in: Heimatschutz 15 (1920), S. 85–86

Waser, Maria
Rudolf Müngers Fries in der Eidgenössischen Technischen Hochschule. Bern 1926

3. Bauphase: Hofmann/Geisendorf/Roth

Anonym
Bauvorhaben der Eidg. Technischen Hochschule, in: Schweizerische Bauzeitung 127 (1946), S. 110

Anonym
Bauvorhaben der Eidg. Technischen Hochschule in Zürich, in: Schweizerische Bauzeitung 66 (1948), S. 190–197

Anonym
Eidgenössische Bauvorhaben im Zusammenhang mit der ETH, in: Schweizerische Bauzeitung 73 (1955), S. 119–121

Anonym
Große Umbauten im Hauptgebäude der ETH Zürich, in: Bauen + Wohnen 23 (1969), Nr. 11, S. 4–8 (= Geisendorf, Charles-Edouard: Die zweite Erweiterung des ETH-Hauptgebäudes, in: Schweizerische Bauzeitung 87 [1969], S. 757–762)

A***
Die Zürcher Hochschulen. ETH-Z, Universität und Spital auf der Suche nach Platz, in: Werk 57 (1970), S. 166–172

Botschaft des Bundesrates an die Bundesversammlung
über den Ausbau der Eidgenössischen Technischen Hochschule, in: Schweizerisches Bundesblatt 97 (1945), Bd. 2, S. 737–779

Botschaft des Bundesrates an die Bundesversammlung
über den Ausbau der Eidgenössischen Technischen Hochschule, über den Neubau der Eidgenössischen Anstalt für das forstliche Versuchswesen und über die Errichtung einer Hochschulsportanlage in Zürich, in: Schweizerisches Bundesblatt 107 (1955), Bd. 1, S. 89–130

Botschaft des Bundesrates an die Bundesversammlung
über die bauliche Entwicklung der Eidgenössischen Technischen Hochschule und der mit ihr verbundenen Anstalten, in: Schweizerisches Bundesblatt 111 (1959), Bd. 1, S. 199–235

Botschaft des Bundesrates an die Bundesversammlung
über den weiteren Ausbau der Eidgenössischen Technischen Hochschule und der mit ihr verbundenen Anstalten, in: Schweizerisches Bundesblatt 113 (1961), Bd. 1, S. 301–329

Botschaft des Bundesrates an die Bundesversammlung
über den weitern [sic] Ausbau der Eidgenössischen Technischen Hochschule und der mit ihr verbundenen Anstalten, in: Schweizerisches Bundesblatt 116 (1964), Bd. 1, S. 617–641

Botschaft des Bundesrates an die Bundesversammlung
über den weiteren Ausbau der Eidgenössischen Technischen Hochschule und der mit ihr verbundenen Anstalten, in: Schweizerisches Bundesblatt 117 (1965), Bd. 2, S. 889–999

Botschaft des Bundesrates an die Bundesversammlung
über den weitern [sic] Ausbau der Eidgenössischen Technischen Hochschule und der mit ihr verbundenen Anstalten, in: Schweizerisches Bundesblatt 119 (1967), Bd. 1, S. 1177–1235

Botschaft des Bundesrates an die Bundesversammlung
über den weiteren Ausbau der beiden Eidgenössischen Technischen Hochschulen und der mit ihnen verbundenen Anstalten, in: Schweizerisches Bundesblatt 122 (1970), Bd. 1, S. 859–922

Botschaft des Bundesrates an die Bundesversammlung
über den weiteren Ausbau der beiden Eidgenössischen Technischen Hochschulen und der mit ihnen verbundenen Anstalten, in: Schweizerisches Bundesblatt 124 (1972), Bd. 1, S. 1325–1435

[Bundesrat]
Die Botschaft zum Bundesbeschluss über den weiteren Ausbau der Eidg. Techn. Hochschulen und der mit ihnen verbundenen Anstalten, in: Schweizerische Bauzeitung 91 (1973), S. 309–311

Botschaft des Bundesrates an die Bundesversammlung
über grösstenteils teuerungsbedingte Zusatzkreditbegehren für den Ausbau der Eidgenössischen Technischen Hochschule Zürich, in: Schweizerisches Bundesblatt 128 (1976), Bd. 1, S. 21–60

Burckhardt, Jakob
Ausbau der ETH, in: Schweizerische Bauzeitung 86 (1968), S. 351

Burckhardt, Lucius
Environmental, in: Werk 57 (1970), S. 291

Camenzind, Alberto; Geisendorf, Charles-Edouard; Fröhlich, Martin u. a.
»Hosianna« – oder Barbarei? Bruchstücke eines Gesprächs über drei exponierte Schweizer Bauveränderungen, in: Werk – Archithese 66 (1979), Nr. 25/26, S. 37–47

Eidgenössische Technische Hochschule Zürich, Abteilung Bauten und Technische Dienste
Bericht über den Vollzug der ersten Phase. Voraussichtliche Bezugstermine der noch bevorstehenden Neubelegungen im Hauptgebäude (Phase 2). Hinweis auf weitere Termine der Phasen III und IV. Zürich 1976

Geiger, Martin
Hochschulplanung ist Landesplanung, in: Werk 55 (1968), S. 286–288

Geisendorf, Charles-Edouard
Extensions passées et futures de l'Ecole Polytechnique Fédérale, in: Schweizerische Bauzeitung 81 (1963), S. 411–415

Geisendorf, Charles-Edouard; Risch, Gaudenz
Die zweite Erweiterung des ETH-Hauptgebäudes, in: Schweizerische Bauzeitung 87 (1969), S. 757–762

Hanhart, Hans Ulrich; Risch, Gaudenz
Der Ausbau der Eidg. Techn. Hochschule und der mit ihr verbundenen Anstalten, 1. Teil: Das ETH-Zentrum, in: Schweizerische Bauzeitung 85 (1967), S. 867–871

Hassler, Uta; Aksözen Mehmet
Systemwechsel zur kurzen Haltbarkeit im Bauwesen: Die Boomjahre des 20. Jahrhunderts, in: Forum Stadt 42 (2015), H. 1, S. 7–20

Hauri, Hans Heinrich
Der Beitrag des Bauingenieurs zur Gestaltung der Umbauten des Hauptgebäudes der ETHZ, in: Schweizerische Bauzeitung 95 (1977), S. 445–448

Hauri, Hans Heinrich
Die bauliche Entwicklung der ETH Zürich 1945–1980, in: Rektor der ETH Zürich (Hg.): Eidgenössische Technische Hochschule Zürich 1955–1980. Festschrift zum 125jährigen Bestehen. Zürich 1980, S. 523–545

Peverelli, Diego; Geisendorf, Charles-Edouard
Bauchronik. Um- und Erweiterungsbauten des ETH-Hauptgebäudes in Zürich, in: Werk – Archithese 64 (1977), Nr. 10, S. 68–82

Redaktion Werk – Archithese
Eingriffe. Eine Typologie, 5.: Innenrenovation, Neunutzung: ETH-Zentrum, in: Werk – Archithese 66 (1979), Nr. 25/26, S. 53–54

Risch, Gaudenz
Beginn der grossen Ausbauphase, in: Schweizerische Bauzeitung 87 (1969), S. 756–757

Risch, Gaudenz
Der weitere Ausbau der Eidgenössischen Technischen Hochschulen, in: Schweizerische Bauzeitung 88 (1970), S. 647–653

Roth, Alfred
Alfred Roth. Architect of Continuity. Architekt der Kontinuität. Zürich 1985

Schaefer, Dieter
ETH Zürich: Hörsaalzentrum im Hauptgebäude, in: Werk 58 (1971), S. 345–349

Scherrer, Paul
Der Umbau der ETH-Bibliothek in den Jahren 1948 bis 1951, in: Schweizerische Bauzeitung 70 (1952), S. 199–203

Sydler, Jean-Pierre; Willy, Walter; Roth, Alfred
Die neue Hauptbibliothek der ETH Zürich, in: Schweizerische Bauzeitung 92 (1974), S. 591–594

SPÄTERE BAULICHE EINGRIFFE

Anonym
ETH-Kuppel behält ihre Ziegelhaut, in: Schweizerische Bauzeitung 94 (1976), S. G143

[Bundesrat]
Botschaft über die Fortführung der Verlegung und den Ausbau der ETH Lausanne sowie über Bauvorhaben der ETH Zürich und der Annexanstalten, in: Schweizerisches Bundesblatt 129 (1977), Bd. 3, S. 409–456

[Bundesrat]
Botschaft über Bauvorhaben der Eidgenössischen Technischen Hochschulen (ETH) und ihrer Annexanstalten, in: Schweizerisches Bundesblatt 132 (1980), Bd. 3, S. 1361–1419

[Bundesrat]
Botschaft über Bauvorhaben der Eidgenössischen Technischen Hochschulen (ETH) und ihrer Annexanstalten, in: Schweizerisches Bundesblatt 135 (1983), Bd. 1, S. 1253–1332

[Bundesrat]
Botschaft über dringliche Bauvorhaben der Eidgenössischen Technischen Hochschulen und ihrer Annexanstalten, in: Schweizerisches Bundesblatt 136 (1984), Bd. 1, S. 757–786

[Bundesrat]
Botschaft über Bauvorhaben der Eidgenössischen Technischen Hochschulen (ETHs) und des Schweizerischen Instituts für Nuklearforschung (SIN) sowie über die Konzessionserteilung an die neue Trambahn Lausanne Süd-West, in: Schweizerisches Bundesblatt 138 (1986), Bd. 2, S. 1149–1249

[Bundesrat]
Botschaft über Bauvorhaben der Eidgenössischen Technischen Hochschulen (ETH) und ihrer Annexanstalten, in: Schweizerisches Bundesblatt 141 (1989), Bd. 1, S. 1397–1485

[Bundesrat]
Botschaft über Bauvorhaben der Eidgenössischen Technischen Hochschulen (ETH) und der mit ihnen verbundenen Forschungsanstalten, in: Schweizerisches Bundesblatt 142 (1990), Bd. 2, S. 1661–1736

[Bundesrat]
Botschaft über Bauvorhaben, Grundstücks- und Liegenschaftserwerb der Sparte ETH-Bereich (Bauprogramm 2000 der Sparte ETH-Bereich), in: Schweizerisches Bundesblatt 151 (1999), S. 7135–7205

[Bundesrat]
Botschaft über Bauvorhaben, Grundstücks- und Liegenschaftserwerb der Sparte ETH-Bereich (Bauprogramm 2001 der Sparte ETH-Bereich), in: Schweizerisches Bundesblatt 152 (2000), S. 3865–3895

[Bundesrat]
Botschaft über Bauvorhaben, Grundstücks- und Liegenschaftserwerb der Sparte ETH-Bereich (Bauprogramm 2002 der Sparte ETH-Bereich), in: Schweizerisches Bundesblatt 153 (2001), S. 4151–4199

[Bundesrat]
Botschaft über Bauvorhaben, Grundstücks- und Liegenschaftserwerb der Sparte ETH-Bereich (Bauprogramm 2003 der Sparte ETH-Bereich), in: Schweizerisches Bundesblatt 154 (2002), S. 5369–5387

[Bundesrat]
Botschaft über Bauvorhaben und Grundstückserwerb der Sparte ETH-Bereich (Bauprogramm 2004 der Sparte ETH-Bereich), in: Schweizerisches Bundesblatt 155 (2003), S. 5205–5267

Burkhalter, Marianne; Sumi, Christian
Kuppelausbau/Visualisierungszentrum ETH Zürich 1997, in: Burkhalter, Marianne; Sumi, Christian (Hg.): Marianne Burkhalter + Christian Sumi. Basel/Boston/Berlin 1999, S. 10

Gadient, Hansjörg
Subtil saniert, in: Tec21 36 (2009), S. 46–49

Gribi, Stefan
Akzente im historischen Bau, in: ETH-Intern, 17. Mai 1997

Hönig, Roderick
Virtuelle Spaziergänge in der ETH-Kuppel, in: Hochparterre 12 (1999), Nr. 9, S. 38–39

Joos, Dominik
Im Spannungsfeld von Tradition und High-Tech, in: ETH-Intern, 13. Januar 1996

Schwendener, Regina
Realisierung wird vorangetrieben, in: ETH-Intern, 12. Dezember 1998

Schwendener, Regina
Farbe spricht ein gewichtiges Wort, in: ETH-Intern, 8. Januar 2000

Staub, Norbert
Hochburg der Bildung, in: ETH Life Print, 19. Dezember 2003

BILDNACHWEIS

Umschlag

Bearbeitung: Pascale Haefeli, Institut für Denkmalpflege und Bauforschung (IDB) der ETH Zürich, 2015; auf Basis von: gta Archiv / ETH Zürich (Nachlass Gottfried Semper), 20-300-1-153

Ein polytechnischer Pionierbau in zwei Jahrhunderten

Abb. 1, 5, 15, 43 ETH-Bibliothek Zürich, Bildarchiv, Ans_01176-A, Ans_00405, Ans_03610, Ans_01329, Ans_00122

Abb. 2, 8, 20, 35 gta Archiv / ETH Zürich (Nachlass Gottfried Semper), 20-300-1-44, 20-300-1-390, 20-300-1-151, Querschnitt76_033.1

Abb. 3 Scan aus: Opfermann, Rudolf; Kortüm, Albert; Wagner, Heinrich u. a.: Gebäude für Erziehung, Wissenschaft und Kunst, H. 4: Gebäude für Sammlungen und Ausstellungen (Handbuch der Architektur, T. 4, Halbbd. 6). 2. Aufl. Stuttgart 1906, S. 353

Abb. 4 gta Archiv / ETH Zürich (Nachlass Carl Hasenauer), 21-016-4-F

Abb. 6 KHM-Museumsverband

Abb. 7 Fotografie: Massimo Listri

Abb. 9 Österreichische Nationalbibliothek, Bildarchiv und Grafiksammlung, Inv. Nr. PCH 2.153

Abb. 10 Scan aus: Petermann, Hartwig (Hg.): Die Technische Hochschule Carolo-Wilhelmina zu Braunschweig. Berichte aus Forschung und Hochschulleben 1954 bis 1957. Braunschweig 1957, S. 6

Abb. 11 Scan aus: Fridericiana. Zeitschrift der Universität Karlsruhe 24 (1979), S. 51

Abb. 12 Architekturmuseum TU Berlin, Inv. Nr. F 15705

Abb. 13 Österreichische Nationalbibliothek, Bildarchiv und Grafiksammlung, Inv. Nr. 119.016C

Abb. 14 Scan aus: Parlamentsdirektion der Republik Österreich (Hg.): Das österreichische Parlament. Zum Jubiläum des 100jährigen Bestandes des Parlamentsgebäudes. Wien 1984, S. 495. Fotografie: Johanna Fiegl

Abb. 17 Grafik: Korbinian Kainz, IDB, 2015; auf Basis von: Gugerli, David; Kupper, Patrick; Speich, Daniel: Die Zukunftsmaschine: Konjunkturen der ETH Zürich 1855–2005. Zürich 2005, S. 45; http://www.fc.ethz.ch/facts/studierende/studierende/ETHZ_Studierende_SR_Total.xlsx (25. Juni 2015)

Abb. 18, 19, 37 Generallandesarchiv Karlsruhe, G Karlsruhe Nr. 547, 548, 851

Abb. 21 Durand, Jean-Nicolas-Louis: Précis des leçons d'architecture: données à l'Ecole Polytechnique. Bd. 1. Paris 1802, Planche 16 (Universitätsbibliothek Heidelberg, 88B 2384 RES:1)

Abb. 22 Weinbrenner, Friedrich: Architektonisches Lehrbuch. Stuttgart 1825. Dritter Theil, Tab. XLIII (Zentralbibliothek Zürich, KK 192: f)

Abb. 23 Grafik: Korbinian Kainz, IDB, 2015; auf Basis von: Wurzer, Rudolf: Die Stellung der Technischen Hochschule Wien im Ablauf ihrer Geschichte, in: Sequenz, Heinrich (Hg.): 150 Jahre Technische Hochschule in Wien 1815–1965. Geschichte und Ausstrahlungen. Wien 1965, S. 50

Abb. 24, 27, 38 Scan aus: Eggert, Hermann; Junk, Carl; Körner, Carl; Schmitt, Eduard: Gebäude für Erziehung, Wissenschaft und Kunst, H. 2a: Hochschulen, zugehörige und verwandte wissenschaftliche Institute (Handbuch der Architektur, T. 4, Halbbd. 6). 2. Aufl. Stuttgart 1905, S. zu 49, 115, 140

Abb. 25 Allgemeine Bauzeitung (1872), Bl. 5 (Architekturmuseum der TU München)

Abb. 26 Zeitschrift für Bauwesen 21 (1871), Bl. 1 (Architekturmuseum TU Berlin, Inv. Nr. ZFB 21,001)

Abb. 28 Allgemeine Bauzeitung (1881), Bl. 71 (Österreichische Nationalbibliothek)

Abb. 29 Universitätsbibliothek der TU Braunschweig

Abb. 30 TU Berlin

Abb. 31 Scan aus: Eggert, Hermann; Junk, Carl; Körner, Carl; Schmitt, Eduard: Gebäude für Erziehung, Wissenschaft und Kunst, H. 2a: Hochschulen, zugehörige und verwandte wissenschaftliche Institute (Handbuch der Architektur, T. 4, Halbbd. 6). 2. Aufl. Stuttgart 1905, S. 88

Abb. 32 Sammlung J. W. Wohinz

Abb. 33 Universitätsarchiv der Technischen Universität Darmstadt

Abb. 34 Grafik: Korbinian Kainz, IDB, 2015; auf Basis von: Hübsch, Heinrich: Bauwerke. Tafelbd. Karlsruhe 1838, Taf. 4 (Universitätsbibliothek Heidelberg, L 2753-3 Gross RES:-TAFELBD, Taf. 4); gta Archiv / ETH Zürich (Nachlass Gottfried Semper), 20-300-1-44; Eggert, Hermann; Junk, Carl; Körner, Carl; Schmitt, Eduard: Gebäude für Erziehung, Wissenschaft und Kunst, H. 2a: Hochschulen, zugehörige und verwandte wissenschaftliche Institute (Handbuch der Architektur, T. 4, Halbbd. 6). 2. Aufl. Stuttgart 1905, S. 88, 115, 130, 132, 137, 141, 144, 147, 156, 366

Abb. 36 Zeitschrift für Bauwesen 49 (1899), Bl. 23 (Architekturmuseum TU Berlin, Inv. Nr. ZFB 49,023)

Abb. 40 Fotografie: Will Pryce

Abb. 41 Kupferstichkabinett der Akademie der Bildenden Künste, Wien, Inv. Nr. 7358

Abb. 42 Bildarchiv Foto Marburg, Aufnahme-Nr. 151

Abb. 44 Zentralbibliothek Zürich, Graphische Sammlung und Fotoarchiv

Abb. 45 Canina, Luigi: Gli edifizj di Roma antica cogniti per alcune reliquie. Descritti e dimostrati nell'intera loro architettura dal commendatore Luigi Canina. Bd. 2. Rom 1848, Taf. CXXIII (Arachne, S.Nr. 383277)

Abb. 46 Verlag J. Velten, Karlsruhe (Postkarte)

Abb. 47 Scan aus: Petry, Wilhelm: Betonwerkstein und künstlerische Behandlung des Betons. Entwicklung von den ersten Anfängen der deutschen Kunststein-Industrie bis zur werksteinmäßigen Bearbeitung des Betons. München 1913, S. 147

Abb. 48 gta Archiv / ETH Zürich (Nachlass Karl Moser), 33-1908-01-F-15a

Abb. 49 Grafik: Korbinian Kainz, IDB, 2015

Abb. 50 gta Archiv / ETH Zürich (Nachlass Charles-Edouard Geisendorf), 18-02-12-2-3a

Abb. 51 Bearbeitung: Jakob Fink, IDB, 2015, nach einer Idee von Mathäus Nierzwicki; auf Basis von: gta Archiv / ETH Zürich (Nachlass Gottfried Semper), 20-300-1-34

Der Gründungsbau entsteht zwischen 1860 und 1864 nach Plänen Gottfried Sempers

Portrait Gottfried Semper ETH-Bibliothek Zürich, Bildarchiv, Portr_10869, Fotografie: Johannes Ganz, 1870

Der Bau über der Stadt
Abb. 1 Zentralbibliothek Zürich, 4 Lb 05: 1
Abb. 2 Zentralbibliothek Zürich, Kartensammlung, MK 241
Abb. 3 ETH-Bibliothek Zürich, Bildarchiv, Inv. Nr.: 000006239

Der Antikensaal als Repräsentationskern
Abb. 1, 6 gta Archiv / ETH Zürich (Nachlass Gottfried Semper), 20-300-1-390, 20-300-F-Ost-27
Abb. 2 Staatliche Museen zu Berlin, Zentralarchiv, ZA 1.1.3./9011. Fotograf unbekannt, um 1884
Abb. 3 Akademisches Kunstmuseum – Antikensammlung der Universität Bonn
Abb. 4 Allgemeine Bauzeitung (1876), Taf. 8 (ANNO / Österreichische Nationalbibliothek)
Abb. 5 SLUB Dresden, Deutsche Fotothek; Fotografie: Hermann Krone, 1888

Die Aula als gebauter Außenraum
Abb. 1 ETH-Bibliothek Zürich, Bildarchiv, Ans_00334-F, Fotografie: Johannes Barbieri, 1905
Abb. 2 Vatikanische Museen
Abb. 3–4 Generallandesarchiv Karlsruhe, G Karlsruhe Nr. 1012, 888
Abb. 5–6 Scan aus: Brüschweiler, Jura: Eine klassizistische Etappe in der Stilentwicklung Ferdinand Hodlers. ›Die Architektur‹ und ›Die Ingenieurkunst‹ 1889/90, in: palette 42 (1973), S. 2, 13
Abb. 7 Wolfram Köberl, 2011

Die Sgraffito-Fassade
Abb. 1 gta Archiv / ETH Zürich (Nachlass Gottfried Semper), 20-300-1-639
Abb. 2–4 Bundesarchiv Bern, CH-BAR#E3240A#1985/87#100*, Az. 2-05
Abb. 5 Grafik: Jakob Fink, IDB, 2015

Die polytechnischen Figuren
Abb. 1 Bayerische Staatsbibliothek München, Leipzig : 1863, 2 Per.26-40, urn:nbn:de:bvb:12-bsb10498731-9
Abb. 2–6 Bundesarchiv Bern, CH-BAR#E80#1000/1126#685*

Gustav Gull baut zwischen 1914 und 1925 eine neue Hochschule – Sempers Bestand wird überformt

Portrait Gustav Gull ETH-Bibliothek Zürich, Bildarchiv, Portr_00330, Fotografie: Frank Schmelhaus, 1935

Der ›wissenschaftliche‹ Hochschulbau und das Hochschulquartier in Zürich
Abb. 1, 8–9 gta Archiv / ETH Zürich (Nachlass Gustav Gull), 22-305-1-25, 22-01-ZA.1, 22-01-ZA.1
Abb. 2 Generallandesarchiv Karlsruhe, G Karlsruhe Nr. 979
Abb. 3–4 Scan aus: Eggert, Hermann; Junk, Carl; Schmitt, Eduard u. a.: Gebäude für Erziehung, Wissenschaft und Kunst, H. 2: Hochschulen, zugehörige und verwandte wissenschaftliche Institute (Handbuch der Architektur, T. 4, Halbbd. 6). Darmstadt 1888, S. 19, 22
Abb. 5 Bundesarchiv Bern, CH-BAR#E3240A#1000/745#40*, Az. 2–05
Abb. 6–7 Scan aus: Perrier, Louis; Bonjour, Charles; Flükiger, Arnold u. a.: Wettbewerb zu Um- und Neubauten für das Eidg. Polytechnikum in Zürich, in: Schweizerische Bauzeitung 55 (1910), S. 64, 68
Abb. 10–11 ETH-Bibliothek Zürich, Bildarchiv, Ans_00463, Ans_00248-A
Abb. 12 Gull, Gustav: Baubericht, in: Eidgenössische Technische Hochschule (Hg.): Festschrift zum 75jährigen Bestehen der Eidgenössischen Technischen Hochschule in Zürich. Zürich 1930, S. 58–59

Der Kuppelbau und die großen Räume
Abb. 1–2, 6 gta Archiv / ETH Zürich (Nachlass Gustav Gull), 22-305-1-310, 22-305-6-13-18, 22-4-1-20-Salvi
Abb. 3 Canina, Luigi: Gli edifizj di Roma antica cogniti per alcune reliquie. Descritti e dimostrati nell'intera loro architettura dal commendatore Luigi Canina. Bd. 2. Rom 1848, Taf. CXIII (Arachne, S.Nr. 383255)
Abb. 4 Rheinisches Bildarchiv Köln, RBA 007 425
Abb. 5 Scan aus: [Lang, Ernst; Börlin, Gerhard]: Polytechnikum und Kuppel, in: Heimatschutz 15 (1920), S. 66–67

Auditorium Maximum
Abb. 1 gta Archiv / ETH Zürich (Nachlass Gustav Gull), 22-305-6-12-16

Hoffnung auf ›neue Technik‹ – Kunststein, Eisen, Wasserheizung und Ventilation
Abb. 1 gta Archiv / ETH Zürich (Nachlass Gustav Gull), 22-305-1-1119
Abb. 2–3 Scan aus: Petry, Wilhelm: Betonwerkstein und künstlerische Behandlung des Betons. Entwicklung von den ersten Anfängen der deutschen Kunststein.-Industrie bis zur werksteinmäßigen Bearbeitung des Betons. München 1913, Umschlag, S. 194
Abb. 4 Scan aus: Probst, E[rich]: Handbuch der Zementwaren- und Kunststeinindustrie. Die Herstellung der Zementwaren und Kunststeine. Bd. 1. Halle (Saale) 1919, S. 367

Die Utopie der inneren Erweiterung: Hofmann, Geisendorf und Roth

Portrait Hans Hofmann Scan aus: Luchsinger, Christoph (Hg.): Hans Hofmann. Vom Neuen Bauen zur Neuen Baukunst. Zürich 1985, S. 134. Fotograf unbekannt, 1940
Portrait Charles-Edouard Geisendorf Scan aus: Werk-Chronik (1957), Nr. 3, S. 39*
Portrait Alfred Roth ETH-Bibliothek Zürich, Bildarchiv, Portr_01921, Fotografie: Walter Dräyer, 1958

Wachstumsglaube und Funktionsform
Abb. 1 Grafik: Korbinian Kainz, IDB, 2015; auf Basis von: gta Archiv / ETH Zürich (Nachlass Charles-Edouard Geisendorf)
Abb. 2–3 Scan aus: Anonym: Bauvorhaben der Eidg. Technischen Hochschule in Zürich, in: Schweizerische Bauzeitung 66 (1948), S. 196
Abb. 4 Architekturmuseum TU Berlin, Inv. Nr. F 15722
Abb. 5 Scan aus: Scherrer, Paul: Der Umbau der ETH-Bibliothek in den Jahren 1948 bis 1951, in: Schweizerische Bauzeitung 70 (1952), S. 201
Abb. 6–7 ETH-Bibliothek Zürich, Bildarchiv, Ans_01166

Die Polyterrasse als Gebäude
Abb. 1 gta Archiv / ETH Zürich (Nachlass Charles-Edouard Geisendorf), 18-02-19-1-4
Abb. 2 Fotografie: Henri Germond

Texte

S. 658–659 IDB, 2011
S. 666 Staatsarchiv des Kantons Zürich, StAZH V II 23 (1), Nr. 40, S. 1
S. 675 Staatsarchiv des Kantons Zürich, StAZH V II 23 (2), Nr. 22b, S. 24–25

S. 680 Staatsarchiv des Kantons Zürich, StAZH U 122.1 (Teil 1) (16.2.1961.3), Nr. 3, S. 4–5
S. 706, 712, 734 Bundesarchiv Bern, CH-BAR# E3240A#1000/745#40*, Az. 2–05
S. 726–727 Scan aus: Anonym: Reisestudien der Architectenschule am Eidg. Polytechnikum Zürich. 1905 Burgund. 1908 Cremona. [Zürich 1908?], Umschlag, Taf. 6
S. 728–729 Scan aus: Eidg. Techn. Hochschule: Exkursion der Architektenschule nach dem Tessin. Pfingsten 1914. [Zürich 1914?], Umschlag, Taf. 3
S. 730–733 Scan aus: Anonym: 50jähriges Jubiläum des Eidgenöss. Polytechnikums. Die Bierzeitung. [Zürich 1905?], Umschlag, S. 1, 5
S. 752 Bundesarchiv Bern, CH-BAR#E3240B# 1999/70#261*, Az. 05.2-088

Cristina Gutbrod

Abb. 1 Baugeschichtliches Archiv der Stadt Zürich, Fotografie: Eduard Spelterini
Abb. 2 Scan aus: Schweizerisches Landesmuseum (Hg.): Festgabe auf die Eröffnung des Schweizerischen Landesmuseums in Zürich am 25. Juni 1898. Zürich 1898, Taf. V
Abb. 3–4, 7, 13, 15–16 gta Archiv / ETH Zürich (Nachlass Gustav Gull), 22-5.1/58, 22-5.1/508, 22-056-13, 22-5.31/55, 22-01-F: AuT-17, 22-03-F: In-2a
Abb. 5–6 Scan aus: Zürcher Ingenieur- und Architekten-Verein; Eidg. Polytechnikum; Gesellschaft ehemaliger Studierender des eidgenössischen Polytechnikums (Hg.): Festschrift zur Feier des fünfzigjährigen Bestehens des eidg. Polytechnikums. Bd. 2. Frauenfeld/ Zürich 1905, S. 298, 300
Abb. 8–9 Scan aus: Gull, Gustav: Projekt für die Ueberbauung des Werdmühle- und Oetenbach-Areals, in: Schweizerische Bauzeitung 46 (1905), S. 52, 57
Abb. 10 Scan aus: Gull, Gustav: Erläuterungen zu dem Projekt für die Ueberbauung des Werdmühle- und Oetenbach-Areals und ein alle Verwaltungsabteilungen umfassendes Stadthaus in Zürich. Zürich 1911, Taf. I
Abb. 11–12 Baugeschichtliches Archiv der Stadt Zürich, Fotografie: Heinrich Wolf-Bender
Abb. 14 Baugeschichtliches Archiv der Stadt Zürich, Fotografie: Ernst Linck, um 1915

Die Autoren haben sich bemüht, alle Inhaber von Urheberrechten ausfindig zu machen. Sollten dabei Fehler unterlaufen sein, werden diese entsprechend der Benachrichtigung des Verlages in den nachfolgenden Auflagen berichtigt und die Rechtsansprüche im üblichen Rahmen abgegolten.

Wir danken der Schulleitung und dem Departement Architektur der Eidgenössischen Technischen Hochschule in Zürich für ihre Unterstützung. Das gta Archiv unterstützte uns tatkräftig bei Materialsichtung und -reproduktion. Mitarbeiter der Professur Hassler (IDB) haben vielfältige Einzelpunkte beigetragen, im dritten Band zeigen wir Details und Kontexte dieser Zusammenarbeit ausführlicher.

Die angegebenen Plangrößen basieren wesentlich auf den Katalogdaten des gta Archivs, offensichtliche Fehler wurden korrigiert. Das Plankonvolut Charles-Edouard Geisendorfs wurde noch nicht vollständig katalogisiert, einzelne Signaturen sind deshalb ausstehend.

Erschienen im
Hirmer Verlag GmbH
Nymphenburger Straße 84
D–80636 München

Uta Hassler & Korbinian Kainz

**Auswahl der Texte, Bauchronik,
Fünf Architektenbiographien**
Benjamin Thommen

Lektorat
Benjamin Thommen

Korrektorat
Vera Udodenko

Gestaltung und Satz
Pascale Haefeli-Hugentobler

Projektbetreuung Hirmer Verlag
Rainer Arnold, Hannes Halder

Lithografie
Reproline Mediateam, Unterföhring

Druck und Bindung
Printer Trento

Printed in Italy

Bibliografische Information der Deutschen Nationalbibliothek
Die Deutsche Nationalbibliothek verzeichnet diese Publikation in der Deutschen Nationalbibliografie; detaillierte bibliografische Daten sind im Internet abrufbar über: www.dnb.de

Das Werk einschließlich aller seiner Teile ist urheberrechtlich geschützt. Jede Verwertung außerhalb der engen Grenzen des Urheberrechtsgesetzes ist ohne Zustimmung des Verlages unzulässig und strafbar. Das gilt besonders für Vervielfältigungen, Übersetzungen, Mikroverfilmungen und die Einspeicherung und Verarbeitung in elektronischen Systemen.

© 2016, Institut für Denkmalpflege und Bauforschung (IDB) der ETH Zürich, Prof. Dr.-Ing. Uta Hassler und Hirmer Verlag GmbH

www.hirmerverlag.de

ISBN 978-3-7774-2609-9